myBook+

Ihr Portal für alle Online-Materialien zum Buch!

Arbeitshilfen, die über ein normales Buch hinaus eine digitale Dimension eröffnen. Je nach Thema Vorlagen, Informationsgrafiken, Tutorials, Videos oder speziell entwickelte Rechner – all das bietet Ihnen die Plattform myBook+.

Und so einfach geht's:

– Gehen Sie auf **https://mybookplus.de**, registrieren Sie sich und geben Ihren Buchcode ein, um auf die Online-Materialien Ihres Buchs zu gelangen
– **Ihren individuellen Buchcode finden Sie am Buchende**

Wir wünschen Ihnen viel Spaß mit myBook+ !

https://mybookplus.de

Umsatzsteuer in der Praxis

Umsatzsteuer in der Praxis

Die wichtigsten Fragen und Fälle

Dipl.-Finanzwirt Rüdiger Weimann,
Lehrbeauftragter, Dozent und Gutachter in Umsatzsteuerfragen
Begründer des Netzwerks umsatzsteuerDIALOG

22., aktualisierte und überarbeitete Auflage

Auf dem Rechtsstand 1.3.2024

Haufe Group
Freiburg · München · Stuttgart

Bibliografische Information der Deutschen Nationalbibliothek

Die Deutsche Nationalbibliothek verzeichnet diese Publikation in der Deutschen Nationalbibliografie; detaillierte bibliografische Daten sind im Internet über http://dnb.dnb.de abrufbar.

Print: ISBN 978-3-648-17324-4   Bestell-Nr. 00782-0022

ePDF: ISBN 978-3-648-17549-1   Bestell-Nr. 00782-0162

Rüdiger Weimann

Umsatzsteuer in der Praxis

22., aktualisierte und überarbeitete Auflage, April 2024

© 2024 Haufe-Lexware GmbH & Co. KG, Freiburg

www.haufe.de

info@haufe.de

Bildnachweis (Cover): © Melamory, Shutterstock

Produktmanagement: Dipl.-Kfm. Kathrin Menzel-Salpietro

Redaktionsassistenz: Christine Rüber

Satz: Agentur: Satz & Zeichen, Karin Lochmann

Inhaltsverzeichnis

Vorwort

»Nichts ist so alt wie das, was gestern zum Steuerrecht geschrieben wurde!«

Gesetzgeber, Finanz- und Zivilgerichte sowie Finanzverwaltung haben auch in der letzten Zeit ihr Bestes getan, um diese Beraterweisheit für die umsatzsteuerliche Beurteilung innerdeutscher und internationaler Fallgestaltungen eindrucksvoll zu bestätigen.

Die Ihnen nunmehr auf dem neuesten Stand vorliegende 21. Auflage von »Umsatzsteuer in der Praxis« bringt Sie wieder auf dem neuesten Stand! Das Buch vermittelt Ihnen alle praxisrelevanten Kenntnisse.

Die Ihnen nunmehr vorliegende 22. Auflage von »Umsatzsteuer in der Praxis« bringt Sie wieder auf dem neuesten Stand! Das Buch vermittelt Ihnen alle praxisrelevanten Kenntnisse.

Formal ist darauf hinzuweisen, dass die Ausführungen eine neue, detaillierte und aussagekräftigere Gliederung erhalten haben. Die Gliederung ist nunmehr ausschließlich numerisch aufgebaut; diese beginnt mit Kapitel 1 und endet mit Kapitel 127. Damit sind zielgenauere Verweise zwischen den Kapiteln möglich und die Zitierfähigkeit und damit auch die praktische Arbeit werden erleichtert.

Inhaltlich hat sich wie immer einiges getan. So wurden zunächst die Ausführungen zu den Lieferungen erweitert und vollständig auf die Änderungen durch die Quick fixes fortgeschrieben:

- Lieferung/Einführung ➲ Kapitel 22–25
- EU-Lieferung/Basics ➲ Kapitel 26–33
- EU-Lieferung/Konkrete Folgen der Neuregelung zum 1.1.2020 für die Steuerbefreiung ➲ Kapitel 34–36
- Reihengeschäft/Konkrete Folgen der Neuregelung zum 1.1.2020 für Abhollierungen ➲ Kapitel 37 und 38
- Non-EU-Lieferung/»Ausfuhrlieferung« ➲ Kapitel 39–47
- Lieferung/Sonderfälle ➲ Kapitel 48–63
- Kampf gegen der Umsatzsteuerbetrug ➲ Kapitel 64–67

Die Neuauflage hat den Rechtsstand 1. März 2024. Damit ist – wohl erstmals bei einer Neuauflage – kein Jahressteuergesetz auszuwerten. Verbleiben also die vielen Neuerungen durch Rechtsprechung und Finanzverwaltung. Besonders zu erwähnen sind:

- Neuregelung des Reihengeschäfts bringt Rechtssicherheit für Abholfälle (BMF vom 25.4.2023) ➲ Kapitel 37
- Belegnachweis für Abnehmerversicherungen – bei innergemeinschaftlichen Lieferungen und auch bei Ausfuhren (Muster) ➲ Kapitel 29, 38, 43
- Belegnachweis durch Ausweiskopien ➲ Kapitel 32

- Die Steuerbefreiung in Abholfällen leicht erkennen und prüfungssicher dokumentieren (Checkliste) ➲ Kapitel 38
- EuGH und MwSt-Ausschuss zum E-Charging ➲ Kapitel 63
- Vorsteuererstattung über Direktanspruch (»Reemtsma-Anspruch«) ➲ Kapitel 119

Aber auch die anderen Neuerungen haben es wieder einmal »in sich« – versprochen!

Mit der Neuauflage wende ich mich wie gehabt an den **Praktiker in Unternehmen oder Steuerberatung** und möchte diesen über die Möglichkeiten, Steuern zu sparen, und die Gefahren, unnötigen Steuer- und Verwaltungsaufwand zu produzieren, aufklären. Dabei konzentriere ich mich wieder auf die für das **Tagesgeschäft relevanten Schwerpunkte** des Umsatzsteuerrechts und unternehme den Versuch, diese praxisbezogen unter Verwendung von **Checklisten, Fallbeispielen, Musterschreiben** und **Praxistipps** aufzubereiten. Der Praktiker wird dies begrüßen; der anspruchsvolle Umsatzsteuertheoretiker dagegen wird sicher so manches – akademisch recht interessante – Gedankenspiel vermissen.

Bewährt hat es sich, neben dem Print auch **Downloads** anzubieten und so dem Bedürfnis des Praktikers nach stets aktueller Information Rechnung zu tragen.

Das »Informations-Paket« runde ich ab durch meine **Autoren-Hotline**: möge auch diese Ihnen eine willkommene Unterstützung sein.

Zu guter Letzt der Hinweis, dass ich für **Feedbacks** immer dankbar bin – positive Stimmen erfreuen, negative spornen zu Verbesserungen an!

Dortmund, am 1. März 2024

Rüdiger Weimann

Zur Arbeit mit diesem Buch

Vorbemerkungen

Das Buch konzentriert sich auf die für das Tagesgeschäft relevanten Schwerpunkte des Umsatzsteuerrechts und unternimmt den Versuch, diese praxisbezogen unter Verwendung von Checklisten, Fallbeispielen und Gestaltungshinweisen aufzubereiten.

Das Buch erhebt damit keinen Anspruch auf Vollständigkeit!

Damit sind Sie komplett:
Ergänzendes Informationsangebot der Haufe-Lexware Downloadseite

Im Interesse der Lesbarkeit verzichtet die Darstellung auf die gedruckte Wiedergabe der Rechtsgrundlagen Umsatzsteuergesetz, Umsatzsteuer-Durchführungsverordnung, Umsatzsteuer-Anwendungserlass und Mehrwertsteuer-Systemrichtlinie; diese finden Sie auf der Haufe-Lexware Downloadseite[1] im Volltext. Gesamtdarstellungen einzelner Kapitel sowie Kapitelunterpunkte, auf die der Praktiker erfahrungsgemäß nur gelegentlich zurückgreifen wird, finden Sie ebenfalls auf der Haufe-Lexware Downloadseite – und zwar unter der jeweiligen Kapitelnummer.

 Verweise auf die Arbeitshilfen der Haufe-Lexware Downloadseite

... erfolgen unter Angabe der fachspezifischen Ordner bzw. unter Angabe der Kapitelnummer

➲ mybookplus.de ...

Stets auf aktuellem Stand:
Aktualisierungen unter www.umsatzsteuerpraxis.de

Das Umsatzsteuerrecht unterliegt einem ständigen Wandel; auch scheinbar gefestigte Rechtsauffassungen können durch ein neues Urteil oder eine neue Verwaltungsanweisung in Frage gestellt werden. Erschwerend wirkt auch die ständig erforderliche Anpassung an die Vorgaben des europäischen Umsatzsteuerrechts. Daher **aktualisiert und ergänzt der Autor seine Darstellungen** bei Bedarf auf einer ausschließlich dazu eingerichteten Homepage.

 Verweise auf die Homepage ...

... erfolgen unter Angabe der Ordner/Unterordner:

➲ www.umsatzsteuerpraxis.de > Ordner > Unterordner > ...

---

[1]   Den Link sowie Ihren Zugangscode finden Sie am Buchende.

»Lassen Sie uns doch einfach drüber reden!« –
Die bewährte Autoren-Hotline

Sicher wird manchmal auch ein persönliches Gespräch dazu beitragen können, »Licht« in das Gelesene zu bringen und »Denkblockaden« zu beseitigen. Sollte das bei Ihnen der Fall sein, zögern Sie bitte nicht! Gern können Sie Ihre Fragen in einem kurzen **Telefonat mit dem Autor** zu klären versuchen – für Sie nur zu den üblichen Telefongebühren ins Handy-Netz.

Aus berufs- und haftungsrechtlichen Gründen sowie aufgrund der Komplexität und des ständigen Wandels der Rechtsmaterie erlauben Sie aber bitte den Hinweis, dass der Autor Ihre Fragen zwar wissenschaftlich und mit größter Sorgfalt bearbeiten wird, jedoch jegliche Haftung und Gewähr für die Richtigkeit ausschließen muss. Insbesondere bleibt die Hilfe in Steuersachen i. S. d. Steuerberatungsgesetzes ausschließlich Ihrem/n Steuerberater/n oder Wirtschaftsprüfer/n vorbehalten (§§ 1 ff. StBerG). **Insbesondere dann, wenn sich Empfehlungen nicht mit denen Ihres Beraters decken, sollten Sie dem Berater die Antworten vorlegen und mit ihm gemeinsam die zukünftige Vorgehensweise abstimmen.**

 Verweis auf die Autoren-Hotline

Die **Rufnummer** der hierzu vom Autor speziell eingerichteten Hotline sowie die **Sprechzeiten** entnehmen Sie bitte der Homepage:
➲ www.umsatzsteuerpraxis.de > Autoren-Hotline.

1 Warum die Umsatzsteuer erhoben werden darf

Rechtsgrundlagen und weitere grundlegende Gedanken

1.1 Keine Doppelbesteuerungsabkommen zur USt

Die Besonderheiten der Umsatzsteuer verdeutlicht am ehesten ein Vergleich der Umsatzsteuer mit der Ihnen in der Regel wesentlich geläufigeren Einkommensteuer/Lohnsteuer:

> **Beispiel**
>
> In Dortmund arbeitet ein Türke (T), dessen Familie in Ankara wohnt. Monat für Monat schickt der Mann einen Großteil seines Geldes in die Türkei; dort ist auch weiterhin sein Lebensmittelpunkt.
>
> Die deutsche Finanzverwaltung will, unabhängig von der Nationalität des T, die Einkünfte besteuern, da sie in Deutschland erzielt wurden. Die türkische Finanzverwaltung will, unabhängig vom Ort der Einkünfteerzielung, die Einkünfte ebenfalls besteuern, da die Türkei für ihre Bürger, wie die Bundesrepublik Deutschland auch, das Welteinkommensprinzip kennt.
>
> Die Einkünfte des T würden damit doppelt besteuert. Damit es dazu nicht kommt oder aber zumindest die Folgen einer doppelten Besteuerung gemildert werden, schließen die Staaten Doppelbesteuerungsabkommen.

Deutschland hat Doppelbesteuerungsabkommen mit sehr vielen Staaten – insbesondere zu den Ertragsteuern und den Besitzsteuern. **Weltweit gibt es aber kein Doppelbesteuerungsabkommen zur Umsatzsteuer!** Das verdeutlicht nicht zuletzt die aktuelle **Übersicht des BMF[2] per 1.1.2023:** es gibt viele DBAs – aber kein einziges zur Umsatzsteuer!

➡ Beratungskonsequenzen

1. Bei der Umsatzsteuer kann bei **Umsätzen mit Drittlandsbezug** – zur Abgrenzung Inland/Ausland/Gemeinschaftsgebiet/Drittlandsgebiet[3] – eine **doppelte Besteuerung niemals ausgeschlossen** werden!
2. Tätigt der Unternehmer grenzüberschreitende Umsätze in Drittländer, muss er sich damit **immer auch die Frage stellen, wie das Ausland** den Fall umsatzsteuerlich beurteilt ➔ Kapitel 126.

---

2   BMF, Schreiben vom 18.1.2023, IV B 2 – S 1301/21/10048 :002, 2023/0023000, Stand der Doppelbesteuerungsabkommen und anderer Abkommen im Steuerbereich sowie der Abkommensverhandlungen am 1.1.2023 ➔ mybookplus.de > Wichtiges aus dem BMF.

3   Vgl. Abschn. 1.9 und 1.10 UStAE.

1.2   Die europäische Lösung

1.2.1   Das Bedürfnis nach einem gemeinsamen Umsatzsteuersystem

Die Länder Europas wollten für ihr Hoheitsgebiet den grenzüberschreitenden Waren- und Dienstleistungsaustausch fördern; zumindest ein Doppelbesteuerungsabkommen wäre dafür unabdingbar gewesen.

Die Länder Europas sind aber noch einen Schritt weiter gegangen: Sie vermeiden nicht nur die gemeinsame Festlegung von Leistungsorten und Doppelbesteuerungen, sondern haben sich auch weitere gemeinsame Spielregeln gegeben, die grenzüberschreitende Geschäfte erleichtern.

Mit dem UStG 1980 kam die Bundesrepublik Deutschland der Verpflichtung nach, das nationale Umsatzsteuerrecht der damals in Europa gültigen 6. EG-Richtlinie anzupassen.

Das **Umsatzsteuerbinnenmarktgesetz** vom 25.8.1992 brachte mit Wirkung vom 1.1.1993 eine Übergangsregelung mit dem Ziel, vier Jahre später einen »echten« umsatzsteuerlichen Binnenmarkt zu schaffen. **Diese vermeintliche Übergangsregelung ist derzeit allerdings immer noch in Kraft – ein Ende ist aber absehbar (** ➔ Hinweis auf Kapitel 22).

 Beratungskonsequenzen

1. Mit geringfügigen Abweichungen wurde das **materielle Umsatzsteuerrecht** innerhalb der Europäischen Gemeinschaft damit **einheitlich gestaltet**.
2. Unterschiedlich sind aber insbesondere noch die Steuersätze und die **Verfahrensregeln.**
3. Auch die durch europäische Vorgaben eingeräumten **Gestaltungsspielräume** führen zu diversen Unterschieden zwischen den Umsatzsteuergesetzen der einzelnen Mitgliedstaaten, was die im Binnenmarkt tätigen Unternehmen in der Praxis auch weiterhin vor nicht unerhebliche Probleme stellt.

1.2.2   Die Mehrwertsteuer-Systemrichtlinie

 Rechtsgrundlagen
- Mehrwertsteuer-Systemrichtlinie (MwStSystRL)
- Durchführungsbestimmungen zur Mehrwertsteuer-Systemrichtlinie

➔ mybookplus.de > Gesetze, Verordnungen, Richtlinien

1.2.2.1   Die eigentliche Richtlinie

Der Rat der Europäischen Union hat am 28.11.2006 die Richtlinie 2006/112/EG über das gemeinsame Mehrwertsteuersystem[4] – nachfolgend »MwStSystRL« – verabschiedet.

---

4   ABl EU 2006 Nr. L 347, S. 1.

Die neue Richtlinie ist **am 1.1.2007 in Kraft getreten** und ersetzt die bisherige 6. EG-Richtlinie zur Harmonisierung der Umsatzsteuern[5] – nachfolgend »6. EG-RL« – einschließlich der später dazu ergangenen Änderungsrichtlinien. Darüber hinaus wurden auch die noch geltenden Regelungen der 1. EG-RL eingearbeitet.

Die MwStSystRL ist damit im Grunde eine (praxisgerechtere) **Neufassung der 6. EG-RL**. Letztere wurde erforderlich, da die 6. EG-RL seit ihrem Inkrafttreten am 1.1.1978 oft und umfänglich geändert wurde, ohne dass es jemals zu einer Konsolidierung des Rechtstextes kam. Die sicher weiteste Änderung brachte die Errichtung des Binnenmarkts zum 1.1.1993 und die damit verbundene Beseitigung der Steuergrenzen zwischen den Mitgliedstaaten. Der Rechtsanwender musste sich, um für »seinen Fall« auf jeweils aktuellem Stand zu sein, mühsam durch die verschiedenen Änderungsrichtlinien »durchwühlen«. Der nunmehr konsolidierte Text soll dem Praktiker diese Arbeit abnehmen – erst einmal, denn auch Änderungen der MwStSystRL sind über kurz oder lang absehbar! Insbesondere die **Betrugsbekämpfung** hat bereits weit reichende Neuerungen mit sich gebracht und wird noch weitere bringen[6].

Zusammengefasst ist die MwStSystRL **dadurch gekennzeichnet,** dass sie

- alle wesentlichen bisherigen mehrwertsteuerlichen Vorschriften bündelt,
- überholte Bestimmungen und vorläufige Fassungen streicht,
- lange und komplexe Bestimmungen entflechtet und
- die Anweisungen insgesamt neu strukturiert.

Die neue Richtlinie umfasste bei ihrer Verabschiedung **414 Artikel und 12 Anhänge.** Ursächlich für die im Vergleich zur »alten« 6. EG-RL hohe Anzahl der Vorschriften ist, dass nunmehr (in der MwStSystRL) selbstständige Vorschriften in der 6. EG-RL lediglich Absätze und Unterabsätze übergeordneter Bestimmungen darstellten.

> **Beispiel**
>
> Allein Art. 6 der »alten« 6. EG-RL (Definition der Dienstleistungen) hatte fünf Absätze. Diese führten bei der Umstellung zu sechs eigenständigen Vorschriften (Art. 24 bis 29 MwStSystRL).

➡ **Beratungskonsequenzen**

1. Der Praktiker steht – zumindest in einer Übergangsphase – vor dem Problem, dass Urteile, Verwaltungsanweisungen sowie Kommentierungen und andere Literaturbeiträge auf der 6. EG-RL basieren werden. Zur Erleichterung der praktischen Arbeit ist auf Anhang XII der MwStSystRL hinzuweisen, der in einer vom Richtliniengeber sog. **»Entsprechungstabelle«** synoptisch darstellt, wo sich die alten Vorschriften in der neuen Richtlinie wieder finden[7].

---

5   Richtlinie 77/388/EWG v. 17.5.1977, ABl EG 1977 Nr. L 145, S. 1.

6   Hinweis auf ➲ Kapitel 22.

7   Vgl. auch *Weimann* in Weimann/Prätzler, Umsatzsteuer – national und international, 6. Auflage 2023, Einführung UStG, Rdn. 100 ff.

2. Der neue Text führt ursprünglich **nicht zu inhaltlichen Änderungen** des geltenden Rechts. Dennoch haben sich durch die Neufassung einige inhaltliche Änderungen ergeben, die in den Bestimmungen über die Umsetzung und das Inkrafttreten der Richtlinie[8] abschließend aufgeführt sind. Für das deutsche Umsatzsteuerrecht ergibt sich allerdings kein Änderungs- bzw. Umsetzungsbedarf aus dem neuen Rechtstext. Damit sind auch für den Rechtsanwender keine neuen Vorschriften zu beachten.

3. Das Umsatzsteuerrecht ist weiter im Fluss – *und* der EU-Gesetzgeber reagiert darauf mit neuen (zusätzlichen) Vorschriften. Derzeit (Anfang 2023) ist die MwStSystRL daher bereits auf knapp **400 Artikel angewachsen.**

1.2.2.2 Durchführungsbestimmungen zur Richtlinie

Der Rat der Europäischen Union hat am 15.3.2011 die **Durchführungsverordnung (EU) Nr. 282/2011 des Rates vom 15.3.2011 zur Festlegung von Durchführungsvorschriften zur Richtlinie 2006/112/EG über das gemeinsame Mehrwertsteuersystem (Neufassung)** verabschiedet[9]. Mit der DVO, die auf Art. 397 MwStSystRL beruht, wurde die bisherige DVO[10] neu gefasst und unter Berücksichtigung der zwischenzeitlich angenommenen Leitlinien des MwSt-Ausschusses (Art. 398 MwStSystRL) erweitert.

Die Neuregelungen galten größtenteils **ab dem 1.7.2011**; gleichzeitig wurde die alte DVO aufgehoben.

Die DVO ist – ohne dass es eines nationalen Umsetzungsakts bedarf – **unmittelbar geltendes Recht.** Sie bindet damit

- die Mitgliedstaaten (Wirtschaftsteilnehmer, Verwaltung und Gerichtsbarkeit),
- die Europäische Kommission und
- **auch den EuGH**!

  Beratungskonsequenzen

1. **Wirkung »ex nunc«:** Die DVO sollte ab Inkrafttreten eine einheitliche Anwendung der MwStSystRL in den Mitgliedstaaten sicherstellen.
2. **Keine Rückwirkung:** Die DVO berührte damit nicht die Gültigkeit der von den Mitgliedstaaten in der Vergangenheit (d. h. bis zum Inkrafttreten der DVO) angenommenen Rechtsvorschriften und Auslegungen.
3. **Restriktive Auslegung geboten:** Bei der Anwendung der Durchführungsvorschriften ist zu beachten, dass diese spezifischen Regelungen zu einzelnen An-

---

8   Vgl. Art. 411 und 412 der MwStSystRL.
9   ABl. EU 2011 Nr. L 77 vom 23.3.2011; nachfolgend kurz »DVO«.
10 Verordnung (EG) Nr. 1777/2005 des Rates vom 17.10. 2005 zur Festlegung von Durchführungsvorschriften zur Richtlinie 77/388/EWG über das gemeinsame Mehrwertsteuersystem, ABl. EU 2005 L 288 vom 29.10.2005.

wendungsfragen enthalten und ausschließlich im Hinblick auf eine gemeinschaftsweit einheitliche steuerliche Behandlung dieser Einzelfälle konzipiert sind.

4. Sie sind daher nicht auf andere Fälle übertragbar und grundsätzlich restriktiv auszulegen.

5. **Erwägungsgründe beachten:** Der VO gehen 46 Erwägungsgründe vor, warum die dort angesprochenen Regelungen getroffen wurden. Die Erwägungsgründe sind **materiell-rechtlicher Teil der VO** und bei ihrer Auslegung zu berücksichtigen.

1.3 Die Grundlagen des (deutschen) materiellen USt-Rechts

§ Rechtsgrundlagen

- Mehrwertsteuer-Systemrichtlinie (MwStSystRL)
- Umsatzsteuer-Anwendungserlass (UStAE)
- Umsatzsteuer-Durchführungsverordnung (UStDV)
- Umsatzsteuergesetz (UStG)

➲ mybookplus.de > Gesetze, Verordnungen, Richtlinien

Die Grundlagen des Umsatzsteuerrechts ergeben sich derzeit im Wesentlichen aus folgenden Rechtsquellen:

- Mehrwertsteuer-Systemrichtlinie (➲ s. o., Kapitel 1.2)

- Umsatzsteuer-Anwendungserlass – UStAE ➲ Kapitel 10
- Umsatzsteuergesetz (UStG)
- Umsatzsteuer-Durchführungsverordnung (UStDV)

1.4 Bedeutung der USt für die deutsche Volkswirtschaft

1.4.1 Anteil am deutschen Steueraufkommen

Die Umsatzsteuer ist **gemessen am Steueraufkommen** neben der Einkommensteuer (in all ihren Erhebungsformen) die **bedeutendste Steuerart**.

Knapp 896 Mrd. € Steuern haben Bund, Länder und Gemeinden im Jahr 2022 insgesamt eingenommen. **Ergiebigste Steuerquelle** war **mit knapp 285 Mrd. €** wieder einmal die **Umsatzsteuer**[11].

Eindrucksvoll ist auch die Entwicklung über die letzten Jahre. Im Jahr 2006 belief sich das Mehrwertsteueraufkommen noch auf 147 Mrd. € und ist seitdem– also bis 2022 **um mehr als 93% gestiegen**!

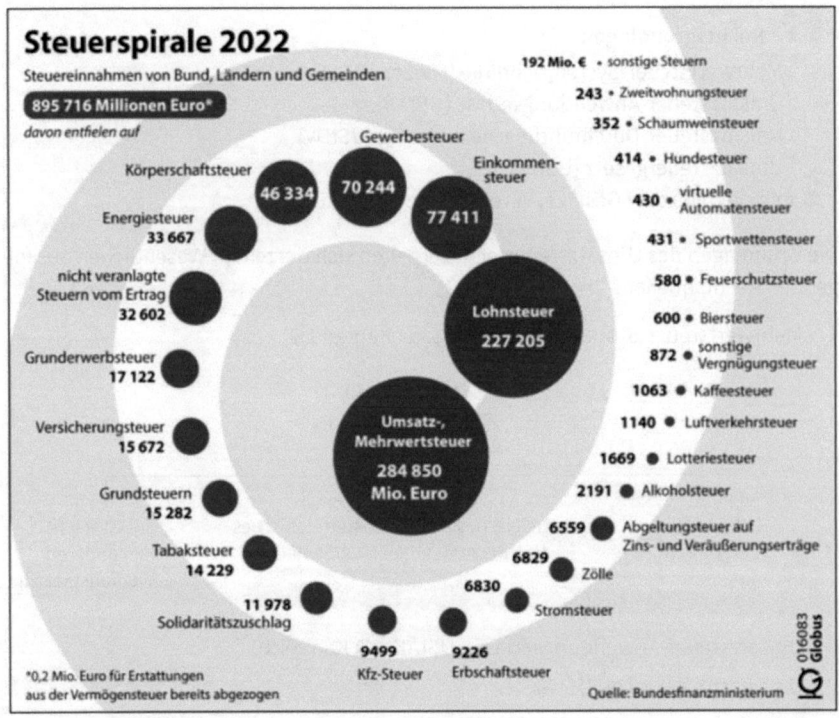

1.4.2 Kosten der Umsatzsteuererhebung

Zugleich erweist sich die Umsatzsteuer als **besonders kostengünstige Form der Steuererhebung**[12]; ca. 15 Mrd. € p. a. kostete 2003 die deutsche USt-Erhebung. Zu diesem Ergebnis kam das Rheinisch-Westfälische Institut für Wirtschaftsforschung (RWI), das

---

11   Steuerspirale 2022: NWB 2023, 1536.
12   *Hacke*, VDI-Nachrichten Nr. 34 vom 22.8.2003, 12.

Einführung

im Auftrag des BMF die Erhebungskosten ermittelt und analysiert hat. Jeder »Steuer-Euro« verursachte damals danach durchschnittlich fünf Cent Verwaltungs-, Beratungs- und Gerichtskosten. Dabei erweist sich vor allem das **Selbstveranlagungssystem der Umsatzsteuer** als das kostengünstigste. Die Studie weist zutreffend darauf hin, dass die Steuererhebungskosten über die Steuerzahllast hinaus gesamtwirtschaftliche Ressourcen beanspruchen, die **für andere öffentliche wie für private Investitionen verloren** gehen.

Verwaltungs- und Gerichtskosten auf der einen, Steuerberatungskosten und Zeitaufwand auf der anderen Seite: Die **Vollzugskosten für die Steuererhebung** werden größtenteils vom Steuerzahler direkt getragen und belaufen sich im Durchschnitt auf 4,7 Prozent der Steuereinnahmen. So summieren sich etwa die Ausgaben bei der Einkommensteuer auf Seiten der Steuerzahler auf 3,4 Prozent und auf Seiten der Finanzverwaltung auf 2,2 Prozent. Für die wesentlich kostengünstigere Umsatzsteuer wenden die Steuerzahler 2,6 Prozent des Steueraufkommens für Steuererklärung und -beratung auf; die Verwaltungskosten betragen lediglich 0,5 Prozent der Steuereinnahmen.

	Verwaltungskosten		Befolgungskosten (Steuerzahler)		Vollzugskosten (insgesamt)	
	in Mrd. €	in Prozent	in Mrd. €	in Prozent	in Mrd. €	in Prozent
USt	0,613	0,5	3,118	2,6	3,731	3,1
ESt	3,731	2,2	5,725	3,4	9,456	5,6
KöSt	0,460	5,0	0,460	5,0	0,920	10,0
GewSt	0,255	1,2	0,817	3,8	1,072	5,0
KfzSt	0,204	2,9	0,102	1,4	0,306	4,3
Summe	5,263	1,6	10,222	3,1	15,485	4,7

 Aktuell: Zahlen der EU-Kommission zur beabsichtigten Mehrwertsteuerreform

Die vorgeschlagene Reform der Mehrwertsteuer (➲ Kapitel 22) soll das System für Unternehmen einfacher machen. Das neue Mehrwertsteuersystem soll es den europäischen Unternehmen ermöglichen, alle Vorteile des Binnenmarktes zu nutzen und auf den Weltmärkten zu bestehen. **Grenzüberschreitend tätige Unternehmen haben derzeit um 11 % höhere Kosten** für die Vorschrifteneinhaltung als nur im Inland tätige Unternehmen (s. o.). Diese Kosten dürften durch die Vereinfachung und Modernisierung des Mehrwertsteuersystems **um schätzungsweise 1 Milliarde € verringert** werden können.

Die Selbstveranlagung zur Umsatzsteuer erweist sich also trotz erhöhter Kontrollkosten als besonders günstig für die Finanzverwaltung; in diese Richtung könnten daher auch Überlegungen zur Kostensenkung bei den anderen Steuerarten gehen. Ein weiterer Denkansatz könnte sich aus einem Übergang zu **relativ autonomen (dezentralen) Steuerbehörden** ergeben – also einer mehr oder weniger strikten Trennung von Politik und operativer Ebene, wie sie Neuseeland, Schweden oder Finnland und zuletzt Italien vollzogen haben.

1.4.3   Nationaler Normenkontrollrat

1.4.3.1   Jahresbericht 2021

  Rechtsgrundlagen
- Nationaler Normenkontrollrat, Zukunftsfester Staat – weniger Bürokratie, praxistaugliche Gesetze und leistungsfähige Verwaltung
  ⊃ mybookplus.de > Wichtiges aus anderen Behörden > Sonstige

Auch vermeintliche Entlastungsgesetze entpuppen sich für die Mandanten häufig als finanzieller Bumerang, da sie erheblichen **Umsetzungsaufwand (die sog. »Befolgungskosten«)** provozieren. Denken Sie bitte nur an die steuerlichen und handelsrechtlichen Vorgaben, an die Datenschutz-Grundverordnung, das Geldwäschegesetz, die Hygienevorschriften, das Lieferkettengesetz oder das Transparenzregister.

Das moniert auch der aktuelle Jahresbericht 2021 des Nationalen Normenkontrollrats (NKR). Die unabhängige Kontrollinstanz legte wieder einmal den Finger in die Wunden. Die **Belastung der Wirtschaft** hat im letzten Jahr per Saldo zugenommen. Der einmalige Aufwand (Neustrukturierungen, Investitionen) war mit **5.800.000.000 €** (= 5,8 Milliarden Euro) so hoch wie nie zuvor!

Dieses ›Aus-dem-Ruder-Laufen‹ verlangt eine effektivere, ganzheitliche Kostenbegrenzung!

Dazu unterbreitet der Jahresbericht praktische Vorschläge – ebenso wie für die Gewährleistung ausreichender Beteiligungen von Vollzugsbehörden und Betroffenen bei der Vorbereitung gesetzlicher Regelungen. Ein zentraler Punkt der Regierungsarbeit, der im Verlauf der Legislaturperiode immer mehr an den Rand gedrängt worden ist!

Doch auch zu einem weiteren Aspekt sind die Erwartungen an die nächste Legislaturperiode hoch. Die Bedeutung schnellerer Planungs- und Genehmigungsverfahren wird zunehmend erkannt – nicht zuletzt mit Blick auf notwendige Klimaschutzinvestitionen[13].

1.4.3.2   Jahresbericht 2022

  Rechtsgrundlagen
- Nationaler Normenkontrollrat, Bürokratieabbau in der Zeitenwende – Bürger, Wirtschaft und Verwaltung jetzt entlasten
  ⊃ mybookplus.de > Wichtiges aus anderen Behörden > Sonstige

---

13   *Weimann*, Umsetzung neuer Gesetzesvorgaben kostet die Wirtschaft 5,8 Mrd. EUR, AStW 2022, 47.

Die Folgen von Krieg, Pandemie und Klimawandel haben den Druck auf Deutschland zusätzlich erhöht, innovativ und wirtschaftlich stark zu sein. Gerade jetzt müssen Unternehmen von unnötiger Bürokratie entlastet werden, um in der Krise bestehen zu können.

Der Erfüllungsaufwand ist im Berichtszeitraum 2021/22 **um rund 6,7 Mrd. Euro auf insgesamt rund 17,4 Mrd. Euro gestiegen** und fällt noch einmal damit deutlich höher aus als in den vergangenen Jahren.

1.5 Betrugsanfälligkeit der USt

Das Recht zum Vorsteuerabzug macht die Umsatzsteuer in erhöhtem Maße betrugsanfällig. Der Gesetzgeber versucht hiergegen im derzeitigen Umsatzsteuersystem durch Einzelmaßnahmen anzukämpfen Nunmehr beabsichtigt der EU-Gesetzgeber das komplette System gegen ein weniger betrugsanfälliges System zu ersetzen[14].

1.6 Und immer wieder: Die untauglichen Versuche der FinVerw zur Vereinfachung des deutschen (Umsatz-) Steuerrechts

Nachdenkliches zu den kassierenden BMF-Schreiben – zuletzt vom 10.3.2023

§ **Rechtsgrundlagen**
- BMF, Schreiben vom 7.6.2005, IV C 6 – O 1000 – 86/05, BStBl. I 2005, 717.
- BMF, Schreiben vom 29.3.2007, IV C 6 – O 1000/07/0018, 2007/0145039, BStBl. I 2007, 369.
- BMF, Schreiben vom 23.4.2010, IV A 6 – O 1000/09/10095, 2010/197416, BStBl. I 2010, 391.
- BMF, Schreiben vom 27.3.2012, IV A 2 – O 2000/11/10006, 2012/0060781, BStBl. I 2012, 370.
- BMF, Schreiben vom 9.4.2013, IV A 2 – O 2000/12/10001, 2013/0110996, BStBl. I 2013, 522.
- BMF, Schreiben vom 24.3.2014, IV A 2 – O 2000/13/10002, 2014/0205033, Anwendung von BMF-Schreiben; BMF-Schreiben, die bis zum 21.3.2014 ergangen sind, BStBl. I 2014, 606.
- BMF, Schreiben vom 23.3.2015, IV A 2 – O 2000/14/10001, 2015/0188422, Anwendung von BMF-Schreiben; BMF-Schreiben, die bis zum 20.3.2015 ergangen sind, BStBl. I 2015, 278.
- BMF, Schreiben vom 14.3.2016, IV A 2 – O 2000/15/10001, 2016/0210799, Anwendung von BMF-Schreiben; BMF-Schreiben, die bis zum 11.3.2016 ergangen sind, BStBl. I 2016, 290.

---

14 Hinweis auf die ➲ Kapitel 64 ff.

- BMF, Schreiben vom 21.3.2017, IV A 2 – O 2000/16/10001, 2017/0209070, Anwendung von BMF-Schreiben; BMF-Schreiben, die bis zum 20.3.2017 ergangen sind, BStBl. I 2017, 486.
- BMF, Schreiben vom 19.3.2018, IV A 2 – O 2000/17/10001, 2018/0151652, Anwendung von BMF-Schreiben; BMF-Schreiben, die bis zum 16.3.2018 ergangen sind, BStBl. I 2018, 322.
- BMF, Schreiben vom 18.3.2019, IV A 2 – O 2000/18/10001, 2019/0163664, Anwendung von BMF-Schreiben; BMF-Schreiben, die bis zum 15.3.2019 ergangen sind, BStBl. I 2019, 270.
- BMF, Schreiben vom 11.3.2020, IV A 2 – O 2000/19/10008 :001, 2020/0137308, Anwendung von BMF-Schreiben; BMF-Schreiben, die bis zum 10.3.2020 ergangen sind, BStBl. I 2020, 298.
- BMF, Schreiben vom 18.3.2021, IV A 2 – O 2000/20/10001 :001, 2021/0219490, Anwendung von BMF-Schreiben; BMF-Schreiben, die bis zum 17.3.2021 ergangen sind, BStBl I 2021, 390.
- BMF, Schreiben vom 11.3.2022, IV A 2 – O 2000/21/10005 :001, 2022/0185796, Anwendung von BMF-Schreiben; BMF-Schreiben, die bis zum 10.3.2022 ergangen sind, BStBl I 2022, 366.
- BMF, Schreiben vom 10.3.2023, IV A 2 – O 2000/22/10003 :001, 2023/0169552, Anwendung von BMF-Schreiben; BMF-Schreiben, die bis zum 9.3.2023 ergangen sind, BStBl I 2023, 406.

Die Antwort der Bundesregierung auf eine große Anfrage der Fraktion der FDP verdeutlichte bereits im Jahr 2003 recht eindrucksvoll, wie wenig das Attribut »einfach« schon damals auf das Steuerrecht und insbesondere das Umsatzsteuerrecht anzuwenden war[15].

- **Zahl der Steuergesetze unbezifferbar:** 118 Gesetze regelten als Stammnormen das Steuerrecht. Gesetze, die neben ihrem außersteuerlichen Regelungsgehalt auch Vorschriften zur Besteuerung enthalten, lassen sich nicht beziffern.
- **4853 BMF-Schreiben:** Ausweislich der Bundesdatenbank »VV-Steuer« gab es 2042 gültige – im BStBl. I veröffentlichte – BMF-Schreiben. Hinzu kommen 1193 BMF-Schreiben, die eine zeitliche Beschränkung in ihrer Anwendung aufweisen. Darüber hinaus werden 1618 nicht im Bundessteuerblatt Teil I veröffentlichte BMF-Schreiben in der Datenbank nachgewiesen.
- **Mehrfachänderung von Gesetzen:** Allein in der 14. Legislaturperiode wurden weit über 100 Vorschriften des EStG mehrfach geändert, d. h. innerhalb von vier Jahren hatten die Vorschriften zumindest drei unterschiedliche Fassungen; nicht berücksichtigt sind Vorschriften, die »nur« zwei Fassungen hatten.
- **Nichtanwendungserlasse:** Allein in der 14. Legislaturperiode sind 28 BMF-Schreiben oder gleichlautende Erlasse der obersten Finanzbehörden der Länder ergangen, die anordnen, dass BFH-Entscheidungen über den entschiedenen Einzelfall hinaus nicht anzuwenden sind.

---

15   BT-Drs. 15/1548 vom 16.9.2003.

Einführung

Daran hat sich bis heute nichts geändert!

1.6.1 Ausgangspunkt: BMF-Schreiben vom 7.6.2005

Los ging es mit dem BMF-Schreiben vom 7.6.2005. Das BMF wollte erstmals das »Anweisungsdickicht« erstmalig lüften. Auf einen Schlag wurden unter der Überschrift »Eindämmung der Normenflut« ca. 1.000 BMF-Schreiben aufgehoben, die vor dem 1.1.1980 ergangen waren.

Weiter gültig blieben immerhin 134 BMF-Schreiben aus der Zeit vor 1980! Darüber, ob diese wirklich (alle) so bedeutsam sind, dass sie weiter gültig bleiben müssen, wird sich trefflich streiten lassen. So scheint es fast undenkbar, dass die Auswirkungen der Umsatzsteuererhöhungen zum 1.1.1978 oder zum 1.7.1979 für aktuelle Steuerfestsetzungen von Bedeutung sein können. Gleiches gilt wohl auch für die Auswirkungen des Umsatzsteuergesetzes auf Maßnahmen der deutschen Bundesbahn nach dem Eisenbahnkreuzungsgesetz vom 14.8.1963.

1.6.2 Alljährliche Folgeschreiben

Aktuell hat das BMF den Zeitraum bis zum 9.3.2023 überprüft. Bereits zum Schreiben vom 29.3.2007 machte das BMF in der Pressemitteilung vom 30.3.2007 Hoffnung auf eine Steuervereinfachung:

»... Auf Bundesebene sind ca. 3.500 BMF-Schreiben auf ihre Aktualität geprüft worden. In Abstimmung mit den Ländern wurde festgestellt, dass von den rd. 3.500 Bundesanweisungen lediglich rund 1.000 BMF-Schreiben – also rund 28 Prozent – über den 31. Dezember 2004 hinaus Gültigkeit behalten. ... Der Bund reduziert damit im Ergebnis seinen aktuellen Bestand von Verwaltungsanweisungen für die Jahre ab 2005 auf einen Schlag von 3.500 auf 1.000 – also um 72 Prozent. Auf Landesebene kommen die Erlasse der Länder und die Verfügungen ihrer nachgeordneten Behörden hinzu, die auf diese BMF-Schreiben Bezug genommen haben und nicht bereits im Rahmen eigener Rechtsbereinigungsverfahren aufgehoben wurden. ... Dies ist ein weiterer Schritt zu einem umfassenden Bürokratieabbau, der mittels einer spürbaren Reduzierung der Normenflut von Steuer-Verwaltungsvorschriften erreicht wird.«

Die nunmehr bereits 14 Folgeschreiben des BMF[16] **gleichen in Text und Aufbau dem ersten Schreiben vom 7.6.2005.** Insbesondere enthalten sie ebenfalls eine Positivliste der BMF-Schreiben, die weiterhin ihre Gültigkeit behalten sollen. AAlle Verwaltungsanweisungen des Bundes, die nicht auf dieser Liste stehen, sollen für Steuertatbestände, die später verwirklicht werden, nicht mehr angewendet werden. Ländererlasse, die auf diesen nicht mehr anwendbaren BMF-Schreiben beruhen, sollen damit ebenfalls außer Kraft gesetzt sein[17].

---

16   ➲ mybookplus.de > Wichtiges aus dem BMF.
17   BMF, Pressemitteilung vom 30.3.2007.

Das aktuelle BMF-Schreiben vom 10.3.2023 stellt insoweit auf den **Stichtag 31.12.2021** ab:

- Die nicht in der Positivliste aufgeführten BMF-Schreiben werden für nach dem 31.12.2021 verwirklichte Steuertatbestände aufgehoben.

- Für vor dem 1.1.2022 verwirklichte Steuertatbestände bleibt die Anwendung der nicht in der Positivliste aufgeführten BMF-Schreiben unberührt, soweit sie nicht durch ändernde oder ergänzende BMF-Schreiben überholt sind

Auffällig ist jedoch, dass alle Folge-Schreiben anders als das erste Schreiben vom 7.6.2005 **zusätzlich folgende Regelung** treffen: »*... Die Aufhebung der BMF-Schreiben bedeutet keine Aufgabe der bisherigen Rechtsauffassung der Verwaltung, sondern dient der Bereinigung der Weisungslage ...*«

1.6.3 Was heißt »Bereinigung der Weisungslage«?

Es drängt sich der Verdacht auf, dass die »Ministeriellen« damit weniger den Bürgern oder deren Steuerberatern als vielmehr sich selbst helfen wollen, scheint ihnen doch nicht mehr präsent zu sein, was sie so alles an Verwaltungsanweisungen produziert haben. Allen Schreiben hängt daher eine **Positivliste** an; nur die nicht in die Listen aufgenommenen Schreiben werden außer Kraft gesetzt. Das Verfahren hat für das BMF z. B. den Vorteil, dass es darauf verzichten kann, genau zu dokumentieren, welche BMF-Schreiben aufgrund von Gesetzes- und/oder Rechtsprechungsänderungen ohnehin längst bedeutungslos sind. Zur Euphorie jedenfalls gibt dieses Vorgehen keinen Anlass[18]:

- Wenn die Aufhebung der bis zum 9.3.2023 ergangenen BMF-Schreiben keine Aufgabe der bisherigen Rechtsauffassung der Verwaltung bedeutet, heißt dies – positiv ausgedrückt –, dass die vermeintlich aufgehobenen BMF-Schreiben auch weiterhin die Verwaltungsauffassung wiedergeben. **Damit bleiben die formell aufgehobenen Schreiben materiell weiter gültig!**

- Für die Praxis folgt daraus, dass der einzelne Finanzbeamte auch die bis zum 9.3.2023 ergangenen BMF-Schreiben weiter anwenden und der **Steuerberater diese wie gehabt berücksichtigen muss!**

- Damit wird (wissenschaftlich) genau **wie folgt zu zitieren** sein:

  - BMF-Schreiben, die vor dem 9.3.2023 ergangen und **weiter in der Positivliste** enthalten sind: BMF, Schreiben vom 28.2.2014, IV D 3 – S 7117-a/10/10002, 2014/0197080, BStBl. I 2014, 279; weiter gültig BMF-Schreiben vom 10.3.2023, IV A 2 – O 2000/22/10003 :001, 2023/0169552, Anlage 1 (Positivliste) Nr. 1533, BStBl. I 2023.

  - BMF-Schreiben, die vor dem 9.3.2023 ergangen sind, in der Positivliste vom 18.3.2021 enthalten waren und **ab sofort nicht mehr in der Positivliste** enthalten sind: BMF, Schreiben vom 30.6.2020, III C 2 – S 7030/20/10009 :004,

---

18   *Weimann*, AStW 5/2020, 374.

2020/0610691, Befristete Absenkung des allgemeinen und ermäßigten Umsatzsteuersatzes zum 1.7.2020, , BStBl. I 2020, 584; formell aufgehoben, materiell aber weiter gültig lt. BMF, Schreiben vom 10.3.2023, IV A 2 – O 2000/22/10005 :001, 2023/0169552, Anlage 2 (Negativliste) Nr. 98, BStBl I 2023.

- BMF-Schreiben, die vor dem 9.3.2023 ergangen sind und **schon in der Positivliste vom 18.3.2021 nicht enthalten waren**: BMF, Schreiben vom 16.5.1994, IV C 4 – S 7118b – 17/94, BStBl I 1994, 321, formell aufgehoben, materiell aber weiter gültig lt. BMF, Schreiben vom 10.3.2023, IV A 2 – O 2000/22/10005 :001, 2023/0169552, BStBl I 2023.

- Da die Zitate der bis zum 10.3.2022 ergangenen Schreiben damit **unnötig »aufgebläht«** werden, wird die Praxis wie schon bei den Vorgängerschreiben dazu übergehen, sich den Hinweis auf das Schreiben vom 11.3.2022 zu sparen.

- Abschließend bleibt der Hinweis, dass das BMF-Schreiben **deklaratorisch** (= bezeugend, klarstellend, beweiskräftig) wirkt, soweit die in der Positivliste nicht enthaltenen Schreiben aus anderen Gründen keine Rechtswirkung mehr entfalten.

➡ Beratungskonsequenzen

Auch das neue BMF-Schreiben ist – wie schon die Vorgängerschreiben – rundherum eine »**Mogelpackung**« und weitgehend sinnfrei:
- die Normenflut wird ausgeweitet
- es gibt zusätzliche – wenn auch inhaltsleere – Verwaltungsanweisungen
- das – zumindest wissenschaftlich genaue – Zitieren wird erschwert
- der Regelungsgehalt geht gegen Null!

1.7 Informationspflicht des Steuerberaters bei angekündigten oder zu erwartenden USt-Änderungen

Das Foto zeigt einen gut gekleideten Mittvierziger, der die Tageszeitung lesend durchs Meer watet, und ist unterschrieben mit »Selbst im Urlaub sollten sich Berater mit der richtigen Lektüre auf dem Laufenden halten – wenn es sein muss, auch am Strand«. Das Handelsblatt[19] leitet so einen Bericht über die neue Rechtsprechung des BGH zur Informationspflicht des Steuerberaters ein. Wird in der Tages- oder Fachpresse über Vorschläge zur Änderung des Steuerrechts berichtet, die im Falle ihrer Verwirklichung das von dem Mandanten des Beraters erstrebte Ziel unter Umständen vereiteln oder beeinträchtigen, kann der Steuerberater gehalten sein, sich aus allgemein zugänglichen Quellen über den näheren Inhalt und Verfahrensstand solcher Überlegungen zu unterrichten[20].

---

19 *Engelken,* Handelsblatt 53 vom 16.3.2005, 38.
20 BGH, Urteil vom 15.7.2004, IX R 472/00, BFH/NV Beilage 2005, 51.

1.7.1 Umfang der Informationspflicht

Der Steuerberater ist im Rahmen des ihm erteilten Auftrags verpflichtet, den Mandanten umfassend zu beraten und **auch ungefragt** über alle steuerlichen Einzelheiten und deren Folgen zu unterrichten[21]. Er hat seinen Mandanten möglichst vor Schaden zu schützen. Hierzu hat er den relativ sichersten Weg zum angestrebten steuerlichen Ziel aufzuzeigen und die für den Erfolg notwendigen Schritte vorzuschlagen. Die mandatsbezogenen erheblichen Gesetzes- und Rechtskenntnisse muss der Steuerberater besitzen oder sich ungesäumt verschaffen. Neue oder geänderte Rechtsnormen hat er in diesem Rahmen zu ermitteln. Wird **in der Presse über Vorschläge zur Änderung des Steuerrechts** berichtet, die im Falle ihrer Verwirklichung von dem Mandanten des Beraters erstrebte Ziele vereiteln oder beeinträchtigen können, kann der Steuerberater gehalten sein, sich aus allgemein zugänglichen Quellen über den näheren Inhalt und den Verfahrensstand solcher Überlegungen zu unterrichten, um den Mandanten optimal zu beraten.

Gefahrenpotenzial für Haftungsfälle sieht der **Deutsche Steuerberaterverband** vor allem im Umsatzsteuerrecht. So sei derzeit für Steuerberater noch gar nicht absehbar, wie die Finanzverwaltung die erst seit Anfang 2004 gültigen **Dokumentations- und Aufbewahrungspflichten** für Umsatzsteuerzwecke auslegen werde. Viele Berater fürchten, dass angesichts der neuen BGH-Rechtsprechung die Begehrlichkeiten von Mandanten wachsen könnten, ihren Steuerberater noch stärker als ohnehin schon in Anspruch zu nehmen. Ein Fehler lässt sich schnell finden[22]!

In einer neueren Entscheidung nimmt das OLG Köln diese Rechtsprechung auf[23]. Der Steuerberater ist im Rahmen des ihm erteilten Auftrags verpflichtet,

- den Mandanten **umfassend** zu beraten und
- **ungefragt** über alle steuerlichen Einzelheiten und deren Folgen zu unterrichten.

Er hat seinen Mandanten möglichst vor Schaden zu schützen. Hierzu hat er den relativ sichersten Weg zu dem angestrebten steuerlichen Ziel aufzuzeigen und die für den Erfolg notwendigen Schritte vorzuschlagen. Die mandatsbezogenen erheblichen Gesetzes- und Rechtskenntnisse muss der Steuerberater besitzen oder sich verschaffen. Neue oder geänderte Rechtsnormen hat er in diesem Rahmen zu ermitteln[24].

1.7.2 Besonderheit: ausländische EuGH-Verfahren

Hinzuweisen ist in diesem Zusammenhang auch noch einmal auf die für den Berater zusätzlich bestehende **Informationspflicht zu ausländischen Umsatzsteuerverfahren** vor dem EuGH (➲ Kapitel 32).

---

21   Weimann, UStB 2005, 132.

22   So auch *Weyand*, Anmerkungen zum Urteil des BGH vom 15.7.2004 (IX ZR 472/00), INF 2004, 811.

23   OLG Köln, Urteil vom 12.11.2018, 16 U 84/18, iww.de/astw, Abruf-Nr. 208127.

24   Dazu *Peine*, AStW 05/2019, 338.

Einführung

1.7.3 Mandantenrundschreiben allenfalls bedingt geeignet

Steuerberater schulden eine **individuelle Belehrung**[25]! Das OLG Düsseldorf[26] hat darauf erkannt, dass der Steuerberater dem Mandanten eine konkrete, auf die speziellen Probleme des Mandanten bezogene Belehrung schuldet. Allgemeine Ausführungen in **Mandantenrundschreiben** können solche konkreten Hinweise ebenso wenig ersetzen, wie nach Art eines steuerrechtlichen Lehrbuchs abgefasste **Merkblätter**.

Im konkreten Fall machte der Mandant geltend, der Steuerberater habe ihn nicht auf die steuerliche Notwendigkeit der Führung eines Fahrtenbuches hingewiesen.

Der Steuerberater hielt dem entgegen, der **geschäftserfahrene Mandant** sei zum einen gar nicht belehrungsbedürftig gewesen, da dieses Thema ohnehin »in aller Munde« gewesen sei. Darüber hinaus habe er seine Belehrungspflichten durch Übersendung von Mandantenrundschreiben und Merkblättern erfüllt.

Nach Ansicht des OLG Düsseldorf sei auch von einem geschäftserfahrenen Mandanten **nicht zu erwarten, dass dieser in der Lage und auch bereit sei, derlei allgemein theoretische Ausführungen auf ihre Erheblichkeit auf seine eigenen Angelegenheiten zu überprüfen.** Vielmehr sei davon auszugehen, dass sich der Mandant gerade nicht selbst um seine Probleme kümmern wolle und deshalb den Steuerberater beauftragt habe.

➡️ **Beratungskonsequenzen**

1. So aufwendig und inhaltlich hochwertig Mandantenrundbriefe auch sein mögen: **primär** wird jeder Mandant diese Informationen als Marketingmaßnahme betrachten, die das Know-how der Kanzlei demonstrieren und **Kundenbindung** erzeugen soll[27].
2. Die **vertragsmäßig geschuldeten Beratungs- und Informationspflichten** können durch derartige Informationen jedoch nicht ersetzt werden[28]!

---

25 Steuerberater-Verband e. V. Köln, Wochenübersicht StBdirekt vom 1.3.2009.
26 OLG Düsseldorf, Urteil vom 29.1.2008, I – 23 U 64/07, MDR 2008, 802.
27 *Weimann*, StB 2014, 324.
28 Steuerberater-Verband e. V. Köln, a. a. O.

2 Rechtsgrundlagen

 Hinweis

➲ Kapitel 1 (Einführung)
➲ Kapitel 3 (Interpretation von Umsatzsteuer)
➲ Kapitel 4 (»Bürgerwirkung« der MwStSystRL)
➲ Kapitel 118 Vorsteuererstattung über Direktanspruch (»Reemtsma-Anspruch«)/
BMF-Schreiben vom 12.4.2022

3 Interpretation von Umsatzsteuer

 Rechtsgrundlagen

- BMF, Schreiben vom 17.12.2014, IV D 1 – S 7058/14/10004, 2014/1109561, Umsatzsteuer; Umgang mit Veröffentlichungen der europäischen Kommission zur praktischen Anwendung des EU-Rechts auf dem Gebiet der Mehrwertsteuer, BStBl. I 2015, 43.

Rechtsgrundlagen

- Erläuterungen zu den wichtigsten Änderungen der Mehrwertsteuervorschriften für die Rechnungsstellung ab dem 1.1. 2013 (Oktober 2011)
- Leitfaden zur kleinen einzigen Anlaufstelle für die Mehrwertsteuer (MOSS) (Oktober 2013)
- Zusätzliche Leitlinien – Prüfung der MOSS-Daten (Juni 2014)
- Erläuterungen zu den 2015 in Kraft getretenen EU-Mehrwertsteuervorschriften bezüglich des Ortes der Erbringung von Telekommunikations-, Rundfunk- und elektronischen Dienstleistungen (April 2014)
- Erläuterungen zum steuerlichen Ort der im Zusammenhang mit einem Grundstück erbrachten Dienstleistungen (Oktober 2015)
- Erläuterungen zu den MwSt-Änderungen in der EU, welche die Konsignationslagerregelung, Reihengeschäfte und die Steuerbefreiung für innergemeinschaftliche Lieferungen von Gegenständen betreffen (»2020 Quick Fixes«) (Dezember 2019)
- Erläuterungen zu den Mehrwertsteuervorschriften für den elektronischen Geschäftsverkehr (Dezember 2020)
- Leitfaden für die einzige Anlaufstelle für die Mehrwertsteuer (März 2021)

➲ mybookplus.de > Wichtiges aus anderen Behörden

3.1 Erläuterung neuer Rechtsvorschriften durch die EU-Kommission (»Leitlinien«)

Die Europäische Kommission ist in der letzten Zeit dazu übergegangen, die Anwendung von Vorschriften aus neuen Legislativakten des Rates durch umfangreiche Veröffentlichungen auf ihrer Homepage zu begleiten. In den Veröffentlichungen erläutert die Europäische Kommission, wie die neuen Vorschriften aus ihrer Sicht anzuwenden sind.

3.1.1 Rechtliche Einordnung durch die EU-Kommission

Die Europäische Kommission weist in den Veröffentlichungen jeweils selbst ausdrücklich darauf hin, dass diese nicht rechtsverbindlich sind.

Die Kommission betrachtet diese vielmehr als **praktische und informelle Information** dazu, wie die Rechtsvorschriften der EU nach **Ansicht der Generaldirektion Steuern und Zollunion** anzuwenden sind.

Folglich seien weder die Europäische Kommission selbst noch die Mitgliedstaaten an den Inhalt der Veröffentlichungen gebunden.

3.1.2 Rechtliche Einordnung durch das BMF

Dem schließt sich das BMF – natürlich gerne – wie folgt an:

 Rechtsgrundlagen

BMF, Schreiben vom 17.12.2014, IV D 1 – S 7058/14/10004, 2014/1109561, BStBl. I 2015, 43
»Veröffentlichungen der Europäischen Kommission zur praktischen Anwendung des EU-Rechts auf dem Gebiet der Mehrwertsteuer haben keine rechtliche Bindungswirkung. Dies gilt sowohl für bereits vorliegende Veröffentlichungen als auch für künftige Veröffentlichungen der Europäischen Kommission. Maßgeblich für die Rechtsanwendung sind das Umsatzsteuergesetz, die Umsatzsteuer-Durchführungsverordnung sowie die Regelungen im Umsatzsteuer-Anwendungserlass und anderen Verwaltungsanweisungen.«

 Beratungskonsequenzen

Das ist – mit Verlaub – »nur« die Rechtsauffassung von EU-Kommission und Finanzverwaltung. Es steht zu erwarten, dass die Gerichte das anders sehen:

- Die Veröffentlichungen geben eine wichtige Rechtsauffassung wieder und sind bei der **Interpretation der nämlichen Vorschriften** zweifelsohne mit heranzuziehen.
- Aus den Veröffentlichungen wird sich auch – zumindest solange keine gegenteiligen Rechtauffassungen der deutschen Finanzverwaltung oder -gerichte bekannt sind – ein **gewisser Vertrauensschutz** ableiten lassen.

3.1.3   Inhalt der aktuellen Leitlinien

Bei Drucklegung sind folgende Leitlinien veröffentlicht:

Titel	Erläuterte MwSt-Vorschriften	Datum der Veröffentlichung/ Überarbeitung
Leitfaden für die einzige Anlaufstelle für die Mehrwertsteuer	Die einzige Anlaufstelle in der EU (OSS) ist das elektronische Portal, über das Unternehmen ab dem 1.7.2021 ihre Mehrwertsteuerverpflichtungen für E-Commerce-Verkäufe an Verbraucher innerhalb der EU erfüllen können	März 2021
Erläuterungen zu den Mehrwertsteuervorschriften für den elektronischen Geschäftsverkehr	Am 1.7.2021 wird eine Reihe von Änderungen der Richtlinie 2006/112/EG (»MwSt-Richtlinie«) wirksam, die sich auf die Mehrwertsteuervorschriften für den grenzüberschreitenden elektronischen Geschäftsverkehr zwischen Unternehmen und Verbrauchern auswirken	Dezember 2020
Erläuterungen zu den MwSt-Änderungen in der EU, welche die Konsignationslagerregelung, Reihengeschäfte und die Steuerbefreiung für innergemeinschaftliche Lieferungen von Gegenständen betreffen (»2020 Quick Fixes«)	Vorschriften, die am 1.1.2020 in Kraft treten und die Konsignationslagerregelung, Reihengeschäfte, die Steuerbefreiung für innergemeinschaftliche Lieferungen von Gegenständen und den Nachweis der Beförderung für die Zwecke dieser Befreiung betreffen	Dezember 2019
Erläuterungen zum steuerlichen Ort der im Zusammenhang mit einem Grundstück erbrachten Dienstleistungen	Steuerlichen Ort der im Zusammenhang mit einem Grundstück erbrachten Dienstleistungen	Oktober 2015
Erläuterungen zu den 2015 in Kraft getretenen EU-Mehrwertsteuervorschriften bezüglich des Ortes der Erbringung von Telekommunikations-, Rundfunk- und elektronischen Dienstleistungen	EU-Mehrwertsteuervorschriften bezüglich des Ortes der Erbringung von Telekommunikations-, Rundfunk- und elektronischen Dienstleistungen	April 2014
Leitfaden zur kleinen einzigen Anlaufstelle für die Mehrwertsteuer (MOSS)	Regelung für die kleine einzige Anlaufstelle für Erbringer von Telekommunikations-, Rundfunk- und elektronischen Dienstleistungen	Oktober 2013
Zusätzliche Leitlinien – Prüfung der MOSS-Daten	Prüfungen im Rahmen von MOSS	Juni 2014
Erläuterungen zu den wichtigsten Änderungen der Mehrwertsteuervorschriften für die Rechnungsstellung ab dem 1.1.2013	Mehrwertsteuervorschriften für die Rechnungsstellung	Oktober 2011

Hinweis

Alle Leitlinien stehen für Sie zum Download bereit

➲mybookplus.de > Wichtiges aus anderen Behörden

3.2 Absage an das (deutsche) Zivilrecht!

Der EuGH hatte in einem deutschen Vorlageverfahren den Begriff der »Vermietung von Grundstücken« zu beurteilen. In Deutschland war es bislang (... und ist es unverständlicherweise auch weiter ...) üblich, im Hinblick auf den Grundsatz der »Einheitlichkeit der Rechtsordnung« hierzu auf das Zivilrecht zurückzugreifen[29]. Diesem Gedanken erteilte der EuGH allerdings eine klare Absage. Der Begriff der »Vermietung von Grundstücken« sei ein eigenständiger Begriff des Gemeinschaftsrechts[30] und daher **vom Zivilrecht der Mitgliedstaaten unabhängig** und unter Berücksichtigung von Wortlaut, Regelungszusammenhang und Zielen des Art. 13 Teil B Buchst. b der 6. EG-RL (seit 1.1.2007: Art. 135 MwStSystRL) zu finden[31]. Zu berücksichtigen ist damit der Normzweck; das entspricht deutscher Auslegungsmethodik.

Die Bestimmungen der MwStSystRL sind also – wie auch die ihrer Vorgängerin, der 6. EG-RL – grundsätzlich eigenständige Begriffe des Gemeinschaftsrechts und erfordern daher eine **autonome und einheitliche gemeinschaftsrechtliche Definition**, welche – insbesondere bei den Ortsbestimmungen – auch bezweckt, eine Doppelbesteuerung oder Nichtbesteuerung zu vermeiden[32].

Die europäische Einbettung des jeweiligen nationalen Umsatzsteuerrechts verlangt, dass auch dieses EG-Richtlinien-konform ausgelegt wird. Vor diesem Hintergrund verbietet sich damit grundsätzlich auch die Interpretation der **Tatbestandsmerkmale des deutschen UStG** nach (nationalem) deutschem Zivilrechtsverständnis. Im Hinblick auf die Vielzahl der unterschiedlichen Zivilrechtsordnungen kann der EuGH die MwStSystRL nur **wirtschaftlich ohne Berücksichtigung der jeweiligen Zivilrechtslagen** in den einzelnen Mitgliedstaaten auslegen. Nur so kann die **Harmonisierung** des Umsatzsteuerrechts und dessen **Wettbewerbsneutralität** in der EG erreicht werden.

➡ **Beratungskonsequenzen**

1. Bestimmungen des Umsatzsteuerrechts sind grundsätzlich **losgelöst von nationalen Rechtsvorgaben** auszulegen.
2. Auch für die Umsatzsteuer gilt der Grundsatz der »**Einheitlichkeit der Rechtsordnung**« – allerdings mit der Besonderheit, dass mit Letzterer die **europäische** und nicht lediglich die deutsche (einzelstaatliche) Rechtsordnung gemeint ist.

---

29 Vgl. z. B. Abschn. 4.12.1 Abs. 1 UStAE.
30 So bereits EuGH, Urteil vom 3.2.2000, Rs. C-12/98, Amengual Far, UR 2000, 123.
31 EuGH, Urteil vom 16.1.2003, Rs. C-315/00, *Rudolf Maierhofer*, UR 2003, 86; vgl. auch EuGH, Urteil vom 14.10.1999, Rs. C-23/98, Heerma, UR 2000, 121, Rz. 23; EuGH, Urteil vom 14.6.2001, Rs. C-191/99, Kvaerner plc, RIW 2001,791, Rz. 30.
32 Vgl. Art. 58 MwStSystRL.

3. **Ausnahmsweise** spielt das deutsche Zivilrecht eine Rolle bei der Interpretation des (deutschen) UStG, wenn Letzteres **unmittelbar** Begriffe aus dem Zivilrecht übernimmt, diese also erst aus dem Zivilrecht ihren Bedeutungsinhalt erfahren[33]. Als Beispiele sind zu nennen: »Einräumung, Übertragung und Wahrnehmung von Patenten, Urheberrechten, Markenrechten und ähnlichen Rechten« (§ 3a Abs. 4 Nr. 1 UStG), »Berechtigungen, für die die Vorschriften des bürgerlichen Rechts über Grundstücke gelten« (§ 4 Nr. 12 Buchst. a UStG), »die Bestellung, die Übertragung und die Überlassung der Ausübung von dinglichen Nutzungsrechte an Grundstücken« (§ 4 Nr. 12 Buchst. c UStG), »wesentliche Bestandteile eines Grundstücks« (§ 4 Nr. 12 Satz 2 UStG), »Wohnungseigentümer i. S. d. Wohnungseigentumsgesetzes« (§ 4 Nr. 13 UStG), »Übertragung von Erbbaurechten« (§ 9 Abs. 2 UStG), »die Einräumung, Übertragung und Wahrnehmung von Rechten, die sich aus dem Urhebergesetz ergeben« (§ 12 Abs. 2 Nr. 7 Buchst. c UStG).

4 »Bürgerwirkung« der MwStSysRL

Was passiert, wenn die europäischen Vorgaben vom Fiskus pflichtwidrig (nicht) umgesetzt wurden?

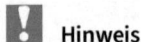 **Hinweis**
➲ mybookplus.de > Vertiefende Informationen > Kapitel 4

5 Vorsteuerabzug von Leistungspartnern

EuGH vom 26.1.2012: Was beim Händler zur USt führt, muss beim Kunden noch lange keine Vorsteuer auslösen!

5.1 Die Grundsatzentscheidung des EuGH

Leistender Unternehmer und Leistungsempfänger machen leider immer wieder die Erfahrung, dass die jeweils für sie zuständigen Finanzämter ein und dieselbe Leistungsbeziehung – z. B. hinsichtlich des Vorsteuerabzugs oder der Steuerschuldnerschaft nach § 13b UStG – umsatzsteuerlich unterschiedlich beurteilen. Hierzu lag dem FG Hamburg folgender Sachverhalt zur Entscheidung vor:

---

33   *Stadie*, UStG, 1. Aufl. 2009, Vorbemerkung Rz. 63 u. 75.

Sachverhalt

Unternehmer U vermittelte selbstständig tätige Lkw-Fahrer an Speditionen im In- und Ausland insbesondere für kurzfristige Einsätze wie Urlaubs- oder Krankheitsvertretung. Bei der Fakturierung und in der Umsatzsteuererklärung ging U hier von einer »Personalgestellung« i. S. v. § 3a Abs. 4 Nr. 7 UStG aus und rechnete daher gegenüber auslandsansässigen Leistungsempfängern i. S. v. § 3a Abs. 3 UStG a. F. netto – also ohne deutsche Umsatzsteuer – ab.

Im Zuge einer Außenprüfung entschied das **Finanzamt** jedoch, der Leistungsort bestimme sich nach **§ 3a Abs. 1 UStG**, da eine »Personalgestellung« nur abhängig Beschäftigte, nicht jedoch selbstständige Unternehmer betreffen könne. U wies daher ab sofort auch gegenüber auslandsansässigen Unternehmern **deutsche Umsatzsteuer** aus.

Das **BZSt** dagegen **verwehrte** den auslandsansässigen Leistungsempfängern des U die **Vergütung dieser Umsatzsteuer** mit der Begründung, es handele sich – wie ursprünglich von U angenommen – doch um eine »Personalgestellung« i. S. v. **§ 3a Abs. 4 Nr. 7 UStG**, sodass ein nicht zum Vorsteuerabzug berechtigender »unrichtiger Steuerausweis« vorliege.

Die ausländischen Leistungsempfänger verweigerten dem U daraufhin die Zahlung der in Rechnung gestellten Umsatzsteuer, sodass U – da das für ihre Besteuerung zuständige Finanzamt die Umsatzbesteuerung gleichwohl forderte – die Geschäftstätigkeit letztlich einstellen musste.

Das FG Hamburg sah darin einen Verstoß gegen das **Gebot widerspruchsfreien Verwaltungshandelns**; es sei völlig inakzeptabel, dass unterschiedliche für den Leistenden und den Leistungsempfänger zuständige Finanzbehörden in sich divergierende Rechtsauffassungen zum Nachteil der Steuerpflichtigen vertreten. Das Gericht legte dem EuGH daher die Frage vor, das Gemeinschaftsrecht die Mitgliedstaaten im Hinblick auf den **Neutralitätsgrundsatz** und die **unternehmerische Planungssicherheit** dazu verpflichtet, verfahrensrechtliche Voraussetzungen zu schaffen, die eine einheitliche Rechtsbeurteilung auch in solchen Fällen zu gewährleisten. Das FG verweist auch darauf, dass nach derzeitiger Rechtslage zwar eine zum einen Beteiligten ergangene Rechtsmittelentscheidung letztlich auch gegenüber dem anderen Beteiligten Wirkung entfalten könne (§ 174 Abs. 5 AO), dies aber ausschließlich die Steuerpflichtigen und nicht die Steuerbehörden binde[34].

In das EuGH-Urteil hat die Praxis **hohe Erwartungen** gesetzt – **leider vergebens**! Der EuGH hat im 2. Leitsatz nämlich erkannt[35]:

»Art. 17 Abs. 1, 2 Buchst. a und 3 Buchst. a sowie Art. 18 Abs. 1 Buchst. a der Sechsten Richtlinie 77/388 sind dahin auszulegen, dass sie den Mitgliedstaaten nicht vorschreiben, ihr nationales Verfahrensrecht so zu gestalten, dass die Steuerbarkeit und die Mehrwertsteuerpflicht einer Dienstleistung beim Leistungserbringer und beim Leistungsempfänger in kohärenter Weise beurteilt werden, auch wenn für sie verschiedene Finanzbehörden

---

34   FG Hamburg, Beschluss vom 20.4.10, 3 K 3/09, EFG 2010, 1170.
35   EuGH, Urteil vom 26.1.2012, Rs. C-218/10, ADV Allround Vermittlungs AG in Liquidation, DB 2012, 384.

zuständig sind. Diese Bestimmungen verpflichten die Mitgliedstaaten jedoch, die zur Sicherstellung der korrekten Erhebung der Mehrwertsteuer und zur Wahrung des Grundsatzes der steuerlichen Neutralität erforderlichen Maßnahmen zu treffen.«

Der EuGH betont, dass es nach ständiger Rechtsprechung mangels einer entsprechenden EU-rechtlichen Regelung den Mitgliedstaaten überlassen bliebe, die zuständigen Behörden zu bestimmen und die Verfahrensmodalitäten zu regeln. Letztere müssen den Schutz der dem Einzelnen aus dem Unionsrecht erwachsenden Rechte gewährleisten und dürfen

- nicht weniger günstig ausgestaltet sein als die entsprechenden innerstaatlichen Rechtsbehelfe (**Äquivalenzgrundsatz**) und

- die Ausübung der durch die Unionsrechtsordnung verliehenen Rechte nicht praktisch unmöglich machen oder übermäßig erschweren (**Effektivitätsgrundsatz**)[36].

Während der Äquivalenzgrundsatz außer Zweifels stand, hatte das FG Hamburg **Bedenken hinsichtlich des Effektivitätsgrundsatzes**. Mangels spezieller Vorschriften im deutschen Verfahrensrecht würde das vom EuGH im Urteil vom 13.12.1989[37] anerkannte Recht des Dienstleistungserbringers und des Dienstleistungsempfängers, hinsichtlich der Steuerbarkeit und der Mehrwertsteuerpflicht ein und derselben Leistung gleich behandelt zu werden, **de facto jede praktische Wirksamkeit verlieren**.

Diese Auffassung teilt der EuGH nicht und erinnert daran, dass der Effektivitätsgrundsatz nur dann als verletzt gilt, wenn sich erweist, dass die Ausübung eines durch die Unionsrechtsordnung verliehenen Rechts **unmöglich gemacht oder übermäßig erschwert** wird. Dies sei im Urteilsfall aber gerade nicht so. Dienstleistungserbringer und -empfänger haben – so der EuGH – die Möglichkeit, ihre Rechte nicht nur gegenüber den Verwaltungsbehörden, sondern auch vor den für Mehrwertsteuersachen zuständigen Gerichten **im Rahmen von Verfahren** geltend zu machen, deren **grundsätzliche Eignung**, eine korrekte und einheitliche Auslegung und Anwendung des EU-Rechts sicherzustellen, **außer Streit steht**. Die einheitliche Auslegung und Anwendung des Unionsrechts wird nämlich letztlich durch das **Vorabentscheidungsverfahren** zur Auslegung oder Beurteilung der Gültigkeit des Unionsrechts nach Art. 267 AEUV gewährleistet; Letzteres schafft ein System der Zusammenarbeit zwischen den nationalen Gerichten und dem EuGH. Aus den dem EuGH vorliegenden Akten ergibt sich jedoch nicht, dass eine nationale Regelung wie die im Ausgangsverfahren in Rede stehende es nicht erlaubt, das ordnungsgemäße Funktionieren dieser gerichtlichen Zusammenarbeit zu gewährleisten[38].

---

36   EuGH, Urteil vom 26.1.2012, a. a. O., Rz. 35.

37   EuGH, Urteil vom 13.12.1989, Rs. C-342/87, Genius Holding BV, NJW 1991, 632.

38   EuGH, Urteil vom 26.1.2012, a. a. O., Rz. 38 ff.

➡ Beratungskonsequenzen

1. Was nicht sein darf, das nicht sein kann! Während das FG Hamburg auf die **faktische Unmöglichkeit** hinweist, gleich lautende Verwaltungsentscheidungen zu erreichen, betont der EuGH, dass doch **(theoretisch) alle notwendigen Instrumentarien** zur Verfügung stünden. Alles bleibt wie es schon immer war – und ist damit in höchstem Maße unbefriedigend!

2. Martin[39] fasst dies – aus der Sicht einer BFH-Richterin – wie folgt zusammen: »… Ob der Effektivitätsgrundsatz die Mitgliedstaaten verpflichtet ihr nationales Verfahrensrecht so zu gestalten, dass auch bei Zuständigkeit verschiedener FA der Umsatz bei beiden Beteiligten in kohärenter Weise beurteilt wird, war eine Frage. **Verfahrensrechtlich könnte dies durch eine Beiladung hergestellt werden. Nach ständiger Rechtsprechung des BFH liegen die Voraussetzungen für eine notwendige Beiladung aber nicht vor.** … Das Unionsrecht gibt den Mitgliedstaaten kein Verfahrensrecht vor; es muss lediglich für unionsrechtliche Ansprüche derselbe Standard wie für nationalrechtliche Ansprüche gelten. Der Effizienzgrundsatz ist nur verletzt, wenn die Ausübung eines unionsrechtlichen Anspruchs unmöglich gemacht oder übermäßig erschwert wird. Insoweit betont der EuGH, dass beide am Umsatz Beteiligte die Möglichkeit haben, die korrekte und einheitliche Auslegung und Anwendung gerichtlich geltend zu machen und dadurch den Gleichklang herzustellen. Der materiell-rechtliche Gleichklang wird bei Zweifeln ggf. durch ein Vorabentscheidungsersuchen bewirkt. **Dass aber tatsächlich der Gleichklang nicht gelingt, z. B. wenn eine Nichtzulassungsbeschwerde nicht ausreichend begründet oder ein Rechtsmittel verspätet eingelegt worden ist, berührt den unionsrechtlichen Effektivitätsgrundsatz nicht.**«.

5.2 Ein Fall aus der Beratungspraxis

Ein – leider fast alltäglicher – »Echtfall«[40]:

Sachverhalt

Im Rheinland sind 2 Vertragshändler (V_1 und V_2) desselben Automobilherstellers (H) ansässig. V_1 beabsichtigt sich zur Ruhe zu setzen; V_2 hat Interesse, das Geschäft des V_1 zu erwerben.

H verlangt von den Vertragshändlern für den Werkstattbereich u. a. eine funktionierende Lackiererei.

Da V_2 insoweit bereits modernst ausgestattet ist, beabsichtigt er, von V_1 alles zu übernehmen – mit Ausnahme der Lackiererei.

Eine Anfrage beim Finanzamt des V_1 ergab, dass die Lackiererei ja von H vorgeschrieben und damit wesentliche Betriebsgrundlage sei. Auf eine Veräußerung ohne Lackiererei sei damit § 1 Abs. 1a UStG nicht anzuwenden; diese erfolge mithin

---

39 *Martin*, BFH/NV online, Dokument HI 2943250.
40 Vgl. *Weimann*, StB 2014, 398.

umsatzsteuerbar und -pflichtig. V_1 rechnete gegenüber V_2 unter offenem Umsatzsteuerausweis ab.

Das Finanzamt des V_2 verweigerte eine Vorsteuererstattung mit dem Hinweis, dass die Veräußerung als Geschäftsveräußerung im Ganzen gem. § 1 Abs. 1a UStG nicht steuerbar und der Steuerausweis damit gem. § 14c Abs. 1 UStG unrichtig sei.

Im geschilderten »Echtfall« ist es damit **bei der eigentlich nicht zu verstehenden »Ungerechtigkeit« geblieben**:

- der Leistende zahlte die Umsatzsteuer,

- ohne dass der Leistungsempfänger einen korrespondierenden Vorsteueranspruch hatte!

➔ Beratungskonsequenzen

1. In derartigen Fällen sollte der Berater **im Vorfeld** auf die verwaltungsinterne Sonderzuständigkeit des für V_1 zuständigen Finanzamts hinweisen (➲ Kapitel 5.3).
2. Ausführlich zur GiG ➲ Kapitel 122.

5.3 Der Versuch einer Abhilfe auf Verwaltungsebene

Auch die Finanzverwaltung scheint das Problem erkannt zu haben und – das muss man fairerweise zugeben – im Grundsatz auch lösen zu wollen. Daher regelt eine Verfügung der OFD Hannover die Zuständigkeit für die Entscheidung über das Vorliegen einer Geschäftsveräußerung oder eines Organschaftsverhältnisses wie folgt:

§ Rechtsgrundlagen
OFD Hannover, Vfg. vom 9.10.2009[41]
(Hinweis: ➲ Hervorhebungen durch **Fett**druck sind vom Autor.)
*»Es kann nur einheitlich entschieden werden, ob eine Geschäftsveräußerung oder ein Organschaftsverhältnis vorliegt. Weder die Abgabenordnung noch das Umsatzsteuergesetz stellen eine einheitliche Entscheidung sicher. Beurteilen die beteiligten Finanzämter und/oder Unternehmer den jeweiligen Sachverhalt unterschiedlich, wird gebeten, zunächst eine Abstimmung mit dem anderen FA herbeizuführen. Erreichen Sie dabei keine einvernehmliche Beurteilung, ist **verwaltungsintern** bei einer **Geschäftsveräußerung** die steuerliche Beurteilung des Finanzamtes maßgebend, das für den veräußernden Unternehmer zuständig ist, und bei einer umsatzsteuerlichen **Organschaft** die steuerliche Beurteilung des Finanzamtes maßgebend, das für den potentiellen Organträger zuständig ist. **Die Regelung ist bundeseinheitlich abgestimmt und gilt auch, wenn Finanzämter verschiedener Bundesländer zuständig sind.***

---

41   S 7500 – 466 – StO 171, SIS 09 37 50.

*Die Regelung begründet **keine ausschließliche Zuständigkeit**. Es ist nicht erforderlich, dass Sie in allen Fällen Anfragen bzw. Kontrollmitteilungen an das andere beteiligte FA richten. Die Veranlagungen des Betriebserwerbers bzw. der potentiellen Organgesellschaft sind nur in den Fällen zurückzustellen, in denen Sie Anfragen an das andere beteiligte FA gerichtet haben.«*

 Beratungskonsequenzen

1. Noch einmal: In derartigen Fällen sollte im Vorfeld auf die verwaltungsinterne Sonderzuständigkeit hinwirkt werden. Denn die Regelung begründet keine ausschließliche Zuständigkeit; ihre Anwendung wäre **gerichtlich kaum durchzusetzen.**

2. Die Sonderzuständigkeit gilt zunächst nur für die erwähnten Tatbestände (Geschäftsveräußerung im Ganzen und Organschaft) und z. B. schon nicht mehr für den Urteilsfall des FG Hamburg (➲ Kapitel 5.1). Hier sollte ggf. eine **entsprechende Anwendung** angeregt werden.

6 Vorsteuerprobleme des EU-Kunden

Steuerpflichtiger Abrechnung des deutschen Händlers/Dienstleisters

Ein »Echtfall« aus der Praxis

Der niederländische Unternehmenskunde NL (mit niederländischer USt-IdNr.) hat im Jahr 2010 ein Fahrzeug beim deutschen Autohaus D erworben. Da das Fahrzeug in Deutschland zugelassen wurde, hat D die Rechnung unter Ausweis deutscher Umsatzsteuer aufgemacht. NL hat versucht, sich die Vorsteuer vergüten zu lassen, und darauf vom BZSt folgende Antwort erhalten:

> Beantragte Vergütung: 1.915,97 €
> Ihr Antrag auf Vergütung der Umsatzsteuer wird abgelehnt.
>
> (Die in der nachfolgenden Tabelle verwendeten Schlüsselzahlen sind am Ende des Bescheides erläutert.)
>
> | Pos. | Grund | Art | Belegnummer | Schlüsselzahl |
> |------|-------|-------|-------------|---------------|
> | 1 | 99 | RECHN | 1110521664 | 482 |

Die Ablehnung erfolgt aus folgenden Gründen:

474 Die Gründe für die abweichende Festsetzung sind im Bescheid benannt.

482 Die Voraussetzung für eine steuerfreie innergemeinschaftliche Lieferung gemäß § 6a Umsatzsteuergesetz (UStG) lagen vor. Vom Rechnungsaussteller hätte daher keine Umsatzsteuer in Rechnung gestellt werden dürfen.
Nach dem Urteil des Bundesfinanzhofes vom 2.4.1998 (V R 34/97) setzt der Vorsteuerabzug nach § 15 Abs. 1 Nr. 1 UStG voraus, dass die Steuer gesetzlich geschuldet wird. Wird die Steuer nur geschuldet, weil sie zu Unrecht ausgewiesen worden ist, so ist der Vorsteuerabzug unzulässig. In diesem Fall haben Sie gegebenenfalls einen zivilrechtlichen Anspruch gegenüber dem Rechnungsaussteller zur Berichtigung der Rechnung und zur Gutschrift der Umsatzsteuer.

NL verlangt nun von D die Erstattung des Umsatzsteuerbetrags in Höhe von 1.915,97 €.
Wer hat Recht? Muss D dem NL die Mehrwertsteuer erstatten?
Wenn nein: Wie sollte sich der Händler gegenüber dem Kunden verhalten?

6.1 Die Antwort auf die aufgeworfenen Fragen

Der Fahrzeugverkauf war ein »normales« Inlandsgeschäft und erfolgte damit zu Recht umsatzsteuerpflichtig. D darf dem NL die Steuer auf keinen Fall erstatten. Wenn D den Kunden behalten und nicht verärgern will, sollte er diesem die Rechtslage kurz erläutern.

6.2 Warenbewegung »von EU nach EU« erforderlich

Voraussetzung für die Annahme einer steuerfreien innergemeinschaftlichen Lieferung ist, dass das Fahrzeug von einem EU-Mitgliedstaat in einen anderen EU-Mitgliedstaat gelangt (§ 4 Nr. 1 Buchst. b, § 6a Abs. 1 Satz 1 Nr. 1 UStG ➲ Kapitel 26 ff.).

Bitte beachten Sie!
Es kommt **nicht** darauf an, dass das Fahrzeug »**irgendwann**« in das EU-Ausland gelangt. Die Warenbewegung muss vielmehr in Erfüllung des zu beurteilenden Umsatzes stattfinden![42]

---

42   *Weimann,* ASR 2012/06, 10.

6.3 Objektiven Beurteilungsmaßstab anlegen

Bei der Beurteilung der Frage, ob steuerpflichtig oder steuerfrei abzurechnen ist, kommt es immer auf den **Zeitpunkt der Lieferung** und damit auf die Kundenübergabe des Fahrzeuges an. Der **Kunde hat es selbst in der Hand,** durch entsprechende Erklärungen im Zeitpunkt der Lieferung festzulegen, ob die Lieferung steuerfrei oder steuerpflichtig erfolgen soll.

> **Bitte beachten Sie!**
> Nach der Rechtsprechung sind so weit wie möglich die Absichten zu berücksichtigen, die der Kunde zum Zeitpunkt des Erwerbs hat, sofern diese durch **objektive Gesichtspunkte** gestützt werden[43]. Zum Glück, denn der Kfz-Händler muss sich ja auf die Kundenangaben verlassen dürfen! Er kann insbesondere nicht wissen, welche Vereinbarungen sein Kunde wiederum mit seinem Folgekunden getroffen hat.

6.4 Aussagekraft der Kfz-Zulassung

In Fällen der innergemeinschaftlichen Lieferung von Fahrzeugen soll nach Auffassung des BMF aus Vereinfachungsgründen bei innergemeinschaftlichen Lieferungen zukünftig die Gelangensbestätigung durch einen Nachweis über die Zulassung des Fahrzeugs für den Straßenverkehr im Bestimmungsmitgliedstaat der Lieferung des Fahrzeugs erbracht werden können (siehe Ausführungen zur »Gelangensbestätigung« ⊃ Kapitel 28). Dies lässt Umkehrschluss zu, dass die Zulassung in Deutschland gegen ein steuerfreies und damit für ein steuerpflichtiges Geschäft spricht.

6.5 Kein Rechnungshinweis auf igL

Letztlich ist ein formales Argument anzuführen. Gegen die Annahme einer steuerfreien innergemeinschaftlichen Lieferung spricht nämlich auch die Tatsache, dass eine Bruttoabrechnung ohne Hinweis auf eine igL ergangen ist[44].

6.6 Kundenanschreiben

Den Kunden will ein Unternehmer ja grundsätzlich behalten und daher ihn nicht verärgern. Daher sollte man die Problematik natürlich kurz erläutern und dem Kunden so eine Hilfestellung geben[45]:

---

[43] EuGH, Urteil vom 18.12.2010, Rs. C-430/09, Euro Tyre Holding, Rz. 34 u. Rz. 37, UR 2011, 176 u. 269; BFH, Urteil vom 11.8.2011, V R 3/10, BStBl. II 2011, 769 ⊃ Kapitel 26.

[44] BFH, Urteil vom 12.5.2011, V R 46/10, BStBl. II 2011, 957; vgl. *Schönmann,* ASR 2011/12, 9.

[45] *Weimann,* ASR 2012/06, 10.

Musterschreiben

Sehr geehrte Damen und Herren,

mit Schreiben vom ….. *[Datum]* berichteten Sie uns über Ihre Probleme, die von uns abgerechnete Umsatzsteuer vom deutschen Bundeszentralamt für Steuern – BZSt – als Vorsteuer vergütet zu erhalten, und bitten uns, Ihnen die Umsatzsteuer wieder zu erstatten.

So sehr wir die Probleme auch bedauern, sehen wir uns doch außer Standes, Ihrem Anliegen zu entsprechen. Die uns beim Fahrzeugkauf bekannten Umstände ließen nur den Schluss zu, dass das Fahrzeug in Deutschland verbleiben soll. Letzteres bekräftigt auch die Zulassung des Fahrzeugs in Deutschland (EuGH, Urteil vom 18.12.2010, Rs. C-430/09, Euro Tyre Holding, UR 2011, 176; BFH, Urteil vom 11.8.2011, V R 3/10, BStBl. II 2011, 769). Zudem haben Sie von uns eine Rechnung ohne Hinweis auf eine innergemeinschaftliche Lieferung erhalten (BFH, Urteil vom 12.5.2011, V R 46/10, BStBl. II 2011, 957).

Danach mussten wir steuerpflichtig abrechnen und diese Abrechnung auch beibehalten. Wir empfehlen Ihnen, dies so noch einmal dem BZSt vorzutragen. Letzteres sollte zeitnah unter Beachtung der dortigen Einspruchsfristen geschehen.

Mit freundlichen Grüßen

 Beratungskonsequenzen

Auf keinen Fall darf die Umsatzsteuer dem Kunden erstattet werden. Auch wenn das BZSt von einer Steuerfreiheit ausgeht, muss das Finanzamt des Autohauses nach derzeitiger Rechtsauffassung dem nicht folgen und darf damit auch weiter auf einer steuerpflichtigen Abrechnung des Autohauses bestehen!

Beispiel

- Verkauf des Fahrzeugs für 50.000 € zzgl. 9.500 € USt
- Erstattung der 9.500 € an den Kunden
- Rechnung des Finanzamts dann: 50.000 € : 1,19 = 7.983 € USt

Das Autohaus hätte derzeit damit ein Risiko in Höhe von 7.983 Euro!

7 EuGH zum Schutz des »Guten Glaubens«

7.1 Generalanwalt beim EuGH hält deutschen Vertrauensschutz für unzureichend

Der EuGH hat darauf erkannt, dass das Recht zum Vorsteuerabzug unabhängig davon besteht, dass in der Eingangsrechnung die Anschrift angegeben ist, unter der der Rechnungsaussteller seine wirtschaftliche Tätigkeit ausübt[46].

Gleichzeitig hält der Generalanwalt den Schutz des Vertrauens in das Vorliegen der Voraussetzungen des Rechts auf Vorsteuerabzug in Deutschland für nur unzureichend[47].

7.1.1 Bisherige Rechtsprechung des BFH

In ständiger Rechtsprechung hat der BFH wiederholt festgestellt, dass § 15 UStG **nicht den guten Glauben** an die Erfüllung der Voraussetzungen für den Vorsteuerabzug schützt. Liegen die materiellen Voraussetzungen für den Vorsteuerabzug wegen unzutreffender Rechnungsangaben nicht vor, kommt unter Berücksichtigung des **Grundsatzes des Vertrauensschutzes** ein **Vorsteuerabzug im Billigkeitsverfahren (§§ 163, 227 AO)** in Betracht. Macht der Steuerpflichtige im Festsetzungsverfahren geltend, ihm sei der Vorsteuerabzug trotz Nichtvorliegens der materiell-rechtlichen Voraussetzungen zu gewähren, ist die Entscheidung über die **Billigkeitsmaßnahme nach § 163 Satz 3 AO regelmäßig mit der Steuerfestsetzung zu verbinden**[48].

Beispiel

Unternehmer U hat Ausgangsumsätze i. H. v. 100.000 €, die dem allgemeinen Umsatzsteuersatz unterliegen.

Die Vorsteuerbeträge des U belaufen sich insgesamt auf 5.000 €. Ein Teilbetrag i. H. v. 3.000 € entfällt auf eine Rechnung mit unzutreffenden Angaben, was U nicht erkennen konnte.

	Umsatzsteuererklärung des Unternehmers	Steuerfestsetzung des Finanzamts
Steuer auf Ausgangsumsätze	19.000 €	19.000 €
Vorsteuern(unstrittig)	2.000 €	2.000 €
Vorsteuern(Falschangaben)	3.000 €	~~3.000 €~~
Umsatzsteuer	14.000 €	17.000 €
Billigkeitsmaßnahme (§§ 163, 227 AO)		3.000 €
		14.000 €

---

46 EuGH, Urteil vom 15.11.2017, verbundene Rs. C-374/16 und 375/16, Rochus Geissel und Igor Butin; Hinweis auf ➲ Kapitel 110.04.

47 Schlussanträge des Generalanwalts vom 5.7.2017 ➲ mybookplus.de > Wichtiges aus anderen Behörden.

48 Z. B. BFH-Urteil vom 8.10.2008, V R 63/07, BFH/NV 2009, 1473.

Das Finanzamt berücksichtigt im Rahmen der Steuerfestsetzung nur die unstrittigen Vorsteuerbeträge i. H. v. 2.000 €.

Über den Restbetrag i. H. v. 3.000 € entscheidet das Finanzamt

- anschließend und
- in einem gesonderten Verfahren

im Rahmen einer Billigkeitsmaßnahme (»... können ...«) nach § 163 AO (Abweichende Festsetzung von Steuern aus Billigkeitsgründen) oder § 227 AO (Erlass).

7.1.2   EuGH-Vorlagen

Dazu ergaben sich folgende Vorlagefragen:

- Ist für den Fall, dass die formellen Rechnungsanforderungen des Art. 226 MwStSystRL nicht erfüllt sind, der Vorsteuerabzug bereits immer dann zu gewähren, wenn keine Steuerhinterziehung vorliegt oder der Steuerpflichtige die Einbeziehung in einen Betrug weder kannte noch kennen konnte oder setzt der Vertrauensschutzgrundsatz in diesem Fall voraus, dass der Steuerpflichtige alles getan hat, was von ihm **zumutbarer Weise verlangt werden kann, um die Richtigkeit der Rechnungsangaben zu überprüfen**[49]?

- Steht Art. 168 Buchst. a i. V. m. Art. 178 Buchst. a MwStSystRL unter Beachtung des Effektivitätsgebots einer nationalen Praxis entgegen, die einen guten Glauben des Leistungsempfängers an die Erfüllung der Vorsteuerabzugsvoraussetzungen nur außerhalb des Steuerfestsetzungsverfahrens im Rahmen eines **gesonderten Billigkeitsverfahrens** berücksichtigt? Ist Art. 168 Buchst. a i. V. m. Art. 178 Buchst. a MwStSystRL insoweit berufbar[50]?

7.1.3   Keine Antwort des EuGH

Der EuGH konnte diese Fragen unbeantwortet lassen (➲ Kapitel 110.4).

7.1.4   Überlegungen des Generalanwalts

Der Generalanwalt hat bereits erkannt, dass der EuGH die Rechtsfragen aller Voraussicht nach nicht beantworten müssen wird. Dennoch hielt er es für wichtig und richtig, seine **gravierenden Bedenken gegen die derzeitige deutsche Rechtspraxis** darzustellen.

 Beratungskonsequenzen

Darin steckt eine große Aussagekraft für gleichgelagerte zukünftige Verfahren!

---

49   3. Vorlagefrage des V. Senats.
50   2. Vorlagefrage des XI. Senats.

7.1.4.1 Guter Glaube an die Richtigkeit der Rechnungsangaben

Der Rechnungsempfänger ist nicht dazu verpflichtet, den Rechnungsaussteller ohne konkreten Anlass umfassend zu überprüfen. Das ist vielmehr Aufgabe der Finanzverwaltung. Letztere trägt auch – entgegen BFH – die Feststellungslast für Unregelmäßigkeiten[51].

7.1.4.2 Effektiver Rechtsschutz

Dazu führt der **Generalanwalt in seinen Schlussanträgen** aus[52]:

 Rechtsgrundlagen
Schlussanträge des Generalanwalts vom 5.7.2017
(Hinweis: Hervorhebungen durch **Fett**druck sind vom Autor.)

»...

71. Bezüglich des Effektivitätsgrundsatzes hat der Gerichtshof befunden, dass die Frage, ob eine nationale Verfahrensvorschrift die Ausübung der dem Einzelnen aus der Unionsrechtsordnung erwachsenden Rechte unmöglich macht oder übermäßig erschwert, unter Berücksichtigung der Stellung dieser Vorschrift im gesamten Verfahren, des Verfahrensablaufs und der Besonderheiten des Verfahrens vor den verschiedenen nationalen Stellen zu prüfen ist. Dabei sind die Grundsätze zu berücksichtigen, die dem nationalen Rechtsschutzsystem zugrunde liegen, wie z. B. der Schutz der Verteidigungsrechte, der Grundsatz der Rechtssicherheit und der ordnungsgemäße Ablauf des Verfahrens. Es ist grundsätzlich Sache des vorlegenden Gerichts, festzustellen, ob die nationalen Maßnahmen mit diesen Grundsätzen unter Berücksichtigung aller Umstände der Rechtssache vereinbar sind.

72. Vorliegend verfügt der Gerichtshof nicht über hinreichend detaillierte Informationen zu dem besonderen Billigkeitsverfahren (und zu den Unterschieden zwischen diesem Verfahren und dem normalen Steuerfestsetzungsverfahren), um entscheiden zu können ob nationale Verfahrensvorschriften wie die in den Ausgangsverfahren in Rede stehenden den Vorschriften der Mehrwertsteuerrichtlinie entsprechen. Daher ist es nach der oben angeführten Rechtsprechung Sache des vorlegenden Gerichts, im Licht der in der Rechtsprechung des Gerichtshofs genannten Grundsätze zu entscheiden, ob das Recht eines Steuerpflichtigen, seinen guten Glauben hinsichtlich der formellen Richtigkeit einer Rechnung geltend zu machen, in einem Verfahren wie dem gesonderten Billigkeitsverfahren nach den §§ 163 und 227 AO effektiv geschützt ist.

73. Bei seiner Würdigung sollte das vorlegende Gericht meines Erachtens besonders berücksichtigen, ob das gesonderte Verfahren **hinsichtlich seiner Länge,**

---

51 EuGH, Urteil vom 15.11.2017, verbundene Rs. C-374/16 und 375/16, Rochus Geissel und Igor Butin, Rz. 47 ff. unter Hinweis auf EuGH, Urteil vom 22.10.2015, Rs. C-277/14, PPUH Stehcemp, ⮑ nachfolgendes Kapitel 7.2.
52 A. a. O., Rz. 40 ff.

Komplexität und der damit verbundenen Kosten unverhältnismäßige Schwierigkeiten für den Steuerpflichtigen mit sich bringt. Solche Schwierigkeiten sind sicherlich umso wichtiger, wenn der Steuerpflichtige bei Klagen, die im Wesentlichen dieselben oder miteinander zusammenhängende Rechtsfragen bzw. dieselben oder miteinander zusammenhängende Umsätze betreffen, gezwungen ist, parallel zwei oder mehr gerichtliche Verfahren anzustrengen.

74. Auch wenn ich hier keine genaueren Hinweise geben kann, sehe ich mich doch gezwungen, angesichts bestimmter Angaben im Vorlagebeschluss meine Zweifel hinsichtlich der Vereinbarkeit der in Rede stehenden nationalen Verfahrensvorschriften mit dem Unionsrecht zu äußern. Das Recht eines Steuerpflichtigen auf Vorsteuerabzug ergibt sich aus der Mehrwertsteuerrichtlinie und nicht aus Billigkeitserwägungen. Dies gilt unabhängig davon, ob die betreffenden Rechnungen vollständig Art. 226 dieser Richtlinie entsprechen.

75. Anders gesagt **haben die Behörden auch in diesen Fällen kein Ermessen** hinsichtlich der Frage, ob dem Steuerpflichtigen der Vorsteuerabzug zu gewähren ist. Demgemäß sehe ich aus verfahrensrechtlicher Sicht keinen wesentlichen Unterschied zwischen der Situation eines Steuerpflichtigen, der zum Vorsteuerabzug berechtigt ist, wenn die formellen Anforderungen an die Rechnungen erfüllt sind, und der Situation, in der diese Person ein solches Recht hat, trotzdem diese Anforderungen nicht erfüllt sind. Ich sehe keinen Grund, warum ein Steuerpflichtiger nicht berechtigt sein sollte, ein solches Recht im Rahmen des normalen Steuerfestsetzungsverfahrens geltend zu machen.

...«

Hierüber zu entscheiden ist jedoch **Sache der nationalen Gerichte** – also der deutschen FGs und des BFH.

➡ Beratungskonsequenzen

1. Hinsichtlich der **Adressangaben** bleibt alles so wie vor der Rechtsprechungsänderung – und damit so, wie in Abschn. 14.5 Abs. 2 UStAE verfügt.
2. Hinsichtlich der Pflicht zur **Überprüfung von Eingangsrechnungen** ist die deutsche Rechtspraxis der EuGH-Entscheidung Stehcemp anzupassen – zu Gunsten der Kreditoren.
3. Der deutsche **Schutz des guten Glaubens** ausschließlich über §§ 163, 227 AO dürfte einer Überprüfung durch den EuGH nicht Stand halten – Folgeverfahren sind absehbar.

7.2 Keine überzogenen Prüfungspflichten des Rechnungsempfängers

EuGH vom 22.10.2015

Der EuGH hat noch einmal darauf erkannt, dass der Rechnungsempfänger nicht dazu verpflichtet ist, den Rechnungsaussteller ohne konkreten Anlass umfassend zu überprüfen. Das ist vielmehr Aufgabe der Finanzverwaltung. Letztere trägt auch – entgegen BFH – die Feststellungslast für Unregelmäßigkeiten[53].

7.2.1 Sachverhalt

Die Klägerin (PPUH Stehcemp; im Folgenden: K) kaufte von Verkäuferin V Dieselkraftstoff. K verwandte den Kraftstoff im Rahmen ihrer wirtschaftlichen Tätigkeit und zog aus den Eingangsrechnungen die Vorsteuern.

Nach einer Steuerprüfung versagte die polnische Finanzverwaltung der K das Recht zum Vorsteuerabzug, weil die Rechnungen über die Kraftstoffeinkäufe von V als einem nicht existenten Wirtschaftsteilnehmer ausgestellt worden seien. V sei nach den in einer polnischen Sonderverordnung festgelegten Kriterien als nicht existenter Wirtschaftsteilnehmer anzusehen, der keine Lieferungen von Gegenständen vornehmen könne.

Die Feststellung, dass V nicht existent sei, war auf eine Reihe von Gesichtspunkten gestützt – insbesondere darauf, dass V nicht für mehrwertsteuerliche Zwecke registriert sei, keine Steuererklärung abgebe und keine Steuern entrichte. Außerdem veröffentliche die V ihre Jahresabschlüsse nicht und verfüge nicht über eine Konzession zum Verkauf von Flüssigkraftstoffen. Das im Handelsregister als Gesellschaftssitz angegebene Gebäude sei in einem heruntergekommenen Zustand, der jegliche wirtschaftliche Tätigkeit unmöglich mache. Schließlich seien alle Versuche, mit V oder mit der als ihr Geschäftsführer im Handelsregister eingetragenen Person Kontakt aufzunehmen, erfolglos gewesen.

Gegen die Entscheidung der Finanzverwaltung wandte sich die K im Klagewege. Diese Klage wurde erstinstanzlich mit der Begründung abgewiesen, dass V eine Wirtschaftsteilnehmerin sei, die zum Zeitpunkt der im Ausgangsverfahren in Rede stehenden Umsätze nicht existent gewesen sei, und dass K keine angemessene Sorgfalt angewandt habe, da sie nicht überprüft habe, ob die Umsätze der V in Zusammenhang mit der Begehung einer Straftat stünden.

Gegen diese Entscheidung legte K Kassationsbeschwerde zum polnischen Obersten Verwaltungsgerichtshof ein. K macht geltend, dass es zum Grundsatz der Neutralität der Mehrwertsteuer im Widerspruch stehe, einem gutgläubigen Steuerpflichtigen das Recht auf Vorsteuerabzug zu versagen. Sie habe nämlich von V Unterlagen über deren Eintragung erhalten, die belegten, dass diese Gesellschaft ein ihre Tätigkeiten legal

---

53   EuGH, Urteil vom 22.10.2015, Rs. C-277/14, PPUH Stehcemp; vgl. *Weimann*, AStW 2016, 723.

ausübender Wirtschaftsteilnehmer sei, nämlich einen Auszug aus dem Handelsregister, die Zuteilung einer Steueridentifikationsnummer und eine Bescheinigung über die Zuteilung einer statistischen Identifikationsnummer.

Der polnische Oberste Verwaltungsgerichtshof ersuchte nunmehr den EuGH, sich zur Bedeutung des guten Glaubens für den Vorsteuerabzug zu positionieren.

7.2.2   Die Entscheidung des EuGH

Der EuGH stellt klar, dass der Vorsteuerabzug nicht versagt werden darf, wenn

- die materiellen Voraussetzungen des Vorsteuerabzugs erfüllt sind (Art. 167 ff. MwStSystRL) und

- eine formell richtige Rechnung vorliegt (Art. 226 MwStSystRL).

Einschränkend gilt dies nur unter der Voraussetzung, dass der Leistungsempfänger[54]

- keine Veranlassung hatte, im Hinblick auf die unternehmerische Tätigkeit des angeblich Leistenden weitere eigene Nachforschungen anzustellen und

- hinsichtlich des Vorliegens einer »Scheinfirma« nicht bösgläubig war.

Es ist **Sache der Steuerverwaltung**, die Steuerhinterziehungen oder Unregelmäßigkeiten seitens des Ausstellers der Rechnung festgestellt hat, aufgrund objektiver Anhaltspunkte und **ohne vom Rechnungsempfänger ihm nicht obliegende Überprüfungen** zu fordern, darzulegen, dass der Rechnungsempfänger wusste oder hätte wissen müssen, dass der zur Begründung des Rechts auf Vorsteuerabzug geltend gemachte Umsatz in eine Mehrwertsteuerhinterziehung einbezogen war, was vom vorlegenden Gericht zu prüfen ist.

Welche Maßnahmen im konkreten Fall vernünftigerweise von einem Steuerpflichtigen, der sein Recht auf Vorsteuerabzug ausüben möchte, verlangt werden können, um sicherzustellen, dass seine Umsätze nicht in einen von einem Wirtschaftsteilnehmer auf einer vorhergehenden Umsatzstufe begangenen Betrug einbezogen sind, hängt wesentlich von den jeweiligen **Umständen des Einzelfalls** ab[55].

Zwar kann dieser Steuerpflichtige bei Vorliegen von Anhaltspunkten für Unregelmäßigkeiten oder Steuerhinterziehung dazu verpflichtet sein, über einen anderen Wirtschaftsteilnehmer, von dem er Gegenstände oder Dienstleistungen zu erwerben beabsichtigt, Auskünfte einzuholen, um sich von dessen Zuverlässigkeit zu überzeugen. Die Steuerverwaltung kann jedoch von diesem Steuerpflichtigen **nicht generell verlangen**, zum einen zu prüfen, ob der Aussteller der Rechnung über die Gegenstände und Dienstleistungen, für die dieses Recht geltend gemacht wird, über die fraglichen Gegenstände verfügte und sie liefern konnte und seinen Verpflichtungen hinsichtlich der Erklärung und Abführung der Mehrwertsteuer nachgekommen ist, um sich zu vergewissern, dass

---

54   Rn. 33 ff. des Besprechungsurteils.
55   Rn. 50 f. des Besprechungsurteils.

auf der Ebene der Wirtschaftsteilnehmer einer vorhergehenden Umsatzstufe keine Unregelmäßigkeiten und Steuerhinterziehung vorliegen, oder zum anderen entsprechende Unterlagen vorzulegen[56].

➡ Beratungskonsequenzen

Der Rechnungsempfänger darf also von der Finanzverwaltung **nicht mittelbar zu Nachprüfungen bei seinem Vertragspartner verpflichtet** werden, die ihm grundsätzlich nicht obliegen.

Es ist nämlich grundsätzlich **Sache der Steuerbehörden**, bei den Steuerpflichtigen die erforderlichen Kontrollen durchzuführen, um Unregelmäßigkeiten und Mehrwertsteuerhinterziehung aufzudecken und gegen den Steuerpflichtigen, der diese Unregelmäßigkeiten oder Steuerhinterziehung begangen hat, Sanktionen zu verhängen.

Die Steuerbehörde **würde ihre eigenen Kontrollaufgaben auf die Steuerpflichtigen übertragen**, wenn sie oben genannte Maßnahmen aufgrund der Gefahr der Verweigerung des Vorsteuerabzugsrechts den Steuerpflichtigen auferlegt[57].

Anmerkung

Im Besprechungsurteil sagt der EuGH eigentlich nichts Neues. Er bestätigt lediglich seine neuere Rechtsprechung zu den Pflichten des Rechnungsempfängers und festigt diese damit. Sei´s drum! Der BFH sah sich auf Grund des Urteils zu seinen oben dargestellten Vorlagebeschlüssen (➲ Kapitel 7.1) veranlasst – und das ist gut so!

7.3 Wiederholung und Untermauerung der Rechtsgrundsätze »Teleos«

 Rechtsgrundlagen

EuGH, Urteil vom 6.9.2012, Rs. C-273/11, Mecsek-Gabone, BFH/NV 2012, 1919

1. Art. 138 Abs. 1 der Richtlinie 2006/112/EG des Rates vom 28.11.2006 über das gemeinsame Mehrwertsteuersystem in der durch die Richtlinie 2010/88/EU des Rates vom 7.12.2010 geänderten Fassung ist dahin auszulegen, dass er es nicht verwehrt, dem Verkäufer unter Umständen wie denen des Ausgangsverfahrens den Anspruch auf Steuerbefreiung einer innergemeinschaftlichen Lieferung zu versagen, wenn aufgrund der objektiven Sachlage feststeht, dass der Verkäufer seinen Nachweispflichten nicht nachgekommen ist oder dass er wusste oder hätte wissen müssen, dass der von ihm bewirkte Umsatz mit einer Steuerhinterziehung des Erwerbers verknüpft war, und er nicht alle ihm zur Verfügung stehenden zumutbaren Maßnahmen ergriffen hat, um seine eigene Beteiligung an dieser Steuerhinterziehung zu verhindern.

---

56   Rn. 52 des Besprechungsurteils.

57   Vgl. auch EuGH-Urteil vom 21.6.2012, Rs. C-80/11 u. C-142/11, C-80/11, C-142/1, Mahagében und Dávid, Rn. 62 ff.

2. Dem Verkäufer kann die Steuerbefreiung einer innergemeinschaftlichen Lieferung i. S. v. Art. 138 Abs. 1 der Richtlinie 2006/112 nicht allein deshalb versagt
werden, weil die Steuerverwaltung eines anderen Mitgliedstaats eine Löschung
der Mehrwertsteuer-Identifikationsnummer des Erwerbers vorgenommen hat,
die zwar nach der Lieferung des Gegenstands erfolgt ist, aber auf einen Zeitpunkt vor der Lieferung zurückwirkt.

7.3.1 Sachverhalt

Der ungarische Lieferant Mecsek (M) vereinbarte mit dem italienischen Käufer Agro-
Trade (A) im August 2009 die Lieferung von Raps. Vor Lieferung teilte A, dessen USt-
IdNr. bestätigt wurde, dem M die Kennzeichen der Fahrzeuge mit, die den Raps nach
Italien befördern würden. Die fortlaufend durchnummerierten CMR-Frachtbriefe wur-
den M per Post von der Anschrift der A in Italien aus zugesandt. Geschäftssitz der A war
ein Privathaus und die USt-IdNr. der A, die nie USt abgeführt hatte, war im Januar 2010
rückwirkend zum April 2009 gelöscht worden. M begehrte vergeblich die Befreiung der
Lieferung als innergemeinschaftliche.

7.3.2 Die Entscheidung des EuGH

Der EuGH[58] betont das Risiko einer nachlässigen **Einhaltung der im nationalen Recht
(in Deutschland: in den UStDV) geforderten Nachweise.**

Die rückwirkende Löschung einer USt-IdNr. des Leistungsempfängers darf jedoch einem **gutgläubigen leistenden Unternehmer nicht angelastet** werden.

---

58   EuGH, Urteil vom 6.9.2012, Rs. C-273/11, Mecsek-Gabona, BFH/NV 2012, 1919.

EU-Vorgaben für das deutsche Umsatzsteuerrecht

7.3.3 Pressemitteilung des EuGH

Presse und Information

Gerichtshof der Europäischen Union
PRESSEMITTEILUNG Nr. 111/12
Luxemburg, den 6. September 2012

Urteil in der Rechtssache C-273/11
Mecsek-Gabona Kft / Nemzeti Adó- és Vámhivatal Dél-dunántúli Regionális
Adó Főigazgatósága

Einem Unternehmen, das Waren mit Bestimmungsort in einem anderen Mitgliedstaat verkauft hat, kann die Mehrwertsteuerbefreiung versagt werden, wenn es nicht nachgewiesen hat, dass es sich dabei um ein innergemeinschaftliches Geschäft handelte

Hat das Unternehmen diesen Nachweis hingegen erbracht und in gutem Glauben gehandelt, darf ihm die Mehrwertsteuerbefreiung nicht mit der Begründung versagt werden, der Käufer habe die Waren nicht an einen Ort außerhalb des Versandstaats befördert

Nach der Mehrwertsteuerrichtlinie[1] wird die in einem Mitgliedstaat erfolgte Veräußerung von Waren, die für einen Käufer, der selbst in einem anderen Mitgliedstaat als dem Ausgangspunkt der Versendung oder Beförderung der Gegenstände steuerpflichtig ist, in einen anderen Mitgliedstaat versandt oder befördert werden, im erstgenannten Mitgliedstaat von der Mehrwertsteuer befreit. In einem solchen Fall ist es der Käufer, der die Mehrwertsteuer im Bestimmungsland der Waren abführen muss.

Mecsek-Gabona ist eine ungarische Gesellschaft, zu deren Kerngeschäft der Großhandel mit Getreide, Tabak, Saatgut und Futtermitteln gehört. Im August 2009 verkaufte sie an eine italienische Gesellschaft – die zu diesem Zeitpunkt über eine Mehrwertsteuer-Identifikationsnummer verfügte – 1000 Tonnen Raps, der laut Kaufvertrag von der Käuferin in einen anderen Mitgliedstaat zu befördern war. Die Ware wurde der Käuferin auf dem Betriebsgelände von Mecsek-Gabona in Ungarn übergeben, und die italienische Gesellschaft übersandte der Verkäuferin von einer italienischen Postanschrift aus mehrere CMR-Frachtbriefe[2], die belegten, dass der Raps an einen Ort außerhalb Ungarns befördert worden war.

Für dieses Geschäft stellte Mecsek-Gabona zwei Rechnungen aus. In der Annahme, es handele sich um einen in Ungarn von der Mehrwertsteuer befreiten innergemeinschaftlichen Umsatz stellte sie der Käuferin die Mehrwertsteuer nicht in Rechnung und führte sie nicht an die ungarische Steuerverwaltung ab.

Die italienische Steuerverwaltung stellte jedoch fest, dass die Käuferin unauffindbar war und in Italien nie Mehrwertsteuer abgeführt hatte. Deshalb wurde die Mehrwertsteuer-Identifikationsnummer dieser Gesellschaft im Januar 2010 rückwirkend zum 17. April 2009 in dem Register gelöscht. Unter diesen Umständen ging die ungarische Steuerverwaltung davon aus, dass der von Mecsek-Gabona verkaufte Raps nie in einen anderen Mitgliedstaat befördert worden sei und das fragliche Geschäft keine mehrwertsteuerbefreite innergemeinschaftliche Lieferung von Gegenständen darstelle. Sie zog Mecsek-Gabona daher zur Entrichtung der Mehrwertsteuer für dieses Geschäft heran und verhängte eine Geldbuße und einen Verspätungszuschlag gegen sie.

Mecsek-Gabona ging gegen diese Argumentation vor dem Baranya Megyei Bíróság (Komitatsgericht Baranya, Ungarn) vor. Dieser ersucht den Gerichtshof um Klärung, welche Beweise hinreichend sind, um das Vorliegen einer mehrwertsteuerbefreiten Lieferung von

---

[1] Richtlinie 2006/112/EG des Rates vom 28. November 2006 über das gemeinsame Mehrwertsteuersystem (ABl. L 347, S. 1) in der durch die Richtlinie 2010/88/EU des Rates vom 7. Dezember 2010 (ABl. L 326, S. 1) geänderten Fassung.
[2] Beförderungsdokumente, die auf der Grundlage des am 19. Mai 1956 in Genf unterzeichneten Übereinkommens über den Beförderungsvertrag im internationalen Straßengüterverkehr ausgestellt werden.

www.curia.europa.eu

Gegenständen nachzuweisen. Er möchte auch wissen, in welchem Ausmaß der Verkäufer, wenn er die Beförderung nicht selbst übernimmt, für das rechtswidrige Handeln des Käufers verantwortlich gemacht werden kann, wenn nicht nachgewiesen ist, dass die verkauften Waren im Bestimmungsmitgliedstaat angekommen sind.

In seinem Urteil vom heutigen Tag ruft der Gerichtshof zunächst die drei Voraussetzungen für die Mehrwertsteuerbefreiung einer innergemeinschaftlichen Lieferung eines Gegenstands in Erinnerung. Erstens muss das Eigentumsrecht an dem Gegenstand auf den Käufer übertragen worden sein. Zweitens muss der Verkäufer nachweisen, dass der Gegenstand in einen anderen Mitgliedstaat versandt oder befördert worden ist. Drittens muss der Gegenstand den Versandmitgliedstaat aufgrund dieses Versands oder dieser Beförderung physisch verlassen haben.

Da im vorliegenden Fall die erste Voraussetzung erfüllt ist, prüft der Gerichtshof die Pflichten des Verkäufers in Bezug auf den Nachweis des Versands oder der Beförderung von Gegenständen in einen anderen Mitgliedstaat. In diesem Zusammenhang stellt der Gerichtshof fest, dass in Ermangelung einer konkreten Bestimmung in der Mehrwertsteuerrichtlinie, welche Beweise das Vorliegen einer innergemeinschaftlichen Lieferung belegen können, die Mitgliedstaaten dafür zuständig sind, dies festzulegen, wobei sie die allgemeinen Grundsätze des Unionsrechts wie die Grundsätze der Rechtssicherheit und der Verhältnismäßigkeit zu beachten haben. Die Nachweispflichten sind daher nach nationalem Recht und der für ähnliche Geschäfte üblichen Praxis zu bestimmen. Ein Mitgliedstaat kann vom Steuerpflichtigen jedoch nicht verlangen, den zwingenden Nachweis dafür zu erbringen, dass die Ware diesen Mitgliedstaat physisch verlassen hat.

Der Gerichtshof stellt außerdem fest, dass **die Mehrwertsteuerrichtlinie den Mitgliedstaaten im Zusammenhang mit einer innergemeinschaftlichen Lieferung gestattet, dem Verkäufer einen Anspruch auf Mehrwertsteuerbefreiung zu versagen, wenn er seinen Nachweispflichten nicht nachkommt.**

Im vorliegenden Fall hat das ungarische Gericht zu prüfen, ob Mecsek-Gabona den Nachweispflichten nachgekommen ist, die ihr nach ungarischem Recht und der üblichen Praxis oblagen.

Sodann weist der Gerichtshof darauf hin, dass der Nachweis, den der Verkäufer gegenüber den Steuerbehörden führen kann, wenn der Käufer im Versandmitgliedstaat die Befähigung hat, über den betreffenden Gegenstand wie ein Eigentümer zu verfügen, und sich verpflichtet, den Gegenstand in den Bestimmungsmitgliedstaat zu befördern, wesentlich von den Angaben abhängt, die er zu diesem Zweck vom Käufer erhält. Unter diesen Umständen stellt der Gerichtshof fest, dass **der Verkäufer, wenn er seinen Nachweispflichten nach nationalem Recht und der gängigen Praxis nachgekommen ist, nicht im Liefermitgliedstaat zur Mehrwertsteuer herangezogen werden kann, wenn der Käufer seine vertragliche Verpflichtung, diese Gegenstände an Orte außerhalb dieses Staates zu versenden oder zu befördern, nicht erfüllt hat.** Unter solchen Umständen ist es nämlich der Käufer, der im Liefermitgliedstaat zur Mehrwertsteuer heranzuziehen ist.

Jedoch kann dem Verkäufer die Mehrwertsteuerbefreiung für ein innergemeinschaftliches Geschäft nicht gewährt werden, wenn er wusste oder hätte wissen müssen, dass dieses Geschäft mit einer Steuerhinterziehung des Käufers verknüpft war, und er nicht alle ihm zur Verfügung stehenden zumutbaren Maßnahmen ergriffen hat, um diese zu verhindern.

Schließlich stellt der Gerichtshof fest, dass Mecsek-Gabona der Anspruch auf Mehrwertsteuerbefreiung nicht allein deshalb versagt werden kann, weil die italienische Mehrwertsteuer-Identifikationsnummer des Käufers rückwirkend im Steuerpflichtigen-Register gelöscht wurde. Unregelmäßigkeiten des Registers, dessen Verwaltung den nationalen Behörden obliegt, können nämlich nicht zu Lasten eines Steuerpflichtigen gehen, der sich auf die Angaben in diesem Register gestützt hat.

www.curia.europa.eu

HINWEIS: Im Wege eines Vorabentscheidungsersuchens können die Gerichte der Mitgliedstaaten in einem bei ihnen anhängigen Rechtsstreit dem Gerichtshof Fragen nach der Auslegung des Unionsrechts oder nach der Gültigkeit einer Handlung der Union vorlegen. Der Gerichtshof entscheidet nicht über den nationalen Rechtsstreit. Es ist Sache des nationalen Gerichts, über die Rechtssache im Einklang mit der Entscheidung des Gerichtshofs zu entscheiden. Diese Entscheidung des Gerichtshofs bindet in gleicher Weise andere nationale Gerichte, die mit einem ähnlichen Problem befasst werden.

Zur Verwendung durch die Medien bestimmtes nichtamtliches Dokument, das den Gerichtshof nicht bindet.

Der Volltext des Urteils wird am Tag der Verkündung auf der Curia-Website veröffentlicht.

Pressekontakt: Hartmut Ost ☎ (+352) 4303 3255

➡ Beratungskonsequenzen

1. Das Besprechungsurteil schien **aus der Sicht der – vom BFH umgesetzten – Rechtsprechung des EuGH nicht erforderlich** zu sein und ist vielleicht nur den EU-Beitrittsstaaten und deren nationalen Recht geschuldet, das in Ungarn keine konkreten Nachweispflichten regelte wie z. B. eine Liste von Unterlagen, die den zuständigen Behörden für die Steuerbefreiung einer innergemeinschaftlichen Lieferung vorzulegen sind. Die Entscheidung ist gleichwohl sehr interessant im Hinblick auf die **Bedeutung der Erfüllung der Nachweispflichten.**

2. Bei innergemeinschaftlichen Abhollieferungen ist der leistende Unternehmer hinsichtlich Warenbewegung in einen anderen Mitgliedstaat **auf die Angaben seines Kunden hierzu angewiesen** und hat darüber hinaus keine Beweismöglichkeit für das Verbringen der Ware in einen anderen Mitgliedstaat. Hat – wie im Urteilsfall – der Lieferant eine qualifizierte Bestätigung über die dem Kunden erteilte USt-IdNr., ist die veräußerte Ware vereinbarungsgemäß mit im Ausland zugelassenen Fahrzeugen abtransportiert worden und sind die CMR-Frachtbriefe von der Erwerberin von deren postalischer Anschrift aus zugeschickt worden, hat der Lieferant **keinen Anlass dies anzuzweifeln**[59].

3. Wie der EuGH betont verlangt der Grundsatz der Rechtssicherheit, dass der Steuerpflichtige **seine steuerlichen Nachweis- und Sorgfaltspflichten kennen muss, bevor er ein Geschäft abschließt** und es nicht gegen das Unionsrecht verstößt, von einem Wirtschaftsteilnehmer zu fordern, dass er **in gutem Glauben handelt** und **alle Maßnahmen ergreift, die vernünftigerweise verlangt werden können,** um sicherzustellen, dass der von ihm getätigte Umsatz nicht zu seiner Beteiligung an einer Steuerhinterziehung führt.

4. Wenn also eine Steuerhinterziehung des Erwerbers vorliegt, rechtfertigt das nach Auffassung des EuGH, das Recht auf Mehrwertsteuerbefreiung davon abhängig zu machen, ob der Unternehmer wusste oder hätte wissen müssen, dass der von ihm bewirkte Umsatz mit einer Steuerhinterziehung des Erwerbers verknüpft war. Hat er nicht **alle ihm zur Verfügung stehenden zumutbaren Maßnahmen ergriffen,** um diese zu verhindern, ist ihm der Anspruch auf Mehrwertsteuerbefreiung zu versagen. Das ist **nichts Neues**[60].

---

59 *Martin,* BFH/NV, BFH/PR 2012, 406.
60 *Martin,* BFH/NV, BFH/PR 2012, 406.

5. Auch **nicht neu** ist, dass die Zuteilung einer USt-IdNr. den Nachweis des steuerlichen Status des Steuerpflichtigen für die Zwecke der Mehrwertsteuer und die steuerliche Kontrolle innergemeinschaftlicher Umsätze erleichtert, dass aber **Unregelmäßigkeiten des Registers,** das die nationale Behörde führen muss, **nicht zulasten des Unternehmers** gehen können, sofern die materiellen Voraussetzungen einer innergemeinschaftlichen Lieferung erfüllt sind.

6. **Neu** ist, dass die **Erfüllung der Nachweispflichten des nationalen Rechts ein zusätzliches Gewicht erhält:** Der Anspruch auf Steuerbefreiung einer innergemeinschaftlichen Lieferung ist nach dem EuGH zu versagen, wenn aufgrund der objektiven Sachlage feststeht, dass der Verkäufer seinen Nachweispflichten nicht nachgekommen ist oder dass er wusste oder hätte wissen müssen, dass der von ihm bewirkte Umsatz mit einer Steuerhinterziehung des Erwerbers verknüpft war und er nicht alle ihm zur Verfügung stehenden zumutbaren Maßnahmen ergriffen hat, um seine eigene Beteiligung daran zu vermeiden[61].

8   Wissenswertes zur Abrundung

 Hinweis

Sobald es vom europäischen Umsatzsteuerrecht Neues zu berichten gibt, was sich keinem der Einzelkapitel zuordnen lässt, finden Sie das dann unter
➲ www.umsatzsteuerpraxis.de > Aktualisierungen > zu Kapitel 8.

---

61   *Martin,* BFH/NV, BFH/PR 2012, 406.

9 Wenn der (Zweit-)Name zum Programm wird: die Umsatzsteuer als »Mehrwert«steuer

Weltweit gibt es im Wesentlichen zwei Grundprinzipien, auf denen Umsatzsteuersysteme beruhen: die Allphasen-Bruttoumsatzsteuer und die Allphasen-Nettoumsatzsteuer mit Vorsteuerabzug.

9.1 Allphasen-Bruttoumsatzsteuer

Ein Allphasen-Bruttoumsatzsteuersystem gab es in Deutschland bis zum 31.12.1967. Ein solches System

- arbeitet mit einem geringen Steuersatz,
- kennt keinen Vorsteuerabzug
- und besteuert auf jeder Stufe den Gesamtumsatz.

Beispiel

Landwirt L verkauft seine Milch an Molkerei M. Soll der Rohgewinn des L 100 € betragen, müsste er M bei einem angenommenen Steuersatz von 5 % folglich 105 € in Rechnung stellen.

Verkauft M die Milch weiter an die Käserei K und kalkuliert auch M eine Marge von 100 €, müsste M wie folgt abrechnen:

	Einkaufspreis	105,00 €
+	Marge	100,00 €
=		205,00 €
+	5 % USt	10,25 €
=		215,25 €

Verkauft K nun den Käse weiter an Großhändler G und kalkuliert ebenfalls eine Marge von 100 €, müsste G wie folgt abrechnen:

	Einkaufspreis	215,25 €
+	Marge	100,00 €
=		315,25 €
+	5 % USt	15,76 €
=		331,01 €

Quintessenz

Da ein derartiges System keinen Vorsteuerabzug kennt, unterwirft es auf jeder Stufe den Eingangsumsatz inkl. der darin bereits enthaltenen USt einer nochmaligen USt und steht damit einer **Arbeitsteilung kontraproduktiv** gegenüber.

9.2 Allphasen-Nettoumsatzsteuer mit Vorsteuerabzug

Über den Vorsteuerabzug erreicht die Allphasen-Nettoumsatzsteuer, dass im Regelfall jede Wirtschaftstufe per Saldo nur die von ihr geschaffene Wertschöpfung – eben den »Mehrwert« – besteuern muss.

Beispiel

Beispiel wie vorher. L müsste dem M wiederum 105 € in Rechnung stellen.
M dagegen könnte wie folgt abrechnen:

	Einkaufspreis (netto	100,00 €	
+	Marge	100,00 €	
=		200,00 €	
+	5 % USt	10,00 €	(– 5 € VorSt = belastet mit 5 €)
=		210,00 €	

Entsprechend würde G wie folgt abrechnen:

	Einkaufspreis (netto	200,00 €	
+	Marge	100,00 €	
=		300,00 €	
+	5 % USt	15,00 €	(– 10 € VorSt = belastet mit 5 €)
=		315,00 €	

 Quintessenz

1. Die Mehrwertsteuer ist eine **besondere Form der Umsatzsteuer**.
2. Jede Wirtschaftstufe wird per Saldo **nur mit der Wertschöpfung belastet** – eine Arbeitsteilung ist nicht nachteilig.

10 Anwendungserlass – UStAE

 Hinweis

➲ mybookplus.de > Vertiefende Informationen > Kapitel 10

11 Prüfung von Unternehmereigenschaft und Seriosität des Geschäftspartners

Bescheinigung der Unternehmereigenschaft/ Prüfung der Umsatzsteuer-Identifikationsnummer/ Zertifizierter Steuerpflichtiger/ Gewerbliche Unternehmensauskünfte

11.1 Das Grundproblem

Insbesondere beim **Waren- oder Dienstleistungseinkauf von einem neuen Zulieferer/Dienstleister** besteht häufig Unsicherheit darüber, ob der leistende Unternehmer auch tatsächlich – wie von ihm behauptet – ein Unternehmer i. S. v. § 2 UStG ist und damit eine von diesem ausgestellte Bruttoeingangsrechnung akzeptiert werden kann.[62]

Ebenso steht **auch der leistende Unternehmer** häufig vor dem Problem, gesicherte Erkenntnisse zur Unternehmereigenschaft des Kunden haben zu wollen, z. B. für die Anwendung der B2B-Regel des § 3a Abs. 2 UStG oder eine mögliche Steuerbefreiung des Warenexports (§§ 4 Nr. 1, 6, 6a UStG).

11.2 Innerdeutsches Geschäft

11.2.1 Bescheinigung der Unternehmereigenschaft als Praxislösung

Quasi als »Geheimtipp« für Kreditoren(buchhalter) gilt eine vom leistenden Unternehmer beizubringende **»Bescheinigung der Unternehmereigenschaft« seines Finanzamts.**

> **Bitte beachten Sie!**
> Die Bescheinigung muss der Geschäftspartner des Mandanten **von sich aus** beibringen. Auch wenn der Mandant um das zuständige Finanzamt des Geschäftspartners weiß, stünde das Steuergeheimnis (§ 30 AO) der Beantwortung einer dahingehenden Anfrage Ihres Mandanten entgegen.

11.2.2 Die Finanzverwaltung versucht gegenzusteuern

Dies führt zu einer **unerwünschten Arbeitsmehrbelastung für die Finanzämter,** der die OFD Frankfurt einen Riegel vorschieben will[63]:

---

62   *Weimann,* StB 2014, 360.
63   OFD Frankfurt/Main, Vfg. v. 29.2.2021, S 7340 A–94-St 112.

Rechtsgrundlagen

OFD Frankfurt/Main, Vfg. v. 5.6.2013[64]

(Hinweis: Hervorhebungen durch **Fett**druck sind vom Autor.)

Umsatzsteuerlich geführte Firmen beantragen häufig bei dem für sie zuständigen FA die Ausstellung einer Bescheinigung, die – sei es formlos, sei es in Form einer sogenannten Unbedenklichkeitsbescheinigung, sei es als ›Nachweis der Eintragung als Steuerpflichtiger (Unternehmer)‹ für das Vorsteuer-Vergütungsverfahren – bestätigen soll, dass sie Unternehmer i. S. d. § 2 UStG sind.

Die Unternehmerbescheinigung wird von den Firmen gegenüber ihren ›Vertragspartnern‹ als Nachweis dafür verwendet, dass es sich bei ihnen nicht um ein Schein- oder Strohmannunternehmen handelt, aus dessen Rechnungen ein Vorsteuerabzug nicht zulässig wäre.

Die Ausstellung solcher Unternehmerbescheinigungen erweist sich insbesondere in den Fällen als problematisch, in denen der Rechnungsaussteller die berechnete Leistung – wie es bei »**Subunternehmern**« **in der Baubranche** (soweit § 13b UStG keine Anwendung findet) oder bei in **Karussellgeschäfte** eingebundenen Firmen vorkommt – tatsächlich nicht selbst erbringt oder nur zum Schein bewirkt hat. Die Unternehmerbescheinigung soll in diesen Fällen der Verschleierung von Umsatzsteuerbetrügereien dienen.

Ich bitte, zur Ausstellung solcher Unternehmerbescheinigungen folgende Auffassung zu vertreten:

Nach ständiger **Rechtsprechung des BFH** trägt der den Vorsteuerabzug begehrende Unternehmer die **objektive Beweislast** für das Vorhandensein der den Anspruch begründenden Tatsachen, also auch für die Unternehmereigenschaft des Rechnungsausstellers. Steht fest, dass der Rechnungsaussteller kein Unternehmer ist, entfällt grundsätzlich der Vorsteuerabzug. Einen Schutz des guten Glaubens daran, dass die Voraussetzungen für den Vorsteuerabzug erfüllt sind, sieht das UStG nicht vor (vgl. BFH vom 8.7.2009, XI R 51/07).

Zu den Aufgaben der Finanzämter gehört es demnach nicht, im Rahmen eines Verfahrens zur Erteilung von Unternehmer- oder Unbedenklichkeitsbescheinigungen etwa die Zuverlässigkeit von steuerlich geführten Personen oder ihre tatsächliche Unternehmereigenschaft zu prüfen.

Die Ausstellung von Unternehmerbescheinigungen nach dem Muster USt 1 TN ist daher abzulehnen, soweit diese nicht

- zur Vorlage bei zentralen Erstattungsbehörden im Vorsteuer-Vergütungsverfahren in Drittstaaten dienen oder
- für Zwecke der umsatzsteuerlichen Registrierung im Ausland benötigt werden.

Die Zulässigkeit der Erteilung einer »**Bescheinigung in Steuersachen**« wird hierdurch nicht berührt[65].

Durch die »Bescheinigung in Steuersachen« wird nicht die Unternehmereigenschaft bescheinigt, sondern nur die steuerliche Erfassung erklärt und ggf. eine Aussage

---

64 ⊃ mybookplus.de > Wichtiges aus dem BMF.

65 Zur Bescheinigung in Steuersachen ausführlich OFD Frankfurt/Main, Vfg. v. 6.5.2015, S 0270 A-7-St 23.

über Steuerrückstände bzw. das Zahlungsverhalten des Steuerpflichtigen getroffen.

Um Missverständnissen vorzubeugen, kann bei unklaren Antragsgründen ein Hinweis angebracht werden, dass mit der »Bescheinigung in Steuersachen« nicht die Unternehmereigenschaft nach § 2 UStG bestätigt wird.

11.2.3 Das ist »nur« die Auffassung der Finanzverwaltung

So verständlich dieser Standpunkt aus der Sicht der Finanzverwaltung auch sein mag: damit ist noch lange **nicht geklärt, ob bei einer gerichtlichen Überprüfung nicht doch Gutglaubensschutz** aus einer »Bescheinigung der Unternehmereigenschaft« abgeleitet werden könnte. Letzterer wäre dann freilich erst in einem **Billigkeitsverfahren (§§ 163, 227 AO)** zu berücksichtigen[66].

Auf Grund der dann immer erforderlichen **»Gesamtschau aller legalen Beweismittel«** ist dem Mandanten **im Zweifel immer empfehlen,** sich die Bescheinigung vom Geschäftspartner aushändigen zu lassen.

> ➡ **Beratungskonsequenzen**
>
> Freilich muss man in diesem Fall den Mandanten darauf hinweisen, dass die Bescheinigung aufgrund der abweichenden Auffassung der Finanzämter nur eine **»Sicherheit 2ter Wahl«** gibt. Da sich ein Rechtsstreit mit der Finanzverwaltung nicht vermeiden lassen wird und der Händler **wahrscheinlich erst vor einem Finanzgericht Recht (= Gutglaubensschutz)** bekommen wird.

11.2.4 FG Hamburg vom 11.2.2014

Das FG Hamburg hat in einem Aussetzungsbeschluss wie folgt entschieden[67]:

> **Leitsatz**
> 1. Der Geschäftsführer einer GmbH ist verpflichtet, beim Vorliegen von offensichtlichen Ungereimtheiten und Auffälligkeiten bezüglich der Rechnungsaussteller wie: - die Rechnungsaussteller verfügen nicht über genügend Fahrzeuge für die Durchführung der abgerechneten Anlieferungen, – sie treten stets in Begleitung auf bzw. lassen sich durch einen Handlungsbevollmächtigten vertreten und – sie rechnen bereits unmittelbar nach ihrer Gewerbeanmeldung sehr hohe Liefermengen gegen Barzahlung von fünf- bzw. sechsstelligen EUR-Beträgen ab Auskünfte über die Unternehmereigenschaft der Rechnungsaussteller einzuholen, um sicherzustellen, dass die Rechnungsstellung nicht der Verschleierung einer Steuerhinterziehung der tatsächlich Leistenden dient.

---

66 BFH, Urteile vom 8.10.2008, V R 63/07 (NV), BFH/NV 2009, 1473; vom 30.4.2009, V R 15/07, BFH/NV 2009, 1342; vom 8.7.2009, XI R 51/07 (NV), BFH/NV 2010, 256.

67 FG Hamburg, Beschluss vom 11.2.2014, 3 V 241/13.

2. Es genügt insoweit nicht, wenn der Geschäftsführer von den Rechnungsausstellern lediglich die Vorlage der Gewerbeanmeldung sowie der steuerlichen Unbedenklichkeitsbescheinigung verlangt. Vielmehr ist insbesondere erforderlich, dass der Geschäftsführer der GmbH den Sitz der einzelnen Rechnungsaussteller überprüft.

Diese Entscheidung widerspricht nicht der Einschätzung unter Kapitel 11.2.3, sondern zeigt lediglich die Grenzen des Vertrauensschutzes auf, die wie immer aus den Anforderungen an eine **verständige Würdigung der Gesamtumstände** (»… wusste oder wissen konnte bzw. hätte wissen müssen…«)[68] ergeben.

 Beratungskonsequenzen

Der Mandant darf also auch der Unbedenklichkeitsbescheinigung nicht »blind« vertrauen!

11.3 EU-Geschäft

11.3.1 EU-Mitgliedstaaten müssen für korrekte USt-IdNr. einstehen

Nach Auffassung des EuGH steht es den EU-Mitgliedstaaten frei, Steuerhinterziehungen, -umgehungen und etwaigen Missbräuchen durch geeignete Maßnahmen entgegenzuwirken. Quasi im Gegenzug sind die Mitgliedstaaten verpflichtet, die Richtigkeit der Eintragungen in das Register der Steuerpflichtigen zu garantieren, um ein ordnungsgemäß funktionierendes Mehrwertsteuersystem sicherzustellen[69].

 Beratungskonsequenzen

Die zuständige nationale Behörde muss daher die Unternehmereigenschaft eines Steuerpflichtigen prüfen, bevor sie ihm eine USt-IdNr. erteilt.

Im Umkehrschluss ergibt sich daraus zwingend, dass der inländische Steuerpflichtige **Vertrauensschutz** genießen muss, wenn er die so erteilte USt-IdNr. gewissenhaft, zeitnah und präzise im Rahmen seiner innergemeinschaftlichen Lieferung abfragt. In diesem Fall können dem Steuerpflichtigen nicht »objektive Anhaltspunkte« vorgehalten werden, die einen Rückschluss auf die Mehrwertsteuerhinterziehung im Ausland erzwingen würden. Denn diese Negativkriterien, die die Steuerfahndungen und Staatsanwaltschaften derzeit meinen als belastendes Material vorlegen zu können, mussten wiederum zwingend, nach der Rechtsprechung des EuGH, bereits von den nationalen Steuerverwaltungen geprüft worden sein, bevor die USt-IdNr. erteilt wurde[70].

---

68 So z. B. BFH, Urteil vom 19.4.2007, V R 48/04, BStBl. II 2009, 315; ausführlich dazu *Weimann*, Umsatzsteuer in der Praxis, 12. Aufl. 2013, Kap. 39.

69 EuGH, Urteil vom 14.3.2013, Rs. C-527/11, Ablessio SIA, BB 2013, 725.

70 *Meyerhuber*, ASR 1/2014, 5; vgl. auch *Huschens*, Haufe.Umsatzsteuer, HI 3651993, der das Urteil allerdings – unverständlicher Weise – für aus deutscher Sicht bedeutungslos hält.

Hinweis

Zur Prüfung der USt-IdNr. ausführlich ➲ Kapitel 20

11.3.2 Vorläufig zurückgestellt: der zertifizierte Steuerpflichtige

Auch mit dem Ziel der Betrugsbekämpfung soll das Besteuerungsverfahren mittelfristig EU-weit umgestellt werden. Da für die Umstellung ein zeitlicher Vorlauf unabdingbar ist, werden **ab 2020 Sofortmaßnahmen** greifen. Eine der ursprünglich angedachten Maßnahmen war sofortige die Einführung eines »zertifizierten Steuerpflichtigen« (ZS). Darunter werden **besonders vertrauenswürdige Unternehmen** verstanden, die von einfacheren und zeitsparenden Vorschriften profitieren sollen. Die Einführung des ZS wurde wegen des damit verbundenen Diskussionsbedarfs zurückgestellt und soll **spätestens bei der Umstellung auf ein endgültiges MwSt-System** erfolgen (➲ Kapitel 22.4.6 und Kapitel 22.6).

11.4 Drittlandsgeschäft

Vermehrt machen sich **Unternehmensberater** die beschriebene Unsicherheit zu Nutze und bieten dem Mandanten »Expertisen« an, die insbesondere für das Drittlandsgeschäft Gewissheit über die Seriosität von Geschäftspartnern geben sollen[71].

 Beratungskonsequenzen

Vom Mandanten darauf angesprochen, sollte der Berater folgendes zu bedenken geben:
Die nämlichen Unternehmensberater können insoweit nichts, was der Mandant nicht auch selbst – im Zweifel vielleicht sogar besser – könnte, nämlich Internetauftritte auswerten, Handelsregisterauszüge einholen, Adresseinträge abfragen usw.
- Obwohl die Unternehmensberater ein **recht hohes Entgelt** – pro Abfrage in der Regel mehrere hundert € – verlangen, ...
- ... **schließen sie jedwede Haftung für ihre Empfehlungen aus.**

11.5 Positive Erfahrungen der Mandanten mit Bureau von Dijk

Die in Kapitel 11.4 geäußerten Vorbehalte mahnen zur lediglich Vorsicht und sollen nicht etwa so verstanden werden, dass jegliche kostenpflichtige Informationsbeschaffung abgelehnt wird. Ganz im Gegenteil: Letztere wird sogar empfohlen, sollte aber auch Sinn machen. Vermehrt berichten Mandanten insoweit von positiven Erfahrungen mit Bureau von Dijk (kurz: BvD).

---

71 Vgl. z. B. ASR 6/2013, 7.

BvD ist der weltweit wohl führende Anbieter von Unternehmensinformationen. BvD bietet Daten zu rund **400 Millionen börsennotierten und nicht-börsennotierten Unternehmen** in allen Ländern weltweit und kombiniert diese Daten auf Wunsch mit spezieller Such- und Analysesoftware.

Das Konglomerat von Unternehmensinformationen, Finanzdaten, Ratings und Beteiligungsstrukturen gibt der Geschäftspartnerprüfung ein **hohes Maß an Transparenz und Sicherheit**.

 Beratungskonsequenzen

Im Gegensatz zu den (meisten) konkurrierenden Anbietern werden die
- **Quellen offengelegt** und
- **Quelldaten angezeigt**.

Dadurch bietet sich den Benutzern die Möglichkeit, auf der Grundlage der Primärdaten und Berichte ihre **eigenen Analysen, Prognosen und Einschätzungen** zu erstellen.

Ansprechpartner für deutsche Unternehmen ist vorzugsweise das Büro in Frankfurt am Main:
Bureau von Dijk Frankfurt, Hanauer Landstraße 175–179, 60314 Frankfurt am Main, Tel.: +49 69 963 665 0, E-Mail: frankfurt@bvdinfo.com

12 Steuertatbestände und Besteuerungsgrundlagen im Überblick
Entscheidungsmatrix zur Prüfung in Grundfällen

12.1 Grundtatbestand: Leistungsaustausch

Der umsatzsteuerliche Grundtatbestand ergibt sich aus **§ 1 Abs. 1 Nr. 1 Satz 1 UStG**. Danach unterliegen der Umsatzsteuer die Lieferungen und sonstigen Leistungen, die ein Unternehmer im Inland gegen Entgelt im Rahmen seines Unternehmens ausführt.

 Checkliste

Der Grundtatbestand hat danach **5 Merkmale**:
1. Lieferungen oder sonstige Leistungen
   (§ 3 Abs. 1 UStG, § 3 Abs. 9 UStG) ➲ Kapitel 17
2. Unternehmer
   (§ 2 Abs. 1 Satz 1, Abs. 2, Abs. 3 UStG) ➲ Kapitel 13.1
3. im Rahmen seines Unternehmens
   (§ 2 Abs. 1 Satz 2, Abs. 2 Nr. 2 UStG) ➲ Kapitel 13.2

4. gegen Entgelt
   (= im Leistungsaustausch, § 10 UStG) ➲ Kapitel 104
5. im Inland
   (§ 1 Abs. 2 UStG) ➲ Kapitel 22 ff. (Lieferungen) und 68 ff. (sonstige Leistungen)

Es muss ein **Leistungsaustausch** stattfinden. Der Leistende und der Leistungsempfänger dürfen nicht identisch sein. Leistungsaustausch ist das Erbringen einer Leistung an einen anderen um der Gegenleistung willen.

Kein Leistungsaustausch und damit auch kein steuerbarer Umsatz liegt demnach vor, wenn es an einer Gegenleistung fehlt, wie z. B beim **echten Zuschuss**. Von einem solchen ist auszugehen, wenn Zahlungen nicht an bestimmte Umsätze anknüpfen, sondern unabhängig von einer bestimmten Leistung gewährt werden[72]. Gleiches gilt bei der Leistung von **Schadensersatz**. Die Zahlung erfolgt hier nicht aufgrund einer gewollten Lieferung oder sonstigen Leistung, sondern wegen gesetzlicher oder vertraglicher Verpflichtung zum Schadensersatz[73].

12.2 Sondertatbestände

Neben dem Grundtatbestand sieht das UStG Sondertatbestände vor:

- **Einfuhr von Gegenständen aus dem Drittlandsgebiet in das Inland (§ 1 Abs. 1 Nr. 4 UStG):** Die Erhebung der Einfuhrumsatzsteuer wird vom Zoll vorgenommen. Bemessungsgrundlage ist der Zollwert, der nach zollrechtlichen Vorschriften (Zollkodex und Zollkodex-DV) zu bestimmen ist (§ 11 Abs. 1 UStG).

- **Innergemeinschaftlicher Erwerb von Gegenständen im Inland gegen Entgelt (§ 1 Abs. 1 Nr. 5 i. V. m. § 1a UStG):** Ein innergemeinschaftlicher Erwerb liegt – vereinfacht – vor, wenn ein Unternehmer, eine juristische Person (des öffentlichen Rechts oder des privaten Rechts) oder – bei neuen Fahrzeugen – jede Privatperson einen Gegenstand gegen Entgelt im EU-Ausland von einem dortigen Unternehmer erwirbt und der Gegenstand in Erfüllung des Kaufvertrages in das Inland gelangt.

- **Innergemeinschaftliches Verbringen (§ 3 Abs. 1a UStG):** Innergemeinschaftliches Verbringen gilt als Lieferung gegen Entgelt. Innergemeinschaftliches Verbringen liegt vor, wenn ein Unternehmer einen Gegenstand, der seinem Unternehmen zugeordnet ist, aus dem Inland in das übrige EU-Gebiet bringt. Vorübergehende Verwendungen im EU-Ausland sind hiervon ausgenommen. Der Begriff der vorübergehenden Verwendung ist grundsätzlich nach zollrechtlichen Vorschriften auszulegen.

- **Lieferung von Neufahrzeugen von Nichtunternehmern vom Inland in das übrige Gemeinschaftsgebiet (§ 2a UStG):** Der Nichtunternehmer wird nur für diese Lieferung wie ein Unternehmer behandelt (➲ Kapitel 62).

---

72   Vgl. Abschnitt 10.2 UStAE.
73   Vgl. Abschnitt 1.3 UStAE.

Dieses Buch …

… richtet sich an den Praktiker in Unternehmen und Beratung und fokussiert daher den Grundtatbestand. Die Sondertatbestände werden – mit Ausnahme der Lieferung von Neufahrzeugen – daher nur am Rande gestreift, wenn es dem Gesamtverständnis dienlich ist.

12.3 Die Prüfung der Ausgangs- und Eingangsumsätze in den Grundfällen

Entscheidungsmatrix:

1. Prüfung der Ausgangsseite (… des »eigentlichen« Umsatzes)

1.1 Steuerbarkeit (Grundtatbestand, § 1 Abs. 1 Nr. 1 Satz 1 UStG)

- Unternehmer (§ 2 Abs. 1 Satz 1, Abs. 2, Abs. 3 UStG)
- im Rahmen seines Unternehmens (§ 2 Abs. 1 Satz 2, Abs. 2 Nr. 2 UStG)
- gegen Entgelt (= im Leistungsaustausch, § 10 UStG)
- **im Inland*** (§ 1 Abs. 2 UStG)

1.2 Steuerpflicht (§§ 4, 4b ff. UStG)

1.3 Bemessungsgrundlage (§ 10 UStG)

1.4 Steuersatz (§ 12 UStG)

- Prüfung der Voraussetzungen für die Anwendung eines speziellen Steuersatzes (§§ 12 Abs. 2, 24 UStG)
- falls kein spezieller Steuersatz anzuwenden ist: Anwendung des allgemeinen Steuersatzes (§ 12 Abs. 1 UStG)

2. Prüfung der Eingangsseite (des Vorsteuerabzugs)

2.1 Abzugsfähigkeit von Vorsteuerbeträgen (§ 15 Abs. 1 UStG)

Grundtatbestand: § 15 Abs. 1 Satz 1 Nr. 1 UStG

- Leistungsbezug für das Unternehmen
- von einem anderen Unternehmer
- Vorsteuer in Rechnungen (§ 14 UStG) ausgewiesen

2.2 Abziehbarkeit (§ 15 Abs. 1a – 4 UStG)

Inwieweit entfallen die Vorsteuerbeträge auf Umsätze, die den Vorsteuerabzug ausschließen?

2.3 Berichtigung des Vorsteuerabzugs (§ 15a UStG)

* s. u. Beratungskonsequenzen

 Beratungskonsequenzen

1. Die Zuweisung eines (einzigen) Leistungsortes* zu jedem Umsatz **wirkt de facto wie ein DBA!**
2. Die **Bedeutung der Prüfung des Leistungsorts** wird in der Praxis häufig unterschätzt ➔ **Fallstudie** in Kapitel 121 (= »Echtfall«!).
3. Der Praktiker sollte sich daher verinnerlichen, dass der Leistungsort dort ist, wo das Gesetz ihn bestimmt, und **nicht** dort, wo man meint, dass er sein müsste!

12.4 Ablaufdiagramm: Die Prüfung der Umsatzsteuer

13 Wer die Steuer bezahlen muss: der Unternehmer und das Unternehmen

(Steuerpflichtiger/Besteuerungssubjekt)

 Rechtsgrundlagen

- UStG: § 2
- UStAE: Abschn. 2.1–2.11
- MwStSystRL: Art. 9 f.
- BMF-Schreiben u. Ä: In Ergänzung zum UStAE regelt die Finanzverwaltung die Unternehmereigenschaft in diversen BMF-Schreiben, Erlassen und Verfügungen.

13.1 Unternehmer

Unternehmer ist, wer eine gewerbliche oder berufliche Tätigkeit selbstständig ausübt (§ 2 Abs. 1 Satz 1 UStG).

13.1.1 Unternehmerfähigkeit

Die Frage, wer oder was überhaupt Unternehmer sein kann, ist die Frage nach der Unternehmerfähigkeit. Unternehmer ist jedes selbstständig tätige Wirtschaftsgebilde, das nachhaltig Leistungen gegen Entgelt ausführt oder die durch objektive Anhaltspunkte belegte Absicht hat, eine unternehmerische Tätigkeit gegen Entgelt und selbstständig auszuüben und erste Investitionsausgaben für diesen Zweck tätigt[74]. Dabei kommt es weder auf die Rechtsform noch auf die Rechtsfähigkeit des Leistenden an[75]. Unternehmerfähig sind damit[76]:

* **natürliche Personen:** Unternehmer ist man unabhängig von der Geschäftsfähigkeit. Grundsätzlich kann auch ein Säugling oder Kleinkind Unternehmer sein!

> **Beispiel**
>
> Dem FG Baden-Württemberg lag – vereinfacht – folgender Sachverhalt zur Entscheidung vor:
>
> Eine Ärztin hatte von ihrer dreijährigen Tochter Praxisräume gemietet, die diese mit Mitteln erworben hatte, die ihr von ihren Eltern geschenkt worden waren.
>
> Das FG sieht die Tochter nicht als selbstständige Unternehmerin an, weil zwar für den Abschluss des Mietvertrages, nicht aber für die Dauer seiner Durchführung ein Pfleger bestellt worden war[77].
>
> Mit dem Hinweis auf eine erforderliche Dauerpflegschaft ergeben sich neue Probleme für die steuerliche Anerkennung von Vertragsverhältnissen zwischen Eltern und ihren minderjährigen Kindern.
>
> Die umsatzsteuerliche Selbstständigkeit des Kindes dürfte wohl entgegen dem Urteil des FG eine Dauerpflegschaft nicht erfordern. Nahe liegend ist jedoch, bei Dauerschuldverhältnissen allgemein (also auch ertragsteuerlich) eine solche Pflegschaft als Voraussetzung für die steuerliche Anerkennung von Vertragsverhältnissen zwischen Eltern und Kindern zu verlangen, da Dauerschuldverhältnisse auf einen fortlaufenden Interessenwiderstreit der Vertragsparteien und Insichgeschäfte der Eltern angelegt sind. Beim Abschluss von Miet- und Pachtverträgen mit Kindern sollte deshalb ein Pfleger nicht nur für den Abschluss des Vertrages, sondern für seine gesamte Dauer bestellt werden.
>
> Die Entscheidung des FG ist rechtskräftig. Das FG-Urteil wurde im Wege der Revision auch dem BFH vorgelegt; dieser hat die Revision jedoch ohne Entscheidung in der hier aufgeworfenen Frage aus anderen Gründen zurückgewiesen[78].

* **Personenvereinigungen** (z. B. GbR, OHG, KG)[79]

---

74 Abschn. 2.1 Abs. 1 Satz 2 UStAE.

75 Abschn. 2.1 Abs. 1 Satz 3 UStAE.

76 Abschn. 2.1 Abs. 1 Satz 1 UStAE.

77 Urteil des FG Baden-Württemberg vom 3.3.1999, 2 K 20/97, rkr., EFG 1999, 733 sowie Beilage »Tendenzen/Konsequenzen« 1999, S. 56 mit Anmerkung von *Müller.*

78 BFH, Urteil vom 6.6.2002, V R 20/99, UR 2002, 606; ausführlich zu Verträgen zwischen nahe stehenden Personen und zur Bedeutung des Fremdvergleichs *Weimann,* UStB 2007, 361.

79 Zu den Sonderproblemen der Umsatzbesteuerung von Personenvereinigungen und des Haltens und Veräußerns von Beteiligungen ➲ Kapitel 123.

Grundlagen des deutschen Umsatzsteuerrechts

- **juristische Personen des privaten Rechts** (z. B. AG, GmbH)[80]
- **juristische Personen des öffentlichen Rechts** (z. B. Gebietskörperschaften wie die Bundesrepublik Deutschland, Städte und Gemeinden; Realkörperschaften wie die Industrie- und Handelskammern; Personalkörperschaften wie staatliche Hochschulen; Anstalten des öffentlichen Rechts wie kommunale Sparkassen; ➲ zu den **Änderungen ab 1.1.2016** vgl. § 2b UStG).

Nicht unternehmerfähig sind[81]

- **Innengesellschaften** (z. B. typische oder atypische stille Gesellschaften)
- **Gewinnpools**

13.1.2 Unternehmereigenschaft

Unternehmensfähige Gebilde werden erst zum Unternehmer, wenn sie

- gewerbliche oder berufliche Tätigkeiten
- selbstständig

ausüben.

13.1.2.1 Gewerbliche oder berufliche Tätigkeit

Gewerblich oder beruflich ist jede

- nachhaltige Tätigkeit
- zur Erzielung von Einnahmen
- auch wenn die Absicht fehlt, Gewinn zu erzielen[82]

13.1.2.1.1 Nachhaltige Tätigkeit

Unternehmer ist, wer eine gewerbliche oder berufliche Tätigkeit selbstständig ausübt. Gewerblich oder beruflich ist jede nachhaltige Tätigkeit zur Erzielung von Einnahmen, auch wenn die Absicht, Gewinn zu erzielen, fehlt oder eine Personenvereinigung nur gegenüber ihren Mitgliedern tätig wird (§ 2 Abs. 1 UStG). Die gewerbliche oder berufliche Tätigkeit wird nachhaltig ausgeübt, wenn sie auf Dauer zur Erzielung von Entgelten angelegt ist.

---

80 Zu den Sonderproblemen der Umsatzbesteuerung von Personenvereinigungen und des Haltens und Veräußerns von Beteiligungen ➲ Kapitel 123.

81 Abschn. 2.1 Abs. 5 UStAE.

82 § 2 Abs. 1 Satz 3 UStG.

☑️ **Checkliste**

Für eine nachhaltige Betätigung sprechen[83]:
- mehrjährige Tätigkeit
- planmäßiges Handeln
- auf Wiederholung angelegte Tätigkeit
- die Ausführung mehr als nur eines Umsatzes
- Vornahme mehrerer gleichartiger Handlungen unter Ausnutzung derselben Gelegenheit oder desselben dauernden Verhältnisses
- langfristige Duldung eines Eingriffs in den eigenen Rechtskreis
- Intensität des Tätigwerdens
- Beteiligung am Markt
- Auftreten wie ein Händler
- Unterhalten eines Geschäftslokals
- Auftreten nach außen z. B. gegenüber Behörden
- der nicht nur vorübergehende, sondern auf Dauer angelegte Verkauf einer Vielzahl von Gegenständen über eine Internet-Plattform ➲ Kapitel 14
  Beachten Sie: Die Beurteilung der Nachhaltigkeit hängt **nicht** von einer bereits beim Einkauf der Gegenstände vorhandenen Wiederverkaufsabsicht ab[84]!
- der planmäßige, wiederholte und mit erheblichem Organisationsaufwand verbundene Verkauf einer Vielzahl fremder Gebrauchsgegenstände über eine **elektronische Handelsplattform** ➲ Kapitel 14
  Beachten Sie: Dieser Einstufung steht nicht entgegen, dass die Tätigkeit nur für kurze Dauer und ohne Gewinn ausgeübt wird und ein Wareneinkauf nicht festgestellt werden kann[85]!

Die für und gegen die Nachhaltigkeit sprechenden Merkmale müssen gegeneinander abgewogen werden. Abschn. 2.3 Abs. 5 UStAE listet eine Vielzahl von Tatbestandsmerkmalen auf, die für eine nachhaltige Betätigung sprechen. Abschn. 2.3 Abs. 6 UStAE nennt Einzelfälle, in denen mal die Nachhaltigkeit gegeben ist und mal nicht. Entscheidend ist jeweils das **Gesamtbild der Verhältnisse im Einzelfall.**

 Quintessenz

Maßgebend ist also nicht das einzelne Charakteristikum; es ist vielmehr erforderlich, die für oder gegen die Nachhaltigkeit sprechenden **Merkmale gegeneinander abzuwägen.**

Bitte beachten Sie!

Beim **Verkauf von Jahreswagen** durch Mitarbeiter von Automobilherstellern oder - händlern ist die Haltedauer maßgeblich ➲ s. u., Kapitel 13.2.1.

---

83   Vgl. Abschn. 2.3 Abs. 5 Satz 4 und Abs. 6 Satz 1 UStAE.
84   BFH vom 26.4.2012, V R 2/11, BStBl. I 2012, 634.
85   BFH vom 12.8.2015, XI R 43/13, BStBl. II 2015, 919.

Beratungskonsequenzen

1. »Nachhaltigkeit« ist damit ein **unbestimmter Rechtsbegriff**. Während manche Betätigungen eindeutig nachhaltig oder eindeutig nicht nachhaltig erfolgen, wird man sich über andere Betätigungen trefflich streiten können.
2. Aufgrund der u. U. gravierenden Auswirkungen von Fehleinschätzungen ist es im Zweifel zu empfehlen, die eigene Einschätzung durch eine **verbindliche Auskunft der Finanzverwaltung** (§ 89 AO) abzusichern. Da die nämlichen Betätigungen in der Regel mit zeitlichem Vorlauf geplant und langfristig angelegt sind, sollte insoweit der Zeitfaktor (Bearbeitungsdauer des Finanzamts) keine Rolle spielen.

Bei Nachhaltigkeit kann damit auch eine aufgrund von Dauerverlusten **ertragsteuerlich als Liebhaberei einzustufende Tätigkeit** die Unternehmereigenschaft begründen oder den Rahmen eines schon bestehenden Unternehmens erweitern. Zur Abgrenzung einer nachhaltig ausgeübten wirtschaftlichen Tätigkeit und einer aus außerunternehmerischen Gründen betriebenen Betätigung ist insbesondere auf die Dauer und Intensität der Tätigkeit, die Zahl der Kunden, die Höhe der Einnahmen, die Beteiligung am Markt und das Vorhandensein eines Geschäftslokals abzustellen[86].

Beispiel

Der An- und Verkauf von Wein stellt nur dann eine unternehmerische Tätigkeit dar, wenn sich die Betätigung deutlich von einer privaten Versorgung des Bekannten- und Freundeskreises abhebt.
Bei einem Weineinkauf von rund 120 Flaschen pro Jahr spricht der Beweis des ersten Anscheins gegen das geschäftsmäßige Betreiben eines Weinhandels[87].

 Praxistipp

1. Die Aufwendungen im Zusammenhang mit einer **ertragsteuerlichen Liebhaberei** fallen nicht unter das Abzugsverbot des § 12 Nr. 1 EStG, sondern sind bereits aus den übergeordneten Gesichtspunkten des § 2 EStG ertragsteuerlich unbeachtlich[88].
   Die Vorsteuer aus Vorbezügen unterliegt damit nicht dem Abzugsverbot des § 15 Abs. 1a UStG i. V. m. § 12 Nr. 1 EStG[89].
2. Bei Unternehmern, für die **§ 4 Abs. 5 EStG ertragsteuerlich keine Bedeutung** hat, weil sie **keinen Gewinn zu ermitteln** haben, ist für Zwecke der Umsatzsteuer darauf abzustellen, ob die Aufwendungen **ihrer Art nach unter das Abzugsverbot** des § 4 Abs. 5 Satz 1 Nrn. 1–4, 7 EStG fallen[90].

---

86   Abschn. 2.3 Abs. 5, Abs. 6 UStAE.
87   FG Hessen, Urteil vom 8.11.2000, 6 K 4774/96, rkr., EFG 2001, 599.
88   *Stadie* in R/D, § 2 Anm. 387 ff.
89   Vgl. BMF, Schreiben vom 14.7.2000, IV D 1 – S 7303a – 5/00, UR 2000, 399; formell aufgehoben, materiell aber weiter gültig lt. BMF, Schreiben vom 18.3.2019 ➔ Kapitel 1.6.
90   Abschn. 15.6 Abs. 3 UStAE.

Hinweis

Weitere Einzelfälle ➲ s. u., Kapitel 13.2 und Kapitel 13.5

13.1.2.1.2   Erzielung von Einnahmen

Die Erzielung von Einnahmen auch ohne Gewinnerzielungsabsicht ist weiteres Tatbestandsmerkmal für die Annahme der Unternehmereigenschaft. Die **nicht erforderliche Gewinnerzielungsabsicht** ist ein wichtiger Charakterzug der Umsatzsteuer in ihrer Wirkung als Verbrauchsteuer. Im Gegensatz dazu stehen die Ertragsteuern, die – wie der Name bereits verrät – einen Ertrag, z. B. den Gewinn, besteuern wollen[91].

Zur Erlangung der Unternehmereigenschaft (und damit in der Regel auch für den Vorsteuerabzug!) genügen daher Vorbereitungshandlungen für eine beabsichtigte unternehmerische Tätigkeit, die letztendlich nicht zu Umsätzen führt (**sog. »erfolgloser Unternehmer«**)[92].

13.1.2.2   Selbstständigkeit natürlicher Personen (§ 2 Abs. 2 Nr. 1 UStG)

Bei der Entscheidung der Frage der Selbstständigkeit kommt es im Ergebnis nicht darauf an, wie der Vertrag bezeichnet ist, die Entlohnung durchgeführt oder welche Art von Tätigkeit ausgeführt wird.

Nach 2 Abs. 1 UStG ist Unternehmer, wer eine gewerbliche oder berufliche Tätigkeit selbstständig ausübt. Eine solche Tätigkeit wird nicht selbstständig ausgeübt, soweit natürliche Personen einem Unternehmen so eingegliedert sind, dass sie den Weisungen des Unternehmers zu folgen verpflichtet sind (§ 2 Abs. 2 Nr. 1 UStG). Diese **negative Abgrenzung zur Selbstständigkeit** entspricht nach ständiger Rechtsprechung des BFH der Begriffsbestimmung des »Dienstverhältnisses« i. S. v. § 1 Abs. 2 LStDV. Die Frage der Selbstständigkeit natürlicher Personen ist daher für die **Umsatzsteuer, Einkommensteuer und Gewerbesteuer nach denselben Grundsätzen** zu beurteilen[93].

Ob und inwieweit eine natürliche Person als Arbeitnehmer nichtunternehmerisch tätig ist, bestimmt sich unter Beachtung der Vorschriften des § 1 LStDV nach dem **Gesamtbild der Verhältnisse**. Für die Unselbstständigkeit von juristischen Personen hat § 2 Abs. 2 Nr. 2 UStG dies ausdrücklich bestimmt; die Gesetzesaussage gilt jedoch gleichermaßen für die Beurteilung natürlicher Personen. Das Gesamtbild der Verhältnisse setzt sich zusammen aus

- dem **Innenverhältnis** zwischen Unternehmer und der zu beurteilenden Person und
- dem Auftreten der zu beurteilenden Person im **Außenverhältnis**.

---

91   Abschn. 2.3 Abs. 8 UStAE.
92   Abschn. 2.6 Abs. 1–4 UStAE.
93   Abschn. 2.2 Abs. 2 UStAE.

Letztlich maßgebend ist das Innenverhältnis. Letzteres ergibt sich bereits aus der Formulierung des Gesetzestextes und noch deutlicher aus der **Wortwahl des Art. 10 MwSt-SystRL**, der das Über-/Unterordnungsverhältnis zwischen Arbeitgeber und Arbeitnehmer deutlich hervorhebt. Wesentlich ist dabei, wer das **Risiko der wirtschaftlichen Betätigung** trägt: Muss der Betreffende

- mit der Möglichkeit eines Verlustes rechnen und
- ist er in der Gestaltung seiner Betriebsausgaben frei,

so ist er in der Regel Unternehmer.

Für die Arbeitnehmereigenschaft sprechen insbesondere die in **H 67 LStH 2007 aufgelisteten Tatbestandsmerkmale**. Die Merkmale ergeben sich regelmäßig aus dem der Beschäftigung zugrunde liegenden Vertragsverhältnis, sofern die Vereinbarungen ernsthaft gewollt sind und tatsächlich durchgeführt werden.

Die 1999 aufgestellten Kriterien zur Ermittlung sog. Scheinselbstständigkeit dienen ausschließlich der Erfassung natürlicher Personen (also auch Selbstständiger) zur Heranziehung zu Abgaben an die Sozialversicherung. Die Kriterien sagen nichts darüber aus, ob jemand steuerlich als lohnsteuerpflichtiger Arbeitnehmer oder als umsatzsteuerpflichtiger Unternehmer gilt.

13.1.2.3 Selbstständigkeit juristischer Personen (»Organschaft«, § 2 Abs. 2 Nr. 2 UStG)

Die gewerbliche oder berufliche Tätigkeit wird nicht selbstständig ausgeübt, wenn eine juristische Person nach dem Gesamtbild der tatsächlichen Verhältnisse finanziell, wirtschaftlich und organisatorisch in das Unternehmen des Organträgers eingegliedert ist (= Organschaft) ➲ Kapitel 123.

13.1.3 Unternehmereigenschaft der Vereine

Eine der derzeit wohl interessantesten Diskussionen, die umsatzsteuerlich geführt werden, hat die Unternehmereigenschaft von Vereinen und die daraus resultierenden Folgen (Umsatzversteuerung der Mitgliederbeiträge; Vorsteuerabzug aus Investitionen) zum Gegenstand ➲ Kapitel 123.

13.1.4 Unternehmereigenschaft juristischer Personen des öffentlichen Rechts

Eine gesetzliche Begriffsbestimmung der juristischen Person des öffentlichen Rechts gibt es nicht. Juristische Personen des öffentlichen Rechts sind **rechtsfähige Gebilde**, denen **kein privatrechtlicher Gründungsakt** vorausgegangen ist. Ihre Rechtsfähigkeit wird vielmehr durch einen hoheitlichen Akt begründet. Dies kann geschehen durch Bundesrecht, Landesrecht oder Gewohnheitsrecht.

Juristische Personen des öffentlichen Rechts können sein:

- **Gebietskörperschaften** (z. B. Bundesrepublik Deutschland, Bundesländer, Städte, Gemeinden, Zweckverbände),
- **Realkörperschaften** (z. B. Wasser- und Bodenverbände, Waldwirtschafts-, Jagd- und Fischereigenossenschaften, Industrie- und Handelskammern),
- **Personalkörperschaften** (z. B. staatliche Hochschulen, Berufskammern, Innungen, Träger der Kranken-, Unfall- und Rentenversicherung, Krankenkassen mit Pflichtversicherten),
- **Kirchenrechtskörperschaften** und/oder Religionsgemeinschaften des öffentlichen Rechts (z. B. katholischer Orden),
- **Anstalten des öffentlichen Rechts** (z. B. Anstalten zur Stadtreinigung oder Wasserversorgung, kommunale Sparkassen und bestimmte andere Geldinstitute, öffentlich-rechtliche Bausparkassen, öffentlich-rechtliche Rundfunk- und Fernsehanstalten),
- **Stiftungen** (z. B. kirchenrechtliche Stiftungen),
- **ausländische, inter- und supranationale Körperschaften.**

Keine Körperschaften des öffentlichen Rechts sind:

- die **politischen Parteien,**
- die **Gewerkschaften,**
- das **Deutsche Rote Kreuz,**
- **Interessenverbände der öffentlichen Hand.**

Zu den Besonderheiten der Umsatzbesteuerung juristischer Personen des öffentlichen Rechts wird auf die dazu erschienene Spezialliteratur verwiesen[94].

13.2 Blick in die Rechtsprechung

So schnell ist man ein Unternehmer und damit steuerpflichtig!

13.2.1 Unternehmer durch Verkauf von Jahreswagen?

13.2.1.1 Verkäufe in Abständen von über 1 Jahr

 Rechtsgrundlagen

BFH, Urteil vom 18.7.1991, V R 86/87, BStBl. II 1991, 776

»Ein Angehöriger einer Automobilfabrik, der von dieser unter Inanspruchnahme des Werksangehörigenrabatts fabrikneue Automobile erwirbt und diese **nach mehr als einem Jahr** wieder verkauft, ist **nicht nachhaltig** als Unternehmer tätig (Abgrenzung zum BFH-Urteil vom 26.4.1979 V R 46/72, BFHE 128, 110, BStBl. II 1979, 530).«

---

94 Vgl. z. B. *Vogt* in *Weimann/Prätzler,* Umsatzsteuer – national und international, 6. Auflage 2023, § 2b UStG; *Trost/Menebröcker,* Umsatzsteuer in der öffentlichen Verwaltung – Leitfaden für Kreise, Städte und Gemeinden, 3. Auflage 2022.

13.2.1.2 Verkäufe in Abständen von unter 1 Jahr

 Rechtsgrundlagen

BFH, Urteil vom 26.4.1979, V R 46/72, BStBl. II 1979, 530

»Ein Angehöriger einer Automobilfabrik, der regelmäßig von dieser unter Inanspruchnahme des Werksangehörigenrabatts fabrikneue Automobile erwirbt und diese bis zum Ablauf der vom Werk gesetzten Verkaufssperrfrist ausschließlich zu privaten Zwecken nutzt, kann die auf den Erwerb des Automobils entfallende Umsatzsteuer nicht gemäß § 15 Abs. 1 UStG 1967 als Vorsteuer abziehen, **unterliegt aber mit dem jeweiligen Verkauf der Automobile als Unternehmer der Umsatzsteuer.**«

 Beratungskonsequenzen

1. Ob im Einzelfall jemand eine nachhaltige Tätigkeit im umsatzsteuerrechtlichen Sinn ausübt, ist nach dem Gesamtbild der Verhältnisse – **Abwägung der für und gegen die Nachhaltigkeit sprechenden Merkmale** – zu entscheiden.
2. Bei Verkäufen **in Abständen von über einem (1) Jahr ist die Intensität der wirtschaftlichen Betätigung so gering**, dass eine unternehmerische Betätigung entfällt.

13.2.2 Unternehmer durch Verkäufe bei eBay?

 Rechtsgrundlagen

BFH, Urteil vom 26.4.2012, V R 2/11, BFH/NV 2012, 1285

1. Der **Verkauf einer Vielzahl von Gegenständen über die Internet-Plattform** »eBay« kann eine der Umsatzsteuer unterliegende (nachhaltige) unternehmerische Tätigkeit sein; die Beurteilung als nachhaltig hängt **nicht** von einer bereits beim Einkauf vorhandenen Wiederverkaufsabsicht ab.
2. Bei der laufenden Veräußerung von Gegenständen in erheblichem Umfang liegt keine nur private Vermögensverwaltung vor, wenn der Verkäufer **aktive Schritte zum Vertrieb der Gegenstände unternimmt,** indem er sich ähnlicher Mittel bedient wie ein Händler i. S. v. Art. 4 Abs. 2 der 6. EG-RL.

 Beratungskonsequenzen

1. Wann ist der Verkauf von Gegenständen via »eBay« nur eine umsatzsteuerrechtlich **irrelevante private Vermögensumschichtung** oder doch eine **wirtschaftliche Tätigkeit,** wie das Unionsrecht den Begriff Steuerpflichtigen (= Unternehmer i. S. d. UStG) unter Hinweis auf »alle Tätigkeiten eines Erzeugers, Händlers oder Dienstleistenden, insbesondere Umsätze, die die Nutzung von körperlichen oder nicht körperlichen Gegenständen zur nachhaltigen Erzielung von Einnahmen« beschreibt?[95]

---

95 *Martin*, Anmerkungen zum Besprechungsurteil, BFH/PR 2012, 280.

2. **Weder** ein **absoluter Betrag** *allein* (z. B. Verkauf des bisher privat erworbenen und genutzten Pkw für 50.000 €) **noch die Zahl der Verkäufe** *allein* (eine Sammlung von Briefmarken wird en bloc an einen Versteigerer gegeben) eignen sich als Kriterium.

3. Verkäufe in den **Grenzen der Kleinunternehmerregelung** führen jedenfalls nicht zur Steuerpflicht.

4. **Im Übrigen gilt:** Im Einzelfall ist aufgrund des **Gesamtbildes der Verhältnisse** zu beurteilen, ob die Voraussetzungen einer nachhaltigen Tätigkeit i. S. d. § 2 Abs. 1 Satz 3 UStG erfüllt sind. Dabei ist eine Reihe **verschiedener (nicht abschließend festgelegter) Kriterien** zu würdigen, die je nach dem Einzelfall in unterschiedlicher Gewichtung für oder gegen die Nachhaltigkeit der Einnahmeerzielung sprechen können. [96]

5. Ohne Bedeutung ist auch, ob Gegenstände in Wiederverkaufsabsicht erworben wurden.[97]

6. Bei laufenden Verkäufen einer Vielzahl von Gegenständen über »eBay« ist auch der damit verbundene **zeitliche und logistische Aufwand** zu berücksichtigen. Dass die Gegenstände **vorher gesammelt** worden sind, schließt die Annahme einer unternehmerischen Tätigkeit **nicht** aus. Soweit der BFH in Entscheidungen der 80er-Jahre einen Briefmarken- und einen Münzsammler nicht als Unternehmer beurteilt hatte, beruhte dies darauf, dass beide jeweils en bloc eine Vielzahl von Gegenständen in eine Versteigerung gegeben, nicht dagegen jeden einzelnen Sammlungsgegenstand sukzessive selbst vermarktet hatten.[98]

Aktuell

Am 1.1.2023 ist das Plattformen-Steuertransparenzgesetz – PStTG – in Kraft getreten. Das neue Gesetz verpflichtet die Betreiber von Plattformen wie Amazon, eBay oder Airbnb ihre User (Verkäufer) ab dem Erreichen bestimmter jährlicher Aufgriffsgrenzen der Finanzverwaltung zu melden. Der Gesetzgeber stellt der Verwaltung damit ein probates Mittel zur Verfügung, um ohne großen eigenen Aufwand derartige Einnahmen nachzuvollziehen ➲ Kapitel 14.

13.3 Unternehmen

13.3.1 Unternehmenseinheit

Gemäß § 2 Abs. 1 Satz 2 UStG umfasst das Unternehmen die **gesamte gewerbliche oder berufliche Tätigkeit** des Unternehmers. Dazu korrespondierend ergibt sich aus § 1 Abs. 1 Nr. 1 Satz 1 UStG, dass nur die Lieferungen und sonstigen Leistungen umsatzsteuerlich beachtlich sind, die ein Unternehmer im Rahmen seines Unternehmens ausführt. Daraus ergibt sich, dass ein Unternehmen

---

96   *Martin*, a. a. O.

97   BFH vom 26.4.2012, V R 2/11, BStBl. I 2012, 634; vgl. auch Abschn. 2.3 Abs. 5 Satz 4 UStAE und ➲ oben Kapitel 13.1.2.1.1.

98   *Martin*, a. a. O.

- sich auf die gewerbliche oder berufliche Tätigkeit des Unternehmers beschränkt,
- nicht nur Tätigkeiten im Inland (§ 1 Abs. 2 UStG),
- sondern auch solche im Ausland (übriges Gemeinschaftsgebiet oder Drittlandsgebiet, vgl. § 1 Abs. 2 a UStG) erfasst.

 Beratungskonsequenzen

Alles, was sich außerhalb dieses Unternehmensrahmens ereignet, ist umsatzsteuerlich unbeachtlich.

Der umsatzsteuerliche Unternehmensbegriff ist inhaltlich von anderen Steuergesetzen abzugrenzen, die als Besteuerungsgrundlage z. B. den Betrieb nehmen. So kann ein Gewerbetreibender mit zwei Betrieben getrennt zur Gewerbesteuer veranlagt werden; umsatzsteuerlich befinden sich beide Betriebe innerhalb des Unternehmensrahmens und sind demnach **ein (1) Unternehmen (Unternehmenseinheit)**!

In der Praxis ergeben sich aus der Unternehmenseinheit vielfältige Auswirkungen. Gegenüber dem Finanzamt hat der Unternehmer für alle Betriebe im Unternehmensrahmen lediglich **eine (1) Umsatzsteuererklärung** abzugeben, obwohl möglicherweise mehrere Gewerbesteuererklärungen und Bilanzen zu erstellen sind. Leistungsbeziehungen zwischen den Unternehmensteilen sind als sog. **Innenumsätze** nicht steuerbar, auch wenn Abrechnungen erstellt und Zahlungen geleistet werden.

Beispiel

Unternehmer U hat eine Fleischerei in Dortmund, eine weitere Fleischerei in Essen, ein Lebensmittelgeschäft und ein Wohnhaus. »Privat« betreibt U eine Hundezucht, aus der er jährlich i. d. R. 5 Welpen verkauft und ertragsteuerlich nur Verluste erzielt. Des Weiteren ist er Gesellschafter einer GbR und besitzt Anteile an einer GmbH.

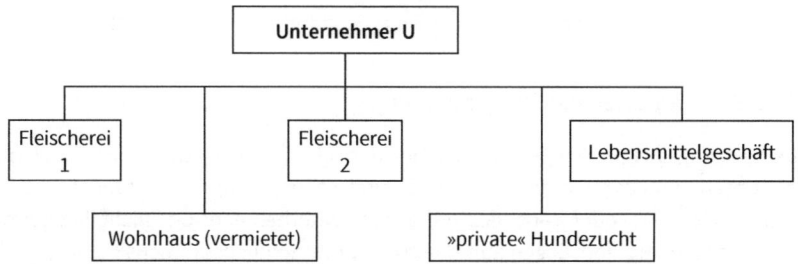

Das **Ertragsteuerrecht** würde die einzelnen Betätigungsfelder des U getrennt beurteilen. Die Fleischereien und das Lebensmittelgeschäft führen zu Einkünften nach § 15 EStG und das Wohnhaus zu solchen nach § 21 EStG; die Hundezucht bliebe als Liebhaberei unbeachtet.

Das **Umsatzsteuerrecht** fasst dagegen all diese Betätigungsfelder zu **einem** Unternehmen zusammen:

- innerhalb des Unternehmens erfolgen ausschließlich nichtsteuerbare **Innenumsätze**,

- eventuelle (Ab)Rechnungen zwischen den Unternehmensteilen sind interne Vorgänge **ohne** Außenrechtswirkung; daher kommt eine insbesondere »Haftung« nach § 14c UStG nicht in Betracht,
- bei **Nutzungsänderungen** ist eventuell der Vorsteuerabzug zu berichtigen (§ 15a UStG).

Neben dem (Einzel-)Unternehmen des U steht – quasi als fremdes Unternehmen – die Personengesellschaft; hier ist ein Leistungsaustausch denkbar[99]. Gleiches gilt grundsätzlich auch für die Kapitalgesellschaft; hier stellt sich jedoch immer die Frage der Organschaft ➲ Kapitel 123.

13.3.2 Bedeutung des Einzelbetriebs und der Betriebsstätte

Aus den Anmerkungen zur Unternehmenseinheit darf nicht gefolgert werden, dass der einzelne Betrieb oder eine Betriebsstätte umsatzsteuerlich unter allen Umständen unbeachtlich sind. Vielmehr gibt es innerhalb des UStG Vorschriften, die den Betrieb oder die Betriebsstätte als Tatbestandsmerkmal beinhalten.

Beispiele

1. Innerhalb eines Unternehmens können gesondert geführte Betriebe im Ganzen veräußert werden, § 1 Abs. 1a UStG.
2. Nach § 3 a Abs. 1, Abs. 3 UStG kann eine Betriebsstätte Ort der sonstigen Leistung sein.
3. Gemäß § 20 Abs. 1 UStG kann ggf. für einen einzelnen Betrieb des aus mehreren Betrieben bestehenden Unternehmens die Steuer nach vereinnahmten Entgelten berechnet werden.
4. § 22 Abs. 1 UStG behandelt Aufzeichnungspflichten für gesondert geführte Betriebe.
5. § 24 Abs. 3 UStG definiert den land- und forstwirtschaftlichen Betrieb als einen in der Gliederung des Unternehmens gesondert geführten Betrieb.

13.3.3 Rahmen des Unternehmens

Der Leistungsaustausch ist nur im Rahmen des Unternehmens steuerbar. Zum Rahmen des Unternehmens gehören Grund-, Hilfs- und Nebengeschäfte. Leistungen, die weder Grund- noch Hilfs- oder Nebengeschäfte eines Unternehmens und nicht ihrerseits wiederum nachhaltig sind, liegen außerhalb des Unternehmensrahmens.

Beispiel

Fleischer Fastfuht (F) ist in seiner Freizeit begeisterter Radrennfahrer. Im Jahr 2023 entschließt sich F zum Erwerb einer neuen und zur Veräußerung seiner alten Rennmaschine.

---

99 Abschn. 1.6 UStAE.

⊃ Folge:

Sowohl der Erwerb als auch die Veräußerung sind umsatzsteuerlich ohne Bedeutung; der Rahmen des Unternehmens erstreckt sich ausschließlich auf den Fleischhandel. F hat daher die Veräußerung nicht der Umsatzsteuer zu unterwerfen; aus der Anschaffung des neuen Rades ist er nicht zum Abzug der Vorsteuer berechtigt.

13.3.4 Wechsel der unternehmerischen Tätigkeit

Häufig stellt sich die Frage, ob eine – ertragsteuerliche – Veräußerung eines Betriebes (§§ 16, 18 Abs. 3 EStG) auch umsatzsteuerlich zu einer Aufgabe des Unternehmens führt.

> **Beispiel**
>
> Ein Gastwirt veräußert sein Lokal, um nunmehr als Handelsvertreter Gastronomiebetriebe zu betreuen. Für seine neue Tätigkeit setzt er ein Fahrzeug ein, mit dem er bislang Büfetts ausgeliefert hat.

 Praxistipp

1. Umsatzsteuerlich beinhaltet ein »Unternehmen« sämtliche Aktivitäten eines Unternehmers[100]. Somit bleibt auch mit der Aufnahme einer (ertragsteuerlich) anderen gewerblichen Tätigkeit (umsatzsteuerlich) das Unternehmen erhalten[101].
2. Der betrieblich genutzte PKW verbleibt damit im Unternehmen. Eine Entnahme i. S. d. § 3 Abs. 1b Nr. 1 UStG liegt nicht vor.
3. Ein ursprünglich beim Kauf des PKW gezogener Vorsteuerabzug bleibt erhalten.
4. Eventuell ergeben sich andere Maßstäbe für die Beurteilung der privaten Nutzung des PKW (§ 3 Abs. 9a UStG).

13.4 Beginn und Ende der Unternehmereigenschaft

Die Unternehmereigenschaft beginnt mit dem ersten nach außen erkennbaren, auf eine Unternehmertätigkeit gerichteten Tätigwerden und endet mit dem letzten Tätigwerden[102].

---

100 Vgl. § 2 UStG.
101 *Weimann,* UStB 2000, 159; vgl. auch *Schneider/Hoffmann,* Stbg 2000, 229.
102 Ausführlich hierzu Abschn. 2.6 UStAE.

13.5 Einzelfall-ABC: Aktuelles aus Rechtsprechung und Verwaltung

Aufsichtsratsmitglieder sind nicht selbstständig und damit keine Unternehmer (EuGH)

Ein Mitglied des Aufsichtsrats einer Stiftung ist hinsichtlich der Ausübung seiner Tätigkeit als Aufsichtsratsmitglied weder dem Vorstand noch dem Aufsichtsrat dieser Stiftung hierarchisch untergeordnet. Das Mitglied handelt jedoch nicht in eigenem Namen, für eigene Rechnung und in eigener Verantwortung und trägt auch nicht das wirtschaftliche Risiko seiner Tätigkeit. Diese wird daher nicht selbständig ausübt[103].

Sachverhalt

Der Kläger (K) ist Mitglied des Aufsichtsrats einer niederländischen Stiftung. Die Befugnisse des Aufsichtsrats der Stiftung umfassen insbesondere die Ernennung, Suspendierung und Entlassung der Mitglieder des Vorstands, die Festlegung ihrer Arbeitsbedingungen, die Aussetzung des Vollzugs der Entscheidungen des Vorstands, die Beratung des Vorstands, die Feststellung der Jahresabschlüsse, die Ernennung, Suspendierung und Entlassung der Mitglieder des Aufsichtsrats und die Bestimmung ihrer festen Vergütung.

Die Stiftung wird in rechtlicher und sonstiger Hinsicht von ihrem Vorstand vertreten. Im Fall eines Interessenskonflikts zwischen dem Vorstand oder einem seiner Mitglieder und der Stiftung wird sie jedoch vom Vorsitzenden und einem oder mehreren Mitgliedern des Aufsichtsrats gemeinsam vertreten. Ferner wird die Stiftung, wenn sämtliche Mitglieder des Vorstands ausscheiden, vom Aufsichtsrat geleitet, bis ein neuer Vorstand ernannt ist.

Die Mitglieder des Aufsichtsrats können nur wegen Fahrlässigkeit bei der Ausübung ihrer Aufgaben oder anderer schwerwiegender Gründe suspendiert oder entlassen werden, und zwar durch Beschluss des Aufsichtsrats, der mit einer Dreiviertelmehrheit der abgegebenen Stimmen in einer Sitzung mit mindestens drei Vierteln seiner Mitglieder gefasst wird, wobei das betroffene Mitglied bzw. die betroffenen Mitglieder nicht mitgezählt werden.

Für seine Tätigkeit als Mitglied des Aufsichtsrats der Stiftung erhält K eine Bruttovergütung in Höhe von ca. 15.000 € pro Jahr, von der Lohnsteuer einbehalten wird. Diese Vergütung wurde vom Aufsichtsrat gemäß den in einem speziellen niederländischen Gesetz dafür aufgestellten Regeln festgesetzt und hängt weder von der Teilnahme des K an Sitzungen noch von seinen tatsächlich geleisteten Arbeitsstunden ab.

K ist ferner auch in einem Dienstverhältnis als Kommunalbeamter tätig. Seine Funktion als Aufsichtsratsmitglied hat jedoch nichts mit der Gemeinde zu tun, die ihn beschäftigt, so dass sich die Frage etwaiger Interessenskonflikte nicht stellt.

---

103   EuGH, Urteil vom 13.6.2019, C-420/18, IO; vgl. dazu auch *Weimann*, AStW, Datenbank ID-Nr. 47256383.

Grundlagen des deutschen Umsatzsteuerrechts

Das vorlegende niederländische Gericht möchte wissen, ob K eine wirtschaftliche Tätigkeit im Sinne dieser Bestimmungen selbständig ausübt und damit als Unternehmer einzustufen ist.

Entscheidung

Der EuGH erinnert zunächst daran, dass Steuerpflichtiger ist, wer eine der in Art. 9 MwStSystRL genannten wirtschaftlichen Tätigkeiten selbständig ausübt.

Die in dieser Bestimmung verwendeten Begriffe verleihen dem Begriff »Steuerpflichtiger« eine **weite Definition mit dem Schwerpunkt auf der Selbständigkeit** der Ausübung einer wirtschaftlichen Tätigkeit. Alle Personen, die objektiv die Kriterien dieser Bestimmung erfüllen, gelten als Mehrwertsteuerpflichtige.

Insoweit **präzisiert Art. 10 MwStSystRL**, dass die Voraussetzung der selbständigen Ausübung der wirtschaftlichen Tätigkeit Lohn- und Gehaltsempfänger und sonstige Personen von der Besteuerung ausschließt, soweit sie an ihren Arbeitgeber durch einen Arbeitsvertrag oder ein sonstiges Rechtsverhältnis gebunden sind, das hinsichtlich der Arbeitsbedingungen und des Arbeitsentgelts sowie der Verantwortlichkeit des Arbeitgebers ein **Verhältnis der Unterordnung** schafft.

 Checkliste

Daraus leitet der EuGH folgende **Prüfungsreihenfolge** ab:

- D muss dem I aus Deutschland heraus eine Bruttorechnung mit italienischer Umsatzsteuer erteilen.
- Zunächst zu prüfen, ob eine Tätigkeit als Mitglied des Aufsichtsrats einer Stiftung wie die vom Kläger des Ausgangsverfahrens ausgeübte als »**wirtschaftlich**« einzustufen ist.
- Bejahendenfalls ist danach ist zu prüfen, ob die nämliche wirtschaftliche Tätigkeit auch »**selbständig**« ausgeübt wird.
- Die Prüfung der Selbständigkeit bedarf zunächst den **Ausschluss einer hierarchischen Einbindung** im Sinne von Art. 10 MwStSystRL.
- Sodann bedarf die Prüfung der Selbständigkeit das Vorliegen einer **Tätigkeit in eigenem Namen und für eigene Rechnung und in eigener Verantwortung** im Sinne von Art. 9 der MwStSystRL.

1. Aufsichtsratsmitglied ist »wirtschaftlich« tätigt

Die Tätigkeit des K stuft der EuGH als »wirtschaftlich« ein, da diese

- nachhaltig ist und
- gegen ein Entgelt ausgeübt wird und
- derjenige das Entgelt erhält, der die Leistung erbringt.

Da diese Vergütung nach den in einem speziellen niederländischen Gesetz dafür aufgestellten Regeln festgesetzt wurde, entsprechen die Umstände, unter denen K die fragliche Dienstleistung erbringt, den **Umständen, unter denen eine derartige Dienstleistung gewöhnlich erbracht** wird.

Ferner werden die Mitglieder des Aufsichtsrats der Stiftung, wie sich aus deren Satzung ergibt, für eine Amtszeit von vier Jahren ernannt, was der erhaltenen Vergütung einen **nachhaltigen Charakter** verleiht.

Die wirtschaftliche Natur der Tätigkeit als Mitglied des Aufsichtsrats einer Stiftung wird auch nicht dadurch in Frage gestellt, dass ein Mitglied **nur ein einziges Mandat** ausübt, sofern diese Tätigkeit nachhaltig ist und gegen Entgelt ausgeübt wird.

2. Aufsichtsratsmitglied ist nicht hierarchisch eingebunden

Mitglieder eines Aufsichtsrats sind **nicht** im Sinne von Art. 10 MwStSystRL **einem Lohn- oder Gehaltsempfänger vergleichbar in ein Rechtsverhältnis eingebunden**, das hinsichtlich der Arbeitsbedingungen und des Arbeitsentgelts sowie der Verantwortlichkeit des Arbeitgebers ein Verhältnis der Unterordnung schafft.

Der Aufsichtsrat legt zwar seine Arbeitsweise in einer Geschäftsordnung fest. Er darf aber seinen Mitgliedern nicht vorschreiben, wie sie ihr Mandat jeweils wahrnehmen. Nach diesen Angaben sind die Aufsichtsratsmitglieder nämlich **innerhalb des Aufsichtsrats unabhängig** und müssen gegenüber den anderen Aufsichtsratsmitgliedern kritisch handeln.

3. Aufsichtsratsmitglied ist aber nicht »selbstständig« tätigt

In einem zweiten Schritt ist zu prüfen, ob ein Aufsichtsratsmitglied die Tätigkeit auch unter den weiteren (allgemeinen) Voraussetzungen des Art. 9 MwStSystRL selbständig ausübt.

Dazu ist erforderlich, dass das Mitglied die Tätigkeit

– im eigenen Namen ausübt und

– auf eigene Rechnung ausübt und

– in eigener Verantwortung ausübt und

– auch das mit der Ausübung dieser Tätigkeiten einhergehende wirtschaftliche Risiko trägt.

Wie bereits ausgeführt, besteht hinsichtlich der Ausübung der Tätigkeit als Aufsichtsratsmitglied kein hierarchisches Unterordnungsverhältnis gegenüber dem Vorstand dieser Stiftung und dem Aufsichtsrat. Allerdings handelt ein Aufsichtsratsmitglied weder in eigenem Namen noch für eigene Rechnung oder in eigener Verantwortung. So ergibt sich im Urteilsfall aus der Satzung der Stiftung, dass die Tätigkeit als Mitglied dieses Aufsichtsrats in bestimmten Fällen in der rechtlichen Vertretung der Stiftung besteht. Letzteres impliziert die Befugnis, die Stiftung insoweit zu verpflichten. Außerdem können die Aufsichtsratsmitglieder die dem Aufsichtsrat übertragenen Befugnisse nicht individuell ausüben und handeln ausschließlich **für Rechnung und unter Verantwortung des Aufsichtsrats**. Somit erweist sich, dass die Mitglieder des Aufsichtsrats der Stiftung individuell weder die Verantwortung tragen, die sich aus den in gesetzlicher Vertretung der Stiftung vorgenommenen Handlungen des Aufsichtsrats ergibt, noch für Schäden haften, die sie Dritten in Wahrnehmung ihrer Aufgaben verursachen, und damit nicht in eigener Verantwortung handeln.

Letztlich geht mit der ausgeübten Tätigkeit für das Aufsichtsratsmitglied **keinerlei wirtschaftliches Risiko** einher. Das Aufsichtsratsmitglied bezieht eine feste Vergütung, die weder von seiner Teilnahme an Sitzungen noch von seinen tatsächlich geleisteten Arbeitsstunden abhängt. Daher übt das Mitglied im Unterschied zu einem Unternehmer keinen nennenswerten Einfluss auf seine Einnahmen oder Ausgaben aus. Überdies scheint eine von einem solchen Aufsichtsratsmitglied in Ausübung seiner Tätigkeit begangene Fahrlässigkeit keine unmittelbaren Auswirkungen auf seine Vergütung zu haben, da sie nach der Stiftungssatzung nur dann zu seiner Entlassung führen kann, wenn zuvor ein besonderes Verfahren durchgeführt wird.

➜ Beratungskonsequenzen

1. Das Urteil betrifft ein **niederländisches Ausgangsverfahren**.
2. Die deutsche Finanzverwaltung dürfte das Urteil nur ungern vernommen haben, denn es **widerspricht sowohl der gefestigten Verwaltungsauffassung** als auch der **älteren BFH-Rechtsprechung**. Vergleiche im Einzelnen Abschn. 2.2 Abs. 2 Satz 7 UStAE.
3. Die **neue BFH-Rechtsprechung** hat sich diese Rechtsauffassung mittlerweile zu Eigen gemacht (Urteil vom 27.11.2019). Die Finanzverwaltung ist diesen Schritt noch nicht gegangen.
4. In Deutschland unterliegen Aufsichtsratsvergütungen daher auch weiterhin regelmäßig der Umsatzsteuer. Die Gesellschaft macht hieraus den Vorsteuerabzug geltend. Sollte es auf Grund der Rechtsprechung zu einer neuen Beurteilung kommen, besteht ein **Recht auf Vertrauensschutz** in die bisherige Beurteilungsweise.
5. Branchen mit **Vorsteuerabzugsbeschränkungen** – insbesondere also Banken und Versicherungen und auch Sportvereine – werden das Urteil natürlich begrüßen und in eigenem Interesse anwenden.
6. Auf ähnliche Urteile des Finanzgerichts Köln (ABC-Stichwort »Aufsichtsratsvergütung eines Sportvereins«) und des Niedersächsischen Finanzgerichts (ABC-Stichwort »Verwaltungsausschussmitglieder«) wird hingewiesen.

Aufsichtsratsmitglieder, Entsendung

Das Finanzministerium Schleswig-Holstein ergänzt die BMF-Schreiben vom 8.7.2021[104] und vom 29.3.2022[105] zur Unternehmereigenschaft von Aufsichtsratsmitgliedern.[106]

Bei der umsatzsteuerlichen Würdigung der Entsendung von Aufsichtsratsmitgliedern ist grundsätzlich **nicht** danach zu differenzieren, ob diese durch

---

104 BStBl. I 2021, 919.
105 BStBl. I 2022, 567.
106 FM Schleswig-Holstein, USt-Kurzinformation vom 20.9.2022, VI 3510 – S 7104 – 124.

- die öffentliche Hand oder
- die Privatwirtschaft

entsandt werden.

Spezielle Nichtbeanstandungsregelungen in Bezug auf Beamte und andere Bedienstete einer Gebietskörperschaft, die die Tätigkeit als Aufsichtsratsmitglied auf Verlangen, Vorschlag oder Veranlassung ihres Arbeitgebers oder Dienstherren übernommen haben und nach beamten- oder dienstrechtlichen Vorschriften verpflichtet sind, die Vergütung bis auf einen festgelegten Betrag an den Arbeitgeber bzw. Dienstherren abzuführen, bleiben unberührt.

Umsätze aus der (höchstpersönlichen) Tätigkeit als Aufsichtsratsmitglied bzw. das entsprechende Entgelt (Vergütungen für die Wahrnehmung des Aufsichtsratsmandats, Sitzungsgelder, Aufwandsentschädigungen etc.) sind auch dann *nicht* **einer dahinterstehenden juristischen Person des öffentlichen Rechts (jPöR) oder einem privaten Arbeitgeber zuzurechnen**, wenn das Aufsichtsratsmitglied die Tätigkeit auf Verlangen, Vorschlag oder Veranlassung seines Arbeitgebers oder Dienstherren übernommen hat und nach beamten-, dienstrechtlichen oder arbeitsvertraglichen Vorschriften verpflichtet ist, die Vergütung bis auf einen festgelegten Betrag an den Arbeitgeber bzw. Dienstherren abzuführen.

Der **Arbeitgeber/Dienstherr** erbringt durch die Bereitstellung von Ressourcen (zuarbeitendes Personal, Arbeitsmittel usw.) an das entsendete Aufsichtsratsmitglied, damit dieses seine Aufsichtsratsfunktion i. S. d. Arbeitgebers/Dienstherrn wahrnehmen kann, **keine** umsatzsteuerbare Leistung.

Aufsichtsratsvergütung eines Sportvereins

Erhält ein Mitglied des Aufsichtsrats eines Sportvereins für seine Tätigkeit eine Vergütung, so unterliegt diese nicht der Umsatzsteuer. Das Aufsichtsratsmitglied ist hinsichtlich der Ausübung seiner Tätigkeit weder dem Vorstand noch dem Aufsichtsrat hierarchisch untergeordnet. Das Mitglied handelt jedoch nicht in eigenem Namen, für eigene Rechnung und in eigener Verantwortung und trägt auch nicht das wirtschaftliche Risiko seiner Tätigkeit. Die Tätigkeit wird daher nicht selbständig ausübt[107].

> **Sachverhalt**
>
> Der Kläger (K) ist Mitglied des Aufsichtsrats eines Sportvereins. Er erhielt ein jährliches Budget, das er für den Bezug von Dauer- und Tageskarten, die Erstattung von Reisekosten und den Erwerb von Fanartikeln einsetzen konnte.
>
> Das von K in Anspruch genommene Budget beurteilte das Finanzamt als Entgelt für seine Aufsichtsratstätigkeit und unterwarf dieses Umsatzsteuer.

---

107 FG Köln, Urteil vom 26.11.2020, 8 K 2333/18; EuGH, Urteil vom 13.6.2019, C-420/18, IO; BFH, Urteil vom 27.11.2019, V R 23/19; vgl. dazu auch *Weimann,* AStW 4/2021, 257.

Entscheidung

Die Klage war erfolgreich und führte zur Aufhebung der Umsatzsteuerfestsetzung. Mit seiner Entscheidung wendet das Finanzgericht die neue Rechtsprechung von EuGH und BFH zu den Aufsichtsratsvergütungen einer niederländischen Stiftung und einer deutschen Aktiengesellschaft entsprechend auf die Aufsichtsratsvergütung eines deutschen eingetragenen Vereins an.

1. **Auch Vereine können einen Aufsichtsrat haben!**

   Klassische Organe eines eingetragenen Vereins sind die Mitgliederversammlung und der Vorstand. Wenn es die Satzung des Vereins vorsieht, kann der Verein aber auch – wie im Urteilsfall – einen Aufsichtsrat erhalten. In der Satzung erfolgt dann eine Aufgabenverteilung zwischen Aufsichtsrat und Vorstand.

2. **Entgeltliche und nachhaltige Tätigkeit im Rahmen eines Leistungsaustauschs**

   Die dem K zugewandten Eintrittsberechtigungen, die erstatteten Auslagen für Reisen und die Steuererstattungen in Höhe der Mehrsteuern aufgrund der ihm zugewandten Eintrittsberechtigungen über mehrere Jahre führen dazu, dass K seine Aufsichtsratstätigkeit im Rahmen eines Leistungsaustausches nachhaltig und entgeltlich ausübt.

3. **Keine hierarchische Einbindung**

   Auch ist K als Aufsichtsratsmitglied entsprechend der Vereinssatzung und den glaubhaft geschilderten vereinsinternen Abläufen nicht weisungsgebunden und steht in keinem Unterordnungsverhältnis zum Vorstand oder zum Aufsichtsrat des Vereins.

4. **Es fehlt aber an der Selbständigkeit!**

   Das fehlende Unterordnungsverhältnis bzw. die fehlende Weisungsgebundenheit des

   Aufsichtsratsmitglieds reichen jedoch für die bei einem Unternehmer vorausgesetzte »selbstständige Ausübung" der Tätigkeit als Aufsichtsratsmitglied nach neuer Rechtsprechung nicht aus.

   Das Gericht verweist insoweit insbesondere auf die EuGH-Rechtsprechung. Danach liegt eine selbstständige Tätigkeit bei einem Aufsichtsratsmitglied, das wie K nicht weisungsabhängig bzw. untergeordnet als Aufsichtsratsmitglied tätig ist, vor wenn das Aufsichtsratsmitglied

   – seine Tätigkeit als Aufsichtsratsmitglied im eigenen Namen und

   – auf eigene Rechnung ausübt und

   – das mit der Ausübung der Tätigkeit verbundene wirtschaftliche Risiko trägt.

   Im Urteilsfall folgt aus der Vereinsatzung, dass K **nicht in eigenem Namen,** sondern stets für den Aufsichtsrat in Umsetzung der dort unter seiner Mitwirkung getroffenen Beschlüsse tätig wurde. Seine Tätigkeit im Eilausschuss übte er ebenfalls für den Aufsichtsrat und nicht im eigenen Namen aus.

K hat weder auf eigene Rechnung noch erfolgsabhängig und damit **ohne Verlustrisiko** gearbeitet. Eine ein wirtschaftliches Risiko möglicherweise begründende **persönliche Haftung für Pflichtverletzungen gegenüber Dritten** ist in der Vereinssatzung nicht vorgesehen. Eine durch ein Aufsichtsratsmitglied begangene Fahrlässigkeit hat keine Auswirkungen auf die Vergütung des Aufsichtsratsmitglieds.

➡ Beratungskonsequenzen

1. Das Urteil ist **rechtskräftig**.
2. Das FG hat **Revision zur Rechtsfortbildung zugelassen**.
3. Die Finanzverwaltung hat darauf verzichtet. **In diesem Verzicht steckt eine große Aussagekraft!** Rechnet die Finanzverwaltung nämlich mit einer für sie negativen Entscheidung des BFH, vermeidet sie es gerne, dass ein Streitfall »hochgekocht« wird, verzichtet auf Rechtsmittel und wendet die – nach Auffassung des Finanzgerichts fehlerhafte, dafür aber profiskalische – Rechtsauffassung weiter an. Im Hinblick auf die neue Rechtsprechung von EuGH und BFH lässt sich die Vorsicht der Finanzverwaltung bestens nachvollziehen!
4. Für Aufsichtsratsmitglied und Sportverein ist das Besprechungsurteil sicher höchst positiv. Der Verein dürfte – wenn überhaupt – nur teilweise zum Vorsteuerabzug berechtigt sein. Durch die Umsatzbesteuerung entstünden damit »echte« Kosten – wer auch immer diese intern tragen müsste. Hinzu kämen für das Mitglied die Steuererklärungspflichten etc.

Fotovoltaikanlagen und BHKW

Das BMF räumt Steuerzahlern mit kleinen Fotovoltaikanlagen und Blockheizkraftwerken ein Liebhabereiwahlrecht ein. Das ist ausschließlich ertragssteuerlich von Bedeutung[108]; die umsatzsteuerliche Rechtslage ändert sich dadurch nicht[109]:

1. **Betreiber einer derartigen Anlage ist Unternehmer**

   Steuerzahler, die sich auf dem Dach ihres Eigenheims eine Fotovoltaikanlage installieren lassen oder mit einem Blockheizkraftwerk Strom erzeugen und gegen eine Vergütung in ein öffentliches Netz einspeisen, sind Unternehmer im umsatzsteuerlichen Sinn (§ 2 UStG).

2. **Die ertragsteuerliche Liebhaberei wirkt sich umsatzsteuerlich nicht aus**

   Bei den nämlichen Anlagen und vergleichbaren BHKW ist nach dem BMF-Schreiben auf schriftlichen Antrag der steuerpflichtigen Person aus Vereinfachungsgründen ohne weitere Prüfung in allen offenen Veranlagungszeiträumen zu unterstellen,

---

108 Statt vieler AStW 9/2021, 581.
109 BMF, Schreiben vom 2.6.2021, IV C 6 – S 2240/19/10006 :006, 2021/0627224; vgl. dazu auch *Weimann*, AStW 10/2021, 654.

dass diese nicht mit Gewinnerzielungsabsicht betrieben werden. Bei ihnen liegt grundsätzlich eine ertragsteuerlich unbeachtliche Liebhaberei vor.

Umsatzsteuerlich wirkt sich dies nicht aus. Erforderlich ist lediglich, dass eine Tätigkeit

– nachhaltig

– zur Erzielung von Einnahmen

ausgeübt wird, **auch wenn die Absicht fehlt, Gewinne zu erzielen** (§ 2 Abs. 1 Satz 3 UStG) ➔ s. o., Kapitel 13.1.2.1.2

 Beratungskonsequenzen

Die Einnahmen aus einer Photovoltaikanlage oder einem BHKW fließen in der Regel monatlich über einen längeren Zeitraum und damit im Rahmen einer unternehmerischen Betätigung.

3. Betreiber regelmäßig Kleinunternehmer

Mit der Einspeisevergütung für eine 10 KW-Anlage lässt sich die Kleinunternehmergrenze des § 19 Abs. 1 UStG von derzeit 22.000 Euro nicht überschreiten.

Im Hinblick auf den **Vorsteuerabzug** wird der Betreiber der Anlage aber zumindest nach der Investitionsphase immer zur Regelbesteuerung optieren (§ 19 Abs. 2 UStG).

 Beratungskonsequenzen

Auch dann, wenn nach den ersten fünf Kalenderjahren wieder die Kleinunternehmerregelung in Anspruch genommen wird, müssen Kleinunternehmer trotz Steuerbefreiung nach § 18 Abs. 3 UStG eine **Umsatzsteuer-Jahreserklärung** abgeben[110].

Hundezucht als Unternehmen

Eine Hundezüchterin wird unternehmerisch tätig, wenn diese – etwa über eine eigene Homepage – aktiv und planmäßig auf den Markt zugeht und daraus über Jahre Einnahmen erzielt. Ohne Bedeutung ist, ob diese Züchterin Gewinne oder Überschüsse erzielt und besondere gewerbliche Räume vorhält. Ebenfalls irrelevant ist, ob subjektive Erwägungen einem (noch) größeren wirtschaftlichen Erfolg entgegenstehen[111].

Sachverhalt

Der Kläger (K) ist Mitglied des Aufsichtsrats eines Sportvereins. Er erhielt ein jährliches Budget, das er für den Bezug von Dauer- und Tageskarten, die Erstattung von Reisekosten und den Erwerb von Fanartikeln einsetzen konnte.

Streitig ist die Unternehmereigenschaft der Klägerin (K). Bereits seit 2011 züchtet K in ihrem Privathaus Hunde. Erst im Februar 2016 meldete K rückwirkend zum

---

110 BFH, Urteil vom 24.7.2013, XI R 14/11, BStBl. II 2014, 210.
111 FG Münster, Urteil vom 25.3.2021, 5 K 3037/19 U; vgl. dazu auch *Weimann*, AStW 7/2021, 470.

1.1.2016 bei der Stadt ein Gewerbe an. Im April 2016 reichte K beim Finanzamt den Fragebogen zur steuerlichen Erfassung nach; auch hier datierte sie den Tätigkeitsbeginn auf den 1.1.2016. Weiter kreuzte K an, dass sie die Kleinunternehmergrenzen nach § 19 UStG voraussichtlich nicht überschreiten werde und sie die Kleinunternehmerregelung in Anspruch nehme. Am 12.1.2017 meldete K das Gewerbe zum 31.12.2016 dann wieder ab, weil sie keine hinreichende Gewinnerzielungsmöglichkeit sah.

Nach Streitigkeiten im Züchterverein erfolgten Anzeigen zulasten der K u. a. an das Finanzamt. Daraufhin wurde gegen K ein Steuerstrafverfahren eingeleitet, welches später eingestellt wurde.

Das Finanzamt führte zudem für die Veranlagungszeiträume 2011 bis 2017 eine Umsatzsteuer-Sonderprüfung durch. Der Prüfer stellte fest, dass es sich bei der Tätigkeit der K um eine unternehmerische Tätigkeit gehandelt habe. K beantragte die Ist-Versteuerung ab dem 1.1.2012. Im Rahmen der Prüfung wurden für K nachträglich Einnahme-/Überschussrechnungen erstellt, welche für sämtliche Jahre Verluste auswiesen.

Der Prüfer stellte daraufhin fest, dass für die Jahre 2013, 2015 und 2016 die Kleinunternehmerregelung nicht in Betracht komme, weil die Umsatzgrenzen des jeweiligen Vorjahres überschritten worden seien. Daraufhin erließ das Finanzamt für die Streitjahre erstmalige Umsatzsteuerbescheide, die sämtlich unter dem Vorbehalt der Nachprüfung standen.

Zur Begründung ihres hiergegen gerichteten Einspruchs führte die K aus, dass strenge Anforderungen der verschiedenen Zuchtverbände dazu führen würden, dass eine wirtschaftliche und nachhaltige Betätigung als Hundezüchter nahezu ausgeschlossen sei. Ertragsteuerlich liege daher Liebhaberei vor. Mit Einspruchsentscheidung wies das Finanzamt den Einspruch als unbegründet zurück. Dabei blieb der Vorbehalt der Nachprüfung bestehen.

Hiergegen richtet sich die Klage der K., zu deren Begründung sie ausführt, dass ihre Hundezucht zu keiner unternehmerischen Betätigung führt. Die strengen Anforderungen der verschiedenen Zuchtverbände würden dazu führen, dass eine wirtschaftliche und nachhaltige Betätigung als Hundezüchter nahezu ausgeschlossen sei. Von der Zucht lasse sich nur leben, wenn die Menge an Zuchthündinnen/Würfen noch deutlich über der Zahl liegen würde, die von K erreicht würden. Eine wirtschaftlich ausgerichtete Handlungsweise würde verlangen, dass sich K nicht als Mitglied eines Züchterbands listen ließe. Denn wirtschaftlich wäre es nur, sich nicht an strenge Zuchtmaßstäbe halten zu müssen, sondern »ohne Papiere« zu züchten.

Zur Begründung der Unternehmereigenschaft reiche es nicht aus, eine Nachhaltigkeit der ausgeübten Tätigkeit und die Einnahmeerzielung zu bejahen. Es sei grob fehlerhaft, wenn das Merkmal der Nachhaltigkeit nicht im offensichtlichen Kontext mit den Begriffen »gewerblich oder beruflich« stehe.

Sie, K, habe keine gewerbliche Tätigkeit ausgeübt und ihre Tätigkeit komme auch nicht einem Beruf gleich. Bevor sie mit einem Hund züchten könne, müsse eine Vielzahl von Voraussetzungen erfüllt sein. Hierzu gehöre z. B., dass der Hund regelmäßig über zwei Jahre alt und ausgewachsen sowie in jeder Hinsicht »fehlerfrei« im

Sinne der Zuchtstatuten sein müsse. Er müsse mindestens einmal auf einer Zucht-schau vorgestellt und dort für zuchttauglich befunden worden sein. Jeder Welpe werde individuell im Zuchtbuch verzeichnet, mit einem individuellen Transponder gechippt, mehrfach geimpft und entwurmt. Üblicherweise werde der Welpe auch nicht vor 8–10 Wochen von der Mutter entwöhnt und an den Erwerber abgegeben. Bei einem »Kilozüchter« hingegen würden insbesondere die erheblichen, mit den Untersuchungen und Vorstellungen bei Zuchtschauen verbundenen Kosten entfal-len, sodass mit jungen Hunden gezüchtet werden könne. Hierdurch würden im Ver-gleich zu den Verbands-Züchtern erheblich geringere Aufwendungen anfallen, was ein wirtschaftliches Handeln ermöglichen würde.

Sie, K, trete gerade nicht »wie ein Händler« auf, sondern gehe mit der Hundezucht vielmehr ihren persönlichen Neigungen nach. Sie kaufe Elterntiere zum Teil im Aus-land bzw. lasse ihre eigenen Hündinnen im Ausland decken. Sie fahre regelmäßig zu verschiedensten Ausstellungen und Meisterschaften und sei im Vorstand des Zuchtverbandes der Hunderasse C tätig. Die Familie lebe mit ihren Hunden zusam-men in ihrem Privathaus. Es existiere keine Zwingeranlage noch seien sonstige An-lagen zu erkennen, die ein gewerbliches Handeln andeuten könnten. Sie verbringe ihre Nächte nach einem Wurf zusammen mit der Hündin, um das Überleben sämt-licher Welpen sicherzustellen. Dies entspreche nicht einem gewerblich handelnden Marktteilnehmer (»Kilozüchter«), der darauf achte, möglichst geringe (Tierarzt-)Kosten mit einem Wurf zu verursachen. Sie suche sich zudem jeden einzelnen Käu-fer für etwaige Welpen persönlich aus. Sie lege hierbei Wert auf die persönliche Qua-lifikation des Käufers und ihren Eindruck von ihm. Anders als ein »Kilozüchter«, dem der Zustand der Welpen oder die Eignung des Erwerbers aus wirtschaftlichen Grün-den gleichgültig sein müsse, wolle sie sicherstellen, dass der Hund in »gute Hände« gelange. Ihr Verhalten stelle sich als wenig wirtschaftlich, weder als nachhaltig noch gewerblich, beruflich oder in sonstiger Weise unternehmerisch dar. Sie gehe viel-mehr nur einem Hobby nach, welches ihrer Tierliebe entgegenkomme.

Entscheidung

Nach Auffassung des Finanzgerichts ist die Klage unbegründet. K hat – auch wenn die Hundezucht ihr langjähriges Hobby und ein für sie wichtiger persönlicher Le-bensinhalt war – ähnlich wie ein Händler agiert. K war deshalb unternehmerisch tätig.

1. Beteiligung am Markt

K hat sich mit ihrer Hundezucht am allgemeinen Markt beteiligt, indem sie die Hunde(welpen) nicht sämtlich bei sich belassen oder unentgeltlich abgegeben hat, sondern diese vielmehr auch gegen Entgelt an Dritte abgegeben bzw. verkauft hat.

Hierbei handelt es sich nicht um umsatzsteuerlich irrelevante Vorgänge in Form bloßer Verkäufe ihrer Hunde als Ausfluss des privaten Hobbys der Klägerin. Denn die Klägerin hat **aktive Schritte zur »Vermarktung« ihrer Hunde** unternommen, in-dem sie sich ähnlicher Mittel wie ein Händler bedient hat.

2. Aktives Ergreifen von Vertriebsmaßnahmen

K hat sich hinsichtlich des Verkaufs der Hunde(welpen) nicht nur auf Verkäufe über Mund-zu-Mund-Propaganda verlassen, sondern auch bei Händlern allgemein bewährte Vertriebsmaßnahmen ergriffen. Insbesondere hat sie ihre Hundezucht im Internet beworben und dort ihre zum Verkauf anstehenden Welpen angeboten und präsentiert.

Nochmals im Erörterungstermin hat K sehr deutlich gemacht, wie wichtig ihr das Wohlergehen der Hunde in allen Belangen war. Auf ihrer Internetseite hat sie diesen positiven Eindruck versucht, bestmöglich wiederzugeben. So konnte sie potentielle Erwerber der Hunde nicht nur vor Ort von der Qualität ihrer Hundezucht überzeugen, sondern diese auch so erreichen, um sie zu überzeugen und letztlich **zur Kaufentscheidung eines Welpen aus ihrer Zucht zu bewegen**.

3. Eigener Internet-Auftritt

Soweit K den Hundekäufern mittels der auf ihrer Homepage eingestellten Fotos und Kommentare zu einzelnen Welpen ermöglicht hat, die von ihnen auserwählten Welpen bereits jetzt stetig begleiten zu können, obwohl diese die Welpen wegen der Regularien der zuchtverbände noch nicht gleich mit zu sich nehmen durften, hatte dies auch gleichzeitig einen werbenden Effekt. Potentielle Käufer konnten und sollten über das Internetmedium sogleich sehen, dass Hundewelpen bei K aus besten Händen kamen. Hierdurch konnte sich K bei Kaufinteressierten, die sorgsam darauf bedacht waren, ihren Hund nur bei einem seriösen und guten Züchter zu kaufen, bessere Verkaufschancen und auch eine bessere Preisgestaltung ausrechnen.

Dass K das Internetmedium als allgemein **bewährte Vertriebsmaßnahme zum Wecken von Kaufinteressen tatsächlich genutzt** hat, zeigt sich auch darin, dass K dort ihre persönliche Eignung und die Qualität ihrer Hundezucht dargestellt hat. So hat sie auf ihrer Homepage mit ihrer Qualifikation geworben, nämlich mit ihrer Ausbildung und ihren Fortbildungen, ihren langjährigen praktischen Erfahrungen und den in der Zahl bezifferten gelesenen Fachbüchern.

Wäre die Homepage nur eingerichtet und genutzt worden, um dem jeweiligen zukünftigen Welpenbesitzer das stetige Begleiten des heranwachsenden Hundes zu ermöglichen, **hätte es dieser Werbung für die eigene Hundezucht nicht bedurft**, weil die neuen Besitzer ja bereits überzeugt waren und den Welpen bereits reserviert oder gekauft hatten.

4. Planmäßiges Vorgehen

K ist auch planmäßig tätig geworden und hat hierbei aktive Schritte bis hin zum Verkauf vorgenommen. Das planmäßige Tätigwerden zeigt sich angefangen mit dem Einkauf geeigneter Hunde bzw. dem planmäßigen Decken der Hündinnen, um geplant regelmäßig neue Würfe zu haben. Schon bei der Planung der Würfe bestand die Absicht, die Welpen – zumindest teilweise – zu verkaufen.

Hierzu kündigte K die bei ihr anstehenden Würfe auf ihrer Internetseite an und machte damit schon zu diesem frühen Zeitpunkt auf in nächster Zeit zum Verkauf stehende Welpen aufmerksam. K stellte die neuen Würfe sodann auf der Internetseite ein und kümmerte sich im Weiteren um die Zuchtzulassung und die Ahnentafel der zum Verkauf anstehenden Welpen.

Schließlich verkaufte sie die Tiere gegen Entgelt und zwar zu Preisen, die für Zuchttiere regelmäßig gezahlt werden.

5. **Umfangreiche Vertragsregelungen**

Die Vertragsabschlüsse mit umfangreichen Vertragsregelungen sind in der Gesamtschau ein weiteres Element eines Tätigwerdens wie ein Händler, auch wenn K hierzu nach den Regularien der Zuchtverbände verpflichtet war. Sie hat über den jeweiligen Hundeverkauf jeweils vierseitige Verträge in deutscher oder englischer Sprache verwendet.

Zwar stehen schriftliche Vertragsabschlüsse einer nur privaten Vermögensverwaltung grundsätzlich nicht entgegen, doch ist **der Einzelfall in der Gesamtschau** zu betrachten. Vorliegend hat sich K jedenfalls nicht auf einfache »Von-Haus-zu-Haus-Verkäufe« beschränkt, sondern sogar Rücktrittsrechte und Rücknahmepflichten geregelt.

6. **Besondere gewerbliche Räume nicht erforderlich**

Darüber hinaus ist für ein Auftreten wie ein Händler das Unterhalten eines Geschäftslokals neben der eigenen Wohnung nicht erforderlich. Es ist deshalb hier unbeachtlich, dass die Hunde im Privathaushalt der K lebten und es keine Zwingeranlage gab.

Auch der Umstand, dass die K die Nächte nach einem Wurf zusammen mit der Hündin verbrachte, um sicherzustellen, dass alle Welpen überleben, steht einem Agieren wie ein Händler im maßgebenden Sinne nicht entgegen. **Letztlich dient die Sorge um die Hunde zudem auch ihrer Verkaufsfähigkeit.**

7. **Keine bloße Vermögensverwaltung**

Die Tätigkeit der K war von einer bloßen »privaten Vermögensverwaltung« bzw. hier von einer bloßen »Verwaltung« des eigenen Hobbys auch deshalb abzugrenzen, weil

– K die Hundezucht über die Jahre ausweitete,

– sie aber selbst nicht alle Hunde hätte behalten können.

K unterhielt eine intensive und vom Umfang her zunehmende Zucht und war mit ihr **Tag und Nacht beschäftigt.** Sie kaufte Hunde ein und deckte Hündinnen ihrer Zucht planmäßig – teils sogar unter Vornahme von Fahrten ins Ausland, sodass geplant regelmäßig neue Würfe erfolgten. Demnach war auch die Anzahl der Welpen über die Jahre ansteigend, gleichzeitig stieg auch die Zahl der Verkäufe über die Jahre der Zucht an.

8. **Gewinnerzielungsabsicht und Gewerbeanmeldung ohne Bedeutung**

Wie erfolgreich bzw. wie ertragreich das Handeln in finanzieller Hinsicht war, ist für die Frage der Unternehmereigenschaft nicht entscheidend. Auch die Gewerbeanmeldung nur für das Kalenderjahr 2016 hat umsatzsteuerlich keine Bewandtnis.

9. **Subjektive Beweggründe irrelevant**

Dass K nicht jeden potentiellen Erwerber als neuen Hundebesitzer akzeptierte, sondern entsprechend der Regularien, denen sie sich unterworfen hatte, sorgfältig darauf achtete, dass die Hunde in auserwählt »gute Hände« gelangten, steht dem Vorliegen der Beteiligung am Markt wie ein Händler nicht entgegen.

Voraussetzung für eine Tätigkeit wie ein Händler kann nicht sein, dass man als Händler mit jedem Geschäfte macht. Außerdem ist es die freie Entscheidung eines Händlers, mehr Herzblut und zeitlichen wie finanziellen Mehraufwand in das einzelne Geschäft zu stecken. **Das Bedienen eines Hobbys schützt nicht vor der Qualifizierung als unternehmerisches Handeln.**

Dementsprechend steht der Einordnung der Tätigkeit als unternehmerische **in der Gesamtschau** nicht entgegen, wenn K hier lediglich ihren persönlichen Neigungen nachgegangen ist und mit den Hunden nicht wie ein »Kilozüchter« gehandelt hat, welcher erheblich geringere Kosten zu tragen habe. Außerdem kann K als seriöse Züchterin meist andere Preise als ein »Kilozüchter« verlangen.

10. **Nachhaltigkeit**

K war bei Würdigung des Gesamtbildes der Verhältnisse auch nachhaltig tätig. Nachhaltig ist jede Tätigkeit, die fortgesetzt oder mit Wiederholungsabsicht ausgeübt wird, wobei eine Tätigkeit **dann fortgesetzt ausgeübt wird, wenn mehrere gleichartige Handlungen vorgenommen** werden. Im Streitfall hat K die Hundezucht über mehrere Jahre betrieben und hat in diesem Zusammenhang wiederholt und planmäßig Verkäufe vorgenommen.

➡️ **Beratungskonsequenzen**

1. Das Besprechungsurteil bringt an sich nichts »Revolutionäres«. Es fügt vielmehr einzelne Bausteine der gefestigten Rechtsprechung und Verwaltungsauffassung zu den Voraussetzungen einer unternehmerischen Tätigkeit mustergültig zu einem Ganzen zusammen und gibt dem Praktiker damit ein »**finanzrichterliches Prüfungsschema**« an die Hand.

2. Unternehmer ist, wer eine gewerbliche oder berufliche Tätigkeit selbstständig ausübt (§ 2 Abs. 1 Satz 1 UStG). Gewerblich oder beruflich ausgeübt werden kann nur eine nachhaltige Tätigkeit. Die Nachhaltigkeit wiederum ergibt sich aus dem »**Gesamtbild der Verhältnisse**« und damit aus einer wertenden Beurteilung. Letztere wiederum birgt sowohl für den potentiellen Unternehmer als auch für seinen Berater erhebliche Gefahren, wie nicht zuletzt das Besprechungsurteil zeigt (AStW 6/2020, 455, astw.iww.de, Abruf-Nr. 46579286).

3. »Nachhaltigkeit« ist damit ein **unbestimmter Rechtsbegriff**. Während manche Betätigungen eindeutig nachhaltig oder eindeutig nicht nachhaltig erfolgen, wird man sich über andere Betätigungen trefflich streiten können.

Grundlagen des deutschen Umsatzsteuerrechts

4. Aufgrund der u. U. gravierenden Auswirkungen von Fehleinschätzungen ist es im Zweifel zu empfehlen, die eigene Einschätzung durch eine **verbindliche Auskunft der Finanzverwaltung** (§ 89 AO) abzusichern. Da die nämlichen Betätigungen in der Regel mit zeitlichem Vorlauf geplant und langfristig angelegt sind, sollte insoweit der Zeitfaktor (Bearbeitungsdauer des Finanzamts) keine Rolle spielen

5. Die **Nichtzulassungsbeschwerde** gegen dieses Urteil ist beim BFH unter dem Aktenzeichen XI B 33/21 anhängig.

Limited als Unternehmer

Das Finanzministerium Schleswig-Holstein weist auf die Unternehmereigenschaft einer britischen Limited mit Ort der Geschäftsleitung im Inland hin.[112]

Zu den zivilrechtlichen Auswirkungen des Austritts des Vereinigten Königreichs aus der Europäischen Union und des Ablaufs des Übergangszeitraums (sog. Brexit) auf Gesellschaften in der Rechtsform einer »private company limited by shares« (Limited) und der hinsichtlich der Bekanntgabe von Verwaltungsakten und des Vollstreckungsverfahrens zu ziehenden Folgerungen ist ein BMF-Schreiben vom 30.12.2020 (BStBl. I 2021, 46) ergangen[113].

In Bezug auf die Umsatzsteuer ist zu beachten, dass eine in Deutschland zivilrechtlich nicht rechtsfähige Limited unter den weiteren Voraussetzungen **Unternehmer i. S. d. § 2 UStG sein kann.**

THG-Quote, Übertragung

Das Finanzministerium Schleswig-Holstein positioniert sich zur umsatzsteuerrechtlichen Behandlung von Prämien aus der Treibhausgasminderungsquote.[114]

1. **Übertragung durch Nichtunternehmer**

   Überträgt eine Privatperson ihre vom Umweltbundesamt bescheinigte Treibhausgasminderungsquote (THG-Quote) aus einem auf sie zugelassenen und ihrem nichtunternehmerischen Bereich zugeordneten oder für den nichtunternehmerischen Bereich bezogenen Elektrofahrzeug jährlich oder für mehrere Jahre gegen eine Vergütung an einen Ankäufer, handelt es sich dabei um **keine nachhaltige Tätigkeit** i. S. d. § 2 Abs. 1 UStG.

---

112   FM Schleswig-Holstein, USt-Kurzinformation vom 10.3.2022, VI 3510 - S 7104-167.
113   BMF-Schreiben vom 30.12.2020, IV A 3 - S 0284/20/10006 :003, 2020/1363474, Bekanntgabe eines Steuerverwaltungsaktes an sowie Vollstreckung gegen eine Gesellschaft in der Rechtsform einer Britischen Limited mit Verwaltungssitz (Ort der Geschäftsleitung) im Inland sowie deren Rechtsnachfolger nach dem 31.12.2020, BStBl. I 2021, 46 ➲ mybookplus.de > Wichtiges aus dem BMF.
114   Finanzministerium Schleswig-Holstein, USt-Kurzinformation vom 11.5.2022, VI 358 – S 7279 – 033.

2. Übertragung durch Unternehmer

Überträgt ein Unternehmer seine vom Umweltbundesamt bescheinigte THG-Quote aus einem auf ihn zugelassenen und seinem Unternehmen zugeordneten oder für sein Unternehmen bezogenen Elektrofahrzeug jährlich oder für mehrere Jahre gegen eine Vergütung an einen Ankäufer, handelt es sich dabei um einen **Teil der unternehmerischen Tätigkeit** i. S. d. § 2 Abs. 1 UStG des Unternehmers.

3. Eigenständige Leistung

Die THG-Quote wird nicht mit dem Erwerb des Fahrzeuges »mitangeschafft«, so dass insoweit weder eine neben dem Elektrofahrzeug bezogene weitere (Haupt-)Leistung noch ein anteilig darauf entfallender Vorsteuerbetrag aus der Anschaffung des Elektrofahrzeugs vorliegt.

4. Handel mit THG-Quoten

Der Handel mit THG-Quoten **(An- und Weiterverkauf)** stellt eine unternehmerische Tätigkeit i. S. d. § 2 Abs. 1 UStG dar.

Verwaltungsausschussmitglieder

Das Niedersächsische Finanzgericht hat (erneut) zur Steuerbarkeit der Tätigkeit eines Mitglieds eines kollektiven Leitungsgremiums Stellung genommen. Das Mitglied des Verwaltungsausschusses eines berufsständischen Versorgungswerks unterliegt mit dieser Tätigkeit danach nicht der Umsatzsteuer[115].

> **Sachverhalt**
>
> Die Klägerin (K) wurde zur Sicherung der Kammerangehörigen im Alter und bei Berufsunfähigkeit sowie zur Sicherung der Hinterbliebenen errichtet (sog. berufsständisches Versorgungswerk). Sie erzielte in den Streitjahren unter anderem sowohl umsatzsteuerpflichtige als auch umsatzsteuerfreie Vermietungsumsätze.
>
> Ein Organ der K ist der Verwaltungsausschuss. Der Verwaltungsausschuss leitet die K und bedient sich dabei einer Geschäftsführung. Die Geschäftsführung besorgt die Angelegenheiten der K nach Weisung des Verwaltungsausschusses. Der Verwaltungsausschuss ist für die Durchführung der Beschlüsse der Kammerversammlung und des Aufsichtsausschusses verantwortlich. Der Verwaltungsausschuss besteht aus vier der Kammerangehörenden Mitgliedern und drei weiteren sog. nichtberufsständischen Mitgliedern.
>
> Die Tätigkeit der berufsständischen Mitglieder des Verwaltungsausschusses ist ehrenamtlich. Aufwandsentschädigungen und Kostenerstattungen werden durch Beschluss der Kammerversammlung festgelegt. Über die Höhe der Entschädigung der nichtberufsständischen Mitglieder des Verwaltungsausschusses entscheidet der Aufsichtsausschuss.

---

115 FG Niedersachsen, Urteil vom 8.10.2020, 5 K 162/19; vgl. dazu auch *Weimann*, AStW, Datenbank ID-Nr. 47268213.

Streitig war, ob die Mitglieder des Verwaltungsausschusses unternehmerisch tätig wurden. Wenn ja, wäre die Umsatzsteuerschuld eines ausländischen Mitglieds gem.§ 13b Umsatzsteuergesetz auf K übergegangen. Da K nur teilweise zum Vorsteuerabzug berechtigt ist, würde dies zu »echten« Kosten führen.

Entscheidung

Das Finanzgericht hatte bereits mit Urteil vom 19.11.2019 unter Berücksichtigung des EuGH-Urteils vom 13.6.2019 (ABC-Stichwort »Aufsichtsratsmitglieder sind nicht selbständig und damit keine Unternehmer«) entschieden, dass die Tätigkeit eines **Verwaltungsratsvorsitzenden** eines berufsständischen Versorgungswerks nicht der Umsatzsteuer unterliegt, wenn dieser weder im eigenen Namen nach außen auftritt noch gegenüber dem Versorgungswerk über die Befugnis verfügt, die für dessen Führung erforderlichen Entscheidungen zu treffen. Der Verwaltungsratsvorsitzende sei auch nicht deshalb unternehmerisch tätig geworden, weil er neben einer Festvergütung auch Fahrtkostenersatz und geringfügige Sitzungsgelder bezogen habe.

Mit dem Besprechungsurteil führt das Gericht seine Rechtsprechung im Wesentlichen fort und hat in einem vergleichbaren Fall entschieden, dass auch das **einfache Mitglied** des Verwaltungsausschusses eines berufsständischen Versorgungswerks kein Unternehmer ist, wenn es diese Tätigkeit nicht mit eigenem wirtschaftlichen Risiko ausübt.

Das Gericht führt zur Begründung weiter aus, dass das Verwaltungsausschussmitglied insbesondere keine über die eines gewöhnlichen Arbeitnehmers hinausgehende **individuelle Verantwortung** aus den Handlungen des Verwaltungsausschusses trage.

Darüber hinaus sei auch eine nicht unerhebliche variable Vergütung für die Teilnahme an Sitzungen des Verwaltungsausschusses ohne nennenswerte Einflussmöglichkeiten des Mitglieds auf solche Termine ebenfalls **nicht geeignet, ein wirtschaftliches Risiko zu begründen**.

 Beratungskonsequenzen

Die in der Sache zugelassene **Revision** wurde vom unterlegenen Finanzamt nicht eingelegt, so dass die Entscheidung des Finanzgerichts rechtskräftig ist. Die Gründe dürften sich mit denen decken, die auch im Urteilsfall des FG Köln (ABC-Stichwort »Aufsichtsratsvergütung eines Sportvereins«) die Finanzverwaltung zu einem Verzicht auf die Revision veranlasst haben.

14   Autohero, Airbnb und eBay müssen User jetzt »verpfeifen«!

Plattformbetreiber müssen dem Finanzamt Online-Geschäfte ungefragt melden

§   **Rechtsgrundlagen**

- Gesetz über die Meldepflicht und den automatischen Austausch von Informationen meldender Plattformbetreiber in Steuersachen (Plattformen-Steuertransparenzgesetz – PStTG)
- BT-Drs. 20/4376 vom 9.11.2022, Entwurf eines Gesetzes zur Umsetzung der Richtlinie (EU) 2021/514 des Rates vom 22.3.2021 zur Änderung der Richtlinie 2011/16/EU über die Zusammenarbeit der Verwaltungsbehörden im Bereich der Besteuerung und zur Modernisierung des Steuerverfahrensrechts
- BMF, Schreiben vom 2.2.2023, IV B 6 - S 1316/21/10019 :025, 2023/0111801, Gesetz über die Meldepflicht und den automatischen Austausch von Informationen meldender Plattformbetreiber in Steuersachen (Plattformen-Steuertransparenzgesetz – PStTG); Anwendungsfragen zum Plattformen-Steuertransparenzgesetz

Am **1.1.2023** ist das **Plattformen-Steuertransparenzgesetz – PStTG –** in Kraft getreten. Das neue Gesetz verpflichtet die Betreiber von Plattformen wie Autohero, eBay oder Airbnb ihre User (Verkäufer) ab dem Erreichen bestimmter jährlicher Aufgriffsgrenzen der Finanzverwaltung zu melden. Der Gesetzgeber stellt der Verwaltung damit ein probates Mittel zur Verfügung, um ohne großen eigenen Aufwand derartige Einnahmen nachzuvollziehen[116].

Die digitale Plattformökonomie wuchs in den vergangenen Jahren rapide. Infolge dieser Entwicklung nehmen die Einkünfte zu, die Personen und Unternehmen auf digitalen Plattformen erzielen. Die **gleichmäßige und gesetzmäßige Besteuerung** dieser Einkünfte stellt eine Herausforderung für die Finanzbehörden dar, da die Möglichkeiten der Finanzbehörden zur Ermittlung der steuerlichen Grundlagen an ihre Grenzen stoßen.

Vor allem von Plattformbetreibern, die aus dem Ausland operieren, können Informationen zum Zweck der gleichmäßigen und gesetzmäßigen Besteuerung nicht zuverlässig erlangt werden. Dies ist besonders deshalb problematisch, weil die digitalen Geschäftsmodelle es den Betreibern solcher Plattformen erlauben, ihre Dienste **mit geringem Aufwand grenzüberschreitend** anzubieten.

In den zurückliegenden Jahren wurden diverse Möglichkeiten zur Zusammenarbeit der Steuerbehörden der Mitgliedstaaten der Europäischen Union geschaffen, vor allem durch neue Formen des steuerlichen Informationsaustausches. Durch die zwischen-

---

116   Weimann, AStW 3/2023, 151.

staatliche Verwaltungszusammenarbeit werden die Steuerbehörden bei ihren Anstrengungen zur **Unterbindung von Steuerhinterziehung und Steuerumgehung** unterstützt. Die Bewertung der Verwaltungszusammenarbeit hat jedoch Ineffizienzen und andere Schwachstellen aufgezeigt.

In **Umsetzung einer entsprechenden EU- Richtlinie** wird daher u. a. eine Pflicht für Betreiber digitaler Plattformen eingeführt, den Finanzbehörden Informationen über Einkünfte zu melden, die von Anbietern auf diesen Plattformen erzielt wurden. Die Meldepflicht wird um einen automatischen Austausch von Informationen zu Anbietern ergänzt, die in anderen Mitgliedstaaten der Europäischen Union steuerlich ansässig sind. Auf diese Weise werden die wirtschaftlichen Aktivitäten der Anbieter auf digitalen Plattformen für die Steuerbehörden transparent (BT-Drs. 20/4376 vom 9.11.2022).

14.1   Wer muss melden (§§ 3, 13 PStTG)?

Die Meldepflicht besteht für alle **Plattformbetreiber**. Deren in der Praxis bekanntesten dürften derzeit sein:

* Airbnb
* Amazon
* Autohero
* Autoscout24
* Booklooker
* eBay
* eBay-Kleinanzeigen
* Etsy
* Fiverr
* Heycar
* Mobile.de
* Momox
* Shpock
* Vinted

14.2   Wer wird gemeldet (§ 4 PStTG)?

Gemeldet werden Anbieter, die auf den Plattformen

* relevante Tätigkeiten ausführen und
* mit diesen Tätigkeiten die gesetzlich definierten Aufgriffsgrenzen überschreiten.

14.3   Relevante Tätigkeiten und Vergütungen (§ 5 PStTG)

Eine relevante Tätigkeit ist jede der **folgenden Tätigkeiten**, wenn sie gegen eine Vergütung erbracht wird (§ 5 Abs. 1 PStTG):

* die zeitlich begrenzte Überlassung von Nutzungen und anderen Rechten jeder Art an unbeweglichem Vermögen

  Beispiel: Vermietung eines Ferienhauses über Airbnb

* die Erbringung persönlicher Dienstleistungen

  Beispiel: Facility-Leistungen, Güter- und Personenbeförderungen, Handwerkerarbeiten, Influencer

* der Verkauf von Waren

Beispiel: selbst hergestellte Lebensmittel oder Kunstgegenstände, antiquarische Bücher, gebrauchte Kleidung, Möbel oder Kfz

- die zeitlich begrenzte Überlassung von Nutzungen und anderen Rechten jeder Art an Verkehrsmitteln.

Beispiel: Vermietung von Fahrzeuganhängern oder Wohnwagen

Eine relevante Tätigkeit ist **nicht** die Tätigkeit eines Anbieters, der als **nichtselbstständig Beschäftigter** des Plattformbetreibers oder eines mit dem Plattformbetreiber verbundenen Rechtsträgers handelt.

Vergütung ist jegliche Form von Entgelt, die einem Anbieter im Zusammenhang mit einer relevanten Tätigkeit gezahlt oder gutgeschrieben wird, abzüglich aller vom Plattformbetreiber einbehaltenen oder erhobenen Gebühren, Provisionen oder Steuern (§ 5 Abs. 2 PStTG).

14.4 Aufgriffsgrenzen (§ 4 Abs. 4 Nr. 4 PStTG)

Freigestellte Anbieter muss der Plattformbetreiber nicht melden. Freigestellt ist u. a. jeder Anbieter, der im Kalenderjahr (§ 6 Abs. 6 PStTG) unter Inanspruchnahme derselben Plattform

- in **weniger als 30 Fällen** relevante Tätigkeiten erbracht **und**
- dadurch insgesamt **weniger als 2.000 Euro als Vergütung** gezahlt oder gutgeschrieben bekommen

hat. Beide Tatbestandsvoraussetzungen sind **kumulativ** (»und«); nur, wenn beide Grenzen nicht überschritten sind, wird der Verkäufer nicht gemeldet.

 Beratungskonsequenzen

Die zweite Aufgriffsgrenze stellt auf die Vergütung ab – also auf die Entgelte und **nicht auf etwaige Überschüsse**. Mit dem Verkauf nur eines (1) Gebrauchtfahrzeugs wird die Grenze daher in der Regel bereits überschritten sein.

14.5 Was wird gemeldet (§ 14 Abs. 2 PStTG)?

Die Plattformbetreiber haben für jeden meldepflichtigen Anbieter, der eine **natürliche Person** ist, **im Wesentlichen die folgenden Informationen** zu melden:

- den Vor- und Nachnamen;
- die Anschrift des Wohnsitzes;
- die Steueridentifikationsnummer und den jeweiligen Mitgliedstaat der Europäischen Union, der sie erteilt hat, oder, sofern keine Steueridentifikationsnummer vorhanden ist, den Geburtsort;
- sofern vorhanden, die Identifikationsnummer für Umsatzsteuerzwecke;
- das Geburtsdatum;

- sofern vorhanden, die Kennung des Finanzkontos (also die IBAN);
- jegliche Gebühren, Provisionen oder Steuern, die in jedem Quartal des Meldezeitraums von dem Plattformbetreiber einbehalten oder berechnet wurden;
- die in jedem Quartal des Meldezeitraums insgesamt gezahlte oder gutgeschriebene Vergütung;
- die Zahl der relevanten Tätigkeiten, für die in jedem Quartal des Meldezeitraums eine Vergütung gezahlt oder gutgeschrieben wurde.

Besondere Meldepflichten entstehen bei Rechtsträgern (§ 14 Abs. 3 i. V. m. § 6 Abs. 1 PStTG) und der Überlassung von Immobilien (§ 14 Abs. 3 i. V. m. § 5 Abs. 1 Satz 1 Nr. 1 PStTG)

14.6 Wer erhält die Informationen (§ 9 PStTG)?

Das Bundeszentralamt für Steuern (BZSt) nimmt zunächst die Informationen entgegen, die ihm von meldenden Plattformbetreibern übermittelt werden, und speichert diese Informationen.

Das BZSt übermittelt entgegengenommene Informationen sodann zur Sicherstellung einer ordnungsgemäßen Besteuerung weiter an

- die zuständigen (deutschen) Landesfinanzbehörden (Finanzämter) und
- ggf. die zuständigen (Finanz-)Behörden anderer EU-Mitgliedstaaten.

14.7 Welche Folgen ergeben sich für den Mandanten (= Verkäufer)?

Die Finanzbehörden prüfen, ob die Transaktionen bzw. die Verkaufserlöse vom Anbieter steuerlich erklärt wurden. Dabei werden sie sich im Hinblick auf ein mögliches Mehrergebnis auf die »großen Fälle« konzentrieren.

14.7.1 Gelegentliche Verkäufe

Nur **gelegentliche Verkäufe von gebrauchten Gegenständen** waren bislang und werden auch weiterhin steuerlich ohne Bedeutung sein. Der Mandant muss daher nichts befürchten, wenn er sich von Spielzeug, Kleidung oder Möbelstücken trennen möchte, die nicht mehr benötigt werden.

 Beratungskonsequenzen

Dennoch sollte dem Mandanten empfohlen werden, etwaige Verkäufe festzuhalten und Ein- oder Verkaufsbelege aufzubewahren.

14.7.2 Spekulationsgeschäfte

Unter den Voraussetzungen des § 23 EStG sind private Veräußerungsgeschäfte unverändert steuerpflichtig. Die Geschäfte bleiben auch weiterhin steuerfrei, wenn der aus den privaten Veräußerungsgeschäften erzielte Gesamtgewinn – also aus allen privaten Veräußerungsgeschäften zusammen – im Kalenderjahr weniger als 600 € betragen hat.

 Beratungskonsequenzen

Hierbei handelt es sich um eine **Freigrenze**:

* Gewinne bleiben steuerfrei, wenn sie weniger als 600 € betragen.
* Wird der Betrag von 600 € erreicht oder überschritten, ist er **in vollem Umfang** steuerpflichtig, also nicht nur mit dem 600 € übersteigenden Teil.
* Bei einer Zusammenveranlagung steht die Freigrenze jedem der beiden Ehegatten zu – entsprechende Gewinne vorausgesetzt. Die nicht ausgeschöpfte Freigrenze eines Ehegatten lässt sich allerdings **nicht auf den anderen Ehegatten übertragen**.

14.7.3 Gewerbliche Tätigkeit

Nicht auszuschließen ist natürlich, dass durch das neue Meldeverfahren eine gewerbliche Tätigkeit des Mandanten aufgedeckt wird. Materiellrechtlich gelten die hinlänglich bekannten – und gefürchteten – Abgrenzungskriterien. Entscheidend ist jeweils das **Gesamtbild der Verhältnisse im Einzelfall**. Maßgebend ist kein einzelnes Charakteristikum; es ist vielmehr erforderlich, die für oder gegen die Gewerblichkeit sprechenden **Merkmale gegeneinander abzuwägen**.

Aufgrund der u. U. gravierenden Auswirkungen von Fehleinschätzungen ist es im Zweifel zu empfehlen, die eigene Einschätzung durch eine **verbindliche Auskunft der Finanzverwaltung** (§ 89 AO) abzusichern. Da die nämlichen Betätigungen in der Regel mit zeitlichem Vorlauf geplant und langfristig angelegt sind, sollte insoweit der Zeitfaktor (Bearbeitungsdauer des Finanzamts) keine Rolle spielen.

Beispiele

In folgenden Fällen hat die Rechtsprechung auf Gewerblichkeit erkannt: der Mandant ...

* ... hat ererbte Gegenstände in zahlreichen Einzelgeschäften veräußert;
* ... kauft Dinge in der Absicht ein, diese weiterzuverkaufen;
* ... treibt Handel nur gelegentlich, aber mit sehr werthaltigen Gegenständen;
* ... produziert in Verkaufsabsicht.

Grundlagen des deutschen Umsatzsteuerrechts

15 Nichtumsatz – nicht steuerbarer Umsatz – steuerfreier Umsatz

Nicht alles, was dem Unternehmer Geld bringt, führt auch zur USt!

15.1 »Nichtumsatz«

Der Umsatzsteuer unterliegen nach § 1 Abs. 1 Nr. 1 UStG die Lieferungen und sonstigen, die ein Unternehmer im Inland gegen Entgelt **im Rahmen seines Unternehmens** (➲ Kapitel 13) erbringt.

Leistungen außerhalb dieses Rahmens werden – auch von einem ansonsten unternehmerisch Tätigen – »privat« erbracht. Sie sind kein Umsatz und damit ein »Nichtumsatz«.

> **Beispiele**
> 1. Steuerberater S verkauft im Jahr 2023 an Privatmann P einen Computer, den er für sein Büro nutzte, und den iPod, den er bislang beim Joggen benutzt hat.
>   ➲ Folge:
>   Der Verkauf des Computers erfolgt als Hilfsgeschäft (Verkauf von Anlagevermögen) im Rahmen des Unternehmens und unterliegt der Umsatzsteuer. Der Verkauf des iPods dagegen erfolgt »privat«; Umsatzsteuer fällt. nicht an.
> 2. Fleischer Fastfuht (F) ist in seiner Freizeit begeisterter Radrennfahrer. Im Jahr 2023 entschließt sich F zum Erwerb einer neuen und zur Veräußerung seiner alten Rennmaschine ... ➲ Kapitel 13.3.3!

15.2 Nicht steuerbarer Umsatz

Ein Umsatz, der die weiteren Voraussetzungen des § 1 Abs. 1 Nr. 1 UStG nicht erfüllt – weil etwa der Leistungsort im Ausland liegt – ist nicht steuerbar; er ist zwar ein Umsatz des Unternehmers, unterliegt aber nicht dem (deutschen) Umsatzsteuergesetz (➲ Kapitel 12).

> **Beispiel**
> Ein deutscher Bootshändler (B) liefert im Sommer 2023 seinem Kunden (K) ein Schiff, das in Marmaris (Türkei) ankert.
> ➲ **Folge:**
> B tätigt gegenüber K eine Lieferung, deren Lieferort in der Türkei liegt und die damit nicht steuerbar erfolgt.

 Hinweis
➲ Kapitel 22 ff. (Ort von Lieferungen) und
➲ Kapitel 68 ff. (Ort von sonstigen Leistungen/»Dienstleistungen«)

15.3 Steuerfreier Umsatz

Steuerbare Umsätze – also Umsätze, die grundsätzlich der deutschen Umsatzsteuer unterliegen – führen faktisch nur dann zur Steuer, wenn für sie keine Steuerbefreiung greift, wenn sie also auch umsatzsteuerpflichtig sind ➲ Kapitel 16.

16 Steuerbefreiungen/Option zur Steuerpflicht

 Rechtsgrundlagen

- UStG: §§ 4 ff.
- UStDV: §§ 8 ff.
- UStAE: Abschn. 4.3.1–4.28.1, Abschn. 6.1–6.12, Abschn. 6a.1–6a.8, Abschn. 7.1–7.4, Abschn. 8.1–8.3
- MwStSystRL: Art. 131 ff.
- BMF-Schreiben u. Ä: In Ergänzung zum UStAE regelt die Finanzverwaltung die Steuerbefreiungen in diversen BMF-Schreiben, Erlassen und Verfügungen

16.1 Steuerbefreiungen bei Lieferungen und sonstigen Leistungen (§ 4 UStG)

Steuerbare Umsätze – also Umsätze, die grundsätzlich dem deutschen UStG unterliegen – führen faktisch nur dann zur Umsatzbesteuerung, wenn für sie keine Steuerbefreiung greift, wenn sie also auch umsatzsteuerpflichtig sind (➲ Kapitel 15).

Die Steuerbefreiungen teilen sich auf in solche, die

- den Vorsteuerabzug nicht ausschließen (**echte Steuerbefreiungen**),
- den Vorsteuerabzug ausschließen (**unechte Steuerbefreiungen**).

 Beratungskonsequenzen

Ein Umsatz, der zwar steuerfrei ist, muss kalkulatorisch Umsatzsteuer enthalten, wenn dem betreffenden Unternehmer kraft Gesetzes der Vorsteuerabzug auf Eingangsumsätze verwehrt wird. Die Steuerbefreiung tritt in diesen Fällen materiell nur für die Wertschöpfung durch den befreiten Unternehmer ein[117].

Beispiel

Derart »unecht steuerfrei« sind z. B. die Umsätze der Humanmediziner (§ 4 Nr. 14 Buchst. a UStG). Der Arzt muss neben der steuerfreien eigentlichen Arztleistung auch die auf die Behandlung entfallenden Vorbezüge und anteilige Gemeinkosten (Einrichtung des Wartezimmers, Bürokosten etc.) berücksichtigen, die teilweise umsatzsteuerbelastet bezogen wurden.

---

117 Heidner in B/G, § 4 Rz. 4.

16.1.1 Unechte Steuerbefreiungen

Die wichtigsten unechten Steuerbefreiungen betreffen:

- bestimmte Finanzumsätze (§ 4 Nr. 8 UStG)
- Verkauf von Grundstücken (§ 4 Nr. 9 Buchst. a UStG)
- bestimmte Glücksspielumsätze (§ 4 Nr. 9 Buchst. b UStG)
- Versicherungsumsätze (§ 4 Nr. 10 UStG)
- Umsätze von Versicherungs- und Bausparkassenvertretern (§ 4 Nr. 11 UStG)
- Post-Universaldienstleistungen (§ 4 Nr. 11b UStG)
- Vermietung und Verpachtung von Grundstücken (§ 4 Nr. 12 UStG)
- Leistungen von Wohnungseigentümergemeinschaften (§ 4 Nr. 13 UStG)
- Humanmedizinische Heilbehandlungen (§ 4 Nr. 14 UStG)
- Umsätze der gesetzlichen Träger der Sozialversicherung, Träger der Sozialhilfe, sonstigen Stellen und Träger der Kriegsopferversorgung und -fürsorge (§ 4 Nr. 15 UStG)
- medizinische Dienste der Krankenversicherer (§ 4 Nr. 15a UStG)
- Maßnahmen zur Arbeitsförderung (§ 4 Nr. 15b UStG)
  Hinweis: Anzuwenden ab 01.01.2015
- Teilhabe am Arbeitsleben (§ 4 Nr. 15c UStG)
  Hinweis: Anzuwenden ab 01.01.2017
- Betreuung- und Pflegeleistungen (§ 4 Nr. 16 UStG; bis 31.12.2008: Umsätze, die mit dem Betrieb der Krankenhäuser, Altenheime, Altenwohnheime und Pflegeheimen eng verbunden sind)
- Lieferungen von menschlichen Organen, menschlichem Blut und Frauenmilch (§ 4 Nr. 17 Buchst. a UStG)
- die Krankentransporte unter bestimmten Voraussetzungen (§ 4 Nr. 17 Buchst. b UStG)
- Blindenumsätze (§ 4 Nr. 19 UStG)
- Schul- und Bildungsumsätze (§ 4 Nr. 21-22 UStG)
- Beherbergung, Beköstigung an Personen bis zum 27. Lebensjahr für Erziehungs-, Ausbildungs- oder Fortbildungszwecke (§ 4 Nr. 23 UStG)
- bestimmte Leistungen der Träger der öffentlichen Jugendhilfe (§ 4 Nr. 25 UStG)
- ehrenamtliche Tätigkeiten für juristische Personen des öffentlichen Rechts (§ 4 Nr. 26 UStG)

 Quintessenz

Aus § 15 Abs. 2 Nr. 1 UStG und der Negativabgrenzung in § 15 Abs. 3 UStG ergibt sich, dass für die genannten Umsätze der **Vorsteuerabzug ausgeschlossen** ist.

16.1.2   Echte Steuerbefreiungen

Die wichtigsten echten Steuerbefreiungen betreffen:

- Ausfuhrlieferungen (grenzüberschreitende Lieferungen in ein Land außerhalb der EG, §§ 4 Nr. 1 Buchst. a, 6 UStG) ➲ Kapitel 39 ff.

- innergemeinschaftliche Lieferungen (grenzüberschreitende Lieferungen in ein anderes Land der EG, §§ 4 Nr. 1 Buchst. b, 6a UStG) ➲ Kapitel 26 ff.

- Transportleistungen in und aus Ländern außerhalb der EG (§ 4 Nr. 3 UStG) ➲ Kapitel 85

- Leistungen, die der Steuerlagerregelung unterliegen (Einlagerungen, Lagerlieferungen, Folgeumsätze, § 4 Nr. 4a USt) ➲ Kapitel 54

- Lieferungen vor Einfuhr (§ 4 Nr. 4b USt) ➲ Kapitel 54

- die Vermittlung von Ausfuhren und bestimmten damit zusammenhängenden sonstigen Leistungen (§ 4 Nr. 5 UStG) ➲ Kapitel 78

- Lieferungen für die Seeschifffahrt und Luftfahrt (§ 4 Nr. 2, § 8 UStG),

- Leistungen an NATO-Streitkräfte, an die im Gebiet eines anderen EG-Staats ansässigen diplomatischen Missionen und an die im Gebiet eines anderen EG-Staats ansässigen zwischenstaatlichen Einrichtungen (z. B. Behörden der EG, § 4 Nr. 7 UStG),

- bestimmte Finanzumsätze (§ 4 Nr. 8 UStG).

➡ **Quintessenz**

Aus § 15 Abs. 2 Nr. 1, Abs. 3 UStG und der Negativabgrenzung in § 15 Abs. 3 UStG ergibt sich, dass für die genannten Umsätze der **Vorsteuerabzug zulässig** ist.

16.2   Verzicht auf unechte Steuerbefreiungen (Option zur Steuerpflicht)

16.2.1   Allgemeines

Trotz der Vorteile einer unechten Steuerbefreiung (Verzicht auf die Abgabe von Umsatzsteuer-Voranmeldungen und Steuererklärungen) wirkt sich diese **u. U. nachteilig** aus – und zwar immer, wenn bei Steuerpflicht hohe Eingangsumsätze zu einem Vorsteuerüberhang und damit zu einem Erstattungsanspruch führen würden. Für einige unechte Steuerbefreiungen sieht § 9 UStG daher die Möglichkeit eines Verzichts auf vor:

- bestimmte Finanzumsätze (§ 4 Nr. 8 Buchst. a bis g UStG),

- grunderwerbsteuerpflichtige Umsätze (z. B. Verkauf von Grundstücken, § 4 Nr. 9 Buchst. a UStG),

- Vermietung und Verpachtung von Grundstücken (§ 4 Nr. 12 UStG),

- Leistungen der Wohnungseigentümergemeinschaften (§ 4 Nr. 13 UStG),

- Blindenumsätze (§ 4 Nr. 19 UStG).

Der Verzicht auf die Steuerbefreiung wird als **Option** bezeichnet. Er zieht die Steuerpflicht des Umsatzes nach sich, und zwar mit dem Regelsteuersatz von derzeit 19 %. Die Optionsmöglichkeit bei der Vermietung und Verpachtung von Grundstücken wurde in der Vergangenheit mehrmals geändert. Je nachdem wie alt das vermietete oder verpachtete Gebäude auf dem Grundstück ist, werden an die Option unterschiedliche Bedingungen geknüpft (§§ 9 Abs. 2, 27 Abs. 2 UStG).

16.2.2   Option bei Ferienhäusern und -wohnungen?

Nutzt der Eigentümer einer Ferienwohnung diese ausschließlich selbst oder überlässt er sie Dritten zur ausschließlich unentgeltlichen Nutzung, gilt dies umsatzsteuerlich als Letztverbrauch mit der Folge, dass keine Umsatzsteuer anfällt – und gleichzeitig auch keine Berechtigung zum Vorsteuerabzug auf Eingangsleistungen besteht. Anders bei entgeltlicher Überlassung der Ferienwohnung; diese wird in der Regel zur Steuerpflicht der Ausgangsumsätze und damit zur Vorsteuerabzugsberechtigung auf die Eingangsumsätze führen[118].

Soweit die Nutzungsüberlassung steuerpflichtig erfolgt oder erfolgen könnte, stellt sich bei der einer Nutzungsüberlassung vorangehenden Veräußerung immer die Frage, ob der Veräußerer im Interesse des Erwerbers gem. § 9 UStG zur Steuerpflicht optieren sollte.

Beispiel: Vergleichende Kalkulation

Bauträger BT errichtet zum 2.3.2023 am Timmendorfer Strand eine Ferienwohnanlage. Eine der Wohneinheiten veräußert BT an Reiseveranstalter RV. Dieser beabsichtigt, die Wohnung i. S. v. § 4 Nr. 12 Satz 2 UStG kurzfristig (= Mietdauer unter 6 Monate)[119] an Reisende zu überlassen. Im Interesse des RV ist zu prüfen, ob wirtschaftlich ein steuerfreier oder ein steuerpflichtiger Erwerb sinnvoller ist.
BT hätte den Verkaufspreis (VKP) wie folgt zu kalkulieren:

	VKP mit Option	VKP ohne Option
Gestehungspreis des BT netto	240.000 €	240.000 €
+ nicht abziehbare Vorsteuer (19 % des Gestehungspreises)	- entfällt -	45.600 €
+ Rohgewinnaufschlag	40.000 €	40.000 €
= Nettoverkaufspreis	280.000 €	325.600 €
+ USt (19 %)	53.200 €	- entfällt -
= VKP	333.200 €	325.600 €

Aufgrund des möglichen Vorsteuerabzugs wäre für RV bei unverändertem Rohgewinnaufschlag des BT ein steuerpflichtiger Erwerb sinnvoll.

---

118   Vgl. Abschn. 4.12.1 ff., Abschn. 9.1 f. UStAE sowie *Wenzel* in R/D, § 4 Nr. 12 Anm. 90 ff.
119   Vgl. Abschn. 4.12.3 Abs. 2 UStAE unter Hinweis auf BFH, Urteil vom 13.2.2008, XI R 51/06, BStBl. I 2009, 63 sowie EuGH-Urteil vom 12.2.1998, Rs. C-346/95, Blasi, UR 1998, 189.

Das Beispiel zeigt, dass

- wenn der **Veräußerer** bei der Kalkulation seinerseits i. S. v. § 15 Abs. 1 UStG abzugsfähige **Vorsteuerbeträge zu berücksichtigen** hat und
- **gleichzeitig bei** dem **Erwerber** in Rechnung gestellte Umsatzsteuer als Vorsteuer nach § 15 Abs. 2 ff. UStG **abziehbar** wäre,

der Veräußerer im Interesse des Erwerbers bei dem der Nutzungsüberlassung vorangehenden Erwerb gem. § 9 UStG zur Steuerpflicht optieren sollte[120].

16.2.3 Unternehmenskredite etc.: Soll der Mandant der zusätzlichen Fakturierung von Umsatzsteuer durch die Bank aufgrund einer Option zustimmen?

Die Dienstleistungen der Banken sind nach § 4 Nr. 8 UStG weitgehend von der Umsatzsteuer befreit. Hierbei handelt es sich um unechte Steuerbefreiungen, die nach § 15 Abs. 2 UStG zum Vorsteuerausschluss führen. Für das Gros der steuerfreien Bankdienstleistungen besteht unter den weiteren Voraussetzungen des § 9 Abs. 1 UStG die Möglichkeit, zur Steuerpflicht zu optieren. Letzteres gilt insbesondere für die Gewährung und Vermittlung von Krediten sowie für den Kontokorrentverkehr, soweit die Bank ihre Dienste an andere Unternehmer für deren Unternehmen erbringt. Die Option hat für die Bank den Vorteil, dass die nämlichen Dienstleistungen nunmehr steuerpflichtig erbracht werden und daher unter den weiteren Voraussetzungen des § 15 Abs. 1 UStG zum Vorsteuerabzug berechtigen. Hieran haben viele Banken spätestens seit der Erhöhung des Steuersatzes auf 19 % ein reges Interesse[121].

16.2.3.1 Optionsentscheidung der Bank

Ob eine Bank zur Steuerpflicht optiert oder nicht, ist allein ihre eigene Entscheidung und insbesondere unabhängig von der Zustimmung ihrer Kunden. Die Optionsentscheidung hat nämlich nicht zur Folge, dass die Bankkunden neben den vereinbarten Entgelten auch die dadurch ausgelöste Umsatzsteuer an die Bank entrichten müssen. Sofern keine anderweitige Vereinbarung besteht, umfassen die an die Bank zu entrichtenden Zinsen, Gebühren etc. auch die Umsatzsteuer[122]. Damit macht die Option aus Sicht einer Bank nur dann Sinn, wenn die Umsatzsteuer dem Kunden zusätzlich in Rechnung gestellt werden kann. Dies wiederum setzt eine **Vertragsänderung** und damit auch die **Zustimmung des Kunden** voraus.

---

120 Zur Problematik ausführlich *Paus/Eichmann,* StWK Gruppe 11, S. 193 = Heft 11/2002. Hinweis auch auf *Becker/Urbahns,* DStZ 1999, 54; *dies.,* StBP 2000, 177 u. 198; *Klenk,* DStR 2000, 1346; *Peltner,* KFR 2000, 409 = Fach 7 UStG § 1, 5/00; *Serafini,* GStB 2002, 185.

121 *Weimann,* UStB 2007, 207; Vgl. auch *Lehr,* DStR 2006, 2243; *Maunz/Zugmaier,* NWB 2007, 713 = Fach 7, 6833; *o. V.,* StWK 24/2006 Gruppe 27, 417. Zur elektronischen Abrechnung ➔ Kapitel 113.

122 Vgl. § 10 Abs. 1 Satz 2 UStG: »Entgelt ist alles, ..., jedoch abzüglich der Umsatzsteuer.«

16.2.3.2 Kundenbriefe der Banken

Zahlreiche gewerbliche Bankkunden wurden von den Optionsbegehren der Kreditinstitute förmlich »überfahren«. Freundlich formulierte Anschreiben mit teils sehr kurzer Reaktionszeit informieren den Kunden darüber, dass die Option automatisch vollzogen wird, sofern der Kunde sich nicht mittels standardisierter (direkt beigefügter) Antwortschreiben meldet. Die Kunden erfahren lediglich, dass die Bank beabsichtigt, Umsatzsteuer bei Geschäfts-Girokonten, Darlehen und Avalen zu erheben. Die den Schreiben beigefügten Antwortbögen haben in der Regel folgendes Aussehen:

 Musterschreiben

Antwortbogen

> ... Für folgende Konten ist ab TT.MM.JJJJ die Berechnung der Umsatzsteuer auf Zinsen und Entgelte vorgesehen. Bitte machen Sie durch Ankreuzen die Konten kenntlich, wenn Sie Konten für private Zwecke verwenden oder generell von der Umsatzsteuer befreit sind:
>
> – Konto Nr. 1234: Verwendung für private Zwecke? ☐ ja ☐ nein
> – Konto Nr. 2345: Verwendung für private Zwecke? ☐ ja ☐ nein
> – Konto Nr. 3456: Verwendung für private Zwecke? ☐ ja ☐ nein
> – Konto Nr. 4567: Verwendung für private Zwecke? ☐ ja ☐ nein
>
> ☐ Ich bin generell von der Umsatzsteuer befreit.

Letztlich enthalten die Schreiben den Hinweis, dass künftig der Andruck der gezahlten Umsatzsteuer im Kontoauszug als steuerlicher Nachweis gilt. Die Umsatzsteuer auf Finanzdienstleistungen sei somit genauso einfach zu behandeln, wie es der Unternehmer beispielsweise von Materialaufwendungen gewohnt ist. Meldet sich der Unternehmer (beispielsweise innerhalb von 14 Tagen) nicht, geht die Bank davon aus, dass sie für die aufgeführten Konten künftig Umsatzsteuer erheben kann.

16.2.3.3 Die Entscheidung des Mandanten

Der Steuerberater ist aufgerufen, dem Mandanten bei der Beantwortung des Anschreibens zu unterstützen und mit ihm gemeinsam das Für und Wider der Zustimmung abzuwägen:

- **Zustimmung nur bei 100 % Vorsteuerabzug:** Der Bankkunde sollte der Vertragsänderung nur dann zustimmen, wenn er insoweit zum vollen Vorsteuerabzug berechtigt ist. Die Banken wenden sich aus diesem Grund auch nur an Kunden, bei denen sie die volle Vorsteuerabzugsberechtigung vermuten. Hier gilt es aber, Fehlauskünfte zu meiden! Mandanten wie z. B. pauschalierende Land- und Forstwirte finden sich in den meisten Antwortbögen nicht wieder, da sie weder umsatzsteuerfrei arbeiten noch betriebliche Darlehen privat nutzen. Akzeptieren diese Mandanten eine Option, müssen sie zukünftig Umsatzsteuer an die Banken abführen, ohne insoweit zum Vorsteuerabzug berechtigt zu sein, da Letzterer unabhängig von den tatsächlichen Leistungsbezügen pauschal gewährt wird.

- **Umstellungskosten des Mandanten bedenken:** Die neuen Kreditbedingungen werden in der Regel eine Anpassung bzw. Umstellung des Rechnungswesens, der Verfahrensabläufe und der EDV erforderlich machen und damit auf Seiten des Mandanten Kosten auslösen. Hierauf sollte der Mandant – nicht zuletzt aus Haftungsgründen – ausdrücklich hingewiesen werden.

- **Absicherung durch Widerrufsvorbehalt:** Die Zustimmung kann auch solchen Mandanten nicht uneingeschränkt empfohlen werden, die aktuell zum vollen Vorsteuerabzug berechtigt sind. Die Berechtigung kann sich jederzeit (prozentual) ändern; das ist insbesondere im Immobiliensektor üblich. Die zusätzliche Umsatzsteuer führt ab diesem Zeitpunkt auf Seiten des Mandanten zu einer vermeidbaren Mehrbelastung; ob die Bank dann bereit ist, eine Optionsentscheidung zurückzunehmen, ist fraglich. Vor diesem Hintergrund sollte die Zustimmung zur Option, die zivilrechtlich eine Vertragsänderung darstellt, nur unter dem jederzeitigen Widerrufsvorbehalt erteilt werden. Da die Antwortformulare der Banken einen Widerrufsvorbehalt nicht vorsehen, empfiehlt sich folgende Ergänzung:

 Musterklausel

> »Ich/Wir stimme/n ab dem TT.MM.JJJJ der Umsatzsteueroption für die Konten Nr. ...,
> Nr. ... und Nr. ... unter dem Vorbehalt des jederzeitigen Widerrufs zu.«

- **Vorfinanzierung der Umsatzsteuer vermeiden:** Gerne weisen die Banken darauf hin, dass die Option aufgrund des Vorsteuerabzugs für den Kunden per Saldo zu einem Nullsummenspiel und damit zu keinerlei Belastung führe (»durchlaufender Posten«). Das stimmt so nicht! Der Bankkunde muss auf jeden Fall die ihm von der Bank in Rechnung gestellte Umsatzsteuer bis zu der Umsatzsteuer-Voranmeldung, in der der Vorsteuerabzug geltend gemacht werden kann, vorfinanzieren. Werden die Banken mit diesem Argument konfrontiert, gestehen sie in der Regel eine **entsprechend spätere Wertstellung** der Umsatzsteuer zu.

- **Günstigere Konditionen aushandeln:** Durch die Option erhöht sich die Vorsteuerabzugsquote der Bank. Für den zustimmungsgeneigten Bankkunden liegt es daher nahe, von der Bank als Gegenleistung für seine Zustimmung günstigere Konditionen zu verlangen. Hierzu wird sich die Bank allerdings in der Regel nicht durchringen und eher auf die Option zur Umsatzsteuerpflicht ihrer Bankdienstleistungen verzichten. Sobald die Bank nämlich die auf ihrer Seite erreichten Vorsteuervorteile an die Kunden auskehren würde, ließe sich der Umstellungsaufwand für sie kaum rechnen. Die Banken verweisen hier auch darauf, dass die Kosteneinsparung mittel- und langfristig bei allen Kunden zu günstigeren Konditionen führen wird.

- **Besonderheiten gemischt genutzter Darlehen:** In der Praxis stehen gemischt genutzte Darlehen insbesondere im Zusammenhang mit dem Bau oder der

Anschaffung von Wohn- und Geschäftshäusern mit einer nicht dem Unternehmensvermögen zugeordneten Privatwohnung des Unternehmers – m. a. W. Sachverhaltsgestaltungen, auf die die »Seeling-Rechtsprechung« anwendbar wäre, aber nicht angewandt wird. Hier kann die Umsatzsteuerbelastung nur für den unternehmerischen Darlehensanteil akzeptiert werden; im Zweifel sollten die Darlehen auf separate Verträge umgeschuldet werden.

- **Keine »automatische« Zustimmung:** Die derzeitige Vorgehensweise mancher Kreditinstitute, die Zustimmung bei Nichtantwort bis zu einem bestimmten Tag einfach zu unterstellen, dürfte zivilrechtlich kaum haltbar sein; ein zunächst vereinbarter Preis kann nicht vom Leistenden einseitig erhöht, sondern allenfalls gemeinsam angepasst werden.

Beratungskonsequenzen

1. Stimmt der Mandant (Bankkunde) der Option zu, muss er in eigenem Interesse darauf achten, dass die **Abrechnungsdokumente der Bank** in vollem Umfang die Rechnungserfordernisse des § 14 UStG erfüllen. Abrechnungsfehler gehen zulasten des Mandanten und führen bekanntlich zur Versagung des Vorsteuerabzugs.

2. Entscheidet sich die Bank zu **monatlichen oder vierteljährlichen Einzelabrechnungen,** müssen diese den Rechnungserfordernissen des § 14 Abs. 4 UStG genügen. Aus Haftungsgründen sollte der Steuerberater dem Mandanten empfehlen, dies – nicht nur in der Anfangszeit – selbst zu kontrollieren oder die Abrechnungspapiere zur Kontrolle vorzulegen.

3. Alternativ kann Abrechnung auch – wie bei Mietverträgen – über den dem **Dauerschuldverhältnis zugrunde liegenden Vertrag** (z. B. Kreditvertrag) **in Verbindung mit den Kontoauszügen** erfolgen[123]. Eine Rechnung kann nämlich aus mehreren Dokumenten bestehen, aus denen sich die geforderten Rechnungsangaben insgesamt ergeben[124]. In einem dieser Dokumente (z. B. auf den Kontoauszügen) sind das Entgelt und der darauf entfallende Steuerbetrag jeweils zusammengefasst anzugeben und alle anderen Dokumente (z. B. der Kreditvertrag) zu bezeichnen, aus denen sich die übrigen Angaben nach § 14 Abs. 4 UStG ergeben[125]. Werden die **Kontoauszüge elektronisch** übertragen, handelt es sich um eine (partiell) elektronisch übermittelte Rechnung, die nach § 14 Abs. 3 Nr. 1 UStG einer qualifizierten elektronischen Signatur bedarf. Da die Kontoauszüge ohne qualifizierte elektronische Signatur übertragen werden, muss der Bankkunde auf die **(monatliche) Übersendung der Kontoauszüge in Papierform** bestehen, um die Vorsteuer abziehen zu können. Außerdem besteht bei diesem Vorgehen stets das Risiko, dass infolge von Gesetzesänderungen der Vertrag nicht mehr sämtliche Anforderungen des § 14 Abs. 4 UStG erfüllt und so – von den Vertragsparteien unerkannt – der Vorsteuerabzug gefährdet wird.

---

123 Vgl. Abschn. 14.1 Abs. 2 UStAE.
124 § 31 Abs. 1 Satz 1 UStDV.
125 § 31 Abs. 1 Satz 2 UStDV.

16.3 Umsatzsteuerbefreiung kann steuererhöhend wirken!

Eine Umsatzsteuerbefreiung wirkt sich unter Umständen steuererhöhend aus, wenn ein steuerfreier Umsatz an einen steuerpflichtig tätigen Unternehmer ausgeführt wird. In diesem Fall wird der Umsatz, den der Empfänger mit dem (steuerpflichtigen) Ausgangsumsatz erzielt, in vollem Umfang von der Umsatzsteuer erfasst, während beim (unecht steuerfreien ➲ s. o. Kapitel 16.1.1) Eingangsumsatz bereits die nicht abzugsfähige Vorsteuer Kostenbestandteil geworden ist[126].

Beispiel

Der blinde Unternehmer B kauft im Mai 2023 einen PKW für 10.000 € zzgl. 1.900 € USt. Er verkauft den Wagen steuerfrei für 12.000 € an den Händler H, der ihn für 14.000 € zzgl. 2.660 € Umsatzsteuer dem Endverbraucher E verkauft.

Um die bei B nicht abzugsfähige Vorsteuer i. H. v. 1.900 € ist die Gesamtbelastung des PKW auf dem Weg zu E höher, als wenn der Wagen über eine Kette steuerpflichtiger Unternehmer geliefert worden wäre.

16.4 Enge Auslegung der Befreiungstatbestände

Nach ständiger Rechtsprechung des EuGH sind die in Art. 13 der 6. EG-RL (seit dem 1.1.2007: Art. 131 ff. MwStSystRL) vorgesehenen Steuerbefreiungen **autonome gemeinschaftsrechtliche Begriffe**, die eine von Mitgliedstaat zu Mitgliedstaat unterschiedliche Anwendung des Mehrwertsteuersystems vermeiden sollen und bei denen der Gesamtzusammenhang des gemeinsamen Mehrwertsteuersystems zu beachten ist[127]. Letzterer gebietet eine **enge Auslegung**, da die Steuerbefreiungen Ausnahmen vom allgemeinen Grundsatz darstellen, dass jede Dienstleistung, die ein Steuerpflichtiger gegen Entgelt erbringt, der Umsatzsteuer unterliegt[128]. Diese Gedanken sind letztlich auch die Grundlage der »**Seeling-Rechtsprechung**« des EuGH (➲ s. u., Kapitel 16.5 und Kapitel 117).

16.5 Steuerbefreiung entgeltlicher Umsätze führt nicht zwangsläufig zur Befreiung unentgeltlicher Wertabgaben!

 Hinweis

Zur Seeling-Rechtsprechung des EuGH und dem kurzfristigen Ende der Gestaltungsmöglichkeiten zum 1.1.2011 (➲ Kapitel 117).

---

126 *Heidner*, a. a. O., Rz. 5.

127 EuGH, Urteil vom 8.3.2001, Rs. C-240/99, Försäkringsaktiebolag Skandia, UR 2001, 157, Rz. 23, mit zahlreichen Querverweisen auf die eigene Rechtsprechung; ausführlich hierzu ➲ Kapitel 1.2.

128 EuGH, a. a. O., Rz. 32, mit zahlreichen Querverweis auf die eigene Rechtsprechung.

Grundlagen des deutschen Umsatzsteuerrechts

16.6 Aufzeichnungspflichten (§ 22 Abs. 2 Nr. 1, Nr. 2 UStG)

Aus den Aufzeichnung des Unternehmers muss ersichtlich sein, wie sich die vereinbarten Entgelte (§ 22 Abs. 2 Nr. 1 UStG) bzw. die vereinnahmten Entgelte oder Teilentgelte (§ 22 Abs. 2 Nr. 2 UStG) auf die steuerfreien und steuerpflichtigen Umsätze verteilen.

17 Lieferung/Sonstige Leistung/Einheitlichkeit der Leistung

 Rechtsgrundlagen

- UStG: § 3
- UStAE: Abschn. 3.1, 3.5, 3.7 ff.
- MwStSystRL: Art. 14 ff., 24 ff.
- BMF-Schreiben u. Ä.: In Ergänzung zum UStAE regelt die Finanzverwaltung die Abgrenzung Lieferung/sonstige Leistungen/Einheitlichkeit der Leistung in diversen BMF-Schreiben, Erlassen und Verfügungen

17.1 Lieferung (§ 3 Abs. 1 UStG)

17.1.1 Begriff und Gegenstand der Lieferung (§ 3 Abs. 1 bis Abs. 5 UStG)

Zum **Begriff** der Lieferung vgl. grundsätzlich Abschn. 3.1 UStAE.

Als **Liefergegenstand** kommen in Betracht[129]:

- körperliche Gegenstände i. S. d. BGB (Sachen und Tiere, § 90 f. BGB),
- Sachgesamtheiten (z. B. Warenlager),
- Wirtschaftsgüter, die im Geschäftsverkehr wie Sachen behandelt werden (z. B. Energie, Firmenwert, Kundenstamm).

 Hinweis

Zur **Übertragung von Wertpapieren** und Anteilen ➲ Kapitel 123!

Unter **Verschaffung der Verfügungsmacht** versteht man den gewollten Übergang der wirtschaftlichen Substanz, des Wertes und des Ertrages eines Gegenstandes vom Leistenden auf den Leistungsempfänger (Abnehmer). Der Abnehmer muss faktisch in die Lage versetzt werden, mit dem Liefergegenstand nach Belieben zu verfahren, d. h. ihn wie ein Eigentümer ohne Beschränkungen einschließlich der Möglichkeit einer Weiterveräußerung tatsächlich zu nutzen. Die Verfügungsmacht kann verschafft werden durch[130]:

---

129 Vgl. Abschn. 3.1 Abs. 1 UStAE.
130 Vgl. Abschn. 3.1 Abs. 2 UStAE.

- körperliche Übergabe des Gegenstandes (z. B. im Einzelhandel).
- Einigung über den Eigentumsübergang (§ 929 Satz 2 BGB), wenn der Abnehmer bereits im Besitz des Gegenstandes ist.
- Abtretung des Herausgabeanspruchs (§ 931 BGB).
- Vereinbarung eines Besitzmittlungsverhältnisses (§ 930 BGB).
- Übergabe eines Traditionspapiers (z. B. Konnossement, Ladeschein, Orderlagerschein).

Bei den Liefergeschäften ist auf folgende **Sonderfälle** hinzuweisen:

- Verbringen eines Gegenstandes zur eigenen Verfügung vom Inland in das übrige Gemeinschaftsgebiet (§ 3 Abs. 1a UStG) ➲ Kapitel 19
- Entnahme eines Gegenstandes (§ 3 Abs. 1b Nr. 1 UStG) ➲ Kapitel 18
- Unentgeltliche Zuwendung eines Gegenstandes an das Personal (§ 3b Abs. 1b Nr. 2 UStG) ➲ Kapitel 18
- Unentgeltliche Zuwendung eines Gegenstandes an andere Unternehmer (§ 3 Abs. 1b Nr. 3 UStG) ➲ Kapitel 18
- Kommissionsgeschäft (§ 3 Abs. 3 UStG i. V. m. § 383 HGB)
- Werklieferung (§ 3 Abs. 4 UStG)
- Gehaltslieferung (§ 3 Abs. 5 UStG)
- Lieferung unter Eigentumsvorbehalt (§ 455 BGB)[131]
- Lieferung im Rahmen eines Leasingvertrages[132]

> ### ❗ Sonderproblem »Sale-and-lease-back«-Geschäfte
>
> **Das Problem:** Der BFH hat darauf erkannt, dass im strittigen »Sale-and-lease-back«-Verfahren keine umsatzsteuerbaren Lieferungen erfolgten[133]. In der Vergangenheit wurde jedoch von der Finanzverwaltung im »sale« regelmäßig eine Lieferung des Verkäufers (Leasingnehmers) an den Käufer (Leasinggeber) gesehen.
> Das »lease back« wurde dann entweder als nicht steuerbare Rücklieferung oder als umsatzsteuerpflichtige Rücklieferung beurteilt.
> **Die Entscheidung:** Auf eine gemeinsame Anfrage von DIHK und Bundessteuerberaterkammer zu den Folgen dieses Urteils hat das BMF darauf hingewiesen, dass das Urteil im BStBl. Teil II ohne begleitendes BMF-Schreiben veröffentlicht wird; das Urteil ist demnach grundsätzlich von der Finanzverwaltung anzuwenden[134].

---

131 Vgl. Abschn. 3.1 Abs. 3 Satz 4 UStAE.
132 Vgl. Abschn. 3.1 Abs. 5 Abs. 5 UStAE; vgl. aber auch Abschn. 13.1 Abs. 4 UStAE sowie 182c Abs. 4 UStR 2008 (im UStAE ersatzlos weggefallen).
133 BFH, Urteil vom 9.2.2006, V R 22/03, BStBl II 2006, 727.
134 BMF, Schreiben vom 10.10.2006, IV A 5 – S 7100 – 91/0611, UR 2006, 662.

➡️ **Beratungskonsequenzen**

1. Das BMF weist ausdrücklich darauf hin, dass das Urteil einen sehr speziellen Fall betrifft. Bei der Beurteilung von Leasinggeschäften birgt jede Generalisierung damit auch weiterhin Gefahren; Einzelfallprüfungen sind weiter unumgänglich.

2. Im Rahmen der Überarbeitung der UStR 2005 wurde in die UStR 2008 als neuer Abschn. 25 Abs. 6 ein entsprechender Hinweis aufgenommen (»... kann ... bloße Sicherungs- und Finanzierungsfunktion zukommen, ...«; vgl. nunmehr **Abschn. 3.5 Abz. 7 Satz 2 UStAE**).

3. Im Zweifel ist eine **verbindliche Auskunft** der Finanzverwaltung zu erwägen.

- Lieferung im Rahmen einer Zwangsversteigerung[135],
- Lieferung im Rahmen einer Sicherungsübereignung oder -verwertung[136],
- Lieferung im Rahmen einer Verpfändung[137],
- Tausch (§ 3 Abs. 12 Satz 1 UStG).

17.1.2 Zeitpunkt der Lieferung

§ 3 UStG enthält keine Aussage zur Frage des Zeitpunkts der Lieferung. Mit der wohl herrschenden Meinung war daher davon auszugehen, dass der Lieferzeitpunkt der Ortbestimmung in § 3 Abs. 6 f. UStG folgt. Dieser Auffassung hat sich die Finanzverwaltung nunmehr ausdrücklich angeschlossen[138]. Hierzu ausführlich ➲ Kapitel 106.2.

17.1.3 Ort der Lieferung

Zum Ort der Lieferung ausführlich ➲ Kapitel 22 ff.

17.1.4 Den Lieferungen gleichgestellte unentgeltliche Wertabgaben (§ 3 Abs. 1b UStG)

Die Gegenstandsentnahme ist eine den Lieferungen gleichgestellte unentgeltliche Wertabgabe. Der Tatbestand ist in der Regel erfüllt, wenn ein Unternehmer einen Gegenstand, den er seinem Unternehmen zugeordnet hatte, aus dem Unternehmen entfernt und ihn zu nicht unternehmerischen Zwecken weiternutzt. Damit soll die Besteuerung des Letztverbrauchs sichergestellt werden ➲ Kapitel 18.

---

135 Vgl. Abschn. 1.2 UStAE.
136 Vgl. Abschn. 1.2 UStAE.
137 Vgl. Abschn. 1.2 UStAE.
138 Abschn. 3.1 Abs. 2 Satz 5 UStAE.

17.2 Sonstige Leistungen (§ 3 Abs. 9 bis Abs. 11 UStG)

17.2.1 Begriff der sonstigen Leistung (§ 3 Abs. 9 UStG)

Sonstige Leistungen sind nach § 3 Abs. 9 UStG Leistungen, die keine Lieferungen sind:

- **Aktives Handeln** (Tun), z. B. Dienstleistungen aller Art, Werkleistungen, Beförderungsleistungen;
- **Duldungsleistungen** in jeder Form (z. B Miet- und Pachtleistungen);
- Leistungen, die in einem **Unterlassen** bestehen (z. B. Verzicht auf Ausübung einer Tätigkeit).

Auch hier ist – wie bei den Lieferungen – auf **Sonderfälle** hinzuweisen:

- Abgabe von Speisen und Getränken zum Verzehr an Ort und Stelle (§ 3 Abs. 9 Satz 4 f. UStG)[139];
- Den sonstigen Leistungen gleichgestellte unentgeltliche Wertabgaben (§ 3 Abs. 9a UStG) ➲ Kapitel 18;
- Sonderfall der Werkleistung »Umtauschmüllerei« (§ 3 Abs. 10 UStG);
- Leistungskommission (§ 3 Abs. 11 UStG) ➲ Kapitel 93;
- Tauschähnliche Umsätze (§ 3 Abs. 12 Satz 2 UStG).

Zur Übertragung von Wertpapieren und Anteilen vgl. ➲ Kapitel 124.

17.2.2 Abgrenzung zur Lieferung

Bei **einheitlichen Leistungen**, die sowohl Elemente einer Lieferung als auch einer sonstigen Leistung haben, kommt es darauf an, welche Leistungselemente unter Berücksichtigung des Willens der Vertragsparteien den wirtschaftlichen Gehalt der Leistung bestimmen ➲ s. u., Kapitel 17.3.

Ob eine **Werklieferung** oder eine **Werkleistung** vorliegt, hängt davon ab, ob der Werkhersteller für das Werk die Hauptstoffe selbst beschafft oder diese vom Besteller des Werks beigestellt werden (§ 3 Abs. 4 UStG)[140]. Eine Vereinfachung gilt für **Reparaturleistungen** ➲ s. u. Kapitel 17.4.

Es kommt aber auch vor, dass in einem einheitlichen Vertragswerk 2 verschiedene Leistungen vereinbart werden.

> **Beispiel**
>
> Neben einer selbstständigen Lieferung wird auch eine selbstständige sonstige Leistung (z. B. eine Kreditgewährung) vereinbart[141].

---

139 Abschn. 3.6 UStAE (bis 31.10.2010: Abschn. 25a UStR 2008).
140 Abschn. 3.8 UStAE.
141 Vgl. Abschn. 3.1 UStAE.

17.2.3 Zeitpunkt der sonstigen Leistung

Sonstige Leistungen, insbesondere Werkleistungen, sind grundsätzlich im **Zeitpunkt ihrer Vollendung** ausgeführt[142].

Bei zeitlich begrenzten **Duldungs- oder Unterlassungsleistungen** ist die Leistung mit Beendigung des entsprechenden Rechtsverhältnisses ausgeführt. Den Beteiligten steht es jedoch frei, **Teilleistungen** (z. B. Monat, Vierteljahr) zu vereinbaren. Hierzu ausführlich ➲ Kapitel 106.2.

17.2.4 Ort der sonstigen Leistung

Zum Ort der sonstigen Leistung ➲ Kapitel 68 ff.

17.2.5 Den sonstigen Leistungen gleichgestellte unentgeltliche Wertabgaben (§ 3 Abs. 9a UStG)

Unter diese Vorschrift fällt hauptsächlich für die teilweise unternehmensfremde Nutzung eines Gegenstandes, den der Unternehmer seinem Unternehmen zugeordnet hat. Damit soll die Besteuerung des Letztverbrauchs sichergestellt werden ➲ Kapitel 18.

17.3 Grundsatz der »Einheitlichkeit der Leistung«

Ob bei der Beurteilung eines Sachverhalts von einer einheitlichen oder von mehreren getrennten Leistungen auszugehen ist, hat insbesondere Bedeutung für den Zeitpunkt der Steuerentstehung und die Anwendung von Befreiungsvorschriften sowie des zutreffenden Steuersatzes. Ein einheitlicher wirtschaftlicher Vorgang darf nicht in mehrere Leistungen aufgeteilt werden. Nach der wirtschaftlichen Ausrichtung des Umsatzes ist zunächst die sog. Hauptleistung zu ermitteln. Ggf. im Gefolge vorkommende Nebenleistungen **teilen umsatzsteuerlich das »Schicksal« der Hauptleistung**[143].

> **Beispiel**
>
> A ist Autor wissenschaftlicher Beiträge. Nach Erstellung eines Beitrags übersendet er diesen am 2.3.2023 vereinbarungsgemäß an seinen Verlag. Für jede Manuskriptseite vergütet der Verlag 100 € zzgl. Nebenkosten und USt. A übersendet dem Verlag ein zwanzigseitiges Manuskript, das er auf Bitten des Verlages für 150 € von einem Studenten als Word-Datei erfassen lässt. Dem Manuskript liegt eine Diskette bei, für die A 1,19 € inklusive USt gezahlt hat. Einen alten wattierten DIN C 4 Umschlag hat A noch vorrätig; auf den Brief klebt er eine Briefmarke über 1,45 €. Honorar, verauslagte Schreibarbeiten und Nebenkosten will A dem Verlag in Rechnung stellen und kommt dabei zu folgender Überlegung:
>
> - Die Einräumung des Verwertungsrechts ist eine sonstige Leistung, die gemäß § 12 Abs. 2 Nr. 7 Buchst. c UStG dem ermäßigten Steuersatz von 7 % unterliegt.

---

142 Abschn. 13.1 Abs. 3 UStAE.
143 Dazu ausführlich Abschn. 3.10 UStAE.

Damit ergibt sich ein Nettohonorar in Höhe von 2.000 €. Dies ist die Bemessungsgrundlage. Die Umsatzsteuer darauf beträgt 7 % oder 140 €.

- Die eigentlichen Schreibarbeiten sind ebenfalls eine sonstige Leistung, für die bei isolierter Betrachtung der Regelsteuersatz in Höhe von 19 % gilt.
- Der Versand der Unterlagen mit der Deutschen Post erfolgt – wieder isoliert betrachtet – steuerfrei nach § 4 Nr. 8 Buchst. i UStG.
- Für Diskette und Verpackung will A netto pauschal 5 € berechnen. Isoliert betrachtet müsste A 5 € + 19 % USt (0,95 €) = 5,95 € in Rechnung stellen.

Hier kommen A der Entgeltsbegriff und der Grundsatz der Einheitlichkeit der Leistung zu Hilfe. Wie zuvor ausgeführt ist Entgelt alles, was der Leistungsempfänger für die Leistung aufwendet, jedoch ohne die Umsatzsteuer. Nach dem Grundsatz der Einheitlichkeit der Leistung ist die Überlassung des Manuskripts die Hauptleistung zu sehen, deren Schicksal der Hauptleistung die anderen weiterberechneten Leistungen teilen. **Daraus ergibt sich, dass A den auf die Hauptleistung anzuwendenden Steuersatz auch auf die Nebenleistungen anzuwenden hat.** A muss die Rechnung also wie folgt stellen:

Für den Fachbeitrag »...« zur Veröffentlichung in Ihrer Zeitschrift berechne ich mein Honorar vereinbarungsgemäß wie folgt:

20 Manuskriptseiten zu 100 €	2.000,00 €
Schreibauslagen	150,00 €
Porto und Verpackung (Diskette und Verpackung 5, 00 € zzgl. Porto 1,45 €)	6,45 €
Zwischensumme (Entgelt ➲ Kapitel 104)	2.156,45 €
Umsatzsteuer (7 %)	150,95 €
Zahlbetrag	**2.307,40 €**

 Beratungskonsequenzen

Als Nebenleistungen, die das Schicksal der Hauptleistung teilen würden, gelten insbesondere auch **Transporte** des Lieferanten **im Gefolge von Warenlieferungen**.

Nach diesem Grundsatz sind auch die Fälle der »**Durchreichung**« von Kosten an den **Kunden** zu lösen ➲ Kapitel 104.2.

17.4 Vereinfachung durch »50%-Regel« für Reparaturarbeiten

Abschn. 3.8 Abs. 6 Satz 6 UStAE

Das BMF hat in Abschn. 3.8 Abs. 6 Satz 6 UStAE eine generelle Nichtbeanstandungsregelung für die Abgrenzung der Werklieferungen von den Werkleistungen bei Reparaturen beweglicher körperlicher Gegenstände erlassen (sog. »50%-Regel«).

17.4.1   Werklieferung oder Werkleistung?

Beim Einbau von Zubehör- und Ersatzteilen – zum Beispiel durch eine Kfz-Reparatur-werkstatt in ein Kundenfahrzeug – kann es sich um die Lieferung eines Gegenstands (Werklieferung) oder um eine reine Dienstleistung handeln, in welche die eingebauten Teile eingehen (Werkleistung).

> **Beispiel**
>
> Teileeinbau durch eine deutsche Kfz-Reparaturwerkstatt in das Fahrzeug eines Aus-länders.
>
> ➲ **Folge:**
> 1. Ist die Leistung eine »Werklieferung«, ist diese unter den weiteren Vorausset-zungen der §§ 4 Nr.1 Buchst. b, 6a UStG steuerfrei. Dazu ist dann ggf. eine Ge-langensbestätigung erforderlich.
> 2. Bei einer »Werkleistung« dagegen gelten die entsprechenden Sondervorschrif-ten mit ggf. besonderen Nachweispflichten; eine Gelangensbestätigung aber ist nicht erforderlich (Abschn. 3.8 Abs. 6 UStAE).

17.4.2   Allgemeine Vereinfachung auf Basis der Wertanteile

Das BMF hat eine generelle Nichtbeanstandungsregelung für die Abgrenzung der Werklieferungen von den Werkleistungen bei Reparaturen beweglicher körperlicher Gegenstände erlassen:

- **Materialanteil bis zu 50 %:** Stellt die Reparatur eine Werkleistung dar, beurteilt sich die Leistung **umsatzsteuerlich** *insgesamt* **als sonstige Leistung** und nicht als Liefe-rung; damit ist keine Gelangensbestätigung erforderlich.

- **Materialanteil über 50 %:** Stellt die Reparatur eine Werkleistung dar, beurteilt sich die Leistung **umsatzsteuerlich** *insgesamt* **als Lieferung.** Für eine Steuerbefreiung als innergemeinschaftliche Lieferung ist damit eine Gelangensbestätigung erfor-derlich

18   Unentgeltliche Wertabgaben

§ **Rechtsgrundlagen**

- UStG: § 3 Abs. 1b, Abs. 9a, § 10 Abs. 4
- UStAE: Abschn. 3.2, 3.3, 3.4, 10.6
- MwStSystRL: Art. 16, 26, 74, 75
- BMF, Schreiben vom 15.6.2020, IV C 4   S 2223/19/10003 :002, 2020/0105723, Steuerliche Maßnahmen zur Unterstützung der Flutopfer in Albanien vom 26.11.2019, BStBl. I 2020, 574.
- BMF, Schreiben vom 23.7.2021, III C 2 – S 7030/21/10008 :001, 2021/0845812, Umsatzsteuer/Billigkeitsmaßnahmen im Zusammenhang mit der Flutkatastro-phe vom Juli 2021, BStBl. I 2021, 1024.

> • BMF, Schreiben vom 27.2.2023, IV C 4 – S 2223/19/10003 :019, 2023/0154386, Steuerliche Maßnahmen zur Unterstützung der Opfer des Erdbebens in der Türkei und in Syrien, BStBl. I 2023, 335.

18.1 Grundsätzliches

Der Begriff der »unentgeltlichen Wertabgaben« ist zum 1.4.1999 durch das Steuerentlastungsgesetz 1999/2000/2001 in das Umsatzsteuerrecht eingeführt worden.

Er umfasst im Wesentlichen die Tatbestände, die bis zum 31.3.1999 als

- Eigenverbrauch (§ 1 Abs. 1 Nr. 2 S. 2 Buchst. a und b UStG a. F.),
- Gesellschafterverbrauch (§ 1 Abs. 1 Nr. 3 UStG a. F.) sowie
- Arbeitnehmerverbrauch (§ 1 Abs. 1 Nr. 1 S. 2 Buchst. b UStG a. F.)

der USt unterlagen.

➜ Beratungskonsequenzen

Ausführungen und insbesondere Urteile zur damaligen Rechtslage können i. d. R. auf die neuen Vorschriften entsprechend angewandt werden – mit einer wichtigen Ausnahme: die Steuerbefreiung entgeltlicher Umsätze führt nach der Seeling-Rechtsprechung des EuGH[144] nicht zwangsläufig zur Befreiung entsprechender unentgeltlicher Wertabgaben ➲ Kapitel 16.4 u. 16.5.

Systematisch sind die unentgeltlichen Wertabgaben

- soweit sie in der Abgabe von Gegenständen bestehen, nach § 3 Abs. 1b UStG den **entgeltlichen Lieferungen gleichgestellt** und
- soweit sie in der Abgabe oder Ausführung von sonstigen Leistungen bestehen, nach § 3 Abs. 9a UStG den **entgeltlichen sonstigen Leistungen gleichgestellt**.

Die Finanzverwaltung positioniert sich umfassend im UStAE:

- Abschn. 3.2: Unentgeltliche Wertabgaben
- Abschn. 3.3: Den Lieferungen gleichgestellte Wertabgaben
- Abschn. 3.4: Den sonstigen Leistungen gleichgestellte Wertabgaben
- Abschn. 10.6: Bemessungsgrundlage bei unentgeltlichen Wertabgaben

---

144 EuGH vom 08.05.2003, Rs. C-269/00, Wolfgang Seeling, BStBl II 2004, 378.

18.2 Wegfall des § 3f UStG zum 1.1.2020

18.2.1 Gesetzesänderung

§ **Rechtsgrundlagen**

Neufassung des UStG

(Hinweis: **Einfügungen** und ~~Streichungen~~ sind gekennzeichnet.

§ 3f

~~Ort der unentgeltlichen Lieferungen und sonstigen Leistungen~~ (**weggefallen**)
~~¹Lieferungen im Sinne des § 3 Abs. 1b und sonstige Leistungen im Sinne des § 3 Abs. 9a werden an dem Ort ausgeführt, von dem aus der Unternehmer sein Unternehmen betreibt. ²Werden diese Leistungen von einer Betriebsstätte ausgeführt, gilt die Betriebsstätte als Ort der Leistungen.~~

18.2.2 Inkrafttreten der Neuerung

Die Neuerung gilt **seit dem 18.12.2019**[145].

18.2.3 Inhalt der Neuerung

§ 3f UStG a. F. enthielt eine **spezielle Regelung zur Ortsbestimmung** für die den entgeltlichen Lieferungen und sonstigen Leistungen gleichgestellten Tatbestände i. S. d. § 3 Abs. 1b und 9a UStG.

Im Unionsrecht ist eine entsprechende Spezialregelung **nicht vorgesehen**. Für unentgeltliche Leistungen gelten nach der Fiktion der Art. 16 bzw. Art. 26 MwStSystRL die allgemeinen Ortsbestimmungsregelungen der Art. 31 bzw. Art. 43 MwStSystRL.

Diese Systematik soll nunmehr auch im nationalen Recht nachvollzogen werden.

18.2.4 Praxisfolgen und Fallbeispiele

Eine Änderung der Regelung zur Ortsbestimmung ist mit der Aufhebung des § 3f UStG **in der Regel nicht** verbunden[146].

Praktische Änderungen können sich z. B. bei Leistungen in Zusammenhang mit einem Grundstück im Ausland sowie bei der kurzfristigen Vermietung eines Beförderungsmittels im Ausland ergeben, bei denen der Leistungsort nicht mit dem Sitzort des Unternehmers bzw. dem Belegenheitsort der Betriebsstätte zusammenfällt. Gleiches gilt für die Entnahme eines Gegenstands eines inländischen Unternehmens im Ausland, ohne dass dort eine Betriebsstätte des Unternehmens liegt.

---

145 Art. 39 Abs. 1 Gesetz zur weiteren steuerlichen Förderung der Elektromobilität und zur Änderung weiterer steuerlicher Vorschriften vom 12.12.2019, BStBl. I 2019, 2451
146 Gesetzesentwurf der Bundesregierung vom 23.9.2019, BT-Drs. 19/13436, zu Art. 8 Nr. 5.

Beispiel 1

Die unentgeltliche Leistung betrifft die Nutzung eines **in Spanien belegenen Betriebsgrundstücks**.

Bislang war – wenn die Leistung keiner in Spanien begründeten Betriebsstätte zugerechnet wurde – die Leistung am Unternehmenssitz [... in Deutschland ...] steuerbar.

Nunmehr erfolgt die Leistung nach § 3a Abs. 3 Nr. 1 UStG am Belegenheitsort und ist damit in Spanien steuerbar.

Beispiel 2

Die unentgeltliche Leistung betrifft die kurzfristige Nutzung eines **in Spanien zur Verfügung gestellten Kfz**.

Bislang war – wenn die Leistung keiner in Spanien begründeten Betriebsstätte zugerechnet wurde – die Leistung am Unternehmenssitz [... in Deutschland ...] steuerbar.

Nunmehr erfolgt die Leistung nach § 3a Abs. 3 Nr. 2 UStG dort, wo das Fahrzeug dem Empfänger tatsächlich zur Verfügung gestellt wird, und ist damit in Spanien steuerbar.

Beispiel 3

Die unentgeltliche Leistung betrifft ein **Ersatzteil**, das ein angestellter Monteur **in Spanien einem Kunden schenkt**.

Bislang war – wenn die Leistung keiner in Spanien begründeten Betriebsstätte zugerechnet wurde – die Leistung am Unternehmenssitz [... in Deutschland ...] steuerbar.

Nunmehr erfolgt die Leistung nach § 3 Abs. 7 Satz 1 UStG dort, wo der Monteur dem Kunden das Teil überlässt und ist damit in Spanien steuerbar.

Beratungskonsequenzen

Bei unentgeltlichen sonstigen Leistungen (»Dienstleistungen« ➲ Beispiele 1 + 2) führt die Neuerung vor allem dann zu Änderungen, wenn die Grundregel des § 3a Abs. 2 UStG nicht zur Anwendung kommt, d. h. *keine* **B2B-Leistung** vorliegt.

18.3 Solidarmaßnahmen führen schnell in eine Umsatzsteuerfalle

Immer wieder verursachen (Natur-)Katastrophen beträchtliche Schäden, die Solidarmaßnahmen erfordern. Das BMF schnürt dann im Einvernehmen mit den Landesfinanzministerien umfangreiche Maßnahmepakete, um Unterstützungsleistungen für die Opfer steuerlich zu fördern – zuletzt zur Unterstützung der Erdbebenopfer in Albanien[147]. Dabei betreffen die Fördermaßnahmen ausschließlich die Ertragsteuern in

---

147 BMF, Schreiben vom 15.6.2020, IV C 4 – S 2223/19/10003 :002, 2020/0105723, BStBl. I 2020, 574, weiter gültig gem. BMF, Schreiben vom 18.3.2021, Ziffer 770 ➲ mybookplus.de > Wichtiges aus dem BMF.

Grundlagen des deutschen Umsatzsteuerrechts

all ihren Erhebungsformen sowie das Verfahrensrecht, da nur hier die Bundesrepublik Deutschland die alleinige Steuerhoheit besitzt.

18.3.1 Europäische Vorgaben sehen keine Hilfsmaßnahmen vor

Das Umsatzsteuerrecht ist in den EU-Mitgliedstaaten insbesondere durch die MwStSystRL weitgehend harmonisiert. Die Mitgliedstaaten sind verpflichtet, die dort getroffenen Regelungen in nationales Recht umzusetzen. Die MwStSystRL kennt **keine Möglichkeit**, die es einem Mitgliedstaat zur Bewältigung von Naturkatastrophen – wenn auch nur zeitlich und sachlich begrenzt – gestatten würde, von den verbindlichen Richtlinienvorschriften abzuweichen. Sachliche Billigkeitsmaßnahmen bei unentgeltlichen Zuwendungen aus einem Unternehmen nach § 3 Abs. 1b UStG sind daher ebenso wenig möglich wie eine Ausweitung der Steuervergütung nach § 4a UStG[148].

18.3.2 Auch unternehmerisch veranlasste unentgeltliche Sachleistungen werden besteuert

Gem. § 3 Abs. 1b Satz 1 Nr. 3 UStG sind einer Lieferung gegen Entgelt unter den weiteren Voraussetzungen (Berechtigung zum Vorsteuerabzug, kein Geschenk von geringem Wert, kein Warenmuster) gleichgestellt auch alle (»jede andere«) unentgeltlichen Zuwendungen, die nicht aus außerunternehmerischen Motiven (Nr. 1) oder zu Privatzwecken des Personals (Nr. 2) erfolgen. **Damit erfasst die Vorschrift auch unternehmerisch bedingte unentgeltliche Wertabgaben[149]!**

Nach der amtlichen Gesetzesbegründung sollte die Neuregelung lediglich einen umsatzsteuerlich **unbelasteten Letztverbrauch vermeiden**[150].

Die Finanzverwaltung ist dennoch der Auffassung, dass die Steuerbarkeit nicht entfällt, wenn der zuwendende Unternehmer die Gegenstände aus unternehmerischen Gründen abgibt. Hierzu gehört die Abgabe von neuen oder gebrauchten Gegenständen insbesondere zu Werbezwecken, zur Verkaufsförderung oder zur Imagepflege, z. B. Sachspenden an Vereine oder Schulen, Warenabgaben anlässlich von Preisausschreiben, Verlosungen usw. zu Werbezwecken (Abschn. 3.3 Abs. 10 Sätze 8 u. 9 UStAE). Weite Teile der Literatur sehen hierin – m. E. zu Recht – einen **Verstoß gegen das Neutralitätsgebot**, weil der Unternehmer letztlich mit der Umsatzsteuer aus Gemeinkosten des Unternehmens belastet wird.

> **Beispiel 4**
> Schenkt der deutsche Unternehmer seinen albanischen Geschäftspartnern zum Zwecke der Aufrechterhaltung der Geschäftsbeziehungen eine Maschine aus seinem Betriebsvermögen, sind die Aufwendungen in voller Höhe als Betriebsausgaben abziehbar.

---

148 BMF, Schreiben vom 15.6.2020, Abschnitt V.
149 Vgl. *Weimann*, GStB 2011, 167.
150 Vgl. BT-Drs. 14/23 = BR-Drs. 910/98; so auch Abschn. 3.3 Abs. 10 Satz 5 UStAE.

§ 4 Abs. 5 Satz 1 Nr. 1 EStG ist insoweit aus Billigkeitsgründen nicht anzuwenden[151]. Umsatzsteuerlich ist die unentgeltliche Zuwendung auch dann nach § 3 Abs. 1b Satz 1 Nr. 3 UStG steuerbar, wenn der Unternehmer sie aus unternehmerischen Erwägungen tätigt.

Das war einmal anders! Bis zum 31.3.1999 wäre eine derartige Zuwendung nicht umsatzsteuerbar gewesen, da der »alte« Eigenverbrauch (§ 1 Abs. 1 Nr. 2 Satz 2 Buchst. a und b a. F. UStG) neben dem Gesellschafterverbrauch (§ 1 Abs. 1 Nr. 3 a. F. UStG) und dem Arbeitnehmerverbrauch (§ 1 Abs. 1 Nr. 1 Satz 2 Buchst. c a. F. UStG) nur Wertabgaben aus außerunternehmerischen Erwägungen erfasste[152].

➡️ **Beratungskonsequenzen**

1. Der Mandant ist darauf hinzuweisen, dass er im Fall der Sachspende neben der »reinen« Sacheinbuße grundsätzlich auch die **zusätzliche Umsatzsteuerbelastung** zu tragen hat.
2. Auch nach der Verwaltungsauffassung nicht steuerbar ist dagegen die Gewährung **unentgeltlicher sonstiger Leistungen** aus unternehmerischen Gründen. Hierunter fällt z. B. die unentgeltliche Überlassung von Gegenständen, die im Eigentum des Zuwendenden verbleiben und die der Empfänger später den Zuwendenden zurückgeben muss[153].
   Beispiel: Wie vorher unter Beispiel 4. Der deutsche Unternehmer überlässt seinen albanischen Geschäftspartnern die Maschine lediglich leihweise.
3. Letzteres dürfte selbst dann gelten, wenn sich im Nachhinein herausstellt, dass die Maschine aufgrund der Nutzung für das deutsche Unternehmen wertlos geworden ist und die **albanischen Geschäftspartner die Verschrottung übernehmen**[154].

18.4 Besondere Billigkeitsmaßnahmen

18.4.1 Bewältigung von Regentief »Bernd«

Das Unwetter hat am 14. und 15.7.2021 in Bayern, Nordrhein-Westfalen, Rheinland-Pfalz und Sachsen zu teilweise flächendeckenden Zerstörungen und zu einem Kollaps der Versorgung in den betroffenen Gebieten geführt. Zur Unterstützung bei der Bewältigung des außergewöhnlichen und parallel zur Corona-Pandemie eingetretenen Unwetterereignisses haben das BMF und die Landesfinanzminister nunmehr auch umsatzsteuerliche Billigkeitsmaßnahmen verabschiedet[155].

---

151 BMF, Schreiben vom 15.6.2020, Abschn. I Ziff. 2.
152 Vgl. *Weimann,* UStB 2005, 389.
153 Vgl. Abschn. 3.3 Abs. 10 Sätze 10 u. 11 UStAE.
154 Vgl. *Weimann,* GStB 2011, 167.
155 BMF, Schreiben vom 23.7.2021, III C 2 – S 7030/21/10008 :001, 2021/0845812 ➔ mybookplus.de > Wichtiges aus dem BMF.

Durch das Regentief sind beträchtliche Hochwasser-Schäden entstanden. Die Beseitigung dieser Schäden wird bei vielen unmittelbar betroffenen Steuerpflichtigen zu erheblichen finanziellen Belastungen führen. Die Finanzverwaltungen des Bundes und der Länder haben bereits reagiert und kommen den Geschädigten durch steuerliche Maßnahmen zur Vermeidung unbilliger Härten entgegen. Unterstützt werden müssen aber auch die vielen freiwilligen Helfer!

> **So geschehen!**
>
> Es ist ein sonniger Tag, durch den Ort laufen nun immer neue Trupps von Helfern, manche kommen von weit her. Bruno Kalhøj zum Beispiel, ein Däne, der über Facebook Kontakt zu einer Helfergruppe aufnahm, sich einen kleinen Bagger lieh und sich aufmachte, bis zum Schotterweg hinunter nach Mayschoß.
>
> Kalhøj war lange in Frankfurt, als Sicherheitschef der Europäischen Zentralbank, davor war er mit der dänischen Armee im Irak und in Afghanistan. »Aber hier ist es schlimmer«, sagt er, während er mit seinem Bagger einen Schuttberg wegräumt, »weil es so ein riesiges Gebiet der Zerstörung ist.« Und wenn ihn etwas wundere, »dann dass die Menschen hier überhaupt noch auf den Beinen stehen, nach all dieser Anstrengung und dem Verlust«[156].

BMF und Landesfinanzminister haben das erkannt und helfen mit Umsatzsteuervergünstigungen, wenn Unternehmer

- selbst hochwassergeschädigt sind oder
- sich helfend in die Schadensbeseitigung einbringen.

18.4.1.1   Überlassung von Wohnraum durch die öffentliche Hand

Für Nutzungsänderungen von Unternehmen der öffentlichen Hand im Zusammenhang mit der Bewältigung der Flutkatastrophe vom Juli 2021 wird gem. § 163 AO aus sachlichen Billigkeitsgründen bis zum 31.12.2021 von der Besteuerung einer unentgeltlichen Wertabgabe nach § 3 Abs. 9a UStG und einer Vorsteuerkorrektur nach § 15a UStG abgesehen, wenn und soweit der Sachverhalt in einer Nutzung zur Bewältigung der Flutkatastrophe begründet ist.

➡ Beratungskonsequenzen

1. Diese Billigkeitsregelung ist auch auf **Vorsteuern aus laufenden Kosten** anzuwenden.
2. Die Billigkeitsregelung ist auf **in privater Rechtsform betriebene Unternehmen der öffentlichen Hand** entsprechend anzuwenden, sofern die Nutzungsüberlassung unentgeltlich erfolgt.

---

156   Ruhr Nachrichten, Sonntag, den 25.7.2021, Ausgabe SZ 30, 29. Woche

18.4.1.2 Überlassung von Wohnraum durch private Unternehmen

Von der Besteuerung einer unentgeltlichen Wertabgabe und einer Vorsteuerkorrektur nach § 15a UStG wird im Billigkeitswege ebenfalls befristet bis zum 31.12.2021 abgesehen, wenn private Unternehmen Unterkünfte, die für eine umsatzsteuerpflichtige Verwendung vorgesehen waren unentgeltlich Personen zur Verfügung stellen, die infolge der Flutkatastrophe vom Juli 2021 obdachlos geworden sind oder als Helfer in den Krisengebieten tätig sind.

Beispiel 5

Unentgeltliche Überlassung von
- Hotelzimmern
- Ferienwohnungen
- etc.

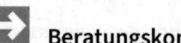 **Beratungskonsequenzen**

Beabsichtigen diese Unternehmer **bereits bei Bezug von Nebenleistungen (Strom, Wasser o. Ä.)** eine unentgeltliche Beherbergung von Flutopfern oder Helfern, wird ausnahmsweise unter den oben genannten Bedingungen und den weiteren Voraussetzungen des § 15 UStG ebenfalls befristet bis 31.12.2021 zusätzlich im Billigkeitswege ein entsprechender Vorsteuerabzug für Vorsteuern aus laufenden Kosten gewährt. Die folgende unentgeltliche Wertabgabe wird nach dem vorangegangenen Absatz im Billigkeitswege nicht besteuert.

18.4.1.3 Unentgeltliche Nutzung von Wirtschaftsgütern zur Suche und Rettung von Flutopfern sowie zur Beseitigung der Flutschäden

Bei der unentgeltlichen Verwendung von dem Unternehmen zugeordneten Gegenständen (Investitionsgütern), die zuvor zum vollen oder teilweisen Vorsteuerabzug berechtigt haben,

- zur Bewältigung der unwetterbedingten Schäden und Folgen der Flutkatastrophe vom Juli 2021, die außerhalb des Unternehmens liegen, oder
- für den privaten Bedarf des durch die Unwetter betroffenen Personals,

wird im Billigkeitswege befristet bis zum 31.10.2021 auf die Besteuerung einer unentgeltlichen Wertabgabe verzichtet.

Beispiel 6

Unentgeltliche Überlassung von
- Fahrzeugen
- Räumlichkeiten zur Unterbringung von Mensch und Tier
- Stellflächen für Fahrzeuge, Geräte, Müll
- etc.

18.4.1.4 Unentgeltliche Erbringung einer sonstigen Leistung

Bei der unentgeltlichen Erbringung einer sonstigen Leistung durch den Unternehmer für Zwecke,

- die unmittelbar der Bewältigung der unwetterbedingten Schäden und Folgen dienen, die außerhalb des Unternehmens liegen, oder
- für den privaten Bedarf des durch die Unwetter betroffenen Personals,

wird im Billigkeitswege **befristet bis zum 31.10.2021** auf die Besteuerung einer unentgeltlichen Wertabgabe verzichtet.

> **Beispiel 7**
> Unentgeltliche Erbringung von sonstigen Leistungen wie
> - Personalgestellungen,
> - Aufräumarbeiten mit eigenem Gerät und Personal
> - Reparatur und/oder Wartung von Hilfsfahrzeugen
> - etc.

18.4.1.5 Herabsetzung der Umsatzsteuer-Sondervorauszahlung 2021

Bei Unternehmen, die von der Flutkatastrophe betroffen sind, kann auf entsprechenden Antrag die Umsatzsteuer-Sondervorauszahlung 2021 ggf. **bis auf Null herabgesetzt** werden, ohne dass die gewährte Dauerfristverlängerung durch die Erstattung bzw. Festsetzung auf Null berührt wird.

18.4.1.6 Sachspenden

Bei unentgeltlichen Zuwendungen aus einem Unternehmen nach § 3 Abs. 1b UStG, die

- im **Zeitraum 15.7.2021–31.10.2021** erfolgen, wird aus Billigkeitsgründen auf eine Besteuerung verzichtet, wenn es sich bei den gespendeten Gegenständen um Lebensmittel, Tierfutter,
- für den täglichen Bedarf notwendige Güter (insbesondere Hygieneartikel, Reinigungsmittel, Kleidung, Geschirr oder medizinische Produkte) oder
- zur unmittelbaren Bewältigung des Unwetterereignisses sachdienliche Wirtschaftsgüter (z. B. Pumpen, Werkzeug, Maschinen) handelt und
- die Gegenstände den unmittelbar von der Flutkatastrophe betroffenen Menschen zugutekommen.

> **Beratungskonsequenzen**
> Beabsichtigen Unternehmer **bereits bei Bezug oder Herstellung der gespendeten Waren** eine entsprechende unentgeltliche Weitergabe, wird unter den gleichen Bedingungen und den weiteren Voraussetzungen des § 15 UStG ein entsprechender Vorsteuerabzug im Billigkeitswege gewährt.

18.4.2 Unterstützung der Opfer des Erdbebens in der Türkei und in Syrien

Das Erdbeben in der Türkei und in Syrien im Februar 2023 hat sehr großes menschliches Leid und massive Schäden an der Infrastruktur verursacht. Wegen der hohen Anteilnahme und Spendenbereitschaft in der Bevölkerung werden die der Unterstützung der Betroffenen des Erdbebens in der Türkei und in Syrien dienenden Verwaltungsregelungen im Einvernehmen mit den obersten Finanzbehörden der Länder in diesem Schreiben zusammengefasst[157].

Bei der **unentgeltlichen Bereitstellung von Gegenständen und Personal** für humanitäre Zwecke durch Unternehmen an Einrichtungen, die einen unverzichtbaren Einsatz zur Bewältigung der Auswirkungen und Folgen bei den von dem Erdbeben Geschädigten leisten, wie insbesondere Hilfsorganisationen, Einrichtungen für geflüchtete Menschen und zur Versorgung Verletzter sowie weitere öffentliche Institutionen, wird von der Besteuerung einer unentgeltlichen Wertabgabe im Billigkeitswege abgesehen.

Beabsichtigt ein Unternehmer bereits beim Leistungsbezug, die Leistungen ausschließlich und unmittelbar für die genannten Zwecke zu verwenden, sind die entsprechenden Vorsteuerbeträge unter den übrigen Voraussetzungen des § 15 des Umsatzsteuergesetzes im Billigkeitswege entgegen Abschn. 15.15 Abs. 1 des Umsatzsteuer-Anwendungserlasses zu berücksichtigen. Die folgende unentgeltliche Wertabgabe wird nach dem vorangegangenen Absatz im Billigkeitswege nicht besteuert.

19 Innergemeinschaftlicher Erwerb – Innergemeinschaftliches Verbringen

 Rechtsgrundlagen
- UStG: § 1a–c
- UStAE: Abschn. 1a.1, 1a.2, 1b.1, 1c.1
- MwStSystRL: Art. 2–4, 20 ff., 131, 141

19.1 Grundsätzliches zum innergemeinschaftlichen Erwerb und Verbringen

! **Hinweis**

↺ mybookplus.de > Vertiefende Informationen > Kapitel 19.1

---

157   BMF, Schreiben vom 27.2.2023, IV C 4 – S 2223/19/10003 :019, 2023/0154386.

19.2 Vorsicht vor einem »falschen« innergemeinschaftlichen Erwerb!

Aktuell: EuGH, Urteil vom 8.12.2022

Aufgrund der neuen Rechtsprechung von EuGH und BFH ergibt sich für den Käufer unerwartet ein **Vorsteuer- und Zinsrisiko** bei Verwendung einer anderen USt-IdNr. als der des Bestimmungslandes ➲ Kapitel 115.5.2 und 115.5.3. Zuletzt wurde dies deutlich im EuGH-Urteil vom 8.12.2022 zum misslungenen innergemeinschaftlichen Dreiecksgeschäft[158] ➲ Kapitel 50.

19.3 Anwendung des § 3 Abs. 8 UStG war bis zum 31.12.2018 möglich

 Hinweis

➲ vgl. 20. Auflage 2022, Kapitel 19.3

20 Umsatzsteuer-Identifikationsnummer

 Rechtsgrundlagen

- UStG: §§ 18e, 27a
- UStAE: Abschn. 18e.1, 18e.2, 27a.1
- MwStSystRL: Art. 213 ff.
- BMF, Schreiben vom 28.10.2020, III C 5 – S 7427-d/19/10001 :001, 2020/1044418, Änderung zu Abschn. 18e des UStAE (»Bestätigung einer ausländischen Umsatzsteuer-Identifikationsnummer«); Nachweisführung im Bestätigungsverfahren

20.1 »FAQ« – Die häufigsten Fragen und Antworten

 Hinweis

Die nachfolgenden Ausführungen bauen auf FAQ des BZSt auf und ergänzen, erläutern oder kürzen diese, soweit dies erforderlich oder geboten erscheint. Eine zusätzliche Checkliste unterstützt Sie im Tagesgeschäft.

FAQ 1:   Was ist die USt-IdNr.?

Die Umsatzsteuer-Identifikationsnummer (USt-IdNr.) ist ein **eindeutiges Identifikationsmerkmal für EU-Unternehmer** im Bereich der Umsatzsteuer.

---

158   EuGH, Urteil vom 8.12.2022, Rs. C-247/21, Luxury Trust Automobil.

Sie dient der Abwicklung von innergemeinschaftlichen Leistungen. Unternehmer, die am EU-Binnenmarkt teilnehmen, benötigen die USt-IdNr.

FAQ 2: Bestätigung von ausländischen USt-IdNrn.

Über das folgende **Internetformular** können Sie sich die Gültigkeit einer ausländischen USt-IdNr. bestätigen lassen. Das BZSt ist täglich in der Zeit zwischen 05:00 Uhr und 23:00 Uhr erreichbar.

Internet- und Kontaktformular des BZSt

Bestätigung von ausländischen Umsatzsteuer-Identifikationsnummern

Einfache Bestätigung

Eigene USt-IdNr *   DE [   ]

Abzufragendes Land *   [⌄]

Abzufragende USt-IdNr *   [   ]

  * Diese Felder müssen aus technischen Gründen zwingend gefüllt werden.

[starten]

Aktuelle Hinweise:

Sollten Bestätigungsanfragen aufgrund technischer Störungen oder Wartungsarbeiten über Internet nicht möglich sein, sind auch telefonische Anfragen über die Hotline Umsatzsteuerkontrollverfahren nicht möglich!

Aktuell sind Abfragen zu Belgien nur eingeschränkt, zum Teil gar nicht möglich.

Abfragen zu Italien sind zurzeit nicht möglich.

Abfragen zu Finnland werden am 29.11.2020 in der Zeit von voraussichtlich 09:00 bis 13:00 Uhr nicht möglich sein.

Datenschutzhinweis:

Informationen über die Verarbeitung personenbezogener Daten in der Steuerverwaltung und über Ihre Rechte nach der Datenschutz-Grundverordnung sowie über Ihre Ansprechpartner in Datenschutzfragen entnehmen Sie bitte dem allgemeinen Informationsschreiben der Steuerverwaltung (https://www.bzst.de/DatenschutzInfo).

Als Ergänzung zum Bestätigungsverfahren über das Internetformular bietet das Bundeszentralamt für Steuern (BZSt) eine **Alternative** an, die sich insbesondere an **Unternehmen mit vielen Bestätigungsanfragen** richtet. Über die sog. **XML-RPC-Schnittstelle** wird Unternehmen die Möglichkeit gegeben, die Prüfung von ausländischen Umsatzsteuer-Identifikationsnummern (USt-IdNrn.) in die eigenen Softwaresysteme einzubinden und die USt-IdNrn. automatisiert abzufragen.

FAQ 3: Was ist der Unterschied zwischen einer einfachen und einer qualifizierten Bestätigung?

Bei einer **einfachen Bestätigung** erhalten Sie Auskunft darüber, ob eine ausländische USt-IdNr. zum Zeitpunkt der Anfrage in dem Mitgliedstaat, der sie erteilt hat, gültig ist.

Beachten Sie!

Eine einfache Bestätigung muss zwingend vor einer qualifizierten Bestätigung durchgeführt werden.

Bei einer **qualifizierten Bestätigung** können Sie darüber hinaus abfragen, ob die von Ihnen mitgeteilten Angaben zu Firmenname (einschließlich der Rechtsform), Firmenort, Postleitzahl und Straße mit den in der **Unternehmerdatei des jeweiligen EU-Mitgliedstaates** registrierten Daten übereinstimmen.

 Beratungskonsequenzen

Eine Bekanntgabe der in der Unternehmerdatei des jeweiligen EU-Mitgliedstaates registrierten Daten ist **nicht** möglich.

FAQ 4: Wer ist anfrageberechtigt?

Anfrageberechtigt ist **jeder Inhaber einer deutschen USt-IdNr.** Die Anfrage muss immer die eigene deutsche USt-IdNr. (Anfrageberechtigung) enthalten.

FAQ 5: Welche Möglichkeiten gibt es, eine Bestätigung durchzuführen?

Neben der Möglichkeit der Online-Bestätigungsanfrage können Sie die einfache und qualifizierte Anfrage auch

- postalisch,
- telefonisch,
- per Telefax oder
- per E-Mail

an das BZSt zu richten. Nutzen Sie hierfür bitte das entsprechende Kontaktformular des BZSt (➲ FAQ 2).

Beachten Sie!

Die Antwort erfolgt **grundsätzlich schriftlich**; eine Ausnahme gilt für Internetanfragen (➲ FAQ 6).
Sollten Sie über die Online-Bestätigung zu einer ausländischen USt-IdNr. mehrere Anfragen an einem Tag gestellt und zu jeder Anfrage eine Bestätigungsmitteilung gewünscht haben, wird lediglich das Ergebnis der zeitlich letzten Anfrage schriftlich mitgeteilt.

FAQ 6: Muss ich bei Anfragen zu einzelnen USt-IdNrn. über das Internet immer eine schriftliche Bestätigungsmitteilung des BZSt anfordern?

1. Rechtslage bis 31.12.2020

Bei Anfragen zu einzelnen USt-IdNrn. über das Internet **konnte** der Nachweis der durchgeführten qualifizierten Bestätigungsabfrage – abweichend vom Grundsatz einer qualifizierten amtlichen Bestätigungsmitteilung – durch die Übernahme des vom BZSt übermittelten Ergebnisses als Screenshot in das System des Unternehmers geführt werden.

Durch Anklicken eines entsprechenden Feldes erfolgte die Antwort **auf besonderen Wunsch des Anfragenden auch schriftlich.**

2. Rechtslage ab 1.1.2021

Das BMF hat Abschn. 18e Abs. 2 Sätze 3 bis 5 und Abs. 5 UStAE neu gefasst[159]:

 Rechtsgrundlagen

Ab 1.1.2021: Neufassung von Abschn. **18e.**1 Abs. 2 u. Abs. 5 UStAE
Bestätigung einer ausländischen Umsatzsteuer-Identifikationsnummer
(Hinweis: **Einfügungen** und ~~Streichungen~~ sind gekennzeichnet.

(1) ...

(2) [1]Unternehmer können einfache und qualifizierte Bestätigungsanfragen schriftlich, über das Internet (www.bzst.de) oder telefonisch an das BZSt – Dienstsitz Saarlouis –, 66738 Saarlouis (Telefon-Nr.: 0228/406-1222), stellen. [2]Bei Anfragen über das Internet besteht neben der Anfrage zu einzelnen USt-IdNrn. auch die Möglichkeit, gleichzeitige Anfragen zu mehreren USt-IdNrn. durchzuführen. [3]Bei Anfragen zu einzelnen USt-IdNrn. ~~kann~~ **ist** der Nachweis der durchgeführten qualifizierten Bestätigungsab**n**frage ~~– abweichend vom Grundsatz einer qualifizierten amtlichen Bestätigungsmitteilung~~ – durch **die Aufbewahrung des Ausdrucks** oder die Übernahme des vom BZSt übermittelten Ergebnisses **in einem allgemein üblichen Format** oder als Screenshot in das System des Unternehmens ~~geführt werden~~ **zu führen**. [4]Bei der Durchführung gleichzeitiger Anfragen zu mehreren USt-IdNrn. über ~~eine XML-RPC-~~ **die vom BZSt zu diesem Zweck angebotene** Schnittstelle kann die vom BZSt übermittelte elektronische Antwort in Form eines Datensatzes unmittelbar in das System des Unternehmens eingebunden und ausgewertet werden. [5]In diesen Fällen ~~kann~~ **ist** der Nachweis einer durchgeführten qualifizierten Anfrage einer USt-IdNr. – abweichend vom Grundsatz einer qualifizierten amtlichen Bestätigungsmitteilung – über den vom BZSt empfangenen Datensatz ~~geführt werden~~ **zu führen**.
...

---

159 BMF, Schreiben vom 28.10.2020 ➲ mybookplus.de > Wichtiges aus dem BMF.

(5) ~~¹Da~~ **Erfolgt eine Anfrage telefonisch, teilt das BZSt** teilt das Ergebnis der Bestätigungsanfrage grundsätzlich schriftlich mit.~~, auch wenn vorab eine telefonische Auskunft erteilt wurde. ²Bestätigungsanfragen über das Internet werden unmittelbar beantwortet; eine zusätzliche schriftliche Mitteilung durch das BZSt kann angefordert werden.~~

➡️ **Beratungskonsequenzen**

1. Die Grundsätze dieses Schreibens sind erstmals auf Bestätigungsanfragen anzuwenden, die **nach dem 31.12.2020** an das BZSt gestellt werden.
2. Die Möglichkeit des Anfragenden, bei Internetanfragen auf Wunsch durch Anklicken des entsprechenden Feldes eine schriftliche **Antwort des BZSt per Briefpost** anzufordern, besteht **nicht** mehr.
3. Beispiel für eine **Originalbestätigung**:

FAQ 7:   Ich möchte besonders viele Anfragen gleichzeitig stellen, ist das möglich?

Für Unternehmen mit besonders vielen Anfragen bietet das BZSt die Möglichkeit die Abfrage der USt-IdNr. auch in eigene Systeme zu integrieren. Die Schnittstelle zum BZSt-System läuft über eine **XML-RPC-Schnittstelle.**

❗ Hinweis

Mehr Informationen dazu finden Sie auf der Homepage des BZSt (www.bzst.de).

FAQ 8:   Muss ich bei Anfragen über die XML-RPC-Schnittstelle zusätzlich zur elektronischen Antwort immer eine schriftliche Mitteilung des BZSt anfordern?

Bei Anfragen über die XML-RPC-Schnittstelle kann die vom BZSt übermittelte elektronische Antwort (Datensatz) unmittelbar in das System des Unternehmens eingebunden und ausgewertet werden. In diesen Fällen kann der **Nachweis** einer durchgeführten qualifizierten Anfrage einer USt-IdNr. – abweichend vom Grundsatz einer qualifizierten amtlichen Bestätigungsmitteilung – **über den vom BZSt empfangenen Datensatz** geführt werden (Abschn. 18e.1 Abs. 2 UStAE n. F. ➲ FAQ 6).

FAQ 9:   Welche rechtliche Wirkung haben eine schriftliche Bestätigungsmitteilung, ein in das System übernommener Screenshot bzw. eine übermittelte elektronische Antwort?

Anfragen zur rechtlichen Würdigung und steuerlichen Auswirkung der jeweiligen Bestätigungsmitteilungen sind nicht an das BZSt, sondern an das für das Besteuerungsverfahren zuständige Finanzamt zu richten.

➔ Beratungskonsequenzen

Zuständig ist also **Ihr Betriebsfinanzamt.**

FAQ 10: Kann ich als deutscher Unternehmer auch deutsche USt-IdNrn. bestätigen lassen?

Lediglich Lagerhalter i. S. d. § 4 Nr. 4a UStG können auf Antrag auch die Gültigkeit inländischer USt-IdNrn. sowie Name und die Anschrift des Auslagerers oder dessen Fiskalvertreters bestätigen (§18e Nr. 2 UStG) lassen.

➔ Beratungskonsequenzen

Im Normalfall können Sie sich die deutsche USt-IdNr. Ihres Geschäftspartners – etwa zur Bestätigung seiner Unternehmereigenschaft – **nicht** überprüfen lassen. Insoweit stehen Ihnen aber andere Möglichkeiten zur Verfügung ➲ Kapitel 11

Für die Bestätigung deutscher USt-IdNrn. durch Lagerhalter kann das Online-Bestätigungsverfahren nicht genutzt werden. Richten Sie Ihre schriftliche Anfrage mit der Zulassung als beim Finanzamt registrierter Umsatzsteuerlagerinhaber an das Bundeszentralamt für Steuern, Dienstsitz Saarlouis, Ludwig-Karl-Balzer-Allee 2, 66740 Saarlouis.

FAQ 11: Bestätigungen sind im Internet nicht möglich, was soll ich tun?

Bestätigungsanfragen über das Internet greifen auf die gleiche Datenbank zurück, wie Bestätigungen, die per Telefon oder aufgrund schriftlicher Anfragen durchgeführt werden. Ist die Technik im Internet ganz oder nur für einige Länder, z. B. aufgrund von Wartungsarbeiten, ausgefallen, so ist auch eine Bestätigung per Telefon nicht möglich.

➜ Beratungskonsequenzen

Bitte versuchen Sie, die Bestätigung **zu einem späteren Zeitpunkt im Internet** durchzuführen.

❗ Hinweis

Auf der Webseite zum Online-Bestätigungsverfahren finden Sie eine **Übersicht der geplanten Ausfälle** aufgrund von Wartungsarbeiten.

FAQ 12: Ist die Nutzung der Bestätigung über das Internet kostenpflichtig?

Die Nutzung der einfachen und/oder der qualifizierten Bestätigung über das Internet ist **kostenfrei**. Es entstehen lediglich die Verbindungsentgelte Ihres Internetanbieters.

FAQ 13: Ich erhalte nicht alle angefragten Daten bestätigt bzw. ich erhalte im Ergebnis die Mitteilung »stimmt nicht überein«. Was soll ich tun?

Eine **Bekanntgabe der in der Unternehmerdatei** des jeweiligen EU-Mitgliedstaates registrierten Daten durch das BZSt ist **nicht** möglich. Daher lautet die Aufforderung des BZSt:

➜ Beratungskonsequenzen

Bitte setzen Sie sich zunächst **mit Ihrem Geschäftspartner in Verbindung** und lassen Sie sich **von diesem** die korrekten Daten nennen.

- Rechtschreibfehler,
- Buchstabendreher oder
- die Eingabe von Sonderzeichen

führen in der Regel nicht zu dem Ergebnis »stimmt nicht überein«. Vergewissern Sie sich bitte direkt bei Ihrem Geschäftspartner, ob die Daten, die er Ihnen gegeben hat, mit den in seinem Mitgliedstaat hinterlegten Daten übereinstimmen.

Beachten Sie!

Ist sich Ihr Geschäftspartner nicht sicher, welche Daten hinterlegt sind, so hat **er** (der Geschäftspartner) die Möglichkeit, bei der zuständigen Behörde im jeweiligen EU-Mitgliedstaat, die für sein Unternehmen hinterlegten Daten zu erfragen.

Eine Änderung bzw. Anpassung der Daten ist lediglich bei den zuständigen Behörden im jeweiligen Mitgliedstaat durch Ihren Geschäftspartner selbst möglich.

➜ Beratungskonsequenzen

Erfragen kann also ausschließlich Ihr Geschäftspartner und nicht Sie selbst!

FAQ 14: Ich möchte eine Bestätigung für zurückliegende Zeitpunkte oder Zeiträume durchführen. Ist das möglich?

Eine Bestätigung für zurückliegende Zeitpunkte oder Zeiträume sind **nicht** möglich.

FAQ 15: Mein ausländischer Geschäftspartner möchte meine deutsche USt IdNr. bestätigt bekommen. Kann er sich an das BZSt wenden?

Das BZSt bestätigt ausschließlich deutschen Unternehmern die Gültigkeit der USt-IdNr. die von einem anderen EU-Mitgliedstaat erteilt wurde (§ 18e Nr. 1 UStG).

Jeder EU-Mitgliedstaat hat eine zentrale Behörde geschaffen, die Bestätigungen über die Gültigkeit ausländischer USt-IdNr. erteilt. **Bei dieser (ausländischen) Behörde** kann sich Ihr Geschäftspartner Ihre deutsche USt-IdNr. bestätigen lassen.

FAQ 16: Wie sind ausländische USt-IdNrn. aufgebaut?

Informationen über den Aufbau von ausländischen USt-IdNrn. finden Sie in einem **Merkblatt auf der Homepage des BZSt ➜** Kapitel 20.3.

20.2 Steuerbefreiung auch bei zwischenzeitlich ungültig gewordener USt-IdNr.!

§ Rechtsgrundlagen
FG Berlin-Brandenburg, Urteil vom 4.11.2015[160]

20.2.1 Sachverhalt

Ein deutscher Kfz-Händler (D) verkaufte ein Fahrzeug an ein spanisches Unternehmen (ES). D behandelte den Umsatz als innergemeinschaftliche Lieferung umsatzsteuerfrei (§§ 4 Nr. 1 Buchst. b, 6a UStG).

---

160 Az. 7 K 7283/1.

Im Abschluss an eine Umsatzsteuer-Nachschau (§ 27b UStG) versagte das Finanzamt die Steuerbefreiung. Die von ES angegebene USt-IdNr. sei zwar bei Vertragsschluss, nicht aber im (späteren) Lieferzeitpunkt gültig gewesen.

20.2.2   Entscheidung

D hat nach Auffassung des FG die nach § 6a Abs. 3 UStG, §§ 17a ff. UStDV **Beleg- und Buchnachweise vollständig erbracht**. Dem steht nicht entgegen, dass die aufgezeichnete USt-IdNr. zurzeit der Lieferung nicht mehr galt. Denn zum **Zeitpunkt des Vertragsschlusses** hatte die D alle für den Beleg- und Buchnachweis erforderlichen Angaben erfasst (Besprechungsurteil, Rz. 35).

Der Vertragsschluss erfolgte mit der Bestätigung des Geldeinganges durch die Pro-Forma-Rechnung und der Bereitstellung des Fahrzeugs zur Abholung. **Denn bereits zu diesem Zeitpunkt hatte sich D vertraglich gebunden**, das Fahrzeug an ES zum vereinbarten und schon erhaltenen Preis zu liefern. Mit der Abfrage der USt-IdNr. beim BZSt hat D zu diesem Zeitpunkt alles getan, um die erforderlichen Angaben zu ermitteln. Zudem galt die USt-IdNr. auch an diesem Tag noch. Es war zum Zeitpunkt des Vertragsschlusses für D nicht möglich zu erkennen, dass sich dies zukünftig ändern werde.

Allein das Auseinanderfallen von Vertragsschluss und Lieferzeitpunkt verpflichtet den Lieferer nicht, die beim Vertragsschluss korrekten Angaben insbesondere zur Umsatzsteueridentifikationsnummer erneut und gegebenenfalls laufend in ganz kurzen Abständen zu überprüfen (Besprechungsurteil, Rz. 37).

Dies wäre dann anders, wenn

- der Lieferer **Anhaltspunkte für eine Änderung der Angaben** hat; diesen müsste er dann nachgehen oder
- zwischen Vertragsschluss und Lieferung eine **größere Zeitspanne** liegt. Eine Zeitspanne von – wie im Streitfall – elf Tagen (davon neun Tage zwischen Vertragsschluss und Liefertag) reicht dafür aber nach Ansicht des Senats nicht aus. Welche Zeitspanne ausreichen würde, lässt das Gericht offen (Besprechungsurteil, Rz. 38).

20.2.3   FinVerw verzichtet auf Revision

Die FG hat Revision gemäß § 115 Abs. 2 FGO zugelassen, weil die Einzelheiten zur Aufzeichnungspflicht der USt-IdNr. nebst der Vertrauensschutzregelung des § 6a Abs. 4 UStG bei Wegfall der USt-IdNr. während der Abwicklung des Geschäfts noch nicht im Einzelnen geklärt sind (Besprechungsurteil, Rz. 45). Die Finanzverwaltung hat darauf – soweit ersichtlich – verzichtet.

Beratungskonsequenzen

In diesem Verzicht steckt eine große Aussagekraft![161] Rechnet die Finanzverwaltung nämlich mit einer für sie negativen Entscheidung des BFH, vermeidet sie es gerne, dass ein Streitfall »hochgekocht« wird, verzichtet auf Rechtsmittel und wendet die – wahrscheinlich falsche, aber profiskalische – Rechtsauffassung weiter an.

20.2.4 Urteil nur restriktiv anwenden

Das Besprechungsurteil ist das erste zu diesem Problembereich; die Rechtsauffassung ist damit alles andere als gesichert.

Das Urteil sollte daher nur als **Rettungsanker** gesehen werden – und keinesfalls als »Freibrief« zur Einsparung von Prüfungshandlungen des Lieferanten.

 Beratungskonsequenzen

1. Ein vorsichtiger Unternehmer sollte damit auch weiterhin die USt-IdNr. bei der Lieferung – und damit in der Regel ein zweites Mal – prüfen.
2. Nur dann, wenn diese zweite Prüfung im Ausnahmefall einmal nicht erfolgt ist oder sich sonstige Unregelmäßigkeiten ergeben, sollte man sich des Urteils erinnern.
3. Es bleibt abzuwarten, ob auch andere Gerichte diesen Gedanken aufnehmen, und damit weiter spannend!

20.2.5 Ergänzende Hinweise des FG

Das FG weist hilfsweise darauf hin, dass

- nach der EuGH- und BFH-Rechtsprechung die Steuerbefreiung **nicht** allein wegen des Fehlens der Aufzeichnung einer USt-IdNr. ohne weiteres hätte versagt werden dürfen (Besprechungsurteil, Rz. 39 f.)

  Beachten Sie!
  Nach Umsetzung der Quick Fixes durch § 6a Abs. 1 UStG dürfte diese Rechtsauffassung kaum noch weiter Bestand haben ➔ Kapitel 34 ff.

- ggf. auch **Vertrauensschutz** zu gewähren wäre (Besprechungsurteil, Rz. 41 f.).

---

161 *Weimann,* AStW 2016, 771.

20.3 Aktueller Aufbau der USt-IdNrn. in den EU-Mitglied-staaten zum 1.1.2021

Aktuell[162] arbeitet das BZSt mit der folgenden Übersicht:

Aufbau der Umsatzsteuer-Identifikationsnummer in den EU-Mitgliedstaaten
Stand 07.01.2021

Mitgliedstaat	Bezeichnung der USt-IdNr in der Landessprache	Abkürzung	Aufbau	
			Länder-kenn-zeichen	Anzahl der weiteren Stellen
BELGIEN	le numéro d'identification à la taxe sur la valeur ajoutée BTW - identificatienummer	No.TVA BTW-Nr.	BE	zehn, nur Ziffern; (alte neunstellige USt-IdNr. werden durch Voran-stellen der Ziffer Ø ergänzt)
BULGARIEN	Dank dobawena stoinost	DDS = ДДС	BG	neun oder zehn, nur Ziffern
DÄNEMARK	momsregistreringsnummer	SE-Nr.	DK	acht, nur Ziffern
DEUTSCHLAND	Umsatzsteuer-Identifikations-nummer	USt-IdNr.	DE	neun, nur Ziffern
ESTLAND	Käibemaksukohustuslase registreeri-misnumber	KMKR-number	EE	neun, nur Ziffern
FINNLAND	Arvonlisâverorekisterointi-nu-mero	ALV-NRO	FI	acht, nur Ziffern
FRANKREICH	le numéro d'identification à la taxe sur la valeur ajoutée	keine	FR	elf, nur Ziffern bzw. die erste und / oder die zweite Stelle <u>kann</u> ein Buchstabe sein
GRIECHENLAND	Arithmos Forologikou Mitroou FPA	A.φ.M.	EL	neun, nur Ziffern
IRLAND	value added tax identification number	VAT No	IE	acht, die zweite Stelle <u>kann</u> und die letzte Stelle <u>muss</u> ein Buch-stabe sein <u>oder</u> neun Stellen (ab 01.01.2013), 1. - 7. Stelle Ziffern 8. Stelle Buchstaben von A bis W 9. Stelle Buchstaben von A bis I
ITALIEN	il numero di registrazione IVA	P.IVA	IT	elf, nur Ziffern
KROATIEN	Porez na dodanu vrijednost hrvatskog identifikacijski broj	HR PDV ID broj	HR	elf, nur Ziffern
LETTLAND	pievienotāsvērtības nodokļa reģistrācijas numurs	PVN reģistrācijas numurs	LV	elf, nur Ziffern
LITAUEN	Pridetines vertes mo-kescio moketojo kodas	PVM moketojo kodas	LT	neun <u>oder</u> zwölf, nur Ziffern
LUXEMBURG	le numéro d'identification à la taxe sur la valeur ajoutée	keine	LU	acht, nur Ziffern
MALTA	value added tax identification number	VAT No	MT	acht, nur Ziffern
NIEDERLANDE	BTW-identificatienummer	OB-Nummer	NL	zwölf, Ziffern, Buchstaben und die Zeichen '+' und '*' <u>kann</u> in zu-fälliger Reihenfolge sein

Seite 1 von 2

---

[162] Abfrage auf www.bzst.bund.de bei Erstellung des Manuskripts am 12.2.2024.

Seite 2 von 2

Mitgliedstaat	Bezeichung der USt-IdNr in der Landessprache	Abkürzung	Aufbau	
			Länder-kenn-zeichen	Anzahl der weiteren Stellen
NORDIRLAND	value added tax registration number	VAT Reg.No.	XI	neun oder zwölf, nur Ziffern
				für Verwaltungen und Gesundheitswesen: fünf, die ersten zwei Stellen GD oder HA;
ÖSTERREICH	Umsatzsteueridentifikations-nummer	UID-Nr.	AT	neun, die erste Stelle muss der Buchstabe „U" sein
POLEN	Numer identyfikacji podatkowej	NIP	PL	zehn, nur Ziffern
PORTUGAL	o número de identificacao para efeitos do imposto sobre o valor acrescentado	NIPC	PT	neun, nur Ziffern
RUMÄNIEN	cod de înregistrare în scopuri de TVA	TVA	RO	maximal zehn, nur Ziffern Ziffernfolge nicht mit Ø beginnend
SCHWEDEN	Registreringsnummer för mervärdesskatt (Momsnummer)	MomsNr.	SE	zwölf, nur Ziffern, die beiden letzten Stellen bestehen immer aus der Ziffernkombination „Ø1"
SLOWAKEI	Identifikačné číslo pre daň z pridanej hodnoty	IČ DPH	SK	zehn, nur Ziffern
SLOWENIEN	davčna številka	DDV	SI	acht, nur Ziffern
SPANIEN	el número de identificación a efectos del Impuesto sobre el Valor Anadido	N.IVA	ES	neun, die erste und die letzte Stelle bzw. die erste oder die letzte Stelle kann ein Buchstabe sein
TSCHECHISCHE REPUBLIK	danove identifikacni cislo	DIC	CZ	acht, neun oder zehn, nur Ziffern
UNGARN	közösségi adószám		HU	acht, nur Ziffern
ZYPERN (ZUR ZEIT NUR GRIECHISCHER TEIL; EINSCHLIEBLICH AKROTIRI UND DHEKALIA)	Arithmos Egrafis FPA		CY	neun, die letzte Stelle muss ein Buchstabe sein

Hinweis:
In mehreren EU-Mitgliedstaaten ist die USt-IdNr. die Steuernummer, unter der ein Unternehmer für umsatzsteuerliche Zwecke von den Finanzbehörden registriert wird und nicht, wie in der Bundesrepublik Deutschland, eine - in einem besonderen Verfahren erteilte - zusätzliche besondere Nummer. Vor diese Umsatzsteuernummer wird dann lediglich der entsprechende Ländercode gesetzt. Allerdings kann es sein, dass ungeachtet dessen ein besonderer Antrag erforderlich ist, damit die Daten des Unternehmers in die Datenbank aufgenommen werden, anhand derer im Bestätigungsverfahren (vgl. § 18e UStG) Bestätigungen erteilt werden.

Weitere Informationen im Internet (www.bzst.bund.de)

20.4 Konsequenzen des Brexit

Seit dem 1.1.2021 gilt das Vereinigte Königreich, also

- Großbritannien und
- Nordirland

nach dem Austrittsabkommen nicht mehr als Gemeinschaftsgebiet und ist für umsatzsteuerrechtliche Zwecke nach dem 31.12.2020 grundsätzlich als **Drittlandsgebiet** i. s. d. § 1 Abs. 2a Satz 3 UStG zu behandeln ➲ Kapitel 21.

Eine Ausnahme gilt für **Nordirland für den Bereich der Warenlieferungen**, für das im »Protokoll zu Irland/Nordirland« ein besonderer Status vereinbart wurde.

Unternehmer aus Nordirland, für die der besondere Status des Protokolls gilt, erhalten eine Umsatzsteuer-Identifikationsnummer mit dem Länderkennzeichen »XI«. Diese Umsatzsteuer-Identifikationsnummern können seit dem 1.1.2021 im Bestätigungsverfahren nach § 18e UStG geprüft werden.

20.5   Checkliste: Überprüfung der USt-IdNr. eines Kunden

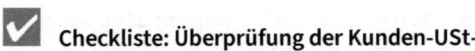 **Checkliste: Überprüfung der Kunden-USt-IdNr.**

- Viele Unternehmer prüfen bei Vertragsschluss die ausländische USt-IdNr. des Kunden qualifiziert und fordern auf diesen Zeitpunkt das amtliche Bestätigungsschreiben an. Bis zur (Aus-)Lieferung der Ware vergeht in der Regel noch einige Zeit; auf eine erneute Abfrage verzichten die Lieferanten dann. **Das ist falsch!** Benötigt wird die qualifizierte Bestätigung der USt-IdNr. **für den Tag der Lieferung**!
- Nach Auffassung des **FG Berlin-Brandenburg** reicht es aus, dass ein Kfz-Händler bei einem EU-Geschäft die USt-IdNr. des Geschäftspartners bei Vertragsschluss prüft, wenn die Lieferung **zeitnah** erfolgt (im Urteilsfall: **11 Tage** ➲ Kapitel 20.2)
- Die USt-IdNr. darf *nicht* nur bei der **Neuaufnahme des Kunden** geprüft werden, sondern muss regelmäßig verifiziert werden. Dies gilt auch für ...
- ... **Stammkunden**! Das richtige Prüfungsintervall stimmen Sie bitte zusammen mit Ihrem Steuerberater/Wirtschaftsprüfer ab.
- Im Auslieferungszeitpunkt sollten Sie daher die Gültigkeit der USt-IdNr. durch einen **Screenshot** nachweisen können.
- Es bedarf seitens des Lieferanten **keines** Abgleichs, ob die vom Kunden-USt-IdNr. vom Bestimmungsland erteilt wurde (Abschn. 6a.1 Abs. 18 Satz 4 n. F. UStAE, BMF vom 9.10.2020[163]). Für – aus der Sicht von MIAS – Falschmeldungen hat ausschließlich der Kunde einzustehen (vgl. § 3d Satz 2, § 15 Abs. 1 Satz 1 Nr. 3 UStG).
- Liegt dem Verkäufer im Zeitpunkt der Lieferung keine USt-IdNr. seines Kunden vor, sind die materiell-rechtlichen Voraussetzungen der Steuerbefreiung nicht erfüllt. Die Steuerfreiheit entfällt. Dieser Mangel kann allerdings seit neuestem (Abschn. 6a.1 Abs. 18 Satz 3 n. F. UStAE, BMF vom 9.10.2020[164]) durch nachträgliches Verwenden einer »im Zeitpunkt der Lieferung gültigen USt-IdNr. durch den Abnehmer« **mit Rückwirkung geheilt** werden.

---

163 BMF, Schreiben vom 9.10.2020, III C 3 – S 7140/19/10002 :007, 2020/1027480, weiter gültig gem. BMF, Schreiben vom 18.3.2021, Anlage 1, Ziffer 1475.

164 A. a. O.

Beispiel

Ein niederländisches Unternehmen (NL) bestellt Ware bei einem schweizerischen Händler (CH). CH kauft die Ware von einem deutschen Händler (D). D trägt die Transportverantwortung. Da CH keine USt-IdNr. benennt, fakturiert D zunächst einen Inlandsumsatz.

CH benennt dem D dann im Nachhinein seine portugiesische USt-IdNr.

Das Fehlen der USt-IdNr. wird durch das nachträgliche Verwenden der portugiesischen USt-IdNr. mit Rückwirkung geheilt – sofern diese im Zeitpunkt der Lieferung gültig war. Letzteres kann D nicht mehr über die Homepage des BZSt prüfen (➲ FAQ 14); D trägt insofern also ein Risiko!

Dass die portugiesische USt-IdNr. für Erwerbe im Bestimmungsland Niederlande die falsche ist (vgl. § 3d UStG), bleibt für D allerdings ohne Auswirkung.

21 Brexit – Umsatzsteuerfolgen

 Rechtsgrundlagen

- BMF, Schreiben vom 10.12.2020, III C 1 – S 7050/19/10001 :002, 2020/1227942, Konsequenzen des Austritts des Vereinigten Königreichs Großbritannien und Nordirland aus der Europäischen Union, weiter gültig gem. BMF, Schreiben vom 18.3.2021, Anlage 1 Ziffer 1330

21.1 »FAQ« – Die häufigsten Fragen und Antworten

Die nachfolgenden Ausführungen bauen auf FAQ des BZSt auf und ergänzen, erläutern oder kürzen diese, soweit dies erforderlich oder geboten erscheint.

FAQ 1: Wie ist der umsatzsteuerrechtliche Status des Vereinigten Königreichs nach dem 31.12.2020?

Seit dem 1.1.2021 gilt das Vereinigte Königreich, also

- Großbritannien und
- Nordirland

nach dem Austrittsabkommen nicht mehr als Gemeinschaftsgebiet und ist für umsatzsteuerrechtliche Zwecke nach dem 31.12.2020 grundsätzlich als **Drittlandsgebiet** i. S. d. § 1 Abs. 2a Satz 3 UStG zu behandeln.

Eine Ausnahme gilt für **Nordirland für den Bereich der Warenlieferungen**; siehe dazu unter FAQ 3., für das im »Protokoll zu Irland/Nordirland« zum Austrittsabkommen ein besonderer Status vereinbart wurde.

FAQ 2: Was ist nach dem 31.12.2020 im Waren- und Dienstleistungsverkehr mit Großbritannien zu beachten?

Nach dem 31.12.2020 im Waren- und Dienstleistungsverkehr mit Großbritannien ausgeführte Umsätze unterliegen den **für das Drittlandsgebiet geltenden Vorschriften** zur Umsatzsteuer.

Eine **Zusammenfassende Meldung** muss für diese Umsätze **nicht** abgegeben werden.

FAQ 3: Was muss ich ab 01.01.2021 im Warenverkehr mit Nordirland beachten?

Nach Art. 8 des »Protokolls zu Irland/Nordirland« zum Austrittsabkommen gelten für die Umsatzbesteuerung des Warenverkehrs nach dem 31.12.2020 die Vorschriften zur **Umsatzsteuer für den innergemeinschaftlichen Handel**.

Für die Lieferung von Waren

- **von** und
- **nach**

Nordirland kommen daher weiterhin die umsatzsteuerlichen Regelungen für EU-Mitgliedstaaten zur Anwendung.

FAQ 4: Was muss ich ab 01.01.2021 im Dienstleistungsverkehr mit Nordirland beachten?

Für den Dienstleistungsverkehr mit Nordirland gelten die für das **Drittlandsgebiet** geltenden Vorschriften zur Umsatzsteuer.

FAQ 5: Wie kann ich erkennen, ob es sich um ein Unternehmen aus Nordirland handelt, für den der besondere Status des Protokolls zu Irland/Nordirland gilt?

In Nordirland ansässige Unternehmen erhalten eine USt-IdNr. mit dem **Länderkennzeichen »XI«**.

FAQ 6: Kann ich die Gültigkeit von USt-IdNrn. mit dem Länderkennzeichen »XI« auch im Bestätigungsverfahren (Internet, XML-RPC-Schnittstelle, telefonisch, schriftlich) prüfen?

Seit dem 1.1.2021 können USt-IdNrn. mit dem Länderkennzeichen »XI« im Bestätigungsverfahren nach § 18e UStG geprüft werden.

FAQ 7:   Über welche Warenlieferungen an Erwerber in Nordirland muss ich Angaben in der Zusammenfassenden Meldung machen?

Für die Meldezeiträume nach dem 31.12.2020 sind in der Zusammenfassenden Meldung die Angaben zu

- innergemeinschaftlichen Lieferungen
- innergemeinschaftlichen Dreiecksgeschäften und
- Beförderungen oder Versendungen i. S. d. § 6b Abs. 1 Nr. 4 UStG (Konsignationslagerregelung)

an nordirische Unternehmen mit USt-IdNrn. mit dem Länderkennzeichen »XI« zu machen.

FAQ 8:   Muss ich in der Zusammenfassenden Meldung auch Angaben zu Dienstleistungen für Leistungsempfänger in Nordirland machen?

Nein!

Für den Dienstleistungsverkehr mit Nordirland gelten die **für das Drittlandsgebiet geltenden Vorschriften** zur Umsatzsteuer. Angaben zu gegenüber nordirischen Leistungsempfängern erbrachten sonstigen Leistungen sind deshalb in der Zusammenfassenden Meldung nicht zu machen.

FAQ 9:   Für welche Meldezeiträume ist das Länderkennzeichen »GB« ein zulässiges Länderkennzeichen?

Das Länderkennzeichen »GB« ist nur für die Meldezeiträume **bis zum Ablauf des Übergangszeitraumes am 31.12.2020** ein zulässiges Länderkennzeichen.

FAQ 10   Muss ich ungültige USt-IdNrn. mit dem Länderkennzeichen »GB« auch nach dem 31.12.2020 noch berichtigen?

Das Länderkennzeichen »GB« ist für die Meldezeiträume bis zum Ablauf des Übergangszeitraumes am 31.12.2020 ein zulässiges Länderkennzeichen.

Sofern Sie vom BZSt für diese Meldezeiträume zur Berichtigung Ihrer Zusammenfassenden Meldung wegen darin angegebener ungültiger USt-IdNrn. mit dem Länderkennzeichen »GB«, aufgefordert werden, müssen Sie die ungültigen USt-IdNrn. **auch nach dem 31.12.2020 berichtigen**.

FAQ 11:   Kann die Gültigkeit von USt-IdNrn. mit dem Länderkennzeichen »GB« auch nach dem 31.12.2020 im Bestätigungsverfahren (Internet, XML-RPC-Schnittstelle, telefonisch, schriftlich) noch geprüft werden?

Nein!

Nach dem 31.12.2020 können USt-IdNrn. mit dem Länderkennzeichen »GB« nicht mehr im Bestätigungsverfahren nach § 18e UStG geprüft werden.

Es wird deshalb empfohlen, die erforderlichen Abfragen vor dem 31.12.2020 durchzuführen und die Abfrageergebnisse als Nachweis gegenüber dem Finanzamt aufzubewahren.

FAQ 12: **Wie kann ich nachträgliche Änderungen der umsatzsteuerlichen Bemessungsgrundlage im Sinne des § 17 UStG (z. B. Rabatt, Uneinbringlichkeit oder Stornierungen von Rechnungen) in meiner Zusammenfassenden Meldung für Meldezeiträume vor dem 31.12.2020 berücksichtigen?**

Zusammenfassende Meldungen mit Angabe des Länderkennzeichens »GB« für Meldezeiträume nach dem 31.12.2020 können nicht übermittelt werden.

Dies gilt auch für nachträgliche Änderungen der Bemessungsgrundlage für ausgeführte innergemeinschaftliche Umsätze mit Erwerbern bzw. Leistungsempfängern im Vereinigten Königreich in der Zusammenfassenden Meldung für Meldezeiträume vor dem 31.12.2020.

Die Änderungen der Bemessungsgrundlage sind in der Umsatzsteuer-Voranmeldung bzw. Umsatzsteuer-Jahreserklärung nach den dort geltenden Berichtigungsvorschriften vorzunehmen.

21.2 Übergangsregelungen des BMF

Das BMF positioniert sich zu folgenden Problembereichen[165]:

- Künftiger umsatzsteuerrechtlicher Status von Großbritannien und Nordirland ⮞ **Ziffer 1**
- Behandlung von Lieferungen vor dem 1.1.2021, bei denen der gelieferte Gegenstand nach dem 31.12.2020 nach Großbritannien oder von dort in das Inland gelangt ⮞ **Ziffer 2**
- Behandlung von sonstigen Leistungen (Dauerleistungen), deren Erbringung vor dem 1.1.2021 beginnt und nach dem 31.12.2020 endet ⮞ **Ziffer 3**
- Kleine einzige Anlaufstelle (Mini-One-Stop-Shop/VAT on e-Services) für bestimmte Dienstleistungen ⮞ **Ziffer 4**
- Vorsteuer-Vergütungsverfahren ⮞ **Ziffer 5**
- Bestätigungsverfahren nach § 18e UStG ⮞ **Ziffer 6**
- Haftung für die Umsatzsteuer beim Handel mit Waren im Internet (§§ 22f, 25e und 27 Abs. 25 UStG) ⮞ **Ziffer 7**
- Bearbeitung von Amtshilfeersuchen ⮞ **Ziffer 8**

---

[165] BMF, Schreiben vom 10.12.2020 ⮞ mybookplus.de > Wichtiges aus dem BMF.

21.3   Umsatzsteuerrechtliche Auswirkungen nicht bestätigter Ausfuhren

Anlässlich des Brexit sind zahlreiche Ausfuhren nach Großbritannien (ohne Nordirland) – insbesondere an den neuen französischen Grenzzollstellen – bisher unbestätigt geblieben. Ausfuhrverfahren konnten daher derzeit zoll- und umsatzsteuerrechtlich nicht abgeschlossen werden[166].

In Fällen, in denen eine Ausfuhr in das Vereinigte Königreich Großbritannien (ohne Nordirland)

- bei einer inländischen Ausfuhrzollstelle elektronisch angemeldet worden ist und
- über eine Grenzzollstelle in einem anderen Mitgliedstaat ausgeführt wird,
- es aber dem Unternehmer nicht möglich oder nicht zumutbar ist, den Ausfuhrnachweis durch den Ausgangsvermerk oder den Alternativ-Ausgangsvermerk zu führen,

kann der Unternehmer abweichend von den Nachweisen nach § 9 Abs. 1 Satz 1 Nr. 1 bzw. § 10 Abs. 1 Satz 1 Nr. 1 UStDV **aus Billigkeitsgründen ausnahmsweise** bis zum 31.12.2022 den Belegnachweis wie folgt führen[167]:

21.3.1   In Beförderungsfällen

a) durch einen Beleg, der die Versendungsnummer der Ausfuhranmeldung (MRN) enthält, und eine Bescheinigung über die Verzollung oder die Einfuhrbesteuerung im Drittland, oder

b) sofern dies nicht möglich oder nicht zumutbar ist, durch:

-   eine Rechnung,
-   einen Beleg, der die Versendungsnummer der Ausfuhranmeldung (MRN) enthält,

und

-   eine Empfangsbestätigung des Warenempfängers, die mindestens folgende Angaben enthält:
    ◦   Name und Anschrift des Abnehmers,
    ◦   Menge des Gegenstandes und handelsübliche Bezeichnung, einschließlich der Fahrzeugidentifikationsnummer bei Fahrzeugen i. S. d. § 1b Abs. 2 UStG,
    ◦   Ort und Monat des Erhalts des Gegenstandes,
    ◦   Datum der Empfangsbestätigung und
    ◦   Unterschrift des Empfängers bzw. dessen Beauftragten (in letzten Fall mit Nachweis der Bevollmächtigung).

---

166 Finanzministerium Schleswig-Holstein, USt-Kurzinformation vom 28.7.2022, VI 358-S 7133-005.
167 *Weimann*, AStW 3/2023; PIStB 2023, 32.

Der liefernde Unternehmer kann sich auf die Billigkeitsregelung nicht berufen, wenn sich im Nachhinein herausstellt, dass der Gegenstand der Lieferung nicht in das Bestimmungsland verbracht wurde.

21.3.2 In Versendungsfällen

 Rechtsgrundlagen

Vgl. § 10 Abs. 3 UStDV.

 Beratungskonsequenzen

Nach der Kurzinformation ist die Billigkeitsregel **befristet auf den 31.12.2022**. Sollten sich an den Grenzzollstellen weitere Probleme einstellen, werden diese sicher zu einer Verlängerung der Regelung führen.

22 Quick Fixes/EU-Geschäfte seit 1.1. 2020.

Reform der Besteuerung von innergemeinschaftlichen Lieferungen und Reihengeschäften

– Ein Überblick –

§ **Rechtsgrundlagen**

- EU-Kommission, Vorschlag für eine Verordnung des Rates zur Änderung der Verordnung (EU) Nr. 904/2010 hinsichtlich des zertifizierten Steuerpflichtigen, BR-Drs. 659/17 vom 4.10.2017
- EU-Kommission, Vorschlag für eine Richtlinie des Rates zur Änderung der Richtlinie 2006/112/EG in Bezug auf die Harmonisierung und Vereinfachung bestimmter Regelungen des Mehrwertsteuersystems und zur Einführung des endgültigen Systems der Besteuerung des Handels zwischen Mitgliedstaaten, BR-Drs. 660/17 vom 4.10.2017
- EU-Kommission, Pressemitteilung vom 4.10.2017
- EU-Kommission, Mitteilung vom 27.6.2012, com (2012) 722 final, Aktionsplan zur Verstärkung der Bekämpfung von Steuerbetrug und Steuerhinterziehung.
- EU-Kommission, Erläuterungen zu den Änderungen der EU-Mehrwertsteuervorschriften in Bezug auf Konsignationslagerregelungen, Reihengeschäfte und die Steuerbefreiung für innergemeinschaftliche Lieferungen von Gegenständen (»Quick Fixes 2020«).
- Rat der EU, Pressemitteilung 715/18 vom 04.12.2018.
- Richtlinie hinsichtlich bestimmter Harmonisierungs- und Vereinfachungsregeln des Mehrwertsteuersystems für die Besteuerung des Handels zwischen Mitgliedstaaten vom 26.11.2018.
- Verordnung hinsichtlich des Informationsaustauschs für die Überwachung der Anwendung der Konsignationslagerregelung vom 22.11.2018.
- Verordnung hinsichtlich bestimmter Befreiungen bei innergemeinschaftlichen Umsätzen vom 22.11.2018.

➔ mybookplus.de > Wichtiges aus anderen Behörden

Die EU-Kommission hat im Oktober 2017 Pläne für die größte Reform der Mehrwertsteuervorschriften seit einem Vierteljahrhundert vorgelegt[168]. Die Kommission hat dadurch eine Diskussion angestoßen, die im September 2018 zu einem finalen Reformvorschlag führte. Durch die Neuregelung soll das System für alle Beteiligten – also die Mitgliedstaaten und die Unternehmen – gleichermaßen verbessert und modernisiert werden. Da hierzu ein zeitlicher Vorlauf unabdingbar ist, greifen **seit dem 1.1.2020 erste Sofortmaßnahmen.**

---

168 *Weimann*, PIStB 2018, 122.

22.1   Die bisherige Regelung

Am 17.5.1977 wurde die 6. EG-Richtlinie zur Harmonisierung der Umsatzsteuern verabschiedet, die mit dem UStG 1980 in nationales Recht umgesetzt wurde. Seitdem ist das Umsatzsteuerrecht der EU-Mitgliedstaaten weitestgehend harmonisiert. Am 16.12.1991 wurde die Richtlinie 91/680/EWG verabschiedet, die im Wesentlichen die 6. EG-RL dahingehend ergänzte, dass ab dem 1.1.1993 die Einfuhrumsatzsteuer im Wirtschaftsverkehr der EU-Mitgliedstaaten nicht mehr erhoben wird und für den innergemeinschaftlichen Handel eine »**Übergangsregelung**« gilt. Die Übergangsregelung sollte nach ursprünglicher Planung vier Jahre später durch eine »**echte**« **Binnenmarktregelung mit grenzüberschreitendem Vorsteuerabzug** ersetzt werden (➲ vgl. Kapitel 23.1.1).

Beispiel

Nach den damaligen Plänen sollte ein solches Geschäft ausschließlich im Ursprungsland (Deutschland) steuerpflichtig sein.

Das Bestimmungsland (Italien) sollte dem Abnehmer im »normalen« Besteuerungsverfahren die deutschen Vorsteuern erstatten (grenzüberschreitender Vorsteuerabzug).

Deutschland

D ⟶ ... führt die Umsatzsteuer an sein **deutsches Finanzamt** ab.

➲ **Folge:** Deutschland vereinnahmt damit die Umsatzsteuer!

Italien

I ⟶ ... macht die **deutsche Umsatzsteuer in Italien** als Vorsteuer geltend.

➲ **Folge:** Italien erstattet damit die von Deutschland vereinnahmte Umsatzsteuer.

Diese **Idee des grenzüberschreitenden Vorsteuerabzugs scheitert bislang** daran, dass ungeklärt ist, wie ein finanzieller Ausgleich (Clearing) zwischen dem vereinnahmenden Ursprungsland (im Beispiel: Deutschland) und dem erstattenden Bestimmungsland (im Beispiel: Italien) erreicht werden kann.

Die vermeintliche »**Übergangsregelung**« ist daher auf unbestimmte Zeit verlängert worden und auch **heute – im März 2023 – noch in Kraft**. Für den gewerblichen Handel konnte damit das Ursprungslandprinzip bislang nicht verwirklicht werden. Der Handel zwischen den Unternehmern der EU-Staaten folgt seitdem den hinlänglich bekannten eigenen Regeln (Wechselspiel von innergemeinschaftlicher Lieferung und innergemeinschaftlichem Erwerb).

➡️ Beratungskonsequenzen

Umsatzsteuerlich ist damit **für den Letztverbraucher** zum 1.1.1993 ein **echter Binnenmarkt** entstanden, da er grundsätzlich überall innerhalb der EU ohne wert- und mengenmäßige Beschränkung Waren erwerben und mit nach Hause nehmen darf. Der Letztverbraucher zahlt allerdings am Ort des Kaufes die dort gültige Umsatzsteuer; ein etwaiger Grenzausgleich ist nicht vorgesehen. Da die Belastung des Umsatzes am Ort des Verkaufs erhoben wird, folgt diese Art der Besteuerung dem sog. Ursprungslandprinzip.

Für den gewerblichen Handel dagegen konnte das Ursprungslandprinzip bislang nicht verwirklicht werden. Der Handel zwischen den Unternehmern der EU-Staaten folgt seitdem eigenen Regeln. Das beruht auf zwei Umständen:

- Einerseits sind innerhalb der EU die Zollgrenzen verschwunden, sodass eine Kontrolle des innergemeinschaftlichen Warenverkehrs nicht mehr durch die Zollverwaltung erfolgen kann und soll.
- Andererseits bestehen die Mitgliedstaaten auch weiterhin auf ihrem Besteuerungsrecht. Bei einer Warenlieferung von Deutschland nach Italien – wie im Beispiel – soll nicht deutsche Umsatzsteuer (dies wäre das sog. Ursprungslandprinzip), sondern nach dem sog. **Bestimmungslandprinzip** italienische Umsatzsteuer anfallen. Die Besteuerung soll damit im Verbrauchsstaat erfolgen.

22.2 Die bisherigen Schwachstellen

Insgesamt gehen jedes Jahr mehr als **150.000.000.000 €** (= 150 Milliarden Euro) an Mehrwertsteuern verloren.

Allein der grenzüberschreitende Betrug verursacht jährliche Mehrwertsteuereinbußen von rund **50 Milliarden €** und damit **100 € pro EU-Bürger**.

Grenzüberschreitend tätige Unternehmen haben derzeit **um 11 % höhere Steuerbefolgungskosten** (= Kosten für die Vorschrifteneinhaltung) als ausschließlich im Inland und/oder Drittland tätige Unternehmen.

22.3 Mittelfristige Beseitigung der Schwachstellen durch ein endgültiges Mehrwertsteuersystem

22.3.1 Praxisfolgen der Systemumstellung

Ursprünglich ab dem Jahr 2022 soll die (EU-ausländische) Mehrwertsteuer vom Lieferer in Rechnung gestellt werden,

- der die (EU- ausländischen) Umsätze **bei seinem (deutschen) Betriebsfinanzamt** anmeldet und
- in der Lage sein wird, den geltenden **Mehrwertsteuersatz jedes Mitgliedstaats** online über ein **Webportal** zu überprüfen.

Checkliste: Besteuerung nach der Systemumstellung

Im vorherigen Beispiel wird voraussichtlich wie folgt zu verfahren sein:

- D muss dem I aus Deutschland heraus eine Bruttorechnung mit italienischer Umsatzsteuer erteilen.
- D muss den Umsatz in seine deutsche Umsatzsteuer-Voranmeldung aufnehmen und die italienische Steuer an das deutsche Finanzamt abführen.
- Das deutsche Finanzamt muss dann die Umsatzsteuer dann an den italienischen Fiskus überweisen.
- Der italienische Fiskus muss die Steuer dann bei Vorliegen der weiteren Voraussetzungen an I als Vorsteuer erstatten.

Wichtig!

Zum Vorteil der Unternehmen unterbleibt damit für D trotz des Ausweises der italienischen Umsatzsteuer eine teure Registrierung im EU-Ausland!

22.3.2 Der Mehrwertsteuer-Aktionsplan

In ihrem **Mehrwertsteuer-Aktionsplan**[169] verkündete die Kommission ihre Absicht, einen Vorschlag mit Grundsätzen für ein endgültiges Mehrwertsteuersystem für den grenzüberschreitenden Handel zwischen Unternehmen der Mitgliedstaaten vorzulegen, der auf einer Besteuerung grenzüberschreitender Lieferungen von Gegenständen im Bestimmungsmitgliedstaat basiert.

Hierfür wäre es notwendig, das derzeitige System, das auf einer steuerbefreiten Lieferung im Abgangsmitgliedstaat der Gegenstände und einem steuerpflichtigen innergemeinschaftlichen Erwerb der Gegenstände im Bestimmungsmitgliedstaat beruht, durch ein System zu ersetzen

- mit einer **einzigen Lieferung**,
- die **im Bestimmungsmitgliedstaat besteuert** wird und
- **dessen Mehrwertsteuersätzen** unterliegt.

Grundsätzlich wird die Mehrwertsteuer vom Lieferer in Rechnung gestellt werden, der in der Lage sein wird, den geltenden **Mehrwertsteuersatz jedes Mitgliedstaats online über ein Webportal** zu überprüfen.

Falls der Erwerber der Gegenstände jedoch ein zertifizierter Steuerpflichtiger (ein von den Mitgliedstaaten anerkannter zuverlässiger Steuerpflichtiger) ist, würde die **Umkehrung der Steuerschuldnerschaft** zur Anwendung kommen und der zertifizierte Steuerpflichtige sollte für die Lieferung innerhalb der Union mehrwertsteuerpflichtig sein.

---

169 Mitteilung der Kommission an das Europäische Parlament, den Rat und den Europäischen Wirtschafts- und Sozialausschuss über einen Aktionsplan im Bereich der Mehrwertsteuer – Auf dem Weg zu einem einheitlichen europäischen Mehrwertsteuerraum: Zeit für Reformen vom 7.4.2016.

Das endgültige Mehrwertsteuersystem wird außerdem auf einem System der einzigen Registrierung (**einzige Anlaufstelle**) für Unternehmen basieren, bei der die Zahlung und der Abzug der geschuldeten Mehrwertsteuer erfolgen können.

Diese Grundsätze sollten in der Richtlinie festgelegt werden und das derzeitige Konzept ersetzen, demzufolge die endgültige Regelung auf der **Besteuerung im Ursprungsmitgliedstaat** basiert.

22.3.3   Die vier »Eckpfeiler« der Neuregelung

Damit lassen sich **vier grundlegende Prinzipien als** »Eckpfeiler« eines neuen endgültigen und gemeinsamen EU-Mehrwertsteuerraums ausmachen:

- **Betrugsbekämpfung:** Künftig wird auf den grenzüberschreitenden Handel zwischen Unternehmen Mehrwertsteuer erhoben. Diese Art von Handel ist derzeit von der Mehrwertsteuer befreit, was skrupellose Unternehmen dazu verleitet, die Mehrwertsteuer einzuziehen und dann zu verschwinden, ohne die Mehrwertsteuer an die Regierung abzuführen.

- **Zentrale Anlaufstelle:** Dank einer zentralen Anlaufstelle wird es einfacher für grenzüberschreitend tätige Unternehmen, ihren mehrwertsteuerlichen Pflichten nachzukommen. Unternehmer können in einem einzigen Online-Portal in ihrer eigenen Sprache und nach den gleichen Regeln und administrativen Mustern wie in ihrem Heimatland Erklärungen abgeben und Zahlungen durchführen. Die Mitgliedstaaten leiten einander dann die Mehrwertsteuer weiter, wie dies bei elektronischen Dienstleistungen bereits der Fall ist.

- **Größere Kohärenz:** Umstellung auf das »Bestimmungslandprinzip«, bei dem der endgültige Betrag der Mehrwertsteuer stets an den Mitgliedstaat des Endverbrauchers entrichtet wird und dem in diesem Mitgliedstaat geltenden Satz entspricht. Die Kommission hat seit Langem auf dieses Ziel hingearbeitet und wird dabei von den Mitgliedstaaten unterstützt. Bei elektronischen Dienstleistungen gilt der Grundsatz bereits.

- **Weniger Bürokratie:** Vereinfachung der Vorschriften für die Rechnungslegung, sodass die Verkäufer auch beim grenzüberschreitenden Handel Rechnungen gemäß den Vorschriften ihres eigenen Landes stellen können. Die Unternehmen müssen künftig keine Liste von grenzüberschreitenden Transaktionen (»zusammenfassende Meldung«) für ihre Finanzbehörde mehr erstellen.

➡ Beratungskonsequenzen

Die vorgeschlagene Reform der Mehrwertsteuer soll das System für Unternehmen einfacher machen. Das neue Mehrwertsteuersystem soll es den europäischen Unternehmen ermöglichen, alle Vorteile des Binnenmarktes zu nutzen und auf den Weltmärkten zu bestehen. Grenzüberschreitend tätige Unternehmen haben derzeit um 11 % höhere **Steuerbefolgungskosten** als nur im Inland tätige Unternehmen (➲ s. o., Kapitel 22.2). Diese Kosten dürften durch die Vereinfachung und Modernisierung des Mehrwertsteuersystems **um schätzungsweise 1 Milliarde € verringert** werden können.

22.4 Seit dem 1.1.2020 greifen Sofortmaßnahmen (»Quick Fixes«)

Das »Erste-Hilfe-Set« der EU

22.4.1 Umstellung auf ein endgültiges MwSt-System wird dauern

EU-Kommission und Rat sind sich bewusst, dass die eigentlich gewünschte **endgültige Systemumstellung mehrere Jahre dauern** wird[170].

22.4.2 Damalige Schwachstellen duldeten kein weiteres Zuwarten

Insgesamt gingen jedes Jahr mehr als **150.000.000.000 €** an Mehrwertsteuern verloren; gleichzeitig hatten EU-grenzüberschreitend tätige Unternehmen **um 11 % höhere Steuerbefolgungskosten** (➲ s. o., Kapitel 22.2).

Diese Schwachstellen sollten vorab behoben werden.

22.4.3 Drei Gesetzgebungsakte vom 4.12.2018

Der Rat der EU hat dazu am 4.12.2018 folgende Gesetzgebungsakte angenommen:

- Richtlinie hinsichtlich bestimmter Harmonisierungs- und Vereinfachungsregeln des Mehrwertsteuersystems für die Besteuerung des Handels zwischen Mitgliedstaaten
- Verordnung hinsichtlich des Informationsaustauschs für die Überwachung der Anwendung der Konsignationslagerregelung
- Verordnung hinsichtlich bestimmter Befreiungen bei innergemeinschaftlichen Umsätzen

---

170 Vgl. Richtlinie hinsichtlich bestimmter Harmonisierungs- und Vereinfachungsregeln des Mehrwertsteuersystems für die Besteuerung des Handels zwischen Mitgliedstaaten, Ziffer 4.

22.4.4 Vier Sofortmaßnahmen

Die Gesetzgebungsakte regeln bis zur Einführung eines neuen MwSt-Systems folgende Problembereiche:

- **Mehrwertsteuer-Identifikationsnummer und ZM:** Die Identifikationsnummer des Erwerbers und die ordnungsgemäße Meldung werden zusätzliche Voraussetzungen für die Mehrwertsteuerbefreiung einer innergemeinschaftlichen Lieferung von Gegenständen (➲ Kapitel 34 ff.).

- **Reihengeschäfte:** Die Texte sehen einheitliche Kriterien vor, um die Rechtssicherheit bei der Bestimmung der mehrwertsteuerlichen Behandlung von Reihengeschäften zu verbessern (➲ Kapitel 37 f.).

- **Nachweis der innergemeinschaftlichen Lieferung:** Es wird ein gemeinsamer Rahmen für die Belege festgelegt, die für die Beantragung einer Mehrwertsteuerbefreiung von innergemeinschaftlichen Lieferungen erforderlich sind (➲ Kapitel 30).

- **Konsignationslager (Call-off Stock):** Der Text sieht eine vereinfachte und einheitliche Behandlung für die Konsignationslagerregelungen vor, bei denen ein Verkäufer Gegenstände in ein Lager verbringt, das einem bekannten Erwerber in einem anderen Mitgliedstaat zur Verfügung steht (➲ Kapitel 53).

22.4.5 Flankierende Sofortmaßnahme des deutschen Gesetzgebers: Beteiligung an Steuerhinterziehung führt zur Versagung von Vorsteuerabzug und Steuerbefreiung (§ 25f UStG – neu)

In Anwendung der EuGH-Rechtsprechung ist **seit dem 1.1.2020** geregelt, dass einem Unternehmer

- der wusste oder

- **der hätte wissen müssen (!)**,

- dass er sich mit seinem Leistungsbezug oder dem erbrachten Umsatz an einem Umsatz beteiligt,

- bei dem ein Beteiligter auf einer vorhergehenden oder nachfolgenden Umsatzstufe in eine begangene Umsatzsteuerhinterziehung oder Erlangung eines nicht gerechtfertigten Vorsteuerabzugs i. S. v. § 370 AO oder einer Schädigung des Umsatzsteueraufkommens i. S. d. §§ 26b und 26c UStG einbezogen war,

der Vorsteuerabzug bzw. die Steuerbefreiung für den entsprechenden Umsatz verwehrt werden kann.

Die neue Vorschrift steht in Zusammenhang mit der **Bekämpfung des Umsatzsteuerbetrugs**[171] – durch Karussellgeschäfte. Zu den Einzelheiten vgl. ➲ Kapitel 67.

---

171 Vgl. oben ➲ Abschnitt 20.2.

Lieferung/Einführung

22.4.6 Vorläufig »aussortiert«: der zertifizierte Steuerpflichtige

Die Sofortmaßnahmen führen in der Regel

- zu Begünstigungen der sie anwendenden Unternehmen und
- gleichzeitig zu Steuerausfallrisiken des Fiskus.

Daher sollte die Anwendung der Begünstigungen ursprünglich davon abhängen, dass die Unternehmen der Finanzverwaltung ihre Vertrauenswürdigkeit bewiesen haben (Einstufung als »ZS« oder »CTP« = certified taxable person).

Der ZS wurde **wegen des Diskussionsbedarfs zurückgestellt** und soll **spätestens bei der Umstellung auf ein endgültiges MwSt-System** eingeführt werden.

 Beratungskonsequenzen

Für die Unternehmen wird es daher Sinn machen, sich rechtzeitig mit den Antragsvoraussetzungen und Folgen des Zertifikats vertraut zu machen. Zu den Einzelheiten siehe Vorauflage[172].

22.5 Leitlinien der EU-Kommission zu den Neuerungen

Die EU-Kommission hat am 20.12.2019 in »Leitlinien« (zu diesem Begriff ➲ Kapitel 3.1) ihre Sicht der Dinge dargestellt. Seit Mai 2020 sind die Leitlinien auch in deutscher Sprache verfügbar.

 Hinweis

Volltext der Leitlinien

Erläuterungen zu den Änderungen der EU-Mehrwertsteuervorschriften in Bezug auf Konsignationslagerregelungen, Reihengeschäfte und die Steuerbefreiung für innergemeinschaftliche Lieferungen von Gegenständen (»Quick Fixes 2020«).

➲ mybookplus.de > Wichtiges aus anderen Behörden

23 Die Basics im Überblick

 Rechtsgrundlagen

- UStG: § 3 Abs. 5a ff., § 4 Nr. 1, §§ 6 ff.
- UStDV: §§ 8 ff.
- UStAE: Abschn. 3.1 – 3.15, 6.1 – 6.12, 6a.1 6a.8
- MwStSystRL: Art. 14 ff., 20 ff., 31, 32 ff., 40 ff., 131, 138 f., 140 f., 143 ff., 146 f.

---

172 17. Auflage 2019, Kapitel 20.6.

23.1 Warum das Gesetz zwischen innerdeutschen Umsätzen, EU-Umsätzen und Drittlandsumsätzen unterscheidet

Das Grundprinzip der Besteuerung von Warenumsätzen

23.1.1 Der Binnenmarktgedanke

Am 17.5.1977 wurde die 6. EG-Richtlinie zur Harmonisierung der Umsatzsteuern verabschiedet, die mit dem UStG 1980 in nationales Recht umgesetzt wurde. Seitdem ist das Umsatzsteuerrecht der EU-Mitgliedstaaten weitestgehend harmonisiert.

Am 16.12.1991 wurde die Richtlinie 91/680/EWG verabschiedet, die im Wesentlichen die 6. EG-RL dahingehend ergänzte, dass ab dem 1.1.1993 die Einfuhrumsatzsteuer im Wirtschaftsverkehr der EU-Mitgliedstaaten nicht mehr erhoben wird und für den innergemeinschaftlichen Handel eine »**Übergangsregelung**« gilt. Die Übergangsregelung sollte nach ursprünglicher Planung vier Jahre später durch eine »**echte« Binnenmarktregelung mit grenzüberschreitendem Vorsteuerabzug** ersetzt werden.

Diese **Idee des grenzüberschreitenden Vorsteuerabzugs scheitert derzeit** daran, dass ungeklärt ist, wie ein finanzieller Ausgleich (Clearing) zwischen dem vereinnahmenden Ursprungsland und dem erstattenden Bestimmungsland erreicht werden kann (➲ Kapitel 22.1 mit Fallbeispiel).

Die vermeintliche »Übergangsregelung« ist daher immer noch und **auf unbestimmte Zeit auch zukünftig** weiterhin in Kraft[173] und wurde im Wesentlichen unverändert in die seit dem 1.1.2007 gültige MwStSystRL übernommen.

Umsatzsteuerlich ist damit **für den Letztverbraucher** zum 1.1.1993 ein **echter Binnenmarkt** entstanden, da er grundsätzlich überall innerhalb der EU ohne wert- und mengenmäßige Beschränkung Waren erwerben und mit nach Hause nehmen darf. Der Letztverbraucher zahlt allerdings am Ort des Kaufes die dort gültige Umsatzsteuer; ein etwaiger Grenzausgleich ist nicht vorgesehen. Da die Belastung des Umsatzes am Ort des Verkaufs erhoben wird, folgt diese Art der Besteuerung dem sog. **Ursprungslandprinzip**.

---

[173] Die ursprüngliche Übergangsregelung für die Besteuerung des Handels zwischen den Mitgliedstaaten der EG war der 6. EG-RL in einem Akt nachträglich angefügt worden und zusammenhängend in den Art. 28 a bis 28 p der 6. EG-RL enthalten. Nach Art. 28 l der 6. EG-RL sollte die Übergangsregelung nur vom 1.1.1993 bis zum 31.12.1996 gelten. In der Vorschrift war jedoch auch gleichzeitig eine Regelung enthalten, die für den Fall in Kraft trat, dass bis zu dem genannten Zeitpunkt der Rat (der Europäischen Gemeinschaft) noch nicht über eine endgültige Regelung über die Besteuerung des Handels zwischen den Mitgliedstaaten befunden hat. Danach verlängerte sich automatisch die Geltungsdauer der Übergangsregelung, bis eine endgültige Regelung in Kraft tritt. Nunmehr verteilen sich die Binnenmarktregelungen über die gesamte MwStSystRL (vgl. dort Anhang XII).

Lieferung/Einführung

Für den gewerblichen Handel dagegen konnte das Ursprungslandprinzip bislang nicht verwirklicht werden. Der Handel zwischen den Unternehmern der EU-Staaten folgt seitdem eigenen Regeln. Das beruht auf zwei Umständen:

- Einerseits sind innerhalb der EU die Zollgrenzen verschwunden, sodass eine Kontrolle des innergemeinschaftlichen Warenverkehrs nicht mehr durch die Zollverwaltung erfolgen kann und soll.

- Andererseits bestehen die Mitgliedstaaten auch weiterhin auf ihrem Besteuerungsrecht. Bei einer Warenlieferung von Deutschland nach Italien – wie im Beispiel – soll nicht deutsche Umsatzsteuer (dies wäre das sog. Ursprungslandprinzip), sondern nach dem sog. **Bestimmungslandprinzip** italienische Umsatzsteuer anfallen. Die Besteuerung soll damit im Verbrauchsstaat erfolgen.

23.1.2 Territoriale Abgrenzungen und Besonderheiten

Territorial unterscheidet das Umsatzsteuerrecht das **EU-Geschäft** (= Handel zwischen den EU-Mitgliedstaaten) vom **Drittlandsgeschäft** (= Handel zwischen EU-Mitgliedstaaten und Drittländern).

 Checkliste

1. Das Gemeinschaftsgebiet umfasst
   - das Inland der Bundesrepublik Deutschland i. S. d. § 1 Abs. 2 Satz 1 UStG sowie
   - die gemeinschaftsrechtlichen Inlandsgebiete der übrigen EU-Mitgliedstaaten (»übriges Gemeinschaftsgebiet«, vgl. Abschn. 1.10 Abs. 1 UStAE).
2. Das **Drittlandsgebiet** umfasst die Gebiete, die nicht zum Gemeinschaftsgebiet gehören (vgl. Abschn. 1.10 Abs. 2 UStAE).
3. Im Juni 2016 hat sich das Vereinigte Königreich entschieden, die EU zu verlassen (»**Brexit**« ➲ Kapitel 21). Somit ist das Vereinigte Königreich seit dem 31.1.2020 nicht länger Mitglied der EU. Für die Umsatzbesteuerung des Warenverkehrs wird Nordirland auch nach dem 31.12.2020 als zum Gemeinschaftsgebiet zugehörig behandelt. Im Warenverkehr mit Nordirland finden daher auch nach diesem Zeitpunkt die für den innergemeinschaftlichen Handel geltenden Vorschriften zur Umsatzsteuer Anwendung[174]. Nach dem 31.12.2020 ausgeführte Umsätze mit Ursprungs- oder Bestimmungsort in den britischen Hoheitszonen Akrotiri und Dhekelia auf Zypern gelten als Umsätze mit Ursprungs - oder Bestimmungsort in der Republik Zypern (Abschn. 1.10 Abs. 3 UStAE).

---

174 Vgl. BMF-Schreiben vom 10.12.2020, III C 1 – S 7050/19/10001 :002, 2020/1227942
➲ mybookplus.de > Wichtiges vom BMF.

Die EU-Mitgliedstaaten nach dem Brexit im Überblick:

Quelle: Homepage Europäische Union (https://europa.eu)

Bei der Beurteilung von Sachverhalten im grenzüberschreitenden gewerblichen Handel innerhalb der EU ist stets zu beachten, dass die Vorgaben der MwStSystRL zwar in jedem Mitgliedstaat in nationales Recht umgesetzt, jedoch vielfach – soweit die EG-rechtlichen Vorgaben dies erlauben – den **nationalen individuellen Bedürfnissen** angepasst werden.

🔔 Hinweis

Das führt zu einem weiteren Problem innerhalb der EU. Die MwStSystRL ist kein europäisches Gesetz. Sie ist nur teilweise konkret gefasst, teilweise aber auch nur als Rahmen formuliert, innerhalb dessen die Mitgliedstaaten individuell gestalten dürfen. Deutlich wird dies wiederum an den unterschiedlichen Umsatzsteuersätzen innerhalb der EU.

23.1.3 Innergemeinschaftlicher Warenverkehr (Grundzüge)

Bis einschließlich 1992 war eine **Warenlieferung von Deutschland in das Ausland (Export)** als sog. Ausfuhrlieferung steuerfrei[175], wenn die Ausfuhr buch- und belegmäßig nachgewiesen wurde. Dies gilt seit 1993 nur noch im Verhältnis zu Drittstaaten. Innerhalb der EU wird der Warenexport umsatzsteuerlich nunmehr als **innergemeinschaftliche Lieferung** bezeichnet, die ebenfalls steuerfrei sein kann[176].

Bis einschließlich 1992 war ein **Warenimport nach Deutschland** aus dem Ausland als sog. Einfuhr steuerbar und in der Regel steuerpflichtig[177]. Als besondere Erhebungsform gab es die Einfuhrumsatzsteuer, die vom Zoll erhoben und verwaltet wurde. Unter den weiteren Voraussetzungen des § 15 UStG konnte die Einfuhrumsatzsteuer als Vorsteuer geltend gemacht werden. Dies gilt seit 1993 nur noch im Verhältnis zu Drittstaaten. Innerhalb der EG wird der Warenimport nunmehr umsatzsteuerlich als **innergemeinschaftlicher Erwerb** bezeichnet, der als steuerbarer und in der Regel steuerpflichtiger Umsatz (§ 1 Abs. 1 Nr. 5 UStG) gilt. Der den innergemeinschaftlichen Erwerb tätigende Unternehmer berechnet die auf den Erwerb zu erhebende Umsatzsteuer selbst und meldet sie im Voranmeldungsverfahren an. Unter den weiteren Voraussetzungen des § 15 UStG kann die Umsatzsteuer auf den innergemeinschaftlichen Erwerb (Erwerbsteuer) als Vorsteuer geltend gemacht werden.

Beispiel

Ein deutscher Unternehmer verkauft Ware an einen italienischen und einen ukrainischen Abnehmer.

➲ **Folge:**

Bis zum 31.12.1992 wurden beide Vorgänge umsatzsteuerlich gleich behandelt. Die Bundesrepublik Deutschland stellte jeden Export als Ausfuhr steuerfrei; gleichzeitig hatte der deutsche Unternehmer auf alle mit dem Export verbundenen Eingangsumsätze das Recht zum Abzug der Vorsteuer. Die Ware sollte umsatzsteuerlich unbelastet in das Bestimmungsland gelangen können und so bessere Wettbewerbschancen haben **(Ziel: Entlastung des Exports)**.
Europäische Bestimmungsländer belegten solche Vorgänge als Import der EUSt; die Behandlung in Drittländern richtete sich nach dem jeweiligen nationalen Steuerrecht und war daher im Zweifel von mit dem dortigen Steuerrecht vertrauten Experten zu klären.

---

175 §§ 4 Nr. 1, 6 UStG.
176 §§ 4 Nr. 1, 6a UStG.
177 § 1 Abs. 1 Nr. 4 UStG.

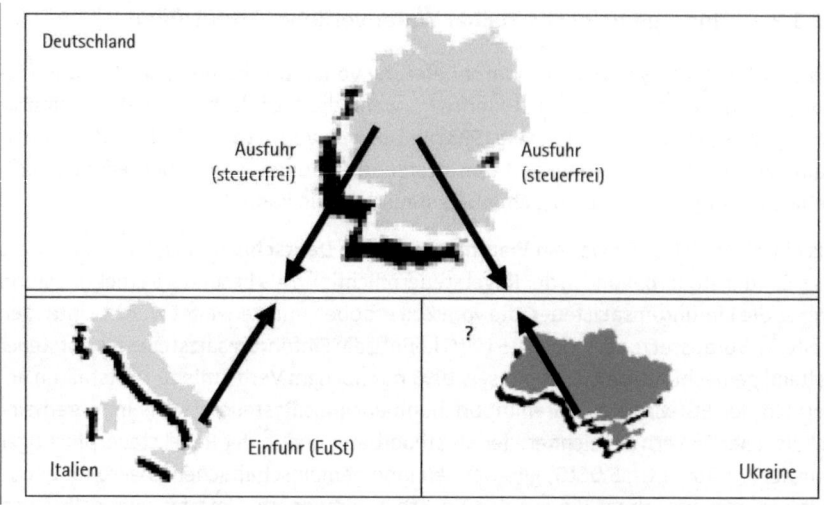

Seit dem 1.1.1993 gelten für den innergemeinschaftlichen Warenverkehr neue Regeln, deren (Fern-)Ziel es ist, auf europäischer Ebene einen **grenzüberschreitenden Vorsteuerabzug** zu erreichen (➲ vgl. Kapitel 23.1.1).

**Fortführung des Beispiels
(Rechtslage ab 1.1.1993)**

→ **Beratungskonsequenzen**

Warenbewegungen in Drittländer sind von der Neuregelung nicht betroffen; sie werden unverändert mit dem **Ziel der Exportentlastung** steuerfrei gestellt.

Als Kontrollinstrument wurde die sog. **Umsatzsteuer-Identifikationsnummer (USt-IdNr.)** eingeführt (§ 27a UStG), die jeder Unternehmer erhält, der am innergemein-schaftlichen Handel teilnimmt (➲ vgl. Kapitel 20). Der in andere EG-Staaten steuerfreie innergemeinschaftliche Lieferungen ausführende Unternehmer muss neben der Um-satzsteuer-Voranmeldung i. d. R. vierteljährlich eine Meldung an das Bundeszentralamt für Steuern (BZSt) abgeben, in der die innergemeinschaftlichen Lieferungen wertmäßig und sortiert nach den USt-IdNrn. der Lieferempfänger aufzulisten sind. Diese Meldung wird als **Zusammenfassende Meldung (ZM)** bezeichnet (§ 18a UStG ➲ Kapitel 97).

23.1.4 Das Praxisproblem: die in der Regel unerwartete Registrierungspflicht im europäischen Ausland

Nach Einführung des Umsatzsteuerbinnenmarktes zum 1.1.1993 wurden die Lieferorts-bestimmungen zum 1.1.1997 noch einmal grundlegend geändert. Bis zum 31.12.1996 enthielt das Umsatzsteuergesetz Sonderregelungen für Reihengeschäfte; diese betra-fen insbesondere den Zeitpunkt und den Ort der einzelnen Lieferungen sowie die Beur-teilung innergemeinschaftlicher Lieferbeziehungen.

 Beratungskonsequenzen

Diese Sonderregelungen wurden zum 1.1.1997 aufgehoben.
Auch Reihengeschäfte sind DAMIT grundsätzlich nach den allgemeinen Vorschrif-ten zu beurteilen!
Ausnahmen ergeben sich lediglich aus § 25b UStG für Reihengeschäfte in Form in-nergemeinschaftlicher Dreiecksgeschäfte (➲ Kapitel 49).

Hintergrund der Gesetzesänderung sollte eine harmonisierte Umsetzung gemein-schaftsrechtlicher Vorgaben bei grenzüberschreitenden Lieferungen sein. Die bisher im Handel zwischen den Mitgliedstaaten möglichen Nicht- und Doppelbesteuerungen sollten damit endgültig der Vergangenheit angehören.

Beispiel

Der deutsche Unternehmer D bestellt bei dem Italiener I Ware. Dieser hat die Ware nicht vorrätig und bestellt beim Franzosen F, der seinerseits auf den Niederländer NL zurückgreift. Vereinbarungsgemäß bringt NL die Ware aus den Niederlanden di-rekt zu D nach Deutschland.
➲ **Bis zum 31.12.1996 folgte die Besteuerung dem Rechnungslauf:**
- Der **Vorteil** dieser Regelung bestand darin, dass jeder der beteiligten Unterneh-mer steuerliche Pflichten ausschließlich im eigenen Land begründete.
- **Nachteilig** war neben dem Erfordernis von Sondervorschriften für Reihenge-schäfte und zwangsläufigen Abweichungen zur Intrahandelsstatistik vor allem die Tatsache, dass die Regelung nicht harmonisiert und damit Doppel- und Nichtbesteuerungen an der Tagesordnung waren.

➲ **Seit dem 1.1.1997 ist der Fall wie folgt zu lösen:**

- NL tätigt **in den Niederlanden** eine Lieferung an F; die Lieferung ist – unter den weiteren Voraussetzungen der §§ 4 Nr. 1 Buchst. b, 6 a UStG – als innergemeinschaftliche Lieferung steuerfrei.
- F tätigt **in Deutschland (!)** einen innergemeinschaftlichen Erwerb von NL.
- F tätigt ferner eine **in Deutschland (!)** steuerbare und steuerpflichtige Lieferung an I; seine Rechnung muss daher **deutsche Umsatzsteuer (!)** ausweisen.
- I tätigt eine **in Deutschland (!)** steuerbare und steuerpflichtige Lieferung an D. Auch seine Rechnung muss **deutsche Umsatzsteuer (!)** ausweisen; die von F berechnete Umsatzsteuer berechtigt ihn – ebenfalls in Deutschland – zum Vorsteuerabzug.
- D tätigt **in Deutschland** einen normalen Eingangsumsatz; die Rechnung des I berechtigt ihn – unter den weiteren Voraussetzungen des § 15 UStG – zum Vorsteuerabzug.

➲ **Zur Lösung für die Zeit ab 1.1.1997 vgl. auch Grundfall 2 in Kapitel 23.4.9.**

> **Beratungskonsequenzen**

1. Aufgrund der Neuregelung erfolgen damit **alle Lieferungen am Anfang (Ursprungsland)** oder **am Ende (Bestimmungsland)** der Warenbewegung.

2. Die neuen Vorschriften führen dazu, dass durch die Beteiligung an internationalen Reihengeschäften **steuerliche Pflichten im Ausland ggf. neu begründet** werden können. Dies führt zu einem erhöhten Verwaltungsaufwand durch
   - Umstellung der Buchführung
   - Einrichtung der EDV
   - Bestellung eines Steuerberaters
   - Bestellung eines Fiskalvertreters
   - ...

   der bereits bei der Kalkulation eines Auftrags und damit von den (in der Regel mit steuerlichen Fragen wenig befassten) Ein- und Verkaufsabteilungen berücksichtigt werden muss.

3. Ein Steuerberater muss den Mandanten auf die Problematik hinweisen; Schulungen und sichere Verfahrensabläufe (Controlling) für den Ein- und Verkauf sind vorzuschlagen.

23.1.5 Formulierungshilfe für den steuerlichen Berater

Beratern, die auch EG-weit tätige Mandanten betreuen, wird immer wieder die Frage gestellt: »Warum müssen für den innergemeinschaftlichen Waren- und Dienstleistungsverkehr derart viele Aufzeichnungen geführt, Nachweise erbracht und Erklärungen abgegeben werden? Was soll der Papierkrieg?«. Die Beantwortung solcher Fragen ist müßig – zumal in der Regel auch allenfalls nur bedingt abrechenbar. Es bietet sich an, derartige Anfragen in einem Standardbrief mit wenig Zeitaufwand zu beantworten. Die entscheidende Textstelle könnte wie folgt lauten:

 Musterschreiben

»... Die Mitgliedstaaten der EU haben seit 1993 das Ziel, das Vorsteuererstattungsverfahren grundlegend zu reformieren. Den Unternehmern bereitet nämlich die Erstattung der in anderen EU-Staaten entrichteten Vorsteuerbeträge beträchtliche Schwierigkeiten; als Folge wird häufig auf Vorsteuererstattungen verzichtet. Das ist nicht im Sinne des EU-Richtliniengebers, da die Unternehmen de facto eine zu hohe Steuer bezahlen und insoweit das System der Mehrwertsteuerneutralität ausgehebelt ist.

Grenzüberschreitender Vorsteuerabzug als Ziel: In – zugegebenermaßen noch ferner – Zukunft soll es daher den Unternehmern gestattet sein, die Mehrwertsteuern (MwSt), die sie in einem EU-Mitgliedstaat entrichtet haben, in dem sie nicht ansässig sind, unmittelbar mit dem MwSt-Betrag zu verrechnen, den sie in dem EU-Mitgliedstaat schulden, in dem sie die zum Vorsteuerabzug berechtigenden Umsätze ausführen. Hierzu muss ein Erstattungs- und Ausgleichsverfahren für die geleistete MwSt auf der Ebene der EU-Mitgliedstaaten eingeführt werden.

Der Vorteil für Sie: Als deutscher Unternehmer werden Sie dann bei Ihrem Finanzamt *[Dortmund-Ost*]* im Rahmen der monatlichen Umsatzsteuer-Voranmeldungen oder jährlichen Steuererklärungen auch die Vorsteuerbeträge aus *[Polen*]* erstattet bekommen.

> Sie werden dazu eine Aufstellung beifügen müssen, aus der – nach Mitgliedstaaten getrennt – die in anderen Mitgliedstaaten entrichteten MwSt-Beträge hervorgehen, die sie als Vorsteuer abziehen wollen, sowie die Kopien der entsprechenden Rechnungen oder Einfuhrdokumente.
>
> **Bis dahin ist Statistikarbeit angesagt:** Die für die anderen EU-Mitgliedstaaten erstatteten Vorsteuern möchte die Bundesrepublik Deutschland dann natürlich von diesen wieder erstattet bekommen. Im Gegenzug wird Deutschland an die anderen EU-Mitgliedstaaten deutsche Vorsteuern erstatteten müssen, die diese an ihre Unternehmer ausgezahlt haben. Das System erfordert den Aufbau eines EU-weit tätigen »Super-Finanzamts« oder zumindest einer von allen Mitgliedstaaten akzeptierten Datenbank. Um das »Super-Finanzamt«/die Datenbank aufzubauen, müssen sich die Staaten zunächst auf eine Aufteilung des »Gesamt-Umsatzsteuerkuchens EU« und damit auf ein Rechenverfahren einigen. Letzteres wieder erfordert eine Transparenz über die Warenströme; um diese zu erreichen, sind die deutschen Unternehmer und damit auch Sie zur Abgabe von *[Umsatzsteuer-Voranmeldungen, Zusammenfassenden Meldungen und Erklärungen zur Intrahandelsstatistik*]* verpflichtet. ...«
>
> * Hinweis: *[Geklammerter Text]* = Bitte an den Mandanten-Sachverhalt anpassen!

23.2 Die seit dem 1.1.1997 geltenden Regeln zur Bestimmung des Lieferortes im Überblick

§ 3 Abs. 5a – Abs. 8 UStG regeln den umsatzsteuerlichen Lieferort grundsätzlich abschließend und sind wie folgt aufgebaut:

- **§ 3 Abs. 5 a UStG** bestimmt einleitend, dass sich der Ort einer Lieferung nach § 3 Abs. 6 ff. UStG richtet. Gleichzeitig stellt die Vorschrift – rein deklaratorisch – klar, dass im Einzelfall folgende **speziellere Vorschriften vorrangig** anzuwenden sind:

  - § 3c UStG (ab 1.7.2021: Ort der Lieferung beim Fernverkauf ➲ Hinweis auf Kapitel 56; bis 30.6.2021: Ort der Lieferung in besonderen Fällen, sog. »**Versandhandelsregelung**« ➲ Hinweis auf Kapitel 55)

  - § 3e UStG (Ort der **Lieferung während einer Beförderung** an Bord eines Schiffes, in einem Luftfahrzeug oder in einer Eisenbahn, vgl. Abschn. 3e.1 UStAE[178]

  - § 3g UStG (Ort der **Lieferung von Gas oder Elektrizität**, vgl. Abschn. 3g.1 UStAE[179]

- § 3 Abs. 6 Sätze 1–4 UStG enthalten die Generalklausel für **Liefergeschäfte mit einer Warenbewegung** (➲ Kapitel 23.3.1)

- § 3 Abs. 7 Satz 1 UStG regelt **Liefergeschäfte ohne jede Warenbewegung** (➲ Kapitel 23.3.2)

- § 3 Abs. 6 Sätze 5 u. 6 a. F., Abs. 6a, Abs. 7 Satz 2 enthalten Sonderregeln für **Liefergeschäfte mit Warenbewegung in Form der Reihengeschäfte** (➲ Kapitel 37 f.)

- § 3 Abs. 8 UStG trifft eine Sonderregelung für **Lieferungen mit einer Warenbewegung aus dem Drittlandsgebiet.**

---

178 Hierzu ausführlich *Weimann* in UNI, § 3e.
179 Hierzu ausführlich *Birgel* in UNI, § 3g.

Lieferung/Einführung

Damit ergibt sich für den Lieferort **folgende Prüfungsreihenfolge:**

23.3 Der Lieferort im Regelfall

23.3.1 Liefergeschäfte mit einer Warenbewegung (»Bewegte« Lieferungen/Beförderungs- oder Versendungslieferungen, § 3 Abs. 6 Sätze 1–4 UStG)

Wird der Gegenstand der Lieferung durch den Lieferer, den Abnehmer oder einen vom Lieferer oder Abnehmer beauftragten Dritten befördert oder versendet, gilt die Lieferung dort als ausgeführt, wo die Beförderung oder Versendung an den Abnehmer oder in dessen Auftrag an einen Dritten **beginnt**[180]; die Besteuerung folgt insoweit damit dem **Ursprungslandprinzip**.

Für die Unterscheidung zwischen »befördern« und »versenden« ist die **Person des den tatsächlichen Transportakt Vollziehenden** maßgebend:

- Eine **Beförderungslieferung** setzt voraus, dass der liefernde Unternehmer, der Abnehmer oder ein unselbstständiger Erfüllungsgehilfe den Gegenstand der Lieferung befördert[181].

> **Beispiele**
> 1. Der Lieferant oder der Kunde haben einen **eigenen LKW**, mit dem die Ware zum Kunden transportiert wird.
> 2. Dabei brauchen die beteiligten Unternehmer natürlich **nicht höchstpersönlich** tätig werden; der Einsatz eines **Arbeitnehmers** (= **Erfüllungsgehilfen** = **unselbstständiger Beauftragter**) reicht aus.
> 3. Eine Beförderung liegt auch vor, wenn der Gegenstand der Lieferung **aus eigener Kraft fortbewegt** wird, z. B. bei Kraftfahrzeugen auf eigener Achse, bei Schiffen auf eigenem Kiel[182].

- Eine **Versendungslieferung** setzt voraus, dass der Transport von einem selbstständigen Beauftragten ausgeführt oder besorgt wird[183].

> **Beispiele**
> 1. Weder der Lieferant noch der Kunde haben einen eigenen LKW; einer der beiden beauftragt daher einen **Frachtführer** (= **selbstständiger Beauftragter**).
> 2. Wie vorher; einer der Beteiligten beauftragt einen **Spediteur** (= **Geschäftsbesorger**).

»Bewegte Lieferungen« haben den umsatzsteuerlichen Leistungsort »dort ... wo die Beförderung oder Versendung **an den Abnehmer** ... beginnt« (§ 3 Abs. 6 Satz 1 UStG). Die Annahme einer Lieferung setzt damit voraus, dass beim Beginn der Beförderung oder Versendung

---

180 § 3 Abs. 6 Satz 1 UStG.
181 Vgl. Abschn. 3.12 Abs. 2 UStAE; Der Satz verweist zur Begründung auf das BFH-Urteil vom 20.12.2006, V R 11/06, BStBl. II 2007, 434.
182 Vgl. Abschn. 3.12 Abs. 2 Satz 2 UStAE.
183 Vgl. Abschn. 3.12 Abs. 2 UStAE.

Lieferung/Einführung

- ein **konkretes Umsatzgeschäft** über einen
- **bestimmten Gegenstand** mit einem
- **bestimmten Abnehmer**

geschlossen wurde[184].

 Beratungskonsequenzen

1. Der Ort der Lieferung ist mit anderen Worten dort, wo die Ware **erstmals mit Zielrichtung auf einen konkreten Abnehmer** bewegt wird. Die Bedeutung dieser Überlegung zeigt sich am besten an den von mir so genannten »Registrierungsfallen« ➲ Kapitel 24.
2. Die **Bewegung eines Gegenstands innerhalb des Unternehmens,** die lediglich der Vorbereitung des Transports dient, stellt noch keine Beförderung an den Abnehmer dar[185].

Dieses Ergebnis ist häufig dann wenig erwünscht [... aber dennoch unvermeidlich! ...], wenn ein **Warenpaket aus mehreren Lagern** zusammengestellt wird[186].

Beispiel

Das deutsche Bekleidungshaus Klamotten-Anton (K&A) bestellt bei einer deutschen Bekleidungsfirma, der Egon Chef AG (EC) in München, 1000 Herrenhemden. 500 Hemden hat EC im Lager in München, 300 Hemden im Auslieferungslager in Rom und 200 Hemden in einem weiteren Auslieferungslager in Kiew.

- Die Lieferung der 500 Hemden ab dem Lager München führt zu **500 (!)** innerdeutschen Umsätzen. [**Hinweis: Jedes Hemd ist Gegenstand einer eigenständigen Lieferung.**]
- Die Lieferung der 300 Hemden ab dem Lager Rom führt unter den weiteren Voraussetzungen in Italien zu 300 innergemeinschaftlichen Lieferungen von EC, registriert in Italien. K&A hat in Deutschland entsprechende innergemeinschaftliche Erwerbe zu erklären. **Aktuell:** Zur möglichen Gestaltung durch **entsprechende Anwendung des § 3 Abs. 8 UStG** auch bei innergemeinschaftlichen Geschäften ➲ Kapitel 19.3.
- Die Besteuerung der 200 Hemden ab dem Lager Kiew richtet sich nach § 3 Abs. 8 UStG.

Die **Praxis versucht** in diesen Fällen häufig (**am UStG vorbei!**) für alle Lieferungen zu einem einheitlichen Lieferort – hier vorzugsweise München – zu kommen. Diese **Versuche scheitern** jedoch daran, dass bei Beginn der Transporte der konkrete Abnehmer K&A bereits feststeht.

---

184   Abschn. 3.12 Abs. 3 Sätze 3 ff. UStAE; die Sätze verweisen zur Begründung auf BFH, Urteil vom 30.7.2008, XI R 67/07, BStBl. II 2009, 552 ➲ vgl. Kapitel 51.5.
185   Vgl. Abschn. 3.12 Abs. 2 Satz 3 UStAE.
186   Vgl. *Weimann,* UStB 2003, 254.

23.3.2 Lieferungen ohne jede Warenbewegung (»ruhende« Lieferungen, 3 Abs. 7 Satz 1 UStG)

Lieferungen, bei denen der Liefergegenstand weder befördert noch versendet wird, werden als ruhende Lieferungen bezeichnet. Der Lieferort ruhender Lieferungen ergibt sich aus § 3 Abs. 7 UStG:

* Wird der Gegenstand der Lieferung **nicht befördert oder versendet**, wird die Lieferung dort ausgeführt, wo sich der Gegenstand zur Zeit der Verschaffung der Verfügungsmacht befindet (§ 3 Abs. 7 Satz 1 UStG = **Grundfall**).
* Liegt ein **Reihengeschäft** vor, gelten Besonderheiten[187].

Beispiele

1. »Grundstücke werden in den seltensten Fällen zum Kunden gebracht!« Der Grundfall betrifft damit insbesondere die Lieferung (einschließlich der Werklieferung) von **Grundstücken und Grundstücksbestandteilen** wie Gebäuden. Lieferort ist in diesem Fall der Belegenheitsort.
2. In Betracht kommen aber auch die Lieferungen von Gegenständen, die sich im Lieferzeitpunkt **in einem Lager oder an Bord eines Schiffes** befinden; in diesen Fällen erfolgt die Verschaffung der Verfügungsmacht in der Regel durch
   – die Vereinbarung eines Besitzkonstituts (§ 930 BGB)
   – die Abtretung des Herausgabeanspruchs (§ 931 BGB)
   – die Übergabe sog. Traditionspapiere, die das Eigentum am Liefergegenstand verkörpern (z. B. Lagerscheine, Konnossemente).
3. Der Grundfall wird insbesondere auch auf Werklieferungen anzuwenden sein, die ein **ortsgebundenes (nicht transportables) Werk** zum Gegenstand haben (**»Anlagenbau«**); deren Lieferort ist dort, wo sich der Liefergegenstand zzt. der Übergabe an den Auftraggeber befindet. Werden derartige Umsatzgeschäfte von mehreren Unternehmern über denselben Gegenstand abgeschlossen, können mangels Beförderung oder Versendung nicht Gegenstand eines Reihengeschäfts sein (➜ Kapitel 23.4.3.4).
4. Vgl. auch **Abschn. 3.12 Abs. 6 UStAE.**

➜ Beratungskonsequenzen

Insbesondere bei EU-Verkäufen von Miet-, Leasing-, Messe-, Vorführ- und ähnlichen Produkten muss man in der Praxis darauf achten, dass nicht **versehentlich** eine – per Saldo teure – **Registrierungspflicht im Bestimmungsland** ausgelöst wird (➜ Kapitel 24).

---

187   § 3 Abs. 7 Satz 2 UStG ➜ Kapitel 23.4.

23.4 Die Sonderbestimmungen für Reihengeschäfte

 Rechtsgrundlagen

- § 3 Abs. 6 Sätze 5 f. a. F., Abs. 6a, Abs. 7 Satz 2 UStG

23.4.1 Begriffliche Klärungen

Nach Aufhebung des § 3 Abs. 2 UStG zum 1.1.1997 mieden Verwaltung und Literatur anfangs den Terminus »Reihengeschäft«, um jegliche Assoziation zum bisherigen Recht zu vermeiden. Stattdessen verwandten sie für den Tatbestand des »alten« Reihengeschäfts nunmehr uneinheitlich Begriffe wie Ketten-, Mehrecks-, Mehrfach- oder Vieleckgeschäfte. Dies führte in der Praxis zu erheblichen Irritationen[188]. Verwaltung und Literatur haben schnell reagiert, so dass **folgender Sprachgebrauch gängig** war und ist:

- **Liefergeschäfte/Lieferungen:** Umsatzgeschäfte, durch die der Unternehmer oder in seinem Auftrag ein Dritter den Abnehmer oder in dessen Auftrag einen Dritten befähigt, im eigenen Namen über einen Gegenstand zu verfügen[189].

- **Reihengeschäfte:** Sonderfall der Liefergeschäfte = Umsatzgeschäfte, die mehrere Lieferer über denselben Gegenstand abschließen, und bei denen dieser Gegenstand bei der Beförderung oder Versendung unmittelbar vom ersten Unternehmer an den letzten Abnehmer gelangt[190].

- **Dreiecksgeschäfte:** Sonderfall der Reihen- und damit der Liefergeschäfte = drei in verschiedenen Mitgliedstaaten für Zwecke der Umsatzsteuer erfasste Unternehmer schließen unter genau definierten Voraussetzungen ein Reihengeschäft ab[191].

Bitte beachten Sie!
Bei der Auswertung von Literaturbeiträgen sollten Sie sich nicht verwirren lassen: die Bezeichnungen
- Kettengeschäfte
- Mehrecksgeschäfte
- Mehrfachgeschäfte
- Vieleckgeschäfte
sind in der Regel **Synonyme für Reihengeschäfte.**

---

188 Bis zum 31.12.2006 lautete die Vorschrift in der zuletzt gültigen Fassung des UStG 1993:
»(2) Schließen mehrere Unternehmer über denselben Gegenstand Umsatzgeschäfte ab und erfüllen sie diese Geschäfte dadurch, dass der erste Unternehmer dem letzten Abnehmer in der Reihe unmittelbar die Verfügungsmacht über den Gegenstand verschafft, so gilt die Lieferung an den letzten Abnehmer gleichzeitig als Lieferung eines jeden Unternehmers in der Reihe (Reihengeschäft).«
189 Vgl. § 3 Abs. 1 UStG.
190 Vgl. § 3 Abs. 6 Satz 5 a. F., Abs. 6a Satz 1 UStG.
191 Vgl. § 25b UStG, ➜ Kapitel 49.

Mit der Neuregelung zum 1.1.2020 durch § 3 Abs. 6a Satz 1 UStG fand der **Begriff »Reihengeschäft« auch offiziell wieder den Weg zurück in das Gesetz.**

23.4.2 Die Tatbestandsmerkmale im Überblick

Das Gesetz stellt die Reihengeschäfte den »normalen« Liefergeschäften im Grundsatz gleich. Das Verständnis der Sonderregelungen des § 3 Abs. 6 Satz 5 a. F., Abs. 6a Satz 1 UStG und Abs. 7 Satz 2 UStG setzt daher zunächst das Wissen um die allgemeinen Vorschriften voraus (➲ Kapitel 23.3).

Für Reihengeschäfte ergeben sich aus § 3 Abs. 6 Satz 5 a. F., Abs. 6a Satz 1 UStG **zusätzlich folgende Tatbestandsmerkmale:**

> **Checkliste: Tatbestandsmerkmale Reihengeschäft**
> * **Mehrere Unternehmer**
> * schließen **mehrere Umsatzgeschäfte**
> * über **denselben Gegenstand** ab und
> * der Liefergegenstand gelangt im Rahmen der Beförderung oder Versendung **unmittelbar vom ersten** Unternehmer (besser: vom Ort der Lieferung des ersten Unternehmers) **an den letzten** Abnehmer.

Ein besonderer Fall des Reihengeschäfts ist das innergemeinschaftliche Dreiecksgeschäft i. S. d. § 25b Abs. 1 UStG[192] (➲ Kapitel 49).

Primäre Rechtsfolge eines Reihengeschäftes ist, dass es zwischen den Beteiligten zu einer **Vielzahl von Lieferumsätzen** i. S. d. § 3 Abs. 1 UStG kommt. Reihengeschäfte sind damit nichts anderes als die **Aneinanderreihung mehrerer Liefergeschäfte**[193].

> **Beispiel**
>
> Elektroeinzelhändler D1 in Lörrach bestellt bei dem Elektrogerätegroßhändler D2 in Freiburg eine Sonnenbank. D2, der die Sonnenbank nicht vorrätig hat, bestellt diese wiederum bei dem Elektrogerätehersteller D3 in Stuttgart. D3 muss seinerseits auf D4 in Hamburg zurückgreifen. Vereinbarungsgemäß liefert D4 die Sonnenbank direkt an D1 in Lörrach aus.
>
>

---

192 Vgl. Abschn. 3.14 Abs. 1 Satz 2 UStAE.
193 Vgl. Abschn. 3.14 Abs. 2 UStAE.

Lieferung/Einführung

Aus zivilrechtlicher Sicht (➲ Kapitel 23.4.4) sind **3 Vertragsbeziehungen** zu unterscheiden:

- Kaufvertrag 1 zwischen D2 (Verkäufer) und D1 (Käufer)
- Kaufvertrag 2 zwischen D3 (Verkäufer) und D2 (Käufer)
- Kaufvertrag 3 zwischen D4 (Verkäufer) und D3 (Käufer)

Aus umsatzsteuerlicher Sicht werden diese Verträge durch **3 Lieferungen** erfüllt:

- Zunächst beliefert D4 (= erster Lieferer) den D3 (Leistungsempfänger).
- Danach beliefert D3 (= zweiter Lieferer) den D2 (Leistungsempfänger).
- Zuletzt beliefert D2 (= dritter Lieferer) den D1 (Leistungsempfänger).

 Beratungskonsequenzen

1. Alle **zivilrechtlichen Erfüllungsgeschäfte = umsatzsteuerliche Lieferungen** werden durch eine (tatsächliche) Warenbewegung erfüllt ➲ Zu den zivilrechtlichen Grundlagen vgl. Kapitel 23.4.4.
2. Die Kaufverträge werden quasi »**rückwärts**« **erfüllt:** Zunächst muss im Beispiel der letzte Vertragspartner D4 liefern, damit sein Kunde D3 den Kunden D2 beliefern kann usw.

23.4.3 Die Tatbestandsmerkmale im Detail

23.4.3.1 Die Beteiligten: mehrere Unternehmer

§ 3 Abs. 6 Satz 5 a. F., Abs. 6a Satz 1 UStG verlangt zunächst Umsatzgeschäfte **mehrerer Unternehmer**. Damit erfordert die Annahme eines Reihengeschäfts die Beteiligung von **mindestens drei Personen**, die über denselben Liefergegenstand zwei Umsatzgeschäfte abgeschlossen haben[194]. Eine Begrenzung auf eine bestimmte Anzahl besteht dagegen nicht; vielmehr können beliebig viele Unternehmer an einem Reihengeschäft beteiligt sein.

Nach der h. M. kommt der Anforderung an die Beteiligten, »**Unternehmer**« zu sein, keine besondere Bedeutung zu. Der Hinweis auf den Unternehmer dient nur der Klarstellung, dass die Steuerbarkeit des Umsatzgeschäftes von der Unternehmereigenschaft des Lieferanten abhängig ist. Die Regeln des Reihengeschäfts gelten uneingeschränkt auch dann, wenn Nichtunternehmer als Lieferer oder Abnehmer beteiligt sind. Daher kann z. B. der erste Lieferer auch Nichtunternehmer sein.

Beispiel

Frau Ältlich (A) sammelt altes Porzellan und bestellt bei dem Antiquitätenhändler Historius (H) ein bestimmtes Service. H hat dieses Service nicht vorrätig, wird jedoch bei der Erbin Steinreich (S) fündig. S verkauft das Service an H; beide vereinbaren, dass A das Service persönlich bei S abholt.

---

194 BFH, Beschluss vom 17.12.1981, V S 20/80, BStBl. II 1982, 279.

> ➲ **Folge:**
> Sowohl die Lieferung der S an H als auch die des H an A erfolgen im Reihengeschäft; die Lieferung der S ist jedoch nicht steuerbar.

Ist einer der Unternehmer **mehrfach in dieselbe Lieferkette eingeschaltet**, liegen insoweit keine Lieferungen vor[195].

Zwar werden bei der **Verkaufskommission** zwischen dem Kommittenten und dem Kommissionär keine Liefergeschäfte abgeschlossen; da § 3 Abs. 3 UStG jedoch ein Liefergeschäft fingiert, sind auch diese als Reihengeschäfte zu behandeln.

23.4.3.2 Die Vertragsbeziehungen: mehrere Umsatzgeschäfte

Die beteiligten Lieferer müssen Umsatzgeschäfte über den Liefergegenstand abgeschlossen haben. Unter Umsatzgeschäft versteht der BFH[196] den Sachverhalt, der einer Lieferung zugrunde liegt, also insbesondere das (schuldrechtliche) Verpflichtungsgeschäft. Regelmäßig liegen Umsatzgeschäfte in Form von **Kauf- oder Werklieferungsverträgen** vor[197].

23.4.3.3 Die Identität: derselbe Liefergegenstand

Die Wirkungen des § 3 Abs. 6 Satz 5 a. F., Abs. 6a Satz 1 UStG treten nur ein, wenn die Umsatzgeschäfte über denselben Liefergegenstand abgeschlossen wurden. Die Identität des Gegenstandes muss innerhalb der Umsatzkette gewahrt bleiben; der Liefergegenstand darf m. a. W. seine **»Marktgängigkeit«** zwischen den zu einem Reihengeschäft verbundenen Umsatzgeschäften **nicht ändern**[198].

Die Identität ist z. B. **nicht** gewahrt, wenn der Liefergegenstand von einem Zwischenlieferer bearbeitet wird oder wenn ein Zwischenlieferer dem Gegenstand notwendige Zubehörteile beifügt oder Montagearbeiten an ihm ausführt.

Der Liefergegenstand kann auch in einer **Werklieferung** bestehen (Ausnahme: ortsgebundenes, nicht transportables Werk ➲ Kapitel 23.3.2, Kapitel 23.4.3.3 und Kapitel 60).

23.4.3.4 Die Warenbewegung: Unmittelbares Gelangen des Liefergegenstandes vom ersten Unternehmer an den letzten Abnehmer/Besonderheiten der »gebrochenen Warenbewegung«

Tatbestandsmerkmal des Reihengeschäfts ist es gem. § 3 Abs. 6 Satz 5 a. F., Abs. 6a Satz 1 UStG u. a., dass der Liefergegenstand im Rahmen der Beförderung oder Versendung **durch _eine_ Warenbewegung unmittelbar** vom ersten Unternehmer (besser: vom

---

195   BFH, Urteil vom 31.7.1996, XI R 74/95, BStBl. II 1997, 157.
196   BFH, Urteil vom 14.9.1989, V R 76/84, BStBl. II 1989, 999.
197   Vgl. auch Abschn. 3.14 Abs. 1f. UStAE.
198   Vgl. Abschn. 1.4 UStAE.

Ort der Lieferung des ersten Unternehmers) an den letzten Abnehmer gelangt. Primäre Rechtsfolge eines Reihengeschäftes ist, dass es zwischen den Beteiligten zu einer Vielzahl von Lieferumsätzen i. S. d. § 3 Abs. 1 UStG kommt. Reihengeschäfte sind damit nichts anderes als die Aneinanderreihung mehrerer Liefergeschäfte[199]. **Je nach Zurechnung der Warenbewegung zu einer (1) der Lieferungen** ergibt sich die Umsatzbesteuerung eines oder mehrerer Lieferanten in der Reihe im europäischen Ausland.

Die Praxis versucht Letzteres aufgrund des damit verbundenen Mehraufwands häufig durch Einschaltung mehrerer der am Reihengeschäft beteiligten Unternehmer in die Warenbewegung zu beseitigen[200]. Das **unmittelbare Gelangen** i. S. d. § 3 Abs. 6 Satz 5 a. F., Abs. 6a Satz 1 UStG setzt nämlich grundsätzlich

- **eine (1)** Beförderung oder Versendung
- durch **einen (1)** am Reihengeschäft beteiligten Unternehmer

voraus. Diese Voraussetzung ist bei der Beförderung oder Versendung durch **mehrere** beteiligte Unternehmer nicht erfüllt (sog. **gebrochene Beförderung oder Versendung** ➲ Kapitel 25). Die Bestimmungen über das Reihengeschäft sind in diesem Fall lediglich auf eine Teilreihe anzuwenden[201].

Beispiel 1

Schnapsbrennerei S bestellt Zucker bei B. Dieser bestellt den Zucker seinerseits bei A. Da auch A den Zucker nicht vorrätig hat, bestellt er ihn bei R. Zwischen B, A und R wird vereinbart, dass R den Zucker selbst mit eigenem LKW oder unter Beauftragung eines Spediteurs/Frachtführers zu B bringt; B bringt den Zucker dann – ebenfalls mit eigenem LKW – zu S.

➲ **Folge:**
Die Vorschriften über das Reihengeschäft sind nur auf die Teilreihe B-A-R und damit auf die Liefergeschäfte 1 und 2 anzuwenden.
Für die Lieferung des B an S gelten die allgemeinen Bestimmungen.

Derzeit strittig ist, ob sich die Warenbewegung auch dadurch brechen lässt, dass **alle zum Transport Verpflichteten den gleichen Frachtführer/Spediteur** beauftragen.

---

199 Vgl. Abschn. 3.14 Abs. 2 UStAE.
200 *Weimann,* UStB 2005, 390.
201 BMF, Schreiben vom 18.4.1997, IV C 3 – S 7116 – 11/97, BStBl. I 1997, 529 Rz. 5. Das Schreiben ist zwar formell aufgehoben, materiell aber weiter gültig lt. BMF, vom 11.3.2022, IV A 2 – O 2000/21/ 10005 :001, 2022/0185796, BStBl. I 2022, 366; allgemein zur (»Nicht-«) Bedeutung des BMF-Schreibens vom 11.3.2022 ➲ Kapitel 1.6.

Beispiel 2

Wie Beispiel 1. Den Gesamttransport von R nach S übernimmt ein einziger Spediteur mit R als Auftraggeber für die Teilbeförderung R – B und B als Auftraggeber für die Restbeförderung zu S.

➡ Beratungskonsequenzen

1. **Nochmals:** Die Lieferortvorschriften führen dazu, dass durch die Beteiligung an internationalen Reihengeschäften **steuerliche Pflichten im Ausland ggf. neu begründet werden** können. In diesem Fall kommt es zu einem erhöhten Verwaltungsaufwand durch Umstellung der Buchführung, Einrichtung der EDV, Bestellung eines Steuerberaters etc., der bereits bei der Kalkulation eines Auftrages und damit von den (in der Regel mit steuerlichen Fragen wenig befassten) Ein- und Verkaufsabteilungen berücksichtigt werden muss (➲ Kapitel 23.1.4).

2. Ein **Steuerberater** muss den Mandanten auf die Problematik hinweisen; **Schulungen und sichere Verfahrensabläufe (Controlling) für den Ein- und Verkauf** sind vorzuschlagen.

3. Anders als einige Autorkollegen sehe ich in der **absichtlichen »Brechung« der Warenbewegung** keine echte Gestaltungsmöglichkeit, da sie den Transport zwangsläufig verteuern wird[202].

Lässt sich der Liefergegenstand nicht transportieren, kann es auch zu keiner (unmittelbaren) Warenbewegung und damit zu keinem Reihengeschäft kommen; der Lieferort bestimmt sich in diesem Fall nach § 3 Abs. 7 Satz 1 UStG (➲ Kapitel 23.3.2, Kapitel 23.4.3.3, Kapitel 60).

Beispiel 3

Privatmann Kleinod (K) beauftragt den Unternehmer U mit der Errichtung eines Einfamilienhauses; U gibt den Auftrag an den Subunternehmer S weiter.
➲ **Folge:**
Es liegen keine Lieferungen im Reihengeschäft vor. Gegenstand der Umsatzgeschäfte ist jeweils ein ortsgebundenes Werk, nämlich das bezugsfertige Einfamilienhaus. Lieferort ist – für beide Lieferungen – gem. § 3 Abs. 7 Satz 1 UStG dessen Belegenheitsort.

23.4.4 Zivilrechtliche Grundlagen

Die zivilrechtliche Ausgangslage lässt sich wie folgt zusammenfassen[203]:

Beim **Strecken- oder Kettengeschäft** schließen auf der **Ebene des Schuldrechts,** ggf. auch schon vor der Aussonderung der Ware (§ 243 Abs. 2 BGB), der Verkäufer (V) mit dem Zwischenkäufer Z_1, dieser ggf. mit weiteren Zwischenkäufern (Z_2, Z_3 usw.) sowie der letzte Zwischenkäufer (Z_n) mit dem Letztkäufer = Abnehmer (A) Kaufverträge ab.

---

202 *Röck,* LSW Gruppe 7, 125 = Heft 4/2005; ders., StWK Gruppe 8, 203 = Heft 16/2005.
203 Vgl. *Handzik,* UVR 1995, 235 und 257.

Auf der **Ebene des Sachenrechts** finden zwischen den Parteien der schuldrechtlichen Verträge Einigungen i. S. v. § 929 Satz 1 BGB statt. Die für § 929 Satz 1 BGB zusätzlich erforderliche Übergabe (hier: Verschaffung des unmittelbaren Besitzes nach § 854 Abs. 1 BGB) erfolgt dadurch, dass V über Z_1 und Z_1 über Z_2 usw. angewiesen wird, den unmittelbaren Besitz an A zu übertragen (➲ Kapitel 23.4.2)[204].

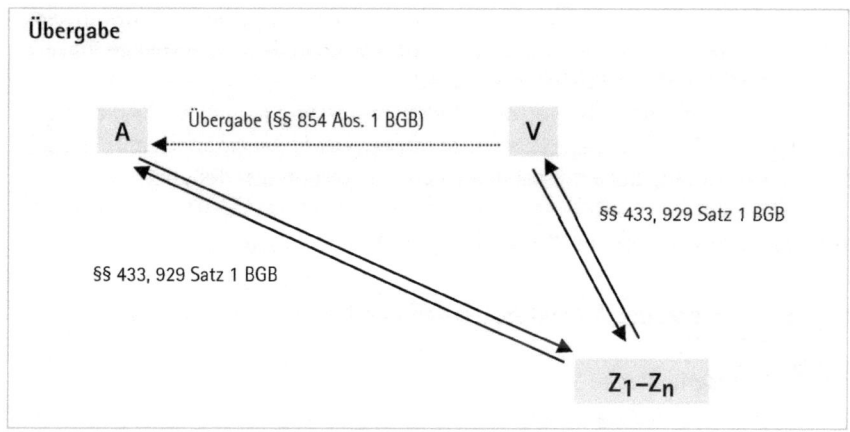

23.4.5 Zeitpunkt der Lieferungen

§ 3 Abs. 6 f. UStG enthält **keine Aussage zur Frage des Zeitpunkts der Lieferung**. Der Lieferzeitpunkt bestimmt sich nach der Gesetzesbegründung nach den Vorgaben des Zivilrechts. In der Vergangenheit wurde für den Regelfall angenommen, dass der Lieferzeitpunkt dem Zeitpunkt des Gefahrübergangs und des Übergangs von Nutzen und Lasten[205] entspricht[206]. Damit musste in Versendungs- oder Beförderungsfällen der Lieferzeitpunkt nicht zwangsläufig im Zeitpunkt des Beginns der Versendung oder Beförderung liegen[207]. Diese Auffassung wurde zwischenzeitlich aufgegeben. **Mit der herrschenden Literaturmeinung ist daher davon auszugehen, dass der Lieferzeitpunkt der Ortbestimmung in § 3 Abs. 6 f. UStG folgt;** gilt also eine Lieferung an einem bestimmten Ort als ausgeführt, wird damit auch der Lieferzeitpunkt festgelegt. Dieser Auffassung hat sich auch die Finanzverwaltung nunmehr ausdrücklich angeschlossen[208].

---

204 Vgl. BGH, NJW 1982, 2371, sowie zum Geheißerwerb *Bassenge* in Grüneberg, Bürgerliches Gesetzbuch, 81. Aufl. 2022, § 929 Rz. 17.

205 Vgl. §§ 446, 447 BGB.

206 So auch noch die 4. Auflage 2006 zu dieses Buchem (dort Kapitel 12.8).

207 Vgl. die amtliche Gesetzesbegründung zu § 3 UStG.

208 Abschn. 13.1 Abs. 2 Satz 5 UStAE unter Hinweis auf BFH, Urteil vom 6.12.2007, V R 24/05, BStBl. II 2009, 490.

Beratungskonsequenzen

Bedeutung hatte die Bestimmung des Lieferzeitpunkts zuletzt insbesondere für die überraschende **Absenkung des Umsatzsteuersatzes im zweiten Halbjahr 2020:**

1. Der temporär auf 16%/5% abgesenkte Steuersatz ist auf Lieferungen, sonstigen Leistungen und innergemeinschaftliche Erwerbe anzuwenden, die nach dem 30.6.2020 und vor dem 1.1.2021 bewirkt wurden. Maßgebend für die Anwendung dieses Steuersatzes ist stets der **Zeitpunkt, in dem der jeweilige Umsatz ausgeführt** wird (= Leistungszeitpunkt).

2. Auf den **Zeitpunkt der vertraglichen Vereinbarung** kommt es für die Frage, welchem Steuersatz eine Leistung unterliegt, ebenso wenig an wie auf den Zeitpunkt der **Entgeltsvereinnahmung** oder der **Rechnungserteilung**.

Hierzu ausführlich ➲ Kapitel 70 der 19. Auflage 2020 zu diesem Buch.

23.4.6 Bausteine der Lieferortsregelung für Reihengeschäfte

 Rechtsgrundlagen

*   § 3 Abs. 6 Sätze 5 f. a. F., Abs. 6 a, Abs. 7 Satz 2 UStG

23.4.6.1 Überblick

Schon seit der damaligen Neuregelung der Reihengeschäfte zum 1.1.1997 (➲ Kapitel 23.4.1) fanden die bisherigen Regelungen zum Reihengeschäft, einschließlich der besonderen Regelungen für innergemeinschaftliche Reihengeschäfte[209], keine Anwendung mehr. Bei mehreren aufeinanderfolgenden Lieferungen, die im Rahmen einer Warenbewegung (Beförderung oder Versendung) ausgeführt werden (§§ 3 Abs. 6 Satz 5 a. F. und Abs. 6a Satz 1, 25b Abs. 1 UStG), gilt ab diesem Zeitpunkt – anders als vorher – **keine** Fiktion eines einheitlichen Lieferorts und keine Fiktion eines einheitlichen Lieferzeitpunkts.

 Beratungskonsequenzen

Lieferort und Lieferzeitpunkt sind **für jede einzelne Lieferung** eines Reihengeschäfts **gesondert** zu bestimmen (➲ Kapitel 23.4.5).

Für den Lieferort gelten nach § 3 Abs. 6 Satz 5 a. F., Abs. 6a Satz 1, Abs. 7 UStG UStG folgende Grundsätze:

*   Da die Lieferungen nacheinander ausgeführt werden, ist **für jede Lieferung der Ort gesondert** zu bestimmen.

*   Die Warenbewegung kann immer »**nur einer**«[210] der Lieferungen zugeordnet werden. Diese Lieferung ist die Beförderungs- oder Versendungslieferung.

---

209   Zur Rechtslage vom 1.1.1993 bis zum 31.12.1996 vgl. BMF-Schreiben vom 15.3.1993, IV A 2 – S 7114a – 6/93, BStBl. I 1993, 291.

210   Vgl. § 3 Abs. 6 Satz 5 a. F., Abs. 6a Satz 1 UStG.

- Bei **allen anderen Lieferungen** findet keine Warenbewegung statt. Diese Lieferungen werden als »**ruhende vorangehende Lieferungen**«[211] und »**ruhende nachfolgende Lieferungen**«[212] bezeichnet. Der Lieferort liegt entweder am Beginn oder am Ende der Beförderung oder Versendung.

Diese Grundsätze gelten einheitlich für alle Umsatzgeschäfte i. S. d. §§ 3 Abs. 6 Satz 5 a. F. und Abs. 6a Satz 1, 25b Abs. 1 UStG – unabhängig davon, wo die Warenbewegung beginnt oder endet[213].

23.4.6.2 Die Abgrenzung der (einen) bewegten von den (ggf. vielen) ruhenden Lieferungen

Bei Reihengeschäften werden im Rahmen einer Warenbewegung (Beförderung oder Versendung) **mehrere Lieferungen** ausgeführt, die in Bezug auf den **Lieferort und den Lieferzeitpunkt jeweils gesondert** betrachtet werden müssen (➲ Kapitel 23.4.2).

23.4.6.3 Beförderungs- oder Versendungslieferung als »bewegte« Lieferung vs. »ruhende« Lieferungen

 Rechtsgrundlagen

- § 3 Abs. 6 Satz 5 a. F., Abs. 6a Satz 1 UStG

Die Beförderung oder Versendung des Gegenstandes ist »**nur einer**« der Lieferungen zuzuordnen (§ 3 Abs. 6 Satz 5 a. F., Abs. 6a Satz 1 UStG). Diese eine Lieferung ist die **Beförderungs- oder Versendungslieferung** bzw. – in Abgrenzung zur ruhenden Lieferung des § 3 Abs. 7 Satz 2 UStG – die **bewegte Lieferung**.

 Beratungskonsequenzen

1. Die Worte »**nur einer der Lieferungen zuzuordnen**« sollen zum Ausdruck bringen, dass § 3 Abs. 6 Satz 5 a. F., Abs. 6a Satz 1 UStG eine Regelung nur für *eine* (1) der Lieferungen trifft; diese Lieferung ist die bewegte Lieferung (➲ Kapitel 23.3.1).
2. Für alle anderen Lieferungen ist eine neue Lieferortsbestimmung zu suchen. Diese findet sich in § 3 Abs. 7 Satz 2 UStG; er handelt sich mithin um ruhende Lieferungen (➲ Kapitel 23.3.2).

Innerhalb der ruhenden Lieferungen gilt es zu unterscheiden, und zwar danach ob diese zeitlich vor oder nach der Beförderungs- oder Versendungslieferung ausgeführt werden:

---

211 § 3 Abs. 7 Satz 2 Nr. 1 UStG.
212 § 3 Abs. 7 Satz 2 Nr. 2 UStG.
213 Vgl. Abschn. 3.12 UStAE.

- Gehen ruhende Lieferungen der bewegten Lieferung voran, spricht man von **ruhenden vorangehenden Lieferungen**. Diese ruhenden Lieferungen gelten – wie die bewegten Lieferungen – gem. § 3 Abs. 7 Satz 2 Nr. 1 UStG dort als ausgeführt, wo die Warenbewegung beginnt **(Ursprungslandprinzip)**.

- Folgen ruhende Lieferungen der bewegten Lieferung, spricht man von **ruhenden nachfolgenden Lieferungen**. Diese ruhenden Lieferungen gelten gem. § 3 Abs. 7 Satz 2 Nr. 2 UStG dort als ausgeführt, wo die Warenbewegung endet **(Bestimmungslandprinzip)**.

> ### → Beratungskonsequenzen
>
> Jedes Reihengeschäft besteht aus
> - **einer (1) bewegten** Lieferung (§ 3 Abs. 6 Satz 5 a. F., Abs. 6a Satz 1 UStG)
> - ggf. **mehreren ruhenden** Lieferungen (§ 3 Abs. 7 Satz 2 UStG)
>
> **Nur bei der bewegten Lieferung** kommen die Steuerbefreiungen für
> - Ausfuhrlieferungen (§ 4 Nr. 1 Buchst. a i. V. m. § 6 UStG)
> - innergemeinschaftliche Lieferungen (§ 4 Nr. 1 Buchst. b i. V. m. § 6a UStG) und damit auch die Notwendigkeit von Gelangensbestätigung, Abnehmerversicherung und Gelangensvermutung (➔ Kapitel 28 ff.)
> - die Lieferortsfiktion des § 3 Abs. 8 UStG
>
> in Betracht[214].

> ### Bitte beachten Sie!
>
> - Da bei einem Reihengeschäft nur eine (1) der Lieferungen die bewegte sein kann und alle anderen Lieferungen daraufhin zu beurteilen sind, ob sie der bewegten (zeitlich) vorangehen oder folgen, muss die **erste Frage** einer jeden Fallbearbeitung lauten: »**Welche Lieferung ist die bewegte Lieferung?**«
> - **Alle anderen Lieferungen** sind danach **um die bewegte herum zu gruppieren**: sie gehen der bewegten entweder zeitlich voran (Ortsbestimmung nach § 3 Abs. 7 Satz 2 Nr. 1 UStG) oder folgen ihr (Ortsbestimmung nach § 3 Abs. 7 Satz 2 Nr. 2 UStG).

Noch einmal: Umsatzgeschäfte, die von mehreren Unternehmern über denselben Gegenstand abgeschlossen werden und bei denen **keine Beförderung oder Versendung** stattfindet (z. B. Grundstückslieferungen oder Lieferungen, bei denen die Verfügungsmacht durch Vereinbarung eines Besitzkonstituts oder durch Abtretung des Herausgabeanspruchs verschafft wird), **können nicht Gegenstand eines Reihengeschäfts sein**[215].

---

214 Vgl. Abschn. 3.14 Abs. 2 UStAE.
215 Abschn. 3.14 Abs. 2 Satz 6 UStAE; ➔ Kapitel 23.3.2, Kapitel 23.4.3.3 und Kapitel 23.4.3.4.

23.4.6.4 Zuordnung der Warenbewegung/Neuregelung zum 1.1.2020 (»Quick Fixes«)

Die EU-Kommission hat im Oktober 2017 erstmals ihre Pläne für die größte Reform der Mehrwertsteuervorschriften seit einem Vierteljahrhundert vorgelegt (➲ Kapitel 22). Die EU-Kommission hat dadurch eine Diskussion angestoßen, die im September 2018 zu einem finalen Reformvorschlag führte. Durch die Neuregelung soll das System für alle Beteiligten – also die EU-Mitgliedstaaten und deren Unternehmen – gleichermaßen verbessert und modernisiert werden.

Da hierzu ein zeitlicher Vorlauf unabdingbar ist, greifen seit dem 1.1.2020 erste Sofortmaßnahmen (»Quick Fixes«). Folge ist u. a. eine Neuregelung für die Zuordnung der Warenbewegung im Reihengeschäft:

- Reihengeschäfte bis zum 31.12.2019 ➲ Kapitel 21a der 21. Auflage 2023 zu diesem Buch
- Reihengeschäfte ab dem 1.1.2020 ➲ Kapitel 37 f.

24 Umgehung der »Registrierungsfalle« bei ruhenden Lieferungen

Besonderheiten der EU-Verkäufe von Miet-, Leasing-, Messe-, Vorführ- und ähnlichen Produkten

In der Praxis sind es insbesondere die – vermeintlich guten – Gelegenheiten (Spontangeschäfte), die oft wenig durchdacht und mit steuerlich nicht erkannten Risiken behaftet sind. Ein- und Verkäufer sollten da »auf der Hut« sein und sich bei außergewöhnlichen Umsätzen vorab absichern[216].

24.1 *Das* hätte nicht passieren dürfen!

Aus dem Umfeld eines deutschen Automobilherstellers wurde unlängst folgender »Fauxpas« bekannt:

> **»Echtfall«**
>
> Zu einem großen deutschen Automobilhersteller (H) gehört auch die 100%ige Tochtergesellschaft T, die mit Markenzubehör handelt. Die Steuerabteilung des H ist – vernünftigerweise – stets darauf bedacht, teure Umsatzsteuer-Registrierungen im EU-Ausland möglichst zu vermeiden. H liefert daher vorzugsweise steuerfrei innergemeinschaftlich aus Deutschland.

---

216 *Weimann,* GStB 2013, 197.

Nunmehr stellte T die Produkte auf einer Messe in Frankreich aus. Am Ende der Messe ging Kunde K auf die Standbetreuer zu und machte ein Angebot zum Ankauf der gesamten Ausstellungsware.

Die Standbetreuer setzten sich daraufhin mit dem zuständigen Verkäufer V der T in Verbindung. V war »begeistert«, sparte er doch die Kosten für den Rücktransport und tätigte gleichzeitig einen Verkauf.

Die Freude des V währte jedoch nicht lang. Die französische Steuerverwaltung erkannte, dass die Ware nicht für den Umsatz aus Deutschland nach Frankreich gebracht worden war, sondern dass sich diese bereits aus anderem Grund – nämlich aufgrund der Messe – bereits in Frankreich befand.

➲ **Folge:**

H tätigte durch T die Umsätze in Frankreich und musste das gesamte Unternehmen – also die Muttergesellschaft mit allen Tochtergesellschaften – dort für ein (1) Jahr umsatzsteuerlich registrieren lassen. H musste damit neben den deutschen auch den französischen Steuerpflichten genügen. Letzteres löste Mehrkosten aus, die die Marge aus dem Verkaufsumsatz um ein Mehrfaches übertrafen.

24.2 Das Tagesgeschäft »normaler« Unternehmer birgt ähnliche Gefahren

Der Fall wurde mit Interesse und einer gewissen Schadensfreude zur Kenntnis genommen, zeigt er doch, dass selbst »den Großen« derartige Fehler passieren können. Dass man auch als vermeintlich »Kleiner« schnell in diese Steuerfalle »tapsen« kann, wird dabei gern übersehen:

Beispiel 1

Händler H sitzt in Kerken nahe der deutsch-niederländischen Grenze und handelt mit größeren Kaffeeautomaten für Bürobetriebe. Der niederländische Rechtsanwalt NL ist zunächst skeptisch, ob eine solch aufwendige Maschine sich für seinen Bürobetrieb eignet; NL leiht sich daher ein Gerät zu Testzwecken aus. Der Testbetrieb überzeugt und NL kauft dem H das Gerät ab.

➲ **Folge:**

Hier ist die Maschine bereits beim Kunden. Der Liefergegenstand verbleibt zur Vertragserfüllung dort, wo er bereits ist. Das Liefergeschäft erfolgt ohne jede Warenbewegung. Lieferort ist gem. § 3 Abs. 7 Satz 1 UStG Venlo.

Der Umsatz unterliegt damit der niederländischen Umsatzsteuer.

Wenn keine **niederländische Ausnahmevorschrift** greift, muss sich H aufgrund dieses einen Umsatzes in den Niederlanden steuerlich registrieren lassen. Wahrscheinlich ist zumindest die Marge des H dahin!

Beispiel 2

Wie Beispiel 1. NL ist Leasingnehmer des H und übernimmt die Maschine nach Leasingende.

⊃ Folge:
Auch hier verbleibt die Maschine (= der Liefergegenstand) dort, wo sie bereits ist – nämlich bei NL. Das Liefergeschäft wird damit wieder ohne Warenbewegung erfüllt.

24.3 Absicherung über Rückholvereinbarung

Zu einem anderen (günstigen) Ergebnis – nämlich:

- **Lieferort** = Verkaufsstätte/Werkstatt des H **in Deutschland** und
- »bewegte« Lieferung aus Deutschland heraus **ohne Registrierungspflicht**

gelangt man, wenn die Maschine vor der Lieferung aus irgendeinem Grund **noch einmal zu H zurück** muss.

Beispiel 3

Wie Beispiel 1. H vereinbart mit NL, dass die Maschine vor der Übereignung eine Endabnahme in der Werkstatt des H in Kerken durchläuft.
⊃ **Folge:**
In diesem Fall tätigt H gegenüber NL eine Lieferung in Kerken (§ 3 Abs. 6 UStG), die in Deutschland steuerbar (§ 1 Abs. 1 Nr. 1 UStG) und unter den weiteren Voraussetzungen der § 4 Nr. 1 Buchst. b), § 6a UStG innergemeinschaftlich steuerfrei erfolgt.
Die Registrierung in den Niederlanden entfällt!

24.4 Kundenanschreiben und Kaufvertrag (Muster)

Um die vorgeschlagene Gestaltung auch gegenüber der Finanzverwaltung/den Finanzverwaltungen glaubhaft machen zu können, sollte diese **eindeutig in die Kundenvereinbarungen eingehen,** und zwar idealerweise

- in ein die Übereignung vorbereitendes Anschreiben und
- in den Kaufvertrag selbst.

 Musterschreiben des Händlers an den Käufer

Verkauf unserer Vorführmaschine

Sehr geehrte Damen und Herren,

wir freuen uns, dass Sie sich dazu entschieden haben, den Ihnen am 5. d. M. zur Ansicht geliehenen Kaffeeautomaten nunmehr von uns käuflich zu erwerben.

Der Verkauf erfordert eine vorherige Endabnahme durch unsere Servicetechniker in unserer Werkstatt in Kerken (Bundesrepublik Deutschland). Dazu möchten wir gerne einen Termin mit Ihnen vereinbaren und schlagen vor, dass wir den Automaten am *[Datum]* zur Vornahme der anstehenden Arbeiten bei Ihnen abholen. ...

Musterklausel für den Kaufvertrag

> Der Kaffeeautomat wird dem Kunden nach der Endabnahme übergeben. Die anstehenden Arbeiten führen wir in unserem Servicebetrieb in Kerken durch. Wir werden dazu den Automaten am vereinbarten Tag beim Kunden abholen und innerhalb einer Arbeitswoche beim Kunden wieder in Betrieb nehmen.

 Hinweis

In der Praxis findet man derartige Fallgestaltungen insbesondere auch im
- Anlagenbau (Maschinenleasing)
- Kfz-Handel

24.5 Fazit

Die Beispielfälle verdeutlichen einmal mehr, wie wichtig es ist, den Ein- und Verkäufern **in Abstimmung mit dem Steuerberater Checklisten** zur Verfügung zu stellen, welche die Abwicklung der Standardfälle des Unternehmens verdeutlichen.

Gleichzeitig muss allen Mitarbeitern klar sein, dass Sonderfälle – also solche, die nicht in der Checkliste erfasst sind – nicht ohne Rücksprache angegangen werden dürfen.

25 Lieferungen mit gebrochenem Transport

 Rechtsgrundlagen

BMF-Schreiben vom 7.12.2015, III C 2 – S 7116-a/13/10001, III C 3 – S 7134/13/ 10001, 2015/1097870 = Abschn. 3.14 Abs. 19, 6.1 Abs. 3a und Abs. 8 Satz 3 sowie Satz 4 UStAE

 Beratungskonsequenzen

Die Finanzverwaltung hat sich zu der Frage positioniert, welche Folgen es für die Steuerbefreiung einer innergemeinschaftlichen Lieferung oder Ausfuhrlieferung hat, wenn Lieferant und Kunde den Transportweg aufteilen und jeder für ein Teilstück die Verantwortung übernimmt[217].

Die Positionierung erfolgte zur **Rechtslage bis zum 31.12.2019 – also vor Ergehens der »Quick Fixes«** und damit insbesondere vor Ergehens des § 3 Abs. 6a UStG (➔ Kapitel 37 f.). Es ist allerdings davon auszugehen, dass die neue Vorschrift an der Rechtsauffassung der Finanzverwaltung insoweit nichts geändert hat – zumal der UStAE bis zur Drucklegung für dieses Buch im März 2023 nicht geändert wurde.

---

217 Vgl. *Weimann*, GStB 2016, 207.

25.1 Praxisrelevanz der Neuregelung

Wird Ware aus Deutschland in das europäische oder außereuropäische Ausland verkauft,

- teilen sich Lieferant und Kunde häufig die Transportverantwortung und
- übernehmen beide ein Teilstück des Transports (sog. »**gebrochener Transport**«).

Dies aus den unterschiedlichsten Gründen:

- Die **Kosten der Streckenanteile im Ausland** lassen sich für den Verkäufer im Vergleich zu Inlandsstrecken weit weniger sicher kalkulieren und einpreisen. Aus diesem Grunde werden Transporte bis zur deutschen Grenze vereinbart; dort übernimmt der Kunde die Ware.
- Sind Bestimmungsländer durch besonders **häufige Fahrzeugdiebstähle und/oder -beschädigungen** aufgefallen, findet der deutsche Lieferant in der Regel keinen Spediteur oder Frachtführer – aus Angst vor Beschädigungen an den Lastzügen des Transporteurs. Auch dann wird ein Transport bis zur letzten deutschen oder zumindest letzten sicheren Grenze vereinbart; sodann ist der Kunde für den Transport verantwortlich.

25.2 Bilaterale Geschäfte vs. Reihengeschäfte

Das BMF unterscheidet

- die Geschäfte mit 2 Beteiligten (**bilaterale Geschäfte**) von
- den Geschäften mit 3 oder mehr Beteiligten (**Reihengeschäfte**)

und sieht für beide Umsatzarten bei gebrochenem Transport **unterschiedliche Rechtsfolgen** vor.

25.3 Bilaterale Geschäfte (2 Teilnehmer)

An einem Transport (Beförderung oder Versendung) können

- entweder nur der Lieferer oder
- nur der Abnehmer oder
- in deren jeweiligen Auftrag ein Dritter

beteiligt sein.

 Beratungskonsequenzen

Bei diesen **Geschäften ohne Transportbrechung** sind keine Besonderheiten zu beachten; es gilt das Übliche.

Möglich ist aber auch, dass

- sowohl der Lieferer
- als auch der Abnehmer

in den Transport des Liefergegenstands eingebunden sind.

> **Beispiel 1**
>
> Großhändler D aus Dortmund beauftragt einen Frachtführer, die verkauften Fahrzeuge zum Hafen Duisburg zu bringen. Von Duisburg aus wird die Ware Auftrag des D eine Woche später an Abnehmer A verschifft wird. A holt die Ware am Zielhafen ab und befördert sie mit eigenem Lastzug zum eigenen Auslieferungslager.

Derartige **gebrochene Transporte** sind für die Annahme der »Beförderung oder Versendung des Liefergegenstands bei der Lieferung« und damit für die Entscheidung,

- ob eine **Ausfuhrlieferung** nach § 6 UStG
- bzw. eine innergemeinschaftliche Lieferung nach § 6a UStG

vorliegt, unschädlich, wenn

- der **Abnehmer zu Beginn des Transports feststeht**[218]
- und der **liefernde Unternehmer nachweist**, dass ein zeitlicher und sachlicher Zusammenhang zwischen der Lieferung des Gegenstands und seiner Beförderung sowie ein kontinuierlicher Vorgang der Warenbewegung gegeben sind.

> **Bitte beachten Sie!**
>
> Wie dieser Nachweis konkret zu führen ist, lässt das BMF-Schreiben offen. Dokumentieren Sie daher insbesondere, dass Sie den Transport in **Erfüllung eines bestimmten Kaufvertrags** vornehmen/ordern und sorgen Sie für eine **zügige Abwicklung**.

25.3.1 Transportunterbrechungen unschädlich

Rein tatsächliche Unterbrechungen des Transports, die lediglich dem Transportvorgang geschuldet sind, führen ebenfalls nicht zum Verlust der Steuerbefreiung.

 Beratungskonsequenzen

Das BMF lässt offen, wann Transportunterbrechungen »rein tatsächlicher« Natur sind. Gemeint sind wohl solche, die dem Transportvorgang selbst geschuldet sind, wie

- das Umladen der Ware
- eine Umlagerung der Ware
- Zusammenstellung auf anderen LKWs

---

218 Siehe dazu Abschnitt 3.12 Abs. 3 Satz 4 ff. UStAE.

25.3.2 »Fußangel« beim Abholfall

Transportiert in diesen Fällen der Abnehmer die Ware im Rahmen seines Teils der Lieferstrecke in das Drittlandsgebiet, müssen die Voraussetzungen des § 6 Abs. 1 Satz 1 Nr. 2 UStG erfüllt sein[219].

Beispiel 2

Wie Beispiel 1. Wieder bringt D die Ware zum Hafen Duisburg; Kunde A besorgt die Verschiffung nach Tunesien.

Variante a: Kunde A ist ein ausländisches Unternehmen.
Variante b: Kunde A ist ein anderes deutsches Unternehmen.

Nur dann, wenn der Kunde ein **ausländischer Abnehmer** (Variante a) ist, ist die Lieferung D im Abholfall als Ausfuhrlieferung steuerfrei.

➡ Beratungskonsequenzen

Abhollieferungen **an andere Deutsche** (Variante b) sind immer steuerpflichtig!

25.4 Reihengeschäfte (3 oder mehr Teilnehmer)

Voraussetzungen[220] für das Vorliegen eines Reihengeschäfts sind, dass

- mehrere Unternehmer
- über denselben Gegenstand
- Umsatzgeschäfte abschließen und
- der Gegenstand beim Transport **unmittelbar** vom ersten Unternehmer an den letzten Abnehmer gelangt.

25.4.1 Keine Unmittelbarkeit bei gebrochenem Transport

Bei einer gebrochenen Beförderung oder Versendung fehlt es an der für das Reihengeschäft erforderlichen Unmittelbarkeit der Warenbewegung.

Beispiel 3

Wie Beispiel 2. A hat die Ware seinerseits weiterkauft und verschifft diese von Duisburg aus direkt zum Endkunden nach Tunesien.

---

219 Vgl. Abschn. 6.1 Abs. 3a Satz 3 UStAE n. F.
220 § 3 Abs. 6 Satz 5 UStG.

Der Vorgang spaltet sich damit in **mehrere hintereinandergeschaltete und getrennt zu beurteilende Einzellieferungen** auf:

- Bei Beurteilung der Warenlieferungen des D an den A ist ausschließlich der Transportweg Dortmund – Duisburg zu berücksichtigen. Die Lieferungen sind damit umsatzsteuerbar und -pflichtig. D muss gegenüber A in jedem Fall brutto – mit deutscher Umsatzsteuer – abrechnen.

- Die Lieferungen des A an seine Endkunden sind unter den weiteren Voraussetzungen (§ 6 UStG) als Ausfuhrlieferung steuerfrei.

 Beratungskonsequenzen

Insoweit hält das BMF also **unverändert** am bisherigen Abschn. 3.14 Abs. 4 Satz 1 UStAE fest.

25.4.2 Transportunterbrechungen unschädlich

Rein tatsächliche Unterbrechungen des Transports stehen – wie bei den bilateralen Geschäften (s. o.) – der Annahme einer unmittelbaren Warenbewegung nicht entgegen und führen damit auch hier nicht zum Verlust der Umsatzsteuerbefreiung.

25.4.3 »Kollisionsregelung« – Eine vermeintliche Vereinfachung, die aber meist nicht zur Anwendung kommen wird

Trotz einer gebrochenen Beförderung/Versendung durch mehrere Beteiligte[221]

- **aus einem anderen Mitgliedstaat**
- **ins Drittlandsgebiet**

ist die Behandlung als Reihengeschäft nicht zu beanstanden, wenn der erste Unternehmer den Liefergegenstand aus dem Mitgliedstaat des Beginns der Beförderung oder Versendung (Abgangsmitgliedstaat)

- nur zum Zweck der Verschiffung ins Drittlandsgebiet in das Inland befördert oder versendet,

- aufgrund des Rechts des Abgangsmitgliedstaats die Behandlung als Reihengeschäft vorgenommen worden ist und

- der Unternehmer, dessen Lieferung bei Nichtannahme eines Reihengeschäfts im Inland steuerbar wäre, dies nachweist.

 Beratungskonsequenzen

Die Kollisionsregelung gilt **nicht bei Transportbeginn** in Deutschland!

---

221 Vgl. Abschnitt 3.14 Abs. 4 Satz 1 UStAE.

Lieferung/Einführung

25.5 Zeitliche Anwendung

Die Neuregelung gilt für alle offenen Fälle, ist damit also auch rückwirkend anzuwenden.

 Praxistipp

Letzteres aber wohl **nur zu Gunsten des Unternehmers**! Sollte sich die Neuregelung nachteilig auswirken – was aber derzeit schwer vorstellbar ist –, wird **Vertrauensschutz** zu prüfen sein.

 Beratungskonsequenzen

1. Für **bilaterale Geschäfte** sind die Klarstellungen des BMF sicher hilfreich.
2. Für **Reihengeschäfte** bleiben dagegen viele Fragen offen. Wie soll der deutsche Lieferant wissen, ob er Partner eines bilateralen Geschäfts ist und steuerfrei liefern darf oder in ein Reihengeschäft eingebunden ist und damit steuerpflichtig abrechnen muss? Darf er sich insoweit auf den Kundenvortrag verlassen? Wichtige Fragen, die hoffentlich baldmöglichst geklärt werden!

26 Die Grundsatzrechtsprechung von EuGH und BFH

§ **Rechtsgrundlagen**

- UStG: § 3 Abs. 5a ff., § 4 Nr. 1, § 6a
- UStDV: §§ 17a ff.
- UStAE: Abschn. 6a.1–6a.8
- MwStSystRL: Art. 14 ff., 20 ff., 31, 32 ff., 40 ff., 131, 138 f., 140 f., 143 ff., 146 f.

26.1 Ursprüngliche deutsche Rechtsauffassung

Voraussetzung für die Steuerbefreiung einer Lieferung als innergemeinschaftliche Lieferung war nach gefestigter deutscher Rechtsauffassung das Vorhandensein der von § 6a Abs. 3 UStG i. V. m. §§ 17a ff. UStDV geforderten Beleg- und Buchnachweise. Dabei waren die entsprechenden Nachweise **materiell-rechtliche Bestandteile der Steuerbefreiung**. Eine Lieferung war m. a. W. steuerpflichtig, wenn die Nachweise nicht oder nicht rechtzeitig erbracht wurden. Fehlangaben genügten diesen Anforderungen nicht. Das galt auch dann, wenn die Fehler für den leistenden Unternehmer als solche nicht zu erkennen waren.

26.2 Die drei Grundsatzentscheidungen des EuGH: »Collée«, »Teleos« und »Twoh«

26.2.1 Die »Collée«-Entscheidung: Der Buchnachweis für die innergemeinschaftliche Lieferung kann nachgeholt werden!

§ **Rechtsgrundlagen**

- EuGH-Urteil vom 27.9.2007[222];
- BFH, Nachfolgeurteil vom 6.12.2007[223].

26.2.1.1 Sachverhalt (vereinfacht)

Ein Autohändler (A) lieferte aufgrund schriftlicher Verträge Vorführwagen an seinen belgischen Abnehmer (B). B überwies die Kaufpreise netto auf ein von A speziell für die Abwicklung dieser Geschäfte eingerichtetes Konto. Nach Eingang des Geldes auf dem Konto des A holte B mit eigenen Transportern die Fahrzeuge vom Hof des A ab.

Aus Gründen des Gebietsschutzes standen dem A gegenüber dem Autohersteller nur aus Verkäufen an deutsche Abnehmer Provisionsansprüche zu. Deshalb schaltete er einen **Dritten (D) als »Pro-Forma-Abnehmer«** ein. Gegen Provision erklärte sich D dazu

---

222 EuGH, Urteil vom 27.9.2007, Rs. C-146/05, Albert Collée, BStBl. II 2009, 78; UR 2007, 813.
223 BFH, Nachfolgeurteil vom 6.12.2007, V R 59/03, BStBl. II 2009, 57; UR 2008, 186.

bereit, die Fahrzeuge pro forma an- und weiterzuverkaufen. A schloss daraufhin mit D Kaufverträge über die Fahrzeuge ab und stellte hierüber Rechnungen unter Ausweis von Umsatzsteuer aus. D überließ dem A Blanko-Rechnungen, mit denen A sodann im Namen und für Rechnung des D die Lieferungen an B abrechnete. Im Rahmen einer Betriebsprüfung wertete das Finanzamt die Verkäufe des A an D als Scheinlieferungen, weil D nur formal als Strohmann zwischengeschaltet gewesen sei, und versagte dem D daher den Vorsteuerabzug.

A, der die Lieferungen als steuerpflichtige Umsätze behandelt hatte, erfuhr von dem Ergebnis der Prüfung und setzte daraufhin den D durch »Gutschriften« davon Kenntnis, dass die Rechnungen über die Vorführwagenwagen gegenstandos seien. Außerdem stornierte A die jeweiligen Buchungen und buchte die Erlöse nunmehr auf dem Konto »steuerfreie innergemeinschaftliche Lieferungen«; entsprechend berücksichtigte er die Lieferungen in der Umsatzsteuer-Voranmeldung.

Das Finanzamt jedoch versagte A für die Lieferung an B die Steuerbefreiung, weil die hierzu erforderlichen Aufzeichnungen nicht laufend und unmittelbar nach Ausführung der Umsätze vorgenommen worden seien; diese Auffassung teilte Hessische FG.

26.2.1.2   Der Vorlagebeschluss

Der **BFH** hielt für die Entscheidung des Rechtsstreites eine Auslegung der Sechsten Richtlinie für erforderlich und legte dem EuGH folgende Fragen zur Vorabentscheidung vor:

1. Darf die Finanzverwaltung die Steuerfreiheit einer innergemeinschaftlichen Lieferung, die zweifelsfrei vorliegt, allein mit der Begründung versagen, der Steuerpflichtige habe den dafür vorgeschriebenen Buchnachweis nicht rechtzeitig geführt?

2. Kommt es zur Beantwortung der Frage darauf an, ob der Steuerpflichtige zunächst das Vorliegen einer innergemeinschaftlichen Lieferung verschleiert hat?

26.2.1.3   Das Urteil des EuGH

26.2.1.3.1   Allgemeine Betrachtungen

Art. 138 Abs. 1 MwStSystRL regelt die **Pflicht der Mitgliedstaaten zur Befreiung der innergemeinschaftlichen Lieferungen von Gegenständen.**

Eine Steuerbefreiung kommt demnach für die Lieferungen von Gegenständen, die durch den Verkäufer oder durch den Erwerber oder für ihre Rechnung von einem Mitgliedstaat in einem anderen Mitgliedstaat versendet oder befördert werden, in Betracht. Der gelieferte Gegenstand muss **physisch das Lieferland verlassen haben (materielle Anforderung)**. Den Nachweis, dass die Voraussetzungen der Steuerbefreiung für innergemeinschaftliche Lieferungen vorliegen, hat der Lieferant der Gegenstände in Form von **Belegen und Nachweisen zu erbringen (formelle Anforderung)**.

Die **Frage, welche Nachweise** zu erbringen sind, lässt die 6. EG-RL (wie jetzt auch die MwStSystRL) **ungeregelt**. Sie stellt vielmehr den Mitgliedstaaten frei, die Bedingungen für die Steuerbefreiung von innergemeinschaftlichen Lieferungen selbst festzulegen. Somit sind die Anforderungen des deutschen Rechts an die Beleg- und Buchnachweise, geregelt in §§ 17a und 17c UStDV, durch das Gemeinschaftsrecht gedeckt. Besonders hervorzuheben ist, dass die Mitgliedstaaten (nationalen Finanzbehörden) bei der Ausübung ihrer Befugnisse, die ihnen die Gemeinschaftsrichtlinien einräumen, die **europäischen Grundsätze**

- der **Rechtssicherheit**,
- der **Verhältnismäßigkeit** und
- der steuerlichen **Neutralität**

beachten müssen.

Wenden wir diese Ausführungen auf die Rechtssache Collée an, ergibt sich für die Beurteilung Folgendes:

26.2.1.3.2 Zur ersten Vorlagefrage des BFH

Die Steuerfreiheit einer innergemeinschaftlichen Lieferung darf die Finanzverwaltung **nicht allein mit der Begründung der verspäteten Abgabe der Buchnachweise** (§ 17c UStDV formelle Anforderungen) verweigern. Denn eine nationale Maßnahme, die das nationale Recht auf Steuerbefreiung im Wesentlichen von der Einhaltung formeller Pflichten abhängig macht, ohne die materiellen Anforderungen zu berücksichtigen bzw. deren Erfüllung in Betracht zu ziehen, geht über das hinaus, was erforderlich ist, um eine genaue Erhebung der Steuer sicherzustellen.

Im Fall Collée, ist es unbestreitbar, dass eine innergemeinschaftliche Lieferung ausgeführt wurde. Der europäische **Grundsatz der steuerlichen Neutralität** erfordert, dass die Mehrwertsteuerbefreiung gewährt wird, wenn die materiellen Anforderungen und die Voraussetzungen des Art. 28c Teil A Buchst. A UnterAbs. 1 der 6. RL erfüllt sind, selbst wenn bestimmten formellen Anforderungen nicht Genüge getragen wurde.

Die Anforderungen, dass die erforderlichen Aufzeichnungen unmittelbar nach der Ausführung des Umsatzes vorgenommen werden müssen, ohne dass dafür jedoch eine konkrete Frist vorgesehen ist, stellt den Grundsatz der Rechtssicherheit in Frage. Es ist dem Steuerpflichtigen vielmehr zu ermöglichen, Korrekturen, die nach Durchführung des Umsatzes vorgenommen werden in seiner Buchführung zu berücksichtigen, sofern sie objektiven Kriterien des Umsatzes erfüllen.

26.2.1.3.3 Zur zweiten Vorlagefrage des BFH

Ausgangspunkt bei der Beantwortung dieser Frage ist die **Prüfung, ob für den Mitgliedstaat eine Gefährdung des Steueraufkommens** bestand oder nicht.

Der europäische Grundsatz der **Neutralität der Mehrwertsteuer** verlangt, dass jede zu Unrecht in Rechnung gestellte Steuer berichtigt werden kann, wenn der Rechnungsaussteller die Gefährdung des Steueraufkommens rechtzeitig und vollständig beseitigt hat, ohne dass eine solche Berichtigung vom guten Glauben des Rechnungsausstellers abhängig gemacht werden darf.

In unserem Fall Collée, kann die Einschaltung eines Zwischenhändlers zur Erlangung einer Provision nicht mit einer Steuerhinterziehung oder einer missbräuchlichen Anwendung der gemeinschaftlichen Regeln gleichgesetzt werden, da der Umsatz **nicht zur Erlangung eines ungerechtfertigten *Steuer*vorteils** getätigt wurde.

Es steht jedoch den Mitgliedstaaten frei, die Verschleierung des Vorliegens eines innergemeinschaftlichen Umsatzes als versuchte Mehrwertsteuerhinterziehung zu behandeln. Die nach **nationalem Recht vorgesehenen Sanktionen, wie Geldstrafe oder Geldbuße**, können verhängt werden, sollten jedoch **immer in angemessenem Verhältnis zur Schwere der missbräuchlichen Handlung** stehen.

 Beratungskonsequenzen

1. Hat ein Mitgliedstaat keine gesetzliche Frist für die Nachweisführung vorgesehen, sind alle relevanten Umstände des Einzelfalls zu berücksichtigen. Die Steuerfreiheit einer unzweifelhaft vorliegenden innergemeinschaftlichen Lieferung kann nicht mit der Begründung versagt werden, dass der Steuerpflichtige den dafür vorgesehen Buchnachweis nicht laufend und unmittelbar erbracht hat. Es ist vielmehr **zu prüfen, ob die nicht rechtzeitige Buchnachweisführung zu einer Steuergefährdung geführt hat**.
2. Das Urteil des EuGH **stärkt die Position der gutgläubigen Steuerpflichtigen**, die innergemeinschaftliche Lieferungen durchführen.

26.2.2 Die »Teleos«-Entscheidung: Schutz des Gutgläubigen bei fehlerhafter Abnehmerversicherung

 Rechtsgrundlagen
EuGH-Urteil vom 27.9.2007[224].

26.2.2.1 Sachverhalt (vereinfacht)

Die im Vereinigten Königreich ansässige Teleos plc (Teleos) verkaufte im Jahr 2002 Mobiltelefone an die spanische Gesellschaft Total Telecom España SA (TT). Gemäß den Kaufverträgen befand sich der Bestimmungsort der Waren zumeist in Frankreich und

---

224 EuGH, Urteil vom 27.9.2007, Rs. C-409/04, Teleos plc, BStBl. II 2009, 70; UR 2007, 774.

in einzelnen Fällen auch in Spanien. Als Lieferbedingung wurde gemäß den Incoterms 2000 »ab Werk« (»ex-works« oder EXW) vereinbart. Somit musste Teleos die Mobiltelefone TT in einem Lager im Vereinigten Königreich zur Verfügung stellen. Für den Weitertransport in den vereinbarten Mitgliedstaat war TT verantwortlich. Es handelt sich hier also um einen **klassischen Abholfall**.

Als Nachweis, dass die Mobiltelefone ihren Bestimmungsort erreicht hatten, erhielt Teleos einige Tage nach dem Verkauf die von TT gestempelten und unterschriebenen **Originale der CMR-Frachtbriefe**, in dem die Gegenstände beschrieben wurden und die Lieferadresse, sowie der Name des Fahrers und das Kennzeichen des Fahrzeugs angegeben waren.

TT reichte bei den spanischen Finanzbehörden Steuererklärungen betreffend des innergemeinschaftlichen Erwerbs von Mobiltelefonen ein. **Zunächst akzeptierten die Finanzbehörden diese CMR-Frachtbriefe** als Beweis für die Ausfuhr der Gegenstände, sodass die Lieferungen von der Mehrwertsteuer befreit wurden und Teleos zum Vorsteuerabzug berechtigt war.

Bei **späteren Kontrollen** stellten die Finanzbehörden jedoch fest, dass in einigen Fällen in den CMR-Frachtbriefen ein falscher Bestimmungsort angegeben war, dass es die angegebenen Frachtführer gar nicht gab oder diese keine Mobiltelefone transportierten und dass die angegebenen Kennzeichen der Transportfahrzeuge keinen tatsächlich existierenden Fahrzeugen oder für den Transport solcher Waren ungeeigneten Fahrzeugen zuzuordnen waren.

Die **Finanzbehörden schlussfolgerten daraus, dass die Mobiltelefone das Vereinigte Königreich nie verlassen hatten**, und setzten daher für diese Lieferungen Mehrwertsteuerzahlungen in Höhe von mehreren Millionen Pfund Sterling fest.

26.2.2.2 Das Vorabentscheidungsersuchen

Das vorlegende **britische Gericht**[225] sah es als **erwiesen an, dass Teleos keinen Anlass hatte, an den Angaben in den CMR-Frachtbriefen oder an deren Echtheit zu zweifeln,** dass sie an keinem Betrug beteiligt war und dass sie nicht wusste, dass die Mobiltelefone das Vereinigte Königreich nicht verlassen hatten. Trotz ernsthafter und gründlicher Untersuchungen in Bezug auf die Zuverlässigkeit von TT, fand Teleos keinen konkreten Beweis für die Fehlerhaftigkeit der Angaben in den Frachtbriefen. Die Beschaffung zusätzlicher Beweise neben den CMR-Frachtbriefen wäre nicht zumutbar gewesen. Das Gericht hielt für die Entscheidung des Rechtsstreits eine Auslegung der Sechsten Richtlinie für erforderlich und legte dem EuGH folgende Frage zur Vorabentscheidung vor:

---

225 High Court of Justice (England & Wales), Queen's Bench Division (Administrative Court).

1. Verlangt eine steuerfreie innergemeinschaftliche Lieferung zwingend eine Warenbewegung über die Grenze?

2. Kann ein Steuerpflichtiger, der als Lieferer nicht erkennen konnte, dass er Teil einer Betrugskette war, nachträglich zur Umsatzsteuer herangezogen werden?

26.2.2.3   Das Urteil des EuGH

26.2.2.3.1   Allgemeine Betrachtungen

Als Voraussetzung für eine Steuerbefreiung einer innergemeinschaftlichen Lieferung ist es erforderlich, dass der Erwerber das Recht erlangt, wie ein Eigentümer über den Gegenstand zu verfügen und dieser Gegenstand in einen anderen Mitgliedstaat versandt oder befördert worden ist. Das heißt, der Gegenstand hat den **Liefermitgliedstaat physisch verlassen**.

Das führt zunächst auch der EuGH aus. Er betont, dass eine steuerfreie innergemeinschaftliche Lieferung zwingend eine Warenbewegung über die Grenze verlangt und dies auch für Abholfälle gilt. Aber, er führt auch weiterhin aus, dass die eingesetzten Maßnahmen, die die Mitgliedstaaten erlassen können, um eine genaue Erhebung der Steuer sicherzustellen und Steuerhinterziehungen zu verhindern, nicht so eingesetzt werden dürfen, dass der **Grundsatz der steuerlichen Neutralität der Mehrwertsteuer** in Frage gestellt wird.

So sind gleichartige und deshalb miteinander im Wettbewerb stehende Leistungen hinsichtlich der Mehrwertsteuer nicht unterschiedlich zu behandeln. Steuerpflichtige, die einen innergemeinschaftlichen Umsatz bewirken, dürfen durch Mehrwertsteuernachzahlungen nicht schlechter gestellt werden als Steuerpflichtige, die nur inländische Umsätze ausführen.

Die Sechste Richtlinie (seit dem 1.1.2007: die MwStSystRL) enthält keine Vorschrift, die genau festlegt, welche Nachweise für die Steuerbefreiung von innergemeinschaftlichen Lieferungen zu erbringen sind. **Sie stellt es den Mitgliedstaaten frei, die Bedingungen für die Steuerfreiheit selbst festzulegen.** Die Mitgliedstaaten sollten jedoch die **allgemeinen europäischen Rechtsgrundsätze** beachten – vor allem die der **Rechtssicherheit** und der **Verhältnismäßigkeit**.

26.2.2.3.2   Zu den Vorlagefragen

Legt ein Mitgliedstaat als Voraussetzung für die Steuerfreiheit in einer Liste, die Unterlagen fest, die ein Lieferant für die Steuerfreiheit einer innergemeinschaftlichen Lieferung zu erbringen hat, und werden diese vom Lieferanten bei den zuständigen Finanzbehörden als Nachweis für das Recht auf Steuerbefreiung vorgelegt, so kann die Behörde bei Akzeptanz der vorgelegten Nachweise, den Lieferanten im Nachhinein nicht wegen eines vom Erwerber begangenen Betrugs mit Mehrwertsteuer belasten. Das würde gegen den Grundsatz der Rechtssicherheit verstoßen. Aus diesen Gründen hat der Gerichtshof (Dritte Kammer) für Recht erkannt:

1. Die Art. 28a Abs. 3 UnterAbs. 1 und 28c Teil A Buchst. a UnterAbs. 1 der 6. EG-RL sind im Hinblick auf den in diesen beiden Bestimmungen enthaltenen Begriff »versendet«/»versandt« **grundsätzlich** dahin auszulegen, dass der innergemeinschaftliche Erwerb eines Gegenstands erst dann bewirkt ist und die Befreiung der innergemeinschaftlichen Lieferung erst dann anwendbar wird, wenn das Recht, wie ein Eigentümer über den Gegenstand zu verfügen, auf den Erwerber übertragen worden ist und der Lieferant nachweist, dass der Gegenstand in einen anderen Mitgliedstaat versandt oder befördert worden ist und aufgrund dieses Versands oder dieser Beförderung den Liefermitgliedstaat **physisch verlassen hat**.

2. Art. 28c Teil A Buchst. a UnterAbs. 1 der 6. EG-RL ist dahin auszulegen, dass die zuständigen Behörden des Liefermitgliedstaats nicht befugt sind, einen **gutgläubigen Lieferanten**, der Beweise vorgelegt hat, die dem ersten Anschein nach sein Recht auf Befreiung einer innergemeinschaftlichen Lieferung von Gegenständen belegen, zu verpflichten, später Mehrwertsteuer auf diese Gegenstände zu entrichten, wenn die Beweise sich als falsch herausstellen, jedoch nicht erwiesen ist, dass der Lieferant an der Steuerhinterziehung beteiligt war, **soweit er alle ihm zur Verfügung stehenden zumutbaren Maßnahmen ergriffen hat**, um sicherzustellen, dass die von ihm vorgenommene innergemeinschaftliche Lieferung nicht zu seiner Beteiligung an einer solchen Steuerhinterziehung führt.

3. Wenn der Erwerber bei den Finanzbehörden des Bestimmungsmitgliedstaats eine Erklärung wie die im Ausgangsverfahren über den innergemeinschaftlichen Erwerb abgibt, kann dies einen zusätzlichen Beweis dafür darstellen, dass die Gegenstände tatsächlich den Liefermitgliedstaat verlassen haben, ist jedoch kein für die Befreiung einer innergemeinschaftlichen Lieferung von der Mehrwertsteuer maßgeblicher Beweis.

> **➔ Beratungskonsequenzen**

1. Die **Rechte gutgläubiger Unternehmer im Binnenmarkt** werden durch die Entscheidung des EuGH **erheblich gestärkt**.
2. Das Urteil unterstreicht die **Bedeutung des Abnehmernachweises** (Muster ⊃ Kapitel 28) für **den guten Glauben**.
3. Die Steuerbehörden können für eine innergemeinschaftliche Lieferung die Entrichtung der Steuer nicht nachträglich vom Lieferer verlangen, wenn sich im Nachhinein erweist, dass die vorgelegten Nachweise falsche Angaben enthielten, der **Lieferer davon aber nichts wusste und auch nichts wissen konnte**.
4. Der in der Praxis häufig vorkommende Vorwurf der deutschen Finanzbehörden, dass die gelieferten Gegenstände **Deutschland nie verlassen** hätten, muss sich der gutgläubige Steuerpflichtige nun nicht mehr gefallen lassen.
5. Erbringt der gutgläubige Lieferant den Nachweis der Steuerfreiheit einer innergemeinschaftlichen Lieferung i. S. d. §§ 17a und 17c UStDV und kommt der Erwerber seiner vertraglichen Verpflichtung, die Gegenstände in einen anderen Mitgliedstaat zu versenden oder zu befördern nicht nach, so ist eine **Abwälzung des Risikos des betrügerischen Erwerbers auf den gutgläubigen Lieferanten**

nicht mehr möglich. Der Erwerber müsste im Liefermitgliedstaat zur Mehrwertsteuer herangezogen werden. Stellt sich im Nachhinein heraus, dass die Nachweise bzw. Unterlagen gefälscht sind, so ist das für die Gewährung der Steuerfreiheit unschädlich.

26.2.3 Die »Twoh«-Entscheidung: Keine Pflicht der Finanzbehörden, die Voraussetzungen der Steuerbefreiung durch Amtshilfe der Mitgliedstaaten selbst einzuholen!

§ **Rechtsgrundlagen**

EuGH-Urteil vom 27.9.2007[226]

26.2.3.1 Ausgangslage (vereinfacht)

Die in den Niederlanden ansässige Gesellschaft Twoh lieferte Computerteile an verschiedene Unternehmen in Italien. In den Kaufverträgen wurde als Lieferbedingung gemäß den Incoterms 2000 »ab Werk« (»ex-works« oder EXW) vereinbart. Twoh musste den Käufern die Computerteile lediglich in einem Lager in den Niederlanden zur Verfügung stellen. Für die weitere Beförderung nach Italien waren somit die Käufer verantwortlich. Auch hier handelte es sich – wie bereits bei der Rechtssache Teleos – um **Abholfälle.**

Das niederländische Steuerrecht fordert von seinen Unternehmern ebenfalls Unterlagen, die den innergemeinschaftlichen Charakter der Warenlieferungen **nachweisen. Diese erhielt Twoh von seinen Kunden nicht.** Twoh ging jedoch immer davon aus, dass es sich bei den von ihr getätigten Lieferungen um steuerfreie innergemeinschaftliche Lieferungen handelte/handle. Die Rechnungsstellung erfolgte deshalb ohne Ausweis der niederländischen Mehrwertsteuer.

Bei einer Steuerprüfung konnte Twoh nicht den Nachweis erbringen, dass die Computerteile nach Italien befördert oder versandt wurden. Deshalb vertrat die niederländische Finanzverwaltung die Auffassung, dass zu Unrecht keine Mehrwertsteuer abgeführt worden sei und erließ gegen Twoh einen Nacherhebungsbescheid über einen Mehrwertsteuerbetrag in Millionenhöhe.

Gegen diesen Nacherhebungsbescheid legte Twoh Einspruch ein und forderte die niederländische Finanzverwaltung ausdrücklich auf, im Rahmen der **Amtshilfe-Richtlinie** und der **Verordnung über die Zusammenarbeit der Verwaltungsbehörden** bei der zuständigen italienischen Behörde Auskünfte über Richtigkeit der steuerfreien innergemeinschaftlichen Lieferungen einzuholen. Dieser Aufforderung kam die Finanzverwallung nicht nach. Sie bestätigte den Nacherhebungsbescheid.

Dagegen erhob Twoh Klage beim niederländischen Gerechtshof te Arnhem. Dieser setzte den Nacherhebungsbescheid herab, nachdem Twoh bestimmte Nachweise vorgelegt hatte. Vertrat aber die Auffassung, dass die niederländische Finanzverwaltung

---

226 EuGH, Urteil vom 27.9.2007, Rs. C-184/05, Twoh International BV, BStBl. II 2009, 83; UR 2007, 782.

nicht verpflichtet sei, bei ihren italienischen Kollegen eine Untersuchung zur Überprüfung der tatsächlichen Verbringung der Waren nach Italien zu beantragen. Auch gegen dieses Urteil legte Twoh Kassationsbeschwerde beim Hoge Raad ein.

26.2.3.2 Der Vorlagebeschluss

Das vorlegende **niederländische Gericht**[227] hielt für die Entscheidung des Rechtsstreites eine Auslegung der Sechsten Richtlinie für erforderlich und legte dem EuGH folgende Frage zur Vorabentscheidung vor:

Ist die Sechste Richtlinie in Verbindung mit der Amtshilfe-Richtlinie und der Verordnung über die Zusammenarbeit der Verwaltungsbehörden so auszulegen, dass die Finanzbehörden des Mitgliedstaates des Beginns des Versandes oder der Beförderung der Gegenstände die Behörden des vom Lieferanten angegebenen Bestimmungsmitgliedstaates um Auskünfte ersuchen und diese bei der Prüfung, ob es sich tatsächlich um eine innergemeinschaftliche Lieferung handelt, berücksichtigen müssen?

26.2.3.3 Das Urteil des EuGH

26.2.3.3.1 Allgemeine Betrachtungen

Anders als in der Rechtssache Teleos geht es im Fall Twoh **nicht** um die Gutgläubigkeit des Lieferanten oder darum, ob der Kunde ein Betrug begangen hat. Es geht allein darum, dass Twoh nicht die erforderlichen Nachweise erbringen konnte, dass die Computerteile tatsächlich in den Bestimmungsmitgliedstaat (Italien) verbracht worden sind und er deshalb die niederländische Finanzverwaltung aufforderte, bei der zuständigen Behörde des Mitgliedstaates Auskünfte einzuholen, die den innergemeinschaftlichen Charakter der Lieferungen belegen könnten.

Die zu klärende Frage ist also, ob die Finanzverwaltung einer solchen Aufforderung nachzukommen hat.

Bei der Beantwortung dieser Frage sollte zuerst **Zweck und Inhalt der Amtshilfe-Richtlinie und der Verordnung über die Zusammenarbeit der Verwaltungsbehörden** etwas näher betrachtet werden.

Aus beiden Gemeinschaftsrechtsakten geht hervor, dass mithilfe dieser Möglichkeiten die **Steuerhinterziehung und die Steuerflucht bekämpft** werden soll. Den Mitgliedstaaten soll somit ermöglicht werden, die zu erhebende Steuer zutreffend festzusetzen. Inhaltlich wurden Regeln zur Zusammenarbeit der Verwaltungsbehörden erlassen.

Dem Einzelnen (Steuerpflichtigen) werden, außer dem Recht der Bestätigung der Gültigkeit der Umsatzsteuer-Identifikationsnummer, **keine weiteren Rechte eingeräumt**.

Amtshilfe bedeutet, dass die nationalen Finanzbehörden zur Bekämpfung von Steuerhinterziehung untereinander um Auskünfte ersuchen können, die ihnen sonst so nicht zugänglich wären.

---

227 Der Hoge Raad.

Jeder einzelne Mitgliedstaat hat selbst zu entscheiden, in welchen Fällen ihm Informationen über Umsätze von in seinem Hoheitsgebiet ansässigen Steuerpflichtigen fehlen und ob es gerechtfertigt ist einen anderen Mitgliedstaat um Auskunft zu ersuchen. Das Auskunftsersuchen darf keinen unverhältnismäßig hohen Verwaltungsaufwand verursachen. Erweckt die auskunftssuchende Behörde den Eindruck, dass sie ihre eigenen üblichen Auskunftsmöglichkeiten nicht ausgeschöpft hat, braucht die um Hilfe ersuchte Behörde keine Auskunft zu erteilen.

26.2.3.3.2 Zur Vorlagefrage

Wenden wir diese Ausführungen auf die Rechtssache Twoh an, ergibt sich für die Beurteilung Folgendes:

Die Amtshilfe-Richtlinie und die Verordnung über die Zusammenarbeit der Verwaltungsbehörden dienen **nicht** der Einführung eines Systems zum Informationsaustausch zwischen den Finanzverwaltungen der Mitgliedstaaten. Sie ermöglichen somit auch nicht die Feststellung des innergemeinschaftlichen Charakters von Lieferungen eines Steuerpflichtigen, wenn er selbst nicht in der Lage ist, die erforderlichen Beweise vorzulegen.

Aus diesen Gründen hat der Gerichtshof (Dritte Kammer) für Recht erkannt: Art. 28c Teil A Buchst. a UnterAbs. 1 der Sechsten Richtlinie 77/388/EWG des Rates vom 17.5.1977 zur Harmonisierung der Rechtsvorschriften der Mitgliedstaaten über die Umsatzsteuern – Gemeinsames Mehrwertsteuersystem: einheitliche steuerpflichtige Bemessungsgrundlage in der durch die Richtlinie 95/7/EG des Rates vom 10.4.1995 geänderten Fassung in Verbindung mit der Richtlinie 77/799/EWG des Rates vom 19.12.1977 über die gegenseitige Amtshilfe zwischen den zuständigen Behörden der Mitgliedstaaten im Bereich der direkten und indirekten Steuern in der durch die Richtlinie 92/12/EWG des Rates vom 25.2.1992 geänderten Fassung und der Verordnung (EWG) Nr. 218/92 des Rates vom 27.1.1992 über die Zusammenarbeit der Verwaltungsbehörden auf dem Gebiet der indirekten Besteuerung ist dahin auszulegen, dass die Finanzbehörden des Mitgliedstaats des Beginns des Versands oder der Beförderung von Gegenständen nicht verpflichtet sind, die Behörden des vom Lieferanten angegebenen Bestimmungsmitgliedstaats um Auskunft zu ersuchen.

Beratungskonsequenzen

1. Kann der Steuerpflichtige den Nachweis über den Versand oder die Beförderung der Waren in einen anderen Mitgliedstaat nicht selbst erbringen, so ist die **Finanzbehörde nicht verpflichtet, die Finanzbehörden des Bestimmungsstaates um Auskünfte zu ersuchen**.
2. Der **Steuerpflichtige**, der die Steuerbefreiung für innergemeinschaftliche Lieferungen beantragt hat, **muss nachweisen**, dass der Erwerber die Verfügungsmacht über die Ware erlangt hat.

26.3 Weitere wichtige Entscheidungen von EuGH und BFH

 Hinweis

mybookplus.de > Vertiefende Informationen > Kapitel 26.3

27 Gelangensbestätigung/Abnehmerversicherung: Was sind die Unterschiede?

– Ein erster Überblick –

27.1 Vollzugsmeldung vs. Absichtserklärung

Die Gelangensbestätigung ist eine **Vollzugsmeldung**: die Ware ist bereits im Bestimmungsland angekommen.

Die Abnehmerversicherung ist eine **Absichtserklärung**: der Unterzeichnete sichert ein – noch zukünftiges – Verhalten zu.

27.2 Transportfälle vs. Abholfälle

Für **alle EU-Geschäfte** benötigen Sie vom Kunden die Gelangensbestätigung.

Nur in Abholfällen sollten Sie **zusätzlich** eine Abnehmerversicherung einfordern. So können Sie Ihren guten Glauben nachweisen, wenn die Gelangensbestätigung ausbleibt oder sonstige Unregelmäßigkeiten eintreten.

 Beratungskonsequenzen

Abholfälle = Der Kunde trägt die Transportverantwortlichkeit. Das ist der Fall, wenn der Lieferant nach dem Kaufvertrag also lediglich die Übergabe der Ware im eigenen Unternehmen schuldet. Wie der Kunde den Transport tatsächlich durchführt, ob er also

- die Ware höchstpersönlich abholt oder
- einen Arbeitnehmer beauftragt oder
- einen Spediteur bestellt oder
- einen Frachtführer beauftragt,

ist ohne Bedeutung.

Transportfälle = Der Lieferant trägt die Transportverantwortlichkeit. Das ist der Fall, wenn er nach dem Kaufvertrag auch den Transport der Ware zum Kunden schuldet. Wie er den Transport tatsächlich durchführt, ob er also

- die Ware selbst zum Kunden bringt oder
- einen Spediteur bestellt oder
- einen Frachtführer beauftragt,

ist ohne Bedeutung.

EU-Lieferung/Basics

27.3 Pflichtnachweis vs. zusätzlicher (»freiwilliger«) Nachweis

Die Gelangensbestätigung ist ein **Pflichtnachweis** (vgl. § 17b UStDV).

Die Abnehmerversicherung beruht auf einer **bloßen Empfehlung, ist also freiwillig.**

 Beratungskonsequenzen

Dem Unternehmer steht es frei, den Belegnachweis **mit allen geeigneten Belegen und Beweismitteln** zu führen, aus denen sich die Steuerbefreiung in der **Gesamt-schau** nachvollziehbar und glaubhaft ergibt (vgl. Abschn. 6a.2 Abs. 6 Satz 10 UStAE zu § 17b Abs. 3 UStDV). Sie dürfen / Ihr Mandant darf kreativ sein und »**Eichhörn-chenarbeit treiben**« (vgl. ➲ Kapitel 32.6): da das Gesamtbild zählt, sollte **jeder ge-eignete Nachweis** gesammelt werden!

27.4 Sprachvorgaben: »alle Sprachen« vs. »Deutsch«

Die Gelangensbestätigung kann grundsätzlich **in allen gesprochenen Sprachen** erstellt werden (vgl. Abschn. 6a.4 Abs. 5 UStAE).

Die Abnehmerversicherung dagegen sollte eine **Erklärung in deutscher Sprache** sein.

27.5 Unterschrift des tatsächlich Abholenden

Lassen Sie die Abnehmerversicherung **von demjenigen, der** »**vor Ihnen steht**«, unter-schreiben!

 Checkliste: Tatbestandsmerkmale Reihengeschäft

* Lassen Sie also bitte unbedingt den **tatsächlichen Abholer** und ...
* ... **nicht** die Geschäftsleitung o. ä. des Kunden unterschreiben!
* Kopieren Sie möglichst ein auf den **tatsächlichen Abholer lautendes Ausweis-papier** (➲ Kapitel 32).

28 Die Gelangensbestätigung

24 FAQ, die Sie mit der Problematik vertraut machen

§ **Rechtsgrundlagen**

* UStG: § 6a Abs. 3 UStG
* UStDV: § 17b Abs. 2 Nr. 2 UStDV n. F.
* UStAE: Abschn. 6a.3 Abs. 3 UStAE
* BMF-Schreiben u. Ä: In Ergänzung zum UStAE regelt die Finanzverwaltung die Gelangensbestätigung/der innergemeinschaftlichen Lieferung in diversen BMF-Schreiben, Erlassen und Verfügungen

28.0 Auf einen Blick vorab – Seit dem 1.1.2020 tritt neben die Gelangensbestätigung die neue Gelangensvermutung

Die Quick Fixes haben zur Einführung der neuen Gelangensvermutung geführt (§ 17a UStDV n. F.). Die Gelangensbestätigung finden Sie – unverändert – im neuen § 17b UStDV. Materiell hat sich dadurch für Sie nichts geändert, zumal die neue Vorschrift wenig durchdacht zu sein scheint (➲ Kapitel 30).

> **Beratungskonsequenzen**
> Verfahren Sie daher weiter wie bisher und legen Sie Wert auf den Erhalt der Gelangensbestätigung!

FAQ 1: Was ist die »Gelangensbestätigung«?

Die Gelangensbestätigung ist eine Bestätigung des EU-Kunden, dass die **Ware bei Ihrem Kunden im EU-Ausland angekommen** ist.

> **Bitte beachten Sie!**
> Die Neuregelung ist **keine branchenspezifische** und gilt für den **Handel mit allen Produkten!**

FAQ 2: Auf welcher Rechtsgrundlage beruht die Gelangensbestätigung?

Rechtsgrundlage § 17b

- Abs. 2 Nr. 2 (**Gelangensbestätigung i. e. S.**) und
- Abs. 3 (**Alternativnachweise**)

der Umsatzsteuer-Durchführungsverordnung (UStDV)[228].

FAQ 3: War die Gelangensbestätigung neu oder gab es diese schon vorher?

Letzteres – auf freiwilliger Basis setzen z. B. viele Autohäuser die Gelangensbestätigung bereits ein.

Der Grund: Nach der Rechtsprechung des EuGH kann ein EU-Geschäft im Zweifel auf jedem geeigneten Weg nachgewiesen werden (»**Eichhörnchenarbeit treiben!**« ➲ FAQ 16).

---

228 § 17a UStDV in Fassung der »Elfte Verordnung zur Änderung der Umsatzsteuer-Durchführungsverordnung« vom 25.3.2013, BStBl. I 2013, 515.

Beratungskonsequenzen

Die Gelangensbestätigung sollte bei Ihnen **nicht** die im Abholfall bereits bei Übernahme der Ware durch den Kunden abzugebende »**Abnehmerversicherung**«
(➲ FAQ 23)[229] ersetzen.

Die Abnehmerversicherung sollten Sie **in Abholfällen auch weiterhin vom Kunden
einfordern!**

FAQ 4: Vermehrt hört man von praktischen Bedenken gegen die Gelangensbestätigung. – Worin bestehen diese konkret?

1. Die Gelangensbestätigung ist nur nachträglich möglich – wenn der Kunde also be-
    reits »alles hat«!

    Eine Gelangensbestätigung kann vom Kunden

    – erst am Bestimmungsort und damit

    – nach Erhalt der Ware

    erstellt werden.

    Dem liefernden Unternehmer wird die Bestätigung somit regelmäßig **erst nach
    Ausführung seiner Lieferung** vorliegen.

    > **Bitte beachten Sie!**
    > Zur Zeit der an sich steuerfreien Lieferung verfügt der Unternehmer noch nicht
    > über den entsprechenden Nachweis.

    Damit läuft der Lieferant zukünftig immer **Gefahr, die Gelangensbestätigung nicht
    zu erhalten**.

2. Die Durchsetzung der Gelangensbestätigung wird dem Lieferanten nur schwer
    möglich sein!

    Die in verwaltungsnahen Fachbeiträgen hierzu angebotene »Lösung«, der Lieferant
    hätte doch die Möglichkeit, sich durch **Ausstellung einer sog. »Bruttorechnung«**
    abzusichern, erscheint **für die Praxis wenig praktikabel**:

    > **Beispiele**
    > 1. Ein deutsches Autohaus (D) verkauft einem belgischen Unternehmenskun-
    >   den steuerfrei innergemeinschaftlich einen Sportwagen vom Typ »Wies-
    >   mann GT« für 200.000 € netto.
    > 2. Wie 1. Der Kunde ist ein belgischer Pflegedienst, der zu diesem Preis 15 Cit-
    >   roën C3 erwerben möchte

    Vorschlag der FinVerw: D könnte in der Rechnung den Bruttokaufpreis (238.000 €)
    ausweisen, also eine Rechnung, die **einen Sicherungsbetrag in Höhe der auf den
    Nettopreis entfallenden Umsatzsteuer** i. H. v. 38.000 € enthält – mit dem Zusatz,
    dass der Betrag erstattet werde, wenn die Gelangensbestätigung übersandt wird.

---

229 Abnehmerversicherung: Zur Vertiefung der rechtlichen Voraussetzungen ➲ Kapitel 29.

Der Kunde im Beispiel muss also bereit sein, wenn auch nur übergangsweise »**frei-willig**« **38.000 € mehr als vereinbart** zu zahlen! Dem ist – so meine ich – nichts hin-zuzufügen!

Hinweis

Wenn Sie diesen Weg wider Erwarten als einen für Ihr Unternehmen/Mandan-tenunternehmen gangbaren einschätzen – etwa weil Sie mit sehr exklusiven Fahrzeugen handeln, die so leicht nicht anderswo erworben werden können ⮑ FAQ 20.

In der Praxis wird der EU-ausländische Kunde das Fahrzeug aber dann im Zweifel **in einem anderen EU-Mitgliedstaat kaufen**, denn die Gelangensbestätigung gibt es nur in Deutschland! (⮑ nachfolgende Ziffer 3.)

3. Die Gelangensbestätigung führt grundlos zu einer einseitigen Benachteiligung der deutschen Wirtschaft!

   Die Gelangensbestätigung ist eine **rein deutsche »Erfindung«**! Damit ist zu beden-ken, dass der Nachweis ausländische Kunden zur Mitwirkung an Nachweisvorschrif-ten des deutschen Fiskus verpflichtet, diese aus dem Recht ihres Landes **nicht ken-nen** und **im Zweifel nicht verstehen** werden.

Hinweis

Die **Motivation der ausländischen Kunden** zur Mitwirkung wird aus diesem Grund vermutlich **eher gering** sein!

4. Es gibt nur eine »halbherzige« Kleinbetragsregelung!

   Auch sollte über eine »richtige« Kleinbetragsregelung nachgedacht werden, die sich **wie bei Ausfuhren in Drittländer** am Warenwert orientieren könnte. Nur so ließe sich vermeiden, dass Kleinstumsätze durch das Einfordern und Überwachen der Gelangensbestätigung **unangemessen hohe Mühen und Kosten** verursachen.

   Die derzeitige Lösung jedenfalls befriedigt kaum!

FAQ 5: Bei welchen Geschäften wird zukünftig eine Gelangensbestätigung erforderlich sein?

§ 17b UStDV normiert den **Belegnachweis nur für** innergemeinschaftliche Lieferungen (igL) i. S. d. § 6a Abs. 1 UStG (also – in der Sprache der Branche – für **das »EU-Geschäft«**). Voraussetzung dafür ist u. a.:

- eine **Warenbewegung »von EU nach EU«** (§ 6a Abs. 1 Satz 1 Nr. 1 UStG)
- die als »**bewegte**« Lieferung erfolgt (⮑ FAQ 7 u. 8) und
- an einen **Unternehmer**, an eine gleichgestellte **juristische Person** oder im Ausnah-mefall auch an eine **Privatperson** (Sonderregel für **Neufahrzeuge** ⮑ FAQ 17) er-bracht wird.

**FAQ 6:   Gegenfrage – Bei welchen Geschäften ist damit *keine*
Gelangensbestätigung erforderlich?**

1. Inlandsgeschäft

> **Beispiel**
> Ein Niederländer kauft ein Fahrzeug, das in Deutschland verbleibt.

> **Bitte beachten Sie!**
> **Keine innergemeinschaftliche Lieferung:** Zwar EU-Kunde, aber keine Warenbewegung »von EU nach EU«

2. Drittlandsgeschäft

> **Beispiel**
> Ein Niederländer kauft ein Fahrzeug, das er nach Russland exportiert.

> **Bitte beachten Sie!**
> **Keine innergemeinschaftliche Lieferung:** Zwar EU-Kunde, aber keine Warenbewegung »von EU nach EU«; unter den weiteren Voraussetzungen des § 6 UStG aber steuerfreie Ausfuhr[230].

3. EU-Geschäft als »ruhender« Lieferer

   Für den Fall des Reihengeschäfts ist die »bewegte« Lieferung von der »ruhenden« Lieferung abzugrenzen. ➲ FAQ 7 u. 8.

> **Bitte beachten Sie!**
> Eine ruhende Lieferung ist immer steuerpflichtig; einer Gelangensbestätigung bedarf es daher nicht.

4. EU-Geschäft ohne Warenbewegung

> **Beispiel**
> Ein Niederländer erhält von einem deutschen Autohaus einen Vorführwagen, der ihm so gut gefällt, dass er ihn kauft.

> **Bitte beachten Sie!**
> **Keine innergemeinschaftliche Lieferung!** Zwar EU-Kunde, aber keine Warenbewegung »von EU nach EU«, da das Fahrzeug zzt. des Kaufentschlusses schon dort ist, wo es schlussendlich verbleiben soll.

---

230   Hierzu ausführlich ➲ Kapitel 39 ff.

5. Sonstige Leistungen – insbes. Reparaturen und andere Werkarbeiten, die nicht zu einer Lieferung führen –

> **Beispiel**
>
> Eine Kfz-Reparaturwerkstatt in Kerken repariert für einen niederländischen Unternehmenskunden ein Fahrzeug. Die Ersatzteile machen 23 % des Rechnungsbetrages aus.

> **Bitte beachten Sie!**
>
> Da die **50%-Grenze** nicht überschritten ist, führen die Reparaturarbeiten insgesamt zu einer Werkleistung und damit zu einer sonstigen Leistung.

FAQ 7: Was ist eine »bewegte« Lieferung?

Eine bewegte Lieferung ist eine Lieferung, der ein zur Erfüllung des Geschäfts erforderlicher **Transport umsatzsteuerlich zugeordnet** wird.

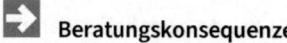 **Beratungskonsequenzen**

1. Eine Lieferung ist nur dann als innergemeinschaftliche steuerfrei, wenn die Warenbewegung von EU nach EU **dem eigenen Ausgangsumsatz zugeordnet** wird.
2. Die **»Spielregeln«** hierfür ergeben sich aus § 3 Abs. 6 UStG[231].

FAQ 8: Woran erkenne ich die »bewegte« Lieferung im Tagesgeschäft?

 Checkliste: Bewegte Lieferung

- Der Kunde tritt unter einer **gültigen ausländischen USt-IdNr.** auf *und*
- **Sie bringen** die Ware (mit einem eigenen Lkw oder unter Beauftragung eines Frachtführers oder Spediteurs) in das EU-Ausland *oder*
- **der Kunde holt** die Ware ab bzw. lässt die Ware abholen und der **Abholende bestätigt unmittelbar vor der Übergabe (also noch bei Ihnen vor Ort)**, dass er das Fahrzeug als »unser Kunde oder dessen Mitarbeiter oder dessen Beauftragter« transportiert (Abnehmerversicherung ➾ **FAQ 23**).

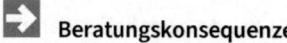 **Beratungskonsequenzen**

1. Nur dann, wenn bei einem EU-Geschäft die bewegte Lieferung getätigt wird, kann das Geschäft nach § 6a UStG steuerfrei erfolgen.
2. Nur zum Nachweis der Steuerbefreiung und damit **nur für diesen Fall** wird die Gelangensbestätigung benötigt.
3. Die Abnehmerversicherung lassen Sie sich bitte immer von dem unterschreiben, der **tatsächlich vor Ort** (in ihrem Geschäft/Lager) vor Ihnen steht (➾ FAQ 23).

---

231 Hierzu ausführlich ➾ Kapitel 23.

EU-Lieferung/Basics

4. **Umkehrschluss:** Die Abnehmerversicherung schicken Sie nicht – etwa per Telefax oder E-Mail – an die Geschäftsleitung des Kunden!

 Hinweis

Neuer Prüfungsansatz der FinVerw: Bei unbarer Vorkasse wird neuerdings die **Überweisung vom richtigen Konto** geprüft.

FAQ 9: Welche Angaben gehören in die Gelangensbestätigung?

Die Gelangensbestätigung ist gem. § 17b Abs. 2 Satz 1 Nr. 2 UStDV ein Dokument/Dokumentensatz (➲ FAQ 10) mit folgenden Angaben[232]:

 Checkliste: Angaben Gelangensbestätigung

- Name und Anschrift des Abnehmers
- **Menge** des Gegenstands der Lieferung und **handelsübliche Bezeichnung** einschließlich **Fahrzeug-Identifikationsnummer,** wenn der Liefergegenstand ein Fahrzeug i. S. v. § 1b Abs. 2 UStG ist
- **Ort und Monat** des Endes der Beförderung oder Versendung des Gegenstands, also dessen Erhalt des Gegenstands im Gemeinschaftsgebiet
- **Ausstellungsdatum** der Gelangensbestätigung
- **Unterschrift** des Abnehmers oder eines von ihm zur Abnahme Beauftragten (zum elektronischen Beleg ➲ FAQ 13)

Bitte beachten Sie!

1. Ursprünglich sollte das Transportende **tagesgenau** benannt werden. Das wird nun **nicht** mehr verlangt, ist aber weiterhin natürlich freiwillig möglich.
2. **Auch im Abholfall** muss der Kunde im Nachhinein bestätigen, dass das Fahrzeug (die Ware) tatsächlich ins EU-Ausland gelangt ist. Daneben sollte, wie bisher auch, bei der Übergabe des Fahrzeugs die **Abnehmerversicherung** verlangt werden (siehe ➲ FAQ 3 und 23).

FAQ 10: Sind Formvorgaben zu beachten?

Nein!

Die Gelangensbestätigung kann **in jeder die erforderlichen Angaben enthaltenden Form** erbracht werden[233]. Sie kann auch **aus mehreren Dokumenten** bestehen, aus denen sich die geforderten Angaben dann insgesamt ergeben (§ 17b Abs. 2 Nr. 2 Satz 4 UStDV).

---

232 Zur Vertiefung *Weimann,* Gelangensbestätigung, 1. Auflage 2014, Kapitel 2.2.

233 Zur Vertiefung *Weimann,* Gelangensbestätigung, 1. Auflage 2014, Kapitel 2.3.1.

Beratungskonsequenzen

1. Damit ist es nicht zwingend, ein (1) Muster zu verwenden oder Formular einzu-setzen; zum Nachweis genügt mithin auch ein **Dokumentensatz,** also mehrere Dokumente mit insgesamt den genannten Angaben.
2. Bis zuletzt wurde von der Finanzverwaltung gefordert, dass ein **Dokumenten-satz insgesamt in deutscher Sprache** verfasst sein müsse. Dieses Erfordernis wurde **auf Drängen der Wirtschaft gekippt** (➲ FAQ 11).
3. Auch eine **elektronische Übermittlung des Belegs** ist möglich (➲ FAQ 13).

Beispiele

Die Gelangensbestätigung kann sich daher

* aus einer Kombination des Lieferscheins mit einer entsprechenden Bestätigung über den Erhalt des Liefergegenstands
* aus einer **Kopie der Rechnung** über die innergemeinschaftliche Lieferung, **er-gänzt um** die weiteren erforderlichen Angaben
* aus einem ggf. ergänzten Versendungsbeleg

ergeben.

FAQ 11: Sind Sprachvorgaben zu beachten?

Nein!

Grundsätzlich kann die Gelangensbestätigung **in allen gesprochenen Sprachen** erstellt werden. Denn die aus dem Einführungsschreiben[234] ersichtliche Neufassung von Ab-schn. 6a.4 Abs. 5 UStAE lautet dazu wie folgt:

§ **Rechtsgrundlagen**

Abschn. 6a.4 Abs. 5 UStAE

(Hinweis: Hervorhebungen durch **Fett**druck sind vom Autor.)

(5) ... [7]Die Gelangensbestätigung oder die die Gelangensbestätigung bildenden Do-kumente können danach **auch in englischer oder französischer Sprache** abgefasst werden; entsprechende **Nachweise in anderen Sprachfassungen** bedürfen einer amtlich beglaubigten Übersetzung. ...

 Beratungskonsequenzen

1. **Ursprünglich** wollte die Finanzverwaltung mit engen Sprachvorgaben arbeiten, hält daran jedoch auf Drängen der Wirtschaft nicht weiter fest.
2. Für die Gelangensbestätigung gibt es damit an sich **keinerlei Sprachvorgaben.**
3. Von Vorteile sind Bestätigungen in **deutscher, englischer oder französischer Sprache,** da diese **keine** amtlich beglaubigte Übersetzung erfordern.

---

234   BMF, Schreiben vom 16.9.2013, IV D 3 – S 7141/13/10001, 2013/0828720, a. a. O.

4. Für den Verzicht auf eine amtlich beglaubigte Übersetzung werden sicher auch **sprachlich uneinheitlich abgefasste Dokumentensätze** in deutscher, englischer *und* französischer Sprache genügen.

5. Entsprechende Nachweise **in anderen Sprachfassungen** (… als deutsch, englisch oder französisch …) bedürfen einer **amtlich beglaubigten Übersetzung.**

FAQ 12: Können bei festen Geschäftsbeziehungen mehrere Umsätze in einer Art »Sammelbestätigung« gemeldet werden?

Ja!

Die Gelangensbestätigung kann als Sammelbestätigung ausgestellt werden. In dieser können Umsätze aus **bis zu einem Quartal** zusammengefasst werden (§ 17b Abs. 2 Nr. 2 Sätze 2 u. 3 n. F. UStDV).

 Beratungskonsequenzen

1. Damit ist es **nicht** erforderlich, eine Gelangensbestätigung für jeden einzelnen Liefergegenstand auszustellen.

2. Bei
   - **Lieferungen, die mehrere Gegenstände umfassen**, oder bei
   - Rechnungen, in denen einem Abnehmer gegenüber **über mehrere Lieferungen abgerechnet wird,**

   ist es regelmäßig ausreichend, wenn sich die Gelangensbestätigung auf die jeweilige Lieferung bzw. auf die Sammelrechnung bezieht.

3. Auch in einer Quartalsbescheinigung muss aber **für das jeweilige Transportende der Monat** benannt werden.

4. Gerade die Arbeit mit Sammelbestätigungen wird die nunmehr zulässige **Mehrsprachigkeit** (➲ FAQ 11) nicht unerheblich vereinfachen.

5. Auch Sammelbestätigungen können **per E-Mail** (➲ FAQ 13) erfolgen[235].

 Hinweis

Muster zur Sammelbestätigung ➲ Kapitel 23.2, Anlage 3

FAQ 13: Ist ein »E-Beleg« zulässig?

Ja!

Die Gelangensbestätigung ist **technologieneutral** ausgestaltet. Das bedeutet, dass kein bestimmtes technisches Übermittlungsverfahren vorgeschrieben ist. Die Unternehmen sind vielmehr **frei in ihrer Entscheidung, in welcher Weise** sie die Bestätigung übermitteln. Diese können den Lieferanten daher in allen denkbaren und damit ganz unterschiedlichen Formen erreichen:

---

235 Vgl. Abschn. 6a.4 Abs. 5 Bsp. 2 UStAE.

- als **bloße E-Mail**
- als E-Mail mit **Word- oder sonstigem Textanhang**
- als E-Mail mit **PDF-Anhang**
- im **EDI-Verfahren**
- als **Standardfax, Computer-Fax** oder über einen **Faxserver**
- per **Web-Download**
- via **DE-Mail**
- via **E-Post**
- … [zukünftige Techniken]

Bei einer elektronischen Übermittlung des Belegs an den liefernden Unternehmer ist eine **Unterschrift** des mit der Beförderung beauftragten Unternehmers **nicht erforderlich**, sofern erkennbar ist, dass die elektronische Übermittlung im Verfügungsbereich des mit der Beförderung beauftragten Unternehmers begonnen hat (§ 17b Abs. 2 Nr. 2 Buchst. e Satz 2 UStDV).

> **Bitte beachten Sie!**
>
> Für die Anforderungen an die Lesbarkeit der Bestätigung und ihre Archivierung verweist die Finanzverwaltung auf die GoBS[236] und GDPdU[237].
>
> Wird die Gelangensbestätigung per E-Mail übersandt, *soll* auch die E-Mail selbst dazu archiviert werden (➲ FAQ 19[238]).

FAQ 14:   Wie sieht eine Gelangensbestätigung konkret aus? (Muster)

Das BMF bietet Mustertexte für die Gelangensbestätigung an[239]. Schon ein erster Blick auf die Muster zeigt, dass diese einen **streng behördlichen Charakter** haben und damit wenig praktikabel sein werden. Man muss sich nämlich immer vor Augen halten, dass man seinem Kunden eine Bestätigung »abtrotzen« soll, die er aus seinem Umsatzsteuerrecht nicht kennt (➲ FAQ 4 Unterpunkt 3) und die er damit – zumindest während einer Übergangszeit – nicht einordnen können wird.

Meine Empfehlung geht daher darin, es dem Kunden möglichst einfach machen, in dem man ihm z. B. eine schon **vorbereitete Bestätigung zufaxt**, die der Kunde dann selbst **lediglich unterschreiben und zurückfaxen** muss.

---

236 GoBS = Grundsätze ordnungsgemäßer DV-gestützter Buchführungssysteme, BMF-Schreiben vom 7.11.1995, IV A 8 – S 0316 – 52/95, BStBl. I 1995, 738, weiter gültig gem. BMF-Schreiben vom 9.4.2013, IV A 2 – O 2000/12/10001, 2012/0110996, Positivliste Nr. 62, BStBl. I 2013, 522.

237 GDPdU = Grundsätze zum Datenzugriff und zur Prüfbarkeit digitaler Unterlagen, BMF-Schreiben vom 16.7.2001, IV D 2 – S 0316 – 136/01, BStBl. I 2001, 415, weiter gültig gem. BMF-Schreiben vom 9.4.2013, IV A 2 – O 2000/12/10001, 2012/0110996, Positivliste Nr. 63, BStBl. I 2013, 522.

238 Zur Vertiefung *Weimann*, Gelangensbestätigung, 1. Auflage 2014, Kapitel 2.5.

239 BMF, Schreiben vom 16.9.2013, IV D 3 – S 7141/13/10001, 2013/0828720, a. a. O, Anlagen 1–3.

Bitte beachten Sie!

Selbstverständlich ist hier **auch die Arbeit mit einer entsprechenden E-Mail möglich** (➲ FAQ 13).

In der Praxis hat sich allerdings das **Telefax bewährt,** da beim Kunden etwas »auf dem Schreibtisch liegt«, was beantwortet werden muss. Eine E-Mail droht häufig in der Flut der elektronischen Eingangspost unterzugehen.

Der Schriftwechsel sollte **in englischer Sprache** und **mit einfachen Worten** erfolgen, damit alle Beteiligten – also sowohl der ausländische Kunde als auch der deutsche Betriebsprüfer – den Inhalt schnell und eindeutig erfassen können.

 Hinweis

- Muster **Einzelbestätigung/allgemein** ➲ Kapitel 28.2, Anlage 1
- Muster **Einzelbestätigung/Kfz-Handel** ➲ Kapitel 28.2, Anlage 2
- Muster **Sammelbestätigung** ➲ Kapitel 28.2, Anlage 3

FAQ 15: Gibt es Alternativen zur Gelangensbestätigung?

Ja!

 Rechtsgrundlagen

§ 17b Abs. 1, Abs. 2 Einleitungssatz UStDV

(1) Bei innergemeinschaftlichen Lieferungen (§ 6a Absatz 1 des Gesetzes) hat der Unternehmer im Geltungsbereich dieser Verordnung durch Belege nachzuweisen, dass er oder der Abnehmer den Gegenstand der Lieferung in das übrige Gemeinschaftsgebiet befördert oder versendet hat. Die Voraussetzung muss sich aus den Belegen eindeutig und leicht nachprüfbar ergeben.

(2) Als eindeutig und leicht nachprüfbar nach Absatz 1 gilt insbesondere ein Nachweis, der wie folgt geführt wird: …

Damit ist die in § 17b Abs. 2 UStDV geregelte Gelangensbestätigung nur der »**Königsweg**«, der die wenigsten Beanstandungen der FinVerw erwarten lässt. Grds. kann der Nachweis aber im Rahmen der erforderlichen **Gesamtschau** (➲ FAQ 16) auch anders – **nämlich mit allen zulässigen Belegen und Beweismitteln** – geführt werden.

 Beratungskonsequenzen

1. Der Unternehmer sollte also **alle zum Nachweis geeigneten Belege** sammeln (»Eichhörnchenarbeit treiben!« ➲ FAQ 16)
2. Eine Auswahl dieser sog. **Alternativnachweise** ergibt sich aus dem nachfolgend vorgestellten § 17b Abs. 3 UStDV n. F.

1. Strikte Trennung zwischen »Beförderung« und »Versand«

§ 17b Abs. 3 UStDV differenziert zwischen »befördern« und »versenden«. Hierfür maßgebend ist die **Person des den tatsächlichen Transportakt Vollziehenden:**

- **Beförderung**

  Eine **Beförderung** setzt voraus, dass der liefernde Unternehmer **selbst** oder der Abnehmer **selbst** oder ein unselbstständiger Erfüllungsgehilfe den Gegenstand der Lieferung transportieren (Vgl. Abschn. 3.12 Abs. 2 UStAE.) ➲ Kapitel 23.3.1.

- **Versendung**

  Eine **Versendung** setzt voraus, dass der Transport von einem **selbstständigen Beauftragten** ausgeführt oder besorgt wird (Vgl. Abschn. 3.12 Abs. 2 UStAE.) ➲ Kapitel 23.3.1.

2. Kraftfahrzeugzulassung als Alternativnachweis

 Checkliste

Voraussetzungen gem. § 17b Abs. 3 Satz 1 Nr. 5 u. Satz 2 UStDV

- Fahrzeug, für das eine Zulassung für den Straßenverkehr erforderlich ist und
- **Beförderung** (➲ FAQ 15 Unterpunkt 1) des Fahrzeugs **durch den Kunden**
- Zulassung des Fahrzeugs auf den Kunden

Nachweis durch:

- Zulassungspapiere
- ggf. ergänzt um die Fahrzeug-Identifikationsnummer

 Beratungskonsequenzen

1. Ein Nachweis der **Zulassung auf eine andere Person** als den Kunden des Autohauses soll **kein** ausreichender Nachweis sein!
2. Aber selbstverständlich wäre auch eine solche Zulassung **in die Gesamtbetrachtung** (➲ FAQ 15 vor Unterpunkt 1) **mit einzubeziehen,** wäre für das Autohaus also **keinesfalls »wertlos«!**
3. Aus diesem Grunde sollte ein Autohaus **ausnahmslos immer** versuchen, eine Ablichtung der Zulassungspapiere zu erhalten.

3. Versendungsbeleg als Alternativnachweis

 Checkliste

Voraussetzungen gem. § 17b Abs. 3 Satz 1 Nr. 1 Buchst. a Doppelbuchst. aa UStDV

- Insbesondere handelsrechtlicher Frachtbrief
- der vom Auftraggeber des Frachtführers unterzeichnet ist und
- die Unterschrift des Empfängers als Bestätigung des Erhalts des Gegenstands der Lieferung enthält

 Beratungskonsequenzen

Damit wird für den CMR-Frachtbrief wieder die **Empfängerunterschrift in Feld 24** gefordert.

4. Spediteurbescheinigung über das *bereits erfolgte* Verbringen als Alternativnachweis

 Checkliste

Voraussetzungen gem. § 17b Abs. 3 Satz 1 Nr. 1 Buchst. b UStDV

- Den Namen und die Anschrift des mit der Beförderung beauftragten Unternehmers sowie das Ausstellungsdatum,
- den Namen und die Anschrift des liefernden Unternehmers sowie des Auftraggebers der Versendung,
- die Menge des Gegenstands der Lieferung und dessen handelsübliche Bezeichnung, den Empfänger des Gegenstands der Lieferung und den Bestimmungsort im übrigen Gemeinschaftsgebiet,
- den Monat, in dem die Beförderung des Gegenstands der Lieferung im übrigen Gemeinschaftsgebiet geendet hat,
- eine Versicherung des mit der Beförderung beauftragten Unternehmers, dass die Angaben in dem Beleg aufgrund von Geschäftsunterlagen gemacht wurden, die im Gemeinschaftsgebiet nachprüfbar sind, sowie
- die Unterschrift des mit der Beförderung beauftragten Unternehmers.

Hier bewiesen Gesetzgeber und FinVerw ein »offenes Ohr« für die Praxis, denn für den Einsatz der bewährten **Spediteurbescheinigung** als Nachweisdokument *»hatte sich die Wirtschaft massiv eingesetzt«*[240].

> **Bitte beachten Sie!**
> Die Bestätigung muss sich nunmehr **auf das bereits erfolgte und nicht das lediglich beabsichtigte Verbringen** beziehen.

5. Spediteursversicherung über das *erst beabsichtigte* Verbringen mit Zahlungsnachweis als Alternativnachweis

 Checkliste

Voraussetzungen gem. § 17b Abs. 3 Satz 1 Nr. 2 UStDV

- den Namen und die Anschrift des mit der Beförderung beauftragten Unternehmers sowie das Ausstellungsdatum,
- den Namen und die Anschrift des liefernden Unternehmers sowie des Auftraggebers der Versendung,
- die Menge des Gegenstands der Lieferung und die handelsübliche Bezeichnung,
- den Empfänger des Gegenstands der Lieferung und den Bestimmungsort im übrigen Gemeinschaftsgebiet,
- eine Versicherung des mit der Beförderung beauftragten Unternehmers, den Gegenstand der Lieferung an den Bestimmungsort im übrigen Gemeinschaftsgebiet zu befördern, sowie
- die Unterschrift des mit der Beförderung beauftragten Unternehmers,

---

240 *IHK Köln*, Aktueller Sachstand zur Gelangensbestätigung, www.ihk-koeln.de.

und

Nachweis über die **Entrichtung der Gegenleistung** für die Lieferung des Gegenstands **von einem Bankkonto des Abnehmers.**

Beauftragt der Abnehmer den Spediteur, befürchtet die Finanzverwaltung **Nachweisschwierigkeiten** aufgrund des fehlenden Vertragsverhältnisses zwischen Spediteur und Lieferant.

Aus diesem Grunde soll in diesem Fall auch eine Spediteurbescheinigung über die nur **beabsichtigte** Verbringung ausreichen, wenn daneben **(= zusätzlich!)** der **Nachweis der Bezahlung** des Liefergegenstands über ein Bankkonto erfolgt[241].

 Beratungskonsequenzen

1. Bei Zweifeln weist die Finanzverwaltung für diese Konstellation darauf hin, dass eine **Gelangensbestätigung** (s. o.!) **gefordert werden** kann.
2. Da die (ausländischen) Kundenspediteure ohnehin bereits die **Spediteurbescheinigungen deutscher Vorgabe** auch für den Fall der beabsichtigten Verbringungen **kaum kennen werden,** wird in den Fällen vielfach die Gelangensbestätigung zum Nachweis erforderlich sein.
3. Daher wird in diesen Fällen mit **Empfängerbestätigungen** gearbeitet[242].

6. Andere Alternativnachweise

Weitere Alternativen des § 17b Abs. 3 UStDV sind insbesondere das **Tracking and Tracing**[243].

FAQ 16: Sollte der Unternehmer versuchen, auch andere und ggf. mehrere Nachweise zu bekommen?

Ja!

Das zeigt auch ein Zitat aus der nunmehrigen Ergänzung des UStAE[244]:

 Rechtsgrundlagen
Abschn. 6a.2 Abs. 6 UStAE
(Hinweis: Hervorhebungen durch **Fett**druck sind vom Autor.)
... Die Gelangensbestätigung ist **nur eine mögliche Form** des Belegnachweises. Gleiches gilt für die in § 17b Absatz 3 UStDV angeführten Belege, mit denen ...

---

241 Zur Vertiefung *Weimann*, Gelangensbestätigung, 1. Auflage 2014, Kapitel 3.6.
242 So die IHK Köln, ww.ihk-koeln.de, Abfrage vom 29.10.2013.
243 Zur Vertiefung *Weimann*, Gelangensbestätigung, 1. Auflage 2014, Kapitel 3.4.2.
244 Zur Vertiefung *Weimann,* Gelangensbestätigung, 1. Auflage 2014, Kapitel 2.1

Dem Unternehmer steht es aber frei, den Belegnachweis **mit allen geeigneten Belegen und Beweismitteln** zu führen, aus denen sich das Gelangen des Liefergegenstands in das übrige Gemeinschaftsgebiet an den umsatzsteuerrechtlichen Abnehmer in der **Gesamtschau** nachvollziehbar und glaubhaft ergibt.

 Beratungskonsequenzen

Sie dürfen/Ihr Mandant darf ruhig kreativ sein und »**Eichhörnchenarbeit treiben**«: da das Gesamtbild zählt, sollte **jeder geeignete Nachweis** gesammelt werden!

FAQ 17: Benötigt der Unternehmer die Gelangensbestätigung oder einen Alternativnachweis auch für Umsätze »an Privat«?

Grundsätzlich nein!

Derartige EU-Umsätze sind »ganz normal« zu besteuern.

Bei der Lieferung von *Neu*fahrzeugen: Ja!

Hier greift die besondere Steuerbefreiung des § 6a Abs. 1 Satz 1 Nr. 2 Buchst. c) UStG, da Neufahrzeuge immer im EU-Bestimmungsland umsatzbesteuert werden sollen.

Ein Kfz ist »**neu**«, wenn[245]

- es nicht mehr als 6.000 km zurückgelegt hat oder
- seine erste Inbetriebnahme im Zeitpunkt des Erwerbs nicht mehr als sechs Monate zurückliegt.

 Beratungskonsequenzen

Damit bei einem EU-Geschäft an Privat die Sonderregel für Neufahrzeuge **nicht** zur Anwendung kommt, muss das Fahrzeug also
- **mehr als 6.000 km** »auf dem Tacho« haben *und*
- **älter ein halbes Jahr** sein.

Bitte beachten Sie!

Bei einer steuerfreien innergemeinschaftlichen Lieferung von Neufahrzeugen an Privat müssen Sie auch eine »**Meldung nach der Fahrzeuglieferungs-Meldepflichtverordnung**« (= eine Art Zusammenfassende Meldung) abgeben[246].

---

245 § 1b Abs. 3 Nr. 1 UStG.
246 Hinweis auf ➲ Kapitel 96.7 und Weimann, ASR 3/2013, 6.

FAQ 18: Was ist, wenn nichts von all dem vorliegt?

In diesem Fall gestaltet sich die Argumentation gegenüber der FinVerw sicher schwieriger, allerdings kann der Nachweis auch anders – **nämlich mit allen anderen zulässigen Belegen und Beweismitteln** – erbracht werden (➲ FAQ 16)[247].

FAQ 19: Wie sind die Belege zu archivieren?

Hier gilt **grundsätzlich »das Übliche«**.

Bei **E-Belegen** verweist die FinVerw für die Anforderungen an die Lesbarkeit und ihre Archivierung auf die GoBS[248] und GDPdU[249]. Wird die Gelangensbestätigung per E-Mail übersandt, **soll** daher **auch die E-Mail selbst** archiviert werden (➲ FAQ 13).

Letztere kann für umsatzsteuerliche Zwecke aber auch in ausgedruckter Form aufbewahrt werden[250].

 Beratungskonsequenzen

1. Auszudrucken ist die **E-Mail** und **nicht** lediglich die – ggf. als PDF anhängende – Gelangensbestätigung!
2. Der Ausdruck genügt **(nur) umsatzsteuerlichen Zwecken!** Sind Sie buchführungspflichtig, verstoßen Sie damit gegen die GoBS und GDPdU[251].

FAQ 20: Was müssen Unternehmer beachten, wenn – wie bei Ausfuhren – mit einer Sicherheit (Aufschlag oder Einbehalt) gearbeitet werden soll?

Zu den **grundsätzlichen wirtschaftlichen Bedenken** gegen dieses Vorgehen ➲ FAQ 3 Unterpunkt 2.

Wenn Sie dennoch diesen Weg als einen für Ihr Unternehmen/das Mandantenunternehmen gangbaren einschätzen – etwa, weil Sie/Ihr Mandant mit sehr exklusiver Ware handeln/handelt, die so leicht nicht anderswo erworben werden kann –, müssen Sie im Hinblick auf **§ 14c Abs. 1 UStG (unrichtiger Umsatzsteuerausweis)** sicherstellen, dass die Abrechnung so gestaltet wird, dass ein gesonderter **Ausweis von Umsatzsteuer eindeutig ausgeschlossen** werden kann.

---

247 Zur Vertiefung *Weimann*, Gelangensbestätigung, 1. Auflage 2014, Kapitel 2.1
248 GoBS = Grundsätze ordnungsgemäßer DV-gestützter Buchführungssysteme, BMF-Schreiben vom 7.11.1995, IV A 8 – S 0316 – 52/95, BStBl. I 1995, 738, weiter gültig gem. BMF-Schreiben vom 9.4.2013, IV A 2 – O 2000/12/10001, 2012/0110996, Positivliste Nr. 62, BStBl. I 2013, 522.
249 GDPdU = Grundsätze zum Datenzugriff und zur Prüfbarkeit digitaler Unterlagen, BMF-Schreiben vom 16.7.2001, IV D 2 – S 0316 – 136/01, BStBl. I 2001, 415, weiter gültig gem. BMF-Schreiben vom 9.4.2013, IV A 2 – O 2000/12/10001, 2012/0110996, Positivliste Nr. 63, BStBl. I 2013, 522.
250 BMF-Schreiben vom 16.9.2013, I.7 = Neufassung von Abschn. 6a.4. Abs. 6 UStAE ➲ Kapitel 8.4.
251 Zur Vertiefung *Weimann*, Gelangensbestätigung, 1. Auflage 2014, Kapitel 2.5.3

EU-Lieferung/Basics

Beispiel

Kaufpreis	200.000 €
Sicherheitsaufschlag	**38.000 €**
Zahlbetrag	238.000 €

 Beratungskonsequenzen

1. Aufgrund der von Ihnen gewählten Formulierung muss – **wie bei einem Non-EU-Geschäft/Drittlandsgeschäft** – ausgeschlossen werden können, dass die 19 % als offen ausgewiesene USt den Kunden zum VorSt-Abzug berechtigen. Verwenden Sie daher in der Abrechnung **auf keinen Fall das Wort »Umsatzsteuer«!**

2. Bei einem **Drittlandsgeschäft** empfiehlt es sich natürlich, die Sicherheit **separat abzurechnen,** um für den Kunden eine (unumkehrbare) **Belastung mit EUSt zu vermeiden.**

FAQ 21: Entspricht die Neuregelung den EU-Vorgaben?

Nein!

§ **Rechtsgrundlagen**

EuGH, Urteil vom 6.9.2012, Mecsek-Gabona[252]

»Die Nachweispflichten sind daher nach nationalem Recht und der für ähnliche Geschäfte üblichen Praxis zu bestimmen. **Ein Mitgliedstaat kann vom Steuerpflichtigen jedoch nicht verlangen, den zwingenden Nachweis dafür zu erbringen, dass die Ware diesen Mitgliedstaat physisch verlassen hat.**«

 Beratungskonsequenzen

Da das neue Recht faktisch aber ebendiesen Nachweis verlangt, erscheint es schon jetzt angreifbar[253]!

FAQ 22: Darf ich darauf vertrauen, was mein Geschäftspartner (Kunde/Zulieferer) mir sagt?

Grundsätzlich ja!

Aus der Entscheidung Mecsek-Gabona (➲ FAQ 21) lässt sich nämlich auch der Lehrsatz ableiten:

Für die Beurteilung eines (Ausgangs- oder Eingangs-)Umsatzes kommt es immer auf den **Kenntnisstand der Beteiligten bei Ausführung des Umsatzes an**!

---

252 Rs. C-273/11; vgl. Pressemitteilung Nr. 111/12 vom 6.9.2012 ➲ Kapitel 65.2.
253 Zur Vertiefung *Weimann,* Gelangensbestätigung, 1. Auflage 2014, Kapitel 4.5.4

Beratungskonsequenzen

- Auch das spricht gegen die Gelangensbestätigung, da diese denknotwendig erst zu nach Ausführung des Umsatzes erfolgen kann.

- Das Urteil weist im Übrigen noch einmal auf den bereits mit der Teleos-Rechtsprechung entwickelten allgemeinen Gutglaubensschutz hin. Dieser gilt sowohl für Ausgangs- als auch für Eingangsumsätze.

- Das Urteil bestätigt letztlich die Bedeutung der Abnehmerversicherung, da diese vom Kunden vor Ausführung des Umsatzes eingeholt wird (➔ FAQ 23)[254].

FAQ 23: Ersetzt die Gelangensbestätigung die bisherige Abnehmerversicherung?

»Ja und nein!«

»Ja!« – denn eine Abnehmerversicherung (= Versicherung des Abholenden, die Ware in das EU-Ausland zu bringen, § 17a Abs. 2 Nr. 4 UStDV a. F.) **sieht die UStDV nicht mehr vor.**

»Nein!« – denn **auf freiwilliger Basis** sollte die »alte« Abnehmerversicherung (➔ Kapitel 29) sehr wohl auch weiter zum Einsatz kommen!

Der Grund: Nach der Rechtsprechung des EuGH kann ein EU-Geschäft im Zweifel auf jedem geeigneten Weg nachgewiesen werden (»**Eichhörnchenarbeit treiben!**« ➔ FAQ 16). Dabei ist im Abholfall auf die **Kenntnis des Lieferanten zur Zeit der Warenübergabe** abzustellen (➔ FAQ 22).

 Beratungskonsequenzen

Im Abholfall sollte die Abnehmerversicherung zum **Nachweis des eigenen guten Glaubens** auch weiterhin eingeholt werden!

‼ Hinweis

Muster siehe ➔ Kapitel 29

FAQ 24: Was folgt aus all dem für unser Unternehmen konkret?

Versuchen Sie, für möglichst alle EU-Umsätze

- die Gelangensbestätigung *und*

- Alternativnachweise

zu erhalten (➔ FAQ 16).

---

254 Zur Vertiefung *Weimann*, Gelangensbestätigung, 1. Auflage 2014, Kapitel 4.5.4

Beratungskonsequenzen

Machen Sie die Einführung und Überwachung der neuen Vorgaben unbedingt zur **Chefsache!**

28.1 Anlagen

Für die sichere Umsetzung in das Tagesgeschäft: Praxisvorlagen

In diesem Anhang finden Sie

- Gelangensbestätigung (Einzelbestätigung/allgemein)
- Gelangensbestätigung (Einzelbestätigung/Kfz-Handel)
- Gelangensbestätigung (Sammelbestätigung)

 Musterschreiben
Gelangensbestätigung (Einzelbestätigung/allgemein)

ESB Engineering Steel   DOstahl
34 ANY ROAD   Am Hellweg 13
NW 10 6 DX   44328 Dortmund
United Kingdom
Fax: ....

Dortmund, 24. April 2024

Certification of the entry of the object of an intra-community supply into another EU Member State (Entry Certificate)

Dear Sir or Madam,

this month [➲ hier alternativ: last month/in May this year ➲ die Angabe muss den entsprechenden Monat »treffen«] we supplied you with ... [➲ hier: Beschreibung des Liefergegenstandes].
For German VAT please confirm to us, that this ... [➲ hier: Beschreibung des Liefergegenstandes] has really come to your **premisise in London** (United Kingdom) [➲ hier Bestimmungsort und EU-Bestimmungsland einsetzen].

Yours sincerely,

....
Hartmut Kürger (managing direktor)

Reply Fax to: (+49.....................)

For German VAT we confirm to ESB Engineering Steel, that the above-mentioned steel has come to London (United Kingdom) [➲ hier: Bestimmungsort und EU-Bestimmungsland einsetzen] in … [➲ month] 2023.

London, … April 2024

_____

Sam Smith (managing director)

📄 Musterschreiben
Gelangensbestätigung (Einzelbestätigung/Kfz-Handel)

GOOD CARS	Autohaus
34 ANY ROAD	Dortmunder Hellweg
NW 10 6 DX	Am Hellweg 13
United Kingdom	44328 Dortmund
Fax:	

Dortmund, 24. April 2024

Vehicle type: ....   **chassis number:** ....

Dear Sir or Madam,

this month [hier alternativ: last month/in May/this year; die Angabe muss den entsprechenden Monat »treffen«] we delivered the cited car.

For German VAT please confirm, that the car has really come to London (United Kingdom) [➲ hier: Bestimmungsort und EU-Bestimmungsland einsetzen].

Yours sincerely,

....

Hartmut Kürger (managing director)

Reply Fax to (+49.....................)

For German VAT we confirm to Autohaus Dortmunder Hellweg, that the cited car has come to London (United Kingdom) [➲ hier: Bestimmungsort und EU-Bestimmungsland einsetzen] in … [➲ month] 2024.

London, … April 2024

_____

Sam Smith (managing director)

Musterschreiben
Gelangensbestätigung (Sammelbestätigung)

ESB Engineering Steel   DOstahl
34 ANY ROAD   Am Hellweg 13
NW 10 6 DX   44328 Dortmund
United Kingdom
Fax: ....

Dortmund, 24. April 2024

Certification of the entry of the object of an intra-community supply into another EU Member State (Entry Certificate)

Dear Sir or Madam,

in the **period January to March 2024** [➲ hier: Angabe der entsprechenden Monate, für die die Sammelbestätigung erstellt werden soll] we supplied you with **137.589 kg scrap** [➲ hier: zusammenfassende Beschreibung der Liefergegenstände], that originated form our German scrap yars, as detailed prt delivery in the **list-annex to this letter** [➲ hier: spezielle Auflistung oder Auszug aus dem Kundenkonto].

For German VAT please confirm to us, that this scrap has really come to your **premisises in London and Manchester (United Kingdom)** [➲ hier Bestimmungsort und EU-Bestimmungsland einsetzen].

Yours sincerely,

....
Hartmut Kürger (managing direktor)

Reply Fax to (+49...................)

For German VAT we confirm to DOstahl, that the cited scrap has come to our premises in London and Manchester (United Kingdom) as specified in the annex to this letter in the **period January to March 2024** [➲ hier: Angabe der Monate, für die die Sammelbestätigung erstellt werden soll].

London, ... April 2024

_____

Sam Smith (managing director)

29 Die Abnehmerversicherung: bis zum 31.12.2013 noch »Pflicht«, jetzt nur noch »Kür«!

§ Rechtsgrundlagen

- UStAE: Abschn. 6a.3 Abs. 3 UStAE
- UStDV: § 17a Abs. 2 Nr. 2 UStDV a. F. [Fassung bis 31.12.2011]
- UStG: § 6a Abs. 3 UStG

29.1 Abgrenzung zur Gelangensbestätigung

Es ist zu unterscheiden:

- Die Abnehmerversicherung ist eine **Absichtserklärung**:

  Der Unterzeichnete sichert ein noch **zukünftiges Verhalten** zu.

- Die Gelangensbestätigung ist eine **Vollzugsmeldung**:

  Die Ware **ist bereits** im Bestimmungsland angekommen.

➜ Beratungskonsequenzen

1. Für **alle EU-Geschäfte** benötigen Sie vom Kunden die Gelangensbestätigung.
2. **In Abholfällen** verlangen Sie bitte **zusätzlich** auch weiterhin die Abnehmerversicherung. So können Sie Ihren guten Glauben nachweisen, wenn die Gelangensbestätigung ausbleibt oder sonstige Unregelmäßigkeiten eintreten. Hinweis auf das »Teleos-Urteil« des EuGH (➲ Kapitel 37 f.), das Urteil »Mecsek-Gabona« (➲ Kapitel 65.2) und die Ausführungen zur Gelangensbestätigung (➲ Kapitel 28 FAQ 21 ff.).
3. Letztlich gelingt Ihnen auch nur so bei **Reihengeschäften ab dem 1.1.2020** der Nachweis der Zuordnung der Warenbewegung in Abholfällen (➲ Kapitel 37 f.).

29.2 Erklärung in deutscher Sprache

Ein besonderes Problem ergibt sich – will man den bisherigen Anforderungen der Finanzverwaltung gerecht werden – aus der Abnehmerversicherung nach § 17a Abs. 2 Nr. 4 UStDV a. F.: dieser soll **in deutscher Sprache** ausgestellt sein (Abschn. 6a.3 Abs. 9 Satz 2 UStAE a. F.).

Bitte beachten Sie!

Sicher eine Maßnahme, mit der **Umsatzsteuerbetrug unterbunden** werden soll – aber eine **kontraproduktive**! Der ausländische Abnehmer wird häufig überhaupt nicht in der Lage sein, die deutschen Dokumente zu übersetzen; er weiß damit nicht, was er unterschreibt[255].

---

255 So auch *Küffner*, a. a. O.

29.3 Wer gibt die Versicherung konkret ab?

Die Abnehmerversicherung ist

- eine Erklärung in deutscher Sprache (s. o.)
- von demjenigen, der »vor Ihnen steht«!

 Beratungskonsequenzen

- Lassen Sie also bitte unbedingt den **tatsächlichen Abholer** und …
- … **nicht** die Geschäftsleitung o. ä. des Kunden unterschreiben.
- Denken Sie an die **Fotokopie eines Ausweispapiers.**

29.4 Angabe des Bestimmungsortes

§ 17a Abs. 2 Nr. 2 UStDV fordert u. a. vom Kunden die Angabe des »Bestimmungsortes«: aus handelsüblichen Belegen – und damit im Idealfall aus der Abnehmerversicherung – müssen

- der jeweilige EU-Mitgliedstaat, in den der Liefergegenstand befördert wird **und**
- der dort belegene Bestimmungsort (Stand, Gemeinde o. dgl.)

hervorgehen (Abschn. 6a.3 Abs. 3 Satz 1 UStAE a. F.)

Bei Reihengeschäften ist es für den »mittleren« Unternehmer oft von besonderer Bedeutung, seine **Vertragspartner nicht offen legen** zu müssen. Anderenfalls – so wird befürchtet – würden Vorlieferant und Endabnehmer zukünftig ihre Geschäfte direkt miteinander abschließen.

Dies berücksichtigt das BMF nunmehr; es wird nicht beanstandet, dass der **Bestimmungsort nicht den Angaben des Abnehmers entspricht**, wenn es sich bei dem tatsächlichen Bestimmungsort um einen **Ort im übrigen Gemeinschaftsgebiet** handelt. **Zweifel** über das Gelangen des Gegenstands in das übrige Gemeinschaftsgebiet gehen jedoch zulasten des Steuerpflichtigen (Abschn. 6a.3 Abs. 4 UStAE a. F.).

29.5 Das konkrete Aussehen des Abnehmernachweises

Muster für das Tagesgeschäft und die Mandantenarbeit

Der Lieferant sollte ein **entsprechendes Papier** vorbereiten, sich dieses vom Kunden oder dessen Beauftragten vor Beginn der Beförderung unterschreiben lassen und es letztlich als Belegnachweis aufbewahren[256]. Damit bleibt die Frage, wie die die **Abnehmerversicherung konkret** auszusehen hat.

---

256 O. V., Steuer-Erfahrungsaustausch Kraftfahrzeuggewerbe (jetzt: Auto · Steuern · Recht), 1/2003, 9.

Bitte beachten Sie!

Zur Verwendung des Firmenstempels: Häufig wird zu ebendiesem Zweck ein Firmenstempel auf den LKWs mitgeführt – wenn nicht, ist die Bescheinigung selbstverständlich ohne Stempel zu erstellen.

Musterschreiben 1: Abnehmerversicherung (Allgemein)

An Firma _____

Unsere Bestellauftrags-Nummer _____
[... oder ein anderes Ordnungskriterium, mit dem MUSTERUNTERNEHMEN GMBH arbeitet], **hier: Abnehmernachweis gem. § 17a UStDV**

Sehr geehrte Damen und Herren,

am heutigen Tag haben wir Ihnen in Erfüllung des o. a. Auftrags folgende Ware übergeben:

1.000.000 kg Flüssigschwefel

Um Sie/Ihr Unternehmen/Ihren Auftraggeber umsatzsteuerlich wie vereinbart innergemeinschaftlich steuerfrei beliefern zu können, benötigen wir Ihre schriftliche Versicherung, dass Sie die Ware in den
EU-Mitgliedstaat _____
[Bestimmungsland ≠ Bundesrepublik Deutschland]
nach _____
[Endbestimmungsort = Stadt, Gemeinde o. dgl.]
befördern oder versenden werden.

Gleichzeitig benötigen wir die Versicherung, dass Sie die Ware
• **als unser Kunde oder dessen Mitarbeiter oder dessen Beauftragter**
• **und nicht als Kunde unseres Kunden oder dessen Mitarbeiter oder dessen Beauftragter**
abholen.

Bitte bestätigen Sie uns all dies durch Ihre Unterschrift auf diesem Schriftstück. Eine Kopie ist für Ihre Unterlagen bestimmt.

Mit freundlichen Grüßen

_____

(MUSTERUNTERNEHMEN GMBH)

Wir versichern, dass wir die heute von der MUSTERUNTERNEHMEN GMBH in Deutschland übergebene Ware sofort in den o. a. EU-Mitgliedstaat und zum ebenfalls o. a. Endbestimmungsort transportieren (befördern bzw. versenden) werden.

_____   _____
Ort, Datum *[Firmenstempel]* Unterschrift

Musterschreiben 2: Abnehmerversicherung (Kfz-Handel)

An Firma _____

Unser Lieferschein Nr. _____ **vom** _____
hier: Abnehmernachweis i. S. v. § 17a UStDV

Sehr geehrte Damen und Herren,

mit oben genannter Rechnung haben Sie folgendes Fahrzeug von uns erworben:

Typ: _____
Fahrgestellnummer: _____

Wir benötigen für unsere Unterlagen Ihre schriftliche Versicherung, dass Sie das Fahr-
zeug in den
EU-Mitgliedstaat _____
[Bestimmungsland ≠ Bundesrepublik Deutschland]
nach _____
[Endbestimmungsort = Stadt, Gemeinde o. dgl.]
befördern bzw. versenden werden.

Gleichzeitig benötigen wir die Versicherung, dass Sie das Fahrzeug
als unser Kunde oder dessen Mitarbeiter oder dessen Beauftragter
und nicht als Kunde unseres Kunden oder dessen Mitarbeiter oder dessen Beauftragter
abholen.

Bitte bestätigen Sie uns all dies durch Ihre Unterschrift auf diesem Schriftstück. Eine Kopie ist für Ihre Unterlagen bestimmt.

Mit freundlichen Grüßen

Autohaus _____

Wir versichern, das oben genannte Fahrzeug in einen anderen EU-Mitgliedstaat (außerhalb der Bundesrepublik Deutschland) zu befördern bzw. zu versenden.

_____   _____
Ort, Datum   [Firmenstempel] Unterschrift

Bitte beachten Sie!
Zur Verwendung des Firmenstempels: s. o.

 Hinweis

Zum Verständnis der **Klausel »Gleichzeitig benötigen wir die Versicherung, dass**
...« siehe ➲ Kapitel 24.

 Beratungskonsequenzen

Als Steuerberater sollten Sie die Klausel dem Mandanten erläutern – auch **um die**
Beratungskompetenz Ihres Büros zu demonstrieren! Das gelingt Ihnen nach meinen Erfahrungen am besten an einem **Beispiel, das Sie – angelehnt an ➲ Kapitel 24**
– aus einem der eigenen Geschäftsvorfälle des Mandanten bilden!

30 Gelangensvermutung

Neu seit 1.1.2020

Abgrenzung zu Gelangensbestätigung und Abnehmerversicherung

30.1 Das Problem

In der MwStSystRL ist eine Reihe von Voraussetzungen für die Mehrwertsteuerbefreiung von Lieferungen von Gegenständen im Zusammenhang mit bestimmten innergemeinschaftlichen Umsätzen festgelegt. Eine dieser Voraussetzungen ist die **Versendung oder Beförderung der Gegenstände von einem Mitgliedstaat in einen anderen**.

Durch die **unterschiedlichen Ansätze der Mitgliedstaaten** bei der Anwendung dieser Befreiung für innergemeinschaftliche Umsätze sind **Schwierigkeiten und Rechtsunsicherheit für die Unternehmen** entstanden. Das widerspricht dem Ziel der Förderung des gemeinschaftsinternen Handels und der Beseitigung der Steuergrenzen. Es ist daher wichtig, die Bedingungen für die Anwendung dieser Befreiungen zu klären und zu harmonisieren.

Da der **grenzüberschreitende Mehrwertsteuerbetrug** in erster Linie im Zusammenhang mit der Befreiung bei innergemeinschaftlichen Lieferungen steht, ist es notwendig, gewisse Bedingungen, unter denen Gegenstände als vom Hoheitsgebiet des Mitgliedstaats der Lieferung versandt oder befördert gelten, ausdrücklich zu nennen.

Um eine praktische Lösung für die Unternehmen und gleichzeitig Sicherheit für die Steuerverwaltungen zu schaffen, wurden durch Art. 45a MwStSystRL-DVO **zwei widerlegbare Vermutungen** eingeführt (vgl. Durchführungsverordnung (EU) 2018/1912 des Rates vom 4.12.2018, Ziffern 2-5).

30.2 Die Neuregelung des Art. 45a MwStSystRL-DVO

 Rechtsgrundlagen

Art. 45a MwStSystRL-DVO

(Hinweis: ➲ Hervorhebungen durch **Fett**druck sind vom Autor.)

(1) Für die Zwecke der Anwendung der Befreiungen gemäß Artikel 138 der Richtlinie 2006/112/EG **wird vermutet**, dass Gegenstände von einem Mitgliedstaat an einen Bestimmungsort außerhalb seines Gebiets, jedoch innerhalb der Gemeinschaft versandt oder befördert wurden, wenn *einer* **der folgenden Fälle** eintritt:

a) Der **Verkäufer gibt an**, dass die Gegenstände von ihm oder auf seine Rechnung von einem Dritten versandt oder befördert wurden, und entweder ist der Verkäufer **im Besitz von mindestens zwei** einander nicht widersprechenden Nachweisen nach Absatz 3 Buchstabe a, die von zwei verschiedenen Parteien ausgestellt wurden, die voneinander, vom Verkäufer und vom Erwerber unabhängig sind, oder der Verkäufer ist im Besitz eines Schriftstücks nach Absatz 3 Buchstabe a und einem nicht widersprechenden Nachweis nach Absatz 3 Buchstabe b, mit dem der Versand oder die Beförderung bestätigt wird, welche von zwei verschiedenen Parteien ausgestellt wurden, die voneinander, vom Verkäufer und vom Erwerber unabhängig sind.

b) Der Verkäufer ist **im Besitz folgender Unterlagen**:

i) einer schriftlichen **Erklärung des Erwerbers**, aus der hervorgeht, dass die Gegenstände vom Erwerber oder auf Rechnung des Erwerbers von einem Dritten versandt oder befördert wurden, und in der der Bestimmungsmitgliedstaat der Gegenstände angegeben ist; in dieser schriftlichen Erklärung muss Folgendes angegeben sein: das Ausstellungsdatum; Name und Anschrift des Erwerbers; Menge und Art der Gegenstände; **Ankunftsdatum und -ort der Gegenstände**; bei Lieferung von Fahrzeugen die Identifikationsnummer des Fahrzeugs; die Identifikation der Person, die die Gegenstände auf Rechnung des Erwerbers entgegennimmt; und

ii) mindestens zwei einander nicht widersprechender Nachweise nach Absatz 3 Buchstabe a, die von zwei voneinander unabhängigen Parteien – vom Verkäufer und vom Erwerber – ausgestellt wurden, oder eines Schriftstücks nach Absatz 3 Buchstabe a zusammen mit einem nicht widersprechenden Nachweis nach Absatz 3 Buchstabe b, mit dem der Versand oder die Beförderung bestätigt wird, welche von zwei verschiedenen Parteien ausgestellt wurden, die voneinander, vom Verkäufer und vom Erwerber unabhängig sind. Der Erwerber der Gegenstände legt dem Verkäufer die schriftliche Erklärung gemäß Buchstabe b Ziffer i spätestens am zehnten Tag des auf die Lieferung folgenden Monats vor.

(2) Eine Steuerbehörde kann Vermutungen gemäß Absatz 1 **widerlegen**.

(3) Für die Zwecke von Absatz 1 wird Folgendes als **Nachweis des Versands oder der Beförderung** akzeptiert:

a) Unterlagen zum Versand oder zur Beförderung der Gegenstände wie beispielsweise ein unterzeichneter CMR-Frachtbrief, ein Konnossement, eine Luftfracht-Rechnung oder eine Rechnung des Beförderers der Gegenstände;

b) die folgenden Dokumente:

i) eine Versicherungspolice für den Versand oder die Beförderung derGegenstände oder Bankunterlagen, die die Bezahlung des Versands oder der Beförderung der Gegenstände belegen;

ii) von einer öffentlichen Stelle wie z. B. einem Notar ausgestellte offizielle Unterlagen, die die Ankunft der Gegenstände im Bestimmungsmitgliedstaat bestätigen;

iii) eine Quittung, ausgestellt von einem Lagerinhaber im Bestimmungsmitgliedstaat, durch die die Lagerung der Gegenstände in diesem Mitgliedstaat bestätigt wird.

30.3 Übernahme in das deutsche Recht

Art. 45a MwStSystRL-DVO ist in den Mitgliedstaaten **seit dem 1.1.2020** in Kraft getreten. Dazu bedurfte es keiner Umsetzung in das jeweilige nationale Recht. Die Vorschrift findet seitdem in den Mitgliedstaaten **unmittelbare Anwendung**.

Zum Zweck einer besseren **Verständlichkeit** dieser Bestimmung und zum Zweck einer besseren **Rechtsanwendung** wurde die Regelung als § 17a – neu – in die UStDV aufgenommen.

 Praxistipp
Materiell-rechtliche Änderungen gegen über den diesbezüglichen Regelungen des Unionsrechts sind damit nicht verbunden. Diese wären auch nur zu Gunsten der Unternehmer möglich (➲ Kapitel 30.6.4.2).

30.4 Sprachregelung

Hinsichtlich der Sprachregelung gilt es zu unterscheiden:

- Die **MwStSystRL-DVO** spricht in Art. 45a »Vermutung der innergemeinschaftlichen Beförderung«.
- Die **EU-Kommission** nennt die neue Vorschrift in den Leitlinien (➲ Kapitel 30.6) schlicht »Beförderungsnachweis«.
- Die Überschrift von **§ 17a UStDV** lautet auf »Gelangensvermutung bei innergemeinschaftlichen Lieferungen in Beförderungs- und Versendungsfällen«.

30.5 Checkliste

 Checkliste: Belegnachweis EU-Lieferungen ab 2020
      (gem. Art. 45a MwStSystRL-DVO)

Fallgruppe 1 (Abs. 1 Buchst. b)
- Gelangensbestätigung (ähnlich der deutschen, aber erweitert um Angaben zur Person des tatsächlichen Empfängers)

Fallgruppe 2 (Abs. 3 Buchst. a)
- CMR-Frachtbrief
- Konnossement
- Luftfracht-Rechnung
- Rechnung des Beförderers
- andere Transportunterlagen

Fallgruppe 3 (Abs. 3 Buchst. b)
- Versicherungspolice für den Versand oder die Beförderung der Gegenstände
- Bankunterlagen, die die Bezahlung des Versands oder der Beförderung der Gegenstände belegen

- von einer öffentlichen Stelle wie z. B. einem Notar ausgestellte offizielleUnterlagen, die die Ankunft der Gegenstände im Bestimmungsmitgliedstaat bestätigen
- Quittung, ausgestellt von einem Lagerinhaber im Bestimmungsmitgliedstaat, durch die die Lagerung der Gegenstände in diesem Mitgliedstaat bestätigt wird

> **Praxistipp**
>
> Erforderlich sind je nach Fallgruppe in der Regel
> - 2 Nachweise
> - von unterschiedlichen Ausstellern,
> - die einander nicht widersprechen dürfen.

30.6 Leitlinien der EU-Kommission als Interpretationshilfe

Die EU-Kommission hat am 20.12.2019 Leitlinien zu den sog. »Quick Fixes« veröffentlicht. Seit Mai 2020 sind die Leitlinien auch in deutscher Sprache verfügbar. In Abschn. 5 der Leitlinien interpretiert die EU-Kommission die Gelangensvermutung unter dem Begriff »Beförderungsnachweis«.

30.6.1 Was bewirkt die Bestimmung?

In Art. 45a MwStSystRL-DVO wird bestimmt, dass man von der Erfüllung einer Voraussetzung für die Steuerbefreiung einer innergemeinschaftlichen Lieferung von Gegenständen nach Art. 138 MwStSystRL, nämlich dass die Gegenstände von einem Mitgliedstaat an einen Bestimmungsort außerhalb seines Gebiets, jedoch innerhalb der Gemeinschaft, versandt oder befördert wurden, ausgeht, wenn einer der in Buchstabe a oder b von Art. 45a Abs. 1 dargelegten Fälle eintritt.

Dies bedeutet auch:

- Das Vorliegen einer der in Buchstabe a oder b dargelegten Fälle reicht **für sich genommen** für die Befreiung der Lieferung nach Art. 138 MwStSystRL nicht aus.

  > ! **Praxistipp**
  >
  > 1. Es wird lediglich vermutet, dass *eine* **der Grundvoraussetzungen** erfüllt ist.
  > 2. (2) Damit die Befreiung angewendet werden kann, müssen aber **auch die anderen** in Art. 138 MwStSystRL aufgeführten Voraussetzungen erfüllt sein

- Ein **Umkehrschluss** bezüglich dieser Vermutung ist **nicht möglich**. Mit anderen Worten: die Tatsache, dass die Voraussetzungen der Vermutung nicht erfüllt sind, bedeutet nicht automatisch, dass die Befreiung nach Art. 138 MwStSystRl nicht gilt.

  > ! **Praxistipp**
  >
  > In einem solchen Fall obliegt es dem Lieferer, zur Zufriedenheit der Steuerbehörden nachzuweisen, dass die Voraussetzungen für die Befreiung (einschließlich der Beförderung) erfüllt sind.

Mit anderen Worten:

Trifft die Vermutung nicht zu, bleibt der Sachverhalt der gleiche wie vor dem Inkrafttreten von Art. 45a MwStSystRL-DVO.

30.6.2 Widerlegung der Vermutung

In Art. 45a Abs. 2 MwStSystRL-DVO wird bestimmt, dass eine Steuerbehörde Vermutungen gemäß Art. 45a Abs. 1 MwStSystRL-DVO, nämlich dass die Gegenstände von einem Mitgliedstaat an einen Bestimmungsort außerhalb seines Gebiets, jedoch innerhalb der Gemeinschaft, versandt oder befördert wurden, widerlegen kann.

Eine Widerlegung der Vermutung beinhaltet somit, dass die Steuerbehörden **in der Lage sind, die erforderlichen Elemente zum Nachweis dessen vorzulegen**, dass die Gegenstände tatsächlich nicht von einem Mitgliedstaat an einen Bestimmungsort außerhalb seines Gebiets, jedoch innerhalb der Gemeinschaft, versandt oder befördert worden sind.

Beispiele

1. Die Steuerbehörden stellen bei einer Kontrolle fest, dass sich die Liefergegenstände noch im Lager des Lieferers befinden.
2. Den Steuerbehörden ist ein während der Beförderung eingetretener Vorfall bekannt, der zur Zerstörung der Liefergegenstände führte, bevor sie das Hoheitsgebiet verlassen hatten.

Verfügen die Steuerbehörden über die erforderlichen Elemente für die Widerlegung der Vermutung (in Anbetracht der Art der zur Erfüllung dieses Zwecks erforderlichen Elemente), gilt die Befreiung nach Art. 138 MwStSystRL offenkundig nicht. Diesbezüglich bedeutet »Widerlegen der Vermutung«, dass die **Steuerbehörden im Besitz von Nachweisen** sind, die belegen, dass die Beförderung der Gegenstände nicht stattgefunden hat.

 Praxistipp

Seitens der Finanzverwaltung bedarf es also **guter (konkreter) Gründe**; bloßes Misstrauen reicht nicht!

30.6.3 Abgrenzung zu falschen Angaben und Fälschungen

Das »Widerlegen der Vermutung« unterscheidet sich von Fällen, in denen eine Steuerbehörde nachweisen kann, dass eine der in Art. 45a Abs. 3 MwStSystRL -DVO aufgeführten Unterlagen, die als Nachweis eingereicht wird, unrichtige Angaben enthält oder sogar gefälscht ist.

Hier würde die Folge sein, dass die Voraussetzungen für das Zutreffen einer der in Art. 45a Abs. 1 Buchst. a oder b MwStSystRL-DVO dargelegten Fälle nicht erfüllt sind. Aus diesem Grund kann sich der Lieferer dann nicht mehr auf die Vermutung stützen, dass die Versendung oder Beförderung von einem Mitgliedstaat an einen Bestimmungsort außerhalb seines Gebiets, jedoch innerhalb der Gemeinschaft, erfolgt ist.

> ### ❗ Praxistipp
>
> Der Lieferer könnte jedoch immer noch in der Lage sein,
>
> *   **andere Unterlagen**, wie sie in Art. 45a MwStSystRL-DVO genannt werden, zu übermitteln, die ihm erlauben, in den Genuss der Vermutung zu kommen (außer wenn die Steuerbehörden erneut beweisen, dass diese Unterlagen fehlerhaft oder gefälscht sind) oder
> *   **hinreichende Nachweise** zum Beleg der Erfüllung der Voraussetzungen für die Befreiung nach Art. 138 MwStSystRL vorzulegen.

30.6.4   Einzelfragen, die sich aus dieser Bestimmung ergeben

30.6.4.1   Wann gelten Beteiligte als »unabhängig« voneinander?

Der MwSt-Ausschuss ist fast einstimmig der Auffassung, dass bei der Feststellung, ob zwei Beteiligte für die Zwecke von Art. 45a Abs. 1 Buchst. a und Buchst. b Ziffer ii der MwStSystRL-DVO »unabhängig« sind,

*   die beiden Beteiligten nicht als »unabhängig« gelten, wenn sie die **gleiche Rechtspersönlichkeit** haben, und
*   die in **Art. 80 MwStSystRL aufgeführten Kriterien** angewendet werden, sodass Beteiligte, bei denen »familiäre oder andere enge persönliche Bindungen, Bindungen aufgrund von Leitungsfunktionen oder Mitgliedschaften sowie eigentumsrechtliche, finanzielle oder rechtliche Bindungen« bestehen, nicht als voneinander unabhängig betrachtet werden können.

30.6.4.2   Was geschieht nach dem Inkrafttreten von Art. 45a MwStSystRL-DVO mit den bestehenden nationalen Vorschriften der Mitgliedstaaten bezüglich des Beförderungsnachweises?

Werden diese nationalen Vorschriften weiterhin angewendet?

Die Mitgliedstaaten sind zur Anwendung von Art. 45a MwStSystRL-DVO verpflichtet. Das bedeutet, dass der Lieferer dann, wenn die Voraussetzungen dieser Bestimmung erfüllt sind, berechtigt ist, von der maßgeblichen Vermutung zu profitieren.

Darüber hinaus könnten Mitgliedstaaten in ihren nationalen Mehrwertsteuervorschriften weitere Vermutungen bezüglich des Beförderungsnachweises festlegen, die **flexibler als die in Art. 45a MwStSystRL-DVO vorgesehene Vermutung** sind. Träfe dies zu, könnte der Lieferer, sofern die einschlägigen Voraussetzungen erfüllt sind, von den Vermutungen in Art. 45a MwStSystRL-DVO bzw. den Vermutungen in den nationalen Mehrwertsteuervorschriften profitieren. In dieser Hinsicht könnten bestehende nationale

Mehrwertsteuervorschriften, in denen hinsichtlich des Beförderungsnachweises Voraussetzungen festgelegt werden, die flexibler als die in Art. 45a MwStSystRL-DVO vorgesehenen sind, weiterhin angewendet werden.

 Praxistipp

Damit ist eine **Günstigerprüfung erforderlich**. Innerstaatliche Vorschriften kommen nur zur Anwendung, wenn und soweit diese den Unternehmer günstiger stellen, sie also über die Vermutung des Art. 45a MwStSystRL-DVO hinausgehen.

30.6.4.3 Was geschieht, wenn die Voraussetzungen für die Vermutung der Beförderung nach Art. 45a MwStSystRL-DVO nicht erfüllt sind? Bedeutet das, dass die Befreiung nach Art. 138 MwStSystRL in diesem Fall nicht gilt?

Die Tatsache, dass die Voraussetzungen dafür nicht erfüllt sind, dass einer der unter Art. 45a Abs.1 Buchst. a oder b MwStSystRL-DVO aufgeführten Fälle zutrifft, bedeutet nicht automatisch, dass die Befreiung nach Art. 138 MwStSystRL nicht gilt.

In diesem Fall obliegt es dem Lieferer, zur Zufriedenheit der Steuerbehörden nachzuweisen, dass die Voraussetzungen für die Befreiung (einschließlich der Beförderung) nach Art. 138 MwStSystRL erfüllt sind.

 Praxistipp

Ein Umkehrschluss bezüglich der Vermutung des Art. 45a MwStSystRL-DVO ist **nicht möglich**: die Tatsache, dass die Voraussetzungen der Vermutung nicht erfüllt sind, bedeutet nicht automatisch, dass die Befreiung nach Art. 138 MwStSystRL nicht gilt. In einem solchen Fall obliegt es dem Lieferer, zur Zufriedenheit der Steuerbehörden nachzuweisen, dass die Voraussetzungen für die Befreiung (einschließlich der Beförderung) erfüllt sind. **Trifft die Vermutung nicht zu, bleibt der Sachverhalt der gleiche wie vor dem Inkrafttreten von Art. 45a MwStSystRL-DVO** (s. o., Kapitel 30.6.1).

30.6.4.4 Was geschieht, wenn eine Steuerbehörde nachweisen kann, dass eine der in Art. 45a Abs. 3 MwStSystRL-DVO aufgeführten Unterlagen, die als Nachweis eingereicht wird, entweder unrichtige Angaben enthält oder sogar gefälscht ist?

Kann sich der Verkäufer weiterhin auf die Vermutung der Versendung oder Beförderung berufen?

Kann eine Steuerbehörde nachweisen, dass eine der als Nachweis eingereichten Unterlagen entweder unrichtige Angaben enthält oder sogar gefälscht ist, kann sich der Verkäufer nicht mehr auf diese Vermutung berufen, weil die Voraussetzungen dafür, dass einer der unter Art. 45a Abs. 1 Buchst. a oder b MwStSystRL-DVO aufgeführten Fälle zutrifft, nicht erfüllt sind,

Der Verkäufer könnte jedoch immer noch in der Lage sein, entweder

- **andere Unterlagen,** wie sie in Art. 45a MwStSystRL-DVO genannt werden, zu übermitteln, die ihm erlauben, in den Genuss der Vermutung zu kommen (außer wenn die Steuerbehörden erneut beweisen, dass diese Unterlagen fehlerhaft oder gefälscht sind) oder

- **hinreichende Nachweise** zum Beleg der Erfüllung der Voraussetzungen für die Befreiung nach Art. 138 MwStSystRL vorzulegen

(s. o., Kapitel 30.6.4.3).

30.6.4.5 Was geschieht, wenn der Lieferer oder der Erwerber die Beförderung mittels seiner eigenen Beförderungsmittel bewirkt?

In diesem Fall gilt die Vermutung nicht, weil die in Art. 45a Abs. 1 Buchstaben a und b Ziffer ii MwStSystRL-DVO festgelegte Voraussetzung bezüglich einander nicht widersprechender Nachweise, die von zwei voneinander unabhängigen Parteien — vom Verkäufer und vom Erwerber — ausgestellt wurden, nicht erfüllt ist.

30.6.4.6 Was ist im Sinne von Art 45a Abs. 1 Buchstabe a Ziffer i MwStSystRL-DVO als »schriftliche Erklärung« anzusehen?

In welchem Format (Papier und/oder elektronisch) wird sie von den Steuerbehörden akzeptiert, z. B. E-Mail oder unterzeichnetes Original?

Jedes Dokument, dass alle in Art. 45a Abs. 1 Buchst. b Ziffer i MwStSystRL-DVO genannten Elemente enthält, wird im Sinne dieser Bestimmung als »schriftliche Erklärung« betrachtet.

Die Durchführungsverordnung enthält **keine besonderen Vorschriften bezüglich des Formats,** in welchem die schriftliche Erklärung vorzulegen ist. Es wäre vernünftigerweise zu erwarten, dass Mitgliedstaaten diesbezüglich flexibel sind und keine strengen Beschränkungen wie beispielsweise nur ein Dokument in Papierform auferlegen, sondern auch eine elektronische Fassung akzeptieren, solange diese sämtliche in Art. 45a Abs. 1 Buchst. b Ziffer i MwStSystRL-DVO vorgeschriebenen Angaben enthält.

 Praxistipp

Wie in anderen Bereichen – etwa bei der E-Rechnung – ist das Umsatzsteuerrecht auch hier **technologieneutral.**

30.6.4.7 In welchem Format (Papier und/oder elektronisch) werden die in Art. 45a Abs. 3 DVO genannten, als Nachweis der Versendung oder Beförderung eingesetzten Dokumente von den Steuerbehörden akzeptiert?

Die Durchführungsverordnung enthält keine besonderen Vorschriften bezüglich des Formats, in welchem die in Art. 45a Abs. 3 MwStSystRL-DVO genannten Dokumente, die als Nachweis der Versendung oder Beförderung akzeptiert werden sollen, vorzulegen sind. Es wäre vernünftigerweise zu erwarten, dass Mitgliedstaaten diesbezüglich flexibel sind und keine strengen Beschränkungen wie beispielsweise Dokumente in Papierform auferlegen, sondern auch eine elektronische Fassung solcher Dokumente akzeptieren (s. o., Kapitel 17.6.4.6).

30.6.4.8 Was geschieht, wenn der Erwerber dem Verkäufer die schriftliche Erklärung gemäß Art. 45a Abs. 1 Buchst. b Ziffer i MwStSystRL-DVO nicht spätestens am zehnten Tag des auf die Lieferung folgenden Monats vorlegt?

Der Zweck der Zehntagesfrist besteht darin,

- dem **Erwerber einen genauen Zeitrahmen** für die Vorlage der schriftlichen Erklärung beim Verkäufer zu setzen, und

- **nicht den Verkäufer zu benachteiligen** und ihn der Möglichkeit zu berauben, in den Genuss der Vermutung zu kommen, wenn der Erwerber die schriftliche Erklärung nicht fristgerecht eingereicht hat.

❗ Praxistipp

Aus diesem Grund hat der Verkäufer die Möglichkeit, sich auch dann auf die Vermutung zu berufen, wenn ihm der Erwerber die schriftliche Erklärung nach dem Ablauf der Frist vorlegt, sofern alle anderen maßgeblichen Voraussetzungen aus Art. 45a DVO erfüllt sind.

30.7 Schreiben des BMF als weitere Interpretationshilfe

Das BMF hat sich mit Schreiben vom 9.10.2020 zum deutschen Pendant, der Gelangensvermutung, positioniert, und bestätigt darin die Rechtsauffassung der EU-Kommission.

30.7.1 Allgemeines zur Gelangensvermutung

Nach § 17a Abs. 1 UStDV wird bei Vorliegen der Voraussetzungen vermutet, dass der Gegenstand der Lieferung in das übrige Gemeinschaftsgebiet befördert oder versendet wurde.

EU-Lieferung/Basics

§ 17a Abs. 1 UStDV beinhaltet **zwei Sachverhaltsvarianten**, die zu unterschiedlichen Anforderungen beim Belegnachweis führen:

- während § 17a Abs. 1 Nr. 1 UStDV den Fall der Beförderung oder Versendung durch den Unternehmer oder durch einen von ihm beauftragten Dritten regelt,
- gilt § 17a Abs. 1 Nr. 2 UStDV für alle übrigen Fälle (z. B. Abholfall durch den Abnehmer).

Der Unternehmer kann anstatt der Voraussetzungen des § 17a UStDV den Belegnachweis auch nach den in § 17b bzw. § 17c UStDV statuierten Regelungen erbringen.

30.7.2 Belegnachweis

§ 17a Abs. 2 UStDV benennt die notwendigen Belege und verweist hierzu unter anderem auf die in § 17b Abs. 3 Satz 1 Nr. 3 UStDV benannten Beförderungsbelege (vgl. hierzu Abschn. 6a.5 Abs. 11 UStAE) und die in § 17b Abs. 3 Satz 1 Nr. 1 Buchst. a UStDV aufgeführten Versendungsbelege (vgl. hierzu Abschn. 6a.5 Abs. 1 und 2 UStAE).

 Praxistipp

Die Gelangensvermutung erfordert immer
- mindestens zwei Belege (➲ vgl. oben, Kapitel 30.5),
- die von unterschiedlichen Parteien ausgestellt wurden (➲ Kapitel 30.6.4.1) und
- die zudem vom Unternehmer und Abnehmer unabhängig (➲ Kapitel 30.6.4.1) sind.

30.7.3 Widerlegbare Vermutung

Gemäß § 17a Abs. 3 UStDV kann das Finanzamt eine nach Abs. 1 bestehende Vermutung widerlegen.

Die Vermutung ist widerlegt, wenn das Finanzamt (z. B. anhand vorliegender Unterlagen oder Belege) feststellt, dass die Gegenstände beispielsweise nicht in das übrige Gemeinschaftsgebiet gelangt sind, sodass keine innergemeinschaftliche Lieferung vorliegt.

 Praxistipp

Kann das Finanzamt nachweisen, dass Belege unzutreffende Angaben enthalten oder gefälscht sind, steht es dem Unternehmer frei, **durch andere Belege** im Sinne von § 17a Abs. 2 UStDV das Gelangen in das übrige Gemeinschaftsgebiet zu belegen. (➲ Kapitel 30.6.4.4).

30.8 Kritik

Die neue Vermutungsregel scheint **wenig durchdacht**.

- Die Regel bringt **keine Erleichterung**; vielmehr werden die **Nachweisanforderungen verschärft!** Während nach § 17a UStDV a. F./§ 17b UStDV n. F. in der Regel ein (1) Nachweisdokument (... nämlich die Gelangensbestätigung ...) ausreicht, verlangt die neue Vermutungsregelung in Transportfällen mindestens zwei bzw. in Abholfällen sogar drei Nachweisdokumente und unterschiedliche Aussteller.

- Gleiches gilt für das **Erfordernis der doppelten Unabhängigkeit des Dokumentenausstellers**. Offensichtlich besteht die Befürchtung, dass jede Nähe zum anderen Belegaussteller oder Lieferbeteiligten die Glaubwürdigkeit des Nachweises wegen eines mutmaßlichen Abhängigkeitsverhältnisses entwertet. Diese Vorstellung ist § 17a UStDV a. F./§ 17b UStDV n. F. fremd. Der Belegnachweis kann problemlos sogar durch eine Eigenbestätigung des am Leistungsaustausch beteiligten Abnehmers – nämlich durch die Gelangensbestätigung – geführt werden.

- Letztlich läuft die neue Vermutungsregel ins Leere, wenn die Ware nicht im Wege der Versendung (mittels beauftragtem Fremdfrachtführer), sondern durch **Beförderung** (Eigentransport durch Exporteur oder Selbstabholung durch Abnehmer) ins Bestimmungsland gelangt. in diesen Fällen ist es ausgeschlossen, dass auch Transportbelege vom Verkäufer und vom Erwerber unabhängig ausgestellt sein können.

- **Welche öffentliche Stelle** soll die Ankunft der Ware im Bestimmungsland bestätigen?

- ...

 Praxistipp

1. Verfahren Sie hinsichtlich der Buch- und Belegnachweise für innergemeinschaftliche Lieferungen **weiter wie bisher**.
2. Legen Sie dabei **insbesondere Wert auf die Gelangensbestätigung** und/oder die Alternativnachweise.
3. Erst dann, wenn die Finanzverwaltung eine Warenbewegung von EU nach EU in Frage stellt, ist zu prüfen, ob das **nach der Legalvermutung überhaupt zulässig** ist.

31 Checkliste Buchnachweis, Belegnachweis und Meldung an das Finanzamt

§ **Rechtsgrundlagen**

- UStG: § 3 Abs. 5a ff., § 4 Nr. 1, § 6a
- UStDV: § 17a ff.
- UStAE: Abschn. 6a.1 – 6a.8
- MwStSystRL: Art. 14 ff., 20 ff., 31, 32 ff., 40 ff., 131, 138 f., 140 f., 143 ff., 146 f.

31.1 Buchnachweis bei innergemeinschaftlichen Lieferungen (§ 17d UStDV[257])

☑ **Checkliste**

- Voraussetzungen der Steuerbefreiung (§§ 4 Nr. 1 Buchst. b, 6a UStG i. V. m. § 17d Abs. 1 Satz 1 UStDV)
- USt-IdNr. des Abnehmers (§ 17d Abs. 1 Satz 1 UStDV)
- Name und Anschrift des Abnehmers (§ 17d Abs. 2 Nr. 1 UStDV)
- Name und Anschrift des Beauftragten bei einer Lieferung, die im Einzelhandel oder in einer für den Einzelhandel gebräuchlichen Art und Weise erfolgt (§ 17d Abs. 2 Nr. 2 UStDV)
- Gewerbezweig oder Beruf des Abnehmers (§ 17d Abs. 2 Nr. 3 UStDV)
- Menge des Gegenstands der Lieferung und dessen handelsübliche Bezeichnung und Menge des Gegenstands der Lieferung einschließlich der Fahrzeug-Identifikationsnummer bei Fahrzeugen im Sinne des § 1b Abs. 2 UStG (§ 17d Abs. 2 Nr. 4 UStDV ➲ Kapitel 62.3)
- Tag der Lieferung (§ 17d Abs. 2 Nr. 5 UStDV)
- Entgelt, bei Besteuerung nach vereinnahmten Entgelt auch Tag der Vereinnahmung (§ 17d Abs. 2 Nr.6 UStDV)
- Art und Umfang einer Be- oder Verarbeitung vor der Beförderung oder Versendung in das übrige Gemeinschaftsgebiet (§ 17d Abs. 2 Nr. 7 UStDV)
- Beförderung oder Versendung in das übrige Gemeinschaftsgebiet (§ 17d Abs. 2 Nr. 8 UStDV ➲ Kapitel 28 und Kapitel 29)
- Bestimmungsort im übrigen Gemeinschaftsgebiet (§ 17d Abs. 2 Nr. 9 UStDV ➲ Kapitel 28 und Kapitel 29)
- Besonderheiten bei Verbringungen u. ä. (§ 17d Abs. 3 UStDV)
- Besonderheiten bei Fahrzeuglieferungen an Privatkunden u. ä. (§ 17d Abs. 4 UStDV)

---

257 Aus dem bisherige § 17c UStDV wurde mit Wirkung vom 1.1.2020 der neue § 17d UStDV (Gesetz vom 12.12.2019, BGBl. I 2019, 2451).

Praxistipp

Angaben müssen **eindeutig und leicht nachprüfbar** aus den Aufzeichnungen ersichtlich sein.

31.2 Buch- und Belegnachweis als Einheit

Häufig wird – auch von Vertretern der Finanzverwaltung – die These vertreten, dass der Buchnachweis nur erfüllt sei, wenn der Unternehmer die in vorstehendem ➔ Kapitel 31.1 geforderten Angaben im Rahmen seiner Buchhaltungspflichten aufgezeichnet hat.

Diese Auffassung ist **zu eng und rechtlich nicht zutreffend**[258].

Unter dem Buchnachweis ist allgemein der Nachweis durch Bücher oder andere Aufzeichnungen in Verbindung mit Belegen zu verstehen. Ergeben sich die buchmäßigen Nachweispflichten aus den Angaben in den Belegen, sind die gesetzlichen Anforderungen auch erfüllt. Es ist nicht erforderlich, die Aufzeichnungen im Rahmen der Buchführung (etwa auf verschiedenen Sachkonten) vorzuhalten[259].

31.3 EU-Geschäfte sofort richtig buchen, auch wenn die Nachweise erst später kommen!

 Rechtsgrundlagen

• BFH, Urteil v. 28.8.2014, V R 16/14, BStBl. II 2015, 46

Der BFH stellt in einem neueren Urteil noch einmal klar, welche Voraussetzungen seines Erachtens an den Beleg- und Buchnachweis zu stellen sind. Das Urteil ist primär zu Non-EU-Geschäften (Ausfuhren) ergangen, aber auch auf EU-Geschäfte (innergemeinschaftliche Lieferungen) anzuwenden (➔ Kapitel 41.5.2).

31.4 Abnehmerversicherung oder Gelangensbestätigung oder alle beide?

 Hinweis

➔ Kapitel 28 FAQ 21 ff. und Kapitel 29.1

---

258 *Winter* in Haufe Umsatzsteuer, Datenbank, Stand: Februar 2015 (Version 13.1), HI 1561347.
259 BFH, Urteil vom 25.10.1979, V B 5/79, BStBl. II 1980, 110.

31.5   Umsetzung im Unternehmen

Es bleibt dabei: Eichhörnchenarbeit treiben!

In Zweifelsfällen verlangt die Finanzverwaltung vom Unternehmer stets eine Vielzahl von Nachweisen. Der FinVerw werden sich die Zweifel allerdings in der Regel erst Jahre später – im Rahmen einer BP – auftun; dann aber lassen sich die angeforderten Unterlagen meist nicht mehr vom Kunden beschaffen.

Um auf der sicheren Seite zu sein, werden Unternehmer um **von Anfang an gut dokumentierte** Geschäftsvorfälle nicht herumkommen.

Dabei gilt es, **jeden denkbaren Nachweis zu sammeln**. Unternehmer müssen hier **kreativ sein** und sollten »**Eichhörnchenarbeit treiben**«; da das Gesamtbild zählt, sollte jeder geeignete Nachweis gesammelt werden!

 Beratungskonsequenzen

1. Aufgrund des hohen Risikos sollten – aus natürlich rein umsatzsteuerlicher Sicht – **Abholfälle in der Praxis vermieden** werden!
2. Für den Fall, dass Letzteres nicht möglich ist, sollte der Berater für den Mandanten auch weiterhin **mehrsprachige Formularsätze des »alten« Abnehmernachweises** vorbereiten.
3. Trotz Gelangensbestätigung (➲ Kapitel 28) wird ausdrücklich empfohlen, auch weiterhin daneben den bisherigen Abnehmernachweis (also d. h. den Nachweis, der in Abholfällen **bereits bei Übergabe der Ware** vom Abholenden unterschrieben werden muss ➲ Kapitel 29) zu führen (➲ Kapitel 28 FAQ 21 ff. und Kapitel 29.1).
4. Bei all dem gilt es daher zu beachten, dass es sich bei vielen Vorgaben »nur« um **Anweisungen der Finanzverwaltung** handelt, die sich insbesondere an der Rechtsprechung von EuGH und BFH messen lassen müssen werden. **Die Kenntnis der Rechtsprechung und auch der weiterhin anhängigen Revisionsverfahren bleibt damit ein Muss!**

31.6   Umsetzung beim Mandanten

Steuerberater sollten – soweit noch nicht geschehen – den Mandanten die neue Rechtslage zumindest in einem Mandantenschreiben nahe bringen.

 Beratungskonsequenzen

Die Erläuterungen im Mandantenschreiben dienen vorrangig dazu, dem Mandanten einen ersten Überblick über die Neuregelungen zu geben. **Sie ersetzen keinesfalls den Blick in die detaillierten Einzelregelungen und schon gar nicht die Einzelfallberatung.**

Gerade bei größeren Unternehmen mit komplizierten Sachverhaltsgestaltungen hat sich die **Arbeit mit Checklisten** bewährt: findet der Mitarbeiter »seinen« Fall in der Checkliste …

- … wieder, dann ist entsprechend der Checkliste vorzugehen;
- … nicht wieder, dann ist der Fall – mit dem Vorgesetzten oder Steuerberater – abzuklären.

31.7 Umsatzsteuer-Voranmeldung 2024 und Umsatzsteuererklärung 2023/Eintragung in die Vordrucke

> **!** **Hinweis**
> ➲ Kapitel 103

31.8 Länderspezifische Abweichungen bei der Beurteilung des EU-Geschäfts

> **!** **Hinweis**
> ➲ Kapitel 48

32 Belegnachweis durch Ausweiskopien

Ausweiskopien sind mit Einverständnis des Kunden/Geschäftspartners erlaubt!

> **§** **Rechtsgrundlagen**
> - BMI, Ausweiskopien sind mit Ihrem Einverständnis erlaubt
> - Entwurf eines Gesetzes zur Förderung des elektronischen Identitätsnachweises

Mandanten/Praktiker zweifeln immer wieder ob der Empfehlung, möglichst ein auf den Geschäftspartner oder am Umsatz tatsächlich Beteiligten lautendes Ausweispapier zu kopieren(vgl. z. B. ➲ Kapitel 27.5). Regelmäßig stellt sich Ihnen die Frage, ob und wann das überhaupt erlaubt ist.

Die Antwort ist ein eindeutiges Ja! Seit dem 29.07.2017 (Inkrafttreten des Personalausweisgesetzes in der aktuellen Fassung vom 18.7.2017) sind Kopien mit dem Einverständnis des Ausweisinhabers erlaubt[260].

---

260 Weimann, ASR 9/2018, 12.

32.1 Rechtslage bis zum 28.07.2017: Kopien waren verboten

Das Kopieren war bis zur jüngsten Änderung des Personalausweisgesetzes wohl unzulässig. So hat das Verwaltungsgericht Hannover einen schwerwiegenden Verstoß gegen die datenschutzrechtlichen Vorgaben des Personalausweisgesetzes darin gesehen, dass ein Dienstleister Personalausweise routinemäßig gescannt und gespeichert hat[261].

32.2 Die Praxis hielt sich nicht an das Verbot

Die Unternehmenspraxis und insbesondere die Praxis der Automobilbranche hielten sich nicht an das Verbot. Zu groß war die Angst, die Identität des Lieferanten oder des Kunden nicht nachweisen zu können und dadurch wirtschaftliche und vor allem (umsatz)steuerliche Schäden hinnehmen zu müssen.

32.3 Rechtslage seit dem 29.07.2017: Kopien sind grundsätzlich erlaubt

Der Gesetzgeber reagierte darauf. Die einschlägige Regelung im »Gesetz über Personalausweise und den elektronischen Identitätsnachweis (Personalausweisgesetz – PAuswG)« lautet nunmehr wie folgt:

§ **Rechtsgrundlagen**

§ 20 Verwendung durch öffentliche und nichtöffentliche Stellen
1. Der Inhaber kann den Ausweis bei öffentlichen und nichtöffentlichen Stellen als Identitätsnachweis und Legitimationspapier verwenden.
2. Der Ausweis darf nur vom Ausweisinhaber oder von anderen Personen mit Zustimmung des Ausweisinhabers in der Weise abgelichtet werden, dass die Ablichtung eindeutig und dauerhaft als Kopie erkennbar ist. Andere Personen als der Ausweisinhaber dürfen die Kopie nicht an Dritte weitergeben. Werden durch Ablichtung personenbezogene Daten aus dem Personalausweis erhoben oder verarbeitet, so darf die datenerhebende oder -verarbeitende Stelle dies nur mit Einwilligung des Ausweisinhabers tun. Die Vorschriften des allgemeinen Datenschutzrechts über die Erhebung und Verwendung personenbezogener Daten bleiben unberührt.
3. Die Seriennummern, die Sperrkennwörter und die Sperrmerkmale dürfen nicht so verwendet werden, dass mit ihrer Hilfe ein automatisierter Abruf personenbezogener Daten oder eine Verknüpfung von Dateien möglich ist. Dies gilt nicht für den Abgleich von Sperrmerkmalen durch Diensteanbieter zum Zweck der Überprüfung, ob ein elektronischer Identitätsnachweis gesperrt ist.
4. Beförderungsunternehmen ...
5. Zum Zwecke des Jugendschutzes ...

---

261 VG Hannover vom 28.11.2013, 10 A 5342/11, openJur 2013, 2793.

32.4 Hinweise des BMI zur aktuellen Rechtlage

Das BMI weist zunächst darauf hin, dass

- Personalausweis und
- Reisepass

ausschließlich der Identifikation dienen[262].

Sofern das Ausweisdokument im Original vorgelegt wird und die Identifizierung erfolgte (§ 20 Abs. 1 PAuswG), genügt in vielen Fällen die **Anfertigung eines entsprechenden Vermerks**, z. B. »Personalausweis/Reisepass hat vorgelegen«.

Eine zusätzliche Kopie des Ausweises wäre in diesen Fällen nicht unbedingt erforderlich – aber zulässig. **Dem Ausweisinhaber** steht es frei, Kopien seines Ausweises anzufertigen.

 Praxistipp

Die Ablichtung muss
- eindeutig und
- dauerhaft

als Kopie erkennbar sein.

Die **Weitergabe einer Ausweiskopie** ist nur durch den Ausweisinhaber zulässig.

Mit Zustimmung des Ausweisinhabers kann auch eine **andere Person** eine Ausweiskopie anfertigen. Die Weitergabe der Ausweiskopie durch die andere Person an Dritte ist nicht zulässig.

 Beratungskonsequenzen

Das heißt: Sie dürfen Kopien fertigen – wenn der Ausweisinhaber dies erlaubt!

32.5 »Andere« Daten

Ausweisdaten, die nicht zur Identifizierung benötigt werden, können und sollen auf der Kopie vom Ausweisinhaber geschwärzt werden. Das gilt insbesondere für die auf dem Ausweis aufgedruckte

- Zugangsnummer
- Seriennummer,

sofern nicht gesetzliche Regelungen diese Angaben erfordern, z. B. das Geldwäschegesetz.

---

262 BMI, Ausweiskopien sind mit Ihrem Einverständnis erlaubt.

EU-Lieferung/Basics

Beratungskonsequenzen

Der Ausweisinhaber ist von Ihnen auf die Möglichkeit und Notwendigkeit der Schwärzung hinzuweisen.

32.6 Praktische Anwendungsfälle

Es gibt **gesetzlich geregelte Fälle**, in den Kopien von Ausweisen erstellt werden dürfen oder müssen:

- § 8 Abs. 2 Satz 2 des Geldwäschegesetzes (einschließlich der Seriennummer)
- § 95 Abs. 4 Satz 3 des Telekommunikationsgesetzes
- § 64 Abs. 1 Nr. 2 der Fahrerlaubnisverordnung

Für Zwecke der Umsatzsteuer sollten Kopien insbesondere zum Nachweis von

- Ausfuhrlieferungen
- innergemeinschaftlichen Lieferungen

gefertigt werden. Die Fertigung von Ausweiskopien ist hier nirgends vorgeschrieben. Dem Unternehmer steht es aber frei, den Belegnachweis **mit allen geeigneten Belegen und Beweismitteln** zu führen, aus denen sich das Gelangen des Liefergegenstands in das übrige Gemeinschaftsgebiet an den umsatzsteuerrechtlichen Abnehmer in der **Gesamtschau** nachvollziehbar und glaubhaft ergibt.

 Beratungskonsequenzen

Sie dürfen als Unternehmer ruhig kreativ sein und »**Eichhörnchenarbeit treiben**«: da das Gesamtbild zählt, sollte jeder geeignete Nachweis gesammelt werden! Auch wenn qua Gesetzes keine Ausweiskopie gefordert wird, sollten Sie diese zunächst einmal vom Geschäftspartner anfordern und – wenn dem entsprochen wird – zu Ihren Akten nehmen (vgl. ➲ Kapitel 27.3).

33 Belegnachweis durch Eigenbelege nur im absoluten Ausnahmefall!

 Rechtsgrundlagen

BFH, Urteile vom 31.1.2019 und vom 19.3.2015

Wenn Sie Ware steuerfrei in das EU-Ausland verkaufen wollen, müssen Sie der Finanzverwaltung nachweisen können, dass Sie die Voraussetzungen einer innergemeinschaftlichen Lieferung auch tatsächlich erfüllen. Diesen Nachweis müssen Sie zwingend schriftlich – durch Belege und Aufzeichnungen – führen. Es reicht **nicht** aus, dass

Sie oder Ihr Geschäftspartner sich gegenüber der Finanzverwaltung zum Sachverhalt mündlich äußern.

33.1 Glück gehabt!

Ein von uns betreuter »**Echtfall**« zeigt, wie man es nach der neuen Rechtsprechung nicht machen sollte, in der Praxis aber – zumindest in der Vergangenheit – **immer wieder gemacht** hat[263]:

Mandantenfall

Mandant M lieferte Kfz steuerfrei innergemeinschaftlich nach Österreich. Im Rahmen einer Betriebsprüfung konnte der Transport der Fahrzeuge nach Österreich nicht belegt werden; insbesondere lagen weder eine Abnehmerversicherung noch eine Gelangensbestätigung vor.

Da in Österreich Deutsch gesprochen wird und damit keine Sprachbarrieren bestanden, war der Prüfer damit einverstanden, dass der Kunde ihm die Transporte telefonisch bestätigt. Der Prüfer protokollierte das Telefonat.

Da M alle anderen Voraussetzungen belegmäßig nachweisen konnte und die innergemeinschaftlichen Erwerbe in Österreich ordnungsgemäß versteuert wurden, erkannte der Prüfer daraufhin die innergemeinschaftlichen Lieferungen an.

Auch wenn das Vorgehen des Prüfers zum Vorteil unseres Mandanten war – richtig war es nicht!

33.2 Nachweis grundsätzlich nur durch Belege und Aufzeichnungen

Nach Auffassung des BFH darf der Unternehmer den ihm obliegenden sicheren Nachweis der materiellen Tatbestandsmerkmale einer innergemeinschaftlichen Lieferung auch jenseits der formellen Voraussetzungen gemäß § 6a Abs. 3 UStG i. V. m. §§ 17a ff. UStDV **nicht in anderer Weise als durch Belege und Aufzeichnungen** führen.

Dabei war der Sachverhalt des BFH-Urteils dem unseres Mandantenfalls sehr ähnlich[264]:

Sachverhalt

Ein deutscher Unternehmer D fakturierte innergemeinschaftliche Lieferungen nach Italien an die dortige Kundin I, eine juristische Person italienischen Rechts.

Das Finanzamt versagte den Lieferungen die Steuerbefreiung, da der Belegnachweis nicht erbracht werden konnte. Das FG teilte diese Rechtsauffassung.

Hiergegen wendet sich die Revision des D. Die Lieferungen seien steuerfrei. Die Unternehmereigenschaft der Abnehmerin I sei unstreitig. Im Bestimmungsland Italien habe I auch die Erwerbsbesteuerung durchgeführt.

---

263 *Weimann/Fuisting*, GStB 2015, 390.
264 BFH, Urteil vom 19.3.2015, V R 14/14, BFH/NV 2015, 1529.

EU-Lieferung/Basics

Streitig sei lediglich der physische Transport der Ware von Deutschland nach Italien. Dieser könne zwar nicht belegt werden, allerdings habe der Geschäftsführer der I hierzu seine Zeugenaussage angeboten. Das FG habe zu Unrecht den hierfür anberaumten finanzbehördlichen Erörterungstermin ignoriert. Die objektive Beweislage könne nicht nur durch Belege nachgewiesen werden. Es bestehe ein Gleichrang aller Beweismittel. Das FG hätte den in der Verhandlung präsenten Zeugen vernehmen müssen.

Die Revision hatte keinen Erfolg. Der Nachweis hat ausschließlich durch Belege und Aufzeichnungen zu erfolgen und nicht durch Zeugenvernehmungen.

 Beratungskonsequenzen

Zwar wären auch eine Zeugenvernehmung oder andere mündliche Einlassungen nach EU-Recht grundsätzlich denkbar. Die Bundesrepublik Deutschland darf – wie alle Mitgliedstaaten – die Nachweisvoraussetzungen selbst regeln und hat dies in den §§ 17a ff. UStDV auch getan. Da dort aber Belege und Aufzeichnungen – also »Papier« oder entsprechende Dateien – gefordert werden, ist den mündlichen Einlassungen eine Absage erteilt worden.

33.3 Enge Ausnahmen sind denkbar

Weder der Neutralitätsgrundsatz noch das Verhältnismäßigkeitsprinzip fordern die Steuerbefreiung der streitigen Umsätze:

- Der **Neutralitätsgrundsatz** gebietet nach der Collée-Entscheidung (➲ Kapitel 26.2.1) die Steuerbefreiung auch dann, wenn der Steuerpflichtige zwar die formellen Anforderungen an den Nachweis der innergemeinschaftlichen Lieferung nicht oder nicht vollständig erfüllt, die Voraussetzungen einer innergemeinschaftlichen Lieferung indes unbestreitbar feststehen. Genau das ist vorliegend aber gerade nicht der Fall.

- Der **Verhältnismäßigkeitsgrundsatz** führt zu keinem anderen Ergebnis. Denn der Unternehmer ist grundsätzlich nicht berechtigt, den ihm obliegenden sicheren Nachweis der materiellen Anforderungen in anderer Weise als durch Belege und Aufzeichnungen zu führen. Ein Beweis durch Zeugen kommt als Ersatz für den gesetzlich vorgesehenen Buch- und Belegnachweis grundsätzlich nicht in Betracht, und zwar weder von Amts wegen (§ 76 Abs. 1 FGO) noch auf Antrag. Nur wenn der Formalbeweis ausnahmsweise nicht oder nicht zumutbar geführt werden kann, gebietet nach der Teleos-Entscheidung des EuGH (➲ Kapitel 26.2.2) der Grundsatz der Verhältnismäßigkeit, den Nachweis auch in anderer Form zuzulassen. Im Streitfall sind keine Anhaltspunkte dafür ersichtlich, dass der Kläger an der Führung des Buch- und Belegnachweises gehindert gewesen oder dieser für ihn unzumutbar gewesen sein könnte.

Beratungskonsequenzen

Letzteres ist eine ganz enge Ausnahme und wird daher nur **in den seltensten Fällen zum Rettungsanker** taugen!

33.4 Grundsätzlich ist kein Nachweis durch Eigenbelege möglich!

Innergemeinschaftliche Lieferungen erfordern einen Formalbeweis!

Ein Beweis durch Zeugen kommt als Ersatz für den bei innergemeinschaftlichen Lieferungen gesetzlich vorgesehenen Buch- und Belegnachweis grundsätzlich nicht in Betracht. Deshalb ist es auch unerheblich, ob ein möglicher Zeuge seine Aussage vorab in schriftlicher Form niederlegt. Nur wenn der Formalbeweis ausnahmsweise nicht oder nicht zumutbar geführt werden kann, gebietet es der Verhältnismäßigkeitsgrundsatz, den Nachweis auch in anderer Form zuzulassen[265].

33.4.1 Sachverhalt

Im Verfahren vor dem Finanzgericht (FG) war die Steuerbefreiung für innergemeinschaftliche Lieferungen im Hinblick auf insgesamt 20 Fahrzeuglieferungen streitig.

Das FG wies die Klage teilweise ab und begründete sein Urteil mit dem Fehlen geeigneter Belegnachweise.

Die Klägerin und Beschwerdeführerin (K) wendete sich an den BFH mit der Beschwerde gegen die Nichtzulassung der Revision und verwies u. a. auf von ihr alternativ beigebrachte schriftliche Zeugenaussagen.

33.4.2 Entscheidung

Die Beschwerde ist nach Auffassung des BFH unbegründet.

Insbesondere hat die Frage, ob die Vernehmung eines Zeugen auch dann ausscheidet, wenn dem Gericht eine **entscheidungserhebliche schriftliche Erklärung des Zeugen** vorliegt, keine grundsätzliche Bedeutung, weil sie durch die Rechtsprechung bereits geklärt ist und keine neuen Gesichtspunkte erkennbar sind, die eine erneute Prüfung und Entscheidung der Rechtsfrage durch den BFH geboten erscheinen lassen.

Denn der Unternehmer hat die Voraussetzungen der Steuerbefreiung **beleg- und buchmäßig nachzuweisen**. Ein Beweis durch Zeugen kommt als Ersatz für den gesetzlich vorgesehenen Buch- und Belegnachweis grundsätzlich nicht in Betracht, und zwar weder von Amts wegen noch auf Antrag.

Darauf, ob ein möglicher Zeuge seine Aussage vorab in schriftlicher Form niederlegt, kann es unter keinem denkbaren Gesichtspunkt ankommen.

---

265   BFH, Beschluss vom 31.1.2019, V B 99/16, BFH/NV 2019, 409.

EU-Lieferung/Basics

Nur wenn der Formalbeweis **ausnahmsweise nicht oder nicht zumutbar** geführt werden kann, gebietet es der Verhältnismäßigkeitsgrundsatz, den Nachweis auch in anderer Form zuzulassen. Im Streitfall hat das FG ausdrücklich festgestellt, dass die Klägerin an der Führung des Buch- und Belegnachweises nicht gehindert gewesen und dieser für sie auch nicht unzumutbar gewesen ist.

 Beratungskonsequenzen

In der Praxis soll der Warentransport häufig durch einen **CMR-Frachtbrief** nachgewiesen werden. Es ist unbedingt darauf zu achten, dass der Frachtbrief vollständig und richtig ausgefüllt ist[266]. Dazu muss der Brief

- vom Versender der Ware als Auftraggeber des Frachtführers im **Feld 22** und
- vom Empfänger der Ware zur Bestätigung des Erhalts im **Feld 24**

unterzeichnet sein.

Beauftragt der Warenempfänger die Spedition **(Abholfall)**, enthält der für den Lieferer vorgesehene Durchschlag (zweites Blatt/Farbe rosa) **häufig keine Eintragung in Feld 24**, weil der Durchschlag bereits bei Abholung durch den Spediteur beim Lieferer verblieben ist. Letzterer muss sich in diesem Fall nachträglich den Erhalt der Ware seinen Kunden (den Empfänger) bestätigen lassen.

33.5 Anwendung auch auf Ausfuhrlieferungen

Urteil und Beschluss des BFH sind primär nur zur innergemeinschaftlichen Lieferung ergangen. Für die **Ausfuhrlieferung** dürfte Ähnliches gelten; auch hier fordern die §§ 8 ff. UStDV den Ausfuhrnachweis durch Belege.

---

266 *Weimann*, AStW 2020, www.astw.de, IdNr. 46408294.

EU-Lieferung/Folgen der Neuregelung zum 1.1.2020 für die Steuerbefreiung

34 Ohne Aufzeichnung der Kunden-USt-IdNr. und korrekte ZM keine Steuerbefreiung!

EU-Lieferungen seit dem 1.1.2020

> **Beispiel**
>
> Ein niederländisches Unternehmen (NL) bestellt einen Sportwagen bei einem schweizerischen Kfz-Händler (CH). CH kauft das Fahrzeug von einem deutschen Kfz-Händler (D). D trägt die Transportverantwortung und soll das Fahrzeug an CH steuerfrei innergemeinschaftlich liefern. Da CH selbst über keine USt-IdNr. verfügt, bittet er den D um **Abwicklung des Vorgangs unter der USt-IdNr. des NL** (Sachverhalt nach dem EuGH-Urteil »VSTR«[267]).

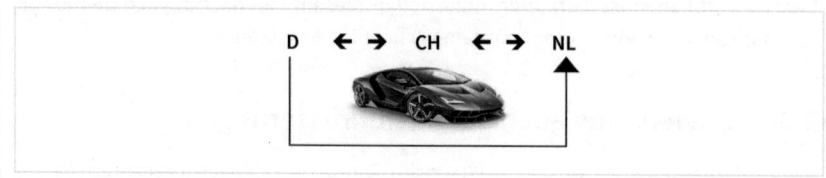

34.1 Beurteilung bis 31.12.2019

Trotz der Warenbewegung »von EU nach EU« erhält CH eine **Bruttorechnung**.

D konnte nicht steuerfrei innergemeinschaftlich liefern, da er verpflichtet ist, dazu die USt-IdNr. **seines Kunden** aufzuzeichnen und in die Zusammenfassende Meldung aufzunehmen.

→ Beratungskonsequenzen

Zunächst müssen Sie **auf den Warenweg abstellen**. Führt dieser aus Deutschland in einen anderen EU-Mitgliedstaat, kommt ausschließlich die Steuerbefreiung der innergemeinschaftlichen Lieferung in Betracht – auch bei einem Non-EU-Kunden. Die Steuerbefreiung einer Ausfuhrlieferung ist daher **nicht** zu prüfen – obwohl CH ein Drittlandskunde ist!

---

267 EuGH, Urteil vom 27.9.2012, Rs. C-587/10, Vogtländische Straßen-, Tief- und Rohrleitungsbau GmbH Rodewisch – VSTR –.

34.2 Zur Überraschung aller: Beurteilung durch den EuGH bis 31.12.2019

Nach Auffassung des EuGH hätte D **steuerfrei innergemeinschaftlich** liefern können[268]!

Die bisherige Steuerbefreiung der innergemeinschaftlichen Lieferung war dahin auszulegen, dass er es der Finanzverwaltung eines Mitgliedstaats nicht verwehrt, die Steuerbefreiung einer innergemeinschaftlichen Lieferung davon abhängig zu machen, dass der Lieferer die Umsatzsteuer-Identifikationsnummer des Erwerbers mitteilt. Dies gilt allerdings unter dem Vorbehalt, dass die Steuerbefreiung **nicht allein aus dem Grund verweigert** wird, dass diese Verpflichtung nicht erfüllt worden ist, wenn

- der Lieferer redlicher weise und
- nachdem er alle ihm zumutbaren Maßnahmen ergriffen hat
- diese Identifikationsnummer nicht mitteilen kann und
- er außerdem Angaben macht, die hinreichend belegen können, dass der Erwerber ein Steuerpflichtiger ist, der bei dem betreffenden Vorgang als solcher gehandelt hat.

34.3 Neuregelung ab 1.1.2020

Die Neuregelung von MwStSystRL und UStG soll damit ein Problem beseitigen, das sich vollkommen unerwartet aus der Rechtsprechung von EuGH und BFH ergab, und damit die Rechtslage herbeiführen, von der die Finanzverwaltung und die Unternehmer und damit **wir alle immer und wie selbstverständlich ausgegangen sind – die aber rein rechtlich** *nicht* **gegeben war!**

 Rechtsgrundlagen
Neufassung des UStG
(Hinweis: **Einfügungen** und ~~Streichungen~~ sind gekennzeichnet.)

§ 4
Steuerbefreiungen bei Lieferungen und sonstigen Leistungen
Von den unter § 1 Abs. 1 Nr. 1 fallenden Umsätze sind steuerfrei:
1.
a) ...
b) die innergemeinschaftlichen Lieferungen (§ 6a); **dies gilt nicht, wenn der Unternehmer seiner Pflicht zur Abgabe der Zusammenfassenden Meldung (§ 18a) nicht nachgekommen ist oder soweit er diese im Hinblick auf die jeweilige Lieferung unrichtig oder unvollständig abgegeben hat. § 18a Absatz 10 bleibt unberührt;**

---

268 EuGH, Urteil vom 27.9.2012, Rs. C-587/10, Vogtländische Straßen-, Tief- und Rohrleitungsbau GmbH Rodewisch – VSTR –; vgl. auch EuGH, Urteil vom 6.9.2012, Rs. C-273/1, Mecsek-Gabona; vom 20.10.2016, Rs. C-24/15, Plöckl; vom 9.2.2017, Rs. C 21/16, Euro-Tyre.

§ 6a

Innergemeinschaftliche Lieferung

(1) [1]Eine innergemeinschaftliche Lieferung (§ 4 Nummer 1 Buchstabe b) liegt vor, wenn bei einer Lieferung die folgenden Voraussetzungen erfüllt sind:

1. der Unternehmer oder der Abnehmer hat den Gegenstand der Lieferung in das übrige Gemeinschaftsgebiet befördert oder versendet,

2. der Abnehmer ist

a) ein **in einem anderen Mitgliedstaat für Zwecke der Umsatzsteuer erfasster** Unternehmer, der den Gegenstand der Lieferung für sein Unternehmen erworben hat,

b) eine **in einem anderen Mitgliedstaat für Zwecke der Umsatzsteuer erfasste** juristische Person, die nicht Unternehmer Unternehmen erworben hat, oder

c) bei der Lieferung eines neuen Fahrzeugs auch jeder andere Erwerber, ~~und~~

3. der Erwerb des Gegenstands der Lieferung unterliegt beim Abnehmer in einem anderen Mitgliedstaat den Vorschriften der Umsatzbesteuerung

und

4. **der Abnehmer im Sinne der Nummer 2 Buchstabe a oder b hat gegenüber dem Unternehmer eine ihm von einem anderen Mitgliedstaat erteilte gültige Umsatzsteuer-Identifikationsnummer verwendet.**

(2) ...

34.4   Beurteilung nach der Neuregelung

Damit mutieren die

- gültige ausländische USt-IdNr. (➲ Kapitel 35) und

- korrekte Erfassung in der Zusammenfassenden Meldung (»MIAS« ➲ Kapitel 36)

zu materiellen Voraussetzungen, was grundsätzlich dazu führt, dass eine **Steuerbefreiung von der Finanzverwaltung abgelehnt** werden wird, wenn diese Voraussetzungen nicht erfüllt sind.

35   Prüfung der USt-IdNr. des Kunden
EU-Lieferungen seit dem 1.1.2020

Durch die Neuregelung (➲ Kapitel 34) mutiert u. a. die Aufzeichnung einer gültigen ausländischen USt-IdNr. des Kunden zu einer materiellen Voraussetzung der Steuerbefreiung. Dies führt grundsätzlich dazu, dass eine **Steuerbefreiung von der Finanzverwaltung abgelehnt** werden wird, wenn diese Voraussetzung nicht erfüllt ist.

Beratungskonsequenzen
Überprüfung der Kunden-USt-IdNr.

Hinweis auf ➲ Kapitel 20. Zu beachten ist insbesondere, dass die qualifizierte Be-stätigung der USt-IdNr. **für den Tag der Lieferung** benötigt wird! Die USt-IdNr. darf damit *nicht* **nur bei der Neuaufnahme des Kunden** geprüft werden, sondern muss regelmäßig verifiziert werden (Hinweis auf ➲ Kapitel 20.5).

36 Zusammenfassende Meldung

EU-Lieferungen seit dem 1.1.2020

Die Steuerbefreiung ist doch unabhängig von Fristwahrung bei der ZM!

Rechtsgrundlagen

* BMF, Schreiben vom 20.5.2022, III C 3 – S 7140/19/10002 :001, Steuerbefreiung der innergemeinschaftlichen Lieferungen (§ 4 Nr. 1 Buchst. b i. V. m. § 6a UStG); Änderung des Umsatzsteuer-Anwendungserlasses, BStBl. I 2022, 738

Durch die Neuregelung mutiert u. a. die korrekte Erfassung in der Zusammenfassenden Meldung (»MIAS«) zu einer materiellen Voraussetzung, was grundsätzlich dazu führt, dass eine **Steuerbefreiung von der Finanzverwaltung abgelehnt** werden wird, wenn diese Voraussetzung nicht erfüllt ist.

Die Steuerbefreiung einer innergemeinschaftlichen Lieferung hängt auch nach den neuen Vorschriften nicht davon ab, dass eine die Lieferung flankierende Zusammenfassende Meldung fristgerecht eingereicht oder berichtigt wurde[269]. Unternehmer, die aus Deutschland heraus den europäischen Binnenmarkt bedienen, können aufatmen[270]!

36.1 Bislang recht strenge Anforderungen an die Steuerbefreiung

Die Steuerbefreiung einer innergemeinschaftlichen Lieferung ist **seit der Neuregelung zum 1.1.2020** davon abhängig, dass der Unternehmer seiner gesetzlichen Pflicht zur Abgabe einer Zusammenfassenden Meldung (ZM) nachkommt und diese im Hinblick auf die jeweilige Lieferung richtig und vollständig ist (§ 4 Nr. 1 Buchst. b Halbsatz 2 UStG).

---

269 BMF, Schreiben vom 20.5.2022, III C 3 – S 7140/19/10002 :001.
270 *Weimann*, AStW 2022, 564 und PIStB 2022, 275.

Bislang zog die Finanzverwaltung daraus den Schluss, dass die ZM für die Steuerbefreiung **fristgerecht** eingereicht oder berichtigt werden muss.

 Beratungskonsequenzen

Wurden die Fristen nicht eingehalten, sollte dies zur **Versagung der Steuerbefreiung** führen.

36.2 Nunmehr weniger strenge Anforderungen

Mit ihrer strengen Auslegung stand die Finanzverwaltung von Anfang an in der Kritik. Fehlkontierungen, Buchungsfehler und Fehler bei Erstellung der ZM (falsche USt-IdNr. oder Bemessungsgrundlage) hätten zum Verlust der in derartigen Fällen für das Funktionieren des Binnenmarkts **europarechtlich zwingend vorgesehenen Umsatzsteuerbefreiung** geführt.

Die Finanzverwaltung hat die Kritik nunmehr angenommen und den Umsatzsteuer-Anwendungserlass (UStAE) entsprechend geändert:

 Rechtsgrundlagen

Abschn. 4.1.2 UStAE – neu –

Fettdruck = Neuerung, ~~Streichung~~ = Aufhebung

Innergemeinschaftliche Lieferungen
Allgemeines

1. Auf die Abschnitte 6a.1 bis 6a.8 wird hingewiesen.

Zusammenfassende Meldung – Allgemeines

2. [1]Gemäß § 4 Nr. 1 Buchstabe b UStG ist die Steuerfreiheit der innergemeinschaftlichen Lieferung davon abhängig, dass der Unternehmer seiner gesetzlichen Pflicht zur Abgabe einer Zusammenfassenden Meldung (ZM) gemäß § 18a UStG nachkommt und diese im Hinblick auf die jeweilige Lieferung richtig und vollständig ist. [2]Gibt der Unternehmer die ZM **für den betreffenden Meldezeitraum** ~~nicht richtig, vollständig oder fristgerecht~~ **nicht, unrichtig oder unvollständig** ab, erfüllt er die Voraussetzungen für die Steuerbefreiung nicht. [3]Die Feststellung, dass die Voraussetzungen nicht erfüllt sind, kann immer erst nachträglich getroffen werden, da die Abgabe einer ZM zu einer innergemeinschaftlichen Lieferung immer erst später, nämlich bis zum 25. Tag nach Ablauf **des jeweiligen** Meldezeitraums erfolgt. [4]**§ 18a Abs. 8 UStG ist entsprechend zu berücksichtigen.**

Zusammenfassende Meldung – Berichtigung **und verspätete Abgabe**

3. [1]Die Pflicht zur Berichtigung einer fehlerhaften ZM nach § 18a Abs. 10 UStG bleibt **vom Vorliegen der Voraussetzungen** gemäß § 4 Nr. 1 Buchstabe b UStG unberührt. [2]Eine fehlerhafte ZM ist gemäß § 18a Abs. 10 UStG innerhalb eines Monats zu berichtigen, wenn der Unternehmer nachträglich erkennt, dass die von ihm abgegebene ZM unrichtig oder unvollständig ist. [3]Auf § 18a Abs. 7 Satz

2 UStG wird hingewiesen. [4]**Die in § 18a Abs. 10 UStG normierte Frist dient ausschließlich den Zwecken der Durchführung eines ordnungsgemäßen innergemeinschaftlichen Kontrollverfahrens sowie eines etwaigen Bußgeldverfahrens (§ 26a Abs. 2 Nr. 5 UStG).** [5]**Die Verpflichtung zur Abgabe einer richtigen und vollständigen ZM für Zwecke der Steuerbefreiung nach § 4 Nr. 1 Buchstabe b UStG besteht auch über die in § 18a Abs. 10 UStG genannte Frist hinaus.** [6]Berichtigt der Unternehmer die fehlerhafte **ursprüngliche** ZM für den Meldezeitraum~~, in dem die betreffende Lieferung ausgeführt wurde,~~ nicht, ist die Steuerbefreiung für die betreffende Lieferung nachträglich zu versagen. [7]Eine Berichtigung von Fehlern in einer anderen ZM als der ursprünglichen, führt zu keinem Aufleben der Steuerfreiheit für die betreffende Lieferung. [8]**Wird eine nicht fristgerecht abgegebene ZM erstmalig für den betreffenden Meldezeitraum richtig und vollständig abgegeben, liegen in diesem Zeitpunkt erstmals die materiell-rechtlichen Voraussetzungen für die Steuerbefreiung vor und diese ist bei Vorliegen der weiteren Voraussetzungen zu gewähren.** [9]Die erstmalige Abgabe einer ZM und die Berichtigung einer fehlerhaften ZM durch den Unternehmer innerhalb der Festsetzungsfrist entfalten für Zwecke der Steuerbefreiung Rückwirkung. [10]Die rückwirkende Gewährung der Steuerbefreiung im Veranlagungsverfahren schließt ein Bußgeldverfahren des BZSt nach § 26a Abs. 2 Nr. 5 UStG nicht aus.

Beispiel 1:
[1]Der in Deutschland ansässige Unternehmer U liefert an einen französischen Kraftwerksbetreiber A am 10.2.~~2020~~01 eine Maschine im Wert von 50 000 €. [2]**Die Rechnungsstellung erfolgt ebenfalls am 10.2.01.** [3]A hat gegenüber U seine französische USt-IdNr. bei Auftragserteilung verwendet. [4]In der ZM für Februar ~~2020~~01 gibt U versehentlich durch einen fehlerhaften Abgleich im Buchhaltungssystem an, Gegenstände im Wert von 5 000 € an A geliefert zu haben. [5]U entdeckt den Fehler zufällig am 10.6.~~2020~~01 und meldet in der ZM Juni ~~2020~~01, die er am 5.7.~~2020~~01 an das BZSt übermittelt, dass er an A Waren im Wert von 45 000 € geliefert hat. [6]Zwar liegen die übrigen Voraussetzungen für eine steuerfreie innergemeinschaftliche Lieferung vor, allerdings hat U für Februar ~~2020~~01 eine unrichtige ZM in Bezug auf die Lieferung an A abgegeben. [7]Da er den Fehler nicht in der ursprünglichen ZM für Februar ~~2020~~01 berichtigt hat, sondern in der ZM für Juni ~~2020~~01, ist die Steuerfreiheit insgesamt zu versagen. [8]Würde U sowohl die ZM für Februar ~~2020~~01, als auch für Juni ~~2020~~01 berichtigen, ~~würde die Steuerfreiheit wiederaufleben~~ **wäre die Steuerbefreiung für die Lieferung an A rückwirkend zu gewähren, sofern die entsprechenden Steuerfestsetzungen noch änderbar sind.**

Beispiel 2:
[1]**Der in Deutschland ansässige Unternehmer U liefert an einen französischen Kraftwerksbetreiber A am 10.2.01 eine Maschine im Wert von 50 000 €.** [2]**Die Rechnungsstellung erfolgt ebenfalls am 10.2.01.** [3]A hat gegenüber U seine französische USt-IdNr. bei Auftragserteilung verwendet. [4]U gibt nach Ablauf des Meldezeitraums für Februar 01 keine ZM ab. [5]Damit liegen nicht alle materiell-

rechtlichen Voraussetzungen für die Steuerbefreiung einer innergemeinschaftlichen Lieferung vor. [6]Die Steuerbefreiung ist für diese Lieferung zu versagen. [7]Gibt U die ZM für Februar 01 nach Ablauf der Abgabefrist noch richtig und vollständig ab, liegen die Voraussetzungen für die Steuerbefreiung im Zeitpunkt der verspäteten Abgabe erstmals vor und die Steuerbefreiung für die Lieferung an A ist rückwirkend zu gewähren, sofern die entsprechende Steuerfestsetzung noch änderbar ist.

36.3   Verspätete Abgabe der ZM wirkt zurück

Wird eine nicht fristgerecht abgegebene ZM

- erstmalig für den betreffenden Meldezeitraum
- richtig und vollständig

abgegeben, liegen **in diesem Zeitpunkt erstmals** die materiell-rechtlichen Voraussetzungen für die Steuerbefreiung vor und diese ist bei Vorliegen der weiteren Voraussetzungen zu gewähren.

Die erstmalige Abgabe einer ZM durch den Unternehmer innerhalb der Festsetzungsfrist entfaltet **für Zwecke der Steuerbefreiung Rückwirkung**.

 Beratungskonsequenzen

Die rückwirkende Gewährung der Steuerbefreiung im Veranlagungsverfahren schließt ein Bußgeldverfahren des BZSt nach § 26a Abs. 2 Nr. 5 UStG **nicht** aus. Das beruhigende Gefühl, die Steuerbefreiung durch ein Fristversäumnis nicht zu verlieren, darf Sie also nicht zur Nachlässigkeit verleiten: alle Fristen müssen zur **Vermeidung eines Bußgeldverfahrens** auch weiterhin unbedingt eingehalten werden!

36.4   Mandantenfall: Erstmalige Abgabe der ZM nach Umsatzsteuer-Sonderprüfung

Die durchaus erfreulichen Auswirkungen der neuen Rechtsauffassung verdeutlicht ein Mandantenfall:

Beispiel 1 (= Mandantenfall)

Unternehmer D mit Sitz in Dortmund liefert im März 2021 eine Ware in die Niederlande. Die Voraussetzungen einer innergemeinschaftlichen Lieferung liegen vor (§ 6a UStG).
D behandelt die Lieferung gem. § 4 Nr. 1 Buchst. b UStG als umsatzsteuerfrei, unterlässt aber die Abgabe einer ZM. Letzteres fällt dem Finanzamt erst im Februar 2022 anlässlich einer Umsatzsteuer-Sonderprüfung auf. D übermittelt die ZM noch im Februar 2022 nach dem entsprechenden Hinweis des Prüfers.

➲ **Folge:**

Solange die ZM fehlt, liegen nicht alle materiell-rechtlichen Voraussetzungen für die Steuerbefreiung einer innergemeinschaftlichen Lieferung vor. Die Steuerbefreiung ist für diese Lieferung zunächst zu versagen.

Mit Abgabe der vollständigen und richtigen ZM im Februar 2022 liegen die Voraussetzungen für die Steuerbefreiung im Zeitpunkt der verspäteten Abgabe erstmals vor.

Die Steuerbefreiung für die Lieferung ist dem D rückwirkend ab März 2021 zu gewähren.

Dieselbe Rechtsfolge – nämlich die Möglichkeit zur Erstellung einer rückwirkenden ZM – ergibt sich, wenn das Fehlen der ZM anlässlich einer **Betriebsprüfung** auffällt.

36.5 Berichtigung einer fehlerhaften ZM

Eine fehlerhafte ZM ist innerhalb eines Monats zu berichtigen, wenn der Unternehmer nachträglich erkennt, dass die von ihm abgegebene ZM unrichtig oder unvollständig ist (§ 18a Abs. 10 UStG). Diese Frist dient **ausschließlich** den Zwecken der Durchführung eines ordnungsgemäßen innergemeinschaftlichen Kontrollverfahrens sowie eines etwaigen Bußgeldverfahrens.

> **Bitte beachten Sie!**
> Die Verpflichtung zur Abgabe einer richtigen und vollständigen ZM für Zwecke der Steuerbefreiung nach § 4 Nr. 1 Buchstabe b UStG besteht auch über die in § 18a Abs. 10 UStG genannte Frist hinaus.

Berichtigt der Unternehmer die fehlerhafte ursprüngliche ZM für den Meldezeitraum, in dem die betreffende Lieferung ausgeführt wurde, nicht, ist die Steuerbefreiung für die betreffende Lieferung nachträglich zu versagen. Eine Berichtigung von Fehlern in einer anderen ZM als der ursprünglichen, führt zu keinem Aufleben der Steuerfreiheit für die betreffende Lieferung.

Die Berichtigung einer fehlerhaften ZM durch den Unternehmer innerhalb der Festsetzungsfrist entfaltet **für Zwecke der Steuerbefreiung Rückwirkung.** Wieder schließt die rückwirkende Gewährung der Steuerbefreiung im Veranlagungsverfahren ein **Bußgeldverfahren des BZSt** nicht aus (s. o.).

> **Beispiel 2**
> Wie Beispiel 1. Der Kaufpreis der Ware beträgt 55.000 €. D übermittelt an das BZSt fristgerecht eine ZM, beziffert die Bemessungsgrundlage aber versehentlich mit 5.500 €. Letzteres fällt dem Finanzamt im Februar 2022 anlässlich einer Umsatzsteuer-Sonderprüfung auf. D berichtigt die ZM noch im Februar 2022 nach einem entsprechenden Hinweis des Prüfers.

⊃ Folge:

Solange die ZM fehlerhaft ist, liegen nicht alle materiell-rechtlichen Voraussetzungen für die Steuerbefreiung einer innergemeinschaftlichen Lieferung vor. Die Steuerbefreiung ist für diese Lieferung zunächst zu versagen.

Mit Abgabe der berichtigten ZM im Februar 2022 liegen die Voraussetzungen für die Steuerbefreiung im Zeitpunkt der verspäteten Abgabe erstmals vor.

Die Steuerbefreiung für die Lieferung ist dem D rückwirkend ab März 2021 zu gewähren.

36.6 Keine Vollverzinsung

Die erstmalige Abgabe einer ZM und die Berichtigung einer fehlerhaften ZM durch den Unternehmer innerhalb der Festsetzungsfrist entfalten für Zwecke der Steuerbefreiung Rückwirkung.

Damit hat die Finanzverwaltung **im Hinblick auf die ZM keine Möglichkeit zu einer Vollverzinsung (§ 233a AO).** Auf Grund der nunmehr aufgegebenen Rechtsauffassung wäre diese möglich gewesen. Das BMF-Schreiben vom 20.5.2022 positioniert sich dazu allerdings nicht.

 Beratungskonsequenzen

1. Um Beanstandungen im MIAS zu vermeiden, müssen immer **auch die korrespondierenden Umsatzsteuer-Voranmeldungen** berichtigt werden.
2. Im Hinblick auf § 233a AO wirken **diese Korrekturen zinswirksam** zurück.

36.7 Rückwirkende Anwendung

Das BMF-Schreiben ist erstmals auf innergemeinschaftliche Lieferungen anzuwenden, die nach dem 31.12.2019 bewirkt wurden.

 Beratungskonsequenzen

Damit ist BMF-Schreiben auf **alle innergemeinschaftlichen Lieferungen anzuwenden, die der Neuregelung unterliegen,** und entfaltet Rückwirkung. Letzteres sehr zur Freude der Branche, die nach Umsatzsteuer-Sonderprüfungen bereits erste Unstimmigkeiten mit der Finanzverwaltung vermeldet hat. Diese dürften nunmehr beigelegt sein.

36.8 Ausblick

Aus dem BMF ist zu hören, dass der Verweis auf § 18a Abs. 10 UStG in § 4 Nr. 1 Buchst. b UStG ersatzlos gestrichen werden soll.

37 Neuregelung des Reihengeschäfts schafft Rechtssicherheit für Abholfälle

 Rechtsgrundlagen

- UStG: § 3 Abs. 6a
- MwStSystRL: Art. 36a
- UStAE: Abschn. 3.14 n. F.
- BMF, Schreiben vom 25.4.2023, III C 2 – S 7116-a/19/10001 :003, 2023/0380817, BStBl. I 2023, 778

Die Umsatzsteuerung von Reihengeschäften ist bereits zum 1.1.2020 durch die damaligen »Quick Fixes« umfassend neu geregelt worden. Gesetzliche Voraussetzung der Umsatzsteuerbefreiung ist die Zuordnung der Warenbewegung nach dem neuen § 3 Abs. 6a UStG. Die Praxis stand bis jetzt vor der Frage, wie die Zuordnung in besonderen Einzelfällen nach Auffassung der deutschen Finanzverwaltung zu erfolgen hat. Das BMF hat sich dazu nunmehr erstmals positioniert und Abschn. 3.14 UStAE entsprechend fortgeschrieben (BMF, Schreiben vom 25.4.2023, a. a. O.).

37.1 Gründe für die Neuregelung zum 1.1.2020

Die Gesetzesänderung dient primär der Beseitigung von Rechtsunsicherheiten, die infolge der damals neuen und unerwarteten Rechtsprechung von EuGH und BFH entstanden sind[271].

Diese damals neue Rechtsprechung zur **Zuordnung der Warenbewegung im Abholfall** veranlasste europaweit die Finanzverwaltungen zu neuen Prüfungsansätzen:

---

271 Vgl. dazu insbesondere das EuGH-Urteil vom 27.9.2012, Rs. C- 587/10, VSTR, BFH/NV 2012, 1919 sowie die BFH-Urteile vom 28.5.2013, XI R 11/09, BStBl II 2023, 537, vom 25.2.2015, XI R 15/14, BStBl II 2023, 514 und vom 25.2.2015, XI R 30/13, BStBl II 2023, 511.

Beispiel (Echtfall aus der Beratung)

Unternehmer D aus Dortmund beliefert den niederländischen Unternehmenskunden NL1 schon seit Jahren steuerfrei innergemeinschaftlich. Dies mit gutem Gewissen; die bekannten formalen Voraussetzungen der §§ 4 Nr. 1 Buchst. b, 6a UStG i. V. m. §§ 17a ff. UStDV werden von D peinlichst genau erfüllt.

Zwischen D und NL1 sind Abhollieferungen vereinbart. Voraussetzung hierfür ist immer die vorherige vollständige Bezahlung der Ware. Erst dann, wenn die Debitorenbuchhaltung den vollständigen Geldeingang bestätigt, wird die Ware übergeben – sprich: umsatzsteuerlich geliefert.

In Abholfällen wurde bis zum 31.12.2019 üblicherweise nur

- geprüft, ob eine **gültige USt-IdNr. des Kunden** vorliegt, und
- der Abholende zur Unterzeichnung der **Abnehmerversicherung** veranlasst.

Dabei wurde insbesondere **nicht** geprüft, von wem das Geld überwiesen wurde.

Beispiel Fortsetzung (Echtfall aus der Beratung)

Im Echtfall interessierte aber vollkommen unerwartet gerade Letzteres den Betriebsprüfer! Dabei stellte der Prüfer fest, dass die Zahlung von einem fremden Dritten kam:

Nach Anwendung der neuen Rechtsprechung sollte die Steuerbefreiung einer innergemeinschaftlichen Lieferung in Abholfällen von dem weiteren – **ungeschriebenen** – **Tatbestandsmerkmal** abhängig sein, dass die Verfügungsmacht an der Ware im Ursprungsland vom Kunden nicht auf einen Dritten übertragen wird.

Beispiel Fortsetzung (Echtfall aus der Beratung)

Im Echtfall unterstellte die Finanzverwaltung einen mit der vorherigen Bezahlung einhergehenden Übergang der Verfügungsmacht auf NL2. Damit war nach der Rechtsprechung die Lieferung von D → NL eine ruhende, die einer bewegten vorangeht – also zwingend umsatzsteuerpflichtig!

In der Praxis führte dies dazu, dass der Verkäufer im Abholfall bei Vertragsschluss vom Kunden verlangen musste, sich zur Frage des Übergangs der Verfügungsmacht auf den eigenen Kunden – **also den »Kunden vom Kunden«** – eindeutig zu positionieren. Ein Unding, dass die Mitgliedstaaten durch den neuen Art. 36a MwStSystRL wieder beseitigen wollten. In Umsetzung der neuen EU-Vorgabe wurden in Deutschland in § 3 Abs. 6 UStG die Sätze 5 und 6 gestrichen und ein neuer § 3 Abs. 6a UStG angefügt.

 Praxistipp

Die Neuregelung von MwStSystRL und UStG soll also
- ein Problem beseitigen, das sich vollkommen unerwartet aus der Rechtsprechung von EuGH und BFH ergab, und
- die Rechtslage herbeiführen, von der die Finanzverwaltung und die Unternehmer immer und wie selbstverständlich ausgegangen sind – die aber rein rechtlich nicht gegeben war.

37.2 Das BMF-Schreiben hat drei Jahre auf sich warten lassen

Die Gesetzesänderung ist zum 1.1.2020 in Kraft getreten. Erst am 25.4.2023 wurden das zu besprechende BMF-Schreiben veröffentlicht und der UStAE fortgeschrieben. Das mag vor allem daran liegen, dass die gesetzliche Neuregelung lediglich die Rechtslage herbeiführen soll, von der die Finanzverwaltung schon immer ausgegangen ist (vgl. dazu oben, Kapitel 37.1).

Entsprechend bringt das BMF-Schreiben auch keine grundlegenden Neuerungen und schreibt den bisherigen Abschn. 3.14 UStAE lediglich an geeigneter Stelle fort. Dennoch müssen in der Praxis vereinzelte Neuerungen beachtet werden.

Leider hat das BMF die Chance vertan, mit dem neuen Schreiben auch die schon lange bekannten Problembereiche gebrochener Transport und Vereinfachung der innergemeinschaftlichen Dreiecksgeschäfte anzugehen (vgl. dazu unten, Kapitel 37.12).

37.3 Legaldefinition des Reihengeschäfts

Das Gesetz stellt die Reihengeschäfte den »normalen« Liefergeschäften im Grundsatz gleich. Das Verständnis der Sonderregelungen des § 3 Abs. 6a Satz 1, Abs. 7 Satz 2 UStG setzt daher zunächst das Wissen um die allgemeinen Vorschriften voraus.

Für Reihengeschäfte ergeben sich aus § 3 Abs. 6a Satz 1 erster Halbsatz UStG **zusätzliche Tatbestandsmerkmale**. Ein solches liegt vor, wenn

- mehrere Unternehmer
- über denselben Gegenstand
- Liefergeschäfte abschließen und
- dieser Gegenstand
- bei der Beförderung oder Versendung
- unmittelbar vom ersten Unternehmer an den letzten Abnehmer gelangt.

> **❗ Praxistipp**
>
> Insoweit entspricht der neue § 3 Abs. 6a Satz 1 erster Halbsatz UStG der Vorgängervorschrift § 3 Abs. 6 Satz 5 erster Halbsatz UStG. Neu ist allerdings die Verwendung des **Begriffs »Reihengeschäft«**.
> Zumindest für jüngere Rechtsanwender. Denn der Begriff war **bis zum 31.12.1996** in der Legaldefinition des § 3 Abs. 2 UStG a. F. enthalten. Dieser Regelung zufolge galt die Lieferung an den letzten Abnehmer gleichzeitig als Lieferung eines jeden Unternehmers in der Reihe. Nach dieser Regelung wurden alle Lieferungen als bewegte Lieferungen zum gleichen Zeitpunkt und am gleichen Ort bewirkt.
> Mit Wirkung zum 1.1.1997 wurden die umsatzsteuerlichen Vorschriften zum Reihengeschäft an die EU-Vorgaben angepasst. Zu diesem Zwecke wurden alle Vorschriften, die mit dem Reihengeschäft in Zusammenhang stehen, aufgehoben. Seit diesem Zeitpunkt verwendete der Gesetzgeber den Begriff »Reihengeschäft« nicht mehr ausdrücklich – aber umschrieben: § 3 Abs. 6 Satz 5 UStG a. F. enthielt **bis zum 31.12.2019** den Tatbestand des Reihengeschäfts, ohne dieses ausdrücklich als ein solches zu bezeichnen.

Ein besonderer Fall des Reihengeschäfts ist das **innergemeinschaftliche Dreiecksgeschäft** (Abschn. 3.14 Abs. 1 Satz 2 UStAE n. F.).

37.4 Aneinanderreihung von Lieferungen

Primäre Rechtsfolge eines Reihengeschäftes ist, dass es zwischen den Beteiligten zu einer **Vielzahl von Lieferumsätzen** im Sinne des § 3 Abs. 1 UStG kommt. Reihengeschäfte sind damit nichts anderes als die **Aneinanderreihung mehrerer Liefergeschäfte**.

Beispiel 1

Büroausstatter D1 in Lörrach bestellt bei Großhändler D2 in Freiburg ein Kopiergerät. D2, der das Gerät selbst nicht vorrätig hat, bestellt dieses wiederum bei Großhändler D3 in Stuttgart. D3 muss seinerseits auf Großhändler D4 in Hamburg zurückgreifen. Die »Auslieferung« erfolgt vereinbarungsgemäß von D4 direkt an D1.

Aus zivilrechtlicher Sicht sind **3 Vertragsbeziehungen** zu unterscheiden:

- Kaufvertrag 1 zwischen D2 (Verkäufer) und D1 (Käufer)
- Kaufvertrag 2 zwischen D3 (Verkäufer) und D2 (Käufer)
- Kaufvertrag 3 zwischen D4 (Verkäufer) und D3 (Käufer)

Aus umsatzsteuerlicher Sicht werden diese Verträge durch **3 Lieferungen** erfüllt:

- Zunächst beliefert D4 (= erster Lieferer) den D3 (Leistungsempfänger).
- Danach beliefert D3 (= zweiter Lieferer) den D2 (Leistungsempfänger).
- Zuletzt beliefert D2 (= dritter Lieferer) den D1 (Leistungsempfänger).

! Praxistipp

- Alle **zivilrechtlichen Erfüllungsgeschäfte = umsatzsteuerliche Lieferungen** werden durch eine (tatsächliche) Warenbewegung erfüllt.
- Die Kaufverträge werden **quasi »rückwärts« erfüllt**: zunächst muss im Beispiel der letzte Vertragspartner D4 liefern, damit sein Kunde D3 den Kunden D2 beliefern kann usw.
- Die einzelnen Lieferungen müssen in Bezug auf den Lieferort und den Lieferzeitpunkt **jeweils gesondert betrachtet** werden (Abschn. 3.14 Abs. 2 Satz 1 UStAE n. F.).

37.5   Kein Reihengeschäft bei Lieferungen ohne jede Warenbewegung

Liefergeschäfte, die von mehreren Unternehmern über denselben Gegenstand abgeschlossen werden und bei denen **keine Beförderung oder Versendung** stattfindet (z. B. Grundstückslieferungen oder Lieferungen, bei denen die Verfügungsmacht durch Vereinbarung eines Besitzkonstituts oder durch Abtretung des Herausgabeanspruchs verschafft wird), können nicht Gegenstand eines Reihengeschäfts sein (Abschn. 3.14 Abs. 2 Satz 6 UStAE n. F.).

Diese Lieferungen werden dort ausgeführt, wo sich der Gegenstand zur Zeit der Verschaffung der Verfügungsmacht befindet (§ 3 Abs. 7 Satz 1 UStG). Befindet sich der Gegenstand in einem anderen Land, ist der Umsatz in Deutschland nicht steuerbar. Ist das andere Land ein

- **EU-Mitgliedstaat**, ist zu prüfen, ob der Liefernde sich dort registrieren lassen muss oder ob ein Reverse-Charge-Verfahren zur Anwendung kommt;
- **Drittland**, richtet sich die Frage einer eventuellen Umsatzbesteuerung noch den dort geltenden Vorschriften.

> **❗ Praxistipp**
>
> Dieser Gedanke ist vor allem wichtig für Werklieferungen, die ein ortsgebundenes (nicht transportables) Werk zum Gegenstand haben, und damit vor allem für den **Anlagenbau** (vgl. auch Abschn. 3.12 Abs. 6 UStAE).

37.6   Zuordnung der Warenbewegung

Die Warenbewegung (= Beförderung oder Versendung) des Gegenstands ist nur einer der Lieferungen zuzuordnen (§ 3 Abs. 6a Satz 1 zweiter Halbsatz UStG). Diese eine Lieferung ist die Beförderungs- oder Versendungslieferung bzw. – in Abgrenzung zur ruhenden Lieferung des § 3 Abs. 7 Satz 2 UStG – die **bewegte Lieferung**. Diese in der Praxis schon lange gängige Bezeichnung hat nunmehr auch die Finanzverwaltung eingeführt (Abschn. 3.14 Abs. 2 Satz 3 UStAE n. F.).

> **❗ Praxistipp**
>
> - Die Worte »**nur einer der Lieferungen zuzuordnen**« sollen zum Ausdruck bringen, dass § 3 Abs. 6a Satz 1 UStG eine Regelung nur für *eine* (1) der Lieferungen trifft; diese Lieferung ist die bewegte Lieferung.
> - Für alle anderen Lieferungen ist eine andere Lieferortsbestimmung zu suchen. Diese findet sich in § 3 Abs. 7 Satz 2 UStG; es handelt sich mithin um **ruhende Lieferungen**.

Innerhalb der ruhenden Lieferungen gilt es zu unterscheiden, und zwar danach, ob diese zeitlich vor oder nach der Beförderungs- oder Versendungslieferung ausgeführt werden:

- Gehen ruhende Lieferungen der bewegten Lieferung voran, spricht man von **ruhenden vorangehenden Lieferungen**. Diese ruhenden Lieferungen gelten – wie die bewegten Lieferungen – gem. § 3 Abs. 7 Satz 2 Nr. 1 UStG dort als ausgeführt, wo die Warenbewegung beginnt (**Ursprungslandprinzip**).
- Folgen ruhende Lieferungen der bewegten Lieferung, spricht man von **ruhenden nachfolgenden Lieferungen**. Diese ruhenden Lieferungen gelten gem. § 3 Abs. 7 Satz 2 Nr. 2 UStG dort als ausgeführt, wo die Warenbewegung endet (**Bestimmungslandprinzip**).

Jedes Reihengeschäft besteht damit aus

- **einer (1) bewegten** Lieferung (§ 3 Abs. 6a Satz 1 zweiter Halbsatz UStG). Für diese Lieferung ergibt sich der Lieferort aus § 3 Abs. 6 UStG (Abschn. 3.14 Abs. 5 UStAE n. F.)
- ggf. **mehreren ruhenden** Lieferungen (§ 3 Abs. 7 Satz 2 UStG).

Nur bei der bewegten Lieferung kommen die Steuerbefreiungen für

- Ausfuhrlieferungen (§ 4 Nr. 1 Buchst. a i. V. m. § 6 UStG)
- innergemeinschaftliche Lieferungen (§ 4 Nr. 1 Buchst. b i. V. m. § 6a UStG) und damit auch die Notwendigkeit von Gelangensbestätigung, Abnehmerversicherung und Gelangensvermutung
- die Lieferortsfiktion des § 3 Abs. 8 UStG

in Betracht (Abschn. 3.14 Abs. 2 Satz 3 UStAE n. F.).

 Checkliste: Prüfung eines Reihengeschäfts
- Da bei einem Reihengeschäft nur eine (1) der Lieferungen die bewegte sein kann und alle anderen Lieferungen daraufhin zu beurteilen sind, ob sie der bewegten (zeitlich) vorangehen oder folgen, muss die **erste Frage** einer jeden Fallbearbeitung lauten: »**Welche Lieferung ist die bewegte Lieferung?**«
- Alle anderen Lieferungen sind **in einem zweiten Schritt** um die bewegte Lieferung herum zu gruppieren: sie gehen der bewegten entweder zeitlich voran (Ortsbestimmung nach § 3 Abs. 7 Satz 2 Nr. 1 UStG) oder folgen ihr (Ortsbestimmung nach § 3 Abs. 7 Satz 2 Nr. 2 UStG).

37.7 Transportverantwortlichkeit entscheidet

Die Zuordnung der Beförderung oder Versendung zu einer der Lieferungen des Reihengeschäfts ist davon abhängig, ob der Gegenstand der Lieferung durch

- den ersten Unternehmer,

- den letzten Abnehmer oder

- einen der neuen »Zwischenhändler« (vgl. dazu unten, Kapitel 37.9.1)

in der Reihe befördert oder versendet wird (Abschn. 3.14 Abs. 7 Satz 1 UStAE n. F.).

Die Zuordnungsentscheidung muss **einheitlich für alle Beteiligten getroffen** werden (Abschn. 3.14 Abs. 7 Satz 3 UStAE n. F.).

Aus den vorhandenen Aufzeichnungen muss sich eindeutig und leicht nachprüfbar ergeben, wer die Beförderung durchgeführt oder die Versendung veranlasst hat (Transportverantwortlichkeit). Im Fall der Versendung ist dabei auf die **Auftragserteilung an den selbstständigen Beauftragten** abzustellen. Eine hiervon abweichende Zuordnung ist nur zulässig, wenn der Unternehmer nachweist, dass die Beförderung bzw. die Versendung auf Rechnung eines anderen Unternehmers erfolgt ist und dieser tatsächlich die Gefahr des zufälligen Untergangs des Gegenstands während des Transports getragen hat (Abschn. 3.14 Abs. 7 Sätze 4 bis 6 UStAE n. F.).

Der Lieferant trägt die Transportverantwortlichkeit, wenn er nach dem Kaufvertrag auch den Transport der Ware zum Kunden schuldet. Wie er den Transport tatsächlich durchführt, ob er also

- die Ware selbst zum Kunden bringt oder

- einen Spediteur bestellt oder

- einen Frachtführer beauftragt,

ist ohne Bedeutung.

Der Kunde trägt die Transportverantwortlichkeit, wenn der Lieferant nach dem Kaufvertrag also lediglich die Übergabe der Ware im eigenen Unternehmen schuldet. Wie der Kunde den Transport tatsächlich durchführt, ob er also

- die Ware höchstpersönlich abholt oder

- einen Arbeitnehmer beauftragt oder

- einen Spediteur bestellt oder

- einen Frachtführer beauftragt,

ist für die Transportverantwortung ohne Bedeutung.

 Praxistipp

Bei einer Versendung der Ware – also bei Ausführung der Beförderung durch einen **selbstständigen Beauftragten** (§ 3 Abs. 6 Satz 3 UStG) – ist auf die Auftragserteilung an den Beauftragten abzustellen.
Ohne Bedeutung ist, wer die Kosten für den Transport wirtschaftlich trägt. Auch dann, wenn die Transportkosten vollumfänglich weiterbelastet werden (»Kaufpreis zzgl. Porto und Versand«) ändert dies grundsätzlich nicht an der Zuordnung der Warenbewegung.

Der Inhalt einer Leistung und die Person des Leistungsempfängers sind grundsätzlich nach dem der Leistung zugrunde liegenden Rechtsverhältnis – **also den zivilrechtlichen Vertragsbeziehungen** – zu bestimmen (EuGH, Urteil vom 20.6.2013, Rs. C-653/11, Newey; BVerfG, Beschluss vom 3.12.2012, 1 BvR 1747/11; BFH, Urteil vom 20.10.2016, V R 33/14, m. w. N.).

Unbedingt muss der Transportauftrag daher **klar und eindeutig** erteilt werden!

37.8   Transportfall

Wird der Gegenstand der Lieferung durch den ersten Unternehmer in der Reihe befördert oder versendet, ist die Warenbewegung seiner Lieferung zuzuordnen (§ 3 Abs. 6a Satz 2 UStG, Abschn. 3.14 Abs. 8 Satz 1 UStAE n. F.).

Beispiel 2

NL1, NL2 und NL3 sind niederländische Unternehmer. NL3 bestellt eine Maschine bei NL2. NL2 bestellt die Maschine bei Großhändler NL1, der diese seinerseits beim deutschen Hersteller D bestellt. Alle Beteiligten treten unter den USt-IdNrn. ihrer Länder auf. Vereinbarungsgemäß muss D die Maschine dem NL3 in Amsterdam übergeben.

Folge:

Bei diesem Reihengeschäft werden nacheinander drei Lieferungen (D → NL1, NL1 → NL2 und NL2 → NL3) ausgeführt.

Die Warenbewegung ist der Lieferung D → NL 1 zuzuordnen (§ 3 Abs. 6a Satz 2 UStG). Die Lieferung des D ist damit die bewegte und gilt dort als ausgeführt, wo der Transport beginnt (§ 3 Abs.6 Satz 1 UStG, Abschn. 3.14 Abs. 5 Satz 2 UStAE n. F.), also in Deutschland.

Die Lieferung ist in Deutschland steuerbar und unter den weiteren Voraussetzungen der §§ 4 Nr. 1 Buchst. b, 6a UStG steuerfrei.

Die Lieferungen NL1 → NL2 und NL2 → NL3 sind in den Niederlanden ruhende nachfolgende Lieferungen (§ 3 Abs.7 Satz 2 Nr. 2 UStG, Abschn. 3.14 Abs. 5 Satz 3 UStAE n. F.) und als solche dort steuerbar.

Hinweis

Weitere Beispiele für den Transportfall finden Sie in Abschn. 3.14 Abs. 6 und Abs. 8 UStAE n. F.

37.9 Abholfall: Transport durch letzten Abnehmer

Wird der Gegenstand der Lieferung durch den letzten Abnehmer befördert oder versendet, ist die Beförderung oder Versendung der »Lieferung an ihn« – also der Lieferung, die letzten Abnehmer zum Eingangsumsatz führt – zuzuordnen (§ 3 Abs. 6a Satz 3 UStG, Abschn. 3.14 Abs. 8 Satz 2 UStAE n. F.).

Beispiel 3

Sachverhalt wie Beispiel 2. NL3 holt die Maschine mit eigenem LKW bei D in Deutschland ab und transportiert sie unmittelbar zu sich nach Amsterdam.

Folge

Bei diesem Reihengeschäft werden nacheinander drei Lieferungen (D → NL1, NL1 → NL2 und NL2 → NL3) ausgeführt.

Die Warenbewegung ist der Lieferung NL2 → NL3 zuzuordnen (§ 3 Abs. 6a Satz 3 UStG). Die Lieferung des NL2 ist damit die bewegte und gilt dort als ausgeführt, wo der Transport beginnt (§ 3 Abs. 6 Satz 1 UStG, Abschn. 3.14 Abs. 5 Satz 2 UStAE n. F.).

Die Lieferung ist in Deutschland steuerbar und unter den weiteren Voraussetzungen der §§ 4 Nr. 1 Buchst. b, 6a UStG steuerfrei. NL2 muss sich – soweit er dies nicht schon ist – in Deutschland umsatzsteuerlich registrieren lassen.

Die Lieferungen D → NL1 und NL1 → NL2 sind in Deutschland ruhende vorangehende Lieferungen (§ 3 Abs. 7 Satz 2 Nr. 1 UStG, Abschn. 3.14 Abs. 5 Satz 3 UStAE n. F.) und als solche dort steuerbar. Für D ist die Lieferung ein normaler Inlandsumsatz. NL1 muss sich – soweit er dies nicht schon ist – in Deutschland umsatzsteuerlich registrieren lassen.

 Hinweis

Ein weiteres Beispiel für die Abholung durch den letzten Abnehmer finden Sie in Abschn. 3.14 Abs. 8 UStAE n. F.

37.10 Abholfall: Transport durch einen Zwischenhändler

Wird der Gegenstand der Lieferung durch einen Abnehmer befördert oder versendet, der zugleich Lieferer ist (Zwischenhändler), ist die Beförderung oder Versendung der Lieferung an ihn zuzuordnen, es sei denn, er weist nach, dass er den Gegenstand als Lieferer befördert oder versendet hat (§ 3 Abs. 6a Satz 4 UStG).

37.10.1 Begriffliche Klärung

Zwischenhändler ist ein Abnehmer, der zugleich Lieferer ist (§ 3 Abs. 6a Satz 4 erster Halbsatz UStG).

In der Regel kennt man als Lieferant nur seinen eigenen Kunden. Letzterer wird dadurch, dass er für die eingekaufte Ware bereits seinerseits im Vorhinein einen Kunden gefunden hat (»Kunde vom Kunden«), zum Zwischenhändler:

Begriffliche Erklärung

In Beispiel 2

... sind NL1 und NL2 Zwischenhändler.

37.10.2 Widerlegbare Vermutung

Die Warenbewegung ist der Lieferung an den Zwischenhändler zuzuordnen, es sei denn, der Zwischenhändler weist nach, dass er den Gegenstand als Lieferer befördert oder versendet hat (§ 3 Abs. 6a Satz 4 Halbsatz 2 UStG). Wie der Nachweis zu führen ist, hängt davon ab, ob die Warenbewegung

- auf das deutsche Inland beschränkt ist,
- innergemeinschaftlich erfolgt, also in einem anderen EU-Mitgliedstaat endet
- zu einer Ausfuhr führt, also in einem Drittland endet oder
- zu einer Einfuhr führt, also in einem Drittland beginnt und in Deutschland endet.

37.10.3 Auf das Inland beschränkte Warenbewegung

Beschränkt sich die Warenbewegung im Reihengeschäft auf das Inland, kann der Zwischenhändler die Warenbewegung seiner eigenen Lieferung zuordnen, wenn er nachweist, dass er den Gegenstand in seiner Eigenschaft als Lieferer befördert bzw. versendet hat (§ 3 Abs. 6a Satz 4 Halbsatz 2 UStG). Nachweise in diesem Sinne sind z. B.

- eine Auftragsbestätigung,
- das Doppel der Rechnung oder
- andere handelsübliche Belege und Aufzeichnungen, die nachweisen, dass er als Lieferer aufgetreten ist.

Der Zwischenhändler kann die Eigenschaft als Lieferer unter Berücksichtigung der **Gesamtheit der Umstände des Einzelfalls** nachweisen (z. B. anhand Übernahme von Kosten des Transports aufgrund der mit dem Vorlieferanten und seinem Auftraggeber vereinbarten Lieferkonditionen, Mitteilung über den Weiterverkauf vor Beginn der Beförderung oder Versendung usw.). Allein die Mitteilung an den Vorlieferanten über den Weiterverkauf des Liefergegenstands ist hierfür nicht ausreichend (Abschn. 3.14 Abs. 9 UStAE n. F. unter Hinweis auf BFH-Urteil vom 28.5.2013, XI R 11/09, BStBl II 2023, 537).

 Praxistipp

Der Nachweis kann erbracht werden »unter Berücksichtigung der Gesamtheit der Umstände des Einzelfalls«. Was bitte? Eine Vertiefung der Frage lohnt nicht wirklich! Denn die Zuordnung der Warenbewegung hat für innerdeutsche Reihengeschäfte **keinerlei Relevanz**. Ob ruhend oder bewegt – die Lieferungen erfolgen immer umsatzsteuerbar und in der Regel auch -pflichtig.

 Hinweis

Das BMF versucht seine Rechtsauffassung mit **zwei Beispielen** zu verdeutlichen (Abschn. 3.14 Abs. 9 UStAE n. F.). Das »Warum?« erschließt sich nicht. Denn – noch einmal – keinerlei Praxisrelevanz!

37.10.4 Innergemeinschaftliche Warenbewegung

Gelangt der Gegenstand der Lieferung aus dem Gebiet eines Mitgliedstaates in das Gebiet eines anderen Mitgliedstaates und verwendet der Zwischenhändler gegenüber dem leistenden Unternehmer **bis zum Beginn der Beförderung oder Versendung** eine Umsatzsteuer-Identifikationsnummer, die ihm vom Mitgliedstaat des Beginns der Beförderung oder Versendung erteilt wurde, ist die Beförderung oder Versendung seiner Lieferung zuzuordnen (§ 3 Abs. 6a Satz 5 UStG).

 Praxistipp

1. Der Begriff »Verwendung« einer USt-IdNr. setzt ein **positives Tun** des mittleren Unternehmers voraus. Da es sich dabei um die Verwirklichung des Sachverhalts handelt (Auftreten als Lieferer), bleiben spätere Änderungen bei der Verwendung der USt-IdNr. ohne Auswirkung (Abschn. 3.14 Abs. 10 Sätze 2 f. UStAE n. F.).
2. Für deutsche Lieferanten heißt das, dass der Kunde unter seiner deutschen USt-IdNr. bestellen müsste. Da dieser Fall aber sowieso als steuerpflichtig behandelt würde, kann eine **versehentliche Behandlung durch den Lieferanten als steuerfrei wohl ausgeschlossen werden**.

Verwendet der mittlere Unternehmer seine ihm vom Abgangsstaat erteilte USt- IdNr., muss dies **in der Regel bereits bei Vertragsabschluss**, spätestens jedoch bei Ausführung der Lieferung erfolgen (Abschn. 3.14 Abs. 10 Satz 4 UStAE n. F.).

Die verwendete USt-IdNr. soll **in dem jeweiligen Auftragsdokument schriftlich** festgehalten werden (Abschn. 3.14 Abs. 10 Satz 5 UStAE n. F.).

Bei **mündlicher Erteilung eines Auftrags** muss die rechtzeitige Verwendung der USt-IdNr. vom mittleren Unternehmer dokumentiert werden (Abschn. 3.14 Abs. 10 Satz 6 UStAE n. F.).

Es reicht ebenfalls aus, wenn der mittlere Unternehmer dokumentiert, dass er gegenüber seinem leistenden Unternehmer erklärt hat, die ihm vom Abgangsstaat erteilte USt-IdNr. für alle künftigen Lieferungen verwenden zu wollen (**Generalvereinbarung**, Abschn. 3.14 Abs. 10 Satz 7 UStAE n. F.).

Eine in einem Dokument **lediglich formularmäßig eingedruckte USt-IdNr.** reicht nicht aus (Abschn. 3.14 Abs. 10 Satz 8 UStAE n. F.).

Ein positives Tun des Zwischenhändlers liegt auch dann vor, wenn

- dessen Leistungsempfänger (Erwerber) die Erklärung über die Unternehmereigenschaft und den unternehmerischen Bezug objektiv nachvollziehbar vorgenommen hat und der Leistungsbezug vom Leistungsempfänger in zutreffender Weise erklärt worden ist und

- der Zwischenhändler seinen Meldepflichten nach § 18a UStG (Zusammenfassende Meldung) nachgekommen ist und die Rechnung über die Leistung einen Hinweis auf die USt-IdNr. des Leistungsempfängers, die nach § 18a Abs. 7 UStG in der Zusammenfassenden Meldung angegeben wurde, enthält

(Abschn. 3.14 Abs. 10 Satz 9 UStAE n. F.).

 Praxistipp

Ein positives Tun des Zwischenhändlers liegt mit anderen Worten auch dann vor, wenn der Zwischenhändler und dessen Kunde
- die innergemeinschaftliche Lieferung und
- den korrespondierenden Erwerb
ordnungsgemäß versteuern.

Beispiel 4

Sachverhalt wie Beispiel 2. NL1 holt die Maschine mit eigenem LKW bei D in Deutschland ab und transportiert sie unmittelbar zu NL3 nach Amsterdam.
Folge:
Bei diesem Reihengeschäft werden nacheinander drei Lieferungen (D → NL1, NL1 → NL2 und NL2 → NL3) ausgeführt.
Die Warenbewegung ist der Lieferung D → NL1 zuzuordnen (§ 3 Abs. 6a Satz 5 UStG), da NL 1 als Zwischenhändler gegenüber D eine niederländische USt-IdNr. verwendet hat. Dies ist keine vom Mitgliedstaat des Beginns der Beförderung (Deutschland) erteilte USt-IdNr. (§ 3 Abs. 6a Satz 5 erster Halbsatz UStG; Hinweis: Abschn. 3.14 Abs. 10 Bsp. 1 Satz 6 UStAE n. F. verweist fälschlicherweise auf Satz 4).

Die Lieferung des A ist damit die bewegte und gilt dort als ausgeführt, wo der Transport beginnt (§ 3 Abs. 6 Satz 1 UStG, Abschn. 3.14 Abs. 5 Satz 2 UStAE n. F.), also in Deutschland.

Die Lieferung ist in Deutschland steuerbar und unter den weiteren Voraussetzungen der §§ 4 Nr. 1 Buchst. b, 6a UStG steuerfrei.

Die Lieferungen NL1 → NL2 und NL2 → NL3 sind in den Niederlanden ruhende nachfolgende Lieferungen (§ 3 Abs. 7 Satz 2 Nr. 2 UStG, Abschn. 3.14 Abs. 5 Satz 3 UStAE n. F.) und als solche dort steuerbar.

 Hinweis

Weitere Beispiele für den Transport durch einen Zwischenhändler finden Sie in Abschn. 3.14 Abs. 10 UStAE n. F.

 Praxistipp

Für die Zuordnung der Warenbewegung nach § 3 Abs. 6a UStG und damit für die Umsatzsteuerbefreiung muss D den Nachweis erbringen, dass der Transport durch den eigenen Kunden erfolgt und vom Kunden nicht auf einen seiner Kunden (»Kunde vom Kunden«) delegiert wurde. Dieser Nachweis erfolgt idealerweise über eine **Abnehmerversicherung**. Diese darf nicht mit der Gelangensbestätigung verwechselt werden! Im Unterschied zur Gelangensbestätigung (= **Vollzugsmeldung:** die Ware ist bereits im EU-Bestimmungsland angekommen) ist die Abnehmerversicherung eine **Absichtserklärung:** der Unterzeichnete sichert ein noch zukünftiges Verhalten zu ➲ Kapitel 27.1.

37.10.5   Warenbewegung für Ausfuhr

Gelangt der Gegenstand der Lieferung in das Drittlandsgebiet, ist von einem ausreichenden Nachweis nach Satz 4 auszugehen, wenn der Zwischenhändler gegenüber dem leistenden Unternehmer bis zum Beginn der Beförderung oder Versendung eine Umsatzsteuer-Identifikationsnummer oder Steuernummer **verwendet,** die ihm vom Mitgliedstaat des Beginns der Beförderung oder Versendung erteilt wurde (§ 3 Abs. 6a Satz 6 UStG).

 Praxistipp

Zum Begriff der Verwendung verweist Abschn. 3.14 Abs. 11 Satz 2 UStAE n. F. auf die **Ausführungen zu entsprechenden EU-Lieferungen** (dazu oben, Kapitel 37.10.4).

37.10.6   Warenbewegung für Einfuhr

Gelangt der Gegenstand der Lieferung vom Drittlandsgebiet in das Gemeinschaftsgebiet, ist von einem ausreichenden Nachweis nach Satz 4 auszugehen, wenn der Gegenstand der Lieferung im Namen des Zwischenhändlers oder im Rahmen der indirekten Stellvertretung (Art. 18 der VO (EU) Nr. 952/2013 des Europäischen Parlaments und des

Rats zur Festlegung des Zollkodex der Union, ABl. L 269 vom 10.10.2013, S. 1) für seine Rechnung zum zoll- und steuerrechtlich freien Verkehr angemeldet wird (§ 3 Abs. 6a Satz 7 UStG, Abschn. 3.14 Abs. 11 Satz 3 UStAE n. F.).

37.11   Kein Reihengeschäft bei elektronischer Schnittstelle

Abschn. 3.14 Abs. 20 UStAE n. F. stellt zutreffend klar, dass die Sonderregeln für Reihengeschäfte nicht auf Lieferketten unter Einbeziehung der Betreiber elektronischer Schnittstellen als fiktiver Lieferer (§ 3 Abs. 3a i. V. m. Abs. 6b UStG) anzuwenden sind.

 Praxistipp

Bewegte Lieferung ist in diesen Fällen stets die **Lieferung des Schnittstellenbetreibers**. Diese unterliegt der **Besteuerung im Bestimmungsland**.

37.12   Auch weiterhin offene Fragen

37.12.1   Innergemeinschaftliche Dreiecksgeschäfte

Ein innergemeinschaftliches Dreiecksgeschäft setzt voraus, dass drei Unternehmer (erster Lieferer, erster Abnehmer und letzter Abnehmer) über denselben Gegenstand Umsatzgeschäfte abschließen, und dieser Gegenstand unmittelbar vom Ort der Lieferung des ersten Lieferers an den letzten Abnehmer gelangt (§ 25b Abs. 1 Satz 1 Nr. 1 UStG).

Ein innergemeinschaftliches Dreiecksgeschäft kann auch zwischen drei unmittelbar nacheinander liefernden Unternehmern bei Reihengeschäften mit mehr als drei Beteiligten vorliegen, wenn die drei unmittelbar nacheinander liefernden Unternehmer am Ende der Lieferkette stehen (**Vereinfachungsregel**, Abschn. 25b.1 Abs. 2 Satz 2 UStAE). Das BMF beschränkt die Vereinfachungsregel damit auf die letzten drei Beteiligten.

Andere Mitgliedstaaten sind da wesentlich offener und erlauben die Anwendung der Vereinfachung **unabhängig von der Position der beteiligten drei Unternehmer im konkreten Reihengeschäft**. Es wird lediglich verlangt, dass die drei Unternehmer die weiteren Voraussetzungen der Vereinfachung erfüllen und insbesondere in drei verschiedenen Mitgliedstaaten ansässig sind.

37.12.2   Gebrochener Transport

Das unmittelbare Gelangen im Sinne des § 3 Abs. 6 Satz 5 UStG setzt grundsätzlich eine Beförderung oder Versendung durch einen am Reihengeschäft beteiligten Unternehmer voraus, diese Voraussetzung ist bei der Beförderung oder Versendung durch mehrere beteiligte Unternehmer (sog. gebrochene Beförderung oder Versendung) nicht erfüllt (Abschn. 3.14 Abs. 4 Satz 1 UStAE n. F.).

Praxistipp

Teilen sich mehrere Beteiligte die Transportverantwortlichkeit, steht dies aus deutscher Sicht der Annahme eines Reihengeschäfts entgegen.

Viele andere Mitgliedstaaten sehen das anders. Aus logistischen Gründen lassen diese zu, dass mehrere Parteien die Verantwortung jeweils für Teilstrecken übernehmen.

 Praxistipp

Die Unternehmer tragen also weiter das **Risiko der »Straferwerbsteuer«** (§ 3d Satz 2 UStG i. V. m. § 15 Abs. 1 Satz 1 Nr. 3 UStG Umkehrschluss).

37.13   Anwendungsregelung

Die Grundsätze des neuen BMF-Schreibens sind in allen offenen Fällen anzuwenden. Für den Zeitraum bis zur Veröffentlichung dieses Schreibens wird es nicht beanstandet, wenn die Zuweisung der Transportverantwortlichkeit von den Beteiligten einvernehmlich abweichend von Abschn. 3.14 Abs. 7 -11 UStAE a. F. bestimmt worden ist[272].

 Praxistipp

Die gesetzliche Neuregelung soll lediglich die Rechtslage herbeiführen, von der die Finanzverwaltung schon immer ausgegangen ist (dazu oben, Kapitel 37.1). Entsprechend bringt das BMF-Schreiben auch keine grundlegenden Neuerungen (dazu oben, Kapitel 37.2). Sachverhalte, die Abschn. 3.14 n. F. anders beurteilt als Abschn. 3.14 UStAE a. F. sollten daher die Ausnahme sein.

37.14   Fazit

Die Finanzverwaltung behält ihre Rechtsauffassung im Wesentlichen unverändert bei und nutzt das neue BMF-Schreiben, um diese noch einmal zu untermauern. Dabei werden die eher wenigen Neuerungen an zahlreichen Fallbeispielen verdeutlicht. Für die Praxis wird das sicher sehr hilfreich sein und zum Verständnis beitragen. Letztlich zeigt das BMF-Schreiben noch einmal, wie wichtig Prüfung und Dokumentation der Kunden-USt-IdNr. sind.

---

272   BMF, Schreiben vom 25.4.2003, a. a. O.

38 Die Steuerbefreiung in Abholfällen leicht erkennen und prüfungssicher dokumentieren

Bei Liefergeschäften über die Grenze – aus Deutschland heraus sowohl in ein anderes EU-Land als auch in ein Drittland – ist vorrangig zu klären, ob eine der beiden Umsatzsteuerbefreiungen greift, ob also eine Ausfuhrlieferung (§ 4 Nr. 1 Buchst. a i. V. m. § 6 UStG) oder eine innergemeinschaftliche Lieferung (§ 4 Nr. 1 Buchst. b i. V. m. § 6a UStG) vorliegt. Neue Checklisten helfen Ihnen, diese Frage einfach und zugleich sicher zu klären oder von Ihren Mitarbeitern klären zu lassen – und zwar ohne vertiefte (Umsatzsteuer-)Rechtskenntnis! Bei Abhollieferungen ist zur Dokumentation die Abnehmerversicherung zu empfehlen; dazu gibt der Beitrag Ihnen zwei Muster an die Hand.

38.1 Steuerbefreiung ausschließlich für bewegte Lieferungen

Verkäufe über die Grenze können nur dann als

- innergemeinschaftliche Lieferung (§ 4 Abs. 1 Nr. 1 Buchst. b i. V. m. § 6a UStG)
- Ausfuhrlieferung (§ 4 Abs. 1 Nr. 1 Buchst. a i. V. m. § 6 UStG) oder

umsatzsteuerfrei erfolgen, wenn ihnen die Warenbewegung zugeordnet werden kann (vgl. Abschn. 3.12 Abs. 2 Satz 3 UStAE).

> **Wichtig!**
> Die Praxis bezeichnete diese Lieferungen schon immer als **bewegte Lieferungen**. Mittlerweile hat auch die Finanzverwaltung die Bezeichnung offiziell eingeführt (Abschn. 3.14 Abs. 2 Satz 3 UStAE n. F.).

Ob einer Lieferung die Warenbewegung zugeordnet werden kann, ergibt sich seit dem 1.1.2020 aus dem recht umfangreichen und in Teilen nur schwer zu verstehenden § 3 Abs. 6a UStG (dazu ausführlich ➲ Kapitel 37). Für die Praxis lassen sich die komplizierten Vorgaben jedoch auf

- drei Prüfungsschritte (EU-Lieferungen) bzw.
- zwei Prüfungsschritte (Non-EU-Lieferungen)

herunterbrechen:

Checkliste 1: Innergemeinschaftliche Lieferungen

Sie können – unter den weiteren Voraussetzungen – steuerfrei innergemeinschaftlich liefern, wenn

- der Kunde Ihnen eine gültige ausländische USt-IdNr. benennt (ASR 6/2021, 4 → Abruf-Nr. XXXXXX) *und*
- Sie die Transportverantwortung tragen, d. h. die Ware selbst (»mit eigenem LKW«) in das EU-Ausland transportieren oder einen Frachtführer beauftragen oder einen Spediteur bestellen *oder*
- Ihr Kunde die Transportverantwortung trägt und Ihnen eine Abnehmerversicherung vorliegt.

 Checkliste 2: Ausfuhrlieferungen

Sie können – unter den weiteren Voraussetzungen – steuerfrei in ein Drittland ausführen, wenn

- Sie die Transportverantwortung tragen, d. h. die Ware selbst (»mit eigenem LKW«) in das EU-Ausland transportieren oder einen Frachtführer beauftragen oder einen Spediteur bestellen *oder*
- Ihr Kunde die Transportverantwortung trägt und Ihnen eine Abnehmerversicherung vorliegt.

Wichtig!

Sie tragen **Transportverantwortung**, wenn Sie nach dem Kaufvertrag auch den Transport der Ware zum Kunden schulden. Wie Sie den Transport tatsächlich durchführen, ob Sie also

- die Ware selbst zum Kunden bringen oder
- einen Spediteur beauftragen oder
- einen Frachtführer beauftragen,

ist ohne Bedeutung.

38.2 Transportfall

Umsatzsteuerlich sind Fallgestaltungen, in denen Ihr Unternehmen die Transportverantwortung trägt, sicher der **Königsweg**. Sie bringen die Ware selbst in das Ausland oder beauftragen den Transport.

 Beratungskonsequenzen

Der entsprechende **Nachweis** lässt sich für Sie durch

- Fahrtenbücher,
- Lieferscheine,
- Frachtaufträge etc.

leicht erbringen.

In vielen Branchen sind Transportfälle aber **eher die Ausnahme**. Die Gründe sind vielfältig: mal ist es die Angst um eigene Fahrzeuge (Lieferungen in unsichere Bestimmungsländer), mal sind es Besonderheiten der Branche an sich (Kfz-Handel).

38.3 Abholfall

Vereinbaren Sie, dass Sie dem Kunden die Ware **an Ihrem Auslieferungslager übergeben**, der Kunde also die Transportverantwortung trägt, spricht man vom Abholfall.

In diesem Fall müssen Sie für die Zuordnung der Warenbewegung nach § 3 Abs. 6a UStG und damit für die Umsatzsteuerbefreiung den Nachweis erbringen, dass der Transport

- durch Ihren Kunden erfolgt und
- nicht von Ihrem Kunden auf einen seiner Kunden (»Kunde vom Kunden«) delegiert wurde.

Für ebendiesen Nachweis benötigen Sie die Abnehmerversicherung.

38.4 Abgrenzung zur Gelangensbestätigung

Es ist zu unterscheiden:

- Die Abnehmerversicherung ist eine **Absichtserklärung**:
  Der Unterzeichnete sichert ein noch **zukünftiges Verhalten** zu.
- Die Gelangensbestätigung ist eine **Vollzugsmeldung**:
  Die Ware **ist bereits** im EU-Bestimmungsland angekommen.

➡ Beratungskonsequenzen

- Für **alle EU-Geschäfte** benötigen Sie vom Kunden die Gelangensbestätigung ➲ Kapitel 28. **In Abholfällen** verlangen Sie bitte **zusätzlich** auch weiterhin die Abnehmerversicherung.

▯ Hinweis

Ausführlich hierzu ➲ Kapitel 27 und Kapitel 29

38.5 Erklärung in deutscher Sprache

Die Abnehmerversicherung sollte den Anforderungen der Finanzverwaltung vor Einführung der Gelangensbestätigung entsprechen und daher in deutscher Sprache erfolgen (§ 17a Abs. 2 Nr. 4 UStDV a. F., Abschn. 6a.3 Abs. 9 Satz 2 UStAE a. F. ➲ Kapitel 27.4 und Kapitel 29.2).

Beratungskonsequenzen

Sicher ist dies eine Maßnahme, mit der **Umsatzsteuerbetrug** (➲ Kapitel 64 ff.) **unterbunden** werden soll – aber eine **kontraproduktive**! Der ausländische Abnehmer wird häufig überhaupt nicht in der Lage sein, die deutschen Dokumente zu übersetzen; er weiß damit nicht, was er unterschreibt.

38.6 Wer gibt die Versicherung konkret ab?

Die Abnehmerversicherung ist

- eine Erklärung in deutscher Sprache (s. o.)
- von demjenigen, der »vor Ihnen steht« (➲ Kapitel 27.5 und Kapitel 29.3)!

 Beratungskonsequenzen

- Lassen Sie also bitte unbedingt den **tatsächlichen Abholer** und …
- … **nicht** die Geschäftsleitung o. Ä. des Kunden unterschreiben
- Denken Sie an die **Fotokopie eines Ausweispapiers** (➲ Kapitel 32).

38.7 Die Muster für Ihr Tagesgeschäft

Der Lieferant sollte ein **entsprechendes Papier** vorbereiten, sich dieses vom Transportierenden vor Beginn der Beförderung unterschreiben lassen und es letztlich als Belegnachweis aufbewahren. Damit bleibt die Frage, wie eine **Abnehmerversicherung konkret** auszusehen hat:

- Muster 1: Abnehmerversicherung EU-Geschäft (Allgemein) ➲ Kapitel 29.5
- Muster 2: Abnehmerversicherung EU-Geschäft (Kfz-Handel) ➲ Kapitel 29.5
- Muster 3: Abnehmerversicherung Non-EU-Geschäft (Allgemein) ➲ Kapitel 43
- Muster 4: Abnehmerversicherung Non-EU-Geschäft (Kfz-Handel) ➲ Kapitel 43

Non-EU-Lieferung (»Ausfuhrlieferung«)

39 Das Non-EU-Warengeschäft

Checkliste Buchnachweis, Belegnachweis, Meldung an das Finanzamt und »Echtfall«

§ Rechtsgrundlagen

- UStG: § 3 Abs. 5a ff., § 4 Nr. 1 Buchst. a, § 6, § 7
- UStDV: §§ 8 ff.
- UStAE: Abschn. 6.1–6.12
- MwStSystRL: Art. 14 ff., 20 ff., 31, 32 ff., 40 ff., 131, 138 f., 140 f., 143 ff., 146 f.
- BMF-Schreiben u. ä: In Ergänzung zum UStAE regelt die Finanzverwaltung die Steuerbefreiung der Ausfuhr in diversen BMF-Schreiben, Erlassen und Verfügungen

39.1 Buchnachweis bei Ausfuhrlieferungen und Lohnveredelungen

Bei Ausfuhrlieferungen und Lohnveredelungen an Gegenständen der Ausfuhr (§§ 6 u. 7 UStG) hat der Unternehmer die Steuerbefreiung gem. § 13 Abs. 1 Satz 2, Abs. 2 UStDV wie folgt buchmäßig nachweisen:

☑ Checkliste 1: Buchnachweis im Regelfall

Der Lieferant hat regelmäßig (= immer) Folgendes aufzuzeichnen:
- die Menge des Gegenstands der Lieferung oder die Art und den Umfang der Lohnveredelung sowie die handelsübliche Bezeichnung einschließlich der Fahrzeug-Identifikationsnummer bei »Fahrzeugen« i. S. d. § 1b Abs. 2 UStG. Vgl. auch Abschn. 6.10 Abs. 5 UStAE;
- den Namen und die Anschrift des Abnehmers oder Auftraggebers;
- den Tag der Lieferung oder der Lohnveredelung;
- das vereinbarte Entgelt oder bei der Besteuerung nach vereinnahmten Entgelten das vereinnahmte Entgelt und den Tag der Vereinnahmung;
- die Art und den Umfang einer Bearbeitung oder Verarbeitung vor der Ausfuhr (§ 6 Abs. 1 Satz 2, § 7 Abs. 1 Satz 2 UStG);
- den Tag der Ausfuhr;
- bei Ausfuhren im ATLAS-Verfahren (§ 9 Abs. 1 Satz 1 Nr. 1, § 10 Abs. 1 Satz 1 Nr. 1, § 10 Abs. 3) die Movement Reference Number   MRN.

Checkliste 2: Buchnachweis in Sonderfällen

In besonderen Fällen hat der Lieferant **zusätzlich** zu den Aufzeichnungen in Checkliste 1 auch Folgendes aufzuzeichnen:

- Wenn der **Lieferant** die Ware **selbst** in das Drittlandsgebiet transportiert hat oder den Transport beauftragt (»befördert oder versendet«) hat und der **Kunde** »kein ausländischer Abnehmer« – also **ein Deutscher** (§ 1 Abs. 2 Satz 2 UStG) – ist, sind zusätzlich
  - die Beförderung oder Versendung durch den Unternehmer selbst und
  - der Bestimmungsort

  aufzuzeichnen (§ 6 Abs. 1 Satz 1 Nr. 1 UStG i. V. m. § 13 Abs. 3 UStDV).
- Wenn der Lieferant oder der Kunde den Liefergegenstand in **Freihäfen etc.** (§ 1 Abs. 3 UStG, Abschn. 1.11 UStAE) transportieren (lassen), sind zur **Vermeidung eines unversteuerten Endverbrauchs**
  - die Beförderung oder Versendung
  - der Bestimmungsort
  - in den Fällen, in denen der Abnehmer ein Unternehmer ist, auch der Gewerbezweig oder Beruf des Abnehmers und der Erwerbszweck

  aufzuzeichnen (§ 6 Abs. 1 Satz 1 Nr. 3 UStG i. V. m. § 13 Abs. 4 UStDV). Vgl. auch Abschn. 6.10 Abs. 6 UStAE.
- Wenn **in Abholfällen** der **Unternehmens**kunde oder dessen Beauftragter die Ware **im persönlichen Reisegepäck ausführen,** sind zusätzlich
  - der Gewerbezweig oder der Beruf des Abnehmers
  - der Erwerbszweck

  aufzuzeichnen (§ 6 Abs. 1 Satz 1 Nr. 2 u. Nr. 3 UStG i. V. m. § 13 Abs. 5 UStDV). Vgl. auch Abschn. 6.10 Abs. 8 i. V. m. Abschn. 6.11 Abs. 11 UStAE.
- Wenn die Ware zur Ausrüstung oder Versorgung eines Beförderungsmittels bestimmt ist, sind in Abholfällen oder bei Lieferungen in Freihäfen etc. zusätzlich
  - der Gewerbezweig oder Beruf des Abnehmers sowie
  - der Verwendungszweck des Beförderungsmittels

  aufzuzeichnen (§ 6 Abs. 3 i. V. m. 1 Satz 1 Nr. 2 u. Nr. 3 UStG u. § 13 Abs. 6 UStDV). Vgl. auch Abschn. 6.10 Abs. 7 UStAE.
- Wenn bei einer **Lohnveredelung an Gegenständen der Ausfuhr** (§ 7 UStG) der **Lohnveredeler** den bearbeiteten oder verarbeiteten Gegenstand **selbst** in das Drittlandsgebiet transportiert hat oder den Transport beauftragt (»befördert oder versendet«) hat und der **Auftraggeber** »kein ausländischer Auftraggeber« – also **ein Deutscher** (§ 1 Abs. 2 Satz 2 UStG) – ist, sind zusätzlich
  - die Beförderung oder Versendung durch den Lohnveredeler selbst und
  - der Bestimmungsort

  aufzuzeichnen (§ 7 Abs. 1 Satz 1 Nr. 1 UStG i. V. m. § 13 Abs. 7 Satz 1 u. Abs. 3 UStDV).

- Wenn bei einer **Lohnveredelung an Gegenständen der Ausfuhr** (§ 7 UStG) der Lohnveredeler oder der Auftraggeber den bearbeiteten oder verarbeiteten Gegenstand in Freihäfen etc. (§ 1 Abs. 3 UStG, Abschn. 1.11 UStAE) transportieren (lassen), sind zur Vermeidung eines unversteuerten Endverbrauchs
  - die Beförderung oder Versendung
  - der Bestimmungsort
  - in den Fällen, in denen der Abnehmer ein Unternehmer ist, auch der Gewerbezweig oder Beruf des Abnehmers und den Erwerbszweck aufzuzeichnen (§ 7 Abs. 1 Satz 1 Nr. 3 Buchst. b UStG i. V. m. § 13 Abs. 7 Satz 2 und Abs. 4 UStDV).

> ⚠️ **Praxistipp**
> 1. Alle Angaben müssen **eindeutig und leicht nachprüfbar** aus den Aufzeichnungen ersichtlich sein (§ 13 Abs. 1 Satz 2 UStDV). Hinweis auf Abschn. 6.10 Abs. 3 UStAE.
> 2. Die Finanzverwaltung erläutert ihre Sicht des Buchnachweises in **Abschn. 6.10 UStAE**. Den dortigen Anforderungen sollte der Unternehmer – schon zur Vermeidung von »Nebenkriegsschauplätzen« – möglichst genügen.
> 3. **Allerdings räumt auch die FinVerw ein:** Wird der Buchnachweis weder rechtzeitig geführt noch zulässigerweise ergänzt oder berichtigt, kann die Ausfuhrlieferung gleichwohl steuerfrei sein, wenn aufgrund der objektiven Beweislage feststeht, dass die Voraussetzungen des § 6 Abs. 1 bis Abs. 3a UStG vorliegen[273].

39.2 Buch- und Belegnachweis als Einheit

Häufig wird – auch von Vertretern der Finanzverwaltung – die These vertreten, dass der Buchnachweis nur erfüllt sei, wenn der Unternehmer die im vorstehenden Kapitel 39.1 geforderten Angaben im Rahmen seiner Buchhaltungspflichten aufgezeichnet habe. Diese Auffassung ist zu eng und rechtlich nicht zutreffend[274]. Unter dem Buchnachweis ist allgemein der Nachweis durch Bücher oder andere Aufzeichnungen in Verbindung mit Belegen zu verstehen. Ergeben sich die buchmäßigen Nachweispflichten aus den Angaben in den Belegen, sind die gesetzlichen Anforderungen auch erfüllt. Es ist nicht erforderlich, die Aufzeichnungen im Rahmen der Buchführung (etwa auf verschiedenen Sachkonten) vorzuhalten[275].

---

273 Abschn. 6.10 Abs. 3a UStAE; unter Hinweis auf BFH-Urteil vom 28. 5. 2009, V R 23/08, BStBl. II 2010, 517.
274 *Winter* in Haufe Umsatzsteuer, Datenbank, Stand: Dezember 2013 (Version 11.6), HI 1561347.
275 BFH, Urteil vom 25.10.1979, V B 5/79, BStBl. II 1980, 110.

39.3 So machen Sie die Ware »versandfertig«

Bitte stellen Sie sicher, dass bei allen über ATLAS angemeldeten Warensendungen

- das dazugehörige **Ausfuhrbegleitdokument**[276] (ABD ➲ nachstehendes Kapitel 39.4 und Kapitel 42.3),), welches bei der Anmeldung ausgedruckt werden muss, sowie
- sonstige Begleitdokumente (z. B. Pro-forma-Rechnungen)

beigefügt sind.

39.4 So sieht der Ausfuhrnachweis konkret aus

39.4.1 Ausgangsvermerk

Die (deutsche) Ausfuhrzollstelle – AfZSt – erledigt den Ausfuhrvorgang auf Basis der von der Abgangszollstelle – AgZSt – übermittelten »Ausgangsbestätigung« dadurch, dass sie dem Ausführer/Anmelder elektronisch den **»Ausgangsvermerk« als pdf-Dokument** übermittelt (➲ Kapitel 42.3).

Der »Ausgangsvermerk« beinhaltet die Daten der ursprünglichen Ausfuhranmeldung, ergänzt um die zusätzlichen Feststellungen und Ergebnisse der AfZSt.

Der belegmäßige Nachweis der Ausfuhr wird daher zollrechtlich in allen Fällen (Beförderungs- und Versendungsfällen) durch den »Ausgangsvermerk« erbracht.

Das durch die AfZSt an den Anmelder/Ausführer per EDIFACT-Nachricht übermittelte pdf-Dokument »Ausgangsvermerk« gilt als Beleg i. S. v. §§ 9 Abs. 1 und 10 Abs. 1 UStDV und ist als **Nachweis für Umsatzsteuerzwecke** anzuerkennen[277].

Dies gilt unabhängig davon, ob der Gegenstand der Ausfuhr

- vom Unternehmer oder
- vom Abnehmer

befördert oder versendet wird[278].

---

276 Wenn Ausfuhren über andere EU-Mitgliedstaaten oder über inländische Ausgangszollstellen erfolgen, die (noch) nicht mit dem EDV-gestützten Ausfuhrsystem vernetzt sind, wird für das zollrechtliche Ausfuhrverfahren ein Ausfuhrbegleitdokument (ABD) verwendet, welches gemäß Art. 205 ZK-DVO als Exemplar Nr. 3 der Zollanmeldung im Rahmen der Überführung in das Ausfuhrverfahren gilt. Das ABD wird als Nachweis für Umsatzsteuerzwecke anerkannt, wenn die Ausfuhrbestätigung durch einen Vermerk (Dienststempelabdruck der Grenzzollstelle mit Datum) auf dem ABD angebracht ist (LfSt Bayern, Vfg. v. 21.12.2007, S 7500 – 9 St 35 N, Umsatzsteuer-Richtlinien 2008, Überblick, Haufe Umsatzsteuer, HI 1873005).

277 BMF, Schreiben vom 3.5.2010.

278 BMF, Schreiben vom 3.5.2010.

Non-EU-Lieferung (»Ausfuhrlieferung«)

EUROPÄISCHE GEMEINSCHAFT

A

2 Versender/Ausführer	Nr. DE8999481
Zertifizierung KoSt Intern (Versand/FV-NV) Hertzstr. 10 76187 Karlsruhe DE	

1 VERFAHREN

EX | a

3 Vordrucke: 1 | 4 Ladelisten: 3

MRN 09DE588000001067E5

C Ausgangszollstelle

8 Empfänger	Nr.
Testfirma Empfänger Teststraße Empfänger 1234-5678 Testort Empfänger US	

5 Positionen: 2 | 6 Packst. insgesamt: 22.400 | 7 Bezugsnummer: Muster

9 Verantwortlicher für den Zahlungsverkehr

10 Erstes Best. Land | 11 Handels- Land | 12 Angaben zum Wert | 13 G. L. P.

14 Anmelder/Vertreter	Nr. DE8999481
[1] Zertifizierung KoSt Intern (Versand/FV-NV) Hertzstr. 10 76187 Karlsruhe DE	

15 Versendungs-/Ausfuhrland: DE | 15 Vers./Ausf.L.Code: a| b| | 17 Bestimm.L.Code a| US b|

16 Ursprungsland | 17 Bestimmungsland: Vereinigte Staaten von Amerika

20 Lieferbedingung: EXW | Testort

22 Währung u. in Rechn. gestellter Gesamtbetr.: EUR 56.453,45 | 23 Umrechnungskurs | 24 Art des Geschäfts: 1 1

28 Finanz- und Bankangaben

18 Kennzeichen und Staatszugehörigkeit des Beförderungsmittels beim Abgang	19 Ctr.: 1

21 Kennzeichen und Staatszugehörigkeit des grenzüberschreitenden aktiven Beförderungsmittel: Flugzeug,AIR 101 | DE

25 Verkehrszweig an der Grenze: 40 | 26 Inländischer Verkehrszweig: 30 | 27 Ladeort

29 Ausgangszollstelle: DE007154 | 30 Warenort

A

31 Packstücke und Warenbezeichnung | Zeichen und Nummern - Container Nr. - Anzahl und Art

Siehe Liste der Positionen

32 Positions-Nr. | 33 Warennummer

34 Urspr.land Code a| b| | 35 Rohmasse (kg): 7800 | 36 Präferenz

37 VERFAHREN | 38 Eigenmasse (kg) | 39 Kontingent

40 Summarische Anmeldung/Vorpapier

41 Besondere Maßeinheit | 42 Artikelpreis | 43 B.M. Code

Code B.V. | 45 Berichtigung

46 Statistischer Wert: 9.000

44 Besondere Vermerke/ Vorgelegte Unterlagen/ Bescheinig. u. Genehmig.

E PRÜFUNG DURCH DIE ZOLLSTELLE
Ergebnis:
Angebrachte Verschlüsse: Anzahl:
Zeichen:
Frist (letzter Tag):

K PRÜFUNG DURCH DIE AUSGANGSSTELLE
Ankunftsdatum:
Prüfung der Verschlüsse:
Bemerkungen:

Liste der Positionen

Blatt	A	2	3	Datum: 20.08.2009

MRN 09DE588000001067E5

Empfänger (8)				Nr.		
Positions-Nr. (32)	Packstück Lfd. Nr. / Zeichen / Nr. (31.1) Ausgangszollstelle	Packstück Anzahl / Art (31.2) Ausgangsdatum	Container Nr. (31.3)	Warenbezeichnung (31)		
Verfahren (37)	Warennummer (33)	Statistischer Wert (46)	Urspr.land Code (34)	... Anm ...ung/Vorpapier		
Versendungs- / Ausfuhrland (15)	Besondere Maßeinheit (41)	Rohmasse (kg) (35)	Eigenmas... (kg) (38)	Besonder... ...rke / Vorgelegte Unterlagen / Bescheinigungen und ...nelanyуглen		
1	1/Paletten Nr. 1 - 10	20.000 CB, Bierkasten 20.08.2009	AB...	Bi... ...lz, in Flasche...		
	DE007154					
	2/Paletten Nr. 11 - 20	1.000 CB, Bierkasten 20.08.2009				
	DE007154					
	3/Paletten Nr. 21 - 30	1.000 BV, Flasche, geschützt, bauchig 20.08.2009				
	DE007154					
1000	22030001	8.000	08	ohne		
DE	12,123	5000	5000	Internationale Unterlagen: T:N380 R:A0123 Handelsrechnung		
2	1/Paletten Nr. 31 - 32	400 CX, Dose, zylindrisch	ABC2	Bier aus Malz, in Dosen		
	DE007154	20.08.2009				
1000	22030010	1.000	08	ohne		
DE	2.000,000	2200	2000	Internationale Unterlagen: T:N380 R:A0123 Handelsrechnung		

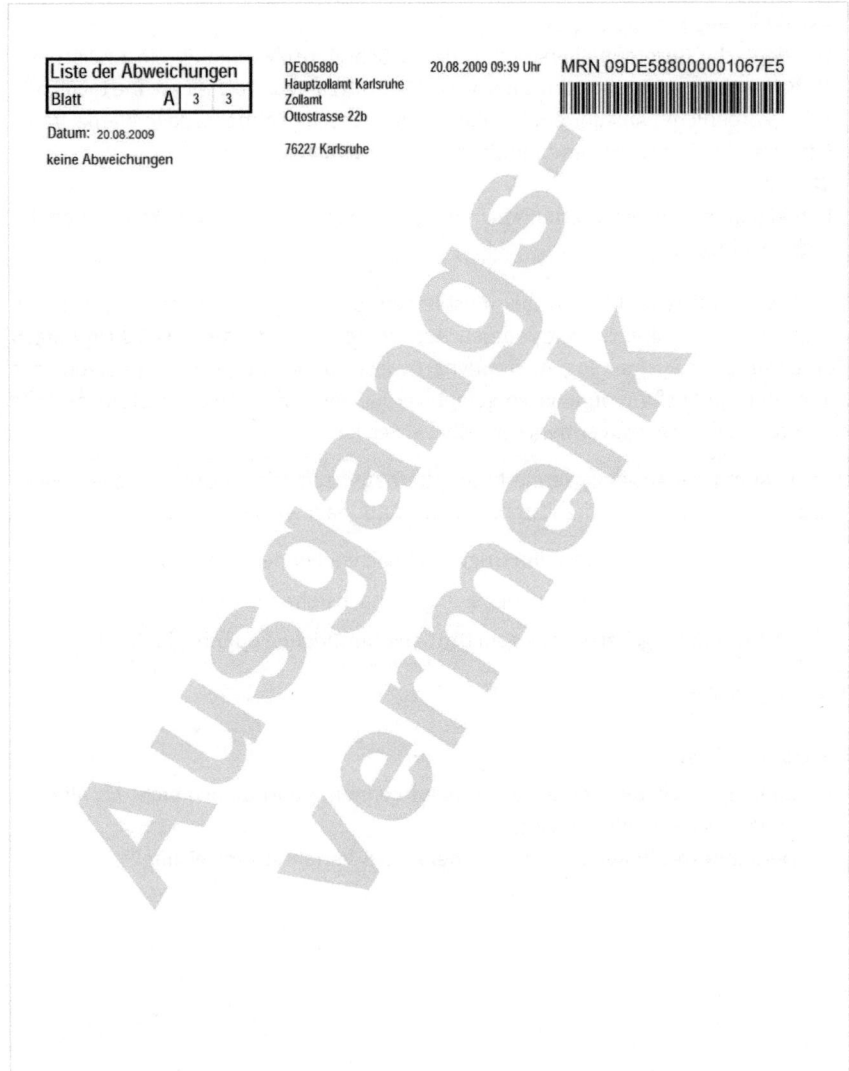

39.4.2 Alternativ-Ausgangsvermerk

Das neue ATLAS-Verfahren ersetzt (eigentlich) die bisherigen (Papier-)Belege durch elektronische Belege – nämlich in der Regel durch den mittels EDIFACT-Nachricht übermittelten »Ausgangsvermerk« oder den »Alternativ-Ausgangsvermerk«. In der Praxis kommt es aber – z. B. aufgrund technischer Mängel in der EDV der (ausländischen) Zollverwaltungen – immer wieder vor, dass den deutschen Unternehmern der erforderliche ATLAS-Ausgangsvermerk nicht erteilt werden kann.

> **Beispiel**
>
> Der deutsche Büromöbelhersteller B liefert Schreibtischstühle an ein russisches Möbelhaus. B meldet die Stühle bei der AfZSt Stuttgart zur Ausfuhr an. Die tatsächliche (körperliche) Ausfuhr erfolgt über die bulgarische Zollbehörde in Warna; von Letzterer erhält B einen herkömmlichen (papiernen) Ausfuhrbeleg.
>
> ➲ **Folge:**
> Den eigentlich zur Umsatzsteuerbefreiung erforderlichen Nachweis kann B damit nicht erbringen.

Der Ausfuhrzollstelle können bei Ausbleiben der Ausgangsbestätigung der EU-Grenzzollstelle – außer in begründeten Ausnahmefällen – **frühestens 70 Tage nach Überlassung** zur Ausfuhr sog. Alternativnachweise zur nachträglichen Erledigung des zollrechtlichen Ausfuhrvorgangs vorgelegt werden, worauf durch die Ausfuhrzollstelle ein »Alternativ-Ausgangsvermerk« erstellt werden kann.

Da der »Alternativ-Ausgangsvermerk« als Alternativnachweis für Umsatzsteuerzwecke gilt, können von der Ausfuhrzollstelle als **Alternativnachweise insbesondere**

*   Spediteurbescheinigungen (im Original ➲ nachstehendes Kapitel 39.4.3)
*   Frachtbriefe (im Original oder beglaubigt ➲ nachstehendes Kapitel 39.4.4)
*   Einfuhrverzollungsbelege aus dem Drittland (im Original oder beglaubigt)

anerkannt werden[279].

> **Bitte beachten Sie!**
> *   **Zahlungsnachweise oder Rechnungen** können grundsätzlich **nicht** als Alternativnachweise anerkannt werden.
> *   **Detailinformationen** finden Sie in der ATLAS-Verfahrensanweisung[280].

---

279   Siehe: www.zoll.de >Fachthemen > Zölle > ATLAS.
280   IT-Verfahren ATLAS, Stand Februar 2024 ➲ mybookplus.de > Wichtiges aus anderen Behörden.

Non-EU-Lieferung (»Ausfuhrlieferung«)

EUROPÄISCHE GEMEINSCHAFT

A	2 Versender/Ausführer Nr. DE8999481 Zertifizierung KoSt Intern (Versand/FV-NV) Hertzstr. 10 76187 Karlsruhe DE	1 VERFAHREN **EU a**

MRN 08DE588000001484E4

3 Vordrucke 1 | 3   4 Ladelisten

C Ausgangszollstelle

8 Empfänger Nr.	5 Positionen **1**	6 Packst. insgesamt **6**	7 Bezugsnummer **PV**
Testfirma Empfänger Teststraße Empfänger 1234-5678 Testort Empfänger CH	9 Verantwortlicher für den Zahlungsverkehr		

10 Erstes Best. Land	11 Handels- Land	12 Angaben zum Wert	13 G. L. P.

14 Anmelder/Vertreter Nr. DE8999481	15 Versendungs-/Ausfuhrland **DE**		15 Vers./Ausf.L.Code a| b|	17 Bestimm.L.Code **CH** a| b|
[1] Zertifizierung KoSt Intern (Versand/FV-NV) Hertzstr. 10 76187 Karlsruhe DE	16 Ursprungsland	17 Bestimmungsland Schweiz		

20 Lieferbedingung **XXX frei Lager Karlsuhe**

22 Währung u. in Rechn. gestellter Gesamtbetr. **EUR 1.234.567.890.123,45**	23 Umrechnungskurs	24 Art des Geschäfts **1 1**

28 Finanz- und Bankangaben

18 Kennzeichen und Staatszugehörigkeit des Beförderungsmittels beim Abgang	19 Ctr. **0**

21 Kennzeichen und Staatszugehörigkeit des grenzüberschreitenden aktiven Beförderungsmittel

Flugzeug, AIR 101   **DE**

25 Verkehrszweig an der Grenze **40**	26 Inländischer Verkehrszweig **30**	27 Ladeort

A   29 Ausgangszollstelle **DE004055**   30 Warenort

31 Packstücke und Warenbezeichnung	Zeichen und Nummern · Container Nr. · Anzahl und Art	32 Positions Nr.	33 Warennummer

34 Urspr.land Code a| b|	35 Rohmasse (kg) **200000**	36 Präferenz

37 VERFAHREN	38 Eigenmasse (kg)	39 Kontingent

Siehe Liste der Positionen

40 Summarische Anmeldung/Vorpapier

41 Besondere Maßeinheit	42 Artikelpreis	43 B.M. Code

44 Besondere Vermerke/ Vorgelegte Unterlagen/ Bescheinig. u. Genehmig.

Code B.V   45 Berichtigung

46 Statistischer Wert **8.023**

E PRÜFUNG DURCH DIE ZOLLSTELLE	K PRÜFUNG DURCH DIE AUSGANGSSTELLE
Ergebnis:	Ankunftsdatum:
Angebrachte Verschlüsse: Anzahl:	Prüfung der Verschlüsse:
Zeichen:	Bemerkungen:
Frist (letzter Tag):	

Liste der Positionen				
Blatt **A** 2 3 Datum: 02.12.2008			MRN 08DE588000001484E4	

Empfänger (8)			Nr.	
Positions-Nr. (32)	Packstück Lfd. Nr. / Zeichen / Nr. (31.1) Ausgangszollstelle	Packstück Anzahl / Art (31.2) Ausgangsdatum	Container Nr. (31.3)	Warenbezeichnung (31.4)
Verfahren (37)	Warennummer (33)	Statistischer Wert (46)	Urspr.land Code (34)	Summarische Anmeldung/Vorpapier (40)
(15) Versendungs- / Ausfuhrland	Besondere Maßeinheit (41)	Rohmasse (kg) (35)	Eigenmasse (kg) (38)	Besondere Vermerke / Vorgelegte Unterlagen / Bescheinigungen und Genehmigungen (44)
5	1/hgk	6 CT, Karton 02.12.2008		Ware mit Code 10
1000	84135040	1	02	ohne
DE	1,000	4	4	

39.4.3   Spediteurbescheinigung und Frachtbrief (Muster)

Liegt dem Unternehmer weder ein Ausgangsvermerk (➲ vorstehendes Kapitel 39.9.4.1) noch ein Alternativ-Ausgangsvermerk (➲ vorstehendes Kapitel 39.4.1) vor, kann er den Belegnachweis in Versendungsfällen entsprechend § 10 UStDV, in Beförderungsfällen entsprechend Abschn. 6.6 Abs. 6 UStAE[281] führen.

> **Bitte beachten Sie!**
> * **Nachweise in ausländischer Sprache**, insbesondere Einfuhrverzollungsbelege aus dem Drittlandsgebiet, können grundsätzlich nur in Verbindung mit einer amtlich anerkannten Übersetzung anerkannt werden[282].
> * **Zahlungsnachweise** oder **Rechnungen** können grundsätzlich nicht als Nachweise anerkannt werden[283].

Das BMF verweist damit – wie bisher – auf Spediteurbescheinigung und Frachtbrief.

39.4.3.1   Weiße Speditionsbescheinigung (Muster)

Das **Muster der Spediteurbescheinigung** ergibt sich auch weiterhin aus dem BMF-Schreiben vom 17.1.2000[284]:

---

281   Abschn. 6.6 Abs. 6 UStAE neu gefasst durch BMF-Schreiben vom 6.2.2012, IV D 3 – S 7134/12/10001, 2012/0111178, ➲ mybookplus.de > Wichtiges aus dem BMF. Vorgängervorschrift zu Abschn. 6.6 UStAE war bis zum 31.10.2010 Abschn. 132 Abs. 6 UStR 2008; dieser wird daher im BMF-Schreiben vom 3.5.2010 zitiert.
282   BMF, Schreiben vom 3.5.2010.
283   BMF, Schreiben vom 3.5.2010, a. a. O.
284   BMF, Schreiben vom 17.1.2000.

Name/Firma und Anschrift des Spediteurs oder Frachtführers
(Straße, Hausnummer, Postleitzahl, Ort)

(Ort)   (Datum)

Anlage 1 zum BMF-Schreiben vom 17. Januar 2000
– IV D 2 – S 7134 – 02/00 –

Bescheinigung für Umsatzsteuerzwecke
bei der Versendung/Beförderung durch einen Spediteur oder Frachtführer

☐ [1] in das Drittlandsgebiet (§ 10 Abs. 1 Nr. 2 UStDV, Abschnitt 133 Abs. 2 Satz 1 UStR)

☐ [1] in das übrige Gemeinschaftsgebiet (§ 17 a Abs. 4 Nr. 2 UStDV)

An
Firma/Herrn/Frau

_____

_____
(Straße)

i
n _____
(PLZ, Sitz/Wohnort)

Ich bestätige hiermit, dass mir
am   _____

_____

von Ihnen/von der Firma/von Herrn/von Frau [2]   _____

                              i
_____   n   _____
(Straße)   (PLZ, Sitz/Wohnort)

die folgenden Gegenstände übergeben/übersandt [2] worden sind:

Packstücke			Menge und handelsübliche Bezeichnung der Gegenstände
Zahl	Verpackungsart	Zeichen und Nummern	

☐ [1] Ich habe die Gegenstände
am   _____
                    (Tag der Versendung/Beförderung)

nach   _____
                    (Ort im Ausland)

an   _____
                    (Empfänger oder Verfügungsberechtigter)

versendet/befördert [2].

☐ [1)3)] Ich versichere, dass ich die Gegenstände
am   _____
                    (Tag der Versendung/Beförderung)

nach _____

(Ort im Ausland)

an _____

(Empfänger oder Verfügungsberechtigter)

versenden/befördern [2] werde.

Der Auftrag ist mir von

_____

i
n

_____   _____

(Straße)   (PLZ, Sitz/Wohnort)

erteilt worden. Ich versichere, dass ich die Angaben nach bestem Wissen und Gewissen auf Grund meiner Geschäftsunterlagen gemacht habe, die im Gemeinschaftsgebiet nachprüfbar sind.

1) Zutreffendes bitte ankreuzen
2) Nichtzutreffendes bitte streichen
3) Gilt nur, wenn der Spediteur oder Frachtführer vom **Abnehmer** beauftragt wird.

_____

(Unterschrift)

Non-EU-Lieferung (»Ausfuhrlieferung«)

39.4.3.2 CMR-Frachtbrief (Muster)

1. Blatt Tarifkontrolle	2. Blatt Frachtführer	3. Blatt Empfänger	4. Blatt Absender
1er exemplaire contrôle tarif.	2e exemplaire transporteur	3e exemplaire destinataire	4e exemplaire expéditeur

1 Absender (Name, Anschrift, Land) Expéditeur (nom, adresse, pays)

Internationaler Frachtbrief
Lettre de Voiture International

///HTL

Diese Beförderung unterliegt trotz einer gegenteiligen Abmachung den Bestimmungen des Übereinkommens über den Beförderungsvertrag im Internationalen Straßengüterverkehr (CMR).

Ce transport est soumis, nonobstant toute clause contraire, à la Convention relative au contrat de transport international de marchandises par route (CMR).

2 Empfänger (Name, Anschrift, Land) Destinataire (nom, adresse, pays)

16 Frachtführer (Name, Anschrift, Land) / Transporteur (nom, adresse, pays)

HTL - Heubach Transport Logistik
Gesellschaft für Sonderfahrten mbH
Xantener Straße 9
D - 45479 Mülheim / Ruhr

Telefon: +49 (0) 208 – 44 94 04
Telefax: +49 (0) 208 – 47 90 82
E-Mail: info@htl-muelheim.de
Internet: www.htl-muelheim.de

3 Auslieferungsort des Gutes
Lieu prév. pour la livraison de la merchandise
Ort/Lieu
Land/Pays
Datum/Date

17 Nachfolgende Frachtführer (Name, Anschrift, Land)
Transporteur successifs (nom, adresse, pays)

4 Ort und Tag der Übernahme des Gutes
Lieu e date de la prise en charge de la merchandise
An lieferung
Land/Pays
Datum/Date

18 Vorbehalte und Bemerkungen der Frachtführer
Reserves et observations des transporteurs

Lieferschein

6 Kennzeichen u. Nr Marques et numéros	7 Anz. der Packst. Nombre des Colis	8 Art der Verpck. Mode d'emballage	9 Bezeichnung des Gutes Nature de la marchandise	10 Statistik-Nr. No statistique	11 Bruttogew. ... kg Poids brut. kg	12 Umfang m³ Cubage

Klasse Ziffer Buchstabe (ADR)
Classe Chiffre Lettre (ADR)

13 Anweisungen des Absenders (Zoll- und sonstige amtliche Behandlung)
Instructions de l'expéditeur (formalités douanières et autres)

19 Zu zahlen vom A payer par	Absender L'expéditeur	Währung Monnaie	Empfänger le Destinataire
Fracht / Prix de transport			
Ermäßigungen			
Ermäßigungen/Reductions			
Zwischensumme / Solde			
Zuschlage / Suppléments			
Nebengebühren/Frais acc			
Sonstiges/Divers +			
Zu zahl. Gesamtsumme Total à payer			

14 Rückerstattung / Remboursement

15 Frachtzahlungsanweisungen
Prescription d'affranchissement
Frei/Franco
Unfrei / Non franco

20 Besondere Vereinbarungen
Conventions particulières

21 Ausgefertigt in / Etablie a   2005

24 Gut empfangen
Reception des march

Datum
Date

22

Unterschrift und Stempel des Absenders
Signature et timbre de l'expéditeur

23
HTL - Heubach Transport Logistik
Gesellschaft für Sonderfahrten mbH

Unterschrift und Stempel des Frachtführers
Signature et timbre du transporteur

Unterschrift und Stempel des Empfängers
et timbre du destinataire

(Signature

25 Angaben zur Ermittlung der Tarifentfernung mit Grenzübergängen

28 Berechnung des Beförderungsentgelts

von	bis	km	Fracht/ Gewicht in kg	Tarifstelle Sonderrabatt	Güterarten	Währung	Frachtsatz	Beförderungsentgelt

26 Vertragspartner des Frachtführers ist - kein - Hilfsgewerbetreibender im Sinne des anzuwendenden Tarife

| 27 Kfz | ... | ... | | | | | | |
| Anhänger | | | | | | | | Summe |

Benutze Gen.-Nr.   -National   -Bilateral   -EG   -CEMT

39.4.4   Auf Archivierung der EDIFACT-Nachrichten achten!

39.4.4.1   Nachrichtenaustausch mit Zoll

Die Unternehmen haben die mit der Zollverwaltung ausgetauschten EDIFACT-Nachrichten zu archivieren (§ 147 Abs. 6 und § 147 Abs. 1 Nr. 4 i. V. m. Abs. 3 AO)[285].

39.4.4.2   Nachrichtenaustausch mit Spediteur

Für den Ausfuhrnachweis durch elektronische Dokumente verlangte das BMF-Schreiben vom 17.9.2009 in Tz. 1 Abs. 4 unter Hinweis auf § 147 Abs. 6, Abs. 1 Nr. 4 i. V. m. Abs. 3 AO, dass – neben dem Dokument selbst – auch das elektronischen Logbuch (= **die Protokolle des elektronischen Nachrichtenaustauschs**) zu archivieren sei.

Dies führte bei **Ausfuhranmeldung durch einen Spediteur** zu der Frage, ob – und wenn ja, in welcher Form – die Logbuchdokumentation vom Spediteur (technisch beweissicher) an den Exporteur übertragen werden musste bzw. überhaupt werden konnte. Diese Diskussion hat das BMF im neuen Anwendungsschreiben nun dadurch beendet, dass in den modifizierten Ausführungen zu den Aufbewahrungspflichten der Hinweis auf das Logbuch gestrichen wurde.

> **Wichtig!**
> Mit *Nieskoven* ist davon auszugehen, dass nunmehr die elektronische Übermittlung der mit der Zollverwaltung ausgetauschten EDIFACT-Nachrichten vom Spediteur an den Exporteur ausreicht[286].

---

285   BMF, Schreiben vom 3.5.2010.
286   *Nieskoven,* PIStB 2010, 95; vgl. auch *Weimann,* UStB 2010, 293; ASR 9/2010, 7.

Non-EU-Lieferung (»Ausfuhrlieferung«)

Beispiel

Ein »Echtfall« mit dem neuen »ATLAS-Ausfuhr«-Verfahren

EUROPÄISCHE GEMEINSCHAFT	

Versender/Ausführer (2) Nr.
Aleksand■■■■■■■
Kudako■■■■■■■■■
0000 Balash■■■■■■■■■
RU

VERFAHREN (1) Bes. Umst. (S32)
EX | A

MRN 12DE810355674848E5

Vordrucke (3) | Anm. Sich.(S00)
1 | 2 | S

Á12DE810355674848E5vÈ

A Ausfuhrzollstelle   Ausstellungsdatum
DE008103   20.04.2012 10:17 Uhr
Hauptzollamt Dortmund
Zollamt Ost
Giselherstr. 16

44319 Dortmund

Empfänger (8) Nr.
Aleksandr Nazarov
Kudako■■■■■■■■■■
0000 Balash■■■■■■■■■
RU

Positionen (5) | Packst. insgesamt (6) | Bezugsnummer (7)
1 | 1 | CITROEN .64455 / VKGRGFZ025884

Beförderungskosten, Code für die Zahlungshinweise (S29) | Vers./Ausf.L.Code (15) | Bestimm.L.Code (17)
 | a) DE | a) RU

Code für die zu durchfahrenden Länder (S13)
DE, RU

Anmelder/Vertreter (14) Nr.
[3]■■■■■■■■■■■■■■■
■■■■■■■■■■■■■■■
■■■■■ Dortmund
DE

Vertreter der Person, die summ. Anm. abgibt (14b)

Kennzeichen des Beförderungsmittels beim Abgang (18)

Warenort (30)

Verkehrszweig an der Grenze (25)
9

Rohmasse (kg) (35)
1255

Ausgangszollstelle (29)
FI542300

Nummer des Zollverschlusses (S29) Anzahl: --
--

Packstücke und Warenbezeichnung (31)
Zeichen und Nummern - Container Nr. - Anzahl und Art

Siehe Liste der Positionen

E. PRÜFUNG DURCH DIE ZOLLSTELLE
Ergebnis:

Frist (letzter Tag):

K. PRÜFUNG DURCH DIE AUSGANGSSTELLE
Ankunftsdatum:

Prüfung der Verschlüsse:

Bemerkungen:

Ausfuhrbegleitdokument

EUROPÄISCHE GEMEINSCHAFT

LISTE DER WARENPOSITIONEN - AUSFUHR	Vordrucke (3)	MRN 12DE810355674848E5
	2 2	Á12DE810355674848E5vÈ

Pos.- Nr. (32) Anzahl und Art der Packstücke, Zeichen und Nummern der Packstücke (31.1)	Warenbezeichnung (31.4)
Versender/Ausführer (2)	Empfänger (8)
Kennzeichen des Beförderungsmittels beim Abgang (18)	Warennummer (33)
Kennnummer der Sendung / Unique Consignment Ref. Nr.) (7)	Summarische Anmeldung/Vorpapier (40)
Vorgelegte Unterlagen / Bescheinigungen (44.1)	Container-Nr. (31.3) Nummer des Zollverschlusses (S28)
Besondere Vermerke (44.2)	Verfahren (37) Ausfuhrland (15a) Bestimmungsl. (17a) Rohmasse (kg) (35)
UNDG (44.4) Beförderungskosten, Code für die Zahlungsweise (S29)	Anmeldungsart (1) Statistischer Wert (46) Eigenmasse (kg) (38)

1	1. 1	NE, Nicht verpackt oder nicht abgepackt	PKW Citroen Nemo Multispace 1.4, Benziner, Hubraum 1360cm3, gebraucht,FG-ID.Nr.: VF7AJKFVC94850866

Aleksand████████
Kudako█████████
0000 Balas████████████████
(RU) Russische Föderation

87032290

ohne

Nationale Unterlagen:
T:9DEH
R:
Internationaler Zulassungsschein liegt nicht vor und/oder Ausfuhrkennzeichen ist oder ist nicht angebracht - Ausgangsvermerk gilt nicht für Umsatzsteuerzwecke
T:3LNA Q:51
R:
Waren und Technologien, die nicht von Teil I Abschnitt A der Ausfuhrliste erfasst sind (nicht anwendbar bei Ausfuhren in Waffenembargoländer)
Internationale Unterlagen:
T:N380
R:VKGRGFZ025884
Handelsrechnung
T:Y902
R:
Andere Güter als die in den OZ-Fußnoten zu der Maßnahme beschriebenen (VO (EG) Nr. 1005/2009)
T:Y903
R:
Die angemeldeten Waren sind nicht in der Liste der Kulturgüter enthalten

	1000	DE	RU	1255
				1255

39.5   Umsetzung im Unternehmen und beim Mandanten

Die Ausführungen zum EU-Geschäft (➲ Kapitel 31.4 und Kapitel 31.5) sind entsprechend anzuwenden.

39.6   Umsatzsteuer-Voranmeldung 2024 und Umsatzsteuererklärung 2023

 Hinweis

Eintragung in die Vordrucke ➲ Kapitel 103

39.7 Länderspezifische Abweichungen bei der Beurteilung des EU-Geschäfts

! **Hinweis**
➲ Kapitel 48

39.8 Nachweis der Ausfuhr auch durch E-Belege möglich!

! **Hinweis**
➲ Kapitel 44

40 Steuerbefreiung, Zuordnung der Warenbewegung, Reihengeschäfte

§ **Rechtsgrundlagen**

- BMF, Schreiben vom 10.1.2020, III C 3 – S 7133/19/10002 :004, 2019/1141457, Merkblatt zur Umsatzsteuerbefreiung im nichtkommerziellen Reiseverkehr und Vordruckmuster »Ausfuhr- und Abnehmerbescheinigungen für Umsatzsteuerzwecke bei Ausfuhren im nichtkommerziellen Reiseverkehr«

40.1 Die Basics im Überblick

! **Hinweis**
➲ Kapitel 23.4

40.2 Reihengeschäfte ab dem 1.1.2020

! **Hinweis**
➲ Kapitel 37 und Kapitel 38

40.3 Zeitlich verzögerte Warenbewegung in das Drittland ist unschädlich!

Mandantenfrage

»Wir haben einen Unternehmerkunden aus der Schweiz, welcher Fahrzeuge (NW und GW) von uns bezieht. Aktuell habe ich den Fall, dass der Kunde ein regelbesteuertes Fahrzeug (NW-Tageszulassung) kauft und für ca. drei bis vier Monate in Deutschland ›zwischenlagern‹ will, bis das Fahrzeug sechs Monate alt ist.

Können wir die Lieferung trotzdem umsatzsteuerfrei ausführen, auch wenn die Ausfuhrnachweise erst in fünf Monaten vorliegen?«

Beraterantwort

Trotz der Transportunterbrechung führt Verkauf zu einer umsatzsteuerfreien Ausfuhrlieferung (§ 4 Nr. 1 Buchst. a, § 6 UStG). Sie können – nein: Sie müssen damit umsatzsteuerfrei abrechnen. Zu Ihrer eigenen Sicherheit sollten Sie aber einen Aufschlag in Höhe der Umsatzsteuer vereinbaren[287].

40.3.1 Keine starre Frist für den Transport

Nach Auffassung des EuGH darf es keine nationale Regelung geben, nach der im Rahmen einer Ausfuhrlieferung die für die Ausfuhr nach Orten außerhalb der EU bestimmten Gegenstände das Hoheitsgebiet der EU innerhalb einer starren Frist – im Urteil: von 90 Tagen – nach der Lieferung verlassen haben müssen, wenn dem Steuerpflichtigen allein durch die Überschreitung dieser Frist die Steuerbefreiung der Lieferung endgültig verwehrt ist. Die Rechtsgrundlage hierfür sieht der EuGH in Art. 146 Abs. 1 und Art. 131 MwStSystRL[288].

 Beratungskonsequenzen

Für eine Ausfuhrlieferung genügt bei einem Unternehmenskunden damit **auch eine verzögerte Warenbewegung**.

Das gilt **nur für Unternehmenskunden**, nicht aber für Privatkunden. Die Umsatzsteuerbefreiung für Ausfuhrlieferungen im nichtkommerziellen Reiseverkehr erfordert, dass die Waren innerhalb von drei Monaten nach Kauf in das Drittlandsgebiet gelangen[289].

40.3.2 Grenze: Benutzung noch im Inland

Anders dürfte dies zu beurteilen sein, wenn der zu exportierende Gegenstand im Inland bereits benutzt wird.

Beispiel

Der Kunde lagert das Fahrzeug nicht – wie in der Mandantenfrage – nur zwischen, sondern benutzt es für unternehmerische und/oder private Fahrten in Deutschland.

In diesem Fall würde ein **anderes Fahrzeug als das verkaufte** – nämlich ein erstmals oder intensiver genutztes Fahrzeug – in das Drittland transportiert. Dies dürfte der Annahme einer Ausfuhrlieferung entgegenstehen.

---

287   *Weimann*, ASR 1/2022, 18.
288   EuGH, Urteil vom 19.12.2013, Rs. C-563/12, BDV Hungary Trading Kft.
289   BMF, Schreiben vom 10.1.2020, III C 3 – S 7133/19/10002 :004, 2019/1141457.

Non-EU-Lieferung (»Ausfuhrlieferung«)

40.3.3 Nettorechnung

Wenn Sie **keine Zweifel an der erklärten Absicht des Kunden** haben, das Fahrzeug in das Drittland zu verbringen, rechnen Sie bitte eine steuerfreie Ausfuhr und damit netto ab.

 Beratungskonsequenzen

Dass Sie den **Belegnachweis** der Ausfuhr noch nicht erbringen können, ist hierfür ohne Bedeutung. Denn in zeitlicher Hinsicht kann der Unternehmer den Belegnachweis bis zum Schluss der letzten mündlichen Verhandlung vor dem FG erbringen[290].

Demgegenüber muss der **Buchnachweis** grundsätzlich bis zu dem Zeitpunkt vorliegen, zu dem der Unternehmer die Voranmeldung für den Voranmeldungszeitraum der Ausfuhrlieferung abzugeben hat. Der Unternehmer, der eine Ausfuhrlieferung als steuerfrei erklärt, muss sich durch seine buchmäßigen Aufzeichnungen zumindest dem Grunde nach vergewissern, ob er die Voraussetzungen der Steuerfreiheit als gegeben ansehen kann. Nach dem Zeitpunkt für die Abgabe der Umsatzsteuer-Voranmeldung kann der Unternehmer die buchmäßigen Aufzeichnungen nicht mehr erstmals erstellen, sondern nur noch berichtigen oder ergänzen. Derartige Korrekturen können ebenfalls bis zum Schluss der letzten mündlichen Verhandlung vor dem FG erfolgen[291].

 Beratungskonsequenzen

Im Zweifel sollten Sie daher **besser »eine Ausfuhr zu viel als eine Ausfuhr zu wenig« erklären**. Denn während man eine irrtümlich erklärte Ausfuhr in einer Folgeerklärung wieder berichtigen kann, ist es nicht möglich, eine vergessene Ausfuhr erstmals zu deklarieren.

40.3.4 Sicherheitsaufschlag vereinbaren

Das Autohaus sollte sich für den Fall, dass der Transport des Fahrzeugs in ein Drittland vom Kunden nicht nachgewiesen werden kann, gegenüber dem Kunden mit einem **Sicherheitsaufschlag in Höhe der dann entstehenden Umsatzsteuer** absichern.

 Beratungskonsequenzen

Im Kundeninteresse empfiehlt es sich, die **Sicherheit gesondert (in einem separaten Dokument) abzurechnen**, um für den Kunden eine (dann unumkehrbare) Mehrbelastung mit EUSt zu vermeiden!

---

290   BFH, Urteil vom 28.8.2014, V R 16/14, BStBl. II 2015, 46.
291   BFH, Urteil vom 28.5.2009, V R 23/08, BStBl II 2010, 517, unter II.3

41 Die Grundsatzrechtsprechung von EuGH und BFH zur steuerfreien Ausfuhr

§ **Rechtsgrundlagen**

- UStG: § 3 Abs. 5a ff., § 4 Nr. 1 Buchst. a, § 6, § 7
- UStDV: §§ 8 ff
- UStAE: Abschn. 6.1–6.12
- MwStSystRL: Art. 14 ff., 20 ff., 31, 32 ff., 40 ff., 131, 138 f., 140 f., 143 ff., 146 f.

41.1 Begriffliche Klärung

Unter dem Drittlands(Waren-)geschäft – auch »Non-EU-Geschäft« – versteht die Praxis primär Ausgangsumsätze[292] aus Deutschland in Drittländer (➔ Kapitel 23.1.2).

Gesetzgeber (§ 4 Nr. 1 Buchst.- a, § 6, § 7 UStG) und dem folgend die Finanzverwaltung (§§ 8 ff. UStDV, Abschn. 6.1 ff. UStAE) verwenden hierfür die Begriffen »**Ausfuhr**« bzw. »**Ausfuhrlieferung**«.

➔ **Beratungskonsequenzen**

Für die Prüfung einer Ausfuhr müssen Sie ausschließlich **auf den Warenweg abstellen:**

- Voraussetzung ist, dass der Transport in Deutschland (oder einem anderen EU-Mitgliedstaat) beginnt und in einem Drittland endet.
- Gelangt die Ware aus Deutschland in einen anderen EU-Mitgliedstaat, kommt ausschließlich die Steuerbefreiung der innergemeinschaftlichen Lieferung in Betracht. Die Steuerbefreiung einer Ausfuhrlieferung ist daher **nicht** zu prüfen – auch nicht bei einen Drittlandskunden (➔ Kapitel 34.2.1)!

41.2 Ausgangslage: Betrugsanfälligkeit der Ausfuhrlieferung

In den Jahren 2000 bis 2003 hat das Zollkriminalamt 2000 Urkunden mit Zollstempeln untersucht, von denen ca. **70 % gefälscht** waren: Stempelfälschungen kamen damit andauernd vor!

Aufgrund einschlägiger Anweisungen der Finanzverwaltung waren daher mit sofortiger Wirkung die auf den Ausfuhrbelegen vorgefundenen Dienststempelabdrucke **stichprobenartig auf Echtheit zu überprüfen.**

Eine **Vernichtung von Originalausfuhrbelegen mit Dienststempelabdrucken** nach digitaler Archivierung ist vor Ablauf der 10-jährigen Aufbewahrungsfrist (§ 147 Abs. 1,

---

292 Eingangsumsätze aus Drittländern nach Deutschland werden wohl einhellig als »Einfuhren« bezeichnet ➔ Kapitel 54.

Abs. 3 Satz 1 AO) **nicht zulässig**, weil der Stempelfarbe aufgrund ihrer Pigmentierung eine besondere Beweisfunktion zukommt, mithin keine originalgetreue bildliche Wiedergabe und Überprüfung mit den eigens dafür vorgesehenen Prüfgeräten mehr möglich ist[293].

Die einzelnen Bundesländer haben sich dadurch zu – allerdings unterschiedlichen –Gegenmaßnahmen veranlasst gesehen. NRW z. B. hat eine »**Zentralstelle zur Umsatzsteuerbetrugsbekämpfung**« sowie entsprechende »**Schwerpunktermittlungsteams**« eingerichtet und innerhalb der Festsetzungsfinanzämter die Betrugsbekämpfung zentral übertragen.

41.3 Das Grundsatzurteil des EuGH zur Steuerbefreiung der Ausfuhrlieferungen

(Entscheidung »Netto Supermarkt«) und die Folgerechtsprechung des BFH

41.3.1 Bisherige deutsche Rechtsauffassung

Voraussetzung für die Steuerbefreiung einer Lieferung als Ausfuhrlieferung war nach gefestigter deutscher Rechtsauffassung das Vorhandensein der von § 6 Abs. 4 UStG, §§ 8 ff. UStDV geforderten Belege. Dabei war der **Ausfuhrnachweis materiell-rechtlicher Bestandteil der Steuerbefreiung**. Eine Lieferung war m. a. W. steuerpflichtig, wenn der Ausfuhrnachweis nicht erbracht werden konnte. Ein gefälschter Ausfuhrnachweis genügte diesen Anforderungen nicht. Das galt auch dann, wenn die Fälschung für den leistenden Unternehmer als solche nicht zu erkennen war[294].

41.3.2 Der Vorlagebeschluss des BFH

Der BFH hat dies mit Vorlagebeschluss vom 2.3.2006[295] in Frage gestellt. Der BFH hat daher den EuGH[296] prüfen lassen, ob bei grenzüberschreitenden Abhollieferungen im nichtkommerziellen Warenverkehr die Steuerfreiheit einer Ausfuhrlieferung versagt werden darf, wenn die Voraussetzungen für die Befreiung zwar tatsächlich nicht vorliegen, der liefernde Unternehmer aber die Fälschung des Ausfuhrnachweises, den der Abnehmer ihm vorlegt, **auch bei Beachtung der Sorgfalt eines ordentlichen Kaufmanns nicht hätte erkennen können**.

---

293 GoBS, BMF-Schreiben vom 7.11.1995, IV A 8 – S 0316 – 52/95, BStBl. I 1995 I, 738, Abschn. VIII b Nr. 2c.

294 BFH, zuletzt bestätigt im Beschluss vom 6.5.2004, V B 101/03, UR 2004, 432; hierzu *Weimann,* UStB 2005, 32 [33].

295 V R 7/03, BStBl. II 2006, 672.

296 Az. des EuGH: Rs. C-271/06.

41.3.3 Die Auffassung des Generalanwalts

Nach **Auffassung des Generalanwaltes** sind angesichts der Fallumstände des Vorlagefalls und des konkreten Beitrages, den der Steuerpflichtige zur Aufdeckung der streitigen Betrugshandlungen geleistet hat, die Voraussetzungen für die Steuerbefreiung aus Gründen

- des **Vertrauensschutzes** und
- der **Verhältnismäßigkeit der Mittel**

gegeben. Der Generalanwalt stützt seine Argumentation sowohl auf die von der **Europäischen Kommission im Verfahren abgegebene Stellungnahme** als auch auf die **EuGH-Rechtsprechung zum Vertrauensschutz** im innergemeinschaftlichen Warenverkehr[297] (➲ Kapitel 26).

41.3.4 Die Entscheidung des EuGH

Der EuGH ist dem Vortrag und der Argumentation des Generalanwalts vollinhaltlich gefolgt[298]:

 Rechtsgrundlagen
EuGH, Urteil vom 21.2.2008
»Art. 15 Nr. 2 der Sechsten Richtlinie 77/388/EWG des Rates vom 17. Mai 1977 zur Harmonisierung der Rechtsvorschriften der Mitgliedstaaten über die Umsatzsteuern – Gemeinsames Mehrwertsteuersystem: einheitliche steuerpflichtige Bemessungsgrundlage in der Fassung der Richtlinie 95/7/EG des Rates vom 10. April 1995 ist dahin auszulegen, dass er der von einem Mitgliedstaat vorgenommenen Mehrwertsteuerbefreiung einer Ausfuhrlieferung nach einem Ort außerhalb der Europäischen Gemeinschaft nicht entgegensteht, wenn zwar die Voraussetzungen für eine derartige Befreiung nicht vorliegen, der Steuerpflichtige dies aber auch bei Beachtung der Sorgfalt eines ordentlichen Kaufmanns infolge der Fälschung des vom Abnehmer vorgelegten Nachweises der Ausfuhr nicht erkennen konnte.«

41.3.5 Die Nachfolgeentscheidung des BFH

Der BFH hat die Erkenntnisse des EuGH in seiner Nachfolgeentscheidung wie folgt übernommen:

---

297 Insbesondere EuGH-Urteil vom 27.9.2007, Rs. C-409/04, Teleos plc. u. a.

298 Rs. C-271/06, Netto Supermarkt GmbH & Co. KG; http://curia.europa.eu, UR 2008, 508.

Non-EU-Lieferung (»Ausfuhrlieferung«)

Rechtsgrundlagen

BFH, Urteil vom 30.7.2008, V R 7/03, UR 2009, 161

»(1) Aus den im Steuerrecht allgemein geltenden Grundsätzen der Verhältnismäßigkeit und des Vertrauensschutzes ergibt sich, dass die Steuerfreiheit einer Ausfuhrlieferung nicht versagt werden darf, wenn der liefernde Unternehmer die Fälschung des Ausfuhrnachweises, den der Abnehmer ihm vorlegt, auch bei Beachtung der Sorgfalt eines ordentlichen Kaufmanns nicht hat erkennen können (Änderung der Rechtsprechung; Nachfolgeentscheidung zum EuGH-Urteil vom 21.2.2008, Rs. C-271/06 Netto Supermarkt GmbH & Co. KG, BFH/NV Beilage 2008, 199).

(2) Ob die Voraussetzungen hierfür gegeben sind, ist im Erlassverfahren zu prüfen.«

 Beratungskonsequenzen

Mit *Martin*[299] – der Senatsvorsitzenden beim erkennenden V. Senats des BFH – ergibt sich hieraus für die Praxis:

1. In der Grundsatzentscheidung hat der EuGH darauf erkannt, dass das Gemeinschaftsrecht einem Billigkeitserlass nicht entgegensteht, wenn zwar die **Voraussetzungen für die Steuerbefreiung an sich nicht** vorliegen, der Steuerpflichtige dies aber auch bei Beachtung der **Sorgfalt eines ordentlichen Kaufmanns** infolge der Fälschung des vom Abnehmer vorgelegten Nachweises der Ausfuhr **nicht erkennen** konnte.

2. Das Ziel, der Steuerhinterziehung vorzubeugen, rechtfertigt zwar Regelungen der Mitgliedstaaten mit **hohen Anforderungen an die Verpflichtungen der Lieferer.** Dabei müssen aber die allgemeinen – (auch) gemeinschaftsrechtlichen – Rechtsgrundsätze der **Rechtssicherheit** und der **Verhältnismäßigkeit** sowie des **Vertrauensschutzes** beachtet werden. Hierbei ist auch zu berücksichtigen, dass die Lieferer letztlich »**Steuereinnehmer für Rechnung des Staats«** sind und im Interesse der Staatskasse handeln. Die Verteilung des Risikos zwischen Unternehmer und der Finanzverwaltung aufgrund eines von einem Dritten begangenen Betrugs muss mit dem Grundsatz der Verhältnismäßigkeit vereinbar sein.

3. Hat der Lieferer die Beleg- und Buchnachweise erbracht, deren Vorlage der Mitgliedstaat nach seinen entsprechenden Regelungen zum Nachweis der Voraussetzungen für die Ausfuhrlieferung verlangt, darf er auf die Rechtmäßigkeit seines Umsatzes vertrauen, wenn er **alle zumutbaren Maßnahmen getroffen** hat, um die Beteiligung an einer Steuerhinterziehung zu vermeiden. Ob er insoweit die Sorgfalt eines ordentlichen Kaufmanns beachtet hat, **haben die nationalen Gerichte zu prüfen.**

4. Die **Verfahrensmodalitäten,** die den Schutz der dem Bürger aus dem Gemeinschaftsrecht erwachsenden Rechte gewährleisten sollen, sind **Sache der innerstaatlichen Rechtsordnung eines jeden Mitgliedstaats.** Fehlt – wie bei der Ausfuhrlieferung im Gegensatz zur innergemeinschaftlichen Lieferung – eine

---

299   *Martin,* BFH/PR 2009, 154.

materiellrechtliche Regelung zum Vertrauensschutz, sind Vertrauensschutzgesichtspunkte nach Maßgabe der allgemeinen abgabenrechtlichen Regelungen zu berücksichtigen. Die AO enthält zwar eine Reihe von Regelungen zum Verhältnis Steuerpflichtiger/FA (§§ 172 ff.). Darüber hinaus eröffnen die §§ 163, 227 AO verfahrensrechtlich die Möglichkeit, außergewöhnliche Umstände eines Einzelfalls zu berücksichtigen. Liegen die zuvor unter 3. beschriebenen Voraussetzungen vor, ist das **Verwaltungsermessen hinsichtlich der Gewährung einer Billigkeitsmaßnahme auf null reduziert.**

5. Beruft sich der Steuerpflichtige **bereits im Festsetzungsverfahren** auf Vertrauensschutz (§ 163 AO), ist es, wenn nicht besondere Umstände vorliegen, ermessensfehlerhaft, diese Entscheidung nicht mit der Steuerfestsetzung zu verbinden.

6. Womöglich stellt sich nunmehr wieder die **Grundsatzfrage nach einer ausdrücklichen** Vertrauensschutzregelung im UStG – wenn sich ein Unternehmer, der alle ihm obliegenden Sorgfaltspflichten ordentlich erfüllt hat, ohnehin schon auf den Gutglaubensschutz berufen kann!

41.4 EuGH vom 6.9.2012: Wiederholung und Untermauerung des Vertrauensschutzes

Der EuGH hat sich im Urteil Mecsek-Gabona noch einmal der Problematik angenommen. Auch wenn das Urteil primär zum innergemeinschaftlichen Warenverkehr ergangen ist, lassen sich doch die tragenden Gedanken auf Ausfuhren entsprechend anwenden.

Ausführlich zur neuen Rechtsprechung ➲ Kapitel 7. An dieser Stelle nur die wichtigsten **Erkenntnisse im Kurzüberblick:**

1. Für die Steuerbefreiung ist der Kenntnisstand des Lieferanten **im Lieferzeitpunkt** maßgeblich.

2. Daraus folgt: **Spätere (bessere) Erkenntnis des Lieferanten ist unschädlich!**

3. Es ist den Mitgliedstaaten verwehrt, die Steuerbefreiung von dem Nachweis abhängig zu machen, dass die Ware den Mitgliedstaat physisch verlassen hat. **Damit stellt der EuGH ungefragt die neue Gelangensbestätigung in Frage** (➲ Kapitel 28 FAQ 21).

41.5 Weitere interessante Einzelentscheidungen

41.5.1 Nachweis der Person des Kunden

§ **Rechtsgrundlagen**
FG Nds. v. 28.9.2006, 16 K 541/03 – BFH v. 23.4.2009, V R 47/03

41.5.1.1   Der Sachverhalt

Die Klägerin (Klin.), eine KG, betreibt ein Uhren- und Schmuckgeschäft. In den drei Streitjahren (1996, 1998 und 1999) erschien Herr K mehrmals im Ladenlokal und erwarb Armbanduhren für Herrn F, dessen Anschrift zunächst mit Abidjan, Elfenbeinküste, dann mit Cotonou, Benin angegeben wurde. F selbst hat den Laden der Klin. niemals betreten. **Eine Vollmacht des F hat sich der Geschäftsführer der Klin. (B) nicht vorlegen lassen.** B hat für F Ausfuhrbescheinigungen ausgestellt, F hat die **Bescheinigungen bei der Ausfuhr aus dem Gemeinschaftsgebiet vom französischen Zoll am Flughafen Paris – Charles de Gaulle abstempeln lassen.** Auf den Ausfuhrbescheinigungen für die Streitjahre 1996 und 1998 ist angekreuzt worden, dass die Angaben zu Namen und Anschrift des Abnehmers mit den Eintragungen im vorgelegten Reisepass übereinstimmen. Anders die Ausfuhrbescheinigung für 1999; hier fehlt eine entsprechender Hinweis. Bei seiner nächsten Einreise in das Gemeinschaftsgebiet hat F die Uhren wieder eingeführt, die anschließend durch K auf diversen Uhrenbörsen veräußert wurden. Außerdem händigte er K die Ausfuhrbescheinigungen aus, die dieser wiederum an B als Geschäftsführer der Klin. weiterleitete. Die Klin. behandelte die Umsätze als steuerfreie Ausfuhrlieferung, da sich ihr der Sachverhalt wie folgt darstellte:

Dem folgte das FA nicht, weil es die Auffassung vertrat, dass die Klin. eine Abschrift oder Kopie des Identifikationsnachweises zu den Buchführungsunterlagen hätte nehmen müssen, um den Nachweis der Veräußerung an einen ausländischen Abnehmer zu führen.

41.5.1.2   Die Entscheidung des FG Niedersachsen

Das FG[300] entschied:

Erwirbt ein im Drittlandsgebiet ansässiger Abnehmer durch einen inländischen Bevollmächtigten Waren zur Ausfuhr in das Drittlandsgebiet, so setzt der Buch- und Belegnachweis nicht voraus, dass sich der Unternehmer eine schriftliche Vollmacht des Abnehmers vorlegen lässt, wenn sich das Handeln des Bevollmächtigten in fremdem Namen aus anderen Umständen ableiten lässt.

---

300   Niedersächsisches FG, Urteil vom 28.9.2006, 16 K 541/03, EFG 2008, 1240.

Danach musste das Gericht differenzieren:

- Die Klage ist für die Veranlagungszeiträume 1996 und 1998 ist begründet.
- Die Klage ist für den Veranlagungszeitraum 1999 ist unbegründet.

Die Klin. zeigte sich nicht selbst für den Transport in das Drittland verantwortlich; den Transport übernahm vielmehr der Kunde. Voraussetzung der Steuerbefreiung ist in diesem **(klassischen) Abholfall**, dass der Kunde des deutschen Unternehmers ein Ausländer ist (§ 4 Nr. 1 Buchst. a, § 6 Abs. 1 Nr. 2, Abs. 2 UStG). Im Umkehrschluss erfolgen Abhollieferungen trotz tatsächlichen Verbringens der Ware in ein Drittland steuerpflichtig, wenn der Kunde ein anderer Deutscher ist. Der Unternehmer hat die – für ihn ja günstigen – Voraussetzungen der Steuerfreiheit gem. § 6 Abs. 4 UStG nachzuweisen. Gelingt ihm dieser Nachweis nicht, ist die Lieferung in aller Regel steuerpflichtig.

41.5.1.2.1 Grundsatz: Bevollmächtigung prüfen!

Erscheint wie im Streitfall der ausländische Abnehmer nicht persönlich beim Unternehmer, sondern erklärt eine dritte Person mit inländischem Wohnsitz, die Ware als Bevollmächtigter des Abnehmers zu erwerben, so hat sich der Unternehmer – nach insoweit wohl unstrittiger – Auffassung des FG grundsätzlich davon zu **vergewissern, ob dieser Dritte tatsächlich für einen ausländischen Abnehmer aufgetreten ist,** etwa indem er sich eine dem Dritten erteilte **Vollmacht des ausländischen Abnehmers vorlegen** lässt. Denn anderenfalls fehlte es an dem gem. § 6 Abs. 4 UStG zu erbringenden Abnehmernachweis, weil der inländische Dritte auch vollmachtlos gehandelt haben oder vorgeben könnte, für eine in Wirklichkeit gar nicht existierende Person zu handeln.

41.5.1.2.2 Ausnahme: Nachweis durch andere Unterlagen

In den Streitjahren 1996 und 1998 rechtfertigten – so das FG – die weiteren Umstände des Sachverhalts die Annahme der Klin., dass Herr K tatsächlich als Bevollmächtigter für Herrn F gehandelt habe. Nach erfolgter Ausfuhr der Uhren sind die **Ausfuhrbescheinigungen über Herrn K wieder an die Klin. zurückgelangt.** In den Ausfuhrbescheinigungen **bestätigen die Zollbehörden,** dass der in ebendiesen als Abnehmer angeführte F die Uhren in das Drittlandsgebiet verbracht hat und dass der in seinem Reisepass angegebene Wohnsitz mit der in den Ausfuhrpapieren genannten Anschrift übereinstimmt. Aufgrund dieser Bestätigungen sei die Klin. – so das FG – zu Recht davon ausgegangen, dass K die Uhren **an F als Abnehmer weitergeleitet** hat und dass F seinen Wohnsitz tatsächlich im Ausland hatte.

41.5.1.2.3 Die zentrale Frage der Revision

Insbesondere diese letzte Schlussfolgerung wird das Revisionsverfahren zu klären haben: **Rechtfertigt der – durch die Ausfuhrbescheinigungen belegte – Umstand, dass F die Uhren (zunächst) in das Drittlandsgebiet verbracht hatte, auch den Schluss auf dessen Abnehmereigenschaft?** Dies scheint recht fraglich, da F die Uhren auch ausgeführt haben könnte, ohne Abnehmer der Klin. gewesen zu sein (so auch *Meyer*, Anmerkungen zum Besprechungsurteil, EFG 2008, 1240). Hierfür spricht z. B., dass F die Uhren wieder ins Inland verbracht und an K ausgehändigt hat, der sie dann veräußerte. Handelt daher ein Dritter im Namen eines (behaupteten) Abnehmers, wird der Lieferant durch Vorlage einer entsprechenden Vollmacht dessen Vertretungsbefugnis nachweisen müssen.

41.5.1.2.4 Streitjahr 1999 wohl eindeutig: keine Steuerbefreiung!

Anders beurteilt das FG – insoweit wohl unstrittig – die Rechtslage im Streitjahr 1999. Hier fehlt in der Ausfuhrbescheinigung eine Angabe darüber, ob die Person, die bei der Klin. die Uhren erworben hat, mit der Person übereinstimmt, die die Uhren bei der französischen Zollbehörde ausgeführt hat. Insoweit ist der Abnehmernachweis nicht geführt und der Umsatz steuerpflichtig.

41.5.1.3 Die Entscheidung des BFH

Der BFH[301] verwies die Sache an das FG zurück:

1. Die Anforderungen an den nach § 6 Abs. 4 UStG i. V. m. §§ 8 ff. UStDV beizubringenden Belegnachweis können nicht durch die Finanzverwaltung um weitere Voraussetzungen, wie z. B. das Erfordernis, die Bevollmächtigung eines für den Abnehmer handelnden Beauftragten belegmäßig nachzuweisen, verschärft werden.

2. Der vom Unternehmer beigebrachte Belegnachweis unterliegt der Nachprüfung durch die Finanzverwaltung. Im Rahmen dieser Prüfung ist nach den allgemeinen Beweisregeln und -grundsätzen zu entscheiden, ob eine vom Vertreter des Abnehmers behauptete Bevollmächtigung besteht. Dabei bestimmt sich die Person des Abnehmers einer Ausfuhrlieferung nach dem der Ausfuhrlieferung zugrunde liegenden Rechtsverhältnis.

Liegen – wie im Urteilsfall – die Voraussetzungen des § 6 Abs. 1 Satz 1 UStG vor und hat der Steuerpflichtige den Buch- und Belegnachweis erbracht, ist für die Steuerbefreiung der Lieferung zwar **grundsätzlich unerheblich, ob** nach der Beförderung in das Drittlandsgebiet aufgrund der **Rückbeförderung in das Gemeinschaftsgebiet** EUSt zu erheben war und ob die Voraussetzungen für eine Steuerfreiheit der Einfuhr nach § 12 der EUSt-Befreiungsverordnung vorlagen.

Im Streitfall bestanden nach dem festgestellten Sachverhalt **erhebliche Zweifel an der Richtigkeit der Nachweisangaben.** Sollte das FG im zweiten Rechtsgang feststellen, dass K und nicht F Abnehmer der Lieferungen war, ist nicht im Steuerfestsetzungs-, sondern **im Billigkeitsverfahren** zu entscheiden, ob eine Steuerfreiheit aufgrund unrichtiger Abnehmerangaben in Betracht kommt, weil der Unternehmer die Unrichtigkeit der Abnehmerangaben nicht erkennen konnte.

---

301   BFH, Urteil vom 23.4.2009, V R 84/07, BStBl. II 2010, 509.

Beratungskonsequenzen

1. **Strenge Anforderungen an den Abnehmernachweis:** Handelt daher ein Dritter bei einer Ausfuhr im Namen eines (behaupteten) ausländischen Abnehmers, wird der Lieferant durch Vorlage einer entsprechenden Vollmacht die Vertretungsbefugnis des Dritten nachweisen müssen. Ausdrücklich hat der BFH dies für **Steuerbefreiung innergemeinschaftlicher Lieferungen** gefordert[302]: »Handelt jemand im fremden Namen, kommt es darauf an, ob er hierzu Vertretungsmacht hat ... Der Unternehmer muss daher die Identität des Abnehmers z. B. durch Vorlage des Kaufvertrages nachweisen. Handelt ein Dritter im Namen des Abnehmers, muss der Unternehmer auch die Vollmacht des Vertreters nachweisen, weil beim Handeln im fremden Namen die Wirksamkeit der Vertretung davon abhängt, ob der Vertreter Vertretungsmacht hat. ...«. Diese Rechtsgedanken werden sich **auf die Ausfuhr übertragen** lassen.

2. **Gutglaubensschutz:** Auch durch unrichtige oder gefälschte Vollmachten wird der Lieferant den erforderlichen Nachweis erbringen können, wenn er den Fehler auch bei Beachtung der Sorgfalt eines ordentlichen Kaufmanns nicht erkennen konnte (EuGH, Urteil vom 21.2.2008, Rs. C-271/06, Netto Supermarkt GmbH & Co. KG ➲ vorstehendes Kapitel 41.3). Die Frage der Gutgläubigkeit stellt sich aber erst dann, wenn der Unternehmer seinen Nachweispflichten nachgekommen ist[303].

3. **Nachweisführung in Vertretungsfällen:** Der Nachweis sollte grundsätzlich durch eine von dem Vertretenen unterzeichnete **schriftliche Vollmacht** für den Vertreter geführt werden. Außerdem sollten **Ablichtungen der Identitätsnachweise** (Reisepässe o. dgl.) sowohl des Vertreters als auch des Vertretenen zu den Büchern genommen werden. Letztere ermöglichen dem FA nicht nur die Feststellung der Identität des Abnehmers, sondern erleichtern durch einen Vergleich der Unterschriften auch die Prüfung, ob die Vollmacht tatsächlich von dem Vertretenen erteilt worden ist. In diesem Zusammenhang ist darauf hinzuweisen, dass die Vorlage einer Vollmacht, die nicht erkennen lässt, von welcher Person sie unterzeichnet worden ist, zum Nachweis der Vertretungsmacht keineswegs ausreicht[304].

4. Die beleg- und buchmäßigen Nachweispflichten in §§ 8 und 13 UStDV sind gemeinschaftskonform. **Weitere Nachweise** als die, die dort festgeschrieben sind – wie nach Ansicht der Finanzverwaltung stets der Nachweis der Vollmacht, wenn die Ware nicht vom Abnehmer selbst abgeholt wird – **darf das FA grundsätzlich nicht verlangen** und allein schon bei deren Fehlen die Steuerbefreiung versagen.

5. Beleg- und Buchnachweis haben nur den Charakter eines Anscheinsbeweises. Liegen sie vor und bestehen keine konkreten Anhaltspunkte für deren Unrichtigkeit, darf die Steuerbefreiung beansprucht werden. Das FA darf andererseits

---

302 BFH, Urteil vom 8.11.2007, V R 26/05, BFH/NV 2008, 1067, unter II.1.c, m. w. N.; hierzu ausführlich *Oelmaier,* DStR 2008, 1213.
303 BFH, Urteil vom 8.11.2007, V R 26/05, a. a. O., unter II.2.b.
304 FG Düsseldorf, Beschluss vom 25.6.2008, 1 V 839/08 A (U), n. v.

Non-EU-Lieferung (»Ausfuhrlieferung«)

deren Richtigkeit jedoch prüfen. Bestehen konkrete Anhaltspunkte für die Unrichtigkeit, obliegt es dem Unternehmer, deren Richtigkeit **mit ggf. allen zulässigen Beweismitteln** nachzuweisen.

6. **Umgekehrt gilt:** Ergibt sich bei einer Überprüf der Buch- und Belegangaben nach den allgemeinen Beweisregeln und -grundsätzen aber deren Unrichtigkeit, ist die Lieferung **trotz eines formal geführten Nachweises** vorbehaltlich besonderer Umstände **grundsätzlich steuerpflichtig.**

7. **Den Mandanten zur Vorsicht anhalten:** Der Steuerberater sollte den Mandanten zur konsequenten Einhaltung dieser »Spielregeln« einhalten. Dabei gelten die Grundsätze: Ein Nachweis zu viel ist besser als ein Nachweis zu wenig! Im Zweifel sollte der Mandant eher von einem Umsatz absehen!

8. **Nachholung des Nachweises möglich:** Fehler im Belegnachweis können »bis zum Schluss der mündlichen Verhandlung« – und damit regelmäßig rückwirkend – geheilt werden. Aus der rückwirkenden Heilung ergibt sich, dass in diesem Fall keine Sollzinsen nach § 233a AO entstehen[305].

9. **Eigenverantwortlichen Transport bevorzugen:** Letztlich bestätigt sich, dass die Steuerbefreiung der Ausfuhr ist am wenigsten gefährdet, wenn der Lieferant sich selbst für den Transport verantwortlich zeigt (§ 6 Abs. 1 Satz 1 Nr. 1 UStG). Dem Mandanten sollte daher empfohlen werden, möglichst diese Sachverhaltsgestaltung auch bei seinen ausländischen Kunden durchzusetzen; bei einem deutschen Kunden wäre dies von vorneherein zwingend[306].

10. **Fundstellen:** *Weimann,* PIStB 2008, 323. Vgl. auch die Urteilsanmerkungen von *Martin,* BFH/PR 2009, 385 (zu BFH v. 23.4.2009) und *Meyer,* EFG 2008, 1240 (zu FG Nds. v. 28.9.2006).

41.5.2 Buchnachweis: Sofort richtig buchen, auch wenn die Nachweise erst später kommen!

 Rechtsgrundlagen

BFH, Urteil vom 28.8.2014, V R 16/14, BStBl. II 2015, 46

Der BFH stellt in einem neueren Urteil noch einmal klar, welche Voraussetzungen seines Erachtens an den Beleg- und Buchnachweis zu stellen sind.

41.5.2.1 Der Urteilssachverhalt

Der BFH hatte in etwa über folgenden Sachverhalt zu entscheiden[307]:

---

305 BFH, Urteil vom 30.3.2006, V R 47/03, UR 2006, 397.
306 Vgl. § 6 Abs. 1 Satz 1 Nr. 2 UStG.
307 *Weimann/Kraatz,* PIStB 2015, 4.

Sachverhalt

Der Kläger (K) lieferte Gegenstände in das Ausland und behandelte die Lieferungen als Ausfuhrlieferungen steuerfrei.

K verbuchte die Ausfuhrlieferungen auf einem separaten Konto unter Bezugnahme auf die jeweilige Rechnung.

Das Finanzamt ging davon aus, dass die Lieferungen steuerpflichtig seien, da K den Beleg- und Buchnachweis aufgrund ungenauer Angaben nicht erbracht habe, und versagte die Steuerfreiheit.

Ein Einspruch des K hatte keinen Erfolg.

Das FG Berlin-Brandenburg[308] gab der Klage statt, da K die Rechnungen nachträglich um Anlagen, die die notwendigen Angaben enthielten, ergänzt hatte.

Der BFH bestätigt die Entscheidung des FG. Verbucht der Unternehmer Ausfuhrlieferungen auf einem separaten Konto unter Bezugnahme auf die jeweilige Rechnung, kann dies ausreichen, um den Buchnachweis nach § 6 Abs. 4 UStG i. V. m. § 13 UStDV dem Grunde nach zu führen.

41.5.2.2 Beweislast des Unternehmers

Der Unternehmer hat die Voraussetzungen für die Steuerbefreiung der Ausfuhrlieferung nachzuweisen (§ 6 Abs. 4 Satz 1 UStG) gem. § 6 Abs. 4 Satz 2 UStG, §§ 8 ff. UStDV hat der Unternehmer den Nachweis zu führen durch

* **Belege** (Belegnachweis) und

* **Aufzeichnungen** (Buchnachweis).

Die Vorschriften beruhen auf der gem. Art. 131 MwStSystRL bestehenden Befugnis der Mitgliedstaaten, die Bedingungen für die Anwendung der Steuerbefreiungen für Ausfuhrlieferungen festzusetzen.

41.5.2.3 Gegenüber den relativ weiten Zeitvorgaben für den Belegnachweis ...

Der Unternehmer kann den Belegnachweis bis **zum Schluss der letzten mündlichen Verhandlung vor dem FG** erbringen.

41.5.2.4 ... sind die Zeitvorgaben für den Buchnachweis relativ eng

Der Buchnachweis muss grundsätzlich bis zu dem Zeitpunkt vorliegen, zu dem der Unternehmer die Voranmeldung für den Voranmeldungszeitraum der Ausfuhrlieferung abzugeben hat.

---

308   FG Berlin-Brandenburg, Urteil vom 18.2.2014, 5 K 5235/12, EFG 2014, 1045.

Non-EU-Lieferung (»Ausfuhrlieferung«)

Der Unternehmer, der eine Ausfuhrlieferung als steuerfrei erklärt, muss sich durch seine buchmäßigen Aufzeichnungen zumindest dem Grunde nach vergewissern, ob er die Voraussetzungen der Steuerfreiheit als gegeben ansehen kann.

> **Wichtig!**
>
> Nach dem Zeitpunkt für die Abgabe der Umsatzsteuer-Voranmeldung kann der Unternehmer die buchmäßigen Aufzeichnungen **nicht mehr erstmals** erstellen, sondern nur noch berichtigen oder ergänzen. Derartige Korrekturen können dann bis zum Schluss der letzten mündlichen Verhandlung vor dem FG erfolgen.

> **Beratungskonsequenzen**
>
> Im Zweifel sollte der Unternehmer daher besser »**eine Ausfuhr zu viel als zu wenig**« **erklären**. Denn während man eine irrtümlich erklärte Ausfuhr in einer Folgeerklärung wieder berichtigen kann, ist es nicht möglich, eine vergessene Ausfuhr erstmals zu deklarieren.

41.5.2.5 Separates Konto ausreichend

Um den Buchnachweis i. S. v. § 13 UStDV dem Grunde nach zu führen kann der Unternehmer die Ausfuhrlieferungen auf einem separaten Konto unter Bezugnahme auf die jeweilige Rechnung verbucht.

> **Beratungskonsequenzen**
>
> Es kommt nicht darauf an, ob der Unternehmer zusätzlich ein Warenausgangsbuch i. S. v. § 144 AO führt oder weitergehend seine Buchführung im Allgemeinen ordnungsgemäß ist. Daher können Beleg- und Buchnachweis im finanzgerichtlichen Verfahren vervollständigt werden.

41.5.2.6 Verschuldensunabhängigkeit

Bei Nachweismängeln kommt es nicht darauf an, ob der Unternehmer diese zu vertreten hat. Auch bei schuldhaftem Handeln können daher der Buchnachweis ergänzt oder eine Rechnung berichtigt werden.

> **Wichtig!**
>
> Natürlich wird dann immer zu prüfen sein, ob die Falscherklärung nicht zu einem Steuerdelikt geführt hat.

41.5.2.7 Entsprechende Anwendung auf innergemeinschaftliche Lieferungen

Die vorstehenden Grundsätze sind auf innergemeinschaftliche Lieferungen entsprechend anzuwenden (➲ Kapitel 31.3).

Beratungskonsequenzen

Auch hier gilt also, dass Buchnachweis grundsätzlich bis zu dem Zeitpunkt vorliegen muss, zu dem der Unternehmer die Umsatzsteuer-Voranmeldung für den Voranmeldungszeitraum der Ausfuhrlieferung abzugeben hat.

41.5.3 Kfz-Händler erhält Vertrauensschutz trotz gefälschtem Zollstempel

 Hinweis

➲ mybookplus.de > Vertiefende Informationen zu Kapitel 41.5.3

41.5.4 Keine analoge Anwendung des § 6a Abs. 4 UStG auf Ausfuhrlieferungen

 Hinweis

➲ mybookplus.de > Vertiefende Informationen zu Kapitel 41.5.4

41.6 UStVA 2024 und USt-Erklärung 2023

Hinweis

➲ Kapitel 103 (Fallsammlung internationale Umsätze/Eintragung in die Vordrucke)

42 So funktioniert ATLAS-Ausfuhr

Das neue elektronische Verfahren im Praxisüberblick

§ **Rechtsgrundlagen**
- UStG: § 3 Abs. 5a ff., § 4 Nr. 1 Buchst. a, § 6, § 7
- UStDV: §§ 8 ff.
- UStAE: Abschn. 6.1–6.12
- MwStSystRL: Art. 14 ff., 20 ff., 31, 32 ff., 40 ff., 131, 138 f., 140 f., 143 ff., 146 f.

42.1 Was ist ATLAS-Ausfuhr?

Die Europäische Union hat das Ziel, Warenexporte elektronisch zu überwachen. Diesem Ziel dient das EDV-Projekt **ECS** (**E**xport **C**ontrol **S**ystem)/**AES** (**A**utomated **E**xport **S**ystem) unter Leitung der Europäischen Kommission und unter Mitwirkung der EU-Mitgliedstaaten.

Das zur **Umsetzung der entsprechenden EU-Vorgaben von Deutschland** eingeführte Verfahren heißt **ATLAS** (**A**utomatisiertes **T**arif- und **L**okales Zoll-**A**bwicklungs-**S**ystem) und wurde am 1.8.2006 eingeschränkt in Betrieb genommen[309].

> **Merke!**
>
> ATLAS ist ein internes Informatikverfahren, das auf der Grundlage von Art. 4a Abs. 1 ZK-DVO entwickelt wurde.

Seit dem 1.7.2009 besteht **EU-einheitlich die Pflicht zur Teilnahme** an diesem elektronischen Ausfuhrverfahren, in Deutschland also zur Teilnahme am ATLAS-Verfahren.

Mit ATLAS werden **schriftliche Zollanmeldungen und Verwaltungsakte** (z. B. Einfuhrabgabenbescheide) **durch elektronische Nachrichten ersetzt**. Dadurch wird die Zollabfertigung und Zollsachbearbeitung automatisiert, vereinfacht und beschleunigt.

Sämtliche Dienststellen der deutschen Zollverwaltung sind mit den für ihre Aufgabenbereiche erforderlichen ATLAS-Fachverfahren ausgestattet.

Die Anmeldedaten werden **an zentraler Stelle archiviert** und unter Einhaltung der Datenschutzrichtlinien der

- Zentralstelle für Risikoanalyse (Zoll),
- dem Statistischen Bundesamt,
- dem Bundesamt für Wirtschaft und Ausfuhrkontrolle,
- der Bundesanstalt für Landwirtschaft und Ernährung,
- den Prüfungsdiensten, Zollfahndungsämtern und Landesfinanzverwaltungen

zur Verfügung gestellt[310].

---

309 BMF, Schreiben vom 1.6.2006, IV A 6 – S 7134 – 22/06, BStBl. I 2006, 395.
310 BMF, www.zoll.de >Fachthemen > Zölle > ATLAS.

Non-EU-Lieferung (»Ausfuhrlieferung«)

Im Rahmen der **Teilnehmereingabe** werden Zollanmeldungen zur Überführung von Waren

- in den **zollrechtlich freien Verkehr,**
- in die **aktive Veredelung,**
- in das **Umwandlungsverfahren,**
- in ein **Zolllagerverfahren,**
- in ein **Versandverfahren** oder
- in das **Ausfuhrverfahren**

vom Anmelder elektronisch erfasst, der Zollstelle elektronisch übermittelt und dort entsprechend bearbeitet[311].

Der Anmelder erhält die **Entscheidung der Zollstelle** und den Bescheid über Einfuhrabgaben bzw. die Festsetzung/Anerkennung von Bemessungsgrundlagen anschließend ebenfalls auf elektronischem Weg.

Der weitgehende **Verzicht auf die Vorlage von Unterlagen,** wie Rechnungen oder Präferenznachweise, im Zeitpunkt der Abfertigung führt zu einer zusätzlichen **Verfahrensbeschleunigung** und **Verschlankung des Verwaltungsverfahrens.** Neben der Reduzierung der Papiermenge ergeben sich weitere Vorteile insbesondere durch den **Wegfall von Wegezeiten** zur bzw. von der Zollstelle. Die Zollanmeldung kann vom Anmelder zentral an alle ATLAS-Zollstellen – also auch an Grenzzollstellen – elektronisch übermittelt werden, wodurch ggf. ein **Versandverfahren zur Binnenzollstelle vermieden** werden kann. Eine weitere Möglichkeit ist die Abgabe einer vorzeitigen Zollanmeldung (d. h. vor Eintreffen der Ware), um die Zollabwicklung noch weiter zu beschleunigen und damit noch **schneller über die Ware zu verfügen.**

Die Inanspruchnahme dieser schnellen ATLAS-Zollabwicklung setzt allerdings bestimmte **Hard- und Softwareausstattungen** voraus, wobei zertifizierte Softwareanbieter bzw. Dienstleister unterschiedliche Zugangsmöglichkeiten anbieten. Je nach Anzahl der Abfertigungen reicht das Spektrum von einer kompletten Inhouse-Lösung (EDIFACT-Konvertierung, Datenübertragung mit X.400 bzw. FTAM, ATLAS-Software) bis hin zu einem Online-Zugang über ein Clearing-Center (Rechenzentrum). Zusätzlich kann, unabhängig von einer zollrechtlichen Vertretung i. S. d. Art. 5 VO (EWG) Nr. 2913/92, die Leistung eines dezentralen Kommunikationspartners (DezKP) bzw. Datenübermittlungsdienstleisters (DÜD) in Anspruch genommen werden. Die **Kosten sind abhängig von der Wahl der Variante,** der Anzahl der Lizenzen etc. Es ist daher notwendig, sich spezielle, auf die jeweiligen Bedürfnisse abgestellte Angebote bei den Softwareanbietern bzw. Dienstleistern einzuholen.

---

311   BMF, www.zoll.de > Fachthemen > Zölle > ATLAS > Allgemeines.

Non-EU-Lieferung (»Ausfuhrlieferung«)

42.2 Detailinformationen zum ATLAS-Verfahren

Hinweis

Weitere Informationen der Finanzverwaltung zum ATLAS-Verfahren erhalten Sie auf der Zoll-Homepage des BMF (www.zoll.de) oder auch telefonisch sowie per Telefax oder E-Mail:

- Bei **technischen** Fragen:
  Service Desk ITZBund
  Tel.: 0800 8007-5451 oder 022899 680-8480
  E-Mail: servicedesk@itzbund.de

- Bei **fachlichen** Fragen:
  Service Desk Zoll
  Montag bis Freitag: 08:00 - 17:00 Uhr
  Tel.: 0800 8007-5452 oder +49 228 303-26090
  Fax: +49 228 303-97925
  E-Mail: servicedesk@zoll.de
  De-Mail: auskunft-zoll.gzd@zoll.de-mail.de

42.3 Folgerungen für den umsatzsteuerlichen Ausfuhrnachweis

Die Steuerbefreiung der Ausfuhrlieferung erforderte (bislang) papierene Ausfuhrnachweise nach § 6 Abs. 4 UStG i. V. m. §§ 8 ff. UStDV. Letztere werden nunmehr in der Regel durch ein elektronisches Dokument ersetzt, dass dem Anmelder am Ende des Ausfuhrvorgangs von der Ausfuhrzollstelle übermittelt wird:

 Checkliste

- Zunächst muss der Unternehmer die Ware auf einem der dazu vorgesehenen elektronischen Verfahrenswege[312] bei der (Binnen-)«Ausfuhrzollstelle« (AfZSt) zur Ausfuhr anmelden.
- Die AfZSt überführt die Ware in das Ausfuhrverfahren[313], indem sie

---

312 Zu den Details *Nieskoven*, PIStB 2010, 95.

313 Wenn Ausfuhren über andere EU-Mitgliedstaaten oder über inländische Ausgangszollstellen erfolgen, die (noch) nicht mit dem EDV-gestützten Ausfuhrsystem vernetzt sind, wird für das zollrechtliche Ausfuhrverfahren ein Ausfuhrbegleitdokument (ABD) verwendet, welches gemäß Art. 205 ZK-DVO als Exemplar Nr. 3 der Zollanmeldung im Rahmen der Überführung in das Ausfuhrverfahren gilt. Das ABD wird als Nachweis für Umsatzsteuerzwecke anerkannt, wenn die Ausfuhrbestätigung durch einen Vermerk (Dienststempelabdruck der Grenzzollstelle mit Datum) auf dem ABD angebracht ist (LfSt Bayern, Vfg. v. 21.12.2007, S 7500 - 9 St 35 N, Umsatzsteuer-Richtlinien 2008, Überblick, Haufe Umsatzsteuer, HI 1873005)

- das **Ausfuhrbegleitdokument (ABD** ➲ Kapitel 39) **generiert**, das die Ware begleitet. Dieses Dokument wird behandelt wie das Exemplar Nr. 3 des Einheitspapiers. Der Ausführer erhält das **ABD als PDF** und druckt sich diese aus. Aufgrund der elektronischen Übermittlung der Ausfuhrdaten tragen die Ausfuhrnachweise keine eigenhändige Unterschrift des Ausführers. Stattdessen wird dem Teilnehmer eine **Beteiligtenidentifikationsnummer (BIN)** zugeteilt, die im IT-Verfahren ATLAS die Unterschrift ersetzt;
- gleichzeitig die **MRN** (s. u.) **generiert** und
- die Daten vorab elektronisch an die vom Unternehmer angegebenen (Grenz-)**Ausgangszollstellen (AgZSt)** übermittelt.

• Über den **europäischen Systemverbund** kann die **AgZSt** anhand der für jeden Ausfuhrvorgang angelegten **Registriernummer (M**ovement **R**eference **N**umber – **MRN)** in jedem EU-Staat den Vorgang aufrufen und den körperlichen Warenausgang **überwachen.**

• Die **AgZSt übermittelt das Überwachungsergebnis** bzw. den Warenausgang elektronisch der AfZSt.

• Die AfZSt schließt den Ausfuhrvorgang dadurch ab, dass sie dem Anmelder den **»Ausgangsvermerk« in Form eines pdf-Dokuments** (➲ Kapitel 39) elektronisch übermittelt; darin sind die Daten der ursprünglichen Ausfuhranmeldung um die Feststellungen und Ergebnisse der AfZSt ergänzt.

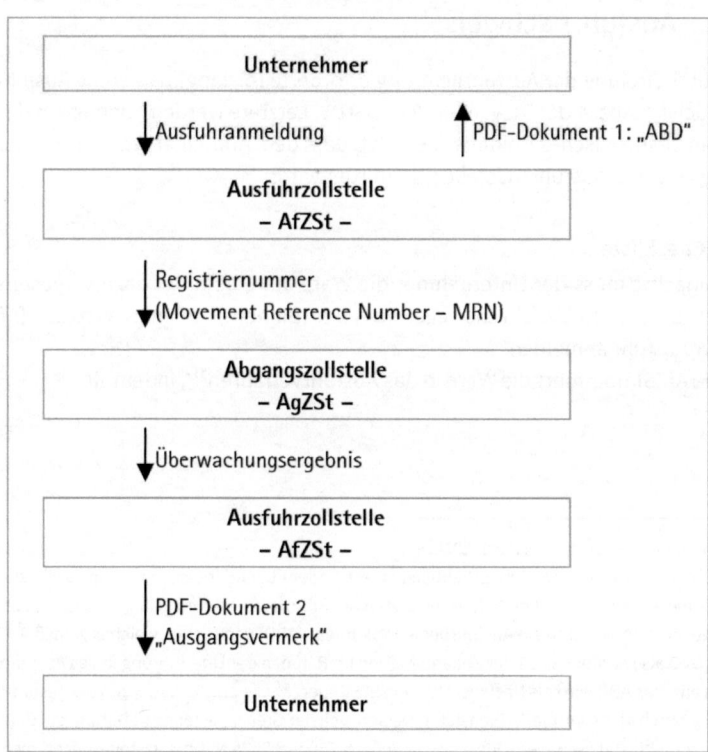

42.4 Umsatzsteuerrechtliche Auswirkungen nicht bestätigter Ausfuhren

Anlässlich des Brexit sind zahlreiche Ausfuhren nach Großbritannien (ohne Nordirland) – insbesondere an den neuen französischen Grenzzollstellen – bisher unbestätigt geblieben. Ausfuhrverfahren konnten daher derzeit zoll- und umsatzsteuerrechtlich nicht abgeschlossen werden[314].

Der Unternehmer kann daher übergangsweise abweichend von den Nachweisen nach § 9 Abs. 1 Satz 1 Nr. 1 bzw. § 10 Abs. 1 Satz 1 Nr. 1 UStDV **aus Billigkeitsgründen ausnahmsweise** bis zum 31.12.2022 den Belegnachweis vereinfacht führen ➲ Kapitel 21.3.

43 Belegnachweis: Abnehmerversicherung

Muster für Ihr Tagesgeschäft

Bei Liefergeschäften über die Grenze – aus Deutschland heraus sowohl in ein anderes EU-Land (➲ Kapitel 27 und Kapitel 29) als auch in ein Drittland – ist vorrangig zu klären, ob eine der beiden Umsatzsteuerbefreiungen greift, ob also eine Ausfuhrlieferung (§ 4 Nr. 1 Buchst. a i. V. m. § 6 UStG) oder eine innergemeinschaftliche Lieferung (§ 4 Nr. 1 Buchst. b i. V. m. § 6a UStG) vorliegt.

 Beratungskonsequenzen

Neue Checklisten helfen Ihnen, diese Frage einfach und zugleich sicher zu klären oder von Ihren Mitarbeitern klären zu lassen – und zwar auch ohne vertiefte (Umsatzsteuer-)Rechtskenntnis (➲ Kapitel 38)!

Bei Abhollieferungen ist **zur Dokumentation die Abnehmerversicherung zu empfehlen**. Nachfolgend die für das Non-EU-Geschäft – also die umsatzsteuerlichen Ausfuhrlieferungen – erforderlichen Muster:

---

314 Finanzministerium Schleswig-Holstein, USt-Kurzinformation vom 28.7.2022, VI 358-S 7133-005.

📄 **Muster/Abnehmerversicherung Non-EU-Geschäft**

Unser Kunde/Käufer: Abholer

_____   _____

_____   _____

_____   _____

_____   _____

Sehr geehrter Abholer,

Sie holen im Auftrag unseres Kunden bei uns folgende Ware ab:

_____

_____

Wir benötigen für unsere Unterlagen Ihre schriftliche Versicherung, dass Sie die Ware in das Non-EU-Land _____

            (Bestimmungsland = Drittlandsgebiet, § 1 Abs. 2a Satz 3 UStG)

nach   _____

            (Endbestimmungsort = Stadt, Gemeinde o. dgl.)

transportieren werden.

Gleichzeitig benötigen wir die Versicherung, dass Sie die Ware

• als unser Kunde oder dessen Mitarbeiter oder dessen Beauftragter
• und nicht als Kunde unseres Kunden oder dessen Mitarbeiter oder dessen Beauftragter

abholen.

Bitte bestätigen Sie uns all dies durch Ihre Unterschrift auf diesem Schriftstück. Sie erhalten von uns eine Kopie für Ihre Unterlagen bzw. für die Unterlagen Ihres Arbeitgebers oder Auftragsgebers.

Mit freundlichen Grüßen

_____

[Ort, Datum]   [Firmenstempel] Unterschrift

_____   _____

                        _____

                        _____

- -

Der Unterzeichnete versichert, dass er die oben genannte Ware unmittelbar in ein Non-EU-Land (umsatzsteuerliches Drittlandsgebiet) transportieren wird.

Ort, Datum   [Firmenstempel] Unterschrift

_____   _____

                        _____

                        _____

⚠️ **Praxistipp**

Häufig wird zu ebendiesem Zweck ein **Firmenstempel auf den LKWs mitgeführt** – wenn nicht, ist die Bescheinigung selbstverständlich ohne Stempel gültig.

📄 **Muster/Abnehmerversicherung Non-EU-Geschäft**

Unser Kunde/Käufer: Abholer

_____   _____

_____   _____

_____   _____

_____   _____

Sehr geehrter Abholer,

Sie holen im Auftrag unseres Kunden bei uns folgendes Fahrzeug ab:

Typ: _____

Fin: _____

Wir benötigen für unsere Unterlagen Ihre schriftliche Versicherung, dass Sie das Fahrzeug in das Non-EU-Land _____

              (Bestimmungsland = Drittlandsgebiet, § 1 Abs. 2a Satz 3 UStG)

nach   _____

              (Endbestimmungsort = Stadt, Gemeinde o. dgl.)

transportieren werden.

Gleichzeitig benötigen wir die Versicherung, dass Sie das Fahrzeug
* als unser Kunde oder dessen Mitarbeiter oder dessen Beauftragter
* und nicht als Kunde unseres Kunden oder dessen Mitarbeiter oder dessen Beauftragter

abholen.

Bitte bestätigen Sie uns all dies durch Ihre Unterschrift auf diesem Schriftstück. Sie erhalten von uns eine Kopie für Ihre Unterlagen bzw. für die Unterlagen Ihres Arbeitgebers oder Auftragsgebers.

Mit freundlichen Grüßen

_____

Ort, Datum   [Firmenstempel] Unterschrift

_____   _____

                          _____

                          _____

- -

Der Unterzeichnete versichert, dass er das oben genannte Fahrzeug unmittelbar in ein Non-EU-Land (umsatzsteuerliches Drittlandsgebiet) transportieren wird.

Ort, Datum   [Firmenstempel] Unterschrift

_____   _____

                          _____

                          _____

❗ **Praxistipp**

Zur Verwendung des Firmenstempels s. o.!

44 Nachweis der Ausfuhr auch durch E-Belege möglich!

E-Nachweis auch für Lohnveredelungen und Güterbeförderungen

Das elektronische Büro hält überall Einzug. Aus diesem Grunde haben § 14 Abs. 1 und 3 UStG bereits zum 1.7.2011 die elektronische Rechnungsstellung erheblich vereinfacht (➪ Kapitel 113). Auch die seit dem 1.1.2014 zum Nachweis einer innergemeinschaftlichen Lieferung erforderliche Gelangensbestätigung kann elektronisch geführt werden (➪ Kapitel 28). Dagegen war zum Nachweis der Steuerbefreiung von Umsätzen mit Drittlandsbezug und insbesondere von Ausfuhrlieferungen bislang ein »papierintensiver Belegaustausch« die Regel. Letzterer gehört nunmehr der Vergangenheit an.

 Beratungskonsequenzen

Das BMF akzeptiert mit Schreiben vom 6.1.2014 auch hier einen elektronischen Belegaustausch[315].

44.1 Sachlicher Geltungsbereich der Nachweiserleichterung

Die Neuregelung betrifft den Belegnachweis für

- Ausfuhrlieferungen (§ 4 Nr. 1 Buchst. a, § 6 UStG)
- Lohnveredelungen an Gegenständen der Ausfuhr (§ 4 Nr. 1 Buchst. a, § 7 UStG)
- Güterbeförderungen im Zusammenhang mit einer Ausfuhr (§ 4 Nr. 3 Buchst. a Doppelbuchst. aa UStG)
- Güterbeförderungen im Zusammenhang mit einer Einfuhr (§ 4 Nr. 3 Buchst. a Doppelbuchst. bb UStG)

44.2 Amtliche Belege als Regelnachweis

Regelnachweis sind auch weiterhin

- über ATLAS-Ausfuhr – ebenfalls elektronische – generierte Ausgangsvermerke (➪ Kapitel 42)
- oder andere zollamtliche Belege (vgl. Abschn. 4.3.3 Abs. 4 Nr. 1, Abschn. 4.3.4 Abs. 4 Sätze 3 u. 4, Abschn. 7.2 Abs. 1 UStAE).

---

315 Vgl. auch *Weimann*, GStB 2014, 53.

Non-EU-Lieferung (»Ausfuhrlieferung«)

44.3 Nichtamtliche Alternativnachweise

Für den Belegnachweis reichen oft auch »nichtamtliche Alternativen« – und zwar

- solche, die sowieso üblich – also aus anderen Gründen schon »in der Welt« – sind und lediglich für die Umsatzsteuer mitgenutzt werden (z. B. Frachtbrief, Spediteursbescheinigung), und
- solche, die speziell und ausschließlich zum Nachweis der Steuerbefreiung gefertigt werden (»Bescheinigung für Umsatzsteuerzwecke«).

Im Einzelnen sind dies:

 Checkliste

Art des Nachweises/Umsatzes	Fundstellen UStDV und UStAE
Nachweise zur Steuerbefreiung einer Beförderung zur Einfuhr	
• Speditionsauftrag, Rechnungsdoppel und ähnliche »andere Belege«	§ 20 Abs. 2, Abs. 3 UStDV Abschn. 4.3.3 Abs. 4 Nr. 2 UStAE
• spezielle »Bescheinigung für Umsatzsteuerzwecke« bei Eisenbahnfracht	§ 20 Abs. 2, Abs. 3 UStDV Abschn. 4.3.3 Abs. 6 UStAE
Nachweise zur Steuerbefreiung einer Beförderung zur Ausfuhr	
• Speditionsauftrag, Rechnungsdoppel und ähnliche »andere Belege«	§ 20 Abs. 1, Abs. 3 UStDV Abschn. 4.3.4 Abs. 4 UStAE
• spezielle »Bescheinigung für Umsatz-steuerzwecke« bei Eisenbahnfracht	§ 20 Abs. 1, Abs. 3 UStDV Abschn. 4.3.4 Abs. 6 UStAE
• spezielle »Bescheinigung für Umsatzsteuerzwecke« bei Vor- und Nachläufen	§ 20 Abs. 1, Abs. 3 UStDV Abschn. 4.3.4 Abs. 7 UStAE
• Sonderfall EU-Durchfuhr	§ 20 Abs. 1, Abs. 3 UStDV Abschn. 4.3.4 Abs. 8 UStAE
Nachweise zur Steuerbefreiung einer Ausfuhr	
• des Kontrolltyps I	§ 9 Abs. 1 UStDV Abschn. 6.6 Abs. 7 Satz 2 Nr. 2 UStAE
• Versendung mit »anderer Ausfuhranmeldung«	§ 10 Abs. 1 UStDV Abschn. 6.7 Abs. 1a UStAE
• Versendung mit Spediteur, Frachtführer oder Verfrachter	§ 10 UStDV Abschn. 6.7 Abs. 2 UStAE
• vorherige Be- oder Verarbeitung	§ 11 Abs. 1 UStDV Abschn. 6.8 Abs. 3 neu UStAE
• Auslieferung von Druckerzeugnissen durch Vertreter	Abschn. 6.9 Abs. 9 UStAE
• Lohnveredelungen	§ 12 UStDV Abschn. 7.2 Abs. 1 UStAE

44.4 Bisherige Formvorgaben an die Alternativnachweise

Die Alternativnachweise erforderten bislang zwingend

- die Schriftform und damit auch
- die Unterschrift des Austellers und
- den Austausch von Papierbelegen.

44.5 Auch E-Belege sind zulässig!

Das BMF-Schreiben vom 6.1.2014 ergänzt alle in der Checkliste angeführten Vorschriften des UStAE wie folgt:

 Rechtsgrundlagen

BMF-Schreiben vom 6.1.2014

Der Beleg kann [Hinweis: ggf. Synonym oder Plural] auch auf elektronischem Weg übermittelt werden; bei einer elektronischen Übermittlung des Belegs ist eine Unterschrift nicht erforderlich, sofern erkennbar ist, dass die elektronische Übermittlung im Verfügungsbereich des Ausstellers begonnen hat. Abschnitt 6a.4 Abs. 3 Satz 2 und Abs. 6 ist entsprechend anzuwenden.

 Beratungskonsequenzen

Das BMF führt **keine neuen Nachweise** ein! Es behält die bisherigen Nachweise bei und lässt lediglich deren elektronische Übermittlung zu.

44.5.1 Ein Betrugsfall ist ursächlich für die »nebulöse« Formulierung zum »Verfügungsbereich des Ausstellers«

Das BMF entschied sich für die ungewöhnliche Formulierung als Gegenmaßnahme zu einem aktuell in Rheinland-Pfalz aufgefallenen Betrugsversuch:

Sachverhalt

Unternehmer U machte Steuervergünstigungen unter Hinweis auf E-Mails geltend. U hatte sich die E-Mails unter Verwendung eines fingierten E-Mail-Accounts selbst geschickt. Dem Betriebsprüfer fiel das bei einem eher zufälligen Abgleich der sog. »Headers« (vgl. Abschn. 6a.4 Abs. 3 Satz 2 UStAE) einiger E-Mails auf.

M. E. läuft die Formulierung leer:

- Einerseits hätte es keiner besonderen Absicherung gegen derartige Betrügereien bedurft, da die **allgemeinen Vorschriften (insbes. §§ 369 ff. AO) bereits genügend Schutz bieten**.
- Andererseits genießt der Empfänger auch eines elektronischen Belegs den üblichen **Gutglaubensschutz**. Sicher wird man von ihm nicht verlangen können, Eingangs-E-

Non-EU-Lieferung (»Ausfuhrlieferung«)

Mails komplizierten technischen Prüfungen zu unterziehen, zu denen die weitaus meisten User gar nicht in der Lage sind – und Letzteres erst recht nicht ohne konkreten Anlass.

 Beratungskonsequenzen

Die meisten User interessieren sich nicht für den Header. Deshalb zeigen die meisten Mail-Clients nur einen Bruchteil der Header-Zeilen an (from, to, cc, subjekt, date)

Sollten Sie den **Header doch einmal überprüfen** wollen, verfahren Sie – wenn Sie mit Outlook arbeiten – bitte wie folgt:

1. Öffnen Sie die Eingangs-E-Mail.
2. Klicken Sie Datei > Informationen > Eigenschaften.
3. Den Header finden Sie unter »Internetkopfzeilen« am Ende des Menüs.

44.5.2 Archivierung der E-Nachweise

Zur Archivierung wird auf Abschn. 6a.4 Abs. 6 UStAE und damit auf die Vorschriften zur Gelangensbestätigung verwiesen. Damit gilt grundsätzlich »das Übliche«; die FinVerw verweist zu den Anforderungen an die Lesbarkeit und die Archivierung auf

- die GoBS[316] (= Grundsätze ordnungsgemäßer DV-gestützter Buchführungssysteme) und
- die GDPdU[317] (= Grundsätze zum Datenzugriff und zur Prüfbarkeit digitaler Unterlagen).

 Beratungskonsequenzen

1. Auszudrucken ist die **(ganze) E-Mail** und nicht lediglich die – ggf. als PDF anhängende – Gelangensbestätigung!
2. Der Ausdruck genügt **(nur) umsatzsteuerlichen Zwecken**! Sind Sie buchführungspflichtig, **verstoßen Sie damit gegen die GoBS und GDPdU**.

44.5.3 Zeitlicher Geltungsbereich der Nachweiserleichterung

Die Nachweiserleichterungen gelten für **nach dem 31.12.2013** ausgeführte Umsätze.

 Beratungskonsequenzen

Wahlweise auch schon vorher angewandt werden – und zwar für **Umsätze nach dem 30.6.2011**.

---

316 BMF-Schreiben vom 7.11.1995, IV A 8 – S 0316 – 52/95, BStBl. I 1995, 738 [Hinweis: Schreiben weiter gültig lt. v. 9.4.2013, Nr. 62; zur zweifelhaften Bedeutung dieses Schreibens ➲ Kapitel 1.6].

317 BMF-Schreiben vom 16.7.2001, IV D 2 – S 0316 – 136/01, BStBl. I 2001, 415 [Hinweis: Schreiben weiter gültig lt. v. 9.4.2013, Nr. 63; zur zweifelhaften Bedeutung dieses Schreibens ➲ Kapitel 1.6].

44.6 Fazit

Das BMF-Schreiben bringt eine **echte Erleichterung**: die schon bekannten Belegnachweise werden beibehalten und dürfen nunmehr auch elektronisch übermittelt werden. Die Hinweise zur Überprüfung von Eingangs-E-Mails sollten nicht überwertet werden. Anders als die Vorgaben zur **Archivierung**; diese sollten **strikt eingehalten** werden.

45 Belegnachweis durch Eigenbelege nur im absoluten Ausnahmefall!

 Rechtsgrundlagen

BFH, Urteile vom 31.1.2019 und vom 19.3.2015

Wenn Sie Ware steuerfrei in ein Drittland verkaufen wollen, müssen Sie der Finanzverwaltung nachweisen können, dass Sie die Voraussetzungen einer Ausfuhrlieferung auch tatsächlich erfüllen. Diesen Nachweis müssen Sie zwingend schriftlich – durch Belege und Aufzeichnungen – führen. Es reicht **nicht** aus, dass Sie oder Ihr Geschäftspartner sich gegenüber der Finanzverwaltung zum Sachverhalt mündlich äußern (➲ Kapitel 33).

46 Umsatzsteuerfolgen des Brexit für Lieferungen

46.1 »FAQ« – Die häufigsten Fragen und Antworten

 Hinweis

➲ Kapitel 21.1

46.2 Übergangsregelungen des BMF

 Hinweis

➲ Kapitel 21.2

46.3 Umsatzsteuerrechtliche Auswirkungen nicht bestätigter Ausfuhren

 Hinweis

➲ Kapitel 21.3

Non-EU-Lieferung (»Ausfuhrlieferung«)

46.4 Nachträgliche Abrechnung und Erfassung von innergemeinschaftlichen Lieferungen

Frage eines Lesers

»... Zu guter Letzt habe ich noch eine Umsatzsteuerfrage im Zusammenhang mit dem Brexit.

Es wurde Ware vor dem Brexit geliefert, ein Teil davon wurde vergessen zu berechnen. Dieses soll nun nachgeholt werden. Ein Verbringungsnachweis für die komplette Lieferung liegt vor.

Die Frage ist nun, ob die nachträgliche Berechnung abrechnungstechnisch eine innergemeinschaftliche Lieferung oder eine Ausfuhrlieferung ist.

Können Sie mir dazu einen Tipp geben?«

Meine Antwort

1. Für die Beurteilung der Lieferung sind die Verhältnisse zur Zeit ihrer Ausführung maßgeblich.
2. Damit ist die Lieferung nach Ihrer Schilderung eine innergemeinschaftliche.
3. Zu berichtigen sind damit die UStVA bzw. die USt-Erklärung.
4. Zu berichtigen ist aber auch die ZM (➲ Abschn. IV.12 Ausfüllanleitung).
5. Letztere Berichtigung hat innerhalb von 4 Wochen nach Entdeckung des Fehlers zu erfolgen.

47 Neue Prüfungsschwerpunkte der Finanzverwaltung

47.1 Vorsicht vor Überweisung des Sicherheitseinbehalts auf ein Fremdkonto!

47.1.1 Die Praxisfälle

Im Drittlandsgeschäft werden vermehrt Fallgestaltungen wie diese auffällig[318]:

Beispiel

Ein deutsches Autohaus (D) verkauft einem russischen Kunden (R) ein Neufahrzeug zum Nettopreis von 20.000 €. R möchte die Ausfuhr selbst vornehmen und von D steuerfrei beliefert werden (Abholfall). D besteht auf vorheriger Zahlung des Nettobetrages und sowie der möglichen Umsatzsteuer darauf zur Sicherheit:

Zahlbetrag: 20.000 EUR + 19 % USt (3.800 EUR) = 23.800 EUR

---

318 *Weimann*, ASR 2012/11, 10; GStB 2013, 5.

Nach erfolgter Ausfuhr übersendet R dem D den Ausfuhrnachweis (ATLAS-Datei) und begehrt nunmehr die Erstattung des Sicherheitseinbehalts,
Variante a: Erst mit dem Erstattungsbegehren erfährt D, dass der Sicherheitseinhalt auf ein von R erstmals benanntes Fremdkonto in Deutschland überwiesen werden soll.
Variante b: Die Überweisung auf das Fremdkonto wurde zwischen D und R bereits im Kaufvertrag vereinbart.

47.1.2   Das umsatzsteuerliches Risiko

Die Autohäuser stehen dann vor der Frage, ob dem Erstattungsbegehren bedenkenlos entsprochen werden kann oder ob sich ein Risiko ergibt – zu vergleichen mit der damaligen EU-Problematik der Bezahlung vom »richtigen« Kunden (➲ Kapitel 37.1). Hier gilt es zu unterscheiden:

47.1.3   Der Lieferant erfährt von dem Fremdkonto erstmals nach bereits erfolgter Lieferung

Für die Frage der Steuerbefreiung einer innergemeinschaftlichen Lieferung oder – wie hier – einer Ausfuhrlieferung kommt es nach gefestigter Rechtsprechung von EuGH und BFH neben den Formalien insbesondere auf den **Kenntnisstand des Autohauses im Lieferzeitpunkt** an. Der EuGH hat dies aktuell noch einmal bestätigt[319].

In Variante a ...

... kann D den Sicherheitseinbehalt wohl bedenkenlos überweisen.

47.1.4   Der Lieferant wusste von Anfang an von dem Fremdkonto

Hier hatte D im Lieferzeitpunkt die volle Sachverhaltskenntnis und müsste die gebotene Sorgfalt anwenden, um einen Umsatzsteuerschaden zu vermeiden. Dazu empfiehlt sich folgendes Vorgehen:

 Checkliste

* Zunächst sollte D den R dazu zu bewegen versuchen, entgegen seiner ursprünglichen Absicht doch der Erstattung auf ein eigenes Konto zuzustimmen. Danach steht es dem R dann ja frei, das Geld seinerseits auf ein Fremdkonto zu überweisen.
* Sollte R an seinem Wunsch festhalten, muss D den R nach seiner Veranlassung fragen. Dabei kann D gegenüber R ruhig offenlegen, dass er dies aus steuerlichen Gründen tun muss.

---

319   EuGH, Urteil vom 6.9.2012, Rs. C-273/11, Mecsek-Gabona Kft ➲ Kapitel 65.2 und Kapitel 26.3.

Non-EU-Lieferung (»Ausfuhrlieferung«)

- Ist der Vortrag des K schlüssig, kann D mit ihm den Vertrag abschließen. Wichtig ist, dass D die Antwort des R in diesem Fall dokumentiert und die Dokumentation ggf. zur Anlage des Kaufvertrags macht oder zumindest von R gegenzeichnen lässt.
- Der Sicherheitseinbehalt kann dann wie in Variante a überwiesen werden, sobald der Ausfuhrnachweis vorliegt.

 Beratungskonsequenzen

Ist der Kundenvortrag nicht schlüssig, sollte der Verkäufer **zum Selbstschutz von einem Kaufvertrag Abstand nehmen**, denn das umsatzsteuerliche Risiko ist beträchtlich!

In Variante b ...

... beträgt das Risiko: 20.000 € : 1,19 x 0,19 = 3.193 €

47.1.5 Andere Fälle wohl unkritisch

Denkbar ist auch, dass K hinsichtlich der Überweisung folgende Wünsche äußert:

- Überweisung auf ein deutsches Konto des R
- Überweisung auf ein Auslandskonto des R

Hierauf wird sich D wohl – wie in Variante a – bedenkenlos einlassen können.

47.1.6 Abschließende Beratungskonsequenzen

Die hier vorgestellten möglichen Rechtsfolgen beruhen auf der **persönlichen Einschätzung des Autors**. Dass die Finanzverwaltung/der Betriebsprüfer diese teilt, ist zwar zu erwarten, letztlich aber doch ungewiss.

Aufgekommen ist die neue Problematik im Rahmen von Finanzamtsprüfungen zum EU-Geschäft nach »alter« Rechtslage (bis 31.12.2019)[320]. Im Drittlandsgeschäft (§§ 4 Nr. 1 Buchst. a, 6 UStG) stellten sich jedoch die gleichen Fragen; ein entsprechendes Vorgehen war daher auch hier anzuraten Inwieweit die Neuregelung durch die »Quick Fixes« zum 1.1.2020 auch hier durchschlägt, muss sich noch zeigen.

47.2 Focus laufende BPs: Weitere neue Prüffelder

Hinweis

➲ Sobald es aus laufenden Betriebsprüfungen oder Umsatzsteuer-Sonderprüfungen Neues zu berichten gibt, was sich keinem der Einzelkapitel zuordnen lässt, finden Sie das unter ➲ www.umsatzsteuerpraxis.de > Aktualisierungen > zu Kapitel 47.

---

320   Vgl. Kapitel 26 der Vorauflage (17. Auflage 2019).

48 Länderspezifische Abweichungen

Zuordnung der Warenbewegung bis zum 31.12.2019

Der EU-Binnenmarkt schützt (noch) nicht vor abweichendem Recht einzelner Mitgliedstaaten!

Der EU-Binnenmarkt schützte bis zum 31.12.2019 nicht vor abweichendem Recht einzelner Mitgliedstaaten! War die Zuordnung der Beförderung oder Versendung zu einer der Lieferungen von einem an dem Reihengeschäft (➲ Kapitel 37.3, Kapitel 37.4 und Kapitel 37.5) beteiligten Unternehmer aufgrund des Rechts eines anderen Mitgliedstaates ausnahmsweise abweichend von den vorstehenden Grundsätzen vorgenommen worden, hat es die FinVerw nicht beanstandet, wenn der Unternehmer dieser Zuordnung folgte[321].

Beratungskonsequenzen

Der **Grund für diese »Nichtbeanstandungsregelung«**: Die Zuordnungsentscheidung wurde in anderen Mitgliedstaaten teilweise nach anderen Kriterien getroffen. Dieses Problem sollte sich mit der Neuregelung zum 1.1.2020 (➲ Kapitel 37 f.) erledigt haben.

49 Innergemeinschaftliche Dreiecksgeschäfte

Rechtsgrundlagen

- UStG: § 25b
- UStDV: keine Anweisung
- UStAE: Abschn. 25b.1
- MwStSystRL: Art. 141, Art. 197

Auf einen Blick – alle wichtigen Neuerungen vorab!

»Verunglücktes Dreiecksgeschäft«: Berichtigung der Rechnung nicht rückwirkend möglich

Rechtsgrundlagen

EuGH vom 8.12.2022

---

321 Abschn. 3.14 Abs. 11 UStAE. Hierzu ausführlich ➲ Kapitel 31 der Vorauflage (18. Auflage 2020).

Bei einem innergemeinschaftlichen Dreiecksgeschäft sollte nach Auffassung deutscher Finanzgerichte Rechnungsberichtigungen auf den Zeitpunkt der erstmaligen Rechnungsausstellung zurückwirken[322]. Der EuGH beurteilt das anders ⮫ Kapitel 50.

49.1 Allgemeines

§ 25b UStG sieht die vereinfachte Besteuerung von Reihengeschäften mit

- **drei beteiligten Unternehmern**
- **aus drei verschiedenen EU-Mitgliedstaaten**

vor und beruht gemeinschaftsrechtlich auf den Vorgaben der Art. 138 ff., 140 ff. MwSt-SystRL.

Bei einem innergemeinschaftlichen Dreiecksgeschäft würden – bei Anwendung der allgemeinen Regelungen für Reihengeschäfte (§ 3 Abs. 5a ff. ⮫ Kapitel 23 ff. und Kapitel 37 f.) – eigentlich folgende Umsätze ausgeführt[323]:

- Eine **innergemeinschaftliche Lieferung des ersten Unternehmers** in der Reihe (= erster Lieferer) in dem Mitgliedstaat, in dem die Beförderung oder Versendung des Gegenstandes beginnt.

- Ein **innergemeinschaftlicher Erwerb des mittleren Unternehmers** in der Reihe (= erster Abnehmer und zweiter Lieferer) in dem Mitgliedstaat, in dem die Beförderung oder Versendung des Gegenstandes endet.

- Ein – ggf. **zweiter, vgl. § 3d Satz 2 UStG – innergemeinschaftlicher Erwerb des mittleren Unternehmers** (= erster Abnehmer/zweiter Lieferer) in dem Mitgliedstaat, der dem mittleren Unternehmer die von ihm verwendete USt-IdNr. erteilt hat.

- Eine **(Inlands-)Lieferung des mittleren Unternehmers** (= erster Abnehmer/zweiter Lieferer) an den letzten Abnehmer in dem Mitgliedstaat, in dem die Beförderung oder Versendung des Gegenstandes endet.

---

322   Dazu ausführlich die 20. (Vor-)Auflage 2022, Kapitel 32.01 und Kapitel30.02.
323   Vgl. Abschn. 25b.1 Abs. 1 UStAE und die amtliche Gesetzesbegründung.

Beispiel

Der deutsche Automobilhersteller GAUDI (G) bestellt bei dem österreichischen Walzwerk ROST (R) Bleche. Aufgrund eigener Lieferschwierigkeiten bestellt R die Bleche bei FEUGOT (F) in Frankreich. F bringt die Bleche mit eigenem LKW zu D. Alle Beteiligten treten unter der USt-IdNr. ihrer Länder auf.

Ohne die Sonderregelung des § 25b UStG wäre der Beispielsfall wie folgt zu lösen:

- F tätigt **in Frankreich** eine steuerfreie innergemeinschaftliche Lieferung an R (§ 4 Nr. 1 Buchst. b i. V. m. § 6a UStG).
- R tätigt **in Deutschland** einen innergemeinschaftlichen Erwerb von F (§ 3d Satz 1 UStG).
- R tätigt **zusätzlich in Österreich** einen innergemeinschaftlichen Erwerb von F., da er die österreichische USt-IdNr. verwandt hat (§ 3d Satz 2 UStG).
- R tätigt **in Deutschland** eine »normale« (Inlands-)Lieferung an G. Die Lieferung ist steuerbar und steuerpflichtig. R hat gegenüber G damit eine Rechnung unter Ausweis deutscher Umsatzsteuer aufzumachen.

⊃ **Ergebnis:**
R müsste sich – sähe § 25b UStG keine Ausnahmeregelung vor – aufgrund des innergemeinschaftlichen Erwerbs von F und der Lieferung an D **in Deutschland umsatzsteuerlich registrieren lassen.**

Die Vereinfachung des § 25b UStG besteht nun darin, dass die eigentlich erforderliche steuerliche Registrierung des mittleren Unternehmers (im Beispielsfall: R) im Bestimmungsland vermieden wird. Liegt ein innergemeinschaftliches Dreiecksgeschäft vor, wird die Steuerschuld für die (Inlands-)Lieferung unter den Voraussetzungen des § 25b Abs. 2 UStG von dem ersten Abnehmer auf den letzten Abnehmer übertragen. Im Fall der Übertragung der Steuerschuld gilt zugleich auch der innergemeinschaftliche Erwerb des ersten Abnehmers als besteuert (§ 25b Abs. 3 UStG).

Die Annahme, § 25b UStG regele das »innergemeinschaftliche Dreiecksgeschäft« abschließend, geht weit über die tatsächliche Bedeutung der Vorschrift hinaus. Tatsächlich regelt die Vorschrift nur **eng umgrenzte Fälle des innergemeinschaftlichen Dreiecksgeschäfts**.

Die **Orte der Lieferung im innergemeinschaftlichen Dreiecksgeschäft** bestimmen sich ausschließlich nach allgemeinen Vorschriften des § 3 Abs. 5a ff. UStG.

49.2 Begriff des innergemeinschaftlichen Dreiecksgeschäfts (§ 25b Abs. 1 UStG)

49.2.1 Überblick

Ein innergemeinschaftliches Dreiecksgeschäft setzt voraus, dass

- **drei Unternehmer** (erster Lieferer, erster Abnehmer und letzter Abnehmer) Umsatzgeschäfte abschließen. Dies gilt entsprechend, wenn der letzte Abnehmer eine juristische Person ist, die nicht Unternehmer ist oder den Gegenstand nicht für ihr Unternehmen erwirbt und die in dem Mitgliedstaat für Zwecke der Umsatzsteuer erfasst ist, in dem sich der Gegenstand am Ende der Beförderung oder Versendung befindet (§ 25b Abs. 1 Satz 2 UStG);

- die Geschäfte über **denselben Gegenstand** abgeschlossen werden;

- der Gegenstand **unmittelbar** vom (Ort des) ersten Lieferer(s) an den letzten Abnehmer (§ 25b Abs. 1 Nr. 1 UStG) gelangt;

- die drei Unternehmer **in jeweils (drei) verschiedenen Mitgliedstaaten** für Zwecke der Umsatzsteuer erfasst sind, (§ 25b Abs. 1 Nr. 2 UStG), d. h. eine USt-IdNr. haben;

- der Gegenstand bei der Beförderung/Versendung aus dem Gebiet eines Mitgliedstaates in das Gebiet eines anderen Mitgliedstaates gelangt (§ 25b Abs. 1 Nr. 3 UStG);

- der Gegenstand **durch den ersten** Lieferer oder Abnehmer befördert oder versendet (§ 25b Abs. 1 Nr. 4 UStG) wird.

 Beratungskonsequenzen

Kein innergemeinschaftliches Dreiecksgeschäft liegt damit vor, wenn der **letzte Abnehmer in der Reihe** (= also der, der die Ware schlussendlich haben möchte) die Ware **abholt**, befördert oder versendet!

Die Voraussetzungen des § 25b Abs. 1 UStG müssen **sämtlich (kumulativ) erfüllt** sein[324]; ist dies nicht der Fall, gelten auch im innergemeinschaftlichen Dreiecksgeschäft die allgemeinen Vorschriften.

49.2.2 Beteiligung von drei Unternehmern (§ 25b Abs. 1 Nr. 1 UStG)

Beratungskonsequenzen

Das Erfordernis der Beteiligung von 3 Unternehmern wird durch ein besonderes **Wahlrecht** entschärft (➲ nachfolgendes Kapitel 49.12)!

Der **erste Abnehmer** in dem Dreiecksgeschäft ist als mittlerer Unternehmer in der Reihe zugleich Abnehmer und Lieferer.

---

324 Vgl. Abschn. 25b.1 Abs. 1 UStAE.

Letzte Abnehmer können auch Unternehmer sein, die nur steuerfreie – nicht zum Vorsteuerabzug berechtigte – Umsätze ausführen, sowie **Kleinunternehmer** und **pauschalierende Land- und Forstwirte**. Voraussetzung ist, dass sie umsatzsteuerlich in dem Mitgliedstaat erfasst sind, in dem die Beförderung oder Versendung des Gegenstandes endet.

Letzter Abnehmer kann ferner eine **juristische Person des öffentlichen oder privaten Rechts** sein, die nicht Unternehmer ist oder den Gegenstand nicht für ihr Unternehmen erwirbt, wenn sie in dem Mitgliedstaat, in dem die Warenbewegung endet, für Zwecke der Umsatzsteuer registriert ist; erforderlich ist die Erteilung einer USt-IdNr[325].

Ist der letzte Abnehmer dagegen eine »**normale**« **Privatperson**, liegen die Voraussetzungen des § 25b UStG nicht vor. Gleiches gilt, wenn an den Umsatzgeschäften mehr als drei Unternehmer beteiligt sind.

49.2.3 Erfassung in jeweils verschiedenen Mitgliedstaaten für Zwecke der Umsatzsteuer (§ 25b Abs. 1 Nr. 2 UStG)

Weitere Voraussetzung für das Vorliegen eines innergemeinschaftlichen Dreiecksgeschäfts ist, dass die beteiligten Unternehmer in jeweils verschiedenen Mitgliedstaaten **für Zwecke der Umsatzsteuer erfasst** sind[326].

Hierfür reicht die **tatsächliche Registrierung für Umsatzsteuerzwecke** (Erteilung einer USt-IdNr.) aus. Die Ansässigkeit in einem dieser Mitgliedstaaten ist nicht erforderlich.

Sind **mehrere der beteiligten Unternehmer** in demselben Mitgliedstaat registriert, liegt kein innergemeinschaftliches Dreiecksgeschäft vor.

Beispiel

Der in Frankfurt ansässige und umsatzsteuerlich registrierte Unternehmer D bestellt eine dort nicht vorrätige Ware bei dem in Belgien ansässigen Unternehmer B 1.
B 1 gibt die Bestellung weiter an den ebenfalls in Belgien ansässigen Großhändler B 2, der die Ware mit eigenem Lkw unmittelbar nach Frankfurt befördert und sie dort an D übergibt.
D und B 2 treten jeweils unter der USt-IdNr. ihres Landes auf; B 1 tritt nicht unter seiner belgischen USt-IdNr., sondern unter seiner niederländischen USt-IdNr. auf.

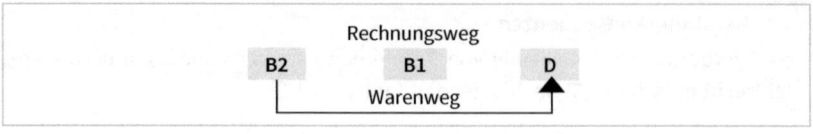

---

325   § 25b Abs. 1 Satz 2 UStG; vgl. Abschn. 25b.1 Abs. 2 UStAE.
326   § 25b Abs. 1 Satz 1 Nr. 2 UStG.

Lieferung/Sonderfälle

⊃ Folge:

Die Voraussetzung des § 25b Abs. 1 Nr. 2 UStG für das Vorliegen eines innergemeinschaftlichen Dreiecksgeschäfts ist erfüllt, da die drei beteiligten Unternehmer in jeweils verschiedenen Mitgliedstaaten (Deutschland, Belgien, Niederlande) umsatzsteuerlich registriert sind und mit USt-IdNrn. aus verschiedenen Mitgliedstaaten auftreten.

Auf die Ansässigkeit von B 1 und B 2 in demselben Mitgliedstaat kommt es bei der Beurteilung nicht an.

49.2.4 Tatsächliches Gelangen des Liefergegenstandes von einem Mitgliedstaat in einen anderen Mitgliedstaat (§ 25b Abs. 1 Satz 1 Nr. 3 UStG)

Weitere Voraussetzung ist das tatsächliche Gelangen des Gegenstandes der Lieferungen von einem Mitgliedstaat in einen anderen Mitgliedstaat (§ 25b Abs. 1 Satz 1 Nr. 3 UStG).

Diese Voraussetzung ist im Hinblick auf § 3 Abs. 8 UStG auch dann erfüllt, wenn der erste Lieferer den Gegenstand **zuvor in das Gemeinschaftsgebiet eingeführt** hat. Gelangt der Gegenstand allerdings aus dem Drittlandsgebiet unmittelbar in den Mitgliedstaat des letzten Abnehmers, liegt kein innergemeinschaftliches Dreiecksgeschäft vor[327]:

> **Beispiel**
>
> Der Maschinenbauer I in Italien bestellt im März 2024 einen Austauschmotor bei N in den Niederlanden. Dieser hat den Motor seinerseits nicht vorrätig und bestellt in bei D in Deutschland.
>
> a) D weist sein Auslieferungslager in der Ukraine an, den Motor »auf dem kürzesten Wege« mit eigenem LKW zu I zu bringen (= **Warenbewegung 1**); Lieferbedingung: »**unverzollt und unversteuert**«.
>
> b) D weist sein Auslieferungslager in der Ukraine an, den Motor »auf dem kürzesten Wege« mit eigenem LKW zu I zu bringen (= **Warenbewegung 1**); Lieferbedingung: »**verzollt und versteuert**«.
>
> c) D führt den Gegenstand zunächst nach Deutschland ein (Lieferbedingung: »**verzollt und versteuert**«) und verbringt ihn dann mit eigenem LKW zu I (= **Warenbewegung 2**).

---

327   Vgl. Abschn. 25b.1 Abs. 4 Satz 2 UStAE.

Variante a/Warenbewegung 1:

D tätigt eine Beförderungslieferung/bewegte Lieferung an N, § 3 Abs. 6 Satz 1 u. Satz 5 UStG. Ort der Lieferung ist das Auslieferungslager in der Ukraine; die Lieferung ist damit nicht steuerbar. Eine Verlagerung des Lieferorts nach § 3 Abs. 8 UStG kommt nicht in Betracht, da D als Lieferer der Beförderungslieferung nicht zugleich Schuldner der italienischen EUSt ist. N tätigt damit in Italien eine ruhende Lieferung (§ 3 Abs. 7 Satz 2 Nr. 2 UStG) an I.

➪ **Folge:** N muss sich in Italien umsatzsteuerlich registrieren lassen; die Vereinfachung des § 25b UStG findet keine Anwendung!

Variante b/Warenbewegung 1:

D tätigt eine Beförderungslieferung/bewegte Lieferung an N, § 3 Abs. 6 Satz 1 und Satz 5 UStG. Ort der Lieferung wäre grundsätzlich das Auslieferungslager in der Ukraine; die Lieferung wäre damit nicht steuerbar. D ist als Lieferer der Beförderungslieferung zugleich Schuldner der italienischen EUSt; der Lieferort wird daher nach § 3 Abs. 8 UStG nach Italien verlagert. D tätigt damit in Italien eine Lieferung an N; N tätigt seinerseits in Italien eine ruhende Lieferung (§ 3 Abs. 7 Satz 2 Nr. 2 UStG) an I.

➪ **Folge:** D und N müssen sich in Italien umsatzsteuerlich registrieren lassen; die Vereinfachung des § 25b UStG findet keine Anwendung!

Variante c/Warenbewegung 2:

D tätigt eine Beförderungslieferung/bewegte Lieferung an N, § 3 Abs. 6 Satz 1 und Satz 5 UStG. Ort der Lieferung wäre grundsätzlich das Auslieferungslager in der Ukraine; die Lieferung wäre damit nicht steuerbar. D ist als Lieferer der Beförderungslieferung zugleich Schuldner der deutschen EUSt; der Lieferort wird daher nach § 3

Abs. 8 UStG nach Deutschland verlagert. D tätigt damit in Deutschland eine Lieferung an N; die Lieferung ist als innergemeinschaftliche Lieferung steuerfrei, da die Ware nach Italien verbracht wird. N tätigt seinerseits in Italien einen innergemeinschaftlichen Erwerb von D und eine ruhende Lieferung (§ 3 Abs. 7 Satz 2 Nr. 2 UStG) an I. N müsste sich damit grundsätzlich in Italien umsatzsteuerlich registrieren lassen.

Aber: Die Voraussetzungen des § 25b Abs. 1 UStG sind erfüllt:

- Drei Unternehmer (erster Lieferer, erster Abnehmer und letzter Abnehmer) haben Umsatzgeschäfte abgeschlossen.
- Die Geschäfte betreffen denselben Gegenstand.
- Der Gegenstand ist unmittelbar vom (Ort des) ersten Lieferer(s) an den letzten Abnehmer (§ 25b Abs. 1 Nr. 1 UStG) gelangt.
- Die drei Unternehmer sind in jeweils (drei) verschiedenen Mitgliedstaaten für Zwecke der Umsatzsteuer erfasst, (§ 25b Abs. 1 Nr. 2 UStG), d. h. sie haben eine USt-IdNr.
- Der Gegenstand ist bei der Beförderung aus dem Gebiet eines Mitgliedstaates in das Gebiet eines anderen Mitgliedstaates gelangt (§ 25b Abs. 1 Nr. 3 UStG).
- Der Gegenstand wird durch den ersten Lieferer oder den ersten Abnehmer befördert (§ 25b Abs. 1 Nr. 4 UStG).

➲ **Folge:** Weder D noch N müssen sich in Italien umsatzsteuerlich registrieren lassen; die Vereinfachung des § 25b UStG kommt zur Anwendung!

Der Gegenstand kann durch Beauftragte des ersten Lieferers vor der Beförderung oder Versendung in das übrige Gemeinschaftsgebiet bearbeitet oder verarbeitet worden sein. Gegenstand der Lieferung ist in diesem Fall jeweils der bearbeitete oder verarbeitete Gegenstand[328].

Der Gegenstand der Lieferung kann auch an einen **vom letzten Abnehmer beauftragten Dritten**, z. B. einen Lohnveredelungsunternehmer oder einen Lagerhalter, befördert oder versendet werden[329].

49.2.5 Beförderung oder Versendung durch den ersten Lieferer oder den ersten Abnehmer (§ 25b Abs. 1 Satz 1 Nr. 4 UStG)

Ein innergemeinschaftliches Dreiecksgeschäft setzt weiterhin voraus, dass der Gegenstand durch den ersten Lieferer oder den ersten Abnehmer (= mittlerer Unternehmer) befördert oder versendet wird (§ 25b Abs. 1 Satz 1 Nr. 4 UStG).

Dies gilt für den ersten Abnehmer allerdings nur dann, wenn er in seiner Eigenschaft **als Abnehmer befördert oder versendet**, d. h. die Beförderung oder Versendung der **Lieferung an ihn (erste Lieferung) zugeordnet** wird. Wird die Beförderung oder Versen-

---

328 Vgl. Abschn. 25b.1 Abs. 4 Satz 5 UStAE.
329 Vgl. Abschn. 25b.1 Abs. 4 Satz 6 UStAE.

dung dagegen der zweiten Lieferung zugeordnet, weil der mittlere Unternehmer in seiner Eigenschaft als Lieferer auftritt (§ 3 Abs. 6 Satz 6 Halbsatz 2 UStG), liegt kein innergemeinschaftliches Dreiecksgeschäft vor[330].

Wird der Gegenstand der Lieferungen **durch den letzten Abnehmer befördert oder versendet (Abholfall)**, ist die Anwendung der Vereinfachungsregelung ausgeschlossen, weil ebenfalls kein innergemeinschaftliches Dreiecksgeschäft vorliegt[331] (➲ vorstehendes Kapitel 49.2.1).

 Beratungskonsequenzen

Das wird in anderen Mitgliedstaaten ggf. abweichend beurteilt[332]!

Beispiel

Der belgische Unternehmer B bestellt bei dem deutschen Unternehmer D eine Baumaschine. D hat die Maschine nicht vorrätig und gibt die Bestellung weiter an den spanischen Hersteller SP. Alle Beteiligten treten unter der USt-IdNr. ihres Landes auf.

a) SP befördert die Baumaschine mit eigenem Lkw nach Belgien und übergibt sie dort an B.

b) B lässt die Baumaschine durch einen von ihm beauftragten Spediteur bei SP in Spanien abholen und unmittelbar nach Belgien versenden.

➲ **Folge:**

a) Es liegt ein innergemeinschaftliches Dreiecksgeschäft i. S. d. § 25b Abs. 1 UStG vor, weil der erste Lieferer den Gegenstand der Lieferungen befördert. Die Beförderung ist der ersten Lieferung (SP an D) zuzuordnen. Ort der Lieferung ist nach § 3 Abs. 6 Satz 5 i. V. m. Satz 1 Spanien (Beginn der Beförderung). Die Lieferung ist als innergemeinschaftliche Lieferung in Spanien steuerfrei.

   – Der Erwerb des Gegenstandes unterliegt bei D grundsätzlich der Besteuerung des innergemeinschaftlichen Erwerbs in Belgien, da die Beförderung dort endet (§ 3d Satz 1 UStG), und in Deutschland, da D seine deutsche USt-IdNr. verwendet (§ 3d Satz 2 UStG).

---

330 Vgl. Abschn. 25b.1 Abs. 5 Sätze 2 f. UStAE.
331 Vgl. Abschn. 25b.1 Abs. 5 Satz 4 UStAE und ➲ Kapitel 49.2.1.
332 *Winter,* UR 1998, 209.

- Die zweite Lieferung (D an B) ist eine ruhende Lieferung. Lieferort ist nach § 3 Abs. 7 Satz 2 Nr. 2 UStG Belgien, da sie der Beförderungslieferung nachfolgt. Die Lieferung des D ist nach belgischem Recht zu beurteilen (➲ nachfolgendes Kapitel 49.4).

b) Es liegt kein innergemeinschaftliches Dreiecksgeschäft i. S. d. § 25b Abs. 1 UStG vor, weil der letzte Abnehmer den Gegenstand der Lieferungen versendet. Die Versendung ist der zweiten Lieferung (D an B) zuzuordnen. Ort der Lieferung ist nach § 3 Abs. 6 Satz 5 i. V. m. Satz 1 Spanien (Beginn der Versendung). Die Lieferung ist als innergemeinschaftliche Lieferung in Spanien steuerfrei.

- Der Erwerb des Gegenstandes unterliegt bei B grundsätzlich der Besteuerung des innergemeinschaftlichen Erwerbs in Belgien, da die Versendung dort endet (§ 3d Satz 1 UStG).

- Die erste Lieferung (SP an D) ist eine ruhende Lieferung. Lieferort ist nach § 3 Abs. 7 Satz 2 Nr. 1 UStG ebenfalls Spanien, da sie der Versendungslieferung vorangeht. Die Lieferung ist nach spanischem Recht zu beurteilen. D muss sich demnach in Spanien steuerlich registrieren lassen.

49.3 Übertragung der Steuerschuld auf den letzten Abnehmer (§ 25b Abs. 2 UStG)

Im Fall eines innergemeinschaftlichen Dreiecksgeschäfts i. S. d. § 25b Abs. 1 UStG wird die Steuer für die (Inlands-)Lieferung des ersten Abnehmers an den letzten Abnehmer von dem letzten Abnehmer geschuldet, wenn die in § 25b Abs. 2 Nr. 1 bis 4 UStG genannten Voraussetzungen **sämtlich (= kumulativ)** erfüllt sind. Durch die Übertragung der Steuerschuld wird der **letzte Abnehmer Steuerschuldner** für die vom ersten Abnehmer an ihn ausgeführte Lieferung (§ 13 Abs. 2 Nr. 5 UStG). Die Übertragung der Steuerschuld auf den letzten Abnehmer ist bei Vorliegen der Voraussetzungen **zwingend** vorgeschrieben[333]:

- Der Lieferung ist ein **innergemeinschaftlicher Erwerb** beim ersten Abnehmer **vorausgegangen** (§ 25b Abs. 2 Nr. 1 UStG).

- Der erste Abnehmer ist **nicht in dem Mitgliedstaat ansässig**, in dem die Beförderung oder Versendung endet (§ 25b Abs. 2 Nr. 2 UStG).

- Der **erste Abnehmer verwendet** gegenüber dem ersten Lieferer und dem letzten Abnehmer **dieselbe USt-IdNr.** Diese USt-IdNr. darf ihm nicht von einem der Mitgliedstaaten erteilt worden sein, in dem die Beförderung oder Versendung beginnt oder endet (§ 25b Abs. 2 Nr. 2 UStG).

- Der erste Abnehmer muss dem letzten Abnehmer eine **Rechnung** i. S. d. § 14 a Abs. 1a und Abs. 2 UStG erteilen, in der die Steuer nicht gesondert ausgewiesen ist (§ 25b Abs. 2 Nr. 3 UStG).

---

333   Vgl. Abschn. 25b.1 Abs. 6 UStAE.

- Der **letzte Abnehmer** muss eine USt-IdNr. des Mitgliedstaates verwenden, in dem die Beförderung oder Versendung endet (§ 25b Abs. 2 Nr. 4 UStG).

49.4 Innergemeinschaftlicher Erwerb des ersten Abnehmers (§ 25b Abs. 3 UStG)

Wird die Steuerschuld wirksam auf den letzten Abnehmer übertragen, **gilt der innergemeinschaftliche Erwerb des ersten Abnehmers nach § 25b Abs. 3 UStG als besteuert.** Diese fiktive Besteuerung des innergemeinschaftlichen Erwerbs beim ersten Abnehmers gilt für die **beiden innergemeinschaftlichen Erwerbe des ersten Abnehmers,** d. h.

- sowohl für den Erwerb in dem Mitgliedstaat, in dem die Beförderung oder Versendung endet[334],

- als auch für den Erwerb in dem Mitgliedstaat, unter dessen USt-IdNr. der erste Abnehmer auftritt[335].

Beispiel

Sachverhalt wie Beispiel in ➲ vorstehendes Kapitel 49.2.5 Alternative b. Der belgische Unternehmer B bestellt bei dem deutschen Unternehmer D eine Baumaschine. D hat die Maschine nicht vorrätig und gibt die Bestellung weiter an den spanischen Hersteller SP. SP befördert die Baumaschine mit eigenem Lkw nach Belgien und übergibt sie dort an B. Alle Beteiligten treten unter der USt-IdNr. ihres Landes auf. D erteilt dem B eine Rechnung i. S. d. § 14 a Abs. 1 a und Abs. 2 UStG.

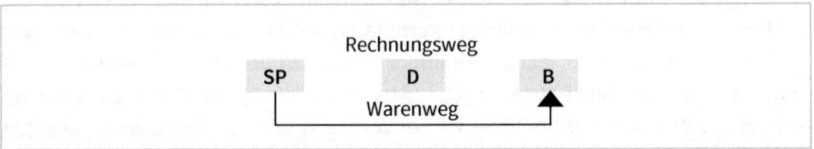

➲ **Folge:**
Es liegt ein innergemeinschaftliches Dreiecksgeschäft i. S. d. § 25b Abs. 1 UStG vor. **Die Beförderung ist der ersten Lieferung (SP an D) zuzuordnen.** Ort der Lieferung ist nach § 3 Abs. 6 Satz 5 i. V. m. Satz 1 UStG Spanien (Beginn der Beförderung). Die Lieferung ist als innergemeinschaftliche Lieferung in Spanien steuerfrei.
Der **Erwerb des Gegenstandes unterliegt bei D** grundsätzlich der Besteuerung des innergemeinschaftlichen Erwerbs **in Belgien,** da die Beförderung dort endet[336], **und in Deutschland,** da D seine deutsche USt-IdNr. verwendet[337].
Die **zweite Lieferung (D an B)** ist eine ruhende Lieferung. Lieferort ist nach § 3 Abs. 7 Satz 2 Nr. 2 UStG Belgien, da sie der Beförderungslieferung nachfolgt. D führt demnach eine steuerbare und steuerpflichtige Lieferung in Belgien aus.

---

334 Vgl. § 3d Satz 1 UStG.
335 Vgl. § 3d Satz 2 UStG; sowie Abschn. 25b.1 Abs. 7 UStAE.
336 § 3d Satz 1 UStG.
337 § 3d Satz 2 UStG.

Lieferung/Sonderfälle

Da die **Voraussetzungen des § 25b Abs. 2 UStG erfüllt** sind, wird die Steuerschuld für die belgische (Inlands-)Lieferung des D auf B übertragen:

- Der Lieferung ist ein innergemeinschaftlicher Erwerb durch D vorausgegangen;
- D ist nicht in Belgien ansässig;
- D tritt gegenüber dem ersten Lieferer und dem letzten Abnehmer mit seiner deutschen USt-IdNr. auf;
- D hat dem B eine Rechnung i. S. d. § 14 a Abs. 1a und Abs. 2 UStG erteilt;
- B verwendet als letzter Abnehmer eine USt-IdNr. (belgische) des Mitgliedstaates, in dem die Beförderung endet.

B wird Steuerschuldner für diese Lieferung des D und muss die Steuer im Rahmen seiner belgischen Steuererklärungspflichten anmelden. D hat im Hinblick auf seine in Belgien ausgeführte Lieferung keinen umsatzsteuerlichen Verpflichtungen in Belgien nachzukommen.

Mit der wirksamen Übertragung der Steuerschuld auf B gilt auch der innergemeinschaftliche **Erwerb des D in Belgien als besteuert**[338] mit der Folge, dass D auch hierfür keinen umsatzsteuerlichen Verpflichtungen in Belgien nachkommen muss.

Mit der fiktiven Erwerbsbesteuerung in Belgien **entfällt auch eine Besteuerung des innergemeinschaftlichen Erwerbs in Deutschland** über § 3d Satz 2 UStG, sofern D seiner Erklärungspflicht nach § 18 a Abs. 4 Satz 1 Nr. 3 UStG (für die Zusammenfassende Meldung) nachkommt.

Durch die Anwendung der Vereinfachungsregelung des § 25b UStG wird vermieden, dass sich D in Belgien aufgrund dieses innergemeinschaftlichen Dreiecksgeschäfts registrieren lassen und dort Umsatzsteuererklärungen abgeben muss.

D muss **in Deutschland die Erklärungspflichten** nach § 18b Satz 1 UStG für die Umsatzsteuer-Voranmeldung und die Umsatzsteuererklärung für das Kalenderjahr beachten.

49.5 Besonderheiten bei der Rechnungserteilung

49.5.1 Richtige Rechnung als materielle Voraussetzung für § 25b UStG

Nach § 25b Abs. 2 Nr. 3 UStG ist **materielle Voraussetzung** für die Übertragung einer Steuerschuld, dass der erste Abnehmer dem letzten Abnehmer eine Rechnung i. S. d. § 14a Abs. 7 UStG erteilt, in der die Steuer nicht gesondert ausgewiesen ist[339].

 Beratungskonsequenzen

Die Rechnungserteilung ist materielle Voraussetzung – d. h. bei einer insoweit **fehlerhaften Rechnung** kommt es nicht zur Übertragung der Steuerschuld (➲ nachfolgendes Kapitel 49.5.4 und Kapitel 50)!

---

338   § 25b Abs. 3 UStG.

339   Vgl. Abschn. 25b.1 Abs. 8 Satz 1 UStAE.

Neben den Angaben nach § 14 Abs. 4 UStG (!)[340] sind in der **Rechnung des ersten Abnehmers danach folgende Angaben** erforderlich:

- ein Hinweis auf das Vorliegen eines innergemeinschaftlichen Dreiecksgeschäfts, z. B. »Innergemeinschaftliches Dreiecksgeschäft nach § 25b UStG« oder »Vereinfachungsregelung nach Art. 138f., 140 f. MwStSystRL«,

- ein Hinweis auf die Steuerschuld des letzten Abnehmers,

- die Angabe der USt-IdNr. des ersten Abnehmers,

- die Angabe der USt-IdNr. des letzten Abnehmers.

➜ Beratungskonsequenzen

1. Gemäß § 14a Abs. 7 UStG erfordert die Freistellung, dass der mittlere Unternehmer in seiner Rechnung an den letzten Abnehmer
   - auf das Vorliegen eines innergemeinschaftlichen Dreiecksgeschäfts
   - die Steuerschuld des Rechnungsempfängers
   hinweist.
2. Für Unternehmer ist es wohl unerlässlich, die entsprechenden Rechnungshinweise in den (wichtigsten) Amtssprachen der Mitgliedstaaten der EG zu kennen (➲ nachfolgendes Kapitel 49.5.3).
3. Zusätzlich muss die Rechnung auch den allgemeinen Anforderungen (➲ Kapitel 109) genügen.

49.5.2 Hinweis auf das Vorliegen eines innergemeinschaftlichen Dreiecksgeschäfts und die Steuerschuld des letzten Abnehmers bei Ausgangsrechnungen

Der letzte Abnehmer soll durch die Hinweise in der Rechnung eindeutig und leicht erkennen können, dass er letzter Abnehmer in einem innergemeinschaftlichen Dreiecksgeschäft ist und die Steuerschuld auf ihn übertragen wird[341].

Der Hinweis auf das Vorliegen eines innergemeinschaftlichen Dreiecksgeschäfts ist an keine besondere Form gebunden und **kann in deutscher Sprache erfolgen**; möglich sind z. B. die Hinweise[342]

- »Innergemeinschaftliches Dreiecksgeschäft nach § 25b UStG; die Mehrwertsteuer tragen Sie.«

- »Vereinfachungsregelung nach Art. 141 MwStSystRL; die Mehrwertsteuer tragen Sie.«

---

340 Vgl. Abschn. 25b.1 Abs. 8 Satz 2 UStAE.
341 Vgl. Abschn. 25b.1 Abs. 8 Satz 3 UStAE.
342 Vgl. Abschn. 25b.1 Abs. 8 UStAE; ferner *Fritsch*, NWB 1997, 3403.

Beratungskonsequenzen

Bei der Lieferung eines deutschen Unternehmers im Rahmen eines innergemeinschaftlichen Dreiecksgeschäfts findet § 14a Abs. 7 UStG – also das deutsche Recht – keine unmittelbare Anwendung; vielmehr gelten die **entsprechenden Bestimmungen des EU-Bestimmungslandes**[343].

Zu Kontrollzwecken können die Mitgliedstaaten verlangen, dass Rechnungen, die sich auf Lieferungen von Gegenständen oder auf Dienstleistungen in ihrem Gebiet beziehen, sowie auf Rechnungen, die von Steuerpflichten mit Sitz in ihrem Gebiet empfangen werden, **in die Landessprache übersetzt** werden (Art. 231 MwStSystRL).

Deshalb ist es deutschen Unternehmern eigentlich zu empfehlen, Rechnungshinweise **standardmäßig zweisprachig** aufzumachen: einmal in deutscher Sprache und zusätzlich in der Sprache des letzten Abnehmers (Ͻ nachfolgendes Kapitel 49.5.3).

49.5.3 Hinweis auf das Vorliegen eines innergemeinschaftlichen Dreiecksgeschäfts und die Steuerschuld des letzten Abnehmers bei Eingangsrechnungen

Rechnungshinweise in den Amtssprachen der EU

Der Rechnungshinweis kann vom Rechnungsaussteller in deutscher Sprache aufgenommen worden sein – muss es aber nicht (Ͻ vorstehendes Kapitel 49.5.2). Die Konsequenzen des § 25b UStG werden in Deutschland auch durch fremdsprachige Hinweise ausgelöst. In den wichtigsten Amtssprachen der EU lauten die Rechnungshinweise wie folgt:

Land	Rechnungshinweise
Belgien:	Driehoeksverkeer – medecontractant aangeduid als schuldenaar van de belasting – Verlegging van heffing op grond van artikel 51 § 2, 2° WBTW/Opération triangulaire – cocontractant désigné comme redevable de la taxe – report de paiement sur la base de l'article 51 § 2, 2° CTVA«
Bulgarien	Основание за неначисляване на данък – чл. 141 2006/112/ЕО
Dänemark	Trekantshandel indenfor EU, momspligtig e fakturamodtager
Deutschland	Ͻ vgl. vorstehendes Kapitel 49.5.2
Estland	Kolmnurktehing vastavalt Direktiivi 112/2006/EÜ artiklile 197
Finnland	Kolmikantakauppa, laskunsaaja on velvollinen suorittamaan arvonlisäveron (AVL 2 a §)
Frankreich	Opération triangulaire intracommunautaire. La T.V.A. est due par le bénéficiaire
Griechenland	ENDOKINOTIKI TRIGONIKI APOSTOLI, IPOHREOS TOU F.P.A. INE O PARALIPTIS TOU TIMOLOGIOU Τριγωνική συναλλαγή υπόχρεος ο αγοραστής άρθρο 15 του Κώδικα ΦΠΑ

343 *Stadie* in R/D, § 14a Anm. 65.

Land	Rechnungshinweise
Großbritanien	VAT: EC Article 141 Simplification Invoice [Klausel bis zum Brexit. Zu Letzterem ➲ Kapitel 21]
Irland	Triangulation, invoice recipient is liable for tax
Italien	Operazione triangolare comunitaria ex art. 38 co. 7 DL 331/1993; cessionario designato al pagamento dell' IVA ex art. 44 co. 2 DL 331/1993
Kroatien	Trostrani posao sukladno članku 10 Zakon o PDV-u, odnosno čl. 141 Direktive Vijeća 2006/112/EZ. Prijenos porezne obveze
Lettland	Piegāde saskaņā ar PVN likuma 16.panta (4) daļu
Litauen	PVM įstatymo 95 straipsnio 4 dalis
Luxemburg	Destinataire redevable de la taxe due au titre de la livraison effectue e par l'assujetti non e tabli à l'inté rieur du pays, en application de l'article 26, § 1, a) de la LTVA
Malta	Triangulation: Intra-Community supply pursuant to Article 20 (2) (a) and Item 2 (2) of Part 3 of the Third Schedule to the Malta Value Added Tax Act 1998 – Reverse Charge
Niederlande	Intracommunautaire A-B-C-levering, heffing omzetbelasting wordt verlegd naar ontvanger van de rekening
Österreich	Übergang der Steuerschuld auf den Leistungsempfänger – Dreiecksgeschäft gem. Art. 25 UStG
Polen	VAT: Faktura WE uproszczona na mocy Art. 135–138 ustawy o ptu, Podatek VAT będzie rozliczony przez ostatniego w kolejności podatnika podatku od wartości dodanej
Portugal	Negócio triangular intracomunitário, o devedor fiscal é o destinatário da factura
Rumänien	Masuri de simplificare pentru operatiuni triunghiulare pentru care se aplica mecanismul taxarii inverse – Art. 150 (4) Codul Fiscal
Schweden	Gemenskapsintern trepartshandel, fakturamottagaren är skattskyldig
Slowakai	Ide o trojstranný obchod podľa § 45 zákona č. 222/2004 Z.z. o DPH
Slowenien	Obrnjena davčna obveznost
Spanien:	Operación triangular intracomunitaria; el destinatario de la factura es sujeto pasivo a efectos del IVA
Tschechien	Dodání zboží formou třístranného obchodu dle § 17 zákona o DPH. Daňová povinnost přechází dle § 108 odst. 1 písm. e) zákona o DPH na příjemce plnění (reverse charge)
Ungarn	Háromszögügylet, az adó fizetésére a vevő kötelezett az áfa törvény 141.§ alapján (Áfa törvény 91.§(2) és 141.§)
Zypern	Τριγωνική συναλλαγή

Eingangsrechnungen sind auf derartige Hinweise zu untersuchen. Der **letzte Abnehmer** wird in diesem Fall in seinem Land zum Steuerschuldner[344], d. h. der Eingangsumsatz erhöht seine Steuerschuld. Bei gleichzeitiger Vorsteuerabzugsberechtigung kann er in

---

344   Vgl. § 13 Abs. 2 Nr. 5, § 25b Abs. 2 UStG.

gleicher Höhe Vorsteuern gegen rechnen[345], sodass **per Saldo ein Nullsummeneffekt** eintritt.

 Beratungskonsequenzen

Für den Vorsteueranspruch ist das Vorliegen einer **Eingangsrechnung nicht erforderlich** (Abschn.15.10 Abs. 1 UStAE ➲ Kapitel 115.5)!

Beispiel

A ist im Januar 2024 der letzte Abnehmer eines Dreiecksgeschäfts. A verwendet die Ware für Umsätze, die zum Vorsteuerabzug berechtigen, und überweist 100.000 € an seinen Lieferanten.

Unter den weiteren Voraussetzungen des § 25b UStG hat A in der UStVA 1/2024 wie folgt zu verfahren:

»Andere Steuerbeträge, ... die nach ... § 25b Abs. 2 UStG geschuldet **19.000 €**
werden« (**Zeilen 46 des Vordrucks = Kz. 69**)

»Vorsteuerbeträge aus ... innergemeinschaftlichen Dreiecksgeschäften **19.000 €**
(§ 25b Abs. 5 UStG)« (**Zeilen 37 des Vordrucks = Kz. 66**)

Die Steuern und die Vorsteuern aus dem Dreiecksgeschäft saldieren sich (= **Nullsummenspiel**!)

 Hinweis

Muster-Umsatzsteuer-Voranmeldungen ➲ nachfolgendes Kapitel 49.8.3 und Kapitel 103.

49.5.4   Die Folgen von Abrechnungsfehlern

Eine richtige Rechnung ist materielle Voraussetzung des § 25b UStG (➲ vorstehendes Kapitel 49.5.1 und Kapitel 50). Genügt die Rechnung nicht sämtlichen Voraussetzungen des § 14a UStG, geht die Steuerschuld nicht auf den Abnehmer über, sodass der Zwischenhändler die **Umsatzsteuer gleich mehrfach schuldet** (➲ vorstehendes Kapitel 49.1)[346]:

- die Steuer sowohl auf den innergemeinschaftlichen Erwerb im Bestimmungsland (dies ist letztlich allerdings ein **Nullsummenspiel** ➲ Kapitel 115.5),

- die Steuer auf seine Lieferung an den Letztabnehmer im Bestimmungsland (dies löst die **Registrierungspflicht im Bestimmungsland** aus und führt zu einer Steuerschuld),

- die Steuer auf den Erwerb in dem Staat, der die von ihm verwendete USt-IdNr. erteilt hat, bis er die Versteuerung des Erwerbs in dem anderen Staat nachweist (vgl. § 3d Satz 2 UStG; dies ist allerdings wieder ein **Nullsummenspiel** ➲ Kapitel 115.5).

---

345   Vgl. § 25b Abs. 5 UStG.
346   Korn in B/G, § 14a Rz. 21.

49.6   Bemessungsgrundlage (§ 25b Abs. 4 UStG)

Im Fall der Übertragung der Steuerschuld nach § 25b Abs. 2 UStG auf den letzten Abnehmer gilt für die Berechnung der geschuldeten Steuer abweichend von § 10 Abs. 1 UStG die Gegenleistung als Entgelt, d. h. als Nettobetrag **ohne** Umsatzsteuer.

Die Umsatzsteuer ist auf diesen Betrag aufzuschlagen[347].

> **Beispiel**
>
> Der deutsche Unternehmer D bezieht als letzter Abnehmer eines innergemeinschaftlichen Dreiecksgeschäfts im Januar 2024 Maschinenteile von BG in Bulgarien zum Preis von 41.000 BGN (= Bulgarische Lew).
> ⊃ **Folge:**
> Zunächst muss D die **Fremdwährung gem. § 16 Abs. 6 UStG in € umrechnen**; bei der Umrechnung ergeben sich
> 20.959,20 €
> (Umrechnungskurs im Januar 2024: 1 € = 1,9558 BGN → 1 BGN = 0,5112 €)[348]
> Hierauf ist die deutsche **USt aufzuschlagen**:
> 20.959,20 € × 19 % = 3.982,25 €

49.7   Aufzeichnungspflichten (§ 25b Abs. 6 UStG)

Neben den allgemeinen Aufzeichnungspflichten nach § 22 UStG (!) sind bei innergemeinschaftlichen Dreiecksgeschäften vom ersten und vom letzten Abnehmer zusätzliche Aufzeichnungspflichten zu erfüllen, wenn sie eine inländische USt-IdNr. verwenden (§ 25b Abs. 6 Satz 1 UStG)[349].

Aus den Aufzeichnungen des ersten Abnehmers müssen

- das vereinbarte Entgelt,
- der Name und die Anschrift des letzten Abnehmers

zu ersehen sein (§ 25b Abs. 6 Satz 1 Nr. 1 UStG).

Aus den Aufzeichnungen des letzten Abnehmers müssen

- die Bemessungsgrundlage der an ihn ausgeführten Lieferungen i. S. d. § 25b Abs. 2 UStG,
- die auf die Bemessungsgrundlage entfallenden Steuerbeträge,
- der Name und die Anschrift des ersten Abnehmers

zu ersehen sein (§ 25b Abs. 6 Satz 1 Nr. 2 UStG).

---

347   Vgl. Abschn. 25b.1 Abs. 10 UStAE.
348   BMF, Schreiben vom 1.2.2024, III C 3 - S 7329/19/10001 :006, 2024/0041704.
349   Vgl. Abschn. 25b.1 Abs. 11 Satz 1 UStAE.

Verwendet der erste Abnehmer eine USt-IdNr. eines anderen Mitgliedstaates, ist er von den ihm im Inland obliegenden allgemeinen Aufzeichnungspflichten nach § 22 UStG befreit, wenn die Beförderung oder Versendung im Inland endet (§ 25b Abs. 6 Satz 2 UStG)[350].

 Beratungskonsequenzen

Es ist zu beachten, dass die Aufzeichnungspflichten nach dem UStG nur dann für den jeweils Beteiligten maßgebend sind, **wenn der deutsche Fiskus die Besteuerungshoheit hat**; ansonsten sind die Vorschriften des jeweils anderen Mitgliedstaates maßgeblich!

49.8 Umsatzsteuer-Voranmeldungen

Der Unternehmer hat gem. § 18b UStG seine Umsatzsteuer-Voranmeldungen (und Jahressteuererklärungen) um besondere Angaben zu den innergemeinschaftlichen Dreiecksgeschäften zu ergänzen. Diese Erklärungspflichten gelten für den

- ersten Abnehmer (= mittlerer Unternehmer) und den
- letzten Abnehmer,

für den ersten Unternehmer der Reihe ergeben sich keine Besonderheiten.

49.8.1 Umsatzsteuer-Voranmeldung 2024 des ersten Unternehmers

Für den ersten Unternehmer ergeben sich keine Besonderheiten.

 Beratungskonsequenzen

Der erste Unternehmer braucht daher auch nicht zu wissen, dass er sich als erster Leistender an einem innergemeinschaftlichen Dreiecksgeschäft beteiligt.

49.8.2 Umsatzsteuer-Voranmeldung 2024 des ersten Abnehmers (= mittleren Unternehmers)

Der erste Abnehmer hat eine Eintragung in Zeile 38 (Kennzahl 42) des Vordrucks zur Umsatzsteuer-Voranmeldung vorzunehmen. Einzutragen ist die Bemessungsgrundlage (§ 25b Abs. 4 UStG) seiner Lieferungen an den letzten Abnehmer. Zur (korrespondierenden) Zusammenfassenden Meldung ➲ nachfolgendes Kapitel 49.9.1 sowie ausführlich Kapitel 97.

---

350   Vgl. Abschn. 25b.1 Abs. 11 Satz 2 UStAE.

Praxistipp

1. Nochmals: Der **innergemeinschaftliche Erwerb** des ersten Abnehmers gilt bereits als besteuert und **wird daher nicht erklärt!** (➔ Kapitel vorstehendes 49.4)
2. Auch wenn der nachfolgende Vordruck aus Darstellungsgründen handschriftlich ausgefüllt ist: natürlich hat eine Umsatzsteuer-Voranmeldung **eigentlich elektronisch** (»durch Datenfernübertragung«) zu erfolgen (§ 18 Abs. 1 UStG).

Beispiel

Unternehmer U ist in Deutschland ansässig und liefert im Januar 2024 im Rahmen eines innergemeinschaftlichen Dreiecksgeschäfts als mittlerer Unternehmer für 200.000 € Ware an A in Österreich.

➔ **Folge:**

In die Umsatzsteuer-Voranmeldung Januar 2024 hat U den Umsatz in Zeile 32 (Kennzahl 42) aufzunehmen:

29	Sonstige Leistungen nach § 3a Absatz 2 UStG eines im übrigen Gemeinschaftsgebiet ansässigen Unternehmers (§ 13b Absatz 1 UStG)	46	47
30	Umsätze, die unter das GrEStG fallen (§ 13b Absatz 2 Nummer 3 UStG)	73	74
31	Andere Leistungen (§ 13b Absatz 2 Nummer 1, 2, 4 bis 12 UStG)	84	85
	E. Ergänzende Angaben zu Umsätzen		
32	Lieferungen des ersten Abnehmers bei **innergemeinschaftlichen Dreiecksgeschäften** (§ 25b UStG)	42	*200000*
33	Steuerpflichtige Umsätze des leistenden Unternehmers, für die der Leistungsempfänger die **Steuer nach § 13b Absatz 5 UStG schuldet**		
34	**Nicht steuerbare sonstige Leistungen** gemäß § 18b Satz 1 Nummer 2 UStG	21	
35	**Übrige nicht steuerbare Umsätze** (Leistungsort nicht im Inland)	45	
36	Umsatzsteuer (Summe der Zeilen 12 bis 17 und 24 bis 31)		
	F. Abziehbare Vorsteuerbeträge und Berichtigung des Vorsteuerabzugs		
37	Vorsteuerbeträge aus Rechnungen von anderen Unternehmern (§ 15 Absatz 1 Satz 1 Nummer 1 UStG), aus Leistungen im Sinne des § 13a Absatz 1 Nummer 6 UStG (§ 15 Absatz 1 Satz 1 Nummer 5 UStG) und aus innergemeinschaftlichen Dreiecksgeschäften (§ 25b Absatz 5 UStG)	66	
38	Vorsteuerbeträge aus dem innergemeinschaftlichen Erwerb von Gegenständen (§ 15 Absatz 1 Satz 1 Nummer 3 UStG)	61	
39	Entstandene Einfuhrumsatzsteuer (§ 15 Absatz 1 Satz 1 Nummer 2 UStG)	62	
40	Vorsteuerbeträge aus Leistungen im Sinne des § 13b UStG (§ 15 Absatz 1 Satz 1 Nummer 4 UStG)	67	

2024USt1A562   2024USt1A562

Formular: 2024USt1A562

49.8.3 Umsatzsteuer-Voranmeldung 2024 des letzten Abnehmers

Der letzte Abnehmer hat

- die Steuer, die er nach § 25b Abs. 2 UStG für die Lieferung des ersten Abnehmers schuldet, in Zeile 46 (Kennzahl 69),
- einen Vorsteueranspruch in gleicher Höhe in Zeile 37 (Kennzahl 66)

einzutragen (➔ vorstehendes Kapitel 49.5.2).

Praxistipp

1. Nochmals: Für den Vorsteueranspruch ist das Vorliegen einer **Eingangsrechnung nicht erforderlich!** (Abschn. 15.10 Abs. 1 UStAE ➲ Kapitel 115.5)
2. Auch wenn der nachfolgende Vordruck aus Darstellungsgründen handschriftlich ausgefüllt ist: natürlich hat eine Umsatzsteuer-Voranmeldung **eigentlich elektronisch** (»durch Datenfernübertragung«) zu erfolgen ➲ vorstehendes Kapitel 49.8.2

Beispiel

Unternehmer U ist in Deutschland ansässig und erhält im Januar 2024 als letzter Abnehmer im Rahmen eines innergemeinschaftlichen Dreiecksgeschäfts Ware für 200.000 €.

➲ **Folge:**

In die Umsatzsteuer-Voranmeldung Januar 2024 ist der Umsatz wie folgt aufzunehmen:

	E. Ergänzende Angaben zu Umsätzen		
32	Lieferungen des ersten Abnehmers bei **innergemeinschaftlichen Dreiecksgeschäften** (§ 25b UStG)	42	
33	Steuerpflichtige Umsätze des leistenden Unternehmers, für die der **Leistungsempfänger die Steuer nach § 13b Absatz 5 UStG schuldet**	60	
34	**Nicht steuerbare sonstige Leistungen** gemäß § 18b Satz 1 Nummer 2 UStG	21	
35	**Übrige nicht steuerbare Umsätze** (Leistungsort nicht im Inland)	45	
36	Umsatzsteuer (Summe der Zeilen 12 bis 17 und 24 bis 31)		
	F. Abziehbare Vorsteuerbeträge und Berichtigung des Vorsteuerabzugs		
37	Vorsteuerbeträge aus Rechnungen von anderen Unternehmern (§ 15 Absatz 1 Satz 1 Nummer 1 UStG), aus Leistungen im Sinne des § 13a Absatz 1 Nummer 6 UStG (§ 15 Absatz 1 Satz 1 Nummer 5 UStG) und aus innergemeinschaftlichen Dreiecksgeschäften (§ 25b Absatz 5 UStG)	66	*3800000*
38	Vorsteuerbeträge aus dem innergemeinschaftlichen Erwerb von Gegenständen (§ 15 Absatz 1 Satz 1 Nummer 3 UStG)		
39	Entstandene Einfuhrumsatzsteuer (§ 15 Absatz 1 Satz 1 Nummer 2 UStG)	62	
40	Vorsteuerbeträge aus Leistungen im Sinne des § 13b UStG (§ 15 Absatz 1 Satz 1 Nummer 4 UStG)	67	

2024USt1A562 · 2024USt1A562

Formular: 2024USt1A562

Nullsummenspiel

	G. Andere Steuerbeträge		
45	Steuer infolge des Wechsels der Besteuerungsform sowie Nachsteuer auf versteuerte Anzahlungen und ähnlichem wegen Steuersatzänderung	65	
46	In Rechnungen unrichtig oder unberechtigt ausgewiesene Steuerbeträge (§ 14c UStG) sowie Steuerbeträge, die nach § 6a Absatz 4 Satz 2, § 17 Absatz 1 Satz 7, § 25b Absatz 2 UStG oder von einem Auslagerer oder Lagerhalter nach § 13a Absatz 1 Nummer 6 UStG geschuldet werden	69	*3800000*
	H. Vorauszahlung/Überschuss		
47	Umsatzsteuer-Vorauszahlung/Überschuss (Summe der Zeilen 44 bis 46)		
48	**Abzug** der festgesetzten **Sondervorauszahlung** für Dauerfristverlängerung (in der Regel nur in der letzten Voranmeldung des Besteuerungszeitraums auszufüllen)	39	
49	Verbleibende Umsatzsteuer-Vorauszahlung Verbleibender Überschuss – bitte dem Betrag ein Minus voranstellen – (Bitte in jedem Fall ausfüllen)	83	

Formular: 2024USt1A563

49.9 Zusammenfassende Meldung im Jahr 2024

Der Unternehmer hat gem. § 18 a UStG die Zusammenfassende Meldung um besondere Angaben zu den innergemeinschaftlichen Dreiecksgeschäften zu ergänzen[351].

49.9.1 Zusammenfassende Meldung des mittleren Unternehmers

Der mittlere Unternehmer (= erster Abnehmer) hat seine Lieferung an den letzten Abnehmer zu melden. Er tut dies, indem er die unter Angabe der USt-IdNr. des letzten Abnehmers die Bemessungsgrundlage benennt und durch Eintragung einer »1« in Spalte 3 kennzeichnet.

 Praxistipp

Auch wenn der nachfolgende Vordruck aus Darstellungsgründen handschriftlich ausgefüllt ist: natürlich hat eine Zusammenfassende Meldung **eigentlich elektronisch** (»durch Datenfernübertragung«) zu erfolgen (§ 18a Abs. 1 UStG)!

Beispiel

Wie der Beispielsfall in ➲ vorstehendem Kapitel 49.8.2. Der österreichische Abnehmer A bezieht Ware für 1.000 € und hat in Österreich die IdNr. AT12345678.

➲ **Folge:**

D hat den Umsatz für den Monat Januar/das 1. Quartal 2024[352] wie folgt zu melden:

---

351 Grundlegend zur Zusammenfassenden Meldung, *Weimann,* UStB 2007, 178 u. 202; UStB 2008, 121; UStB 2009, 76.
352 § 18a Abs. 1 UStG; vgl. auch ➲ Kapitel 97.

zur Zusammenfassenden Meldung für den Meldezeitraum

Umsatzsteuer-Identifikationsnummer

01

02

Berichtigung

03 ☐

Meldung der Warenlieferungen (§ 18a Abs. 4 Nr. 1 u. 2 UStG) vom Inland in das übrige Gemeinschaftsgebiet, der sonstigen Leistungen (§ 18a Abs. 4 Satz 1 Nr. 3 UStG) und der Lieferungen i.S.d. § 25b Abs. 2 UStG im Rahmen innergemeinschaftlicher Dreiecksgeschäfte (§ 18a Abs. 4 Satz 1 Nr. 4 UStG)

Bitte beachten!

Sonstige Leistungen bzw. Dreiecksgeschäfte sind in Spalte 3 extra zu kennzeichnen.

Bei unterschiedlichen Leistungen an denselben Unternehmer ist jeweils eine gesonderte Zeile zu

Zeile	1		2		3
	Länder-kenn-zeichen	USt-IdNr. des Erwerbers/Unternehmers in einem anderen Mitgliedstaat	Summe der Bemessungsgrundlagen volle EUR	Ct	Sonstige Leistungen (falls JA, bitte 1 auswählen) -------------- - Dreiecksgeschäfte (falls JA, bitte 2 auswählen)
1	AT ▾	12345678	1000	▬	2 ▾
2	AT ▾	12345678	300	▬	1 ▾
3	AT ▾	12345678	5000		

Formular: ZM-Formular Vordruckmuster

49.9.2 Zusammenfassende Meldung des ersten und des letzten Unternehmers

Für den ersten Unternehmer sowie den letzten Abnehmer ergeben sich keine Besonderheiten:

- Der erste Unternehmer hat **im Ursprungsland** die innergemeinschaftliche Lieferung an den ersten Abnehmer zu melden.
- Der letzte Abnehmer hat **keine** Meldung vorzunehmen.

49.10 Buchungssätze

Buchhalterisch ergeben sich nur beim letzten Abnehmer Besonderheiten: er hat eine

* Umsatzsteuerverbindlichkeit und gleichzeitig einen
* Vorsteueranspruch

zu buchen.

> **Beispiel**
>
> Unternehmer U ist in Deutschland ansässig und erhält im Januar 2024 als letzter Abnehmer im Rahmen eines innergemeinschaftlichen Dreiecksgeschäfts Ware für 200.000 €.
>
> ➲ **Folge:**
> 1. Buchungssatz: Ware an Geldkonto 200.000
> 2. Buchungssatz: Vorsteuer an Umsatzsteuer 38.000 (19 % von 200.000)
>
> | 1. Ware | 200.000,00 | 1. Geld | 200.000,00 |
> |---|---|---|---|
> | 2. Vorsteuer | 38.000,00 | 2. Umsatzsteuer | 38.000,00 |
>
> Für die Vorsteuer und die Umsatzsteuer aus innergemeinschaftlichen Dreiecksgeschäften sind **gesonderte Unterkonten** einzurichten.

49.11 Finanzierungsvorteil durch Dreiecksgeschäfte

Die Vorschrift des § 25b UStG war bereits Bestandteil der Neuregelung der Reihengeschäfte durch das Umsatzsteuer-Änderungsgesetz 1997[353]. In der deutschen Unternehmens- und Beratungspraxis begegnet die neue Vorschrift kurioserweise noch immer erheblichen Berührungsängsten, sodass sie eher selten angewandt wird. Dabei wird übersehen, dass sich bei Dreiecksgeschäften **neben der verfahrensrechtlichen Vereinfachung noch ein weiterer Vorteil** einstellt. Die Übertragung der Steuerschuldnerschaft auf den letzten Abnehmer führt bei dem mittleren Unternehmer nämlich zu einem Wegfall des durch die Sollversteuerung verursachten **Vorfinanzierungseffekts** der Umsatzsteuer[354].

49.12 Erfordernis der Beteiligung von 3 Unternehmern

Wichtiges Wahlrecht in Abschn. 25b.1 UStAE

In den Anfangsjahren verneinte die deutsche Finanzverwaltung das Vorliegen eines innergemeinschaftlichen Dreiecksgeschäfts i. S. v. § 25b UStG ohne jede Ausnahme dann, wenn an einem Reihengeschäft mehr als drei Unternehmer beteiligt waren[355] (➲ vorstehendes Kapitel 49.2.1). Hieran hält die Verwaltung **schon seit den UStR 2005** nicht

---

353 Umsatzsteuer-Änderungsgesetz 1997 vom 12.12.1996, BGBl. I 1996, 1851 = BStBl. I 1996, 1560.
354 Vgl. *Kleine-Rosenstein,* BBK 2001, 203 = Fach 30, 1135; *Weimann,* UStB 2001, 190.
355 So noch Abschn. 276b Abs. 2 Satz 2 UStR 2000.

Lieferung/Sonderfälle

mehr fest und spricht nunmehr[356] auch dann von einem innergemeinschaftlichen Dreiecksgeschäft, wenn

- an einem Reihengeschäft **mehr als drei Unternehmer beteiligt** sind und

- die drei unmittelbar **nacheinander liefernden Unternehmer am Ende der Lieferkette** stehen.

Die meisten EU-Mitgliedstaaten teilten diese nunmehr aufgegebene »enge« Auffassung der deutschen Finanzverwaltung nicht. Der Binnenmarkt war insoweit alles andere als harmonisiert; mit der Neuregelung wurde ein **erfreulicher Schritt in Richtung einheitliche Interpretation von EU-Recht** getan[357]. Die deutsche Wirtschaft begrüßt die Regelung insbesondere deshalb, weil sie die bisherigen **Risiken des mittleren Unternehmers vermindert**.

Wenn in der Vergangenheit der Vorlieferant des mittleren Unternehmers ohne dessen Wissen die Ware von einem weiteren Vorlieferanten bezog, lagen nach deutscher Verwaltungsauffassung die Voraussetzungen des § 25b UStG nicht vor. Damit wurde der mittlere Unternehmer im Bestimmungsland steuer- und registrierungspflichtig – eine Konsequenz, die der Unternehmer durch die Wahl eines innergemeinschaftlichen Dreiecksgeschäftes gerade hatte vermeiden wollen.

Die unerwarteten Pflichten wiederum führten beim mittleren Unternehmer in der Regel zu einem erhöhten Verwaltungsaufwand durch Umstellung der Buchführung, Einrichtung der EDV, Bestellung eines Steuerberaters etc., der eigentlich bereits bei der Kalkulation eines Auftrages hätte berücksichtigt werden müssen (➲ Kapitel 23.1.4). Dem mittleren Unternehmer blieb dann allenfalls der Weg, sich durch geschickte Gestaltung seines Einkaufsvertrages zivilrechtlich gegenüber seinem Vorlieferanten schadlos zu halten; den Fiskus freilich interessierten solche Überlegungen nicht.

Die Finanzverwaltung verdeutlicht die damalige Neuregelung an einem Beispiel[358]:

Beispiel

Der in Deutschland ansässige Unternehmer D bestellt beim in Belgien ansässigen Unternehmer B dort nicht vorrätige Werkzeugteile. B gibt die Bestellung weiter an den in Luxemburg ansässigen Unternehmer L mit der Bitte, die Teile direkt zu D nach Deutschland auszuliefern. Weil auch L die Werkzeugteile nicht am Lager hat, bestellt er sie beim in Spanien ansässigen Unternehmer SP, der sie weisungsgemäß an D versendet. Alle Unternehmer treten jeweils unter der USt-IdNr. ihres Landes auf. L weist nach, dass er den Gegenstand als Lieferer i. S. v. § 3 Abs. 6 Satz 6 UStG versendet hat:

---

356 Abschn. 25b.1 Abs. 2 Satz 2 UStAE.
357 Vgl. *Weimann,* steuer-journal 2/2005, 21; ders., UStB 2005, 68.
358 Abschn. 25b.1 Abs. 2 UStAE.

⊃ Folge:

Zwischen SP, L, B und D liegt ein Reihengeschäft vor. Darüber hinaus ist ein innergemeinschaftliches Dreiecksgeschäft i. S. d. § 25b Abs. 1 UStG zwischen L, B und D anzunehmen, weil L als erster am Dreiecksgeschäft beteiligter Lieferer den Gegenstand der Lieferungen versendet. Die Versendung ist der ersten Lieferung im Dreiecksgeschäft (L an B) zuzuordnen, da L den Gegenstand als Lieferer i. S. v. § 3 Abs. 6 Satz 6 UStG versendet hat[359]. Ort der Lieferung ist nach § 3 Abs. 6 Satz 5 i. V. m. Satz 1 UStG Spanien (Beginn der Versendung). Die Lieferung des L an B ist als innergemeinschaftliche Lieferung in Spanien steuerfrei. Der Erwerb des Gegenstandes unterliegt bei B grundsätzlich der Besteuerung des innergemeinschaftlichen Erwerbs in Deutschland, da die Beförderung dort endet (§ 3d Satz 1 UStG), und in Belgien, da B seine belgische USt-IdNr. verwendet (§ 3d Satz 2 UStG). Die zweite Lieferung im Dreiecksgeschäft (B an D) ist eine ruhende Lieferung. Lieferort ist nach § 3 Abs. 7 Satz 2 Nr. 2 UStG Deutschland, da sie der Beförderungslieferung nachfolgt. SP erbringt eine ruhende Lieferung in Spanien (§ 3 Abs. 7 Satz 2 Nr. 1 UStG), die nach spanischem Recht zu beurteilen ist.

Wie bereits ausgeführt interpretierten die meisten anderen EU-Mitgliedstaaten den Begriff des innergemeinschaftlichen Dreiecksgeschäfts in Art. 28c Teil E Abs. 3 der 6. EG-RL weiter als die deutsche Finanzverwaltung. Daher und aufgrund des Referentenentwurfs zu den ursprünglich beabsichtigten UStR 2004[360] erhoffte sich die Praxis, dass zukünftig auch dann aus einem Reihengeschäft ein innergemeinschaftliches Dreiecksgeschäft abgespalten werden kann, wenn **dem abgespaltenen Geschäft weitere Liefervorgänge folgen**. Insoweit wurde die **Praxis** durch die Neufassung der Umsatzsteuer-Richtlinien sicher **enttäuscht**, da der damalige Abschn. 276b Abs. 2 Satz 2 UStR 2005 (seit 1.10.2010: Abschn. 25b.1 Abs. 2 Satz 2 UStAE) bei Geschäften mit mehr als drei Beteiligten ausdrücklich forderte, dass die drei unmittelbar nacheinander liefernden Unternehmer **am Ende der Lieferkette** stehen.

Beispiel

Der in Deutschland ansässige Unternehmer D bestellt beim in Belgien ansässigen Unternehmer B dort nicht vorrätige Werkzeugteile. B gibt die Bestellung weiter an den in Luxemburg ansässigen Unternehmer L mit der Bitte, die Teile direkt zu D nach Deutschland auszuliefern. Weil auch L die Werkzeugteile nicht am Lager hat, bestellt er sie beim in Spanien ansässigen Unternehmer SP, der sie weisungsgemäß an D versendet. Alle Unternehmer treten jeweils unter der USt-IdNr. ihres Landes

---

359 Abschn. 3.14 Abs. 7 ff. UStAE.
360 Vgl. *Weimann*, UVR 2003, 313.

auf. SP befördert den Gegenstand mit eigenem LKW zum Endkunden D, § 3 Abs. 6 Satz 5 UStG.

 Beratungskonsequenzen

Das Wahlrecht findet Anwendung, wenn Deutschland am Ende des Dreiecksgeschäfts steht, also das Bestimmungsland der Warenlieferung ist. Abschn. 25b.1 Abs. 2 Satz 2 UStAE begünstigt damit de facto nur ausländische Unternehmer, die sich ansonsten in Deutschland hätten registrieren lassen müssen.

50 »Verunglückte« innergemeinschaftliche Dreiecksgeschäfte

Vorsicht bei EU-Verkäufen, denen ein Wareneinkauf im EU-Ausland vorangeht

Neue EuGH-Rechtsprechung führt zu einer Umsatzsteuerfalle

Ein innergemeinschaftliches Dreiecksgeschäft erfordert zwingend, dass in der Rechnung des Zwischenerwerbers auf die Steuerschuldnerschaft des Erwerbers hingewiesen wird. Diesbezügliche Abrechnungsfehler sind nicht rückwirkend heilbar. Darauf hat der EuGH in einem aktuellen Urteil entschieden[361].

50.1 Praxisrelevanz für deutsche Lieferanten.

Das Urteil erscheint auf den ersten Blick wenig »spannend«, also wenig praxisrelevant zu sein. Die genauere Betrachtung zeigt jedoch, dass die unterschiedlichsten Branchen immer wieder in innergemeinschaftliche Dreiecksgeschäfte eingebunden sind.

 Beratungskonsequenzen

Die Einbindung erfolgt **in der Regel unbewusst**! Darin liegt die besondere Gefahr! Denn Abrechnungsfehler führen zu einem missglückten Dreiecksgeschäft und damit zu erheblichen Mehrkosten.

---

361 EuGH, Urteil vom 8.12.2022, Rs. C-247/21, Luxury Trust Automobil.

50.2   Betroffene Bestellketten

Sie müssen das neue EuGH-Urteil beachten, wenn Sie

- Ware in das EU-Ausland verkaufen,

- welche Sie vorab in einem anderen EU-Mitgliedstaat von einem Vorlieferanten einkaufen **und**

- die Ware von Ihrem Lieferanten direkt zum Kunden transportiert wird **oder**

- Sie die Ware selbst direkt zu Ihrem Kunden transportieren – und zwar in Ihrer Eigenschaft als »Abnehmer« Ihres Vorlieferanten (vgl. Abschn. 25b.1 Abs. 5 UStAE).

> **Grundfall**
>
> Ein niederländisches Unternehmen (NL) bestellt bei einem deutschen Büroausstatter (D) dringend benötigte Ersatzteile für ein Fotokopiergerät. D kauft die Ersatzteile direkt beim italienischen Hersteller (I). I trägt die Transportverantwortung für die »schnelle Auslieferung« an NL in Amsterdam und rechnet gegenüber D netto ab, liefert die Ersatzteile also steuerfrei innergemeinschaftlich. Alle Beteiligten verwenden gegenüber den Geschäftspartnern die von ihren Ländern erteilten Umsatzsteuer-Identifikationsnummern (USt-IdNr.).
>
>

50.3   Betroffene Branchen

Derartige Geschäfte gehören zum Tagesgeschäft der unterschiedlichsten Branchen, wie z. B. dem …

- Ersatzteilhandel

> **Beispiel**
>
> Hinweis auf den Grundfall.

- Anlagenbau

> **Beispiel**
>
> Wie der Grundfall. D errichtet Anlagenbauer Erdtanksysteme für die Lagerung flüssiger Chemikalien. Eine solche Anlage hat D auch bei NL errichtet. Als eine dort verbaute Pumpe ausfällt, bestellt NL diese bei D. D bestellt die Pumpe seinerseits bei I und lässt sie wie beschrieben von I direkt an NL ausliefern.

- Kfz-Handel

> **Beispiel**
>
> Wie der Grundfall. D ist Kfz-Händler und handelt mit High-End-Fahrzeugen, vorzugsweise von italienischen Sportwagenherstellern. Ein solches Fahrzeug bestellt NL bei D. D kauft das Fahrzeug direkt beim italienischen Hersteller (I) und lässt es wie beschrieben von I direkt an NL ausliefern.

50.4 Außerplanmäßige und gleichzeitig schnelle Geschäfte

Häufig erfolgen diese Geschäfte ein Stück weit außerplanmäßig und unter Zeitdruck:

- Eigentlich verkaufen Sie nur Ware, die sich bereits in einem Ihrer Auslieferungslager befindet.
- Der EU-ausländische Kunde benötigt die Ware, die Sie noch bestellen müssen, »ganz schnell«, also recht kurzfristig.

> **➜ Beratungskonsequenzen**
>
> Die Einbindung Ihres Unternehmens in ein innergemeinschaftliches Dreiecksgeschäft erfolgt damit **in der Regel unbewusst**! Gerade darin liegt die besondere Gefahr! (s. o.)!

50.5 Beurteilung nach den allgemeinen Regeln für Reihengeschäfte

Ohne die Sonderregelung des § 25b UStG wäre der Grundfall wie folgt zu lösen (➜ Kapitel 49.1):

- I tätigt **in Italien** eine steuerfreie innergemeinschaftliche Lieferung an D (§ 4 Nr. 1 Buchstabe b i. V. m. § 6 a UStG).
- D tätigt **in den Niederlanden** einen innergemeinschaftlichen Erwerb von I (§ 3d Satz 1 UStG).

- D tätigt **zusätzlich in Deutschland** einen innergemeinschaftlichen Erwerb von I, da er für den Einkauf die deutsche USt-IdNr. verwandt hat (§ 3d Satz 2 UStG).

- D tätigt **in den Niederlanden** eine »normale« (Inlands-)Lieferung an NL. Die Lieferung ist steuerbar und steuerpflichtig. D hat gegenüber NL damit eine Rechnung unter Ausweis der niederländischen Umsatzsteuer aufzumachen.

➡ Beratungskonsequenzen

D müsste sich – sähe § 25b UStG keine Ausnahmereglung vor – aufgrund des innergemeinschaftlichen Erwerbs von I und seiner eigenen Lieferung an NL **in den Niederlanden umsatzsteuerlich registrieren lassen.** Dies wiederum würde für D einen erhöhten Administrativaufwand auslösen durch

- Umstellung der Buchführung
- Einrichtung der EDV
- Bestellung eines Steuerberaters
- Bestellung eines Fiskalvertreters
- ...

der bereits bei der **Kalkulation eines Auftrags** und damit von den (in der Regel mit steuerlichen Fragen wenig befassten) **Ein- und Verkaufsabteilungen** berücksichtigt werden muss (➜ Kapitel 23.1.4). Erfahrungsgemäß beläuft sich dieser **Mehraufwand auf 10.000 € bis 12.000 €** (pro zusätzliche Registrierung).

50.6 Vereinfachung in Deutschland nach § 25b UStG

Liegt ein innergemeinschaftliches Dreiecksgeschäft vor, wird die Steuerschuld für die (Inlands) Lieferung unter den Voraussetzungen des § 25b Abs. 2 UStG von dem ersten Abnehmer (D) auf den letzten Abnehmer (NL) übertragen. Im Fall der Übertragung der Steuerschuld gilt zugleich auch der innergemeinschaftliche Erwerb des ersten Abnehmers als besteuert (§ 25b Abs. 3 UStG).

➡ Beratungskonsequenzen

Die Vereinfachung des § 25b UStG besteht nun darin, dass die eigentlich erforderliche steuerliche Registrierung **des D als mittleren Unternehmers im Bestimmungsland NL entfällt** (➜ Kapitel 49.1).

50.7 Vereinfachung in anderen EU-Mitgliedstaaten nach Art. 141 MwStSystRL

§ 25b UStG gilt ausschließlich für Umsätze, die in Deutschland bewirkt werden. Im Beispielfall geht es aber um die Umsätze des D in den Niederlanden. Maßgebend ist also insoweit das niederländische Umsatzsteuerrecht.

Beratungskonsequenzen

Der deutsche § 25b UStG setzt aber lediglich **EU-Vorgaben durch Art. 141 Mehr-wertsteuer-Systemrichtlinie (MwStSystRL)** in deutsches Recht um. Das Umsatz-steuerrecht aller anderen EU-Mitgliedstaaten und auch der Niederlande tut dies ebenfalls. Aus § 25b UStG ergeben sich daher entsprechend auch die Rechtsfolgen in den Niederlanden.

50.8 Besonderheiten bei der Rechnungserteilung

Nach § 25b Abs. 2 Nr. 3 UStG ist materielle Voraussetzung für die Übertragung der Steu-erschuld, dass der erste Abnehmer dem letzten jeweils am Dreiecksgeschäft beteiligten Abnehmer eine Rechnung im Sinne des § 14a Abs. 7 UStG erteilt, in der die Steuer nicht gesondert ausgewiesen ist (Abschn. 25b.1 Abs. 8 Satz 1 UStAE).

 Beratungskonsequenzen

Im Beispielsfall muss also D zur Vermeidung der Registrierung dem NL eine entspre-chende Rechnung erteilen.

Neben den bekannten Rechnungspflichtangaben (§ 14 Abs. 4 UStG) sind in der Rech-nung des ersten Abnehmers danach folgende zusätzliche Angaben erforderlich:

- ein Hinweis auf das Vorliegen eines innergemeinschaftlichen Dreiecksgeschäfts, wie z. B. »Innergemeinschaftliches Dreiecksgeschäft nach § 25b UStG« oder »Ver-einfachungsregelung nach Artikel 141 MwStSystRL«;
- ein Hinweis auf die Steuerschuld des letzten am Dreiecksgeschäft beteiligten Ab-nehmers;
- die Angabe der USt-IdNr. des ersten am Dreiecksgeschäft beteiligten Abnehmers und
- die Angabe der USt-IdNr. des letzten am Dreiecksgeschäft beteiligten Abnehmers.

 Beratungskonsequenzen

Der letzte am Dreiecksgeschäft beteiligte Abnehmer soll durch die Hinweise in der Rechnung eindeutig und leicht erkennen können, dass er letzter Abnehmer in einem innergemeinschaftlichen Dreiecksgeschäft ist und die Steuerschuld auf ihn übertragen wird (Abschn. 25b.1 Abs. 8 Satz 3 UStAE).

50.9 Strenge Anforderungen des EuGH an die Rechnung

Der EuGH vertritt im Besprechungsurteil eine zumindest in Teilen sicher unerwartet strenge Rechtsauffassung. Das Gericht misst der **Rechnungsangabe »Steuerschuld-nerschaft des Leistungsempfängers« materielle Bedeutung** bei. Ein diesbezüglicher Fehler ist nicht rückwirkend heilbar.

50.9.1 Rechnungspflichtangabe

Nach der Mehrwertsteuer-Systemrichtlinie muss die vom Zwischenerwerber ausgestellte Rechnung die Angabe »Steuerschuldnerschaft des Leistungsempfängers« enthalten.

Der Zwischenerwerber kann diese Angabe **nicht durch einen anderen Hinweis** ersetzen.

Der **Sinn und Zweck** der nach Artikel 226 der Mehrwertsteuer-Systemrichtlinie obligatorischen Rechnungsangaben besteht darin, den Rechnungsadressaten über die rechtliche Bewertung des Umsatzes des Rechnungsausstellers zu informieren. Dieser Zweck greift umso mehr, wenn der Rechnungsaussteller der Ansicht ist, dass ausnahmsweise nicht er, sondern der Empfänger der Lieferung die Mehrwertsteuer schuldet.

Die **nach der Richtlinie erforderliche Formalität** ermöglicht es sicherzustellen, dass der Endempfänger einer Lieferung Kenntnis von seinen steuerlichen Pflichten hat. Denn für die Regelung des Übergangs der Steuerschuld auf den Leistungsempfänger ist es gerade kennzeichnend, dass zwischen dem Lieferer und dem steuerpflichtigen Empfänger einer Lieferung keine Mehrwertsteuerzahlung erfolgt, weil Letzterer diese Steuer für diese Lieferung zu entrichten hat. Daher kann insoweit keine Unsicherheit bestehen.

Der Enderwerber im Rahmen eines Dreiecksgeschäfts ist daher **nicht wirksam als Schuldner der Mehrwertsteuer bestimmt** worden, wenn die vom Zwischenerwerber ausgestellte Rechnung nicht die Angabe »Steuerschuldnerschaft des Leistungsempfängers« enthält.

50.9.2 Keine Rückwirkung

Das Weglassen der Angabe »Steuerschuldnerschaft des Leistungsempfängers« auf einer Rechnung kann durch Ergänzung eines Hinweises darauf, dass diese Rechnung ein innergemeinschaftliches Dreiecksgeschäft betrifft und dass die Steuerschuld auf den Empfänger der Lieferung übergeht, **nicht im Nachhinein berichtigt werden**.

Der EuGH stellt ausdrücklich klar, dass er zwar anerkannt hat, dass das Grundprinzip der Neutralität der Mehrwertsteuer verlangt, dass der Vorsteuerabzug oder die Erstattung der Vorsteuer gewährt wird, auch wenn der Steuerpflichtige bestimmten formellen Anforderungen nicht genügt hat. Dies gilt jedoch nur unter der Voraussetzung, dass die **materiellen Anforderungen im Übrigen** erfüllt wurden.

Folglich kann von einer Berichtigung der Rechnung nicht die Rede sein, wenn eine Voraussetzung für die Anwendung der für Dreiecksgeschäfte geltenden Ausnahmeregelung wie die erforderliche Rechnungspflichtangabe fehlt. Denn das nachträgliche Erfüllen einer für die Steuerschuldverlagerung auf den Empfänger einer Lieferung notwendigen Tatbestandsvoraussetzung ist keine Korrektur. Es handelt sich um die **erstmalige Ausstellung der erforderlichen Rechnung, die keine Rückwirkung entfalten kann**.

Beratungskonsequenzen

Damit wendet sich der EuGH gegen die bisherige deutsche Finanzrechtspre-chung[362]!

50.9.3 Auf die Rechnung des Zwischenerwerbers anzuwendendes nationales Recht

Nicht beantwortet hat der EuGH die Frage des vorlegenden Gerichts, ob die Vorschrif-ten über die Rechnungsstellung des Mitgliedstaats des Zwischenerwerbers oder jene des Mitgliedstaats des Enderwerbers anzuwenden sind.

Dem vorlegenden Gericht stellt sich diese Frage, weil die Steuerpflichtige im Rahmen des Ausgangsverfahrens geltend macht, dass das Umsatzsteuerrecht des Bestim-mungslands anzuwenden sei. Danach sei es nicht erforderlich, dass die Rechnungen ei-nen Hinweis auf den Übergang der Steuerschuld enthielten.

Aus den Ausführungen unter den Ziffern 1 und 2 ergibt sich jedoch, dass die Antwort auf diese Frage keine Auswirkung auf den Ausgang des Ausgangsrechtsstreits haben kann. Da auf den streitgegenständlichen Rechnungen die Angabe »Steuerschuldnerschaft des Leistungsempfängers« fehlt, **ist die Bestimmung des Enderwerbers zum Schuld-ner der Mehrwertsteuer nämlich nicht wirksam erfolgt**. Der Zwischenerwerber ist da-her in dem Mitgliedstaat als Schuldner dieser Steuer anzusehen, der ihm die Identifika-tionsnummer erteilt hat, die er für den fraglichen innergemeinschaftlichen Erwerb verwendet hat.

Die in der Mehrwertsteuer-Systemrichtlinie genannten Anforderungen können jeden-falls nicht von einem Mitgliedstaat zum anderen variieren. Das vorlegende Gericht hat das auf den Ausgangsrechtsstreit anwendbare Recht, sei es das Recht des Mitglied-staats des Zwischenerwerbers oder das Recht des Mitgliedstaats des Enderwerbers, in Übereinstimmung mit dem Unionsrecht auszulegen.

50.10 Gebrochener Transport

Die Besonderheit der besprochenen Fälle liegt darin, dass der Liefergegenstand im Rah-men der Beförderung oder Versendung **durch eine Warenbewegung unmittelbar** vom ersten Unternehmer an den letzten Abnehmer gelangt. Primäre Rechtsfolge eines Rei-hengeschäftes ist, dass es zwischen den Beteiligten zu einer Vielzahl von Lieferumsät-zen im Sinne des § 3 Abs. 1 UStG kommt.

---

362 Vgl. z. B. FG Rheinland-Pfalz, Urteil vom 28.11.2019, 6 K 1767, nrkr., Az. des BFH: XI R 38/19 (➲ vgl. Vorauflage = 20. Auflage 2022, Kapitel 32.01) und FG Münster, Gerichtsbescheid vom 22.4.2020, 15 K 1219/17 U, nrkr., Az. des BFH: XI R 14/20 (➲ vgl. Vorauflage = 20. Auflage 2022, Kapitel 32.02). Bei Drucklegung sind beide BFH-Verfahren ausgesetzt/ruhen (Beschlüsse vom 19. und 20.10.2021) und erhalten nach Fortsetzung/Wiederaufnahme ein neues Aktenzeichen (www.bundesfinanzhof.de > Anhängige Verfahren; Abfragedatum: 26.2.2024).

Reihengeschäfte sind damit nichts anderes als die Aneinanderreihung mehrerer Liefergeschäfte (vgl. Abschn. 3.14 Abs. 2 UStAE). **Je nach Zurechnung der Warenbewegung zu einer (1) der Lieferungen** ergibt sich die Umsatzbesteuerung eines oder mehrerer Lieferanten in der Reihe im europäischen Ausland.

Die Probleme lassen sich vermeiden, wenn mehrere Transporte aneinandergereiht werden und konsequent **beim jeweils eigenen Vertragspartner enden**.

Grundfall– Abwandlung

Wie der Grundfall. Zwischen D und I wird vereinbart, dass I die Ersatzteile selbst mit eigenem LKW oder unter Beauftragung eines Spediteurs / Frachtführers zu D bringt. D bringt die Ersatzteile dann – ebenfalls mit eigenem LKW oder unter Beauftragung eines Dritten – zu NL.

 Beratungskonsequenzen

Das Einhalten einer Rechnungspflichtangabe als materielle Voraussetzung für eine Steuervergünstigung – damit beschreitet der EuGH einen neuen Weg. Lieferanten ist daher unbedingt anzuraten, die Vorgaben im Zweifel genauestens einzuhalten – gilt es doch, im Einzelfall ca. 10.000 € bis 12.000 € einzusparen.

51 (Konsignations-)Lager bis 31.12.2019

! Hinweis

⊃ mybookplus.de > Vertiefende Informationen > Kapitel 51

52 (Konsignations-)Lager ab dem 1.1.2020

Änderungen zum 1.1.2020 durch die »Quick Fixes«

 Rechtsgrundlagen

- BMF, Schreiben vom 28.1.2020, III C 5 – S 7427-b/19/10001 :002, 2020/0077618, Angaben zu Konsignationslagern (§ 6b UStG) in der Zusammenfassenden Meldung (§ 18a UStG)
- BMF, Schreiben vom 10.12.2021, III C 3 – S 7146/20/10001 .005, 2021/1234313, Einführungsschreiben zur Konsignationslagerregelung nach § 6b UStG
- EU-Kommission, Erläuterungen vom 20.12.2019 zu den MwSt-Änderungen in der EU, welche die Konsignationslagerregelung, Reihengeschäfte und die Steuerbefreiung für innergemeinschaftliche Lieferungen von Gegenständen betreffen (»2020 Quick Fixes«)

 Vordrucke

- BZSt, Anleitung zur Meldung über ausgeführte Beförderungen oder Versendungen i. S. d. § 6b Abs. 1 Nr. 4 UStG (Konsignationslagerregelung; Stand: 1/2022)
- ➲ mybookplus.de > Wichtiges aus anderen Behörden

52.1 Typische Fallgestaltung

Ein typisches Lagergeschäft wäre das Folgende:

> **Beispiel**
>
> Grieche G bestellt beim Deutschen D eine Werkzeugmaschine. Für G ist es wichtig, dass die Maschine möglichst ohne Unterbrechungszeiten im Einsatz ist. G macht daher seine Bestellung von einem gleichzeitig von D in Griechenland einzurichtenden Lager abhängig, dem er bei Bedarf alle Verschleißteile entnehmen kann. Die Lagerhaltung soll auf die voraussichtliche Funktionsdauer der Maschine begrenzt sein. Die Ersatzteile sollen dem G erst bei tatsächlicher Entnahme aus dem Lager in Griechenland berechnet werden (wie das Bespiel in ➲ Kapitel 51.4)

52.2 Beurteilung bis 31.12.2019

Lagerbeschickung und -entnahmen wirkten sich in der Vergangenheit wie folgt aus (➲ Kapitel 51.5):

Beurteilung bis 31.12.2019

- Die Lagerbeschickung führt bei D in Deutschland zu einem (steuerfreien) Verbringen, § 3 Abs. 1a UStG (Abschn. 3.12 Abs. 3 Satz 7 UStAE).
- Die Lagerbeschickung führt bei D in Griechenland zu einem innergemeinschaftlichen Erwerb, vgl. § 1 a Abs. 2 UStG.
- D muss sich in Griechenland steuerlich registrieren lassen.
- D muss eventuelle Lagerentnahmen durch B in Griechenland versteuern und **der griechischen Umsatzsteuer unterwerfen!** Rechnungen des Lagerhalters müssen m. a. W. die Umsatzsteuer des Landes (hier: Griechenland) ausweisen, in dem sich das Lager befindet.
- Weil das zahlreichen Mitgliedstaaten zu kompliziert war, hatten diese bereits vor dem 1.1.2020 – **eigentlich unzulässige – Vereinfachungen** eingeführt.

52.3 Neuregelung ab 1.1.2020

 Rechtsgrundlagen

Die Neuregelung findet sich in

- § 6b UStG (Konsignationslagerregelung)
- § 18a Abs. 6, Abs. 7 UStG (Zusammenfassende Meldung)
- § 22 Abs. 4f, Abs. 4g UStG (Aufzeichnungspflichten)

52.4 Beurteilung nach der Neuregelung

Die Neuregelung bewirkt, dass die Abverkäufe

- als einzige **Lieferung im Ursprungsland** und

- als innergemeinschaftlichen **Erwerb in dem Bestimmungsland** anzusehen,

- wenn die Ware dem Lager innerhalb von **12 Monaten** entnommen wird.

Beurteilung ab dem 1.1.2020

	D	
innergemeinschaftliche Lieferung	↓	
an G		Deutschland
innergemeinschaftliche Erwerb		Griechenland
Erwerb von	↑	
	G	

- Die Lagerbeschickung führt bei D in Deutschland zu einer steuerfreien innergemeinschaftlichen Lieferung.
- Die Lagerbeschickung führt bei G in Griechenland zu einem innergemeinschaftlichen Erwerb, vgl. § 1a Abs. 2 UStG.

 Beratungskonsequenzen

Durch die Neuregelung wird **vermieden, dass sich der Lieferer** in jedem Mitgliedstaat, in den er Gegenstände in ein Konsignationslager überführt, **registrieren lassen muss.**

Auswirkungen ergeben sich

- nicht nur für neu eingerichtete, sondern auch für **bereits bestehende Lager,** und
- nicht für Lager, die Sie beim Kunden führen, sondern auch für solche, die ein **Lieferant bei Ihnen** führt.

52.5 Einführungsschreiben des BMF

Zwei Jahre nach Einführung der nunmehr EU-weit gültigen Konsignationslager-Regelung hat sich das BMF dazu in einem Einführungsschreiben positioniert[363].

Der Umsatzsteuer-Anwendungserlass wurde mit dem Schreiben um einen **neuen Abschn. 6b.1 UStAE** ergänzt.

Die Grundsätze des Schreibens sind auf alle Umsätze, die die Lieferung von Gegenständen in ein Lager im Sinne des § 6b UStG betreffen, anzuwenden, für die der Transport durch Beförderung oder Versendung am oder nach dem 1.1.2020 begonnen hat.

 Beratungskonsequenzen

Für alle vor dem 1.1.2020 im Abgangsmitgliedstaat begonnenen, aber nach dem 31.12.2019 im Bestimmungsmitgliedstaat endenden Lieferungen ist die Vereinfachungsregelung nicht anzuwenden. Insoweit gelten die bisherigen Regelungen weiter ➲ Kapitel 51.

---

363   BMF, Schreiben vom 10.12.2021 ➲ mybookplus.de > Wichtiges aus dem BMF..

52.5.1 Hintergrund

Folge der Globalisierung ist unter anderem auch die wachsende Bedeutung von (Konsignations-)Lagern grenzüberschreitend tätiger EU-Unternehmen im EU-Ausland. Obwohl durch die Lager beträchtliche Umsatzvolumina generiert werden, behandelt die MwStSystRL derartige Lagergeschäfte primär ausschließlich nach den allgemeinen Bestimmungen und damit sowohl für die beteiligten Unternehmen als auch für die Mitgliedstaaten **unnötig verwaltungs- und kostenintensiv**[364]:

 Checkliste 1: Anwendung der allgemeinen Regeln

Für einen deutschen Unternehmer (D) mit entsprechenden Lieferungen in einen anderen EU-Mitgliedstaat heißt das (➲ oben, Kapitel 52.2):
- Die Lagerbeschickung führt für D im Ursprungsland Deutschland zu einem (steuerfreien) innergemeinschaftlichen Verbringen (§ 3 Abs. 1a UStG).
- Die Lagerbeschickung führt für D im Bestimmungsland zu einem innergemeinschaftlichen Erwerb (§ 1a Abs. 2 UStG).
- D muss sich im Bestimmungsland steuerlich registrieren lassen.
- D muss Lagerentnahmen durch den Kunden im Bestimmungsland versteuern und der dortigen Umsatzsteuer unterwerfen. Rechnungen des D müssen die Umsatzsteuer des Landes ausweisen, in dem sich das Lager befindet.

Aus diesem Grunde hatten **einige Mitgliedstaaten im Alleingang** durch nationale Gesetze und Verwaltungsanweisungen »vereinfachende« Sonderregelungen eingeführt. Die gewünschte Vereinfachung erreichen diese Sonderregelungen jedoch allenfalls bei vordergründiger Betrachtung. Schnell zeigte sich, dass das unabgestimmte und zugleich richtlinienwidrige Vorgehen die Unternehmen und die Finanzverwaltungen der jeweils anderen Länder vor große Probleme stellte und erhebliche umsatzsteuerliche Risiken mit sich brachte (➲ Kapitel 51).

Um dem entgegen zu wirken wurde mit Art. 17a MwStSystRL **erstmals eine EU-weite Regelung** für Konsignationslager eingeführt. Deutschland hat diese Regelung durch § 6b UStG zum 1.1.2020 im Rahmen der sog. »Quick Fixes« umgesetzt. Die dadurch erreichte Vereinfachung:

 Checkliste 2: Anwendung der Konsignationslagerregelung (§ 6b Abs. 2 UStG)

Wenn die Voraussetzungen nach § 6b Abs. 1 UStG erfüllt sind, gilt zum Zeitpunkt der Lieferung des Gegenstandes an den Erwerber, sofern diese Lieferung innerhalb der Frist nach § 6b Abs. 3 UStG bewirkt wird, Folgendes:
- Die Lieferung an den Erwerber wird einer im Abgangsmitgliedstaat steuerbaren und steuerfreien innergemeinschaftlichen Lieferung (§ 6a UStG) gleichgestellt.
- Die Lieferung an den Erwerber wird einem im Bestimmungsmitgliedstaat steuerbaren innergemeinschaftlichen Erwerb (§ 1a Abs.1 UStG) gleichgestellt.

---

364   *Weimann*, PIStB 2022, 332.

52.5.2 Neuer Abschn. 6b.1 UStAE

Nachfolgend ein Überblick zu den wichtigsten Inhalten der neuen Verwaltungsanweisung:

52.5.2.1 Definition »Konsignationslager« (Abschn. 6b.1 Abs. 1 UStAE)

Lager im Sinne des § 6b UStG sind Warenlager, in welche der liefernde Unternehmer oder ein von ihm beauftragter Dritter Gegenstände

- aus dem Gebiet eines Mitgliedstaates (Abgangsmitgliedstaat)
- in das Gebiet eines anderen Mitgliedstaates (Bestimmungsmitgliedstaat)
- in einen zum Verbleib gedachten Bestand und
- zur Entnahme nach eigenem Ermessen
- durch einen dem liefernden Unternehmer bekannten Erwerber
- befördert oder versendet.

52.5.2.2 Keine Ansässigkeit im Bestimmungsland (Abschn. 6b.1 Abs. 2 UStAE)

Die Vereinfachungsregelung nach § 6b UStG kommt **nicht** in Betracht, wenn der Unternehmer im Bestimmungsmitgliedstaat ansässig ist, d. h. wenn er dort

- seinen Sitz,
- seine Geschäftsleitung oder
- eine Betriebsstätte (vgl. Abschnitt 3a.1 Abs. 3) oder
- in Ermangelung eines Sitzes, einer Geschäftsleitung oder einer Betriebsstätte seinen Wohnsitz oder gewöhnlichen Aufenthalt

hat. Dies gilt unabhängig davon, ob eine der vorgenannten Ansässigkeitsformen am Liefergeschehen beteiligt ist.

Bereits

- ein im Eigentum des Unternehmers befindliches **Lager** oder
- ein durch den Unternehmer angemietetes oder gepachtetes Lager, welches mit eigenen Mitteln (z. B. mit eigenem Personal), aus dem Bestimmungsmitgliedstaat betrieben wird,

begründet eine solche Ansässigkeit.

 Beratungskonsequenzen
Bei Ansässigkeit kommt die Vereinfachungsregelung nicht zur Anwendung. Damit bleibt es bei den **kosten- und verwaltungsintensiven allgemeinen Regeln** (◗ oben, Kapitel 52.1).

Eine alleinige **Registrierung für mehrwertsteuerliche Zwecke** im Bestimmungsmitgliedstaat begründet jedoch noch **keine** Ansässigkeit.

52.5.2.3 Transport bei verbindlicher Bestellung oder Bezahlung (Abschn. 6b.1 Abs. 3 Satz 3 UStAE)

Hat der spätere Erwerber vor dem Zeitpunkt der Entnahme des Liefergegenstandes diesen bereits verbindlich bestellt oder bezahlt, kann die Vereinfachungsregelung nach § 6b UStG unter den übrigen Voraussetzungen angewendet werden, wenn der liefernde Unternehmer und der spätere Erwerber deren Anwendung z. B. in einem Rahmenvertrag vereinbaren.

> **➡ Beratungskonsequenzen**
>
> Eine Versendungslieferung kann unter der Bedingung, dass der Abnehmer bereits bei Beginn der Versendung feststeht, auch dann vorliegen, wenn der Liefergegenstand nach dem Beginn der Versendung für kurze Zeit in einem Auslieferungs- oder Konsignationslager, welches nicht in den Anwendungsbereich der Konsignationslagerregelung nach § 6b UStG fällt, gelagert wird (Abschn. 3.12 Abs. 3 Satz 8 UStAE unter Hinweis auf BFH-Urteile vom 20.10.2016, V R 31/15, und vom 16.11.2016, V R 1/16). Nach Auffassung des BFH gilt die Lieferung also mit Beginn der Beförderung oder Versendung ausgeführt (➲ Kapitel 53). Dies wird in anderen EU-Mitgliedstaaten teilweise anders gesehen. Lieferant und Kunde können die sich daraus ergebenden Unwägbarkeiten umgehen, indem sie sich auf Anwendung des § 6b UStG einigen und diesen dann natürlich auch »leben«.

52.5.2.4 Lager mit mehreren potentiellen Erwerbern denkbar (Abschn. 6b.1 Abs. 3 Satz 5 f. UStAE)

Für ein Lager im Sinne des § 6b UStG können auch **Vereinbarungen mit mehreren bekannten Erwerbern** geschlossen werden. Sind entsprechende Vereinbarungen mit mehreren Erwerbern geschlossen, muss für jeden Erwerber entsprechend des § 22 Abs. 4f und 4g UStG sichergestellt sein, dass die Gegenstände dem jeweiligen Erwerber eindeutig und klar zugeordnet werden können. Zur Ersetzung eines Erwerbers (➲ unten, Kapitel 52.5.2.7).

52.5.2.5 Lager können auch mobil sein (Abschn. 6b.1 Abs. 4 UStAE)

Ein Lager im Sinne des § 6b UStG kann zum Beispiel ein Konsignationslager oder ein Auslieferungslager sein.

Ein Lager nach Satz 1, in welches die Gegenstände der Lieferung gelangen, muss **nicht zwingend ein Lager im Sinne eines Gebäudes** sein. Eine Zwischenlagerung der Gegenstände in einem Lager im Sinne des § 6b UStG kann an jedem räumlich und physisch bestimmbaren Ort erfolgen, für den ein vorhandener Inhaber gegeben ist und für den die eingelagerten Gegenstände der Art und Menge nach bestimmbar sind. Die Angaben müssen mit den Aufzeichnungen nach § 22 Abs. 4f UStG übereinstimmen.

Hierzu zählen sowohl **ortsfeste Behälterlager** für körperliche Gegenstände in flüssigem oder gasförmigem Aggregatzustand, z. B. ortsfeste Tanklager (oberirdisch oder unterirdisch), als auch **jeder andere räumlich und physisch bestimmbare Ort** wie z. B.

- Eisenbahnwaggons,
- Container,
- Trailer,
- Binnenschiffe,

wenn hinreichend nachgewiesen wird, dass es sich um ein Lager im Sinne des § 6b UStG handelt (vgl. hierzu § 22 Abs. 4f Nr. 6 UStG).

Für eine **leichte und eindeutige Nachprüfbarkeit** muss daher für jeden Zeitpunkt bis zur Entnahme mit hinreichender Sicherheit leicht und einwandfrei aus den Aufzeichnungen im Sinne des § 22 Abs. 4f UStG erkennbar sein, wo sich die Gegenstände bis zum Zeitpunkt der Entnahme durch den Erwerber befinden.

52.5.2.6 Verwendung der USt-IdNr. (Abschn. 6b.1 Abs. 5 UStAE)

Der dem liefernden Unternehmer bekannte und zur Entnahme der Gegenstände berechtigte Erwerber muss zum Zwecke der Inanspruchnahme der Konsignationslagerregelung die ihm vom Bestimmungsmitgliedstaat erteilte USt-IdNr. verwenden. Hinsichtlich der **Auslegung des Begriffs der Verwendung** der von einem anderen Mitgliedsstaat erteilten und gültigen USt-IdNr. siehe Abschn. 3a.2 Abs. 10 Sätze 2 – 10 UStAE.

 Beratungskonsequenzen

1. Dies entspricht der (strengen) deutschen Auffassung, dass der Abnehmer seine USt-IdNr. des Bestimmungslandes gegenüber dem Lieferer nachweislich verwenden muss, während die MwStSystRL lediglich fordert, dass sie dem Lieferer bekannt ist.
2. Die Verwendung einer anderen als vom Bestimmungsmitgliedstaat erteilten USt-IdNr. schließt die Anwendung des § 6b UStG hingegen aus.

52.5.2.7 Erwerberwechsel (Abschn. 6b.1 Abs. 6 UStAE)

Wird der berechtigte Erwerber durch einen anderen Erwerber innerhalb von 12 Monaten ersetzt, müssen alle Voraussetzungen des Absatzes 1 Satz 3 erfüllt sein. Die vertragliche Vereinbarung für die Substitution muss zudem **bereits am Tag des Wirksamwerdens des Erlöschens der bisherigen Vereinbarung wirksam abgeschlossen** sein.

Es ist auch möglich, dass der neue Erwerber **nur über einen Teil** der sich im Lager im Sinne des § 6b UStG befindlichen Gegenstände eine Vereinbarung abschließt.

Durch den Wechsel eines Erwerbers wird die **12-Monatsfrist nach § 6b Abs. 3 UStG nicht verlängert**. Die Frist beginnt im Zeitpunkt der ersten Ankunft der Waren im Lager (Einlagerung) im anderen Mitgliedstaat, in den sie versendet oder befördert wurden.

Eine **im Rahmen der Substitution erfolgende Beförderung** durch den Unternehmer an einen anderen Lagerort im Bestimmungsmitgliedstaat bleibt unschädlich und verlängert nicht die 12-Monatsfrist nach § 6b Abs. 3 UStG.

Beispiel 1

Der deutsche Zulieferer A befördert im Rahmen einer Lagerabrufvereinbarung mit Unternehmer B (berechtigter Erwerber) ab Februar 01 Motorenteile in ein Lager in Frankreich. Im September desselben Jahres ändern A und B ihre Vereinbarung für den Teil der Motorenteile, die von B noch nicht entnommen wurden. Diese Motorenteile verbleiben im Lager. Gleichzeitig schließt A mit Unternehmer C (weiterer berechtigter Erwerber) eine Vereinbarung über die noch im Lager befindlichen Motorenteile ab. C entnimmt diese Motorenteile im November und Dezember 01.

⮑ Folge

Im Februar 01 hat A die Beförderung der Motorenteile aufzuzeichnen und in der ZM die verwendete USt-IdNr. des B anzugeben. Auch der Lagerhalter muss im Februar 01 die Ankunft der Waren im Bestand registrieren.

Für die entnommenen Motorenteile durch B gilt jeweils im Zeitpunkt der Entnahme für A die Annahme einer innergemeinschaftlichen Lieferung und für B die eines innergemeinschaftlichen Erwerbes (§ 6b Abs. 2 UStG).

Ab dem Zeitpunkt der Änderung der Vereinbarung im September 01 tritt die Rechtsfolge des § 6b Abs. 2 UStG für A und B nicht mehr ein.

Die Ersetzung des B durch C nach § 6b Abs. 5 UStG ist von A nach § 22 Abs. 4f UStG aufzuzeichnen und in der ZM anzugeben. C hat seine ihm vom Bestimmungsmitgliedstaat erteilte USt-IdNr. gegenüber A zu verwenden. Bei Entnahme der Motorenteile durch C im November und Dezember 01 tritt die Rechtsfolge des § 6b Abs. 2 UStG ein.

Beispiel 2

Sachverhalt wie in Beispiel 1, jedoch erfolgt die neue Vereinbarung mit C erst im Oktober 01.

⮑ Folge

Alle Ausführungen in Beispiel 1 finden analog Anwendung. Die Vereinbarung mit C im Oktober 01 stellt jedoch für die bereits im Lager befindlichen Motorenteile keine wirksame Ersetzung im Sinne des § 6b Abs. 5 UStG dar, da die vertragliche Vereinbarung mit dem neuen Erwerber C nicht bereits am Tag des Wirksamwerdens des Erlöschens der bisherigen Vereinbarung mit B abgeschlossen war.

Die Beförderung oder Versendung durch A in sein Lager gilt am Tag des Wegfalls der Voraussetzungen nach § 6b Abs. 1 UStG im September 01 als ein einer innergemeinschaftlichen Lieferung gleichgestelltes Verbringen nach § 6b Abs. 6 in Verbindung mit § 6a Abs. 2 und § 3 Abs. 1a Satz 1 UStG.

A unterliegt somit einer unverzüglichen Registrierungspflicht im Bestimmungsmitgliedstaat.

52.5.2.8 Bei Drittlandsware keine EUSt-Befreiung (Abschn. 6b.1 Abs. 12 UStAE)

Eine Kombination der Steuerbefreiung nach § 5 Abs. 1 Nr. 3 UStG (Einfuhr mit anschließender steuerfreier innergemeinschaftlicher Lieferung) mit einer Beförderung/ Versendung in ein Lager im Sinne des § 6b UStG ist nicht möglich, da es hier an einer unmittelbar ausgeführten innergemeinschaftlichen Lieferung fehlt.

 Beratungskonsequenzen

Bei Lieferungen aus dem Drittland mit Anwendung der Vereinfachung nach § 6b
UStG ist keine EUSt-Befreiung möglich. Der Einfuhr folgt in diesem Fall **nicht unmittelbar** eine innergemeinschaftliche Lieferung.

52.5.2.9 Zwölf-Monatsfrist

52.5.2.9.1 Fristbeginn (Abschn. 6b.1 Abs. 15 UStAE)

Die Vereinfachungsregelung nach § 6b UStG setzt eine Entnahme des Gegenstandes
aus dem Lager im Sinne des § 6b UStG durch den berechtigten Erwerber binnen eines
Zeitraums von 12 Monaten voraus (12-Monatsfrist nach § 6b Abs. 3 UStG).

Der Zeitraum von 12 Monaten beginnt am Tag nach Beendigung des Warentransportes
im Bestimmungsmitgliedstaat (Einlagerung im Lager). Für die Berechnung der Frist gelten die Grundsätze der Artikel 2 und 3 der Verordnung (EWG, Euratom) Nr. 1182/71 vom
3.6.1971.

 Beratungskonsequenzen

§ 108 Abs. 1 AO findet insoweit keine Anwendung.

Der Unternehmer hat die Einhaltung der Frist durch Angabe des Tags der Einlagerung
und des Tags der Entnahme (Lieferung im Sinne des § 6b Abs. 2 UStG) nachzuweisen.
Der Inhalt und der Umfang der Aufzeichnungspflichten ergibt sich aus § 22 Abs. 4f UStG.

Beispiel 3

Der deutsche Zulieferer A befördert im Rahmen einer Lagerabrufvereinbarung mit
Unternehmer B (berechtigter Erwerber) ab Januar 01 Motorenteile in ein Lager in
Frankreich. Ein Warentransport beginnt am Donnerstag, 14.1.01, von Deutschland
nach Frankreich und trifft am selben Tag am Lagerort in Frankreich ein. Die Motorenteile werden ebenfalls am 14.1.01 eingelagert.

⮑ **Folge**

Die 12-Monatsfrist beginnt nach Art. 3 Abs. 1 UnterAbs. 2 der Verordnung (EWG,
Euratom) Nr. 1182/71 vom 3.6.1971 am Freitag, den 15.1.01.

Grundsätzlich würde diese nach Art. 3 Abs. 2 Buchst. c der Verordnung (EWG,
Euratom) Nr. 1182/71 vom 3.6.1971 am Sonnabend, 15.1.02, enden.

Aufgrund Art. 2 Abs. 1 UnterAbs. 2 der Verordnung (EWG, Euratom) Nr. 1182/71 vom 3.6.1971 endet diese am Montag, 17.1.02.

Die Rechtsfolge nach § 6b Abs. 3 UStG tritt somit am Tag nach Ablauf der 12-Monatsfrist am Dienstag, 18.1.02 ein (siehe Abschn. 6b.1 Abs. 17 UStAE).

52.5.2.9.2 Folge einer Fristüberschreitung (Abschn. 6b.1 Abs. 17 UStAE)

Wird die Lagerfrist nach § 6b Abs. 3 UStG überschritten und liegt keine der Voraussetzungen des § 6b Abs. 6 UStG vor, ist für die Waren am Tag nach Ablauf der 12-Monatsfrist ein einer innergemeinschaftlichen Lieferung **gleichgestelltes Verbringen** im Sinne des § 6a Abs. 2 in Verbindung mit § 3 Abs. 1a UStG anzunehmen (➲ oben, Checkliste 1).

Hieraus ergibt sich für den Unternehmer die **Pflicht zur unverzüglichen Registrierung** in dem Mitgliedstaat, in dem sich das Lager im Sinne des § 6b UStG befindet. Dies gilt auch dann, wenn das im Bestimmungsmitgliedstaat einem innergemeinschaftlichen Erwerb gleichgestellte Verbringen steuerbefreit wäre.

Gegebenenfalls besteht, in Abhängigkeit von den Bestimmungen in dem Mitgliedstaat, in dem sich das Lager im Sinne des § 6b UStG befindet, die Möglichkeit, einen **Fiskalvertreter** zu beauftragen.

Bemessungsgrundlage für das der innergemeinschaftlichen Lieferung und dem innergemeinschaftlichen Erwerb gleichgestellte Verbringen ist der Einkaufspreis zuzüglich der Nebenkosten für den Gegenstand oder mangels eines Einkaufspreises die Selbstkosten, jeweils zum Zeitpunkt des Umsatzes und ohne Umsatzsteuer (§ 10 Abs. 4 Satz 1 Nr. 1 UStG).

Beispiel 4

Sachverhalt wie in Beispiel 1, jedoch entnimmt Unternehmer C die Waren erst im April 02. Alle Ausführungen in Absatz 6 Beispiel 1 Sätze 1 bis 11 finden analog Anwendung. Jedoch wurde für die verbliebenen Motorenteile im Lager die 12-Monatsfrist überschritten (siehe § 6b Abs. 3 UStG), sodass am Tag nach Ablauf des Zeitraums von 12 Monaten die Beförderung oder Versendung durch A als das einer innergemeinschaftlichen Lieferung gleichgestellte Verbringen nach § 6b Abs. 3 UStG in Verbindung mit § 6a Abs. 2 und § 3 Abs. 1a Satz 1 UStG gilt.

➲ **Folge**

A muss sich spätestens im Zeitpunkt, in dem das Ereignis (am Tag nach Ablauf der 12-Monatsfrist) eintritt, unverzüglich im Bestimmungsmitgliedstaat für Mehrwertsteuerzwecke registrieren lassen und die Erteilung einer USt-IdNr. beantragen. Nur dann und bei Vorliegen der übrigen tatbestandlichen Voraussetzungen, etwa der Abgabe einer zutreffenden ZM, kann eine Steuerbefreiung im Sinne des § 4 Nr. 1b UStG für dieses innergemeinschaftliche Verbringen nach § 6b Abs. 3 in Verbindung mit § 6a Abs. 2 UStG vorliegen.

52.5.2.10 Gegenstandsbezogene Vereinfachung (Abschn. 6b.1 Abs. 19 UStAE)

Die Anwendung der Regelung ist gegenstandsbezogen. Ein Ausschluss der Vereinfachungsregelung für eine bestimmte Lieferung eines oder mehrerer Gegenstände führt daher **nicht** zur grundsätzlichen Versagung der Regelung für weitere Lieferungen von Gegenständen in ein Lager im Sinne des § 6b UStG.

52.5.2.11 Freigrenze für »kleine Verluste« (Abschn. 6b.1 Abs. 22 UStAE)

In den Fällen des § 6b Abs. 6 Satz 4 UStG, in denen der Gegenstand

- nach dem Ende der Beförderung oder Versendung in das Lager im Sinne des § 6b UStG und
- vor dem Zeitpunkt der Lieferung
- durch Zerstörung, Verlust oder Diebstahl

verloren geht, ist die Anwendung des § 6b Abs. 2 UStG grundsätzlich ausgeschlossen. Die Voraussetzungen nach § 6b Abs. 1 und 5 UStG gelten an dem Tag, an dem die Zerstörung, der Verlust oder der Diebstahl festgestellt wird, als nicht mehr erfüllt.

Gewöhnliche, branchenübliche, sich aus den Erfahrungen der letzten Lagerungsjahre ergebende Mengenverluste von Gegenständen, die aufgrund ihrer Beschaffenheit oder infolge unvorhersehbarer Umstände nach dem Ende der Beförderung oder Versendung und vor dem Zeitpunkt der Lieferung entstanden sind, gelten als sog. »kleine Verluste«, für die § 6b Abs. 6 Satz 4 UStG keine Anwendung findet.

 Beratungskonsequenzen

Von »kleinen Verlusten« ist im Regelfall auszugehen, wenn diese wert- oder mengenmäßig **weniger als 5 % des Gesamtbestands (Freigrenze)** der identischen Gegenstände betragen, der an dem Tag der Zerstörung, des Verlustes oder des Diebstahls oder, falls ein solcher Tag nicht bestimmt werden kann, an dem Tag, an dem die Zerstörung oder das Fehlen der Gegenstände erkannt worden ist, festgestellt wurde.

Beispiel 5

Der deutsche Zulieferer A befördert im Rahmen einer Lagerabrufvereinbarung mit Unternehmer B (berechtigter Erwerber) ab Februar 01 5.000 Motorenteile in ein Lager im Sinne des § 6b UStG in Frankreich. Am 2.10.01 werden 6.000 Motorenteile bei einem Diebstahl entwendet und im Rahmen der Inventur stellt A im Dezember 01 fest, dass von den jährlich gelieferten 60.000 Motorenteilen 300 Stück durch Rost unbrauchbar geworden sind. Am Tag der Inventur befinden sich noch 10.000 Motorenteile im Lager. Aus den Unterlagen des A ist zu entnehmen, dass in den Jahren 00 und 01 bereits jährlich 300 bis 400 Motorenteile selbige Mängel durch Verrostung aufgewiesen haben.

⊃ Folge

Im Februar 01 hat A die Beförderung der 5 000 Motorenteile aufzuzeichnen und in der ZM die verwendete USt-IdNr. des Unternehmers B anzugeben.

Für die 6.000 entwendeten Motorenteile tritt am 2.10.01 die Rechtsfolge nach § 6b Abs. 6 Satz 4 UStG ein und die Lieferung gilt als ein einer innergemeinschaftlichen Lieferung gleichgestelltes Verbringen nach § 6b Abs. 6 in Verbindung mit § 6a Abs. 2 und § 3 Abs. 1a Satz 1 UStG. A unterliegt für die 6.000 Motorenteile somit einer unverzüglichen Registrierungspflicht im Bestimmungsmitgliedstaat und muss die Erteilung einer USt-IdNr. beantragen.

Für den im Dezember 01 im Rahmen der Inventur festgestellten Verlust der 300 Motorenteile tritt aus Vereinfachungsgründen (weniger als 5 % des Gesamtbestandes der am Tag der Feststellung im Lager befindlichen identischen Gegenstände) die Rechtsfolge des § 6b Abs. 6 UStG nicht ein. A unterläge nur für die 300 Motorenteile nicht einer Registrierungspflicht im Bestimmungsmitgliedstaat.

A ist bereits durch den Diebstahl im Bestimmungsland zur Registrierung verpflichtet, eine Meldung für den »kleinen« Verlust der 300 Motorenteile muss nicht erfolgen.

52.5.2.12   Folgen des Brexit (Abschn. 6b.1 Abs. 24 UStAE)

Das Vereinigte Königreich Großbritannien und Nordirland ist mit Ablauf des 31.12.2020 Drittlandsgebiet. Allerdings wird Nordirland für die Umsatzbesteuerung des Warenverkehrs auch nach dem 31.12. 2020 als zum Gemeinschaftsgebiet gehörig behandelt. Für Konsignationsgeschäfte führt dies zu diversen Sonderregeln.

52.5.3   Inkrafttreten

Die Grundsätze des Schreibens vom 10.12.2021 sind auf alle Umsätze, die die Lieferung von Gegenständen in ein Lager im Sinne des § 6b UStG betreffen, anzuwenden, für die der Transport durch Beförderung oder Versendung am oder nach dem 1.1.2020 begonnen hat.

 Beratungskonsequenzen

Das BMF-Schreiben soll daher auch **rückwirkend gelten**.

Für alle vor dem 1.1.2020 im Abgangsmitgliedstaat begonnenen, aber nach dem 31.12.2019 im Bestimmungsmitgliedstaat endenden Lieferungen ist die Vereinfachungsregelung nicht anzuwenden.

52.5.4   Erklärungspflichten

Zum Verfahren zur Abgabe der Zusammenfassenden Meldungen nach § 18a UStG für Lieferungen im Rahmen der Konsignationslagerregelung nach § 6b UStG vgl.

*   BMF, Schreiben vom 28.1.2020, III C 5 – S 7427-b/19/10001 :002, 2020/0077618
*   BZSt, Ausfüllanleitung, Stand: 1/2022[365] ➲ mybookplus.de > Wichtiges aus anderen Behörden

52.5.5   Erläuterungen der EU-Kommission

Letztlich hinzuweisen ist auf die »Erläuterungen der EU-Kommission zu den Änderungen der EU-Mehrwertsteuervorschriften in Bezug auf Konsignationslagerregelungen, Reihengeschäfte und die Steuerbefreiung für innergemeinschaftliche Lieferungen von Gegenständen«.

52.6   Abgabe einer Meldung an das BZSt

Unternehmer, die Beförderungen oder Versendungen i. S. d. § 6b Abs. 1 UStG (Konsignationslagerregelung) ausgeführt haben, sind verpflichtet, hierüber eine Meldung an das BZSt **nach folgendem Muster** abzugeben:

---

365   Beim BZSt abgefragt am 29.3.2023.

Umsatzsteuer-Identifikationsnummer (USt-IdNr.)

| 01 | D | E | 1 | 2 | 3 | 4 | 5 | 6 | 7 | 8 | 9 |

Bitte 9 Ziffern eintragen

Bundeszentralamt für Steuern
- Dienstsitz Saarlouis -

66738 Saarlouis

Meldung über Beförderungen oder
Versendungen im Sinne des § 6b Abs. 1
Nr. 4 UStG (Konsignationslagerregelung)

Angaben zum Unternehmen
Name
Mustermann
Art des Unternehmens

Strasse | Hausnummer
Musterstr. | 1
Postleitzahl | Ort
11111 | Musterstadt
Telefon (Angabe freiwillig)

E-Mail-Adresse
max.mustermann@muster.d

Meldezeitraum

| 02 | **Februar** | **2020** |

| 03 | ☐ | **Berichtigung** |

(falls ja, bitte anklicken)

☐ Ich versichere, die Angaben in dieser Meldung wahrheitsgemäß nach bestem Wissen und Gewissen gemacht zu haben.

Bei der Anfertigung dieser Meldung hat mitgewirkt:

Name

Funktion der/des Mitwirkenden (Steuerberater*in etc.)

Strasse | Hausnr.

Postleitzahl | Ort

Telefon

E-Mail-Adresse

Datenschutzhinweis:
Die mit der Meldung angeforderten Daten werden aufgrund der
§§ 149 ff. Abgabenordnung (AO) und § 18a UStG erhoben. Informationen
über die Verarbeitung personenbezogener Daten in der
Finanzverwaltung und über Ihre Rechte nach der Datenschutz-
Grundverordnung sowie über Ihre Ansprechpartner in
Datenschutzfragen entnehmen Sie bitte dem allgemeinen
Informationsschreiben der Finanzverwaltung. Dieses
Informationsschreiben finden Sie unter
https://www.bzst.de/DatenschutzInfo.

USt Meldung 01/2022

7

Formular: USt Meldung 01/2022

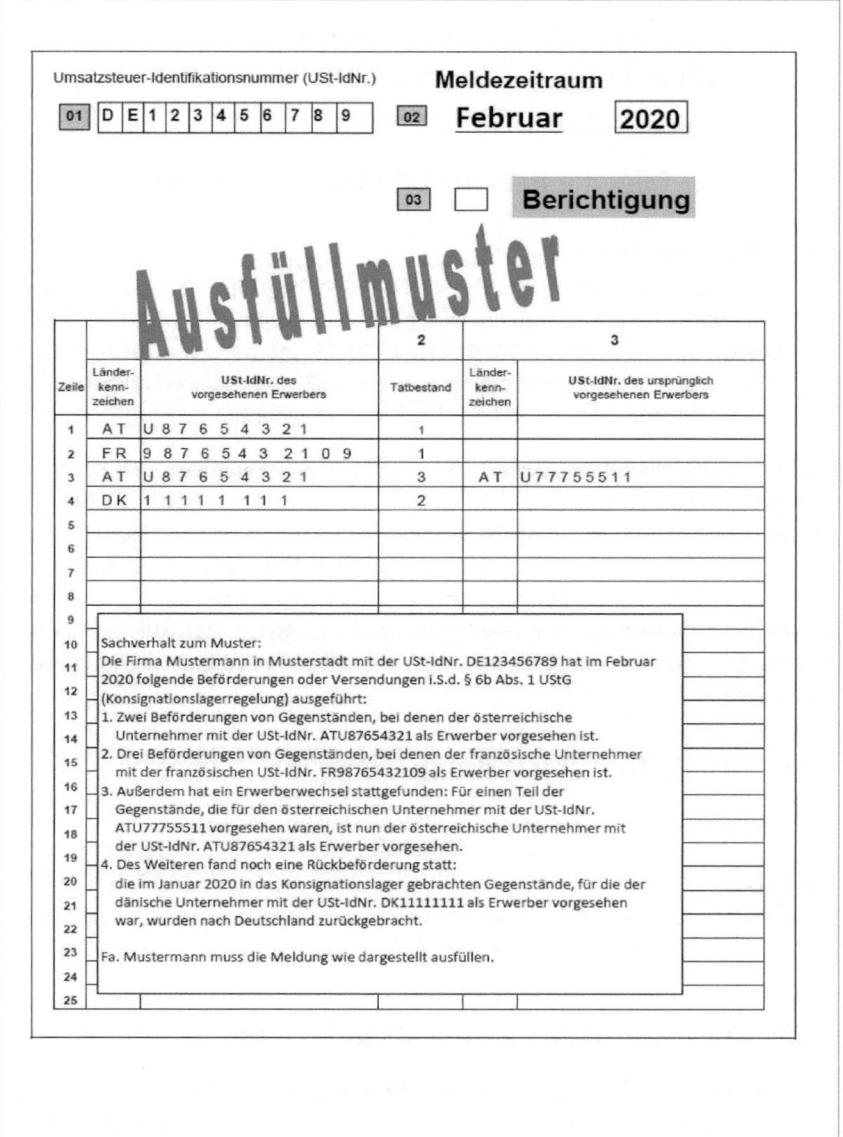

Formular: USt Meldung 01/2022

Weitere Einzelheiten ergeben sich aus der Ausfüllanleitung des BZSt (Stand: 1/2022
↪ mybookplus.de > Wichtiges aus anderen Behörden.

53 Lieferung aus der EU in ein deutsches Warenlager bei feststehenden Abnahmeverpflichtungen

BMF folgt der neueren BFH-Rechtsprechung

§ **Rechtsgrundlagen**

- BMF, Schreiben vom 10.10.2017, III C 3 – S 7103-a/15/10001, 2017/0854904, Grenzüberschreitende Warenlieferungen in ein inländisches sog. Konsignationslager; BFH-Urteile vom 20.10.2016, V R 31/15, und vom 16.11.2016, V R 1/16, BStBl. I 2017, 1442 (weiter gültig lt. BMF v. 10.3.2023, Anlage 1, Nr. 1493; zur zweifelhaften Bedeutung dieses Schreibens ➲ Kapitel 1.6).

Das EU-Umsatzsteuerrecht beurteilt Lieferungen aus Auslieferungs- und Konsignationslagern nach den allgemeinen Lieferregeln. Sonderbestimmungen dazu gibt es (derzeit noch) nicht. Bei Anwendung der allgemeinen Regeln kamen die deutsche Rechtsprechung und Finanzverwaltung lange Zeit zum gleichen Ergebnis. Das änderte sich erst im Jahr 2015. Einzelne Finanzgerichte verließen den »Mainstream«[366] und wurden in ihrer Rechtsauffassung vom Bundesfinanzhof bestätigt[367]. Das BMF hat die neue Rechtsauffassung nunmehr übernommen[368] – die zeitweiligen Differenzen scheinen damit ausgeräumt!

53.1 Typische Fallgestaltung

Die BFH-Urteile ergingen allesamt zu einer Fallgestaltung wie dieser:

Beispiel

Der griechische Feinkostproduzent G liefert seine Ware zur Verfügung seines deutschen Kunden (D) in ein Konsignationslager in Deutschland.

53.2 Bisherige deutsche Rechtsauffassung

Für grenzüberschreitende Lagergeschäfte gibt es weder im UStG noch im Unionsrecht besondere Vorgaben. Zur Anwendung kommen daher die allgemeinen Vorschriften. Dabei sind zwei Grundfälle zu differenzieren:

- **Allgemeines Lager/Konsignationslager:** Bei diesem Typus handelt es sich um ein Lager, aus welchem **üblicherweise mehrere Abnehmer** beliefert werden, wobei die Entscheidung darüber, welche Ware an welchen Kunden geliefert/verkauft wird, noch nicht abschließend getroffen wurde.

---

366 Vgl. Vorauflage (15. Auflage), Kapitel 33a sowie *Weimann*, PIStB 2016, 262.
367 BFH, Urteile vom 20.10.2016, V R 31/15 und vom 16.11.2016, V R 1/16.
368 BMF, Schreiben vom 10.10.2017, a. a. O.

- **Call-Off Stock:** Bei diesem Typus handelt es sich um ein Lager, welches **exklusiv für einen Kunden eingerichtet** wird. Der Kunde entnimmt die Ware entsprechend seinem Bedarf.

Die deutsche Finanzverwaltung differenziert die oben genannten Lagertypen nicht[369]. Wurde daher die Ware aus einem anderen EU-Mitgliedstaat nach Deutschland in das Lager verbracht, musste sich der Unternehmer **ausnahmslos immer** in Deutschland für umsatzsteuerliche Zwecke registrieren lassen, um den innergemeinschaftlichen Erwerb aufgrund des Verbringens erklären zu können. Die anschließende Entnahme aus dem Lager behandelte die Verwaltung als steuerbare und steuerpflichtige Inlandslieferung[370].

Der Beispielsfall ...

... beurteilt sich aus deutscher Sicht – ausnahmslos immer, s. o. – wie folgt:

- Die Lagerbeschickung führt bei G in Griechenland nach dortigem Recht zu einem (steuerfreien) Verbringen.
- Die Lagerbeschickung führte bei G in Deutschland zu einem innergemeinschaftlichen Erwerb, vgl. § 1a Abs. 2 UStG.
- G musste sich in Deutschland steuerlich registrieren lassen.
- G musste eventuelle Lagerentnahmen durch D in Deutschland versteuern und **der deutschen Umsatzsteuer unterwerfen**! Rechnungen des Lagerhalters mussten m.a.W. immer die Umsatzsteuer des Landes (hier: Deutschland) ausweisen, in dem sich das Lager befindet.

---

369   Vgl. Abschn. 3.12. Abs. 3 Satz 7 UStAE.
370   Vgl. PIStB 2016, 130.

53.3 Neue Rechtsprechung des BFH zu Lieferungen aus der EU

Lieferungen in ein deutsches Warenlager

Der BFH differenziert nunmehr danach, ob bei einer Lageraufstockung zu **Beginn der Versendung** der Abnehmer

- bereits feststeht oder
- noch nicht feststeht.

 Beratungskonsequenzen

Maßgebend ist der Transportbeginn – bildlich gesprochen also der Zeitpunkt, in dem die **Ware zum ersten Mal mit Zielrichtung auf den Kunden »angefasst« wird**.

53.3.1 Lieferung an einen bereits feststehenden Abnehmer

Der BFH hat darauf erkannt, dass Lieferungen aus dem übrigen Gemeinschaftsgebiet an einen inländischen Abnehmer auch dann als Versendungslieferungen i. S. v. § 3 Abs. 6 Satz 1 UStG zu beurteilen sind, wenn der Liefergegenstand nach dem Beginn der Versendung **für kurze Zeit in einem Auslieferungslager zwischengelagert** wird.

Voraussetzung ist aber, dass der Abnehmer bereits **bei Beginn der Versendung** feststeht[371]. In diesem Fall[372]

- wird die Lieferung grundsätzlich bereits bei Beginn der Versendung im übrigen Gemeinschaftsgebiet ausgeführt und
- unterliegt beim inländischen Abnehmer ggf. der Erwerbsbesteuerung nach § 1a UStG.

53.3.2 Lieferung an einen noch nicht feststehenden Abnehmer

Mit einem zweiten Urteil hat der BFH die vorgenannte Rechtsprechung bestätigt, wenngleich sich **im entschiedenen Fall der Ort der streitigen Lieferungen am Ort des Konsignationslagers** im Inland befand, weil bei Versendung der Waren aus dem übrigen Gemeinschaftsgebiet der inländische Abnehmer noch nicht feststand.

Die **Einlagerung der Ware** in das Konsignationslager stellt bei diesem Sachverhalt ein innergemeinschaftliches Verbringen durch den liefernden Unternehmer dar, in dessen Folge der Unternehmer im Inland einen innergemeinschaftlichen Erwerb nach § 1a Abs. 2 UStG bewirkt.

---

371 Vgl. Vorauflage (15. Auflage), Kapitel 33a sowie Weimann, PIStB 2016, 262.
372 BFH, Urteil vom 20.10. 2016, V R 31/15, BStBl. I 2017, 1076.

Daneben erbringt der Unternehmer eine im Inland steuerbare und steuerpflichtige Lieferung an den Abnehmer, sobald die **Ware dem Lager entnommen** wird. Der im übrigen Gemeinschaftsgebiet ansässige liefernde Unternehmer muss sich in Deutschland umsatzsteuerlich registrieren lassen[373].

53.4 Übernahme der neuen Rechtsauffassung durch die Finanzverwaltung

Das BMF folgt dem BFH und ändert dazu den UStAE an den entscheidenden Schnittstellen (Änderungen wie vom BMF sind durch **Fett**druck hervorgehoben[374]):

 Rechtsgrundlagen

Abschn. 1a.2 Abs. 6 UStAE n. F.

»[1]Eine nicht nur vorübergehende Verwendung liegt auch dann vor, wenn der Unternehmer den Gegenstand mit der konkreten Absicht in den Bestimmungsmitgliedstaat verbringt, ihn dort (unverändert) **an einen noch nicht feststehenden Abnehmer** weiterzuliefern. [2]In den vorgenannten Fällen ist es nicht erforderlich, dass der Unternehmensteil im Bestimmungsmitgliedstaat die abgabenrechtlichen Voraussetzungen einer Betriebsstätte (vgl. Abschnitt 3a.1 Abs. 3) erfüllt. [3]Verbringt der Unternehmer Gegenstände zum Zweck des Verkaufs außerhalb einer Betriebsstätte in den Bestimmungsmitgliedstaat und gelangen die nicht verkauften Waren unmittelbar anschließend wieder in den Ausgangsmitgliedstaat zurück, kann das innergemeinschaftliche Verbringen aus Vereinfachungsgründen auf die tatsächlich verkaufte Warenmenge beschränkt werden.

Beispiel:
[1]Der niederländische Blumenhändler N befördert im eigenen LKW Blumen nach Köln, um sie dort auf dem Wochenmarkt zu verkaufen. [2]Die nicht verkauften Blumen nimmt er am selben Tag wieder mit zurück in die Niederlande.
[3]N bewirkt in Bezug auf die verkauften Blumen einen innergemeinschaftlichen Erwerb nach § 1a Abs. 2 UStG in Deutschland. [4]Er hat den Verkauf der Blumen als Inlandslieferung zu versteuern. [5]Das Verbringen der nicht verkauften Blumen ins Inland muss nicht als innergemeinschaftlicher Erwerb im Sinne des § 1a Abs. 2 UStG, das Zurückverbringen der nicht verkauften Blumen nicht als innergemeinschaftliche Lieferung im Sinne des § 3 Abs. 1a in Verbindung mit § 6a Abs. 2 UStG behandelt werden.
[4]**Steht der Abnehmer bei der im übrigen Gemeinschaftsgebiet beginnenden Beförderung oder Versendung bereits fest, liegt kein innergemeinschaftliches Verbringen, sondern eine Beförderungs- oder Versendungslieferung vor, die grundsätzlich mit Beginn der Beförderung oder Versendung im übrigen Gemein-**

---

373   BFH, Urteil vom 16.11.2016, V R 1/16, BStBl. I 2017, 1079.
374   Vgl. BMF, Schreiben vom 10.10.2017, a. a. O.; ➜ mybookplus.de > Wichtiges aus dem BMF.

schaftsgebiet als ausgeführt gilt (§ 3 Abs. 6 Satz 1 UStG). [5]Hiervon ist auszugehen, wenn der Abnehmer die Ware bei Beginn der Beförderung oder Versendung bereits verbindlich bestellt oder bezahlt hat (vgl. BFH-Urteil vom 16.11.2016, V R 1/16, BStBl. 2017 II S. XXX). [6]In diesem Fall steht es der Annahme einer Beförderungs- oder Versendungslieferung nicht entgegen, wenn

- die Ware von dem mit der Versendung Beauftragten zunächst in ein inländisches Lager des Lieferanten gebracht und erst nach Eingang der Zahlung durch eine Freigabeerklärung des Lieferanten an den Abnehmer (»shipment on hold«) herausgegeben wird (vgl. BFH-Urteil vom 30.7.2008, XI R 67/07, BStBl. 2009 II S. 552), oder

- [1]die Ware kurzzeitig (für einige Tage oder Wochen) in einem auf Initiative des Abnehmers eingerichteten Auslieferungs- oder Konsignationslager im Inland zwischengelagert wird und der Abnehmer vertraglich ein uneingeschränktes Zugriffsrecht auf die Ware hat (vgl. BFH-Urteil vom 20.10.2016, V R 31/15, BStBl. 2017 II S. XXX). [2]Es liegt dann nur eine kurze Unterbrechung, aber kein Abbruch der begonnenen Beförderung oder Versendung vor.

[7]Ein im Zeitpunkt des Beginns der Beförderung oder Versendung nur wahrscheinlicher Abnehmer ohne tatsächliche Abnahmeverpflichtung ist nicht einem zu diesem Zeitpunkt bereits feststehenden Abnehmer gleichzustellen (vgl. BFH-Urteil vom 20.10.2016, V R 31/15, BStBl. 2017 II S. XXX). [8]In derartigen Fällen stellt die Einlagerung von Ware aus dem übrigen Gemeinschaftsgebiet in ein inländisches Auslieferungs- oder Konsignationslager ein innergemeinschaftliches Verbringen durch den liefernden Unternehmer im Sinne des § 1a Abs. 2 UStG dar. [9]Die Lieferung an den Abnehmer findet in derartigen Fällen erst mit der Entnahme der Ware aus dem Lager statt und ist folglich im Inland steuerbar.«

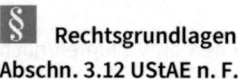 Rechtsgrundlagen
Abschn. 3.12 UStAE n. F.

...

(3) [1]Eine Versendungslieferung im Sinne des § 3 Abs. 6 Satz 1 UStG setzt voraus, dass der Gegenstand an den Abnehmer oder in dessen Auftrag an einen Dritten versendet wird, d. h. die Beförderung durch einen selbständigen Beauftragten ausgeführt oder besorgt wird. [2]Die Versendung beginnt mit der Übergabe des Gegenstands an den Beauftragten. [3]Der Lieferer muss bei der Übergabe des Gegenstands an den Beauftragten alles Erforderliche getan haben, um den Gegenstand an den bereits feststehenden Abnehmer, der sich grundsätzlich aus den Versendungsunterlagen ergibt, gelangen zu lassen. [4]Von einem feststehenden Abnehmer ist auszugehen, wenn er zwar dem mit der Versendung Beauftragten im Zeitpunkt der Übergabe des Gegenstands nicht bekannt ist, aber mit hinreichender Sicherheit leicht und einwandfrei aus den unstreitigen Umständen, insbesondere aus Unterlagen abgeleitet werden kann (vgl. BFH-Urteil vom 30. 7. 2008, XI R 67/07, BStBl. 2009 II S. 552). [5]Gleiches gilt, wenn der Abnehmer den Liefergegenstand bei Beginn der Versendung bereits verbindlich bestellt oder bezahlt hat (vgl. BFH-Urteil vom

16.11.2016, V R 1/16, BStBl. 2017 II S. 1079); **eine nur wahrscheinliche Begrün-dung einer Abnehmerstellung ohne tatsächliche Abnahmeverpflichtung reicht nicht aus** (vgl. BFH-Urteil vom 20.10.2016, V R 31/15, BStBl. 2017 II S. 1076). [6]Dem **Tatbestand, dass der Abnehmer feststeht,** steht nicht entgegen, dass der Gegen-stand von dem mit der Versendung Beauftragten zunächst in ein inländisches Lager des Lieferanten gebracht und erst nach Eingang der Zahlung durch eine Freigabeer-klärung des Lieferanten an den Abnehmer herausgegeben wird (vgl. BFH-Urteil vom 30.7.2008, XI R 67/07, a. a. O.). [7]Entscheidend ist, dass der Lieferant im Zeitpunkt der Übergabe des Gegenstands an den Beauftragten die Verfügungsmacht dem zu die-sem Zeitpunkt feststehenden Abnehmer verschaffen will. [8]**Unter der Bedingung, dass der Abnehmer bereits bei Beginn der Versendung feststeht, kann eine Ver-sendungslieferung auch dann vorliegen, wenn der Liefergegenstand nach dem Beginn der Versendung für kurze Zeit in einem Auslieferungs- oder Konsignati-onslager gelagert wird** (vgl. BFH-Urteile vom 20.10.2016, V R 31/15, a. a. O., und vom 16.11.2016, V R 1/16, a. a. O.; vgl. auch Abschnitt 1a.2 Abs. 6 Sätze 4 bis 9).
…

(7) [1]§ 3 Abs. 6 und 7 UStG regeln den Lieferort und damit zugleich auch den Zeit-punkt der Lieferung (vgl. BFH-Urteil vom 6.12.2007, V R 24/05, BStBl. 2009 II S. 490, Abschnitt 13.1 Abs. 2 und 6); **dies gilt hinsichtlich der Verschaffung der Verfü-gungsmacht auch in den Fällen einer Beförderungs- oder Versendungslieferung nach § 3 Abs. 6 Satz 1 UStG, in denen der Liefergegenstand nach dem Beginn der Beförderung oder Versendung für kurze Zeit in einem Auslieferungs- oder Kon-signationslager gelagert wird.** [2]Die Anwendbarkeit …

53.5 Inkrafttreten

Die Grundsätze des neuen BMF-Schreibens sind **in allen offenen Fällen** anzuwenden.

Für **vor dem 1.1.2020 ausgeführte**

- Lieferungen und
- innergemeinschaftliche Erwerbe

lässt es die Finanzverwaltung auch für Zwecke des Vorsteuerabzugs des Leistungsemp-fängers unbeanstandet, wenn der leistende Unternehmer weiterhin nach Abschn. 1a.2 Abs. 6 und Abschn. 3.12 Abs. 3 UStAE in der bisherigen Fassung verfährt[375].

---

375 BMF, Schreiben vom 31.10.2018, a. a. O.

53.6 Anwendungsbereich

Welche Lagergeschäfte des Mandanten sind betroffen – und welche nicht?

53.6.1 Ausgangsumsätze

Die neue Rechtsauffassung gilt

- ausschließlich für Lieferungen aus der EU in ein deutsches Warenlager und
- **nicht** für Lieferungen aus Deutschland in ein EU-Warenlager

(➔ Kapitel 52.7).

 Beratungskonsequenzen

Lagergeschäfte

- des deutschen Mandanten
- im EU-Ausland

führen damit unverändert weiter zu den altbekannten Problem (➔ Kapitel 51 und Kapitel 52).

53.6.2 Eingangsumsätze

Entnimmt der deutsche Mandant Ware aus Konsignationslagern ausländischer Lieferanten, ist Vorsicht geboten!

Die bisher zutreffende Bruttorechnung führt unter den Voraussetzungen des BFH-Urteils vom 20.10.2016 (➔ Kapitel 52.3.1) zu einem überhöhten Steuerausweis und berechtigt damit nicht zum Vorsteuerabzug[376].

53.7 Fazit

Die neue Rechtsprechung wirkt sich für den deutschen Unternehmer (Mandanten) **vor allem einkaufsseitig** aus, wenn nämlich Teile

- **(ausländischer) Zulieferer**
- **aus Lagern in Deutschland**

entnommen werden.

Entnimmt der Mandant Teile aus einem derartigen Lager, sind die entsprechenden (Alt-)Verträge **zeitnah** (➔ Kapitel 52.5) **zu überprüfen und ggf. umzustellen**.

---

376 § 14c Abs. 1 UStG, Abschn. 15.2 Abs. 1 Satz 2 UStAE.

Beratungskonsequenzen

Letzteres wird nicht einfach sein, da **dem ausländischen Zulieferer hierzu die neue deutsche Rechtslage erklärt** werden muss.

Das **überzeugende Argument** wird sicher sein, dass der Zulieferer zukünftig auf eine Registrierung in Deutschland verzichten kann und damit Kosten einspart.

53.8   Ausblick

Das besondere Problem derartiger Fallgestaltungen liegt darin, dass entgegen der MwStSystRL und im Vorgriff auf eine Sonderregelung einige EG-Mitgliedstaaten die Besteuerung der Lagergeschäfte »vereinfachen«.

Die abweichenden Regelungen bestehen darin, dass diese Mitgliedstaaten bei der Aufstockung eines Lagers nicht von einem innergemeinschaftlichen Verbringen in das Lager ausgehen, sondern von einer innergemeinschaftlichen Lieferung im Zeitpunkt der Entnahme aus dem Lager an den dortigen Abnehmer (➲ Kapitel 51).

Hier soll es nach den Vorstellungen der EU baldmöglichst zu einer **Rechtsvereinheitlichung in allen Mitgliedstaaten** kommen. Die Vereinheitlichung wird **ab dem 1.1.2020 gelten** (➲ Kapitel 22.5.4).

54   Umsatzsteuerlager und Lieferungen vor Einfuhr

Warengeschäfte mit Ausländern vorteilhaft gestalten!

 Hinweis

➲ mybookplus.de > Vertiefende Informationen > Kapitel 54

55   Ort der Lieferung in besonderen Fällen – »Versandhandel« bis 30.6.2021

 Hinweis

➲ mybookplus.de > Vertiefende Informationen > Kapitel 55

56   Ort der Lieferung beim Fernverkauf ab 1.7.2021

! **Hinweis**

➲ mybookplus.de > Vertiefende Informationen > Kapitel 56

57   Haftung für Umsatzsteuer beim Handel mit Waren im Internet vom 1.1.2019 bis 30.6.2021

! **Hinweis**

➲ mybookplus.de > Vertiefende Informationen > Kapitel 57

58   Haftung für Umsatzsteuer beim Handel mit Waren im Internet ab 1.7.2021

! **Hinweis**

➲ mybookplus.de > Vertiefende Informationen > Kapitel 58

59   Verwertung von Sicherungsgut

! **Hinweis**

➲ mybookplus.de > Vertiefende Informationen > Kapitel 59

60   Sonderfragen des Anlagenbaus

! **Hinweis**

➲ mybookplus.de > Vertiefende Informationen > Kapitel 60

61 Differenzbesteuerung

Besonderheiten des Gebrauchtwagenhandels

 Rechtsgrundlagen

- UStG: § 25a
- UStDV: keine Anweisung
- UStAE: Abschn. 25a.1
- MwStSystRL: Art. 311–341
- BMF, Schreiben vom 17.7.2019, III C 2 – S 7421/19/10003 :001, 2019/0549684, Identität des erworbenen und veräußerten Gegenstands; Anwendung des EuGH-Urteils vom 18.1.2017 (»Sjelle Autogenbrug«) – Rs. C-471/15 – und des BFH-Urteils vom 23.2.2017 – V R 37/15 (weiter gültig lt. BMF v. 10.3.2023, Anlage 1, Nr. 1941; zur zweifelhaften Bedeutung dieses Schreibens ➲ Kapitel 1.6).
- BMF, Schreiben vom 28.8.2020, III C 2 – S 7203/19/10001 :001, 2020/0827982, Behandlung von verdeckten Preisnachlässen im Zusammenhang mit sog. Streckengeschäften im Gebrauchtwagenhandel (weiter gültig lt. BMF v. 10.3.2023, Anlage 1, Nr. 1745; zur zweifelhaften Bedeutung dieses Schreibens ➲ Kapitel 1.6).
- OFD Frankfurt/Main, Vfg. v. 15.3.2016, S 7421 A - 5 - St 111, Verwertung sicherungsübereigneter Gegenstände unter Anwendung der Differenzbesteuerung nach § 25a UStG

 Hinweis

Dieses Kapitel **fokussiert den für die Praxis wichtigen Handel mit Gebrauchtfahrzeugen.**

Andere Sparten (insbes. der Handel mit Kunstgegenständen, Sammlungsstücken und Antiquitäten) werden allenfalls am Rande gestreift.

61.1 Sachlicher Anwendungsbereich: Gebrauchtgegenstände

61.1.1 Nur körperliche Gegenstände

§ 25a UStG enthält eine **Sonderregelung für die Besteuerung der Lieferungen** nach § 1 Abs. 1 Nr. 1 UStG von

- **beweglichen körperlichen Gegenständen**

 Beratungskonsequenzen
... also auch **Kfz!**

- einschließlich Kunstgegenständen, Sammlungsstücken und Antiquitäten,

- ausgenommen Edelsteine und Edelmetalle (§ 25a Abs. 1 Nr. 3 UStG)[377]
- sofern für diese Gegenstände **kein Recht zum Vorsteuerabzug** bestand.

Sie werden nachfolgend als »**Gebrauchtgegenstände**« bezeichnet, weil sie nach der Verkehrsauffassung bereits »gebraucht« sind.

61.1.2 Verkauf von Ersatzteilen aus Altfahrzeugen sowie von Fahrzeugen zum Ausschlachten

Der EuGH hat bereits im Jahr 2017 in einem Verfahren zum dänischen Umsatzsteuerrecht darauf erkannt, dass ein Verwerter aus von Privat angekauften Alt- und Schrottfahrzeugen ausgebaute Gebrauchtteile differenzbesteuert verkaufen darf. In einem aktuellen Urteil zum belgischen Umsatzsteuerrecht bleibt der EuGH auf der Linie dieser Rechtsprechung. Danach können endgültig stillgelegte Kraftfahrzeuge als Gebrauchtgegenstände differenzbesteuert zum Ausschlachten weiterverkauft werden[378].

61.1.2.1 Hintergrund

Art. 311 ff. MwStSystRL sehen eine Sonderregelung unter anderem für Gebrauchtgegenstände vor. Letztere definiert Art. 311 Abs. 1 Nr. 1 MwStSystRL wie folgt:

»Gebrauchtgegenstände" sind bewegliche körperliche Gegenstände, die keine Kunstgegenstände, Sammlungsstücke oder Antiquitäten und keine Edelmetalle oder Edelsteine im Sinne der Definition der Mitgliedstaaten sind und die in ihrem derzeitigen Zustand oder nach Instandsetzung erneut verwendbar sind.

In Deutschland setzt § 25a UStG die Sonderregelung um. Ziel der Regelung ist nach dem 51. Erwägungsgrund der MwStSystRL u. a. das **Vermeiden von Doppelbesteuerungen**. Dazu ausführlich die Begründungen der Besprechungsurteile.

61.1.2.2 Verkauf von aus dem Altfahrzeug generierten Ersatzteilen

Beispiel 1

Autohaus A nimmt von einem Privatkunden einen Citroën SM in Zahlung. Das fünfzig Jahre alte Fahrzeug ist nicht mehr fahrbereit und ein wirtschaftlicher Totalschaden. Da Ersatzteile für diesen Fahrzeugtyp rar sind, schlachtet A das Fahrzeug aus und verkauft die Ersatzteile an den privaten Autoliebhaber und -sammler P.

Der EuGH hält die Differenzbesteuerung für anwendbar[379]. Nach dem Wortlaut von Art. 311 Abs. 1 Nr. 1 MwStSystRL sind »Gebrauchtgegenstände«

- bewegliche körperliche Gegenstände, die
- in ihrem derzeitigen Zustand oder

---

377 Zu den Begriffen »Edelsteine« und »Edelmetalle« Hinweis auf Abschn. 25a.1 Abs. 1 Sätze 4 ff. UStAE.
378 *Weimann*, GStB 2023, 450; vgl. auch *Weimann*, ASR 12/2023, 12.
379 EuGH, Urteil vom 18.1.2017, Rs. C-471/15, Sjelle Autogenbrug.

- nach Instandsetzung
- erneut verwendbar sind.

Aus dieser Bestimmung folgt nicht, dass der dort verwendete Begriff »Gebrauchtgegenstände« bewegliche körperliche Gegenstände, die in ihrem derzeitigen Zustand oder nach Instandsetzung erneut verwendbar sind, ausschließt, wenn sie von einem anderen Gegenstand stammen, dessen Bestandteile sie waren. Dass ein gebrauchter Gegenstand, der Bestandteil eines anderen Gegenstands ist, von diesem getrennt wird, stellt nämlich die Einstufung des entnommenen Gegenstands als »Gebrauchtgegenstand« nicht in Frage, sofern er »in seinem derzeitigen Zustand oder nach Instandsetzung« erneut verwendbar ist.

61.1.2.2.1 Die Gegenstände haben ihre Funktion beibehalten

Für die Einordnung als »Gebrauchtgegenstand« ist demnach nur erforderlich, dass dem gebrauchten Gegenstand unverändert die Funktionen zukommen, die er im Neuzustand hatte, und dass er daher in seinem derzeitigen Zustand oder nach Instandsetzung erneut verwendbar ist.

Dies ist bei den streitbefangenen Autoteilen der Fall, weil ihnen, auch wenn sie vom Altfahrzeug getrennt werden, unverändert die Funktionen zukommen, die sie im Neuzustand hatten, und sie somit **zu denselben Zwecken erneut verwendbar** sind.

61.1.2.2.2 Die Gegenstände haben ihre Identität beibehalten

Das Vorbringen der dänischen Regierung, die Einordnung als »Gebrauchtgegenstand« setze eine Identität zwischen dem angekauften und dem verkauften Gegenstand voraus, was beim Ankauf eines vollständigen Kraftfahrzeugs und dem Wiederverkauf von Teilen, die aus diesem Fahrzeug entnommen wurden, nicht der Fall sei, ist nicht geeignet, eine solche Auslegung in Frage zu stellen. Denn ein Kraftfahrzeug besteht aus einzelnen Teilen, die zusammengefügt wurden und daher auch wieder voneinander getrennt und in ihrem derzeitigen Zustand oder nach Instandsetzung wiederverkauft werden können.

61.1.2.2.3 Vermeidung einer Doppelbesteuerung

Die Nichtanwendung dieser Regelung auf Ersatzteile, die aus von Privatpersonen angekauften Altfahrzeugen entnommen wurden, liefe dem Ziel der Sonderregelung der Differenzbesteuerung zuwider, das nach dem **51. Erwägungsgrund der MwStSystRL** u. a. darin besteht, auf dem Gebiet der Gebrauchtgegenstände Doppelbesteuerungen zwischen Steuerpflichtigen zu vermeiden.

Würden Lieferungen solcher Ersatzteile durch einen steuerpflichtigen Wiederverkäufer mit Mehrwertsteuer belegt, hätte dies nämlich eine Doppelbesteuerung zur Folge, weil

- zum einen im Verkaufspreis dieser Teile schon zwangsläufig die **beim Kauf des Fahrzeugs entrichtete Mehrwertsteuer** berücksichtig wurde, und
- zum anderen, weil dieser Betrag **weder** von dieser Person **noch** vom steuerpflichtigen Wiederverkäufer **abgezogen werden** konnte.

61.1.2.2.4 Ermittlung der Differenz

Die dänische und die griechische Regierung weisen auf Schwierigkeiten hin, die sich bei der Bestimmung der Steuerbemessungsgrundlage der Differenz (Handelsspanne) und insbesondere des Einkaufspreises der einzelnen Ersatzteile nach Art. 315 MwStSystRL ergeben könnten.

Etwaige praktische Schwierigkeiten im Zusammenhang mit der Anwendung der Differenzbesteuerung können es nach Auffassung des EuGH jedoch **nicht rechtfertigen,** bestimmte Gruppen steuerpflichtiger Wiederverkäufer von dieser Regelung auszunehmen, weil weder Art. 313 noch irgendeine andere Bestimmung der MwStSystRL die Möglichkeit eines solchen Ausschlusses vorsieht.

61.1.2.2.5 Hinweis des EuGH auf Aufzeichnungspflichten und die Möglichkeit einer Gesamtdifferenz

Außerdem muss sich die Steuerbemessungsgrundlage, die nach der Differenzbesteuerungsregelung bestimmt wurde, aus **Aufzeichnungen** ergeben, die es ermöglichen, zu überprüfen, ob sämtliche Voraussetzungen für die Anwendung dieser Regelung erfüllt sind.

Darüber hinaus ist daran zu erinnern, dass die Mitgliedstaaten zur Vereinfachung der Steuererhebung und nach Konsultation des Mehrwertsteuerausschusses für bestimmte Umsätze oder für bestimmte Gruppen von steuerpflichtigen Wiederverkäufern vorsehen können, dass die Steuerbemessungsgrundlage für Lieferungen von Gegenständen, die der Differenzbesteuerung unterliegen und auf die ein und derselbe Mehrwertsteuersatz angewandt wird, die **Gesamtdifferenz** im Sinne von Art. 318 MwStSystRL ist.

Beratungskonsequenzen

Die zu einem dänischen Vorlageersuchen ergangene EuGH-Entscheidung hat sich **auch in Deutschland ausgewirkt.** Denn nach damaliger deutscher Rechtsauffassung musste es sich bei dem weiterveräußerten Gegenstand um den Nämlichen handeln. Daher kam § 25a UStG nicht in Betracht, wenn der Unternehmer einen erworbenen Gegenstand in seine Bestandteile zerlegt[380]. In Folge des Urteils hat sich die deutsche Finanzverwaltung der neuen Rechtsprechung ausdrücklich angeschlossen **(Abschn. 25a.1 Abs. 4 Satz 4 UStAE).**

---

380 FG Münster, Urteil vom 27.4.1999, 15 K 7988/98 U und FG Berlin-Brandenburg, Urteil vom 1.10.2015, 7 K 7183/13.

61.1.2.3 Verkauf des kompletten Altfahrzeugs

Beispiel 2

Wie Beispiel 1. A schlachtet das Fahrzeug aber nicht aus, sondern verkauft dem P das komplette Fahrzeug. P hat ein noch fahrbereites Fahrzeug dieses Typs und will bei Bedarf die benötigten Ersatzteile selbst ausbauen.

Der Sachverhalt des neuen Ausgangsverfahrens unterscheidet sich vom Ausgangsverfahren »Sjelle Autogenbrug« durch die Tatsache, dass der Steuerpflichtige die Teile nicht aus dem endgültig stillgelegten Fahrzeug entnommen hat, sondern das komplette Fahrzeug **in seinem derzeitigen Zustand »zum Ausschlachten« wiederverkauft** hat, d. h. für eine weitere Verwendung der Teile dieses Fahrzeugs als Ersatzteile.

Allerdings kann dieser Unterschied, wie auch die **Europäische Kommission** in ihren schriftlichen Erklärungen im Wesentlichen ausführt, nicht zu der Annahme führen, dass die Argumentation in Sachen »Sjelle Autogenbrug« nicht auf den im Ausgangsverfahren in Rede stehenden Sachverhalt übertragen werden könnte.

Die vom Steuerpflichtigen erworbenen Fahrzeuge sind endgültig stillgelegt und können daher nicht wiederverkauft werden, um in ihrem derzeitigen Zustand oder nach Instandsetzung wiederverwendet zu werden. Da das Fahrzeug als solches als beweglicher körperlicher Gegenstand per definitionem in seinem derzeitigen Zustand oder nach Instandsetzung nicht erneut verwendbar im Sinne der Sonderregelung ist, sind für die Prüfung, ob es als Gebrauchtgegenstand angesehen und ob demnach darauf die Differenzbesteuerung angewandt werden kann, **nur die Bestandteile des Fahrzeugs zu berücksichtigen,** die im Rahmen eines Wiederverkaufs an andere Personen erneut verwendbar sind[381].

61.1.2.3.1 Doppelbesteuerung soll vermieden werden

Eine Auslegung, nach der ein endgültig stillgelegtes Fahrzeug als Gebrauchtgegenstand unter die Regelung der Differenzbesteuerung fallen kann, weil manche seiner Bestandteile erneut verwendbar sind, steht mit dem Ziel dieser Regelung in Einklang. Der EuGH wiederholt insoweit seine Ausführungen in der Rechtssache »Sjelle Autogenbrug« (➲ s. o., Kapitel 61.1.2.2.3).

61.1.2.3.2 Prüfung, ob das Kfz verwendbare Bestandteile enthält

Das vorlegende Gericht muss prüfen,

- ob die wiederverkauften Fahrzeuge noch Bestandteile enthielten, die die Funktionen behalten haben, die sie im Neuzustand hatten, und die daher in ihrem derzeitigen Zustand oder nach Instandsetzung erneut verwendbar sind, oder
- ob die Fahrzeuge nicht in Wirklichkeit verkauft wurden, um einfach verschrottet oder in einen anderen Gegenstand umgewandelt zu werden. Ein Fahrzeug, aus dem

---

381 EuGH, Urteil vom 17.5.2023, Rs. C-365/22, IT.

die Bestandteile, die die Funktionen behalten haben, die sie im Neuzustand hatten, vom Käufer nicht entnommen werden, um in ihrem derzeitigen Zustand oder nach Instandsetzung erneut verwendet zu werden, bleibt nämlich nicht in seinem Wirtschaftszyklus und kann daher nicht in den Genuss der Differenzbesteuerung kommen.

61.1.2.3.3 Berücksichtigung aller objektiven Umstände

Im Rahmen dieser Prüfung muss das vorlegende Gericht **alle objektiven Umstände** berücksichtigen, unter denen der Wiederverkauf erfolgt ist. Wie aus der Rechtsprechung des Gerichtshofs hervorgeht, haben die in der Mehrwertsteuerrichtlinie verwendeten Begriffe nämlich objektiven Charakter und sind unabhängig von Zweck und Ergebnis der betreffenden Umsätze anwendbar.

 Checkliste: Differenzbesteuerung beim Verkauf eines stillgelegten Kfz
Während die Berücksichtigung der Absicht eines an einem Geschäft beteiligten Steuerpflichtigen, abgesehen von Ausnahmefällen, mit den Zielen des gemeinsamen Mehrwertsteuersystems unvereinbar ist, sind hingegen objektive Faktoren zu prüfen wie
- die Präsentation
- der Zustand des Fahrzeugs
- der Gegenstand des Vertrags,
- der Wert, zu dem die Fahrzeuge verkauft wurden,
- die Abrechnungsmethode oder auch
- die wirtschaftliche Tätigkeit der Person, die die Fahrzeuge erworben hat.

61.1.2.3.4 Empfehlung einer Selbstverpflichtung des Kunden

Der EuGH fordert die Prüfung aller objektiven Umstände. Für den Wiederverkäufer kann es daher von Bedeutung sein, ob der Käufer aus dem Fahrzeug Ersatzteile zu generieren beabsichtigt. Daher sollte der Wiederverkäufer den Käufer eine entsprechende Selbstverpflichtung unterschreiben lassen. Hält der Käufer diese nicht ein, muss er für eventuelle steuerliche Nachteile des Wiederverkäufers (Regelbesteuerung und Nachzahlungszinsen) aufkommen.

 Musterschreiben: Selbstverpflichtung (Vertragsklausel)
Die Vertragsparteien gehen einvernehmlich davon aus, dass das Geschäft differenzbesteuert werden kann. Für den Fall, dass diese Annahme falsch sein sollte und die einer Mehrsteuer wider Erwarten von Vertragspartner zu § ■ *[Autohaus]* verlangt wird, schuldet der Vertragspartner zu § ■ *[Ihr Kunde]* diese Steuer mit allen Nebenleistungen zusätzlich zu dem in § ■ vereinbarten Kaufpreis.

61.2 Persönlicher Anwendungsbereich: Wiederverkäufer

Der Anwendungsbereich der Differenzbesteuerung ist auf Wiederverkäufer beschränkt. Als Wiederverkäufer gelten Unternehmer, die

- **im Rahmen ihrer gewerblichen Tätigkeit**
- **üblicherweise**
- **Gebrauchtgegenstände erwerben** und
- sie danach – gegebenenfalls nach Instandsetzung – **im eigenen Namen wieder verkaufen**

(= **gewerbsmäßige Händler**), und die Veranstalter öffentlicher Versteigerungen, die Gebrauchtgegenstände im eigenen Namen und auf eigene oder fremde Rechnung versteigern[382].

Beratungskonsequenzen

... also auch der **typische Gebrauchtwagenhändler!**

Der Wiederverkäufer muss solche Geschäfte üblicherweise tätigen[383]. Dabei kann der An- und Verkauf der Gebrauchtgegenstände auch auf einen **Teil- oder Nebenbereich des Unternehmens** beschränkt sein[384].

Beispiel
Ein **Kreditinstitut** veräußert bei Verwertungsreife von Privatpersonen sicherungsübereigneten Kfz.
➲ **Folge**
Der Verkauf der Gegenstände unterliegt der Differenzbesteuerung. Das Kreditinstitut ist insoweit als Wiederverkäufer anzusehen.

61.3 Ort des Eingangsumsatzes

Der Ort der Lieferung der Gegenstände an den Wiederverkäufer muss **im Inland oder im übrigen Gemeinschaftsgebiet** liegen (➲ Kapitel 23.1.2).

Wird ein Gegenstand im Drittlandsgebiet erworben und in das Inland eingeführt, unterliegt die spätere Lieferung des Gegenstands nur unter den Voraussetzungen des § 25a Abs. 2 UStG (Sonderregelung für Kunstgegenstände, Sammlungsstücke und Antiquitäten) der Differenzbesteuerung[385].

---

382   Vgl. BFH-Urteil vom 2. 3. 2006, V R 35/04, BStBl. II 2006, 675.
383   Abschn. 25a.1 Abs. 2 Satz 2 UStAE; vgl. auch Rz. 17 ff.
384   Abschn. 25a.1 Abs. 2 Satz 3 UStAE.
385   Abschn. 25a.1 Abs. 3 UStAE.

61.4 Erwerb des Liefergegenstands in »Wiederverkaufsabsicht«

Dem EuGH lag folgender Sachverhalt vor:

Sachverhalt

Unternehmer U machte Steuervergünstigungen unter Hinweis auf E-Mails geltend. Die Klägerin (Kl.) war ein Autoleasingunternehmen. Neben Neuwagen erwarb Kl. auch Gebrauchtwagen von Nichtunternehmern ohne Mehrwertsteuer. Diese Gebrauchtwagen verwendete sie zunächst als Leasingfahrzeuge; später veräußerte sie diese.

 Rechtsgrundlagen

EuGH, Urteil vom 8.12.2005, Rs. C-280/04

Der EuGH hat erkannt[386],

»Art. 26a Teil A Buchst. e der 6. Richtlinie in der durch die Richtlinie 94/5 geänderten Fassung ist dahingehend auszulegen, dass als ,steuerpflichtiger Wiederverkäufer' im Sinne dieser Vorschrift ein Unternehmen angesehen werden kann, das im Rahmen seiner normalen Tätigkeit Fahrzeuge wieder verkauft, die es für seine Leasingtätigkeit als Gebrauchtwagen erworben hatte, und für das der Wiederverkauf **im Augenblick der Anschaffung** des Gebrauchtgegenstandes nicht das Hauptziel, sondern nur sein **zweitrangiges und dem der Vermietung untergeordnetes Ziel** darstellt«.

Darauf aufbauend hat der **BFH** entschieden[387], dass die Veräußerung eines PKW, den ein Kioskbetreiber als Gebrauchtwagen ohne Vorsteuerabzugsberechtigung erworben und in seinem Unternehmen genutzt hat, bei richtlinienkonformer Auslegung nicht der Differenzbesteuerung nach § 25 a UStG unterliegt, sondern nach den allgemeinen Vorschriften des UStG zu versteuern ist. § 25 a Abs. 1 Nr. 1 UStG ist dahin zu verstehen, dass der Unternehmer bei der konkreten Lieferung, die der Differenzbesteuerung unterworfen werden soll, als Wiederverkäufer gehandelt haben muss. Dies ist nur dann der Fall, wenn der **Wiederverkauf des Gegenstandes bei seinem Erwerb zumindest nachrangig beabsichtigt war** und dieser **Wiederverkauf aufgrund seiner Häufigkeit zur normalen Tätigkeit des Unternehmers gehört.**

Das **BMF** übernimmt diese Rechtsauffassung mit Schreiben vom 11.10.2011[388] und schreibt Abschn. 25a.1 Abs. 4 Satz 3 UStAE entsprechend fort. Die Grundsätze dieses Schreibens sind **in allen offenen Fällen anzuwenden.** Für vor dem 1.1.2012 ausgeführte Umsätze wird es nicht beanstandet, wenn der Unternehmer Lieferungen von Gegenständen des Anlagevermögens unter Berufung auf Abschn. 25 a.1 Abs. 4 Satz 3

---

386 Jyske Finans A/S, BFH/NV Beilage 2006, 131.
387 BFH, Urteil vom 29.6.2011, XI R 15/10, BStBl. II 2011, 839.
388 A. a. O.

Lieferung/Sonderfälle

UStAE in der am 10.10.2011 geltenden Fassung der Differenzbesteuerung nach § 25 a UStG unterwirft.

61.5 Umsatzsteuerunbelasteter Eingangsumsatz

Die Differenzbesteuerung setzt nach § 25a Abs. 1 Nr. 2 UStG ferner voraus, dass für die Lieferung des Gegenstands an den Wiederverkäufer

- Umsatzsteuer im Gemeinschaftsgebiet nicht geschuldet oder
- nach § 19 Abs. 1 UStG (Besteuerung der Kleinunternehmer) nicht erhoben oder
- die Differenzbesteuerung im Gemeinschaftsgebiet vorgenommen

wurde.

 Checkliste

Der Wiederverkäufer kann die Regelung danach anwenden, wenn er den Gegenstand im Inland oder im übrigen Gemeinschaftsgebiet erworben hat von
- einer **Privatperson** oder einer **juristischen Person des öffentlichen Rechts**, die nicht Unternehmer ist,
- einem **Unternehmer aus dessen nichtunternehmerischen Bereich**,
- einem **Unternehmer, der mit seiner Lieferung des Gegenstands unter eine Steuerbefreiung fällt**, die zum Ausschluss vom Vorsteuerabzug führt; Beispiel: Erwerb des Kfz eines Humanmediziners[389],
- einem **Kleinunternehmer**, der nach dem Recht des für die Besteuerung zuständigen Mitgliedstaates von der Steuer befreit oder auf andere Weise von der Besteuerung ausgenommen ist, oder
- einem **anderen Wiederverkäufer**, der auf die Lieferung ebenfalls die Differenzbesteuerung angewendet hat. Die Differenzbesteuerung ist hiernach auch bei Verkäufen von Händler an Händler möglich; Beispiel: Erwerb eines Gebrauchten von einem befreundeten Gebrauchtwagenhändler.

vgl. Abschn. 25a.1 Abs. 5 Satz 2 UStAE.

Der Erwerb eines Gegenstands von einem **Land- und Forstwirt**, der auf die Umsätze aus seinem land- und forstwirtschaftlichen Betrieb die Durchschnittssatzbesteuerung des § 24 UStG anwendet, erfüllt nicht die Voraussetzung des § 25a Abs. 1 Nr. 2 Buchst. a UStG[390].

Von der Differenzbesteuerung sind Gebrauchtgegenstände ausgenommen, die im übrigen Gemeinschaftsgebiet erworben worden sind, sofern der Lieferer dort die **Steuerbefreiung für innergemeinschaftliche Lieferungen** angewendet hat (§ 25a Abs. 7 Nr. 1 Buchst. a UStG)[391].

---

389 Vgl. § 4 Nr. 14, § 15 Abs. 2 Satz 1 Nr. 1 UStG.
390 Abschn. 25a.1 Abs. 5 Satz 3 UStAE.
391 Abschn. 25a.1 Abs. 5 Satz 4 UStAE.

61.6 Besonderheiten für Kunstgegenstände, Sammlungsstücke oder Antiquitäten

 Hinweis

Zu den Besonderheiten (§ 25a Abs. 2, Abs. 8 Satz 2 UStG) vgl. Abschn. 25a.1 Abs. 6 u. Abs. 7 UStAE[392].

61.7 Bemessungsgrundlage

61.7.1 Allgemeines

Wird ein Gebrauchtgegenstand durch den Wiederverkäufer nach § 1 Abs. 1 Nr. 1 Satz 1 UStG geliefert, ist als Bemessungsgrundlage der Betrag anzusetzen, um den der Verkaufspreis den Einkaufspreis für den Gegenstand übersteigt (»**Marge**«); die in dem Unterschiedsbetrag enthaltene **Umsatzsteuer ist herauszurechnen**.

Nebenkosten, die nach dem Erwerb des Gegenstands angefallen, also nicht im Einkaufspreis enthalten sind, z. B. Reparaturkosten, mindern nicht die Bemessungsgrundlage[393].

 Beratungskonsequenzen

1. **Fallen Nebenleistungen an,** kommt es darauf an, ob sie bereits beim oder erst nach dem Erwerb anfallen[394]:
   - Reparaturen, durch **die im Zeitpunkt des Erwerbs bereits vorhandene** Schäden und Mängel beseitigt werden, mindern die Bemessungsgrundlage. Der Zusammenhang sollte **dokumentiert werden**, d. h. für spätere Finanzamtsprüfungen **aus der Fahrzeugakte ersichtlich** sein!
   - Fallen die Nebenleistungen **erst nach dem Erwerb** an (**Beispiel:** Ein Gebrauchtwagenhändler nimmt optische Arbeiten an dem Fahrzeug vor, nachdem er es einige Zeit ohne Erfolg angeboten und erkannt hat, dass es sich so nicht verkaufen lässt), hat dies auf den Einkaufspreis keinen Einfluss. Diese Kosten mindern die Bemessungsgrundlage nicht, wirken sich aber insofern auf die Bemessungsgrundlage aus, als bei Wiederverkauf ein höherer Preis erzielt werden kann, sodass sich die **Differenz zwischen Einkaufs- und Verkaufspreis erhöht**.
   - Fallen die Nebenleistungen **schon beim Erwerb** an (**Beispiel:** Kosten für **Abmeldung und Überführung** eines Gebrauchten), erhöhen diese den Einkaufspreis und verringern somit die Marge.

---

392 Hinweis auch auf *Weimann* in: UNI, § 25a, 2.5.

393 Abschn. 25a.1 Abs. 8 Sätze 1 f. UStAE; zu Kunstgegenständen, Sammlungsstücken oder Antiquitäten vgl. Abschn. 25a.1 Abs. 8 Sätze 3 f. UStAE.

394 *Weimann* in UNI, § 25a, 2.6.1; *Ammenwerth/Grützner/Janzen*, Umsatzsteuer im Kfz-Gewerbe, 7. Auflage 2008, Kap. 5.3.2.

2. **Garantieleistungen** sind regelmäßig Nebenleistungen. Hier ist allerdings wie folgt zu unterscheiden:

— Tritt der **Wiederverkäufer selbst als Garantiegeber** auf (übernimmt er also – zu einem erhöhten Verkaufspreis – eine bestimmte Garantieleistung), ist dies wie ein **Fall der Nebenleistung nach dem Erwerb** durch den Wiederverkäufer zu beurteilen; die **Differenz zwischen Einkaufs- und Verkaufspreis erhöht** sich.

— **Vermittelt er lediglich eine Reparaturkostenversicherung**, die dem Käufer als Versicherungsnehmer einen unmittelbaren Anspruch gegen die Versicherung verschafft, bleibt der Verkaufspreis davon unberührt.

61.7.2 Unentgeltliche und verbilligte Abgaben

Lieferungen, für die die Mindestbemessungsgrundlage (§ 10 Abs. 5 UStG) anzusetzen ist, und Lieferungen i. S. d. § 3 Abs. 1b UStG werden nach dem Unterschied zwischen dem tatsächlichen Einkaufspreis und dem Einkaufspreis zuzüglich der Nebenkosten für den Gegenstand zum Zeitpunkt des Umsatzes (§ 10 Abs. 4 Satz 1 Nr. 1 UStG) – abzüglich Umsatzsteuer – bemessen. Bei den vorbezeichneten Lieferungen kommt eine Differenzbesteuerung **im Normalfall** allerdings im Hinblick auf § 3 Abs. 1b Satz 2 UStG **nicht** in Betracht, weil diese Vorschrift die Berechtigung zum vollen oder teilweisen Vorsteuerabzug voraussetzt[395].

61.7.3 Inzahlungnahme von Gebrauchten: Der verdeckte Preisnachlass ist Geschichte!

Das BMF hat die Inzahlungnahme von Gebrauchtfahrzeugen grundlegend neu geregelt[396]. An die Stelle des gemeinen Werts tritt nunmehr der subjektive Wert. Einen verdeckten Preisnachlass kann es damit nicht mehr geben. Für das Privatkundengeschäft kann das von Vorteil sein!

61.7.3.1 Inzahlungnahme von Gebrauchten führt zu Tausch mit Baraufgabe

Nimmt ein Kraftfahrzeughändler beim Verkauf eines Kraftfahrzeugs einen Gebrauchtwagen in Zahlung und leistet der Käufer in Höhe des Differenzbetrags eine Zuzahlung, liegt ein **Tausch mit Baraufgabe** vor.

---

395   Abschn. 25a.1 Abs. 9 UStAE.
396   BMF, Schreiben vom 28.8.2020, III C 2 – S 7203/19/10001 :001, 2020/0827982
       ➲ mybookplus.de > Wichtiges aus dem BMF.

Zum Entgelt des Händlers gehört

- neben der Zuzahlung
- auch der Wert des in Zahlung genommenen gebrauchten Fahrzeugs.

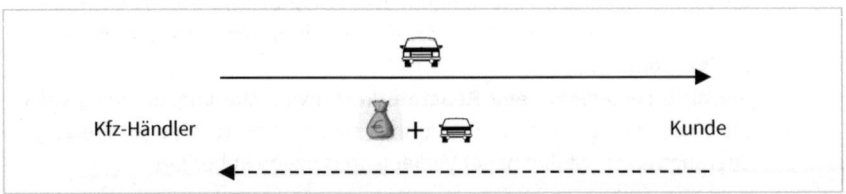

61.7.3.2 Bisher maßgebend war der gemeine Wert des Gebrauchtwagens

Die Vereinfachungsregelung in Abschn. 10.5 Abs. 4 UStAE stellte bislang auf den gemeinen Wert des vom Händler in Zahlung genommenen Fahrzeugs ab. Der BFH hat dies zwar **grundsätzlich als Vereinfachung anerkannt**, jedoch gleichzeitig darauf hingewiesen, dass die Bemessungsgrundlage bei Tauschumsätzen (§ 3 Abs. 12 UStG) anhand des subjektiven Wertes und nicht des gemeinen Wertes festzustellen ist[397].

61.7.3.3 Nunmehr stellt auch die Finanzverwaltung ausschließlich auf den subjektiven Wert ab

Subjektiver Wert ist derjenige, den der Leistungsempfänger der Leistung beimisst, die er sich verschaffen will und deren Wert dem Betrag entspricht, den er zu diesem Zweck aufzuwenden bereit ist. Dieser Wert umfasst **alle Ausgaben einschließlich der Nebenleistungen**, die der Empfänger der jeweiligen Leistung aufwendet, um diese Leistung zu erhalten (vgl. Abschn. 10.5 Abs. 1 Satz 3 f. UStAE).

Bei der Inzahlungnahme eines Kfz ergibt sich nach dem neuen BMF-Schreiben der subjektive Wert aus dem individuell vereinbarten Verkaufspreis zwischen dem Kraftfahrzeughändler und dem Käufer abzüglich der vom Käufer zu leistenden Zuzahlung. Denn dies ist der Wert, den der Händler dem Gebrauchtwagen beimisst und den er bereit ist, hierfür aufzuwenden:

	Individuell vereinbarter Kaufpreis
./.	Zuzahlung
=	subjektiver Wert

---

397   BFH, Urteil vom 25.4.2018, XI R 21/16.

Lieferung/Sonderfälle

61.7.3.4 Steuerberechnung

Der subjektive Wert beinhaltet – wie auch die Zuzahlung – immer auch die gesetzliche Umsatzsteuer. Diese ermittelt sich daher wie folgt:

	subjektiver Wert
+	Zuzahlung
=	Bruttoleistung des Kunden
:	1,19
=	Bemessungsgrundlag
×	0,19
=	**gesetzliche Umsatzsteuer**

61.7.3.5 Damit entfällt die Berücksichtigung verdeckter Preisnachlässe

Zukünftig kann sich damit kein verdeckter Preisnachlass mehr ergeben[398]:

- Von Vorteil ist sicher, dass damit die schwierige und häufig streitbefangene Ermittlung des Nachlasses obsolet ist.
- Nachteilig – vor allem für das Privatkundengeschäft – ist, dass sich die Umsatzsteuererbelastung im Einzelfall erhöhen könnte. Dieses wiederum lässt sich aber vermeiden durch eine »moderate« Kaufpreisbestimmung (s. u.).

> **➡ Beratungskonsequenzen**
>
> Die Auswirkungen der Neuregelungen werden am deutlichsten bei einem **Blick auf die geänderten bzw. aufgehobenen Vorschriften** des UStAE. Dies sind
> - Abschn. 10.5 Abs. 4 Satz 3 ff.
> - Abschn. 10.5 Abs. 5
> - Abschn. 25.1 Abs. 10
>
> **Ersatzlos entfallen** die bislang in den Vorschriften enthaltenen umfangreichen **Fallbeispiele und Einzelberechnungen**.

61.7.3.6 Steuerung der Gesamtbelastung des Privatkunden über die Höhe des Kaufpreises

Bei der Inzahlungnahme eines Gebrauchtwagens stehen zwei Faktoren **an sich unveränderbar fest**[399]:

- das in Zahlung zunehmende Fahrzeug und
- die Barzahlung vom Kfz-Händler zusätzlich erwartete »Netto«-Barzahlung.

---

398 *Weimann*, ASR 4/2021, 4.
399 *Weimann*, ASR 4/2021, 4.

Egal, wie hoch der Kfz-Händler den individuell vereinbarten Kaufpreis auch angesetzt hat – mehr erhält er vom Kunden nicht.

 Beratungskonsequenzen

Setzt der Kfz-Händler den Kaufpreis moderat an, ergibt sich eine geringere Umsatzsteuerbelastung des Geschäfts – und zwar **ohne jeden finanziellen Nachteil für Händler oder Kunde**[400].

Beispiel

Ein Kfz-Händler nimmt beim Neuwagenverkauf an einen Privatkunden dessen bisheriges Fahrzeug in Zahlung und erhält zusätzlich eine Baraufgabe i. H. v. 10.000 €:

	Netto-Kaufpreis	25.000 €	27.500 €	30.000 €
+	USt (19%)	4.750 €	5.225 €	5.700 €
=	Kaufpreis	29.750 €	32.725 €	35.700 €
./.	Baraufgabe	10.000 €	10.000 €	10.000 €
=	subjektiver Wert des in Zahlung genommenen Kfz	19.750 €	22.725 €	25.700 €

Damit ergeben sich jeweils folgende Umsatzsteuerbelastungen und dem Kfz-Händler anteilig verbleibende Baraufgaben:

	Baraufgabe insgesamt	10.000 €	10.000 €	10.000 €
./.	USt (19%)	4.750 €	5.225 €	5.700 €
=	Baraufgabe, die dem Händler letztlich verbleibt	5.250 €	4.775 €	4.300 €

61.7.3.7 Anwendungsregel und Nichtbeanstandung

Die Grundsätze des neuen BMF-Schreibens sind **in allen offenen Fällen** anzuwenden. Es wird hinsichtlich aller bis vor dem 1.1.2022 entstandener gesetzlicher Umsatzsteuer – auch für Zwecke des Vorsteuerabzugs – von der Finanzverwaltung nicht beanstandet werden, wenn die Unternehmer Tauschumsätze entsprechend der bisherigen Fassung der Abschn. 10.5 und 25a.1 Abs. 10 UStAE behandelt.

61.7.4 Grundsatz: Einzeldifferenz

Die Bemessungsgrundlage ist vorbehaltlich des Abschn. 25a.1 Abs. 12 UStAE (➲ Kapitel 61.7.5) für **jeden Gegenstand einzeln** zu ermitteln (Einzeldifferenz).

Ein positiver Unterschiedsbetrag zwischen dem Verkaufspreis – oder dem an seine Stelle tretenden Wert – und dem Einkaufspreis eines Gegenstands kann für die Berechnung der zu entrichtenden Steuer **nicht mit einer negativen Einzeldifferenz** aus dem Umsatz eines anderen Gegenstands oder einer negativen Gesamtdifferenz (➲ Kapi-

---

400 *Weimann*, a. a. O.

tel 61.7.5) **verrechnet** werden. Bei einem negativen Unterschiedsbetrag beträgt die Bemessungsgrundlage 0 Euro; dieser Unterschiedsbetrag kann **auch in späteren Besteuerungszeiträumen nicht** berücksichtigt werden[401].

Wird ein Gegenstand nicht im Jahr der Anschaffung veräußert, entnommen oder zugewendet, ist der noch nicht berücksichtigte Einkaufspreis **im Jahr der tatsächlichen Veräußerung, Entnahme oder Zuwendung** in die Berechnung der Einzeldifferenz einzubeziehen.

 Beratungskonsequenzen

Eine **Saldierung mit positiven Differenzen** aus anderen Umsatzgeschäften ist mithin **unzulässig.**

61.7.5 Ausnahme: Gesamtdifferenz

Bei Gegenständen, deren Einkaufspreis den Betrag von 500 € nicht übersteigt, kann die Bemessungsgrundlage anstatt nach der Einzeldifferenz nach der Gesamtdifferenz ermittelt werden. Die Gesamtdifferenz ist der Betrag, um den **jeweils bezogen auf den Besteuerungszeitraum**

- die **Summe der Verkaufspreise** und der Werte nach § 10 Abs. 4 Satz 1 Nr. 1 UStG
- die Summe der Einkaufspreise

übersteigt; die in dem Unterschiedsbetrag enthaltene Umsatzsteuer ist herauszurechnen.

Für die **Ermittlung der Verkaufs- und Einkaufspreise** sind die Abschn. 25a.1 Abs. 8–10 UStAE (➲ Kapitel 61.7.1, Kapitel 61.7.1 und Kapitel 61.7.3) entsprechend anzuwenden.

Kann ein Gegenstand **endgültig nicht mehr veräußert, entnommen oder zugewendet** werden (z. B. wegen **Diebstahl oder Untergang**), ist die Summe der Einkaufspreise entsprechend zu mindern.

Die Voraussetzungen für die Ermittlung der Bemessungsgrundlage nach der Gesamtdifferenz müssen **grundsätzlich für jeden einzelnen Gegenstand** erfüllt sein. Wendet der Wiederverkäufer für eine **Mehrheit von Gegenständen** oder für Sachgesamtheiten einen Gesamteinkaufspreis auf (z. B. beim Kauf von Sammlungen oder Nachlässen) und werden die Gegenstände üblicherweise später einzeln verkauft, kann wie folgt verfahren werden[402]:

- Beträgt der **Gesamteinkaufspreis bis zu 500 €**, kann aus Vereinfachungsgründen von der Ermittlung der auf die einzelnen Gegenstände entfallenden Einkaufspreise abgesehen werden.
- **Übersteigt der Gesamteinkaufspreis den Betrag von 500 €**, ist der auf die einzelnen Gegenstände entfallende Einkaufspreis grundsätzlich im Wege **sachgerechter**

---

401 Abschn. 25a.1 Abs. 11 UStAE.
402 Abschn. 25a.1 Abs. 12 UStAE.

Schätzung zu ermitteln. Die Schätzung kann auf wertbestimmende Einzelgegenstände so lange beschränkt werden, bis der Gesamtbetrag für die restlichen Gegenstände 500 € oder weniger beträgt.

Beispiel

Der Antiquitätenhändler A kauft eine Wohnungseinrichtung für 3.000 €. Dabei ist er insbesondere an einer antiken Truhe (geschätzter anteiliger Einkaufspreis 1.500 €) und einem Weichholzschrank (Schätzpreis 800 €) interessiert. Die restlichen Einrichtungsgegenstände, zu denen ein Fernsehgerät (Schätzpreis 250 €) gehört, will er an einen Trödelhändler verkaufen.

⊃ **Folge:**

A muss beim **Weiterverkauf der Truhe und des Weichholzschranks** die Bemessungsgrundlage nach der Einzeldifferenz ermitteln.

Das **Fernsehgerät** hat er den Gegenständen zuzuordnen, für die die Bemessungsgrundlage nach der Gesamtdifferenz ermittelt wird. Das Gleiche gilt für die **restlichen Einrichtungsgegenstände**. Da ihr Anteil am Gesamtpreis 450 € beträgt, kann von einer Ermittlung der auf die einzelnen Gegenstände entfallenden Einkaufspreise abgesehen werden.

Die Gesamtdifferenz **kann nur einheitlich für die gesamten innerhalb eines Besteuerungszeitraums (= Kalenderjahr, § 16 Abs. 1 Satz 2 UStG) ausgeführten Umsätze** ermittelt werden, die sich auf Gegenstände mit Einkaufspreisen bis zu 500 € beziehen. Es ist nicht zulässig, die Gesamtdifferenz innerhalb dieser Preisgruppe auf bestimmte Arten von Gegenständen zu beschränken. Für Gegenstände, deren Einkaufspreis 500 € übersteigt, ist daneben die Ermittlung nach der Einzeldifferenz vorzunehmen.

Die positive Gesamtdifferenz eines Besteuerungszeitraums kann **nicht mit einer negativen Einzeldifferenz verrechnet** werden.

Ist die **Gesamtdifferenz eines Besteuerungszeitraums negativ**, beträgt die **Bemessungsgrundlage 0 €**; der negative Betrag kann nicht in späteren Besteuerungszeiträumen berücksichtigt werden.

Bei der Berechnung der **Besteuerungsgrundlagen für die einzelnen Voranmeldungszeiträume** ist entsprechend zu verfahren. Allerdings können innerhalb desselben Besteuerungszeitraums negative mit positiven **Gesamtdifferenzen einzelner Voranmeldungszeiträume verrechnet** werden[403].

Ein **Wechsel von der Ermittlung nach der Einzeldifferenz zur Ermittlung nach der Gesamtdifferenz und umgekehrt** ist nur zu Beginn eines Kalenderjahres zulässig[404].

---

403   Abschn. 25a.1 Abs. 12 UStAE.
404   Abschn. 25a.1 Abs. 14 UStAE.

Lieferung/Sonderfälle

61.8 Steuersatz

Bei der Differenzbesteuerung ist die Steuer **stets mit dem allgemeinen Steuersatz** zu berechnen. Dies gilt auch für solche Gegenstände, für die bei der Besteuerung nach den allgemeinen Vorschriften der ermäßigte Steuersatz in Betracht käme (z. B. Kunstgegenstände und Sammlungsstücke)[405].

61.9 Steuerbefreiungen

Wird auf eine Lieferung in das übrige Gemeinschaftsgebiet die Differenzbesteuerung angewendet, ist die Steuerbefreiung für innergemeinschaftliche Lieferungen ausgeschlossen (➲ Kapitel 61.12). Die übrigen Steuerbefreiungen des § 4 UStG bleiben unberührt[406].

61.10 Verbot des offenen Steuerausweises

Das Verbot des gesonderten Ausweises der Steuer in einer Rechnung[407] gilt auch dann, wenn der Wiederverkäufer einen Gebrauchtgegenstand an einen anderen Unternehmer liefert, der eine gesondert ausgewiesene Steuer aus dem Erwerb dieses Gegenstands als Vorsteuer abziehen könnte[408].

Liegen die Voraussetzungen für die Differenzbesteuerung vor und weist ein Wiederverkäufer für die Lieferung eines Gebrauchtgegenstands die auf die Differenz entfallende Steuer dennoch gesondert aus, **schuldet er die gesondert ausgewiesene Steuer nach § 14c Abs. 2 UStG. Zusätzlich** zu dieser Steuer schuldet er für die Lieferung des Gegenstands die **Steuer nach § 25a UStG.**

 Beratungskonsequenzen

1. Das anders lautende **Urteil des BFH vom 13.11.1996**[409] steht dem nicht entgegen, da dieses Fälle mit gesondertem USt-Ausweis bis VZ 1994 betrifft[410].
2. **Wird eine Rechnung mit gesondertem Steuerausweis erteilt, ist darin der Verzicht** auf die Steuerbefreiung im Einzelfall zu sehen. Ein solcher Verzicht ist nach § 25a Abs. 8 UStG möglich, jedoch bei Anwendung der Gesamtdifferenz (➲ Kapitel 61.7.5) ausgeschlossen[411].

---

405 Abschn. 25a.1 Abs. 15 Sätze 1 und 2 UStAE.
406 Abschn. 25a.1 Abs. 15 Sätze 3 und 4 UStAE.
407 § 14a Abs. 6 Satz 2 UStG.
408 Abschn. 25a.1 Abs. 16 UStAE.
409 XI R 69/95, BStBl. II 1997, 579.
410 Vgl. auch BMF, Schreiben vom 11.8.1997, Az IV 6 3 – S 7421–30/97, BStBl. I 1997, 806; *Fritsch,* UR 1997, 413.
411 *Leonard* in Bunjes/Geist, 9. Aufl. 2009, § 25a Rz. 13.

61.11 Aufzeichnungspflichten

Der Wiederverkäufer, der Umsätze von Gebrauchtgegenständen nach § 25a UStG versteuert, hat

- für jeden Gegenstand getrennt
- den Verkaufspreis oder den Wert nach § 10 Abs. 4 Satz 1 Nr. 1 UStG
- den Einkaufspreis
- die Bemessungsgrundlage

aufzuzeichnen[412].

Aus Vereinfachungsgründen kann er in den Fällen, in denen lediglich ein Gesamteinkaufspreis für mehrere Gegenstände vorliegt, den Gesamteinkaufspreis aufzeichnen,

- wenn dieser den Betrag von 500 € insgesamt nicht übersteigt oder
- soweit er nach Abzug der Einkaufspreise einzelner Gegenstände den Betrag von 500 € nicht übersteigt.

Die besonderen Aufzeichnungspflichten gelten als erfüllt, wenn sich die aufzeichnungspflichtigen Angaben **aus den Buchführungsunterlagen entnehmen** lassen. Der Wiederverkäufer hat die Aufzeichnungen für die Differenzbesteuerung **getrennt von den übrigen Aufzeichnungen** zu führen.

§ 25a UStG **erfordert keine zeitnahen** Aufzeichnungen[413].

61.12 Besonderheiten im innergemeinschaftlichen Warenverkehr

Die Differenzbesteuerung kann **grundsätzlich auch auf Lieferungen vom Inland in das übrige Gemeinschaftsgebiet** angewendet werden. Sie ist in diesem Fall stets im Inland vorzunehmen; die Regelung des § 3c UStG und die Steuerbefreiung für innergemeinschaftliche Lieferungen i. S. v. § 4 Nr. 1 Buchst. b, § 6a UStG finden keine Anwendung[414]. Wird bei der Lieferung eines Gegenstands vom übrigen Gemeinschaftsgebiet in das Inland die Differenzbesteuerung im übrigen Gemeinschaftsgebiet angewendet, **entfällt eine Erwerbsbesteuerung** im Inland[415].

Die Differenzbesteuerung ist **ausgeschlossen, wenn der Wiederverkäufer ein neues Fahrzeug** i. S. v. § 1b Abs. 2, Abs. 3 UStG in das übrige Gemeinschaftsgebiet liefert. Die Lieferung ist im Inland unter den Voraussetzungen des § 4 Nr. 1 Buchst. b, § 6a UStG als innergemeinschaftliche Lieferung steuerfrei.

---

412   § 25a Abs. 6 Satz 2 UStG; Abschn. 25a.1 Abs. 17 UStAE.
413   FG Berlin, EFG 2000, 522; vgl. auch *Leonard*, a. a. O., Rz. 14.
414   Abschn. 25a.1 Abs. 18 UStAE.
415   Abschn. 25a.1 Abs. 20 UStAE.

Lieferung/Sonderfälle

Der Erwerber des neuen Fahrzeugs hat im übrigen Gemeinschaftsgebiet einen innerge-meinschaftlichen Erwerb zu besteuern[416].

61.13 Verzicht auf die Differenzbesteuerung (Musterschreiben)

Ein Verzicht auf die Anwendung der Differenzbesteuerung ist **bei jeder einzelnen Liefe-rung** eines Gebrauchtgegenstands möglich. Abschn. 9.1 Abs. 3 und Abs. 4 UStAE sind sinngemäß anzuwenden.

Im Fall der **Besteuerung nach der Gesamtdifferenz** ist ein Verzicht ausgeschlossen. Der Verzicht ist auch für solche Gegenstände möglich, für die der Wiederverkäufer nach § 25a Abs. 2 UStG die Anwendung der Differenzbesteuerung erklärt hat (Kunstgegen-stände, Sammlungsstücke, Antiquitäten)[417].

Der Verzicht auf die Differenzbesteuerung nach § 25a Abs. 8 UStG hat zur **Folge**, dass auf die Lieferung die **allgemeinen Vorschriften des UStG anzuwenden** sind[418].

An eine besondere **Form oder Frist** ist der Verzicht nicht gebunden und ist daher – auch konkludent, also durch schlüssiges Verhalten – möglich, solange die Steuerfestsetzung noch nicht bestandskräftig ist, also noch nicht unanfechtbar geworden ist oder unter dem Vorbehalt der Nachprüfung steht. Auch bei Änderung oder Aufhebung der Steuer-festsetzung kann der Verzicht ausgeübt werden[419].

Wird der Umsatz als steuerpflichtig behandelt, wird also insbesondere dem Leistungs-empfänger eine Rechnung mit gesondertem USt-Ausweis erteilt, gilt dies als Verzicht auf die Anwendung der Differenzbesteuerung i. S. d. § 25a Abs. 8 UStG. Aber **Vorsicht:** Wird die Steuer nur auf die Differenz ausgewiesen, nimmt der Fiskus keinen Verzicht i. S. d. Vorschrift an, sondern er wird einen Haftungsbescheid erlassen!

Auch die **Rücknahme des Verzichts** ist an keine Form oder Frist gebunden. Wurden al-lerdings Rechnungen/Gutschriften mit offenem USt-Ausweis erteilt, müssen diese be-richtigt werden; der Wiederverkäufer muss die Originalrechnung zurückverlangen und eine neue Rechnung unter Beachtung der Differenzbesteuerungsvorschrift (also ohne USt-Ausweis!) ausstellen. Zur Rücknahme des Verzichts seitens des Wiederverkäufers bedarf es keiner Zustimmung des Erwerbers[420]. Bei Verzicht auf die Anwendung der Dif-ferenzbesteuerung kann der Wiederverkäufer den Vorsteuerabzug gem. § 25a Abs. 8 Satz 2 UStG frühestens für den Voranmeldungszeitraum geltend machen, in dem die Steuer für die Lieferung entsteht[421].

---

416 Abschn. 25a.1 Abs. 19 UStAE.
417 Abschn. 25a.1 Abs. 21 Sätze 4 f. UStAE.
418 Abschn. 25a.1 Abs. 21 Satz 6 UStAE.
419 Abschn. 25a.1 Abs. 21 Satz 2 i. V. m. Abschn. 9.1 Abs. 3 u. Abs. 4 UStAE.
420 Abschn. 25a.1 Abs. 21 Satz 1 i. V. m. Abschn. 9.1 Abs. 4 UStAE.
421 *Weimann* in UNI, § 25a, 2.12.

Beratungskonsequenzen

Erwirbt der Wiederverkäufer 2 Gebrauchtgegenstände von einem anderen Wiederverkäufer 1, sollte er sich vertraglich zusichern lassen, dass der Vorlieferer nicht nachträglich auf die Anwendung der Differenzbesteuerung verzichtet und eine Rechnung mit offenem USt-Ausweis erstellt. Denn sonst hat Wiederverkäufer 2 die Differenzbesteuerung zu Unrecht angewandt. Er muss dann die USt auf die volle Bemessungsgrundlage entrichten, darf dann allerdings auch den Vorsteuerabzug geltend machen.

 Musterschreiben

> Der Erwerber erwirbt den Gegenstand ... als Wiederverkäufer. Verzichtet er beim Wiederverkauf auf die Anwendung der Differenzbesteuerung gem. § 25a UStG, verpflichtet er sich, die Ausübung dieser Option dem Verkäufer mitzuteilen. Dieser ist dann berechtigt, ebenfalls auf die Anwendung der Differenzbesteuerung zu verzichten. In diesem Fall ist der Verkäufer verpflichtet, dem Erwerber eine berichtigte Rechnung mit USt-Ausweis zu erteilen. Die Vertragsparteien sind sich dann darüber einig, dass sich der Endpreis wie folgt ermittelt:
> .... EUR zzgl. 19 % USt = ... EUR.

61.14 Verwertung von sicherungsübereigneten Gegenständen

Anwendung der Differenzbesteuerung nach § 25a UStG

61.14.1 Allgemeines

Werden bewegliche Unternehmensgegenstände zur betrieblichen Finanzierung an ein Kreditinstitut sicherungsübereignet (z. B. Gebrauchtfahrzeuge) und tritt die Verwertungsreife für diese Gegenstände ein, liegt im Zeitpunkt der Verwertung umsatzsteuerrechtlich ein sog »Doppelumsatz« oder »Dreifachumsatz« vor (vgl. Abschn. 1.2 Abs. 1, 1 a und 4 UStAE). Sowohl der Sicherungsgeber als auch der Sicherungsnehmer können unter den Voraussetzungen des § 25a Abs. 1 UStG die Differenzbesteuerung anwenden (➲ Kapitel 56.1.2).

61.14.2 Differenzbesteuerung (§ 25a UStG) im Rahmen eines »Doppelumsatzes«

61.14.2.1 Lieferung des Sicherungsgebers an den Sicherungsnehmer

Der als Sicherungsgeber auftretende Unternehmer kann die Differenzbesteuerung für die Lieferung an das Kreditinstitut nach § 25a Abs. 1 UStG anwenden, wenn er die zur Sicherung übereigneten Gegenstände von Privatpersonen, Kleinunternehmern oder differenzbesteuert erworben hat.

Der differenzbesteuerte Umsatz bemisst sich hierbei nach dem vom Kreditinstitut erzielten Veräußerungspreis abzüglich des Einkaufspreises des Gegenstands aus dem Ankauf. Verwertungskosten, die durch die Verwertung anfallen, sind bei der Bemessungsgrundlage nicht zu berücksichtigen, vgl. hierzu ➲ Kapitel 61.7.

Die Umsatzsteuer ist aus dem ermittelten Differenzbetrag mit dem Regelsteuersatz herauszurechnen[422].

Erfolgt die Sicherungsverwertung außerhalb des Insolvenzverfahrens, schuldet das Kreditinstitut für die bis zum 30.9.2014 ausgeführten differenzbesteuerten Umsätze die Steuer nach § 13b Abs. 2 Nr. 2 UStG. Für nach dem 30.9.2014 erbrachte differenzbesteuerte Umsätze schuldet der Sicherungsgeber die Steuer nach § UStG § 13a UStG (vgl. § 13b Abs. 5 Satz 9 UStG)[423].

61.14.2.2 Lieferung des Sicherungsnehmers an den Erwerber

Das Kreditinstitut als Sicherungsnehmer ist seinerseits berechtigt, auf den Weiterverkauf der Gegenstände die Differenzbesteuerung anzuwenden[424].

Die Bemessungsgrundlage für diesen Umsatz beträgt jedoch 0,00 €, weil der tatsächliche Verkaufspreis und der hiervon abzuziehende Einkaufspreis (= Verkaufspreis der Lieferung von dem Sicherungsgeber an das Kreditinstitut) betragsmäßig identisch sind[425].

61.14.3 Rechnungserteilung

Wird die Differenzbesteuerung i. S. d. § 25a UStG angewandt, hat die Rechnung die **Angabe »Gebrauchtgegenstände/Sonderregelung«** zu enthalten. Die Umsatzsteuer darf in der Rechnung nicht gesondert ausweisen werden[426].

Ist § 13b UStG anzuwenden (vgl. ➲ vorstehendes Kapitel 61.14.2.1), ist die Rechnung zusätzlich mit der **Angabe »Steuerschuldnerschaft des Leistungsempfängers«** zu versehen[427]. Weist der Wiederverkäufer dennoch die sich aus der Differenzbesteuerung ergebende Umsatzsteuer in seiner Rechnung gesondert aus, schuldet er den Steuerbetrag nach § 14c Abs. 2 UStG[428].

61.14.4 Vorsteuerabzug

Soweit das Kreditinstitut als Sicherungsnehmer für die Lieferung der sicherungsübereigneten Gegenstände die Differenzbesteuerung nach § 25a.1 Abs. 2 UStG anwendet,

---

422 § 25a Abs. 3 Satz 3 und Abs. 5 Satz 1 UStG.
423 OFD Frankfurt/Main, Vfg. v. 15.3.2016, a. a. O., Ziffer 2.1. Die bisherige Rundvfg. OFD Frankfurt/M. v. 15.10.2014 (BeckVerw 291273) wurde aufgehoben.
424 Vgl. § 25a Abs. 1 Nr. 1 und Nr. 2 Buchst. b UStG.
425 OFD Frankfurt/Main, Vfg. v. 15.3.2016, a. a. O., Ziffer 2.2,
426 § 14a Abs. 6 UStG.
427 § 14a Abs. 5 UStG.
428 OFD Frankfurt/Main, Vfg. v. 15.3.2016, Ziffer 3; vgl. auch Abschn. 25a.1 Abs. 1 UStAE.

kann er die ggf. nach § 13b Abs. 5 UStG geschuldete Umsatzsteuer **nicht** als Vorsteuer abziehen[429]. Darüber hinaus ist er nicht berechtigt, eine vom Sicherungsgeber nach § 14c Abs. 2 UStG geschuldete Umsatzsteuer als Vorsteuer abzuziehen[430].

Hinsichtlich der **Verwertungskosten** des Sicherungsnehmers ist ein Vorsteuerabzug dagegen nicht grundsätzlich ausgeschlossen.

61.14.5 Nachweisführung zur Anwendung des § 25a UStG

Es ist **Sache der Vertragsparteien**, Vereinbarungen über die zutreffende Anwendung der Differenzbesteuerung nach § 25a UStG – möglichst bereits im Zeitpunkt der Sicherungsübereignung – zu treffen[431].

62 Fahrzeuglieferungen

Sonderregeln für das EU-Geschäft mit Neufahrzeugen

§ Rechtsgrundlagen

- UStG: § 1b, § 2a, § 6a Abs. 1 Satz 1 Buchst. c, § 15 Abs. 4a, § 16 Abs. 5a, § 18 Abs. 10
- UStDV: § 17a ff.
- UStAE: Abschn. 1b.1
- MwStSystRL: Art. 2, Art. 9
- BMF-Schreiben vom 23.12.1992, IV A 3 – S 7143 – 2/92, Umsatzsteuerbefreiung für die innergemeinschaftliche Lieferung neuer Kraftfahrzeuge; hier: Nachweis der Beförderung oder Versendung in das übrige Gemeinschaftsgebiet, BStBl. I 1993, 46 (formell aufgehoben, materiell aber weiter gültig lt. BMF v. 10.3.2023; zur zweifelhaften Bedeutung dieses Schreibens ➲ Kapitel 1.6).

Bitte beachten Sie!

Schon lange Pflicht, in der Praxis aber immer wieder übersehen: die Meldung nach der Fahrzeuglieferungs-Meldepflichtverordnung

Veräußert ein Kfz-Händler ein neues Fahrzeug in ein anderes EU-Land, ist der Verkauf auch dann umsatzsteuerfrei, wenn der Kunde keine USt-IdNr. hat (§ 6a Abs. 1 Nr. 2 Buchst. c UStG). Ein Pkw ist neu, wenn er nicht mehr als 6.000 km zurückgelegt hat oder seine erste Inbetriebnahme im Zeitpunkt der Lieferung nicht mehr als sechs Monate zurückliegt (§ 1 b Abs. 3 Nr. 1 UStG).

Der Kunde muss im Gegenzug im Bestimmungsland einen innergemeinschaftlichen Erwerb versteuern (im deutschen Recht nach § 1b UStG). Dies konnte die Finanzverwaltung des Bestimmungslandes bislang nicht kontrollieren, weil Fahrzeugverkäufe

---

429 Vgl. auch Abschn. 25a.1. Abs. 7 Satz 6 UStAE.
430 OFD Frankfurt/Main, Vfg. v. 15.3.2016, Ziffer 4.
431 OFD Frankfurt/Main, Vfg. v. 15.3.2016, Ziffer 5.

an Abnehmer ohne USt IdNr. nicht in die zusammenfassende Meldung (dazu nachfolgend ➲ Kapitel 98) eingehen.

Seit dem 1.7.2010 müssen daher Lieferungen neuer Fahrzeuge an Abnehmer ohne USt-IdNr. elektronisch an das BZSt gemeldet werden. Das BZSt übermittelt die Daten an die ausländische Finanzbehörde, die dann die Erwerbsbesteuerung überprüfen kann (➲ Kapitel 96.7).

62.1 Einführung

Grundsätzlich folgt die Besteuerung des Kfz-Handels den **allgemeinen Regeln** des Umsatzsteuerrechts. Dies gilt insbesondere für die Lieferung von

- Neufahrzeugen an andere Unternehmer
- Neufahrzeugen nichtunternehmerische Kunden im Inlandsgeschäft und Drittlandsgeschäft
- Kraftfahrzeugteilen.

Sonderregeln gelten aber für die Lieferung von

- gebrauchten Fahrzeugen unter den Voraussetzungen des § 25a UStG (Differenzbesteuerung ➲ Kapitel 61)
- **Neufahrzeugen an nichtunternehmerische Kunden im EU-Geschäft** (§ 4 Nr. 1 Buchst. b, § 6a Abs. 1 Satz 1 Buchst. c UStG)
- **Neufahrzeugen durch (nichtunternehmerische) »Fahrzeuglieferer«** (§ 2a UStG).

62.2 Überblick über die Sonderbestimmungen

Während für **EU-Umsätze (von Unternehmern) an Privatpersonen** – abgesehen von den Besonderheiten des Fernverkaufs (§ 3c UStG ➲ Kapitel 56) – grundsätzlich das sog. »Urspungslandsprinzip«[432] gilt, sieht das EU-Umsatzsteuerrecht[433] für die Besteuerung der **Umsätze mit Neufahrzeugen ausschließlich das Bestimmungslandprinzip** vor[434].

---

432 Nach dem Ursprunglandprinzip werden Erzeugnisse mit der Umsatzsteuer des Landes belastet, in dem sie produziert werden. Bei grenzüberschreitenden Leistungen ist das Ursprungslandprinzip nur unzureichend mit dem Ziel einer Verbrauchsbesteuerung zu vereinbaren (*Lippross*, Umsatzsteuer, 24. Aufl. 2017, 1.3.1.b).

433 Art. 2 Abs. 1 Buchst. b Ziffer ii, Abs. 2 MwStSystRL.

434 Nach dem Bestimmungslandprinzip werden Warenlieferungen beim Export von der Mehrwertsteuer entlastet und im Importland nach den dortigen Vorschriften mit Einfuhrumsatzsteuer (innerhalb der EU: Erwerbsteuer) belastet (*Lippross*, a. a. O., 1.3.1.a). Das Bestimmungslandprinzip entspricht dem Verbrauchsteuergedanken und gewährleistet Wettbewerbsneutralität, weil Importwaren derselben Mehrwertsteuerbelastung unterliegen wie Inlandswaren. Das Bestimmungslandprinzip hat sich in der EG bewährt und wird auch vom GATT (General Agreement on Tarifs and Trade = Allgemeines Zoll- und Handelsabkommen vom 30.10.1947) als das angemessene Prinzip für die Besteuerung des internationalen Handels angesehen.

Eine weitere Besonderheit ergibt sich daraus, dass das Umsatzsteuerrecht eigentlich nur die Tätigkeit von Unternehmern im Rahmen ihres Unternehmens besteuert[435], und damit Lieferungen und Leistungen von Nicht-Unternehmern oder von Unternehmern außerhalb ihres Unternehmens – die sog. »Nicht-Umsätze« – grundsätzlich unbesteuert bleiben. Auch dies soll bei der EU-Lieferung von Neufahrzeugen anders sein; das UStG kreiert hierfür die **spezielle Unternehmereigenschaft des – eigentlich nicht-unternehmerischen – »Fahrzeuglieferers«**[436].

Die Sonderregeln des UStG, insbesondere die der

- § 1b UStG (Innergemeinschaftlicher Erwerb neuer Fahrzeuge)
- § 2a UStG (Fahrzeuglieferer)
- § 4 Nr. 1 Buchst. b, § 6a Abs. 1 Satz 1 Buchst. c UStG (innergemeinschaftliche Lieferung neuer Fahrzeuge)
- § 15 Abs. 4a UStG (Vorsteuerabzug des Fahrzeuglieferers)
- § 16 Abs. 5a UStG (Fahrzeugeinzelbesteuerung)
- § 18 Abs. 10 UStG (Besteuerungsverfahren)

dienen also dazu, die Besteuerung der Lieferung von Neufahrzeugen im U-Geschäft **vom Ursprungslandprinzip auf das Bestimmungslandprinzip umzustellen** bzw. – bei den »Nichtumsätzen« – die Besteuerung erst einmal **einzuführen**.

62.3 Begriff des Fahrzeugs (§ 1b Abs. 2 UStG)

Fahrzeuge i. S. d. Sonderregeln sind – neben den Luft- oder Wasserfahrzeugen –

- zur Personen- oder Güterbeförderung bestimmte
- motorbetriebene Landfahrzeuge
- mit einem Hubraum von mehr als 48 ccm oder einer Leistung von mehr als 7,2 KW,

§ 1b Abs. 2 UStG; die **EG-rechtliche Grundlage** der Vorschrift ist Art. 2 Abs. 1 Buchst. b Ziffer ii, Abs. 2 Buchst. a Ziffer i MwStSystRL.

Die Fahrzeuge müssen **zur Personen- oder Güterbeförderung bestimmt** sein[437]. Damit kommt § 1b UStG nicht zur Anwendung auf

- Fahrzeuge als **Sammler- oder Museumsstücke**[438];
- **selbstfahrende Arbeitsmaschinen und land- und forstwirtschaftliche Zugmaschinen**, die nach ihrer Bauart oder ihren besonderen, mit dem Fahrzeug verbundenen

---

435   Vgl. § 1 Abs. 1 Nr. 1 UStG.
436   § 2a UStG.
437   Abschn. 1b.1 Satz 2 UStAE.
438   *Bülow* in S/W/R, § 1b Rz. 12.

Lieferung/Sonderfälle

Einrichtungen nicht zur Beförderung von Personen oder Gütern bestimmt und geeignet sind[439] (z. B. Bagger, Feuerlöschfahrzeuge, Kräne, Planierraupen, Mähdrescher, Schneepflüge).

Motorbetriebene Landfahrzeuge sind insbesondere Personenkraftwagen, Lastkraftwagen, Motorräder, Motorroller, Mopeds und motorbetriebene Wohnmobile und Caravans[440]. Die **straßenverkehrsrechtliche Zulassung** ist nicht erforderlich[441].

Keine Landfahrzeuge sind Wohnwagen, Packwagen und andere **Anhänger ohne eigenen Motor**, die nur von Kraftfahrzeugen mitgeführt werden können[442].

Bei einem **Schrottfahrzeug** wird man allerdings nicht mehr von einem Fahrzeug i. S. v. § 1b Abs. 2 UStG sprechen können[443].

62.4 Begriff des Neufahrzeugs (§ 1b Abs. 3 UStG)

Ein Landfahrzeug gilt als neu, wenn es

- nicht mehr als 6.000 km zurückgelegt hat oder
- wenn seine erste Inbetriebnahme im Zeitpunkt des Erwerbs nicht mehr als sechs Monate zurückliegt,

§ 1b Abs. 3 Nr. 1 UStG; die **EG-rechtliche Grundlage** der Vorschrift ist Art. 2 Abs. 2 Buchst. b Ziffer i MwStSystRL.

 Beratungskonsequenzen

Damit bei einem EU-Geschäft an Privat die Sonderregel für Neufahrzeuge nicht zur Anwendung kommt, muss das Fahrzeug also
- **mehr als 6.000 km** »auf dem Tacho« haben *und*
- älter ein halbes Jahr sein.

Zu den **Luft- oder Wasserfahrzeugen** vgl. § 1b Abs. 3 Nr. 2, Nr. 3 UStG.

Folge der **6.000-km–Grenze** ist, dass auch sehr alte Fahrzeuge (z. B. Sammler- oder Ausstellungsfahrzeuge) als neu i. S. dieser Vorschrift gelten können, wenn sie wenig in Betrieb waren[444]. Hier wird man allerdings beachten müssen, dass derartige Fahrzeuge wahrscheinlich als Ausstellungs- oder Museumsstücke nicht zur Personen- oder Güterbeförderung bestimmt sind[445].

Unklar ist der Begriff der **ersten Inbetriebnahme**. Definiert man diese als Zeitpunkt, zu dem das Fahrzeug vom ersten Erwerber zum ersten Mal bestimmungsgemäß benutzt

---

439 Abschn. 1b.1 Satz 5 UStAE.
440 Abschn. 1b.1 Satz 5 UStAE.
441 Abschn. 1b.1 Satz 4 UStAE.
442 Abschn. 1b.1 Satz 5 UStAE.
443 *Bülow,* a. a. O., § 1b Rz. 21.
444 *Bülow,* a. a. O., § 1b Rz. 21.
445 Vgl. Abschn. 1b.1 Satz 2 UStAE und ➲ Kapitel 62.3.

wurde, wird bei **zulassungspflichtigen Fahrzeugen** in der Regel der Tag der ersten Zulassung maßgeblich sein[446]. Ob dies auch auf die **Tageszulassung** durch Kfz-Händler zutrifft erscheint zweifelhaft, auch wenn § 18 Abs. 10 Nr. 1 UStG anordnet, dass die für die Zulassung oder Registrierung zuständigen Behörden den Finanzbehörden die erstmalige Zuteilung eines amtlichen Kennzeichens mitzuteilen haben[447].

Der **Tag der ersten Inbetriebnahme** kann (wohl eher theoretisch) auch vor dem Tag der ersten Zulassung liegen[448]. Nicht zu berücksichtigen sind dabei Zeiten oder zurückgelegte Strecken, die der **Erprobung des Fahrzeugs beim Hersteller** oder dem **Betrieb zum Zweck des Transports** (z. B. beim Be- und Entladen von PKW-Transportern) dienen[449].

Problematisch ist die Einbeziehung **nicht zulassungspflichtiger Fahrzeuge.** Hier ist die Kontrolle des steuerlichen Erwerbs kaum möglich. Es bleibt den Finanzbehörden nur die Möglichkeit, über Kontrollmitteilungen aus Lieferländern bzw. mittels Einzelauskunftsersuchen einschlägige Sachverhalte in Erfahrung zu bringen[450].

Maßgebend sind die oben genannten Kriterien für das Vorhandensein eines neuen Fahrzeugs der **Zeitpunkt des Erwerbs** und nicht auf den Zeitpunkt der Beförderung oder Versendung[451]: das Fahrzeug ist damit **nicht mehr neu, wenn es keine der beiden Voraussetzungen** erfüllt[452].

Für die Frage, ob ein Fahrzeug neu ist, ist derjenige **nachweispflichtig,** der sich darauf beruft. Das kann sowohl das Finanzamt sein, das den Erwerb besteuern möchte, als auch der Steuerpflichtige, der den Erwerb im Inland versteuern möchte, um in den Genuss des ggf. niedrigeren deutschen Steuersatzes zu kommen[453].

Bei einem **Schrottfahrzeug** wird man allerdings nicht mehr von einem Fahrzeug i. S. v. § 1b Abs. 2 UStG sprechen können[454].

62.5 Die einzelnen Fallgruppen im Neuwagengeschäft

62.5.1 Lieferung des deutschen Kfz-Händlers an Unternehmenskunden

Die Umsatzbesteuerung folgt den **allgemeinen Prinzipien;** es ergeben sich keine Besonderheiten (➜ Kapitel 62.1).

---

446 *Mößlang* in S/R, § 1b Rz. 7.
447 *Mößlang,* a. a. O.
448 Vgl. auch § 18 Abs. 10 Nr. 2 UStG; *Bülow,* a. a. O., § 1b Rz. 19; *Leonard* in B/G, 9. Aufl. 2009, § 1b Rz. 13; *Stadie,* a. a. O. Anm. 19; a. A. *Tehler* in Reiß/Kraeusel/Langer, UStG, § 1b Rz. 15.
449 *Leonard,* a. a. O.; *Mößlang,* a. a. O.
450 *Bülow,* a. a. O., § 1b Rz. 22.
451 *Leonard,* a. a. O., Rz. 14.
452 *Leonard,* a. a. O., Rz. 13.
453 *Leonard,* a. a. O., Rz. 14; *Stadie,* a. a. O. Anm. 19; a. A. *Tehler* in Reiß/Kraeusel/Langer, UStG, § 1b Rz. 15.
454 *Bülow,* a. a. O., § 1b Rz. 21; vgl. bereits oben ➜ Kapitel 62.3.

62.5.2 Lieferung des deutschen Kfz-Händlers an nichtunternehmerische Kunden im Inlandsgeschäft und Drittlandsgeschäft

Die Umsatzbesteuerung folgt den **allgemeinen Prinzipien**; es ergeben sich keine Besonderheiten (➲ Kapitel 62.1).

62.5.3 Lieferung des deutschen Kfz-Händlers an nichtunternehmerische Kunden im EU-Geschäft

 Rechtsgrundlagen

BMF-Schreiben vom 23.12.1992, IV A 3 – S 7143 – 2/92, Umsatzsteuerbefreiung für die innergemeinschaftliche Lieferung neuer Kraftfahrzeuge; hier: Nachweis der Beförderung oder Versendung in das übrige Gemeinschaftsgebiet, BStBl. I 1993, 46. Das Schreiben ist vor dem 27.3.2012 ergangen und formell aufgehoben, materiell aber weiter gültig lt. BMF v. 18.3.2021; zur zweifelhaften Bedeutung dieses Schreibens ➲ Kapitel 1.6).

Bei der Lieferung eines Neufahrzeugs im EU-Geschäft kann gem. § 4 Nr. 1 Buchst. b, § 6a Abs. 1 Satz 1 Buchst. c UStG **»jeder andere Erwerber«** der Abnehmer sein, also auch ein

- Nichtunternehmer

  Beispiel: Ein niederländischer Arbeitnehmer kauft bei einem Autohaus in Kerken ein Neufahrzeug.

- Unternehmer, der das Fahrzeug nicht für sein Unternehmen erwirbt.

  Beispiel: Ein belgischer Schokoladenvertreter kauft bei einem Autohaus bei einer Werbereise durch Deutschland ein Neufahrzeug für seine Tochter.

In diesem Fall gelten für den **Buchnachweis** die besonderen Sollvorschriften des § 17c Abs. 4 UStDV. Der Unternehmer soll Folgendes aufzeichnen:

- Namen und Anschrift des Erwerbers;
- die handelsübliche Bezeichnung des gelieferten Fahrzeugs;
- den Tag der Lieferung;
- das vereinbarte Entgelt bzw. – bei Ist-Versteuerung nach § 20 – das vereinnahmte Entgelt und den Tag der Vereinnahmung;
- die Merkmale, die das Fahrzeug nach § 1b Abs. 2 und 3 als neu ausweisen (s. o. ➲ Kapitel 62.4);
- die Beförderung oder Versendung in einen anderen Mitgliedstaat;
- den Bestimmungsort des Fahrzeugs in einem anderen Mitgliedstaat.

Daneben sind nach einer Anweisung des BMF zur Vermeidung von Missbräuchen weitere, ergänzende Nachweispflichten zu erfüllen:

- Eine innergemeinschaftliche Lieferung ist danach nur dann gegeben, wenn auch der Nachweis erbracht wird, dass das Fahrzeug **in einem anderen EU-Mitgliedstaat zum Straßenverkehr amtlich zugelassen** worden ist.

- Nur wenn dies nicht möglich ist, kann der Nachweis auch in einer anderen gleichermaßen eindeutigen und leicht nachprüfbaren Weise geführt werden, z. B. durch den **Nachweis der Erwerbsbesteuerung**.

62.5.4 Erwerb des deutschen Kfz-Händlers von einem (nichtunternehmerischen) »Fahrzeuglieferer«

Hier ergeben sich für den Kfz-Händler keine Besonderheiten:

- Die **Erwerbsbesteuerung** erfolgt im normalen Voranmeldungsverfahren.

- Ist der Unternehmer vorsteuerabzugsberechtigt, kann er in derselben Voranmeldung die Erwerbsteuer als **Vorsteuer** wieder in Abzug bringen.

Damit ergibt sich in der Regel ein **Nullsummenspiel**[455]!

62.5.5 Lieferungen und Erwerbe durch Nichtunternehmer

Besonderheiten gelten für **außerunternehmerische Vorgänge** (Geschäfte unter Privatleuten)[456].

 Beratungskonsequenzen

Die erforderlichen Erklärungen sehen Sie (... als Steuerberater ...) in ➲ Kapitel 104.3.

62.6 Berücksichtigung der Fahrzeuglieferungen und -erwerbe in den Vordrucken

UStVA 2024 – USt-Erklärung 2023 – ZM

 Hinweis
➲ Kapitel 104.2 und Kapitel 104.3

---

455   ➲ Kapitel 104.7.
456   Vgl. in UNI Weimann, § 1b und *Heß*, § 16, 2.4 sowie *Heizmann*, § 15, 2.8.

62.7 Meldung nach der Fahrzeuglieferungs-Meldepflichtverordnung

Schon lange Plicht, in der Praxis aber ohne böse Absicht immer wieder übersehen

 Hinweis

➲ Kapitel 96.7, Kapitel 104.2 und Kapitel 104.3

63 EuGH und MwSt-Ausschuss zum E-Charging

63.1 Technisches Hintergrundwissen

Unter E-Charging versteht man das Aufladen eines Elektrofahrzeugs an einer **gewerblich betriebenen »Stromtankstelle«**. Die Besonderheit besteht darin, dass – anders als bei einer herkömmlichen Tankstelle, deren Leistung sich auf den Verkauf der jeweiligen Kraftstoffe beschränkt – der Ladevorgang in der Regel durch diverse flankierende Leistungen unterstützt wird.

Beim Aufladen von Elektrofahrzeugen werden gegenüber den Fahrern – je nach Bedarf – u. a. folgende Leistungen erbracht:

- eigentliche Lieferung von Ladestrom
- Bereitstellung der Ladevorrichtungen einschließlich der Verbindung des Ladegeräts mit den Betriebssystemen der Fahrzeuge
- Anpassung der entsprechenden Parameter zur Übertragung von Elektrizität an die Batterien der Fahrzeuge
- eventuell erforderliche technische Unterstützung der Fahrer
- Bereitstellung von diversen IT-Anwendungen, die es dem Fahrer ermöglichen
  - einen Anschluss zu reservieren,
  - den Umsatzverlauf einzusehen
  - in einer elektronischen Geldbörse gespeicherte Guthaben zu erwerben und diese für die Bezahlung der Ladevorgänge zu verwenden.

63.2 Mögliche Umsatzbeteiligte

In den Ladevorgang sind – neben dem Elektrizitätsversorger, welcher die Ladestation mit Strom speist, und dem Fahrer des Fahrzeugs – sind möglicherweise zwei Unternehmer eingebunden:

- **der CPO** (Charge Point Operator = Ladepunktbetreiber): Der CPO ist der eigentliche Produzent der in Abschnitt 1 beschriebenen Leistungen.

- **der eMP** (Mobility Provider« = Mobilitätsanbieter): Der eMP schließt die Verträge mit den Fahrern, gibt die vom CPO produzierten Leistungen an diese weiter und legt ggf. eigene zusätzliche Services auf. Bei all dem tritt er gegenüber Fahrern (= Kunden) im eigenen Namen auf.

63.3 Die Umsatzsteuerfrage

Bislang war weitgehend ungeklärt, ob die in ➲ vorstehendes Kapitel 63.1 beschriebenen Leistungen **einzeln oder als Gesamtpaket** zu beurteilen sind.

Sollte Letzteres der Fall sein, stellt sich die Frage, ob das Gesamtpaket **zu einer Lieferung oder zu einer sonstigen Leistung** führt.

63.4 EuGH zu »Zwei-Personen-Beziehungen«

63.4.1 Sachverhalt

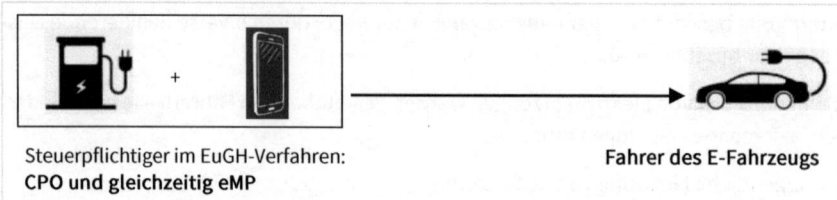

Steuerpflichtiger im EuGH-Verfahren: **Fahrer des E-Fahrzeugs**
CPO und gleichzeitig eMP

Der Steuerpflichtige beabsichtigt, eine Tätigkeit auszuüben, die in der Errichtung und dem Betrieb von öffentlich zugänglichen Ladestationen für Elektrofahrzeuge besteht. Die bei jedem Ladevorgang erbrachte Leistung soll – je nach dem Bedarf des betreffenden Nutzers – folgende Einzelleistungen umfassen: Bereitstellung von Ladevorrichtungen, einschließlich der Verbindung des Ladegeräts mit dem Betriebssystem des Fahrzeugs, Übertragung von Elektrizität mit entsprechend angepassten Parametern an die Batterie des Elektrofahrzeugs sowie notwendige technische Unterstützung.

Der Steuerpflichtige beabsichtigt auch, eine spezielle Plattform, Website oder Anwendungssoftware bereitzustellen, über die die jeweiligen Nutzer einen bestimmten Anschluss reservieren und den Verlauf der getätigten Umsätze und der erfolgten Zahlungen einsehen könnten.

Für all diese Leistungen möchte der Steuerpflichtige einen einheitlichen Preis in Rechnung stellen.

Der Steuerpflichtige beantragte bei der zuständigen polnischen Steuerbehörde die Erteilung eines Steuervorbescheids, mit dem bescheinigt werde, dass es sich bei der geplanten Tätigkeit mehrwertsteuerrechtlich um eine »Dienstleistung« handele.

In dem Steuervorbescheid vertrat die Steuerbehörde dagegen die Auffassung, dass die Lieferung der für das Aufladen eines Elektrofahrzeugs erforderlichen Elektrizität als die

Hauptleistung anzusehen sei; die anderen vom Steuerpflichtigen angebotenen (Dienst-)Leistungen seien dazu Nebenleistungen. Daraus folge, dass die Bereitstellung von Geräten, die ein rasches Aufladen von Elektrofahrzeugen ermöglichten, nicht als dominierender Bestandteil des betreffenden Umsatzes anzusehen sei und dass das Aufladen des Fahrzeugs nicht von untergeordneter Bedeutung sei.

Auf eine Klage des Steuerpflichtigen hob das zuständige polnische Verwaltungsgericht den Steuervorbescheid auf. Das Gericht meinte, die primäre Absicht der Nutzer von Ladestationen bestehe darin, Geräte zu nutzen, die es ihnen ermöglichten, ihr Fahrzeug schnell und effizient aufladen zu können. Damit bestehe die Hauptleistung aus der Sicht des betreffenden Nutzers im Zugang zu einer Ladestation und in der notwendigen Verbindung eines Ladegeräts mit dem Betriebssystem des Fahrzeugs. Ziel eines solchen Umsatzes sei es nicht, Elektrizität anzubieten, sondern den betreffenden Nutzern die hochentwickelten Ladevorrichtungen zur Verfügung zu stellen, mit denen diese Ladestationen ausgestattet seien.

Die Attraktivität des Angebots von Stationen zum Aufladen von E-Fahrzeugen ergebe sich hauptsächlich aus der Ladezeit und nicht aus dem Zugang zur Elektrizität als solcher. Die Leistung unterscheide sich von derjenigen von Tankstellen, die herkömmliche Kraftstoffe anböten, da dabei nicht auf die Art oder die Qualität von Kraftstoffen abgestellt werde, die bei jedem Lieferanten identisch seien, sondern auf die Schnelligkeit und die Effizienz des Aufladens, wobei es auf die Merkmale der den betreffenden Nutzern zur Verfügung gestellten Geräte ankomme.

Die Steuerbehörde legte bei dem vorlegenden polnischen Gericht Kassationsbeschwerde gegen das Urteil ein. Mit seiner Frage möchte das vorlegende Gericht im Wesentlichen wissen, ob die vom Steuerpflichtigen beabsichtigte Leistung als komplexe einheitliche Leistung eine »Lieferung von Gegenständen« im Sinne von Art. 14 Abs. 1 MwStSystRL oder eine »Dienstleistung« im Sinne von Art. 24 Abs. 1 MwStSystRL darstellt.

63.4.2   Entscheidung

Ermöglicht der Betreiber einer »Stromtankstelle« den Fahrern von Elektrofahrzeugen den eigentlichen Ladevorgang in Kombination mit das Laden unterstützenden Dienstleistungen, erbringt er damit eine **komplexe einheitliche Leistung,** die umsatzsteuerlich zur »**Lieferung von Gegenständen**« im Sinne von Art. 14 Abs. 1 MwStSystRL führt.

Bei einem Umsatz, der verschiedene Einzelleistungen und Handlungen umfasst, ist eine Gesamtbetrachtung vorzunehmen, um zu bestimmen, ob dieser Umsatz für Zwecke der Mehrwertsteuer zwei oder mehr getrennte Leistungen oder eine einheitliche Leistung umfasst und ob im letztgenannten Fall diese einheitliche Leistung als »Lieferung von Gegenständen« oder als »Dienstleistung« einzustufen ist.

Zwar ist jeder Umsatz in der Regel als eigene, selbständige Leistung zu betrachten, doch darf ein Umsatz, der eine wirtschaftlich einheitliche Leistung darstellt, im Interesse eines funktionierenden Mehrwertsteuersystems **nicht künstlich aufgespalten** werden. Insoweit ist davon auszugehen, dass eine einheitliche Leistung dann vorliegt, wenn zwei oder mehr Einzelleistungen oder Handlungen des Steuerpflichtigen für den Kunden so eng miteinander verbunden sind, dass sie objektiv eine einzige untrennbare wirtschaftliche Leistung bilden, deren Aufspaltung wirklichkeitsfremd wäre.

Unter bestimmten Umständen sind ferner mehrere formal eigenständige Leistungen, die getrennt erbracht werden und damit jede für sich zu einer Besteuerung oder Befreiung führen könnten, als **einheitlicher Umsatz** anzusehen, wenn sie nicht voneinander unabhängig sind.

Das ist namentlich dann der Fall, wenn ein oder mehrere Teile als die Hauptleistung, andere Teile dagegen als eine oder mehrere Nebenleistungen anzusehen sind, die das steuerliche Schicksal der Hauptleistung teilen. Eine Leistung ist insbesondere dann als **Nebenleistung zu einer Hauptleistung** anzusehen, wenn sie für die Kundschaft keinen eigenen Zweck darstellt, sondern das Mittel, um die Hauptleistung des Leistungserbringers unter optimalen Bedingungen in Anspruch zu nehmen.

Ob die betreffende Leistung unter den Umständen des konkreten Falles eine einheitliche Leistung darstellt, **haben die nationalen Gerichte festzustellen,** die dazu alle endgültigen Tatsachenbeurteilungen vorzunehmen haben.

Im Ausgangsverfahren geht es um eine **Kombination von Umsätzen,** die in der Lieferung von Elektrizität zum Aufladen von Elektrofahrzeugen und der Erbringung verschiedener Dienstleistungen wie der Einrichtung des Zugangs zu Ladepunkten und der Erleichterung ihrer Nutzung, der notwendigen technischen Unterstützung und IT-Anwendungen, die die Reservierung eines Anschlusses, die Verfolgung des Umsatzverlaufs und die Bezahlung der Umsätze ermöglichen, bestehen. Nach Ansicht des vorlegenden Gerichts stellen die Lieferung und die Leistung, um die es geht, für die Zwecke der Mehrwertsteuer einen einheitlichen Umsatz dar. Angesichts der dem Gerichtshof vorliegenden Informationen ist nicht ersichtlich, dass diese Einstufung gegen eines der genannten Kriterien verstößt.

In Bezug auf den **Begriff »Lieferung von Gegenständen«** im Sinne der MwStSystRL bestimmt deren Art. 14 Abs. 1, dass als solche die Übertragung der Befähigung gilt, wie ein Eigentümer über einen körperlichen Gegenstand zu verfügen. Dieser Begriff umfasst jede Übertragung eines körperlichen Gegenstands durch eine Partei, die die andere Partei ermächtigt, über diesen Gegenstand faktisch so zu verfügen, als wäre sie sein Eigentümer. Außerdem wird nach Art. 15 Abs. 1 MwStSystRL Elektrizität einem körperlichen Gegenstand gleichgestellt.

Was den **Begriff »Dienstleistung«** im Sinne der MwStSystRL betrifft, geht aus deren Art. 24 Abs. 1 hervor, dass darunter jeder Umsatz fällt, der keine »Lieferung von Gegenständen« im Sinne von Art. 14 MwStSystRL ist.

Bei der Prüfung, ob eine **komplexe einheitliche Leistung** wie die im Ausgangsverfahren in Rede stehende als »Lieferung von Gegenständen« oder als »Dienstleistung« im Sinne dieser Richtlinie einzustufen ist, sind sämtliche Umstände, unter denen der Umsatz abgewickelt wird, zu berücksichtigen, um dessen charakteristische Bestandteile zu ermitteln und darunter die dominierenden Bestandteile zu bestimmen.

Die fraglichen Bestandteile sind **aus der Sicht des durchschnittlichen Nutzers** von Ladepunkten und – im Rahmen einer Gesamtbetrachtung – mit Rücksicht auf die qualitative und nicht nur quantitative Bedeutung der Dienstleistungselemente im Vergleich zu den Elementen einer Lieferung von Gegenständen zu bestimmen.

So greift zum einen die **Bezugnahme in Art. 4 Abs. 8 der Richtlinie 2014/94 auf »Leistungen zum Aufladen von Elektrofahrzeugen«** der Einstufung des im Ausgangsverfahren in Rede stehenden Umsatzes als »Lieferung von Gegenständen« oder als »Dienstleistung« im Sinne der MwStSystRL nicht vor. Zweck der Richtlinie 2014/94 ist nämlich nach ihrem Art. 1 die Festlegung von Mindestanforderungen für die Errichtung der Infrastruktur für alternative Kraftstoffe einschließlich Ladepunkten für Elektrofahrzeuge. Sie hat daher nicht zum Ziel, irgendeine Regelung über die mehrwertsteuerliche Behandlung der Versorgung mit alternativem Kraftstoff zu treffen.

Zum anderen können, da die Vermarktung eines Gegenstands **stets mit einer minimalen Dienstleistung verbunden** ist, bei der Beurteilung des Anteils der Dienstleistung an der Gesamtheit einer komplexen Leistung, zu der auch die Lieferung eines Gegenstands gehört, nur diejenigen Dienstleistungen berücksichtigt werden, die sich von denen unterscheiden, die notwendig mit der Vermarktung des betreffenden Gegenstands verbunden sind. Insoweit stellt erstens der Umsatz, der in der Übertragung von Elektrizität an die Batterie eines Elektrofahrzeugs besteht, eine Lieferung von Gegenständen dar, da er den Nutzer des Ladegeräts ermächtigt, die übertragene Elektrizität, die nach Art. 15 Abs. 1 der MwStSystRL einem körperlichen Gegenstand gleichgestellt ist, zum Zweck des Antriebs seines Fahrzeugs zu verbrauchen.

Zweitens **setzt eine solche Versorgung der Batterie eines Elektrofahrzeugs mit Elektrizität den Einsatz einer geeigneten Ladevorrichtung voraus,** die ein mit dem Betriebssystem des Fahrzeugs zu verbindendes Ladegerät einschließen kann. Folglich stellt die Gewährung des Zugangs zu dieser Vorrichtung eine minimale Dienstleistung dar, die notwendig mit der Lieferung von Elektrizität verbunden ist, und kann daher bei der Beurteilung des Anteils, den die Dienstleistung an der Gesamtheit eines komplexen Umsatzes ausmacht, der auch diese Lieferung von Elektrizität umfasst, nicht berücksichtigt werden.

Drittens stellt die **technische Unterstützung,** die für die betreffenden Nutzer notwendig sein kann, ihrerseits **keinen eigenen Zweck** dar, sondern das Mittel, um die Lieferung der für den Antrieb des Elektrofahrzeugs erforderlichen Elektrizität unter optimalen Bedingungen in Anspruch zu nehmen. Sie stellt somit eine Nebenleistung zu dieser Lieferung von Elektrizität dar.

Dies gilt auch für die **Bereitstellung von IT-Anwendungen,** die es dem betreffenden Nutzer ermöglichen, einen Anschluss zu reservieren, den Umsatzverlauf einzusehen und Guthaben für die Bezahlung der Aufladungen zu erwerben. Solche Leistungen bieten dem Nutzer nämlich bestimmte zusätzliche praktische Möglichkeiten, die allein darauf abzielen, die Übertragung der für das Aufladen seines Fahrzeugs erforderlichen Elektrizität zu verbessern und einen Überblick über die in der Vergangenheit getätigten Umsätze zu geben.

Daraus folgt, dass die **Übertragung von Elektrizität grundsätzlich den charakteristischen und dominierenden Bestandteil** der einheitlichen und komplexen Leistung darstellt, zu der das vorlegende Gericht den EuGH befragt.

63.4.3   Bestätigung des MwSt-Ausschusses

Der EuGH bestätigt mit dem Urteil den Mehrwertsteuer-Ausschuss der Europäischen Kommission, welcher sich zu Zwei-Personen-Beziehung mit einer Leitlinie positioniert hat (Mehrwertsteuer-Ausschuss der Europäischen Kommission, Leitlinie 4 aus der 113. Sitzung vom 3.6.2019):

> **Mehrwertsteuer-Ausschuss der Europäischen Kommission, Leitlinie 4 aus der 113. Sitzung vom 3.6.2019**
>
> **4. Fragen zur Anwendung der Mehrwertsteuervorschriften der EU**
> In Bezug auf die Transaktion, die ein Infrastrukturbetreiber (im Folgenden »CPO«) durchführt, der ein Paket von Gegenständen und Dienstleistungen anbietet, das beispielsweise Fernreservierungen, die Bereitstellung von Informationen (Verfügbarkeit und Standort von Ladestationen, verwendete Anschlusstypen und Anzahl freier Parkplätze) sowie das eigentliche Aufladen der Akkumulatoren von Elektrofahrzeugen umfasst, ist der MwSt-Ausschuss **einstimmig** der Auffassung, dass das Aufladen des Akkus als Hauptelement der Transaktion zu betrachten ist, da der einzige Zweck der zusätzlichen Dienstleistungen darin besteht, den Zugang von Elektrofahrzeugen zur Ladestation zwecks Aufladung des Akkus zu erleichtern; die zusätzlichen Dienstleistungen sind somit mit dem Aufladen verbundene Nebentätigkeiten.
> Daher ist der MwSt-Ausschuss **einstimmig** der Auffassung, dass die vom CPO durchgeführte Transaktion als Lieferung von Gegenständen im Sinne des Artikels 14 Absatz 1 und des Artikels 15 Absatz 1 der MwSt-Richtlinie zu betrachten ist.

   Beratungskonsequenzen

Leitlinien, die vom MwSt-Ausschuss herausgegeben werden, geben lediglich die Ansichten des beratenden Ausschusses wieder. Sie stellen daher weder eine offizielle Auslegung des Unionsrechts dar, noch stimmt ihnen die Europäische Kommission unbedingt zu. Sie binden weder die Europäische Kommission noch die Mitgliedstaaten, denen es freisteht, sie nicht zu befolgen. Die Leitlinie gab also nicht mehr als eine zu erwartende Richtung vor. **Erst das Besprechungsurteil bringt die von der Praxis gewünschte Rechtssicherheit.** [457]

---

457 Weimann, ASR 12/2023, 12 und GStB 2023, 450.

63.5 MwSt-Ausschuss zu »Drei-Personen-Beziehungen«

Mittlerweile typisch für das Aufladen von Elektrofahrzeugen ist eine Wertschöpfungskette, in der neben den CPO ein selbständiger eMP tritt:

| CPO | eMP | Fahrer des E-Fahrzeugs |

Zu dieser Sachverhaltskonstellation musste sich der EuGH bislang noch nicht positionieren. Allerdings gibt es auch hierzu eine Leitlinie des Mehrwertsteuer-Ausschusses der Europäischen Kommission (Mehrwertsteuer-Ausschuss der Europäischen Kommission, Leitlinie 5 aus der 118. Sitzung vom 19.4.2021). Wieder kommt der Leitlinie keine Bindungswirkung zu (➲ vorstehendes Kapitel 63.4.3):

> **Mehrwertsteuer-Ausschuss der Europäischen Kommission, Leitlinie 5 aus der 118. Sitzung vom 19.64.2021**
>
> **5. Fragen zur Anwendung der MwSt-Vorschriften der EU**
>
> 1. Der MwSt-Ausschuss ist **einstimmig** der Auffassung, dass in einer typischen Wertschöpfungskette des Aufladens von Elektrofahrzeugen, in der es einen Ladepunktbetreiber (»Charge Point Operator«/CPO) und einen Mobilitätsanbieter (»Mobility Provider«/eMP) gibt, der CPO als Lieferer von Elektrizität im Sinne von Artikel 14 Absatz 1 und Artikel 15 Absatz 1 der MwSt-Richtlinie an den eMP und der eMP wiederum als Erbringer derselben Lieferung von Elektrizität an den Fahrer anzusehen ist.
> 2. Nach **einstimmiger** Auffassung des MwSt-Ausschusses sollte davon ausgegangen werden, dass der eMP in dieser Konstellation als steuerpflichtiger Wiederverkäufer im Sinne von Artikel 38 Absatz 2 der MwSt-Richtlinie handelt. Aus diesem Grunde ist der Mehrwertsteuerausschuss **einstimmig** der Auffassung, dass der Ort als Ort der Lieferung von Elektrizität durch den CPO an den eMP gelten sollte, an dem der steuerpflichtige Wiederverkäufer (d. h. der eMP) den Sitz seiner wirtschaftlichen Tätigkeit im Sinne von Artikel 38 Absatz 1 der MwSt-Richtlinie hat.
> 3. Der MwSt-Ausschuss ist **einstimmig** der Auffassung, dass – gemäß Artikel 39 der MwSt-Richtlinie – der Ort als Ort der Lieferung von Elektrizität durch den eMP an einen Fahrer, der sein Fahrzeug auflädt, gelten sollte, an dem der Fahrer die Gegenstände tatsächlich nutzt oder verbraucht, d. h. am Ort des Ladeterminals.

Die Erkenntnisse des Mehrwertsteuer-Ausschusses lassen sich für die Praxis wie folgt zusammenfassen:

- Der Ladevorgang führt in Kombination mit das Laden unterstützenden Dienstleistungen zu einer **komplexen einheitlichen Leistung**, die umsatzsteuerlich zur »**Lieferung von Gegenständen**« im Sinne von Art. 14 Abs. 1 MwStSystRL führt.

- Eine solche Leistung erbringen sowohl der **CPO gegenüber dem eMP** als auch der **eMP gegenüber dem Fahrer des E-Fahrzeugs.**

- Die jeweiligen **Lieferorte** richten sich nach den Sonderbestimmungen für Energielieferungen (Art. 38 f. MwStSystRL, § 3g UStG).

63.6   Checkliste

 Checkliste: E-Charging durch deutsche Autohäuser[458]
Verkauf von Stromladungen
- Ladevorgänge sind grundsätzlich brutto – **inklusive deutscher Umsatzsteuer** – abzurechnen.
- Das gilt auch für das Laden von **Fahrzeugen ausländischer Kunden.** Diese erhalten die an ihr Autohaus entrichtete Umsatzsteuer unter den weiteren Voraussetzungen (§ 18 Abs. 9 i.V.m. §§ 59 ff. UStDV, § 18g UStG) als Vorsteuer vergütet.

  Beachten Sie: Der Vergütungsausschluss nach § 18 Abs. 9 Satz 7 UStG findet keine Anwendung, da Strom kein »Kraftstoff« ist

- Ausnahmeweise kann es zu einer Steuerbefreiung kommen, wenn das Laden bloße Nebenleistung einer **Ausfuhrlieferung** (§ 4 Nr. 1 Buchst. a i.V.m. § 6 UStG) oder einer **innergemeinschaftlichen Lieferung** (§ 4 Nr. 1 Buchst. b i.V.m. § 6a UStG) ist.
- Ebenfalls ausnahmsweise kann sich eine Steuerbefreiung aus §§ 4 Nr. 7, § 26 Abs. 5 UStG ergeben (**NATO-Truppen, Diplomaten etc.**).

Einkauf von Stromladungen
- Das Autohaus erhält für den **bloßen Ladevorgang von deutschen Anbietern** Bruttoeingangsrechnungen inklusive deutscher Umsatzsteuer.
- **Bloße Ladevorgänge im EU-Ausland** werden mit der dortigen Umsatzsteuer brutto abgerechnet. Diese vom Autohaus entrichtete Umsatzsteuer unter den weiteren Voraussetzungen (§ 18g UStG) als Vorsteuer vergütet.
- **Bloße Ladevorgänge im Drittland** unterliegen unter Umständen der dortigen Umsatzsteuer. Ob das Drittland Ihnen diese vergüten wird, können Sie daran erkennen, dass das BMF von einer Gegenseitigkeit ausgeht (§ 18 Abs. 9 Satz 6 UStG, §§ 59 ff. UStDV).

  Beachten Sie: Der Vergütungsausschluss nach § 18 Abs. 9 Satz 7 UStG findet keine Anwendung, da Strom kein »Kraftstoff« ist (s. o.).

---

458   Weimann, ASR 12/2023, 12.

- Bei **Einkäufen von Fahrzeugen aus dem EU-Ausland** sind auch die auf eventuelle Ladevorgänge entfallenden Entgeltsanteile der Erwerbsteuer zu unterwerfen.
- Bei **Einkäufen von Fahrzeugen aus dem Drittland** sind auch die auf eventuelle Ladevorgänge entfallenden Entgeltsanteile der Einfuhrumsatzsteuer zu unterwerfen (§ 11 UStG).

➡ Beratungskonsequenzen

E-Charing führt in der dargestellten Form als Gesamtpaket zu einer Lieferung. Die Praxis hätte sicher die Annahme einer Dienstleistung bevorzugt. Das Laden durch ausländische Unternehmenskunden hätte dann zu einer B2B-Leistung geführt – mit den bekannten Folgen (Nettoabrechnung und Reverse Charge). Nach dem EuGH-Urteil muss die Abrechnung – wie beim Tanken – im Ursprungland unter Ausweis der Umsatzsteuer brutto erfolgen. Der Unternehmenskunde ist also auf das Vorsteuer-Vergütungsverfahren angewiesen.

Kampf gegen den Umsatzsteuerbetrug

64   Vorsicht vor einer »Fahrt im Umsatzsteuerkarussell«

Gefahren des redlichen Unternehmers aus betrügerischen Einkäufen

§ **Rechtsgrundlagen**

- EU-Kommission, Vorschlag für eine Verordnung des Rates zur Änderung der Verordnung (EU) Nr. 904/2010 hinsichtlich des zertifizierten Steuerpflichtigen, BR-Drs. 659/17 vom 4.10.2017.
- EU-Kommission, Vorschlag für eine Richtlinie des Rates zur Änderung der Richtlinie 2006/112/EG in Bezug auf die Harmonisierung und Vereinfachung bestimmter Regelungen des Mehrwertsteuersystems und zur Einführung des endgültigen Systems der Besteuerung des Handels zwischen Mitgliedstaaten, BR-Drs. 660/17 vom 4.10.2017.
- EU-Kommission, Pressemitteilung vom 4.10.2017.
- EU-Kommission, Mitteilung vom 27.6.2012, com (2012) 722 final, Aktionsplan zur Verstärkung der Bekämpfung von Steuerbetrug und Steuerhinterziehung.

↻ mybookplus.de > Wichtiges aus anderen Behörden

Auf einen Blick vorab – neue Maßnahmen zur Betrugsbekämpfung ab 1.1.2020!

Auch mit dem Ziel der Betrugsbekämpfung soll das Besteuerungsverfahren EU-weit umgestellt werden (↻ Kapitel 22). Da für die Umstellung ein zeitlicher Vorlauf unabdingbar ist, greifen ab 2020 **europaweite Sofortmaßnahmen** (↻ Kapitel 22.4). Diese ergänzt der deutsche Gesetzgeber durch Übernahme entsprechender Rechtsprechung in den Gesetzestext; die Beteiligung an einer Steuerhinterziehung führt ab sofort auch qua Gesetzes zur Versagung von Vorsteuerabzug und Steuerbefreiung (§ 25f UStG ↻ Kapitel 67).

64.1   Gefahren auch für den redlichen Unternehmer!

Karussellgeschäfte sind Betrugsgeschäfte: »Gauner« versuchen, sich ungerechtfertigte Vorsteuern zu erschleichen. Als redlicher Unternehmer (oder dessen Steuerberater) ist man geneigt, sich damit nicht zu beschäftigen – getreu dem Motto: »Das betrifft uns doch nicht; wir lassen uns doch auf so etwas erst gar nicht ein!«

Weit gefehlt! Für den redlichen Unternehmer besteht die Gefahr, in derartige Geschäfte »eingelassen zu werden«. Häufig ist dann der eigene **Vorsteuerabzug dadurch in Gefahr, dass man ohne Wissen am Ende einer Betrugskette steht.**

64.2 Der durch die Betrügereien verursachte Steuerschaden

Damals neues Zahlenmaterial der EU-Kommission

Das Ausmaß der durch Umsatzsteuerbetrug verursachten Steuerschäden lässt sich nur schwer bestimmen. Dies nicht nur deshalb, weil die »Gauner« ihren »Erfolg« in keine Statistik einfließen lassen, sondern auch, weil viele Mitgliedstaaten die Zahlen entweder erst gar nicht erheben oder die von ihnen erhobene Zahlen dann nicht veröffentlichen wollen.

Im Zusammenhang mit ihren Vorschlägen zur Betrugsbekämpfung ab 2020 (ursprünglich angedacht war 2019 (➲ Kapitel 22) hat die **EU-Kommission im Oktober 2017 überraschend konkrete Zahlen** veröffentlicht[459]:

- Insgesamt gehen jedes Jahr mehr als **150 Milliarden €** (= 150.000.000.000 €) an Mehrwertsteuern verloren.
- Schätzungen zufolge verursacht allein der grenzüberschreitende Betrug jährliche Mehrwertsteuereinbußen von rund **50 Milliarden €**.
- Umgelegt entsprechen die 50 Milliarden € in etwa **100 € pro EU-Bürger**.

Weitgehend seriöse Schätzungen liegen dem Europäischen Rechnungshof ausweislich eines Sonderberichts offensichtlich nur zu **Deutschland (Steuerschaden 2005 etwa 17 Mrd. €)** und dem Vereinigten Königreich (Steuerschaden 2005/2006 etwa 18 Mrd. €) vor.

Weitere »eindrucksvolle« – und damit beängstigende – Zahlen:

- Die Einnahmeausfälle – so mutmaßt das Europäische Parlament – könnten das **Volumen des Jahresgesamthaushaltes der Gemeinschaft übersteigen**[460]!
- **Allein in Deutschland** belief sich der Steuerschaden ausweislich eines Sonderberichts des Europäischen Rechnungshof in 2005 auf etwa **17 Mrd. €**.
- Der durchschnittliche **Umfang der Schattenwirtschaft** in den verschiedenen Mitgliedstaaten beträgt **ca. 20 %** (8–32 %)[461].

Die Mitgliedstaaten nehmen tatsächlich nur zwischen 40 % (Griechenland) und 90 % (Luxemburg) ihrer theoretisch möglichen Mehrwertsteuer ein[462]. Mit anderen Worten »verschenkt« Griechenland 60 % der Mehrwertsteuereinnahmen!

---

459   EU-Kommission, Pressemitteilung vom 4.10.2017; ➲ mybookplus.de > Wichtiges aus anderen Behörden.

460   BR-Drs.1004/08 vom 19.12.2008; hierzu *Weimann*, UStB 2009, 52.

461   EU-Kommission, Mitteilung vom 27.6.2012, Aktionsplan zur Verstärkung der Bekämpfung von Steuerbetrug und Steuerhinterziehung, com (2012) 722 final;
      ➲ mybookplus.de > Wichtiges aus anderen Behörden.

462   EU-Kommission, Mitteilung vom 27.6.2012, a. a. O.; ➲ mybookplus.de > Wichtiges aus anderen Behörden.

Einen wichtigen Anteil an den Steuerschäden haben die grenzüberschreitenden Warengeschäfte, nicht zuletzt durch den Karussellbetrug; diese Schäden einzudämmen ist eine – wenn nicht gar die vorrangigste – **Intention aller Neuregelungen bei den Warengeschäften** (➲ Kapitel 22, Kapitel 24, Kapitel 34 ff., Kapitel 52 und Kapitel 67).

64.3 Der Aufbau dieser besonderen Spezies der Betrugsgeschäfte

Karussellgeschäfte sind Liefergeschäfte, bei denen in den Fiskus schädigender Absicht Rechnungen mit Umsatzsteuer ausgestellt werden, um dem Rechnungsempfänger den Vorsteuerabzug zu ermöglichen, ohne die ausgewiesene und geschuldete Steuer zu entrichten. Die Anfangs recht einfach »gestrickten« Betrugsgeschäfte wurden **in der Folgezeit »verfeinert«, um der Finanzverwaltung die Aufdeckung zu erschweren**. Mittlerweile verlaufen Karussellgeschäfte in der Regel **zumindest vierstufig**[463]:

- **Ausgangslieferant (Stufe 1):** Der **Ausgangslieferant** ist in einem anderen EU-Staat ansässig und beliefert seinen Abnehmer, den missing trader, steuerfrei innergemeinschaftlich.

- **missing trader (Stufe 2):** Der erste Empfänger der Ware versteuert im Bestimmungsland den innergemeinschaftlichen Erwerb (Nullsummenspiel!) und verkauft die Ware umsatzsteuerpflichtig an einen vorab bestimmten Inländer. **Auf dieser Stufe entstehen die Steuerausfälle**, da von vornherein weder die Absicht besteht, eine Marge zu erzielen noch die in Rechnung gestellte Umsatzsteuer zu begleichen; der auf der zweiten Stufe tätige Unternehmer wird daher als missing trader bezeichnet. Der missing trader veräußert die Ware unter dem Einstandspreis und wird so vermögenslos. Er »taucht ab«, sobald die Finanzverwaltung versucht, die fällige Umsatzsteuer beizutreiben, und wird durch einen noch nicht auffällig gewordenen neuen missing trader ersetzt. Das Finanzamt wird keine Möglichkeit zur Einsicht in die Bücher des missing trader haben; darum bleibt unbeantwortet, warum die Ware unter dem Einstandspreis veräußert wurde.

- **buffer (Stufe 3):** Abnehmer des missing traders ist der ebenfalls im Bestimmungsland ansässige buffer. Der buffer dient der **Verschleierung des Lieferweges** und verkauft die Ware an den nächsten Abnehmer des Karussells. Der buffer hat eine unauffällige Umsatzsteueranmeldung mit Vorsteuer aus dem Wareneinkauf und Umsatzsteuer aus dem Warenverkauf; es kommt zu einer Zahllast.

- **distributor (Stufe 4):** Auch der distributor (manchmal auch »exporter« genannt) ist als Abnehmer des buffers im Bestimmungsland ansässig. Der distributor veräußert die Ware steuerfrei innergemeinschaftlich zurück an den Ausgangslieferanten. Damit ist das **Karussell geschlossen**; die Ware kann über einen neuen missing trader wieder in Umlauf gebracht werden.

---

463 Vgl. statt vieler *Kemper,* UR 2005, 1; *Tiedtke,* UR 2004, 6; zur »Technik der Karussellgeschäfte« vgl. auch Hessisches FG, EFG 2003, 890.

Beispiel

Der in Belgien ansässige Unternehmer B verkauft im Februar 2024 Rahmen innergemeinschaftlicher Lieferungen hochwertige Kfz an den in Deutschland angemeldeten Scheinunternehmer S. Vereinbarungsgemäß beträgt der Kaufpreis 1.700.000 €.

S verkauft die Kfz für 1.500.000 € zzgl. 19 % USt (285.000 €) an den deutschen Händler H1. Während H1 sich die Vorsteuern erstatten lässt, meldet S gegenüber dem Finanzamt die USt an, ohne diese auch bezahlen zu können, da er aus den insgesamt erhaltenen 1.785.000 € zunächst seine Lieferverbindlichkeiten gegenüber B i. H. v. 1.700.000 € begleicht und durch den Verkauf unter dem Einstandspreis vermögenslos wurde.

H1 verkauft die Kfz für 1.800.000 € zzgl. 19 % USt (342.000 €) an den ebenfalls deutschen Händler H2 und lässt sich die Vorsteuern aus dem Wareneinkauf von S i. H. v. 285.000 € vom Finanzamt erstatten.

H2 verkauft die Kfz für 1.900.000 € steuerfrei innergemeinschaftlich an B zurück und lässt sich die Vorsteuern aus dem Wareneinkauf von H1 i. H. v. 342.000 € vom Finanzamt erstatten.

B (= Ausgangslieferant)
- steuerfreie innergem. Lieferung an S
- innergem. Erwerb mit Vorsteuerabzug von H2

S (= missing trader)
- innergem. Erwerb mit Vorsteuerabzug von B
- unbeglichene USt-Schuld: **285.000 € (= Steuerschaden!!!)**

H1 (= buffer)
- USt aus der Lieferung an H2: 342.000 €
- Vorsteuer aus der Lieferung des S: 285.000 €

H2 (= distributor/exporter)
- steuerfreie innergem. Lieferung an B
- Vorsteuerabzug aus der Lieferung des H1: 342.200 €

➲ **Folge:**
Das Finanzamt wird die **Umsatzsteuer des missing traders niederschlagen** müssen; der **Steuerschaden beträgt mithin 285.500 €.**

64.4 EuGH und BFH zu den Voraussetzungen des Vertrauensschutzes

EuGH und BFH haben sich bereits intensiv mit Fragen des Umsatzsteuerkarusselle und des Gutglaubensschutzes auseinandersetzen. Die höchst interessanten Urteile haben zwar insgesamt die Position des (gutgläubigen) Unternehmers gestärkt; allerdings sind die insbesondere vom BFH definierten **Voraussetzungen an den Gutglaubensschutz sehr streng!**

Zur **aktuellen Rechtsprechung des EuGH**[464] sowie den dazu gehörenden Schlussanträgen des Generalanwalts vgl. ➲ Kapitel 7.1.

64.5 Folge des Karussellbetrugs

Verkürzte Meldefristen für die ZM – mit faktischen Auswirkungen auch auf die UStVA!

Eine Folge des Umsatzsteuerbetrugs war die **Neufassung des Art. 263 MwStSystRL;** danach ist »eine zusammenfassende Meldung ... für jeden Kalendermonat innerhalb einer Frist von höchstens einem Monat ... abzugeben, ...« ➲ Kapitel 77.

Faktisch führt dies auch zu einer Fristverkürzung bei der Umsatzsteuer-Voranmeldung ➲ Kapitel 96.

65 Neuer Vorstoß der Finanzverwaltung bei Außenprüfungen

Gezielte Aufklärung des Unternehmens zum USt-Missbrauch

 Hinweis

Ihr guter Glaube ist in Gefahr! Hüten Sie sich vor übereilten Unterschriften!

Seit 1.1.2020: Umsatzsteuerverschärfung durch § 25f UStG

Die neue Vorschrift führt ausweislich der Überschrift zur »Versagung des Vorsteuerabzugs und der Steuerbefreiung bei Beteiligung an einer Steuerhinterziehung«. Der Gesetzgeber übernimmt damit die Rechtsprechung von EuGH, BFH und FGs und wird im Zweifel dazu führen, dass die Finanzverwaltung das hier vorgestellte Merkblatt nunmehr intensiver einsetzen wird (➲ Kapitel 67).

Der Umsatzsteuerbetrug kostet die Bundesrepublik Deutschland weiter jährlich rund 15 Milliarden Euro. Den Betrug zu bekämpfen bleibt damit ein vorrangiges Ziel der Finanzverwaltung. Daran gibt es wenig zu kritisieren. Kritisch zu sehen ist aber die Art und Weise, wie die Verwaltung die Problematik neuerdings angeht. Da sie der wahren Täter eher selten habhaft wird, geht die Tendenz dahin, deren redliche Geschäftspartner ins Unrecht zu setzen und Umsatzsteuereinbußen dadurch auszugleichen, dass

---

464   EuGH, Urteil vom 15.11.2017, verbundene Rs. C-374/16 und 375/16, Rochus Geissel und Igor Butin.

Letzteren der Vorsteuerabzug versagt wird. Zu offensichtlich diesem Ziel hat die Finanzverwaltung ein Papier entwickelt, dass sie ausgewählten Unternehmern zunächst »erläutert« und danach »aushändigt«; die Unternehmer sollen dies durch ihre Unterschrift bestätigen[465].

65.1 Der Inhalt des Merkblatts

65.1.1 Die Einleitung

Die Finanzverwaltung leitet das Papier wie folgt ein:

Auszug aus dem Merkblatt

Merkblatt zur Umsatzsteuer
Beachtung des gemeinschaftsrechtlichen Missbrauchsverbots

1. Ausgangslage
In der Bundesrepublik Deutschland finden immer wieder Umsatzsteuerhinterziehungen in erheblichem Umfang statt, bei denen mehrere Unternehmen auch in grenzüberschreitende Lieferketten eingebunden werden. Die Finanzbehörden haben darauf hinzuwirken, dass Umsatzsteuern nicht verkürzt und Steuererstattungen nicht zu Unrecht gewährt werden. Hierbei werden die Finanzbehörden auch präventiv im Interesse der Sicherstellung des Umsatzsteueraufkommens, zur Vermeidung von Wettbewerbsverzerrungen und zum Schutz steuerehrlicher Unternehmer tätig.

2. Gemeinschaftsrechtliches Missbrauchsverbot
Nach der Rechtsprechung des Europäischen Gerichtshofs und des Bundesfinanzhofes ist der Vorsteuerabzug zu versagen, wenn aufgrund objektiver Umstände feststeht, dass der Unternehmer wusste oder hätte wissen müssen, dass dieser Umsatz in eine vom Lieferer bzw. Leistenden oder einem anderen Wirtschaftsteilnehmer auf einer vorhergehenden Umsatzstufe begangenen Steuerhinterziehung einbezogen war. Hat das Finanzamt diese objektiven Umstände rechtlich hinreichend nachgewiesen bzw. substantiiert vorgetragen, obliegt es im Rahmen der Feststellungslast dem Unternehmer, dies zu widerlegen. Hierzu muss er die Feststellungen des Finanzamtes durch substantiierte Argumente und Beweise entkräften.
Dies gilt in gleicher Weise für die Beanspruchung der Steuerfreiheit für innergemeinschaftliche Lieferungen und die Haftung für die schuldhaft nicht abgeführte Steuer gemäß § 25d UStG. ...

Hierzu ist anzumerken, dass schon die **Bezeichnung »Merkblatt« verharmlosend und damit ein Stück weit irreführend** ist. Es geht der Finanzverwaltung nicht darum, dem Unternehmer ein Hilfsmittel an die Hand zu geben. Vielmehr soll der Unternehmer mit

---

465 *Weimann,* GStB 2015, 68.

dem Ziel belehrt werden, ihm später einmal den guten Glauben abzusprechen und den Vorsteuerabzug und eventuelle Billigkeitsmaßnahmen zu versagen.

> **Wichtig!**
>
> Da der Unternehmer zu bestimmten Verhaltensweisen veranlasst und auf die Konsequenzen vermeintlichen Fehlverhaltens hingewiesen werden soll (➲ siehe unten, Kapitel 65.1.3), wäre eine Bezeichnung wie »Belehrung über die Mitwirkungspflichten zur Bekämpfung von Umsatzsteuerbetrug und die Folgen ihrer Verletzung« sicher treffender.

In Abschnitt 2 wird die **Rechtsprechung des EuGH pauschal und unspezifiziert** – insbesondere ohne Angabe von Aktenzeichen – in markigen Sätzen wiedergegeben.

 Beratungskonsequenzen

Ja, die Aussagen entstammen der EuGH-Rechtsprechung, werden aber hier aus dem Zusammenhang gegriffen. Dass der EuGH diesbezüglich gerade keine Generalisierung wünscht und vielmehr gegensteuert, zeigt sich an seiner jüngeren Rechtsprechung (➲ siehe unten, Kapitel 65.2.1 und Kapitel 65.2.2).

65.1.2 Die »schwarze Liste«

Der Einleitung folgt eine »schwarze Liste«, in der die Finanzverwaltung Anhaltspunkte auflistet, die ihres Erachtens für einen Umsatzsteuerbetrug sprechen sollen.

Auszug aus dem Merkblatt

... 3. Betroffene Geschäfte
Das Finanzamt macht den Unternehmer hiermit darauf aufmerksam, dass er bei der Anbahnung und Abwicklung von Geschäften auf ungewöhnliche Geschäftsverhältnisse achten muss. Dem Unternehmer wird deshalb zur Kenntnis gebracht, dass folgende Umstände darauf deuten können, dass ein Unternehmen in einen Umsatzsteuerbetrug eingebunden sein kann.

a) Allgemein
Der Unternehmer wird durch einen Dritten aufgefordert/gebeten, sich an Umsätzen zu beteiligen, bei denen der Dritte z. B.
* Lieferanten und/oder Abnehmer vermittelt.
* Einkaufs- und/oder Verkaufspreise vorgibt.
* Zahlungsmodalitäten vorgibt.
* Lieferwege vorgibt.

b) Bei einem Kauf
* Der Lieferant bietet Ware an, deren **Preis unter dem Marktpreis** liegt.
* **Der Lieferant ist ein neu gegründetes Unternehmen** oder hat gerade seine Geschäftstätigkeit begonnen.
* Der Lieferant ist in der Branche unbekannt.

- Der **Gesellschaftszweck des Lieferanten laut Handelsregister** entspricht nicht dem tatsächlich ausgeübten oder ist sehr allgemein gehalten.
- …
- Es bestehen Zweifel an der umsatzsteuerlichen Registrierung des Lieferanten.
- Die Geschäftsadresse des Lieferanten ist ungewöhnlich, z. B. eine Büroservice- oder c/o-Adresse.
- Der Lieferant verfügt über **keine oder keine angemessenen Lagerräume** oder lässt Ware nur über eine Spedition lagern.
- Die verantwortlichen Personen des Lieferanten haben **keinen Wohnsitz in der Nähe des Unternehmens oder in Deutschland** und/oder sind der deutschen Sprache nicht mächtig.
- Die schriftlichen Anfragen des Lieferanten wirken laienhaft, z. B. bezüglich Briefpapier, Schrift, Logo.
- …
- Die **E-Mail-Adresse ist in einem anderen Staat vergeben**.
- Der Lieferant bietet Waren an, die der Unternehmer schon einmal eingekauft hat (z. B. identische Fahrzeug-Identifikationsnummer, IMEI-Nummer u. ä. Seriennummern).
- …

c) Bei einem Verkauf
- Der Abnehmer ist ein neu gegründetes Unternehmen …

! Hinweis

Die »schwarze Liste« ist hier nur auszugsweise wiedergegeben. Die Anhaltspunkte, die für einen betrügerischen Verkauf aufgelistet werden, entsprechen denen für den Einkauf; auf eine Wiedergabe an dieser Stelle wurde daher verzichtet. Hervorhebungen durch **Fett**druck sind vom Autor. Den **vollständigen Originaltext** finden Sie in Kapitel 65.4, der **Anlage zu diesem Kapitel**.

Die vermeintlichen Anhaltspunkte für einen Umsatzsteuerbetrug sind eine »bunte Mischung« von zweifelsohne kritischen Geschäftsumständen mit solchen, die zum Teil völlig üblich und damit unauffällig oder auch gar nicht nach prüfbar sind:

- Sicherlich sollte es einem Einkäufer auffallen, wenn derselbe Artikel von ihm schon einmal eingekauft wurde (gleiche Fahrzeug-Identifikations- oder IMEI-Nummer); das spricht für ein »klassisches« Karussellgeschäft.
- Ähnliches gilt für Ware, die weit unter dem Marktwert angeboten wird. Aber muss der Einkäufer auch Preise hinterfragen, die leicht darunter liegen? Kann das von ihm überhaupt erwartet werden oder ist es nicht vielmehr so, dass ein jeder Einkäufer gute Chancen nutzen wird?
- Was spricht gegen ein Geschäft mit einem neu gegründeten oder bislang unbekannten Unternehmen? Woraus ergibt sich das Erfordernis eines Abgleichs mit Handelsregisterauszügen; diese vor einem Geschäft einzusehen ist den meisten Branchen vollkommen fremd.

- Informationen über Lagerkapazitäten des Geschäftspartners abzufragen ist unüblich, die Arbeit mit einer Spedition dagegen in den meisten Branchen an der Tagesordnung.

- Ein ausländischer oder im Ausland wohnender Geschäftsführer ist sicher nichts Ungewöhnliches; gleiches gilt für eine ausländische Internet- oder E-Mail-Anschrift (…@com).

➡ Beratungskonsequenzen

Die Tatbestandsmerkmale scheinen weit hergeholt und wenig aussagekräftig[466]. Die Finanzverwaltung wird daher genauestens argumentieren müssen, warum ein Merkmal im konkreten Einzelfall der Annahme eines guten Glaubens entgegensteht. Für den Unternehmer/Berater wird es in der Regel nicht schwer sein, die Argumente zu entkräften.

65.1.3 Die Belehrung und der Unterschriftsteil

Das Papier schließt wie folgt:

Auszug aus dem Merkblatt

… Liegen objektive Umstände vor, die darauf schließen lassen, dass der Unternehmer in einen Umsatzsteuerbetrug eingebunden war und hat der Unternehmer insbesondere oben genannte Anhaltspunkte dafür ignoriert oder übersehen, kann im Einzelfall

- die Versagung des Vorsteuerabzugs (§ 15 UStG),
- die Versagung der Steuerfreiheit bei innergemeinschaftlichen Lieferungen (§ 4 Nr. 1b i. V. m. § 6a UStG) oder
- eine Haftung für schuldhaft nicht abgeführte Steuer (§ 25d UStG)

als mögliche Rechtsfolge in Frage kommen. Der Unternehmer sollte deshalb in der Lage sein, im Einzelfall gegenüber dem Finanzamt dokumentieren zu können, dass aufgetretene Anhaltspunkte untersucht wurden.

Der Unternehmer sollte auch alle ihm zur Verfügung stehenden Angaben über die beteiligten Unternehmer und Kontaktpersonen (Name, Adresse, Telefonnummer, Faxnummer, E-Mail-Adresse) aufbewahren. Treten Bevollmächtige (z. B. Angestellte, Vermittler) auf, sollten Handlungsvollmachten für diese Personen vorgelegt werden.

Vorsorglich wird darauf hingewiesen, dass die Beachtung der Hinweise dieses Merkblattes nicht automatisch zur Gewährung des Vorsteuerabzugs oder der Steuerbefreiung für innergemeinschaftliche Lieferungen führt.

Die o. g. Anhaltspunkte, die auf Umsatzsteuerbetrug hinweisen können, sind nicht abschließend. Der Unternehmer muss auch bei weiteren Auffälligkeiten seiner kaufmännischen Sorgfaltspflicht nachkommen.

---

466 *Weimann*, GStB 2015, 68.

Das Merkblatt wurde erläutert durch ....

Das Merkblatt wurde ausgehändigt an ....

Datum: .... Empfang wird bestätigt: ....

Hier zeigt sich, was die Verwaltung will: dem Unternehmer soll durch das Merkblatt die **Gutgläubigkeit im Vorgriff genommen** werden.

 Beratungskonsequenzen

Es stellt sich die Frage, ob der Unternehmer der Aufforderung zur Unterschrift Folge leisten sollte oder nicht. Unterschreibt der Unternehmer nicht, wird der Beamte das Gespräch protokollieren und das Dokument nachweisbar übersenden, etwa per Einschreiben mit Rückschein. Wesentlich wichtiger scheint es zu sein, sofort mit einer Gegenäußerung zu reagieren (◗ siehe unten, Kapitel 65.3).

65.2 Das Merkblatt widerspricht der neueren Rechtsprechung

65.2.1 EuGH vom 21.6.2012: Der Einkäufer hat keine generelle Pflicht zur Verifizierung von Eingangsrechnungen

Die Steuerverwaltung kann von einem Steuerpflichtigen, der sein Recht auf Vorsteuerabzug ausüben möchte, **nicht generell verlangen zu prüfen,** ob der Aussteller der Rechnung über die Gegenstände und Dienstleistungen, für die dieses Recht geltend gemacht wird, Steuerpflichtiger ist, über die fraglichen Gegenstände verfügte und sie liefern konnte und seinen Verpflichtungen hinsichtlich der Erklärung und der Abführung der Mehrwertsteuer nachgekommen ist, um sich zu vergewissern, dass auf der Ebene der Wirtschaftsteilnehmer einer vorgelagerten Umsatzstufe keine Unregelmäßigkeiten und Steuerhinterziehung vorliegen, oder entsprechende Unterlagen vorzulegen[467].

Es ist nämlich grundsätzlich **Sache der Steuerbehörden,** bei den Steuerpflichtigen die erforderlichen Kontrollen durchzuführen, um Unregelmäßigkeiten und Mehrwertsteuerhinterziehung aufzudecken und gegen den Steuerpflichtigen, der diese Unregelmäßigkeiten oder Steuerhinterziehung begangen hat, Sanktionen zu verhängen[468].

Die Steuerbehörde **würde ihre eigenen Kontrollaufgaben auf die Steuerpflichtigen übertragen,** wenn sie oben genannte Maßnahmen aufgrund der Gefahr der Verweigerung des Vorsteuerabzugsrechts den Steuerpflichtigen auferlegt[469].

---

467   EuGH, Urteil vom 21.6.2012, Rs. C-80/11 u. C-142/11, C-80/11, C-142/1, Mahagében und Dávid, Rn. 61 bis 65; vgl. auch Urteil vom 31.1.2013, Rs. C-643/11, LVK, HFR 2013, 361, Rz. 61.

468   *Weimann,* GStB 2015, 68.

469   EuGH, Urteil vom 21.6.2012, a. a. O., Rn. 62 ff.

Beratungskonsequenzen

Der Rechnungsempfänger darf also von der Finanzverwaltung **nicht mittelbar zu Nachprüfungen bei seinem Vertragspartner verpflichtet** werden, die ihm grundsätzlich nicht obliegen.

65.2.2 EuGH vom 6.9.2012: Guter Glaube erfordert nur die verständige Würdigung aller bekannten Umstände

In der Entscheidung Mecsek-Gabona[470] nimmt der EuGH auch Stellung zu der Frage, welche Nachweishandlungen einem Wirtschaftsteilnehmer zur Wahrung seiner Rechte zumutbar sind. Für die Beurteilung eines (Ausgangs- oder Eingangs-)Umsatzes kommt es danach immer auf den **Kenntnisstand der Beteiligten bei Ausführung des Umsatzes** an!

 Beratungskonsequenzen

Sind **alle** *bekannten* **Umstände verständig gewürdigt**, ist der gute Glaube gewahrt!

Ausführliche Urteilsbesprechung ➲ Kapitel 7

65.2.3 FG Münster vom 12.12.2013: Kein Vorsteuerabzug? – Dann muss das Finanzamt dem Einkäufer Betrugsabsicht nachweisen!

Das FG Münster hat sich der in ➲ Kapitel 65.2.1 vorgestellten EuGH-Rechtsprechung angeschlossen und – zur Fortbildung des Rechts (§ 128 Abs. 3 FGO i. V. m. § 115 Abs. 2 Nr. 2 FGO) – die Beschwerde zum BFH zugelassen[471]. Die Finanzverwaltung hat darauf – soweit ersichtlich – verzichtet.

 Beratungskonsequenzen

In diesem Verzicht steckt eine große Aussagekraft! Rechnet die Finanzverwaltung nämlich mit einer für sie negativen Entscheidung des BFH, vermeidet sie gerne, dass ein Streitfall »hochgekocht« wird, verzichtet auf Rechtsmittel und wendet die – wahrscheinlich falsche, aber profiskalische – Rechtsauffassung weiter an.

 Hinweis

Ausführliche Urteilsbesprechung ➲ Kapitel 7

---

470 EuGH, Urteil vom 6.9.2012, Rs. C-273/11, Mecsek-Gabona, BFH/NV 2012, 1919.
471 FG Münster, Beschluss vom 12.12.2013, 5 V 1934/13 U, BB 2014, 543, SIS 14 06 08.

Kampf gegen den Umsatzsteuerbetrug

65.3 Gegenäußerung nach Aushändigung des Merkblatts

So pauschal, wie die Finanzverwaltung den guten Glauben durch den Einsatz des Merkblatts zu beseitigen versucht, sollten Unternehmer und Berater versuchen, diesen wieder herzustellen.

Dazu empfiehlt sich – ebenfalls möglichst per Einschreiben mit Rückschein – in etwa folgende schriftliche Gegenäußerung[472]:

 Musterschreiben

> »Wir bestätigen, das Merkblatt erhalten zu haben, erkennen jedoch nach nochmaliger sorgfältiger Überprüfung unserer Ein- und Verkaufsbeziehungen keinerlei Auffälligkeiten.
> Sollten behördlicherseits bereits konkrete andere Erkenntnisse vorliegen, bitten wir zur Abwendung eines Schadens von unserem Unternehmen, uns diese zeitnah schriftlich mitzuteilen.«

 Beratungskonsequenzen

Der letzte Satz **bringt die Finanzverwaltung insoweit in Zugzwang,** als bei einem Zurückhalten besserer Erkenntnisse über eine (Staats-)Haftung nachzudenken sein wird.

---

472 *Weimann,* GStB 2015, 68.

65.4 Anlage: Merkblatt (Volltext)

Merkblatt zur Umsatzsteuer

Beachtung des gemeinschaftsrechtlichen Missbrauchsverbots

1. Ausgangslage

In der Bundesrepublik Deutschland finden immer wieder Umsatzsteuerhinterziehungen in erheblichem Umfang statt, bei denen mehrere Unternehmen auch in grenzüberschreitende Lieferketten eingebunden werden. Die Finanzbehörden haben darauf hinzuwirken, dass Umsatzsteuern nicht verkürzt und Steuererstattungen nicht zu Unrecht gewährt werden. Hierbei werden die Finanzbehörden auch präventiv im Interesse der Sicherstellung des Umsatzsteueraufkommens, zur Vermeidung von Wettbewerbsverzerrungen und zum Schutz steuerehrlicher Unternehmer tätig.

2. Gemeinschaftsrechtliches Missbrauchsverbot

Nach der Rechtsprechung des Europäischen Gerichtshofs und des Bundesfinanzhofes ist der Vorsteuerabzug zu versagen, wenn aufgrund objektiver Umstände feststeht, dass der Unternehmer wusste oder hätte wissen müssen, dass dieser Umsatz in eine vom Lieferer bzw. Leistenden oder einem anderen Wirtschaftsteilnehmer auf einer vorhergehenden Umsatzstufe begangenen Steuerhinterziehung einbezogen war. Hat das Finanzamt diese objektiven Umstände rechtlich hinreichend nachgewiesen bzw. substantiiert vorgetragen, obliegt es im Rahmen der Feststellungslast dem Unternehmer, dies zu widerlegen. Hierzu muss er die Feststellungen des Finanzamtes durch substantiierte Argumente und Beweise entkräften.

Dies gilt in gleicher Weise für die Beanspruchung der Steuerfreiheit für innergemeinschaftliche Lieferungen und die Haftung für die schuldhaft nicht abgeführte Steuer gemäß § 25d UStG. …

3. Betroffene Geschäfte

Das Finanzamt macht den Unternehmer hiermit darauf aufmerksam, dass er bei der Anbahnung und Abwicklung von Geschäften auf ungewöhnliche Geschäftsverhältnisse achten muss. Dem Unternehmer wird deshalb zur Kenntnis gebracht, dass folgende Umstände darauf deuten können, dass ein Unternehmen in einen Umsatzsteuerbetrug eingebunden sein kann.

a) Allgemein

Der Unternehmer wird durch einen Dritten aufgefordert/gebeten, sich an Umsätzen zu beteiligen, bei denen der Dritte z. B.

- Lieferanten und/oder Abnehmer vermittelt.
- Einkaufs- und/oder Verkaufspreise vorgibt.
- Zahlungsmodalitäten vorgibt.
- Lieferwege vorgibt.

b) Bei einem Kauf

- Der Lieferant bietet Ware an, deren Preis unter dem Marktpreis liegt.
- Der Lieferant ist ein neu gegründetes Unternehmen oder hat gerade seine Geschäftstätigkeit begonnen.
- Der Lieferant ist in der Branche unbekannt.
- Der Gesellschaftszweck des Lieferanten laut Handelsregister entspricht nicht dem tatsächlich ausgeübten oder ist sehr allgemein gehalten.

- Der Lieferant bietet eine Warenmenge an, die für die Größe des Unternehmens und/oder seine fehlende Erfahrungen in der Branche unüblich sind (z. B. ungewöhnlich hohe Stückzahlen trotz Neugründung).
- Es bestehen Zweifel an der umsatzsteuerlichen Registrierung des Lieferanten.
- Die Geschäftsadresse des Lieferanten ist ungewöhnlich, z. B. eine Büroservice- oder c/o-Adresse.
- Der Lieferant verfügt über keine oder keine angemessenen Lagerräume oder lässt Ware nur über eine Spedition lagern.
- Die verantwortlichen Personen des Lieferanten haben keinen Wohnsitz in der Nähe des Unternehmens oder in Deutschland und/oder sind der deutschen Sprache nicht mächtig.
- Die schriftlichen Anfragen des Lieferanten wirken laienhaft, z. B. bezüglich Briefpapier, Schrift, Logo.
- Der Lieferant hat keinen Internetauftritt.
- Der Lieferant ist ausschließlich über eine Mobilfunknummer und/oder ausländische Telefonnummern erreichbar.
- Die E-Mail-Adresse ist in einem anderen Staat vergeben.
- Der Lieferant bietet Waren an, die der Unternehmer schon einmal eingekauft hat (z. B. identische Fahrzeug-Identifikationsnummer, IMEI-Nummer u. ä. Seriennummern).
- Es gibt keine oder unübliche Reklamationsbedingungen.

- Die Lieferbedingungen sind für die Branche ungewöhnlich.
- Die Waren werden von einem nicht an dem Umsatz beteiligten Unternehmen geliefert.
- Zubehör oder Ausstattung der Ware sind für den Bestimmungsort ungewöhnlich (z. B. ausländische Bedienungsanleitungen, Software, Netzstecker).
- Die vom Lieferanten vorgegebene Zahlungsart ist Barzahlung oder eine ungewöhnliche Zahlungsart.
- Der vom Lieferanten vorgegebene Zahlungsweg ist ungewöhnlich, z. B. Zahlung nicht an den Lieferanten, sondern an einen Dritten.
- Das vom Lieferanten angegebene Bankkonto befindet sich nicht in dem Land, in dem das Unternehmen betrieben wird.

c) Bei einem Verkauf

- Der Abnehmer ist ein neu gegründetes Unternehmen oder hat gerade seine Geschäftstätigkeit begonnen.
- Der Abnehmer ist in der Branche unbekannt.
- Der Gesellschaftszweck des Abnehmers laut Handelsregister entspricht nicht dem tatsächlich ausgeübten oder ist sehr allgemein gehalten.
- Es bestehen Zweifel an der umsatzsteuerlichen Registrierung des Abnehmers.
- Die Geschäftsadresse des Abnehmers ist ungewöhnlich, z. B. eine Büroservice- oder c/o-Adresse.
- Der Abnehmer bestimmt, dass die Waren in ein anderes Land geliefert werden sollen, als das, in dem der Abnehmer sein Unternehmen betreibt oder steuerlich registriert ist.
- Die schriftlichen Anfragen des Abnehmers wirken laienhaft, z. B. bezüglich Briefpapier, Schrift, Logo.
- Der Abnehmer hat keinen Internetauftritt.

- Der Abnehmer ist ausschließlich über eine Mobilfunknummer erreichbar.
- Die E-Mail-Adresse ist nicht in dem Staat vergeben, in dem der Abnehmer sein Unternehmen betreibt.
- Der Abnehmer besteht auf ungewöhnliche Lieferbedingungen.
- Der Abnehmer besteht auf Barzahlung oder einer ungewöhnlichen Zahlungsart.
- Die Zahlung erfolgt nicht durch den Abnehmer selbst, sondern einen Dritten, der nicht am Umsatz beteiligt ist.
- Die Zahlung erfolgt aus einem anderen Land, als dem, in dem der Abnehmer sein Unternehmer betreibt.
- Das vom Abnehmer genutzte Bankkonto befindet sich nicht in dem Land, in dem das Unternehmen betrieben wird.

Hinweis

Liegen objektive Umstände vor, die darauf schließen lassen, dass der Unternehmer in einen Umsatzsteuerbetrug eingebunden war und hat der Unternehmer insbesondere oben genannte Anhaltspunkte dafür ignoriert oder übersehen, kann im Einzelfall

- die Versagung des Vorsteuerabzugs (§ 15 UStG),
- die Versagung der Steuerfreiheit bei innergemeinschaftlichen Lieferungen (§ 4 Nr. 1b i. V. m. § 6a UStG) oder
- eine Haftung für schuldhaft nicht abgeführte Steuer (§ 25d UStG)

als mögliche Rechtsfolge in Frage kommen. Der Unternehmer sollte deshalb in der Lage sein, im Einzelfall gegenüber dem Finanzamt dokumentieren zu können, dass aufgetretene Anhaltspunkte untersucht wurden.

Der Unternehmer sollte auch alle ihm zur Verfügung stehenden Angaben über die beteiligten Unternehmer und Kontaktpersonen (Name, Adresse, Telefonnummer, Faxnummer,
E-Mail-Adresse) aufbewahren. Treten Bevollmächtige (z. B. Angestellte, Vermittler) auf, sollten Handlungsvollmachten für diese Personen vorgelegt werden.

Vorsorglich wird darauf hingewiesen, dass die Beachtung der Hinweise dieses Merkblattes nicht automatisch zur Gewährung des Vorsteuerabzugs oder der Steuerbefreiung für innergemeinschaftliche Lieferungen führt.

Die o. g. Anhaltspunkte, die auf Umsatzsteuerbetrug hinweisen können, sind nicht abschließend. Der Unternehmer muss auch bei weiteren Auffälligkeiten seiner kaufmännischen Sorgfaltspflicht nachkommen

Das Merkblatt wurde erläutert

durch..........................

Das Merkblatt wurde ausgehändigt

an...............................

Datum:......................... Empfang wird bestätigt:........................

66 Umsatzsteuerbetrug: So dokumentieren Ihre Mandanten den guten Glauben prüfungssicher!

Aktuell: Umsatzsteuerverschärfung durch § 25f UStG

Die neue Vorschrift führt ausweislich der Überschrift zur »Versagung des Vorsteuerabzugs und der Steuerbefreiung bei Beteiligung an einer Steuerhinterziehung«. Der Gesetzgeber übernimmt damit die Rechtsprechung von EuGH, BFH und FGs und wird im Zweifel dazu führen, dass die Finanzverwaltung das ➲ in Kapitel 65 vorgestellte Merkblatt noch intensiver einsetzen wird (➲ Kapitel 67). Eine prüfungssichere Dokumentation wird damit noch wichtiger!

66.1 Die »schwarze Liste« der Finanzverwaltung

Die Finanzverwaltung listet in Abschnitt 3 des neuen Merkblatts (➲ Kapitel 65) die Anhaltspunkte auf, die ihres Erachtens für einen Umsatzsteuerbetrug sprechen, und beschreibt in der anschließenden Belehrung die sich daraus für den Unternehmer ergebenden

- die Rechtsfolgen einer Nichtbeachtung und
- Dokumentationspflichten.

Merkblatt/Belehrung

(Hinweis: ➲ Hervorhebungen durch **Fett**druck sind vom Autor.)

»… Liegen objektive Umstände vor, die darauf schließen lassen, dass der Unternehmer in einen Umsatzsteuerbetrug eingebunden war und hat der Unternehmer insbesondere oben genannte Anhaltspunkte dafür ignoriert oder übersehen, kann im Einzelfall
- die Versagung des Vorsteuerabzugs (§ 15 UStG),
- die Versagung der Steuerfreiheit bei innergemeinschaftlichen Lieferungen (§ 4 Nr. 1b i. V. m. § 6a UStG) oder
- eine Haftung für schuldhaft nicht abgeführte Steuer (§ 25d UStG)
als mögliche Rechtsfolge in Frage kommen. **Der Unternehmer sollte deshalb in der Lage sein, im Einzelfall gegenüber dem Finanzamt dokumentieren zu können, dass aufgetretene Anhaltspunkte untersucht wurden.** …«

➡ **Beratungskonsequenzen**

Sie werden also von der Finanzverwaltung aufgefordert, ab dem Einsatz des Merkblattes die benannten Auffälligkeiten zu prüfen.
Wenn Sie das vorher bereits unaufgefordert tun, genügen Sie damit auf jeden Fall den Anforderungen der Verwaltung und vermeiden damit spätere dahingehende Beanstandungen.

66.2   Welche Unternehmen sind besonders betroffen?

Die Dokumentationsempfehlungen richten sich vor allem an Unternehmen, deren Branchen schon einmal von Umsatzsteuer-Karussellen betroffen waren, also insbesondere der Handel mit

- Kraftfahrzeugen
- Schmuck
- Handys und Smartphones
- Tablet-PCs
- Camcordern

> **➔ Beratungskonsequenzen**
>
> Potentiell betrugsgefährdet sind vor allem Branchen, die mit kleinen und zugleich teuren Wirtschaftsgütern handeln:
> - klein, weil sich dann die Ware für die Betrüger leichter lagern und bewegen lässt, und
> - teuer, damit sich ein nennenswertes Betrugsvolumen ergibt.

66.3   Dokumentation der Prüfung in der Belegbuchhaltung

Um Prüfungsbeanstandungen schon im Vorfeld abzuwenden, sollten Sie ab sofort den guten Glauben dokumentieren. Dazu empfiehlt es sich, die Durchführung der von der Finanzverwaltung geforderten Prüfungshandlungen ab sofort »eins zu eins« vorzunehmen[473]:

---

473 *Weimann*, GStB 2015, 371.

Dokumentation/Wareneinkauf – Ausschluss der Einbeziehung in einen Umsatzsteuerbetrug

Um ausschließen zu können, dass dieser Wareneinkauf unserem Lieferanten einen Umsatzsteuerbetrug ermöglicht, wurden insbesondere folgende Feststellungen getroffen bzw. Prüfungen vorgenommen:

1. Zu dem Einkauf wurde unser Unternehmen nicht durch einen Dritten aufgefordert oder gebeten. Insbesondere hat uns kein Dritter den Lieferanten vermittelt und/oder uns den Einkaufspreis oder die Zahlungsmodalitäten vorgeben.

2. Der Einkaufspreis ist der Höhe nach unauffällig und liegt nicht unter dem Marktpreis.

3. Es ist nicht ersichtlich, dass unser Lieferant ein neu gegründetes Unternehmen ist oder die Geschäftstätigkeit gerade erst begonnen hat.

4. Der Lieferant
   ☐ ist in der Branche bzw. uns selbst aus früheren Einkäufen bekannt.
   ☐ beliefert uns erstmals, scheint aber in der Branche bekannt zu sein und ist unauffällig.

5. Wir hatten keine besondere Veranlassung, den Gesellschaftszweck unseres Lieferanten im Handelsregister zu prüfen.

6. Die Menge der uns verkauften Ware ist unauffällig.

7. Es bestehen keine Zweifel an der umsatzsteuerlichen Registrierung des Lieferanten.

8. Die Geschäftsadresse des Lieferanten ist unauffällig und insbesondere keine Büroservice- oder c/o-Adresse.

9. Im Hinblick auf die Lagermöglichkeiten unseres Lieferanten wurden keine Auffälligkeiten bekannt.

10. Die Entscheidungsträger unseres Lieferanten
    ☐ haben einen Wohnsitz in der Nähe des Unternehmens oder in Deutschland und/oder sind der deutschen Sprache mächtig.
    ☐ haben einen Wohnsitz im Ausland und/oder sind der deutschen Sprache nicht mächtig. Das ist aber unauffällig, da es sich um einen internationalen Geschäftskontakt handelt.

11. Die schriftlichen Anfragen unseres Lieferanten wirken bezüglich des Briefpapiers, der Schrift, des Logos etc. professionell.

12 Unser Lieferant hat einen Internetauftritt.

13. Unser Lieferant

14. Die E-Mail-Adresse unseres Lieferanten ist
    ☐ in Deutschland vergeben.
    ☐ in einem anderen Staat vergeben. Das ist unauffällig, da es sich um einen internationalen Geschäftskontakt handelt.

15. Wir haben die nicht bereits schon einmal eingekauft (Abgleich mit den Fahrzeug-Identifikationsnummern/IMEI-Nummern/Seriennummern unserer bisherigen Einkäufe).

16. Der Lieferant verwendet keine unüblichen Reklamationsbedingungen.

17. Die Lieferbedingungen sind branchenüblich.

18. Die Ware wird nicht von einem nicht an dem Umsatz beteiligten Unternehmen geliefert.

19. Zubehör oder Ausstattung der Ware sind unauffällig (keine unüblichen ausländischen Bedienungsanleitungen, Software, Netzstecker).

20. Die vom Lieferanten vorgegebene Zahlungsart ist unauffällig und insbesondere keine Barzahlung.

21. Der vom Lieferanten vorgegebene Zahlungsweg ist unauffällig und insbesondere keine Zahlung an einen Dritten.

22. Das vom Lieferanten angegebene Bankkonto befindet sich

☐ in Deutschland.

☐ nicht in dem Land, in dem das Unternehmen betrieben wird. Das ist unauffällig, da es sich um ein international tätiges Unternehmen handelt.

23. Auch andere Auffälligkeiten wurden geprüft, aber nicht festgestellt.

Der Unterzeichner bestätigt, die vorstehenden Ziffern 1–23 geprüft zu haben.

☐ Bei der Prüfung ergaben sich keinerlei Auffälligkeiten.

☐ Zu Ziffer/n _____ ist folgendes anzumerken:

_____

Datum: _____   Unterschrift: _____

📄 Dokumentation/Warenverkauf – Ausschluss der Einbeziehung in einen Umsatzsteuerbetrug

Um ausschließen zu können, dass dieser Warenverkauf unserem Kunden einen Umsatzsteuerbetrug ermöglicht, wurden insbesondere folgende Feststellungen getroffen bzw. Prüfungen vorgenommen:

1. Zu dem Verkauf wurde unser Unternehmen nicht durch einen Dritten aufgefordert oder gebeten. Insbesondere hat uns kein Dritter den Kunden vermittelt und/oder uns den Verkaufspreis oder die Zahlungsmodalitäten vorgeben.

2. Es ist nicht ersichtlich, dass unser Kunde ein neu gegründetes Unternehmen ist oder die Geschäftstätigkeit gerade erst begonnen ha

3. Der Kunde

☐ ist in der Branche bzw. uns selbst aus früheren Verkäufen bekannt.

☐ wird uns erstmals beliefert, ist aber unauffällig.

4. Wir hatten keine besondere Veranlassung, den Gesellschaftszweck unseres Kunden im Handelsregister zu prüfen.

5. Die Menge der dem Kunden verkauften Ware ist unauffällig.

6. Es bestehen keine Zweifel an der umsatzsteuerlichen Registrierung des Lieferanten.

7. Die Geschäftsadresse des Kunden ist unauffällig und insbesondere keine Büroservice- oder c/o-Adresse.

8. Der Kunde bestimmt, dass die Ware

☐ nach Deutschland geliefert wird.

☐ in das Ausland geleifert wird. Das ist aber unauffällig, da es sich insgesamt um internationales Geschäft handelt.

9. Die schriftlichen Anfragen unseres Kunden wirken bezüglich des Briefpapiers, der Schrift, des Logos etc. professionell.

10 Unser Kunde hat einen Internetauftritt.

11. Unser Kunde

☐ hat einen deutschen Festnetzanschluss.

☐ ist ausschließlich über eine Mobilfunknummer und/oder ausländische Telefonnummern erreichbar. Das ist unauffällig, da es sich um einen internationalen Geschäftskontakt handelt.

12. Die E-Mail-Adresse unseres Kunden ist

☐ in Deutschland vergeben

☐ in einem anderen Staat vergeben. Das ist unauffällig, da es sich um einen internationalen Geschäftskontakt handelt.

13. Die Lieferbedingungen sind branchenüblich.

14. Die vom Kunden erbetene Zahlungsart ist unauffällig und insbesondere keine Barzahlung.

15. Der vom Kunden gewählte Zahlungsweg ist unauffällig und insbesondere keine Zahlung von einem Dritten.

16. Das Bankkonto, von dem aus der Kunde uns bezahlt, befindet sich

☐ in Deutschland.

☐ nicht in dem Land, in dem das Unternehmen betrieben wird. Das ist unauffällig,
da es sich um ein international tätiges Unternehmen handelt.

17. Auch andere Auffälligkeiten wurden geprüft, aber nicht festgestellt.

Der Unterzeichner bestätigt, die vorstehenden Ziffern 1–17 geprüft zu haben.

☐ Bei der Prüfung ergaben sich keinerlei Auffälligkeiten.

☐ Zu Ziffer/n _____ ist folgendes anzumerken:

_____

_____

Datum: _____   Unterschrift: _____

➡ **Beratungskonsequenzen**

Die Finanzverwaltung weist ausdrücklich darauf hin, dass **im Einzelfall weitere
Prüfungen geboten** sein können: Die o. g. Anhaltspunkte, die auf Umsatzsteuerbe-
trug hinweisen können, sind nicht abschließend. Der Unternehmer muss auch bei
weiteren Auffälligkeiten seiner kaufmännischen Sorgfaltspflicht nachkommen«.
Aus diesem Grund enden beide Musterblätter mit der Feststellung: »Auch andere
Auffälligkeiten wurden geprüft, aber nicht festgestellt.«

67 Beteiligung an Steuerhinterziehung führt zur Versagung von Vorsteuerabzug und Steuerbefreiung

67.1 »Flankierende« deutsche Sofortmaßnahme

Beteiligung an Steuerhinterziehung führt zur Versagung von Vorsteuerabzug und Steuerbefreiung

Ersatz für den Wegfall der Sonderregelung des § 25d UStG

§ **Rechtsgrundlagen**
Neufassung des UStG zum 1.1.2020
(Hinweis: **Einfügungen** sind gekennzeichnet.)

§ 25f Versagung des Vorsteuerabzugs und der Steuerbefreiung bei Beteiligung an einer Steuerhinterziehung
(1) Sofern der Unternehmer wusste oder hätte wissen müssen, dass er sich mit der von ihm erbrachten Leistung oder seinem Leistungsbezug an einem Umsatz beteiligt, bei dem der Leistende oder ein anderer Beteiligter auf einer vorhergehenden oder nachfolgenden Umsatzstufe in eine begangene Hinterziehung von Umsatzsteuer oder Erlangung eines nicht gerechtfertigten Vorsteuerabzugs im Sinne des § 370 der Abgabenordnung oder in eine Schädigung des Umsatzsteueraufkommens im Sinne der §§ 26b, 26c einbezogen war, ist Folgendes zu versagen:
1. die Steuerbefreiung nach § 4 Nummer 1 Buchstabe b in Verbindung mit § 6a,
2. der Vorsteuerabzug nach § 15 Absatz 1 Satz 1 Nummer 1,
3. der Vorsteuerabzug nach § 15 Absatz 1 Satz 1 Nummer 3 sowie
4. der Vorsteuerabzug nach § 15 Absatz 1 Satz 1 Nummer 4.
(2) § 25b Absatz 3 und 5 ist in den Fällen des Absatzes 1 nicht anzuwenden.

§ 27 Allgemeine Übergangsvorschriften
(1)–(29) …
(30) § 25f in der Fassung des Artikels 12 des Gesetzes vom 12. Dezember 2019 (BGBl. I S. 2451) ist erstmals auf Voranmeldungs- und Besteuerungszeiträume anzuwenden, die nach dem 31. Dezember 2019 enden.

67.1.1 Inkrafttreten der Neuerung

Die neue Vorschrift

- ist **am 1.1.2020 in Kraft getreten** (Art. 39 Abs. 2 Gesetz zur weiteren steuerlichen Förderung der Elektromobilität und zur Änderung weiterer steuerlicher Vorschriften vom 12.12.2019, BStBl. I 2019, 2451) und

- ist erstmals auf Voranmeldungs- und Besteuerungszeiträume anzuwenden, die **nach dem 31.12.2019 enden** (§ 27 Abs. 30 UStG).

67.1.2 Inhalt der Neuerung

In Anwendung der EuGH-Rechtsprechung wird geregelt, dass einem Unternehmer

- der wusste oder hätte wissen müssen,

- dass er sich mit seinem Leistungsbezug oder dem erbrachten Umsatz an einem Umsatz beteiligt,

- bei dem ein Beteiligter auf einer vorhergehenden oder nachfolgenden Umsatzstufe in eine begangene Umsatzsteuerhinterziehung oder Erlangung eines nicht gerechtfertigten Vorsteuerabzugs i. S. v. § 370 AO oder einer Schädigung des Umsatzsteueraufkommens i. S. d. §§ 26b und 26c UStG einbezogen war,

der Vorsteuerabzug bzw. die Steuerbefreiung für den entsprechenden Umsatz verwehrt werden kann.

 Beratungskonsequenzen

Die Vorschrift dient der **Bekämpfung des Umsatzsteuerbetruges** insbesondere in Form von Ketten- oder Karussellgeschäften[474]:

1. Die Regelung sieht vor, dass der den Vorsteuerabzug beziehungsweise die Steuerbefreiung begehrende Unternehmer grundsätzlich zunächst in tatsächlicher Hinsicht die **Feststellungslast für das Vorliegen** der Begünstigung (Vorsteuerabzug/Steuerbefreiung) trägt.
2. Im Weiteren sind die objektiven Umstände, die für eine wissentliche Einbindung des Unternehmers sprechen, **seitens der Finanzverwaltung** darzulegen.

Die Regelung ist wesentlich besser zu handhaben, als die bisher in § 25d UStG bestehende Haftungsregelung, weil ein möglicher Steuerausfall dadurch vermieden werden kann, dass der Vorsteuerabzug beziehungsweise die Steuerbefreiung erst gar nicht gewährt werden und damit der **Zweck der Hinterziehung – nämlich eine Auszahlung durch das Finanzamt – nicht erreicht wird**[475].

Im Interesse einer einheitlichen und praxisgerechten Rechtsanwendung werden mit der Regelung die vorliegende **EuGH-Rechtsprechung in nationales Recht umgesetzt**

---

474 Gesetzesentwurf der Bundesregierung vom 23.9.2019, BT-Drs. 19/13436, zu Art. 9 Nr. 18; Hinweis auf ➲ Kapitel 64.
475 Gesetzesentwurf der Bundesregierung vom 23.9.2019, a. a. O.

und damit auch dem Bestimmtheitsgrundsatz und den Anforderungen der Praxis entsprochen.

Durch § 25f Abs. 2 UStG – neu – wird die Anwendung von Sondertatbeständen im Rahmen von **innergemeinschaftlichen Dreiecksgeschäften** in den entsprechenden Fällen ausgeschlossen.

67.1.3 Praxisfolgen und Fallbeispiel

Damit erhält die diesbezügliche bisherige Rechtsprechung Einzug in das UStG:

> **Urteilsfall**
>
> Ein Kfz-Händler (K) in Deutschland erwarb 1996 unter anderem Fahrzeuge, die aus Italien reimportiert worden waren.
>
> Das Finanzamt und diesem folgend das Finanzgericht versagten u. a. den Vorsteuerabzug aus Rechnungen der Firma W in N (Deutschland). Beide gingen davon aus, dass die Adresse in N sei lediglich eine Scheinadresse sei, da der Rechnungsaussteller dort keine eigenen wirtschaftlichen Aktivitäten entfaltet hatte.
>
> KW (der Inhaber von W) war vielmehr in Italien ansässig und hatte auch das bei einer Bank in Deutschland eingerichtete Geschäftskonto nicht genutzt. Unter der Anschrift in N war nur ein Büroservice der Firma D ansässig.

Der BFH bestätigte Finanzamt und Finanzgericht. Der Händler war nicht zum Vorsteuerabzug berechtigt, weil die Adresse in den Rechnungen nicht die Adresse des leistenden Unternehmers gewesen ist. Aufgrund der **Obliegenheit des Leistungsempfängers**, sich über die Richtigkeit der Angaben in der Rechnung zu vergewissern, hätte K den ihm bekannten Anhaltspunkten, die Anlass zu einer erhöhten Sorgfalt bei der Prüfung der Richtigkeit der Rechnungsdaten gegeben haben, nachgehen müssen[476].

➡ Beratungskonsequenzen

Der Umsatzsteuerbetrug kostet die Bundesrepublik Deutschland weiter jährlich rund 15 Milliarden Euro. Den Betrug zu bekämpfen bleibt damit ein vorrangiges Ziel der Finanzverwaltung. Daran gibt es wenig zu kritisieren. Kritisch zu sehen ist aber die Art und Weise, wie die Verwaltung die Problematik neuerdings angeht. Da sie der wahren Täter eher selten habhaft wird, geht die **Tendenz dahin, deren redliche Geschäftspartner ins Unrecht zu setzen** und Umsatzsteuereinbußen dadurch auszugleichen, dass Letzteren der Vorsteuerabzug versagt wird. Zu offensichtlich diesem Ziel hat die Finanzverwaltung ein Papier entwickelt, das sie ausgewählten Unternehmern zunächst »erläutert« und danach »aushändigt«; die Unternehmer sollen dies durch ihre Unterschrift bestätigen (**Merkblatt zur Umsatzsteuer/Beachtung des gemeinschaftsrechtlichen Missbrauchsverbots** ➲ Kapitel 65 und Kapitel 66).

---

476   BFH, Urteil vom 6.12.2007, V R 61/05, BStBl. II 2008, 605.

Informieren Sie **unbedingt** Ihren **Steuerberater**, wenn das Merkblatt – etwa während einer BP oder USoP – bei Ihnen zum Einsatz kommt!

67.2 Wegfall der Sonderregelung des § 25d UStG

§ Rechtsgrundlagen

Neufassung des UStG zum 1.1.2020

(Hinweis: **Einfügungen** und ~~Streichungen~~ sind gekennzeichnet.)

§ 25d **(aufgehoben)** ~~Haftung für die schuldhaft nicht abgeführte Steuer~~

~~(1) ¹Der Unternehmer haftet für die Steuer aus einem vorangegangenen Umsatz, soweit diese in einer nach § 14 ausgestellten Rechnung ausgewiesen wurde, der Aussteller der Rechnung entsprechend seiner vorgefassten Absicht die ausgewiesene Steuer nicht entrichtet oder sich vorsätzlich außer Stande gesetzt hat, die ausgewiesene Steuer zu entrichten und der Unternehmer bei Abschluss des Vertrags über seinen Eingangsumsatz davon Kenntnis hatte oder nach der Sorgfalt eines ordentlichen Kaufmanns hätte haben müssen. ²Trifft dies auf mehrere Unternehmer zu, so haften diese als Gesamtschuldner.~~

~~(2) ¹Von der Kenntnis oder dem Kennenmüssen ist insbesondere auszugehen, wenn der Unternehmer für seinen Umsatz einen Preis in Rechnung stellt, der zum Zeitpunkt des Umsatzes unter dem marktüblichen Preis liegt. ²Dasselbe gilt, wenn der ihm in Rechnung gestellte Preis unter dem marktüblichen Preis oder unter dem Preis liegt, der seinem Lieferanten oder anderen Lieferanten, die am Erwerb der Ware beteiligt waren, in Rechnung gestellt wurde. ³Weist der Unternehmer nach, dass die Preisgestaltung betriebswirtschaftlich begründet ist, finden die Sätze 1 und 2 keine Anwendung.~~

~~(3) ¹Örtlich zuständig für den Erlass des Haftungsbescheides ist das Finanzamt, das für die Besteuerung des Unternehmers zuständig ist. ²Im Falle des Absatzes 1 Satz 2 ist jedes Finanzamt örtlich zuständig, bei dem der Vorsteueranspruch geltend gemacht wird.~~

~~(4) ¹Das zuständige Finanzamt hat zu prüfen, ob die Voraussetzungen für den Erlass des Haftungsbescheides vorliegen. ²Bis zum Abschluss dieser Prüfung kann die Erteilung der Zustimmung im Sinne von § 168 Satz 2 der Abgabenordnung versagt werden. ³Satz 2 gilt entsprechend für die Festsetzung nach § 167 Abs. 1 Satz 1 der Abgabenordnung, wenn sie zu einer Erstattung führt.~~

~~(5) Für den Erlass des Haftungsbescheides gelten die allgemeinen Grundsätze, mit Ausnahme des § 219 der Abgabenordnung.~~

67.2.1 Inkrafttreten der Neuerung

Die Aufhebung **ist am 1.1.2020 in Kraft getreten** (Art. 39 Abs. 2 Gesetz zur weiteren steuerlichen Förderung der Elektromobilität und zur Änderung weiterer steuerlicher Vorschriften vom 12.12.2019, BStBl. I 2019, 2451).

67.2.2 Inhalt der Neuerung

Der Haftungstatbestand des § 25d UStG wurde zum 1.1.2002 eingeführt und 2004 auf der Grundlage der Erfahrungen der Praxis modifiziert, um in Fällen von **betrügerischen Karussell- und Kettengeschäften** den entstandenen Umsatzsteuerausfall im Wege der gesamtschuldnerischen Haftung bei den wissentlich Beteiligten realisieren zu können[477].

Mit den Ländern durchgeführte **Evaluationen zur Wirksamkeit und Praxistauglichkeit** der Regelung haben gezeigt, dass

- diese ehr präventiven Charakter hat und
- bis auf wenige Einzelfälle nicht zur Anwendung gekommen ist.

Wesentlicher Grund hierfür ist, dass die vorgesehenen **subjektiven Tatbestandsmerkmale** der Haftungsnorm **nur schwer nachweisbar** seien.

Auch der **Bundesrechnungshof** ist im Rahmen einer Prüfung zu der Auffassung gelangt, dass die Vorschrift

- wenig praxistauglich ist und
- damit dem Anspruch der Vermeidung von Steuerausfällen in den betreffenden Fällen nicht gerecht wird.

Zudem liegt **zwischenzeitlich die EuGH-Rechtsprechung** vor, nach der die Mitgliedstaaten die Möglichkeit haben, bei wissentlicher Einbindung eines Unternehmers in eine betrugsbehaftete Rechnungskette diesem sämtliche steuerlichen Vorteile, insbesondere den Vorsteuerabzug oder geltend gemachte Steuerbefreiungen für innergemeinschaftliche Lieferungen, zu versagen.

In **Einzelfällen** wird von dieser Möglichkeit in der Praxis bereits Gebrauch gemacht.

Zur Gewährleistung von **mehr Rechtsicherheit** für die Wirtschaft und die Verwaltung wird hierzu eine **neue gesetzliche Regelung** eingeführt (§ 25f UStG – neu – ➲ s. o. 39a.1). Zur Vermeidung von Überregulierung und unter Berücksichtigung der nur geringen Praxisrelevanz der bestehenden Vorschrift wurde diese daher aufgehoben.

---

477 Gesetzesentwurf der Bundesregierung vom 23.9.2019, BT-Drs. 19/13436, zu Art. 9 Nr. 17.

Kampf gegen den Umsatzsteuerbetrug

68   Schnellübersicht

Was galt früher? Was gilt im Jahr 2024?
Was wird mittelfristig – vielleicht schon Ende der
2020er Jahre – kommen?

68.1   Bestimmung des Dienstleistungsorts

- **Bis zum 31.12.2009** führten Dienstleistungen eines deutschen Unternehmers (Mandanten) an einen ausländischen Unternehmer nach §§ 3a, 3b UStG a. F. zu den **unterschiedlichsten Leistungsorten**[478]. Die Nachteile, die sich daraus sowohl für den leistenden Unternehmer als auch für den Leistungsempfänger (Kunden) ergaben, sollten im Einzelfall durch ein spezielles Wahlrecht[479] vermieden werden.

- **Seit dem 1.1.2010** ergibt sich Regelleistungsort für Dienstleistungen eines deutschen Unternehmers (Mandanten) an einen ausländischen Unternehmer aus dem **Bestimmungslandprinzip**[480].

68.2   Übergang der Steuerschuld/Reverse-Charge

Bis zum 31.12.2009 knüpften die EG-Mitgliedstaaten an Dienstleistungen eines ausländischen Unternehmers (… also auch eines deutschen Unternehmers/Mandanten aus der Sicht der Mitgliedstaaten…) an einen anderen Unternehmer die **unterschiedlichsten Rechtsfolgen**[481].

Seit dem 1.1.2010 sind **die Rechtsfolgen im Wesentlichen vereinheitlicht**[482].

68.3   Spezielle Meldepflichten im Rahmen von UStVA 2024 und ZM

Bleiben Dienstleistungen im Ursprungsland unbesteuert, ist die Besteuerung im Bestimmungsland sicherzustellen. Dies wird über besondere Meldepflichten erreicht.

 Beratungskonsequenzen

Das Kontrollbedürfnis entspricht dem beim innergemeinschaftlichen Warenverkehr; auch dort bleiben ja die innergemeinschaftlichen Lieferungen steuerfrei, da die Besteuerung über den innergemeinschaftlichen Erwerb im Bestimmungsland erfolgt.

---

478   Hinweis auf ➲ Kapitel 71.1, Kapitel 71.2, Kapitel 71.3.
479   Hinweis auf ➲ Kapitel 71.4.
480   Hinweis auf ➲ Kapitel 71.3.2.
481   Hinweis auf ➲ Kapitel 71.5.
482   Hinweis auf ➲ Kapitel 72.

> ⊃ **Folge:**
> Das bekannte Kontrollverfahren wurde daher auch die neuen innergemeinschaftlichen Dienstleistungen übertragen.

68.4 Spezielles elektronisches Verfahren zur Rückerstattung der »EU-Vorsteuern«

Ab dem 1.1.2010 wurde das bisherige Verfahren zur Erstattung der Mehrwertsteuer, die Unternehmen in der EU in Mitgliedstaaten zu entrichten haben, in denen sie nicht niedergelassen sind, durch ein **neues, rein elektronisches Verfahren** ersetzt. Das neue Verfahren wird für eine **Beschleunigung der Erstattungen** sorgen[483].

Wurden Anträge auf Erstattung von Vorsteuern aus dem EU-Ausland in der Vergangenheit aufgrund des komplizierten Verfahrens (ausländische Vordrucke und Verfahrensbestimmungen) von

- den Unternehmern an Steuerberater oder spezielle »Vorsteuer-Vergütungsantragsteller«
- den Steuerberatern ebenfalls an darauf spezialisierte Antragsteller

abgegeben, werden die Anträge zukünftig entweder von den Unternehmen selbst oder aber von den Steuerbüros bearbeitet werden können.

 Beratungskonsequenzen

Ein Standardfrage: Gelten die Neuregelungen auch für **Erstattungen,** die mein Unternehmen/Mandant **aus Drittländern**[484] begehrt?
Klare Antwort: Nein! Hier wirken sich die Neuregelungen nicht aus; es bleibt »alles beim Alten«!

68.5 Ausblick: Was wird kommen?

Mittelfristig sollen Schwachstellen des jetzigen Umsatzsteuersystems durch ein endgültiges Mehrwertsteuersystem beseitigt werden (⊃ Kapitel 22). Dabei liegt der Focus zunächst auf den Liefergeschäften.

In einem zweiten Gesetzgebungsschritt auf dem Weg zum endgültigen Mehrwertsteuersystem soll die Besteuerung auch für grenzüberschreitende Dienstleistungen gelten. Damit würde nicht der Erwerber, sondern der Lieferer die Mehrwertsteuer für alle in einem anderen Mitgliedstaat erworbenen Gegenstände und Dienstleistungen schulden), so dass alle – inländischen wie grenzüberschreitenden – Lieferungen von Gegenständen und Dienstleistungen innerhalb des Binnenmarktes gleich behandelt würden.

---

483 Hinweis auf ⊃ Kapitel69.6.5 und Kapitel 87.
484 Vgl. § 1 Abs. 2 Satz 3 UStG, Abschn. 1.10UStAE, z. B. Schweiz, USA; Hinweis auf ⊃ Kapitel 23.1.2.

69 Das EU-Mehrwertsteuerpaket 2010 (Gesamtdarstellung)

> **❗ Hinweis**
> ➲ mybookplus.de > Vertiefende Informationen > Kapitel 69

70 Umsatzsteuerfolgen des Brexit für sonstige Leistungen

> **❗ Hinweis**
> ➲ Kapitel 21

71 »Eckpfeiler« der Umsatzbesteuerung von Dienstleistungen bis zum 31.12.2009

Insellösungen und Regelungsvielfalt erschweren die Rechtsanwendung!

> **❗ Hinweis**
> ➲ mybookplus.de > Vertiefende Informationen > Kapitel 42

72 »Eckpfeiler« der Umsatzbesteuerung von Dienstleistungen seit 1.1.2010

Vereinfachung des Tagesgeschäfts durch europaweite Vereinheitlichungen!

72.1 Prüfschema

Die seit dem 1.1.2010 erforderliche Prüfungsabfolge zum Ort der sonstigen Leistung soll folgende Darstellung verdeutlichen:

Prüfungsstufe 1
§§ 3b, 3e, ~~3f~~* UStG? (vgl. § 3a Abs. 1 Satz 1, Abs. 2 Satz 1 UStG)
Wenn Nein:

Prüfungsstufe 2
§ 3a Abs. 3 UStG? (Hinweis auf § 3a Abs. 6 Satz 1 Nr. 1, Abs. 7 UStG)
Wenn Nein:

Prüfungsstufe 3
§ 3a Abs. 4 UStG? (Hinweis auf § 3a Abs. 5, Abs. 6 Satz 1 Nr. 2 UStG)
Wenn Nein:

Auffangtatbestand!	
§ 3a Abs. 1 UStG	§ 3 a Abs. 2 UStG
(»B2C-Umsätze« = Leistungen an einen Nicht-Stpfl., Art. 45 MwStSystRL)	(»B2B-Umsätze« = Leistungen an Stpfl., Art. 44 MwStSystRL)

Aktuell: Wegfall des § 3f UStG* zum 1.1.2020
Hinweis auf ➲ Kapitel 18.2

72.2 Die zum 1.1.2010 erforderlichen Rechtsänderungen im Schnellüberblick

 Hinweis

1. Nachfolgend angeführt sind die Vorschriften des UStG, deren Änderung durch die Umsetzung des Mehrwertsteuerpakets **zum 1.1.2010** erforderlich wurde. An den damaligen Änderungen lässt sich das neue Besteuerungsprinzip am besten verdeutlichen.
2. Hervorhebungen durch **Fett**druck sind vom Autor und kennzeichnen die Änderungen; alle anderen Textpassagen gelten über den 1.1.2010 hinaus unverändert fort.
3. Die **Änderungen für die Folgezeiträume** finden Sie in den ➲ Kapiteln 73 ff.

 Rechtsgrundlagen

§ 3a UStG Ort der sonstigen Leistung

(1) [1]Eine sonstige Leistung wird vorbehaltlich der Absätze 2 bis 7 und der §§ 3b, **3e** und 3f an dem Ort ausgeführt, von dem aus der Unternehmer sein Unternehmen betreibt. [2]Wird die sonstige Leistung von einer Betriebsstätte ausgeführt, gilt die Betriebsstätte als der Ort der sonstigen Leistung.

(2) **[1]Eine sonstige Leistung, die an einen Unternehmer für dessen Unternehmen ausgeführt wird, wird vorbehaltlich der Absätze 3 bis 7 und der §§ 3b, 3e und 3f an dem Ort ausgeführt, von dem aus der Empfänger sein Unternehmen betreibt.**

²Wird die sonstige Leistung an die Betriebsstätte eines Unternehmers ausgeführt, ist stattdessen der Ort der Betriebsstätte maßgebend. ³Die Sätze 1 und 2 gelten entsprechend bei einer sonstigen Leistung an eine nicht unternehmerisch tätige juristische Person, der eine Umsatzsteuer-Identifikationsnummer erteilt worden ist.

(3) Abweichend von den Absätzen 1 und 2 gilt:

1. Eine sonstige Leistung im Zusammenhang mit einem Grundstück wird dort ausgeführt, wo das Grundstück liegt. ²Als sonstige Leistungen im Zusammenhang mit einem Grundstück sind insbesondere anzusehen:

   a) sonstige Leistungen der in § 4 Nr. 12 bezeichneten Art,

   b) sonstige Leistungen im Zusammenhang mit der Veräußerung oder dem Erwerb von Grundstücken,

   c) sonstige Leistungen, die der Erschließung von Grundstücken oder der Vorbereitung, Koordinierung oder Ausführung von Bauleistungen dienen.

2. ¹Die kurzfristige Vermietung eines Beförderungsmittels wird an dem Ort ausgeführt, an dem dieses Beförderungsmittel dem Empfänger tatsächlich zur Verfügung gestellt wird. ²Als kurzfristig im Sinne des Satzes 1 gilt eine Vermietung über einen ununterbrochenen Zeitraum

   a) von nicht mehr als 90 Tagen bei Wasserfahrzeugen,

   b) von nicht mehr als 30 Tagen bei anderen Beförderungsmitteln.

3. Die folgenden sonstigen Leistungen werden dort ausgeführt, wo sie vom Unternehmer tatsächlich erbracht werden:

   a) kulturelle, künstlerische, wissenschaftliche, unterrichtende, sportliche, unterhaltende oder ähnliche Leistungen, **wie Leistungen im Zusammenhang mit Messen und Ausstellungen**, einschließlich der Leistungen der jeweiligen Veranstalter sowie die damit zusammenhängenden Tätigkeiten, die für die Ausübung der Leistungen unerlässlich sind,

   b) **die Abgabe von Speisen und Getränken zum Verzehr an Ort und Stelle (Restaurationsleistung), wenn diese Abgabe nicht an Bord eines Schiffs, in einem Luftfahrzeug oder in einer Eisenbahn während einer Beförderung innerhalb des Gemeinschaftsgebiets erfolgt,**

   c) Arbeiten an beweglichen körperlichen Gegenständen und die Begutachtung dieser Gegenstände **für einen Empfänger, der weder ein Unternehmer ist, für dessen Unternehmen die Leistung ausgeführt wird, noch eine nicht unternehmerisch tätige juristische Person, der eine Umsatzsteuer-Identifikationsnummer erteilt worden ist. [➲ Wegfall der Sätze 2 und 3!]**

4. Eine Vermittlungsleistung **an einen Empfänger, der weder ein Unternehmer ist, für dessen Unternehmen die Leistung bezogen wird, noch eine nicht unternehmerisch tätige juristische Person, der eine Umsatzsteuer-Identifikationsnummer erteilt worden ist,** wird an dem Ort erbracht, an dem der vermittelte Umsatz **als ausgeführt gilt. [➲ Wegfall der Sätze 2 und 3!]**

(4) ¹Ist der Empfänger einer der in Satz 2 bezeichneten sonstigen Leistungen **weder ein Unternehmer, für dessen Unternehmen die Leistung bezogen wird, noch eine**

nicht unternehmerisch tätige juristische Person, der eine Umsatzsteuer-Identifikationsnummer erteilt worden ist, und hat er seinen Wohnsitz oder Sitz im Drittlandsgebiet, wird die sonstige Leistung an seinem Wohnsitz oder Sitz ausgeführt. ²Sonstige Leistungen im Sinne des Satzes 1 sind:

1. die Einräumung, Übertragung und Wahrnehmung von Patenten, Urheberrechten, Markenrechten und ähnlichen Rechten;

2. die sonstigen Leistungen, die der Werbung oder der Öffentlichkeitsarbeit dienen, einschließlich der Leistungen der Werbungsmittler und der Werbeagenturen;

3. die sonstigen Leistungen aus der Tätigkeit als Rechtsanwalt, Patentanwalt, Steuerberater, Steuerbevollmächtigter, Wirtschaftsprüfer, vereidigter Buchprüfer, Sachverständiger, Ingenieur, Aufsichtsratsmitglied, Dolmetscher und Übersetzer sowie ähnliche Leistungen anderer Unternehmer, insbesondere die rechtliche, wirtschaftliche und technische Beratung;

4. die Datenverarbeitung;

5. die Überlassung von Informationen einschließlich gewerblicher Verfahren und Erfahrungen;

6.

   a) die sonstigen Leistungen der in § 4 Nr. 8 Buchst. a bis h und Nr. 10 bezeichneten Art sowie die Verwaltung von Krediten und Kreditsicherheiten,

   b) die sonstigen Leistungen im Geschäft mit Gold, Silber und Platin. ²Das gilt nicht für Münzen und Medaillen aus diesen Edelmetallen;

7. die Gestellung von Personal;

8. der Verzicht auf Ausübung eines der in Nummer 1 bezeichneten Rechte;

9. der Verzicht, ganz oder teilweise eine gewerbliche oder berufliche Tätigkeit auszuüben;

   [➲ **Wegfall der ehemaligen Nummer 10: »die Vermittlung der in diesem Absatz bezeichneten Leistungen«**]

10. die Vermietung beweglicher körperlicher Gegenstände, ausgenommen Beförderungsmittel;

11. die sonstigen Leistungen auf dem Gebiet der Telekommunikation;

12. die Rundfunk- und Fernsehdienstleistungen;

13. die auf elektronischem Weg erbrachten sonstigen Leistungen;

14. die Gewährung des Zugangs zu Erdgas- und Elektrizitätsnetzen und die Fernleitung, die Übertragung oder Verteilung über diese Netze sowie die Erbringung anderer damit unmittelbar zusammenhängender sonstiger Leistungen.

(5) Ist der Empfänger einer in Absatz 4 Satz 2 Nr. 13 bezeichneten sonstigen Leistung **weder ein Unternehmer, für dessen Unternehmen die Leistung bezogen wird, noch eine nicht unternehmerisch tätige juristische Person, der eine Umsatzsteuer-Identifikationsnummer erteilt worden ist**, und hat er seinen Wohnsitz oder Sitz im Gemeinschaftsgebiet, wird die sonstige Leistung abweichend von Absatz 1 dort ausgeführt, wo er seinen Wohnsitz oder Sitz hat, wenn die sonstige Leistung von einem Unternehmer ausgeführt wird, der im Drittlandsgebiet ansässig ist oder dort eine Betriebsstätte hat, von der die Leistung ausgeführt wird. [➲ **bislang Abs. 3a!**]

Sonstige Leistung

(6) [1]Erbringt ein Unternehmer, der sein Unternehmen von einem im Drittlandsgebiet liegenden Ort aus betreibt,

1. **eine in Absatz 3 Nr. 2 bezeichnete Leistung oder die langfristige** Vermietung **eines** Beförderungsmittels,

2. eine in Absatz 4 Satz 2 Nr. 1 bis **10** bezeichnete Leistung an eine im Inland ansässige juristische Person des öffentlichen Rechts, soweit sie nicht Unternehmer ist **und ihr keine Umsatzsteuer-Identifikationsnummer erteilt worden ist,** oder

3. eine in Absatz 4 Satz 2 Nr. **11** und **12** bezeichnete Leistung,

ist diese Leistung abweichend von Absatz 1, **Absatz 3 Nr. 2 oder Absatz 4 Satz 1** als im Inland ausgeführt zu behandeln, wenn sie dort genutzt oder ausgewertet wird. [2]Wird die Leistung von einer Betriebsstätte eines Unternehmers ausgeführt, gilt Satz 1 entsprechend, wenn die Betriebsstätte im Drittlandsgebiet liegt. [➲ **bislang § 1 Abs. 1 UStDV, allerdings mit den durch die Neufassung des § 3a UStG erforderlich gewordenen redaktionellen Anpassungen!**]

(7) [1]Vermietet ein Unternehmer, der sein Unternehmen vom Inland aus betreibt, kurzfristig ein Schienenfahrzeug, einen Kraftomnibus oder ein ausschließlich zur Beförderung von Gegenständen bestimmtes Straßenfahrzeug, ist diese Leistung abweichend von **Absatz 3 Nr. 2** als im Drittlandsgebiet ausgeführt zu behandeln, wenn die Leistung an einen im Drittlandsgebiet ansässigen Unternehmer erbracht wird, das Fahrzeug für dessen Unternehmen bestimmt ist und im Drittlandsgebiet genutzt wird. [2]Wird die Vermietung des Fahrzeugs von einer Betriebsstätte eines Unternehmers ausgeführt, gilt Satz 1 entsprechend, wenn die Betriebsstätte im Inland liegt. [➲ **bislang § 1 Abs. 2 UStDV!**]

§ 3b UStG Ort der Beförderungsleistungen und der damit zusammenhängenden sonstigen Leistungen.

(1) [1]Eine Beförderung **einer Person** wird dort ausgeführt, wo die Beförderung bewirkt wird. [2]Erstreckt sich eine **solche** Beförderung nicht nur auf das Inland, fällt nur der Teil der Leistung unter dieses Gesetz, der auf das Inland entfällt. **3Die Sätze 1 und 2 gelten entsprechend für die Beförderung von Gegenständen, die keine innergemeinschaftliche Beförderung eines Gegenstands im Sinne des Absatzes 3 ist, wenn der Empfänger weder ein Unternehmer, für dessen Unternehmen die Leistung bezogen wird, noch eine nicht unternehmerisch tätige juristische Person ist, der eine Umsatzsteuer-Identifikationsnummer erteilt worden ist.** [4]Die Bundesregierung kann mit Zustimmung des Bundesrates durch Rechtsverordnung zur Vereinfachung des Besteuerungsverfahrens bestimmen, dass bei Beförderungen, die sich sowohl auf das Inland als auch auf das Ausland erstrecken (grenzüberschreitende Beförderungen),

1. kurze inländische Beförderungsstrecken als ausländische und kurze ausländische Beförderungsstrecken als inländische angesehen werden;

2. Beförderungen über kurze Beförderungsstrecken in den in § 1 Abs. 3 bezeichneten Gebieten nicht wie Umsätze im Inland behandelt werden.

(2) Das Beladen, Entladen, Umschlagen und ähnliche mit der Beförderung eines Gegenstands im Zusammenhang stehende Leistungen **an einen Empfänger, der weder ein Unternehmer ist, für dessen Unternehmen die Leistung bezogen wird, noch eine nicht unternehmerisch tätige juristische Person ist, der eine Umsatzsteuer-Identifikationsnummer erteilt worden ist**, werden dort ausgeführt, wo sie vom Unternehmer tatsächlich erbracht werden.

(3) Die Beförderung eines Gegenstands, die in dem Gebiet eines Mitgliedstaates beginnt und in dem Gebiet eines anderen Mitgliedstaates endet (innergemeinschaftliche Beförderung eines Gegenstands), **an einen Empfänger, der weder ein Unternehmer ist, für dessen Unternehmen die Leistung bezogen wird, noch eine nicht unternehmerisch tätige juristische Person, der eine Umsatzsteuer-Identifikationsnummer erteilt worden ist**, wird an dem Ort ausgeführt, an dem die Beförderung des Gegenstands beginnt. [➲ **Wegfall der Sätze 2 und 3!**]
[➲ **Wegfall der Absätze 4–6!**]

§ 3e Ort der Lieferung**en und Restaurationsleistungen** während einer Beförderung an Bord eines Schiffs, in einem Luftfahrzeug oder in einer Eisenbahn.

(1) Wird ein Gegenstand an Bord eines Schiffs, in einem Luftfahrzeug oder in einer Eisenbahn während einer Beförderung innerhalb des Gemeinschaftsgebiets geliefert **oder dort eine sonstige Leistung ausgeführt, die in der Abgabe von Speisen und Getränken zum Verzehr an Ort und Stelle (Restaurationsleistung) besteht**, gilt der Abgangsort des jeweiligen Beförderungsmittels im Gemeinschaftsgebiet als Ort der Lieferung oder der sonstigen Leistung.

(2) [1]Als Beförderung innerhalb des Gemeinschaftsgebiets im Sinne des Absatzes 1 gilt die Beförderung oder der Teil der Beförderung zwischen dem Abgangsort und dem Ankunftsort des Beförderungsmittels im Gemeinschaftsgebiet ohne Zwischenaufenthalt außerhalb des Gemeinschaftsgebiets. [2]Abgangsort im Sinne des Satzes 1 ist der erste Ort innerhalb des Gemeinschaftsgebiets, an dem Reisende in das Beförderungsmittel einsteigen können. [3]Ankunftsort im Sinne des Satzes 1 ist der letzte Ort innerhalb des Gemeinschaftsgebiets, an dem Reisende das Beförderungsmittel verlassen können. [4]Hin- und Rückfahrt gelten als gesonderte Beförderungen.

§ 13b Leistungsempfänger als Steuerschuldner

(1)–(3) [unverändert]

(4) [1]Ein im Ausland ansässiger Unternehmer **im Sinne des Absatzes 1 Satz 1 Nr. 1 und 5** ist ein Unternehmer, der weder im Inland noch auf der Insel Helgoland oder in einem der in § 1 Abs. 3 bezeichneten Gebiete einen Wohnsitz, seinen Sitz, seine Geschäftsleitung oder eine **Betriebsstätte** hat; **hat der Unternehmer im Inland eine Betriebsstätte und führt er einen Umsatz nach Absatz 1 Satz 1 Nr. 1 oder Nr. 5 aus, gilt er hinsichtlich dieses Umsatzes als im Ausland ansässig, wenn der Umsatz nicht von der Betriebsstätte ausgeführt wird.** [2]Maßgebend ist der Zeitpunkt, in dem die Leistung ausgeführt wird. [3]Ist es zweifelhaft, ob der Unternehmer diese Voraussetzungen erfüllt, schuldet der Leistungsempfänger die Steuer nur

dann nicht, wenn ihm der Unternehmer durch eine Bescheinigung des nach den abgabenrechtlichen Vorschriften für die Besteuerung seiner Umsätze zuständigen Finanzamts nachweist, dass er kein Unternehmer im Sinne des Satzes 1 ist.
(5)–(6) [unverändert]

§ 14a UStG Zusätzliche Pflichten bei der Ausstellung von Rechnungen in besonderen Fällen
(1) Führt der Unternehmer eine sonstige Leistung im Sinne des § 3a Abs. 2 im Inland aus **und schuldet für diese Leistung der Leistungsempfänger die Steuer nach § 13b Abs. 1 Satz 1 Nr. 1 und Abs. 2 Satz 1,** ist er zur Ausstellung einer Rechnung verpflichtet, in der auch die Umsatzsteuer-Identifikationsnummer des Unternehmers und die des Leistungsempfängers anzugeben ist.
(2)–(7) [wie bisher]

§ 18a Zusammenfassende Meldung
(1) [1]Der Unternehmer im Sinne des § 2 hat bis zum 10. Tag nach Ablauf jedes Kalendervierteljahres (Meldezeitraum), in dem er innergemeinschaftliche Warenlieferungen ausgeführt hat, dem Bundeszentralamt für Steuern eine Meldung nach amtlich vorgeschriebenem Datensatz durch Datenfernübertragung nach Maßgabe der Steuerdaten-Übermittlungsverordnung zu übermitteln (Zusammenfassende Meldung), in der er die Angaben nach Absatz 4 zu machen hat. [2]Dies gilt auch, wenn er **im übrigen Gemeinschaftsgebiet steuerpflichtige sonstige Leistungen ausgeführt hat, für die der in einem anderen Mitgliedstaat ansässige Leistungsempfänger die Steuer dort schuldet, oder** Lieferungen im Sinne des § 25b Abs. 2 ausgeführt hat. ... [Satz 3 – Satz 10 unverändert]
(2) + (3) [unverändert]
(4) [1]Die Zusammenfassende Meldung muss folgende Angaben enthalten:
1. ... [wie bisher!]
2. ... [wie bisher!]
3. **für im übrigen Gemeinschaftsgebiet ausgeführte steuerpflichtige sonstige Leistungen, für die der in einem anderen Mitgliedstaat ansässige Leistungsempfänger die Steuer dort schuldet,**
    a) **die Umsatzsteuer-Identifikationsnummer jedes Leistungsempfängers, die ihm in einem anderen Mitgliedstaat erteilt worden ist und unter der die steuerpflichtigen sonstigen Leistungen an ihn erbracht wurden, und**
    b) **für jeden Leistungsempfänger die Summe der Bemessungsgrundlagen der an ihn erbrachten steuerpflichtigen sonstigen Leistungen;**
4. ... [bisherige Nummer 3!]
(5) [1]Die Angaben nach Absatz 4 Nr. 1 bis 3 sind für den Meldezeitraum zu machen, in dem die Rechnung für die innergemeinschaftliche Warenlieferung **oder die im übrigen Gemeinschaftsgebiet ausgeführte steuerpflichtige sonstige Leistung, für die der in einem anderen Mitgliedstaat ansässige Leistungsempfänger die Steuer dort schuldet,** ausgestellt wird, spätestens jedoch für den Meldezeitraum, in dem der auf die Ausführung der innergemeinschaftlichen Warenlieferung **oder der im übrigen Gemeinschaftsgebiet steuerpflichtigen sonstigen Leistung an in einem**

anderen Mitgliedstaat ansässigen Leistungsempfänger, für die der die Steuer dort schuldet, folgende Monat endet. [2]Die Angaben für Lieferungen im Sinne des § 25b Abs. 2 sind für den Meldezeitraum zu machen, in dem diese Lieferungen ausgeführt worden sind.

(6) [1]Hat das Finanzamt den Unternehmer von der Verpflichtung zur Abgabe der Voranmeldungen und Entrichtung der Vorauszahlungen befreit (§ 18 Abs. 2 Satz 3), kann er die Zusammenfassende Meldung abweichend von Absatz 1 bis zum 10. Tag nach Ablauf jedes Kalenderjahres abgeben, in dem er innergemeinschaftliche Warenlieferungen ausgeführt hat **oder im übrigen Gemeinschaftsgebiet steuerpflichtige sonstige Leistungen ausgeführt hat, für die der in einem anderen Mitgliedstaat ansässige Leistungsempfänger die Steuer dort schuldet,** wenn

1. die Summe seiner Lieferungen und sonstigen Leistungen im vorangegangenen Kalenderjahr 200.000 Euro nicht überstiegen hat und im laufenden Kalenderjahr voraussichtlich nicht übersteigen wird,
2. die Summe seiner innergemeinschaftlichen Warenlieferungen **oder im übrigen Gemeinschaftsgebiet ausgeführten steuerpflichtigen sonstigen Leistungen,** für die der in einem anderen Mitgliedstaat ansässige Leistungsempfänger die Steuer dort schuldet, im vorangegangenen Kalenderjahr 15.000 Euro nicht überstiegen hat und im laufenden Kalenderjahr voraussichtlich nicht übersteigen wird und
3. es sich bei den in Nummer 2 bezeichneten Warenlieferungen nicht um Lieferungen neuer Fahrzeuge an Abnehmer mit Umsatzsteuer-Identifikationsnummer handelt.

[2]Absatz 5 gilt entsprechend.

(7) [unverändert]

(8) [1]Auf die Zusammenfassenden Meldungen sind ergänzend die für Steuererklärungen geltenden Vorschriften der Abgabenordnung anzuwenden. [2]§ 152 Abs. 2 der Abgabenordnung ist mit der Maßgabe anzuwenden, dass der Verspätungszuschlag 1 Prozent der Summe aller nach Absatz 4 Satz 1 Nr. 1 Buchst. b, Nr. 2 Buchst. b **und Nr. 3 Buchst. b** zu meldenden Bemessungsgrundlagen für innergemeinschaftliche Warenlieferungen im Sinne des Absatzes 2 **und im übrigen Gemeinschaftsgebiet ausgeführte steuerpflichtige sonstige Leistungen, für die der in einem anderen Mitgliedstaat ansässige Leistungsempfänger die Steuer dort schuldet,** nicht übersteigen und höchstens 2.500 Euro betragen darf.

§ 18b Gesonderte Erklärung innergemeinschaftlicher Lieferungen und bestimmter sonstiger Leistungen im Besteuerungsverfahren

[1]Der Unternehmer im Sinne des § 2 hat für jeden Voranmeldungs- und Besteuerungszeitraum in den amtlich vorgeschriebenen Vordrucken (§ 18 Abs. 1 bis 4) die Bemessungsgrundlagen **folgender Umsätze gesondert zu erklären:**

1. seiner innergemeinschaftlichen Lieferungen,
2. seiner im übrigen Gemeinschaftsgebiet ausgeführten steuerpflichtigen sonstigen Leistungen, für die der in einem anderen Mitgliedstaat ansässige Leistungsempfänger die Steuer dort schuldet, und
3. seiner Lieferungen im Sinne des § 25b Abs. 2.

²Die Angaben sind in dem Voranmeldungszeitraum zu machen, in dem die Rechnung für **einen in Satz 1 Nr. 1 oder Nr. 2 genannten Umsatz** ausgestellt wird, spätestens jedoch in dem Voranmeldungszeitraum, in dem der auf die Ausführung **dieses Umsatzes** folgende Monat endet. ³Die Angaben für **Umsätze im Sinne des Satzes 1 Nr. 3** sind in dem Voranmeldungszeitraum zu machen, in dem diese Lieferungen ausgeführt worden sind. ⁴§ 16 Abs. 6 und § 17 sind sinngemäß anzuwenden. ⁵Erkennt der Unternehmer nachträglich vor Ablauf der Festsetzungsfrist, dass in einer von ihm abgegebenen Voranmeldung (§ 18 Abs. 1) die Angaben zu **Umsätzen im Sinne des Satzes 1** unrichtig oder unvollständig sind, ist er verpflichtet, die ursprüngliche Voranmeldung unverzüglich zu berichtigen. ⁶Die Sätze 2 bis 5 gelten für die Steuererklärung (§ 18 Abs. 3 und 4) entsprechend.

§ 18g Abgabe des Antrags auf Vergütung von Vorsteuerbeträgen in einem anderen Mitgliedstaat
¹Ein im Inland ansässiger Unternehmer, der Anträge auf Vergütung von Vorsteuerbeträgen entsprechend der Richtlinie 2008/9/EG des Rates vom 12.2.2008 zur Regelung der Erstattung der Mehrwertsteuer gemäß der Richtlinie 2006/112/EG an nicht im Mitgliedstaat der Erstattung, sondern in einem anderen Mitgliedstaat ansässige Steuerpflichtige (ABl. EU Nr. L 44, S. 23) in einem anderen Mitgliedstaat stellen kann, hat diesen Antrag nach amtlich vorgeschriebenem Datensatz durch Datenfernübertragung nach Maßgabe der Steuerdaten-Übermittlungsverordnung dem Bundeszentralamt für Steuern zu übermitteln. ²In diesem hat er die Steuer für den Vergütungszeitraum selbst zu berechnen.

72.3 Die »Eckpfeiler« der Besteuerung seit dem 1.1.2010

72.3.1 Statt einen Auffangtatbestand nunmehr zwei Auffangtatbestände

Bis zum 31.12.2009 kennt das Recht neben den besonderen Ortbestimmungen **einen (1) Auffangtatbestand**, der immer dann zur Anwendung kommt, wenn keine der besonderen Vorschriften greift. Gem. § 3a Abs. 1 UStG a. F. ist der Leistungsort dann dort, wo der (leistende) Unternehmer sein Unternehmen betreibt, oder an der Betriebsstätte, von der die Leistung ausgeführt wird **(Ursprungslandprinzip)**. Diese Regel wird vom deutschen Leistenden (... und natürlich seinem Steuerberater ...) gerne angewandt, da der Umsatz in diesem Fall nach deutschem Recht zu beurteilen ist und die aufwendige Prüfung, ob und was im EU-Ausland zu veranlassen ist[485], entfällt. Ungern angewandt wird dagegen derzeit die Ortsregelung für die Katalogleistungen (§ 3a Abs. 4, Abs. 3 UStG a. F.), da diese dem **Bestimmungslandprinzip** folgt und damit ebendiese aufwendige Prüfung erfordert.

---

485   Hinweis auf Kapitel 71.5.

Ab dem 1.1.2010 sind **nebeneinander zwei (2) Auffangtatbestände** anzuwenden:

- **Im B2C-Bereich** (vereinfacht ausgedrückt: bei Leistungen »an Privat«[486]) gilt unverändert das **Ursprungslandprinzip** (§ 3a Abs. 1 UStG 2010).

- **Für den B2B-Bereich** (vereinfacht ausgedrückt: bei Leistungen »an andere Unternehmer«[487]) wurde der Wortlaut von § 3a Abs. 3 Sätze 1 u. 2 UStG in den neuen Auffangtatbestand des § 3a Abs. 2 UStG 2010 übernommen. Insoweit gilt also das – bislang so ungern gesehene – **Bestimmungslandprinzip!** Für sich betrachtet wäre diese Nachricht eine schlechte für die Dienstleister, da bei Erbringung von Umsätzen an andere Unternehmer im EU-Ausland ebendort eine (de facto teure) Registrierung erforderlich würde. Letztere wird aber durch eine flankierende **Erweiterung des Reverse-Charge-Verfahrens** vermieden. Auf die leistenden Unternehmer kommen allerdings neue Erklärungspflichten zu; so wird zukünftig eine »Innergemeinschaftliche Dienstleistung« in der **Zusammenfassenden Meldung** zu deklarieren sein.

72.3.2 Auffangtatbestand des § 3a Abs. 2 UStG de facto Regelleistungsort für Leistungen an andere Unternehmer (sog. »B2B-Leistungen«)

Die meisten Sondervorschriften nehmen die Dienstleistungen an andere Unternehmer durch folgende Formulierung aus ihrem Regelungsbereich heraus:

»**… Empfänger weder ein Unternehmer, für dessen Unternehmen die Leistung bezogen wird, noch eine nicht unternehmerisch tätige juristische Person, der eine Umsatzsteuer-Identifikationsnummer erteilt worden ist, …«**

In diesem Fall greift dann der neue Auffangtatbestand des § 3a Abs. 2 UStG 2010!

 Beratungskonsequenzen

Damit definiert das Bestimmungslandprinzip im B2B-Bereich den Regelleistungsort!

72.3.3 Ausweitung des Reverse-Charge-Verfahrens

Für sich betrachtet wäre die Nachricht von der grundsätzlichen Verlagerung des Leistungsorts von B2B-Umsätzen ins Bestimmungsland eine schlechte für die Dienstleister, da bei Erbringung von Umsätzen an andere Unternehmer im EU-Ausland ebendort eine (de facto teure) Registrierung erforderlich würde. Letztere wird aber durch eine **flankierende Ausweitung** des Reverse-Charge-Verfahrens vermieden[488].

---

486   Hinweis auf Kapitel 69.2.3.
487   Hinweis auf Kapitel 69.2.3.
488   ➲ Hinweis auf Kapitel 69.3 und Kapitel 120 f.

72.3.4   In Teilbereichen weiter »Insellösungen« und Regelungsvielfalt

Nach Art. 196 MwStSystRL greift die o. g. Reverse-Charge-Regelung beim **unternehmerischen Leistungsempfänger grundsätzlich, wenn dieser in diesem EU-Mitgliedstaat steuerlich erfasst ist.** Das Reverse Charge Verfahren greift jedoch in den anderen EU-Mitgliedstaaten nur zwingend bei solchen Dienstleistungen, die in Art. 44 der MwStSystRL genannt sind.

 Praxistipp

Das sind in der Praxis alle Fälle, auf die in Deutschland **§ 3a Abs. 2 UStG 2010** Anwendung findet!

Für alle übrigen Dienstleistungen, für die besondere Ortsvorschriften gelten, ist das Verfahren nicht zwingend vorgeschrieben. Dies gilt leider auch ab 2010. Allerdings bleibt es den Mitgliedstaaten freigestellt, auch in anderen Fällen das Reverse Charge Verfahren vorzusehen. Insoweit bleibt abzuwarten, ob die EU-Mitgliedstaaten, die die Reverse-Charge-Regelung bisher nicht für alle Dienstleistungen vorgesehen haben, dies nun zur Erleichterung der Wirtschaft ab 1.1.2010 einführen werden[489].

 Beratungskonsequenzen

Unternehmer werden daher vorerst auch zukünftig nicht umhinkommen, sich über die umsatzsteuerliche Behandlung im anderen Mitgliedstaat entsprechend zu informieren. Hier ist **auch weiterhin die bisherigen Prüfungen**[490] anzustellen.

72.3.5   Besondere Erklärungspflichten in UStVA und ZM

Für die leistenden Unternehmer ergeben aus den neuen Ortbestimmungen zusätzliche Erklärungspflichten. Zukünftig ist eine **»Innergemeinschaftliche Dienstleistung«** in der **Zusammenfassenden Meldung** zu deklarieren[491]; die Überwachung der sonstigen Leistungen geht damit in das innergemeinschaftliche Kontrollverfahren ein.

Flankierend sind daher – wie bei den innergemeinschaftlichen Warengeschäften – **zusätzlichen Angaben in der UStVA**[492] zu machen.

---

489   So auch *Röck*, Datenbank »StWK – Steuer- und Wirtschaftsrecht«, HI 1601871.

490   ➲ Hinweis auf Kapitel 71.5.

491   ➲ Hinweis auf Kapitel 69.4 und Kapitel 92.

492   ➲ Hinweis auf Kapitel 69.4 und Kapitel 89.

73 »B2C-Leistungen«

§ 3a Abs. 1 UStG – Auffangtatbestand für Leistungen eines Unternehmers an Privat

 Rechtsgrundlagen

- UStG: § 3a Abs. 1
- UStD: keine Anwendung
- UStAE: Abschn. 3a.1
- MwStSystRL: Art. 43 ff.

73.1 Grundlegende Verwaltungsanweisung: Abschn. 3a.1 UStAE

Für »B2C-Leistungen«[493] gilt **über den 31.12.2009 hinaus der bisherige Auffangtatbestand fort.** Dienstleistungen eines Unternehmers an Nichtunternehmer werden gem. § 3a Abs. 1 UStG 2010 im Grundsatz auch weiterhin am Ort des leistenden Unternehmers besteuert (**= Ursprungslandprinzip**).

Daher hat Abschn. 3a.1 UStAE – wie schon das damalige Einführungsschreiben zum Mehrwertsteuerpaket – im Wesentlichen die Regelungen des bisherigen aus Abschn. 33 UStR 2008 als Vorgängervorschrift übernommen.

Allerdings waren **Anpassungen erforderlich**, soweit der B2B-Bereich[494] im neuen Auffangtatbestand (§ 3a Abs. 2 UStG 2010) geregelt wird. Die Aufzählung in Abschn. 3a.1 Abs. 4 UStAE lässt daher in Abweichung von Abschn. 33 Abs. 4 UStR 2008 z. B. die **Handelsvertreter** und **Rennserviceunternehmen** unerwähnt.

73.2 Einzelfall-ABC: Aktuelles aus Rechtsprechung und Verwaltung

Grundbuchauszüge und anderen Registerauszüge

Das Finanzministerium Schleswig-Holstein positioniert sich zum umsatzsteuerlichen Leistungsort der Ausgabe von Grundbuchauszügen und anderen Registerauszügen[495].

---

493 Nochmals: »B2C-Leistungen« = Leistungen eines Unternehmers an Privat, vgl. Kapitel 69.2.3 (◐ mybookplus.de < Vertiefende Informationen) und ◐ Kapitel 72.3.

494 Nochmals: »B2B-Leistungen« = Leistungen eines Unternehmers an einen anderen Unternehmer, vgl. Kapitel 69.2.3 (◐ mybookplus.de < Vertiefende Informationen) und Kapitel 72.3.

495 FM Schleswig-Holstein, Umsatzsteuer-Kurzinformation vom 17.6.2022, VI 3510 - S 7117 a-026, MwStR 2022, 724.

Die Ausgabe beglaubigter Abschriften beziehungsweise das Ausstellen amtlicher Ausdrucke aus öffentlichen Registern stellen sonstige Leistungen im Sinne des § 3 Abs. 9 UStG dar:

- Der Leistungsort bei der Ausgabe von beglaubigten/amtlichen Grundbuchauszügen befindet sich nach § 3a Abs. 3 Nr. 1 Satz 1 UStG i. V. m. Art. 31a Abs. 1 Satz 2 Buchst. a MwStVO am Lageort des Grundstücks.

- Der Leistungsort bei der Ausgabe von beglaubigten/amtlichen Auszügen aus **anderen öffentlichen Registern** als dem Grundbuch bestimmt sich nach **§ 3a Abs. 1 UStG (Ausgabe an Privatpersonen)** und § 3a Abs. 2 Abs. 2 UStG (Ausgabe an Unternehmer).

Internetspiele: Individuelle Begleitung

Die individuelle Betreuung einer Spieleleistung schließt die Annahme einer elektronischen Leistung aus. Die genaue umsatzsteuerliche Einordnung einer solchen Leistung kann dahingestellt bleiben, wenn alle in Betracht kommenden Einordnungen umsatzsteuerlich zu demselben Ergebnis führen. Ein deutschsprachiger Internetauftritt rechtfertigt die Annahme des Finanzamts, dass der überwiegende Teil der Kunden in Deutschland ansässig ist und der Leistungsort damit mehrheitlich im Inland gelegen hat[496] ➲ ausführlich hierzu Kapitel 44.01 der Vorauflage (= 20. Auflage 2022)

Rechtsanwälte, Steuerberater, Wirtschaftsprüfer

Steuerberater, Wirtschaftsprüfer und Rechtsanwälte sind – ungeachtet ihres eigentlichen Beratungsauftrags – für die Mandanten häufig auch der bevorzugte Ansprechpartner in allen anderen Lebensbereichen, die die Berücksichtigung besonderer rechtlicher »Spielregeln« erfordern. Das zeigt auch die Rechtsprechung von EuGH und BFH zur **Vermögensverwaltung** und **Testamentsvollstreckung**[497].

74 »B2B-Leistungen«

§ 3a Abs. 2 UStG – Auffangtatbestand für Leistungen eines Unternehmers an andere Unternehmer

 Rechtsgrundlagen
- UStG: § 3a Abs. 2
- UStAE: Abschn. 3a.1
- MwStSystRL: Art. 43 ff.

---

496 FG Köln, Urteil vom 13.8.2019, 8 K 1565/18.
497 Abschn. 3a.1 Abs. 4 UStAE dritter Gedankenstrich; Hinweis auf ➲ Kapitel 80.4.

74.1 Grundlegende Verwaltungsanweisung: Abschn. 3a.2 UStAE

1. **Neuer Auffangtatbestand für »B2B-Leistungen«:** Dienstleistungen eines Unternehmers an andere Unternehmer für deren unternehmerischen Bereich werden grundsätzlich am Ort des **Leistungsempfängers (= Bestimmungslandprinzip)** bewirkt.

2. **Wortgleichheit mit der bisherigen Regelung für Katalogleistungen:** Damit wird die Regelung, die § 3a Abs. 3 Sätze 1 und 2 UStG a. F. bislang für Katalogleistungen vorsah, im B2B-Bereich zum Regeltatbestand.

3. **Nichtunternehmerische juristische Personen:** Den Unternehmern gleichgestellt werden insoweit juristische Personen, soweit diese nicht unternehmerisch tätig sind und ihnen eine USt-IdNr. erteilt wurde (§ 3a Abs. 2 UStG n. F.).

> **Beispiel:**
> Eurocopter (Donauwörth) verkauft aus Deutschland heraus Hubschrauber an das griechische Militär. (Hinweis: Evtl. Steuerbefreiungen nach dem NATO-Truppenstatut oder ähnlichen Sonderbestimmungen sollen unberücksichtigt bleiben.)
> ⮑ **Folge:**
> Aufgrund des hohen Lieferpreises der Fluggeräte wird Griechenland die von den EU-Mitgliedstaaten bestimmte Erwerbsschwelle überschreiten. Eurocopter liefert steuerfrei innergemeinschaftlich. Das griechische Militär muss sich in Griechenland steuerlich registrieren lassen (... bzw. wird dort bereits registriert sein ...) und wie ein Unternehmer einen innergemeinschaftlichen Erwerb versteuern; dafür erhält es eine USt-IdNr.
> Repariert Eurocopter einen der Hubschrauber (außerhalb einer Garantieverpflichtung), kommt § 3a Abs. 2 Satz 3 UStG zur Anwendung.

4. **Wegfall des bisherigen Wahlrechts zur Leistungsortsverlagerung:** Soweit das »alte« UStG für

   – Arbeiten an und Begutachtung von beweglichen körperlichen Gegenständen[498],

   – Vermittlungsleistungen[499],

   – innergemeinschaftliche Güterbeförderungen und damit zusammenhängenden sonstigen Leistungen[500]

   zur steuerlichen Vereinfachung (die Besteuerung des leistenden Unternehmers außerhalb seines Sitzstaates soll vermieden werden) die **Verlagerung des Besteuerungsrechts** in einen »anderen Mitgliedstaat« vorsieht, werden diese Regelungen nunmehr überflüssig und entfallen daher ersatzlos[501].

---

498 § 3a Abs. 2 Nr. 3 Buchstabe c UStG a. F.

499 § 3a Abs. 2 Nr. 4 UStG a. F.

500 § 3b a. F. UStG.

501 Vgl. Abschn. 3a.2 Abs. 16 UStAE; Hinweis auf ⮑ Kapitel 71.4.

5. **»Unsicherheitsfaktor«:** Die deutsche Finanzverwaltung hat zu den neuen Ortvor-schriften in einem BMF-Schreiben vom 4.9.2009 umfassend Stellung genommen, um dieses Schreiben bereits vor Inkrafttreten mit BMF-Schreiben vom 8.12.2009 teilweise neu zu fassen. **Auch das mag ein Zeichen für die damalige (... und auch noch derzeitige? ...) Rechtsunsicherheit sein.**

74.2 Neues Praxisproblem: Nachweis des unternehmerischen Leistungsbezugs

Das BMF weist in **Abschn. 3a.2 Abs. 9 UStAE** darauf hin, dass § 3a Abs. 2 UStG 2010 selbst ungeregelt lässt, wie der leistende Unternehmer den Nachweis eines unterneh-merischen Leistungsbezugs seines Kunden erbringen muss, und arbeitet hierzu mit ei-ner ...

 ... Vereinfachung

Verwendet der Leistungsempfänger gegenüber seinem Auftragnehmer eine ihm von einem Mitgliedstaat erteilte USt-IdNr., kann der Auftragnehmer im Grundsatz davon ausgehen, dass der Leistungsempfänger ein Unternehmer ist und die Leis-tung für den unternehmerischen Bereich bezogen wird[502].

Das gilt sogar dann, wenn sich nachträglich herausstellt, dass die Leistung vom Leis-tungsempfänger tatsächlich für nicht unternehmerische Zwecke verwendet worden ist.

 Beratungskonsequenzen

Der leistende Unternehmer hat hierzu aber eine ihm vorgelegte USt-IdNr., die von einem anderen EU-Mitgliedstaat erteilt wurde, im Hinblick auf die Gewährleistung einer zutreffenden Besteuerung zu prüfen. Erforderlich ist eine **qualifizierte Bestä-tigungsanfrage** i. S. v. Abschn. 245i Abs. 4 UStR 2008[503]!

 Praxistipp
Online-Prüfung für die USt-IdNr.
https://europa.eu/youreurope/business/taxation/vat/check-vat-number-vies/in-dex_de.htm
Die EU-Kommission bietet im Internet einen Online-Dienst an. Auf der Webseite https://ec.europa.eu/taxation_customs/vies/#/vat-validation können USt-IdNr. auf ihre Gültigkeit hin überprüft und das Prüfergebnis ausgedruckt werden. Der Aus-druck mit Angabe einer Abfragenummer soll Unternehmern den Nachweis ermög-lichen, dass sie sich zu einem bestimmten Zeitpunkt von der Gültigkeit einer vorge-legten USt-IdNr. vergewissert haben.
Ob hiermit, wie eine Pressemitteilung der Europäischen Kommission verheißt, der Gutglaubensschutz steuerehrlicher Unternehmer z. B. im Rahmen des § 6a Abs. 4

---

502   Abschn. 3a.2 Abs. 9 Satz 3 UStAE.
503   Abschn. 3a.2 Abs. 9 Satz 4 UStAE.

UStG wirklich rechtssicher gestärkt wird[504], bleibt abzuwarten. Nach der Vorschrift muss im Falle der Vorlage gefälschter Geschäftspapiere der ins übrige Gemeinschaftsgebiet liefernde (redliche) Unternehmer darlegen, dass er sich von der Seriosität seines Abnehmers überzeugt hat. Nur dann kann die Lieferung vom heimischen Fiskus als steuerfrei behandelt werden.

Allerdings besteht in vielen Fällen nicht die Möglichkeit, im Rahmen der Gültigkeitsprüfung auf der EU-Plattform gleichzeitig die Identitätsmerkmale (wie Name und Adresse) des jeweiligen Verwenders mit abzurufen. Nach Angabe der Europäischen Kommission lassen nicht alle Mitgliedstaaten diese nützliche Funktion im Rahmen des Online-Portals zu.

Besseren Gutglaubensschutz verspricht daher auch weiterhin das (qualifizierte) Bestätigungsverfahren des BZSt (§ 18e UStG ➲ Kapitel 20)[505]!

 Hinweis

Siehe auch unten ➲ Kapitel 74.6 Stichwort »Werkstattleistungen: Wann ist der Kunde ein ausländischer Unternehmer?«

74.3 Dokumentation der Verwendung der USt-IdNr.

74.3.1 Abschn. 3a.2 Abs. 10 UStAE

 Rechtsgrundlagen

Abschn. 3a.2 Abs. 10 UStAE

(10) Verwendet der Leistungsempfänger eine USt-IdNr., soll dies grundsätzlich vor Ausführung der Leistung erfolgen und in dem jeweiligen Auftragsdokument schriftlich festgehalten werden. Der Begriff »Verwendung« einer USt-IdNr. setzt ein positives Tun des Leistungsempfängers, in der Regel bereits bei Vertragsabschluss, voraus ...

 Hinweis

➲ **Vgl. Abschn. 42c Abs. 3, Abs. 4 UStR 2008** zur »alten« Leistungsortverlagerung bei innergemeinschaftlichen Güterbeförderungen u. Ä. sowie Abschn. 36 Abs. 6 Satz 3 zu den Arbeiten an und der Begutachtung von Mobilien und Abschn. 37 Abs. 1 Satz 2 UStR 2008 zur Vermittlung (➲ mybookplus.de > Gesetze, Verordnungen, Richtlinien).

---

504 O. V., Neue Online-Prüfung für Umsatzsteuer-Identifikationsnummer, NWB 2009, 2795 [Rubrik »Panorama«].

505 Steuerberater-Verband e. V. Köln, Wochenübersicht StBdirekt vom 12.7.2009, Mehr Rechtssicherheit im innergemeinschaftlichen Warenverkehr?, StBdirekt-Nr. 010332.

Beratungskonsequenzen

Die **bisherigen »Spielregeln«** zur Verlagerung des Leistungsorts durch geschickten Einsatz der USt-IdNr. (➔ Kapitel 71.4) sind **entsprechend anzuwenden!**

74.3.2 Mandantenempfehlung (... vor allem beim Handeln unter Kaufleuten)

Im deutschen Handelsrecht gilt unter Kaufleuten das **Schweigen als Zustimmung** und kann damit zum Abschluss eines Vertrags führen. So ist z. B. nach dem Erhalt eines kaufmännischen Bestätigungsschreibens, das ein Kaufmann nicht akzeptieren will, grundsätzlich ein Widerspruch notwendig. Auch in § 362 HGB fingiert das Gesetz das Schweigen als Annahme. Daher könnte mit Matheis unter Kaufleuten ein **einseitiges Schreiben** mit etwa folgender Formulierung verwendet werden[506]:

 Musterschreiben

Vereinbarungsgemäß verwendet Ihre Gesellschaft XXX die Ihnen erteilte USt-IdNr. EUXXX für den Bezug sämtlicher Leistungen, die ab dem 1.1.2010 von unserer Gesellschaft YYY an Ihre Gesellschaft ausgeführt werden. Bitte teilen Sie uns Gegenteiliges spätestens bis zum 31.3.2010 mit. Ihre Entscheidung, die USt-IdNr. zu verwenden, gilt bis zum Widerruf.

74.4 Anwendung der B2B-Regel auch bei »Mischbezügen«

Rz. 14 des Einführungsschreibens zum Mehrwertsteuerpaket lautete ursprünglich[507]:

 Rechtsgrundlagen

BMF-Schreiben vom 4.9.2009

14 (8) [1]Voraussetzung für die Anwendung der Ortsbestimmung nach § 3a Abs. 2 Satz 1 UStG ist, dass die Leistung für den unternehmerischen Bereich des Leistungsempfängers ausgeführt worden ist. [2]Hierunter fallen auch Leistungen an einen Unternehmer, soweit diese Leistungen für die Erbringung von der Art nach nicht steuerbaren Umsätzen (z. B. Geschäftsveräußerungen im Ganzen) bestimmt sind.

Die abschließende Regelung einer derart komplexen Materie gelingt natürlich selten »im ersten Wurf« – auch nicht dem BMF! Offen blieb durch die ursprüngliche Formulierung die Rechtsfolge bei Bezügen, die **sowohl den unternehmerischen als auch den nicht unternehmerischen Bereich** betreffen (»Mischbezüge«). Daher wurde Rz. 14 wie folgt ergänzt[508]:

---

506 *Matheis,* Sicherstellung der Unternehmereigenschaft im Rahmen der Ortsbestimmung bei Dienstleistungen, URV 2010, 57.

507 BMF-Schreiben vom 4.9.2009 ➔ mybookplus.de >Wichtiges aus dem BMF.

508 BMF-Schreiben vom 8.12.2009 ➔ mybookplus.de >Wichtiges aus dem BMF.

Rechtsgrundlagen

BMF-Schreiben vom 8.12.2009

»... bestimmt sind.

[3]Wird eine der Art nach in § 3a Abs. 2 UStG erfasste sonstige Leistung sowohl für den unternehmerischen als auch für den nicht unternehmerischen Bereich des Leistungsempfängers erbracht, ist der Leistungsort einheitlich nach § 3a Abs. 2 Satz 1 UStG zu bestimmen.«

Vgl. nunmehr **Abschn. 3a.2 Abs. 8 UStAE.** Den Regelungsgehalt der neuen Anweisung zeigt folgendes Beispiel[509]:

> **Beispiel**
>
> Die grundsätzlich hoheitlich tätige Stadt Dortmund (D) betätigt sich auch unternehmerisch in Form von »Betrieben gewerblicher Art«. Von dem in Österreich ansässigen Datenverarbeitungsunternehmen A bezieht die D Beratungs- und Datenverarbeitungsleistungen, die sowohl den hoheitlichen als auch ihren unternehmerischen Bereich betreffen.
>
> Für D stellt sich die Frage, ob hinsichtlich der Leistungsbezüge anteilig (bezogen auf den unternehmerischen Verwertungsanteil) oder aber vollumfänglich von einer Ortsverlagerung nach Deutschland auszugehen ist und dementsprechend auch anteilig oder aber vollumfänglich die Steuerschuldnerschaft nach § 13b Abs. 1 Nr. 1 UStG übergeht.

Während zur »alten« **Rechtslage** – also bis zum 31.12.2009 – Abschn. 38 Abs. 1 Satz 3 Nr. 3 Satz 3 UStR 2008 derartige »Mischbezüge« als vollumfänglich für den unternehmerischen Bereich bezogen ansieht, musste D nach den Ausführungen der Rz. 19 zur neuen Rechtslage zunächst von einer Aufteilung ausgehen. Andererseits legte das Beispiel in Rz. 16 die Vermutung nahe, die D könne durch Leistungsbezug unter ihrer USt-IdNr. eine **vollumfängliche Besteuerungsverlagerung nach Deutschland** erzielen. In letzterem Sinne ist die Ergänzung der Rz. 14 zu verstehen.

Im Beispiel unterliegen die Beratungs- sowie Datenverarbeitungsleistungen mithin vollumfänglich der deutschen Umsatzbesteuerung und es kommt wie schon bisher – vgl. § 13b Abs. 2 Satz 3 UStG – vollumfänglich zu einer Übertragung der Steuerschuldnerschaft auf D.

---

509 *Weimann,* UStB 2010, 92.

→ Beratungskonsequenzen

1. Die Klarstellung betrifft in gleicher Weise auch privatrechtliche Leistungsempfänger mit »Mischbezügen« – z. B. die **»gemischte Holding«** oder **Vereine mit ideellen und unternehmerischen Betätigungsbereichen**[510].
2. Trotz der Klarstellung dürfte es aber – was mit *Nieskoven*[511] eigentlich sinnwidrig ist – dabei bleiben, dass für die sich nur teilweise unternehmerisch betätigenden juristischen Personen hinsichtlich ihrer ausschließlich den nichtunternehmerischen Bereich betreffenden Leistungsbezügen
   - weder § 3a Abs. 2 Satz 1 UStG, da nicht für den unternehmerischen Bereich,
   - noch § 3a Abs. 2 Satz 3 UStG, da kein vollumfänglich nicht unternehmerisch tätiger Leistungsempfänger

   zur Anwendung kommen.

74.5 Feste Niederlassung durch Zurechnung von Personal- und Sachmitteln

Das Vorliegen einer festen Niederlassung einer in einem anderen Mitgliedstaat ansässigen Gesellschaft im Hoheitsgebiet eines Mitgliedstaats kann nicht allein dem Umstand hergeleitet werden, dass diese Gesellschaft dort eine Tochtergesellschaft hat. Dies hängt vielmehr von den in der Mehrwertsteuer-Durchführungsverordnung genannten materiellen Voraussetzungen ab. Diese sind – so der EuGH[512] – unter Berücksichtigung der wirtschaftlichen und geschäftlichen Gegebenheiten zu prüfen.

74.5.1 Hintergrund

Nach Artikel 11 MwStSystRL-DVO gilt als »feste Niederlassung« jede Niederlassung mit Ausnahme des Sitzes der wirtschaftlichen Tätigkeit, die einen hinreichenden Grad an Beständigkeit aufweist. Ferner bedarf es einer Struktur, die es ihr von der personellen und technischen Ausstattung her erlaubt,

- Dienstleistungen, die für den eigenen Bedarf dieser Niederlassung erbracht werden,
- zu empfangen und
- dort (= in der nämlichen Niederlassung)
- auch zu verwenden.

Allein aus der Tatsache, dass eine USt-IdNr. zugeteilt wurde, kann nicht darauf geschlossen werden, dass ein Steuerpflichtiger eine »feste Niederlassung« hat.

---

510 *Weimann*, a. a. O. (UStB 2010, 92).

511 *Nieskoven*, GStB 2010, 59.

512 EuGH, Urteil vom 7.4.2022, Rs. C-333/20, Berlin Chemie A. Menarini SRL.

74.5.2 Sachverhalt

Die Steuerpflichtige ist eine Aktiengesellschaft mit Sitz in Deutschland, die in Rumänien pharmazeutische Erzeugnisse zur laufenden Versorgung der dortigen Arzneimittelgroßhändler vermarktet. Zu diesem Zweck hat die Steuerpflichtige einen Lagervertrag mit einer dort ansässigen Gesellschaft geschlossen. Die Steuerpflichtige verfügt in Rumänien über einen Steuervertreter und ist dort für Mehrwertsteuerzwecke erfasst. Die Steuerpflichtige hält 100 % der Anteile an einer deutschen GmbH. Letztere wiederum hält 95 % der Anteile an der rumänische Gesellschaft.

Haupttätigkeit ist der rumänischen Gesellschaft ist die Managementberatung im Bereich der Öffentlichkeitsarbeit und Kommunikation. Die Gesellschaft kann auch Nebentätigkeiten des Großhandels mit pharmazeutischen Erzeugnissen, der Managementberatung, der Werbeagenturen sowie der Markt- und Meinungsforschung ausüben.

Diese Steuerpflichtige ist die einzige Kundin der rumänischen Gesellschaft. Aufgrund eines dem deutschen Recht unterliegenden Vertrag über Marketing, Regulierung, Werbung und Vertretungsdienstleistungen verpflichtete sich die rumänische Gesellschaft, die Erzeugnisse der Steuerpflichtigen in Rumänien aktiv zu bewerben, u. a. durch Marketingaktivitäten entsprechend den von der Steuerpflichtigen aufgestellten und entwickelten Strategien und Budgets.

Insbesondere ist sie verpflichtet, eine juristisch qualifizierte Dienstleistung zur Behandlung und Lösung von Problemen im Zusammenhang mit Werbung, Information und Absatzförderung auf Rechnung der und für die Steuerpflichtige einzurichten und aufrechtzuerhalten. Die rumänische Gesellschaft nimmt darüber hinaus Bestellungen für pharmazeutische Erzeugnisse von Großhändlern in Rumänien entgegen und leitet sie an die Steuerpflichtige weiter. Sie bearbeitet auch die Rechnungen und übermittelt sie an die Kunden der Steuerpflichtigen.

Die Steuerpflichtige hat sich dazu verpflichtet, für die von der rumänischen Gesellschaft erbrachten Dienstleistungen eine monatliche Vergütung zu zahlen. Die rumänische Gesellschaft stellte der Steuerpflichtigen die betreffenden Dienstleistungen ohne Mehrwertsteuer in Rechnung, da sie davon ausging, dass der Ort dieser Dienstleistungen in Deutschland liege.

Die rumänische Steuerverwaltung stellte nach einer Steuerprüfung fest, dass die von der rumänischen Gesellschaft an die Steuerpflichtige erbrachten Dienstleistungen von dieser in Rumänien empfangen worden seien, wo diese über eine feste Niederlassung verfügt habe. Die Niederlassung habe eine technische und personelle Ausstattung gehabt, die ausgereicht habe, um regelmäßig steuerbare Lieferungen von Gegenständen vorzunehmen oder Dienstleistungen zu erbringen. Diese Beurteilung erfolge hauptsächlich aufgrund der technischen und personellen Ausstattung der rumänischen Gesellschaft, zu denen die Steuerpflichtige aber ununterbrochen Zugang gehabt habe. Insbesondere habe die Steuerpflichtige Zugang zur technischen Ausstattung der rumänischen Gesellschaft wie Computer, Betriebssysteme und Kraftfahrzeuge gehabt. Auf Grund dieser Feststellungen wurden Steuerbescheide erlassen, die bei er rumänischen Gesellschaft zu erheblichen Nachzahlungen und Säumniszuschlägen führten.

Sonstige Leistung

Hiergegen wendet sich die rumänische Gesellschaft mit einer Klage vor dem in Rumänien zuständigen Gericht. Sie beantragt die Aufhebung dieser Steuerbescheide und bestreitet, dass die Steuerpflichtige eine feste Niederlassung in Rumänien habe.

74.5.3 Entscheidung

Die von der rumänischen Gesellschaft für die Steuerpflichtige erbrachten Werbe- und Marketingdienstleistungen zielten hauptsächlich darauf ab, die Angehörigen der Gesundheitsberufe und die Verbraucher in Rumänien besser **über die von der Steuerpflichtigen verkauften pharmazeutischen Erzeugnisse zu informieren**.

Das Personal der rumänischen Gesellschaft **beschränkte sich darauf**, Bestellungen von neun Arzneimittelgroßhändlern in Rumänien entgegenzunehmen und an die Steuerpflichtige weiterzuleiten sowie Rechnungen der Steuerpflichtigen an deren Kunden in diesem Mitgliedstaat zu übermitteln.

Die rumänische Gesellschaft

- **beteiligte sich nicht unmittelbar am Verkauf und an der Lieferung** pharmazeutischer Erzeugnisse der Steuerpflichtigen und

- ging **keine Verpflichtungen im Namen der deutschen Gesellschaft** gegenüber Dritten ein.

Eine feste Niederlassung zeichnet sich durch einen **hinreichenden Grad an Beständigkeit** sowie eine **Struktur** aus, die es ihr von der personellen und technischen Ausstattung her erlaubt, Dienstleistungen, die für den eigenen Bedarf dieser Niederlassung erbracht werden, zu empfangen und dort zu verwenden, und nicht durch die Entscheidungen, die eine solche Struktur zu treffen befugt ist.

Die personelle und technische Ausstattung, die nach Ansicht der rumänischen Finanzverwaltung der Steuerpflichtigen von der rumänischen Gesellschaft zur Verfügung gestellt wurde und es gestattet, das Vorliegen einer festen Niederlassung der deutschen Gesellschaft in Rumänien festzustellen, ist dieselbe, mit deren Hilfe die rumänische Gesellschaft die Dienstleistungen für die Steuerpflichtige erbringt.

> **Wichtig!**
> Dieselbe Ausstattung kann nach Auffassung des EuGH jedoch nicht gleichzeitig für die Erbringung und für den Empfang derselben Dienstleistungen verwendet werden.

Die vorstehenden Ausführungen lassen darauf schließen, dass die von der rumänischen Gesellschaft erbrachten Leistungen von der Steuerpflichtigen empfangen werden, die **ihre personelle und technische Ausstattung in Deutschland nutzt**, um Kaufverträge mit den Vertreibern ihrer pharmazeutischen Erzeugnisse in Rumänien abzuschließen und zu vollziehen. Trifft das zu – was vom vorlegenden rumänischen Gericht zu prüfen ist – verfügt die Steuerpflichtige in Rumänien nicht über eine feste Niederlassung, da sie in diesem Mitgliedstaat keine Struktur hat, die ihr erlaubt, dort von der rumänischen

Gesellschaft erbrachte Dienstleistungen zu empfangen und diese für ihre wirtschaftliche Tätigkeit des Verkaufs und der Lieferung pharmazeutischer Erzeugnisse zu verwenden.

 Beratungskonsequenzen

Der EuGH kommt zum Ergebnis, dass eine Gesellschaft mit Sitz in einem Mitgliedstaat nicht deshalb über eine feste Niederlassung in einem anderen Mitgliedstaat verfügt, weil diese Gesellschaft dort eine Tochtergesellschaft hat, die ihr personelle und technische Ausstattung gemäß Verträgen zur Verfügung stellt, nach deren Maßgabe sie ihr exklusiv Marketing-, Regulierungs-, Werbe- und Vertretungsdienstleistungen erbringt, die geeignet sind, unmittelbar das Volumen ihrer Verkäufe zu beeinflussen. Positiv ausgedrückt: zur Annahme einer festen Niederlassung muss der Unternehmer über die Niederlassung **vor Ort aktiv Ausgangsumsätze generieren** können. Dabei sind dem Unternehmer ggf. auch fremdes Personal und fremde Sachausstattung zuzurechnen, wenn er über diese wie über eigene Verfügen kann (z. B. auf Grund langfristiger Dienstleistung-, Leasing- oder Mietverträge).

74.6 Einzelfall-ABC: Aktuelles aus Rechtsprechung und Verwaltung

Grundbuchauszüge und anderen Registerauszüge

Das Finanzministerium Schleswig-Holstein positioniert sich zum umsatzsteuerlichen Leistungsort der Ausgabe von Grundbuchauszügen und anderen Registerauszügen[513].

Die Ausgabe beglaubigter Abschriften beziehungsweise das Ausstellen amtlicher Ausdrucke aus öffentlichen Registern stellen sonstige Leistungen im Sinne des § 3 Abs. 9 UStG dar:

- Der Leistungsort bei der Ausgabe von beglaubigten/amtlichen Grundbuchauszügen befindet sich nach § 3a Abs. 3 Nr. 1 Satz 1 UStG i.V.m. Art. 31a Abs. 1 Satz 2 Buchst. a MwStVO am Lageort des Grundstücks.

- Der Leistungsort bei der Ausgabe von beglaubigten/amtlichen Auszügen aus **anderen öffentlichen Registern** als dem Grundbuch bestimmt sich nach § 3a Abs. 1 UStG (Ausgabe an Privatpersonen) und **§ 3a Abs. 2 Abs. 2 UStG (Ausgabe an Unternehmer).**

Internetspiele: Individuelle Begleitung

Die individuelle Betreuung einer Spieleleistung schließt die Annahme einer elektronischen Leistung aus. Die genaue umsatzsteuerliche Einordnung einer solchen Leistung

---

513 FM Schleswig-Holstein, Umsatzsteuer-Kurzinformation vom 17.6.2022, VI 3510 - S 7117 a-026, MwStR 2022, 724.

kann dahingestellt bleiben, wenn alle in Betracht kommenden Einordnungen umsatzsteuerlich zu demselben Ergebnis führen. Ein deutschsprachiger Internetauftritt rechtfertigt die Annahme des Finanzamts, dass der überwiegende Teil der Kunden in Deutschland ansässig ist und der Leistungsort damit mehrheitlich im Inland gelegen hat[514] ➲ ausführlich hierzu Kapitel 44.01 der Vorauflage (= 20. Auflage 2022)

Werkstattleistungen: Wann ist der Kunde ein ausländischer Unternehmer?

Werkstattleistungen an ausländische Unternehmenskunden können – wenn und soweit der Dienstleistungscharakter überwiegt – umsatzsteuerlich als sog. »Arbeiten an beweglichen körperlichen Gegenständen« ohne großen Belegaufwand netto abgerechnet werden. Doch wie müssen Sie den Nachweis führen, wenn der PKW oder LKW für einen ausländische Unternehmenskunden repariert wurde?[515]

Das deutsche Umsatzsteuergesetz selbst regelt nicht, wie der leistende Unternehmer nachzuweisen hat, dass sein Leistungsempfänger ein ausländischer Unternehmer ist, der die sonstige Leistung für den unternehmerischen Bereich bezieht.

Die Vorgaben dazu ergeben sich aber aus **Art. 55 MwStVO** und **Abschn. 3a.2 Abs. 9 ff. UStAE**. Siehe auch oben ➲ Kapitel 74.2.

1. Unternehmenskunde aus dem EU-Ausland

1.1 Pflicht des Kunden zur Verwendung der USt-IdNr.

Bezieht ein im Gemeinschaftsgebiet ansässiger Unternehmer eine Reparaturleistung für seinen unternehmerischen Bereich, **muss** er die ihm von dem EU-Mitgliedstaat, von dem aus er sein Unternehmen betreibt, erteilte USt-IdNr. für diesen Umsatz gegenüber seinem Auftragnehmer verwenden:

 Rechtsgrundlagen

Art 55 Abs. 1 MwStVO

Für Umsätze nach Artikel 262 der Richtlinie 2006/112/EG müssen Steuerpflichtige, denen nach Artikel 214 jener Richtlinie eine individuelle Mehrwertsteuer-Identifikationsnummer zuzuteilen ist, und nichtsteuerpflichtige juristische Personen, die für Mehrwertsteuerzwecke erfasst sind, wenn sie als solche handeln, ihren Lieferern oder Dienstleistungserbringern ihre Mehrwertsteuer-Identifikationsnummer mitteilen, sowie diese ihnen bekannt ist.

Wird die Leistung tatsächlich **durch eine Betriebsstätte** des Kunden bezogen, ist die der Betriebsstätte erteilte USt-IdNr. zu verwenden (Abschn. 3a.2 Abs. 9 Satz 2 UStAE).

---

514   FG Köln, Urteil vom 13.8.2019, 8 K 1565/18.
515   *Weimann*, ASR 1/2022, 14.

1.2 Schutz des Vertrauens der Werkstatt in die USt-IdNr. des Kunden

Verwendet der Kunde gegenüber der Werkstatt eine ihm von einem Mitgliedstaat erteilte USt-IdNr., **kann die Werkstatt regelmäßig davon ausgehen**, dass der Kunde Unternehmer ist und die Leistung für dessen unternehmerischen Bereich bezogen wird:

 Rechtsgrundlagen

Art 18 Abs. 1 MwStVO

Sofern dem Dienstleistungserbringer keine gegenteiligen Informationen vorliegen, kann er davon ausgehen, dass ein in der Gemeinschaft ansässiger Dienstleistungsempfänger den Status eines Steuerpflichtigen hat,

a) wenn der Dienstleistungsempfänger ihm seine individuelle Mehrwertsteuer-Identifikationsnummer mitgeteilt hat und er die Bestätigung der Gültigkeit dieser Nummer sowie die des zugehörigen Namens und der zugehörigen Anschrift gemäß Artikel 31 der Verordnung (EG) Nr. 904/2010 des Rates vom 7. Oktober 2010 über die Zusammenarbeit der Verwaltungsbehörden und die Betrugsbekämpfung auf dem Gebiet der Mehrwertsteuer erlangt hat.

b) ...

Dies gilt auch dann, wenn sich **nachträglich** herausstellt, dass die Leistung vom Leistungsempfänger tatsächlich für nicht unternehmerische Zwecke verwendet worden ist (Abschn. 3a.2 Abs. 9 Satz 4 UStAE).

 Beratungskonsequenzen

Voraussetzung ist, dass der leistende Unternehmer nach § 18e UStG von der Möglichkeit Gebrauch gemacht hat, sich die Gültigkeit einer USt-IdNr. eines anderen EU-Mitgliedstaates sowie den Namen und die Anschrift der Person, der diese Nummer erteilt wurde, durch das BZSt bestätigen zu lassen (➲ Kapitel 20).

Beispiel

Kfz-Händler D mit Sitz in Dortmund repartiert ein Fahrzeug für Unternehmer F mit Sitz in Frankreich. F verwendet gegenüber D seine französische USt-IdNr. Bei einer Betriebsprüfung stellt sich im Nachhinein heraus, dass F das Fahrzeug ausschließlich privat nutzt.

➲ Folge:

Der Leistungsort für die Reparatur des Fahrzeugs ist nach § 3a Abs. 2 UStG in Frankreich. Da F gegenüber D seine USt-IdNr. verwendet hat, gilt die Leistung als für das Unternehmen des F bezogen. Unbeachtlich ist, dass das Fahrzeug tatsächlich von F für nicht unternehmerische Zwecke verwendet wurde. F ist für die Leistung des D Steuerschuldner (§ 13b Abs. 1 und Abs. 5 Satz 1 UStG). F ist allerdings hinsichtlich der angemeldeten Steuer in Frankreich nicht zum Vorsteuerabzug berechtigt, da die Leistung nicht für unternehmerische Zwecke bestimmt ist.

1.3 USt-IdNr. muss dem Kunden erst noch zugeteilt werden

Hat der Kunde noch keine USt-IdNr. erhalten, eine solche Nummer aber bei der zuständigen Behörde des EU-Mitgliedstaats, von dem aus er sein Unternehmen betreibt oder eine Betriebsstätte unterhält, beantragt, **bleibt es dem leistenden Unternehmer überlassen**, auf welche Weise er den Nachweis der Unternehmereigenschaft und der unternehmerischen Verwendung führt (Artikel 18 Abs. 1 Buchstabe b der MwStVO).

 Beratungskonsequenzen

Der Nachweis hat **nur vorläufigen Charakter**. Für den endgültigen Nachweis bedarf es der Vorlage der dem Leistungsempfänger erteilten USt-IdNr.; dieser Nachweis kann bis zur letzten mündlichen Verhandlung vor dem Finanzgericht geführt werden (Abschn. 3a.2 Abs. 9 Satz 8 UStAE)

1.4 »Verwendung« der USt-IdNr. durch den Kunden

Verwendet der Leistungsempfänger eine USt-IdNr., soll dies **grundsätzlich**

* vor Ausführung der Leistung erfolgen und
* in dem jeweiligen Auftragsdokument
* schriftlich festgehalten

werden (Abschn. 3a.2 Abs. 10 Satz 1 UStAE)

Der Begriff »Verwendung« einer USt-IdNr. setzt ein **positives Tun** des Leistungsempfängers, in der Regel bereits bei Vertragsabschluss, voraus:

* So kann z. B. auch b**ei mündlichem Abschluss** eines Auftrags zur Erbringung einer sonstigen Leistung eine Erklärung über die Unternehmereigenschaft und den unternehmerischen Bezug durch Verwendung einer bestimmten USt-IdNr. abgegeben und dies vom Auftragnehmer aufgezeichnet werden.

* Es reicht ebenfalls aus, wenn **bei der erstmaligen Erfassung der Stammdaten** eines Leistungsempfängers zusammen mit der für diesen Zweck erfragten USt-IdNr. zur Feststellung der Unternehmereigenschaft und des unternehmerischen Bezugs zusätzlich eine Erklärung des Leistungsempfängers aufgenommen wird, dass diese USt-IdNr. bei allen künftigen – unternehmerischen – Einzelaufträgen verwendet werden soll.

* Eine **im Briefkopf eingedruckte USt-IdNr.** oder eine in einer Gutschrift des Leistungsempfängers formularmäßig eingedruckte USt-IdNr. reicht allein nicht aus, um die Unternehmereigenschaft und den unternehmerischen Bezug der zu erbringenden Leistung zu dokumentieren.

* Ein positives Tun liegt auch dann vor, wenn der Leistungsempfänger (Erwerber bzw. Empfänger der Dienstleistung) die Erklärung über die Unternehmereigenschaft und den unternehmerischen Bezug **objektiv nachvollziehbar vorgenommen** hat und der Leistungsbezug vom Leistungsempfänger in zutreffender Weise erklärt worden ist, der leistende Unternehmer seinen Meldepflichten nach § 18a

UStG nachgekommen ist und die Rechnung über die Leistung einen Hinweis auf die USt-IdNr., die nach § 18a Abs. 7 UStG in der Zusammenfassenden Meldung angegeben wurde, enthält.

1.5 Nachträgliche Verwendung oder Änderung der Kunden-USt-IdNr.

Unschädlich ist es im Einzelfall, wenn der Leistungsempfänger eine USt-IdNr. erst nachträglich verwendet oder durch eine andere ersetzt (Abschn. 3a.2 Abs. 10 Satz 7 UStAE)

In diesem Fall muss die Besteuerung

- in dem einen EU-Mitgliedstaat rückgängig gemacht und
- in dem anderen EU-Mitgliedstaat nachgeholt und
- ggf. die übermittelte ZM berichtigt werden.

In einer **bereits erteilten Rechnung** sind die USt-IdNr. des Leistungsempfängers (vgl. § 14a Abs. 1 UStG) und ggf. ein gesonderter Steuerausweis (vgl. § 14 Abs. 4 Nr. 8 und § 14c Abs. 1 UStG) zu berichtigen.

Die nachträgliche Angabe oder Änderung einer USt-IdNr. als Nachweis der Unternehmereigenschaft und des unternehmerischen Bezugs ist der Umsatzsteuerfestsetzung nur zu Grunde zu legen, wenn die **Steuerfestsetzung in der Bundesrepublik Deutschland noch änderbar** ist (Abschn. 3a.2 Abs. 10 Satz 10 UStAE).

2. Unternehmenskunde aus dem Drittland

2.1 Bescheinigung einer Behörde des Sitzstaates

Ist der Leistungsempfänger im Drittlandsgebiet ansässig, kann der Nachweis der Unternehmereigenschaft durch eine **Bescheinigung einer Behörde des Sitzstaates** geführt werden, in der diese bescheinigt, dass der Leistungsempfänger dort als Unternehmer erfasst ist (Abschn. 3a. Abs. 11 UStAE).

Die Bescheinigung sollte inhaltlich der **Unternehmerbescheinigung** nach § 61a Abs. 4 UStDV entsprechen (Abschnitt 18.14 Abs. 7 UStAE).

2.2 Sonstiger Nachweis

Kann der Leistungsempfänger den Nachweis nicht anhand einer Bescheinigung nach Satz 1 und 2 führen, **bleibt es dem leistenden Unternehmer überlassen,** auf welche Weise er nachweist, dass der im Drittlandsgebiet ansässige Leistungsempfänger Unternehmer ist (vgl. Artikel 18 Abs. 3 der MwStVO).

 Beratungskonsequenzen

Seien Sie kreativ und treiben Sie »**Eichhörnchenarbeit**«! Denn nach der Rechtsprechung des EuGH kann ein EU-Geschäft im Zweifel auf jedem geeigneten Weg nachgewiesen werden. Zu denken ist etwa an

- Fotografien des reparierten Fahrzeugs,
- Screenshot vom Kunden-Internetauftritt,
- Visitenkarten der Person, die bei Ihnen vor Ort war,
- ... (usw.)

Beispiel

»Tankwagen werden in den seltensten Fällen vom Privatleuten gefahren!«
Wenn jemand einen Tankwagen reparieren lässt, hilft Ihnen ein Foto des Fahrzeugs
bei der Nachweisführung. Fertigen Sie das Foto mit dem Handy digital und legen
Sie dieses bei der Auftragsdokumentation ab.

75 Grundstücksleistungen

§ 3a Abs. 3 Nr. 1 UStG 2010

 Rechtsgrundlagen

- UStG: § 3a Abs. 3 Nr. 1
- UStAE: Abschnitte 3a.3
- MwStSystRL: Art. 43 ff.

75.1 Grundlegende Verwaltungsanweisung: Abschn. 3a.3 UStAE

Grundstücksleistungen werden auch über den 31.12.2009 hinaus grundsätzlich unverändert **am Belegenheitsort** erbracht (§ 3a Abs. 3 Nr. 1 UStG 2010).

Daher hat Abschn. 3a.3 UStAE – unter Auswertung der damals aktuellen Rechtsprechung – zunächst im Wesentlichen Abschn. 34 UStR 2008 unverändert übernommen.

Zwischenzeitlich wurde die Vorschrift an die neue EuGH-Rechtsprechung angepasst
(➔ nachfolgendes Kapitel 75.2).

75.2 EuGH fordert einen »direkten Grundstücks-zusammenhang«

Der EuGH hat die Voraussetzungen für die Anwendung der Ortsregelung des Artikels 47
MwStSystRL für Dienstleistungen im Zusammenhang mit Grundstücken präzisiert[516].
Diese sind bei der Anwendung des § 3a Abs. 3 Nr. 1 UStG, dem Art. 47 MwStSystRL zu-
grunde liegt, zu berücksichtigen.

---

516 EuGH, Urteil vom 27.6. 2013, Rs. C-155/12, RR Donnelley Global Turnkey Solutions Poland, HFR
     2013, 859.

Danach müssen Dienstleistungen – sofern sie nicht bereits zu den **ausdrücklich aufge-zählten Leistungen** gehören – zur Anwendbarkeit des Art. 47 MwStSystRL einen **ausrei-chend direkten Zusammenhang** mit einem Grundstück aufweisen. Dazu sind nach Auf-fassung des BMF[517] zwei Voraussetzungen zu beachten:

- Die Dienstleistung muss mit einem **ausdrücklich bestimmten Grundstück** in Zu-sammenhang stehen.

- Zudem muss das **Grundstück selbst Gegenstand der Dienstleistung** sein. Dies ist u. a. dann der Fall, wenn ein ausdrücklich bestimmtes Grundstück als wesentlicher (= zentraler und unverzichtbarer) Bestandteil einer Dienstleistung anzusehen ist.

Der UStAE wurde den neuen Vorgaben entsprechend angepasst (vgl. Abschn. 3a. Abs. 3 u. Abs. 3a UStAE).

75.3 Keine Harmonisierung – Weiterhin Registrierungs-pflicht im EU-Ausland prüfen!

Das Reverse-Charge-Verfahren ist bei Grundstücksleistungen im B2B-Bereich in den an-deren EU-Mitgliedstaaten zwar möglich, aber **nicht zwingend** anzuwenden[518]!

 Beratungskonsequenzen

Unternehmer werden daher vorerst auch zukünftig nicht umhinkommen, sich über die umsatzsteuerliche Behandlung im anderen Mitgliedstaat entsprechend zu in-formieren. Hier sind **auch weiterhin die bisherigen Prüfungen**[519] anzustellen.

75.4 Eigenständiger Grundstücksbegriff der MwStSystRL/6. EG-RL

Die Vermietung eines Gebäudes, das aus Fertigteilen errichtet wird, die so in das Erd-reich eingelassen werden, dass sie weder leicht demontiert noch versetzt werden kön-nen, führt zur Vermietung i. S. d. Art. 135 Abs. 1 Buchst. l MwStSystRL/ Art. 13 Teil B Buchst. b der 6. EG-RL, auch wenn das Gebäude nach Beendigung des Mietvertrags ent-fernt und auf einem anderen Grundstück wieder verwendet werden soll. Die Frage der Vermietung ist davon unabhängig, ob der Vermieter dem Mieter das Grundstück und das Gebäude oder nur das Gebäude überlässt, das er auf dem Grundstück des Mieters errichtet hat[520].

---

517 BMF, Schreiben vom 28.2.2014, IV D 3 – S 7117-a/10/10002, 2014/0197080, a. a. O.

518 Hinweis auf ➔ Kapitel 72.3.4.

519 Hinweis auf ➔ Kapitel 71.5.

520 EuGH, Urteil vom 16.1.2003, Rs. C-31500, Rudolf Maierhofer, UR 2003, 86.

Beratungskonsequenzen

Schon früher hatte der EuGH darauf erkannt, dass der Begriff der »Vermietung von Grundstücken« ein eigenständiger Begriff des Gemeinschaftsrechts sei[521] und die Vermietung von Gebäuden einschließe[522], die Vermietung von beweglichen Sachen aber ausschließe[523]. Der Grundstücksbegriff ist daher **vom Zivilrecht der Mitgliedstaaten unabhängig** und unter Berücksichtigung von

- **Wortlaut,**
- **Regelungszusammenhang** und
- **Zielen**

des Art. 135 Abs. 1 Buchst. l MwStSystRL/Art. 13 Teil B Buchst. b der 6. EG-RL zu finden.

75.5 Einzelfall-ABC: Aktuelles aus Rechtsprechung und Verwaltung

Energieeinspar-Contracting als Grundstücksleistung

> **Hinweis**
> ↪ Kapitel 46.7 der Vorauflage (= 20. Auflage 2022)

Grundbuchauszüge und anderen Registerauszüge

Das Finanzministerium Schleswig-Holstein positioniert sich zum umsatzsteuerlichen Leistungsort der Ausgabe von Grundbuchauszügen und anderen Registerauszügen[524].

Die Ausgabe beglaubigter Abschriften beziehungsweise das Ausstellen amtlicher Ausdrucke aus öffentlichen Registern stellen sonstige Leistungen im Sinne des § 3 Abs. 9 UStG dar:

- Der Leistungsort bei der Ausgabe von **beglaubigten/amtlichen Grundbuchauszügen** befindet sich nach § 3a Abs. 3 Nr. 1 Satz 1 UStG i. V. m. Art. 31a Abs. 1 Satz 2 Buchst. a MwStVO am Lageort des Grundstücks.

Der Leistungsort bei der Ausgabe von beglaubigten/amtlichen Auszügen aus anderen öffentlichen Registern als dem Grundbuch bestimmt sich nach § 3a Abs. 1 UStG (Ausgabe an Privatpersonen) und § 3a Abs. 2 Abs. 2 UStG (Ausgabe an Unternehmer).

---

521 EuGH, Urteil vom 3.2.2000, Rs. C-12/98, Amengual Far, UR 2000, 123.

522 EuGH, Urteil vom 12.2.1998, Rs. C-346/95, Blasi, UR 1998, 189.

523 EuGH, Urteil vom 3.7.1997, Rs. C-60/96, UR 1997, 443.

524 FM Schleswig-Holstein, Umsatzsteuer-Kurzinformation vom 17.6.2022, VI 3510 - S 7117 a-026, MwStR 2022, 724.

Sonstige Leistung

Messen und Ausstellungen

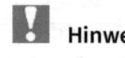 **Hinweis**
➲ Kapitel 77.3.

Notare, Rechtsanwälte, Steuerberater etc.

Zu den sonstigen Leistungen im Zusammenhang mit der Veräußerung oder dem Erwerb von Grundstücken (§ 3a Abs. 3 Nr. 1 Satz 2 Buchst. b UStG) gehören beispielsweise die sonstigen Leistungen der

- Grundstücksmakler

- Grundstückssachverständigen

- Notare bei der Beurkundung von Grundstückskaufverträgen und anderen Verträgen, die auf die Veränderung von Rechten an einem Grundstück gerichtet sind,

vgl. Abschn. 3a.3 Abs. 7 Satz 1 UStAE. Dies gilt auch dann, wenn die Veränderung des Rechts an dem Grundstück tatsächlich nicht erfolgt.

Bei **juristischen Dienstleistungen** ist gem. Abschn. 3a. Abs. 9 Nr. 9 sowie Abs. 10 Nr. 7 i. V. m. Abs. 7 Satz 2 UStAE zu prüfen, ob diese im Zusammenhang mit Grundstücksübertragungen sowie mit der Begründung oder Übertragung von bestimmten Rechten an Grundstücken oder dinglichen Rechten an Grundstücken stehen (unabhängig davon, ob diese Rechte einem körperlichen Gegenstand gleichgestellt sind), selbst wenn die zugrunde liegende Transaktion, die zur rechtlichen Veränderung an dem Grundstück führt, letztendlich nicht stattfindet. Zu den bestimmten Rechten an Grundstücken zählen z. B. das **Miet- und Pachtrecht**. Die Erbringung sonstiger Leistungen juristischer Art ist **nicht auf bestimmte Berufsgruppen** beschränkt. Erforderlich ist jedoch, dass die Dienstleistung mit einer zumindest **beabsichtigten Veränderung des rechtlichen Status des Grundstücks** zusammenhängt. Zu diesen sonstigen Leistungen zählen gem. Abschn. 3a.3 Abs. 9 Nr. 9 UStAE z. B.:

- das Aufsetzen eines **Vertrags über den Verkauf oder den Kauf** eines Grundstücks und das Verhandeln der Vertragsbedingungen sowie damit in Zusammenhang stehende Beratungsleistungen (z. B. Finanzierungsberatung, Erstellung einer Due Diligence), sofern diese als unselbständige Nebenleistungen anzusehen sind;

- die sonstigen Leistungen der Notare bei der Beurkundung von Grundstückskaufverträgen und anderen Verträgen, die auf die **Veränderung von Rechten an einem Grundstück** gerichtet sind, unabhängig davon, ob sie zwingend einer notariellen Beurkundung bedürfen;

- die Beratung hinsichtlich einer **Steuerklausel** in einem Grundstücksübertragungsvertrag;

- das Aufsetzen und Verhandeln der Vertragsbedingungen eines sale-and-lease-back-Vertrags über ein Grundstück oder einen Grundstücksteil sowie damit in Zusammenhang stehende **Beratungsleistungen (z. B. Finanzierungsberatung)**, sofern diese als unselbständige Nebenleistungen anzusehen sind;

- das **Aufsetzen und Verhandeln von Miet- und Pachtverträgen** über ein bestimmtes Grundstück oder einen bestimmten Grundstücksteil;

- die **rechtliche Prüfung bestehender Miet- oder Pachtverträge** im Hinblick auf den Eigentümerwechsel im Rahmen einer Grundstücksübertragung.

Nicht im engen Zusammenhang mit einem Grundstück stehen bzw. das Grundstück stellt keinen zentralen und unverzichtbaren Teil dar bei sonstige Leistungen juristischer Art einschließlich Beratungsleistungen betreffend die Vertragsbedingungen eines Grundstücksübertragungsvertrags, die Durchsetzung eines solchen Vertrags oder den Nachweis, dass ein solcher Vertrag besteht, sofern diese Leistungen nicht **speziell mit der Übertragung von Rechten an Grundstücken zusammenhängen**. Zu diesen Leistungen gehören gem. Abschn. 3a.7 Abs. 10 Nr. 7 z. B.

- die (sonstige = Abgrenzung zu Abschn. 3a.3 Abs. 9 Nr. 9 UStAE) Rechts- und Steuerberatung in Grundstückssachen;

- die Erstellung von Mustermiet- oder -pachtverträgen **ohne** Bezug zu einem konkreten Grundstück;

- die Beratung zur Akquisitionsstruktur einer Transaktion (Asset Deal oder Share Deal);

- die Prüfung der rechtlichen Verhältnisse eines Grundstücks (Due Diligence);

- die Durchsetzung von **Ansprüchen aus einer bereits vorgenommenen Übertragung** von Rechten an Grundstücken;

vgl. Abschn. 3a.3 Abs. 10 Nr. 7 UStAE.

Ortsgebundene Montagen

Zu praktischen Schwierigkeiten führen ortsgebundene Montagen[525]:

- **Bis zum 31.12.2009** konnte in der Regel offen bleiben, ob es sich insoweit um Grundstückleistungen oder Arbeiten an Mobilien handelt. Der Leistungsort befand sich sowohl bei Beurteilung nach § 3a Abs. 2 Nr. 1 UStG a. F. als auch nach § 3a Abs. 2 Nr. 3 Buchst. c UStG a. F. beim fertigen Werk.

- **Seit dem 1.1.2010** gilt dies nur für Grundstückleistungen. Die Arbeiten an und das Begutachten von Mobilien beurteilen sich dagegen **im B2B-Bereich** ausnahmslos nach der Grundregel des § 3a Abs. 2 UStG 2010. Leistungsort ist der Sitzort oder Betriebsstättenort des Kunden (Empfängerortsprinzip / Bestimmungslandprinzip). **Im B2C-Bereich** dürfte die Abgrenzung auch weiterhin bedeutungslos bleiben.

---

525 Dieses Problem sieht auch *Monfort*, DStR 2008, 297; vgl. auch Kapitel 77.5.6.

Beratungskonsequenzen

Bei Fällen größeren Steuervolumens sollte **im Zweifel eine verbindliche Auskunft erwogen werden!**

Vermittlung von Beherbergungsleistungen an Unternehmer

 Hinweis

➲ Kapitel 78.4

76 Beförderungsmittel – kurz- und langfristige Vermietung

§ 3a Abs. 3 Nr. 2 UStG 2010

§ **Rechtsgrundlagen**

- UStG: § 3a Abs. 3 Nr. 2
- UStAE: Abschn. 3a.5 u. 3a.14
- MwStSystRL: Art. 43 ff.

76.1 Grundlegende Verwaltungsanweisung: Abschn. 3a.5 UStAE

Der Begriff »Vermietung von Beförderungsmitteln« ist **über den 31.12.2009** unverändert geblieben[526].

Daher hat Abschn. 3a.5 UStAE textlich im Wesentlichen unverändert den bisherigen Abschn. 33a UStR 2008 als Vorgängervorschrift übernommen.

Zur Abgrenzung **kurzfristige Vermietung/langfristige Vermietung** vgl. Abschn. 3a.5 Abs. 5 ff. UStAE.

76.2 Keine Harmonisierung – Weiter Registrierungspflicht im EU-Ausland prüfen!

Die Ortbestimmung des § 3a Abs. 3 Nr. 2 UStG gilt für die kurzfristige Vermietungsleistung von Beförderungsmitteln sowohl

---

526 Vgl. § 3a Abs. 4 Nr. 11 UStG a. F.; Abschn. 3a.5 Abs. 3 UStAE.

Sonstige Leistung

- an **Nichtunternehmer** als auch

- an **Unternehmer** und diesen gleichgestellte juristische Personen[527].

Das Reverse-Charge-Verfahren ist bei kurzfristiger Vermietung von Beförderungsmitteln **im B2B-Bereich**[528] in den anderen EU-Mitgliedstaaten zwar möglich, aber **nicht zwingend** anzuwenden[529]!

 Beratungskonsequenzen

Unternehmer werden daher vorerst auch zukünftig nicht umhinkommen, sich über die umsatzsteuerliche Behandlung im anderen Mitgliedstaat entsprechend zu informieren. Hier sind **auch weiterhin die bisherigen Prüfungen**[530] anzustellen.

76.3 Fallstudie zur kurzfristigen Vermietung

Beispiel

Ein Kölner Mandant (M) vermietet kleinere Segelboote, mit denen Touristen (T) – vorwiegend im Mittelmeer – »shippern« können. Die Vermietung erfolgt in der Weise, dass die T den ihnen nachfolgenden Mietern die Schiffe immer dort übergeben, wo sie am Ende ihres Segeltörns angekommen sind:
- T1 segelt von Italien nach Spanien und übergibt das Boot dort an T2;
- T2 segelt von Spanien nach Portugal und übergibt das Boot dort an T3;
- T3 segelt von Portugal nach Griechenland und übergibt das Boot dort an T4;
- T4 segelt von Griechenland in die Türkei und übergibt das Boot dort an T5;
- T5 segelt von der Türkei nach Malta und übergibt das Boot dort an T6;
- ...

➲ **Folgen bis 31.12.2009**
§ 3a Abs. 1 UStG a. F. galt auch für den Ort der sonstigen Leistung bei der Vermietung von Beförderungsmitteln[531]. Leistungsort war daher für alle Vermietungen der Sitzort des M in Deutschland.

➲ **Folgen ab 1.1.2010**
Leistungsort des M ist der jeweilige Übergabeort der Boote an die nachfolgenden T (vgl. Einführungsschreiben, Rz. 35). M wird sich daher in allen europäischen »Übergabeländern« registrieren müssen.

 Beratungskonsequenzen

1. Der Fall wird durch die Neuregelung komplizierter – dies wahrscheinlich in einer Weise, dass der Mandant auch der **Unterstützung durch Berater vor Ort** bedarf!
2. Die Problematik ist ähnlich wie bei den Restaurationsleistungen ➲ Kapitel 77.4.

---

527 Vgl. Abschn. 3a.5 Abs. 1 UStAE.
528 Nochmals: »B2B-Leistungen« = Leistungen eines Unternehmers an einen anderen Unternehmer, vgl. Kapitel 69.2.3 (➲ mybookplus.de > Vertiefende Informationen) und Kapitel 72.3.
529 Hinweis auf Kapitel 72.3.4.
530 Hinweis auf Kapitel 71.5.
531 Vgl. Abschn. 33a Abs. 1 UStR 2008.

76.4 Langfristige Vermietung von Beförderungsmitteln

Hier kommen die Auffangtatbestände des § 3a

- Abs. 1 (B2C-Bereich)[532] und
- Abs. 2 (B2B-Bereich)[533] UStG 2010

zur Anwendung (Abschn. 3a.5 Abs. 5 UStAE).

> **Beispiel**
>
> Nach Abschn. 3a.5 Abs. 5 UStAE. Ein kanadischer Staatsbürger tritt eine private Europareise in München an und mietet ein Kraftfahrzeug bei einem Unternehmer mit Sitz in München für vier Monate. Das Fahrzeug soll sowohl im Inland als auch im Ausland genutzt werden.
>
> ➲ **Folge:**
>
> Es handelt sich nicht um eine kurzfristige Vermietung. Der Leistungsort ist deshalb nach § 3a Abs. 1 UStG zu bestimmen. Die Vermietung des Kraftfahrzeugs durch einen im Inland ansässigen Unternehmer ist insgesamt im Inland steuerbar, auch wenn das vermietete Beförderungsmittel während der Vermietung im Ausland genutzt wird.

76.5 Drittlandsfälle

Zu den Besonderheiten vgl. § 3a Abs. 6 UStG (erläutert in Abschn. 3a.14 Abs. 1–3a UStAE) und § 3a Abs. 7 UStG (erläutert in Abschn. 3a.14 Abs. 4 UStAE).

 Hinweis
➲ Kapitel 84

77 Leistungen am Tätigkeitsort – § 3a Abs. 3 Nr. 3 UStG

 Rechtsgrundlagen

- UStG: § 3a Abs. 3 Nr. 3
- UStAE: Abschn. 3a.4 u. 3a.6.
- MwStSystRL: Art. 43 ff.

---

532 Nochmals: »B2C-Leistungen« = Leistungen eines Unternehmers an Privat, vgl. Kapitel 69.2.3 (➲ mybookplus.de > Vertiefende Informationen) und Kapitel 72.3.

533 Nochmals: »B2B-Leistungen« = Leistungen eines Unternehmers an einen anderen Unternehmer, vgl. Kapitel 69.2.3 (➲ mybookplus.de > Vertiefende Informationen) und Kapitel 72.3.

77.1 Grundlegende Verwaltungsanweisung zu § 3a Abs. 3 Nr. 3 Einleitungssatz UStG: Abschn. 3a.6 Abs. 1 UStAE

§ 3a Abs. 3 Nr. 3 Einleitungssatz UStG wurde zum 1.1.2010 sprachlich (Gesetzeswortlaut bis 31.12.2009: »… dort ausgeführt, wo **der Unternehmer jeweils ausschließlich oder zum wesentlichen Teil tätig wird** …«; Gesetzeswortlaut ab 1.1.2010: »… dort ausgeführt, wo **sie vom Unternehmer tatsächlich erbracht werden** …«) der neueren Rechtsprechung des EuGH angeglichen.

Die UStR 2008 war bereits entsprechend angepasst worden; daher hat Abschn. 3a.6 Abs. 1 UStAE die Regelungen des bisherigen Abschn. 36 Abs. 1 UStR 2008 als Vorgängervorschrift im Wesentlichen unverändert übernommen.

> **❗ Praxistipp**
>
> In der Praxis hat es sich bewährt, Abschn. 3a.6 Abs. 1 Satz 2 wie folgt zu ergänzen: »… nach dem Ort, an dem die **vertraglich geschuldete** sonstige Leistung …«; dann sind Beurteilungsfehler nahezu ausgeschlossen!

77.2 Kulturelle, künstlerische, wissenschaftliche und ähnliche Leistungen

§ 3a Abs. 3 Nr. 3 Buchst. a UStG

77.2.1 Rechtslage bis zum 31.12.2010

77.2.1.1 Überblick

Bis zum 31.12.2010 war § 3a Abs. 3 Nr. 3 Buchst. a UStG eine der wenigen Leistungen, auf die die **B2B-Regel des § 3a Abs. 2 UStG keine Anwendung** fand. Leistungsort war grundsätzlich der Ort, an dem der leistende Unternehmer die **Leistung tatsächlich erbracht hat**. Die Regelung galt **unabhängig davon, ob** der Leistungsempfänger ein Unternehmer oder ein Nichtunternehmer ist (Abschn. 3a.6 Abs. 2 UStAE a. F.).

77.2.1.2 Beratungskonsequenzen aus Abschn. 3a.6. Abs. 2–7 UStAE a. F.

1. Das Mehrwertsteuerpaket hatte auf diese Leistungen **keine Auswirkungen** (Einführungsschreiben Rz. 40).

2. Daher übernahm der UStAE (wie vorher das Einführungsschreiben vom 4.9.2009, Rz. 40–45[534]) textlich **im Wesentlichen unverändert** den bisherigen **Abschn. 33a UStR 2008.**

---

534 BMF, Schreiben vom 4.9.2009 ➲ mybookplus.de > Gesetze, Verordnungen, Richtlinien.

77.2.1.3 Bis zum 31.12.2010 keine Harmonisierung – Registrierungspflicht im EU-Ausland war damit stets zu prüfen!

Das Reverse-Charge-Verfahren ist bei den nämlichen Listungen im B2B-Bereich[535] in den anderen EU-Mitgliedstaaten zwar möglich, aber **nicht zwingend** anzuwenden[536].

 Beratungskonsequenzen

Unternehmer kamen daher auch nach dem 1.1.2010 – also nach Umsetzung des Mehrwertsteuerpakets – nicht umhin, sich über die umsatzsteuerliche Behandlung im anderen Mitgliedstaat entsprechend zu informieren. Hier waren **auch weiterhin die bisherigen Prüfungen**[537] anzustellen.

77.2.1.4 Fallstudie

Beispiel

Die »Söhne Mannheims« treten für einen österreichischen Veranstalter V in Amsterdam (NL) auf.
➔ **Folgen bis zum 31.12.2010**
Bis zum 31.12.2010 war der Tätigkeitsort (= Auftrittsort Amsterdam) maßgebend. Mithin war zu prüfen, ob die Niederlande eine Reverse-Charge-Regelung hatten und – wenn ja – welche Rechtsfolgen sich daraus ergaben. Zur Beurteilung ab dem 1.1.2011 vgl. unten unter ➔ Kapitel 77.2.2.3

77.2.2 Rechtslage ab dem 1.1.2011

77.2.2.1 Überblick

Das Jahressteuergesetz 2010[538] hat **m. W. v. 1.1.2011** in § 3a Abs. 3 Nr. 3 Buchst. a UStG die aufgrund des Mehrwertsteuerpakets erforderlichen weiteren Anpassungen vorgenommen. § 3a Abs. 3 Nr. 3 Buchst. a UStG beschränkt sich nunmehr auf **Leistungen an Nichtunternehmer**. Es handelt sich um die Umsetzung verbindlichen EU-Rechts.

Bei **Leistungen an Unternehmer** für deren unternehmerischen Bereich und diesen gleichgestellte nicht unternehmerisch tätige juristische Personen, denen eine USt-IdNr. erteilt worden ist, richtet sich der Leistungsort grundsätzlich nach **§ 3a Abs. 2 UStG** (Sitz oder Betriebsstätte des Leistungsempfängers).

---

535 Nochmals: »B2B-Leistungen« = Leistungen eines Unternehmers an einen anderen Unternehmer, vgl. Kapitel 69.2.3 (➔ mybookplus.de > Vertiefende Informationen) und Kapitel 72.3.
536 ➔ Kapitel 72.3.4.
537 ➔ Kapitel 71.5. (➔ mybookplus.de > Vertiefende Informationen).
538 Jahressteuergesetz 2010 – JStG 2010 –, BGBl. I 2010, 1768; BStBl. I 2010, 1394.

77.2.2.2 Beratungskonsequenzen aus Abschn. 3a.6 Abs. 2–7 UStAE n. F.

1. **Persönlicher Anwendungsbereich:** Hier greift nunmehr das Mehrwertsteuerpaket; die Ortsbestimmung ist ab 1.1.2011 ausschließlich im B2C-Bereich[539] anzuwenden. Damit ist der B2B-Bereich[540] ungeregelt; es greift der Auffangtatbestand des § 3a Abs. 2 UStG.

2. **Sachlicher Anwendungsbereich:** Es ergeben sich keine Neuerungen; das Einführungsschreiben übernimmt daher insoweit im Wesentlichen unverändert den bisherigen Abschn. 3a.6 Abs. 2–7 UStAE (bzw. – bis 31.10.2010 – die bisherigen Abschn. 42a ff. UStR 2008).

77.2.2.3 Fallstudie

Beispiel

Sachverhalt wie oben unter ➲ Kapitel 77.1.2.4 (Zur Beurteilung bis zum 31.12.2010 siehe ebenda).
Die »Söhne Mannheims« treten für einen österreichischen Veranstalter V in Amsterdam (NL) auf.
➲ Folgen ab dem 1.1.2011:
Seit dem 1.1.2011 ist Leistungsort gem. § 3a Abs. 2 UStG der Sitzort des V in Österreich. Die Band rechnet netto ab; die Steuerschuld geht auf V über.

Bitte beachten Sie!

Die Gesetzesänderung ist zu begrüßen! Für die Leistungserbringung im zwischenunternehmerischen Bereich **entfällt** fortan die in der Praxis oft zu Schwierigkeiten führende **Abgrenzung zwischen wissenschaftlichen Leistungen und Beratungsleistungen**[541].

77.2.3 Sonderfall Messen oder Event?

 Hinweis

Zu den Besonderheiten der Messen und Ausstellungen vgl. unten unter ➲ Kapitel 77.3: Grundstücksleistung

---

539 Nochmals: »B2C-Leistungen« = Leistungen eines Unternehmers an Privat, vgl. Kapitel 69.2.3 (➲ mybookplus.de > Vertiefende Informationen) und Kapitel 72.3.

540 Nochmals: »B2B-Leistungen« = Leistungen eines Unternehmers an einen anderen Unternehmer, vgl. Kapitel 69.2.3 (➲ mybookplus.de > Vertiefende Informationen) und Kapitel 72.3.

541 Vgl. Abschn. 3a.6. Abs. 5 UStAE und unten unter ➲ Kapitel 77.2.4.2.

77.2.4   Sonderfall Seminare: Unterrichtung oder Beratung?

77.2.4.1   Rechtslage bis zum 31.12.2010

77.2.4.1.1   Bedeutung der Abgrenzung

Bei bis zum 31.12.2010 erbrachten Kongress- oder Seminarleistungen stellt sich immer die Frage, ob diese den Leistungsort

- als unterrichtende Leistungen i. S. d. § 3a Abs. 3 Nr. 3 Buchst. a UStG am Ort der Tätigkeit oder
- als Beratungsleistung gem. § 3a Abs. 4 Satz 2 Nr. 3 und Nr. 5 i. V. m. Abs. 2 UStG als B2B-Leistung[542] am Ort des Leistungsempfängers

haben.

Beispiel 1

Seminaranbieter D mit Sitz in Dortmund schreibt für Unternehmenskunden (K1 bis K ...) mit Sitz Ruhrgebiet (Sitzort der Kunden) ein Seminar in München **(Variante 1)** bzw. Genf **(Variante 2)** aus.

D		K – K ...
		(Sitz im Ruhrgebiet)
	Variante 1:	
	Vortragsort **München**	
Deutschland		
Schweiz		
	Variante 2:	
	Vortragsort **Genf**	

a) Handelt es sich bei dem Seminar um eine unterrichtende Leistung, liegt der Leistungsort in **Variante 1** am Tätigkeitsort München und damit in Deutschland, § 3a Abs. 3 Nr. 3 Buchst. a UStG. Die Leistung ist mithin **steuerbar** und grundsätzlich wohl auch steuerpflichtig[543].

b) Handelt es sich bei dem Seminar um eine **unterrichtende Leistung,** liegt der Leistungsort in **Variante 2** am Tätigkeitsort Genf und damit in der Schweiz, § 3a Abs. 3 Nr. 3 Buchst. a UStG 2010. Die Leistung ist aus deutscher und damit auch Sicht der anderen Mitgliedstaaten in Europa **nicht steuerbar**. Zu prüfen ist aber, ob die Leistung der Schweizerischen Umsatzsteuer unterliegt.

c) Handelt es sich bei dem Seminar um eine **beratende Leistung,** liegt der Leistungsort in **Varianten 1 und 2** am Sitzort der Kunden im Ruhrgebiet (§ 3a Abs. 2

---

542 Nochmals: »B2B-Leistungen« = Leistungen eines Unternehmers an einen anderen Unternehmer, vgl. Kapitel 69.2.3 (➲ mybookplus.de > Vertiefende Informationen) und Kapitel 72.3.

543 Aber: Hinweis auf die Steuerbefreiungen nach § 4 Nr. 21, Nr. 22 UStG.

Sonstige Leistung

UStG). Die Leistung ist mithin **steuerbar** und steuerpflichtig. Da die Umsatzsteuer keine Doppelbesteuerungsabkommen kennt, ist zu prüfen, ob die Leistung zusätzlich auch der Schweizerischen Umsatzsteuer unterliegt.

Beispiel 2

Seminaranbieter D mit Sitz in Dortmund schreibt für Unternehmenskunden (K1 bis K ...) mit Sitz in der Schweiz (Sitzort der Kunden) ein Seminar in München **(Variante 1)** bzw. Genf **(Variante 2)** aus.

a) Handelt es sich bei dem Seminar um eine **unterrichtende Leistung,** liegt der Leistungsort in **Variante 1** am Tätigkeitsort München und damit in Deutschland, § 3a Abs. 3 Nr. 3 Buchst. a UStG. Die Leistung ist mithin **steuerbar** und grundsätzlich wohl auch steuerpflichtig[544].

b) Handelt es sich bei dem Seminar um eine **unterrichtende Leistung,** liegt der Leistungsort in **Variante 2** am Tätigkeitsort Genf und damit in der Schweiz, § 3a Abs. 3 Nr. 3 Buchst. a UStG. Die Leistung ist aus deutscher und damit auch damit auch aus Sicht der anderen Mitgliedstaaten in Europa **nicht steuerbar.** Zu prüfen ist aber, ob die Leistung der Schweizerischen Umsatzsteuer unterliegt.

c) Handelt es sich bei dem Seminar um eine **beratende Leistung,** liegt der Leistungsort in **Varianten 1 und 2** am Sitzort der Kunden in der Schweiz (§ 3a Abs. 2 UStG). Die Leistung ist aus deutscher und damit auch aus damit auch Sicht der anderen Mitgliedstaaten in Europa **nicht steuerbar.** Zu prüfen ist aber, ob die Leistung der Schweizerischen Umsatzsteuer unterliegt.

77.2.4.1.2 Die Anweisungen des UStAE (bis 31.12.2010; der UStR 2008) für Gutachten und Literaturstimmen

Die Frage, ob es sich bei Kongress- oder Seminarleistungen um wissenschaftliche und/oder unterrichtende Leistungen gem. § 3a Abs. 3 Nr. 3 Buchst. a UStG oder um beratende Leistungen i. S. v. § 3a Abs. 4 Satz 2 Nr. 3 und Nr. 5 i. V. m. Abs. 2 UStG handelt,

---

544 Aber: Hinweis auf die Steuerbefreiungen nach § 4 Nr. 21, Nr. 22 UStG.

entscheidet sich nach der Verwaltungsauffassung danach, ob das **Beratungs- oder Informationselement** gegenüber anderen Leistungselementen für den Leistungsempfänger derart **in den Vordergrund tritt**, dass es dem Leistungsbild das Gepräge gibt.

Letzteres ist dann zu bejahen, wenn die Beratung oder Information auf **konkrete** wirtschaftliche, technische oder rechtliche **Fragen einzelner Teilnehmer** zielt[545]. Ob das der Fall ist, beurteilt sich regelmäßig nach dem **zugrunde liegenden Vertrag**; ein Seminarvertrag hat in der Regel keine Beratungsleistungen zum Gegenstand[546].

Bei Seminaren und ähnlichen Veranstaltungen liegt auch dann eine unterrichtende und keine beratende Tätigkeit vor, wenn zu einem erheblichen Teil **Fragen der Teilnehmer zu konkreten Sachverhalten** beantwortet werden[547]. In der Regel ist davon auszugehen, dass diese Leistungselemente bei derartigen Veranstaltungen nicht überwiegen[548].

Im Falle der Beratungsleistung bedarf es keiner Abgrenzung zwischen § 3a Abs. 4 Satz 2 Nr. 3 und Nr. 5 UStG, da die Rechtsfolgen gleich sind[549].

77.2.4.1.3 Schlussfolgerung für Seminarveranstaltungen

Meines Erachtens gilt es danach zu unterscheiden in

- offene Seminare und
- Inhouse-Schulungen.

1. Offene Seminare

Offene Seminare sind Schulungen, die nicht auf die Beratung konkreter Auftraggeber gerichtet sind und daher von grds. jedem Interessenten besucht werden können, der bereit ist, die Teilnehmergebühr zu entrichten.

Soweit Seminaranbieter offene Seminare anbietet, erbringt sie ihre Leistung nach § 3a Abs. 3 Nr. 3 Buchst. a UStG am **Tätigkeitsort**[550]:

- Liegt der Tätigkeitsort in **Deutschland**, ist die Seminarrechnung mit derzeit 19 % USt zu fakturieren.

- Liegt der Tätigkeitsort im **europäischen Ausland**, ist die Seminarrechnung mit der dort zzt. der Leistung geltenden Umsatzsteuer zu fakturieren.

---

545   Vgl. Abschn. 36 Abs. 4 UStR 2008 = Einführungsschreiben Rz. 43 mit Beispielen sowie *Bülow* in Vogel/Schwarz, UStG, § 3a Rz. 81; *Martin* in Sölch/Ringleb, UStG, § 3a Rz. 33, 38.
546   *Stadie* in Rau/Dürrwächter, UStG, § 3a Anm. 92.
547   *Stadie,* a. a. O., Anm. 92; wohl a. A. *Pflüger* in Hartmann/Metzenmacher, UStG, § 3a Anm. 100.
548   *Langer* in Reiß/Kraeusel/Langer, UStG.
549   *Stadie,* a. a. O., Anm. 247.
550   Vgl. Abschn. 36 Abs. 4 Beispiel 1 UStR 2008.

Sonstige Leistung

- Liegt Tätigkeitsort im **außereuropäischen Ausland**, ist die Leistung aus deutscher und damit aus europäischer Sicht nicht steuerbar. Zu prüfen ist aber immer, ob die Leistung im Bestimmungsland der Umsatzsteuer unterliegt.

Maßgebend war bislang nach der Rechtsprechung des BFH, wo die entscheidenden Bedingungen zum vertraglich geschuldeten Erfolg gesetzt werden[551]. Nunmehr entscheidet sich die Frage nach dem Leistungsort mit dem EuGH danach, wo die sonstige Leistung **tatsächlich bewirkt** wird. Der Ort, an dem der Erfolg eintritt oder die sonstige Leistung sich auswirkt, ist ohne Bedeutung[552]. Mithin werden die Leistungen am Ort der Unterrichtung erbracht und sind in Deutschland nur steuerbar, soweit diese in Deutschland erfolgt.

2. Inhouse-Schulungen

Inhouse-Schulungen dienen dem Auftraggeber als Entscheidungshilfe für die Lösung konkreter Fragen[553]. Derartige Leistungen werden gem. § 3a Abs. 4 Satz 2 Nr. 3 i. V. m. § 3a Abs. 2 UStG am **Empfängerort** (= Sitzort des Leistungsempfängers) erbracht, d. h. dort, wo dieser seinen Sitz oder die Betriebsstätte hat.

Daher gilt es zu unterscheiden:

- Hat der Auftraggeber seinen Sitz/seine Betriebsstätte **in Deutschland**, ist die Leistung der Seminaranbieter in Deutschland steuerbar, und zwar unabhängig vom Ort der Unterrichtung.
- Hat der Auftraggeber seinen Sitz/seine Betriebsstätte **außerhalb Deutschlands**, ist die Leistung der Seminaranbieter nicht steuerbar, und zwar ebenfalls unabhängig vom Ort der Unterrichtung.

 Beratungskonsequenzen

1. Die vorstehende Beurteilung beruht auf meiner **persönlichen Einschätzung**.
2. Letzte Sicherheit konnte nur eine **verbindliche Auskunft** geben. Seminaranbietern war bis zum 31.12.2010 dringend anzuraten, diese im Bedarfsfall über den steuerlichen Berater einzuholen!

77.2.4.2   Rechtslage ab dem 1.1.2011

Es gelten die Ausführungen oben unter ➜ Kapitel 77.2.2 Die Gesetzesänderung ist zu begrüßen! Für die Leistungserbringung im zwischenunternehmerischen Bereich **entfällt** fortan grundsätzlich die in der Praxis oft zu Schwierigkeiten führende **Abgrenzung zwischen wissenschaftlichen Leistungen und Beratungsleistungen**[554] – zumindest im Inhousebereich (➜ Kapitel 79).

---

551 So noch Abschn. 36 Abs. 1 UStR 2005.
552 Abschn. 36 Abs. 1 UStR 2008 m. w. N.
553 Abschn. 36 Abs. 4 Beispiel 2 UStR 2008.
554 Vgl. Abschn. 3a.6. Abs. 5 UStAE und oben unter ➜ Kapitel 77.2.2.3.

Beratungskonsequenzen

Besonderheiten ergeben sich für den Verkauf von **Eintrittsberechtigungen zu der Allgemeinheit offen stehenden Seminarveranstaltungen**. Vgl. hierzu ➲ Kapitel 79.

77.3 Messen und Ausstellungen (§ 3a Abs. 3 Nr. 1 u. Nr. 3 Buchst. a UStG – Sonderfall)

Grundstücksleistung oder Event?

77.3.1 Rechtslage bis zum 31.12.2010

77.3.1.1 Beratungskonsequenzen aus Abschn. 3a.4 Abs. 1–3, Abs. 6 UStAE a. F.

 Beratungskonsequenzen

1. Der Gesetzgeber zieht die Konsequenzen aus der **Rechtsprechung des EuGH**[555] und ordnet Messe- und Veranstaltungsleistungen den »**Eventleistungen**« zu (§ 3a Abs. 3 Nr. 3 Buchst. a UStG).
   Bitte beachten Sie: In der Praxis ändert sich dadurch wohl nichts, da die entsprechenden Konsequenzen bislang – freilich untergesetzlich – bereits durch Abschn. 34a Abs. 2 Satz 2 UStR 2008 gezogen wurden.
2. Daher übernahm der UStAE (wie vorher das Einführungsschreiben vom 4.9.2009, Rz. 51–56[556]) textlich **im Wesentlichen unverändert** den bisherigen **Abschn. 34a UStR 2008**.

77.3.1.2 Bis zum 31.12.2010 keine Harmonisierung/ Registrierungspflicht im EU-Ausland war damit stets zu prüfen!

Das Reverse Charge Verfahren war bei den nämlichen Leistungen im B2B-Bereich[557] in den anderen EU-Mitgliedstaaten zwar möglich, aber **nicht zwingend** anzuwenden[558]!

 Beratungskonsequenzen

Unternehmer kamen daher auch nach dem 1.1.2010 – also nach Umsetzung des Mehrwertsteuerpakets – nicht umhin, sich über die umsatzsteuerliche Behandlung im anderen Mitgliedstaat entsprechend zu informieren. Hier waren **auch weiterhin die bisherigen Prüfungen**[559] anzustellen.

---

555 EuGH, Urteil vom 9.3.2006, Rs. C-114/05, *Gillian Beach*, UR 2006, 350.
556 ➲ mybookplus.de > Wichtiges aus dem BMF.
557 Nochmals: »B2B-Leistungen« = Leistungen eines Unternehmers an einen anderen Unternehmer, vgl. Kapitel 69.2.3 (➲ mybookplus.de > Vertiefende Informationen) und Kapitel 72.3.
558 ➲ Kapitel 72.3.4.
559 ➲ Kapitel 71.5 (➲ mybookplus.de > Vertiefende Informationen).

77.3.2   Rechtslage seit dem 1.1.2011

Grundsätzlich gelten die vorstehenden Ausführungen zu den kulturellen, künstlerischen, wissenschaftlichen u. ä. Leistungen entsprechend[560]. Besonderheiten ergeben sich hier daraus, dass die **Veranstalter gegenüber den Ausstellern Leistungspakete erbringen,** innerhalb derer es theoretisch zu differenzieren gilt – was aber in der Praxis nicht möglich ist. Noch Abschn. 3a.4 Abs. 1 u. Abs. 2 UStAE führt in der Fassung ab 1.11.2010 hierzu aus:

 Rechtsgrundlagen

Abschn. 3a.4 Abs. 1 u. Abs. 2 UStAE in der Fassung ab 1.11.2010

(1) Bei der Überlassung von Standflächen auf Messen und Ausstellungen durch die Veranstalter an die Aussteller handelt es sich um sonstige Leistungen im Zusammenhang mit einem Grundstück. Diese Leistungen werden im Rahmen eines Vertrages besonderer Art (vgl. Abschn. 4.12.6 Abs. 2 Nr. 1) dort ausgeführt, wo die Standflächen liegen (§ 3a Abs. 3 Nr. 1 UStG). ...

(2) In der Regel erbringen die Veranstalter neben der Überlassung von Standflächen usw. eine Reihe weiterer Leistungen an die Aussteller. Es kann sich insbesondere um folgende sonstige Leistungen der Veranstalter handeln:

1. Technische Versorgung der überlassenen Stände. Hierzu gehören z. B.

a) Herstellung der Anschlüsse für Strom, Gas, Wasser, Wärme, Druckluft, Telefon, Telex, Internetzugang und Lautsprecheranlagen,

b) die Abgabe von Energie, z. B. Strom, Gas, Wasser und Druckluft, wenn diese Leistungen umsatzsteuerrechtlich Nebenleistungen zur Hauptleistung der Überlassung der Standflächen darstellen;

2. Planung, Gestaltung, ...

Beispiel

Die Messe Frankfurt GmbH erbringt für einen italienischen Aussteller im Rahmen eines »Rundum-Sorglos-Pakets« anlässlich der Frankfurter Buchmesse eine Vielzahl von Leistungen.

➲ **Folge:**

Bis zum 31.12.2010 ist der Leistungsort aller Leistungen auf jeden Fall Frankfurt. Das genaue Zusammenspiel von § 3a Abs. 3 Nr. 1 und. Nr. 3 Buchst. a UStG kann ungeklärt bleiben. Leistungsort ist auf jeden Fall Frankfurt; der Veranstalter rechnet gegenüber dem Aussteller brutto ab.

Ab dem 1.1.2011 sollte immer zu differenzieren sein:

- die Grundstücksleistung sollte weiterhin brutto abgerechnet werden; der Aussteller hätte insoweit in das Vergütungsverfahren gemusst;
- die Eventleistung sollte als B2B-Leistung netto abgerechnet werden.

---

560   Siehe oben, ➲ Kapitel 77.2.2.

Um diese praxisferne Lösung zu vermeiden, haben die Interessenverbände[561] der Veranstalter auf Basis einer gutachterlichen Stellungnahme der KPMG eine **Eingabe beim BMF unternommen – mit Erfolg!** Das BMF hat mit Schreiben vom 4.2.2011 Abschn. 3a.4 Abs. 2 UStAE wie folgt neu gefasst:

 Rechtsgrundlagen

BMF-Schreiben vom 4.2.2011 Abschn. 3a.4 Abs. 2 UStAE[562]

(Hinweis: Hervorhebungen durch **Fett**druck sind vom Autor.)

»… [bis einschließlich Satz 2 Nr. 13: wie bisher]

14. Besuchermarketing;

15. Vorbereitung und Durchführung von Foren und Sonderschauen, von Pressekonferenzen, von Eröffnungsveranstaltungen und Ausstellerabenden.

³Handelt es sich um eine einheitliche Leistung – sog. **Veranstaltungsleistung** – (vgl. Abschnitt 3.10 und EuGH-Urteil vom 9.3.2006, C-114/05, EuGHE I, 2427), bestimmt sich der **Ort dieser sonstigen Leistung nach § 3a Abs. 2** UStG, wenn der Leistungsempfänger ein Unternehmer oder eine einem Unternehmer gleichgestellte juristische Person ist (siehe Abschnitt 3a.2 Abs. 1). ⁴Ist in derartigen Fällen der Leistungsempfänger ein Nichtunternehmer (siehe Abschnitt 3a.1 Abs. 1), richtet sich der Leistungsort nach § 3a Abs. 3 Nr. 3 Buchstabe a UStG. …⁵**Eine Veranstaltungsleistung im Sinne von Satz 3 kann dann angenommen werden, wenn neben der Überlassung von Standflächen zumindest noch drei weitere Leistungen der in Satz 2 genannten Leistungen vertraglich vereinbart worden sind und auch tatsächlich erbracht werden.** ⁶Werden nachträglich die Erbringung einer weiteren Leistung oder mehrerer weiterer Leistungen zwischen Auftragnehmer und Auftraggeber vereinbart, gilt dies als Vertragsergänzung und wird in die Beurteilung für das Vorliegen einer Veranstaltungsleistung einbezogen.«

 Beratungskonsequenzen

Paketleistungen der Veranstalter werden damit nunmehr – zum Glück für die Praxis – zum **Regelfall!**

77.3.3 Abgrenzung: Messebauer als »normale« Unternehmer

77.3.3.1 Auffassung der FinVerw bis zum 19.1.2012

In Abgrenzung zum Veranstalter erbringt der Messebauer **unverändert** in der Regel eine **grundstücksbezogene sonstige Leistung**[563]. Abschn. 3a.4 UStAE in der Fassung des BMF-Schreibens vom 4.2.2011 führt dazu aus:

---

561 Vgl. z. B. DIHT, Neuregelung zum Ort der sonstigen Leistung durch das Mehrwertsteuer-Paket – Eingabe an das Bundesministerium der Finanzen vom 18.11.2010, UR 2010, 937.

562 ➔ mybookplus.de > Wichtiges aus dem BMF.

563 ➔ Kapitel 75.

Sonstige Leistung

Rechtsgrundlagen

BMF-Schreiben vom 4.2.2011 Abschn. 3a.4 Abs. 2 UStAE[564]

(Hinweis: Hervorhebungen durch **Fett**druck sind vom Autor.)

»(2) [1]In der Regel erbringen Unternehmer neben der Überlassung von Standflächen usw. eine Reihe weiterer Leistungen an die Aussteller. [2]Es kann sich dabei insbesondere um folgende sonstige Leistungen handeln:

...

2.[1]Planung, Gestaltung sowie Aufbau, Umbau und Abbau von Ständen. [2]Unter die »Planung« fallen insbesondere Architektenleistungen, z. B. Anfertigung des Entwurfs für einen Stand. [3]Zur »Gestaltung« zählt z. B. die Leistung eines Gartengestalters oder eines Beleuchtungsfachmannes; ...

(3) Werden die in Absatz 2 Satz 2 bezeichneten sonstigen Leistungen nicht im Rahmen einer einheitlichen Leistung im Sinne des Absatzes 2 Satz 5, sondern als selbstständige Leistungen einzeln erbracht, gilt Folgendes:

1. [1]Die in Absatz 2 Satz 2 Nr. 1 bis 6 bezeichneten Leistungen **fallen unter § 3a Abs. 3 Nr. 1 UStG**. [2]Wegen der sonstigen Leistungen, die die Planung und den Aufbau eines Messestandes betreffen, vgl. insbesondere BFH-Urteil vom 24. 11. 1994, V R 39/92, BStBl. II 1995,151. ...«

Bislang ergab sich der Belegenheitsort für Messebauer aus Abschn. 3a.4 Abs. 6 UStAE (bis 31.10.2010: Abschn. 34 Abs. 8 UStR 2008 bzw. BMF, Schreiben vom 4.9.2009 und vom 14.4.2011).

 Beratungskonsequenzen

1. Da grundsätzlich die in Kapitel 75 vorgestellten Regeln galten, war bei
   - Arbeiten deutsche Messebauer
   - auf EU-ausländischen Messegeländen
   immer die dortige Registrierungspflicht zu prüfen.

2. Abschließend der Hinweis, dass der Messebauer, wenn er das Material für den Messstand selbst zur Verfügung stellt, eine **(ortsgebundene) Werklieferung** tätigt.

77.3.3.2 Übernahme der neuen EuGH-Rechtsprechung

Nunmehr hat sich die FinVerw der neuen Rechtsprechung des EuGH angeschlossen[565].

---

564 ➲ mybookplus.de > Wichtiges aus dem BMF.

565 BMF, Schreiben vom 19.1.2012 ➲ mybookplus.de> Wichtiges aus dem BMF.

77.3.4 Sonderfall ausländische Durchführungsgesellschaft

Das Jahressteuergesetz 2007 (JStG 2007)[566] hat umsatzsteuerlich insbesondere die wenig praktikable Rechtsänderung rückgängig gemacht, die ausländische Messeaussteller und -dienstleister nach Ablösung des »alten« Abzugsverfahrens zum 1.1.2002 durch § 13b UStG hinzunehmen hatten und die eine Neufassung des Abschn. 34a Abs. 5 UStR 2000 durch die UStR 2005 erforderten. Nach dem dann neuen Abschn. 34a Abs. 4 UStR 2005 führten Messen und Ausstellungen bis zum 31.12.2006 zu steuerbaren Leistungen ausländischer Durchführungsgesellschaften, die der Leistungsempfänger gem. §§ 13b, 18 Abs. 4a UStG zu versteuern hat. Ein **Fall aus der Zeit vor der Neuregelung** soll die Problematik verdeutlichen:

> **Beispiel**
> Japanische Unternehmer haben eine ebenfalls in Japan ansässige Durchführungsgesellschaft mit der Organisation ihrer Ausstellungen auf der EXPO 2000 in Hannover beauftragt. Die Durchführungsgesellschaft verhandelte im eigenen Namen mit dem Veranstalter, der EXPO GmbH in Hannover.
>
> | J 1 | J 2 | J 3 | J 4 | J 5 | J n | |
> |---|---|---|---|---|---|---|
> | ⇕ | ⇕ | ⇕ | ⇕ | ⇕ | ⇕ | (2. Leistungsaustausch) |
>
> **japanische Durchführungsgesellschaft (DG)**
>
> ⇕ (1.Leistungsaustausch)
>
> **EXPO GmbH, Hannover**
>
> **⊃ Folge:**
> Bei der umsatzsteuerlichen Beurteilung gilt es **2 Leistungsaustauschbeziehungen** zu unterscheiden:
> * Eine erste Leistungsaustauschbeziehung besteht zwischen der EXPO-GmbH und DG. Die Leistung ist als Grundstücksleistung in Deutschland steuerbar und steuerpflichtig; die EXPO GmbH hat DG eine Rechnung mit deutscher Umsatzsteuer zu erteilen.
> * Daneben bestehen Leistungsaustauschbeziehungen zwischen DG und ihren Auftraggebern. Die Leistungen sind als Grundstücksleistungen ebenfalls in Deutschland steuerbar und steuerpflichtig.

Regelung bis zum 31.12.2001: Abschn. 34 a Abs. 5 und 6 UStR 2000 führte in der Vergangenheit über das »alte« Abzugsverfahren und die Nullregelung dazu, dass diese Umsätze de facto für keinen der Beteiligten in Deutschland umsatzsteuerliche Pflichten auslöste. DG erhielt die von der EXPO GmbH in Rechnung gestellte Vorsteuer auf Antrag vergütet.

Regelung vom 1.1.2002 bis zum 31.12.2006: Nach Abschn. 34a Abs. 4 UStR 2005 hatten die japanischen Auftraggeber als Leistungsempfänger die Besteuerung im Rahmen der

---

566   BStBl. I 2007, 28.

neuen Steuerschuldnerschaft zu übernehmen. Sie waren dazu verpflichtet, die für derartige Umsätze geschuldete Steuer gegenüber dem zuständigen Finanzamt im Rahmen von Umsatzsteuer-Voranmeldungen bzw. Steuererklärungen für das Kalenderjahr anzumelden und zu entrichten (§ 18 Abs. 4a UStG, Abschn. 34a Abs. 4 Satz 2 UStR 2005). DG erhält auch hier die von der EXPO GmbH in Rechnung gestellte Vorsteuer auf Antrag vergütet.

Neuregelung ab 1.1.2007: Nach § 13b Abs. 3 Nr. 4, Nr. 5 UStG in Fassung des JStG 2007 kommt es bei der Einräumung der Eintrittsberechtigung für Messen oder Kongresse im Inland oder bei einer sonstigen Leistung einer Durchführungsgesellschaft an im Ausland ansässige Unternehmer, soweit diese Leistung im Zusammenhang mit der Veranstaltung von Messen und Ausstellungen im Inland steht, nicht mehr zu einer Verlagerung der Steuerschuld auf den Leistungsempfänger[567].

 Beratungskonsequenzen

Der Aufwand, den ausländische Messeaussteller bei strikter der Regelung bis zum 31.12.2006 betreiben mussten, widersprach nicht nur dem politischen Ziel »Messeland Deutschland«. Er stand auch in keinem vernünftigen Verhältnis zum fiskalischen Mehrergebnis, da die Erklärungen zu § 13b UStG durch den gleichzeitigen Vorsteuerabzug in der Regel zum »Nullsummenspiel« wurden.

Aus diesem Grunde maßen die Prüfer der Finanzverwaltung dieser Problematik schon bis zum 31.12.2006 kaum Bedeutung bei; das JStG 2007 gleicht das UStG insoweit an die »gelebte Realität« an.

Das BMF erläutert die Neuregelung im Schreiben vom 20.12.2006 und vom 20.4.2007[568].

Vgl. hierzu nunmehr **Abschn. 3a.4 Abs. 4 UStAE**, der dem bisherigen Abschn. 34 Abs. 4 UStR 2008 bzw. den Regeln des BMF-Schreibens vom 4.9.2009[569] bis auf redaktionelle Anpassungen entspricht.

77.4   Restaurationsleistungen (§ 3a Abs. 3 Nr. 3 Buchst. b UStG)

77.4.1   Einführungsschreiben des BMF

§ **Rechtsgrundlagen**

BMF, Schreiben vom 4.9.2009, IV B 9 – S 7117/08/10001, 2009/0580334, Rz. 46 und Rz. 47

---

567   Abschn. 34a Abs. 4 f., Abschn. 182a Abs. 26 f. UStR 2008.

568   BMF, Schreiben vom 20.12.2006, IV A 6 – S 7279 – 60/06, Steuerschuldnerschaft bei Messen, Ausstellungen und Kongressen (§ 13b Abs. 3 Nr. 4 und 5 UStG), BStBl. I 2006, 796; BMF, Schreiben vom 20.4.2007, IV A 6 – S 7279/0 – DOK 2007/0173890, Steuerschuldnerschaft des Leistungsempfängers bei Messen, Ausstellungen und Kongressen, UR 2007, 551.

569   ➲ mybookplus.de > Wichtiges aus dem BMF.

77.4.2 Beratungskonsequenzen aus Abschn. 3a.6 Abs. 8, Abs. 9 UStAE

Die Abgrenzung zwischen

- Restauration (= sonstige Leistung) einerseits und
- der bloßen Lieferung von Lebensmitteln andererseits

erfolgt nach den für die Anwendung der Steuerermäßigung bekannten Kriterien. Der UStAE verweist (wie vorher das Einführungsschreiben vom 4.9.2009[570], Rz. 47 ausdrücklich auf die hierzu ergangene Anweisung[571].

Beratungskonsequenzen

Der Praxis bleiben damit auch hier die »lieb gewonnenen« Abgrenzungsprobleme erhalten!

77.4.3 Keine Harmonisierung – Weiter Registrierungspflicht im EU-Ausland prüfen!

Das Reverse-Charge-Verfahren ist auf Restaurationsleistungen im B2B-Bereich[572] in den anderen EU-Mitgliedstaaten zwar möglich, aber **nicht zwingend** anzuwenden[573].

Beratungskonsequenzen

Unternehmer werden daher vorerst auch zukünftig nicht umhinkommen, sich über die umsatzsteuerliche Behandlung im anderen Mitgliedstaat entsprechend zu informieren. Hier sind **auch weiterhin die bisherigen Prüfungen**[574] anzustellen.

77.4.4 Fallstudie zur Restauration

Beispiel

Ein Kölner Restaurationsbetrieb (R) begleitet ein deutsches Orchester auf seinen Touren in der ganzen Welt und sorgt dafür, dass die Orchestermitglieder angemessen bewirtet werden. Das Orchester tritt weltweit auf.
➲ **Folgen bis 31.12.2009**
Der Leistungsort des R bestimmte sich nach § 3a Abs. 1 UStG a. F. und war daher insgesamt Deutschland.

---

570 ➲ mybookplus.de > Wichtiges aus dem BMF.
571 BMF-Schreiben vom 16.10.2008 ➲ mybookplus.de > Wichtiges aus dem BMF.
572 Nochmals: »B2B-Leistungen« = Leistungen eines Unternehmers an einen anderen Unternehmer, vgl. Kapitel 69.2.3 (➲ mybookplus.de > Vertiefende Informationen) und Kapitel 72.3.
573 ➲ Kapitel 72.3.4.
574 ➲ Kapitel 71.5 (➲ mybookplus.de > Vertiefende Informationen).

➲ Folgen ab 1.1.2010

Leistungsort des R ist nunmehr der Ort der jeweiligen »Essensausgabe«. R wird sich daher in allen europäischen Mitgliedstaaten registrieren müssen, in den das Orchester gastiert.

 Beratungskonsequenzen

1. Der Fall wird durch die Neuregelung komplizierter – dies wahrscheinlich in einer Weise, dass R auch der **Unterstützung durch Berater vor Ort** bedarf!
2. Die Problematik ist ähnlich wie bei der kurzfristigen Vermietung des Segelbootes[575].

77.4.5 Hotelfrühstück keine Nebenleistung zu Übernachtungsumsätzen

 Beratungskonsequenzen

Nichtanwendungserlass

Das **BFH-Urteil vom 15.1.2009** ist bezüglich der Aussage, dass die Verpflegungsleistung eine Nebenleistung zur Übernachtungsleistung ist, nicht über den Einzelfall hinaus anzuwenden[576].

77.5 Arbeiten an Mobilien und deren Begutachtung (§ 3a Abs. 3 Nr. 3 Buchst. c UStG)

77.5.1 Beratungskonsequenzen aus Abschn. 3a.6 Abs. 10–12 UStAE

 Beratungskonsequenzen

1. **Persönlicher Anwendungsbereich:** Hier greift das Mehrwertsteuerpaket; die Ortbestimmung ist ausschließlich im B2C-Bereich[577] anzuwenden. Damit ist der B2B-Bereich[578] ungeregelt; es greift der Auffangtatbestand des § 3a Abs. 2 UStG.
2. **Sachlicher Anwendungsbereich:** Insoweit ergeben sich keine Neuerungen; der UStAE übernimmt daher (wie vorher das Einführungsschreiben vom 4.9.2009, Rz. 48–50 ➲ mybookplus.de) textlich im Wesentlichen unverändert den bisherigen Abschn. 36 Abs. 7 u. Abs. 8 UStR 2008.

---

575 ➲ Kapitel 76.3.
576 BMF vom 4.5.2010 ➲ Kapitel 75.8.
577 Nochmals: »B2C-Leistungen« = Leistungen eines Unternehmers an Privat, vgl. Kapitel 69.2.3 (➲ mybookplus.de > Vertiefende Informationen) und Kapitel 72.3.
578 Nochmals: »B2B-Leistungen« = Leistungen eines Unternehmers an einen anderen Unternehmer, vgl. Kapitel 69.2.3 (➲ mybookplus.de > Vertiefende Informationen) und Kapitel 72.3.

77.5.2 Bisher erforderlicher Einsatz der USt-IdNr. entfällt!

Durch die Beschränkung des persönlichen Anwendungsbereichs auf B2C-Leistungen entfällt der bislang im B2B-Bereich zur optimalen Gestaltung erforderliche Einsatz der USt-IdNr[579].

77.5.3 Fallstudien: Vereinfachung des EU-Geschäfts ab 1.1.2010

Durch die Neuregelung des Dienstleistungsorts zum 1.1.2010 wurde **vieles anders – und grundsätzlich besser!** Das gilt zumindest für die Leistungsarten, bei denen Leistungen an Unternehmenskunden der neuen »B2B-Vorschrift« (§ 3a Abs. 2 UStG n. F.) unterliegen, und hier insbesondere für Arbeiten an beweglichen körperlichen Gegenständen und die Begutachtung dieser Gegenstände. Während § 3a Abs. 2 Nr. 3 Buchst. c UStG a. F. zur Vermeidung von Steuernachteilen immer das Ausüben des – in der Praxis häufig missverstandenen und streitbefangenen – Wahlrechts (Einsatz der USt-IdNr.) erforderte, regelt § 3a Abs. 2 UStG n. F. derlei Fallgestaltungen nunmehr von vorneherein recht unkompliziert[580]:

Beispiel 1

Ein Fahrzeug des Fuhrunternehmers F mit Sitz in Dortmund bleibt in Wien mit einem Motorschaden liegen. F beauftragt die Werkstatt W mit der Reparatur (= Werkleistung ≠ Werklieferung).

Variante 1: Beauftragung einer deutschen Werkstatt

Eigentlich hätten

- die W als leistende Unternehmerin die Reparatur in Österreich versteuern[581] oder
- F als Leistungsempfänger das dortige Abzugsverfahren (Reverse-Charge-Regelung) anwenden

müssen. Da dies weder i. S. d. W noch i. S. d. F war, hätte Kunde F den Reparaturauftrag unter Verwendung seiner deutschen USt-IdNr. erteilen und so den Leistungsort der W nach Deutschland verlagern können.

---

579 ⮑ Kapitel 71.4. (⮑ mybookplus.de > Vertiefende Informationen).
580 *Weimann*, UStB 2010, 192.
581 Vgl. § 3a Abs. 2 Nr. 3 Buchst. c UStG a. F.

Sonstige Leistung

In diesem Fall hätte W dem F deutsche USt in Rechnung gestellt und F diese als Vorsteuer geltend machen können.

Variante 2: Beauftragung einer österreichischen Werkstatt

Wieder war es dem F zu empfehlen, den Reparaturauftrag unter Verwendung seiner deutschen USt-IdNr. erteilen, um so den Leistungsort der W nach Deutschland zu verlagern. W hätte dann als Ausländerin eine sonstige Leistung in Deutschland erbracht und gegenüber F netto abrechnen müssen; die Steuerschuld wäre gem. § 13b UStG auf F übergegangen.

➲ **Folgen ab 1.1.2010**

Leistungsort ist – **unabhängig vom Tätigkeitsort der W** – auf jeden Fall der **Sitzort des F (Dortmund)**. Handelt es sich bei W um eine

- deutsche Reparaturwerkstatt **(Variante 1)**, erhält F eine »**Brutto-Eingangsrechnung**« und zieht unter den weiteren Voraussetzungen des § 15 UStG die Vorsteuern;
- österreichische Reparaturwerkstatt **(Variante 2)**, erhält F eine »**Netto-Eingangsrechnung**« und versteuert den Leistungseingang nach § 13b UStG – und zwar in der entsprechenden UStVA durch Eintragungen in die Kennziffern für das neue innergemeinschaftliche Kontrollverfahren (Kz. 46 + Kz. 47 – natürlich mit **Vorsteuerabzug** durch Eintragung in **Kz. 67!** Zur UStVA 2024 ➲ Kapitel 89).

➡️ **Beratungskonsequenzen**

Nach Feststellung der Steuerbarkeit der nämlichen Reparaturen ist immer deren **Steuerpflicht zu prüfen** (Hinweis auf § 4 Nr. 1 Buchst. a i. V. m. § 7 UStG) – das gilt auch nach dem 1.1.2010 unverändert weiter!

77.5.4 Fallstudien: Vereinfachung des Drittlandsgeschäfts

77.5.4.1 Zeit vom 1.1. bis zum 31.12.2010: Regelung durch Verwaltungsanweisung

Im Hinblick auf **Drittlandsgeschäfte** musste das BMF – ähnlich wie bei den Mischbezügen[582] – nachbessern. So lautete Rz. 21 des Einführungsschreibens zum Ort der sonstigen Leistungen ursprünglich wie folgt:

 Rechtsgrundlagen

BMF, Schreiben vom 4.9.2009[583]

(15) Wird eine Güterbeförderungsleistung tatsächlich ausschließlich im Drittlandsgebiet erbracht und ist der Leistungsort für diese Leistung unter Anwendung von § 3a Abs. 2 UStG im Inland, wird es nicht beanstandet, wenn der Leistungsempfänger den Umsatz nicht der Umsatzbesteuerung in Deutschland unterwirft.

Für Arbeiten an Mobilien in Drittländern ergab sich damit – wie ja auch bei Güterbeförderungen[584] – die **Gefahr einer Doppelbesteuerung**! Um diese auszuschalten, hat das BMF Rz. 21 wie folgt ergänzt:

 Rechtsgrundlagen

BMF, Schreiben vom 8.12.2009[585]

(15) Werden Güterbeförderungsleistungen, **im Zusammenhang mit einer Güterbeförderung stehende Leistungen wie Beladen, Entladen, Umschlagen (vgl. § 3b Abs. 2 UStG), Arbeiten an beweglichen körperlichen Gegenständen oder Reisevorleistungen im Sinne des § 25 Abs. 1 Satz 5 UStG** tatsächlich ausschließlich im Drittlandsgebiet – **mit Ausnahme der in § 1 Abs. 3 UStG genannten Gebiete** – erbracht und ist der Leistungsort für diese Leistungen unter Anwendung von § 3a Abs. 2 UStG im Inland, wird es nicht beanstandet, wenn

- **der leistende Unternehmer für den Fall, dass er für den jeweiligen Umsatz Steuerschuldner nach § 13a Abs. 1 Nr. 1 UStG ist, oder**
- der Leistungsempfänger **für den Fall, dass er für den jeweiligen Umsatz Steuerschuldner nach § 13b Abs. 1 Satz 1 Nr. 1 und Abs. 2 Satz 1 UStG ist,**

diesen Umsatz nicht der Umsatzbesteuerung in Deutschland unterwirft.

Die **Vorteile der Neufassung des BMF-Schreibens** verdeutlichen folgende Beispielfälle[586]:

---

582 ⊃ Kapitel 74.4.
583 ⊃ mybookplus.de > Wichtiges aus dem BMF.
584 ⊃ Kapitel 84.5; vgl. auch *Weimann*, UStB 2010, 60.
585 ⊃ mybookplus.de > Wichtiges aus dem BMF.
586 *Weimann*, UStB 2010, 192. Die Beispielsfälle 2–4 beruhen auf der Idee von *Nieskoven*, GStB 2010, 59.

Beispiel 2

D ist Maschinenbauer mit Sitz in Dortmund und lässt von U in Kiew (Ukraine) Bauteile veredeln. Die Bauteile werden zu diesem Zweck von Dortmund nach Kiew gebracht und nach der Veredelung nach Dortmund zurücktransportiert.

➲ **Folgen bis 31.12.2009**

Leistungsort des U war Kiew (§ 3a Abs. 2 Nr. 3 Buchst. c UStG a. F.); die Leistung des U war damit nicht umsatzsteuerbar.

➲ **Folgen ab 1.1.2010**

Leistungsort des U ist nunmehr Dortmund (§ 3a Abs. 2 UStG n. F.) Neben der ggf. in der Ukraine vorgesehenen Umsatzbesteuerung steht damit seit dem 1.1.2010 auch eine Umsatzbesteuerung in Deutschland. Hinzu kommt, dass die Einfuhr der veredelten Komponenten gemäß § 1 Abs. 1 Nr. 4 i. V. m. § 11 Abs. 2 UStG der EUSt unterliegt. Derselbe Vorgang löst mithin in Deutschland zwei Besteuerungstatbestände aus!

Allerdings kann die nach § 3a Abs. 2 UStG n. F. in Deutschland erbrachte Veredelungsleistung des U ggf. gemäß § 4 Nr. 3 Buchst. a Doppelbuchst. bb UStG umsatzsteuerfrei bleiben und damit die ansonsten aus dem Leistungsbezug folgende Übertragung der Steuerschuldner auf D (§ 13b Abs. 1 Nr. 1 UStG) unterbleiben. Voraussetzung dafür ist jedoch, dass die für die Veredelung vereinbarte Vergütung **in die Bemessungsgrundlage der EUSt einbezogen und dies buch- und belegmäßig nachgewiesen** wird (§ 4 Nr. 3 Buchst. a Satz 2 UStG i. V. m. §§ 20, 21 UStDV).

Nach der Neufassung der Rz. 21 kann nunmehr eine Umsatzbesteuerung im Inland unterbleiben. Zur Nichtbesteuerung bedarf es in diesen Fällen daher **keines besonderen Buch- und Belegnachweises** – was natürlich nicht davon entbindet, dass der Sachverhalt »an sich« nachzuweisen ist.

Für den deutschen Mandanten freilich weniger wichtig, aber dennoch zu erwähnen: Im Fall der Steuerbefreiung nach § 4 Nr. 3 Buchst. a Doppelbuchst. bb hätte U diesen (steuerfreien) Umsatz bislang in Deutschland – ggf. unter Beauftragung eines »Fiskalvertreters (§§ 22a ff. UStG) – erklären müssen. Mit *Nieskoven* ist davon auszugehen, dass das BMF mit der Neufassung des Einführungsschreibens nicht nur auf die materiellen Umsatzbesteuerungsfolgen, sondern auch auf deren Erklärung (hier: durch U) verzichtet.

Beispiel 3

Wie Beispiel 2. D ist Zulieferer der Kraftfahrzeugindustrie und lässt in Russland erworbene Bauteile von U veredeln. Die veredelten Teile veräußert D an deutsche und ausländische Abnehmer, die die Ware bei U abholen und selbst die ggf. nachfolgende Verzollung und EUSt-Besteuerung vornehmen.

Gemäß § 3a Abs. 2 UStG n. F. gilt die Veredelungsleistung des U als in Dortmund erbracht; damit geht gemäß § 13b Abs. 1 Nr. 1 UStG die Steuerschuld grundsätzlich auf D über. Soweit veredelte Teile im Zuge der Weiterveräußerung anschließend in Deutschland eingeführt und einfuhrumsatzbesteuert werden, kommt zwar dem Grunde nach § 4 Nr. 3 Buchst. a Doppelbuchst. bb UStG in Betracht. Da jedoch weder U noch D die EUSt-Besteuerung in Deutschland vornehmen, kann ihnen der bislang zur Steuerbefreiung notwendige Nachweis der Einbeziehung in die EUSt-liche

Bemessungsgrundlage kaum gelingen. Bislang hätte die Veredelung damit in Deutschland besteuert werden müssen; dies vermeidet Rz. 21 n. F.

Den Besteuerungsverzicht knüpft das BMF nicht an die Vorsteuerabzugsberechtigung des Leistungsempfängers! Dies ist eine »echte« Erleichterung, da bei nicht zum Vorsteuerabzug berechtigten Leistungsempfängern bislang – neben der Einfuhrumsatzsteuer – zusätzlich auch die »normale« Umsatzsteuer anfallen konnte:

Beispiel 4

D ist Radiologe mit Praxis in Dortmund und lässt ein Diagnosegerät von dem in der Schweiz ansässigen Dienstleister CH warten. Das Gerät wird zu diesem Zweck in die Schweiz und nach erfolgter Wartung zurück nach Dortmund transportiert.
Die gemäß § 3a Abs. 2 UStG n. F. in Dortmund erbrachte Bearbeitungsleistung des CH unterliegt nunmehr in Deutschland nicht mehr – zusätzlich zur Einfuhrumsatzsteuer nach § 1 Abs. 1 Nr. 4 i. V. m. § 11 Abs. 2 UStG – der »normalen« Umsatzsteuer. Eines Nachweises i. S. v. §§ 20, 21 UStDV bedarf es hierfür nun nicht mehr.

Letztlich vereinfacht die Neuregelung des Dienstleistungsorts zum 1.1.2020 auch **Lohnveredelungen deutscher Dienstleister für Drittlandskunden.**

Beispiel 5

Der in Zürich ansässige Unternehmer CH hat den in Dortmund ansässigen Dienstleister D mit der Oberflächenveredelung von Bauteilen beauftragt. Die Bauteile werden aus der Schweiz nach Dortmund verbracht und gehen nach erfolgter Veredelung wieder zurück in die Schweiz.
➲ **Folgen bis 31.12.2009**
Die Veredelung des D galt bislang als in Dortmund erbracht (§ 3a Abs. 2 Nr. 3 Buchst. c UStG a. F.), konnte aber unter den Voraussetzungen des § 7 UStG i. V. m. §§ 12, 13 UStDV (Beleg- und Buchnachweis) umsatzsteuerfrei bleiben.
➲ **Folgen ab 1.1.2010**
Gem. § 3a Abs. 2 UStG n. F. ist Leistungsort der Empfängersitzort Zürich. Ein besonderer Beleg- und Buchnachweis entfällt.

    Beratungskonsequenzen

Der **Anwendungsbereich des § 7 UStG reduziert sich** damit weitestgehend auf
* Veredelungen für deutsche Unternehmer i. S. v. § 7 Abs. 1 Nr. 1 UStG und
* Veredelungen für Nichtunternehmern i. S. v. § 3a Abs. 3 Nr. 3 Buchst. c UStG.

77.5.4.2 Ab 1.1.2011: Regelung durch § 3 Abs. 8 UStG

Die Ausdehnung des Besteuerungsverzichts durch das BMF-Schreiben vom 8.12.2009[587] war aus Mandantensicht natürlich zu begrüßen. Allerdings ist es Aufgabe des Gesetzgebers, eine solche Verzichtsregelung auch rechtlich abzusichern, zumal Art. 59a MwSt-SystRL hierzu ausdrücklich ermächtigt[588]. Diesem Auftrag hat der Gesetzgeber nunmehr mit dem neuen § 3 Abs. 8 UStG entsprochen[589]. Das BMF äußert sich hierzu – mit eigenen Fallbeispielen – im neuen Abschn. 3a.14 Abs. 5 UStAE[590].

77.5.5 Neues Praxisproblem ab 1.1.2010: Ortsgebundene Montagen

Zu praktischen Schwierigkeiten werden ortsgebundene Montagen führen[591]:

- **Bis zum 31.12.2009** kann in der Regel offen bleiben, ob es sich insoweit um Grundstücksleistungen oder Arbeiten an Mobilien handelt. Der Leistungsort ist sowohl bei Beurteilung nach § 3a Abs. 2 Nr. 1 UStG a. F. als auch nach § 3a Abs. 2 Nr. 3 Buchst. c UStG a. F. beim fertigen Werk.

- **Ab dem 1.1.2010** gilt dies nur für Grundstücksleistungen. Die Arbeiten an und das Begutachten von Mobilien beurteilen sich dagegen **im B2B-Bereich** ausnahmslos nach der Grundregel des § 3a Abs. 2 UStG: Leistungsort ist der Sitzort oder Betriebsstättenort des Kunden (Empfängerortsprinzip/Bestimmungslandprinzip). **Im B2C-Bereich** dürfte die Abgrenzung auch weiterhin bedeutungslos bleiben.

 Beratungskonsequenzen

Bei Fällen größeren Steuervolumens sollte **im Zweifel eine verbindliche Auskunft erwogen werden!**

78 Vermittlungsleistungen – § 3a Abs. 3 Nr. 4 UStG

 Rechtsgrundlagen

- UStG: § 3a Abs. 3 Nr. 3
- UStAE: Abschn. 3a.7
- MwStSystRL: Art. 43 ff.

---

587 ➲ mybookplus.de > Wichtiges aus dem BMF.
588 So auch *Nieskoven,* GStB 2010, 59.
589 ➲ Kapitel 84.2.
590 Vgl. BMF-Schreiben vom 4.2.2011 ➲ mybookplus.de > Wichtiges aus dem BMF.
591 Dieses Problem sieht auch *Monfort,* DStR 2008, 297; vgl. auch ➲ Kapitel 46.2.

78.1 Grundlegende Verwaltungsanweisung: Abschn. 3a.7 UStAE

1. **Persönlicher Anwendungsbereich:** Hier greift das Mehrwertsteuerpaket; die Ortbestimmung ist ausschließlich im B2C-Bereich[592] anzuwenden. Damit ist der B2B-Bereich[593] ungeregelt; es greift der Auffangtatbestand des § 3a Abs. 2 UStG.

2. **Sachlicher Anwendungsbereich:** Insoweit ergeben sich keine Neuerungen. Abschn. 3a.7 UStAE übernimmt daher (wie vorher das Einführungsschreiben vom 4.9.2009, Rz. 57 u. 58) textlich im Wesentlichen unverändert den bisherigen Abschn. 36 Abs. 7 u. Abs. 8 UStR 2008.

78.2 Bisher erforderlicher Einsatz der USt-IdNr. entfällt!

Durch die Beschränkung des persönlichen Anwendungsbereichs auf B2C-Leistungen entfällt der bislang im B2B-Bereich zur optimalen Gestaltung erforderliche Einsatz der USt-IdNr.[594].

78.3 Fallstudien

Beispiele zu Vermittlungen

Ein deutscher Agent (A) vermittelt eine Lieferung des deutschen Lieferanten (D) aus Dortmund an den italienischen Kunden (I) in Rom
- im Auftrag des D und erhält von diesem eine Provision (**Variante 1**);
- im Auftrag des I und erhält von diesem eine Provision (**Variante 2**).

---

592 Nochmals: »B2C-Leistungen« = Leistungen eines Unternehmers an Privat, vgl. Kapitel 69.2.3 (➲ mybookplus.de > Vertiefende Informationen) und Kapitel 72.3.
593 Nochmals: »B2B-Leistungen« = Leistungen eines Unternehmers an einen anderen Unternehmer, vgl. Kapitel 69.2.3 (➲ mybookplus.de > Vertiefende Informationen) und Kapitel 72.3.
594 ➲ Kapitel 71.4 (➲ mybookplus.de > Vertiefende Informationen).

➲ **Folgen bis 31.12.2009**

Leistungsort ist bei der Vermittlung einer innergemeinschaftlichen Lieferung nach der »**Lipjes-Rechtsprechung**« des EuGH im Grundsatz **immer** das **Bestimmungsland** – hier also Italien. Diese Rechtsfolge gilt unabhängig vom Auftraggeber, also **unabhängig von dem, der die Provision bezahlt.**

Zur Vermeidung dieser in Variante 1 für A und D nachteilige Rechtsfolge sollte D den Agenturauftrag unter Verwendung seiner deutschen USt-IdNr. erteilen und so den Leistungsort der A nach Deutschland verlagern.

➲ **Folgen seit 1.1.2010**

Leistungsort des A ist der Sitzort des jeweiligen Auftragsgebers, also in

- **Variante 1** der Sitzort des D (Dortmund). D erhält von A eine »**Brutto-Eingangsrechnung**« und zieht unter den weiteren Voraussetzungen des § 15 UStG die Vorsteuern;
- **Variante 2** der Sitzort des I (Rom). I erhält von A eine »**Netto-Eingangsrechnung**« und versteuert den Leistungseingang in Italien nach den dortigen »Gegenstücken« zum deutschen § 13b UStG (Reverse-Charge).

 Beratungskonsequenzen

Nach Feststellung der Steuerbarkeit der nämlichen Vermittlungen ist immer deren **Steuerpflicht** zu prüfen (Hinweis auf § 4 Nr. 5 UStG) – **das gilt auch nach dem 1.1.2010 unverändert weiter!**

78.4 Vermittlung von Beherbergungsleistungen an Unternehmer

Mit BMF-Schreiben vom 14.6.2010 (a. a. O.) wurde u. a. Rz. 32 des BMF-Schreibens vom 4.9.2009 (a. a. O.) neu gefasst; die **kurzfristige Vermietung** von Zimmern in Hotels, Gaststätten oder Pensionen, von Fremdenzimmern, Ferienwohnungen, Ferienhäusern und vergleichbaren Einrichtungen soll damit **zukünftig nicht mehr als Grundstücksleistung** gelten.

Nach der ebenfalls neu gefassten Rz. 57 bestimmt sich der Leistungsort einer Vermittlungsleistung bei Leistungen an Nichtunternehmer nach § 3a Abs. 3 Nr. 4 UStG. Hierunter fällt auch die **Vermittlung der o. a. kurzfristigen Vermietungen an Nichtunternehmer**; bei der Vermittlung an **Unternehmer** oder gleichgestellte juristische Personen gilt § 3a Abs. 2 UStG (B2B-Vorschrift).

Bei der **Vermittlung von (langfristigen) Grundstücksvermietungen** gilt (auch weiterhin) § 3a Abs. 3 Nr. 1 UStG als Spezialvorschrift.

78.5 Vermittlung von Eintrittsberechtigungen

 Hinweis

➲ Kapitel 79.3

78.6 Darstellung der Rechtslage bis zum 31.12.2009

Im Rahmen von Betriebsprüfungen und der Steuerberatung wird noch lange neben der neuen Rechtslage auch die Beurteilung von Sachverhalten nach »altem« Recht von Bedeutung sein ➲ mybookplus.de > Vertiefende Informationen > Kapitel 78.6.

79 Einräumung von Eintrittsberechtigungen – § 3a Abs. 3 Nr. 5 UStG

 Rechtsgrundlagen

- UStG: § 3a Abs. 3 Nr. 5
- UStAE: Abschn. 3a.6 Abs. 13.
- MwStSystRL: Art. 43 ff.
- BMF, Schreiben vom 9.6.2021, III C 3 – S 7117-b/20/10002 :002, 2021/0661491, Bestimmung des Ortes der sonstigen Leistung nach § 3a Abs. 3 Nr. 5 UStG; Änderung des Umsatzsteuer-Anwendungserlasses aufgrund des Urteils des Europäischen Gerichtshofs in der Rechtssache C-647/17 (Srf konsulterna), BStBl. II 2021, 778; weiter gültig gem. BMF, Schreiben vom 10.3.2023, Anlage 1 Ziffer 1539 ➲ Kapitel 1.6
- BMF, Schreiben vom 19.8.2021, III C 3 – S 7117-b/20/10002 :002, 2021/0918494, Bestimmung des Ortes der sonstigen Leistung nach § 3a Abs. 3 Nr. 5 UStG; Änderung des Umsatzsteuer-Anwendungserlasses aufgrund des Urteils des Europäischen Gerichtshofs in der Rechtssache C-647/17 (Srf konsulterna), BStBl. II 2021,1088; formell aufgehoben, materiell aber weiter gültig gem. BMF, Schreiben vom 10.3.2023, Anlage 2 Ziffer 104 ➲ Kapitel 1.6
- FinMin Thüringen. Erlass vom 28.9.2021, 1040 - 22 - S 7117 h/2, Bestimmung des Ortes der sonstigen Leistung nach § 3a Abs. 3 Nr. 5 UStG ➲ mybookplus.de > Wichtiges aus anderen Behörden

79.1 Regelungszweck

Das Jahressteuergesetz 2010[595] hat **m. W. v. 1.1.2011** in § 3a Abs. 3 Nr. 3 Buchst. a UStG die aufgrund des Mehrwertsteuerpakets erforderlichen weiteren Anpassungen vorgenommen. § 3a Abs. 3 Nr. 3 Buchst. a UStG beschränkt sich nunmehr auf **Leistungen an Nichtunternehmer**.

 Hinweis

➲ Kapitel 77.2.2, Kapitel 77.2.3, Kapitel 77.2.4 und Kapitel 77.3.

---

595 Jahressteuergesetz 2010 – JStG 2010 –, BGBl. I 2010, 1768; BStBl. I 2010, 1394.

Bei **Leistungen an Unternehmer** für deren unternehmerischen Bereich und diesen gleichgestellten nicht unternehmerisch tätigen juristischen Personen, denen eine USt-IdNr. erteilt worden ist, richtet sich der Leistungsort grundsätzlich nach **§ 3a Abs. 2 UStG** (Sitz oder Betriebsstätte des Leistungsempfängers). Davon ausgenommenund damit auch weiterhin **am Veranstaltungsort besteuert** werden soll die Einräumung von Eintrittberechtigungen an Unternehmer.

79.2 Keine Harmonisierung – Weiterhin Registrierungspflicht im EU-Ausland prüfen!

Das Reverse Charge Verfahren ist bei Verkauf der nämlichen Eintrittsberechtigungen im B2B-Bereich in den anderen EU-Mitgliedstaaten zwar möglich, aber **nicht zwingend** anzuwenden[596]!

 Beratungskonsequenzen

Unternehmer werden daher vorerst auch zukünftig nicht umhinkommen, sich über die umsatzsteuerliche Behandlung im anderen Mitgliedstaat entsprechend zu informieren. Hier sind **auch weiterhin die bisherigen Prüfungen**[597] anzustellen.

79.3 Grundlegende Verwaltunganweisung: Abschn. 3a.7a UStAE

79.3.1 Persönlicher Anwendungsbereich

§ 3a Abs. 3 Nr. 5 UStG gilt nur für Leistungen an einen Leistungsempfänger im Sinne des § 3a Abs. 2 UStG **(vereinfacht: an Unternehmer i. e. S. und Gleichgestellte)**[598].

Die Regelung ist auch anzuwenden, wenn ein **anderer Unternehmer als der Veranstalter** auf eigene oder auf Rechnung des Veranstalters Eintrittsberechtigungen an einen Unternehmer für dessen unternehmerischen Bereich oder an eine einem Unternehmer gleichgestellte juristische Person einräumt[599].

Werden die in der Vorschrift genannten sonstigen Leistungen **an Nichtunternehmer** (siehe Abschn. 3a.1 Abs. 1) erbracht, richtet sich der Leistungsort nach § 3a Abs. 3 Nr. 3 Buchstabe a UStG (siehe Abschn. 3a.6 Abs. 2 Satz 2 ➲ Kapitel 77.2)[600].

---

596 ➲ Kapitel 72.3.4.
597 ➲ Kapitel 71.5 (➲ mybookplus.de > Vertiefende Informationen).
598 Abschn. 3a.7a Abs. 1 Satz 1 UStAE.
599 Abschn. 3a.7a Abs. 1 Satz 2 UStAE.
600 Abschn. 3a.7a Abs. 1 Satz 3 UStAE.

79.3.2 Öffentlichkeit nicht erforderlich

Nach Abschn. 3a.6 Abs. 13 Satz 3 Nr. 3 UStAE a. F. setzte die Anwendung der Ortsregelung bei Veranstaltungen auf dem Gebiet des Unterrichts und der Wissenschaft voraus, dass die Veranstaltung für die Öffentlichkeit allgemein zugänglich ist.

Dieses Erfordernis ist nach dem EuGH-Urteil **keine Voraussetzung** für die Anwendung der Ortsregelung[601].

Zwar hat der EuGH in seinem Urteil nicht explizit zu diesem Merkmal Stellung genommen. Der EuGH hat jedoch die Anwendung des Art. 53 MwStSystRL bei Veranstaltungen bejaht, die nicht der Allgemeinheit, sondern nur den Mitgliedern einer bestimmten Berufsgruppe zugänglich sind. Zur Begründung führt er aus, dass die Vorschrift des Art. 53 MwStSystRL **keine eng auszulegende Ausnahmevorschrift** darstelle. Die Vorschrift könne nicht durch Tatbestandsmerkmale eingeschränkt werden, die keinen Anhaltspunkt in der Richtlinie selbst finden[602]. Hierzu hatte auch die Generalanwältin in ihren Schlussanträgen ausgeführt, dass sie in Art. 53 MwStSystRL keine Anhaltspunkte dafür sehe, dass die Veranstaltungen zumindest teilweise der Allgemeinheit oder einer Gruppe unbekannter, anonymer Kunden zugänglich sein müssten[603].

Daher werden aus Klarstellungsgründen die betreffenden Vorschriften des **UStAE neu gegliedert und entsprechende Anpassungen vorgenommen**[604].

 Beratungskonsequenzen

Um den Unternehmen ausreichend Zeit für die Umsetzung der neuen Regelungen zu geben, wurde eine Nichtbeanstandungsregelung eingeführt[605]. Diese ist zum 1.1.2022 ausgelaufen und beschränkte sich auf das Merkmal der Öffentlichkeit, galt mithin nicht für das Merkmal der physischen Anwesenheit[606].

79.3.3 Physische Anwesenheit = keine Online-Teilnahme

Eine Veranstaltung im Sinne des § 3a Abs. 3 Nr. 5 UStG erfordert die physische Anwesenheit des Leistungsempfängers bei dieser.[607] Die Online-Teilnahme wird daher von dem Anwendungsbereich des § 3a Abs. 3 Nr. 5 UStG ausgenommen. Dies entspricht der Auffassung der Generalanwältin in ihren Schlussanträgen.[608]

---

601   EuGH, Urteil vom 13.3.2019, Rs. C-647/17 (Srf konsulterna).
602   EuGH, a. a. O., Rzn. 22 u. 35.
603   Siehe Schlussanträge der Generalanwältin Eleanor Sharpston vom 10. 1.2019, Rz. 64.
604   BMF, Schreiben vom 9.6.2021, III C 3 – S 7117-b/20/10002 :002, 2021/0661491.
605   BMF, Schreiben vom 19.8.2021, III C 3 – S 7117-b/20/10002 :002, 2021/0918494 ⮞ my-book.haufe.de > Wichtiges aus dem BMF.
606   FinMin Thüringen. Erlass vom 28.9.2021, 1040 - 22 - S 7117 h/2 ⮞ mybookplus.de > Wichtiges aus anderen Behörden.
607   Abschn. 3a.7a Abs. 1 Satz 4 UStAE.
608   BMF, Schreiben vom 9.6.2021, a. a. O.

79.3.4 Positivliste

Zu den Eintrittsberechtigungen gehören insbesondere (vgl. Artikel 32 Abs. 1 und 2 MwStVO)[609]:

1. das Recht auf Zugang zu Darbietungen, Theateraufführungen, Zirkusvorstellungen, Freizeitparks, Konzerten, Ausstellungen sowie zu anderen ähnlichen kulturellen Veranstaltungen, auch wenn das Entgelt in Form eines Abonnements oder eines Jahresbeitrags entrichtet wird;

2. das Recht auf Zugang zu Sportveranstaltungen, wie Spiele und Wettkämpfe gegen Entgelt, auch wenn das Entgelt in Form einer Zahlung für einen bestimmten Zeitraum oder eine festgelegte Anzahl von Veranstaltungen in einem Betrag erfolgt;

3. das Recht auf Zugang zu Veranstaltungen auf dem Gebiet des Unterrichts und der Wissenschaft, wie beispielsweise Konferenzen und Seminare. Dies gilt unabhängig davon, ob der Unternehmer selbst oder ein Arbeitnehmer an der Veranstaltung teilnimmt und das Entgelt vom Unternehmer (Arbeitgeber) entrichtet wird.

Zu den Eintrittsberechtigungen für Messen, Ausstellungen und Kongresse gehören insbesondere Leistungen, für die der Leistungsempfänger **Kongress-, Teilnehmer- oder Seminarentgelte** entrichtet, sowie damit im Zusammenhang stehende **Nebenleistungen**, wie z. B. Beförderungsleistungen, Vermietung von Fahrzeugen oder Unterbringung, wenn diese Leistungen vom Veranstalter der Messe, der Ausstellung oder des Kongresses zusammen mit der Einräumung der Eintrittsberechtigung als einheitliche Leistung (vgl. Abschnitt 3.10) angeboten werden.[610]

Zu den mit den in § 3a Abs. 3 Nr. 5 UStG genannten Veranstaltungen zusammenhängenden sonstigen Leistungen gehören auch die **Nutzung von Garderoben und von sanitären Einrichtungen** gegen gesondertes Entgelt (vgl. Artikel 33 MwStVO)[611].

79.3.5 Negativliste

Nicht unter § 3a Abs. 3 Nr. 5 UStG fällt die **Berechtigung zur Nutzung von Räumlichkeiten,** wie beispielsweise Turnhallen oder anderen Räumen, gegen Entgelt (vgl. Artikel 32 Abs. 3 MwStVO)[612].

Auch die **Vermittlung von Eintrittsberechtigungen** fällt nicht unter § 3a Abs. 3 Nr. 5 UStG; der Leistungsort dieser Umsätze richtet sich bei Leistungen an einen Leistungsempfänger im Sinne des § 3a Abs. 2 UStG (siehe Abschnitt 3a.2 Abs. 1) nach § 3a Abs. 2 UStG, bei Leistungen an einen Nichtunternehmer (siehe Abschnitt 3a.1 Abs. 1 UStAE) nach § 3a Abs. 3 Nr. 4 UStG[613].

---

609 Abschn. 3a.7a Abs. 2 Satz 1 UStAE.
610 Abschn. 3a.7a Abs. 2 Satz 2 UStAE.
611 Abschn. 3a.7a Abs. 2 Satz 3 UStAE.
612 Abschn. 3a.7a Abs. 3 Satz 1 UStAE.
613 Abschn. 3a.7a Abs. 3 Satz 2 UStAE.

80 Katalogleistungen – § 3a Abs. 4 UStG

 Rechtsgrundlagen

- UStG: § 3a Abs. 4
- UStAE: Abschn. 3a.8–3a.13
- MwStSystRL: Art. 43 ff.

80.0 Auf einen Blick – alle wichtigen Neuerungen vorab!

80.0.1 Individuelle Begleitung von Internetspielen

 Hinweis

➲ ausführlich hierzu Kapitel 44.01 der Vorauflage (= 20. Auflage 2022)

80.1 Grundlegende Verwaltungsanweisung: Abschn. 3a.8–3a.13 UStAE

1. **Persönlicher Anwendungsbereich:** Hier **greift das Mehrwertsteuerpaket**; die Ortbestimmung ist ausschließlich im B2C-Bereich[614] anzuwenden.

2. **Damit ist der B2B-Bereich[615] ungeregelt;** es greift der Auffangtatbestand des § 3a Abs. 2 UStG 2010. Dieser ist **wortgleich mit der bisherigen Regelung** für Katalogleistungen[616]. Damit wird die Regelung, die § 3a Abs. 3 Sätze 1 und 2 UStG a. F. bislang für Katalogleistungen vorsah, im B2B-Bereich zum Regeltatbestand. Auch hier ergeben sich – soweit ersichtlich – materiell keinerlei Änderungen im Vergleich zu § 3a Abs. 4, Abs. 3 UStG a. F.

3. **Sachlicher Anwendungsbereich:** Insoweit ergeben sich **keine Neuerungen.** Abschn. 3a.8 ff. UStAE übernehmen daher – wie schon das Einführungsschreiben vom 4.9.2009 – textlich im Wesentlichen unverändert die bisherigen Abschn. 39–39d UStR 2008.

80.2 Praktische Bedeutung der Vorschrift

Nachdem der B2B-Bereich auf § 3a Abs. 2 UStG ausgelagert wurde, stellt sich allerdings bei einigen Katalogleistungen schon die Frage, ob es realistisch ist, dass ein »**Privatmann**« diese Leistungen bezieht?

---

614 Nochmals: »B2C-Leistungen« = Leistungen eines Unternehmers an Privat, vgl. Kapitel 69.2.3 (➲ mybookplus.de > Vertiefende Informationen) und Kapitel 72.3.

615 Nochmals: »B2B-Leistungen« = Leistungen eines Unternehmers an einen anderen Unternehmer, vgl. Kapitel 69.2.3 (➲ mybookplus.de > Vertiefende Informationen) und Kapitel 72.3.

616 Hinweis auf Kapitel 74.2.

Hinzu kommt, dass der »Private« seinen Wohnsitz oder Sitz **außerhalb des Gemein-schaftsgebiets** haben muss[617].

Meines Erachtens läuft die Vorschrift leer!

80.3 Besonderheiten der Franchiseverträge

Neben den weltweit prominentesten Franchiseunternehmen, wie beispielsweise McDonalds, OBI, Hertz oder Subway, fassen auch immer wieder neue Franchiseunternehmen auf dem deutschen sowie globalisierten Markt Fuß (z. B. back WERK, Australien Homemade, soccerworld etc.). Kein anderes Handelssystem verzeichnet derzeit einen vergleichbaren Aufschwung – denn die Vorteile liegen auf der Hand: die gebündelte Marktmacht führt zu günstigen Einkaufskonditionen, der bereits eingeführte Markenname erleichtert bei Neueröffnungen den Zugang zum regionalen Markt, flächendeckende Werbemaßnahmen lassen alle angeschlossenen Unternehmen profitieren und ... und ... und ... Umsatzsteuerlich betritt der Praktiker bei der **Beurteilung von Franchiseverträgen weitestgehend** »Neuland«; Rechtsprechung und Verwaltungsanweisung streifen die Problematik allenfalls »am Rande«[618].

Wesen und Gegenstand des Franchising: Franchiseverträge sind ursprünglich aus den USA stammende Verträge zwischen mindestens zwei selbstständigen Unternehmen. Ein Franchisevertrag liegt vor, wenn

- ein Unternehmer (Franchisegeber)
- einem anderen Unternehmer (Franchisenehmer)
- für dessen Betriebsführung bestimmtes Erfahrungswissen (Know-how)
- zur Nutzung und unter der Auflage der Wahrung der entsprechenden Betriebs- und Geschäftsgeheimnisse
- zur Vermarktung
- gegen Entgelt

überlässt. Der Franchisevertrag ist ein als **Dauerschuldverhältnis** ausgestalteter, **einheitlicher**, verkehrstypischer Vertrag, welcher am stärksten mit Elementen der **Rechtspacht** ausgestattet ist und darüber hinaus Elemente des **Kaufs**, der **Miete** sowie der **Geschäftsbesorgung** enthält. Der Franchisenehmer kann sich – abhängig von den jeweiligen Vertragsvereinbarungen – insbesondere der Firmierung, der Symbole, der Warenmuster, der Gebrauchsmuster, der Vermarktungsstrategien und der Patente des Franchisegebers bedienen.

Franchisenehmer als umsatzsteuerlicher Eigenhändler: Gegenstand des Franchisevertrags ist in der Regel die Überlassung eines Einzel- oder Großhandelskonzepts **(Vertriebskonzept)**, in dessen Rahmen der Franchisegeber eine Reihe von verschiedenen Einzelleistungen gebündelt an den Franchisenehmer erbringt. Der Franchisenehmer ist

---

617 Abschn. 3a.8 Nr. 1 UStAE; vgl. auch BMF-Schreiben vom 4.9.2009, Rz. 59 Nr. 1.
618 Vgl. OFD Magdeburg, Vfg. vom 2.5.2006, S 7200 – 179 – St. 244, UR 2007, 470.

dabei unter der überlassenen Marke bzw. dem Logo des Franchisegebers tätig, handelt jedoch als Eigenhändler **im eigenen Namen und auf eigene Rechnung**. Der Franchisenehmer erwirbt das Konzept vom Franchisegeber gegen Entgelt und behält dafür das Entgelt für den Absatz der Waren bzw. der Dienstleistungen vom Kunden am jeweiligen Standort. Demnach gilt es, **zwei Leistungsbeziehungen** zu unterscheiden:

Leistungsarten des Franchisegebers: Der Franchisegeber erbringt an den Franchisenehmer regelmäßig wohl zwei voneinander zu unterscheidende **Hauptleistungen**:

- die Überlassung von geschützten Rechten (Firmenlogo, geschützte Patente, Branding etc.)
- die Überlassung von Informationen und Know-how (ungeschützte Rechte).

Die Annahme einer Vielzahl von Einzelleistungen, die danach zu einer getrennten umsatzsteuerlichen Würdigung jeder einzeln erbrachten Leistung führen würde, scheidet – wie *Müller* zutreffend ausführt[619] – aus. Der Franchisevertrag sieht vielmehr die Überlassung des durch den Franchisegeber entwickelten Einzel- oder Großhandelskonzepts (Vertriebskonzepts) und der damit im Zusammenhang stehenden Rechte und des Know-hows an den Franchisenehmer vor. Dem Franchisenehmer kommt es indes auch nicht auf die Erbringung unterschiedlicher Einzelleistungen an, die er frei bestimmen kann und über die jeweils getrennt abgerechnet wird. Der **Franchisenehmer verfolgt vielmehr den Erhalt eines weitgehend vorab entwickelten Einzel- oder Großhandelskonzepts sowie der Rechte und des Wissens,** womit er mit seinem Unternehmen erfolgreich am Markt bestehen kann. Weitere übliche Leistungen des Franchisegebers (Marketings- und Werbeleistungen, Beratungs- und Organisationsleistungen, Unterstützung bei Präsentationen und Netzwerkaktivitäten, Schulungen etc.) werden – soweit sie nicht bereits den Hauptleistungen zuzurechnen sind – als **Nebenleistungen** deren umsatzsteuerliche Schicksal teilen[620].

Bestimmung des Leistungsorts: Hier ist die vorstehende Abgrenzung der beiden Hauptleistungen ohne Bedeutung. Beide Leistungen sind Katalogleistungen i. S. d. § 3a

---

619 *Müller*, UR 2008, 365.
620 Vgl. Abschn. 3.10 UStAE (bis 31.10.2010: Abschn. 29 UStR 2008).

Sonstige Leistung

Abs. 4 UStG (geschützte Rechte: Nr. 1; ungeschützte Rechte: Nr. 5). Die Leistungsortsbestimmung hat damit nach § 3a Abs. 3 UStG a. F./§ 3a Abs. 2 UStG 2010 zu erfolgen (Empfängerortsprinzip). Der Ort der Franchiseleistung(en) liegt danach dort, wo der Franchisenehmer sein Unternehmen betreibt.

Steuersatz: Hinsichtlich der Einräumung und Übertragung geschützter Rechtspositionen ist die Anwendung der Steuerermäßigung des § 12 Abs. 2 Nr. 7 Buchst. c UStG zu prüfen.

Einordnung der Leistungen des Franchisenehmers: Der Franchisenehmer tritt gegenüber seinen Kunden als Eigenhändler auf (s. o.); für die Beurteilung der Ausgangsumsätze ergeben sich keine Besonderheiten.

 Beratungskonsequenzen

1. **Verbindliche Auskunft einholen:** Die o. a. Einschätzungen ergeben sich ausschließlich aus dem – allerdings sehr gelungenen – Fachbeitrag. Es ist nicht abzuschätzen, ob und inwieweit die Finanzverwaltung die Rechtsansichten teilt. Aufgrund der u. U. gravierenden Auswirkungen von Fehleinschätzungen (Franchiseverträge regeln Dauersachverhalte!) ist es zu empfehlen, sich vor Abschluss eines Franchisevertrags durch eine verbindliche Auskunft der Finanzverwaltung (§ 89 AO) abzusichern. Da derartige Verträge langfristig geplant sind, sollte insoweit der Zeitfaktor (Bearbeitungsdauer des Finanzamts) wohl keine Rolle spielen.

2. **Ertragsteuerliche Auswirkungen prüfen:** Neben den umsatzsteuerlichen müssen natürlich auch die ertragsteuerlichen Auswirkungen eines Franchisevertrags (z. B. Quellensteuern, Doppelbesteuerungen) sowie die Folgen im Hinblick auf die Verrechnungspreise vorab analysiert werden, um auch hier Risiken – insbesondere hinsichtlich internationaler Auswirkungen und Verpflichtungen – auszuschließen.

3. **Anregung eines BMF-Schreibens:** Aufgrund des derzeit temporeichen Wachstums sowie der Verbreitung von Franchise-Konzepten und der dennoch bestehenden Unsicherheit zu der umsatzsteuerrechtlichen Behandlung von Franchise-Verträgen ist es mit *Müller*[621] sicher wünschenswert, wenn sich die Finanzverwaltung der Problematik in einem BMF-Schreiben annehmen würde.

4. **Einfluss der EuGH-Rechtsprechung:** Die Rechtsprechung streift die Problematik des Franchising allenfalls »am Rande« (s. o.) – und doch zeigt sich gerade hier der im Laufe der Zeit zunehmende Einfluss der EuGH-Rechtsprechung. Noch Anfang der 1990er Jahre hat der BFH[622] nämlich den Vorsteuerabzug eines »erfolglosen (Franchise-)Unternehmers« abgelehnt – unter Anwendung von Rechtsgrundsätzen, die wenig später der EuGH verworfen hat[623].

---

621 *Müller*, a. a. O.
622 Urteil vom 6.5.1993, V R 45/88, BStBl. II 1993, 564.
623 EuGH, Urteil vom 29.2.1996, Rs. C-110/94, Intercommunale voor zeewaterontzilting – INZO, UR 1996, 116.

80.4   Steuerberater, Wirtschaftsprüfer, Rechtsanwälte

Die »bunte Vielfalt« der Leistungsortsbestimmung

Steuerberater, Wirtschaftsprüfer und Rechtsanwälte sind – ungeachtet ihres eigentlichen Beratungsauftrags – für die Mandanten häufig auch der bevorzugte Ansprechpartner in allen anderen Lebensbereichen, die die Berücksichtigung besonderer rechtlicher »Spielregeln« erfordern und in denen es daher von Vorteil ist, wenn man mit diesen umzugehen weiß. Bei der Bestimmung des umsatzsteuerlichen Leistungsorts stellt sich dann immer wieder die Frage, ob die nämliche Leistung

- vom Katalog des § 3a Abs. 4 Nr. 3 UStG a. F./§ 3a Abs. 4 Satz 2 Nr. 3 UStG 2010 erfasst wird oder einer der dort genannten Tätigkeiten zumindest ähnlich ist und daher ihren Ort gem. § 3a Abs. 3 UStG a. F./§ 3a Abs. 4 Satz 1 UStG 2010 unter Umständen am **Sitz des Leistungsempfängers** hat oder

- als solche eigener Art gem. § 3a Abs. 1 UStG a. F./2010 immer am **Sitz des leistenden Unternehmers** (Steuerberaters, Wirtschaftsprüfers oder Rechtsanwalts) erfolgt.

Die hohe praktische Relevanz dieser Frage zeigt sich am Sachverhalt, den der BFH zu beurteilen hatte:

Sachverhalt

Ein Steuerberater (S) wurde als gerichtlich bestellter Testamentsvollstrecker und Nachlasspfleger in Fällen tätig, in denen die **Erben im Drittlandsgebiet ansässig** waren. Bei Nachlasspflegschaft hat das Nachlassgericht dem S dabei auch die Ermittlung der Erben übertragen.

Nach **Auffassung des S** waren die von ihm erbrachten Leistungen solche i. S. d. § 3a Abs. 4 Nr. 3 UStG, die an nichtunternehmerische Drittlandskunden erbracht wurden, ihren Leistungsort daher gem. § 3a Abs. 3 Satz 3 UStG im Drittland hatten und damit nicht steuerbar sind. S wollte die Leistungen gegenüber seinen Mandanten damit netto fakturieren.

Das FA und diesem folgend das FG Baden-Württemberg[624] vertraten dagegen die Auffassung, die Leistungen seien als solche eigener Art gem. § 3a Abs. 1 UStG am Sitzort des S in Deutschland erfolgt und damit steuerbar und steuerpflichtig.

Im Vorfeld der Entscheidung hatte S bereits ein **Vertragsverletzungsverfahren der EU-Kommission** gegen die Bundesrepublik Deutschland veranlasst. Der EuGH wies die Klage der EU-Kommission jedoch ab[625] und bestätigte damit die (deutsche) Rechtsauffassung von FA und FG.

Der BFH hat darauf erkannt, dass ein Steuerberater, der als Testamentsvollstrecker oder Nachlasspfleger tätig wird, diese Leistungen auch dann im Inland ausführt, wenn die Erben im Drittlandsgebiet wohnen[626]. Der BFH wendet insoweit die Rechtsprechung

---

624 FG Baden-Württemberg, Urteil vom 20.10.2004, 13 K 16/01, EFG 2006, 1372.

625 EuGH, Urteil vom 6.12.2007, Rs. C-401/06, Kommission/Deutschland, EU-UStB 2008, 4.

626 BFH, Urteil vom 3.4.2008, V R 62/05, BFH/NV 2008, 1406.

des EuGH an, der im bereits zitierten aktuellen Urteil seinerseits auf ältere Rechtsprechung aufbauen konnte[627]. Danach ist bei Beurteilung der Frage, ob sich eine Tätigkeit in den Katalog des § 3a Abs. 4 Nr. 3 UStG a. F./§ 3a Abs. 4 Satz 2 Nr. 3 UStG 2010 einordnen lässt, allein maßgeblich, ob es sich um eine Tätigkeit handle, durch welche die **in der Vorschrift bezeichnete Tätigkeit** – hier die Tätigkeit als Rechtsanwalt oder Steuerberater – **in ihrem Kernbereich charakterisiert** werde. Letzteres ist bei den hier zu beurteilenden Leistungen nicht der Fall[628]:

- **Die Testamentsvollstreckung** ist keine hauptsächlich oder gewöhnlich von Steuerberatern oder Rechtsanwälten erbrachte Leistung. Wegen der besonderen Rechtskenntnisse der Berufsangehörigen und des Umstands, dass Rechtskenntnisse bei der Abwicklung eines jeden Erbfalls unabdingbar sind, werden zwar oftmals Berufsangehörige zu Testamentsvollstreckern benannt. Der Testamentsvollstrecker **vertritt jedoch nicht den Erblasser**, sondern beschränkt sich darauf, dessen letzten Willen zu vollstrecken. Der Testamentsvollstrecker vollzieht damit einen **festgelegten Willen**, während der Rechtsanwalt **gestalterisch die Mandanteninteressen** wahrnimmt. Die Leistung des Testamentsvollstreckers hat damit einen eigenen Charakter, der sie von den hauptsächlichen Leistungen der Berufsangehörigen unterscheidet: die Testamentsvollstreckung entspricht überwiegend einer **wirtschaftlichen Tätigkeit**, die Leistung eines Rechtsanwalts oder Steuerberaters dient vor allem der **Rechtspflege**.

- **Die Nachlasspflege** hat als Hauptaufgabe die **Sicherung und Erhaltung des Nachlasses** und damit eine **besondere Art der Vermögensverwaltung**. Letztere aber gehört weder zum Kernbereich der Tätigkeiten eines Rechtanwalts noch der Tätigkeiten eines Steuerberaters. Auch aus § 57 Abs. 3 Nr. 3 StBerG ergibt sich insoweit keine andere Beurteilung. Die Vorschrift erklärt in Abgrenzung zu den nicht vereinbaren Tätigkeiten eine wirtschaftsberatende oder treuhänderische Tätigkeit mit dem Steuerberaterberuf als zwar ausdrücklich vereinbar, gibt aber damit zugleich konkludent zu erkennen, dass diese Tätigkeiten nicht berufstypisch sind.

- **Die Erbenermittlung** durch den Nachlasspfleger teilt nach dem Grundsatz der Einheitlichkeit[629] als **unselbstständige Nebenleistung** das Schicksal der Hauptleistung »Nachlasspflege«.

- **»Ähnliche Leistungen«** ließen sich im Urteilsfall letztlich ebenfalls ausschließen. Die Annahme einer »ähnlichen Leistung« erfordert die Ähnlichkeit zu einer der in § 3a Abs. 4 Nr. 3 UStG a. F./§ 3a Abs. 4 Satz 2 Nr. 3 UStG 2010 ausdrücklich aufgeführten Tätigkeiten. Diese besteht nur dann, wenn beide Tätigkeiten dem gleichen Zweck dienen. Keine der in der Vorschrift bezeichneten Tätigkeiten hat die Testamentsvollstreckung oder die Nachlasspflege zum Gegenstand.

---

627 EuGH, Urteil vom 6.12.2007, Rs. C-401/06, Kommission/Deutschland, EU-UStB 2008, 4; Urteil vom 16.9.1997, Rs. C 145/96, Bernd von Hoffmann, UR 1998, 17.

628 Zum Urteil des BFH vom 3.4.2008 (V R 62/05) vgl. auch die Urteilsanmerkungen von *Fritsch*, UStB 2008, 222; *Martin*, BFH-PR 2008, 363; *Scherer*, steuer-journal 15/08, 7; *Tausch*, UVR 2008, 291. Zum Urteil des EuGH vom 6.12.2007 vgl. Huschens, EU-UStB 2008, 4.

629 Vgl. Abschn. 29 UStR 2008.

➜ **Beratungskonsequenzen**

1. Ähnliche Leistungen sind zum einen Leistungen, deren **Schwergewicht in der Beratung** liegt[630]. Zugelassen sind Beratungen jedweder Art; es besteht keine Beschränkung auf rechtliche, wirtschaftliche oder technische Beratung.

2. Es ist **keine spezielle berufliche Qualifikation** des Beraters erforderlich; auch die **unerlaubte Rechtsberatung** fällt unter die Vorschrift. Alternativ kann man hierin auch die schlichte Überlassung von Informationen sehen[631]. Die Abgrenzung wäre aber allenfalls von theoretischem Interesse, da beide »Hausnummern« identische Rechtsfolgen haben. Beratungsleistung ist daher auch die Empfehlung von Kapitalanlagen und die Personalberatung.

3. Ohne Bedeutung ist, ob die Beratung **objektiv einen Nutzen** bringt oder bringen kann; auch die Erstellung von Horoskopen oder die Empfehlungen von Hellsehern sind Beratungen.

4. Zur **Abgrenzung wissenschaftlicher Arbeiten und Unterrichtungen** von der Beratung vgl. Abschn. 3a.6 Abs. 5 UStAE[632].

5. »Ähnliche Leistungen« können **auch dann vorliegen, wenn sie keine Beratungsleistungen** darstellen (Hinweis auf den Gesetzeswortlaut: »... insbesondere ... Beratung«). Die Annahme einer »ähnlichen Leistung« erfordert die Ähnlichkeit zu einer der in § 3a Abs. 4 Nr. 3 UStG a. F./§ 3a Abs. 4 Satz 2 Nr. 3 UStG 2010 ausdrücklich aufgeführten Tätigkeiten; diese besteht, wenn beide Tätigkeiten dem gleichen Zweck dienen (s. o.). Die Tätigkeit eines Rechtsbeistands ist der eines Rechtsanwalts ähnlich. Die Tätigkeit des Mitglieds eines Verwaltungsbeirats einer GmbH oder anderer Personenvereinigungen ist der Tätigkeit eines Aufsichtsratsmitglieds ähnlich. Die Anpassung von Software ist eine ingenieursähnliche Leistung. Auch die Stellung von Anträgen gilt als ähnliche Leistung (Art. 8 DVO/EG-RL zur Beantragung der Erstattung von Vorsteuer-Vergütungen).

6. **Keine Ähnlichkeit** in diesem Sinne besteht bei den Leistungen der Ärzte, der Schiedsrichter, der Treuhänder, der Vermögensverwalter und – so das Besprechungsurteil – der Nachlasspfleger und Testamentsvollstrecker[633].

7. Die als unselbstständige Nebenleistung zu beurteilende Erbenermittlung durch den Nachlasspfleger ist abzugrenzen von der **Erbenermittlung durch einen selbstständigen Erbenermittler**. Dessen Tätigkeit besteht in der Hauptsache in der »Überlassung von Informationen« i. S. d. § 3a Abs. 4 Nr. 5 UStG a. F./§ 3a Abs. 4 Satz 2 Nr. 5 UStG 2010.

---

630 Vgl. Art. 56 Abs. 1 Buchst. c MwStSystRL.

631 § 3a Abs. 4 Nr. 5 UStG a. F./§ 3a Abs. 4 Satz 2 Nr. 5 UStG 2010.

632 Hinweis auch auf den »alten« Abschn. 36 Abs. 4 UStR 2008.

633 Abschn. 3a.1 Abs. 4 u. Abschn. 3a.9 Nr. 1 UStAE.

80.5 Umfassende Neuregelung zum 1.1.2015!

Telekommunikations-, Rundfunk- und Fernseh- sowie auf elektronischem Weg erbrachte Dienstleistungen

> ❗ **Hinweis**
> - Leistungsort für »E-Leistungen« ab 1.1.2015 ➲ Kapitel 81
> - »MOSS« (Mini-One-Stop-Shop
>   = vereinfachtes Besteuerungsverfahren für E-Leistungen ab 1.1.2015) ➲ Kapitel 90

81 Besteuerung der »E-Leistungen« ab 2015/2019

Telekommunikations-, Rundfunk- und Fernseh- sowie auf elektronischem Weg erbrachte Dienstleistungen: Leistungsort für »E-Leistungen« unter Berücksichtigung der Erleichterungen ab dem 1.1.2019 aufgrund der Umsetzung des Digitalpakets

> § **Rechtsgrundlagen**
> - UStG: § 3a Abs. 5, § 18 Abs. 4c u. 4e, § 18h UStG
> - UStAE: (insbes.) Abschn. 3a.2 Abs. 5a, Abschn. 3a.5 Abs. 8 u. 8a, Abschn. 3a.8 Nr. 2a, Abschn. 3a.9a, Abschn. 3a.10 Abs. 2, Abschn. 3a.11 Abs. 2a, Abschn. 3a.12 Abs. 3 Nr. 8– 8b, Abschn. 3a.16 Abs. 8 ff., Abschn. 18.7a, Abschn. 18.7b, Abschn. 18h.1, Abschn. 22.3a
> - MwStSystRL: Art. 58
> - BMF, Schreiben vom 11.12.2014, IV D 3 – S 7340/14/10002, 2014/1099363, Leistungsort bei Telekommunikationsdienstleistungen, Rundfunk- und Fernsehdienstleistungen, auf elektronischem Weg erbrachte Dienstleistungen an Nichtunternehmer (§ 3a Abs. 5 UStG) sowie besonderes Besteuerungsverfahren nach § 18 Abs. 4c, 4e und § 18h UStG ab 1.1.2015, BStBl. I 2014, 1631 (weiter gültig lt. BMF v. 10.3.2023, Anlage 1, Nr. 1881; zur zweifelhaften Bedeutung dieses Schreibens ➲ Kapitel 1.6).
> - BMF, Schreiben vom 14.12.2018, III C 3 – S 7117-j/18/10002, 2018/1031145, Umsetzung des Digitalpakets zum 1.1.2019, BStBl. I 2018, 1429 (weiter gültig lt. BMF v. 10.3.2023, Anlage 1, Nr. 1542; zur zweifelhaften Bedeutung dieses Schreibens ➲ Kapitel 1.6).

81.1 Der Einstieg: 8 FAQs, die Sie mit der Problematik vertraut machen

FAQ 1: Was ist das Ziel der Neuregelung?

Ziel der Neuregelung zum 1.1.2015 ist die weitere Umsetzung des **Bestimmungsland-prinzips**, d. h. eine Besteuerung am (EU-)Verbrauchsort. Nach Auffassung der EU-Mitgliedstaaten lässt sich damit einhergehende **Gefahr von Steuerausfällen** bei bestimmten grenzüberschreitenden Dienstleistungen durch eine »**Einorts-Registrierung**« eindämmen; gleichzeitig sollen so **Verfahrensabläufe vereinfacht** werden. Bereits seit dem 1.7.2003 gilt daher über §§ 3a Abs. 5, 18 Abs. 4c UStG eine Sonderregelung für Drittlands-Unternehmer, die elektronische Dienstleistungen (i. e. S.) erbringen; diese wird ab dem 1.1.2015 auf EU-Unternehmen ausgeweitet.

FAQ 2: Welche Umsatzarten sind betroffen?

Die Neuregelung gilt gem. § 3a Abs. 5 Satz 2 n. F. UStG für

* sonstige Leistungen auf dem Gebiet der **Telekommunikation.** Zu den genauen Leistungsinhalten vgl. Abschn. 3a.10 UStAE;
* **Rundfunk- und Fernseh**dienstleistungen. Zu den genauen Leistungsinhalten vgl. Abschn. 3a.11 UStAE;
* **auf elektronischem Weg** erbrachten sonstigen Leistungen. Zu den genauen Leistungsinhalten vgl. Abschn. 3a.12 UStAE.

FAQ 3: Welche Kundenkreise sind betroffen?

Die Neuregelung gilt gem. § 3a Abs. 5 Satz 1 n. F. UStG ausschließlich für Umsätze, auf die die B2B-Regel des § 3a Abs. 2 UStG keine Anwendung findet, d. h. für Umsätze an »**Privatkunden**«.

FAQ 4: Welche Unternehmer sind betroffen?

Die Neuregelung gilt gem. § 3a Abs. 5, Abs. 6 n. F. UStG ausschließlich für **in einem EU-Mitgliedstaat ansässige Unternehmer.**

FAQ 5: Was galt bisher?

Für die o. g. Umsatzarten galt bislang das **Ursprungslandprinzip.** Entsprechende Umsätze eines deutschen Unternehmers an EU-Privatkunden wurden damit in Deutschland besteuert. Entsprechend musste in der Rechnung **deutsche Umsatzsteuer ausgewiesen** werden.

FAQ 6: Was gilt nun?

Seit dem 1.1.2015 gilt bislang das **Bestimmungslandprinzip.** Entsprechende Umsätze eines deutschen Unternehmers an EU-Privatkunden werden damit nunmehr **im Land**

Sonstige Leistung

des Kunden besteuert. Entsprechend muss in der Rechnung **die dortige (ausländische) Umsatzsteuer ausgewiesen** und abgerechnet werden.

FAQ 7: Welche Rolle spielt dabei der MOSS?

Der MOSS soll als elektronisches Verfahren die Umsetzung der vorgenannten Ziele ohne großen Mehraufwand gewährleisten. Deutsche Unternehmen können hierzu seit Oktober 2014 die Teilnahme an der Sonderregelung beim BZSt beantragen. Steuererklärungen sind dann ab 2015 bis zum 20. Tag nach Ende des jeweiligen Besteuerungszeitraums elektronisch zentral zu übermitteln. Gleiches gilt für die **Entrichtung der Umsatzsteuer;** auch diese erfolgt **zentral über ein Konto des BZSt.** Ausgenommen sind Umsätze in anderen EU-Mitgliedstaaten, in denen die deutschen Unternehmer über eine umsatzsteuerliche Betriebsstätte verfügen. Weitere Einzelheiten unter **www.bzst.de.**

FAQ 8: Wie ist gegenüber dem Kunden abzurechnen?

Hier liegt das Praxisproblem! In der Rechnung muss der deutsche Unternehmer die **(ausländische) Umsatzsteuer des Bestimmungslandes ausweisen** und abrechnen. Dazu muss er den Wohnsitz oder den gewöhnlichen Aufenthalt seines Privatkunden kennen. Nach Auffassung der EU-Kommission muss diese dem Unternehmer obliegende Pflicht angemessen und realistisch sein – insbesondere bei Umsätzen von geringem Wert. Eine **Verifizierung der Kundenangaben** zur Rechnungsanschrift anhand der Kreditkarte oder »anderer Mittel der geografischen Ortung« entspricht nach Auffassung der EU-Kommission »der gängigen Geschäftspraxis« und dürfte damit ausreichen.

81.2 Leistungsort vom 1.1.2015 bis zum 31.12.2018

Durch Gesetze wie das »Fünfte Gesetz zur Änderung des Steuerbeamten-Ausbildungsgesetzes und zur Änderung von Steuergesetzen« vom 23.7.2002 oder das »Gesetz zur Neuorganisation der Bundesfinanzverwaltung und zur Schaffung eines Refinanzierungsgesetzes« vom 22.9.2005 ist man es bereits gewohnt, dass für Gesetzesnamen ähnliches wie für die Produktwerbung gilt: »Es steht nicht auch das immer drauf, was drin ist!«. So auch das neue »Gesetz zur Anpassung des nationalen Steuerrechts an den Beitritt Kroatiens zur EU und zur Änderung weiterer steuerlicher Vorschriften« – nachfolgend kurz: »KroatienAnpassG« – vom 25.7.2014[634]. Das Gesetz ist ein Mantelgesetz, das vieles regelt, was endlich einmal geregelt werden musste. Wichtige Änderungen betreffen das Umsatzsteuerrecht und hier insbesondere die Besteuerung elektronischer Dienstleistungen[635].

---

634 BGBl. I 2014, 266.
635 *Weimann/Kraatz,* PIStB 2014, 298.

81.2.1 Regelungszweck

Nach Auffassung der EU-Mitgliedstaaten lässt sich bei der Umsatzbesteuerung bestimmter grenzüberschreitender Dienstleistungen durch eine »Einorts-Registrierung« der **Steuerbetrug eindämmen;** gleichzeitig werden **Verwaltungsabläufe vereinfacht.**

Bereits seit dem 1.7.2003 gilt daher über §§ 3a Abs. 5, 18 Abs. 4c UStG eine Sonderregelung für Drittlands-Unternehmer, die elektronische Dienstleistungen (i. e. S.) erbringen; diese wird ab dem 1.1.2015 auf EU-Unternehmen ausgeweitet.

Für deutsche Unternehmen – und auch die deutsche FinVerw – ergibt sich daraus die Herausforderung, Verfahrensabläufe und IT-Systeme rechtzeitig auf die ab dem 1.1.2015 geltenden Anforderungen umzustellen.

81.2.2 Besteuerung bis zum 31.12.2014

81.2.2.1 EU-Dienstleister an EU-Privatkunden (§ 3a Abs. 1, Abs. 4 Satz 2 Nr. 11, Nr. 12, Nr. 13 UStG – alt –)

Der Besteuerungsort bei

- Telekommunikationsdienstleistungen,
- Rundfunk- und Fernsehdienstleistungen
- auf elektronischem Weg erbrachten Dienstleistungen
- **an** in der EU ansässige Privatabnehmer
- **durch** in einem EU-Mitgliedstaat ansässigen Unternehmer

ist derzeit am **Sitz des leistenden Unternehmers** (§ 3a Abs. 1 UStG); die Unternehmer erklären diese Umsätze in ihrer Umsatzsteuererklärung im Sitzstaat.

 Beratungskonsequenzen

In der Praxis ist die derzeitige Regelung sehr einfach zu handhaben, da die nämlichen Leistungen zu »**normalen**« **Inlandsumsätzen** führen.

81.2.2.2 Drittlands-Dienstleister an EU-Privatkunden (§ 3a Abs. 4 Satz 2 Nr. 13, Abs. 5 i. V. m. § 18 Abs. 4c UStG alt)

Der Leistungsort bei

- auf elektronischem Weg erbrachten Leistungen
- **an** in der EU ansässige Privatabnehmer
- **durch** einen im Drittlandsgebiet ansässigen Unternehmer

liegt am Wohnsitz des Empfängers.

Der im Drittlandsgebiet ansässige Unternehmer **kann** sich jedoch **nur in einem EU-Mitgliedstaat erfassen** lassen und dort alle derartigen in der EU ausgeführten Umsätze erklären und die Steuer entrichten.

 Hinweis

Für die Durchführung des entsprechenden Verfahrens ist in Deutschland nach § 18 Abs. 4c UStG das BZSt zuständig (siehe www.bzst.de/steuern).

81.2.3 Besteuerung ab dem 1.1.2015 im Überblick

81.2.3.1 Anlass der Gesetzesänderungen

Die Gesetzänderungen dienen der Umsetzung zwingender EU-Vorgaben

81.2.3.2 Inhalt der Neuregelung

Art. 8 Nr. 3 KroatienAnpassG hat § 18h UStG eingefügt, Art. 9 Nr. 2 KroatienAnpassG hat § 3a UStG wie folgt neu gefasst:

 Rechtsgrundlagen

§ 3a UStG

Ort der sonstigen Leistung

(Hinweis: Hervorhebungen durch **Fett**druck sind vom Autor.)

(4) ... ²Sonstige Leistungen im Sinne des Satzes 1 sind:

...

11. die sonstigen Leistungen auf dem Gebiet der Telekommunikation [**aufgehoben**];

12. die Rundfunk- und Fernsehdienstleistungen [**aufgehoben**];

13. die auf elektronischem Weg erbrachten sonstigen Leistungen [**aufgehoben**];

...

(5) ¹Ist der Empfänger einer der in Satz 2 bezeichneten sonstigen Leistungen

1. **kein Unternehmer, für dessen Unternehmen die Leistung bezogen wird,**

2. **keine ausschließlich nicht unternehmerisch tätige juristische Person, der eine Umsatzsteuer-Identifikationsnummer erteilt worden ist,**

3. **keine juristische Person, die sowohl unternehmerisch als auch nicht unternehmerisch tätig ist, bei der die Leistung nicht ausschließlich für den privaten Bedarf des Personals oder eines Gesellschafters bestimmt ist,**

wird die sonstige Leistung an dem Ort ausgeführt, an dem der Leistungsempfänger seinen Wohnsitz, seinen gewöhnlichen Aufenthaltsort oder seinen Sitz hat. ²Sonstige Leistungen im Sinne des Satzes 1 sind:

1. **die sonstigen Leistungen auf dem Gebiet der Telekommunikation;**

2. **die Rundfunk- und Fernsehdienstleistungen;**

3. **die auf elektronischem Weg erbrachten sonstigen Leistungen.**

(6) ¹Erbringt ein Unternehmer, der sein Unternehmen von einem im Drittlandsgebiet liegenden Ort aus betreibt,

1. eine in Absatz 3 Nr. 2 bezeichnete Leistung oder die langfristige Vermietung eines Beförderungsmittels,

2. eine in Absatz 4 Satz 2 Nr. 1 bis 10 bezeichnete sonstige Leistung an eine im Inland ansässige juristische Person des öffentlichen Rechts oder

3. **eine in Absatz 5 Satz 1 Nummer 1 und 2** [bis 31.12.2014: Absatz 4 Satz 2 Nr. 11 und 12] bezeichnete Leistung,

ist diese Leistung abweichend von **Absatz 1, Absatz 3 Nummer 2, Absatz 4 Satz 1 oder Absatz 5** [bis 31.12.2014: Absatz 1, Absatz 3 Nr. 2 oder Absatz 4 Satz 1] als im Inland ausgeführt zu behandeln, wenn sie dort genutzt oder ausgewertet wird. 2...

(8) ¹Erbringt ein Unternehmer eine Güterbeförderungsleistung, ein Beladen, Entladen, Umschlagen oder ähnliche mit der Beförderung eines Gegenstandes im Zusammenhang stehende Leistungen im Sinne des § 3b Absatz 2, eine Arbeit an beweglichen körperlichen Gegenständen oder eine Begutachtung dieser Gegenstände, eine Reisevorleistung im Sinne des § 25 Absatz 1 Satz 5 oder eine Veranstaltungsleistung im Zusammenhang mit Messen und Ausstellungen, ist diese Leistung abweichend von Absatz 2 als im Drittlandsgebiet ausgeführt zu behandeln, wenn die Leistung dort genutzt oder ausgewertet wird. ²**Satz 1 gilt nicht, wenn die dort genannten Leistungen in einem der in § 1 Absatz 3 genannten Gebiete tatsächlich ausgeführt werden** [bis 31.12.2014: ²Erbringt ein Unternehmer eine sonstige Leistung auf dem Gebiet der Telekommunikation, ist diese Leistung abweichend von Absatz 1 als im Drittlandsgebiet ausgeführt zu behandeln, wenn die Leistung dort genutzt oder ausgewertet wird. ³Die Sätze 1 und 2 gelten nicht, wenn die dort genannten Leistungen in einem der in § 1 Absatz 3 genannten Gebiete tatsächlich ausgeführt werden.]

 Rechtsgrundlagen

§ 18h UStG

Verfahren bei der Abgabe der Umsatzsteuererklärung für einen anderen Mitgliedstaat

➲ Kapitel 90

81.2.4 Neuer Leistungsort für elektronische Leistungen (i. w. S.) an Privat

§ 3a Abs. 5, Abs. 6 Satz 1, Abs. 8 UStG

81.2.4.1 Weitere Umsetzung des Bestimmungslandprinzips

Gem. § 3a Abs. 5 UStG gilt ab dem **ab dem 1.1.2015** als **Leistungsort** bei

- **Telekommunikationsleistungen**

- **Rundfunk- und Fernsehleistungen und**

- **auf elektronischem Weg erbrachten Leistungen**

- an **Nichtunternehmer**

der **Ort, an dem der Leistungsempfänger** seinen Sitz, seinen Wohnsitz oder seinen gewöhnlichen Aufenthaltsort hat.

 Hinweis

Die Telekommunikationsleistungen, Rundfunk- und Fernsehleistungen und auf elektronischem Weg erbrachten Leistungen werden in der Summe in diesem Kapitel als »elektronische Leistungen i. w. S.« oder »E-Leistungen i. w. S.« bezeichnet.

Damit soll eine systematisch zutreffende **Besteuerung am tatsächlichen Verbrauchsort** erreicht werden[636].

 Beratungskonsequenzen

Der Leistungsort bestimmt sich somit gem. § 3a UStG neu **unabhängig von dem Ort, an dem der leistende Unternehmer ansässig ist.** Künftig ist es für den Leistungsort daher unerheblich, ob der Leistende im Gemeinschaftsgebiet oder im Drittlandsgebiet ansässig ist.

 Hinweis

Die Gesetzesänderungen sind damit **wie erwartet erfolgt**[637].

81.2.4.2 Organisation und Auftragskalkulation

Die neuen Vorschriften führen dazu, dass bei Erbringung der nämlichen Dienstleistungen **umsatzsteuerliche Pflichten im EU-Ausland ggf. neu begründet** werden können. Dies führt zu einem **erhöhten Verwaltungsaufwand** durch

- Umstellung der Buchführung

- Einrichtung der EDV

- Bestellung eines (zusätzlichen) Steuerberaters

- Bestellung eines Fiskalvertreters

- ...

der bereits bei der **Kalkulation eines Auftrags** und damit von den (in der Regel mit steuerlichen Fragen weniger befassten) Verkaufsabteilungen berücksichtigt werden muss!

---

636 BT-Drs. 18/1995 vom 2.7.2014, zu Nr. 3 / § 18h UStG – neu – Allgemein.
637 Vgl. *Weimann/Tybussek,* GStB 2013, 103.

81.2.5 Auswirkungen auf das Besteuerungsverfahren für Drittlandunternehmer

Für nicht im Gemeinschaftsgebiet ansässige Unternehmer, die derartige Leistungen an Nichtunternehmer mit Sitz, Wohnsitz oder gewöhnlichem Aufenthalt im Unionsgebiet erbringen, wird die **bisherige Sonderregelung**[638], nach der sich diese Unternehmer nur in einem EU-Mitgliedstaat erfassen lassen müssen, wenn sie in der EU sonstige Leistungen auf elektronischem Weg erbringen, **auf Telekommunikationsleistungen und Rundfunk- und Fernsehleistungen ausgedehnt.**

 Beratungskonsequenzen

Für auf elektronischem Weg erbrachte Leistungen i. e. S. an Nichtunternehmer bleibt hier »alles beim alten«! Die Neuregelung wird sich insoweit – also im Drittlandsbereich – nur auf die Erbringer von Telekommunikationsleistungen und Rundfunk- und Fernsehleistungen auswirken.

81.2.6 Inkrafttreten

Gem. Art. 28 Abs. 5 KroatienAnpassG die Gesetzesänderung am 1.1.2015 in Kraft getreten.

81.3 Leistungsort seit dem 1.1.2019

Entlastung von Kleinstunternehmen durch das MwSt-Digitalpaket

81.3.1 Regelung im UStG

§ 3a Abs. 5 Sätze 3–5 UStG wurden angefügt durch Gesetz zur Vermeidung von Umsatzsteuerausfällen beim Handel mit Waren im Internet und zur Änderung weiterer steuerlicher Vorschriften vom 11.12.2018[639] und sind ab dem 1.1.2019 anzuwenden[640]:

 Rechtsgrundlagen
§ 3a UStG
Ort der sonstigen Leistung
(Hinweis: Hervorhebungen durch **Fett**druck sind vom Autor.)
(1) ... (4) ...
(5) ... ³Satz 1 ist nicht anzuwenden, wenn der leistende Unternehmer seinen Sitz, seine Geschäftsleitung, eine Betriebsstätte oder in Ermangelung eines Sitzes, einer Geschäftsleitung oder einer Betriebsstätte seinen Wohnsitz oder gewöhnlichen

---

638 Vgl. Art. 359 bis 369 MwStSystRL in der ab 1.1.2015 geltenden Fassung von Art. 5 Nr. 11 bis 14 der Richtlinie 2008/8/EG.
639 BGBl. I 2018, 2338.
640 Vgl. § 27 Abs. 23 UStG.

Aufenthalt **in nur einem Mitgliedstaat** hat und der Gesamtbetrag der Entgelte der in Satz 2 bezeichneten sonstigen Leistungen an in Satz 1 bezeichnete Empfänger mit Wohnsitz, gewöhnlichem Aufenthalt oder Sitz in anderen Mitgliedstaaten [ab 1.7.2021: sowie der innergemeinschaftlichen Fernverkäufe nach § 3c Absatz 1 Satz 2 und 3] **insgesamt 10 000 Euro** im vorangegangenen Kalenderjahr nicht überschritten hat und im laufenden Kalenderjahr nicht überschreitet. [4]Der leistende Unternehmer kann dem Finanzamt erklären, dass er auf die Anwendung des Satzes 3 verzichtet. [5]Die Erklärung bindet den Unternehmer mindestens für zwei Kalenderjahre.

(6)–(8) ...

Die neue Vorschrift wird flankiert von zusätzlichen Änderungen in **§ 14 Abs. 7 UStG** und **§ 18 Abs. 4c und Abs. 4d UStG**.

81.3.2 Umsetzung der Vorgaben aus Europa

Die Änderungen der §§ 3a Abs. 5, 14 Abs. 7,18 Abs. 4c Satz 1 und Abs. 4d UStG setzen den zum 1.1.2019 in Kraft tretenden Teil des sog. MwSt-Digitalpakets[641] um. Bei der Umsetzung des MwSt-Digitalpakets zum 1.1.2019 ist auch die unmittelbar geltende Durchführungsverordnung[642], mit der Art. 24b der Durchführungsverordnung [EU] Nr. 282/2011 neu gefasst wurde, zu beachten[643].

81.3.3 Für größere IT-Dienstleister bleibt alles unverändert

Entlastet werden **ausschließlich Kleinstunternehmen**; für alle anderen gelten seit dem 1.1.2015 unverändert die Ausführungen ➲ oben in Kapitel 81.2.

81.3.4 Ein erster Überblick über die Neuregelung

Die Änderung von § 3a Absatz 5 UStG führt dazu, dass bei Telekommunikationsdienstleistungen, bei Rundfunk- und Fernsehdienstleistungen und bei auf elektronischem Weg erbrachten sonstigen Leistungen, die

- von einem Unternehmer, der über eine Ansässigkeit in nur einem Mitgliedstaat verfügt,
- an Nichtunternehmer erbracht werden, die in anderen Mitgliedstaaten ansässig sind,

---

641   Art. 1 der Richtlinie (EU) 2017/2455 des Rates vom 5.12.2017 zur Änderung der Richtlinie 2006/112/EG und der Richtlinie 2009/132/EG in Bezug auf bestimmte mehrwertsteuerliche Pflichten für die Erbringung von Dienstleistungen und für Fernverkäufe von Gegenständen (ABl. L 348 vom 29.12.2017, S. 7), mit dem die Art. 58, 219a und 358a Nr. 1 der Richtlinie 2006/112/EG neu gefasst wurden).

642   Durchführungsverordnung [EU] 2017/2459 des Rates vom 5.12.2017 zur Änderung der Durchführungsverordnung [EU] Nr. 282/2011 zur Festlegung von Durchführungsvorschriften zur Richtlinie 2006/112/EG über das gemeinsame Mehrwertsteuersystem [Abl. EU 2017 Nr. L 348, S. 32].

643   BMF, Schreiben vom 14.12.2018, a. a. O.

Sonstige Leistung

der Leistungsort an dem **Ort liegt, der sich nach § 3a Abs. 1 UStG bestimmt** (➲ B2C-Leistung, Kapitel 73), wenn

- der Gesamtbetrag der Entgelte der bezeichneten sonstigen Leistungen
- insgesamt 10.000 € im vorangegangenen Kalenderjahr nicht überschritten hat und
- im laufenden Kalenderjahr 10.000 € nicht überschreitet.

Der leistende Unternehmer kann auf die **Anwendung dieser Umsatzschwelle verzichten** mit der Folge, dass sich der Leistungsort der bezeichneten Leistungen (weiterhin) stets an dem Ort befindet, an dem der Leistungsempfänger seinen Wohnsitz, seinen gewöhnlichen Aufenthaltsort oder seinen Sitz hat. Die Verzichtserklärung bindet den Unternehmer mindestens für zwei Kalenderjahre.

> **➡ Beratungskonsequenzen**
>
> Die Änderung von Art. 58 MwStSystRL hat das Ziel, dass **Kleinstunternehmen** mit Sitz in nur einem EU-Mitgliedstaat, die solche Dienstleistungen an Nichtunternehmer in anderen Mitgliedstaaten erbringen, von der Erfüllung mehrwertsteuerlicher Pflichten in anderen Mitgliedstaaten **entlastet** werden. Daher wurde ein **unionsweit geltender Schwellenwert in Höhe von 10.000 Euro** eingeführt, bis zu dem diese Dienstleistungen nun wieder der Mehrwertsteuer im Mitgliedstaat der Ansässigkeit des leistenden Unternehmers unterliegen[644].

81.3.5 Änderungen im UStAE

Zu den Änderungen vgl. das Einführungsschreiben des BMF[645].

81.4 Vereinfachtes Besteuerungsverfahren für E-Leistungen ab 1.1.2015

Zur Vereinfachung des Verfahrens wurde der »MOSS« (Mini-One-Stop-Shop) installiert ➲ Kapitel 90.

82 EuGH und MwSt-Ausschuss zum E-Charging

Dass die Ladevorgänge bei Elektrofahrzeugen technisch eine Herausforderung sind, ist hinreichend bekannt. Neu ist sicher, dass die Vorgänge es auch umsatzsteuerlich »in sich« haben. Die Praxis unterscheidet die Ladevorgänge nach der Anzahl der Beteiligten in Zwei-Personen-Beziehungen und Drei-Personen-Beziehungen. Die Zwei-Personen-Beziehungen hat der EuGH erfreulich klar und eindeutig eingeordnet; zu »Drei-Personen-Beziehungen« gibt es immerhin eine Leitlinie des Mehrwertsteuer-Ausschusses der

---

644 Gesetzesentwurf der Bundesregierung, BR-Drs. 371/18 vom 10.8.2018, Begründung zu Art. 9 Nr. 3.
645 BMF, Schreiben vom 14.12.2018, a. a. O.

Sonstige Leistung

Europäischen Kommission. Zusammenfassend lässt sich feststellen, dass E-Charing **als Gesamtpaket zu einer Lieferung** führt. Die Praxis hätte sicher die Annahme einer Dienstleistung bevorzugt. Das Laden durch ausländische Unternehmenskunden hätte dann zu einer B2B-Leistung geführt – mit den bekannten Folgen (Nettoabrechnung und Reverse Charge). Nach dem EuGH-Urteil muss die Abrechnung – wie beim Tanken – im Ursprungland unter Ausweis der Umsatzsteuer brutto erfolgen. Der Unternehmenskunde ist also auf das Vorsteuer-Vergütungsverfahren angewiesen. Zu all dem ausführlich ➲ **Kapitel 63.**

83 Besonderheiten bei der Einschaltung von Erfüllungsgehilfen

❗ Hinweis

➲ mybookplus.de > Vertiefende Informationen > Kapitel 83

84 Sonderfälle des Orts der sonstigen Leistung – § 3a Abs. 6–8 UStG

❗ Hinweis

➲ mybookplus.de > Vertiefende Informationen > Kapitel 84

85 Ort der Beförderungsleistungen

Damit zusammenhängende sonstige Leistungen nach § 3b UStG

§ Rechtsgrundlagen
- UStG: § 3b
- UStDV: §§ 2–7
- UStAE: Abschn. 3b.1–3b.4
- MwStSystRL: Art. 43 ff.

85.1 Grundlegende Verwaltungsanweisung: Abschn. 3b.1 ff. UStAE

1. **Persönlicher Anwendungsbereich:** Hier **greift das Mehrwertsteuerpaket**; die Ortbestimmung ist ausschließlich im B2C-Bereich[646] anzuwenden. Damit ist der B2B-Bereich[647] ungeregelt; es greift der Auffangtatbestand des § 3a Abs. 2 UStG 2010.

2. **Sachlicher Anwendungsbereich:** Es ergeben sich keine Neuerungen. Abschn. 3b.1 ff. UStAE übernehmen daher insoweit – wie schon das Einführungsschreiben vom 4.9.2009 – im Wesentlichen unverändert die bisherigen Abschn. 42a ff. UStR 2008.

85.2 Der Einsatz der USt-IdNr. wirkt sich seit 2010 nicht mehr aus!

Durch die Beschränkung des persönlichen Anwendungsbereichs auf B2C-Leistungen entfällt der bislang im B2B-Bereich zur optimalen Gestaltung erforderliche Einsatz der USt-IdNr[648].

85.3 Fallstudien

Beispiele zu Güterbeförderungen ...

... aus der Sicht des Auftraggebers (= Mandant)

Der deutsche Lieferant D mit Sitz in Dortmund beauftragt einen Frachtführer (F) zum Transport von Ware
- von Dortmund nach Köln (innerdeutsche Güterbeförderung);
- von Dortmund nach Wien (innergemeinschaftliche Güterbeförderung);
- von Rom nach Dortmund (innergemeinschaftliche Güterbeförderung);
- von Dortmund nach Kiew (... im Zusammenhang mit einer Ausfuhr);
- von Basel nach Dortmund (... im Zusammenhang mit einer Einfuhr).

F ist
- ein deutscher Frachtführer **(Variante 1)**;
- ein österreichischer Frachtführer **(Variante 2)**;
- ein türkischer Frachtführer **(Variante 3)**.

➲ **Folgen bis 31.12.2009**

Die Ortsbestimmung war nach § 3b UStG a. F. im Wesentlichen abhängig von der Beförderungsstrecke. Zur Vermeidung nachteiliger Rechtsfolgen empfahl es sich,

---

646 Nochmals: »B2C-Leistungen« = Leistungen eines Unternehmers an Privat, vgl. Kapitel 69.2.3
   (➲ mybookplus.de > Vertiefende Informationen) und Kapitel 72.3.
647 Nochmals: »B2B-Leistungen« = Leistungen eines Unternehmers an einen anderen Unternehmer,
   vgl. Kapitel 69.2.3 (➲ mybookplus.de > Vertiefende Informationen) und Kapitel 72.3.
648 Hinweis auf Kapitel 71.4 (➲ mybookplus.de > Vertiefende Informationen)

den Beförderungsauftrag unter Verwendung der deutschen USt-IdNr. des Auftraggebers zu erteilen und so den Leistungsort des Beförderungsunternehmers nach Deutschland verlagern.

➲ **Folgen ab 1.1.2010**

Leistungsort ist – **unabhängig von der jeweiligen Beförderungsstrecke** – auf jeden Fall der **Sitzort des D (Dortmund)**. Handelt es sich bei F um einen

- deutschen Frachtführer **(Variante 1)**, erhält D eine »**Brutto-Eingangsrechnung**« und zieht unter den weiteren Voraussetzungen des § 15 UStG die Vorsteuern;
- österreichischen Frachtführer **(Variante 2)**, erhält D eine »**Netto-Eingangsrechnung**« und versteuert den Leistungseingang nach § 13b UStG – und zwar in der entsprechenden UStVA durch Eintragungen in die Kennziffern für das neue innergemeinschaftliche Kontrollverfahren (Kz. 46 + Kz. 47 – natürlich mit **Vorsteuerabzug** durch Eintragung in **Kz. 67**! Zur UStVA 2024 ➲ Kapitel 89.3);
- türkischen Frachtführer **(Variante 3)**, erhält D ebenfalls eine »**Netto-Eingangsrechnung**« und versteuert den Leistungseingang nach § 13b UStG – und zwar in der entsprechenden UStVA durch Eintragungen in die »alten« Kennziffern (Kz. 52 + Kz. 53 – wieder mit **Vorsteuerabzug** durch Eintragung in **Kz. 67**! Zur UStVA 20243 Hinweis auf ➲ Kapitel 89.3).

➜ Beratungskonsequenzen

Nach Feststellung der Steuerbarkeit der nämlichen Beförderungen ist immer deren **Steuerpflicht** zu prüfen (Hinweis auf § 4 Nr. 3 UStG) – **das gilt auch nach dem 1.1.2010 unverändert weiter!**

Beispiele zu Güterbeförderungen ...

... aus der Sicht des Transportunternehmers (= Mandant)

Der deutsche Frachtführer D mit Sitz in Dortmund transportiert im Auftrag von Kunde K Ware

- von Dortmund nach Köln (innerdeutsche Güterbeförderung);
- von Dortmund nach Wien (innergemeinschaftliche Güterbeförderung);
- von Rom nach Dortmund (innergemeinschaftliche Güterbeförderung);
- von Dortmund nach Kiew (... im Zusammenhang mit einer Ausfuhr);
- von Basel nach Dortmund (... im Zusammenhang mit einer Einfuhr).

K ist

- ein deutscher Auftraggeber **(Variante 1)**;
- ein österreichischer Auftraggeber **(Variante 2)**;
- ein türkischer Auftraggeber **(Variante 3)**.

➲ **Folgen bis 31.12.2009**

Die Ortsbestimmung war nach § 3b UStG a. F. im Wesentlichen abhängig von der Beförderungsstrecke. Zur Vermeidung nachteiliger Rechtsfolgen empfahl es sich, den Beförderungsauftrag unter Verwendung der deutschen USt-IdNr. des Auftraggebers zu erteilen und so den Leistungsort des D nach Deutschland verlagern. Es lag an D, dem Kunden ein entsprechendes Vorgehen zu empfehlen.

⊃ Folgen ab 1.1.2010

Leistungsort ist – **unabhängig von der jeweiligen Beförderungsstrecke** – auf jeden Fall der **Sitzort der Kunden K**. Handelt es sich bei K um einen

- deutschen Auftraggeber **(Variante 1)**, erteilt D eine »normale« **Bruttorechnung** für einen innerdeutschen Umsatz;
- österreichischen Auftraggeber **(Variante 2)**, erteilt D eine »normale« **Nettorechnung** (= B2B-Leistung, die in das neue **innergemeinschaftliche Kontrollverfahren** eingeht);
- türkischen Auftraggeber **(Variante 3)**, erteilt D eine »normale« **Nettorechnung** (= B2B-Leistung, die **nicht** in das innergemeinschaftliche Kontrollverfahren eingeht = nichtsteuerbarer Umsatz, Kz. 45 der UStVA. Zur UStVA 2024 ⊃ Kapitel 89.2).

➡ Beratungskonsequenzen

Nach Feststellung der Steuerbarkeit der nämlichen Beförderungen ist immer deren **Steuerpflicht** zu prüfen (Hinweis auf § 4 Nr. 3 UStG) – **das gilt auch nach dem 1.1.2010 unverändert weiter!**

85.4 Güterbeförderungen ab 1.1.2010: die neuen »Drittlandsfälle«

85.4.1 Zeit vom 1.1. bis zum 31.12.2010: Regelung durch Verwaltungsanweisung

Güterbeförderungsleistungen zwischen Unternehmern fallen ab dm 1.1.2010 aus dem Anwendungsbereich des § 3b UStG heraus; anzuwenden ist nunmehr der neue Auffangtatbestand des § 3a Abs. 2 UStG, die sog. »B2B-Regel«. Demzufolge können ab 1.1.2010 auch **reine Drittlandsbeförderungen** zu einer **Ortsansiedelung beim deutschen Leistungsempfänger** führen. Insoweit sieht die Finanzverwaltung aber Erleichterungen vor:

Beispiel 1

Das in München ansässige Maschinenbauunternehmen D beauftragt die Schweizer Spedition CH, eine Maschine von Bern nach Zürich zu transportieren.

Bis zum 31.12.2009 kam es hier nicht zu einer Besteuerung in Deutschland, da § 3b Abs. 1 UStG a. F. auf den Ort der tatsächlichen Beförderung (ausschließlich Schweiz) abstellte.

Seit dem 1.1.2010 ist für derlei Güterbeförderungen das »Empfängersitzortprinzip« des § 3a Abs. 2 UStG einschlägig – mit der Folge, dass die Leistung vollumfänglich in Deutschland zu besteuern ist. Da ein Leistungsbezug von einem im Ausland ansässigen Unternehmer i. S. v. § 13b Abs. 4 UStG vorliegt, kommt es zudem zur Übertragung der Steuerschuld auf D.

Bitte beachten Sie!

Die zwingende Besteuerung derartiger Beförderungen würde die Drittlandsaktivitäten deutscher Unternehmer – **die ja letztlich zu den finanzpolitisch höchst erwünschten Devisen führen – unnötig erschweren/behindern.** Auch ist eine zusätzliche Besteuerung der Beförderung im Drittland nicht ausgeschlossen – ja sogar recht wahrscheinlich; es besteht mithin die **Gefahr einer Doppelbesteuerung!** Aus diesem Grunde kann D kann auf die Besteuerung der Leistung verzichten[649]. **Den Besteuerungsverzicht knüpft das BMF nicht an die uneingeschränkte Vorsteuerabzugsberechtigung des Leistungsempfängers!**

Beispiel 2

Sachverhalt wie Bsp. 1. Der »innerschweizerische« Gütertransport erfolgt jedoch durch den deutschen Frachtführer F.

Auch in diesen Fällen siedelt § 3a Abs. 2 UStG den Leistungsort am Sitz des Leistungsempfängers D in Deutschland an. Die Güterbeförderung ist mithin in Deutschland steuerbar und steuerpflichtig.

Als deutscher Unternehmer schuldet F die Umsatzsteuer für den Transport selbst (§ 13a UStG).

Ursprünglich beschränkte die Finanzverwaltung die Möglichkeit des Besteuerungsverzichts auf § 13b-Fälle[650]. Danach wurde der Verzicht jedoch auch auf die Fälle i. S. d. § 13a UStG ausgedehnt[651].

Bitte beachten Sie!

Die Verzichtsregelung beschränkt sich auf Drittlandsbeförderungen, da es nach den Vorgaben von Art. 44 MwStSystRL **bei innergemeinschaftlichen Sachverhalten nicht** zu einer Doppelbesteuerung kommen kann!

Bei **Ausfuhrbeförderungsleistungen** führt die Neuregelung ebenfalls zu einem Systemwechsel:

Beispiel 3

Der deutsche Maschinenbauunternehmer D beauftragt den deutschen Frachtführer DF mit der Beförderung einer Maschine von Köln zu seinem schweizerischen Käufer CH in Zürich.

Bis zum 31.12.2009 galt hier der »Streckenteilungsgrundsatz« des § 3b Abs. 1 Satz 2 UStG a. F. Der deutschen Umsatzbesteuerung unterlag danach nur der inländische Streckenanteil, während der ausländische Streckenanteil in Deutschland nicht steuerbar war. Der anteilig auf die inländische Strecke entfallende Vergütungsanteil blieb jedoch gemäß § 4 Nr. 3 Buchst. a Doppelbuchst. aa UStG umsatzsteuerfrei.

---

649 BMF-Schreiben vom 4.9.2009; noch vor Inkrafttreten neu gefasst durch BMF-Schreiben vom 8.12.2009 ➲ mybookplus.de >Wichtiges aus dem BMF.

650 BMF-Schreiben vom 4.9.2009 ➲ mybookplus.de > Wichtiges aus dem BMF.

651 BMF-Schreiben vom 8.12.2009 ➲ mybookplus.de > Wichtiges aus dem BMF.

Seit dem 1.1.2010 kommt bei Güterbeförderungen zwischen Unternehmern auch im Ausfuhrbereich das »Empfängerortprinzip« zur Anwendung. Nach dem Systemwechsel liegt daher für die Gesamtstrecke/Gesamtvergütung der Besteuerungsort in Deutschland. Allerdings kommt nunmehr auch für die Gesamtstrecke die **Steuerbefreiung gem. § 4 Nr. 3 Buchst. a Doppelbuchst. aa UStG** in Betracht.

Hierbei sieht der Besprechungsbeitrag aufgrund der veränderten Regelungstechnik ein neues Problem – das der **Definition des Begriffs der Ausfuhr:**

Beispiel 4

Sachverhalt wie Bsp. 3. Die von D produzierte Maschine befindet sich jedoch bereits im Auslieferungslager des D in Warschau, sodass sich die Güterbeförderung des DF auf die Strecke Warschau-Moskau beschränkt.

Bis zum 31.12.2009 ergab sich mangels inländischen Streckenanteils keine Besteuerungshoheit in Deutschland.

Ab dem 1.1.2010 führt das generelle Empfängerortprinzip auch hier zu einer vollumfänglichen Steuerbarkeit in Deutschland. Wie in Bsp. 3 ist die Steuerbefreiung gemäß § 4 Nr. 3 Buchst. a Doppelbuchst. aa UStG zu prüfen. Diese setzt jedoch eine »Ausfuhr« voraus, die nach bisherigem Territorialverständnis – so die Auffassung des Besprechungsbeitrags – eine Warenbewegung aus dem Inland (Deutschland) in das Drittland impliziert (A. 46 Abs. 1 Satz 3 UStR 2008). Die Finanzverwaltung nimmt jedoch eine steuerbegünstigte Aus- oder Einfuhrbeförderung i. S. v. § 4 Nr. 3a UStG auch dann an, wenn deutsches Territorium bei der zu beurteilenden Beförderungsstrecke nicht berührt wird[652]. Auch für die Beförderungsstrecke Warschau-Moskau kommt demnach die Steuerbefreiung des § 4 Nr. 3a UStG in Betracht – es genügt mithin die **grenzüberschreitende Beförderung aus einem EU-Staat in das Drittland** (bzw. für die Einfuhr-Beförderungsbefreiung i. S. v. § 4 Nr. 3 Buchst. a Doppelbuchst. bb UStG eine **umgekehrte Beförderungsbewegung**).

Bitte beachten Sie!

In Abweichung von Besprechungsbeitrag dient Rz. 22 des BMF-Schreibens m. E. ausschließlich der Klarstellung eines Ergebnisses, zu dem der Rechtsanwender bei teleologischer Interpretation der Steuerbefreiung ohnehin gelangt wäre (deklaratorische Wirkung).

 Beratungskonsequenzen

Die deutsche Finanzverwaltung hat zu den neuen Ortvorschriften umfassend Stellung genommen[653]. Dieses Schreiben wurde bereits vor Inkrafttreten neu gefasst[654]. **Auch das mag letztlich ein Zeichen von Rechtsunsicherheit sein!**

---

652 BMF-Schreiben vom 4.9.2009, Rz. 22 ➲ mybookplus.de > Wichtiges aus dem BMF.

653 BMF-Schreiben vom 4.9.2009 ➲ mybookplus.de > Wichtiges aus dem BMF.

654 BMF-Schreiben vom 8.12.2009 ➲ mybookplus.de > Wichtiges aus dem BMF.

85.4.2 Ab 1.1.2011: Regelung durch § 3 Abs. 8 UStG

Die Ausdehnung des Besteuerungsverzichts durch das BMF-Schreiben vom 8.12.2009[655] war aus Mandantensicht natürlich zu begrüßen. Allerdings ist es Aufgabe des Gesetzgebers, eine solche Verzichtsregelung auch rechtlich abzusichern, zumal Art. 59a MwStSystRL hierzu ausdrücklich ermächtigt[656]. Diesem Auftrag hat der Gesetzgeber nunmehr mit dem neuen § 3 Abs. 8 UStG entsprochen. Das BMF äußert sich hierzu im neuen Abschn. 3a.14 Abs. 5 UStAE[657].

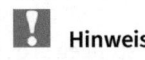

Hinweis

➲ Kapitel 84.2

85.5 Darstellung der Rechtslage bis zum 31.12.2009

Im Rahmen von Betriebsprüfungen sowie Klage und Strafverfahren wird noch lange neben der neuen Rechtslage auch die Beurteilung von Sachverhalten nach »altem« Recht von Bedeutung sein.

Hinweis

mybookplus.de > Vertiefende Informationen > Kapitel 85.5

86 Restaurationsleistungen während Transfers

§ 3e UStG

Hinweis

mybookplus.de > Vertiefende Informationen > Kapitel 86

87 Besteuerungsverfahren bei sonstigen Leistungen

Rechtsgrundlagen

- UStG: §§ 13b, 16 ff.
- UStDV: §§ 46 ff.
- UStAE: Abschn. 3a.16
- MwStSystRL: Titel XI

---

655 ➲ mybookplus.de > Wichtiges aus dem BMF.
656 So auch *Nieskoven,* GStB 2010, 59.
657 Vgl. BMF-Schreiben vom 4.2.2011 ➲ mybookplus.de > Wichtiges aus dem BMF.

Abschn. 3.16 UStAE erläutert die Besonderheiten des Besteuerungsverfahrens bei sonstigen Leistungen. Hinzuweisen ist auf

- die besonderen Eintragungen in der **Umsatzsteuer-Voranmeldung** ➲ Kapitel 89
- das vereinfachte Besteuerungsverfahren für E-Leistungen (»MOSS« = **mini-one-stop-shop) bis zum 30.6.2021** ➲ Kapitel 90
- das vereinfachte Besteuerungsverfahren für am Ort des Verbrauchs ausgeführte Dienstleistungen an Nichtunternehmer mit Sitz oder Wohnsitz im Gemeinschaftsgebiet (»OSS« = **one-stop-shop) ab 1.7.2021** ➲ Kapitel 91
- die besonderen Eintragungen der innergemeinschaftlichen Dienstleistungen in der **Zusammenfassenden Meldung** ➲ Kapitel 92

88   Anwendungszeitpunkt der Ortsregelungen

 Hinweis

mybookplus.de > Vertiefende Informationen > Kapitel 88

89   Die besonderen Meldepflichten für sonstige Leistungen in der Umsatzsteuer-Voranmeldung 2024

89.1   Überblick

 Hinweise
- Zum besonderen Besteuerungsverfahren bei sonstigen Leistungen vgl. ➲ Kapitel 87
- Allgemein zur Umsatzsteuer-Voranmeldung 2024 vgl. ➲ Kapitel 99

 Vordrucke
- Umsatzsteuer-Voranmeldung 2024 (USt 1 A) – Hauptvordruck
- Anleitung zur Umsatzsteuer-Voranmeldung 2023
- Antrag auf Dauerfristverlängerung/Anmeldung der Sondervorauszahlung 2024 (§§ 46–48 UStDV) mit Anleitung

89.2 Rechtsgrundlagen, Inkrafttreten und Regelungsziele der Neuerungen

Alle für die Erklärungspflichten bei den sonstigen Leistungen sind **zum 1.7.2010 umfassend neu geregelt** worden. Die relevanten Neuerungen ergeben sich aus dem Gesetz zur Umsetzung steuerlicher EU-Vorgaben sowie zur Änderung steuerlicher Vorschriften (nachfolgend kurz: EU-UmsG) vom Gesetz vom 8.4.2010[658] und sind – wie bereits ausgeführt – am 1.7.2010 in Kraft getreten[659].

Erreicht werden soll durch die Änderungen die **Bekämpfung des USt-Betrugs**

- durch intensivere staatliche Kontrollen[660] sowie
- durch **Ausweitung der Anwendungsfälle des § 13b UStG.**

 Beratungskonsequenzen

In den Fällen des § 13b UStG verlagert sich die Steuerschuld bei Umsätzen zwischen Unternehmern auf den Leistungsempfänger, der die Schuld mit seinem – allenfalls gleich hohen – Vorsteueranspruch verrechnen kann. Der Vorteil: es kommt **nie zu einer Vorsteuererstattung** und damit zu **keinem Ausfallrisiko für den Staat!**

Beispiel

Aus einem Netto-Eingangsumsatz von 100 €, der im April 2024 zum Regelsteuersatz erfolgt und dem § 13b UStG unterliegt, hat der Leistungsempfänger

- bei Berechtigung zum vollen Vorsteuerabzug nichts zu versteuern (»**Nullsummenspiel**«),
- bei Berechtigung zum hälftigen Vorsteuerabzug eine **Zahllast** i. H. v. 9,50 €.

89.3 Ausgangsumsätze des Mandanten

Klarstellungen des Gesetzgebers in § 18b Satz 1 Nr. 2 UStG (zu Kz. 21)

Seit Januar 2010 wurde die Umsatzsteuer-Voranmeldung um die Kennziffer 21 ergänzt:

---

658 BGBl. I 2010, 386.
659 *Weimann,* UStB 2010, 222.
660 *Weimann,* UStB 2009, 111.

Steuernummer	- 2 -	Bemessungsgrundlage ohne Umsatzsteuer	Steuer	
		EUR	EUR	Ct
20	neuer Fahrzeuge außerhalb eines Unternehmens (§ 2a UStG)	49		
	Weitere steuerfreie Umsätze mit Vorsteuerabzug			
21	z. B. **Ausfuhrlieferungen**, Umsätze nach § 4 Nummer 2 bis 7 UStG	43		
	Steuerfreie Umsätze ohne Vorsteuerabzug			
22	z. B. Umsätze nach § 4 Nummer 8 bis 29 UStG	48		
	C. Innergemeinschaftliche Erwerbe			
	Steuerfreie innergemeinschaftliche Erwerbe			
23	von bestimmten Gegenständen und Anlagegold (§§ 4b und 25c UStG)	91		
	Steuerpflichtige innergemeinschaftliche Erwerbe			
24	zum Steuersatz von 19 %	89		
25	zum Steuersatz von 7 %	93		
26	zum Steuersatz von 0 %	90		
27	zu anderen Steuersätzen	95	98	
28	**neuer Fahrzeuge** (§ 1b Absatz 2 und 3 UStG) von Lieferern **ohne** Umsatzsteuer-Identifikationsnummer zum allgemeinen Steuersatz	94	96	
	D. Leistungsempfänger als Steuerschuldner (§ 13b UStG)			
29	Sonstige Leistungen nach § 3a Absatz 2 UStG eines im übrigen Gemeinschaftsgebiet ansässigen Unternehmers (§ 13b Absatz 1 UStG)	46	47	
30	Umsätze, die unter das GrEStG fallen (§ 13b Absatz 2 Nummer 3 UStG)	73	74	
31	Andere Leistungen (§ 13b Absatz 2 Nummer 1, 2, 4 bis 12 UStG)	84	85	
	E. Ergänzende Angaben zu Umsätzen			
32	Lieferungen des ersten Abnehmers bei **innergemeinschaftlichen Dreiecksgeschäften** (§ 25b UStG)	42		
33	Steuerpflichtige Umsätze des leistenden Unternehmers, für die der **Leistungsempfänger** die **Steuer nach § 13b Absatz 5 UStG** schuldet	60		
34	Nicht steuerbare sonstige Leistungen gemäß § 18b Satz 1 Nummer 2 UStG	21		
35	Übrige nicht steuerbare Umsätze (Leistungsort nicht im Inland)			
36	Umsatzsteuer (Summe der Zeilen 12 bis 17 und 24 bis 31)			
	F. Abziehbare Vorsteuerbeträge und Berichtigung des Vorsteuerabzugs			
37	Vorsteuerbeträge aus Rechnungen von anderen Unternehmern (§ 15 Absatz 1 Satz 1 Nummer 1 UStG), aus Leistungen im Sinne des § 13a Absatz 1 Nummer 6 UStG (§ 15 Absatz 1 Satz 1 Nummer 5 UStG) und aus innergemeinschaftlichen Dreiecksgeschäften (§ 25b Absatz 5 UStG)		66	
38	Vorsteuerbeträge aus dem innergemeinschaftlichen Erwerb von Gegenständen (§ 15 Absatz 1 Satz 1 Nummer 3 UStG)		61	
39	Entstandene Einfuhrumsatzsteuer (§ 15 Absatz 1 Satz 1 Nummer 2 UStG)		62	
40	Vorsteuerbeträge aus Leistungen im Sinne des § 13b UStG (§ 15 Absatz 1 Satz 1 Nummer 4 UStG)		67	
2024USt1A562			**2024USt1A562**	

Formular: 2024USt1A562

Die Ergänzung hat den ausschließlichen Zweck der **Kontrolle von »innergemeinschaftlichen B2B-Leistungen«**. Genau dies gab aber der bisherige Wortlaut des § 18b Satz 1 Nr. 2 UStG nicht her. Die Vorschrift lautete:

Rechtsgrundlagen

»Der Unternehmer ... hat ... die Bemessungsgrundlagen folgender Umsätze gesondert zu erklären: ... 2. seiner im übrigen Gemeinschaftsgebiet ausgeführten sonstigen Leistungen, für die der in einem anderen Mitgliedstaat ansässige Leistungsempfänger die Steuer dort schuldet, und ...«

Nach dem Gesetzeswortlaut hatten die Eintragungen damit **unabhängig von der Anwendung der B2B-Regel** (§ 3a Abs. 2 UStG) zu erfolgen!

Beispiele

Der Mandant war

- ein deutscher Güterbeförderer, der im April 2010 für einen österreichischen Unternehmenskunden Lagerware von Wien nach Graz transportiert hat ➔ Leistungsort des Mandanten ist gem. § 3b Abs. 1 UStG Umkehrschluss, **§ 3a Abs. 2
  UStG** Österreich; das österreichische Reverse Charge-Verfahren findet Anwendung;
- ein deutscher Architekt, der im März 2010 an einem Bauvorhaben eines österreichischen Bauträgers in Wagram a. d. Donau mitgewirkt hat ➔ Leistungsort
  des Mandanten ist gem. **§ 3a Abs. 3 Nr. 1 UStG** Österreich; das österreichische
  Reverse Charge-Verfahren findet Anwendung.

Die Beschränkung der nämlichen Eintragungen auf die neuen B2B-Leistungen ergab
sich bis zum 30.6.2010 lediglich aus den Anleitungen zur UStVA 2010 und zur ZM sowie
aus dem Gesetzeszweck und **nicht aus dem Gesetzeswortlaut**! Daher führt die Anleitung zur UStVA 2010 klarstellend aus[661]:

»... Einzutragen sind die **nach § 3a Abs. 2 UStG 2010** im übrigen Gemeinschaftsgebiet
ausgeführten sonstigen Leistungen, für die die Steuer in einem anderen Mitgliedstaat
von einem dort ansässigen Leistungsempfänger geschuldet wird. Über die in Zeile 41
einzutragenden sonstigen Leistungen sind Zusammenfassende Meldungen an das BZSt
auf elektronischem Weg zu übermitteln. ...«

Ab 1.7.2010 stellt der Gesetzgeber klar, dass die neue Kennziffer 21 der UStVA **ausschließlich für innergemeinschaftliche B2B-Umsätze** gilt:

»Der Unternehmer hat die Bemessungsgrundlagen folgender Umsätze gesondert zu erklären: ... 2. seiner im übrigen Gemeinschaftsgebiet ausgeführten sonstigen Leistungen **im Sinnes des § 3a Absatz 2**, für die der in einem anderen Mitgliedstaat ansässige
Leistungsempfänger die Steuer dort schuldet, und ...«

 Beratungskonsequenzen

Die Finanzverwaltung gleicht die Eintragungen in Kz. 21 mit der ZM ab. Ein vorheriger Abgleich des Zahlenwerks durch den Steuerberater – oder den Mandanten –

---

beugt **Beanstandungen der Finanzverwaltung vor und hilft insbesondere Umsatzsteuer-Sonderprüfungen zu vermeiden**. Etwaige Fehler sollten durch gleichzeitige **Abgabe berichtigter Umsatzsteuer-Voranmeldungen** bereinigt werden.

89.4 Eingangsumsätze des Mandanten (zu Kz. 46/47/67)

Klarstellungen des Gesetzgebers in § 13b UStG

Ebenfalls seit Januar 2010 wurden zur Erklärung der § 13b-Umsätze die damals neuen Kennziffern 46, 47 und 67 in den Vordruck eingefügt:

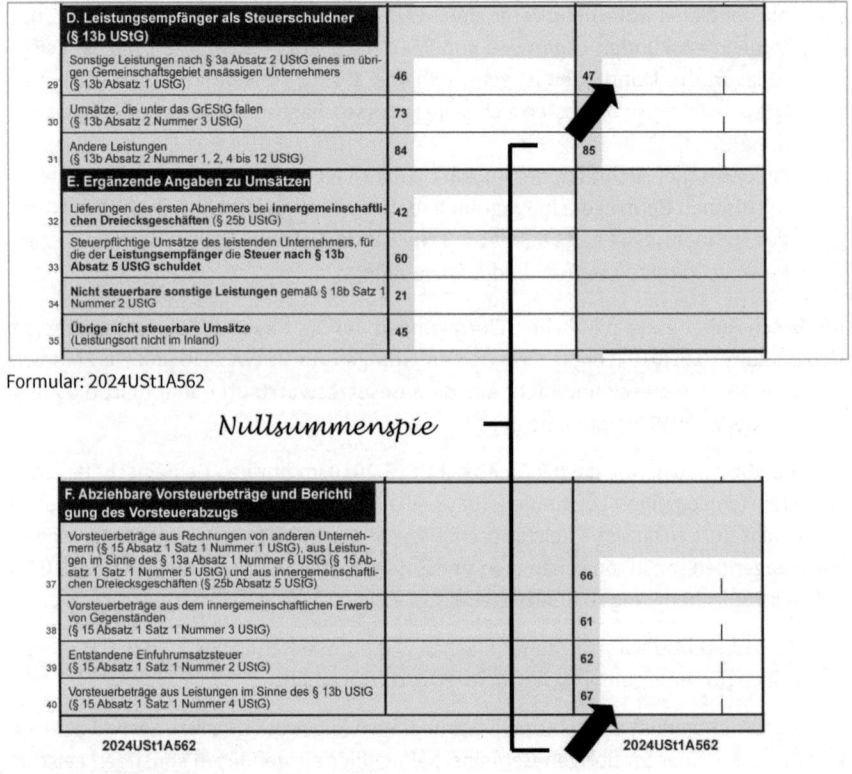

Formular: 2024USt1A562

Formular: 2024USt1A562

➡ Beratungskonsequenzen

Ausschließlicher Zweck auch dieser Kennziffern ist die **Kontrolle der »innergemeinschaftlichen B2B-Leistungen«**. Per Saldo führen die Eintragungen daher zu einem **Nullsummenspiel**.

89.5   Andere nicht steuerbare Ausgangsumsätze (Kz. 45)

Andere als die in Kz. 21 einzutragenden nicht steuerbaren Ausgangsumsätze sind – wie bisher – der Finanzverwaltung über Kz. 45 zu melden:

Formular: 2024USt1A562

Beispiele

Der Mandant ist

- ein deutscher Güterbeförderer, der für einen türkischen Unternehmenskunden im April 2023 Lagerware von Ankara nach Antalya transportiert ➜ Leistungsort des Mandanten ist gem. § 3b Abs. 1 UStG Umkehrschluss, **§ 3a Abs. 2 UStG** Türkei;

- ein deutscher Architekt, der im August 2023 an einem Bauvorhaben eines österreichischen Bauträgers in Wagram a. d. Donau mitwirkt ➜ Leistungsort des Mandanten ist gem. **§ 3a Abs. 3 Nr. 1 UStG** Österreich; das österreichische RV-Verfahren findet Anwendung.

89.6   Richtiger Voranmeldungszeitraum für die innergemeinschaftlichen B2B-Umsätze

Hier stellt der Gesetzgeber klar, dass sowohl die Ausgangs- als auch die Eingangsumsätze ausnahmslos für den Voranmeldungszeitraum der Ausführung zu deklarieren sind:

- **Ausgangsumsätze** (§ 18b Satz 3 UStG n. F.)
  »Die Angaben … sind in dem **Voranmeldungszeitraum zu machen, in dem diese Umsätze ausgeführt** worden sind.«

- **Eingangsumsätze** (§ 13b Abs. 1 UStG n. F.)
  »… entsteht die Steuer mit Ablauf des **Voranmeldungszeitraums, in dem die Leistungen ausgeführt** worden sind.«

> 🛈 **Hinweis**
>
> Zum **korrespondierenden (automatischen) Vorsteueranspruch** bei den Eingangsumsätzen ➲ Kapitel 115.5.

89.7   Faktische Verkürzung der Abgabefrist

Nach den »Buchstaben des Gesetzes« gelten also für die UStVA unveränderte Abgabefristen, d. h. die Dauerfristverlängerung ist theoretisch weiterhin auch möglich!

 Hinweis

Faktisch ergibt sich jedoch durch die Abgabefristen eine Fristenverkürzung für die ZM ➲ Kapitel 92.

90   Bis 30.6.2021: »MOSS« (*Mini-One-Stop-Shop*)

Vereinfachtes Besteuerungsverfahren für E-Leistungen

 Hinweis

➲ mybookplus.de > Vertiefende Informationen > Kapitel 90

91   Ab 1.7.2021: »OSS« (*One-Stop-Shop*)

Vereinfachtes Besteuerungsverfahren – u. a. für am Ort des Verbrauchs ausgeführte Dienstleistungen an Nichtunternehmer mit Sitz oder Wohnsitz im Gemeinschaftsgebiet

Das Verfahren Mini-One-Stop-Shop wurde zum 1.7.2021 durch das

Verfahren One-Stop-Shop, EU-Regelung

abgelöst.

Der Anwendungsbereich der Sonderregelung wurde deutlich erweitert und umfasst nunmehr

- alle in anderen Mitgliedstaaten erbrachten Dienstleistungen, deren Leistungsort sich nach dem Ort des Verbrauchs richtet,
- die innergemeinschaftlichen Fernverkäufe sowie
- bestimmte im Inland erbrachte Umsätze durch elektronische Schnittstellen.

 Hinweis

Hierzu ausführlich ➲ Kapitel 97

Sonstige Leistung

92 Zusammenfassende Meldung im Jahr 2024

 Rechtsgrundlagen

- UStG: § 18a
- UStAE: Abschn. 18a.1–18a.5.
- BZSt, Anleitung zur Zusammenfassenden Meldung (USt ZM 1/2021)[662]

92.1 Überblick

 Hinweise

- Zum besonderen Besteuerungsverfahren bei sonstigen Leistungen vgl. ➲ Kapitel 87
- Allgemein zur Zusammenfassenden Meldung im Jahr 2023 vgl. ➲ Kapitel 98

 Vordrucke

- BZSt, Anleitung zur Zusammenfassenden Meldung
- Zusammenfassende Meldung – Vordruck

92.2 Fallstudie

Die innergemeinschaftlichen sonstigen Leistungen sind in Spalte 3 mit der Ziffer »1«, die innergemeinschaftlichen Dreiecksgeschäfte sind in Spalte 3 mit der Ziffer »2« zu kennzeichnen. Bei den innergemeinschaftlichen Warenlieferungen entfällt eine gesonderte Kennzeichnung. Das BZSt[663] erläutert die Neuerungen mit folgendem Beispielsfall:

> **Beispiel**
>
> Meldung von innergemeinschaftlichen Warenlieferungen, innergemeinschaftlichen sonstigen Leistungen und innergemeinschaftlichen Dreiecksgeschäften in einer ZM.
>
> Der deutsche Unternehmer D führt im Monat September 2020 zwei innergemeinschaftliche Warenlieferungen im Wert von jeweils 20.000 Euro an den Unternehmer F (FR123456789) in Frankreich aus. Die Rechnungen tragen jeweils das Datum der Lieferung. Außerdem bewirkt D an F im gleichen Meldezeitraum eine innergemeinschaftliche sonstige Leistung in Höhe von 15.000 Euro. Darüber hinaus bewirkt D an NL (NL777777777B11) im gleichen Meldezeitraum drei Lieferungen im Rahmen von innergemeinschaftlichen Dreiecksgeschäfte zu je 30.000 Euro.
>
> D trägt in die ZM drei Zeilen mit jeweils den folgenden Mindestangaben ein:

---

662 USt ZM 1/2021 weiter aktuell lt. www.bzst.de > Downloadbereich (Abfragedatum: 6.3.2024).
663 BZSt, Anleitung zur Zusammenfassenden Meldung (USt ZM 1/2021, IV.9 Beispiel 3
    ➲ mybookplus.de > Wichtiges aus anderen Behörden.

- Länderkennzeichen
- USt-IdNr.
- Summe (EUR)

In der Meldezeile der innergemeinschaftlichen Warenlieferungen macht D keine weiteren Eintragungen.

In der Meldezeile der innergemeinschaftlichen sonstigen Leistungen trägt D zusätzlich in der Spalte 3 eine »1« ein.

In der Meldezeile der Lieferungen im Rahmen von innergemeinschaftlichen Dreiecksgeschäften trägt D zusätzlich in Spalte 3 eine »2« ein.

Einlagebogen Nr. | I I | **zur Zusammenfassenden Meldung für den Meldezeitraum**

02 | **20**

Jan.	April	Juli	Okt.
Feb.	Mai	Aug.	Nov.
März	Juni	Sept.	Dez.

Umsatzsteuer-Identifikationsnummer (USt-IdNr.) Bitte 9 Ziffern eintragen

| Jan/Feb | April/Mai | Juli/Aug | Okt/Nov |
| 1. Quart. | 2. Quart. | 3. Quart. | 4. Quart. |

01 | D E | | | | | | | | | |

Kalenderjahr

Berichtigung
(falls JA, bitte "x" eintragen) | 03

Meldung der Warenlieferungen vom Inland in das übrige Gemeinschaftsgebiet (§ 18a Abs. 7 Nr. 1 u. 2 UStG), der sonstigen Leistungen (§ 18a Abs. 7 Satz 1 Nr. 3 UStG) und der Lieferungen i.S.d. § 25b Abs. 2 UStG im Rahmen innergemeinschaftlicher Dreiecksgeschäfte (§ 18a Abs. 7 Satz 1 Nr. 4 UStG)

Bitte beachten!

Sonstige Leistungen bzw. Dreiecksgeschäfte sind in Spalte 3 jeweils durch Eintragung der Ziffer "1" oder "2" entsprechend zu kennzeichnen. Wurden sowohl Warenlieferungen, sonstige Leistungen und/oder Dreiecksgeschäfte an denselben Unternehmer erbracht, sind diese in getrennten Zeilen anzugeben.

Zeile	Länder-kenn-zeichen	USt-IdNr. des Erwerbers/ Unternehmers in einem anderen EU-Mitgliedstaat (1)	Summe der Bemessungsgrundlagen volle EUR (2)	Ct	Sonstige Leistungen (falls JA, bitte 1 eintragen) / Dreiecksgeschäfte (falls JA, bitte 2 eintragen) (3)
1	F R	1,2,3,4,5,6,7,8,9	40.000	▬	
2	F R	1,2,3,4,5,6,7,8,9	15.000	▬	1
3	N L	7,7,7,7,7,7,7,7,B,1,1	90.000	▬	2
4				▬	
5				▬	
6				▬	
7				▬	
8				▬	
9				▬	
10				▬	
11				▬	
12				▬	
13				▬	
14				▬	
15				▬	

92.3   Erklärungsfristen

 Hinweis

➲ mybookplus.de >Vertiefende Informationen > Kapitel 92.3

93 Dienstleistungskommission

 Rechtsgrundlagen

- UStG: § 3 Abs. 11
- UStAE: Abschn. 3.15
- MwStSystRL: Art. 28

93.1 Allgemeines

Art. 5 Nr. 3 Buchst. a StÄndG 2003 vom 15.12.2003[664] hat § 3 Abs. 11 UStG mit Wirkung vom 1. 1.2004[665] von der **bisherigen Besorgungsleistung** auf die **nunmehrige Dienstleistungskommission** fortgeschrieben.

Die FinVerw hat zu der Neuregelung zunächst in einem umfangreichen Einführungsschreiben Stellung bezogen[666]. Das Einführungsschreiben wurde zwischenzeitlich aufgehoben[667]; da es bereits mit den **UStR 2005** in ebendiese als deren neuer Abschn. 32 übernommen wurde.

Die **UStR 2008** haben diese Vorschrift weitestgehend unverändert übernommen, allerdings **neue Rechtsprechung und zusätzliche Fallbeispiele** ergänzt[668]. Letzterem (gemeint ist Abschn. 32 UStR 2008) wiederum folgt der Abschn. 3.15 UStAE und passt diesen lediglich redaktionell an.

93.2 Regelung bis 31.12.2003: Besorgungsleistung

§ 3 Abs. 11 UStG in der bis zum 31.12.2003 geltenden Fassung regelt, dass im Falle der Besorgung einer sonstigen Leistung durch einen Unternehmer für Rechnung eines anderen Unternehmers die für die besorgte Leistung geltenden Vorschriften auf die Besorgungsleistung entsprechend anzuwenden sind[669].

Der Umfang der Regelung war auf die Fälle beschränkt, in denen ein von einem Auftraggeber bei der Beschaffung einer sonstigen Leistung eingeschalteter Unternehmer (Auftragnehmer) für Rechnung des Auftraggebers im eigenen Namen eine sonstige Leistung durch einen Dritten erbringen lässt (sog. **»Leistungseinkauf«**)[670].

---

664 BGBl. I 2003, 2645; BStBl. I 2003, 710.

665 Art. 25 Abs. 4 StÄndG 2003.

666 BMF, Schreiben vom 6.2.2004, IV B 7 – S 7100 – 253/03, BStBl. I 2004, 446.

667 BMF-Schreiben vom 29.3.2007, IV C 6 – O 1000/07/0018 – DOK 2007/0145039, BStBl. I 2007, 369.

668 Im Richtlinientext durch Fettdruck hervorgehoben.

669 § 3 Abs. 11 a. F. UStG lautete wie folgt: »Besorgt ein Unternehmer für Rechnung eines anderen im eigenen Namen eine sonstige Leistung, so sind die für die besorgte Leistung geltenden Vorschriften auf die Besorgungsleistung entsprechend anzuwenden.«

670 Vgl. Abschn. 32 Abs. 1 Satz 5 UStR 2000.

Die Sachverhalte des sog. »**Leistungsverkaufs**«, in denen ein von einem Auftraggeber bei der Erbringung einer sonstigen Leistung eingeschalteter Unternehmer (Auftragnehmer) für Rechnung des Auftraggebers im eigenen Namen eine sonstige Leistung an einen Dritten erbringt[671], wurden bisher nach den allgemeinen umsatzsteuerrechtlichen Grundsätzen beurteilt: der Unternehmer (Auftragnehmer) erbringt gegenüber dem Auftraggeber eine Geschäftsbesorgungsleistung und gegenüber dem Dritten eine sonstige Leistung (die besorgte Leistung).

Das führte dazu, dass insbesondere bei der Vermietung von Ferienwohnungen über eine Vermietungsgesellschaft **oftmals der Vorsteuerabzug versagt** wurde[672].

Beispiel

A hat – ebenso wie zahlreiche weitere Investoren – in einer Ferienanlage ein Ferienhaus mit Umsatzsteuerausweis erworben. Die Vermietung der Ferienhäuser erfolgt durch eine von den Eigentümern gegründete GbR im eigenen Namen, aber für Rechnung des jeweiligen Eigentümers. Die GbR erhält für ihre Leistungen von den Eigentümern ein kostendeckendes Entgelt, das sie von den für Rechnung des Eigentümers vereinnahmten Mieten abzieht.

➲ **Folge:**

Nach bisheriger Auffassung der Finanzverwaltung hat die GbR eine nach § 4 Nr. 12 Buchst. a Satz 2 UStG umsatzsteuerpflichtige Vermietungsleistung an den Mieter erbracht und daneben eine ebenfalls steuerpflichtige Dienstleistung an A. **Dieser selbst erbringt jedoch keine eigenen Leistungen** – weder an die GbR noch an die Mieter. Da A die bezogenen **Eingangsleistungen nicht zur Ausführung von Umsätzen** verwendet hat, war ihm wegen fehlender Unternehmereigenschaft der Vorsteuerabzug aus seinem Gebäudeerwerb sowie aus den Dienstleistungen der GbR untersagt.

93.3 Regelung seit 1.1.2004: Dienstleistungskommission

§ 3 Abs. 11 UStG in der ab dem 1.1.2004 geltenden Fassung regelt für die Fälle, in denen ein Unternehmer (Auftragnehmer) in die Erbringung einer sonstigen Leistung eingeschaltet wird und dabei im eigenen Namen und für fremde Rechnung handelt, dass diese Leistung als an ihn und von ihm erbracht gilt. Die sog. **Leistungseinkaufs- und Leistungsverkaufskommission werden nunmehr gleich behandelt**, also unabhängig davon, ob das Erbringen oder das Beschaffen einer sonstigen Leistung in Auftrag gege-

---

671 Vgl. Abschn. 32 Abs. 1 Satz 6 UStR 2000.
672 *Christoffel,* Das Steuerreformpaket 2004, Sonderdruck, Nordkirchen 2004; *Serafini,* Neue Rechtsprechungsgrundsätze bei der Besteuerung von Ferienwohnungen, GStB 2002, 185; vgl. auch *Weimann,* UStB 2004, 217.

ben wird. Die Vorschrift fingiert dabei eine Leistungskette. Sie behandelt den Auftragnehmer im Rahmen der Dienstleistungskommission als Leistungsempfänger und zugleich Leistenden[673].

Bezüglich des sog. **Leistungseinkaufs** führt dies zu keiner Änderung in der Leistungskette:

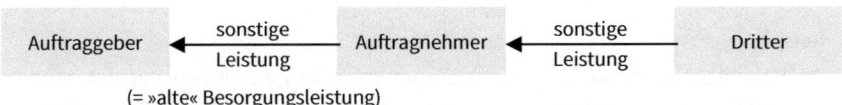

(= »alte« Besorgungsleistung)

Im Fall des sog. **Leistungsverkaufs** führt die Fiktion dagegen in der Leistungsbeziehung zwischen Auftraggeber und Auftragnehmer zu einer Umkehr der Leistungsrichtung im Vergleich zum bisherigen Recht:

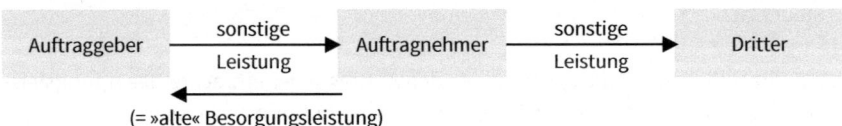

(= »alte« Besorgungsleistung)

Die beiden Leistungen, d. h. die an den Auftragnehmer erbrachte und die von ihm ausgeführte Leistung, werden **bezüglich ihres Leistungsinhalts gleich behandelt**.

Die Leistungen werden zum selben Zeitpunkt erbracht[674].

> **Für das Beispiel …**
>
> … in Kapitel 93.2 führt die Einführung der Dienstleistungskommission und der fingierten Leistungskette nunmehr zum Vorsteuerabzug des A.

Im Übrigen ist **jede der beiden Leistungen unter Berücksichtigung der Leistungsbeziehung gesondert** für sich nach den allgemeinen Regeln des Umsatzsteuergesetzes zu beurteilen. Dies gilt z. B. in den Fällen der Option zu Steuerpflicht[675].

Personenbezogene Merkmale der an der Leistungskette Beteiligten sind weiterhin für jede Leistung innerhalb einer Dienstleistungskommission gesondert in die umsatzsteuerrechtliche Beurteilung einzubeziehen.

Dies kann z. B. für die Anwendung von **Steuerbefreiungsvorschriften** von Bedeutung sein[676] oder für die **Bestimmung des Orts der sonstigen Leistung**, wenn er davon abhängig ist, ob die Leistung an einen Unternehmer oder einen Nichtunternehmer erbracht wird.

---

673 Vgl. Abschnitt 32 Abs. 1 Sätze 2 ff. UStAE.
674 Vgl. Abschnitt 32 Abs. 2 Sätze 1 f. UStAE.
675 Vgl. Abschnitt 32 Abs. 2 Sätze 3 f. UStAE.
676 Vgl. z. B. § 4 Nr. 19 Buchst. a UStG.

Die Steuer kann nach § 13 UStG für die jeweilige Leistung **zu unterschiedlichen Zeitpunkten entstehen** (z. B. wenn der Auftraggeber der Leistung die Steuer nach vereinbarten und der Auftragnehmer die Steuer nach vereinnahmten Entgelten berechnet). Außerdem ist z. B. zu berücksichtigen, ob die an der Leistungskette Beteiligten Nichtunternehmer, Kleinunternehmer (§ 19 UStG), Land- und Forstwirte, die für ihren Betrieb die Durchschnittssatzbesteuerung nach § 24 UStG anwenden, sind[677].

Beispiel

Der Bauunternehmer G besorgt für den Bauherrn B die sonstige Leistung des Handwerkers C, für dessen Umsätze die Umsatzsteuer gemäß § 19 Abs. 1 UStG nicht erhoben wird.

➲ Folge:

Das personenbezogene Merkmal – Kleinunternehmer – des C ist nicht auf den Bauunternehmer G übertragbar. Die Leistung des G an B unterliegt dem allgemeinen Steuersatz.

Die zivilrechtlich vom Auftragnehmer an den Auftraggeber erbrachte **Besorgungsleistung bleibt umsatzsteuerrechtlich** ebenso wie beim Kommissionsgeschäft nach § 3 Abs. 3 UStG **unberücksichtigt**. Der Auftragnehmer erbringt im Rahmen einer Dienstleistungskommission nicht noch eine (andere) Leistung (Vermittlungsleistung). Der Auftragnehmer darf **für die vereinbarte Geschäftsbesorgung keine Rechnung** erstellen. Eine solche Rechnung, in der die Umsatzsteuer offen ausgewiesen ist, führt zu einer Steuer nach § 14c Abs. 2 UStG. Soweit der Auftragnehmer im eigenen Namen für fremde Rechnung auftritt, findet § 25 UStG keine Anwendung[678].

93.4 Anwendungsfälle

 Hinweis

Mit ausführlichen Beispielen verdeutlicht die Finanzverwaltung die Auswirkungen des § 3 Abs. 11 UStG.

➲ mybookplus.de > Gesetze, Verordnungen, Richtlinien > UStAE > Abschn. 3.15.

94 Leistungen über öffentliche Netze
Übernahme der bisherigen Branchenlösung in das UStG

 Hinweis

➲ mybookplus.de >Vertiefende Informationen > Kapitel 94

---

677 Vgl. Abschnitt 32 Abs. 3 UStAE.
678 Vgl. Abschnitt 32 Abs. 4 UStAE.

Sonstige Leistung

Erklärungs- und Aufbewahrungspflichten

95 Überblick: Wer will was wann wissen?

95.1 Erklärungen an das Finanzamt zur eigentlichen Umsatzsteuererhebung

Das Verfahren zur eigentlichen Umsatzsteuerfestsetzung und -erhebung durch das Finanzamt hat einen **zweistufigen Aufbau:**

- **Im Laufe eines Jahres** hat der Unternehmer Vorauszahlungen zu leisten oder Erstattungen zu beantragen. Hierfür müssen dem **Finanzamt** – in der Regel monatlich – **Umsatzsteuer-Voranmeldungen** (UStVA) eingereicht werden. Mit diesen UStVA muss der Unternehmer **selbst** die **Rechtsgrundlagen für seine Vorauszahlungen** schaffen (➲ Kapitel 96).

- **Nach Ablauf des Kalenderjahres** ist für das Finanzamt eine **Umsatzsteuer(-jahres-) erklärung** zu erstellen, mit der die **Jahressteuerschuld** – oder der Jahreserstattungsanspruch – ermittelt wird. Mit der Jahreserklärung schafft der Unternehmer – wie bei der UStVA – ebenfalls selbst die Rechtsgrundlagen, hier allerdings für die Jahressteuerfestsetzung (➲ Kapitel 99 und Kapitel 100).

95.2 Zusätzliche Erklärungen zur Kontrolle und Statistik

Neben dem eigenen Finanzamt wollen auch das Bundeszentralamt für Steuern (BZSt) und das Statistische Bundesamt (StatBA) regelmäßig informiert werden:

- Zur Überwachung der Besteuerung zunächst des innergemeinschaftlichen Warenverkehrs und seit dem 1.1.2010 des **innergemeinschaftlichen Waren- und Dienstleistungsverkehrs** haben die EU-Mitgliedstaaten ein umfängliches und relativ gut funktionierendes Kontrollsystem installiert, das sog. Mehrwertsteuer-Informations-Austausch-System – MIAS. Wesentliche Grundlage dieses Systems ist die **Zusammenfassende Meldung** (ZM), die ein meldepflichtiger Unternehmer vierteljährlich bzw. **monatlich/vierteljährlich** dem BZSt zu übermitteln hat (➲ Kapitel 98).

- Die bei entsprechender Erklärungspflicht grundsätzlich **monatliche Meldung zur Intrahandelsstatistik** des StatBA dient ausschließlich dem Zweck, den Warenverkehr zwischen der Bundesrepublik Deutschland und den anderen EG-Mitgliedstaaten statistisch zu erfassen; dazu werden alle innergemeinschaftlichen Ein- und Verkäufe des Unternehmers abgefragt (➲ Kapitel 101).

95.3 Aufzeichnungs- und Aufbewahrungspflichten

Die Aufzeichnungsvorschriften begründen für die Zwecke der Umsatzbesteuerung mit Vorsteuerabzug **besondere Aufzeichnungspflichten** *neben* den **allgemeinen Buchführungs- und Aufzeichnungspflichten** nach §§ 140 ff. AO (➲ Kapitel 103.1).

Aus der Verpflichtung des Unternehmers, zur Feststellung der Steuer und der Grundlagen ihrer Berechnung Aufzeichnungen zu machen, folgt, dass er die vorgesehenen Angaben **schriftlich und räumlich zusammenhängend niederlegt** (= aufbewahrt). Dabei ist er nicht an eine bestimmte Form gebunden (➲ Kapitel 103.2).

96 Umsatzsteuer-Voranmeldung 2024
Was das Finanzamt in der Regel monatlich wissen möchte

 Rechtsgrundlagen

- UStG: § 18
- UStDV: §§ 46 ff.
- UStAE: Abschn. 18.1 ff.
- MwStSystRL: Art. 206 ff., Art. 250 ff.
- BMF, Schreiben vom 01.11.2023, III C 3 – S 7344/19/10001 :005, 2023/ 1043220, Muster der Vordrucke im Umsatzsteuer-Voranmeldungs- und Vorauszahlungsverfahren für das Kalenderjahr 2024, BStBl. I 2023, 1970
- Umsatzsteuer-Voranmeldung 2024 (Vordruck »USt 1 A«)
- Anleitung zur Umsatzsteuer-Voranmeldung 2024 (Vordruck »USt 1 E«)
- Antrag auf Dauerfristverlängerung/Anmeldung der Sondervorauszahlung 2024 (§§ 46 bis 48 UStDV) mit Anleitung (Vordruck »USt 1 H«)
- Anleitung zum Antrag auf Dauerfristverlängerung/zur Anmeldung der Sondervorauszahlung (Vordruck »USt 5 E«)

96.1 Grundsätzliches zur UStVA 2024

 Hinweis

➲ mybookplus.de > Vertiefende Informationen > Kapitel 96.1

96.2 Vordrucke für die UStVA 2024

 Vordrucke

- Umsatzsteuer-Voranmeldung 2024 (Vordruck »USt 1 A«)
- Anleitung zur Umsatzsteuer-Voranmeldung 2024 (Vordruck »USt 1 E«)
- Antrag auf Dauerfristverlängerung/Anmeldung der Sondervorauszahlung 2024 (§§ 46 bis 48 UStDV) mit Anleitung (Vordruck »USt 1 H«)
- Anleitung zum Antrag auf Dauerfristverlängerung/zur Anmeldung der Sondervorauszahlung (Vordruck »USt 5 E«)

96.3 Was es für 2024 Neues zu beachten gilt!

96.3.1 Überwachung der Umsatzsteuertermine 2024

Zur Überwachung der Umsatzsteuertermine im Jahr 2024 bzw. zu deren Überwachung durch die Mitarbeiter wird die folgende Checkliste hilfreich sein:

 Checkliste

Terminübersicht Umsatzsteuer-Voranmeldungen 2024

	Fälligkeitstag	UStVA abgegeben? (✓)	Schonfrist bis	Steuer bezahlt? (✓)	Eigene Anmerkungen
Januar	10.01.2024		15.01.2024**		
Februar	12.02.2024**, ***		15.02.2024		
März	11.03.2024**		14.03.2024		
April	10.04.2023**		15.04.2024**		
Mai	10.05.2024		13.05.2024		
Juni	10.06.2024		13.06.2024		
Juli	10.07.2024		15.07.2024**		
August	12.08.2024**		15.08.2024		
September	10.09.2024		13.09.2024		
Oktober	10.10.2024		14.10.2024**		
November	11.11.2024**		14.11.2024		
Dezember	10.12.2024		13.12.2024		

* = Ein **Säumniszuschlag**, der wegen Nichtzahlung bei Fälligkeit entstanden ist, wird bei **Verspätungen bis zu 3 Tagen** nicht erhoben (§ 240 Abs. 3 Satz 1 AO). Die 3 Tage werden allgemein als Frist angesehen (sog. »**Schonfrist**«), auf die § 108 Abs. 3 AO anzuwenden ist (s. u.). Die Schonfrist gilt nicht für Bar- und Scheckzahlungen (§ 240 Abs. 3 Satz 2 i. V. m. § 224 Abs. 2 Nr. 1 AO). Bei Scheckzahlungen ist zu beachten, dass diese erst 3 Tage nach Eingang des Schecks als geleistet gelten. Ist die Umsatzsteuer-Vorauszahlung z. B. am 10.05.2024 fällig, muss der Scheck spätestens am 07.05.2024 beim Finanzamt eingehen.

** = Fällt das **Ende einer Frist** auf einen Sonntag, einen gesetzlichen Feiertag oder einen Sonnabend, so endet die Frist mit dem Ablauf des nächstfolgenden Werktags, § 108 Abs. 3 AO.

*** = Im Fall der **Dauerfristverlängerung** ist im Februar 2024 mit der Anmeldung für Dezember 2023 das insoweit Erforderliche (Anrechnung der Sondervorauszahlung 2023 und Anmeldung der Sondervorauszahlung 2024) zu veranlassen.

96.3.2 Änderungen in den Vordrucken für 2024 im Vergleich zu den Vordrucken für 2023

96.3.2.1 Durchschnittssätze für Land- und Forstwirte

Die auf die jeweilige Bemessungsgrundlage anzuwendenden Durchschnittssätze für Land- und Forstwirte (§ 24 Abs. 1 Satz 1 Nr. 2 UStG; im Kalenderjahr 2024: 19 %) sind um die zum Zeitpunkt des Umsatzes aktuellen Sätze für pauschalierte Vorsteuerbeträge (§ 24 Abs. 1 Satz 3 i. V. m Satz 1 Nr. 2 UStG) zu vermindern.

Die Sätze werden jährlich überprüft und erforderlichenfalls durch ein § 24 UStG änderndes Gesetz bekannt gegeben. Der danach berechnete Prozentsatz ist auf die Bemessungsgrundlage anzuwenden und das Ergebnis als Steuerbetrag in der Zeile 17 (Kennzahlen 76/80) des Vordruckmusters USt 1 A einzutragen:

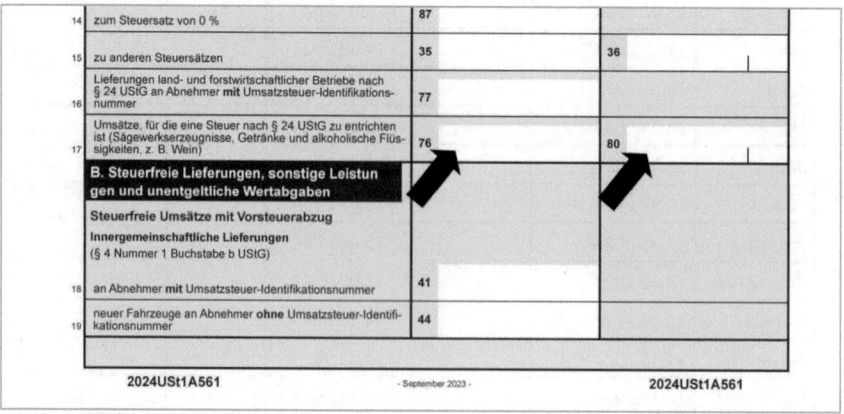

Formular: 2024USt1A561

96.3.2.2 Weitere Änderungen

Die anderen Änderungen in den Vordrucken für 2024 gegenüber denen für 2023 dienen der zeitlichen Anpassung oder sind redaktioneller oder drucktechnischer Art[679].

➡️ **Beratungskonsequenzen**

Materiell gibt es also nichts weiteres Neues, was bei Erstellung einer Umsatzsteuer-Voranmeldung für 2024 zu beachten wäre!

Für die Praxis heißt das: Der Ausfüllende (Unternehmer/Steuerberater/Mitarbeiter) kann sich **an den Vorjahresanmeldungen orientieren.**

---

679   BMF, Schreiben vom 1.11.2023, a. a. O., Ziffer 3.

96.4 Die »segensreichen« Kennziffern 22 und 23

Prüfungen der FinVerw durch freiwillige Zusatzangaben vermeiden oder aber auch gezielt anregen

96.4.1 Ergänzende Angaben zur Steuererklärung« (Kz. 23)

§§ 150 Abs. 7, 155 Abs. 4 AO wurden mit Wirkung vom 1.1.2017 neu gefasst[680]. Danach müssen Steuererklärungen, die nach amtlich vorgeschriebenem Vordruck abgegeben oder nach amtlich vorgeschriebenem Datensatz durch Datenfernübertragung übermittelt werden und die nach § 155 Abs. 4 Satz 1 AO zu einer ausschließlich automationsgestützten Steuerfestsetzung führen können, es dem Steuerpflichtigen ermöglichen, in einem dafür vorgesehenen Abschnitt oder Datenfeld der Steuererklärung **Angaben** zu machen, die **nach seiner Auffassung Anlass für eine Bearbeitung durch Amtsträger** sind.

Wenn über die Angaben in der Umsatzsteuer-Voranmeldung bzw. Anmeldung der Sondervorauszahlung hinaus weitere oder abweichende Angaben oder Sachverhalte berücksichtigt werden sollen, hat der Unternehmer wie folgt eine »1« einzutragen[681]:

- im Vordruckmuster USt 1 A **(Umsatzsteuer-Voranmeldung 2024)** in Zeile 54 (Kz. 23) bzw.

Formular: 2024USt1A563

---

680 Art. 1 Nr. 24 Buchst. e, Nr. 27 und Art. 2 Nr. 6 i. V. m. Art. 23 Abs. 1 »Gesetz zur Modernisierung des Besteuerungsverfahrens« vom 18.7.2016, BGBl. I 2016, 1679.

681 BMF, Schreiben vom 18.10.2016, III C 3 – S 7344/16/10002, 2016/0959181, Ziff. 2, BStBl. I 2016, 1149.

- im Vordruckmuster USt 1 H **(Antrag auf Dauerfristverlängerung 2024)** in Zeile 11 (Kz. 23)

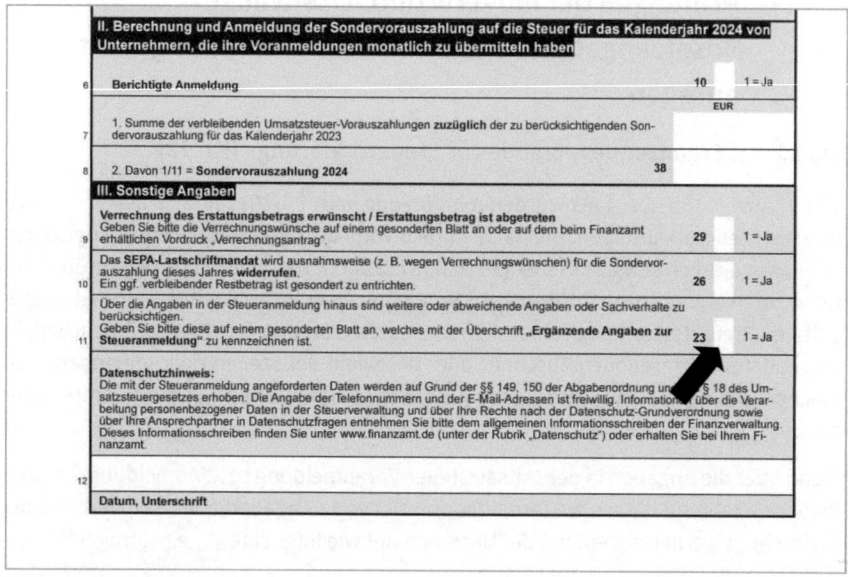

Formular: 2024USt1H571

eine »1« einzutragen[682].

Gleiches gilt, wenn bei den in der Steueranmeldung erfassten Angaben **bewusst eine von der Verwaltungsauffassung abweichende Rechtsauffassung** zugrunde gelegt wurde (➲ nachfolgendes Kapitel 96.4.2).

Der Unternehmer kann im Vordruckmuster USt 1 A in Zeile 75 (Kz 23) auch eine »1« eintragen, wenn er einen **Antrag auf Dauerfristverlängerung zurücknehmen** möchte.

Die ergänzenden Angaben sind in jedem Fall in einer vom Unternehmer zu erstellenden **gesonderten Anlage** zu machen, welche mit der Überschrift »Ergänzende Angaben zur Steueranmeldung« zu kennzeichnen ist.

 Beratungskonsequenzen

Wenn Sie der Steueranmeldung lediglich ergänzende Aufstellungen oder Belege beifügen wollen, ist nicht hier, sondern in Zeile 11 eine Eintragung vorzunehmen[683] (➲ nachfolgendes Kapitel 96.4.2; vgl. aber Kapitel 96.4.3).

---

682 BMF, Schreiben vom 18.10.2016, III C 3 – S 7344/16/10002, 2016/0959181, Ziff. 2, BStBl. I 2016, 1149.

683 BMF, Schreiben vom 1.11.2023, Anleitung zur Umsatzsteuer-Voranmeldung 2024, Zeilen 52 bis 54.

Erklärungs- und Aufbewahrungspflichten

96.4.2 Trotz E-UStVA: Dem FA ggf. erläuternde Belege per Post schicken! (Kz. 22)

Schon seit Jahren ist besonders auf die Kennzahl 22 der UStVA hinzuweisen. Dort ist eine »1« einzutragen, wenn der UStVA Belege wie z. B. Verträge, Rechnungen, Erläuterungen usw. beigefügt sind bzw. gesondert eingereicht werden.

Der Grund: So kann das Finanzamt sofort erkennen, dass bei der Bearbeitung der UStVA – insbesondere bei Vorsteuererstattungen – noch Belege zu beachten sind:

> **Beispiel**
>
> Unternehmer Fleißig (F) aus Dortmund erwirbt im Februar 2024 ein neues Unternehmensfahrzeug; es kommt anders als sonst zu einem Vorsteuerüberhang.
> Damit das Finanzamt diesen sofort nachvollziehen kann und ohne Prüfung den Auszahlungsbetrag freigibt, sollte F
> * in Kennzahl 22 eine »1« eintragen;
>   **Hinweis:** Es wird immer eine »1« eingetragen – unabhängig davon, wie viele Belege dem Finanzamt geschickt werden!
> * und dem Finanzamt den Vorgang in einem kurzen Begleitschreiben unter Vorlage einer Rechnungskopie erläutern.

Formular: 2024USt1A561

Musterschreiben

An das Finanzamt

...

Dortmund, den 3.4.2024

Umsatzsteuer-Voranmeldung Februar 2024/elektronisch erstellt am heutigen Tage
Steuernummer ...
hier: Ergänzende Belege (Kennziffer 22)

Sehr geehrte Damen und Herren,

zum Nachweis und zur Erläuterung der unter Kennziffer 66 geltend gemachten Vorsteuerbeträge finden Sie in der Anlage die Rechnung zur Anschaffung eines neuen Unternehmensfahrzeugs.

Mit freundlichen Grüßen

...

Anlage: Rechnung des Autohauses Schiebmichan vom 3.2.2024

96.4.3 Kz. 22 oder Kz. 23 oder beide?

*»Wenn Sie der Steueranmeldung lediglich ergänzende Aufstellungen oder Belege beifü-
gen wollen, ist nicht hier, sondern in Zeile 15 eine Eintragung vorzunehmen.«* (➲ s. o Kapitel 96.4.1)

Damit suggeriert das BMF dass sich die Funktionsbereiche beider Kennziffern sauber
voneinander abgrenzen lassen.

Gerade das ist in der Praxis aber nicht der Fall. Was nützen eine Aufstellung oder ein
Beleg ohne die Erläuterung der Konsequenzen, die sich daraus ergeben sollen?

 Beratungskonsequenzen

1. In der Praxis sollten in der Regel die Kennziffern 22 und 23 immer gemeinsam
   durch Eintragung einer »1« aktiviert werden.
2. So lassen sich **im Vorfeld Rückfragen** (... und damit verzögerte Erstattungen
   ...) **und Prüfungsmaßnahmen** des Finanzamts **vermeiden**. Das Finanzamt
   kann sofort erkennen, dass bei der Bearbeitung der Anmeldung – insbesondere
   in Erstattungsfällen – ergänzende (Papier-)Belege zu beachten sind.
3. Das Vorgehen ist zur **Erläuterung aller außergewöhnlichen Geschäftsvorfälle**
   zu empfehlen, wie z. B.:
   — Vorsteuerüberhänge durch den Erwerb von Anlagevermögen
   — Durchführung von Baumaßnahmen
   — erstmalige steuerfreie Umsätze
   — Vorsteueraufteilungen
   — Vorsteuerbeträge aus geplanten Unternehmenserweiterungen
   — ...

4. Immer sollten **Ablichtungen der Originalbelege mitgeschickt** werden. In unserem Beispielsfall (➲ Kapitel 96.4.2) ist es dem F zu empfehlen, die Rechnung aus der Anschaffung des Kfz mitzuschicken.

5. Dass die **eigentliche UStVA selbstverständlich elektronisch** abgegeben wird, ist ohne Bedeutung.

96.5 Zusammenhang zwischen UStVA 2024 und ZM

! **Hinweis**

➲ Kapitel 96.3.2.3 (s. o.) und Kapitel 98.4

96.6 Weiteres Wissenswertes zur Abrundung

96.6.1 Dem Finanzamt nichts verschweigen!

Immer wieder empfehlen »Experten«, zu eigenen Gunsten von der Auffassung des Finanzamts abweichende Rechtsauffassungen anzuwenden und auf die Abweichungen nicht ausdrücklich hinzuweisen – ein fataler Fehler!

Nach ständiger Rechtsprechung des BGH sind Steuerbürger und -berater nämlich auch bei einer abweichenden (vertretbaren) Rechtsauffassung dazu verpflichtet, alle steuerlich erheblichen Tatsachen – auch ungefragt – richtig und vollständig vorzutragen und es dem Finanzamt dadurch zu ermöglichen, die Steuer unter abweichender rechtlicher Beurteilung zutreffend festzusetzen[684].

Durch diese Rechtsprechung entsteht eine Offenbarungspflicht auch für Sachverhaltselemente, deren **rechtliche Relevanz objektiv zweifelhaft** ist; ansonsten sind die Angaben i. S. v. § 370 Abs. 1 Nr. 1 AO »unvollständig«.

Der **vorsichtige Steuerberater** sollte daher bei auch nur möglicherweise strittigen Rechtsfragen gegenüber der Finanzverwaltung sowohl in tatsächlicher wie auch in rechtlicher Hinsicht möglichst viel vortragen, um sich abzusichern und sich so der Gefahr strafrechtlicher Konsequenzen zu entziehen.

Voraussetzung für die Rechtsanwendung ist in jedem Fall eine umfassende, breit angelegte Kenntnis nicht nur der **aktuellen Rechtsprechung**, sondern auch der **finanzbehördlichen Richtlinien** und deren Umsetzung in den vorgelegten Erklärungen, gleichermaßen die Berücksichtigung der **momentanen Veranlagungspraxis** der Finanzverwaltung.

Jede Abweichung hiervon birgt bereits die **Gefahr strafrechtlicher Vorwürfe**. Dies gilt zumindest für Berufsangehörige; der Steuerpflichtige selbst wird sich mit dem Hinweis auf die an den Steuerberater vorgenommene Delegation steuerlicher Obliegenheiten vor dem Vorwurf der Steuerhinterziehung schützen können. Die besondere umsatz-

---

684 Ausführlich hierzu *Weyand*, INF 2000. 726.

steuerliche Relevanz der neuen Rechtsprechung mag nicht nur die Tatsache verdeutlichen, dass dem Urteilsfall materiell-rechtlich eine Umsatzsteuerproblematik zugrunde lag. Häufig lässt sich aus übergeordnetem Recht – insbesondere der MwStSystRL – für den Steuerbürger eine günstigere Rechtsposition ableiten als z. B. aus dem UStG.

> **Beispiel**
>
> Hingewiesen werden soll an dieser Stelle nur auf die damaligen Beschränkungen des Vorsteuerabzugs aus Reisekosten (➲ Kapitel 116.6). Vermehrt wurde in der Literatur die Empfehlung ausgesprochen, direkt die damals gültige 6. EG-RL anzuwenden und auf die Abweichungen zu § 15 UStG nicht ausdrücklich hinzuweisen; angesichts der Rechtsprechung – noch einmal – ein fataler Fehler!

> **➜ Beratungskonsequenzen**
>
> Das Verschweigen steuerlich erheblicher Tatsachen führt zur Steuerhinterziehung! Man muss also dem Finanzamt **ungefragt alles sagen**, wovon man ausgehen muss, dass das Finanzamt es wissen will.
>
> Zieht das Finanzamt dann daraus Schlussfolgerungen, die man nicht hinnehmen will, muss man **Einspruch** einlegen (➲ Kapitel 126).
>
> Die FinVerw sieht für die ergänzenden Erläuterungen in den Vordrucken die **neue Kennzahl 23** (s. o., ➲ Kapitel 96.4.1) vor.

96.6.2 Zuordnung zum Unternehmensvermögen

Nach ständiger Rechtsprechung des EuGH und der Folgerechtsprechung des BFH ist über den Vorsteuerabzug sowohl dem Grunde als auch der Höhe nach **bei Leistungsbezug abschließend** zu entscheiden:

- Bei Prüfung der **Abzugsfähigkeit (§ 15 Abs. 1 UStG)** kommt es entscheidend darauf an, ob der Unternehmer im Zeitpunkt des Leistungsbezugs die Absicht hat, die bezogenen Leistungen für das Unternehmen zu verwenden.

- Bei Prüfung der **Abziehbarkeit (§ 15 Abs. 2 ff. UStG)** kommt es entscheidend darauf an, ob der Unternehmer im Zeitpunkt des Leistungsbezugs die Absicht hat, die Eingangsumsätze für solche Ausgangsumsätze zu verwenden, die den Vorsteuerabzug nicht ausschließen.

Maßgeblich ist die **Verwendungsabsicht** des Unternehmers, die allerdings **durch objektive Anhaltspunkte zu belegen** ist[685].

---

685 EuGH, Urteil vom 8.6.2000, Rs. C-396/98, Schlossstraße, BStBl. II 2003, 446 = UR 2000, 336; BFH, Urteil vom 22.2.2001, V R 77/96, BStBl. II 2003, 426.

96.6.2.1 Abzugsfähigkeit: BFH klärt den letztmöglichen Zeitpunkt der Zuordnungsentscheidung

In der Vergangenheit versagten die Finanzgerichte den Vorsteuerabzug des Mandanten immer wieder mit dem Hinweis, dass die Zuordnung zum Unternehmensvermögen »nicht rechtzeitig« erfolgt sei. Diese Praxis hat der BFH im Grundsatz immer wieder bestätigt, dabei zunächst aber immer offen gelassen, was unter »rechtzeitig« zu verstehen ist. Diese Frage ist nunmehr geklärt[686]:

> **§** **Rechtsgrundlagen**
>
> **BFH, Urteil vom 7.7.2011**
>
> 1. ...
> 2. Die sofort bei Leistungsbezug zu treffende Zuordnungsentscheidung ist »zeitnah«, d. h. bis spätestens im Rahmen der Jahressteuererklärung zu dokumentieren.
> 3. Keine »zeitnahe« Dokumentation der Zuordnungsentscheidung liegt vor, wenn die Zuordnungsentscheidung dem Finanzamt erst nach Ablauf der gesetzlichen Abgabefrist von Steuererklärungen (31. Mai des Folgejahres) mitgeteilt wird.

Das Urteil betrifft ein gemischt genutztes Grundstück. Vor der Neuregelung zum 1.1.2011 (§ 15 Abs. 1b, § 15a Abs. 6a UStG) konnte der Unternehmer auch den privat genutzten Teil dem Unternehmen zuordnen und den Vorsteuerabzug erhalten (»Seeling-Gestaltung« ➔ Kapitel 118). Aus dem Grundsatz des Sofortabzugs der Vorsteuer folgte, dass die Zuordnungsentscheidung schon bei Anschaffung oder Herstellung des Gegenstands zu treffen war (s. o.).

Wegen des (verfahrens- und materiell-rechtlich) vorläufigen Charakters der UStVA im Verhältnis zur Jahressteuerfestsetzung und weil nicht alle Unternehmer Voranmeldungen abgeben müssen, ist nach Auffassung des BFH die **allgemeine Abgabefrist für die** USt-*Jahres*erklärung die Grenze für eine (noch) **zeitnahe Dokumentation**. Denn auch nach dem im Urteilsfall gültigen Art. 22 Abs. 6 Buchst. a der 6. EG-RL (ab 1.1.2007: Art. 250 ff. MwStSystRL) mussten in der »Erklärung« des Steuerpflichtigen alle Angaben enthalten sein, »die für etwaige Berichtigungen von Bedeutung sind«. Darunter fällt auch die Dokumentation der bei Anschaffung oder Herstellung getroffenen Zuordnungsentscheidung, die Voraussetzung für den Vorsteuerabzug und ggf. für dessen Berichtigung ist. **Bis zum 31.7. des Folgejahres** muss daher für das FA erkennbar sein, dass z. B. das Gebäude dem Unternehmen (ganz) zugeordnet wird[687].

Eine zeitnahe Dokumentation der Zuordnungsentscheidung liegt damit nur dann vor, wenn diese bis zum **Ablauf der gesetzlichen Abgabefrist** für Steuererklärungen erfolgt. **Fristverlängerungen** für die Abgabe der Umsatzsteuer-Jahreserklärung verlängern nicht die »Dokumentationsfrist«. Auch wenn für die Umsatzsteuer-Jahreserklärung eine Fristverlängerung über den 31. Juli des Folgejahres hinaus gewährt wurde, muss

---

686   V R 42/09, DStR 2011,1949.
687   *Martin,* Anmerkungen zum Besprechungsurteil, BFH/NV, Online-Datenbank, HI 2761208.

die Dokumentation der Zuordnungsentscheidung bis spätestens zum 31. Juli des Folgejahres erfolgen[688].

 Beratungskonsequenzen

In der Praxis sollte der Berater weiterhin um eine **zeitnahe erkennbare Unternehmenszuordnung** bemüht sein – und zwar möglichst mit der nächst erreichbaren UStVA. Verlässt man sich insoweit auf die Jahreserklärung, läuft man Gefahr, dass diese unter Ausnutzens der Fristverlängerung erst nach dem 31. Juli des Folgejahres erstellt wird – und damit zu spät!

96.6.2.2 Abzugsfähigkeit in »Seeling-Fällen«: Auch weiterhin auf eine eindeutige Zuordnungsentscheidung achten!

Stimmt bei gemischt genutzten Grundstücken die spätere tatsächliche Verwendung nicht mit der ursprünglich beabsichtigten Verwendung überein, erfolgt eine Vorsteuerberichtigung nach § 15a UStG (… es sei denn, die Bagatellgrenzen des § 44 UStDV sind nicht überschritten). **Ausschließlicher Zweck des § 15a UStG** ist es, die Regelungen des § 15 Abs. 2 bis 4 UStG über die **Abziehbarkeit** der Vorsteuer aus Gründen der Steuergerechtigkeit zu ergänzen. Mit der Vorschrift lassen sich damit keine Probleme der **Abzugsfähigkeit** lösen. Damit erfordert auch die Anwendung des neuen § 15a Abs. 6a UStG zur Rechtswahrung des Mandanten eine zuvor eindeutige Zuordnungsentscheidung[689]. Zum **Muster für ein separates Begleitschreiben** vgl. ↪ Kapitel 118.7.3.

96.6.2.3 Immobilienprojekte: Voraussetzungen für den Vorsteuerabzug »finanzamtsgerecht« dokumentieren!

Der Vorsteuerabzug ist grundsätzlich nur dann möglich, wenn die Eingangsleistungen nicht für steuerfreie Umsätze verwendet werden (s. o.). Weil aber gerade typische Grundstücksumsätze wie Vermietungen und Veräußerungen zunächst einmal (ohne Option, § 9 UStG) steuerfrei erfolgen, können Unternehmer zu Beginn der Investitionsphase nicht ohne Weiteres den Vorsteuerabzug geltend machen. Die Finanzverwaltung prüft hier »mit einem strengen Prüfungsmaßstab[690] die mögliche Absicht einer steuerpflichtigen Nutzung (Hinweis auf die o. a. Rechtsprechungsnachweise). Bloße Behauptungen reichen hierzu nicht aus[691]. Vielmehr sind **objektive Anhaltspunkte** wie z. B.

- Mietverträge
- Zeitungsinserate
- Beauftragung eines Maklers

---

688 *Küffner/Zugmaier,* Anmerkungen zum Besprechungsurteil, DStR 2011, 1949, 1954.

689 So nunmehr auch BMF, Schreiben vom 22.6.2011, IV D 2 – S 7303-b/10/10001:001, 2011/0467333, BStBl. I 2011, 597.

690 Abschn. 15.12 Abs. 2 Satz 4 UStAE.

691 Abschn. 15.12 Abs. 2 Satz 3 UStAE.

- Schriftwechsel mit Interessenten
- Vertriebskonzepte
- Kalkulationsunterlagen

erforderlich, die »**regelmäßig einzelfallbezogen zu betrachten**« sind[692].

> **Bitte beachten Sie!**
> Damit besteht keine Garantie dafür, dass bestimmte Nachweise dem jeweils zuständigen Finanzamt tatsächlich dann auch immer genügen.

Verwendet der Mandant eine Immobilie **direkt nach Fertigstellung** sofort zu steuerpflichtigen Umsätzen (beispielsweise eine Lagerhalle für eigenbetriebliche Zwecke), ist der Nachweis einer für den Vorsteuerabzug unschädlichen Verwendungsabsicht zum Zeitpunkt des erstmaligen Leistungsbezugs meist unproblematisch.

 Beratungskonsequenzen

Unabhängig davon muss aber auch in diesen Fällen das Finanzamt **bereits in der Planungs- und Bauphase** davon überzeugt werden, dass steuerpflichtige Ausgangsleistungen beabsichtigt sind. Ansonsten wird das Finanzamt über den Vorsteuerabzug nicht rechtzeitig bzw. nicht wie gewünscht entscheiden, was die **Liquiditätssituation verschlechtert**.

Bereits bei **Abgabe der ersten Voranmeldung**, in der Eingangsleistungen für Grundstücksprojekte geltend gemacht werden, sollten die von der Finanzverwaltung geforderten »objektiven Anhaltspunkte« wie Mietverträge, Zeitungsinserate, Beauftragung eines Maklers, Schriftwechsel mit Interessenten, Vertriebskonzepte oder Kalkulationsunterlagen[693] beim Finanzamt eingereicht werden. Sollten die genannten Dokumente keine sicheren Schlüsse über die künftige Nutzung zulassen, könnten ggf. auch bauliche bzw. behördliche Unterlagen nützlich sein, aus denen sich die beabsichtigte Nutzung ergibt, z. B. Protokolle über Planungsgespräche oder Vorverträge mit Interessenten[694].

 Beratungskonsequenzen

1. Mit *Lehr*[695] ist zu empfehlen, der entsprechenden UStVA eine ausführliche **Dokumentationsmappe** über die beabsichtigte künftige Verwendung der Immobilie beizufügen.
2. Weisen Sie auf die Mappe in **Kz. 22 der (elektronischen) UStVA** hin (s. o., ➲ Kapitel 96.4.1).

---

692 Abschn. 15.12 Abs. 2 Satz 1 UStAE.
693 Vgl. Abschn. 15.12 Abs. 2 Satz 1 UStAE.
694 Vgl. *Lehr*, Praxishandbuch Umsatzsteuer, CD-ROM, HI 1465082.
695 *Lehr*, a. a. O.

Der **Mehraufwand lohnt sich**. Hat nämlich die Finanzverwaltung Ansatzpunkte für eine Prüfung/Sonderprüfung gefunden, lässt sie den Vorsteuerabzug zunächst meist nicht zu. Zudem bleibt der Anspruch auf Vorsteuerabzug selbst dann bestehen, wenn es später nicht zu den beabsichtigten Verwendungsumsätzen kommt[696].

In die Erstellung der Dokumentationsmappe sollte der Berater einen **bestimmten Mitarbeiter und/oder den Mandanten selbst einbinden** und deren **Arbeit systematisieren**.

✅ Checkliste

Dokumentation der Verwendungsabsicht

Möglichst viele der folgenden Unterlagen sollten vorhanden sein. Ist das im Mandantenfall so?	Ja (✓)	Nein – noch nicht, wird aber zu besorgen versucht! (✓)	Nein – kann nicht besorgt werden oder passt nicht zum Mandantenfall! (✓)
Mietverträge (bereits abgeschlossen)			
Mietverträge (Vorverträge)			
Mietverträge (Maklerauftrag)			
Zeitungsinserate			
Mietinteressenten (Schriftwechsel)			
Mietinteressenten (Besichtigungsprotokolle)			
Kalkulationsunterlagen etc. (z. B. für die Bank)			
Vermarktungskonzepte (bei größeren Einheiten wie Ärztehäusern, Shopping-Centern oder Gewerbeparks)			
Protokolle über Planungsgespräche (z. B. mit dem Architekten)			
Protokolle über Beratungsgespräche (z. B. Aktenvermerke von Steuer- oder Unternehmensberatern)			
Dokumentationsmappe für Finanzamt angelegt			[Sollte **immer** angelegt werden!]

96.6.3   Rechtzeitige Abgabe der UStVA sicherstellen!

Härtere Zeiten drohen Unternehmern, die ihre regelmäßigen Steueranmeldungen, etwa bei der Umsatzsteuer oder Lohnsteuer, nicht rechtzeitig abgeben. Nach einer recht neuen Verwaltungsrichtlinie (namentlich AStBV, hier Nr. 132 Abs. 1 – Anweisungen für das Straf- und Bußgeldverfahren 2012) für die Finanzämter sollen künftig solche **verspäteten Erklärungen sogleich an die Strafsachenstelle zugeleitet** werden. Damit droht für viele Steuerpflichtige eine erhebliche Eskalation des Steuerverfahrens.

---

696   BFH, Urteil vom 17.5.2001, V R 38/00, BStBl. II 2003, 434.

»Es bleibt zu hoffen, dass die Finanzverwaltung weiterhin in kleinen Fällen mit Augenmaß vorgeht«, appelliert Rechtsanwalt und Steuerberater Markus Deutsch, Leiter der Öffentlichkeitsarbeit des Deutschen Steuerberaterverbandes e. V. (DStV)[697].

Zwar stellte auch bisher eine verzögerte Abgabe einer Steuererklärung nach allgemeiner Meinung eine »Steuerhinterziehung auf Zeit« dar. Dies gilt unverändert aber nur, wenn der Steuerpflichtige vorsätzlich die Zahlung durch Abgabe der Steuererklärung nach Ablauf der Frist verzögert. In vielen Fällen beruht aber die Verspätung auf anderen Gründen, wie Krankheit, fehlenden Unterlagen oder schlichtweg Vergessen.

In diesem Sinne verzichtete eine frühere Version der genannten Anweisung (AStBV 2009) ausdrücklich auf die automatische Einschaltung der Straf- und Bußgeldstelle, sofern Steueranmeldungen im Finanzamt nicht rechtzeitig eingingen.

96.6.4 Zur Besteuerung von »Sach-Anzahlungen«

Im Rahmen eines Tauschs oder tauschähnlichen Umsatzes können auch die **Anzahlungen in Lieferungen oder sonstigen Leistungen** bestehen. Nach dem Ergebnis der Erörterungen mit den obersten Finanzbehörden der Länder ist dabei eine Lieferung oder sonstige Leistung bereits in dem Zeitpunkt als Entgelt oder Teilentgelt i. S. d. § 13 Abs. 1 Nr. 1 Buchst. a Satz 4 UStG anzusehen, **wenn dem Leistungsempfänger ihr wirtschaftlicher Wert zufließt**. Für eine Vereinnahmung i. S. d. Vorschrift durch den Leistungsempfänger ist es daher in diesen Fällen nicht erforderlich, dass die Leistung selbst bereits als ausgeführt gilt und die Steuer hierfür nach § 13 Abs. 1 Nr. 1 Buchst. a Satz 1 UStG entstanden ist[698]. Die Problematik verdeutlicht *Kräeusel*[699] an einem Beispiel.

Beispiel

Unternehmer U überlässt Gemeinde G für die Dauer von 5 Jahren ein mit einem Werbeaufdruck versehenes Kfz (= Fahrzeugüberlassung). G verpflichtet sich, das Fahrzeug für die Dauer der Nutzungsüberlassung im öffentlichen Raum zu bewegen (= Werbeleistung). Teilleistungen werden nicht vereinbart.

Zu prüfen ist, ob

- sich die im Rahmen eines tauschähnlichen Umsatzes erbrachten **Leistungen und Gegenleistungen stets ausgeglichen** gegenüberstehen und

- daher **mit Ablauf eines jeden Voranmeldungszeitraums eine Anzahlungsbesteuerung** nach § 13 Abs. 1 Nr. 1 Buchst. a Satz 4 UStG für die Fahrzeugüberlassung auslösen.

---

697 Deutscher Steuerberaterverband e. V. (DStV), Pressemitteilung vom 9.1.2012 (PM 2/12), StBdirekt-Nr. 012598.

698 BMF, Schreiben vom 15.4.2011, IV D 2 – S 7270/10/10001, 2011/0304805); Abschnitt 13.5 Abs. 2 UStAE wurde mit diesem Schreiben entsprechend geändert.

699 UVR 2011, 135.

Dabei ist zu beachten, dass die Gegenleistung für die Fahrzeugüberlassung – also die Werbeleistung – erst mit Ablauf des gesamten Nutzungszeitraums als ausgeführt gilt[700]. Daraus könnte sich ergeben, dass die Werbeleistung bei G noch nicht (vollständig) abgeflossen ist und somit bei R auch noch nicht zugeflossen sein kann (»Ohne Abfluss kein Zufluss!«).

Die Umsatzsteuer entsteht grundsätzlich mit Ablauf des Voranmeldungszeitraums, in dem die Leistungen oder Teilleistungen ausgeführt worden sind[701]. Wird das Entgelt oder ein Teil des Entgelts vereinnahmt, bevor die Leistung oder Teilleistung ausgeführt worden ist, entsteht die USt abweichend hiervon mit Ablauf des Voranmeldungszeitraums, in dem das Entgelt oder Teilentgelt vereinnahmt worden ist[702].

 Beratungskonsequenzen

Dabei kann auch die Anzahlung selbst in einer Lieferung oder sonstigen Leistung bestehen!

Die genannten Tatbestände der Steuerentstehung – **nämlich Sätze 1 u. 2 einerseits und Satz 4 andererseits** – haben unterschiedliche Besteuerungsansätze:

- § 13 Abs. 1 Nr. 1 Buchst. a Sätze 1 u. 2 UStG machen die Besteuerung an der **Ausführung** der Leistung fest;
- § 13 Abs. 1 Nr. 1 Buchst. a Satz 4 UStG stellt auf die **Vereinnahmung** des Entgelts ab.

Abschn. 3.1 Abs. 3 Satz 1 UStAE knüpft an § 13 Abs. 1 Nr. 1 Buchst. a Satz 1 UStG an und regelt, dass sonstige Leistungen grundsätzlich im Zeitpunkt ihrer Vollendung ausgeführt werden. Die im vorliegenden Fall erbrachten Leistungen »Fahrzeugüberlassung« und »Werbeleistung« werden demnach mit Ablauf des Vertragszeitraums ausgeführt.

 Beratungskonsequenzen

Wenngleich die Steuer für diese Leistungen nach § 13 Abs. 1 Nr. 1 Buchst. a Satz 1 UStG insgesamt nicht vor Ende des Vertragszeitraums entsteht, schließt dies nicht aus, dass die Leistenden **sukzessiv die wirtschaftlichen Vorteile** »anteilige Werbeleistung« bzw. »anteilige Fahrzeugüberlassung« vereinnahmen. Diese wiederum lösen für die jeweils spiegelbildlich erbrachte Leistung eine Anzahlungsbesteuerung nach § 13 Abs. 1 Nr. 1 Buchst. a Satz 4 UStG aus.

---

700 Vgl. Abschn. 13.1 Abs. 3 UStAE.
701 § 13 Abs. 1 Nr. 1 Buchst. a Sätze 1 u. 2 UStG.
702 § 13 Abs. 1 Nr. 1 Buchst. a Satz 4 UStG.

96.7 Die Meldung nach der FzgLiefgMeldV

Schon lange Pflicht, in der Praxis aber immer wieder übersehen. Insbesondere Kfz-Händler, die

- neue Fahrzeuge
- in einen anderen EU-Mitgliedstaat
- an einen Käufer ohne USt-IdNr.

liefern, haben **seit dem 1.7.2010** eine besondere Meldepflicht[703].

96.7.1 Das bisherige Problem

Veräußert ein Kfz-Händler ein neues Fahrzeug (➜ Kapitel 62.4) in ein anderes EU-Land, ist der Verkauf auch dann umsatzsteuerfrei, wenn der Kunde keine USt-IdNr. hat (§ 6a Abs. 1 Nr. 2 Buchst. c UStG ➜ Kapitel 62.5.3) hat.

Der Kunde muss im Gegenzug im Bestimmungsland einen innergemeinschaftlichen Erwerb versteuern (im deutschen Recht nach § 1b UStG). Dies konnte die Finanzverwaltung des Bestimmungslandes bislang nicht kontrollieren, weil Fahrzeugverkäufe an Abnehmer ohne USt-IdNr. nicht in die Zusammenfassende Meldung (➜ Kapitel 98) eingehen.

96.7.2 Die Lösung: Elektronische Meldung ans BZSt

Seit dem 1.7.2010 ist das BZSt daher über derartige Geschäfte in einer **Art »Zusammenfassende Meldung«** gesondert zu informieren. Die Meldung soll sicherstellen, dass der Kunde im Gegenzug im Bestimmungsland einen innergemeinschaftlichen Erwerb versteuert. Dazu übermittelt das BZSt die Daten an die ausländische Finanzbehörde, die dann die Erwerbsbesteuerung überprüfen kann.

96.7.3 Einzelmeldungen erforderlich – Checkliste

Jedes Fahrzeug ist **gesondert** zu melden[704]. Meldezeitraum ist das **Kalendervierteljahr**. Die Meldung erfolgt für den **Meldezeitraum**, in dem das Fahrzeug geliefert worden ist und ist bis zum 10. Tag nach Ablauf des Meldezeitraums abzugeben. Wird für die UStVA eine **Dauerfristverlängerung** gewährt, gilt diese auch für die neue Meldepflicht. Die Meldung muss **folgende Angaben** enthalten[705]:

---

703 Fahrzeuglieferungs-Meldepflichtverordnung – FzgLiefgMeldV, BGBl. I 2009, 630.
704 § 1 Abs. 1 Satz 2 FzgLiefgMeldV.
705 § 1 Abs. 1 Satz 3 FzgLiefgMeldV.

Checkliste

Pflichtangaben nach der FzgLiefgMeldV

- Name, Anschrift, Steuernummer und USt-IdNr. des Lieferers
- Name und Anschrift des Erwerbers
- Datum der Rechnung
- Bestimmungsmitgliedstaat
- Entgelt (Kaufpreis)
- Art des Fahrzeugs (Land-, Wasser- oder Luftfahrzeug)
- Fahrzeughersteller und Fahrzeugtyp (Typschlüsselnummer)
- Datum der ersten Inbetriebnahme, wenn vor Rechnungsdatum
- Kilometerstand
- Kraftfahrzeug-Identifizierungs-Nummer

96.7.4 Sanktionen bei Verstoß gegen die Meldepflicht

Ein Verstoß gegen die Meldepflicht kann mit einer **Geldbuße in Höhe von 5.000 €** geahndet werden (§ 26a UStG).

96.7.5 Details zur Meldung

 Hinweis

- Muster einer Meldung an das BZSt
- Zusammenstellung von zu der Meldung oft gestellten Fragen und den dazugehörigen Antworten (»FAQs«).

➲ mybookplus.de > Wichtiges aus anderen Behörden

Weitere Informationen erhalten Sie auf der **Homepage des BZSt**[706].

96.7.6 Auswirkungen auf die UStVA 2024

Zeilen 19 und 20 des Vordrucks, Kz. 44 und 49

Sind Fahrzeuglieferungen aufgrund der FzgLiefgMeldV zu melden, sind die nämlichen Bemessungsgrundlagen auch in der UStVA anzugeben.

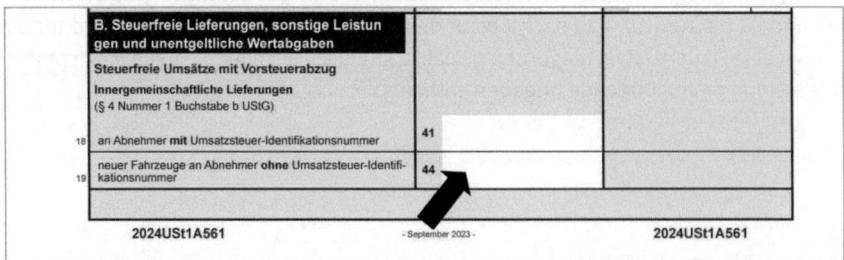

Formular: 2024USt1A561

---

706 https://www.bzst.de/DE/Unternehmen/Umsatzsteuer/ZusammenfassendeMeldung/
zusammenfassendemeldung_node.html.

Steuernummer		- 2 -			
		Bemessungsgrundlage ohne Umsatzsteuer		Steuer	
		EUR		EUR	Ct
20	neuer Fahrzeuge außerhalb eines Unternehmens (§ 2a UStG)	49			
	Weitere steuerfreie Umsätze mit Vorsteuerabzug				
21	z. B. **Ausfuhrlieferungen**, Umsätze nach § 4 Nummer 2 bis 7 UStG				
	Steuerfreie Umsätze ohne Vorsteuerabzug				
22	z. B. Umsätze nach § 4 Nummer 8 bis 29 UStG	48			
	C. Innergemeinschaftliche Erwerbe				

Formular: 2024USt1A562

96.8 Fallsammlung internationale Umsätze

 Hinweis

Eintragung in die Vordrucke zur UStVA 2023 ➲ Kapitel 104

96.9 »MOSS« und »OSS« als vereinfachte Besteuerungsverfahren

 Hinweis

Hinzuweisen ist auf zwei Verfahrungsvereinfachungen:
- »MOSS« (*Mini-One-Stop-Shop*) für E-Leistungen bis zum 30.6.2021 ➲ Kapitel 90
- »OSS« (*One-Stop-Shop*) für am Ort des Verbrauchs ausgeführte Dienstleistungen an Nichtunternehmer mit Sitz oder Wohnsitz im Gemeinschaftsgebiet **ab 1.7.2021** ➲ Kapitel 91

97 Seit 1.7.2021: One-Stop-Shop (OSS), EU-Regelung

§ **Rechtsgrundlagen**

- UStG: § 18j
- MwStSystRL: Art. 369a ff. i. V. m. »Mehrwertsteuer-Digitalpaket« (VO (EU) 2017/2454 vom 5.12.2017, ABl. 2017 L 348, 1; RL (EU) 2017/2455 vom 5.12.2017, ABl. 2017 L 348, 7; RL (EU) 2019/1995 vom 21.11.2019, ABl. 2017 L 310, 1; DVO (EU) 2019/2026 vom 21.11.2019, ABl. 2019 L 313, 14)

 Vordrucke

EU, Kontaktdaten der Mitgliedstaaten und weitere Informationen zur Sonderregelung
➲ mybookplus.de > Wichtiges aus anderen Behörden

Die nachfolgenden Ausführungen bauen auf den Erläuterungen des BZSt[707] auf und ergänzen, erläutern oder kürzen diese, soweit dies erforderlich oder geboten erscheint.

97.1   Hintergrund

Das Verfahren Mini-One-Stop-Shop (➲ Kapitel 90) wurde zum 1.7.2021 durch das Verfahren One-Stop-Shop, EU-Regelung abgelöst. Der **Anwendungsbereich der Sonderregelung wurde deutlich erweitert** und umfasst

- alle in anderen Mitgliedstaaten erbrachten Dienstleistungen, deren Leistungsort sich nach dem Ort des Verbrauchs richtet,
- die innergemeinschaftlichen Fernverkäufe sowie
- bestimmte im Inland erbrachte Umsätze durch elektronische Schnittstellen.

Der **Ort der Leistung** richtet sich bei

- den in den Anwendungsbereich der Sonderregelung fallenden sonstigen Leistungen grundsätzlich nach dem Wohnsitz oder gewöhnlichen Aufenthaltsort des Leistungsempfängers bzw.
- den innergemeinschaftlichen Fernverkäufen nach dem Ort, an dem sich der Gegenstand bei Beendigung der Beförderung oder Versendung an den Erwerber befindet

(Bestimmungslandprinzip). Damit erfolgt die Umsatzbesteuerung dieser Leistungen grundsätzlich am **Verbrauchsort.** Eine Ausnahmeregelung für Unternehmer mit kleinen und mittleren Umsätzen (➲ s. u., Kapitel 97.8).

Als Folge hiervon müssen sich Unternehmer, für die die Ausnahmeregelung für Unternehmer mit kleinen und mittleren Umsätzen nicht gilt oder die auf die Ausnahmeregelung verzichtet haben,

- entweder in den Mitgliedstaaten, in denen sie die genannten Leistungen ausführen, umsatzsteuerlich erfassen lassen und dort ihren Melde- und Erklärungspflichten nachkommen oder
- die Vereinfachungsmöglichkeit durch die Sonderregelung One-Stop-Shop, EU-Regelung in Anspruch nehmen.

➜ Beratungskonsequenzen

Der OSS ermöglicht es dem Unternehmer, im EU-Ausland geschuldete Umsatzsteuer zentral zu erklären und abzuführen. Die Meldepflichten erfüllt er über den OSS. Dieser steht über die Homepage des BZSt zur Verfügung.

Damit entfällt die – teure (s. o.) – Pflicht, sich jeweils in den einzelnen EU-Staaten umsatzsteuerlich zu registrieren.

Alternativ besteht weiterhin die Möglichkeit, sich im jeweiligen EU-Bestimmungsland umsatzsteuerlich zu registrieren und entsprechend Umsatzsteuererklärungen

---

707 Homepage des BZSt (www.bzst.de), Abfrage am 7.3.2024.

abzugeben. Wegen der damit verbundenen Kosten wird das aber nur selten Sinn machen.

97.2 Inkrafttreten

Die Regelungen zum One-Stop-Shop, EU-Regelung sind am 1.7.2021 in Kraft getreten. Umsätze, die in den Anwendungsbereich der Sonderregelung fallen und nach dem 30.6.2021 erbracht werden, können von registrierten Unternehmern im Rahmen der Sonderregelung erstmals für den Besteuerungszeitraum 3. Quartal 2021 erklärt werden. Vorab-Registrierungen für die Sonderregelung waren bereits seit dem 1.4.2021 möglich.

Die Sonderregelung One-Stop-Shop, EU-Regelung löst das Vorgängerverfahren Mini-One-Stop-Shop ab und bietet einen deutlich erweiterten Anwendungsbereich (siehe Ausführungen ➲ Kapitel 62a.3 «Adressatenkreis»). Das Vorgängerverfahren Mini-One-Stop-Shop kann von registrierten Unternehmer für Umsätze genutzt werden, die bis zum 30.6.2021 erbracht wurden.

 Beratungskonsequenzen

Eine erneute Registrierung dieser Unternehmer für die Sonderregelung One-Stop-Shop, EU-Regelung ist nicht erforderlich (➲ s. u., Kapitel 97.5).

97.3 Adressatenkreis

Das Verfahren richtet sich an **Unternehmer, die im Inland ansässig sind** und gegen Entgelt

*   Dienstleistungen an Privatpersonen in Mitgliedstaaten der Europäischen Union erbringen, in denen sie nicht ansässig sind oder

*   innergemeinschaftliche Fernverkäufe von Gegenständen tätigen oder

*   eine elektronische Schnittstelle zur Verfügung stellen, durch deren Nutzung sie die Lieferung von Gegenständen innerhalb eines Mitgliedstaats durch einen nicht in der Gemeinschaft ansässigen Steuerpflichtigen unterstützen und deshalb behandelt werden als ob sie die Gegenstände selbst geliefert hätten.

Darüber hinaus richtet sich das Verfahren an **Unternehmer, die nicht in der EU ansässig sind** und im Inland über eine Einrichtung wie z. B. ein Warenlager verfügen, von der aus Waren an Privatpersonen in anderen EU-Mitgliedstaaten geliefert werden.

Zu den Begriffen »innergemeinschaftliche Fernverkäufe« und »elektronische Schnittstelle« finden Sie erste Erläuterungen in ➲ Kapitel 97.11, FAQ 1 und FAQ 2; ausführlich zu Fernverkäufen Kapitel 56.

Für Unternehmer mit kleinen und mittleren Umsätzen können die Erläuterungen in ➲ Kapitel 97.8 von Interesse sein.

97.4   Vorteile der Sonderregelung

Der One-Stop-Shop ermöglicht es Unternehmern, ihre unter die Sonderregelung fallenden Umsätze

- in einer besonderen Steuererklärung zu erklären,
- diese Steuererklärung zentral über das BZSt auf elektronischem Weg zu übermitteln und
- die sich ergebende Steuer insgesamt zu entrichten.

Beratungskonsequenzen
Damit entfällt die – teure (s. o.) – Pflicht, sich jeweils in den einzelnen EU-Staaten umsatzsteuerlich zu registrieren ➲ Kapitel 97.1

97.5   Registrierung und Abmeldung

Unternehmer, die **bereits für das Vorgängerverfahren Mini-One-Stop-Shop registriert** sind, nehmen automatisch an der Sonderregelung One-Stop-Shop, EU-Regelung teil.

Andere Unternehmer müssen, um an der Sonderregelung teilzunehmen, ihre Teilnahme auf elektronischem Weg unter Angabe ihrer USt-IdNr. beim BZSt beantragen.

Bei umsatzsteuerlichen **Organschaften** muss die Teilnahme an der Sonderregelung durch den Organträger unter dessen USt-IdNr. beantragt werden.

Beratungskonsequenzen
Die Teilnahme gilt **einheitlich für alle Mitgliedstaaten** der EU.

Registrierungsbeginn ist grundsätzlich der erste Tag des Kalendervierteljahres, das auf die Antragstellung folgt.

Für die Sonderregelung registrierte Unternehmer können im BZStOnline-Portal

- ihre Registrierungsdaten ändern,
- ihre Steuererklärungen übermitteln sowie
- sich vom Verfahren abmelden.

Ein **Widerruf der Teilnahme** ist grundsätzlich unter Einhaltung einer Widerrufsfrist von 15 Tagen zum Beginn eines neuen Besteuerungszeitraums (Kalendervierteljahr) mit Wirkung ab diesem Zeitraum möglich.

97.6   Elektronische Datenübermittlung

Alle Formulare im Verfahren One-Stop-Shop sind aufgrund gesetzlicher Vorgaben an das BZSt auf elektronischem Weg zu übermitteln.

97.7 Pflichten

Mit der Teilnahme an der Sonderregelung sind verschiedene Pflichten verbunden. Einige grundlegende Pflichten sind nachstehend erläutert.

97.7.1 Fristgerechte Abgabe der Steuererklärung

Die Steuererklärung ist bis zum Ende des Monats, der auf den Ablauf des Besteuerungszeitraums (Kalendervierteljahr) folgt, elektronisch dem BZSt zu übermitteln. Die Steuererklärung ist somit zu übermitteln für das

- I. Kalendervierteljahr bis zum 30. April,
- II. Kalendervierteljahr bis zum 31. Juli,
- III. Kalendervierteljahr bis zum 31. Oktober,
- IV. Kalendervierteljahr bis zum 31. Januar des Folgejahres.

Auch wenn keine Umsätze im betreffenden Kalendervierteljahr ausgeführt wurden, ist eine Steuererklärung (**sogenannte Nullmeldung**) zu den angegebenen Terminen abzugeben.

97.7.2 Fristgerechte Zahlung der angemeldeten Steuern

Die im Verfahren One-Stop-Shop erklärten Steuerbeträge müssen so rechtzeitig überwiesen werden, dass die Zahlung bis zum Ende des Monats, der auf den Ablauf des Besteuerungszeitraums (Kalendervierteljahr) folgt, bei der zuständigen Bundeskasse eingegangen ist.

Ein Lastschrifteinzug ist nicht möglich. Die Bankverbindung der Bundeskasse finden Sie nachfolgend in ➲ Kapitel 97.9

97.7.3 Änderung der Registrierungsdaten

Der registrierte Unternehmer muss Änderungen seiner Registrierungsdaten spätestens am zehnten Tag des Monats, der auf die Änderung der Verhältnisse folgt, dem BZSt auf elektronischem Weg mitteilen. Änderungen des Firmennamens und der Anschrift sind jedoch ausschließlich dem zuständigen Finanzamt zu melden.

Im Falle einer Änderung der Daten müssen sämtliche Registrierungsdaten nach dem aktuellen Stand angegeben werden.

Registrierungsdaten können innerhalb von drei Jahren nach Wirksamwerden der Abmeldung von der Sonderregelung geändert werden.

Für die Änderung der Registrierungsdaten steht unter der Rubrik »Formulare« ein Änderungsformular im BZStOnline-Portal zur Verfügung.

97.7.4   Abmeldung von der Sonderregelung

Der registrierte Unternehmer muss sich in den folgenden Fällen spätestens am zehnten Tag des auf den Eintritt der Änderung folgenden Monats von der Teilnahme an der Sonderregelung abmelden:

- Einstellung der Leistungserbringung
- Wegfall der Teilnahmevoraussetzungen in allen EU-Mitgliedstaaten
- Registrierung in einem anderen EU-Mitgliedstaat wegen Wegfalls der Teilnahmevoraussetzungen in Deutschland (z. B. nach Verlegung des Sitzes oder nach Schließen einer Betriebsstätte im Inland)

Für die Abmeldung von der Sonderregelung steht unter der Rubrik »Formulare« ein Abmeldeformular im BZStOnline-Portal zur Verfügung.

97.7.5   Aufzeichnungspflichten

Über die im Rahmen der Sonderregelung getätigten Umsätze sind Aufzeichnungen zu führen, die es ermöglichen Steuererklärung und Zahlungen auf Richtigkeit zu prüfen.

Die Aufzeichnungen müssen

- dem BZSt,
- dem zuständigen Finanzamt bzw.
- den zentral zuständigen Behörden der übrigen EU-Mitgliedstaaten

auf Anforderung auf elektronischem Weg zur Verfügung gestellt werden.

Die **Aufbewahrungsfrist** für die Aufzeichnungen beträgt zehn Jahre.

97.8   Ausnahmeregelung für Unternehmer mit kleinen und mittleren Umsätzen

Für die in den Anwendungsbereich der Sonderregelung One-Stop-Shop, EU-Regelung fallenden Umsätze gilt der Grundsatz, dass sich der Ort der Leistung bei

- Telekommunikations-, Rundfunk- und Fernsehdienstleistungen oder auf elektronischem Weg erbrachten Dienstleistungen nach dem Wohnsitz des (privaten) Leistungsempfängers bzw.
- innergemeinschaftlichen Fernverkäufen nach dem Ort, an dem sich der Gegenstand bei Beendigung der Beförderung oder Versendung an den Erwerber befindet,

richtet (Bestimmungslandprinzip ➲ Kapitel 97.1). Zu diesem **Grundsatz des Bestimmungslandprinzips** gibt es eine Ausnahmeregelung für Unternehmer mit kleinen und mittleren Umsätzen.

97.8.1 Inhalt und Auswirkungen der Ausnahmeregelung

Die dem Grunde nach in den Anwendungsbereich der Sonderregelung One-Stop-Shop, EU-Regelung fallenden Umsätzen **gelten als im Inland erbrachte Umsätze,** wenn folgende Voraussetzungen erfüllt sind:

1. Der leistende Unternehmer ist in nur einem Mitgliedstaat der EU ansässig.

2. Bei den erzielten Umsätzen handelt es sich um

   – Telekommunikations-, Rundfunk- und Fernsehdienstleistungen oder auf elektronischem Weg erbrachte Dienstleistungen oder

   – innergemeinschaftliche Fernverkäufe.

3. Der Gesamtbetrag – ohne Mehrwertsteuer - der unter 2. genannten Umsätze, die dem Grunde nach unter die Sonderregelung fallen und durch Verkäufe an private Leistungsempfänger in anderen EU-Mitgliedstaaten erzielt werden, überschreitet im laufenden Kalenderjahr nicht 10.000 EUR und hat dies auch im vorangegangenen Kalenderjahr nicht getan.

Für die Beurteilung des Leistungsorts im Jahr 2021 sind auch die vorgenannten sonstigen Leistungen und innergemeinschaftlichen Fernverkäufe einzubeziehen, die im Kalenderjahr 2020 und im ersten Halbjahr 2021 ausgeführt wurden.

Gelten Umsätze als im Inland erbrachte Umsätze, sind sie – sofern sich aus den nachstehenden Absätzen nichts anderes ergibt – **mit dem im Inland geltenden Steuersatz** in Rechnung zu stellen und beim zuständigen Finanzamt zu erklären. **Sobald in einem Kalenderjahr der Schwellenwert von 10.000 EUR überschritten wird,** richtet sich der Leistungsort bei den oben genannten Dienstleistungen nach dem Wohnsitz des (privaten) Leistungsempfängers bzw. bei innergemeinschaftlichen Fernverkäufen nach dem Ort, an dem sich der Gegenstand bei Beendigung der Beförderung oder Versendung an den Erwerber befindet (Bestimmungslandprinzip).

97.8.2 Verzicht auf die Anwendung der Ausnahmeregelung

Unternehmer, die die oben genannten Voraussetzungen erfüllen, können gleichwohl gegenüber ihrem Finanzamt erklären, dass sie auf die Anwendung der Ausnahmeregelung verzichten.

Die Erklärung bindet den Unternehmer für mindestens zwei Kalenderjahre. Unternehmer, die auf die Anwendung der Ausnahmeregelung verzichten und an der Sonderregelung teilnehmen möchten, müssen eine Registrierungsanzeige auf elektronischem Weg an das BZSt übermitteln. Hierbei ist zu beachten, dass die Registrierung grundsätzlich erst zum Beginn des auf die Registrierungsanzeige folgenden Kalenderquartals wirksam wird.

Folge des Verzichts auf die Anwendung der Ausnahmeregelung ist, dass sich der Ort der Leistung bei Telekommunikations-, Rundfunk- und Fernsehdienstleistungen oder auf elektronischem Weg erbrachten Dienstleistungen nach dem Wohnsitz des (privaten) Leistungsempfängers bzw. bei innergemeinschaftlichen Fernverkäufen nach dem Ort, an dem sich der Gegenstand bei Beendigung der Beförderung oder Versendung an den Erwerber befindet, richtet (Bestimmungslandprinzip).

97.9 Bankverbindung

Die im Verfahren One-Stop-Shop erklärten Steuerbeträge müssen auf das folgende Konto überwiesen werden. Ein Lastschrifteinzug ist nicht möglich.

- **Zahlungsempfänger:** Bundeskasse Trier Sonderkonto EU/UST
- **Bankname:** Deutsche Bundesbank Filiale Saarbrücken
- **BIC Code:** MARKDEF1590
- **IBAN:** DE81 5900 0000 0059 0010 20

Als Verwendungszweck ist bei der **erstmaligen** Zahlung die Referenznummer anzugeben. Diese hat das Format DE/USt-IdNr./Besteuerungszeitraum in der Form QN.YYYY.

> **Beispiel**
> … für eine Referenznummer: DE/DE999999999/Q3.2021

Nach der erstmaligen Zahlung wird jedem Unternehmer ein **Kassenzeichen** mitgeteilt, das bei allen weiteren Zahlungen im Verfahren One-Stop-Shop, EU-Regelung als Verwendungszweck anzugeben ist.

Bei Zahlungen, die außerhalb des SEPA-Raumes kommen, ist zu berücksichtigen, dass die Kosten des Zahlungsverkehrs zu Lasten des Unternehmers gehen (Gebührenregelung 'our').

97.10 Vorsteuern

Der Unternehmer kann Vorsteuern, die ihm für Vorleistungen in EU-Mitgliedstaaten in Rechnung gestellt werden, in denen er **ausschließlich** unter die Sonderregelung fallende Umsätze erbracht hat, nur im Vorsteuer-Vergütungsverfahren geltend machen.

Voraussetzung ist, dass die Vorsteuerbeträge in Zusammenhang mit diesen Umsätzen stehen. Die Vorsteuervergütung ist in dem Mitgliedstaat geltend zu machen, in dem die Vorsteuerbeträge angefallen sind (➲ Kapitel 120).

Erbringt der Unternehmer **noch andere Umsätze in diesem EU-Mitgliedstaat** und muss er sich deshalb ohnehin dort für Umsatzsteuerzwecke erfassen lassen, hat er die Vorsteuerbeträge dagegen dort insgesamt im allgemeinen Besteuerungsverfahren geltend zu machen.

97.11 »FAQ« – Die häufigsten Fragen und Antworten

FAQ 1: Was sind innergemeinschaftliche Fernverkäufe?

Innergemeinschaftliche Fernverkäufe von Gegenständen sind nach Art. 14 Abs. 4 MwSt-SystRL Lieferungen von Gegenständen, die durch den Lieferer oder für dessen Rechnung von einem anderen Mitgliedstaat als dem der Beendigung der Versendung oder Beförderung an den Erwerber aus versandt oder befördert werden, einschließlich jene, an deren Beförderung oder Versendung der Lieferer indirekt beteiligt ist, sofern folgende Bedingungen erfüllt sind:

a) Die Lieferung der Gegenstände erfolgt an einen Steuerpflichtigen oder eine nicht-steuerpflichtige juristische Person, deren innergemeinschaftliche Erwerbe von Gegenständen gemäß Art. 3 Abs. 1 MwStSystRL nicht der Mehrwertsteuer unterliegen, oder an eine andere nichtsteuerpflichtige Person;

b) Die gelieferten Gegenstände sind weder neue Fahrzeuge noch Gegenstände, die mit oder ohne probeweise Inbetriebnahme durch den Lieferer oder für dessen Rechnung montiert oder installiert geliefert werden.

Die nationalen Regelungen zu innergemeinschaftlichen Fernverkäufen finden Sie in § 3c Abs. 1 Satz 2 und 3 und Abs. 5 UStG ➲ Kapitel 56.

FAQ 2: Was ist eine elektronische Schnittstelle?

Nach Art. 14a Abs. 2 MwStSystRL werden Steuerpflichtige, die die Lieferung von Gegenständen innerhalb der Gemeinschaft durch einen nicht in der Gemeinschaft ansässigen Steuerpflichtigen an eine nicht steuerpflichtige Person durch die Nutzung einer elektronischen Schnittstelle unterstützen, so behandelt, als ob sie diese Gegenstände selbst erhalten und geliefert hätten.

Als elektronische Schnittstelle sind

- ein elektronischer Marktplatz,
- eine Plattform,
- ein Portal oder
- Ähnliches

anzusehen. Der Begriff »unterstützen« bezeichnet nach Art. 5b der Durchführungsverordnung (EU) Nr. 282/2011 die Nutzung einer elektronischen Schnittstelle, um es einem Erwerber und einem Lieferer, der über eine elektronische Schnittstelle Gegenstände zum Verkauf anbietet, zu ermöglichen, in Kontakt zu treten, woraus eine Lieferung von Gegenständen über die elektronische Schnittstelle an diesen Erwerber resultiert.

Ein Steuerpflichtiger unterstützt die Lieferung von Gegenständen jedoch dann nicht, wenn alle folgenden Voraussetzungen erfüllt sind:

a) Er legt weder unmittelbar noch mittelbar irgendeine der Bedingungen für die Lieferung der Gegenstände fest;

b) er ist weder unmittelbar noch mittelbar an der Autorisierung der Abrechnung mit dem Erwerber bezüglich der getätigten Zahlung beteiligt;

c) er ist weder unmittelbar noch mittelbar an der Bestellung oder Lieferung der Gegenstände beteiligt.

Die nationalen Regelungen zur elektronischen Schnittstelle finden Sie in § 3 Abs. 3a Satz 1 und 3 UStG in der ab 1.7.2021 geltenden Fassung ➲ Kapitel 58.

FAQ 3 Wo finde ich weitergehende Informationen zur Anwendung der Sonderregelung?

Weitergehende Informationen zur Anwendung der Sonderregelung finden Sie in Abschn. 3.1, 3a.1, 3c.1 und 18j.1 UStAE. Detaillierte Informationen zur Sonderregelung One-Stop-Shop, EU-Regelung und anderen Sonderregelungen hat die Europäische Union auf ihrer Internetseite veröffentlicht (https://ec.europa.eu).

FAQ 4: Kann ein registrierter Unternehmer von diesem Verfahren ausgeschlossen werden?

Unternehmer, die ihren Verpflichtungen aus der Teilnahme an diesem Verfahren wiederholt nicht oder nicht rechtzeitig nachkommen, werden vom BZSt von diesem Verfahren ausgeschlossen.

➡ **Beratungskonsequenzen**

Ein Ausschluss ist teuer! Für den Unternehmer entsteht in diesem Fall die Pflicht, sich jeweils in den einzelnen EU-Staaten umsatzsteuerlich registrieren lassen ➲ Kapitel 97.1

FAQ 5: Wie kann der an der Sonderregelung teilnehmende Unternehmer überprüfen, ob es sich beim Leistungsempfänger um einen in der EU ansässigen Unternehmer oder um einen Nichtunternehmer handelt?

Ein in der EU ansässiger Unternehmer wird seine Unternehmereigenschaft gegenüber dem deutschen Leistungserbringer durch die Angabe seiner USt-IdNr. nachweisen.

Nach deutschem Umsatzsteuerrecht kann nur Unternehmern im Sinne von § 2 UStG, die bei einem deutschen Finanzamt umsatzsteuerlich registriert sind, auf Antrag eine USt-IdNr. erteilt werden (§ 27a UStG). Die Vergabe einer USt-IdNr. an Nichtunternehmer (z. B. Privatpersonen) ist ausgeschlossen.

Der am besonderen Besteuerungsverfahren One-Stop-Shop teilnehmende Unternehmer hat zur Feststellung des steuerlichen Status seines Leistungsempfängers die Möglichkeit, die durch die Finanzbehörden der EU-Mitgliedstaaten erteilten ausländischen USt-IdNrn. auf ihre Gültigkeit zu überprüfen. Außerdem besteht die Möglichkeit, im Rahmen einer so genannten qualifizierten Bestätigungsanfrage die mit einer USt-

IdNr. verbundenen Informationen, wie Firmenname einschließlich Rechtsform, Firmenort, Postleitzahl und Straße, zu überprüfen (➲ Kapitel 20).

Die Prüfung der Gültigkeit von USt-IdNrn kann auch auf der Homepage der Europäischen Kommission (https://ec.europa.eu) durchgeführt werden. Qualifizierte Bestätigungsanfragen sind dort allerdings nicht möglich.

FAQ 6: Welcher Steuersatz ist anzuwenden?

Die im Rahmen der Sonderregelung erbrachten Leistungen unterliegen dem Umsatzsteuersatz, der in dem Mitgliedstaat gilt, in dem der Umsatz zu versteuern ist. Dies ist bei den am Ort des Verbrauchs ausgeführten Dienstleistungen in der Regel der Mitgliedstaat, in dem der Leistungsempfänger (= Nichtunternehmer) ansässig ist bzw. bei innergemeinschaftlichen Fernverkäufen der Mitgliedstaat, an dem sich der Gegenstand bei Beendigung der Beförderung oder Versendung an den Erwerber befindet.

FAQ 7: Welches sind die Umsatzsteuersätze der EU-Mitgliedstaaten?

Die Umsatzsteuersätze der EU-Mitgliedstaaten finden Sie auf der Internetseite der Europäischen Kommission ➲ Kapitel 107.3

FAQ 8: Sind auch Umsätze an in Deutschland ansässige Leistungsempfänger in der Steuererklärung anzugeben?

Leistungen an Privatpersonen mit Wohnsitz oder gewöhnlichen Aufenthaltsort in Deutschland sind nur dann in der Steuererklärung anzugeben, wenn die Leistungen im Rahmen der Sonderregelung erbracht wurden, z. B. Inlandsumsätze über elektronische Schnittstellen. Ansonsten sind die Inlandsumsätze – wie bisher – beim zuständigen Finanzamt im allgemeinen Besteuerungsverfahren zu erklären.

FAQ 9: Was beinhaltet die Steuererklärung?

In der Steuererklärung sind folgende Angaben zu machen:

- Identifizierungsinformationen zur Steuererklärung (Angabe von USt-IdNr. und Besteuerungszeitraum),
- Angaben zu den unter die Sonderregelung fallenden Umsätzen, und zwar
  - Dienstleistungen, die vom registrierten Unternehmer erbracht wurden,
  - Warenlieferungen, die vom Inland ausgeführt wurden,
  - Dienstleistungen, die von Betriebsstätten des registrierten Unternehmers erbracht wurden,
  - Warenlieferungen, die von Betriebsstätten oder Einrichtungen zur Lieferung von Waren vom Ausland ausgeführt wurden und
  - Berichtigungen vorausgegangener Besteuerungszeiträume.

Die Angaben zu den Umsätzen sind getrennt für jeden EU-Mitgliedstaat, in dem die unter die Sonderregelung fallenden Leistungen an Nichtunternehmer erbracht wurden, zu machen. Sie sind nach anwendbaren Steuersätzen aufzuschlüsseln.

Die Beträge sind in Euro anzugeben. Bei der Umrechnung von Werten in fremder Währung ist einheitlich der von der Europäischen Zentralbank festgestellte Umrechnungskurs des letzten Tages des Besteuerungszeitraums anzuwenden. Falls für diesen Tag kein Umrechnungskurs festgelegt wurde, ist der des nächsten Tages anzuwenden.

Für die Abgabe der Steuererklärung steht unter der Rubrik »Formulare« ein Steuererklärungsformular im BZStOnline-Portal zur Verfügung.

FAQ 10: Wo finde ich die allgemeinen Euro-Umrechnungskurse der Europäischen Zentralbank?

Die Euro Umrechnungskurse der Europäischen Zentralbank (EZB) finden Sie unter https://www.ecb.europa.eu.

FAQ 11: Was ist hinsichtlich der Steuererklärung im Falle einer Abmeldung von der Sonderregelung zu beachten?

Auch nach der Abmeldung von der Sonderregelung muss für Besteuerungszeiträume, in denen eine Registrierung besteht, eine Steuererklärung übermittelt werden. Fällige oder anfallende Steuerbeträge müssen weiterhin gezahlt werden.

FAQ 12: Was ist hinsichtlich Korrekturen/Berichtigungen der Steuererklärung zu beachten?

Falls eine bereits übermittelte Steuererklärung berichtigt werden muss, ist die Korrektur **in einer nachfolgenden Steuererklärung** vorzunehmen. Das Steuererklärungsformular enthält einen besonderen Abschnitt für Korrekturen, die dort nach Besteuerungszeiträumen und EU-Mitgliedstaaten aufzuschlüsseln sind.

Hat der Unternehmer die Teilnahme an der Sonderregelung beendet und die Steuererklärung für den letzten Besteuerungszeitraum, für den er für die Sonderregelung registriert war, bereits abgegeben, müssen notwendige Korrekturen unmittelbar in den betroffenen EU-Mitgliedstaaten erklärt werden.

FAQ 13: Was ist hinsichtlich Guthaben aufgrund von Korrekturen zu beachten?

Guthaben, die sich durch Korrekturen ergeben, werden innerhalb der Steuererklärung zunächst mit dem erklärten Steuerbetrag für den betreffenden Mitgliedstaat verrechnet. Nach Verrechnung verbleibende Guthaben müssen von den betreffenden Mitgliedstaaten an den Unternehmer erstattet werden.

Beispiel

Der Unternehmer erklärt für den Besteuerungszeitraum 4. Quartal 2021 Steuern in Höhe von 100 Euro für den Mitgliedstaat X und in Höhe von 20 Euro für den Mitgliedstaat Y. In der gleichen Steuererklärung erklärt der Unternehmer für das 3. Quartal 2021 einen Korrekturbetrag von –30 Euro für den Mitgliedstaat X und von –80 Euro für den Mitgliedstaat Y.

⮑**Folge:**

Aufgrund der Berichtigung entsteht in Bezug auf den Mitgliedstaat X ein Steuerbetrag von 100 Euro minus 30 Euro = 70 Euro.

In Bezug auf den Mitgliedstaat Y entsteht ein Erstattungsanspruch von 20 Euro minus 80 Euro = -60 Euro.

Der Unternehmer hat in diesem vereinfachten Beispielfall aufgrund der Steuererklärung eine Zahlungsverpflichtung in Höhe von 70 Euro und einen Erstattungsanspruch gegenüber dem Mitgliedstaat Y in Höhe von 60 Euro.

FAQ 14: Wo finde ich Kontaktdaten der Mitgliedstaaten?

Die EU hat auf ihrer Internetseite Kontaktdaten der Mitgliedstaaten und weitere Informationen zur Sonderregelung veröffentlicht[708].

98 Zusammenfassende Meldung im Jahr 2024
Was das BZSt monatlich/vierteljährlich wissen möchte

Aktuell: Änderungen seit dem 1.1.2020 durch die »Quick Fixes«

* Bedeutung für die Steuerbefreiung der innergemeinschaftlichen Lieferung ⮑ Kapitel 36
* Angaben zu Konsignationslagern (§ 6b UStG) in der ZM ⮑ Kapitel 52

 Rechtsgrundlagen

* UStG: § 18a
* UStAE: Abschn. 18a. 1 ff.
* MwStSystRL: Art. 262 ff.
* BMF, Schreiben vom 15.6.2010, IV D 3 – S 7427/08/10003-03 (2010/0457796), Zusammenfassende Meldung (§ 18a UStG), BStBl. I 2010, 569 (formell aufgehoben, materiell aber weiter gültig lt. BMF, Schreiben vom 18.3.2021, Anlage 2 Ziffer 115, BStBl I 2021, 390; zur zweifelhaften Bedeutung dieses Schreibens ⮑ Kapitel 1.6).
* BMF, Schreiben vom 23.11.2011, IV D 3 - S 7420/0 :003, 2011/0939674, Bundeseinheitlich Vordrucke; Aufforderung zur Abgabe einer berichtigten Umsatzsteuer-Voranmeldung -erklärung nach § 18b UStG (Vordruckmuster USt 1 ZS),

---

708 ⮑ mybookplus.de > Wichtiges aus anderen Behörden.

BStBl. I 2011, 1159 (formell aufgehoben, materiell aber weiter gültig lt. BMF, Schreiben vom 18.3.2021, Anlage 2 Ziffer 111, BStBl I 2021, 390; zur zweifelhaften Bedeutung dieses Schreibens ➲ Kapitel 1.6).

- BMF, Schreiben vom 9.10.2020, III C 3 – S 7140/19/10002 :007, 2020/1027480, Gesetz zur weiteren steuerlichen Förderung der Elektromobilität und zur Änderung weiterer steuerlicher Vorschriften; Einführungsschreiben zu den geänderten Anforderungen bei innergemeinschaftlichen Lieferungen, BStBl. II 2020, 1038; weiter gültig lt. BMF, Schreiben vom 10.3.2023, Anlage 1 Ziffer 1579; zur zweifelhaften Bedeutung dieses Schreibens ➲ Kapitel 1.6).
- BMF, Schreiben vom 20.5.2022, III C 3 – S 7140/19/10002 :001, Steuerbefreiung der innergemeinschaftlichen Lieferungen (§ 4 Nr. 1 Buchst. b i. V. m. § 6a UStG); Änderung des Umsatzsteuer-Anwendungserlasses, BStBl. I 2022, 738; weiter gültig lt. BMF, Schreiben vom 10.3.2023, Anlage 1 Ziffer 1580; zur zweifelhaften Bedeutung dieses Schreibens ➲ Kapitel 1.6).

 Vordrucke
- BZSt, Anleitung zur Zusammenfassenden Meldung (USt ZM 1/2021)
- BZSt, Merkblatt Elektronische Berichtigung der Zusammenfassenden Meldung
- Zusammenfassende Meldung – Vordruck für 2020 ff.

Auf einen Blick vorab – Auswirkungen der ZM auf die Steuerbefreiung innergemeinschaftlicher Lieferungen

 Hinweis
➲ Kapitel 36

98.1   Vordrucke

 Vordrucke
- Zusammenfassende Meldung – Vordruck »Anleitung zur Zusammenfassenden Meldung« (USt ZM 1/2021)
- BMF, Elektronische Berichtigung der Zusammenfassenden Meldung (Merkblatt, Stand: 02/2014, weiter aktuell lt. www.bzst.de, Abfragedatum: 8.3.2024)

 Beratungskonsequenzen
Die Vordrucke kommen bereits seit dem Jahr 2010 **im Wesentlichen unverändert** zum Einsatz.
Für die Praxis heißt das: Der Ausfüllende (Unternehmer/Steuerberater/Mitarbeiter) kann sich im Jahr 2024 **an den Zusammenfassenden Meldungen für 2022 orientieren.**

98.2 »FAQ« – Die häufigsten Fragen und Antworten

Die nachfolgenden Ausführungen bauen auf FAQ des BZSt[709] auf und ergänzen, erläutern oder kürzen diese, soweit dies erforderlich oder geboten erscheint.

FAQ 1: Wer muss eine ZM an das BZSt übermitteln?

Sofern entsprechende Lieferungen oder sonstige Leistungen erbracht wurden (siehe Frage »Was ist zu melden?«), sind die folgenden Unternehmen zur Abgabe einer ZM verpflichtet:

- Unternehmer im Sinne des § 2 Abs. 1 UStG
- Unternehmer im Sinne des § 2 Abs. 2 Nr. 2 UStG (Organgesellschaft)
- Pauschalierende Land- und Forstwirte

Kleinunternehmer i. S. d. § 19 Abs. 1 UStG müssen **keine** ZM übermitteln.

FAQ 2: Was ist zu melden?

In der ZM sind für

- innergemeinschaftliche Warenlieferungen, das heißt Lieferungen oder Versendungen in einen anderen EU-Mitgliedsstaat – § 18a Abs. 6 UStG,
- innergemeinschaftliche sonstige Leistungen, das bedeutet eine steuerbare sonstige Leistung die für ein Unternehmen in einem anderen EU-Mitgliedsstaat erbracht wurde und für die der Leistungsempfänger die Steuer schuldet – § 3a Abs. 2 UStG,
- innergemeinschaftliche Dreiecksgeschäfte gemäß § 25b Abs. 2 UStG

die

- USt-IdNr. des Erwerbers oder Leistungsempfängers,
- die Bemessungsgrundlage und
- die Art des Umsatzes

anzugeben.

Im Rahmen der **Konsignationslagerregelung** sind bei Beförderungen und Versendungen in einen anderen EU-Mitgliedsstaat (§ 6b Abs. 1 UStG) ebenfalls die USt-IdNr. des vorgesehenen Erwerbers anzugeben.

Rückbeförderungen und Rückversendungen sind unter Angabe der USt-IdNr. des vorgesehenen Erwerbers und des jeweiligen Tatbestandes zu melden.

Im Falle des **Erwerberwechsels** ist zusätzlich zur USt-IdNr. des vorgesehenen Erwerbers und des Tatbestandes auch die USt-IdNr. des ursprünglich vorgesehenen Erwerbers anzugeben.

---

709 Homepage des BZSt (www.bzst.de), Abfrage am 8.3.2024.

FAQ 3: **Muss ich auch eine ZM abgeben, wenn ich keine Lieferungen oder sonstigen Leistungen an Empfänger in einem anderen EU-Mitgliedsstaat erbracht habe oder keine Beförderungen oder Versendungen i. S. d. § 6b Abs. 1 UStG (Konsignationslagerregelung) aufgeführt habe?**

Wurden keine der in der Frage »Was ist zu melden?« genannten Umsatzarten getätigt, ist **keine** ZM zu übermitteln.

FAQ 4: **Muss ich auch den Bezug von Waren melden?**

Warenbezüge (Erwerbe) aus anderen EU-Mitgliedstaaten sind **nicht** zu melden.

FAQ 5: **Wann ist zu melden? Welche Fristen gibt es?**

Die ZM ist bis zum 25. Tag nach Ablauf des Meldezeitraumes an das BZSt elektronisch zu übermitteln (§ 18a Abs. 1 Satz 1 UStG).

> ➡️ **Beratungskonsequenzen**
>
> Die Regelungen über die **Dauerfristverlängerung** (§ 18 Abs. 6 UStG i. V. m. §§ 46 ff. UStDV) gelten **nicht** für die ZM (Abschn. 18a.2 Abs. 1 Satz 2 UStAE).

FAQ 6: **Für welchen Meldezeitraum muss ich die ZM abgeben?**

In Abhängigkeit von den jeweiligen Voraussetzungen kommen als Meldezeitraum für die Übermittlung der ZM

- das Kalendervierteljahr
- der Kalendermonat oder
- in Ausnahmefällen das Kalenderjahr in Betracht.

Weitere Informationen erhalten Sie in den nachfolgenden Fragen.

FAQ 7: **Wann ist die ZM für den Meldezeitraum Kalendervierteljahr abzugeben?**

Beträgt die Summe der Bemessungsgrundlagen für innergemeinschaftliche Warenlieferungen und innergemeinschaftliche Dreiecksgeschäfte gemäß § 25b Abs. 2 UStG

- weder für das laufende Kalendervierteljahr
- noch für eines der vier vorangegangenen Kalendervierteljahre
- **jeweils** mehr als 50.000 Euro,

kann die ZM bis zum 25. Tag nach Ablauf des Kalendervierteljahres elektronisch übermittelt werden (§ 18a Abs. 1 Satz 2 UStG).

Zur **Prüfung der 50.000-Euro-Grenze** ➲ nachfolgendes Kapitel 98.4

FAQ 8: Wann muss ich eine ZM für den Meldezeitraum Kalendermonat abgeben?

Die ZM ist für den Kalendermonat abzugeben, wenn die Summe der Bemessungsgrundlagen für innergemeinschaftliche Warenlieferungen und innergemeinschaftliche Dreiecksgeschäfte gemäß § 25b Abs. 2 UStG

- weder für das laufende Kalendervierteljahr
- noch für eines der vier vorangegangenen Kalendervierteljahre
- **jeweils** mehr als 50.000 Euro,

 Beratungskonsequenzen

Der **Wechsel** zur monatlichen Abgabe erfolgt **automatisch**!
Das Unternehmen hat auf seine Abgabepflichten **selbst zu achten**!
Es erfolgt **keine Mitteilung des BZSt** über die Änderung des Meldezeitraums.

Zur **Prüfung der 50.000-Euro-Grenze** ➜ nachfolgendes Kapitel 98.4

FAQ 9: Wann muss ich die ZM abgeben, wenn der Betrag von 50.000 € im laufenden Kalendervierteljahr überschritten wurde?

Sofern die Summe der Bemessungsgrundlagen für die vorgenannten Umsätze im laufenden Kalendervierteljahr den Betrag von 50.000 € überschritten hat, ist die ZM bis zum 25. Tag nach Ablauf des Kalendermonats, in dem dieser Betrag überschritten wurde, für diesen Kalendermonat und die bereits abgelaufenen Kalendermonate dieses Kalendervierteljahres elektronisch zu übermitteln (§ 18a Abs. 1 Satz 3 UStG).

Beispiel

Der Unternehmer M hat bislang die ZM für den Meldezeitraum Kalendervierteljahr abgegeben. Im Mai beträgt die Summe der Bemessungsgrundlagen 57.000 €.
M muss nun bis zum 25. Juni eine ZM für die Monate April und Mai abgeben. Die ZM für Juni und alle folgenden Monate ist dann bis zum 25. Tag nach Ablauf des jeweiligen Kalendermonats zu übermitteln.

Zur **Prüfung der 50.000-Euro-Grenze** ausführlich ➜ nachfolgendes Kapitel 98.4

FAQ 10: Welcher Meldezeitraum gilt für innergemeinschaftliche sonstige Leistungen?

Innergemeinschaftliche sonstige Leistungen sind grundsätzlich bis zum **25. Tag nach Ablauf des Kalendervierteljahres** elektronisch zu übermitteln (§ 18a Abs. 2 Satz 1 UStG).

Sofern das Unternehmen bereits für Lieferungen zur monatlichen Abgabe der ZM verpflichtet ist, sind die Angaben zu den innergemeinschaftliche sonstige Leistungen **im jeweils letzten Monat des Kalendervierteljahres** zu machen (§ 18a Abs. 2 Satz 2 UStG).

FAQ 11: Kann ich die ausgeführten innergemeinschaftlichen sonstigen Leistungen auch in die von mir für den Kalendermonat abzugebende ZM für Lieferungen aufnehmen?

Ja! Die im gleichen Zeitraum ausgeführten innergemeinschaftlichen sonstigen Leistungen können auch in die Monats-ZM aufgenommen werden (§ 18a Abs. 3 UStG).

FAQ 12: In welchen Ausnahmefällen kann die ZM für das Kalenderjahr abgegeben werden?

Die Abgabe einer Jahres-ZM ist nur dann zulässig, wenn Sie

- zum einen bei Ihrem Finanzamt von der Verpflichtung zur Abgabe der Umsatzsteuer-Voranmeldungen und Entrichtung der Umsatzsteuer-Vorauszahlungen befreit sind und

- zum anderen die folgenden Voraussetzungen erfüllen (§ 18a Abs. 9 UStG):

    – Die Summe der Lieferungen und sonstigen Leistungen hat im vorangegangenen Kalenderjahr 200.000 € nicht überstiegen und wird im laufenden Kalenderjahr voraussichtlich nicht übersteigen,

    – die Summe der innergemeinschaftlichen Warenlieferungen oder innergemeinschaftlichen sonstigen Leistungen hat im vorangegangenen Kalenderjahr 15.000 € nicht überstiegen und wird im laufenden Kalenderjahr voraussichtlich nicht übersteigen und

    – es handelt sich bei den innergemeinschaftlichen Warenlieferungen nicht um Lieferungen neuer Fahrzeuge an Abnehmer mit USt-IdNr.

FAQ 13: Ich gebe die ZM vierteljährlich ab. Muss ich eine Jahresmeldung zusätzlich abgeben?

Nein! Anders als beim Finanzamt und den dort abzugebenden Umsatzsteuer-Voranmeldungen ist bei der ZM **keine** Jahreserklärung einzureichen.

FAQ 14: Ich bin Kleinunternehmer und habe eine Aufforderung zur Abgabe der ZM erhalten. Warum?

Bitte überprüfen Sie Ihre Umsatzsteuererklärung.

Haben Sie Umsätze erklärt, für die eine ZM abzugeben ist? Dann berichtigen Sie bitte Ihre Umsatzsteuererklärung.

Anderenfalls nehmen Sie bitte mit Ihrem zuständigen Finanzamt Kontakt auf.

FAQ 15: Ich bin Kleinunternehmer und besitze eine USt-IdNr. Bin ich allein aufgrund des Besitzes einer USt-IdNr. verpflichtet, eine ZM abzugeben?

Nein!

FAQ 16: Wie kann ich eine ZM abgegeben?

Die ZM ist grundsätzlich auf elektronischen Weg nach amtlich vorgeschriebenem Datensatz durch Datenfernübertragung zu übermitteln. Derzeit stehen **zwei Portale** zur elektronischen Übermittlung der ZM zur Verfügung:

* ELSTER-Dienstleistungsportal der Finanzverwaltung – für alle Unternehmer geeignet (Ausnahme: Massenmelder)
* BZSt-Online-Portal (zwingend für Massenmelder)

Aus technischen Gründen ist es derzeit nicht möglich, dass Unternehmer, die die **Konsignationslagerregelung** nach § 6b UStG in Anspruch nehmen, die hierfür erforderlichen Angaben (§ 18a Abs. 1 Satz 1 i. V. m. Abs. 6 Nr. 3 und Abs. 7 Satz 1 Nr. 2a UStG) im Rahmen des bestehenden Verfahrens zur Abgabe der ZM nach § 18a UStG vornehmen können.

Zur Erfüllung der bestehenden Meldepflichten und damit auch zur Erfüllung der Voraussetzungen nach § 6b Abs. 1 Nr. 4 UStG steht für die Übergangszeit ein **Vordruck auf dem Formularserver** der Bundesfinanzverwaltung zur Verfügung.

Für die Übermittlung stehen Ihnen eine Online- und Offlineversion des Formulars zur Verfügung.

Bei Nutzung des Online-Formulars haben Sie die Möglichkeit, das Formular nach dem Ausfüllen elektronisch an das BZSt zu übermitteln. Sie erhalten direkt eine Übermittlungsbestätigung am Bildschirm angezeigt.

Sofern Sie das Offline-Formular nutzen, ist dieses nach dem Ausfüllen per DE-Mail an das BZSt DE-Mail-Postfach (konsignationslager@bzst.de-mail.de) zu übersenden. Sie erhalten eine Bestätigung in Ihr DE-Mail-Postfach.

FAQ 17: Gibt es eine Ausnahme zur elektronischen Übermittlung der ZM?

Zur Vermeidung von **unbilligen Härten** kann Ihr Finanzamt auf Antrag eine Ausnahme von der elektronischen Übermittlung gestatten. Soweit Ihr Finanzamt nach § 18 Abs. 1 Satz 2 UStG auf eine elektronische Übermittlung der Umsatzsteuer-Voranmeldung verzichtet hat, gilt dies auch für die ZM.

FAQ 18: Wie überwacht das BZSt den fristgerechten Eingang der ZM?

Die Abgabepflicht für eine ZM korrespondiert mit den Angaben in den Umsatzsteuer-Voranmeldungen oder der -Jahreserklärung.

Dies bedeutet konkret, dass die Erklärung innergemeinschaftlicher Lieferungen, innergemeinschaftlicher sonstiger Leistungen oder innergemeinschaftlicher Dreiecksgeschäfte in der Umsatzsteuervoranmeldung oder in der Umsatzsteuererklärung automatisiert zu einer Abgabepflicht für die ZM führt.

FAQ 19: Kann ich eine Verlängerung der Abgabefrist beantragen?

Hat ein Unternehmen keine Möglichkeit, die ZM in der dafür vorgesehenen Frist abzugeben, besteht die Möglichkeit

- vor Ablauf der Abgabefrist und
- unter Angabe von Gründen

beim BZSt eine Verlängerung der Frist zu beantragen.

Nutzen Sie hierfür bitte das Kontaktformular.

FAQ 20: Wann werden Zwangsgelder festgesetzt?

Ist ein Unternehmen der Pflicht zur Abgabe der ZM trotz der vorhergehenden Erinnerung und Androhung eines Zwangsgeldes nicht nachgekommen, so kann vom BZSt ein Zwangsgeld festgesetzt werden, um den Unternehmen zur Einhaltung seiner Mitwirkungspflicht zu zwingen.

 Beratungskonsequenzen

Die Zahlung des Zwangsgeldes führt **nicht** zu einer Erledigung der Abgabepflicht!

Die ZM wird auch nach Zahlung eines ersten Zwangsgeldes vom BZSt **weiterhin eingefordert** und es können noch **weitere Zwangsgelder** festgesetzt werden.

Erst durch Abgabe der ZM oder nach erfolgter Berichtigung der abgegebenen Umsatzsteuer-Voranmeldungen oder Umsatzsteuererklärung und anschließender Mitteilung des zuständigen Finanzamtes, die den Wegfall der Meldepflicht dem BZSt bestätigt, ist der Vorgang abgeschlossen.

FAQ 21: Was geschieht bei ungültigen ausländischen USt-IdNrn.?

Nach Abgabe der ZM werden die ausländischen USt-IdNrn. in die Datenbank des BZSt übernommen und auf Gültigkeit und Schlüssigkeit (Plausibilität) überprüft.

Sind die USt-IdNrn. ungültig, erhält das Unternehmen eine **automatisierte schriftliche Aufforderung zur Berichtigung**.

Darüber hinaus werden die plausiblen, ausländischen USt-IdNrn. mit dem Datenbestand in den anderen Mitgliedstaaten abgeglichen. In diesem Verfahrensschritt wird geprüft, ob die USt-IdNr. einem Unternehmen tatsächlich zugeteilt wurde und ob sie im angegebenen Zeitraum auch gültig war. Ist dies nicht der Fall, erhält das deutsche Unternehmen auch in diesen Fällen eine automatisierte Aufforderung zur Berichtigung.

 Beratungskonsequenzen

Zur Bestätigung von ausländischen USt-IdNrn. durch das BZSt ➲ Kapitel 20

FAQ 22: Muss ich ungültige USt-IdNrn. beim BZSt berichtigen?

Das Unternehmen ist verpflichtet, unrichtige oder unvollständige Angaben in seiner ZM auf elektronischem Weg innerhalb eines Monats zu berichtigen (§ 18a Abs. 10 UStG).

FAQ 23: Wo finde ich Beispiele für die Berichtigung einer ZM?

Ausführliche Beispiele finden Sie im Themenbereich »Berichtigung« sowie in der ZM-Ausfüllanleitung und dem Merkblatt zur Berichtigung einer ZM. Hinweis auch auf nachfolgendes Kapitel 98.5

FAQ 24: Wo finde ich ausführlichere Informationen?

Ausführlichere Informationen finden Sie in

- ZM-Ausfüllanleitung ➲ nachfolgendes Kapitel 98.3
- Ausfüllanleitung für Meldungen im Rahmen der Konsignationslagerregelung
- Abschn. 18a.1 bis 18a.5 UStAE

98.3 Grundsätzliches zur Zusammenfassenden Meldung

Das BZSt hat die Anleitung zur zusammenfassenden Meldung zuletzt im Januar 2021 vollständig überarbeitet[710].

Darin werden Insbesondere folgende Themenbereiche praxisgerecht aufbereitet und anhand zahlreicher Fallbeispiele erläutert:

- Elektronische Abgabe und Abgabe auf Papier ➲ Anleitung USt ZM 1/2021, Abschnitt I.1
- Wer muss eine ZM abgeben? ➲ Anleitung USt ZM 1/2021, Abschnitt I.2
- Zusammenhang zwischen UStVA und ZM ➲ nachfolgendes Kapitel 98.6
- Was ist zu melden? ➲ Anleitung USt ZM 1/2021, Abschnitt II
- Wann ist zu melden? ➲ Anleitung USt ZM 1/2021, Abschnitt III
- So werden die Vordrucke ausgefüllt ➲ Anleitung USt ZM 1/2021, Abschnitt IV
- Nachträgliche Änderung der umsatzsteuerlichen Bemessungsgrundlage ➲ Anleitung USt ZM 1/2021, Abschnitt IV.10
- Berichtigungen➲ Anleitung USt ZM 1/2021, Abschnitt IV.12
- Folgen einer unterlassenen oder verspäteten Berichtigung der ZM ➲ Anleitung USt ZM 1/2021, Abschnitt IV.13
- Aufbau der USDt-IdNrn. in den EU-Mitgliedstaaten ➲ Anleitung USt ZM 1/2021, Abschnitt IV.14
- Ausfüllmuster ➲ Anleitung USt ZM 1/2021, Anlagen auf S. 13 f.

---

710   BZSt, Anleitung zur Zusammenfassenden Meldung (USt ZM 1/2021), Abschnitt 1.1,
      ➲ mybookplus.de > Wichtiges von anderen Behörden.

98.4 Erstmaliges Überschreiten der 50.000-Euro-Grenze

98.4.1 Frage des Mandanten

> **Echtfall**
>
> »Unser Unternehmen lieferte bislang nur gelegentlich an EU-Unternehmens-kunden.
>
> Die Bemessungsgrundlage lag dabei im Quartal immer unter 50.000 €; wir haben daher vierteljährlich eine Zusammenfassende Meldung erstellt.
>
> Im Dezember 2023 liegen wir erstmals über 50.000 €.
>
> Was müssen wir jetzt tun?«

98.4.2 Beraterantwort

Das Mandantenunternehmen (M) muss ab dem vierten Quartal 2023 die ZM monatlich erstellen. Das gilt auch für das Kalenderjahr 2024.

Im ersten Quartal 2025 kann M dann – wenn gewünscht und auch die weiteren Voraussetzungen dafür vorliegen – wie bisher auf eine vierteljährliche ZM zurückwechseln.

§ **Rechtsgrundlagen**

§ 18a UStG

(1) [1]Der Unternehmer im Sinne des § 2 hat bis zum 25. Tag nach Ablauf jedes Kalendermonats (Meldezeitraum), in dem er innergemeinschaftliche Warenlieferungen oder Lieferungen im Sinne des § 25b Absatz 2 ausgeführt hat, dem Bundeszentralamt für Steuern eine Meldung (Zusammenfassende Meldung) nach amtlich vorgeschriebenem Datensatz durch Datenfernübertragung zu übermitteln, in der er die Angaben nach Absatz 7 Satz 1 Nummer 1, 2, 2a und 4 zu machen hat. [2]Soweit die Summe der Bemessungsgrundlagen für innergemeinschaftliche Warenlieferungen und für Lieferungen im Sinne des § 25b Absatz 2 weder für das laufende Kalendervierteljahr noch für eines der vier vorangegangenen Kalendervierteljahre jeweils mehr als 50 000 Euro beträgt, kann die Zusammenfassende Meldung bis zum 25. Tag nach Ablauf des Kalendervierteljahres übermittelt werden. [3]Übersteigt die Summe der Bemessungsgrundlage für innergemeinschaftliche Warenlieferungen und für Lieferungen im Sinne des § 25b Absatz 2 im Laufe eines Kalendervierteljahres 50 000 Euro, hat der Unternehmer bis zum 25. Tag nach Ablauf des Kalendermonats, in dem dieser Betrag überschritten wird, eine Zusammenfassende Meldung für diesen Kalendermonat und die bereits abgelaufenen Kalendermonate dieses Kalendervierteljahres zu übermitteln. ...

(2) ...

Checkliste: ZM vierteljährlich oder monatlich?

- Die ZM ist bis zum 25. Tag nach Ablauf jedes Kalendermonats an das BZSt zu übermitteln, wenn die Summe der Bemessungsgrundlagen für innergemeinschaftliche Warenlieferungen (§ 18a Abs. 6 UStG) und Lieferungen im Sinne des § 25b Abs. 2 UStG im Rahmen von innergemeinschaftlichen Dreiecksgeschäften
  - für das laufende Kalendervierteljahr oder
  - für eines der vier vorangegangenen Kalendervierteljahre
  - **jeweils** mehr als 50.000 € beträgt (Abschn. 18a.2 Abs. 1 Satz 1 UStAE).
- Die Regelungen über die **Dauerfristverlängerung** nach § 18 Abs. 6 UStG und §§ 46 bis 48 UStDV gelten **nicht** für die ZM (Abschn. 18a.2 Abs. 1 Satz 2 UStAE).
- Übersteigt **im Laufe eines Kalendervierteljahres** die Summe der Bemessungsgrundlagen für innergemeinschaftliche Warenlieferungen (§ 18a Abs. 6 UStG) und Lieferungen im Sinne des § 25b Abs. 2 UStG im Rahmen von innergemeinschaftlichen Dreiecksgeschäften 50.000 €, ist die ZM bis zum 25. Tag nach Ablauf des Kalendermonats, in dem dieser Betrag überschritten wird, zu übermitteln (Abschn. 18a.2 Abs. 2 Satz 1 UStAE).
- Wird die Betragsgrenze von 50.000 € **im zweiten Kalendermonat** eines Kalendervierteljahres überschritten, kann der Unternehmer eine ZM für die bereits abgelaufenen Kalendermonate dieses Kalendervierteljahres übermitteln, in der die Angaben für diese beiden Kalendermonate zusammengefasst werden, oder jeweils eine ZM für jeden der abgelaufenen Kalendermonate dieses Kalendervierteljahres (Abschn. 18a.2 Abs. 2 Satz 2 UStAE).
- Überschreitet der Unternehmer die Betragsgrenze **im dritten Kalendermonat** eines Kalendervierteljahres, wird es nicht beanstandet, wenn er statt einer ZM für dieses Kalendervierteljahr jeweils gesondert eine ZM für jeden der drei Kalendermonate dieses Kalendervierteljahres übermittelt (Abschn. 18a.2 Abs. 2 Satz 3 UStAE).

Beispiel

[Nach Abschn. 18a.2 Abs. 2 UStAE, fortgeschrieben auf das Mandantenunternehmen im Echtfall]

M liefert im Oktober 2023 Ware für 20.000 € und im November 2023 für 35.000 € an EU-Unternehmer in Belgien. Ferner liefert D im Dezember 2023 Ware für 50.000 € an ein französisches Unternehmen. Die Rechnungsstellung erfolgte jeweils zeitgleich mit der Ausführung der Lieferungen.

➲ Folge

M ist verpflichtet, die Umsätze Oktober – Dezember 2023 bis zum 25.1.2024 dem BZSt zu melden. **Wahlweise** kann M

- für die Monate Oktober, November und Dezember 2023 jeweils eine gesonderte ZM
- für die Monate Oktober – Dezember 2023 eine gemeinsame (kumulierte) ZM

übermitteln.

98.4.3 Was tun, wenn die 50.000-Euro-Grenze in der Folgezeit wieder unterschritten wird?

Im ersten Quartal 2023 kann M – falls gewünscht und die weiteren Voraussetzungen dafür vorliegen – rein rechtlich wie bisher auf eine vierteljährliche ZM zurückwechseln.

 Beratungskonsequenzen

Davon allerdings ist eigentlich abzuraten: einmal an Monatsmeldungen gewöhnt, sollte dieser Turn auch beibehalten werden.

Letztlich wird ein jedes Unternehmen diese Frage aber **mit dem Steuerberater klären** müssen.

98.5 Berichtigung einer ZM

Nach Eingang der ZM beim BZSt erfolgt ein Abgleich der gemeldeten innergemeinschaftlichen Umsatzarten mit den Angaben in den Umsatzsteuer-Voranmeldungen und -Jahreserklärungen. Darüber hinaus werden die gemeldeten ausländischen USt-IdNrn. auf Plausibilität und Gültigkeit überprüft.

Bei unplausiblen Daten oder Abweichungen zwischen den Angaben in den Umsatzsteuer-Erklärungen und den ZM erhalten die Unternehmen automatisierte Benachrichtigungsschreiben, damit eine Berichtigung erfolgt.

Die nachfolgenden Ausführungen bauen auf den Erläuterungen des BZSt[711] auf und ergänzen, erläutern oder kürzen diese, soweit dies erforderlich oder geboten erscheint.

Ergänzend hinzuweisen ist auf das **spezielle Merkblatt des BZSt**[712].

98.5.1 Fristen

Die Frist zur Berichtigung der ZM beträgt **einen Monat nach Kenntnis** der fehlerhaften ZM (§ 18a Abs. 10 UStG).

98.5.2 Folgen bei Nichtberichtigung

Sofern das Unternehmen der Pflicht zur Berichtigung nicht nachkommt, kann die **Steuerbefreiung** der Lieferung oder sonstigen Leistung von dem zuständigen Finanzamt **versagt** werden (➜ Kapitel 36).

Des Weiteren kann die Nichtberichtigung der ZM als **Ordnungswidrigkeit** mit einer Geldbuße von bis zu 5.000 Euro geahndet werden (§ 26a Abs. 1 Nr. 5 UStG).

---

711 Homepage des BZSt (www.bzst.de), Abfrage am 8.3.2024.
712 BZSt, Merkblatt Elektronische Berichtigung der Zusammenfassenden Meldung
     ➜ mybookplus.de > Wichtiges von anderen Behörden.

98.5.3 Berichtigungs-Form

Die Berichtigung der ZM hat, wie die Abgabe der ZM, auf elektronischem Weg zu erfolgen. In den Portalen (ELSTER oder BOP) zur Verfügung gestellten Formularen ist hierfür ein entsprechendes Feld zu bestätigen. Die Berichtigung kann weder schriftlich noch telefonisch erfolgen.

Für jeden zu berichtigenden Meldezeitraum ist eine gesonderte berichtigte ZM elektronisch zu übermitteln. Korrekt gemeldete Angaben sind in der berichtigten ZM nicht zu wiederholen.

98.5.4 Was und wie ist zu berichtigen?

98.5.4.1 Unvollständige ZM

Sofern in der Ursprungs-ZM ein Umsatz nicht gemeldet wurde, ist dieser in der Berichtigungs-ZM einzutragen.

> **Beispiel**
>
> Unternehmer M führt an den spanischen Unternehmer P mit USt-IdNr. ES111111112 im 3. Kalendermonat eine innergemeinschaftliche Warenlieferung in Höhe von 5.000 € aus. Bei Abgabe der ZM für den 3. Kalendermonat übersieht er diesen Umsatz.
>
> ⊃ **Folge**
>
> Unternehmer M hat nun eine korrigierte ZM für den 3. Kalendermonat abzugeben. In dieser erklärt er nur die fehlende innergemeinschaftliche Lieferung an P:
>
>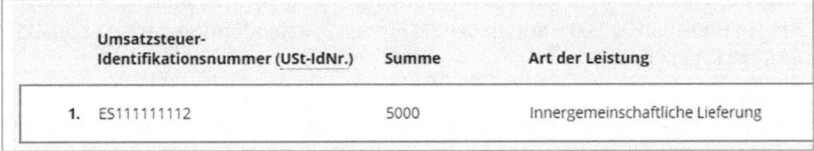

98.5.4.2 Unrichtiger Meldezeitraum

Sofern ein Umsatz in einem nicht korrekten Meldezeitraum erklärt wurde, ist die ZM für diesen Meldezeitraum zu berichtigen.

Beispiel

Unternehmer M führt an den spanischen Unternehmer P mit USt-IdNr. ES111111112 im 3. Kalendermonat eine innergemeinschaftliche Warenlieferung in Höhe von 13.000 € aus. Er trägt diese Lieferung irrtümlich in der ZM für den 2. Kalendermonat ein.

➲ Folge

Für den 2. Kalendermonat hat M eine berichtigte ZM abzugeben. In dieser trägt er den gemeldeten Umsatz mit der Summe der Bemessungsgrundlage »0« ein. Des Weiteren ist eine ZM für den 3. Kalendermonat abzugeben.

Berichtigungs-ZM für den 2. Kalendermonat

	Umsatzsteuer-Identifikationsnummer (USt-IdNr.)	Summe	Art der Leistung
1.	ES111111112	0	Innergemeinschaftliche Lieferung

ZM für den 3. Kalendermonat

	Umsatzsteuer-Identifikationsnummer (USt-IdNr.)	Summe	Art der Leistung
1.	ES111111112	13000	Innergemeinschaftliche Lieferung

98.5.4.3 Unrichtige ausländische USt-IdNr.

Sofern ein Umsatz mit einer nicht korrekten ausländischen USt-IdNr. gemeldet wurde, ist die ZM zu berichtigen. Hierfür ist zum einen die ursprüngliche Meldezeile zu stornieren und zum anderen korrekt einzutragen.

Beispiel

Unternehmer M führt an den spanischen Unternehmer P mit USt-IdNr. ES111111112 im 3. Kalendermonat eine innergemeinschaftliche Warenlieferung in Höhe von 21.000 € aus. In der ZM für den 3. Kalendermonat trägt er die USt-IdNr. ES111111113 ein.

➲ Folge

Für den 3. Kalendermonat hat M eine berichtigte ZM abzugeben. In dieser trägt er

1. für die Stornierung den gemeldeten Umsatz mit der nicht korrekten USt-IdNr. ES111111113 mit der Summe der Bemessungsgrundlage »0« und
2. den getätigten Umsatz mit der korrekten USt-IdNr. ES111111112 mit der korrekten Summe der Bemessungsgrundlage ein.

	Umsatzsteuer-Identifikationsnummer (USt-IdNr.)	Summe	Art der Leistung
1.	ES111111113	0	Innergemeinschaftliche Lieferung
2.	ES111111112	21000	Innergemeinschaftliche Lieferung

98.5.4.4 Unrichtige Summe der Bemessungsgrundlage

Ein gemeldeter Umsatz mit einer nicht korrekten Summe der Bemessungsgrundlage ist zu berichtigen. Hierfür ist eine berichtigte ZM mit den korrekten Angaben abzugeben.

Beispiel

Unternehmer M führt an den spanischen Unternehmer P mit USt-IdNr. ES111111112 im 3. Kalendermonat innergemeinschaftliche Warenlieferungen in Höhe von 20.000 € aus. In der ZM für den 3. Kalendermonat trägt er irrtümlich 30.000 € ein.

➲ **Folge**

Für den 3. Kalendermonat hat M eine berichtigte ZM abzugeben. In dieser trägt er eine Meldezeile mit der korrekten Summe der Bemessungsgrundlage (20.000 €) ein.

	Umsatzsteuer-Identifikationsnummer (USt-IdNr.)	Summe	Art der Leistung
1.	ES111111112	20000	Innergemeinschaftliche Lieferung

98.5.4.5 Unrichtige Art des Umsatzes

Wurde in einer Meldezeile die Art des Umsatzes nicht korrekt erklärt, ist die ZM zu berichtigen. Hierfür ist zum einen die ursprüngliche Meldezeile zu stornieren und zum anderen korrekt einzutragen.

Beispiel

Unternehmer M führt an den spanischen Unternehmer P mit USt-IdNr. ES111111112 im 3. Kalendermonat eine innergemeinschaftliche Warenlieferung in Höhe von 20.000 € aus. In der ZM für den 3. Kalendermonat wählt er irrtümlich in der 3. Spalte sonstige Leistung aus.

➲ **Folge**

Für den 3. Kalendermonat hat M eine berichtigte ZM abzugeben. In dieser trägt er

1. für die Stornierung den gemeldeten Umsatz unter Angabe der Summe der Bemessungsgrundlage »0« ein und wählt in der 3. Spalte sonstige Leistung aus
2. den getätigten Umsatz mit der korrekten Summe der Bemessungsgrundlage mit der Auswahl innergemeinschaftliche Lieferung in der 3. Spalte ein.

	Umsatzsteuer-Identifikationsnummer (USt-IdNr.)	Summe	Art der Leistung
1.	ES111111112	0	Sonstige Leistung
2.	ES111111112	20000	Innergemeinschaftliche Lieferung

98.5.5 Rabatte, Stornierungen

Die nachträgliche Änderung der Bemessungsgrundlage, zum Beispiel durch gewährte Rabatte/Skonti oder Ausbuchung aufgrund von Uneinbringlichkeit, stellt **keine Berichtigung der ZM** dar.

Der geänderte Umsatz ist **in dem Monat zu erklären, in dem die Änderung eingetreten ist**.

Beispiel

Unternehmer M führt an den spanischen Unternehmer P mit USt-IdNr. ES111111112 im 3. Kalendermonat eine innergemeinschaftliche Warenlieferung in Höhe von 100.000 € aus und erklärt dies korrekt für den 3. Kalendermonat. Im 4. Kalendermonat führt er ebenfalls eine innergemeinschaftliche Warenlieferung an P in Höhe von 80.000 € aus und gewährt ihm für die erste Lieferung einen Preisnachlass von 5.000 €.

➲ Folge

In der ZM für den 4. Kalendermonat erklärt M eine saldierte innergemeinschaftliche Warenlieferung an P in Höhe von (80.000 € - 5.000 € =) 75.000 €.

	Umsatzsteuer-Identifikationsnummer (USt-IdNr.)	Summe	Art der Leistung
1.	ES111111112	75000	Innergemeinschaftliche Lieferung

98.6 Zusammenhang zwischen UStVA/Umsatzsteuererklärung und ZM

98.6.1 Grundsätzliches

➲ Anleitung USt ZM 1/2021[713], Abschnitt I.3

98.6.2 Berichtigung von USt-Voranmeldungen und -Jahreserklärungen nach Datenabgleich des BZSt

Das BMF hat den Vordruck »USt 1 ZS – Aufforderung zur Abgabe einer berichtigten Umsatzsteuer-Voranmeldung/-erklärung nach § 18b UStG« neu bekannt gegeben[714].

---

713 BZSt, Anleitung zur Zusammenfassenden Meldung (USt ZM 1/2021), Abschnitt 1.1,
➲ mybookplus.de > Wichtiges von anderen Behörden.

714 BMF, Schreiben vom 5.11.2019 (Neubekanntgabe von Vordruckmustern nach Anpassung auf Grund der Datenschutz-Grundverordnung) ➲ mybookplus.de > Wichtiges aus dem BMF.

Erklärungs- und Aufbewahrungspflichten

Finanzamt	Auskunft erteilt	Zimmer
Steuernummer / Geschäftszeichen	Telefon	Durchwahl
(Bitte bei allen Rückfragen angeben)		

Name des Unternehmers (wenn das Schreiben an den Empfangsbevollmächtigten gerichtet ist)

Zutreffendes ist ☒ angekreuzt.

☐ Umsatzsteuer-Voranmeldung   für _____ Jahr

☐ Umsatzsteuererklärung   für _____ Jahr

I. Kalendervierteljahr	Januar
II. Kalendervierteljahr	Februar
III. Kalendervierteljahr	März
IV. Kalendervierteljahr	April
	Mai
	Juni

Juli
August
September
Oktober
November
Dezember

Sehr geehrte _____ ,

das Bundeszentralamt für Steuern hat mich darüber unterrichtet, dass Sie auf Grund der Aufforderung zur Abgabe einer Zusammenfassenden Meldung mitgeteilt haben, keine innergemeinschaftlichen Lieferungen, keine steuerpflichtigen sonstigen Leistungen im Sinne von § 3a Abs. 2 Umsatzsteuergesetz (UStG), für die der Leistungsempfänger in einem anderen EU-Mitgliedstaat die Steuer dort schuldet, bzw. keine Umsätze im Rahmen eines innergemeinschaftlichen Dreiecksgeschäfts nach § 25b Abs. 2 UStG ausgeführt zu haben. Demgegenüber haben Sie derartige Umsätze in der o.a. Umsatzsteuer-Voranmeldung/Umsatzsteuererklärung erklärt.

Auf Grund Ihrer Erklärung gegenüber dem Bundeszentralamt für Steuern bitte ich Sie, bis zum _____ eine berichtigte Umsatzsteuer-Voranmeldung/Umsatzsteuererklärung für den o.a. Zeitraum abzugeben.

Auf die Verpflichtung, die ursprüngliche Umsatzsteuer-Voranmeldung/Umsatzsteuererklärung unverzüglich zu berichtigen, wenn nachträglich erkannt wird, dass hierin unrichtige Angaben zu den o.g. Umsätzen enthalten sind (§ 18b Satz 5 UStG), weise ich hin. Sollten Sie dieser Verpflichtung nicht nachkommen, gehe ich davon aus, dass Sie die Steuerbefreiung für innergemeinschaftliche Lieferungen nach § 6a UStG zu Unrecht in Anspruch genommen haben bzw. bei den steuerpflichtigen sonstigen Leistungen die Voraussetzungen für die Anwendung des § 3a Abs. 2 UStG nicht vorgelegen haben und es sich um im Inland zu versteuernde Leistungen handelt.

Mit freundlichen Grüßen

UST 1 ZS - Aufforderung zur Abgabe einer berichtigten Umsatzsteuer-Voranmeldung/-erklärung nach § 18b UStG - (01.19)

Formular: USt 1 ZS – Aufforderung zur Abgabe einer berichtigten Umsatzsteuer-Voranmeldung/-erklärung nach § 18b UStG – (01.19)

Der Vordruck kommt zur Anwendung, wenn ein Finanzamt vom BZSt darüber unterrichtet wird, dass ein Unternehmer auf Grund der Aufforderung zur Abgabe einer Zusammenfassenden Meldung mitgeteilt hat,

- keine innergemeinschaftlichen Lieferungen,
- keine steuerpflichtigen sonstigen Leistungen i. S. v. § 3a Abs. 2 Umsatzsteuergesetz (UStG), für die der Leistungsempfänger in einem anderen EU-Mitgliedstaat die Steuer dort schuldet, und
- keine Umsätze im Rahmen eines innergemeinschaftlichen Dreiecksgeschäfts nach § 25b Abs. 2 UStG

ausgeführt zu haben, derartige Umsätze aber in der Umsatzsteuer-Voranmeldung oder in der Umsatzsteuererklärung deklariert hat. In diesen Fällen sind die fehlerhaften Erklärungen **unverzüglich zu berichtigen** (§ 18b Satz 5 und Satz 6 UStG).

➜ Beratungskonsequenzen

Erfolgt keine Berichtigung, geht die Finanzverwaltung regelmäßig davon aus, dass der Unternehmer die Steuerbefreiung für innergemeinschaftliche Lieferungen nach § 6a UStG zu Unrecht in Anspruch genommen haben bzw. bei den steuerpflichtigen sonstigen Leistungen die Voraussetzungen für die Anwendung des § 3a Abs. 2 UStG nicht vorgelegen haben und es sich um **im Inland zu versteuernde Leistungen** handelt. Mehrsteuern und Zinsbelastungen drohen – ein derartiges **Anschreiben sollte sehr ernst genommen werden**!

99 Umsatzsteuer(-Jahres)erklärung 2023

Was das Finanzamt jährlich wissen möchte

 Rechtsgrundlagen

- UStG: § 18
- UStDV: §§ 46 ff.
- UStAE: Abschn. 18.1 ff.
- MwStSystRL: Art. 206 ff., Art. 250 ff.
- BMF, Schreiben vom 21.12.2022, III C 3 – S 7344/19/10002 :005, 2022/1287973, Muster der Umsatzsteuererklärung 2023, BStBl. I 2022, 1719 (weiter gültig lt. BMF vom 10.3.2023, Nr. 1888; zur zweifelhaften Bedeutung dieses Schreibens ➲ Kapitel 1.6).
- USt 2 A 2022 (Hauptvordruck)
- Anlage FV 2022 (ergänzende Angaben des Fiskalvertreters)
- Anlage UN 2022 (ergänzende Angaben für im Ausland ansässige Unternehmer)
- USt 2 E (Anleitung zur Umsatzsteuererklärung)
- USt 6 E (Anleitung zur Anlage UN)

99.1   Grundsätzliches zur Umsatzsteuererklärung 2023

 Hinweis

⊃ mybookplus.de > Vertiefende Informationen > ⊃ Kapitel 99.1

99.2   Vordrucke für die Umsatzsteuererklärung 2023

 Vordrucke

⊃ siehe Materialvorspann »Rechtsgrundlagen«

99.3   Elektronische Datenübermittlung

Die Umsatzsteuererklärung für das Kalenderjahr ist nach amtlich vorgeschriebenem Datensatz durch **Datenfernübertragung** zu übermitteln (Abschn. 18.1 Abs. 2 UStAE).

 Hinweis

Informationen zur elektronischen Übermittlung sind unter der Internet-Adresse www.elster.de abrufbar (Abschn. 18.1 Abs. 2 i. V. m. Abs. 1 Satz 2 UStAE).

Zur **Vermeidung von unbilligen Härten** hat das Finanzamt auf Antrag auf eine elektronische Übermittlung der Voranmeldungen zu verzichten und die Abgabe der Voranmeldungen nach amtlich vorgeschriebenem Vordruck in herkömmlicher Form – auf Papier oder per Telefax – zuzulassen, wenn eine elektronische Übermittlung für den Unternehmer wirtschaftlich oder persönlich unzumutbar ist (Abschn. 18.1 Abs. 2 i. V. m. Abs. 1 Sätze 3 ff. UStAE). Dies ist insbesondere der Fall, wenn die Schaffung der technischen Möglichkeiten für eine elektronische Übermittlung des amtlichen Datensatzes nur mit einem nicht unerheblichen finanziellen Aufwand möglich wäre oder wenn der Unternehmer nach seinen individuellen Kenntnissen und Fähigkeiten nicht oder nur eingeschränkt in der Lage ist, die Möglichkeiten der Datenfernübertragung zu nutzen (§ 150 Abs. 8 AO)[715]. Liegt eine solche wirtschaftliche und persönliche Unzumutbarkeit nicht vor, hat das Finanzamt im Rahmen des ihm durch § 18 Abs. 1 Satz 2 UStG eingeräumten Ermessens über den Antrag des Unternehmers, die Voranmeldungen nach amtlich vorgeschriebenem Vordruck in herkömmlicher Form abgeben zu dürfen, zu entscheiden[716]

---

715   Vgl. BFH-Urteil vom 16.06.2020, VIII R 29/19, BStBl. II 2021, 290, sowie AEAO zu § 150, Nr. 4.
716   Vgl. BFH-Urteil vom 14.03.2012, XI R 33/09, BStBl. II 2021, 477.

99.4 Was es für die Umsatzsteuererklärung 2023 Neues zu beachten gilt!

99.4.1 Abgabefrist

Für die Umsatzsteuererklärung 2023 gelten folgende **Abgabefristen**:

- Abgabefrist ohne Berater: **Mittwoch, 31.7.2024**[717]
- Abgabefrist mit Berater: **Freitag, 28.2.2025**[718]

 Beratungskonsequenzen

Ob der Corona-Pandemie wurden die Abgabefristen für die Steuererklärung 2020 verlängert. Für die Steuererklärung 2022 ist bei Drucklegung **keine generelle Fristverlängerung** zu erwarten.

99.4.2 Änderungen in den Vordrucken für 2023 im Vergleich zu den Vordrucken für 2022

99.4.2.1 Lieferung und Installation von Solarmodulen etc.

Durch Art. 16 Nr. 5 i.V.m. Art. 43 Abs. 6 des Jahressteuergesetzes 2022 (JStG 2022) vom 16.12.2022 (BGBl. I 2022, 2294) wurde mit Wirkung zum 1.1.2023 in § 12 Abs. 3 UStG ein **Nullsteuersatz** auf die Lieferungen, den innergemeinschaftlichen Erwerb, die Einfuhr und die Installation von bestimmten Solarmodulen, einschließlich der für den Betrieb einer Photovoltaikanlage wesentlichen Komponenten und der Speicher, die dazu dienen, den mit Solarmodulen erzeugten Strom zu speichern, eingeführt (⊃ hierzu ausführlich Kapitel 108).

Einem ermäßigten Steuersatz von 0 % unterliegen ausschließlich die Lieferungen und die Installation von Solarmodulen an den Betreiber einer Photovoltaikanlage, einschließlich der für den Betrieb einer Photovoltaikanlage wesentlichen Komponenten und der Speicher, die dazu dienen, den mit Solarmodulen erzeugten Strom zu speichern, wenn die Photovoltaikanlage auf oder in der Nähe von Privatwohnungen, Wohnungen sowie öffentlichen und anderen Gebäuden, die für dem Gemeinwohl dienende Tätigkeiten genutzt werden, installiert wird. Die Voraussetzungen gelten als erfüllt, wenn die installierte Bruttoleistung der Photovoltaikanlage laut Marktstammdatenregister **nicht mehr als 30 kW (peak)** beträgt oder betragen wird (Anleitung, Zeilen 22 bis 31).

---

717 § 149 Abs. 2 AO.
718 § 149 Abs. 3 AO.

Entsprechende Umsätze im Zusammenhang mit der Lieferung oder Installation der o.g. Gegenstände sind in der USt-Erklärung 2023 in Zeile 28 (Kennzahl – Kz. – 157) und darauf entfallende unentgeltliche Wertabgaben in den Zeilen 29 und 30 (Kz. 158 und 159) einzutragen[719]:

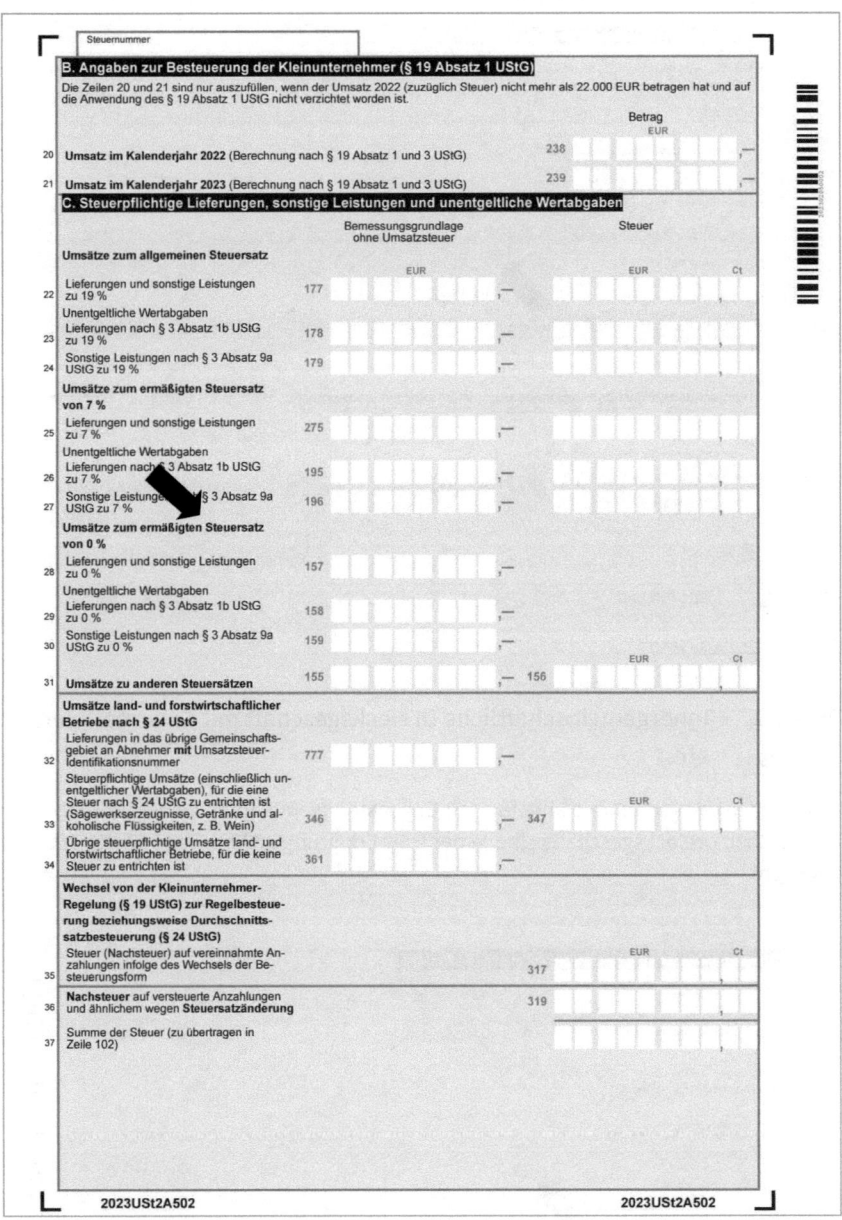

Formular: 2023USt2A502

---

719   BMF, Schreiben vom 21.12.2022, a. a. O., Ziffer 2.

99.4.2.2 Innergemeinschaftlicher Erwerb von Solarmodulen etc.

Auch der innergemeinschaftliche Erwerb der vorstehend angeführten Gegenstände unterliegt dem Nullsteuersatz (Anleitung, Zeilen 23 bis 28). Die Erwerbe sind in der USt.-Erklärung 2023 in Zeile 53 (Kz. 780) anzugeben:

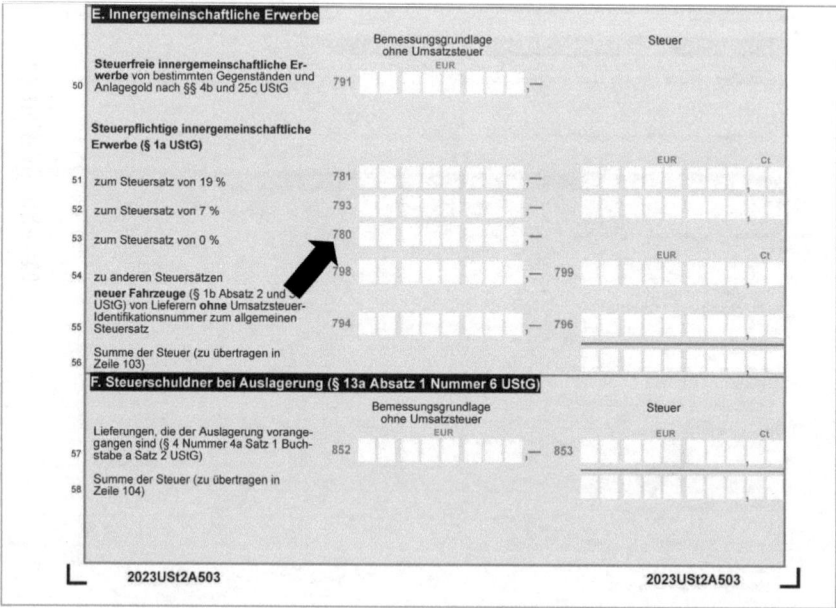

Formular: 2023USt2A503

99.4.2.3 Innergemeinschaftliche Dreiecksgeschäft mit Solarmodulen etc.

Lieferungen der vorstehend angeführten Gegenstände im Rahmen eines innergemeinschaftlichen Dreiecksgeschäfts sind in der USt.-Erklärung 2023 in Zeile 62 (Kz. 750) anzugeben:

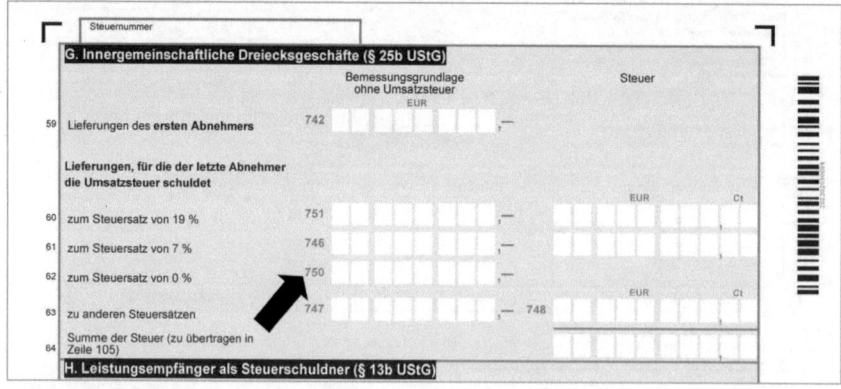

Formular: 2023USt2A504

Erklärungs- und Aufbewahrungspflichten

99.4.2.4 Land- und forstwirtschaftliche Betriebe

Steuerpflichtige Umsätze von alkoholischen Flüssigkeiten (z. B. Wein) sowie von in der Anlage 2 zum UStG nicht aufgeführten Sägewerkserzeugnissen und Getränken sind in der USt-Erklärung 2023 in Zeile 33 (Kz. 346/347) einzutragen.

Die auf die jeweilige Bemessungsgrundlage der Zeile 33 anzuwendenden Durchschnittssätze (§ 24 Abs. 1 Satz 1 Nr. 2 UStG; im Kalenderjahr 2023: 19 %) sind um die zum Zeitpunkt des Umsatzes aktuellen Sätze für pauschalierte Vorsteuerbeträge (§ 24 Abs. 1 Satz 3 i. V. m. Satz 1 Nr. 2 UStG) zu vermindern.

Der danach berechnete Prozentsatz ist auf die Bemessungsgrundlage anzuwenden und das Ergebnis als Steuerbetrag einzutragen (Anleitung, Zeilen 32 und 34):

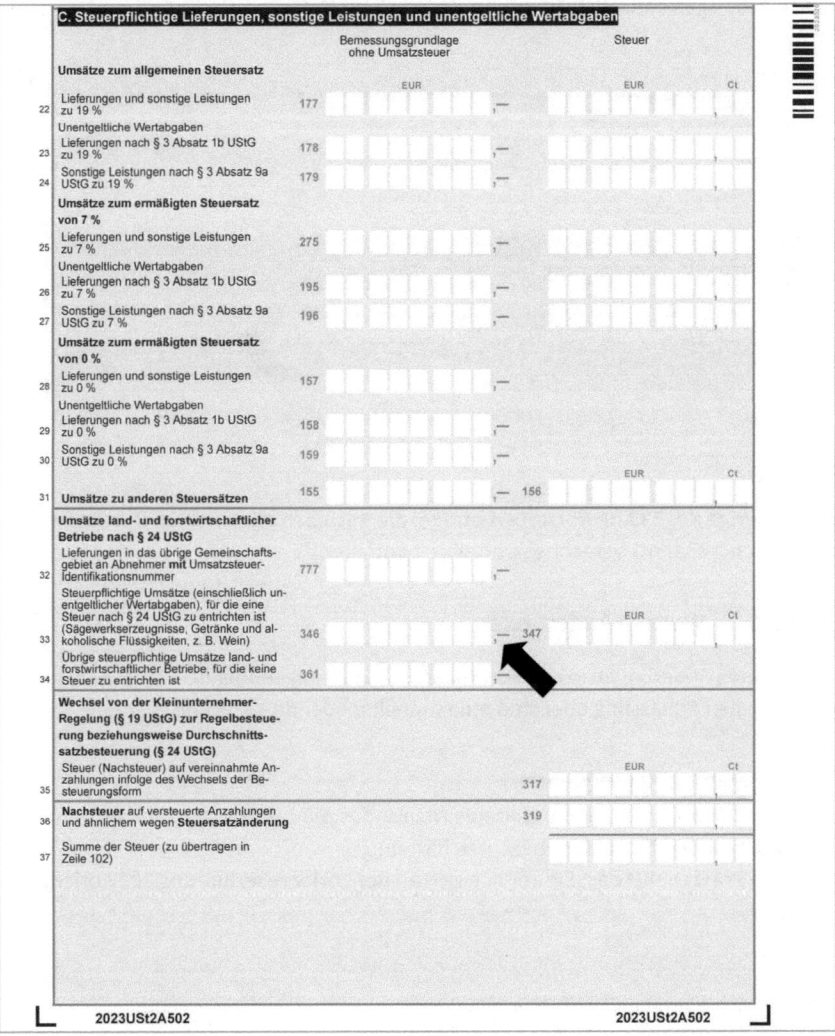

Formular: 2023USt2A502

99.4.2.5 Vorsteuern nach einem Durchschnittssatz

Durch Art. 16 Nr. 10 und Art. 18 Nr. 3 i.V.m. Art. 30 Abs. 6 des JStG 2022 wurden mit Wirkung zum 1.1.2023 die **allgemeinen Durchschnittssätze** nach § 23 UStG sowie §§ 69 und 70 UStDV (inklusive der dazugehörigen Anlagen) **gestrichen**.

Gleichzeitig wurde durch Art. 16 Nr. 11 i. V. m. Art. 30 Abs. 6 des JStG 2022 die Umsatzgrenze zur Inanspruchnahme des Durchschnittssatzes für Körperschaften, Personenvereinigungen und Vermögensmassen im Sinne des § 5 Abs. 1 Nr. 9 KStG in § 23a Abs. 2 UStG **auf 45.000 Euro erhöht**[720].

In der Zeile 84 (Kz. 334) der USt-Erklärung 2023 sind daher ausschließlich Vorsteuerbeträge, die nach den allgemeinen Durchschnittssätzen nach § 23a UStG berechnet wurden, einzutragen (vgl. auch Anleitung, Zeilen 79 und 87):

Formular: 2023USt2A505

Die **bisherige Kz. 333** für Vorsteuerbeträge, die nach den allgemeinen Durchschnittssätzen nach § 23 UStG berechnet wurden, ist entfallen[721].

99.4.2.6 Weitere Änderungen

Alle anderen Änderungen in den Vordrucken für 2023 gegenüber denen für 2022 dienen der zeitlichen Anpassung oder sind redaktioneller oder drucktechnischer Art[722].

 Beratungskonsequenzen

Materiell gibt es also nichts weiteres Neues, das Sie bei Erstellung einer Umsatzsteuererklärung für 2023 zu beachten hätten!

Für die Praxis heißt das: Sie können sich **an der Vorjahreserklärung 2022 orientieren**.

---

720 BMF, Schreiben vom 21.12.2022, a. a. O., Ziffer 4.

721 BMF, Schreiben vom 21.12.2022, a. a. O., Ziffer 4.

722 BMF, Schreiben vom 21.12.2022, a. a. O., Ziffer 5.

99.5 Wissenswertes zur Abrundung

99.5.1 Ergänzende Angaben zur Steuererklärung« (Kz. 123)

§ 150 Abs. 7 und § 155 Abs. 4 AO wurden mit Wirkung vom 1.1.2017 neu gefasst[723]. Danach müssen Steuererklärungen, die nach amtlich vorgeschriebenem Vordruck abgegeben oder nach amtlich vorgeschriebenem Datensatz durch Datenfernübertragung übermittelt werden und die nach § 155 Abs. 4 Satz 1 AO zu einer ausschließlich automationsgestützten Steuerfestsetzung führen können, es dem Steuerpflichtigen ermöglichen, in einem dafür vorgesehenen Abschnitt oder Datenfeld der Steuererklärung Angaben zu machen, die nach seiner Auffassung Anlass für eine Bearbeitung durch Amtsträger sind. Wenn über die Angaben in der Umsatzsteuererklärung hinaus weitere oder abweichende Angaben oder Sachverhalte berücksichtigt werden sollen, hat der Unternehmer im Vordruckmuster USt 2 A ab dem Besteuerungszeitraum 2017 in Zeile 19 (Kennzahl 123) eine »1« einzutragen. Gleiches gilt, wenn bei den in der Steuererklärung erfassten Angaben bewusst eine von der Verwaltungsauffassung abweichende Rechtsauffassung zugrunde gelegt wurde. Diese Angaben sind **in einer vom Unternehmer zu erstellenden gesonderten Anlage** zu machen, welche mit der Überschrift »Ergänzende Angaben zur Steuererklärung« zu kennzeichnen ist[724]:

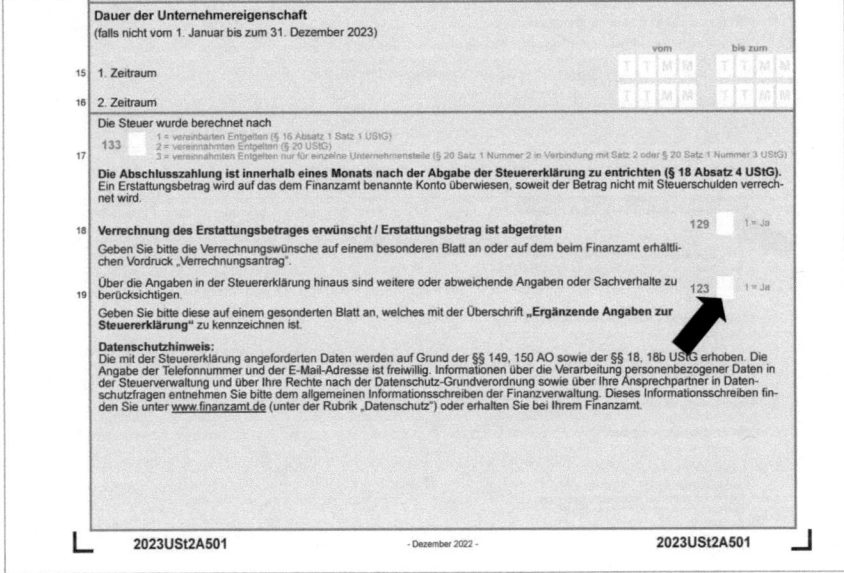

Formular: 2023USt2A501

Zu den Einzelheiten vgl. die Ausführungen zu den korrespondierenden Änderungen im Umsatzsteuer-Voranmeldungsverfahren ➲ Kapitel 96.4.1.

---

723 Art. 1 Nr. 24 Buchst. e, Nr. 27 u. Art. 2 Nr. 6 i. V. m. Art. 23 Abs. 1 Gesetz zur Modernisierung des Besteuerungsverfahrens vom 18.7.2016, BGBl. I 2016, 1679.

724 BMF, Schreiben vom 4.10.2016, a. a. O., Ziff. 2.

99.5.2 Damalige Anlage UR wurde erstmals mit der Umsatzsteuererklätung 2018 in den Hauptvordruck integriert

Die bisherige Anlage UR wurde erstmals mit der Umsatzsteuererklärung 2018 in das Vordruckmuster USt 2 A integriert[725]. Die bislang in der Anlage UR erforderlichen Eintragungen sind seitdem in den **Abschnitten D bis I des Vordrucks USt 2 A** vorzunehmen:

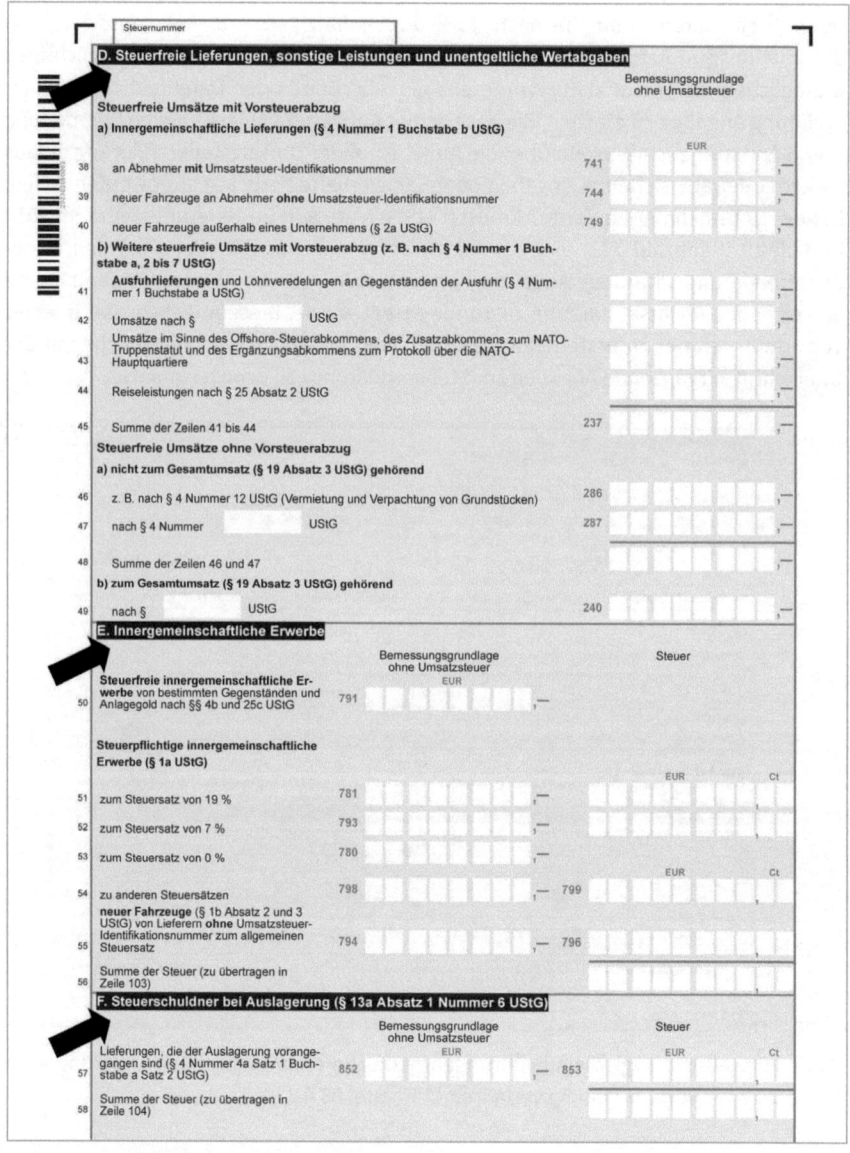

Formular: 2023USt2A503

Steuernummer

G. Innergemeinschaftliche Dreiecksgeschäfte (§ 25b UStG)

		Bemessungsgrundlage ohne Umsatzsteuer EUR	Steuer
59	Lieferungen des **ersten Abnehmers**	742	

Lieferungen, für die der letzte Abnehmer die Umsatzsteuer schuldet

				EUR	Ct
60	zum Steuersatz von 19 %	751			
61	zum Steuersatz von 7 %	746			
62	zum Steuersatz von 0 %	750			
				EUR	Ct
63	zu anderen Steuersätzen	747	748		
64	Summe der Steuer (zu übertragen in Zeile 105)				

H. Leistungsempfänger als Steuerschuldner (§ 13b UStG)

		Bemessungsgrundlage ohne Umsatzsteuer EUR	Steuer EUR	Ct
65	Sonstige Leistungen nach § 3a Absatz 2 UStG eines im übrigen Gemeinschaftsgebiet ansässigen Unternehmers (§ 13b Absatz 1 UStG)	846	847	
66	Umsätze, die unter das GrEStG fallen (§ 13b Absatz 2 Nummer 3 UStG)	873	874	
67	Andere Leistungen (§ 13b Absatz 2 Nummer 1, 2, 4 bis 12 UStG)	877	878	
68	Summe der Steuer (zu übertragen in Zeile 106)			

I. Ergänzende Angaben zu Umsätzen

		Betrag EUR
69	Umsätze, die auf Grund eines Verzichts auf Steuerbefreiung (§ 9 UStG) als steuerpflichtig behandelt worden sind (in Abschnitt C enthalten)	
70	Steuerpflichtige Umsätze des leistenden Unternehmers, für die der Leistungsempfänger die Steuer nach § 13b Absatz 5 UStG schuldet	209
71	**Telekommunikations-, Rundfunk- und Fernsehdienstleistungen** sowie **auf elektronischem Weg erbrachte sonstige Leistungen** an im übrigen Gemeinschaftsgebiet ansässige Nichtunternehmer sowie **innergemeinschaftliche Fernverkäufe** in das übrige Gemeinschaftsgebiet unter der Voraussetzung des § 3a Absatz 5 Sätze 3 und 4 UStG und § 3c Absatz 4 Sätze 1 und 2 UStG (in Abschnitt B oder C enthalten)	213
72	**Telekommunikations-, Rundfunk- und Fernsehdienstleistungen** sowie **auf elektronischem Weg erbrachte sonstige Leistungen** an im übrigen Gemeinschaftsgebiet ansässige Nichtunternehmer sowie **innergemeinschaftliche Fernverkäufe** in das übrige Gemeinschaftsgebiet unter der Voraussetzung des § 3a Absatz 5 Sätze 3 und 4 UStG und § 3c Absatz 4 Sätze 1 und 2 UStG (in anderen EU-Mitgliedstaaten zu versteuern)	214
73	Nicht steuerbare Geschäftsveräußerung im Ganzen gemäß § 1 Absatz 1a UStG	211
74	Nicht steuerbare sonstige Leistungen gemäß § 18b Satz 1 Nummer 2 UStG	721
75	Übrige nicht steuerbare Umsätze (Leistungsort nicht im Inland)	205
76	In den Zeilen 72, 74 und 75 enthaltene Umsätze, die § 15 Absatz 2 und 3 UStG den Vorsteuerabzug ausschließen	204
77	Auf den inländischen Streckenanteil entfallende Umsätze grenzüberschreitender Personenbeförderungen im Luftverkehr (§ 26 Absatz 3 UStG)	212
78	Minderung der Bemessungsgrundlage nach § 17 Absatz 1 Satz 1 in Verbindung mit Absatz 2 Nummer 1 Satz 1 UStG (in Abschnitt B oder C enthalten)	650

2023USt2A504   2023USt2A504

Formular: 2023USt2A504

99.5.3 Zusammenhang zwischen Umsatzsteuererklärung 2023 und ZM

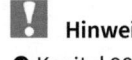 **Hinweis**

➲ Kapitel 98.4

99.5.4 Weiteres Wissenswertes

 Hinweis
➲ Kapitel 96.5

100 Umsatzsteuer(-Jahres)erklärung 2024
Was das Finanzamt jährlich wissen möchte

§ **Rechtsgrundlagen**

- UStG: § 18
- UStDV: §§ 46 ff.
- UStAE: Abschn. 18.1 ff.
- MwStSystRL: Art. 206 ff., Art. 250 ff.
- BMF, Schreiben vom 6.11.2023, III C 3 – S 7344/19/10002 :006, 2023/1043559, Muster der Umsatzsteuererklärung 2024, BStBl. I 2023, 1985.

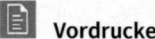 **Vordrucke**

- USt 2 A 2024 (Hauptvordruck)
- Anlage UN 2024 (ergänzende Angaben für im Ausland ansässige Unternehmer)
- Anlage FV 2024 (ergänzende Angaben des Fikalvertreters)
- USt 2 E 2024 (Anleitung zur Umsatzsteuererklärung 2021)
- USt 6 E 2024 (Anleitung zur Anlage UN)

100.1 Grundsätzliches zur Umsatzsteuererklärung 2024

 Hinweis
➲ Kapitel 99

100.2 Vordrucke für die Umsatzsteuererklärung 2024

 Vordrucke
➲ siehe Materialvorspann »Rechtsgrundlagen«

Erklärungs- und Aufbewahrungspflichten

100.3   Bekanntgabe der Umsatzsteuererklärung nunmehr immer schon vor Jahresbeginn

Das BMF hat mit Schreiben vom 4.10.2016[726] die Muster der Umsatzsteuererklärung 2017 **erstmalig vor Beginn des betreffenden Kalenderjahrs** veröffentlicht.

Auch in den kommenden Jahren werden die Muster der Umsatzsteuererklärung stets vor dem jeweiligen Jahresbeginn bekannt gegeben[727]. Im November 2023 wurde daher das **Muster für 2024** veröffentlicht[728].

Damit wird es den **Unternehmern, die ihr Unternehmen im laufenden Jahr einstellen** und danach zur Abgabe der Umsatzsteuererklärung innerhalb von einem Monat verpflichtet sind, ermöglicht, bereits den für das entsprechende Kalenderjahr gültigen Vordruck zu verwenden.

Da **auch die Formulare und Datensätze zur elektronischen Übermittlung** der Umsatzsteuererklärung künftig bereits zum Jahresbeginn bereitgestellt werden, können die Unternehmer, die ihr Unternehmen im laufenden Jahr einstellen, ihrer grundsätzlichen Verpflichtung zur elektronischen Übermittlung der Umsatzsteuererklärung nachkommen.

 Beratungskonsequenzen

Die damalige Ausnahmeregelung nach Abschn 18.1 Abs. 2 Satz 2 UStAE a. F. ist daher ab 1.1.2017 entfallen[729].

100.4   Was es für 2024 Neues zu beachten gilt!

100.4.1   Durchschnittssätze für land- und forstwirtschaftliche Betriebe

Die auf die jeweilige Bemessungsgrundlage anzuwendenden Durchschnittssätze für Land- und Forstwirte (§ 24 Abs. 1 Nr. 2 UStG; im Kalenderjahr 2024: 19 %) sind um die zum Zeitpunkt des Umsatzes aktuellen Sätze für pauschalierte Vorsteuerbeträge (§ 24 Abs. 1 Satz 3 i. V. m Satz 1 Nr 2. UStG) zu vermindern.

---

726   ➲ mybookplus.de > Wichtiges aus dem BMF.
727   BMF, Pressemitteilung vom 5.10.2016.
728   BMF, Schreiben vom 6.11.203.
729   BMF, Schreiben vom 4.10.2016, III C 3   S 7344/16/10003, 2016/0807106, Muster der Umsatzsteuererklärung 2017, BStBl. I 2016, 1059. Die entfallende Anweisung lautete: »Eine unbillige Härte liegt hierbei neben den Fällen des Absatzes 1 Satz 4 immer dann vor, wenn der Unternehmer seine gewerbliche oder berufliche Tätigkeit im Kalenderjahr eingestellt hat (§ 16 Abs. 3 UStG) oder das Finanzamt einen kürzeren Besteuerungszeitraum als das Kalenderjahr bestimmt hat, weil der Eingang der Steuer gefährdet erscheint oder der Unternehmer damit einverstanden ist (§ 16 Abs. 4 UStG).«

Der danach berechnete Prozentsatz ist auf die Bemessungsgrundlage anzuwenden und das Ergebnis als Steuerbetrag in der Zeile 33 (Kennzahl 346/347) des Vordruckmusters USt 2 A einzutragen[730]:

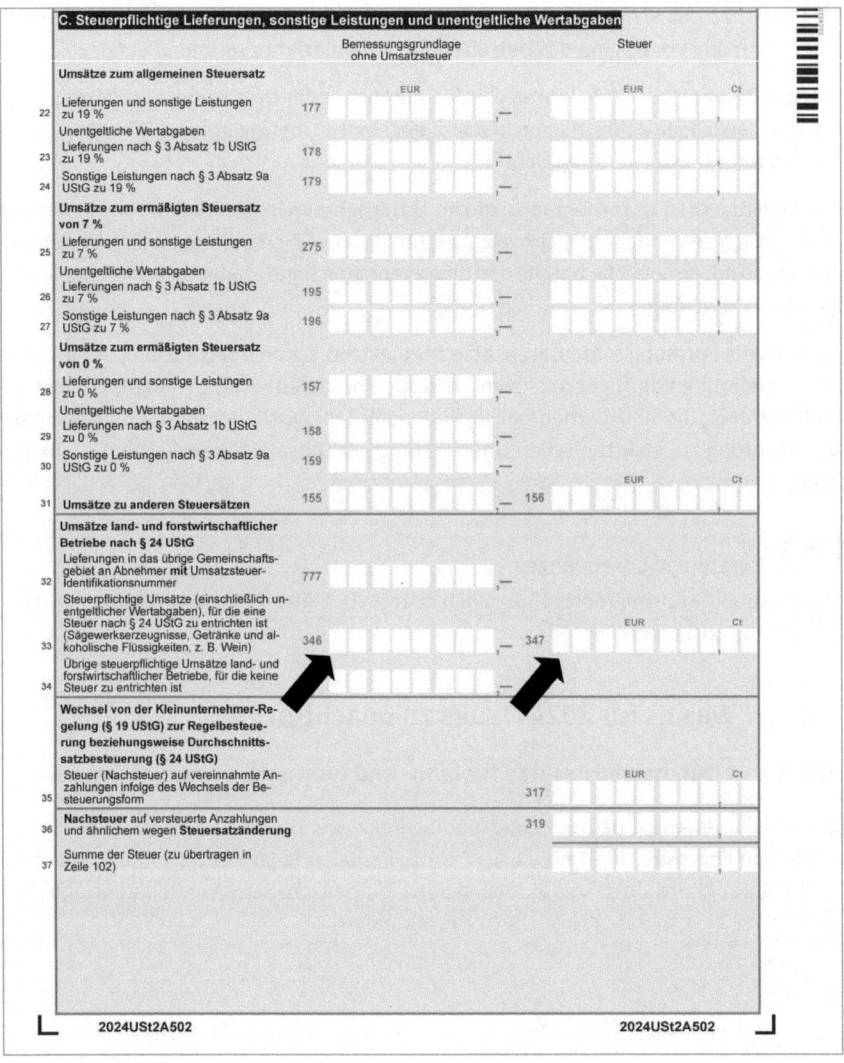

Formular: 2024USt2A502

100.4.2 Weitere Änderungen

Alle anderen Änderungen in den Vordrucken für 2024 gegenüber denen für 2023 dienen der zeitlichen Anpassung oder sind redaktioneller oder drucktechnischer Art[731].

---

730 BMF, Schreiben vom 06.11.2023, a. a. O., Abs. 2.

731 BMF, Schreiben vom 06.11.2023, a. a. O., Abs. 3.

Beratungskonsequenzen

Materiell gibt es also nichts weiteres Neues, das Sie bei Erstellung einer Umsatzsteuererklärung für 2024 zu beachten hätten!

Für die Praxis heißt das: Sie können sich **an der Vorjahreserklärung 2023 orientieren.**

100.5 Zusammenhang zwischen Umsatzsteuererklärung 2024 und ZM

 Hinweis

➲ Kapitel 98.4

101 Intrastat-Meldung im Jahr 2024

Was das Statistische Bundesamt wissen möchte

 Vordrucke

* Statistisches Bundesamt, Leitfaden zur Intrahandelsstatistik[732] 2024
➲ mybookplus.de > Wichtiges aus anderen Behörden

101.1 Praxisrelevanz

Die Intrastat-Meldung ist die Meldung zur Intrahandelsstatistik des Statistischen Bundesamts (StatBA) in Wiesbaden. Die Meldung dient ausschließlich dem Zweck, den Warenverkehr zwischen der Bundesrepublik Deutschland und den anderen EG-Mitgliedstaaten statistisch zu erfassen; dazu werden **alle innergemeinschaftlichen Ein- und Verkäufe** des Unternehmers abgefragt.

101.2 Praxiswissen

101.2.1 Wer muss was melden?

Die Intrahandelsstatistik betrifft ausschließlich »**Warenbewegungen von EU nach EU**« (also von einem europäischen Mitgliedstaat in einen anderen europäischen Mitgliedstaat, sog. »**Intrahandel**«), und damit

---

732 Der Titel »Leitfaden ...« trat ab dem Jahr 2015 an die Stelle der bisherigen Bezeichnungen »Merkblatt zur Intrahandelsstatistik« bzw. »Anleitung zum Ausfüllen der Intrastat-Vordrucke«. Der aktuelle Leitfaden 2024 wurde als 26. Auflage veröffentlicht.

- **persönlich** nur die am Intrahandel beteiligten Unternehmer
- **sachlich** nur diese Warenbewegungen, die umsatzsteuerlich in der Regel den innergemeinschaftlichen Lieferungen und innergemeinschaftlichen Erwerben entsprechen.

➡️ **Beratungskonsequenzen**

Vereinfacht gilt[733]:

- Im **Versendungsfall** ist in der Regel derjenige auskunftspflichtig, der eine innergemeinschaftliche Lieferung i. S. d. Umsatzsteuergesetzes (UStG) ausführt.
- Entsprechend ist im **Eingangsfall** grundsätzlich derjenige auskunftspflichtig, der einen innergemeinschaftlichen Erwerb i. S. d. UStG tätigt.

Die Meldungen erfolgen für **Versendungen** und für **Eingänge getrennt**.

Es steht dem Auskunftspflichtigen frei, sich bei den Meldungen **durch einen Dritten vertreten** zu lassen. Voraussetzung ist, dass der Vertreter in der EU ansässig ist.

101.2.2 Ab wann ist zu melden?

Pro Jahr betragen die **Aufgriffsgrenzen**, ab der für den Unternehmer eine Meldepflicht entsteht, **unverändert**

- für **Einkäufe 800.000 €** und
- für **Verkäufe 500.000 €**.

Die Aufgriffsgrenzen müssen Sie **fortlaufend – also auch unterjährig – prüfen**; die Meldepflicht beginnt mit dem Monat, in dem die Schwelle überschritten wurde, d. h. für diesen Monat ist die erste statistische Meldung für **die jeweilige Verkehrsrichtung** abzugeben· Zusätzlich muss das darauffolgende Kalenderjahr vollständig erfasst werden.[734]

> **Beispiel**
> Nach StatBA, Leitfaden 2024, Kapitel 1.3.2. Wird im laufenden Jahr eine Anmeldeschwelle überschritten, müssen ab dem Monat des Überschreitens an (z. B. 11/2024) bis zum Ende des darauffolgenden Berichtsjahres (bis 12/2025) **in der jeweiligen Richtung** Anmeldungen zur Intrahandelsstatistik erstellt werden.
> Wird im Jahr 2025 die Anmeldeschwelle überschritten, muss das Jahr 2026 ebenfalls komplett gemeldet werden.
> Andernfalls kann die Anmeldung ab Bezugszeitraum Januar 2026 entfallen.

---

733 IHK Südlicher Oberrhein, Intrastat – statistische Erfassung des Warenverkehrs, Nr. 3302064, www.suedlicher-oberrhein.ihk.de, abgerufen am 10.3.2019.

734 StatBA, Leitfaden 2024, Kapitel 1.3.2.

Zur **bislang letzten Erhöhung** zum 1.1.2016 vgl. ➲ 14. Aufl. 2016 oder 15. Aufl. 2017, »Auf einen Blick« vor Kapitel 65.1.

Die Intrastat kennt **keine Bagatellgrenze** für Produkte von geringem Wert[735].

 Beratungskonsequenzen

1. Wenn Sie glauben, dass Sie auf Grund Ihrer Beteiligung an innereuropäischen Warengeschäften zur Abgabe von Intrastat-Meldungen verpflichtet sind, sollten Sie **als Unternehmer auf jeden Fall Ihren Steuerberater informieren** und sich mit diesem abstimmen.
2. Zur ersten Orientierung und Einarbeitung genügt in der Regel der »**Leitfaden zur Intrahandelsstatistik 2024**«[736].
3. Bei Praxisproblemen haben sich dann – sowohl für Unternehmer als auch deren Berater die **AHKs als kompetente Ansprechpartner bewährt** (➲ Kapitel 127). Diese bieten in der Regel auch Schulungen zur Intrastat an.

101.2.3 Informationsfluss StatBA – FinVerw

Da das StatBA von der Finanzverwaltung aus Ihren Umsatzsteuer-Voranmeldungen über Ihre innergemeinschaftlichen Geschäfte informiert wird, sollten Sie die **korrespondierenden Erklärungen auf jeden Fall miteinander abgleichen**.

Eine direkte **Rückinformation vom StatBA** an die Finanzverwaltung ist (derzeit) aber **nicht** vorgesehen (➲ vgl. Kapitel 102).

 Beratungskonsequenzen

Allerdings kommt es – z. B. auch auf Grund eher technischer Probleme – zu regelmäßigen Abstimmungen zwischen der Finanzverwaltung und dem StatBA. Die Finanzverwaltung wird dann stets »bemüht« sein, die **Erkenntnisse aus dem Gedanken- oder Erfahrungsaustausch für eigene Ermittlungen auszuwerten!**

101.3 Was für 2024 Neues zu beachten ist

 Hinweis

2024 gibt es keine wesentlichen Änderungen in der Intrahandelsstatistik. Die Änderungen haben bereits 2022 stattgefunden[737].

---

735 IHK Südlicher Oberrhein, a. a. O.
736 ➲ mybookplus.de > Wichtiges aus anderen Behörden.
737 Vgl. hierzu ➲ Kapitel 65.3 der Vorauflage (= 20. Auflage 2022)

101.4 Homepages des StatBA

 Hinweis

https://www.destatis.de
https://www-idev.destatis.de > Hilfeseite zur Anmeldung der Intrahandelsstatistik

102 Kontrollmöglichkeiten und Routinen der FinVerw

Innergemeinschaftlichen Waren- und Dienstleistungsverkehr

Die Datenbanken, in die Umsätze eingehen:

Schaubild „Kontrollverfahren"

Unternehmer erstellt

Zusammenfassende Meldungen (monatlich/vierteljährlich)

USt-Voranmeldung (grds. monatlich)

Statistische Meldung (grds. monatlich)

BZSt Datenbank

Info aus VA, § 18 a I 6, 7

Landesfinanzverwaltung Rechenzentren

Info aus VA

Statistisches Bundesamt Datenbank (= U.register)

Info aus ZM, § 18 a I 8

Keine Rück-Info (I)

Bundesrepublik

EG-Ausland

Datenaustausch

| Belgien | Dänemark | Frankreich | ... (andere EU-Staaten) |
| Datenbank bei einer oberen Finanzbehörde | Datenbank bei einer oberen Finanzbehörde | Datenbank bei einer oberen Finanzbehörde | Datenbank bei einer oberen Finanzbehörde |

ZM ZM ZM   ZM ZM ZM   ZM ZM ZM   ZM ZM ZM

103 Aufzeichnungs- und Aufbewahrungspflichten

Wie die Angaben in den Erklärungen dem Finanzamt nachzuweisen sind

 Hinweis

➲ mybookplus.de > Vertiefende Informationen > Kapitel 103

104 Fallsammlung internationale Umsätze

Eintragung in die Vordrucke: UStVA 2024, USt-Erklärung 2023 und ZM im Jahr 2024

 Hinweis

Zu

- der **Neuregelung ab 1.1.2020 durch die »Quick Fixes« für Konsignationslager** vgl. auch ➲ Kapitel 52
- der **Neuregelung der innergemeinschaftliche Fernverkäufe ab 1.7.2021** vgl. auch ➲ Kapitel 56
- den Besonderheiten der **innergemeinschaftlichen Dreiecksgeschäfte** vgl. auch➲ Kapitel 49.8 und Kapitel 49.9
- der **Neuregelung der Telekommunikationsleistungen u. Ä.** ab 1.7.2021 vgl. auch ➲ Kapitel 81
- den Besonderheiten der **innergemeinschaftlichen Dienstleistunge**n vgl. auch ➲ Kapitel 89
- den Besonderheiten des **Reverse Charge** (Übergang der Steuerschuld auf den Leistungsempfänger) vgl. auch ➲ Kapitel 121.6

104.1 Innergemeinschaftliche Lieferung/Regelfall

 Hinweis

Umsatzsteuerliche Basics in ➲ Kapitel 22 ff.

104.1.1 UStVA 2024

2024

Umsatzsteuer-Voranmeldung

— Eingangsstempel — | 11

Steuernummer

1

An das Finanzamt | 30

2

Unternehmer – ggf. abweichende Firmenbezeichnung – Anschrift – Telefon – E-Mail-Adresse

3

4

5

Voranmeldungszeitraum

bei **monatlicher** Abgabe bitte hier ankreuzen			bei **vierteljährlicher** Abgabe bitte hier ankreuzen
Januar	Mai	September	I. Kalendervierteljahr
Februar	Juni	Oktober	II. Kalendervierteljahr
März	Juli	November	III. Kalendervierteljahr
April	August	Dezember	IV. Kalendervierteljahr

10 **Berichtigte Anmeldung** | 10 | 1 = Ja

11 **Belege** (z. B. Verträge, Rechnungen) sind beigefügt bzw. werden gesondert eingereicht | 22 | 1 = Ja

	Bemessungsgrundlage ohne Umsatzsteuer EUR	Steuer EUR	Ct
A. Steuerpflichtige Lieferungen, sonstige Leistungen und unentgeltliche Wertabgaben			
Steuerpflichtige Umsätze			
12 zum Steuersatz von 19 %	81		
13 zum Steuersatz von 7 %	86		
14 zum Steuersatz von 0 %	87		
15 zu anderen Steuersätzen	35	36	
16 Lieferungen land- und forstwirtschaftlicher Betriebe nach § 24 UStG an Abnehmer **mit** Umsatzsteuer-Identifikationsnummer	77		
17 Umsätze, für die eine Steuer nach § 24 UStG zu entrichten ist (Sägewerkserzeugnisse, Getränke und alkoholische Flüssigkeiten, z. B. Wein)	76	80	
B. Steuerfreie Lieferungen, sonstige Leistungen und unentgeltliche Wertabgaben			
Steuerfreie Umsätze mit Vorsteuerabzug			
Innergemeinschaftliche Lieferungen (§ 4 Nummer 1 Buchstabe b UStG)			
18 an Abnehmer **mit** Umsatzsteuer-Identifikationsnummer	41		
19 neuer Fahrzeuge an Abnehmer **ohne** Umsatzsteuer-Identifikationsnummer			

2024USt1A561 | - September 2023 - | 2024USt1A561

Formular: 2024USt1A561

104.1.2 USt-Erklärung 2023

 Hinweis

Bis einschließlich der USt-Erklärung 2017 erfolgten die nachfolgenden Eintragungen in Abschnitt E der Anlage UR[738].

| | | Steuernummer | |

D. Steuerfreie Lieferungen, sonstige Leistungen und unentgeltliche Wertabgaben

Bemessungsgrundlage
ohne Umsatzsteuer

Steuerfreie Umsätze mit Vorsteuerabzug

a) Innergemeinschaftliche Lieferungen (§ 4 Nummer 1 Buchstabe b UStG)

EUR

Nr.	Beschreibung	Feld
38	an Abnehmer **mit** Umsatzsteuer-Identifikationsnummer	741
39	neuer Fahrzeuge an Abnehmer **ohne** Umsatzsteuer-Identifikationsnummer	
40	neuer Fahrzeuge außerhalb eines Unternehmens (§ 2a UStG)	

b) Weitere steuerfreie Umsätze mit Vorsteuerabzug (z. B. nach § 4 Nummer 1 Buchstabe a, 2 bis 7 UStG)

41	**Ausfuhrlieferungen** und Lohnveredelungen an Gegenständen der Ausfuhr (§ 4 Nummer 1 Buchstabe a UStG)	
42	Umsätze nach § UStG	
43	Umsätze im Sinne des Offshore-Steuerabkommens, des Zusatzabkommens zum NATO-Truppenstatut und des Ergänzungsabkommens zum Protokoll über die NATO-Hauptquartiere	
44	Reiseleistungen nach § 25 Absatz 2 UStG	
45	Summe der Zeilen 41 bis 44	237

Steuerfreie Umsätze ohne Vorsteuerabzug

a) nicht zum Gesamtumsatz (§ 19 Absatz 3 UStG) gehörend

46	z. B. nach § 4 Nummer 12 UStG (Vermietung und Verpachtung von Grundstücken)	286
47	nach § 4 Nummer UStG	287
48	Summe der Zeilen 46 und 47	

b) zum Gesamtumsatz (§ 19 Absatz 3 UStG) gehörend

| 49 | nach §   UStG | 240 |

E. Innergemeinschaftliche Erwerbe

	Bemessungsgrundlage ohne Umsatzsteuer EUR	Steuer
50 **Steuerfreie innergemeinschaftliche Erwerbe** von bestimmten Gegenständen und Anlagegold nach §§ 4b und 25c UStG	791	

Steuerpflichtige innergemeinschaftliche Erwerbe (§ 1a UStG)

		Bemessungsgrundlage EUR Ct	Steuer EUR Ct
51	zum Steuersatz von 19 %	781	
52	zum Steuersatz von 7 %	793	
53	zum Steuersatz von 0 %	780	
54	zu anderen Steuersätzen	798	799
55	**neuer Fahrzeuge** (§ 1b Absatz 2 und 3 UStG) von Lieferern **ohne** Umsatzsteuer-Identifikationsnummer zum allgemeinen Steuersatz	794	796
56	Summe der Steuer (zu übertragen in Zeile 103)		

F. Steuerschuldner bei Auslagerung (§ 13a Absatz 1 Nummer 6 UStG)

Formular: 2023USt2A503

---

738   Vgl. dazu Vorauflage (19. Auflage 2021), ⊃ Kapitel 67.1.2.1

104.1.3 Zusammenfassende Meldung im Jahr 2024

Einlagebogen Nr. | | | zur Zusammenfassenden Meldung für den Meldezeitraum

02

20

Jan.	April	Juli	Okt.
Feb.	Mai	Aug.	Nov.
März	Juni	Sept.	Dez.

| Jan/Feb | April/Mai | Juli/Aug | Okt/Nov |

| 1. Quart. | 2. Quart. | 3. Quart. | 4. Quart. |

Kalenderjahr

Berichtigung
(falls JA, bitte "x" eintragen)   03

Umsatzsteuer-Identifikationsnummer (USt-IdNr.) Bitte 9 Ziffern eintragen

01 D E | | | | | | | | |

Meldung der Warenlieferungen vom Inland in das übrige Gemeinschaftsgebiet (§ 18a Abs. 7 Nr. 1 u. 2 UStG), der sonstigen Leistungen (§ 18a Abs. 7 Satz 1 Nr. 3 UStG) und der Lieferungen i.S.d. § 25b Abs. 2 UStG im Rahmen innergemeinschaftlicher Dreiecksgeschäfte (§ 18a Abs. 7 Satz 1 Nr. 4 UStG)

Bitte beachten!

Sonstige Leistungen bzw. Dreiecksgeschäfte sind in Spalte 3 jeweils durch Eintragung der Ziffer "1" oder "2" entsprechend zu kennzeichnen. Wurden sowohl Warenlieferungen, sonstige Leistungen und/oder Dreiecksgeschäfte an denselben Unternehmer erbracht, sind diese in getrennten Zeilen anzugeben.

Zeile	Länder-kenn-zeichen	1 USt-IdNr. des Erwerbers/ Unternehmers in einem anderen EU-Mitgliedstaat	2 Summe der Bemessungsgrundlagen volle EUR	Ct	3 Sonstige Leistungen (falls JA, bitte 1 eintragen) --------- Dreiecksgeschäfte (falls JA, bitte 2 eintragen)
1					
2					
3					
4					
5					
6					
7					
8					
9					
10					
11					
12					
13					
14					
15					
16					
17					
18					
19					
20					
21					
22					
23					
24					
25					

Formular: ZM-Formular Vordruckmuster, https://www.bzst.de

Erklärungs- und Aufbewahrungspflichten

104.2 Innergemeinschaftliche Lieferung/Sonderfall

Lieferung von Neufahrzeugen durch einen deutschen Händler an EU-»Privatkunden« (= Nichtunternehmer)

 Hinweis

Umsatzsteuerliche Basics in ➲ Kapitel 62.5.3

104.2.1 UStVA 2024

	Unternehmer – ggf. abweichende Firmenbezeichnung – Anschrift – Telefon – E-Mail-Adresse			

Voranmeldungszeitraum

bei **monatlicher** Abgabe bitte hier ankreuzen			bei **vierteljährlicher** Abgabe bitte hier ankreuzen	
Januar	Mai	September		I. Kalendervierteljahr
Februar	Juni	Oktober		II. Kalendervierteljahr
März	Juli	November		III. Kalendervierteljahr
April	August	Dezember		IV. Kalendervierteljahr

Berichtigte Anmeldung		10	1 = Ja
Belege (z. B. Verträge, Rechnungen) sind beigefügt bzw. werden gesondert eingereicht		22	1 = Ja

	Bemessungsgrundlage ohne Umsatzsteuer		Steuer	
	EUR		EUR	Ct
A. Steuerpflichtige Lieferungen, sonstige Leistungen und unentgeltliche Wertabgaben				
Steuerpflichtige Umsätze				
zum Steuersatz von 19 %	81			
zum Steuersatz von 7 %	86			
zum Steuersatz von 0 %	87			
zu anderen Steuersätzen	35		36	
Lieferungen land- und forstwirtschaftlicher Betriebe nach § 24 UStG an Abnehmer **mit** Umsatzsteuer-Identifikationsnummer	77			
Umsätze, für die eine Steuer nach § 24 UStG zu entrichten ist (Sägewerkserzeugnisse, Getränke und alkoholische Flüssigkeiten, z. B. Wein)	76		80	
B. Steuerfreie Lieferungen, sonstige Leistungen und unentgeltliche Wertabgaben				
Steuerfreie Umsätze mit Vorsteuerabzug				
Innergemeinschaftliche Lieferungen (§ 4 Nummer 1 Buchstabe b UStG)				
an Abnehmer **mit** Umsatzsteuer-Identifikationsnummer	41			
neuer Fahrzeuge an Abnehmer **ohne** Umsatzsteuer-Identifikationsnummer	44			

2024USt1A561   - September 2023 -   2024USt1A561

Formular: 2024USt1561

104.2.2   USt-Erklärung 2023

 Hinweis

Bis einschließlich der USt-Erklärung 2017 erfolgten die nachfolgenden Eintragungen in Abschnitt E der Anlage UR[739].

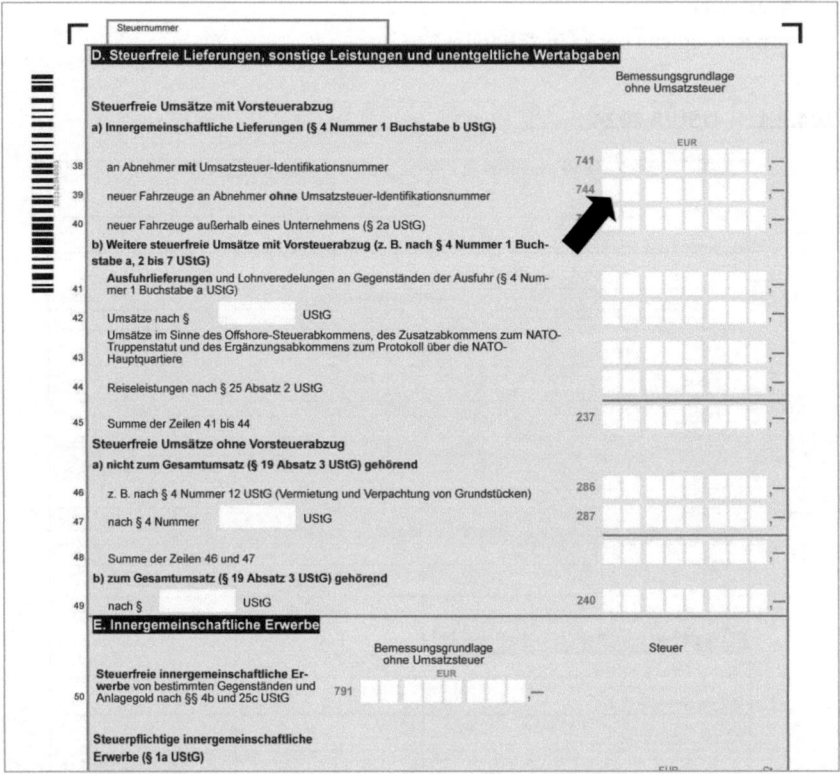

Formular: 2023USt2A503

104.2.3   Zusammenfassende Meldung im Jahr 2024

Keine Eintragung, dafür aber Meldung nach der Fahrzeuglieferungs-Meldepflichtverordnung ➲ nachfolgendes Kapitel 104.2.4

104.2.4   Meldungen nach der FzgLiefgMeldV

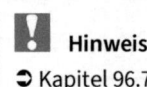 **Hinweis**

➲ Kapitel 96.7

---

739   Vgl. dazu Vorauflage (19. Auflage 2021), ➲ Kapitel 67.2.2.1

104.3 Innergemeinschaftliche Lieferung/Sonderfall

Lieferung von Neufahrzeugen *durch* »Privatleute« (= Nichtunternehmer) an EU-Käufer

> **Hinweis**
> Umsatzsteuerliche Basics in ➲ Kapitel 62.5.5

104.3.1 UStVA 2024

		Bemessungsgrundlage ohne Umsatzsteuer	Steuer	
Steuernummer	- 2 -	EUR	EUR	Ct
20	neuer Fahrzeuge außerhalb eines Unternehmens (§ 2a UStG)	49		
21	**Weitere steuerfreie Umsätze mit Vorsteuerabzug** z. B. **Ausfuhrlieferungen**, Umsätze nach § 4 Nummer 2 bis 7 UStG			
22	**Steuerfreie Umsätze ohne Vorsteuerabzug** z. B. Umsätze nach § 4 Nummer 8 bis 29 UStG	48		
23	**C. Innergemeinschaftliche Erwerbe** **Steuerfreie innergemeinschaftliche Erwerbe** von bestimmten Gegenständen und Anlagegold (§§ 4b und 25c UStG)	91		
24	**Steuerpflichtige innergemeinschaftliche Erwerbe** zum Steuersatz von 19 %	89		
25	zum Steuersatz von 7 %	93		
26	zum Steuersatz von 0 %	90		
27	zu anderen Steuersätzen	95	98	
28	**neuer Fahrzeuge (§ 1b Absatz 2 und 3 UStG) von Lieferern ohne** Umsatzsteuer-Identifikationsnummer zum allgemeinen Steuersatz	94	96	
29	**D. Leistungsempfänger als Steuerschuldner (§ 13b UStG)** Sonstige Leistungen nach § 3a Absatz 2 UStG eines im übrigen Gemeinschaftsgebiet ansässigen Unternehmers (§ 13b Absatz 1 UStG)	46	47	
30	Umsätze, die unter das GrEStG fallen (§ 13b Absatz 2 Nummer 3 UStG)	73	74	
31	Andere Leistungen (§ 13b Absatz 2 Nummer 1, 2, 4 bis 12 UStG)	84	85	
32	**E. Ergänzende Angaben zu Umsätzen** Lieferungen des ersten Abnehmers bei **innergemeinschaftlichen Dreiecksgeschäften** (§ 25b UStG)	42		
33	Steuerpflichtige Umsätze des leistenden Unternehmers, für die der **Leistungsempfänger die Steuer nach § 13b Absatz 5 UStG schuldet**	60		
34	**Nicht steuerbare sonstige Leistungen** gemäß § 18b Satz 1 Nummer 2 UStG	21		
35	**Übrige nicht steuerbare Umsätze** (Leistungsort nicht im Inland)	45		
36	Umsatzsteuer (Summe der Zeilen 12 bis 17 und 24 bis 31)			
37	**F. Abziehbare Vorsteuerbeträge und Berichtigung des Vorsteuerabzugs** Vorsteuerbeträge aus Rechnungen von anderen Unternehmern (§ 15 Absatz 1 Satz 1 Nummer 1 UStG), aus Leistungen im Sinne des § 13a Absatz 1 Nummer 6 UStG (§ 15 Absatz 1 Satz 1 Nummer 5 UStG) und aus innergemeinschaftlichen Dreiecksgeschäften (§ 25b Absatz 5 UStG)		66	
38	Vorsteuerbeträge aus dem innergemeinschaftlichen Erwerb von Gegenständen (§ 15 Absatz 1 Satz 1 Nummer 3 UStG)		61	

Formular: 2024USt1A562

104.3.2   USt-Erklärung 2023

 Hinweis

Bis einschließlich der USt-Erklärung 2017 erfolgten die nachfolgenden Eintragungen in Abschnitt E der Anlage UR[740].

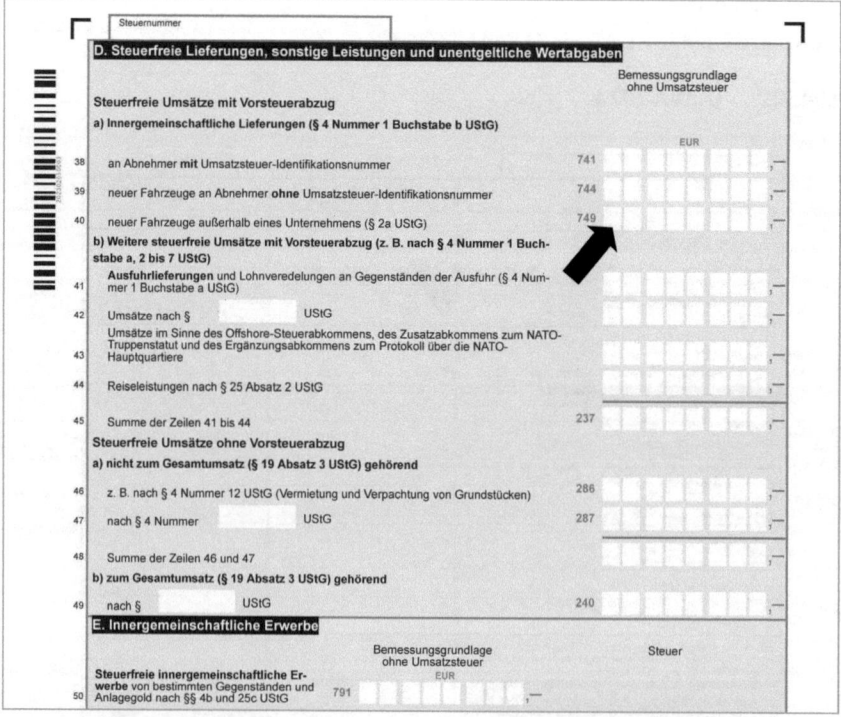

Formular: 2023USt2A503

104.3.3   Zusammenfassende Meldung im Jahr 2024

Keine Eintragung, dafür aber Meldung nach der Fahrzeuglieferungs-Meldepflichtverordnung ➲ Kapitel 104.3.4

104.3.4   Meldungen nach der FzgLiefgMeldV

 Hinweis
➲ Kapitel 96.7

---

740 Vgl. dazu die Vorauflage (19. Auflage 2021), ➲ Kapitel 67.3.2.1

104.4 Ausfuhrlieferung

 Hinweis

Umsatzsteuerliche Basics in ➲ Kapitel 29 ff.

104.4.1 UStVA 2024

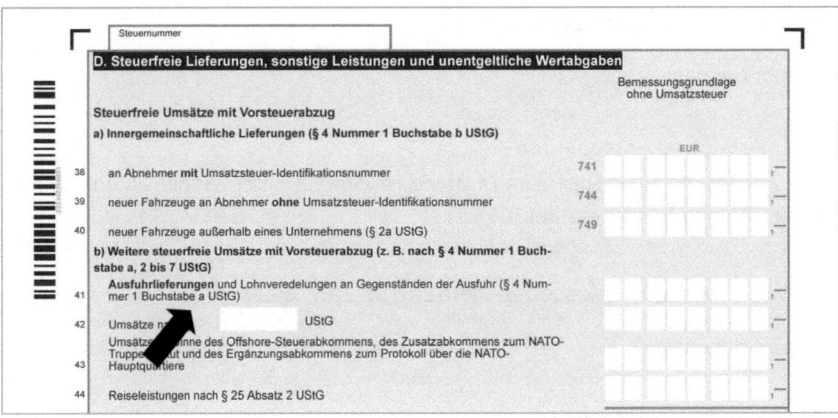

Formular: 2024USt1A562

104.4.2 USt-Erklärung 2023

 Hinweis

Bis einschließlich der USt-Erklärung 2017 erfolgten die nachfolgenden Eintragungen in Abschnitt E der Anlage UR[741].

Formular: 2023USt2A503

104.4.3 Zusammenfassende Meldung im Jahr 2024

Keine Eintragung!

---

741 Vgl. dazu die Vorauflage (19. Auflage 2021), ➲ Kapitel 67.4.2.1.

104.5 Aufstockung eines Konsignationslagers im EU-Ausland

! Hinweis
- Umsatzsteuerliche Basics in ➲ Kapitel 51
- **Bis 31.12.2019** ➲ Kapitel 67.5 der Vorauflage (18. Auflage 2020)
- **Ab 1.1.2020** ➲ Kapitel 52

104.6 Aufstockung eines Konsignationslagers in einem Drittland

! Hinweis
Umsatzsteuerliche Basics in ➲ Kapitel 51

104.6.1 UStVA 2024

Keine Eintragung!

➜ Beratungskonsequenzen
Das Aufstocken eines Lagers im Drittland ist ein rein unternehmensinterner Vorgang: die Ware verbleibt im Unternehmen und wird lediglich an eine andere Stelle verbracht. Es kommt daher nicht zu einer Ausfuhr!

104.6.2 USt-Erklärung 2023

Keine Eintragung!

➜ Beratungskonsequenzen
Das Aufstocken eines Lagers im Drittland ist ein rein unternehmensinterner Vorgang (➲ vorstehendes Kapitel 104.6.1).

104.6.3 Zusammenfassende Meldung im Jahr 2024

Keine Eintragung!

➜ Beratungskonsequenzen
Die ZM erfasst ausschließlich Geschäftsvorfälle des EU-Binnenmarkts.

104.7 Lieferung aus einem Konsignationslager im EU-Ausland

> **Hinweis**
> - Umsatzsteuerliche Basics in ➲ Kapitel 51
> - **Bis 31.12.2019** ➲ Kapitel 67.5 in der Vorauflage (18. Auflage 2020)
> - **Ab 1.1.2020** ➲ Kapitel 52

104.8 Lieferungen in einem anderen Land/aus einem Konsignationslager im Drittland

> **Hinweis**
> Umsatzsteuerliche Basics in ➲ Kapitel 51

104.8.1 UStVA 2024

26	zum Steuersatz von 0 %	90	
27	zu anderen Steuersätzen	95	98
28	**neuer Fahrzeuge** (§ 1b Absatz 2 und 3 UStG) von Lieferern **ohne** Umsatzsteuer-Identifikationsnummer zum allgemeinen Steuersatz	94	96
	D. Leistungsempfänger als Steuerschuldner (§ 13b UStG)		
29	Sonstige Leistungen nach § 3a Absatz 2 UStG eines im übrigen Gemeinschaftsgebiet ansässigen Unternehmers (§ 13b Absatz 1 UStG)	46	47
30	Umsätze, die unter das GrEStG fallen (§ 13b Absatz 2 Nummer 3 UStG)	73	74
31	Andere Leistungen (§ 13b Absatz 2 Nummer 1, 2, 4 bis 12 UStG)	84	85
	E. Ergänzende Angaben zu Umsätzen		
32	Lieferungen des ersten Abnehmers bei **innergemeinschaftlichen Dreiecksgeschäften** (§ 25b UStG)	42	
33	Steuerpflichtige Umsätze des leistenden Unternehmers, für die der **Leistungsempfänger** die **Steuer nach § 13b Absatz 5 UStG** schuldet	60	
34	**Nicht steuerbare sonstige Leistungen** gemäß § 18b Satz 1 Nummer 2 UStG	21	
35	**Übrige nicht steuerbare Umsätze** (Leistungsort nicht im Inland)	45	
36	Umsatzsteuer (Summe der Zeilen 12 bis 17 und 24 bis 31)		
	F. Abziehbare Vorsteuerbeträge und Berichtigung des Vorsteuerabzugs		
37	Vorsteuerbeträge aus Rechnungen von anderen Unternehmern (§ 15 Absatz 1 Satz 1 Nummer 1 UStG, aus Leistungen im Sinne des § 13a Absatz 1 Nummer 6 UStG (§ 15 Absatz 1 Satz 1 Nummer 5 UStG) und aus innergemeinschaftlichen Dreiecksgeschäften (§ 25b Absatz 5 UStG)		66
38	Vorsteuerbeträge aus dem innergemeinschaftlichen Erwerb von Gegenständen (§ 15 Absatz 1 Satz 1 Nummer 3 UStG)		61
39	Entstandene Einfuhrumsatzsteuer (§ 15 Absatz 1 Satz 1 Nummer 2 UStG)		62
40	Vorsteuerbeträge aus Leistungen im Sinne des § 13b UStG (§ 15 Absatz 1 Satz 1 Nummer 4 UStG)		67
	2024USt1A562		2024USt1A562

Formular: 2024USt1A562

104.8.2   USt-Erklärung 2023

  Hinweis

Bis einschließlich der USt-Erklärung 2017 erfolgten die nachfolgenden Eintragungen in Abschnitt E der Anlage UR[742].

Steuernummer				

G. Innergemeinschaftliche Dreiecksgeschäfte (§ 25b UStG)

		Bemessungsgrundlage ohne Umsatzsteuer EUR	Steuer
59	Lieferungen des **ersten Abnehmers**	742	—
	Lieferungen, für die der letzte Abnehmer die Umsatzsteuer schuldet		EUR · Ct
60	zum Steuersatz von 19 %	751	—
61	zum Steuersatz von 7 %	746	—
62	zum Steuersatz von 0 %	750	—
63	zu anderen Steuersätzen	747	748 · EUR Ct
64	Summe der Steuer (zu übertragen in Zeile 105)		

H. Leistungsempfänger als Steuerschuldner (§ 13b UStG)

		Bemessungsgrundlage ohne Umsatzsteuer EUR	Steuer EUR Ct
65	Sonstige Leistungen nach § 3a Absatz 2 UStG eines im übrigen Gemeinschaftsgebiet ansässigen Unternehmers (§ 13b Absatz 1 UStG)	846	847
66	Umsätze, die unter das GrEStG fallen (§ 13b Absatz 2 Nummer 3 UStG)	873	874
67	Andere Leistungen (§ 13b Absatz 2 Nummer 1, 2, 4 bis 12 UStG)	877	878
68	Summe der Steuer (zu übertragen in Zeile 106)		

I. Ergänzende Angaben zu Umsätzen

		Betrag EUR
69	Umsätze, die auf Grund eines Verzichts auf Steuerbefreiung (§ 9 UStG) als steuerpflichtig behandelt worden sind (in Abschnitt C enthalten)	
70	Steuerpflichtige Umsätze des leistenden Unternehmers, für die der Leistungsempfänger die Steuer nach § 13b Absatz 5 UStG schuldet	209
71	Telekommunikations-, Rundfunk- und Fernsehdienstleistungen sowie **auf elektronischem Weg erbrachte sonstige Leistungen** an im übrigen Gemeinschaftsgebiet ansässige Nichtunternehmer sowie **innergemeinschaftliche Fernverkäufe** in das übrige Gemeinschaftsgebiet unter der Voraussetzung des § 3a Absatz 5 Sätze 3 und 4 UStG und § 3c Absatz 4 Sätze 1 und 2 UStG (in Abschnitt B oder C enthalten)	213
72	Telekommunikations-, Rundfunk- und Fernsehdienstleistungen sowie **auf elektronischem Weg erbrachte sonstige Leistungen** an im übrigen Gemeinschaftsgebiet ansässige Nichtunternehmer sowie **innergemeinschaftliche Fernverkäufe** in das übrige Gemeinschaftsgebiet unter der Voraussetzung des § 3a Absatz 5 Sätze 3 und 4 UStG und § 3c Absatz 4 Sätze 1 und 2 UStG (in anderen EU-Mitgliedstaaten zu versteuern)	214
73	Nicht steuerbare Geschäftsveräußerung im Ganzen gemäß § 1 Absatz 1a UStG	211
74	Nicht steuerbare sonstige Leistungen gemäß § 18b Satz 1 Nummer 2 UStG	721
75	Übrige nicht steuerbare Umsätze (Leistungsort nicht im Inland)	205
76	In den Zeilen 72, 74 und 75 enthaltene Umsätze, die nach § 15 Absatz 2 und 3 UStG den Vorsteuerabzug ausschließen	
77	Auf den inländischen Streckenanteil entfallende Umsätze grenzüberschreitender Personenbeförderungen im Luftverkehr (§ 26 Absatz 3 UStG)	
78	Minderung der Bemessungsgrundlage nach § 17 Absatz 1 Satz 1 in Verbindung mit Absatz 2 Nummer 1 Satz 1 UStG (in Abschnitt B oder C enthalten)	650

Formular: 2023USt2A504

104.8.3   Zusammenfassende Meldung im Jahr 2024

Keine Eintragung!

---

742   Vgl. dazu die Vorauflage (19. Auflage 2021), ➲ Kapitel 67.8.2.1

104.9 Innergemeinschaftlicher Erwerb – Regelfall des § 3d Satz 1 UStG

 Hinweis

Umsatzsteuerliche Basics in ⮞ Kapitel 116.5.1

104.9.1 UStVA 2024

104.9.1.1 Erwerbsteuer

		Bemessungsgrundlage ohne Umsatzsteuer		Steuer	
		EUR		EUR	Ct
20	neuer Fahrzeuge außerhalb eines Unternehmens (§ 2a UStG)	49			
	Weitere steuerfreie Umsätze mit Vorsteuerabzug				
21	z. B. **Ausfuhrlieferungen,** Umsätze nach § 4 Nummer 2 bis 7 UStG	43			
	Steuerfreie Umsätze ohne Vorsteuerabzug				
	z. B. Umsätze nach § 4 Nummer 8 bis 29 UStG	48			
	C. Innergemeinschaftliche Erwerbe				
	Steuerfreie innergemeinschaftliche Erwerbe				
23	von bestimmten Gegenständen und Anlagegold (§§ 4b und 25c UStG)	91			
	Steuerpflichtige innergemeinschaftliche Erwerbe				
24	zum Steuersatz von 19 %	89			
25	zum Steuersatz von 7 %	93			
26	zum Steuersatz von 0 %	90			
27	zu anderen Steuersätzen	95		98	
28	**neuer Fahrzeuge** (§ 1b Absatz 2 und 3 UStG) von Lieferern **ohne** Umsatzsteuer-Identifikationsnummer zum allgemeinen Steuersatz	94		96	
	D. Leistungsempfänger als Steuerschuldner (§ 13b UStG)				

Formular: 2024USt1A562

104.9.1.2 Korrespondierende Vorsteuer

36	**Umsatzsteuer (Summe der Zeilen 12 bis 17 und 24 bis 31)**			
	F. Abziehbare Vorsteuerbeträge und Berichtigung des Vorsteuerabzugs			
37	Vorsteuerbeträge aus Rechnungen von anderen Unternehmern (§ 15 Absatz 1 Satz 1 Nummer 1 UStG), aus Leistungen im Sinne des § 13a Absatz 1 Nummer 6 UStG (§ 15 Absatz 1 Satz 1 Nummer 5 UStG) und aus innergemeinschaftlichen Dreiecksgeschäften (§ 25b Absatz 5 UStG)		66	
38	Vorsteuerbeträge aus dem innergemeinschaftlichen Erwerb von Gegenständen (§ 15 Absatz 1 Satz 1 Nummer 3 UStG)		61	
39	Entstandene Einfuhrumsatzsteuer (§ 15 Absatz 1 Satz 1 Nummer 2 UStG)			
40	Vorsteuerbeträge aus Leistungen im Sinne des § 13b UStG (§ 15 Absatz 1 Satz 1 Nummer 4 UStG)		67	
	2024USt1A562		**2024USt1A562**	

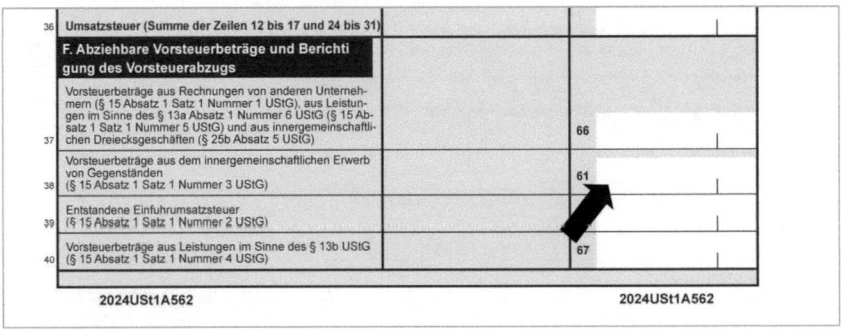

Formular: 2024USt1A562

104.9.2 USt-Erklärung 2023

 Hinweis

Bis einschließlich der USt-Erklärung 2017 erfolgten die nachfolgenden Eintragungen in Abschnitt E der Anlage UR[743].

104.9.2.1 Berechnung der Erwerbsteuer in Abschnitt E

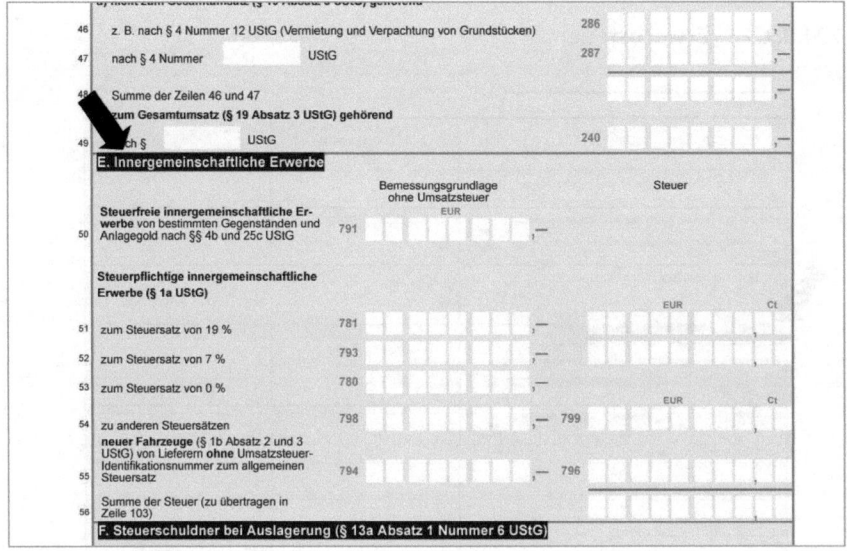

Formular: 2023USt2A503

104.9.2.2 Übernahme der Erwerbsteuer in die Steuerberechnung

Formular: 2023USt2A506

---

743 Vgl. dazu die Vorauflage (19. Auflage 2021), ➲ Kapitel 67.9.2.1

104.9.2.3 Korrespondierende Vorsteuer

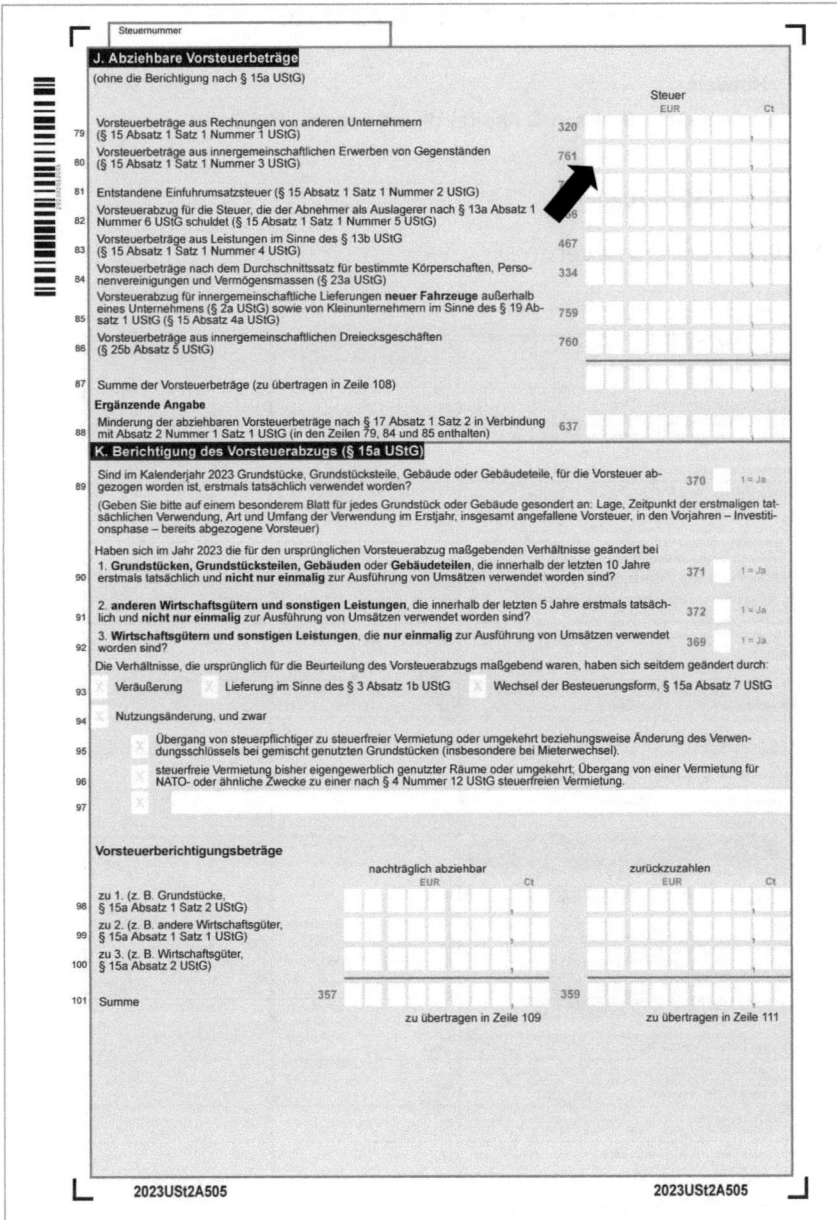

Formular: 2023USt2A505

104.9.3 Zusammenfassende Meldung im Jahr 2024

Keine Eintragung!

104.10 Innergemeinschaftlicher Erwerb –
Ausnahmefall des § 3d Satz 2 UStG

 Hinweis

Umsatzsteuerliche Basics in ➲ Kapitel 19 und Kapitel 116.5.2

104.10.1 UStVA 2024

104.10.1.1 Erwerbsteuer

		Bemessungsgrundlage ohne Umsatzsteuer	Steuer	
		EUR	EUR	Ct
20	neuer Fahrzeuge außerhalb eines Unternehmens (§ 2a UStG)	49		
	Weitere steuerfreie Umsätze mit Vorsteuerabzug			
21	z. B. **Ausfuhrlieferungen**, Umsätze nach § 4 Nummer 2 bis 7 UStG	43		
	Steuerfreie Umsätze ohne Vorsteuerabzug			
22	z. B. Umsätze nach § 4 Nummer 8 bis 29 UStG	48		
	C. Innergemeinschaftliche Erwerbe			
	Steuerfreie innergemeinschaftliche Erwerbe			
23	von bestimmten Gegenständen und Anlagegold (§§ 4b und 25c UStG)	91		
	Steuerpflichtige innergemeinschaftliche Erwerbe			
24	zum Steuersatz von 19 %	89		
25	zum Steuersatz von 7 %			
26	zum Steuersatz von 0 %	90		
27	zu anderen Steuersätzen	95	98	
28	**neuer Fahrzeuge** (§ 1b Absatz 2 und 3 UStG) von Lieferern ohne Umsatzsteuer-Identifikationsnummer zum allgemeinen Steuersatz	94	96	
	D. Leistungsempfänger als Steuerschuldner (§ 13b UStG)			
29	Sonstige Leistungen nach § 3a Absatz 2 UStG eines im übrigen Gemeinschaftsgebiet ansässigen Unternehmers (§ 13b Absatz 1 UStG)	46	47	
30	Umsätze, die unter das GrEStG fallen (§ 13b Absatz 2 Nummer 3 UStG)	73	74	
31	Andere Leistungen (§ 13b Absatz 2 Nummer 1, 2, 4 bis 12 UStG)	84	85	
	E. Ergänzende Angaben zu Umsätzen			
32	Lieferungen des ersten Abnehmers bei **innergemeinschaftlichen Dreiecksgeschäften** (§ 25b UStG)	42		
33	Steuerpflichtige Umsätze des leistenden Unternehmers, für die der **Leistungsempfänger** die **Steuer** nach § 13b **Absatz 5 UStG schuldet**	60		
34	**Nicht steuerbare sonstige Leistungen** gemäß § 18b Satz 1 Nummer 2 UStG	21		
35	**Übrige nicht steuerbare Umsätze** (Leistungsort nicht im Inland)	45		
36	**Umsatzsteuer (Summe der Zeilen 12 bis 17 und 24 bis 31)**			

Formular: 2024USt1A562

104.10.1.2 Korrespondierende Vorsteuer

Kein Vorsteuerabzug möglich!

104.10.2 USt-Erklärung 2023

 Hinweis

Bis einschließlich der USt-Erklärung 2017 erfolgten die nachfolgenden Eintragungen in Abschnitt E der Anlage UR[744].

104.10.2.1 Berechnung der Erwerbsteuer in Abschnitt E

Formular: 2023USt2A503

104.10.2.2 Übernahme der Erwerbsteuer in die Steuerberechnung

Formular: 2023USt2A506

104.10.2.3 Korrespondierende Vorsteuer

Kein Vorsteuerabzug möglich!

104.10.3 Zusammenfassende Meldung im Jahr 2024

Keine Eintragung!

---

744 Vgl. dazu die Vorauflage (19. Auflage 2021), ➲ Kapitel 67.10.2.1.

104.11 Innergemeinschaftlicher Erwerb – Sonderfall

Fahrzeugankauf des deutschen Kfz-Händlers von einem (nichtunternehmerischen) »Fahrzeuglieferer«

> ⚠ **Hinweis**
> Umsatzsteuerliche Bascis in ➲ Kapitel 62.5.4

104.11.1 UStVA 2024

104.11.1.1 Erwerbsteuer

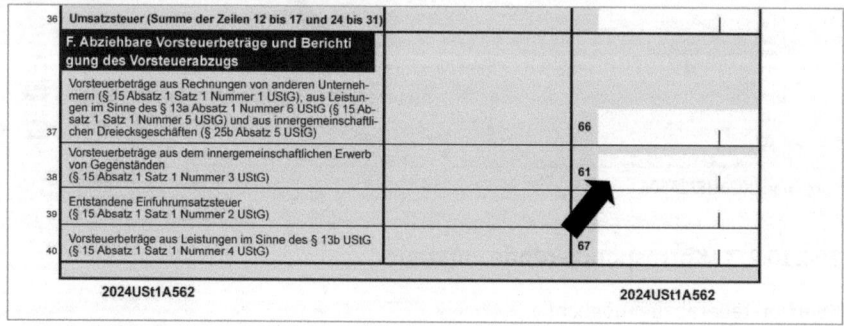

	C. Innergemeinschaftliche Erwerbe		
	Steuerfreie innergemeinschaftliche Erwerbe		
23	von bestimmten Gegenständen und Anlagegold (§§ 4b und 25c UStG)	91	
	Steuerpflichtige innergemeinschaftliche Erwerbe		
24	zum Steuersatz von 19 %	89	
25	zum Steuersatz von 7 %	93	
26	zum Steuersatz von 0 %	90	
27	zu anderen Steuersätzen	95	98
28	**neuer Fahrzeuge** (§ 1b Absatz 2 und 3 UStG) von Lieferern **ohne** Umsatzsteuer-Identifikationsnummer zum allgemeinen Steuersatz	94	96
	D. Leistungsempfänger als Steuerschuldner (§ 13b UStG)		
29	Sonstige Leistungen nach § 3a Absatz 2 UStG eines im übrigen Gemeinschaftsgebiet ansässigen Unternehmers (§ 13b Absatz 1 UStG)	46	47

Formular: 2024USt1A562

104.11.1.2 Korrespondierende Vorsteuer

36	Umsatzsteuer (Summe der Zeilen 12 bis 17 und 24 bis 31)		
	F. Abziehbare Vorsteuerbeträge und Berichtigung des Vorsteuerabzugs		
37	Vorsteuerbeträge aus Rechnungen von anderen Unternehmern (§ 15 Absatz 1 Satz 1 Nummer 1 UStG), aus Leistungen im Sinne des § 13a Absatz 1 Nummer 6 UStG (§ 15 Absatz 1 Satz 1 Nummer 5 UStG) und aus innergemeinschaftlichen Dreiecksgeschäften (§ 25b Absatz 5 UStG)	66	
38	Vorsteuerbeträge aus dem innergemeinschaftlichen Erwerb von Gegenständen (§ 15 Absatz 1 Satz 1 Nummer 3 UStG)	61	
39	Entstandene Einfuhrumsatzsteuer (§ 15 Absatz 1 Satz 1 Nummer 2 UStG)		
40	Vorsteuerbeträge aus Leistungen im Sinne des § 13b UStG (§ 15 Absatz 1 Satz 1 Nummer 4 UStG)	67	
	2024USt1A562		2024USt1A562

Formular: 2024USt1A562

> ⚠ **Hinweis**
> **Keine** Eintragung der Vorsteuerbeträge in Kz. 59!
> Letztere erfasst lediglich den Vorsteuerabzug der Fahrzeuglieferer (also eigentlich von »Privatiers«, § 2a UStG) und Kleinunternehmer.

104.11.2 USt-Erklärung 2023

 Hinweis

Bis einschließlich der USt-Erklärung 2017 erfolgten die nachfolgenden Eintragungen in Abschnitt E der Anlage UR[745].

104.11.2.1 Berechnung der Erwerbsteuer in Abschnitt E

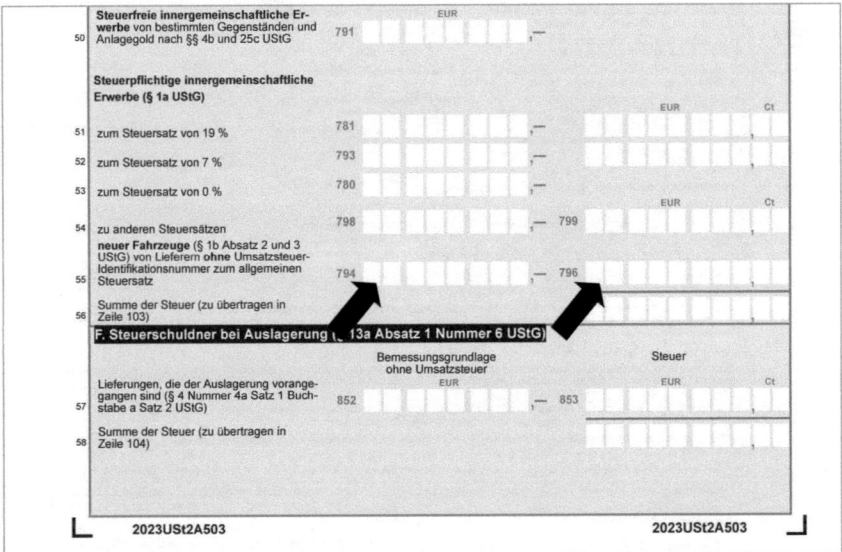

Formular: 2023USt2A503

104.11.2.2 Übernahme der Erwerbsteuer in die Steuerberechnung

Formular: 2023USt2A506

---

745 Vgl. dazu die Vorauflage (19. Auflage 2021), ➲ Kapitel 67.11.2.1

104.11.2.3 Korrespondierende Vorsteuer

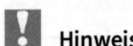

J. Abziehbare Vorsteuerbeträge

(ohne die Berichtigung nach § 15a UStG)

Steuernummer

		Steuer EUR	Ct
79	Vorsteuerbeträge aus Rechnungen von anderen Unternehmern (§ 15 Absatz 1 Satz 1 Nummer 1 UStG)	320	
80	Vorsteuerbeträge aus innergemeinschaftlichen Erwerben von Gegenständen (§ 15 Absatz 1 Satz 1 Nummer 3 UStG)	761	
81	Entstandene Einfuhrumsatzsteuer (§ 15 Absatz 1 Satz 1 Nummer 2 UStG)		
82	Vorsteuerabzug für die Steuer, die der Abnehmer als Auslagerer nach § 13a Absatz 1 Nummer 6 UStG schuldet (§ 15 Absatz 1 Satz 1 Nummer 5 UStG)		
83	Vorsteuerbeträge aus Leistungen im Sinne des § 13b UStG (§ 15 Absatz 1 Satz 1 Nummer 4 UStG)	467	
84	Vorsteuerbeträge nach dem Durchschnittssatz für bestimmte Körperschaften, Personenvereinigungen und Vermögensmassen (§ 23a UStG)	334	
85	Vorsteuerabzug für innergemeinschaftliche Lieferungen **neuer Fahrzeuge** außerhalb eines Unternehmens (§ 2a UStG) sowie von Kleinunternehmern im Sinne des § 19 Absatz 1 UStG (§ 15 Absatz 4a UStG)	759	
86	Vorsteuerbeträge aus innergemeinschaftlichen Dreiecksgeschäften (§ 25b Absatz 5 UStG)	760	
87	Summe der Vorsteuerbeträge (zu übertragen in Zeile 108)		

Ergänzende Angabe

88	Minderung der abziehbaren Vorsteuerbeträge nach § 17 Absatz 1 Satz 2 in Verbindung mit Absatz 2 Nummer 1 Satz 1 UStG (in den Zeilen 79, 84 und 85 enthalten)	637	

K. Berichtigung des Vorsteuerabzugs (§ 15a UStG)

89	Sind im Kalenderjahr 2023 Grundstücke, Grundstücksteile, Gebäude oder Gebäudeteile, für die Vorsteuer abgezogen worden ist, erstmals tatsächlich verwendet worden?	370	1 = Ja

(Geben Sie bitte auf einem besonderem Blatt für jedes Grundstück oder Gebäude gesondert an: Lage, Zeitpunkt der erstmaligen tatsächlichen Verwendung, Art und Umfang der Verwendung im Erstjahr, insgesamt angefallene Vorsteuer, in den Vorjahren – Investitionsphase – bereits abgezogene Vorsteuer)

Haben sich im Jahr 2023 die für den ursprünglichen Vorsteuerabzug maßgebenden Verhältnisse geändert bei

90	1. **Grundstücken, Grundstücksteilen, Gebäuden** oder **Gebäudeteilen**, die innerhalb der letzten 10 Jahre erstmals tatsächlich und **nicht nur einmalig** zur Ausführung von Umsätzen verwendet worden sind?	371	1 = Ja
91	2. **anderen Wirtschaftsgütern und sonstigen Leistungen**, die innerhalb der letzten 5 Jahre erstmals tatsächlich und **nicht nur einmalig** zur Ausführung von Umsätzen verwendet worden sind?	372	1 = Ja
92	3. **Wirtschaftsgütern und sonstigen Leistungen**, die **nur einmalig** zur Ausführung von Umsätzen verwendet worden sind?	369	1 = Ja

Die Verhältnisse, die ursprünglich für die Beurteilung des Vorsteuerabzugs maßgebend waren, haben sich seitdem geändert durch:

93	[ ] Veräußerung [ ] Lieferung im Sinne des § 3 Absatz 1b UStG [ ] Wechsel der Besteuerungsform, § 15a Absatz 7 UStG		
94	[ ] Nutzungsänderung, und zwar		
95	[ ] Übergang von steuerpflichtiger zu steuerfreier Vermietung oder umgekehrt beziehungsweise Änderung des Verwendungsschlüssels bei gemischt genutzten Grundstücken (insbesondere bei Mieterwechsel).		
96	[ ] steuerfreie Vermietung bisher eigengewerblich genutzter Räume oder umgekehrt; Übergang von einer Vermietung für NATO- oder ähnliche Zwecke zu einer nach § 4 Nummer 12 UStG steuerfreien Vermietung.		
97	[ ]		

Vorsteuerberichtigungsbeträge

		nachträglich abziehbar EUR	Ct	zurückzuzahlen EUR	Ct
98	zu 1. (z. B. Grundstücke, § 15a Absatz 1 Satz 2 UStG)				
99	zu 2. (z. B. andere Wirtschaftsgüter, § 15a Absatz 1 Satz 1 UStG)				

Formular: 2023USt2A505

> ⚠️ **Hinweis**
>
> **Keine** Eintragung der Vorsteuerbeträge in Kz. 759!
> Letztere erfasst lediglich den Vorsteuerabzug von Fahrzeuglieferern (also eigentlich von »Privatiers«, § 2a UStG) und Kleinunternehmern.

104.11.3 Zusammenfassende Meldung im Jahr 2024

Keine Eintragung!

104.12 Übergang der Steuerschuld

 Hinweis

Umsatzsteuerliche Basics in ➲ Kapitel 121

104.12.1 UStVA 2024

104.12.1.1 Übergegangene Steuerschuld

	C. Innergemeinschaftliche Erwerbe				
	Steuerfreie innergemeinschaftliche Erwerbe				
23	von bestimmten Gegenständen und Anlagegold (§§ 4b und 25c UStG)	91			
	Steuerpflichtige innergemeinschaftliche Erwerbe				
24	zum Steuersatz von 19 %	89			
25	zum Steuersatz von 7 %	93			
26	zum Steuersatz von 0 %	90			
27	zu anderen Steuersätzen	95		98	
28	neuer Fahrzeuge (§ 1b Absatz 2 und 3 UStG) von Lieferern ohne Umsatzsteuer-Identifikationsnummer zum allgemeinen Steuersatz	94		96	
	D. Leistungsempfänger als Steuerschuldner (§ 13b UStG)				
29	Sonstige Leistungen nach § 3a Absatz 2 UStG eines im übrigen Gemeinschaftsgebiet ansässigen Unternehmers (§ 13b Absatz 1 UStG)	46		47	
30	Umsätze, die unter das GrEStG fallen (§ 13b Absatz 2 Nummer 3 UStG)	73		74	
31	Andere Leistungen (§ 13b Absatz 2 Nummer 1, 2, 4 bis 12 UStG)	84		85	
	E. Ergänzende Angaben zu Umsätzen				

Formular: 2024USt1A562

104.12.1.2 Korrespondierende Vorsteuer

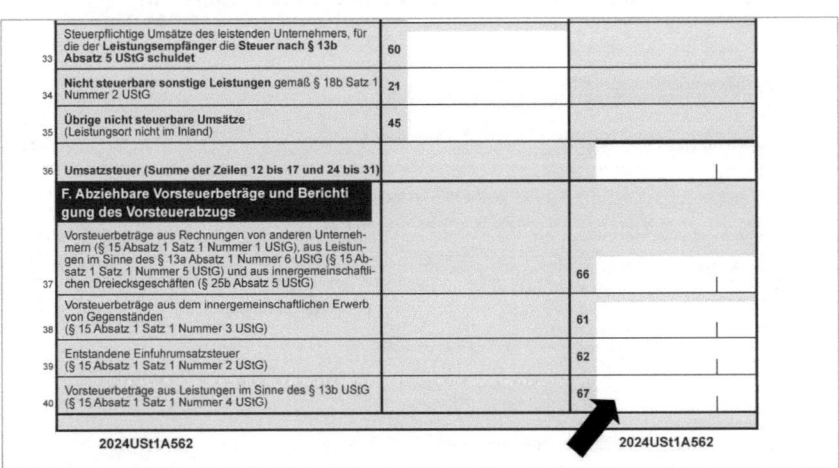

33	Steuerpflichtige Umsätze des leistenden Unternehmers, für die der **Leistungsempfänger** die **Steuer nach § 13b Absatz 5 UStG schuldet**	60		
34	Nicht steuerbare sonstige Leistungen gemäß § 18b Satz 1 Nummer 2 UStG	21		
35	**Übrige nicht steuerbare Umsätze** (Leistungsort nicht im Inland)	45		
36	Umsatzsteuer (Summe der Zeilen 12 bis 17 und 24 bis 31)			
	F. Abziehbare Vorsteuerbeträge und Berichtigung des Vorsteuerabzugs			
37	Vorsteuerbeträge aus Rechnungen von anderen Unternehmern (§ 15 Absatz 1 Satz 1 Nummer 1 UStG), aus Leistungen im Sinne des § 13a Absatz 1 Nummer 6 UStG (§ 15 Absatz 1 Satz 1 Nummer 5 UStG) und aus innergemeinschaftlichen Dreiecksgeschäften (§ 25b Absatz 5 UStG)		66	
38	Vorsteuerbeträge aus dem innergemeinschaftlichen Erwerb von Gegenständen (§ 15 Absatz 1 Satz 1 Nummer 3 UStG)		61	
39	Entstandene Einfuhrumsatzsteuer (§ 15 Absatz 1 Satz 1 Nummer 2 UStG)		62	
40	Vorsteuerbeträge aus Leistungen im Sinne des § 13b UStG (§ 15 Absatz 1 Satz 1 Nummer 4 UStG)		67	
	2024USt1A562		2024USt1A562	

Formular: 2024USt1A562

104.12.2   USt-Erklärung 2023

 Hinweis

Bis einschließlich der USt-Erklärung 2017 erfolgten die nachfolgenden Eintragungen in Abschnitt E der Anlage UR[746].

104.12.2.1   Berechnung der übergegangenen Steuerschuld in Abschnitt H

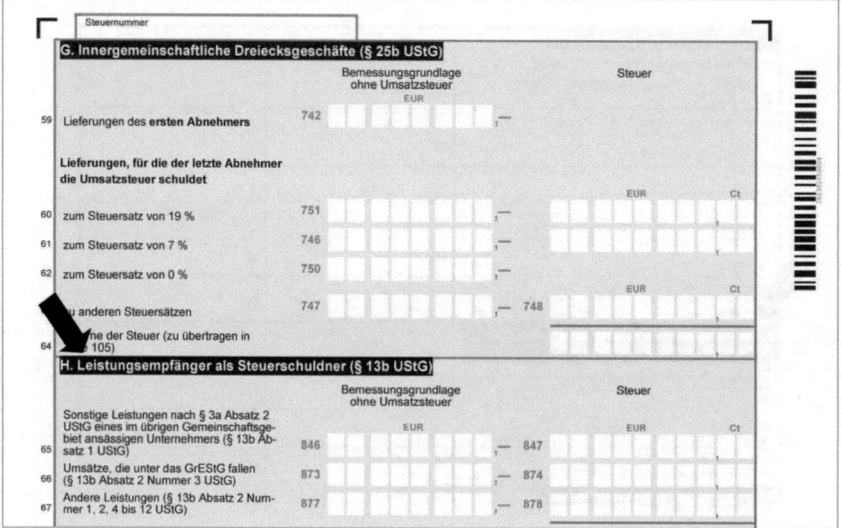

Formular: 2023USt2A504

104.12.2.2   Übernahme der Steuerschuld in die Steuerberechnung

Formular: 2023USt2A506

---

746   Vgl. dazu die Vorauflage (19. Auflage 2021), ➲ Kapitel 67.12.2.1

104.12.2.3 Korrespondierende Vorsteuer

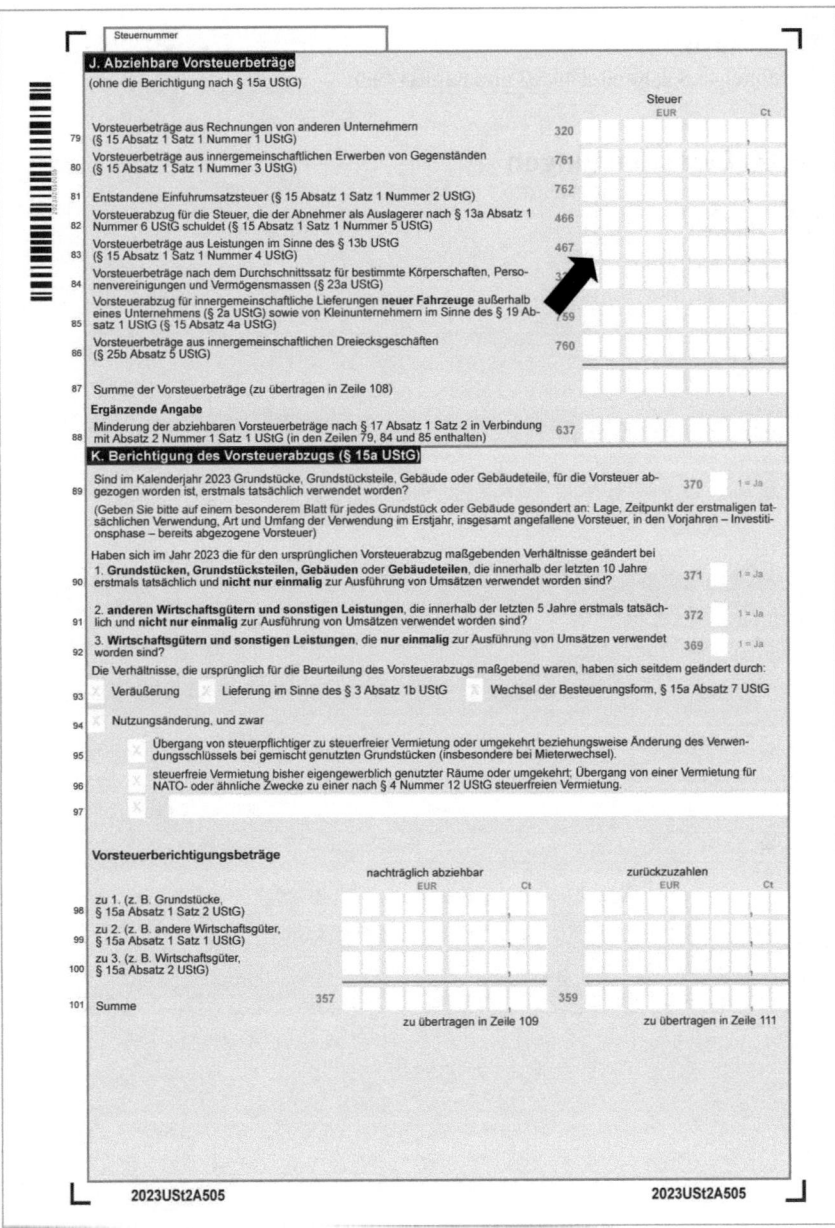

Formular: 2023USt2A505

104.12.3 Zusammenfassende Meldung im Jahr 2024

Keine Eintragung!

104.13 Innergemeinschaftliche Dreiecksgeschäfte

> **!** **Hinweis**
> ➲ Kapitel 49.8.2, Kapitel 49.8.3 und Kapitel 49.9

104.14 Dienstleistungen

> **!** **Hinweis**
> ➲ Kapitel 89 f.

Erklärungs- und Aufbewahrungspflichten

Bemessungsgrundlagen – Steuersatz

105   Bemessungsgrundlage

Die Ausgangswerte der Umsatzsteuerberechnung

§ **Rechtsgrundlagen**

- UStG: §§ 10 f.
- UStDV: § 25
- UStAE: Abschn. 10.1 ff.
- MwStSystRL: Art. 72 ff. (= Titel VII)
- BMF, Schreiben vom 14.10.2021, III C 2 – S 7100/19/10001 :003, 2021/1081533, Umsatzsteuerrechtliche Beurteilung des Verlegeranteils an den Einnahmen aus gesetzlichen Vergütungsansprüchen nach § 27 sowie §§ 54, 54a und 54c UrhG sowie aus urheberrechtlichen Nutzungsrechten, BStBl. II 2021, 2133 (weiter gültig lt. BMF vom 10.3.2023, Nr. 1481; zur zweifelhaften Bedeutung dieses Schreibens ➲ Kapitel 1.6).
- BMF, Schreiben vom 11.1.2023, III C 2 – S 7200/19/10004 :005, 2023/0008032, Umsatzsteuerliche Behandlung von Gebühren als durchlaufender Posten oder Leistungsentgelt; BFH-Urteil vom 3.7.2014, V R 1/14, BStBl. II 2023, 179 (weiter gültig lt. BMF vom 10.3.2023, Nr. 1743; zur zweifelhaften Bedeutung dieses Schreibens ➲ Kapitel 1.6).

105.1   Begriff und Funktion der Bemessungsgrundlagen

Unter Bemessungsgrundlage versteht man den **in Geld ausgedrückten Wert, auf den der Umsatzsteuersatz zur Berechnung der Umsatzsteuerschuld angewandt** wird.

§§ 10 f. UStG sehen – in Abhängigkeit von den einzelnen Umsatzarten – einen ganzen Strauß unterschiedlicher Bemessungsgrundlagen vor. Zur Lösung unserer Praxisfälle sind allerdings nur die folgenden von Bedeutung:

105.1.1   Besteuerung der eigentlichen Umsätze

Primär betreibt der Unternehmer das Unternehmen natürlich, um Leistungen zu erbringen und zu verkaufen, also um Umsätze zu machen; diese werden nach dem Entgelt bemessen. Entgelt ist **alles, was der Leistungsempfänger aufwendet**, um die Leistung zu erhalten, jedoch **abzüglich der Umsatzsteuer** (§ 10 Abs. 1 UStG).

Beispiele

Student S ist als Nachhilfelehrer tätig und soll im Jahr 20219 wie folgt bezahlt werden:

1. Im Normalfall erhält S pro Nachhilfestunde 24 €

    ➲ **Folge:**

    In den 24 € ist die Umsatzsteuer enthalten, d. h. die Steuer ist zur Ermittlung des Entgelts herauszurechnen. Das Entgelt beträgt mithin 24 € : 119 x 100 = 20,16 €. Die Umsatzsteuer beträgt dementsprechend 24 € – 20,16 € = 3,84 €.

2. Für weitere Anfahrten, die S in der Regel mit dem Fahrrad bewältigt, erhält er zusätzlich eine Pauschale i. H. v. 6 €

    ➲ **Folge:** Auch die Pauschale ist in die Entgeltsermittlung einzubeziehen. Das Entgelt beträgt mithin 30 € : 119 x 100 = 25,21 €. Die Umsatzsteuer dementsprechend 30 € – 25,21 € = 4,79 €.

➡️ **Beratungskonsequenzen**

1. In der Regel werden Preisvereinbarungen netto zzgl. Umsatzsteuer getroffen. Bei der Abrechnung werden dann die Einzelpositionen aufaddiert und die Summe um die Umsatzsteuer erhöht. Rein tatsächlich wird die Umsatzsteuer damit in der Regel »**von unten nach oben**« ermittelt.

2. Umsatzsteuerrechtlich ist dieses Vorgehen unzutreffend (… wenngleich es im Regelfall zum gleichen Ergebnis führt): die Umsatzsteuer ist herauszurechnen und damit »**von oben nach unten**« zu ermitteln.

Kommt es später zu **Entgeltminderungen** – etwa weil der Unternehmer aufgrund einer Schlechtleistung auf einen Teil des Entgelts verzichtet –, sind die Minderungen bei Eintritt gegenzurechnen[747].

105.1.2 Besteuerung der unentgeltlichen Wertabgaben

Besondere Bemessungsgrundlagen sind für die unentgeltlichen Wertabgaben (➲ Kapitel 18) vorgesehen:

*   Bei unentgeltlichen Lieferungen bemisst sich der Umsatz grundsätzlich nach dem im Wertabgabezeitpunkt **aktuellen Einkaufspreis (Wiederbeschaffungspreis)** zzgl. Nebenkosten[748].

*   Bei unentgeltlichen Nutzungsüberlassungen (Verwendungen von Unternehmensgegenständen) bilden die bei Ausführung dieser Leistungen entstandenen Kosten die Bemessungsgrundlage, soweit diese zum vollen oder teilweisen Vorsteuerabzug berechtigt haben (**vorsteuerentlastete Kosten**)[749].

*   Bei unentgeltlicher Erbringung einer anderen sonstigen Leistung für außerunternehmerische Zwecke bilden die bei Ausführung dieser Leistungen entstandenen

---

747 § 17 UStG, Abschn. 17.1 f. UStAE.
748 § 10 Abs. 4 Satz 1 Nr. 1 UStG, Abschn. 10.6 Abs. 1 UStAE.
749 § 10 Abs. 4 Satz 1 Nr. 2 UStG, Abschn. 10.6 Abs. 3 UStAE.

Kosten die Bemessungsgrundlage; ob und inwieweit diese zum Vorsteuerabzug berechtigt haben, ist hier ohne Bedeutung[750].

105.2 »Durchreichung« von Kosten an den Kunden

Vertragsvereinbarungen sehen häufig neben der Bezahlung der eigentlichen Leistung (Anwaltshonorar, Kaufpreis etc.) auch die Weiterbelastung der durch die Leistungserbringung verursachten Kosten vor:

> **Beispiel**
>
> Rechtsanwalt RA und Mandant M treffen im April 2024 folgende Honorarvereinbarung:
>
> 1. Für die Beratung erhält RA ein Honorar in Höhe von 4.000 €.
> 2. Die Auslagenpauschale beträgt 3 v. H. des Honorars nach Ziffer 1.
> 3. M übernimmt die durch die Beratung verursachten Fahrt-, Übernachtungs- und Verpflegungskosten des RA.
> 4. Soweit RA durch die Beratung weitere unmittelbare Kosten entstehen, wird M auch diese übernehmen.
>
> RA entstehen aufgrund der Beratung Taxikosten (145 € inkl. 7 % USt). Weiter verauslagt RA einen Gerichtskostenvorschuss i. H. v. 500 €.

Bei Abrechnung der Leistung stellt sich die Frage, auf welche Weise die Weiterbelastung der »Nebenkosten« einzubeziehen ist und das umsatzsteuerliche Entgelt erhöht.

Grundsätzlich wird der Umsatz **nach dem Entgelt bemessen**; dabei ist Entgelt alles, was der Leistungsempfänger aufwendet, um die Leistung zu erhalten[751].

Das gilt auch, soweit der Unternehmer vom Leistungsempfänger eine **Kostenerstattung** erhält. In diesem Fall ist zu beachten, dass der zivilrechtliche Anspruch des Leistenden sich auf die tatsächlich entstandenen Kosten beschränkt und daher ein eventueller **Vorsteuererstattungsanspruch gegenzurechnen** ist.

Durchlaufende Posten gehören nicht zum Entgelt, weil sie im Namen und für Rechnung anderer vereinnahmt und verausgabt werden[752]:

- Der leistende Unternehmer darf **keinen eigenen Rechtsanspruch** auf die vereinnahmten Beträge haben; er muss vielmehr bei der Vereinnahmung für eine andere empfangsberechtigte Person tätig werden.
- Der leistende Unternehmer darf **nicht selbst** zur Zahlung der verausgabten Beträge **verpflichtet** sein; er muss vielmehr bei der Verausgabung für einen anderen Zahlungsverpflichteten tätig werden.

---

750 § 10 Abs. 4 Satz 1 Nr. 3 UStG, 10.6 Abs. 3 UStAE.
751 § 10 Abs. 1 Sätze 1 und 2 UStG.
752 § 10 Abs. 1 Satz 5 UStG.

Hinweis

Vgl. ➲ nachfolgende Kapitel 105.3

Ein **schuldrechtliches Verhältnis zwischen dritten Parteien** muss m. a. W. durch die Mitwirkung des leistenden Unternehmers ausgeglichen werden. Gleichgültig ist, ob durchlaufende Posten zunächst vereinnahmt und dann verausgabt werden oder umgekehrt[753].

Im Beispiel ...

... müsste RA wie folgt abrechnen:

Honorar	4.000,00 €
Auslagenpauschale (3 v. H. von 4.000 €)	120,00 €
Taxi (145 € : 1,07)	135,52 €
Zwischensumme	4.255,52 €
USt (19 %)	808,55 €
zzgl. verauslagter Gerichtskostenvorschuss	500,00 €
zu zahlen	5.564,07 €

 Hinweis

Zum aktuellen Problem der **Belegbuchführung bei Kostenweiterbelastung** ➲ Kapitel 116.10

105.3 Durchlaufende Posten

Beispiele: Weiterbelastung von Auslagen, Gebühren und Pauschalen durch Notare, Rechtsanwälte etc.

Das LfSt Niedersachsen positioniert sich zu der Frage, wann es sich bei den von Notaren, Rechtsanwälten und Angehörigen verwandter Berufe gegenüber den Auftraggebern abgerechneten Auslagen um Entgelt für eine steuerbare und steuerpflichtige Leistung und wann um einen durchlaufenden Posten i. S. d. § 10 Abs. 1 Satz 5 UStG handelt[754].

---

753 Vgl. Abschn. 10.4 UStAE; zur Gesamtproblematik vgl. auch *Schneider* in Völkel/Karg/Schneider, ABC-Führer Umsatzsteuer, Stichwort »Durchlaufende Posten«.

754 LfSt Niedersachsen, Vfg. v. 3.8.2020 – S 7200 - 339 - St 181, MwStR 2020, 1036.

105.3.1 Allgemeines

Durchlaufende Posten liegen vor, wenn der Unternehmer (Rechtsanwalt, Notar etc.), der die Beträge vereinnahmt und verauslagt,

- im Zahlungsverkehr lediglich die Funktion einer Mittelsperson ausübt und
- selbst keinen Anspruch auf den Betrag gegen den Leistenden (Mandanten) hat und
- nicht selbst zur Zahlung an den Empfänger (Gerichtskasse bzw. Behörde) verpflichtet ist,

Abschn. 10.4 Abs. 1 UStAE.

Steuern, öffentliche Gebühren und Abgaben, die von Rechtsanwälten, Notaren oder Steuerberatern **selbst geschuldet** werden, gehören zum Entgelt und sind keine durchlaufenden Posten (Abschn. 10.1 Abs. 6 und Abschn. 10.4 Abs. 3 UStAE).

 Beratungskonsequenzen

Umsatzsteuerlich kommt es also auf die **Möglichkeit der Weiterbelastung nicht** an.

105.3.2 Woran erkennt man einen durchlaufenden Posten in der Praxis?

In der Praxis hilft eine »Eselsbrücke«, nämlich die Prüfung, gegen wen der schlussendliche Zahlungsempfänger **im Fall einer Leistungsstörung zivilrechtlich den Zahlungsanspruch durchsetzen** könnte:

- Hätte der Zahlungsberechtigte einen **Anspruch unmittelbar gegenüber den Berufsträger selbst**, sind die Zahlungen des Kunden »ganz normal« in die Ermittlung von Entgelt und Umsatzsteuer einzubeziehen (kein durchlaufender Posten).
- Hätte der Zahlungsberechtigte einen **Anspruch unmittelbar gegenüber dem Kunden** des Berufsträgers, gehören die Zahlungen nicht zum Entgelt (durchlaufender Posten).

 Beratungskonsequenzen

Der BFH hat in seinem Urteil vom 3.7.2014, V R 1/14, entschieden, dass Gebühren durchlaufende Posten sind, auch wenn sie **gesamtschuldnerisch** vom Unternehmer und Leistungsempfänger geschuldet werden.
Dies steht im Widerspruch zu Abschnitt 10.4 Abs. 4 Satz 1 UStAE. Demnach würde die Annahme eines durchlaufenden Postens ausscheiden, wenn der Unternehmer die Beträge gesamtschuldnerisch mit dem Empfänger seiner Leistung schuldet. Zukünftig kommt es auf dieses Kriterium nicht mehr an.
Abschn. 10.4 Abs. 4 UStAE wird daher neu gefasst[755].

---

755   BMF, Schreiben vom 11.1.2023, III C 2 – S 7200/19/10004 :005, 2023/0008032 ➲ mybookplus.de > Wichtiges aus dem BMF.

105.3.3 Einzelfälle

105.3.3.1 Gebühren für die Nutzung des automatisierten Verfahrens zum Abruf von Daten aus dem maschinellen Grundbuch

Zur Vorbereitung eines Grundstücksvertrages müssen sich Notare über den Grundbuchinhalt Kenntnis verschaffen. Im Rahmen des automatisierten Abrufverfahrens für das elektronisch geführte Grundbuch können die Notare, Versicherungen, öffentlich bestellte Vermessungsingenieurbüros, Banken und Sparkassen auch über die Öffnungszeiten der Grundbuchämter hinaus die Grundbücher der Amtsgerichte Niedersachsens einsehen.

Voraussetzung hierfür ist die **Zulassung zum automatisierten Abrufverfahren** nach § 133 Grundbuchordnung (GBO). Die von den Abrufteilnehmern zu zahlenden Kosten des automatisierten Abrufverfahrens werden nach der Verordnung über Grundbuchabrufverfahrensgebühren ermittelt und umfassen eine einmalige Einrichtungsgebühr, eine einmalige Lizenzgebühr, ggf. eine monatliche Grundgebühr (je nach Abrufaufkommen) und Abrufgebühren.

Die Notare berechnen diese Ausgaben den Auftraggebern weiter. Da jedoch nach den hier einschlägigen Gebührenordnungen nicht der Auftraggeber, sondern der Notar gegenüber der Justiz Gebührenschuldner ist – ihm wird die Genehmigung zu der Einrichtung des Abrufverfahrens erteilt –, zahlt er die Grundbuchabrufverfahrensgebühren

- im eigenen Namen und
- auf eigene Rechnung,

sodass diese **nicht als durchlaufende Posten** zu behandeln sind, sondern zum umsatzsteuerlichen Entgelt gehören (Abschn. 10.4 Abs. 3 Satz 2 UStAE).

105.3.3.2 Gerichtskosten

Für Kosten nach § 22 Gerichtskostengesetz (GKG) ist derjenige Gebührenschuldner, in dessen Namen das Verfahren beantragt wird (»Partei«). Gerichtskosten stellen für den Rechtsanwalt daher einen **durchlaufenden Posten** dar.

105.3.3.3 Kosten für Grundbuchauszüge, Handelsregisterauszüge und Einwohnermeldeamtsanfragen

Für Grundbuchauszüge, Handelsregisterauszüge und Einwohnermeldeamtsanfragen ist regelmäßig der Rechtsanwalt, Notar etc. der Gebührenschuldner. Bei Weiterberechnung an den Mandanten gehören diese Auslagen zum **Entgelt**.

 Beratungskonsequenzen

Etwas anderes gilt nur, wenn der Rechtsanwalt, Notar etc. **(vorab) bevollmächtigt wurde**, die Dokumente im Namen und für Rechnung des Mandanten zu beantragen.

105.3.3.4 Aktenversendungspauschale

Die Aktenversendungspauschale deckt die mit der Aktenversendung verbundene Serviceleistung der Justiz ab und wird nur dann erhoben, wenn die Aktenversendung auf Antrag erfolgt. Der Antragsteller schuldet die zu erhebende Pauschale (§ 28 Abs. 2 GKG).

Da als Antragsteller nur **der Rechtsanwalt selbst** und nicht der Mandant in Frage kommt, scheidet die Beurteilung dieser Kosten als durchlaufender Posten aus.

105.4 Einzelfall-ABC: Aktuelles aus Rechtsprechung und Verwaltung

E-Bikes vom Arbeitgeber

> **!** **Hinweis**
> ⮩ Kapitel 68.01 der Vorauflage (= 20. Auflage 2022)

Gas verbilligt vom Arbeitgeber

> **!** **Hinweis**
> ⮩ Kapitel 68.02 der Vorauflage (= 20. Auflage 2022)

Mieterstromzuschlag nach § 21 Abs. 3 EEG

> **!** **Hinweis**
> ⮩ Kapitel 68.03 der Vorauflage (= 20. Auflage 2022)

Strom verbilligt vom Arbeitgeber

> **!** **Hinweis**
> ⮩ Kapitel 68.02 der Vorauflage (= 20. Auflage 2022)

106 Einzweck- und Mehrzweck-Gutscheine

Umsetzung der EU-Vorgaben zum 1.1.2019

> **!** **Hinweis**
> ⮩ mybookplus.de > Vertiefende Informationen > Kapitel 106

107 Steuersatz – Wie sich die Umsatzsteuer berechnet

 Rechtsgrundlagen

- UStG: § 12
- UStDV: §§ 30 f.
- UStAE: Abschn. 12.1 ff.
- MwStSystRL: Art. 93–130 (= Titel VIII, Steuersätze), Art. 370
- BMF-Schreiben vom 4.2.2021, III C 2 - S 7221/19/10004 :001, 2021/ 0107398

! Hinweis

Handelskammer Hamburg, Umsatzsteuersätze in der EU und in Drittstaaten
➲ mybookplus.de > Wichtiges aus anderen Behörden

Auf einen Blick – alle wichtigen Neuerungen vorab!

107.1 Allgemeines

Das Umsatzsteuergesetz sieht drei Steuersätze vor:

- in § 12 Abs. 1 UStG den **allgemeinen Steuersatz** oder **Regelsteuersatz** i. H. v. derzeit 19 % (gültig ab dem 1.1.2007),
- in § 12 Abs. 2 UStG einen **ermäßigten Steuersatz** in Höhe von derzeit 7 %,
- in § 12 Abs. 3 UStG den **Nullsteuersatz** für bestimmte PV-Anlagen (➲ Kapitel 108).

107.2 Ermäßigter Steuersatz

107.2.1 Überblick

Der ermäßigte Steuersatz von derzeit 7 % findet gemäß § 12 Abs. 2 UStG i. V. m. der Anlage 2 UStG Anwendung z. B. auf die

- Lieferung der meisten Lebensmittel und bestimmter Nutztiere,
- Lieferung von Büchern und Zeitschriften,
- Lieferung von Kunstwerken und Sammlungsstücken,
- Lieferung bestimmter medizinischer Hilfsmittel (keine Medikamente!),
- Umsätze der Viehzucht und -haltung,
- Erbringung diverser künstlerischer Leistungen (sofern diese nicht bereits steuerbefreit sind),
- Überlassung von Filmen zur Auswertung und Vorführung,
- Einräumung, Übertragung und Wahrnehmung von urheberrechtlichen Rechten (z. B. durch Schriftsteller, Journalisten und Bildberichterstatter),

- Leistungen gemeinnütziger, mildtätiger und kirchlicher Körperschaften
- Umsätze im Betrieb von Schwimm- und Heilbädern,
- Personenbeförderung innerhalb einer Gemeinde oder unter 50 km
- Vermietung von Wohn- und Schlafräumen zur kurzfristigen Beherbergung von Fremden sowie die kurzfristige Vermietung von Campingflächen.

Anlage 2 zu § 12 Abs. 2 Nr. 1 und 2 UStG stellt eine Besonderheit dar. Die Anlage listet sämtliche Gegenstände auf, deren Lieferung zum ermäßigten Steuersatz erfolgt. Ist unklar, ob ein Gegenstand unter die Warenbezeichnungen der Liste fällt, ist der Zolltarif heranzuziehen. Dieser ist nach Kapiteln, Positionen und Unterpositionen unterteilt, auf die in der Liste verwiesen wird. Zur Klärung von Abgrenzungsfragen sollte eine sog. **»Unverbindliche Zolltarifauskunft für Umsatzsteuerzwecke«** beantragt werden.

 Beratungskonsequenzen

Die Auskunft der Zollbehörden wird von den **Finanzämtern – mangels eigener Fachkompetenz im Bereich der Tarifierung** – grundsätzlich anerkannt werden.

107.2.2 E-Books, E-Papers etc.

 Hinweis

⮑ Kapitel 69.2.2 der Vorauflage (20. Auflage 2022)

107.3 Umsatzsteuersätze in den Mitgliedstaaten der EU

Auf ihrer offiziellen Website[756] veröffentlicht die Europäische Union die Mehrwertsteuersätze der einzelnen EU-Länder. Die Aktualisierung erfolgt zweimal jährlich, jeweils im Januar und im Juli. Die aktuelle Übersicht[757] ist allerdings weiter noch auf dem **Stand 23.3.2022**:

Mehrwertsteuersätze in den einzelnen EU-Ländern (Stand 23.3.2022)					
Mitgliedsland	Länder-code	Normalsatz	Ermäßigter Satz	Stark ermäßigter Satz	Zwischen-satz
Österreich	AT	20	10/13	–	13
Belgien	BE	21	6/12	–	12
Bulgarien	BG	20	9	–	–
Zypern	CY	19	5/9	–	–
Tschechische Republik	ČZ	21	10/15	–	–
Deutschland	DE	19	7	–	–

---

756 https://europa.eu.
757 Abgerufen am 15.3.2023.

Mehrwertsteuersätze in den einzelnen EU-Ländern (Stand 23.3.2022)					
Mitgliedsland	Länder-code	Normalsatz	Ermäßigter Satz	Stark ermäßigter Satz	Zwischen-satz
Dänemark	DK	25	-	–	–
Estland	EE	20	9	–	–
Griechenland	EL	24	6/13	–	–
Spanien	ES	21	10	4	–
Finnland	FI	24	10/14	–	–
Frankreich	FR	20	5,5/10	2,1	–
Kroatien	HR	25	5/13	–	–
Ungarn	HU	27	5/18	–	–
Irland	IE	23	9/13,5	4,8	13,5
Italien	IT	22	5/10	4	–
Litauen	LT	21	5/9	–	–
Luxemburg	LU	17	8	3	14
Lettland	LV	21	12/5	–	–
Malta	MT	18	5/7	–	–
Niederlande	NL	21	9	–	–
Polen	PL	23	5/8	–	–
Portugal	PT	23	6/13	–	13
Rumänien	RO	19	5/9	–	–
Schweden	SE	25	6/12	–	–
Slowenien	SI	22	5/9,5	–	–
Slowakei	SK	20	10	–	–

Die EU erläutert die tabellarische Übersicht auf ihrer Website wie folgt:

- **Normalsatz:** Jedes Land hat einen Normalsatz, der für die meisten Umsätze gilt. Dieser darf 15 % nicht unterschreiten.

- **Ermäßigter Satz:** Auf den Verkauf bestimmter Güter und die Erbringung bestimmter Dienstleistungen können ein oder zwei ermäßigte Sätze (auf der Grundlage der Liste in Anhang III der Mehrwertsteuerrichtlinie) angewandt werden. Auf elektronischem Weg erbrachte Dienstleistungen sind hiervon überwiegend ausgenommen. Die hier genannten ermäßigten Steuersätze dürfen 5 % nicht unterschreiten.

- **Sondersteuersätze:** Einige EU-Länder dürfen bestimmte Umsätze mit Sonder-Mehrwertsteuersätzen belegen, nämlich diejenigen Länder, die diese Sondersätze am 1.1.1991 angewandt haben.

  Die Sondersätze waren ursprünglich als Übergangsregelung für eine reibungslosere Umstellung auf die Mehrwertsteuervorschriften der EU beim Inkrafttreten des EU-Binnenmarkts am 1.1.1993 gedacht und sollten schrittweise auslaufen.

Es gibt drei Arten von Sondersätzen:

- Stark ermäßigter Satz
- Nullsatz (ab 1.1.2023 auch in Deutschland ➲ Kapitel 108)
- Zwischensatz

- **Stark ermäßigter Satz:** Stark ermäßigte Mehrwertsteuersätze von weniger als 5 % werden in bestimmten EU-Ländern auf Umsätze einer begrenzten Reihe von Waren und Dienstleistungen angewandt.

- **Nullsatz:** Einige EU-Länder wenden auf bestimmte Umsätze einen Nullsatz an. Bei Anwendung eines Nullsatzes muss der Verbraucher **keine Mehrwertsteuer abführen.** Der leistende Unternehmer kann jedoch die Mehrwertsteuer, die er bei unmittelbar mit dem betreffenden Umsatz verbundenen Einkäufen selbst entrichtet hat, **in Abzug bringen** (ab 1.1.2023 auch in Deutschland ➲ Kapitel 108).

- **Zwischensatz (auch »vorläufiger Satz« oder »Parksatz«):** Einige EU-Länder wenden Zwischensätze auf bestimmte Umsätze von in Anhang III der Mehrwertsteuerrichtlinie nicht enthaltenen Waren und Dienstleistungen an. Die betreffenden Länder können auf diese Umsätze anstelle des Normalsatzes weiterhin ermäßigte Sätze anwenden, sofern diese mindestens 12 % betragen.

➡ **Beratungskonsequenzen**

1. Die Angaben in der EU-Tabelle sind **unverbindlich.** Die EU empfiehlt ausdrücklich, die jeweils aktuellen Steuersätze bei der zuständigen Steuerbehörde zu erfragen.
2. Detailliertere Informationen zu den Mehrwertsteuersätzen finden Sie auf den Internetseiten der **Generaldirektion Steuern und Zollunion (TAXUD).**

107.4 Umsatzsteuersätze in den wichtigsten Drittstaaten

Staat*	ermäßigter Satz in %	Normalsatz in %
Bosnien und Herzegowina	–	17
Island	11	24
Israel	7,5	17
Japan	–	8
Mazedonien	5	18
Montenegro	7	21
Norwegen	11,11 / 12 / 15	25
Russische Föderation	10	20
Schweiz	2,5 / 3,7	7,7
Serbien	10	20
Türkei	1 / 8	18
United Kingdom	5	20
Ukraine	7	20

Staat*	ermäßigter Satz in %	Normalsatz in %
Kanada:		
a) Goods an ServicesTax (GST)	–	5
b) Harmonized Sales Tax (HST) Provinzen (Einzelhandelsumsatzsteuer)	–	13–15
c) Quebec Sales Tax (QST)	–	9,975
* Quelle: HK Hamburg, Info-Blatt 78907, www.hk24.de, abgerufen am 9.3.2024		

Ergänzende Erläuterung zu Kanada:

- 5 % Goods and Services Tax (GST) in den Provinzen: Alberta, British Columbia, Manitoba, Northwest Territories, Nunavut, Saskatchewan und Yukon.
- 13 % HST in der Provinz Ontario. 15 % HST in der Provinz Prince Edward Island. 15 % HST in den Provinzen Newfoundland and Labrador, Nova Scotia, New Brunswick.
- 9,975 % QST in der Provinz Quebec.

107.5 Einzelfall-ABC: Aktuelles aus Rechtsprechung und Verwaltung

Asylbewerber und Bürgerkriegsflüchtlinge > zu § 12 Abs. 2 Nr. 11 UStG

Die OFD Frankfurt/Main untersucht die nämlichen Vermietungsumsätze im Hinblick auf Steuerbefreiung, Steuersatz und Optionsmöglichkeiten[758]. Wird ausschließlich Wohnraum überlassen, sind die Umsätze aus dieser Leistung nach § 4 Nr. 12 Satz 1 Buchst. a UStG steuerfrei. Sollten ausnahmsweise kurzfristige Verträge abgeschlossen werden, handelt es sich bei der Wohnraumüberlassung um eine **nach § 12 Abs. 2 Nr. 11 UStG ermäßigt** zu besteuernde Beherbergungsleistung.

Dasselbe gilt für **andere Leistungen, die unmittelbar der Beherbergung dienen**, auch wenn die Leistungen gegen gesondertes Entgelt erbracht werden (z. B. Bereitstellung von Mobiliar und anderen Einrichtungsgegenständen, Stromanschluss, Reinigung der gemieteten Räume, Überlassung von Bettwäsche und Handtüchern; vgl. Abschn. 12.16. Abs. 4 UStAE).

Eventuell erbrachte **zusätzliche Dienstleistungen, die nicht unmittelbar der Vermietung dienen** (z. B. Verpflegungsleistungen, Nutzung von Kommunikationsnetzen, Reinigung von Kleidung), unterliegen dem Regelsteuersatz. Dies gilt auch dann, wenn es sich um Nebenleistungen zur Beherbergung handelt und diese Leistungen mit dem Entgelt für die Vermietung abgegolten sind (Aufteilungsgebot; vgl. Abschn. 12.16. Abs. 5 und 8 UStAE).

---

758 OFD Frankfurt/Main, RdVfg. vom 13.12.2017, S 7168 A - 15 - St 16.

Bemessungsgrundlagen – Steuersatz

Bistros > zu § 12 Abs. 2 Nr. 8 UStG

Betreibt ein gemeinnütziger Verein neben einer Werkstatt für behinderte Menschen ein der Öffentlichkeit zugängliches Bistro, in dem auch Menschen mit Behinderung arbeiten, unterliegen die Gastronomieumsätze des Bistros nicht dem ermäßigten Umsatzsteuersatz[759].

 Beratungskonsequenzen

Auf Grund des Urteils werden viele gemeinnützige Einrichtungen **entgegen derzeit allgemein geübter Praxis prüfen müssen,** ob sie für die Umsätze ihrer Zweckbetriebe weiterhin den ermäßigten Steuersatz anwenden können.

Busse: Subunternehmer im genehmigten Linienverkehr > § 12 Abs. 2 Nr. 10 UStG

Das Bayerische Landesamt für Steuern hat sich zum Umsatzsteuersatz des Bus-Subunternehmers im genehmigten Linienverkehr positioniert[760].

E-Books, E-Papers etc. > zu § 12 Abs. 2 Nr. 1 UStG

 Hinweis

➲ Kapitel 69.2.2 der Vorauflage (20. Auflage 2022)

Eismuseum > zu § 12 Abs. 2 Nr. 7 Buchst. a UStG

Die steuersatzbegünstigte Eintrittsberechtigung für Museen gilt auch für Kunstsammlungen, die eigens für die Ausstellung zusammengestellt wurden. Dies hat der Bundesfinanzhof zu einer Sammlung von Eisskulpturen in einem sog. Eismuseum entschieden[761].

 Beratungskonsequenzen

Der BFH weist ausdrücklich darauf hin, dass es für die Steuersatzermäßigung nicht darauf ankommt, ob z. B. Sonderausstellungen komplett aus den Sammlungsbeständen anderer Einrichtungen oder privater Leihgeber zusammengestellt sind oder aber nur zu einem geringen Anteil aus der eigenen Sammlung bestückt werden. Die Entscheidung des BFH kann auch für sog. **Wanderausstellungen** von Bedeutung sein, die an unterschiedlichen Orten gegen Eintrittsgeld zugänglich sind.

---

759   BFH, Urteil vom 23.7.2019, XI R 2/17.
760   BayLfSt vom 20.02.2018, S 7244.2.1-11/28 St 33.
761   BFH, Urteil vom 22.11.2018, V R 29/17.

Food-Court in einem Einkaufszentrum führt zu Restaurationsleistungen

Die Nutzung eines Food-Courts in einem Einkaufszentrum kann beim Verzehr von Speisen als überwiegendes Dienstleistungselement zum Vorliegen einer sonstigen Leistung führen, wenn die Einräumung dieser Nutzungsmöglichkeit aus der Sicht eines Durchschnittsverbrauchers dem Speisenanbieter zuzurechnen ist. Für die Annahme einer sonstigen Leistung genügt dabei die Ausgabe von Speisen auf einem Tablett, wenn es typischerweise dazu dient, es dem Kunden zu ermöglichen, die von ihm erworbenen Speisen zu einem Verzehrort in der Nähe (hier dem Food-Court) zu bringen und diese dort an einem Tisch mit Sitzmöglichkeit zu verzehren[762].

1. Sachverhalt

Die Klägerin und Revisionsklägerin (K) unterhält eine Kette sog. Fast-Food-Restaurants im Bereich der Systemgastronomie. Sie mietete gewerbliche Flächen in einem Einkaufszentrum an. Bei der Mietsache handelte es sich um eine Ladenfläche mit ca. 114 qm und um eine Nebenfläche mit ca. 20 qm. Ein von der Vermieterin möblierter Sitz- und Verzehrbereich gehörte nicht zum Mietgegenstand.

Die Fast-Food-Filiale verfügte über keinen eigenen Sitz- und Verzehrbereich und auch nicht über Sanitäreinrichtungen. Die Ladenfläche enthielt eine sog. Fast-Food-Ausgabestelle, in der K Speisen zubereitete und über eine Verkaufstheke an Kunden gegen Entgelt abgab. Eine Kundenstehfläche, die zur mietvertraglichen Ladenfläche gehörte und die eine Freifläche vor der Verkaufstheke mit einer Tiefe von einem Meter umfasste, war für die Entgegennahme der Speisen durch die Kunden bestimmt. Die Kundenstehfläche verfügte weder über Verzehrvorrichtungen noch über ähnliches Mobiliar.

Nach den Vereinbarungen zum Mietvertrag verfügte das Einkaufszentrum über Anlagen und Einrichtungen, die von den Kunden des Zentrums und Mietern, wie der K, gemeinschaftlich genutzt werden konnten. Hierzu gehörten neben technischen Anlagen insbesondere ein möblierter Sitz- und Verzehrbereich als sog. Food-Court und dazugehörige Toiletten.

Der gemeinsame Sitz- und Verzehrbereich stand vertragsgemäß allen Kunden des Zentrums zur Mitbenutzung zur Verfügung. Ein Recht auf eine eigene besondere Nutzung einzelner Flächen des Food-Courts hatte K nicht. Die Vermieterin übernahm keine Gewähr dafür, dass Sitzplätze für Besucher stets in ausreichender Anzahl zur Verfügung standen. Der eigentliche Sitzbereich war räumlich durch eine Erhebung, Balustrade/Geländer und Stufen vom Ausgabebereich der K abgetrennt.

Die Kosten für den gemeinsamen Sitz- und Verzehrbereich (Personal-, Strom-, Wasser-, Material-, Abfallentsorgungskosten und Spülküche) wurden nach einer zusätzlichen Vereinbarung zum Mietvertrag »von den beteiligten Mietern gleichmäßig im Verhältnis ihrer Ladenflächen zur Gesamtladenfläche der an diese Anlagen und Einrichtungen an-

---

762 BFH, Urteil vom 26.8.2021, V R 42/20.

Bemessungsgrundlagen – Steuersatz

geschlossenen Mieter bzw. deren Nutzer getragen«. Die von diesen Mietern vereinnahmte Nebenkostenpauschale wurde zur Verminderung der insgesamt anfallenden Nebenkosten verwendet.

K bot in ihrer Filiale Speisen an, die sie in der ganz überwiegenden Anzahl der Fälle nicht auf Einzelbestellung eines Kunden, sondern kontinuierlich und entsprechend der allgemeinen Nachfrage zubereitete. Die Speisen wurden über eine Verkaufstheke ausschließlich mittels Einwegverpackungen an die Kunden abgegeben. Ein Kellner-Service oder eine gastronomische Bedienung waren nicht vorhanden.

Finanzamt und Finanzgericht sahen im Food-Court die der K zuzurechnende Bereitstellung einer die Bewirtung fördernden Infrastruktur. Hiergegen wendet sich K mit der Revision. Bei ihren Umsätzen habe es sich um die steuersatzermäßigte Lieferung von Speisen gehandelt.

2. Entscheidung

Der BFH teilt die Rechtsauffassung des Finanzgerichts. Gleichwohl hat das Urteil des Finanzgerichts keinen Bestand. Die Rechtsache ist nicht spruchreif, weil das Finanzgericht die Sicht eines Durchschnittsverbrauchers noch nicht hinreichend gewürdigt hat.

2.1 Food-Court als die Bewirtung fördernde Infrastruktur

Der Berücksichtigung der Sitzmöglichkeit an Tischen in einem Food-Court steht entgegen der Auffassung der K nicht entgegen, dass es an einer gastronomischen **Bedienung durch Personal wie etwa durch Kellner fehlt** und die Nutzer die von ihnen erworbenen Speisen selbst von der Abgabestelle dorthin tragen. Denn dies unterscheidet sich nicht von der ebenso zu einer sonstigen Leistung führenden Bewirtungssituation in einer Kantine.

Zudem kommt es entgegen der Auffassung der K auf die Möglichkeit, den Food-Court zwischen den dort speisenden Personen auch als **Warte- oder Treffpunkt zu nutzen**, nicht an. Letzteres ist im Hinblick auf die **primär bestimmungsgemäße Nutzung** des Food-Courts als Bereich zum Speisenverzehr im Gegensatz zum Foyer eines Kinos oder zum Eingangsbereich eines Krankenhauses ohne Abtrennung durch Trennwände.

2.2 Zurechnung der sich durch die Nutzung ergebenden Dienstleistungselemente

K hatte aufgrund ihrer mietvertraglichen Vereinbarungen einen **Anspruch auf die Benutzung des Food-Courts durch ihre Kunden**. Auf ein konkretes Zuweisungs-, Dispositions-, Weisungs- oder Bestimmungsrecht in Bezug auf einzelne Sitzplätze des Food-Courts und ein eigenes Besitzrecht der K kommt es dabei nicht an. Aufgrund der von K mit ihrer Vermieterin gegen gesondertes Entgelt getroffenen Regelung zur Nutzung des Food-Courts durch ihre Kunden ist der **K jedenfalls im Innenverhältnis zum Vermieter** die Nutzungsmöglichkeit an den Einrichtungen des Food-Courts zuzurechnen.

K wirkte aufgrund der vertraglichen Vereinbarungen mit ihrem Vermieter an der Verschaffung dieser Dienstleistungselemente zugunsten ihrer Kunden mit und konnte die Nutzung des Food-Courts zugunsten ihrer Kunden im Grundsatz auch durchsetzen. Es handelt sich dann **nicht mehr um fremde Einrichtungen** im Sinne der BFH-Rechtsprechung. Dem steht die sich aus einer Kapazitätsbeschränkung ergebende begrenzende Wirkung im Einzelfall, die stets vorliegen kann, nicht entgegen.

Auf eine Zuweisung des Besitzes durch den Zentrumsbetreiber an die K, die den Besitz dann an ihre Kunden weitergibt, kommt es daher nicht an. Ebenso ist entgegen der Auffassung der K die im Verhältnis zwischen Zentrumsbetreiber und Besucher unentgeltliche Einräumung der Nutzungsmöglichkeit am Food-Court unbeachtlich. Denn diese ist insoweit selbst unter Berücksichtigung von § 3 Abs. 9a UStG umsatzsteuerrechtlich folgenlos und damit nicht Gegenstand einer steuerbaren Leistung. Daher kann die Einräumung der Nutzungsmöglichkeit jedenfalls dann im Verhältnis der K zu ihren Kunden zu berücksichtigen sein, wenn die **K an der Erlangung dieser Nutzungsmöglichkeit für ihre Kunden mitwirkt.**

2.3 Durchschnittsverbrauchers verbindet Tablett mit Tisch und Bestuhlung

Ein Food-Court, der von den Kunden mehrerer Unternehmer genutzt wird, die an diese Speisen gegen Entgelt abgeben,

- kann,
- auch wenn es sich um die Einrichtung eines Zentrumsbetreibers handelt,
- aus der maßgeblichen Sicht des Durchschnittsverbrauchers
- diesen Unternehmern zuzurechnen sein.

Hierfür kommt es **nicht** zwingend darauf an, dass einzelne Bereiche des Food-Courts für die Allgemeinheit erkennbar **nur für die Nutzung durch die Kunden des jeweiligen Unternehmers vorgesehen** sind, woran es im Streitfall in Bezug auf die K unstreitig fehlt.

Ausreichend ist vielmehr auch, dass der Durchschnittsverbraucher **aufgrund anderer Umstände** davon ausgehen kann, dass er als Kunde der K zur Nutzung des Food-Courts berechtigt ist. Hierfür genügt die **Ausgabe der Speisen mit einem Tablett**, da dieses typischerweise dazu dient, es dem Kunden zu ermöglichen, die von ihm erworbenen Speisen zu einem Verzehrort in der Nähe (hier dem Food-Court) zu bringen und diese dort an einem Tisch mit Sitzmöglichkeit zu verzehren. Es erschöpft sich dann die Leistung der K auch aus Sicht eines Durchschnittsverbrauchers nicht auf die bloße Bestellung, Bezahlung und Mitnahme von Speisen am Verkaufstresen, sondern stellt sich als weitergehender Vorgang dar, der den Speisenverzehr in unmittelbarer Nähe zur Ausgabestelle einschließt. Für die Annahme materieller und personeller Mittel, die dem Kunden vom Steuerpflichtigen (hier der K) angeboten werden, reicht dies aus.

2.4 Konkrete Tatsachenfeststellungen zum Durchschnittsverbraucher müssen nachgeholt werden

Zu den für eine Zurechnung aus Verbrauchersicht maßgeblichen Umständen, wie etwa der vorstehenden Tablettnutzung, hat das Finanzgericht bislang keine hinreichenden Feststellungen getroffen. Es hat insoweit nur den die Speisenausgabe mit Tablett bejahenden Vortrag der K wiedergegeben. Die **Erörterung dieser für die rechtliche Entscheidung maßgeblichen Tatsachenfrage** kann nicht im Revisionsverfahren nachgeholt werden.

Das Finanzgericht wird daher aufgrund der noch zu treffenden Feststellungen bei seiner Entscheidung im zweiten Rechtsgang zu berücksichtigen haben, dass

- die für die Kunden der K bestehende Möglichkeit, die von K erworbenen Speisen auf einem Tablett zum Food-Court mitzunehmen,
- dieses dort nach dem Speisenverzehr abzugeben oder zurückzulassen,
- sodass es nach dessen Reinigung in einer Spülküche für die K wieder zum Einsatz kam,

aus Sicht eines Durchschnittsverbrauchers ein **eindeutiger Beleg dafür ist, dass K daran mitwirkte**, den Kunden die Möglichkeit zur Nutzung des Food-Courts einzuräumen.

Dabei können im Rahmen einer Gesamtwürdigung für das Vorliegen ausreichender unterstützender Dienstleistungen der K indiziell auch deren **Zahlungen (im Innenverhältnis zum Betreiber des Einkaufszentrums) für die Nutzung des Food-Courts**, bezogen auf eine Spülküche und das Betriebspersonal für den Food-Court, zu berücksichtigen sein. Diese lassen es zudem als möglich erscheinen, dass die vereinbarte monatliche »Nebenkostenvorauszahlung Foodcourt« der Höhe nach die Grundmiete erreichte oder sogar überstieg. Es ist dann vom Vorliegen sonstiger Leistungen auszugehen, wobei unterschiedliche Öffnungszeiten des Food-Courts und der K nur insoweit von Bedeutung sind, als Speisenabgaben zu Zeiten, zu denen der Food-Court geschlossen ist, nicht zu einer sonstigen Leistung führen können. Lässt sich demgegenüber die Einräumung einer Nutzungsmöglichkeit am Food-Court durch die K aus Kundensicht bereits dem Grunde nach nicht belegen, ist der Klage stattzugeben.

Im Übrigen kommt es für die Beurteilung im Streitfall **nicht** darauf an, ob gewöhnliche Tabletts vorlagen, mit denen z. B. Teller oder Tüten transportiert werden können, oder ob es sich um die Sonderform eines Tabletts handelt, das aufgrund besonderer Unterteilungen als Tellerersatz für die Abgabe unterschiedlicher Speisen dient (»Mensatablett«).

2.5 Kein Vorabentscheidungsersuchen erforderlich

Die von K angeregte Vorlage an den EuGH sieht der BFH nicht als erforderlich an. Der Senat berücksichtigt dabei, dass der EuGH bereits Gelegenheit hatte, sich zur Auslegung des Unionsrechts in Bezug auf die Speisenabgabe unter Nutzung eines Food-Courts zu äußern. Nach Auffassung des EuGH ist es Sache des nationalen Gerichts, anhand der vom EuGH entwickelten Kriterien zu bestimmen, ob die verschiedenen Verkaufssysteme des Steuerpflichtigen unter den Begriff der »Restaurant- und Verpflegungsdienstleistungen« fallen oder nicht.

➡️ Beratungskonsequenzen

Das Urteil bestätigt in weiten Teilen die Verwaltungsauffassung in Abschn. 3.6 Abs. 4 ff. UStAE und ergänzt diese um die zur Zeit »angesagte« Systemgastronomie in Food-Courts[763].

Sicher **erfreulich** ist, dass die bestehende Rechtsauffassung gefestigt und lediglich fortgeschrieben wird und kein neuerliches Umdenken erforderlich ist.

Ein wenig **erschreckend** ist sicher das »Klein-Klein«, dass die Feststellungen zur Sicht des Durchschnittsverbrauchers erfordern. Da ist der Rechtsanwender schon fast erleichtert, dass er die Art der zum Einsatz kommenden Tabletts außer Acht lassen darf!

Fotostudio

Ein Fotostudio kann den ermäßigten Umsatzsteuersatz für die Einräumung und Übertragung von Urheberrechten nicht in Anspruch nehmen[764].

Geldspielautomaten-Aufsteller

Der ermäßigte Umsatzsteuersatz für Schausteller gilt nicht für Umsätze aus dem Betrieb von Geldspielautomaten[765].

Hauswasseranschluss

Der BFH hat entschieden, dass das Legen eines Hauswasseranschlusses auch dann als »Lieferung von Wasser« umsatzsteuerermäßigt erfolgt, wenn diese Leistung nicht von dem Wasserversorgungsunternehmen erbracht wird, das das Wasser liefert[766]. Das BMF hat sich dazu bereits positioniert. Das Bayerische Landesamt für Steuern ergänzt die Ausführungen des BMF um Praxisfälle[767].

---

763 *Weimann*, AStW 2022, 165.
764 FG Münster, Urteil vom 25.2.2021, 5 K 268/20 U, AO; ➲ Kapitel 69.05 der Vorauflage (20. Auflage 2022).
765 FG Münster, Urteil vom 24.9.2020, 5 K 344/17 U; ➲ Kapitel 69.03 der Vorauflage (20. Auflage 2022).
766 BFH, Urteil vom 7.2.2018, XI R 17/17.
767 BayfSt, Verfügung vom 17.5.2021, S 7221.1.1-1/49 St33; ➲ Kapitel 69.08 der Vorauflage (20. Auflage 2022).

Hochzeitsredner

> ❗ **Hinweis**
>
> siehe unten ➲ »Trauer- und Hochzeitsredner«

Kunstgießereien > zu § 12 Abs. 2 Nr. 13 UStG

Das LFSt Bayern nimmt Stellung zur Anwendung des ermäßigten Steuersatzes auf Umsätze von Kunstgießereien[768].

Munitionsverkauf

Verkauft ein gemeinnütziger Jagdverein Munition zur Verwendung auf der vereinseigenen Schießanlage, kann hierfür nicht der ermäßigte Umsatzsteuersatz in Anspruch genommen werden[769].

Oldtimer: Verkauf nach vorheriger Einfuhr

Bei der Beratung von Autohäusern stellt sich immer wieder die Frage, ob der Verkauf von importierten Oldtimern als Sammlungsstück nach § 12 Abs. 2 i.V.m. Anlage 2 Nr. 54 UStG umsatzsteuerermäßigt – also zu 7% – erfolgen kann. Daran schließt sich die Frage an, ob und unter welchen Voraussetzungen alternativ die Differenzbesteuerung (§ 25a UStG) zur Anwendung kommt[770].

Pferdefuhrwerke auf autofreier Insel > zu § 12 Abs. 2 Nr. 10 UStG

Nicht nur das Bahnfahren wird durch die Reduzierung des Umsatzsteuersatzes preiswerter. Auch die Personenbeförderung mit Pferdekutschen auf einer autofreien Nordseeinsel kann umsatzsteuerrechtlich als Taxiverkehr begünstigt sein. Dies setzt allerdings voraus, dass im Gebiet einer Gemeinde der Verkehr mit PKW allgemein unzulässig ist und die übrigen Merkmale des Taxiverkehrs in vergleichbarer Form gegeben sind.[771]

---

768 LfSt Bayern, Vfg. vom 6.2.2019, S 7220.2.1-33/46 St33.

769 FG Münster, Urteil vom 17.9.2020, 5 K 2437/18 U; ➲ Hinweis auf Kapitel 69.02 der Vorauflage (20. Auflage 2022).

770 *Weimann*, AStW 11/2021, 807; ➲ Hinweis auf Kapitel 69.07 der Vorauflage (20. Auflage 2022).

771 BFH, Urteil vom 13.11.2019, V R 9/18,

Techno- und House-Konzerte

Eintrittserlöse für Techno- und House-Konzerte sind als Erlöse aus »Konzerten vergleichbare(n) Darbietungen ausübender Künstler« steuersatzermäßigt, wenn die Musikaufführungen aus der Sicht eines »Durchschnittsbesuchers« den eigentlichen Zweck der Veranstaltung darstellen[772].

Trauer- und Hochzeitsredner

Regelmäßig unterfallen die Umsätze einer Trauerrednerin in Bezug auf Trauer- oder Hochzeitsreden nicht der Umsatzsteuerermäßigung gemäß § 12 Abs. 2 Nr. 7 Buchst. a UStG für Darbietungen ausübender Künstler[773].

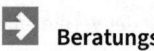

Beratungskonsequenzen

Das Urteil ist rechtskräftig.

Vermietung: Aufteilungsgebot für Leistungen, die nicht unmittelbar der Vermietung dienen

Gem. § 12 Abs. 2 Satz 2 Nr. 11 UStG greift die Steuerermäßigung für Beherbergungsbetriebe nur für Leistungen, die unmittelbar der Vermietung dienen. Andere Leistungen wie Frühstückservice, Getränkeversorgung aus der Minibar, Nutzung von Pay-TV usw. erfahren keine Ermäßigung (Aufteilungsgebot). Nach der EuGH-Entscheidung Stadion Amsterdam ist strittig, ob und inwieweit das Aufteilungsgebot der MwStSystRL entspricht[774].

Vorkassenzonen: Restaurationsleistungen von Bäckereien in Supermärkten

Verkauft eine Bäckerei in Filialen, die sich teilweise in »Vorkassenzonen« eines Supermarkts befinden, Speisen zum Verzehr vor Ort auf Mehrweggeschirr und mit Mehrwegbesteck, das es nach dem Verzehr der Speisen zurücknimmt und reinigt, führt sie damit (ebenso wie ein Partyservice) sonstige Leistungen aus, die vor Inkrafttreten des § 12 Abs. 2 Nr. 15 UStG dem Regelsteuersatz unterlagen. Art. 6 Abs. 1 Sätze 1 und 3 der Durchführungsverordnung zur Mehrwertsteuer-Systemrichtlinie sind auch in Besteue-

---

772   BFH, Urteil vom 10.06.2020, V R 16/17; ➲ Hinweis auf Kapitel 69.01 der Vorauflage (20. Auflage 2022).

773   FG Baden-Württemberg, Urteil vom 24.11.2021, 14 K 982/20; vgl. auch OFD Frankfurt/Main, Vfg. vom 6.3.2018, S 7240 A - 24 - St 16, Ermäßigter Steuersatz für die Leistungen eines Trauerredners und/oder Hochzeitsredners.

774   FinMin Mecklenburg-Vorpommern, Erlass vom 22.4.2021, S 7245-00000-2012/003; ➲ Hinweis auf Kapitel 69.06 der Vorauflage (20. Auflage 2022).

rungszeiträumen vor ihrem Inkrafttreten anwendbar, weil sie rückwirkend Begriffe klären, die sich bereits zuvor in der 6. EG-Richtlinie bzw. der MwStSystRL befunden haben[775].

1. Sachverhalt

Die Klägerin (K) stellte im Streitjahr Backwaren aller Art her, vertrieb diese und betrieb Konditoreien und Cafés. In insgesamt 84 ihrer Filialen stellte K Tische und Bestuhlung bereit, wobei sich Tische und Stühle überwiegend innerhalb dieser Filialen, ganz vereinzelt aber zusätzlich auch im Freien befanden. 71 der streitbefangenen Filialen befanden sich in sog. Vorkassenzonen (nicht durch geschlossene Wände abgetrennte Eingangsbereiche) von Lebensmittelmärkten. 13 Filialen waren separat betriebene Ladengeschäfte.

In allen 84 Filialen erfolgte die Ausgabe der zum Verzehr vor Ort bestimmten Waren und Speisen an den Kunden grundsätzlich direkt am Verkaufstresen. Das Abräumen der (teilweise mit Tischdecken und Blumenschmuck versehenen) Tische oblag in der Regel den Kunden, wobei zur Rücknahme des ausgegebenen Geschirrs Regale bereitstanden, die grundsätzlich durch die Kunden zu befüllen waren. Wenn die Kunden das Abräumen der Tische unterließen, räumte das Personal der K das Geschirr von den Tischen. Anschließend wurde das Geschirr von Arbeitnehmern der K gereinigt, die ausschließlich als Verkaufspersonal für Backwaren und nicht als Kellner, Koch oder gastronomisch ähnlich qualifiziertes Fachpersonal angestellt waren.

Nach zwei Außenprüfungen für das Streitjahr das Finanzamt davon aus, dass K zu Unrecht auf die Umsätze aus dem Verkauf der vor Ort verzehrten belegten Brötchen und Kuchenteile den ermäßigten Steuersatz angewandt habe. Die elektronischen Kassenaufzeichnungen der K seien unzutreffend, weil in erheblichem Umfang vor Ort verzehrte Speisen nur mit dem ermäßigten Steuersatz erfasst und auch entsprechend versteuert worden seien. Die Umsätze zum Regelsteuersatz seien entsprechend zu erhöhen.

Mit dem strittigen Bescheid folgte das Finanzamt den Prüferfeststellungen und setzte die Umsatzsteuer entsprechend fest. Einspruch und Klage vor dem Finanzgericht waren erfolglos.

2. Entscheidung

Auch die Revision hatte keinen Erfolg. Aufgrund der tatsächlichen Feststellungen sowie der tatsächlichen Würdigung des Sachverhalts durch das Finanzgericht ist es revisionsrechtlich nicht zu beanstanden, auf die Umsätze der K aus dem Verkauf von Backwaren und Fast-Food zum Verzehr vor Ort in den mit Sitzgelegenheiten ausgestatteten Filialen der K den Regelsteuersatz anzuwenden.

---

775   BFH, Beschluss vom 15.9.2021, XI R 25/19.

2.1 Dienstleistungselemente stehen im Vordergrund

Das FG hat angenommen, bei einer Gesamtbetrachtung der durch K im Falle des Verzehrs vor Ort erbrachten Leistungselemente stünden die Dienstleistungselemente im Vergleich zu den Elementen einer Lieferung von Speisen im Vordergrund.

K habe den Kunden

- nicht nur Backwaren und Fast-Food verkauft,

- sondern diesen gegenüber **auch zusätzliche Dienstleistungen** erbracht, indem sie neben der Zubereitung der standardisierten Produkte zum Verzehr der Speisen Tische und Sitzmöglichkeiten sowie Tassen, Geschirr und Besteck zur Verfügung gestellt und sowohl das Mobiliar als auch das Geschirr gereinigt habe.

Das in und um die angemieteten Filialen durch die K **aufgestellte Mobiliar** sei sowohl aus objektiver Empfängersicht als auch nach den objektiven Gegebenheiten ausschließlich zur Nutzung durch die Kunden der K bestimmt gewesen.

Aufgrund dieser durch die K erbrachten Dienstleistungen

- Verzehrvorrichtungen

- Serviceleistungen

- Geschirrstellung

trete der **Dienstleistungscharakter in den Vordergrund**, obwohl in einigen Filialen der K keine Garderoben und Toiletten vorgehalten worden seien und überdies kein Kellnerservice (im Sinne einer Bedienung am Sitzplatz) bestanden und es an einer völligen räumlichen Trennung der Vorkassenfilialen von den Vorkassenbereichen der Lebensmittelmärkte, in denen sie untergebracht waren, gefehlt habe.

Durch die Gestellung von Tischen und Stühlen, Geschirr und teilweise auch Dekoration sowie die Erbringung von Reinigungsleistungen im Hinblick auf diese Gegenstände sei die Gesamtleistung der K aus **Sicht des Durchschnittsverbrauchers** dennoch als Restaurationsleistung und damit Dienstleistung zu qualifizieren. Der personelle Einsatz könne (insbesondere im Vergleich zu dem erforderlichen personellen Einsatz im Falle eines Außer-Haus-Verkaufes) nicht mehr als nur geringfügig angesehen werden. Denn die Reinigung des Geschirrs, der Tische und Stühle sowie das Aufbringen der Dekoration gehe deutlich über die Herstellung, Zubereitung und den Verkauf der zum Verzehr vor Ort bestimmten Backwaren hinaus und binde Arbeitskraft. Dass die Kunden der K deren Angestellten im Regelfall kein Trinkgeld gewährt hätten, führe zu keinem anderen Ergebnis der Gesamtabwägung; denn die Gewährung von Trinkgeld sei keine konstitutive Voraussetzung für die Annahme einer Dienstleistung.

Das gefundene Ergebnis entspreche außerdem dem Grundsatz, dass Bestimmungen, die Ausnahmen von einem allgemeinen Grundsatz darstellen, **eng auszulegen** sind.

2.2 Tatsächliche Feststellungen des Finanzgerichts sind für den BFH grundsätzlich bindend

Die unter Ziffer 2.1 dargestellte Würdigung des Finanzgerichts ist bei Anwendung der von EuGH und BFH aufgestellten Rechtsgrundsätze möglich und verstößt weder gegen Denkgesetze noch gegen Erfahrungssätze. **Die Würdigung durch das Finanzgericht bindet daher den BFH (§ 118 Abs. 2 FGO).**

2.3 Keine unzulässige Rückwirkung

Aus verfassungsrechtlicher Sicht interessant ist der Hinweis in Randziffer 30 des Besprechungsurteils. Im Streitfall ist – entgegen der Auffassung der K – Art. 6 Abs. 1 der Durchführungsverordnung zur Mehrwertsteuer-Systemrichtlinie mit zu berücksichtigen.

Zwar ordnet Art. 65 Durchführungsverordnung zur Mehrwertsteuer-Systemrichtlinie die Anwendung dieser Regelungen **erst ab dem 1.7.2011** an. Bestimmungen der Verordnung können aber trotzdem – zur Vermeidung einer unzulässigen Rückwirkung allerdings auch nur insoweit – in Vorjahren zur Auslegung herangezogen werden, als sie rückwirkend Begriffe klären, die sich bereits zuvor in der 6. EG-Richtlinie befunden haben.

Dies ist jedenfalls bei Art. 6 Abs. 1 Sätze 1 u. 3 der Verordnung der Fall. Beide Sätze **präzisieren** in Bezug auf die unterstützenden Dienstleistungen, die den sofortigen Verzehr von Speisen ermöglichen, **die Grundsätze der vorangegangenen Rechtsprechung des EuGH.**

  Beratungskonsequenzen

Artikel 6 der Durchführungsverordnung zur Mehrwertsteuer-Systemrichtlinie wirkt insoweit also **lediglich deklaratorisch** und nicht konstitutiv[776].

Zauberkünstler

Umsätze in Form von Darbietungen auf dem Gebiet der Zauberei und der Ballonmodellage unterliegen nicht dem Regelsteuersatz von (im Streitjahr) 19 %, sondern dem ermäßigten Steuersatz von (im Streitjahr) 7 %[777].

---

776   *Weimann*, AStW 2022, 208.
777   FG Münster, Urteil vom 26.11.2020, 5 K 2414/19 U; ➲ Hinweis auf Kapitel 69.04 der Vorauflage (20. Auflage 2022).

108   Nullsteuersatz für PV-Anlagen

– Arbeitshilfe –

Seit dem 1.1.2023 ermäßigt sich die Umsatzsteuer auf 0 Prozent für die Lieferungen von Solarmodulen an den Betreiber einer Photovoltaikanlage, einschließlich der für den Betrieb einer Photovoltaikanlage wesentlichen Komponenten und der Speicher, die dazu dienen, den mit Solarmodulen erzeugten Strom zu speichern, wenn die Photovoltaikanlage auf oder in der Nähe von Privatwohnungen, Wohnungen sowie öffentlichen und anderen Gebäuden, die für dem Gemeinwohl dienende Tätigkeiten genutzt werden, installiert wird[778]. Mit Schreiben vom 27.2.2023 erläutert das BMF die Voraussetzungen[779].

108.1   Neuer § 12 Abs. 3 UStG

Das Jahressteuergesetz 2022 (JStG 2022) vom 16.12.2022 (BGBl. I 2022, 2294) hat in § 12 UStG folgenden Abs. 3 angefügt:

   Rechtsgrundlagen

§ 12 Abs. 3 UStG

(3) Die Steuer ermäßigt sich auf 0 Prozent für die folgenden Umsätze:
1. die Lieferungen von Solarmodulen an den Betreiber einer Photovoltaikanlage, einschließlich der für den Betrieb einer Photovoltaikanlage wesentlichen Komponenten und der Speicher, die dazu dienen, den mit Solarmodulen erzeugten Strom zu speichern, wenn die Photovoltaikanlage auf oder in der Nähe von Privatwohnungen, Wohnungen sowie öffentlichen und anderen Gebäuden, die für dem Gemeinwohl dienende Tätigkeiten genutzt werden, installiert wird. ²Die Voraussetzungen des Satzes 1 gelten als erfüllt, wenn die installierte Bruttoleistung der Photovoltaikanlage laut Marktstammdatenregister nicht mehr als 30 Kilowatt (peak) beträgt oder betragen wird;
2. den innergemeinschaftlichen Erwerb der in Nummer 1 bezeichneten Gegenstände, die die Voraussetzungen der Nummer 1 erfüllen;
3. die Einfuhr der in Nummer 1 bezeichneten Gegenstände, die die Voraussetzungen der Nummer 1 erfüllen;
4. die Installation von Photovoltaikanlagen sowie der Speicher, die dazu dienen, den mit Solarmodulen erzeugten Strom zu speichern, wenn die Lieferung der installierten Komponenten die Voraussetzungen der Nummer 1 erfüllt.

Anzuwenden ist die neue Vorschrift **seit dem 1.1.2023**.

---

778 *Weimann*, AStW 2023, 345.
779 BMF, Schreiben vom 27.2.2023, III C 2 – S 7220/22/10002 :010, 2023/0197236.

108.2   Gesetzesbegründung

Die Regelung sieht vor, dass auf die Lieferung, die Einfuhr und den innergemeinschaftlichen Erwerb sowie die Installation von Photovoltaikanlagen einschließlich der Stromspeicher ein Nullsteuersatz anzuwenden ist. **Die Regelung entlastet die Betreiber von Photovoltaikanlagen von Bürokratie.** Denn aufgrund des Nullsteuersatzes können diese die Kleinunternehmerregelung ohne finanzielle Nachteile anwenden. Der Vorsteuerabzug als Grund für einen Verzicht auf die Kleinunternehmerregelung entfällt, weil die Lieferung von Photovoltaikanlagen ohnehin nicht mehr mit Umsatzsteuer belastet ist[780].

Nach Nummer 1 gilt der Nullsteuersatz für die Lieferung von Solarmodulen an den Betreiber einer Photovoltaikanlage, einschließlich der für den Betrieb einer Photovoltaikanlage wesentlichen Komponenten und der Speicher, die dazu dienen, den mit Solarmodulen erzeugten Strom zu speichern. Die Steuerermäßigung umfasst **auch Stromspeicher**, mit denen der von der Photovoltaikanlage erzeugte Strom gespeichert werden soll.

 Beratungskonsequenzen

Zwar ist ein Stromspeicher nicht zwingend erforderlich, um eine Photovoltaikanlage zu betreiben, dennoch entscheiden sich viele Anlagenbetreiber, einen Stromspeicher zu erwerben. Der Kauf eines Stromspeichers ist mit hohen finanziellen Aufwendungen verbunden. **Das Ziel der Bürokratieentlastung würde daher verfehlt**, wenn die Lieferung von Stromspeichern mit Umsatzsteuer belastet wäre. Denn in diesem Fall bestände weiterhin ein hoher Anreiz für Betreiber von Photovoltaikanlagen, auf die Anwendung der Kleinunternehmerregelung zu verzichten.

Voraussetzung für die Anwendung des Nullsteuersatzes nach Nummer 1 ist, dass die Photovoltaikanlage auf und in der Nähe von Privatwohnungen, Wohnungen sowie öffentlichen oder anderen Gebäuden, die für dem Gemeinwohl dienende Tätigkeiten genutzt werden, installiert wird. Dieser Tatbestand greift die Regelung in Artikel 98 Abs. 2 in Verbindung mit Anhang III Nr. 10c der Richtlinie 2006/112/EG auf und setzt sie in nationales Recht um. Durch die Übernahme der Richtlinienregelung ist sichergestellt, dass das nationale Recht den maximalen Spielraum ausnützt, den die Richtlinie bei der Anwendung eines Nullsteuersatzes für Photovoltaikanlagen den Mitgliedstaaten zusteht.

 Beratungskonsequenzen

Aus Gründen der **Verwaltungsvereinfachung** gelten nach Satz 2 die Voraussetzungen des Satzes 1 als erfüllt, wenn die installierte Bruttoleistung der Photovoltaikanlage laut Marktstammdatenregister nicht mehr als 30 kW (peak) beträgt. **Die Regelung verhindert in einem Großteil der Fälle, dass sich der leistende Unternehmer**

---

780   Regierungsbegründung, BR-Drs. 457/22 vom 16.9.2022.

beim Erwerber über die Nutzungsart des Gebäudes zu informieren hat. Die Leistung der gelieferten Photovoltaikanlage wird dem leistenden Unternehmer hingegen in der Regel bekannt sein.

Nach den Nummer 2 und 3 ist auch die **Einfuhr und der innergemeinschaftliche Erwerb** von Solarmodulen und Stromspeichern begünstigt, wenn Lieferung dieser Gegenstände die Voraussetzungen der Nummer 1 erfüllt.

Nach Nummer 4 ist auch die **Installation** von Photovoltaikanlagen und Speichern begünstigt, wenn die Lieferung der Komponenten nach Nummer 1 dem Nullsteuersatz unterliegt. Die Regelung vermeidet Bürokratieaufwand. Denn beim Erwerb einer Photovoltaikanlage einschließlich deren Installation ist einheitlich der Nullsteuersatz anzuwenden.

 Beratungskonsequenzen

Eine Abgrenzung zwischen Lieferungs- und Dienstleistungselementen ist damit entbehrlich.

108.3 Ausführungen im UStAE

 Rechtsgrundlagen

(Hinweis: Hervorhebungen durch **Fett**druck und Einfügungen mit ➲ ... sind vom Autor.)

Abschn. 12.18 UStAE

Nullsteuersatz für bestimmte Photovoltaikanlagen

Lieferung einer Photovoltaikanlage

(1)[1]Die Verschaffung der Verfügungsmacht an einer Photovoltaikanlage begründet eine Lieferung im Sinne des § 3 Abs. 1 UStG und unterliegt dem Nullsteuersatz. [2]Zur Bestimmung des Zeitpunkts der Lieferung einer Photovoltaikanlage vgl. Abschnitt 13.1. [3]Lieferungen und sonstige Leistungen, die für den Leistungsempfänger keinen eigenen Zweck, sondern das Mittel darstellen, um die Lieferung der Photovoltaikanlage unter optimalen Bedingungen in Anspruch zu nehmen, teilen das Schicksal der Lieferung der Photovoltaikanlage und sind als **Nebenleistungen zur Hauptleistung** dementsprechend einheitlich mit dem Nullsteuersatz zu besteuern (vgl. Abschnitt 3.10). [4]Zu den Nebenleistungen der Lieferung der Photovoltaikanlage zählen u. a. die Übernahme der Anmeldung in das MaStR, die Bereitstellung von Software zur Steuerung und Überwachung der Anlage, die Montage der Solarmodule, die Kabelinstallationen, die Lieferung und der Anschluss des Wechselrichters oder des Zweirichtungszählers, die Lieferung von Schrauben und Stromkabeln, die Herstellung des AC-Anschlusses, die Bereitstellung von Gerüsten, die Lieferung von Befestigungsmaterial oder auch die Erneuerung des Zählerschranks, wenn diese vom Netzbetreiber verlangt wird bzw. auf Grund technischer Normen für den Betrieb der Photovoltaikanlage erforderlich ist. [5]Dem Nullsteuersatz unterliegen grundsätzlich auch die Lieferungen von sog. **Aufdachphotovoltaikanlagen durch Bauträger**. [6]Dies gilt auch, wenn der Bauträger neben der Aufdachphotovoltaikanlage auch das Gebäude liefert, da die Lieferung der Aufdachphotovoltaikanlage hierzu eine eigenständige Leistung und keine unselbstständige Nebenleistung darstellt. [7]Die **Vermietung von Photovoltaikanlagen** stellt keine Lieferung von Photovoltaikanlagen dar und unterliegt daher dem Regelsteuersatz. [8]Dagegen können **Leasing- oder Mietkaufverträge** je nach konkreter Ausgestaltung umsatzsteuerrechtlich als Lieferung oder als sonstige Leistung einzustufen sein. [9]Maßgeblich für die Abgrenzung sind die vertraglichen Vereinbarungen zwischen den Vertragsparteien gemäß den Grundsätzen des Abschnittes 3.5 Abs. 5.[10]Dabei sind Laufzeit, Zahlungsbedingungen und mögliche Kombinationen mit anderen Leistungselementen u. ä. zu berücksichtigen. [11]Der Nullsteuersatz findet keine Anwendung auf den Teil des Entgelts, der auf eigenständige Serviceleistungen entfällt wie z. B. Wartungsarbeiten, die Einholung von behördlichen Genehmigungen oder die Versicherung der Photovoltaikanlage mit einer Haftpflicht- und Vermögensschadens-Versicherung. [12]Ein einheitlicher Mietbetrag ist nach der einfachsten möglichen Methode aufzuteilen.

Beispiel:

[1]Unternehmer U vermietet an Kunden K eine Photovoltaikanlage.[2]Der Zeitraum der Vermietung beträgt 20 Jahre. [3]Die jährliche Miete beträgt 1.625 €. [4]Von dem Mietbetrag entfallen 1.300 € auf die Überlassung der Photovoltaikanlage einschließlich der damit verbundenen Finanzierungskosten, während der restliche Betrag von 325 € auf die einhergehenden Serviceleistungen (Versicherung usw.) gezahlt wird. [5]U räumt K die Option ein, zum Ende der Mietzeit die Photovoltaikanlage zum Preis von 1 € zu erwerben. [6]Sofern K von der Option Gebrauch macht, tritt U die Herstellergarantie, deren weitere Laufzeit sich zum Zeitpunkt der Optionsausübung noch auf 5 Jahre beläuft, an K ab. [7]Sollte K von der Option keinen Gebrauch machen, ist er auf Grund des Mietvertrages verpflichtet, die Photovoltaikanlage zum Ende der Mietzeit auf eigene Kosten abzubauen und dem U auszuhändigen. [8]Der Verkehrswert der Photovoltaikanlage beträgt zu Beginn der Vertragslaufzeit 22.000 € und am Ende der Vertragslaufzeit 4.400 €.

➔ Folge

[9]Es liegt eine Lieferung der Photovoltaikanlage des U an K vor. [10]Die Summe der vertraglichen Raten beträgt 26.000 € und entspricht damit dem Verkehrswert des Gegenstands einschließlich der Finanzierungskosten. [11]K muss bei der Ausübung der Option lediglich 1 € bezahlen und muss daher zusätzlich keine erhebliche Summe entrichten. [12]Unter Einbeziehung der Abtretung der Herstellergarantie in die Gesamtbetrachtung erscheint die Optionsausübung zum Vertragsende als einzig wirtschaftlich rationale Möglichkeit für den K. [13]Bezüglich des Entgelts, das K für die Überlassung der Photovoltaikanlage an U zu entrichten hat, findet der Nullsteuersatz Anwendung. [14]Die Serviceleistungen sind mit dem Regelsteuersatz zu besteuern, so dass U für den jährlichen Betrag in Höhe von 325 € für die Serviceleistungen Umsatzsteuer in Höhe von 51,89 € abzuführen hat.

[13]Für Mietkauf und Leasingverträge, die als Lieferung einzustufen sind und die keine Aufteilung des Entgelts gemäß Satz 12 vorsehen, ist eine Aufteilung anhand der internen Kalkulation vorzunehmen, wenn die Photovoltaikanlage nach dem 31.12.2022 geliefert worden ist. [14]Es wird nicht beanstandet, wenn der Unternehmer pauschalierend ein Verhältnis von 90 % für die Überlassung der Photovoltaikanlage und 10 % für die eigenständigen Serviceleistungen ansetzt. [15]Im Übrigen gelten die Grundsätze des Abschnittes 3.5 Abs. 7.

➡️ **Beratungskonsequenzen**

1. Lieferungen und sonstige Leistungen, die für den Leistungsempfänger
   – keinen eigenen Zweck,
   – sondern das Mittel darstellen, um die Lieferung der Photovoltaikanlage unter optimalen Bedingungen in Anspruch zu nehmen,
   teilen das Schicksal der Lieferung der Photovoltaikanlage und sind als **Nebenleistungen zur Hauptleistung** dementsprechend einheitlich mit dem Nullsteuersatz zu besteuern (Abschn. 12.18 Abs. 1 Satz 3 ff. UStAE).

2. Typische Nebenleistungen werden nicht abschließend benannt. Dazu gehört insbesondere auch die Übernahme der Anmeldung in das **Marktstammdatenregister (MaStR ⊃** s. u., Kapitel 108.4).

3. Der Steuerermäßigung unterliegen auch die Lieferungen von **Aufdachphotovoltaikanlagen durch Bauträger**. Diese stellen umsatzsteuerlich stets eine eigenständige Leistung dar (Abschn. 12.18 Abs. 1 Satz 5 f. UStAE).

4. Begünstigt sind ausschließlich Lieferungen. Die **Vermietung von Photovoltaikanlagen** unterliegt daher dem Regelsteuersatz. (Abschn. 12.18 Abs. 1 Satz 7 UStAE).

5. Dagegen können **Leasing- oder Mietkaufverträge** je nach konkreter Ausgestaltung umsatzsteuerrechtlich als Lieferung oder als sonstige Leistung einzustufen sein. Entfallen dabei Entgeltsanteile auf eigenständige Serviceleistungen, ist ein einheitlicher Mietbetrag nach der einfachsten möglichen Methode aufzuteilen. (Abschn. 12.18 Abs. 1 Satz 8 ff. UStAE mit Fallbeispiel).

6. Für Mietkauf und Leasingverträge, die als Lieferung einzustufen sind und die keine Aufteilung des Entgelts gemäß Satz 12 vorsehen, ist eine Aufteilung anhand der internen Kalkulation vorzunehmen, wenn die Photovoltaikanlage nach dem 31.12.2022 geliefert worden ist. [14]Es wird nicht beanstandet, wenn der Unternehmer **pauschalierend ein Verhältnis von 90 % für die Überlassung der Photovoltaikanlage und 10 % für die eigenständigen Serviceleistungen** ansetzt (Abschn. 12.18 Abs. 1 Satz 13 f. UStAE).

Rechtsgrundlagen

(Hinweis: Hervorhebungen durch **Fett**druck und Einfügungen mit ➲ ... sind vom Autor.)

Fortsezung Abschn. 12.18 UStAE

Betreiber einer Photovoltaikanlage

(2) [1]Der Nullsteuersatz erfasst nur die Lieferung an den Betreiber einer Photovoltaikanlage. [2]Die in der Lieferkette vorausgehenden Lieferungen (z. B. an Zwischenhändler, Leasinggeber, Mietverkäufer) unterliegen hingegen dem Regelsteuersatz. [3]Betreiber der Photovoltaikanlage sind die natürlichen Personen, juristischen Personen oder Personenzusammenschlüsse, die dem Grunde nach **zum Leistungszeitpunkt** als Betreiber der jeweiligen Anlage im MaStR registrierungspflichtig sind oder voraussichtlich registrierungspflichtig werden. [4]Hierfür genügt es, wenn die Anlage unmittelbar an das Stromnetz angeschlossen werden soll; auf eine tatsächliche Einspeisung oder Förderung nach dem EEG kommt es nicht an. [5]Auch wird für die Anwendung des Nullsteuersatzes nicht die Unternehmereigenschaft des Betreibers vorausgesetzt. [6]Die tatsächliche Registrierung im MaStR (z. B. im Falle von Steckersolargeräten, sog. Balkonkraftwerken) ist für die Betreibereigenschaft nicht maßgeblich. [7]**Nachträgliche Änderungen** der Person des Betreibers sind unerheblich. [8]Besteht keine Registrierungspflicht (beispielsweise bei sog. Inselanlagen), kann gleichwohl der Nullsteuersatz zur Anwendung kommen (vgl. Absatz 7). [9]In diesem Fall ist aus Vereinfachungsgründen davon auszugehen, dass der Leistungsempfänger Betreiber der Photovoltaikanlage ist. [10]Hinsichtlich der Nachweispflichten vgl. Absatz 6.

 Beratungskonsequenzen

1. Begünstigt sind ausschließlich Lieferungen an den Betreiber der PV.
2. Maßgeblich ist der **Leistungszeitpunkt**.
3. Grundsätzlich sind dies die Personen oder Personenzusammenschlüsse, die dem Grunde nach zum Leistungszeitpunkt als Betreiber der jeweiligen Anlage **im MaStR registrierungspflichtig** sind oder voraussichtlich registrierungspflichtig werden. Zum MaStR ➲ s. u., Kapitel 108.4
4. Besteht keine Registrierungspflicht (beispielsweise bei sog. Inselanlagen, vgl. dazu Beitrag »Betrieb von PV-Anlagen: das Marktstammdatenregister«), ist aus Vereinfachungsgründen davon auszugehen, dass der **Leistungsempfänger Betreiber der Photovoltaikanlage** ist (Abschn. 12.18 Abs. 2 Satz 8 f. UStAE).

 Rechtsgrundlagen – Fortsezung Abschn. 12.18 UStAE

(Hinweis: Hervorhebungen durch **Fett**druck und Einfügungen mit ➲ ... sind vom Autor.)

Belegenheitsvoraussetzungen

(3) [1]Die Anwendung des Nullsteuersatzes setzt **eine Installation der Solarmodule/Speicher/wesentlichen Komponenten auf oder in der Nähe von Privatwoh-**

nungen, **Wohnungen oder öffentlichen und anderen Gebäuden, die für dem Gemeinwohl dienende Tätigkeiten genutzt werden**, voraus. [2]Wohnung/Privatwohnung ist jeder umschlossene Raum, der zum Wohnen oder Schlafen benutzt wird. [3]Als Wohnung im Sinne dieser Vorschrift gelten daher auch Gebäude auf Freizeitgrundstücken und Gartenlauben in Kleingartensiedlungen. [4]Wohnwagen und Wohnschiffe sind nur dann als Wohnungen anzusehen, wenn sie nicht oder nur gelegentlich fortbewegt werden. [5]Öffentliche und andere Gebäude, die für dem Gemeinwohl dienende Tätigkeiten genutzt werden, liegen vor, wenn das jeweilige Gebäude für Umsätze nach § 4 Nr. 11b, 14 bis 18, 20 bis 25, 27 und 29 oder § 12 Abs. 2 Nr. 8 UStG oder für hoheitliche oder ideelle Tätigkeiten verwendet wird. [6]Container können ebenfalls den für die Anwendung des Nullsteuersatzes erforderlichen Gebäudebegriff erfüllen, soweit die übrigen Voraussetzungen vorliegen (z. B. Schulcontainer, die für hoheitliche Tätigkeiten etwa zur Auslagerung von Schulklassen wegen Sanierungsarbeiten genutzt werden). [7]In der Nähe der genannten Wohnungen/Gebäude befindet sich eine Photovoltaikanlage insbesondere, wenn sie auf dem Grundstück installiert ist, auf dem sich auch die betreffende Wohnung bzw. das betreffende begünstigte Gebäude befindet (z. B. Garage, Gartenschuppen, Zaun). [8]Von einer Nähe ist daher auch auszugehen, wenn zwischen dem Grundstück und der Photovoltaikanlage ein räumlicher oder funktionaler Nutzungszusammenhang besteht (z. B. einheitlicher Gebäudekomplex oder einheitliches Areal). [9]Die Vereinfachungsregelung des § 12 Abs. 3 Nr. 1 Satz 2 UStG bleibt davon unberührt.

(4) [1]Wird ein **Gebäude sowohl für begünstigte als auch nicht begünstigte Zwecke verwendet** (z. B. teilweise zu Wohnzwecken und teilweise zu gewerblichen Zwecken), ist grundsätzlich von einem begünstigten Gebäude auszugehen. [2]Dies gilt nur dann nicht, wenn die unschädliche Nutzung so sehr hinter der schädlichen Nutzung zurücktritt, dass eine Anwendung der Begünstigung nicht sachgerecht wäre. [3]Hiervon ist auszugehen, wenn die unschädliche Nutzung in so engem Zusammenhang mit der schädlichen Nutzung steht, dass ihr kein eigener Zweck zukommt (beispielsweise Hausmeisterwohnung in einem Gewerbekomplex) oder wenn die auf die unschädliche Nutzung entfallenden Nutzflächenanteile weniger als 10 % der Gesamtgebäudenutzfläche ausmachen. [4]Tritt die unschädliche Nutzung hinter der schädlichen Nutzung zurück, unterliegt die Lieferung insgesamt dem Regelsteuersatz.

Vereinfachungsregelung in § 12 Abs. 3 Nr. 1 Satz 2 UStG

(5) [1]Die Voraussetzungen des § 12 Abs. 3 Nr. 1 Satz 1 UStG gelten als erfüllt, wenn die installierte Bruttoleistung der Photovoltaikanlage (Einheit) laut MaStR **nicht mehr als 30 kW (peak)** beträgt oder betragen wird. [2]Die Regelung stellt eine Vereinfachung für die Prüfung der Gebäudeart dar. [3]Die Vereinfachungsregelung gilt nicht für die Betreibereigenschaft. [4]Besteht keine Registrierungspflicht im MaStR, ist die Vereinfachungsregelung nicht anwendbar (vgl. aber die Vereinfachungsregelung in Absatz 6). [5]Nach § 16 Abs. 3 Nr. 7 MaStRV eröffnet die Bundesnetzagentur den Finanzbehörden des Bundes und der Länder auf Anforderung einen Zugang zu Daten, die nach § 15 Abs. 1 MaStRV nicht veröffentlicht werden, einschließlich personenbezogener Daten, soweit die Finanzbehörden diese Daten zur Erfüllung ihrer gesetzlichen Aufgaben benötigen. [6]Die 30 kW-Grenze ist einheitenbezogen zu prüfen.

⁷Bei der nachträglichen Erweiterung einer Photovoltaikanlage ist die Leistung der bestehenden Einheit mit der der Erweiterung zu addieren. ⁸Wird die 30 kW-Grenze durch die Erweiterung überschritten, ist die Vereinfachungsregelung auf den nachträglich ergänzten Teil nicht anwendbar. ⁹Für den bereits bestehenden Teil führt dies jedoch nicht zur nachträglichen Nichtanwendbarkeit der Vereinfachungsregelung.

 Beratungskonsequenzen

Aus Gründen der **Verwaltungsvereinfachung** gelten nach § 13 Abs. 3 Nr. 1 Satz 2 UStG die Voraussetzungen des Satzes 1 als erfüllt, wenn die installierte Bruttoleistung der Photovoltaikanlage laut Marktstammdatenregister nicht mehr als 30 kW (peak) beträgt. **Die Regelung verhindert in einem Großteil der Fälle, dass sich der leistende Unternehmer beim Erwerber über die Nutzungsart des Gebäudes zu informieren hat** (s. o., Regierungsbegründung)

 Rechtsgrundlagen – Fortsezung Abschn. 12.18 UStAE

(Hinweis: Hervorhebungen durch **Fett**druck und Einfügungen mit ➲ ... sind vom Autor.)

Nachweis über das Vorliegen der Voraussetzungen

(6) ¹Der leistende Unternehmer hat nachzuweisen, dass die Tatbestandsvoraussetzungen zur Anwendung des Nullsteuersatzes erfüllt sind. ²Ausreichend für den Nachweis ist es, wenn der Erwerber erklärt, dass er Betreiber der Photovoltaikanlage ist und es sich entweder um ein begünstigtes Gebäude handelt oder die installierte Bruttoleistung der Photovoltaikanlage laut MaStR nicht mehr als 30 kW (peak) beträgt oder betragen wird. ³ Eine Erklärung des Erwerbers im Sinne des Satzes 2 kann auch im Rahmen der vertraglichen Vereinbarung (z. B. AGB) erfolgen. ⁴Dasselbe gilt für nachträgliche Lieferungen von Speichern, wesentlichen Komponenten und Ersatzteilen.

Solarmodule und Speicher

(7) ¹Netzgebundene Anlagen und nicht-netzgebundene stationäre Anlagen (sog. Inselanlagen) unterliegen dem Nullsteuersatz. ²Aus Vereinfachungsgründen ist davon auszugehen, dass Solarmodule mit einer Leistung von 300 Watt und mehr für netzgekoppelte Anlagen oder stationäre Inselanlagen eingesetzt werden. ³Beträgt die Leistung der Photovoltaikanlagen nicht mehr als 600 Watt, entfällt die besondere Nachweispflicht nach Absatz 6, auch die Betreibereigenschaft des Leistungsempfängers wird unterstellt. ⁴Dies gilt nicht für Lieferungen durch Hersteller von Photovoltaikanlagen und Lieferungen im Großhandel. ⁵Stationäre Solarmodule, die neben der Stromerzeugung weitere unbedeutende Nebenzwecke erfüllen, sind ebenfalls begünstigt (z. B. Solartische). ⁶Ebenso begünstigt sind sogenannte Hybridmodule, die sowohl Strom als auch Wärme produzieren. ⁷Batterien und Speicher unterliegen dem Nullsteuersatz, wenn diese im konkreten Anwendungsfall dazu bestimmt sind, Strom aus begünstigten Solarmodulen im Sinne der Sätze

1 bis 6 zu speichern. [8]Nachträgliche Änderungen der Nutzung von Batterien und Speicher sind unerheblich.

Wesentliche Komponenten

(8) [1]Neben den Solarmodulen und dem Batteriespeicher (auch nachträglich eingebaute Speicher) unterliegen »wesentliche Komponenten« dem Nullsteuersatz. [2]Wesentliche Komponenten sind die Gegenstände, deren Verwendungszweck speziell im Betrieb oder der Installation von Photovoltaikanlagen liegt oder die zur Erfüllung technischer Normen notwendig sind. [3]Zu den wesentlichen Komponenten gehören jene, die geliefert und installiert werden, um Photovoltaikanlagen zu errichten und zu betreiben, insbesondere die photovoltaikanlagenspezifischen Komponenten wie z. B.:

- Wechselrichter,
- Dachhalterung,
- Energiemanagement-System,
- Solarkabel,
- Einspeisesteckdose (sog. Wieland-Steckdose),
- Funk-Rundsteuerungsempfänger
- Backup Box und der Notstromversorgung dienende Einrichtungen.

[4]**Auch die (nachträgliche) Lieferung einzelner wesentlicher Komponenten** und deren Ersatzteile, sowie deren Installation unterliegen dem Nullsteuersatz, wenn diese Teil einer Anlage sind, die die Voraussetzungen des § 12 Abs. 3 Nr. 1 UStG erfüllt.

(9) [1]**Keine wesentlichen Komponenten** sind Zubehör, wie z. B. Schrauben, Nägel und Kabel, auch wenn diese für die Installation der Anlage notwendig sind. [2]Ebenso wenig gehören Stromverbraucher für den neu erzeugten Strom (z. B. Ladeinfrastruktur, Wärmepumpe, Wasserstoffspeicher) zu den wesentlichen Komponenten einer Photovoltaikanlage (vgl. aber zur Einheitlichkeit der Leistung Absatz 1).

Beispiel 1:
[1]Unternehmer U erwirbt im Baumarkt u. a. Schrauben und Kabel, um eine Photovoltaikanlage in Eigenleistung auf seinem Privathaus zu errichten.
➲ Folge
[2]Die Lieferung der Schrauben und Kabel unterliegt dem Regelsteuersatz in Höhe von 19 %, da es sich nicht um wesentliche Komponenten im Sinne des § 12 Abs. 3 UStG handelt.

Beispiel 2
[1]Unternehmer U beauftragt das Solarunternehmen S im Rahmen einer sog. »Paketlösung« eine Photovoltaikanlage auf seinem Privathaus zu installieren. [2]In den Materialkosten, die S gegenüber U in Rechnung stellt, sind auch Kabel und Schrauben enthalten.
➲ Folge
[3]Die Lieferung der nicht wesentlichen Komponenten (Kabel und Schrauben) erfolgt im Rahmen einer einheitlichen Leistung (Lieferung einer Photovoltaikanlage) und unterliegt unter den übrigen Voraussetzungen des § 12 Abs. 3 UStG dem Nullsteuersatz.

Installation einer Photovoltaikanlage

(10) [1]Gemäß § 12 Abs. 3 Nr. 4 UStG unterliegt auch die Installation von Photovoltaikanlagen der Begünstigung, wenn die Lieferung der installierten Komponenten die Voraussetzungen der § 12 Abs. 3 Nr. 1 UStG erfüllt. [2]Zu den begünstigten Leistungen gehören die photovoltaikanlagenspezifischen Arbeiten, die ausschließlich dazu dienen, eine Photovoltaikanlage sicher für das Gebäude und für die sich darin befindlichen Menschen zu betreiben (z. B. photovoltaikanlagenspezifische Elektroinstallation). [3]Die Installationsarbeiten müssen direkt gegenüber dem Anlagenbetreiber erbracht werden, um unter die Steuersatzermäßigung zu fallen. [4](Vor-)Arbeiten, die auch anderen Stromverbrauchern oder Stromerzeugern oder anderen Zwecken zugutekommen, unterliegen nicht dem Nullsteuersatz (vgl. aber zur Einheitlichkeit der Leistung Absatz 1).

Beispiel 1

[1]Unternehmer U errichtet in Eigenleistung eine Photovoltaikanlage auf seinem Privathaus. [2]Für die erforderlichen Bodenarbeiten beauftragt U eine Baufirma B und für die Erweiterung seines Zählerschranks das Elektrounternehmen E. [3] Des Weiteren ist eine Verstärkung der Dachsparren erforderlich. [4]U beauftragt hierfür das Dachdeckerunternehmen D.

➲ Folge

[5]Die Erweiterung des Zählerschranks und die Bodenarbeiten unterliegen ebenso dem Regelsteuersatz in Höhe von 19 % wie die Dacharbeiten.

Beispiel 2

[1]Unternehmer U errichtet in Eigenleistung eine Photovoltaikanlage auf seinem Privathaus. [2]Das Gebäude des U wird gleichzeitig und unabhängig von der Errichtung der Photovoltaikanlage grundlegend renoviert. [3]So werden umfassende Elektroarbeiten durchgeführt, bei denen auch eine Erneuerung des Zählerschranks erforderlich ist. [4]In diesem Zusammenhang wird die Photovoltaikanlage berücksichtigt und angeschlossen.

➲ Folge

[5]Die am Privathaus des U durchgeführten Elektroarbeiten unterliegen insgesamt dem Regelsteuersatz in Höhe von 19 %.

Beispiel 3

[1]Sachverhalt wie in Beispiel 1, jedoch beauftragt U das Solarunternehmen S im Rahmen einer sog. »Paketlösung« eine Photovoltaikanlage mit 25 kw (peak) auf seinem Gebäude zu installieren.

➲ Folge

[2]Alle von S im Rahmen einer einheitlichen Leistung (Dacharbeiten, Lieferung einer Photovoltaikanlage, Bodenarbeiten, Erweiterung Zählerschrank) erbrachten Arbeiten unterliegen unter den übrigen Voraussetzungen des § 12 Abs. 3 UStG dem Nullsteuersatz.

Beratungskonsequenzen

Nach § 12 Abs. 3 Nr. 4 UStG ist auch die **Installation** von Photovoltaikanlagen und Speichern begünstigt, wenn die Lieferung der Komponenten nach Nummer 1 dem Nullsteuersatz unterliegt. Die Regelung vermeidet Bürokratieaufwand. Denn beim Erwerb einer Photovoltaikanlage einschließlich deren Installation ist einheitlich der Nullsteuersatz anzuwenden. **Eine Abgrenzung zwischen Lieferungs- und Dienstleistungselementen ist damit entbehrlich.**

108.4 Betrieb von PV-Anlagen: das Marktstammdatenregister

Das Marktstammdatenregister ist das Register für den deutschen Strom- und Gasmarkt[781]. Es wird MaStR abgekürzt. Im MaStR sind vor allem die Stammdaten zu Strom- und Gaserzeugungsanlagen zu registrieren. Außerdem sind die Stammdaten von Marktakteuren wie Anlagenbetreibern, Netzbetreibern und Energielieferanten zu registrieren. Das MaStR wird von der Bundesnetzagentur geführt. Die Bundesnetzagentur gibt auf ihrer Homepage[782] Registrierungshilfen.

108.4.1 Registrierung als Marktakteur

Die meisten Marktakteure des Strom- und Gasmarktes sind zur Registrierung verpflichtet. Einigen Marktakteuren steht eine freiwillige Registrierung offen. Als »Marktakteure« werden Personen oder Organisationen bezeichnet, die eine der unten genannten Marktfunktionen wahrnehmen. Wenn eine Person oder Organisation mehrere Marktfunktionen wahrnimmt, dann muss sie mehrere Marktakteure registrieren.

108.4.1.1 Wer ist als Marktakteur zur Registrierung verpflichtet?

Bei der Registrierung eines Marktakteurs wird eine eindeutige **MaStR-Nummer** vergeben. Die MaStR-Nummer beginnt mit **drei Buchstaben (Präfix)**, an der die Marktfunktion erkannt werden kann. In der nachfolgenden Darstellung ist der Präfix jeweils in Klammern angegeben:

- **Anlagenbetreiber (ABR)** müssen sich selbst und die Einheiten und Anlagen registrieren, die sie betreiben. Weil auch Einheiten und Anlagen registriert werden müssen, die keine Förderung erhalten, sind auch deren Betreiber verpflichtet, sich zu registrieren.

- **Stromnetzbetreiber (SNB)** der gemäß § 4 EnWG durch die Bundesnetzagentur genehmigt wurde.

- **Gasnetzbetreiber (GNB)** der gemäß § 4 EnWG durch die Bundesnetzagentur genehmigt wurde.

---

781 *Weimann*, AStW 2023, 357.
782 www.markenstammdatenregister.de.

- **Akteur im Strommarkt (SEM)**

  - Stromlieferant (eine Registrierungspflicht besteht für Stromlieferanten nur, wenn die Stromlieferung unter Nutzung des Stromnetzes der allgemeinen Versorgung oder eines geschlossenen Verteilernetzes erfolgt)

  - Direktvermarkter

  - Stromgroßhändler

  - Bilanzkreisverantwortlicher

  - Messstellenbetreiber

- **Akteur im Gasmarkt (GEM)**

  - Transportkunde (eine Registrierungspflicht besteht für Transportkunden nur, wenn die Gaslieferung unter Nutzung des Gasnetzes der allgemeinen Versorgung oder eines geschlossenen Verteilernetzes erfolgt)

  - Gasgroßhändler

  - Bilanzkreisverantwortlicher

  - Messstellenbetreiber

- **Organisierter Marktplatz (OMP)**

  - Börse

  - OTC-Plattform

  - Buchungsplattform für Netz- oder Gas-Speicherkapazitäten

- **Behörden, Verbände, Institutionen (BVI)**

  Eine Pflicht zur Registrierung besteht nur für die nachfolgend genannten Behörden:

  - Bundesministerium für Wirtschaft und Energie

  - Umweltbundesamt

  - Bundesanstalt für Landwirtschaft und Ernährung

  - Statistisches Bundesamt

➡ Beratungskonsequenzen

(1) Die Registrierung im Webportal **muss nicht persönlich** durchgeführt werden. Dies kann auch von einer dritten bevollmächtigten Person übernommen werden (Familienmitglied, Installateur, Dienstleister usw.).

(2) Personen, die nach REMIT zur Registrierung bei der Bundesnetzagentur verpflichtet sind (**= größere Energieversorger**), sind mit ihrer jeweiligen Marktfunktion als Marktakteur im MaStR zu registrieren.

108.4.1.2 Welche Marktakteure können sich freiwillig registrieren?

In Klammern ist jeweils das Präfix der MaStR-Nummer für diese Marktfunktion angegeben:

- **Betreiber geplanter Anlagen (ABR)**, bei denen für Bau und Betrieb der Stromerzeugungsanlage keine bundesrechtliche Genehmigung erforderlich ist, sind in der Planungsphase nicht zur Registrierung verpflichtet, können sich aber freiwillig registrieren.

- **Weitere Behörden des Bundes, der Länder und Kommunen sowie energiewirtschaftliche Verbände und Institution (BVI)** können sich freiwillig im MaStR registrieren. Dies kann erfolgen, weil damit die vollen Funktionalitäten des MaStR genutzt werden können (z. B. automatische Schnittstelle, Benutzerverwaltung).

- **Sonstige Marktakteure (SOM)** können sich freiwillig im MaStR registrieren. Dies kann aus unterschiedlichen Gründen erfolgen; Beispiele:

  - Registrierung als Dienstleister, um im Auftrag anderer Marktakteure deren Registrierungspflichten im MaStR durchzuführen. Die Ausgestaltung dieser Marktrolle wird im »Handbuch für Registrierungen durch Dritte im Marktstammdatenregister (PDF, Datei ist nicht barrierefrei)« beschrieben.

  - Registrierung als interessierter Bürger, um die vollen Funktionalitäten des MaStR (z. B. automatische Schnittstelle, Benutzerverwaltung) nutzen zu können.

108.4.2 Registrierungspflichtige Anlagen bzw. Einheiten

Art der Einheit	Wann besteht eine Registrierungspflicht?
Strom- und Gaserzeugungseinheiten	Wenn die Einheit unmittelbar oder mittelbar ans Strom- oder Gasnetz angeschlossen ist oder werden soll
Strom- und Gasspeicher	Wenn die Einheit unmittelbar oder mittelbar ans Strom- oder Gasnetz angeschlossen ist oder werden soll
Stromverbrauchseinheiten	Wenn die Einheit an ein Hoch- oder Höchstspannungsnetz angeschlossen ist
Gasverbrauchseinheiten	Wenn die Einheit an ein Fernleitungsnetz angeschlossen ist. Außerdem: Gaskraftwerke mit einer elektrischen Leistung > 10 MW

108.4.2.1 Verpflichtend zu registrierende Stromerzeugungsanlagen

Die Registrierung ist grundsätzlich für alle ortsfesten Stromerzeugungs-Anlagen verpflichtend, unabhängig von der Größe und vom Inbetriebnahmedatum und unabhängig davon, ob für den Strom eine Förderung nach dem EEG oder nach dem KWKG in

Anspruch genommen wird. Die Pflicht gilt für alle Anlagen, die Strom für die Einspeisung in das Stromnetz oder für den eigenen Verbrauch erzeugen:

- Solaranlagen
- Stromspeicher
- Windenergieanlagen
- Biomasseanlagen
- Wasserkraftanlagen
- Anlagen zur Stromerzeugung aus Geo- oder Solarthermie, Grubengas, Klärschlamm
- Verbrennungsanlagen einschließlich KWK-Anlagen und Brennstoffzellen

 Beratungskonsequenzen

Damit eine fachlich korrekte Eintragung möglich ist, werden zu allen Anlagen zunächst »Einheiten« (= Generatoren) registriert. Gegebenenfalls erfolgt anschließend die Zuordnung zu einer EEG-Anlage oder einer KWK-Anlage.

108.4.2.2 Einheiten in Planung

Die Registrierung von Einheiten und deren Anlagenbetreibern ist bereits vor der Inbetriebnahme der Einheit in der Planungs-, Entwurfs- oder Errichtungsphase möglich. Dies kann gegebenenfalls verpflichtend sein. Dies hängt davon ab, ob die Einheit bereits im Planungsstatus zu registrieren ist.

Die Registrierung der geplanten Anlage kann vom künftigen Betreiber der Anlage oder vom Projektierer durchgeführt werden.

 Beratungskonsequenzen

1. Eine **gesetzliche Pflicht zur Registrierung geplanter Anlagen** besteht nur, wenn für die Anlage eine der folgenden Zulassungen benötigt wird:
   – Zulassung nach dem Bundes-Immissionsschutzgesetz
   – Zulassung nach dem Windenergie-auf-See-Gesetz
   – Zulassung nach dem Wasserhaushaltsgesetz
   Zusätzlich ergibt sich aus dem EEG eine Registrierungspflicht für die Genehmigung von geplanten Biomasseanlagen, wenn für die Anlage in der entsprechenden Ausschreibung ein Gebot abgegeben werden soll.
2. (Wenn eine Anlage im Betriebsstatus »in Planung« registriert wurde, dann muss die Inbetriebnahme registriert werden, um die **Registrierung zu vervollständigen**. Erst mit der Registrierung der Inbetriebnahme wird die Registrierungspflicht nach dem EEG und dem KWKG erfüllt.

Betreiber kleiner privater Anlagen (Solaranlagen, Batteriespeicher oder KWK-Anlagen) benötigen für den Betrieb ihrer Anlage keine der vorstehend genannten Zulassungen. → Die Registrierung in der Planungs-, Entwurfs- oder Errichtungsphase ist für diese Anlagen freiwillig.

108.4.2.3   Ausnahmen von der Registrierungspflicht für Stromerzeugungsanlagen

- **Notstromaggregate, USV:** Die Voraussetzungen unter denen ortsfeste Notstromaggregate, Stromerzeugungseinheiten zur unterbrechungsfreien Stromversorgung (USV) und zur Sicherheitsbeleuchtung registriert werden müssen, wird in folgendem Dokument konkretisiert: »Hinweise zur Registrierungspflicht von Notstromaggregaten, USVs und Sicherheitsbeleuchtung« (PDF, Datei ist nicht barrierefrei).

- **Rekuperation:** Bei »geschlossenen Verbrauchseinrichtungen mit Rekuperation« (z. B. Fahrstuhl) ist eine Registrierung im MaStR nach Auffassung der Bundesnetzagentur entbehrlich, wenn mehrere Kriterien kumulativ erfüllt sind. Welche Kriterien im Fall der Rekuperation erfüllt sein müssen, entnehmen Sie dem Dokument »Hinweise zur Registrierungspflicht von geschlossenen Verbrauchseinrichtungen mit Rekuperation im MaStR« (PDF, Datei ist nicht barrierefrei).

- **»Inselanlagen«:** Einheiten und Anlagen, die weder unmittelbar noch mittelbar an ein Stromnetz angeschlossen sind oder werden sollen, müssen und können nicht registriert werden. Dies ist äußerst selten und kann bei Solaranlagen auf Almhütten ohne Netzanschluss vorkommen. In aller Regel sind Anlagen, die ins Hausnetz einspeisen und bei denen die Netzeinspeisung technisch unterbunden wird, mittelbar ans Netz angeschlossen und unterliegen der Registrierungspflicht.

  Hintergrund zu Inselanlagen: Dies sind Anlagen, die nicht unmittelbar oder mittelbar an ein Stromnetz angeschlossen sind, müssen und können nicht registriert werden. Voraussetzung dafür ist, dass die technische Möglichkeit sowohl zur Stromeinspeisung in das als auch der Strombezug aus dem Netz der öffentlichen Versorgung dauerhaft ausgeschlossen sein muss.

- **Ein mittelbarer Anschluss** besteht insbesondere dann, wenn die lokale Leitungsstruktur, in die die in der Regel zur Eigenversorgung eingesetzte Stromerzeugungsanlage eingebunden ist oder aus der der Eigenversorger Strom bezieht, zwar selbst kein Netz der allgemeinen Versorgung darstellt, aber ihrerseits – unmittelbar oder mittelbar – mit dem Netz der allgemeinen Versorgung verbunden ist. Bei einer solchen lokalen Infrastruktur, die einen mittelbaren Anschluss an ein Netz der allgemeinen Versorgung vermittelt, kann es sich beispielsweise um ein Hausnetz, eine Kundenanlage, eine Kundenanlage zur betrieblichen Eigenversorgung oder ein Verteilernetz, das nicht der allgemeinen Versorgung dient, handeln.

  Es darf nicht ohne erheblichen technischen Aufwand möglich sein, die lokale Leitungsstruktur der Einheit mittelbar oder unmittelbar mit den Netzen der öffentlichen Versorgung zu koppeln. Der Einbau technischer Einrichtungen, die zwar im Grundzustand zu einer Trennung vom Netz führen, die Verbindung aber nach Anforderungen des Eigenversorgers wiederherstellen können, reicht daher nicht aus, um eine Registrierungspflicht zu verneinen (vgl. Leitfaden zur Eigenversorgung, Kapitel 7.2 – Inselanlagen). Verbindungen zum Netz am Ort der Inbetriebnahme der Einheit müssen also technisch und rechtlich dauerhaft gekappt sein, damit weder ein mittelbarer noch ein unmittelbarer Netzanschluss vorliegt.

108.4.2.4 Verpflichtend zu registrierende Gaserzeugungsanlagen

- Erdgasquellen
- Biomethan-Anlagen mit Einspeisung des Biogases ins Erdgasnetz
- Power-to-Gas-Anlagen mit Einspeisung des Gases ins Erdgasnetz
- Erdgasspeicher wie Kavernen-, Poren- und LNG-Speicher

Gaserzeugungsanlagen können zusammengefasst summarisch als eine »Gaserzeugungseinheit« registriert werden, wenn sie **über gemeinsame Netzanschlusspunkte mit dem gleichen Netz verbunden** sind.

108.4.2.5 Ausnahmen von der Registrierungspflicht für Gaserzeugungsanlagen

Kugel- und Röhrenspeicher werden als Netzelement angesehen und unterliegen keiner gesonderten Registrierungspflicht. **Power-to-Gas-Anlagen**, in denen Wasserstoff erzeugt wird, der in ein Wasserstoffnetz eingespeist wird oder werden soll, können derzeit nicht im MaStR registriert werden.

108.4.2.6 Verpflichtend zu registrierende Stromverbrauchsanlagen

Stromverbrauchsanlagen, die an ein Hochspannungsnetz (110.000 Volt oder 220.000 Volt) oder an ein Höchstspannungsnetz (380.000 Volt) angeschlossen sind, sind verpflichtend zu registrieren. Die Registrierungspflicht für Stromverbrauchsanlagen betrifft also überwiegend industrielle Letztverbraucher.

Stromverbrauchsanlagen, die an die »Umspannebene Mittelspannung/Hochspannung« oder an eine noch niedrigere Spannungsebene angeschlossen sind, müssen nicht registriert werden.

 Beratungskonsequenzen

Wohnhäuser sind im Strombereich an das Niederspannungsnetz (400 Volt/230 Volt) angeschlossen. Sie unterliegen keiner Registrierungspflicht als Stromverbrauchseinheit.

Stromverbrauchsanlagen können summarisch als eine »Stromverbrauchseinheit« zusammengefasst registriert werden, wenn sie über gemeinsame Netzanschlusspunkte versorgt werden und über Stromleitungen miteinander verbunden sind.

108.4.2.7 Verpflichtend zu registrierende Gasverbrauchsanlagen

Gasverbrauchsanlagen, die an ein Gas-Fernleitungsnetz angeschlossen sind, sind verpflichtend zu registrieren. Dies betrifft z. B. industrielle Gasverbraucher. Zudem sind Gaskraftwerke als Gasverbrauchseinheiten zu registrieren, wenn sie eine elektrische Nettonennleistung von 10 MW überschreiten.

Beratungskonsequenzen

Wohnhäuser sind im Gasbereich an das Niederdrucknetz (≤ 1 bar) angeschlossen. Sie unterliegen keiner Registrierungspflicht als Gasverbrauchseinheit.

Gasverbrauchsanlagen können summarisch als eine »Gasverbrauchseinheit« zusammengefasst registriert werden, wenn sie über gemeinsame Netzanschlusspunkte versorgt werden und über Gasleitungen miteinander verbunden sind.

108.4.3 Fristen

Für die Erfüllung von Registrierungspflichten gilt **generell eine Frist von einem Monat**:

- **Registrierungsfrist für Anlagen und Einheiten:** Für die Registrierung von Anlagen und Einheiten beträgt die Registrierungsfrist einen Monat. Die Frist beginnt mit der Inbetriebnahme der Einheit. Der Zeitpunkt der ersten Netzeinspeisung ist für die Registrierungsfrist nicht von Bedeutung.

- **Registrierungsfrist für Anlagenbetreiber:** Für die Registrierung von Anlagenbetreibern gelten keine eigenständigen Fristen. Sie müssen rechtzeitig registriert sein, um die Anlage / Einheit fristgerecht registrieren zu können.

- **Zahlungsanspruch:** Damit die Zahlungen nach dem EEG (Erneuerbare-Energien-Gesetz) oder dem KWKG (Kraft-Wärme-Kopplungsgesetz) ausgezahlt werden, müssen die Registrierungsfristen eingehalten werden. Eine verspätete Registrierung kann eine Reduzierung der Förderung (»Sanktion«) zur Folge haben.

- **Registrierungsfrist für Zulassungen (Genehmigungen):** Wenn eine Zulassung einer Pflicht zur Registrierung unterliegt, dann muss innerhalb eines Monats nach Bekanntgabe der Zulassung die geplante Einheit zusammen mit der erteilten Zulassung registriert werden.

- **Registrierungsfrist für Datenänderungen:** Änderungen, die die im MaStR eingetragenen Daten betreffen, müssen innerhalb eines Monats nach dem Eintritt der Änderung im MaStR registriert werden. Dies gilt z. B. für Betreiberwechsel, Adressänderungen von Marktakteuren und Leistungsänderungen.

109 Krisenbedingte Steuersatzänderungen

 Hinweis

➲ mybookplus.de > Vertiefende Informationen > Kapitel 109

Rechnungsstellung – Vorsteuerabzug – Übergang der Steuerschuld

110 Rechnungen

Erfahrungen, Praxistipps und Prüffelder der Umsatzsteuer-Sonderprüfungen

 Rechtsgrundlagen

- UStG: §§ 14 ff.
- UStDV: §§ 31 ff.
- UStAE: Abschn. 14.1 ff.
- MwStSystRL: Art. 217–249 (Titel XI Kap. 3 u. 4)
- BMF-Schreiben u. Ä: In Ergänzung zum UStAE regelt die Finanzverwaltung die Rechnungsstellung in diversen BMF-Schreiben, Erlassen und Verfügungen

110.0 Auf einen Blick – alle wichtigen Neuerungen vorab!

Kaum ein anderes Umsatzsteuerthema ist wichtiger und zugleich komplexer als die Rechnungsstellung und dazu korrespondierend der Vorsteuerabzug (➲ Kapitel 116). Beide Themen sind daher »Dauerbrenner« schon seit vielen Jahren, bei denen schon gefestigtes Wissen immer wieder mit neuen Vorschriften und Erkenntnissen in Einklang zu bringen ist. Den Praktiker dabei zu unterstützen ist Ziel dieses Vorspans, der ausschließlich die Neuerungen im Bereich der Rechnungsstellung fokussiert.

110.0.1 Umweltbonus und Innovationsprämie erfordern besondere Rechnungsstellung bei E-Fahrzeugen

Die Förderung von E-Autos ist abhängig von einer besonderen Rechnungsstellung. Die Autohäuser müssen sowohl den Anforderungen des Umsatzsteuergesetzes als auch denen des Umweltbonus zu genügen.

110.0.1.1 Fördersätze

Mit der Innovationsprämie wurde der **Bundesanteil an der Förderung verdoppelt** (Richtlinie zur Förderung des Absatzes von elektrisch betriebenen Fahrzeugen – FörderRL – vom 21.10.2020). Davon profitieren folgende Elektrofahrzeuge:

- **Neuwagen,** die nach dem 3.6.2020 zugelassen wurden und
- **Gebrauchtwagen,** die erstmalig nach dem 4.11.2019 oder später zugelassen wurden und deren Zweitzulassung nach dem 3.6.2020 erfolgt ist.

Mit der neuen Richtlinie wird **beim Leasing** die Höhe der Förderung abhängig von der Leasingdauer gestaffelt. Leasingverträge mit einer Laufzeit ab 23 Monaten erhalten weiterhin die volle Förderung. Bei kürzeren Vertragslaufzeiten wird die Förderung entsprechend angepasst.

110.0.1.2 Rechnungsstellung durch das Autohaus bei Neufahrzeugen

110.0.1.2.1 Allgemeines

Zur **Sicherung des Eigenbetrags der Automobilindustrie** wird der Bundesanteil am Umweltbonus nur gezahlt, wenn der Netto-Kaufpreis (exklusive Mehrwertsteuer) des Basismodells für den Endkunden um mindestens den Herstelleranteil am Umweltbonus gemindert wird (Nr. 4 vierter Spiegelstrich FörderRL).

Vergleichsmaßstab ist insoweit der dem BAFA vorliegende Netto-Listenpreis des Basismodells zur Zeit der Markteinführung in Deutschland, der sog. **BAFA Listenpreis**. Die Meldung des BAFA-Listenpreises erfolgt vor Aufnahme auf die Liste der förderfähigen Elektrofahrzeuge durch den Automobilhersteller.

Etwaige Sonderausstattung sind nicht Bestandteil des Basismodells.

Vom BAFA-Listenpreis wird der entsprechende Fördersatz abgezogen. Daraus ergibt sich der **Schwellenwert**, der für die Prüfung des Eigenanteils des Automobilherstellers am Umweltbonus maßgeblich ist. Wenn der Nettokaufpreis des Basismodells unter Berücksichtigung aller vom Automobilhersteller bzw. Händler gewährten Nachlässe und Rabatte den Schwellenwert unterschreitet, dann ist der Eigenanteil des Automobilherstellers am Umweltbonus nachgewiesen.

110.0.1.2.2 Zusätzliche Rechnungspflichtangaben

Über die §§ 14, 14a UStG hinaus müssen

* Rechnung und
* Leasingvertrag

gem. Nr. 5.1 FörderRL folgende Inhalte ausweisen:

> **Checkliste: ... Rechnungspflichtangaben nach Nr. 5.1 FörderRL**
> Alle Beträge verstehen sich **exklusive Umsatzsteuer**!
> * Eindeutiger Bezug auf das förderfähige Basis-Fahrzeugmodell auf der Liste des BAFA
> * Deutlich und nachvollziehbar ausgewiesener Eigenbetrag des Automobilherstellers am Umweltbonus, der mindestens dem in Nr. 4 FörderRL festgelegten Betrag entspricht, sodass die Antragstellerin/der Antragsteller den Eigenanteil selbstständig prüfen kann
> * Netto-Kaufpreis für das Basis-Fahrzeugmodell für die Kundin/den Kunden

- Sonderausstattungen im Vergleich zum Basis-Fahrzeugmodell auf der BAFA-Liste (werden gesondert ausgewiesen)
- Der Erwerb eines Fahrzeugs mit AVAS erfordert den ausdrücklichen Hinweis darauf, dass das Fahrzeug vor der Übergabe an die Antragstellerin / den Antragsteller mit einem solchen System ausgestattet wurde oder wird
- Bei Leasinggeschäften ist die Vorlage des Kalkulationsblatts der Leasingrate/internen Kalkulation verpflichtend

➔ Beratungskonsequenzen

Achten Sie unbedingt die **zutreffende Modellbezeichnung des Basismodells und den Grundlistenpreis** entsprechend der Liste der förderfähigen Fahrzeuge aufgeführt ist, damit dem BAFA die Zuordnung gelingt! Dies vor allem im Hinblick auf den Ausschluss späterer Rechnungskorrekturen (➔ nachfolgendes Kapitel 116.0.1.2.3).

110.0.1.2.3 Keine Rechnungskorrekturen

Bitte achten Sie darauf, dass das BAFA mit **Antragstellung ab 1.6.2021** keine Rechnungskorrekturen zulässt. Ein Antrag kann nur dann bewilligt werden, wenn aus der mit dem Antrag eingereichten Rechnung das Basismodell und der Herstelleranteil am Umweltbonus eindeutig hervorgehen (s. o.).

110.0.1.3 Abrechnungsbeispiele und Vertiefung

Weitere Einzelheiten und Abrechnungsbeispiele finden Sie in den einschlägigen Branchen-Informationsdiensten[783].

110.0.2 Die neuen GoBD

Mit Schreiben vom 11.07.2019 hat das BMF die GoBD[784] nach grundlegender Überarbeitung zunächst neu gefasst und bekanntgegeben. Damit folgte das BMF nicht zuletzt entsprechenden Anregungen aus der Wirtschaft, die eine Anpassung des Vorgängerschreibens aus dem Jahr 2014 an den technischen Fortschritt für unabdingbar hält.

Ende August erfolgte für alle Beteiligten unerwartet seitens des BMF ein »Rückzieher«: die bisherigen GoBD aus dem Jahr 2014 sollten vorerst unverändert weitergelten. Mit BMF-Schreiben vom 28.11.2019 wurden die noch einmal geänderten GoBD nunmehr offiziell neu gefasst[785].

---

783 ASR 12/2021, 17; AStW 1/2022, 54.
784 GoBD = »Grundsätze zur ordnungsmäßigen Führung und Aufbewahrung von Büchern, Aufzeichnungen und Unterlagen in elektronischer Form sowie zum Datenzugriff«.
785 BMF, Schreiben vom 28.11.2019, IV A 4 – S 0316/19/10003 :001, 2019/0962810.

Die Überarbeitung der GoBD setzt vor allem Anregungen aus der Wirtschaft um, die eine Anpassung des Vorgängerschreibens (BMF vom 14.11.2014) an den technischen Fortschritt wünschte. **Aus Unternehmersicht ist die Neufassung daher zu begrüßen** ➲ Kapitel 115.01.

110.0.3 Leistungsbeschreibung – wie genau muss diese sein?

Viel Neues zum Niedrigpreissegment

110.0.3.1 Gattungsbezeichnung bei Textilien ist keine ordnungsgemäße Leistungsbeschreibung

Auch bei Textilien im Niedrigpreissegment führt die bloße Gattungsbezeichnung (z. B. »T-Shirts« oder »Jacken«) zu keiner ordnungsgemäßen Leistungsbeschreibung. Der Leistungsempfänger ist in diesem Fall nicht zum Vorsteuerabzug berechtigt.[786]

110.0.3.1.1 Sachverhalt

Der Kläger (K) betreibt einen Großhandel mit Textilien. Das Finanzamt kürzte im Rahmen einer Umsatzsteuersonderprüfung den von K geltend gemachten Vorsteuerabzug aus diversen Rechnungen aufgrund mangelhafter Warenbezeichnungen. Hierbei handelt es sich um Rechnungen, bei denen die Waren lediglich mit Stichworten wie »Blusen«, »Jacken«, »Pullover«, »T-Shirts«, »Tops« oder »Röcke« bezeichnet werden. Hiergegen wandte K ein, dass im Textilgroßhandel insbesondere im Niedrigpreissektor detailliertere Bezeichnungen nicht handelsüblich seien.

110.0.3.1.2 Entscheidung

Dem ist das FG nicht gefolgt und hat die Klage abgewiesen. Die Rechnungen enthielten keine hinreichenden Leistungsbeschreibungen und berechtigten daher nicht zum Vorsteuerabzug. Eine Rechnung müsse Angaben tatsächlicher Art enthalten, welche die **Identifizierung der Leistung** ermöglichen, um eine mehrfache Abrechnung der Leistung auszuschließen. Daher müsse der Leistungsgegenstand eine

- **eindeutige** und
- **leicht nachprüfbare**

Feststellung der Leistung ermöglichen.

Dies erfordere insbesondere eine **handelsübliche Bezeichnung der Leistung,** was bei lediglich abstrakten Warenbezeichnungen wie in den streitbefangenen Rechnungen nicht der Fall sei. Eine eindeutige und leicht nachprüfbare Identifizierung der einzelnen Leistungen lasse sich anhand dieser Bezeichnungen nicht vornehmen.

---

786 FG Münster, Urteil vom 14.03.2019, 5 K 3770/17 U; vgl. auch *Weimann*, AStW 2019, 725.

Die Waren hätten vielmehr **weitergehend umschrieben** werden müssen, etwa nach

- Hersteller,
- Modelltyp,
- Schnittform,
- Material,
- Muster,
- Farbe,
- Größe oder
- unter Bezugnahme auf eine Artikel- oder Chargennummer.

Die **Angabe zumindest gewisser solcher Merkmale** sei auch im Niedrigpreissektor zumutbar, denn auch der Weiterverkauf an Endverbraucher in einem Ladenlokal erfordere eine Sortierung nach Modelltypen und Größen. **Andere Unterlagen zur Identifizierung der Leistungen** habe K nicht vorgelegt.

 Beratungskonsequenzen

Das FG hat die **Revision zum BFH zugelassen.**

110.0.3.2 Rechnung muss auch im Niedrigpreissegment immer eindeutige Identifizierung der Leistung ermöglichen

Auch beim massenhaften Handel von Kleidungsstücken und von Modeschmuck im Niedrigpreissegment kann ein Vorsteuerabzug nur vorgenommen werden, wenn die Rechnung eine eindeutige und leicht nachprüfbare Feststellung der Leistung ermöglicht, über die abgerechnet wird.[787]

110.0.3.2.1 Sachverhalt

Im **Klageverfahren 1 K 547/14** war die Klägerin im Streitjahr im Textilhandel unternehmerisch tätig. Sie vertrieb Damenoberbekleidung (insbesondere T-Shirts und Blusen) im Niedrigpreissegment. Die Kleidungsstücke wurden jeweils in großen Mengen in verschiedenen Standardgrößen und in mehreren Farben von Großhändlern eingekauft. Die Einkaufspreise je Artikel bewegten sich jeweils im unteren einstelligen Eurobereich. Das Finanzamt versagte bei einigen Rechnungen zu Lasten der Klägerin den Vorsteuerabzug, weil sich die Bezeichnungen der gelieferten Gegenstände in den Rechnungen auf die pauschale Bezeichnung einer Warenklasse und die Angabe einer erheblichen Stückzahl im mindestens dreistelligen Bereich beschränke. Eine Konkretisierung der Leistungsbeschreibungen fehle.

---

787   Hessisches Finanzgericht, Urteil vom 12.10.2017, 1 K 547/14 und Urteil vom 12.10.2017, 1 K 2402/14.

Auch im **Klageverfahren 1 K 2402/14**, in dem die Klägerin im Bereich des Handels mit Modeschmuck und Accessoires im Niedrigpreissegment tätig war, lehnte das Finanzamt den Vorsteuerabzug ab, weil Rechnungen auch hier nur unzureichende Angaben wie »div. Modeschmuck« (Armband, Ohrring, Kette etc.), den Netto-Einzelpreis sowie die Anzahl der gelieferten Artikel enthielten.

110.0.3.2.2 Entscheidung

Der klägerische Einwand, dass die jeweiligen Leistungsbeschreibungen in den Rechnungen angesichts der BFH-Rechtsprechung und mit Blick auf die **Besonderheiten im Massengeschäft mit Billigartikeln** die Anforderungen an eine handelsübliche Bezeichnung der Art der gelieferten Gegenstände erfüllten und dass die Handelsüblichkeit letztendlich **von der Umsatzstruktur bzw. vom Marktumfeld** abhänge, verfing im Klageverfahren nicht. Gleiches gilt für den Hinweis, dass die Übertragung der Anforderungen bei Leistungsbeschreibungen für sonstige Leistungen auf die – hier vorliegenden – Abrechnungen von Lieferungen bei verschiedenen Warengruppen zur Unmöglichkeit des Vorsteuerabzugs führe und gegen die EuGH-Rechtsprechung verstoße.

Das FG entschied vielmehr, dass die streitigen Rechnungen mangels

- hinreichender Leistungsbeschreibung und
- fehlender Identifikationsmöglichkeit

den gesetzlichen Anforderungen zum Vorsteuerabzug aus Rechnungen nicht genügten.

Innerhalb einer Branche sei hinsichtlich der Frage, welche Bezeichnung einer Leistung noch handelsüblich sei, nicht nach verschiedenen Verkehrskreisen – nämlich dem Handel mit Textilien im mittleren und oberen Preissegment einerseits und dem Handel mit Waren im Niedrigpreissegment andererseits – zu differenzieren. Die in den Rechnungen des Verfahrens 1 K 547/14 enthaltene bloße Angabe einer Gattung (z. B. Shirts, T-Shirts, Blusen, Kleider, Jacken) stelle keine handelsübliche Bezeichnung dar. Die – hier fehlende – **erforderliche weitergehende Umschreibung der Ware** könne beispielsweise über die Herstellerangaben bzw. die Angabe einer etwaigen Eigenmarke oder über Modelltyp, Farbe und Größe sowie unter Bezugnahme auf eine Artikel- oder Chargennummer erfolgen. Auch die Benennung von Größe, Farbe, Material, gegebenenfalls Sommer-oder Winterware komme in Betracht.

Das Fehlen jeglicher weiterer Umschreibung der Artikel lasse vorliegend

- keine **eindeutige** und
- **mit begrenztem Aufwand nachprüfbare**

Feststellung der Lieferungen, über die mit den Rechnungen abgerechnet worden sei, zu. Dabei bestehe angesichts der hohen Anzahl der in den Rechnungen aufgeführten Artikel auch die **Gefahr einer willentlichen oder unwillkürlichen mehrfachen Abrechnung** der Leistung in einer anderen Rechnung. All dies gelte auch für den Handel mit Modeschmuck, Uhren und Accessoires. Auch insoweit stelle die bloße Angabe einer Gattung (z. B. Armbänder, Ketten, Halsketten) keine handelsübliche Bezeichnung dar.

Beratungskonsequenzen

Das FG hat die Revision wegen grundsätzlicher Bedeutung zugelassen. Gegen das Urteil im Verfahren 1 K 2402/14 wurde **Revision** eingelegt, die beim BFH unter dem **Aktenzeichen XI R 2/18** anhängig ist.

110.0.4 Eingangsrechnungen: Postfachangaben gefährden den Vorsteuerabzug nicht

Ein erster Lichtblick auch beim Vertrauensschutz

 Rechtsgrundlagen

EuGH vom 15.11.2017/BFH vom 13. und 21.6.2018

Der EuGH hat darauf erkannt, dass das Recht zum Vorsteuerabzug unabhängig davon besteht, dass in der Eingangsrechnung die Anschrift angegeben ist, unter der der Rechnungsaussteller seine wirtschaftliche Tätigkeit ausübt[788]. Gleichzeitig hält der Generalanwalt den Schutz des Vertrauens in das Vorliegen der Voraussetzungen des Rechts auf Vorsteuerabzug in Deutschland für nur unzureichend[789]. Mit Urteilen vom 13.6.2018 sowie vom 21.6.2018 sind beide Umsatzsteuersenate des BFH der Rechtsprechung des EuGH grundsätzlich gefolgt[790].

110.0.4.1 Anschrift des leistenden Unternehmers als Rechnungspflichtangabe

Eine Rechnung muss u. a. »den vollständigen Namen und die vollständige Anschrift des leistenden Unternehmers« enthalten (§ 14 Abs. 4 Satz 1 Nr. 1 UStG). Dazu führt Abschn. 14.5 Abs. 2 UStAE aus:

 Rechtsgrundlagen

Abschn. 14.5 Abs. 2 UStAE

»Verfügt der Leistungsempfänger über ein Postfach oder über eine Großkundenadresse, ist es ausreichend, wenn diese Daten anstelle der Anschrift angegeben werden.«

Die Finanzverwaltung gibt damit eine **über viele Jahre gefestigte Rechtsauffassung** wieder; ernsthafte Gegenstimmen fanden sich bis dato weder in der Rechtsprechung noch in der Literatur.

---

788 EuGH, Urteil vom 15.11.2017, verbundene Rs. C-374/16 und 375/16, Rochus Geissel und Igor Butin; ➲ mybookplus.de > Wichtiges aus anderen Behörden; ➲ Kapitel 110.0.1.

789 Schlussanträge des Generalanwalts vom 5.7.2017; ➲ mybookplus.de > Wichtiges aus anderen Behörden; ➲ Kapitel 7.1.

790 BFH, Urteil vom 13.6.2018, XI R 20/14, BStBl. II 2018, 800; BFH, Urteil vom 21.6.2018, V R 25/15, BStBl. II 2018, 809.

110.0.4.2 Unerwartete Bedenken des BFH ab 2015

Umso größer der Überraschungseffekt, den der BFH erzielte:

> **Rechtsgrundlagen**
>
> **BFH, Urteil vom 22.7.2015, Rz. 25**[791]
>
> (Hinweis: Hervorhebungen durch **Fett**druck sind vom Autor.)
>
> »Das Merkmal ›vollständige Anschrift‹ in § 14 Abs. 4 Nr. 1 UStG erfüllt nur die Angabe der zutreffenden **Anschrift des leistenden Unternehmers, unter der er seine wirtschaftlichen Aktivitäten entfaltet.** Denn sowohl Sinn und Zweck der Regelung in § 15 Abs. 1, § 14 Abs. 4 Nr. 1 UStG als auch das Prinzip des Sofortabzugs der Vorsteuer gebieten es, dass der Finanzverwaltung anhand der Rechnung eine eindeutige und leichte Nachprüfbarkeit des Tatbestandsmerkmals der Leistung eines anderen Unternehmers ermöglicht wird. Deshalb ist der Abzug der in der Rechnung einer GmbH ausgewiesenen Umsatzsteuer nur möglich, wenn der in der Rechnung angegebene Sitz der GmbH bei Ausführung der Leistung und bei Rechnungstellung tatsächlich bestanden hat. Der den Vorsteuerabzug begehrende Leistungsempfänger trägt hierfür die Feststellungslast, denn es besteht eine Obliegenheit des Leistungsempfängers, sich über die Richtigkeit der Angaben in der Rechnung zu vergewissern (ständige Rechtsprechung, z. B. BFH-Urteile vom ...). Die Angabe einer Anschrift, an der im Zeitpunkt der Rechnungstellung keinerlei geschäftliche Aktivitäten stattfinden, reicht als zutreffende Anschrift nicht aus (BFH-Urteile vom ...; **anderer Ansicht für die Verwendung eines Postfaches durch den Leistungsempfänger Abschn. 14.5 Abs. 2 Satz 3 des Umsatzsteuer-Anwendungserlasses**). Soweit der Senat ... geäußert hat, ein ›Briefkastensitz‹ mit nur postalischer Erreichbarkeit könne ausreichen, hält er hieran nicht mehr fest.«

Der BFH hat sich damit bewusst gegen

- die Rechtsauffassung der Finanzverwaltung und
- auch seine eigene Rechtsprechung

gestellt.

110.0.4.3 EuGH-Vorlagen

Die Finanzgerichte vermochte die Rechtssprechungsänderung nicht zu überzeugen, so dass sich der BFH zu Vorabentscheidungsersuchen an den EuGH veranlasst sah[792]. Vereinfacht ausgedrückt wollte der BFH wissen,

- ob der Begriff der Anschrift dahin zu verstehen ist, dass der Steuerpflichtige (= leistender Unternehmer) an diesem Ort seine wirtschaftliche Tätigkeit ausübt, oder
- ob es ausreicht, dass er dort lediglich zu erreichen ist.

---

791   BFH, Urteil vom 22.7.2015, V R 24/14, Rz. 25, BFH/NV 2015, 1538.
792   BFH, Beschlüsse vom 6.4.2016, V R 25/15, BFH/NV 2016, 1401 und XI R 20/14, BFH/NV 2016, 1405.

110.0.4.4 Antwort des EuGH

Der EuGH hat darauf erkannt, dass es für den Vorsteuerabzug des Rechnungsempfängers **nicht** erforderlich ist, dass in der Rechnung eine Anschrift angegeben ist, unter der der Rechnungsaussteller seine wirtschaftliche Tätigkeit ausübt[793].

110.0.4.4.1 Prinzipien zur Auslegung von Art. 226 Nr. 5 MwStSystRL

Nach Art. 226 Nr. 5 MwStSystRL sind in einer Rechnung der vollständige Name und die vollständige Anschrift des Steuerpflichtigen und des Erwerbers oder Dienstleistungsempfängers anzugeben. Nach der Rechtsprechung des EuGH sind bei der Auslegung dieser Vorschrift

- nicht nur der Wortlaut,
- sondern auch der Zusammenhang und
- die Ziele

zu berücksichtigen[794].

110.0.4.4.2 Wortlaut der Vorschrift

Die verschiedenen Sprachfassungen der Vorschrift weichen voneinander ab. Das Fehlen oder Vorhandensein des **Adjektivs »vollständig«** in der Formulierung dieses Erfordernisses gibt daher keinen Aufschluss darüber, ob die in der Rechnung angegebene Anschrift dem Ort entsprechen muss, an dem der Rechnungsaussteller seine wirtschaftliche Tätigkeit ausübt[795].

Der **Begriff »Anschrift«** wird allgemein weit verstanden. Der EuGH verweist insoweit auf Nr. 36 der Schlussanträge des Generalanwalts (a. a. O.); danach umfasst die gewöhnliche Bedeutung dieses Begriffs jede Art von Anschrift, einschließlich einer Briefkastenanschrift, sofern die Person unter dieser Anschrift erreichbar ist[796].

Darüber hinaus müssen Rechnungen für Mehrwertsteuerzwecke nur die in diesem Art. 226 genannten Angaben enthalten. Daraus folgt, dass die mit diesen Angaben verbundenen Verpflichtungen in dem Sinne **eng auszulegen** sind, dass die Mitgliedstaaten **keine strengeren Verpflichtungen** vorsehen dürfen als diejenigen, die sich aus der Mehrwertsteuerrichtlinie ergeben[797].

---

793 EuGH, Urteil vom 15.11.2017, a. a. O.
794 EuGH, Besprechungsurteil, a. a. O., Rz. 30 f.
795 EuGH, Besprechungsurteil, a. a. O., Rz. 33 f.
796 EuGH, Besprechungsurteil, a. a. O., Rz. 35.
797 EuGH, Besprechungsurteil, a. a. O., Rz. 36 ff.

Beratungskonsequenzen

Die Mitgliedstaaten können daher die Ausübung des Rechts auf Vorsteuerabzug **nicht nach eigenem Gutdünken** von der Erfüllung zusätzlicher Voraussetzungen betreffend den Inhalt der Rechnungen abhängig machen, die in den Bestimmungen der Mehrwertsteuerrichtlinie nicht ausdrücklich vorgesehen sind.

110.0.4.4.3 Kontext der Vorschrift

Das Recht auf Vorsteuerabzug kann grundsätzlich nicht eingeschränkt werden. Der EuGH hat insoweit entschieden, dass der Besitz einer Rechnung, die die in Art. 226 MwStSystRL vorgesehenen Angaben enthält, eine formelle Bedingung für das Recht auf Vorsteuerabzug darstellt. Sind die materiellen Anforderungen erfüllt, ist der Vorsteuerabzug zu gewähren, selbst wenn der Steuerpflichtige bestimmten formellen Bedingungen nicht genügt hat[798].

 Beratungskonsequenzen

Daraus folgt, dass Modalitäten, die die Angabe der Anschrift des Rechnungsausstellers betreffen, für den Vorsteuerabzug nicht maßgeblich sein können.

110.0.4.4.4 Teleologische Auslegung der Vorschrift

Die Angaben, die eine Rechnung enthalten muss, sollen es den Steuerverwaltungen ermöglichen, die Entrichtung der geschuldeten Steuer und gegebenenfalls das Bestehen des Vorsteuerabzugsrechts zu kontrollieren.

Dazu führt der **Generalanwalt in seinen Schlussanträgen** aus:

 Rechtsgrundlagen
Schlussanträge des Generalanwalts vom 5.7.2017, Rz. 40 ff.
(Hinweis: Hervorhebungen durch **Fett**druck sind vom Autor.)
»40. Die Verpflichtung nach Art. 226 Nr. 5 der Mehrwertsteuerrichtlinie zur Nennung der Anschrift des Ausstellers in der Rechnung ist im Licht dieser zweifachen Funktion der Rechnung zu verstehen. Die Angabe der Anschrift des Ausstellers in der Rechnung dient – zusammen mit seinem Namen und seiner Mehrwertsteuer-Identifikationsnummer – dem Zweck, eine Verbindung zwischen einer bestimmten wirtschaftlichen Transaktion und einem konkreten Wirtschaftsteilnehmer herzustellen. Es gestattet also die **Identifizierung des Rechnungsausstellers**.

41. Diese Identifizierung ist für die Steuerverwaltung wesentlich, um die notwendigen Prüfungen durchzuführen, ob der Mehrwertsteuerbetrag erklärt und entrichtet ist. Die Identifizierung erlaubt wiederum auch dem Steuerpflichtigen, zu klären, ob der Aussteller steuerpflichtig im Sinne der Mehrwertsteuervorschriften ist.

---

798 EuGH, Besprechungsurteil, a. a. O., Rz. 39 f. unter Hinweis auf EuGH, Urteil vom 15.9.2016, Rs. C-518/14, Senatex, Rz. 37 ff.

42. Vor diesem Hintergrund kann ich nicht die von der österreichischen und der deutschen Regierung geäußerte Ansicht teilen, dass tatsächliche wirtschaftliche Aktivitäten oder eine reale Präsenz des Geschäfts des Unternehmers an der in der Rechnung angegebenen Anschrift notwendig seien, damit der Rechnungsteller zutreffend identifiziert werden könne und um ihn zu erreichen. Allerdings muss die Rechnung nach Art. 226 der Mehrwertsteuerrichtlinie außerdem einige weitere Angaben enthalten, die diesem Zweck dienen. Unter diesen ist die Mehrwertsteuer-Identifikationsnummer desjenigen, der die Gegenstände geliefert oder die Dienstleistung erbracht hat, von besonderer Bedeutung. Diese Nummer kann von den Behörden leicht überprüft werden. Zudem kann sie auch von jedem anderen überprüft werden, auch online.

43. Es sollte bedacht werden, dass Unternehmen, um eine Mehrwertsteuer-Identifikationsnummer zu erhalten, ein **Registrierungsverfahren durchlaufen** müssen, bei dem sie an Ort und Stelle ein Mehrwertsteuer-Registrierungsformular mit entsprechenden Belegen und Unterlagen einreichen müssen. **Die Mitgliedstaaten haben nach den Mehrwertsteuervorschriften bestimmte Daten zu speichern.** Demgemäß haben die Mitgliedstaaten eine Vielfalt von Informationen in Bezug auf alle Wirtschaftsteilnehmer zu sammeln, denen eine Mehrwertsteuer-Identifikationsnummer erteilt wurde. **Sie sind eindeutig nicht – ausschließlich oder besonders – auf die Anschrift in einer Rechnung angewiesen, um den Aussteller zu identifizieren und zu bestimmen, wo und wie er erreicht werden kann.«**

Der EuGH folgt den Ausführungen des Generalanwalts vollinhaltlich[799].

 Beratungskonsequenzen

EuGH und Generalanwalt werden hier erstaunlich deutlich:
Weil die Finanzverwaltung selbst über alle Daten verfügt, muss sie diese auch **selbst auswerten** und darf den Unternehmer insoweit nicht in die Pflicht nehmen!

110.0.4.4.5 Auslegung im Licht der heutigen Gegebenheiten

Interessant ist insoweit auch ein Gedanke in den Schlussanträgen des Generalanwalts[800], der beim EuGH ein wenig zu kurz kommt:

 Rechtsgrundlagen
Schlussanträge des Generalanwalts vom 5.7.2017, Rz. 44 ff.
(Hinweis: Hervorhebungen durch **Fett**druck sind vom Autor.)
»44. Viertens überzeugt, wie das vorlegende Gericht ausgeführt hat, angesichts der heutzutage bestehenden unterschiedlichen Arten, wie Geschäfte organisiert und wirtschaftliche Tätigkeiten ausgeübt werden, das Erfordernis der Ausübung einer

---

799   EuGH, Besprechungsurteil, a. a. O., Rz. 41 ff.
800   A. a. O., Rz. 44 ff.

wirtschaftlichen Tätigkeit (oder alternativ des Vorhandenseins von Geschäftsräumen) an der in der Rechnung angegebenen Anschrift nicht. Dies gilt insbesondere im Hinblick auf die **jüngsten Entwicklungen in der Wirtschaft, wie sie sich etwa aus dem elektronischen Handel, der gemeinsamen Nutzung von Büroräumen und der Telearbeit ergeben.**

45. Angesichts dieser Entwicklungen ist es bisweilen schwierig, eine wirtschaftliche Tätigkeit einem bestimmten Ort zuzuordnen. Wie Herr Butin in seinen Schriftsätzen anführt, kann heutzutage ein An- und Verkaufsgeschäft auf einer Internetplattform einzig **mit einem Computer und einem Internetanschluss von nahezu überall auf der Welt aus** betrieben werden.«

110.0.4.5 Anschrift des Leistungsempfängers

Auch beim Rechnungsadressaten (= Leistungsempfänger) können die unterschiedlichsten Gründe für die Verwendung eines Postfachs sprechen. Die Ausführungen des EuGH dürften hierauf **entsprechend anwendbar** sein.

110.0.4.6 Schutz des Vertrauens in das Vorliegen der Voraussetzungen des Rechts auf Vorsteuerabzug

Der Generalanwalt hält den Schutz des Vertrauens in das Vorliegen der Voraussetzungen des Rechts auf Vorsteuerabzug in Deutschland für nur unzureichend (Schlussanträge des Generalanwalts vom 5.7.2017 ➲ Kapitel 7).

110.0.5 EuGH: Die Berichtigung einer Rechnung wirkt zurück!

 Rechtsgrundlagen
EuGH, Urteil vom 15.9.2016
Wirklich Gutes zu berichten gibt es vom EuGH: Rechnungen können mit Rückwirkung auf den Vorsteuerabzug berichtigt werden. Ausdrücklich wendet sich der EuGH gegen die deutsche Finanzamtspraxis, in derartigen Fällen Zinsen nach § 233a AO festzusetzen[801]. Hierzu **ausführlich** ➲ Kapitel 113.

---

801   EuGH, Urteil vom 15.9.2016, Rs. C-518/14.

110.1 Einführung

Mit der Einführung des Mehrwertsteuersystems zum 1.1.1968 in Form einer Allphasen-Netto-Umsatzsteuer mit Vorsteuerabzug hat die Rechnung eine über den bloßen Buchungsbeleg hinausgehende zentrale umsatzsteuerrechtliche Bedeutung erlangt[802]. Der leistende Unternehmer erklärt durch den Ausweis der Umsatzsteuer konkludent, dass er diese bereits an sein Finanzamt abgeführt hat oder noch abführen wird[803]. Er verschafft so dem Leistungsempfänger gegenüber dem Finanzamt die Möglichkeit, die in der Eingangsrechnung ausgewiesene Umsatzsteuer als Vorsteuer abzuziehen und die eigene Steuerschuld zu mindern. Die Rechnung wird damit zum **Transportmittel für den Vorsteuerabzug**[804].

Die somit überaus große Bedeutung der Rechnung für das Funktionieren des Umsatzsteuersystems einerseits und die häufig nur schwierige Korrektur von Abrechnungsfehlern andererseits haben zur Folge, dass Unternehmer und steuerlicher Berater hier mehr als in anderen (umsatz-)steuerlichen Bereichen auf die gesicherte und aktuelle Rechtskenntnis angewiesen sind. Gleichzeitig ist der steuerliche Berater aufgerufen, seinen Mandanten bei der Umsetzung der Gesetzesvorgaben in das Tagesgeschäft zu unterstützen.

110.2 Vereinheitlichung der Rechnungsstellung in der EU

Die Vorschriften über die umsatzsteuerliche Rechnungsstellung waren bis zum 31.12.2003 innerhalb der EG nur ansatzweise harmonisiert; entsprechend unterschiedlich waren die Anforderungen der einzelnen Mitgliedstaaten[805].

---

802 Im deutschen Zivilrecht spielt die Rechnung keine Rolle. Weder im BGB noch im HGB ist eine Definition der Rechnung zu finden. § 44 Abs. 1 Nr. 4, § 38 HGB bestimmen lediglich, dass ein Unternehmer (Ausgangs- und Eingangs-)Rechnungen aufzubewahren hat, da die Rechnungen Belege für die Buchführung sind, vgl. *Eichmann/Wendland/Ossola-Haring,* Umsatzsteuer von A–Z.

803 *Schlosser-Zeuner* in Bunjes/Geist, UStG, § 14 Rz. 8 (… bis einschließlich 9. Auflage 2009, danach Bearbeiterwechsel).

804 *Birkenfeld,* UR 1990, 39.

805 Die nachfolgende Übersicht basiert auf dem Beitrag von *von Wallis,* UStB 2000, 84.

Umsatzsteuerliche Rechnungsstellung
– Nationale Anforderungen der Mitgliedstaaten –

	Deutschland	Belgien	Dänemark	Finnland	Frankreich	Griechenland	Großbritannien	Irland	Italien	Luxemburg	Niederlande	Österreich	Portugal	Schweden	Spanien
Ausdrückliche Bezeichnung als »Rechnung«						x		x	x				x		
Ausstellungsdatum	x	x	x		x	x	x	x	x	x	x		x		x
Ausstellungsort															x
Nummer im Verkaufsjournal		x	x		x	x			x		x				x
Verwendung der offiziellen Landessprache												x			
Name und Adresse des Leistenden	x	x	x	x	x	x	x	x	x	x	x	x	x	x	x
USt-ID-Nummer des Leistenden		x	x	x	x	x	x	x	x	x		x	x	x	x
Nummer im Handelsregister	x								x		x				
Steuernummer des Leistenden						x							x		
Name und Adresse des Leistungsempfängers	x	x	x	x	x	x	x	x	x	x	x	x	x	x	x
USt-ID-Nummer des Leistungsempfängers		x	x	x		x	x					x	x	x	x
Entgelt (ohne Umsatzsteuer)			x			x			x	x			x		
Datum oder Zeitraum der Leistung	x	x		x	x		x	x		x	x	x	x	x	x
Beschreibung der Leistung	x	x	x		x	x	x			x	x	x	x	x	x
Ort der Leistung						x							x		
Menge der gelieferten Gegenstände						x			x	x	x	x	x		
Bemessungsgrundlage für die Umsatzsteuer	x	x	x	x	x	x	x	x	x	x	x	x	x	x	x
Anwendbarer Steuersatz		x			x	x	x	x	x	x			x	x	x
Gesamtbetrag der Rechnung (einschließlich USt)						x	x	x	x	x	x		x	x	
Betrag der USt	x	x	x	x	x	x	x	x	x	x	x	x	x	x	
Betrag oder Prozentsatz von gewährten Rabatten	x	x			x	x	x	x	x	x	x	x	x	x	x
Preis pro Einheit	x					x			x	x	x				
Angabe des Werts zusätzlich erbrachter Leistungen						x			x						
Grund für ggf. anzuwendende Befreiung		x		x		x			x	x			x		
Hinweis auf weitere erteilte Rechnung (z. B. Zweitschrift)						x				x					
Jede Landeswährung zulässig	x			x	x	x			x	x	x	x	x		x
Landeswährung des Leistenden zwingend		x	x					x	x						
Landeswährung des Leistenden zulässig	x	–	–	x	x	x	–	–	x	x	x	x	x	x	x
Landeswährung des Leistungsempfängers zwingend															
Landeswährung des Leistungsempfängers zulässig	x			x	x	x			x	x	x	x	x	x	x

Dies war grenzüberschreitenden unternehmerischen Betätigungen wenig dienlich.
Auch wurden die Vorgaben der 6. EG-RL dem technischen Fortschritt nicht mehr gerecht; insbesondere war die elektronische Rechnungsstellung nicht vorgesehen. Aus
diesem Grund hat der Rat der Europäischen Union am 20.12.2001 eine Richtlinie zur

Änderung der 6. EG-RL verabschiedet mit dem Ziel, die Rechnungsstellung zu vereinfachen und modernisieren sowie insbesondere die obligatorischen Rechnungsangaben zu harmonisieren (sog. **Rechnungsrichtlinie**)[806].

Danach »müssen ... Rechnungen für Mehrwertsteuerzwecke nur die folgenden Angaben enthalten« (sog. »**Pflichtangaben**« oder »**obligatorische Angaben**«):

Pflichtangaben einer Rechnung nach der Rechnungsrichtlinie (vgl. Art. 226 ff. MwStSystRL)
• Ausstellungsdatum.
• Einmalige Rechnungsnummer.
• USt-IdNr. des leistenden Unternehmers,
• USt-IdNr. des Kunden in den Fällen der innergemeinschaftlichen Lieferungen und Steuerschuldnerschaft des Leistungsempfängers. Den Mitgliedstaaten steht es aber frei, die Angabe der USt-IdNr. auch für andere Umsätze zu verlangen.
• Vollständiger Name und die vollständige Anschrift des leistenden Unternehmers und seines Kunden.
• Beschreibung der gelieferten Gegenstände oder erbrachten Dienstleistungen.
• Menge der gelieferten Gegenstände oder der erbrachten Dienstleistungen.
• Datum der Lieferung der Gegenstände oder der Erbringung der Dienstleistung, wenn dieses Datum feststeht und nicht mit dem Ausstellungsdatum der Rechnung identisch ist.
• Ggf. Datum der Leistung einer Anzahlung, wenn dieses Datum feststeht und nicht mit dem Ausstellungsdatum der Rechnung identisch ist.
• Bemessungsgrundlage (Entgelt) für jeden Steuersatz.
• Preis je Einheit ohne Steuer.
• Ggf. jede Preisminderung oder Rückerstattung, sofern sie nicht im Preis je Einheit enthalten ist.
• Anzuwendender Steuersatz oder Angabe der Steuerbefreiung.
• Sofern möglich: zu zahlender Steuerbetrag.
• Bei Inanspruchnahme einer Steuerbefreiung oder in den Fällen der Steuerschuldnerschaft des Leistungsempfängers alternativ – der Verweis auf die entsprechende Bestimmung in der 6. EG-RL; – die Angabe der entsprechenden nationalen Rechtsgrundlage; – ein Hinweis, dass für die Leistung eine Steuerbefreiung gilt, bzw. ein Hinweis auf die Steuerschuldnerschaft des Leistungsempfängers.
• Bei der Steuerschuldnerschaft eines Fiskalvertreters: die USt-IdNr. des Fiskalvertreters sowie dessen vollständiger Name und Anschrift.

---

806 Richtlinie 2001/115/EG des Rates vom 20.12.2001 zur Änderung der Richtlinie 77/388/EWG mit dem Ziel der Vereinfachung, Modernisierung und Harmonisierung der mehrwertsteuerlichen Anforderungen an die Rechnungsstellung, Amtsblatt EG Nr. L15/24 vom 17.1.2002.

Abweichend vom ursprünglichen Richtlinienentwurf[807] werden in der Rechnung keine Angaben zum Leistungsort und zum zu zahlenden Gesamtbetrag (Entgelt zzgl. Steuerbetrag) gefordert. Besondere Rechnungsangaben sind für Differenzgeschäfte[808], Reisebüros[809], Lieferungen neuer Fahrzeuge[810] und innergemeinschaftlichen Dreiecksgeschäfte[811] vorgesehen.

 Beratungskonsequenzen

Fehlt eine obligatorische Rechnungsangabe, **entfällt das Recht auf Vorsteuerabzug!**

Die Mitgliedstaaten dürfen – abgesehen von einigen wenigen fakultativen Rechnungserfordernissen – von den Unternehmern **für umsatzsteuerliche Zwecke keine weiteren Rechnungsangaben** fordern. Erfüllt eine Rechnung die in der Liste genannten Anforderungen, reicht sie mit anderen Worten aus, um den Vorsteuerabzug zu erlangen. Den Mitgliedstaaten steht es aber weiter frei, **in anderen Rechtsvorschriften** (etwa in anderen Steuergesetzen oder im Zivilrecht) weitere Rechnungsanforderungen festzulegen; diese werden dann aber für die Umsatzsteuer bedeutungslos sein.

 Beratungskonsequenzen

Aus Sicht der Unternehmer sollen die Angaben in der Liste zwar obligatorisch, jedoch nicht abschließend sein.

Die Unternehmer sollen also einer Rechnung **weitere (freiwillige) Angaben** hinzufügen können, wenn sie es wünschen oder wenn der Kunde zusätzliche Informationen benötigt.

Die Rechnungsrichtlinie war von allen Mitgliedstaaten spätestens zum 1.1.2004 in nationales Recht umzusetzen; die Bundesrepublik Deutschland hat dieser Verpflichtung mit dem **Steueränderungsgesetz 2003** entsprochen[812].

Für neue Beitrittsstaaten – etwa sind auch für die Rechnungsstellung Übergangsvorschriften möglich. So war dies z. B. für die zum 1.5.2004 im Rahmen der sog. **EU-Osterweiterung** neu beigetretenen Länder geregelt.

 Beratungskonsequenzen

Hinzuweisen ist in diesem Zusammenhang – wegen des häufig niedrigen Bildungsstandes in den Beitrittsländern – auf 231 MwStSystRL (**Kannbestimmung: Übersetzung von Rechnungen**).

---

807 Vgl. hierzu *Vellen*, UR 2001, 185; *Weimann*, UVR 2001, 282 und UStB 2001, 222.

808 Art. 236 Nr. 14 MwStSystRL.

809 Art. 236 Nr. 13 MwStSystRL.

810 Art. 236 Nr. 12 MwStSystRL.

811 Art. 236 Nr. 11 MwStSystRL.

812 Gesetz vom 15.12.2003, BGBl. I 2003, 2645; BStBl. I 2003. 710.

110.3 Übersicht: Pflichtangaben einer Rechnung

Die Bundesrepublik Deutschland hat die Vorgaben aus der Rechnungsrichtlinie mit dem Steueränderungsgesetz 2003 vom 15.12.2003[813] in das deutsche UStG transferiert. Bis zum 31.12.2003 war die Ausstellung von Rechnungen ausschließlich in § 14 UStG a. F. geregelt; an dessen Stelle trat seit dem 1.1.2004 ein ganzer **Strauß neuer Vorschriften**:

- § 14 UStG (Ausstellung von Rechnungen);
- § 14a UStG (Zusätzliche Pflichten bei der Ausstellung von Rechnungen in besonderen Fällen);
- § 14b UStG (Aufbewahrung von Rechnungen);
- § 14c UStG (Unrichtiger oder unberechtigter Steuerausweis).

	Pflichtangaben bis 31.12.2003 nach § 14 Abs. ... UStG	Pflichtangaben ab 1.1.2004 nach § 14 Abs. 4 Satz 1 ... UStG
Briefkopf	... 1 Satz 1 Nr. 1: Name und Anschrift des leistenden Unternehmers	... Nr. 1: vollständiger Name und vollständige Anschrift des leistenden Unternehmers
Adressierung	... 1 Satz 1 Nr. 2: Name und Anschrift des Leistungsempfängers	... Nr. 1: vollständiger Name und vollständige Anschrift des Leistungsempfänger
Steuernummer/Id-Nr.	... 1a: Steuernummer des leistenden Unternehmers	... Nr. 2: Steuernummer oder ID-Nr. des leistenden Unternehmers
Datierung	Keine Pflichtangabe!	... Nr. 3: Ausstellungsdatum der Rechnung
Nummerierung	Keine Pflichtangabe!	... Nr. 4: Einmalig vergebene Rechnungsnummer
Leistungsbeschreibung	... 1 Satz 1 Nr. 3: Menge und handelsübliche Bezeichnung des Gegenstandes der Lieferung oder Art und Umfang der sonstigen Leistung	... Nr. 5: Menge und Art (handelsübliche Bezeichnung) der gelieferten Gegenstände oder Umfang und Art der sonstigen Leistung
Leistungszeitpunkt	... 1 Satz 1 Nr. 4, Satz 4: Zeitpunkt der Lieferung oder der sonstigen Leistung, ggf. der Vereinnahmung	... Nr. 6: Zeitpunkt der Lieferung oder der sonstigen Leistung, ggf. der Vereinnahmung

---

813 Gesetz vom 15.12.2003, BGBl. I 2003, 2645, BStBl. I 2003, 710.

	Pflichtangaben bis 31.12.2003 nach § 14 Abs. ... UStG	Pflichtangaben ab 1.1.2004 nach § 14 Abs. 4 Satz 1 ... UStG
Entgelt	... 1 Satz 1 Nr. 5: Entgelt für die Lieferung oder sonstige Leistung	... Nr. 7: Nach Steuersätzen und -befreiungen aufgeschlüsseltes Entgelt sowie im Voraus vereinbarte Minderungen*
Steuersatz	Keine Pflichtangabe!	... Nr. 8: Anzuwendender Steuersatz
Steuerbetrag	... 1 Satz 1 Nr. 6: Auf das Entgelt entfallender Steuerbetrag, der gesondert auszuweisen ist	... Nr. 8: Auf das Entgelt entfallender Steuerbetrag
Hinweis auf Steuerbefreiung	... 1 Satz 1 Nr. 6: Hinweis auf die Steuerbefreiung	... Nr. 8: Hinweis darauf, dass eine Steuerbefreiung gilt

 Beratungskonsequenzen

Für die Praxis war es damals wichtig zu erkennen, dass zum 1.1.2004

* nicht etwa die gesamte Rechnungsstellung,
* sondern nur Teilbereichen neu geregelt wurden.

In weiten Teilen haben die damals neuen Vorschriften lediglich Bekanntes aufgenommen und dieses allenfalls in neue Worte gefasst[814].

---

814 Freilich zeigen Anfragen an mein Büro, dass auch so mancher Praktiker die aus § 14 a. F. UStG übernommenen »alten« Regelungsgehalte bei der Beschäftigung mit den neuen Vorschriften erstmals liest!

110.4 Musterrechnung

➲ = Hinweise auf die Kapitel der textlichen Ausführungen

Rüdiger Weimann

Diplom-Finanzwirt
(➲ leistender Unternehmer, siehe 71.5.2)

Musterstr. 4, 44300 Dortmund
Postfach 120444, 44204 Dortmund
(➲ Anschrift leistender Unternehmer, siehe 29.5.2)

Telefon (fest): 0049-231-2009250
Telefon (mobil): 0160-8411925
Telefax: 0049-231-2009255
E-Mail: weimann.umsatzsteuer@t-online.de
Internet: www.umsatzsteuerwissen.de
(➲ gewillkürte Angaben, siehe 71.5.10)

Haufe-Lexware GmbH & Co. KG
Fraunhoferstr. 5
82152 Planegg   (➲ Leistungsempfänger, siehe 71.5.2)

Dortmund, den 20. März 2024
(➲ Ausstellungsdatum, siehe 71.5.4)

Seminarrechnung
(Nr. i. S. v. § 14 Abs. 4 Satz 1 Nr. 4 UStG: HL 01/22) (➲ Rechnungsnummer, siehe 71.5.5)

Sehr geehrte Damen und Herren,

für das

Seminar »Praxisupdate Umsatzsteuer 2024« (Leistungsbeschreibung, ➲ siehe 71.5.6)
am 6. d. M.   **in Frankfurt** (Leistungszeitpunkt, ➲ siehe 71.5.7)

erlaube ich mir zu berechnen:

Honorar:		100,00 €
Reisekosten: Taxi (46,70 €: 1.07 =)		43,64 €
Zwischensumme:	(Entgelt, ➲ siehe 71.5.8)	143,64 €
Umsatzsteuer	(19 %) (Steuersatz, ➲ siehe 71.5.9)	
	(Steuerbetrag, ➲ siehe 71.5.9)	27,29 €
	Honorar	**170,93 €**

Ich danke für das mir entgegengebrachte Vertrauen und bitte um Überweisung des Honorars auf das ausgewiesene Geschäftskonto.

Mit freundlichen Grüßen

Rüdiger Weimann
– Rüdiger Weimann –   (➲ Unterschrift, siehe 71.5.11)

Stadtsparkasse Dortmund – Kto.-Nr. 112 XXX XXX – BLZ 440 501 99)
IBAN DEXX XXXX XXXX XXXX XXXX XX – SWIFT-BIC: DORTDExxxxx (➲ gewillkürte Angabe, siehe 71.5.10)
Steuernummer: 317/XXXX/XXXX (➲ Steuernummer/IdNr., siehe 71.5.3)

110.5 Die einzelnen Rechnungsangaben

110.5.1 Allgemeines

Die **Pflichtangaben** einer Rechnung ergeben sich aus §§ 14 Abs. 4, 14a UStG sowie aus §§ 33, 34 UStDV[815].

Die **Gesamtheit aller Dokumente**, die die nach § 14 Abs. 4 und § 14a UStG geforderten Angaben insgesamt enthalten, bildet die Rechnung. In einem Dokument fehlende Angaben müssen in anderen Dokumenten enthalten sein.

Eines dieser Dokumente muss folgenden **Mindestinhalt** haben[816]:

- **Entgelt**,

- **Steuerbetrag** und

- **Bezeichnung aller anderen Dokumente**, aus denen sich die nach § 14 Abs. 4 und § 14a UStG erforderlichen Angaben insgesamt ergeben.

Alle Dokumente müssen **vom Rechnungsaussteller erstellt** werden. Im Fall der Gutschrift muss deshalb der Gutschriftaussteller alle Dokumente erstellen. Ist ein Dritter mit der Rechnungserstellung beauftragt[817], ist auch derjenige, der den Dritten mit der Rechnungserstellung beauftragt hat, zur Erstellung der fehlenden Dokumente berechtigt.

Hinsichtlich der **Leistungsbeschreibung** ist es zulässig, auf den vom leistenden Unternehmer erstellten Lieferschein Bezug zu nehmen[818].

110.5.2 Name und Anschrift des leistenden Unternehmers und des Leistungsempfängers (§ 14 Abs. 4 Satz 1 Nr. 1 UStG)

> **Aktuell**
>
> Zur weiterhin zulässigen **Angabe eines Postfachs** ausführlich ➔ vorstehendes Kapitel 110.0.4

Gemäß § 14 Abs. 4 Satz 1 Nr. 1 UStG sind in der Rechnung der Name und die Anschrift des leistenden Unternehmers und des Leistungsempfängers jeweils **vollständig** anzugeben. Dabei ist es gemäß § 31 Abs. 2 UStDV wie bisher ausreichend, wenn sich aufgrund der in die Rechnung aufgenommenen Bezeichnungen der Name und die Anschrift sowohl des leistenden Unternehmers als auch des Leistungsempfängers **eindeutig feststellen** lassen. Verfügt der Leistungsempfänger über ein **Postfach** oder über eine **Großkundenadresse**, ist es ausreichend, wenn diese Daten anstelle der Anschrift angegeben werden[819].

---

815   Vgl. Abschn. 14.5 Abs. 1 Satz 3 UStAE.
816   Vgl. § 31 Abs. 1 UStDV.
817   § 14 Abs. 2 Satz 5 UStG.
818   Vgl. Abschn. 14.5 Abs. 1 Satz 1 UStAE ➔ nachstehendes Kapitel 110.5.6.
819   Abschn. 14.5 Abs. 2 UStAE; vgl. auch BMF, Schreiben vom 29.1.2004, a. a. O., Rz. 34.

Im Fall der umsatzsteuerlichen **Organschaft** kann der Name und die Anschrift der Organgesellschaft angegeben werden, wenn der leistende Unternehmer oder der Leistungsempfänger unter dem Namen und der Anschrift der Organgesellschaft die Leistung erbracht bzw. bezogen hat[820].

Bei Unternehmern, die über mehrere **Zweigniederlassungen**, **Betriebsstätten** oder **Betriebsteile** verfügen, gilt jede betriebliche Anschrift als vollständige Anschrift[821].

➡️ **Beratungskonsequenzen**

Der EuGH hat darauf erkannt, dass ein Unternehmer, der zusammen mit seiner Ehefrau ein Wohnhaus errichtet, den vollen Vorsteuerabzug aus den Herstellungskosten für das von ihm genutzte Arbeitszimmer vornehmen kann, **auch wenn die Rechnungen für die Bauleistungen nicht auf ihn, sondern auf die Ehegatten lauten**[822]. Das EuGH-Urteil erging zu einem Vorlagebeschluss des BFH[823], der seinerseits im Revisionsverfahren gegen ein Urteil des FG Köln[824] erging. Aus Art. 22 Abs. 3 Buchst. b) der 6. EG-RL folge lediglich, dass die Rechnung für die Zwecke der Ausübung des Rechts auf den Vorsteuerabzug getrennt den Preis ohne Steuer und den auf die einzelnen Steuersätze entfallenden Steuerbetrag ausweisen müsse. Zwar könnten die Mitgliedstaaten gemäß Art. 22 Abs. 3 Buchst. c) i. V. m. Abs. 8 der 6. EG-RL weitere Pflichten festlegen, um Steuerhinterziehungen zu verhindern. Im vorliegenden Fall bestehe aber keinerlei Gefahr, dass es zu Steuerhinterziehungen oder Missbräuchen komme, denn bei dieser sehr spezifischen Art von Gemeinschaft, nämlich einer bloßen Miteigentümergemeinschaft zwischen Ehegatten, die selbst nicht steuerpflichtig ist, und in der nur einer der Ehegatten wirtschaftlich tätig ist, sei es ausgeschlossen, dass die Rechnungen für denselben Vorsteuerbetrag ein weiteres Mal verwendet würden. Allerdings ist darauf hinzuweisen, dass das EuGH-Urteil **zur »alten« Rechtslage vor dem 1.1.2004** erging; Name und Anschrift des Leistungsempfängers gehörten nach Art. 22 Abs. 3 Buchst. b der 6. EG-RL a. F. nicht zu den Pflichtangaben einer Rechnung[825]. Der EuGH bemüht bei seiner Argumentation aber das – natürlich weiterhin unverändert gültige – **Verhältnismäßigkeitsprinzip**; das lässt darauf hoffen, dass die neue Rechtsprechung insoweit auch auf die neue Rechtslage anzuwenden ist.

➲ Das Urteil und die daraus folgenden Gedankenansätze sollten für den Berater immer eine Art **»Rettungsanker«** (z. B. im Rahmen einer BP) darstellen für den Fall, dass etwas »schief gelaufen« ist. **Die Mandanten – aber auch die eigenen Mitarbeiter – sollten vom Berater immer zu möglichst genauen Angaben angehalten werden!**

---

820 Abschn. 14.5 Abs. 3 Satz 1 UStAE; vgl. auch BMF, Schreiben vom 29.1.2004, a. a. O., Rz. 35.

821 Abschn. 14.5 Abs. 3 Satz 2 UStAE; vgl. auch BMF, Schreiben vom 29.1.2004, a. a. O., Rz. 35.

822 EuGH, Urteil vom 21.4.2005, Rs. C-25/03, Hans U. Hundt-Eßwein, UR 2005, 324.

823 BFH, Beschluss vom 29.8.2002, V R 40/01, BFH/NV 2003, 432.

824 FG Köln, Urteil vom 22.3.2001, 10 K 2567/96, EFG 2001, 939; BFH/NV-CD-ROM, HI 571 383.

825 *Vellen,* UStB 2005, 163.

Hat der Leistungsempfänger einen **Dritten mit dem Empfang der Rechnung beauftragt** und wird die Rechnung unter Nennung nur des Namens des Leistungsempfängers **mit »c/o« an den Dritten adressiert**, sind in der Rechnung u. a. der vollständige Name und die vollständige Anschrift des Leistungsempfängers anzugeben[826]. Der vollständige Name und die vollständige Anschrift sind der **bürgerliche Name** und die **vollständige und richtige Anschrift.** Gemäß § 31 Abs. 2 UStDV ist den Anforderungen des § 14 Abs. 4 Satz 1 Nr. 1 UStG genügt, wenn sich aufgrund der in die Rechnungen aufgenommenen Bezeichnungen der Name und die Anschrift des Leistungsempfängers eindeutig feststellen lassen. Die Verwendung von Abkürzungen ist unter den Voraussetzungen des § 31 Abs. 3 UStDV möglich. **Die Ergänzung des Namens des Leistungsempfängers um die Angabe seiner Steuernummer oder seiner Umsatzsteuer-Identifikationsnummer genügt diesen Voraussetzungen nicht.**

Auch in einer Rechnung, die unter Nennung nur des Namens des Leistungsempfängers mit »c/o« an einen Dritten adressiert ist, muss entsprechend § 14 Abs. 4 Satz 1 Nr. 1 UStG und den Vereinfachungen des § 31 Abs. 2 und 3 UStDV die **Identität des Leistungsempfängers leicht und eindeutig feststellbar** sein. Ist Letzteres nicht der Fall, löst der gegenüber einem anderen als dem Leistungsempfänger gesondert ausgewiesene Steuerbetrag eine **zusätzliche (!) Steuerschuld nach § 14c Abs. 2 UStG** aus; die Steuer wird dann **2 Mal geschuldet!**

Die **Anschrift des Dritten** gilt in diesen Fällen **nicht** als betriebliche Anschrift des Leistungsempfängers, wenn dieser unter der Anschrift des Dritten nicht **gleichzeitig über eine Zweigniederlassung, eine Betriebsstätte oder einen Betriebsteil verfügt.** Dies gilt auch dann, wenn der beauftragte Dritte mit der Bearbeitung des gesamten Rechnungswesens des Leistungsempfängers beauftragt ist.

➡ **Beratungskonsequenzen**

1. Nach einem vom BMF an DIHK und Bundessteuerberaterkammer gerichteten Schreiben[827] wird dieser Anforderung genügt, wenn sich aufgrund der in der Rechnung aufgenommenen Bezeichnung der Name und die Anschrift des Leistungsempfängers eindeutig feststellen lässt (§ 31 Abs. 2 UStDV). Dabei können auch Abkürzungen, Buchstaben, Zahlen oder Symbole verwendet werden, wenn ihre Bedeutung in der Rechnung oder in anderen Unterlagen eindeutig festgelegt ist (§ 31 Abs. 3 UStDV). Das ist nicht neu!

2. Neu ist allerdings meines Wissens, dass das BMF die Grenze ausdrücklich formuliert: nicht ausreichend sind Angaben, die **umfangreiche Ermittlungstätigkeiten der Finanzbehörden zur Identifizierung des Leistungsempfängers** erforderlich machen.

---

826 BMF, Schreiben vom 28.3.2006, IV A 5 – S 7280 a – 14/06, BStBl. I 2006, 345.

827 BMF-Schreiben vom 11.10.2006, IV A 5 – S 7280a – 50/06. n. v.

Rechnungsstellung – Vorsteuerabzug – Übergang der Steuerschuld

110.5.3 Steuernummer oder Umsatzsteuer-Identifikationsnummer des leistenden Unternehmers (§ 14 Abs. 4 Satz 1 Nr. 2 UStG)

Gemäß § 14 Abs. 4 Satz 1 Nr. 2 UStG muss der leistende Unternehmer in der Rechnung entweder die ihm vom inländischen Finanzamt erteilte Steuernummer[828] oder die vom BZSt erteilte Umsatzsteuer-Identifikationsnummer[829] angeben. Wurde dem leistenden Unternehmer keine USt-IdNr. erteilt, ist zwingend die StNr. anzugeben.

Wenn das Finanzamt eine **gesonderte Steuernummer für Zwecke der Umsatzbesteuerung** erteilt hat (z. B. bei von der Zuständigkeit nach dem Betriebssitz abweichender Zuständigkeit nach § 21 AO), ist diese anzugeben.

Erteilt das Finanzamt dem leistenden Unternehmer eine **neue Steuernummer** (z. B. bei Verlagerung des Unternehmenssitzes), ist nur noch diese zu verwenden.

Es ist nicht erforderlich, dass der Unternehmer die vom Finanzamt erteilte Steuernummer um **zusätzliche Angaben** (z. B. Name oder Anschrift des Finanzamts, Finanzamtsnummer oder Länderschlüssel) ergänzt.

Im Fall der **Gutschrift** (➲ nachstehendes Kapitel 110.6) ist die Steuernummer bzw. die USt-IdNr. des leistenden Unternehmers und nicht die des die Gutschrift erteilenden Unternehmers anzugeben. Zu diesem Zweck hat der leistende Unternehmer (Gutschriftempfänger) dem Aussteller der Gutschrift seine Steuernummer oder USt-IdNr. mitzuteilen. Dies gilt auch für einen **ausländischen Unternehmer**, dem von einem inländischen Finanzamt eine Steuernummer oder vom BZSt eine USt-IdNr. erteilt wurde[830].

Leistet ein Unternehmer im eigenen Namen (**Eigengeschäft**) und vermittelt er einen Umsatz in fremden Namen und für fremde Rechnung (**vermittelter Umsatz**), gilt für die Angabe der Steuernummer oder der USt-IdNr. Folgendes[831]:

- Für das Eigengeschäft gibt der leistende Unternehmer seine Steuernummer oder USt-IdNr. an.

- Rechnet der Unternehmer über einen vermittelten Umsatz ab (z. B. Tankstellenbetreiber, Reisebüro), hat er die Steuernummer oder USt-IdNr. des leistenden Unternehmers (z. B. Mineralölgesellschaft, Reiseunternehmen) anzugeben.

- Werden das Eigengeschäft und der vermittelte Umsatz in einer Rechnung aufgeführt[832], kann aus Vereinfachungsgründen der jeweilige Umsatz durch Kennziffern oder durch Symbole der jeweiligen Steuernummer oder USt-IdNr. zugeordnet werden. Diese sind in der Rechnung oder in anderen Dokumenten (§ 31 UStDV) zu erläutern.

---

828 Nachfolgend kurz »StNr.«.
829 Nachfolgend kurz »USt-IdNr.«.
830 Abschn. 14.5 Abs. 5 Sätze 6 ff. UStAE; vgl. auch BMF, Schreiben vom 29.1.2004, a. a. O., Rz. 36.
831 Abschn. 14.5 Abs. 15 UStAE; vgl. auch BMF, Schreiben vom 29.1.2004, a. a. O., Rz. 37.
832 Abschn. 14.10 Abs. 3 UStAE.

Im Fall der umsatzsteuerlichen **Organschaft** muss die Organgesellschaft die ihr oder dem Organträger erteilte USt-IdNr. oder die Steuernummer des Organträgers angeben[833].

Die Angabe der Steuernummer oder der USt-IdNr. ist vorbehaltlich der §§ 33 und 34 UStDV auch erforderlich[834], wenn:

- beim leistenden Unternehmer die Umsatzsteuer gemäß § 19 Abs. 1 UStG (**Kleinunternehmer**) nicht erhoben wird,
- ausschließlich über **steuerfreie Umsätze** abgerechnet wird,
- der Leistungsempfänger gemäß **§ 13b Abs. 1 Satz 1 Nr. 2 bis 4 UStG** i. d. F. des Haushaltsbegleitgesetzes 2004 Steuerschuldner ist[835].

Bei **Verträgen über Dauerleistungen** war es bislang unschädlich, wenn **vor dem 1.1.2004 geschlossene Verträge** keine Steuernummer oder USt-IdNr. des leistenden Unternehmers enthielten. Es war nicht erforderlich, diese Verträge um die Steuernummer oder die USt-IdNr. zu ergänzen[836]. Ein zum 1.1.2007 in Folge der Steuererhöhung geänderter Vertrag muss für Zwecke des Vorsteuerabzugs des Leistungsempfängers nach § 15 Abs. 1 Satz 1 Nr. 1 UStG nunmehr alle nach § 14 Abs. 4 UStG erforderlichen Pflichtangaben enthalten. Wichtig ist, dass damit die bisherigen Ausnahmeregelungen zur Steuernummer/USt-IdNr. sowie zur Rechnungsnummer bei vor dem 1.1.2004 geschlossenen Verträgen nicht mehr zur Anwendung kommen[837].

Ein **nach dem 31.12.2003 geschlossener Vertrag** erfüllt die Anforderung des § 14 Abs. 4 Satz 1 Nr. 2 UStG, wenn er die Steuernummer oder IdNr. des leistenden Unternehmers enthält. Ist in dem Vertrag die Steuernummer angegeben und erteilt das Finanzamt dem leistenden Unternehmer eine neue Steuernummer (z. B. bei Verlagerung des Unternehmenssitzes), ist der Vertragspartner in geeigneter Weise darüber zu informieren. Die leichte Nachprüfbarkeit dieser Angabe muss beim Leistungsempfänger gewährleistet sein. Es ist nicht erforderlich, dass auf den **Zahlungsbelegen** die Steuernummer oder die USt-IdNr. des leistenden Unternehmers angegeben ist[838].

 Beratungskonsequenzen

Beim Fehlen von Steuernummer und USt-IdNr. ist der leistende Unternehmer/Gutschriftempfänger schon im Hinblick auf den Vorsteuerabzug (➲ Kapitel 116.2) zur Angabe der Steuernummer oder IdNr. aufzufordern – und zwar sinnvollerweise **vor jedweder Zahlungsleistung**.
Zum Umfang des **zivilrechtlichen Zurückbehaltungsrecht** ➲ Kapitel 116.16

---

833 Abschn. 14.5 Abs. 6 UStAE; vgl. auch BMF, Schreiben vom 29.1.2004, a. a. O., Rz. 38.

834 Abschn. 14.5 Abs. 8 UStAE; vgl. auch BMF, Schreiben vom 29.1.2004, a. a. O., Rz. 39.

835 Vgl. auch § 14a Abs. 5 UStG.

836 Vgl. damals gültigen Abschn. 185 Abs. 8 UStR 2005.

837 Hierzu ausführlich ➲Kapitel 110.10; vgl. auch ➲ Kapitel 110.5.5 zur Rechnungsnummer.

838 Abschn. 14.5 Abs. 9 UStAE (bis 31.10.2010: Abschn. 185 Abs. 9 UStR 2008); vgl. auch BMF, Schreiben vom 29.1.2004, a. a. O., Rz. 40.

Musterschreiben: Aufforderung zur Rechnungskorrektur
➲ Kapitel 116.2.3

Im Hinblick auf die seit 2002 immer wieder geführte Diskussion, ob durch die gesetzliche Verpflichtung zur Angabe der Steuernummer oder USt-IdNr. in der Rechnung das **Steuergeheimnis (§ 30 AO)** eingeschränkt oder verletzt wird, ist anzumerken, dass diese Befürchtungen – letztlich geschürt von einer m. E. eher populistisch ausgerichteten Berichterstattung, die gerne wurde das Bild vom »plaudernden Finanzbeamten« verbreitet[839] – unberechtigt sind. Insbesondere besteht keine Missbrauchsgefahr, da allein die Kenntnis der Steuernummer/USt-IdNr. nicht zur Legitimation gegenüber den Finanzbehörden genügt. Bei Zweifeln an der Identität oder Berechtigung eines Auskunftssuchenden müssen sich die Finanzbehörden hierüber in geeigneter Weise vergewissern[840].

110.5.4 Ausstellungsdatum (§ 14 Abs. 4 Satz 1 Nr. 3 UStG)

Bislang war die Datierung einer Rechnung keine Pflicht (… wenn auch sicher die Regel!). Seit dem 1.1.2004 ist das Ausstellungsdatum in die Rechnung aufzunehmen.

110.5.5 Rechnungsnummer (§ 14 Abs. 4 Satz 1 Nr. 4 UStG)

Durch die fortlaufende Nummer (Rechnungsnummer) soll sichergestellt werden, dass die vom Unternehmer erstellte Rechnung einmalig ist. Bei der Erstellung der Rechnungsnummer ist es zulässig, eine oder mehrere **Zahlen- oder Buchstabenreihen** zu verwenden. Auch eine Kombination von Ziffern mit Buchstaben ist möglich. Es ist auch zulässig, im Rahmen eines weltweiten Abrechnungssystems verschiedener, in unterschiedlichen Ländern angesiedelter Konzerngesellschaften nur einen fortlaufenden Nummernkreis zu verwenden[841].

Bei der Erstellung der Rechnungsnummer bleibt es dem Rechnungsaussteller überlassen, wie viele und welche **separaten Nummernkreise** geschaffen werden, in denen eine Rechnungsnummer jeweils einmalig vergeben wird. Dabei sind Nummernkreise für zeitlich, geografisch oder organisatorisch abgegrenzte Bereiche zulässig, z. B. für Zeiträume (Monate, Wochen, Tage), verschiedene Filialen, Betriebsstätten einschließlich Organgesellschaften oder Bestandsobjekte. Es muss jedoch gewährleistet sein (z. B. durch Vergabe einer bestimmten Klassifizierung für einen Nummernkreis), dass die jeweilige Rechnung leicht und eindeutig dem jeweiligen Nummernkreis zugeordnet werden kann und die Rechnungsnummer einmalig ist[842].

Rechnungsnummern begegnen in der Praxis u. a. deswegen immer wieder Bedenken, weil vermutet wird, dass diese zwingend **Rückschlüsse auf die Umsatzsituation** des

---

839 Vgl. z. B. Wirtz, Finanzamt-Skandal/Ausgespähte Unternehmer, Impulse 10/2002, 124.
840 Vgl. auch OFD Düsseldorf, Vfg. vom 18.3.2002, S 0130 A – St 321, AO-StB 2002, 185.
841 Abschn. 14.5 Abs. 10 UStAE; vgl. auch BMF-Schreiben vom 29.1.2004, a. a. O., Rz. 41.
842 Abschn. 14.5 Abs. 11 UStAE; vgl. auch BMF-Schreiben vom 29.1.2004, a. a. O., Rz. 42.

Rechnungsausstellers zulässt[843]. Durch die fortlaufende Nummer (Rechnungsnummer) soll – wie bereits ausgeführt – lediglich sichergestellt werden, dass die vom Unternehmer erstellte Rechnung einmalig ist. Daraus folgt:

- Sämtliche Rechnungen müssen mit einem Ordnungssystem durchnummeriert sein.
- Innerhalb eines Unternehmens kann es verschiedene und unterschiedliche Rechnungen und Systeme geben; sie müssen insgesamt nur logisch voneinander getrennt geführt werden[844].

➡ **Beratungskonsequenzen**

Vergabe einer »unverräterischen« Rechnungsnummer

So bietet sich für einen Unternehmer, der seinen Kunden nicht offenbaren möchte, wie viele Rechnungen er insgesamt schreibt, ein System an, in dem pro Kunde die Rechnungen durchnummeriert werden[845].

Damit werden **Abhängigkeiten von einem Großkunden** zumindest im Einsatz nicht von vorneherein deutlich gemacht.

Bei **Verträgen über Dauerleistungen** war es bislang unschädlich, wenn **vor dem 1.1.2004 geschlossene Verträge** keine Rechnungsnummer enthielten. Es war nicht erforderlich, diese Verträge um die Steuernummer oder die USt-IdNr. zu ergänzen[846]. Ein zum 1.1.2007 in Folge der Steuererhöhung geänderter Vertrag muss für Zwecke des Vorsteuerabzugs des Leistungsempfängers nach § 15 Abs. 1 Satz 1 Nr. 1 UStG nunmehr alle nach § 14 Abs. 4 UStG erforderlichen Pflichtangaben enthalten. Wichtig ist, dass damit die bisherigen Ausnahmeregelungen zur Steuernummer/USt-IdNr. sowie zur Rechnungsnummer bei vor dem 1.1.2004 geschlossenen Verträgen nicht mehr zur Anwendung kommen[847].

Bei **ab dem 1.1.2004 geschlossenen Verträgen** über Dauerleistungen ist es ausreichend, wenn diese Verträge eine einmalige Nummer enthalten (z. B. Wohnungs- oder Objektnummer, Mieternummer). Es ist nicht erforderlich, dass Zahlungsbelege eine gesonderte fortlaufende Nummer erhalten[848].

---

843   Vgl. *Weimann*, UStB 2004, 363 (367).
844   Vgl. *Weimann*, a. a. O.
845   *Schneider/Hoffmann*, Stbg. 2004, 273.
846   Vgl. damals gültigen Abschn. 185 Abs. 11 UStR 2005.
847   Hierzu ausführlich ➲ Kapitel 110.10; vgl. auch ➲ Kapitel 110.5.3 zur Steuernummer/USt-IdNr.
848   Abschn. 14.5 Abs. 12 UStAE; vgl. auch BMF-Schreiben vom 29.1.2004, a. a. O., Rz. 43.

Beispiel

Der Abonnement-Vertrag der Haufe-Zeitschrift BFH/NV ist ein Vertrag über eine Dauerleistung. Der Vertrag (und nicht die als »Rechnung« bezeichneten periodischen Zahlungsaufforderungen) muss eine Rechnungsnummer enthalten, wenn er ab dem 1.1.2004 geschlossen wurde; dabei kann als Rechnungsnummer die einmalig fortlaufend vergebene Abonnement-Nummer verwendet werden. Vor dem 1.1.2004 geschlossene Verträge müssen keine Rechnungsnummer enthalten[849].

Im Fall der **Gutschrift** (➜ Kapitel 110.6) ist die fortlaufende Nummer durch den Gutschriftaussteller zu vergeben[850].

Kleinbetragsrechnungen[851] und **Fahrausweise**[852] müssen keine fortlaufende Nummer enthalten[853].

110.5.6 Leistungsbeschreibung (§ 14 Abs. 4 Satz 1 Nr. 5 UStG)

Aktuell

Zu den Anforderungen an eine **Leistungsbeschreibung im Niedrigpreissegment** ausführlich ➜ Kapitel 110.0.3

Die Leistungsbeschreibung ist Grundlage für die Aufzeichnungspflicht des Leistenden[854]. Der Leistungsempfänger kann damit für Zwecke des Vorsteuerabzugs den Bezug »für sein Unternehmen«[855] und eine steuerpflichtige Lieferung oder Leistung nachweisen. Im Übrigen dient die Vorschrift den Interessen der Finanzverwaltung. Diese kann anhand der Leistungsbeschreibung die Umsätze des Leistungsempfängers überprüfen und Anhaltspunkte dafür bekommen, ob er die empfangende Leistung für sein Unternehmen verwendet hat. Deshalb muss die Beschreibung **genau** sein. Nach der Rechtsprechung des BFH genügen Angaben tatsächlicher Art, aus denen sich ergibt, dass der Rechnungsaussteller bestimmte Lieferungen und Leistungen an den Rechnungsempfänger ausgeführt und dafür Vorsteuer gesondert ausgewiesen hat. Die Identifizierung des Leistungsgegenstandes muss anhand der Angaben im Abrechnungspapier möglich sein; dabei ist es zulässig, auf den vom leistenden Unternehmer erstellten **Lieferschein Bezug zu nehmen**[856].

---

849 O. V., Neue Rechnungsangaben/Zweifelsfragen geklärt?, ASR 9/2004, 5.
850 Abschn. 14.5 Abs. 13 UStAE; vgl. auch BMF-Schreiben vom 29.1.2004, a. a. O., Rz. 44
851 § 33 UStDV.
852 § 34 UStDV.
853 Abschn. 14.5 Abs. 14 UStAE; vgl. auch BMF-Schreiben vom 29.1.2004, a. a. O., Rz. 45.
854 § 22 UStG.
855 Vgl. § 15 Abs. 1 Satz 1 Nr. 1 Satz 1 UStG.
856 Abschn. 14.5 Abs. 1 UStAE.

Checkliste

Rechnungshinweis »Leistungsbeschreibung«

Im Einzelnen gilt:

- Als **Mengenangaben** kommen alle inländischen und internationalen üblichen Maße und Gewichte in Betracht (m, kg, l usw.).
- **Handelsübliche Bezeichnungen** sind außer der eigentlichen Bezeichnung des gelieferten Gegenstandes (Auto, Waschmittel) auch allgemein bekannte Markenzeichen (Renault Laguna, Persil megaperls) und eindeutige Sammelbezeichnungen (Obst, Spielwaren).
- **Sammelbezeichnungen,** die den gelieferten Gegenstand nicht erkennen lassen (Einrichtungsgegenstände, Fachbücher, Elektrogeräte), sind ungeeignet; sie sind – unter den weiteren Voraussetzungen – allenfalls dann zulässig, wenn sie die Bestimmung des anzuwendenden Steuersatzes eindeutig ermöglichen (z. B. Baubeschläge, Kurzwaren, Schnittblumen, Spirituosen, Tabakwaren, Waschmittel)[857].
- **Sachgesamtheiten** (Warenlager, Büroinventar) sind aufzugliedern.
- Bezeichnungen allgemeiner Art, die **Gruppen verschiedenartiger Gegenstände** umfassen, reichen nicht aus (z. B. »Geschenkartikel«)[858].
- Auch **sonstige Leistungen** müssen in der Rechnung aussagekräftig und zutreffend beschrieben werden; vgl. z. B. zur fehlerhaften Bezeichnung des Beförderungsweges das Fall-ABC »Güterbeförderungsleistungen«[859]
- Gem. § 31 Abs. 3 UStDV können **Abkürzungen, Buchstaben, Zahlen oder Symbole** verwandt werden, wenn ihre Bedeutung in der Rechnung oder in anderen Unterlagen eindeutig festgelegt ist. Die erforderlichen anderen Unterlagen müssen sowohl beim Aussteller als auch beim Empfänger der Rechnung vorhanden sein.

Gerade dann, wenn bei Vertragsschluss auch die letzten Details der zu erbringenden Leistungen peinlichst genau geregelt wurden, hapert es in der Praxis häufig an Leistungsbeschreibung in der Rechnung: die Parteien gehen dann nämlich davon aus, dass in diesem Fall ja schon alles »aktenkundig« ist, der Zahlungsanspruch entstanden ist und eine minimalistische Rechnung genügt[860].

Beispiel

Produktionsunternehmen P vereinbart mit dem Maschinenbauunternehmen M die Wartung und Erweiterung einer Produktionsstraße. Im Vorfeld einigen sich P und M genauestens über den Zeitpunkt und die Dauer der Arbeiten, die vorzunehmenden Erweiterungen und den Umfang der Wartung. Alle Arbeiten werden von M termingerecht zur Zufriedenheit des P erbracht, sodass der Zahlungsanspruch des M un-

---

857 Vgl. Abschn. 14.5 Abs. 15 Satz 3 UStAE.
858 Vgl. Abschn. 14.5 Abs. 15 Satz 4 UStAE.
859 ➲ mybookplus.de > Vertiefende Informationen > Kapitel 85.
860 Vgl. auch *Weimann*, UStB 2005, 358.

umstritten besteht. Die Leistungsbeschreibung in der Rechnung lautet daher einfach auf »**Für Arbeiten an Produktionsstraße berechnen wir ... 1.000.000 € zzgl. USt (19 %) 190.000 €**«.

Eine derartige Leistungsbeschreibung wäre zu ungenau und würde von der Finanzverwaltung wohl nicht anerkannt. Für den Leistungsempfänger hätte dies die Konsequenz des (vorübergehenden) Vorsteuerausschlusses. Zwar könnte die Leistungsbeschreibung

- durch den Rechnungsaussteller,
- nicht jedoch den Rechnungsempfänger

nachgeholt werden – allerdings trüge Letzterer in diesem Fall das **Zinsrisiko des § 233a AO!**

Abschließend ist darauf hinzuweisen, dass die Finanzverwaltung eine detaillierte Leistungsbeschreibung – zu Recht – als **probates Mittel gegen Karussellgeschäfte** (➲ Kapitel 64) erkannt hat. Wie der EuGH in seinem »Arbeitszimmer-Urteil« unlängst verdeutlicht hat, ist ein Zweck der obligatorischen Rechnungsangaben, dem Umsatzsteuerbetrug Einhalt zu bieten[861]. Genaue Leistungsbeschreibungen würden die Finanzverwaltung insbesondere in ihrem Kampf gegen Karussellgeschäfte unterstützen. Die Aufdeckung derartiger Machenschaften wird der Finanzverwaltung durch ungenaue Leistungsbeschreibungen erschwert. Bei der Auslegung des Begriffs der »**handelsübliche Bezeichnung**« i. S. v. § 14 Abs. 4 Satz 1 Nr. 5 UStG wird daher zu Recht gefordert, dass **alle vom Hersteller gewählten Produktspezifizierungen für sämtliche Handelsstufen** – bis zum eigentlichen Letztverbraucher – zwingend in die Rechnungen bzw. die diese ergänzende Unterlagen aufzunehmen sind[862].

> **Beispiel**
>
> Aus den Verkaufsrechnungen der in Deutschland führenden Hersteller ist ersichtlich, dass die handelsübliche Bezeichnung von Handys den Gerätetyp, die Artikelnummer und die IMEI-Nr. (IMEI = International Mobile Equipment Identity) umfasst. Die Angabe dieser 3 Daten auf den Ausgangsrechnungen entspricht der ständigen Praxis; bei allen an Distributoren ausgelieferten Waren sind die genannten Merkmale auf der Rechnung aufgeführt.
>
> Daneben ist es auch üblich, dass die IMEI-Nummern separat aufgelistet werden und die Rechnung auf die Auflistung Bezug nimmt; diese ergänzende Unterlage ist damit fester Bestandteil des Abrechnungswesens.
>
> Über die Rechnungs- bzw. die Lieferscheinnummer können alle zu einer Lieferung gehörenden IMEI-Nummern ermittelt werden. ➲ Kapitel 64.4.3

---

861 EuGH, Urteil vom 21.4.2005, Rs. C-25/03, Hans U. Hundt-Eßwein, Anm. 75 ff., UR 2005, 324, 332 mit Anmerkung *Widmann*.

862 *Birkenfeld*, Umsatzsteuer-Handbuch, § 163 Rz. 78; *Leitmeier/Zühlke*, StBP 2005, 170; *Weimann*, UStB 2006, 25.

➡️ **Beratungskonsequenzen**

1. Fehlt in einer Eingangsrechnung die Leistungsbeschreibung, ist der Vorsteuer-abzug des Leistungsempfängers ernsthaft gefährdet; zudem besteht das Risiko von Nachzahlungszinsen. Deshalb sind die Mandanten anzuhalten, alle Ein-gangsrechnungen u. a. sofort auf eine aussagekräftige Leistungsbeschreibung hin zu kontrollieren und bei deren Fehlen eine berichtigte Rechnung einzufor-dern, bis zu deren Eingang allenfalls der Nettorechnungsbetrag bezahlt werden sollte (➲ Kapitel 116.2.3 und Kapitel 116.15). **Ferner ist der Mandant darauf hinzuweisen, dass er als Rechnungsempfänger die erforderlichen Angaben keinesfalls selbst anbringen darf** (➲ Kapitel 116.2.4).

2. Bei der Leistungsbeschreibung selbst ist es zulässig, auf den vom leistenden Un-ternehmer erstellten Lieferschein Bezug zu nehmen. Sinnvoll ist auch der Ver-weis auf Schriftwechsel aus der Zeit der Vertragsanbahnung (»Wir verweisen in-soweit auf unser Angebot vom ...«). Hier ist der Mandant darauf hinzuweisen, dass eine **inhaltliche (textliche) Verbindung** der Rechnung mit den anderen Geschäftspapieren bestehen muss; es ist **nicht** möglich, die erforderliche Ver-bindung als Rechnungsempfänger etwa **mechanisch durch einen Klammer-vorgang** herzustellen.

3. Es ist davon auszugehen, dass die Finanzverwaltung die Überlegungen zum Ein-satz der Leistungsbeschreibung zur Bekämpfung des Umsatzsteuerbetruges aufnehmen wird. Eine Gesetzesänderung oder dgl. ist dafür nicht erforderlich; die o. a. Forderungen ergeben sich bereits aus der Auslegung des Begriffs »han-delsübliche Bezeichnung« in § 14 Abs. 4 Satz 1 Nr. 5 UStG. Sollte sich dieser Ge-danke durchsetzen, wäre es für die Finanzverwaltung insbesondere bei Einsatz der neuen Prüfsoftware »WIN IDEA« wohl ein Leichtes, Warenbewegungen ge-nauestens zu verfolgen.

110.5.7 Zeitpunkt der Leistung und der Vereinnahmung des Entgelts (§ 14 Abs. 4 Satz 1 Nr. 6 UStG)

Gemäß § 14 Abs. 4 Satz 1 Nr. 6 UStG ist in der Rechnung der Zeitpunkt der Lieferung o-der sonstigen Leistung anzugeben. Das gilt auch bei der Vereinnahmung des Entgelts oder eines Teils des Entgelts für eine noch nicht ausgeführte Leistung, sofern der Zeit-punkt der Vereinnahmung jeweils feststeht und nicht mit dem Rechnungsdatum iden-tisch ist. In den Fällen, in denen der Zeitpunkt nicht feststeht, etwa bei einer Rechnung über Voraus- oder Anzahlungen, ist eine Angabe entbehrlich. Allerdings ist auf der Rech-nung kenntlich zu machen, dass über eine noch nicht erbrachte Leistung abgerechnet wird. Gemäß § 31 Abs. 4 UStDV kann als Zeitpunkt der Lieferung oder sonstigen Leis-tung dabei der Kalendermonat angegeben werden, in dem die Leistung ausgeführt wird[863].

---

863   Abschn. 14.5 Abs. 16 UStAE; vgl. BMF-Schreiben vom 29.1.2004, a. a. O., Rz. 46.

110.5.7.1 Abrechnung bereits ausgeführter Leistungen

Gemäß § 14 Abs. 4 Satz 1 Nr. 6 UStG ist in der Rechnung der Zeitpunkt der Lieferung oder sonstigen Leistung anzugeben. Die neue Vorschrift ist insoweit identisch mit § 14 Abs. 1 Satz 1 Nr. 4 UStG a. F. Letzterer fand jedoch in der Praxis kaum Beachtung, da der Vorsteuerabzug auch bei Fehlen der Angabe des Leistungszeitpunkts ungefährdet war, wenn die Rechnung die Leistung anderweitig hinreichend konkretisierte. Auch so mancher Praktiker nimmt daher den aus § 14 a. F. UStG übernommenen »alten« Regelungsgehalt bei der Beschäftigung mit den neuen Rechnungsvorschriften erstmals zur Kenntnis (➔ vorstehendes Kapitel 110.3).

Da sich hinsichtlich des Erfordernisses der Angabe des Leistungszeitpunkts aus den neuen Vorschriften **keine Änderung ergeben** hat, ist diese Rechnungsangabe **seit dem 1.1.2004** für den Vorsteuerabzug des Rechnungsempfängers obligatorisch. Auch das BMF-Schreibens vom 19.12.2003[864] gewährt keine Übergangsregelung, weil Rechnungen auch während der Übergangsphase (1.1.2004 bis 30.6.2004) zumindest die von § 14 a. F. UStG geforderten Rechnungsangaben beinhalten müssen. Häufig fehlt es bei Unternehmern und Steuerberatern an dem entsprechenden Problembewusstsein, was sicherlich auch darauf zurückzuführen ist, dass das BMF-Schreiben dahingehend fehlinterpretiert wurde, dass bis zum 30.6.2004 allgemein keine Änderungen zum Erhalt des Vorsteuerabzugs eingetreten sind[865].

Im Regelfall (z. B. bei einer Rechnung über eine bereits ausgeführte Lieferung oder sonstige Leistung) ist die Angabe des Leistungszeitpunkts für den Erhalt des Vorsteuerabzugs zwingend erforderlich[866]. Das gilt auch dann, wenn der Tag der Leistung mit dem Rechnungsdatum übereinstimmt.

 Musterformulierung: Rechnungshinweis »Leistungszeitpunkt«

1. Der Rechnungshinweis könnte wie folgt aussehen: »Für die Lieferung am 22.5.2024 der nachstehend aufgeführten Waren berechnen wir ...«
2. Da es aber nur wichtig ist, dass sich der Rechnungsaussteller überhaupt zum Leistungszeitpunkt äußert, genügt grds. auch ein – allerdings explizit erforderlicher – Hinweis wie »Rechnungsdatum = Lieferdatum«[867].

110.5.7.1.1 Angabe des Zeitpunkts der Lieferung in einem Lieferschein

Der Zeitpunkt der Leistung kann sich aus **anderen Dokumenten** (z. B. Lieferschein) ergeben, die jedoch in dem Dokument, in dem Entgelt und Steuerbetrag enthalten sind, zu bezeichnen sind[868].

---

864 ➔ mybookplus.de > Wichtiges aus dem BMF.
865 *Seifert,* INF 2004, 698.
866 BMF, Schreiben vom 26.9.2005, vor Nr. 1.
867 BMF, Schreiben vom 13.12.2004, IV A 5 – S 7280a – 91/04, INF 2005, 171 = HI 1308018.
868 § 31 Abs. 1 UStDV.

Nicht ausreichen dürfte es, hierzu lediglich das Ausstellungsdatum des Lieferscheins anzugeben. Vielmehr müssen

- die Rechnung einen eindeutigen **Hinweis auf den konkreten Lieferschein** enthalten und

- im Lieferschein selbst das Lieferdatum, das nicht zwingend mit dem Ausstellungsdatum des Lieferscheins übereinstimmt, gesondert vermerkt sein.

 Musterformulierung: Rechnungshinweis »Lieferschein«

Für die Lieferung der nachstehend aufgeführten Waren (Lieferscheinnummer 0123456 vom 22.5.2024) berechnen wir …

Sofern das Leistungsdatum dem Lieferscheindatum entspricht, kann an Stelle der gesonderten Angabe des Leistungsdatums ein Hinweis in die Rechnung aufgenommen werden, dass das **Lieferscheindatum dem Leistungsdatum** entspricht[869].

Bei der Angabe des Zeitpunkts der Leistung reicht es aus, wenn der **Kalendermonat** angegeben wird, in dem die Leistung ausgeführt wurde[870].

110.5.7.1.2 Angabe des Zeitpunkts der Lieferung in den Fällen, in denen der Ort der Lieferung nach § 3 Abs. 6 UStG bestimmt wird

In den Fällen, in denen der Gegenstand der Lieferung durch den Lieferer, den Abnehmer oder vom Lieferer oder vom Abnehmer beauftragten Dritten befördert oder versendet wird, gilt die Lieferung nach § 3 Abs. 6 Satz 1 UStG dort als ausgeführt, wo die Beförderung oder Versendung an den Abnehmer oder in dessen Auftrag an einen Dritten beginnt. Soweit es sich um eine Lieferung handelt, für die der Ort der Lieferung nach § 3 Abs. 6 UStG bestimmt wird, ist in der Rechnung als Tag der Lieferung der **Tag des Beginns der Beförderung oder Versendung** des Gegenstands der Lieferung anzugeben. Dieser Tag ist auch maßgeblich für die Entstehung der Steuer nach § 13 Abs. 1 Nr. 1 Buchst. a Satz 1 UStG[871]. Gemäß § 31 Abs. 4 UStDV kann als Zeitpunkt der Lieferung der **Kalendermonat** angegeben werden, in dem die Lieferung ausgeführt wurde.

110.5.7.1.3 Angabe des Zeitpunkts der Lieferung in anderen Fällen

In allen Fällen, in denen sich der Ort der Lieferung nicht nach § 3 Abs. 6 UStG bestimmt, ist als Tag der Lieferung in der Rechnung der **Tag der Verschaffung der Verfügungsmacht** anzugeben[872]. Gemäß § 31 Abs. 4 UStDV kann als Zeitpunkt der Lieferung der **Kalendermonat** angegeben werden, in dem die Lieferung ausgeführt wurde.

---

869 BMF, Schreiben vom 26.9.2005, Nr. 1.
870 § 31 Abs. 4 UStDV.
871 BMF, Schreiben vom 26.9.2005, Nr. 2.
872 Zum Begriff der Verschaffung der Verfügungsmacht vgl. Abschn. 3.1 Abs. 2 UStAE; BMF, Schreiben vom 26.9.2005, Nr. 3.

110.5.7.1.4 Angabe des Zeitpunkts der sonstigen Leistung

Nach § 14 Abs. 4 Satz 1 Nr. 6 UStG ist in der Rechnung der Zeitpunkt der sonstigen Leistung anzugeben. Dies ist bei sonstigen Leistungen der Zeitpunkt, zu dem die sonstige Leistung ausgeführt ist. Sonstige Leistungen sind grundsätzlich im **Zeitpunkt ihrer Vollendung** ausgeführt. Bei zeitlich begrenzten Dauerleistungen ist die Leistung mit Beendigung des entsprechenden Rechtsverhältnisses ausgeführt, es sei denn, die Beteiligten hatten Teilleistungen vereinbart[873].

Gemäß § 31 Abs. 4 UStDV kann als Zeitpunkt der sonstigen Leistung der Kalendermonat angegeben werden, in dem die sonstige Leistung ausgeführt wurde.

110.5.7.1.5 Besonderheiten der Dauerleistungen

Ist in einem Vertrag – z. B. Miet- oder Pachtvertrag, Wartungsvertrag oder Pauschalvertrag mit einem Steuerberater – der Zeitraum, über den sich die jeweilige Leistung oder Teilleistung erstreckt, nicht angegeben **(Dauerleistungen)**, reicht es aus, wenn sich dieser Zeitraum aus den einzelnen Zahlungsbelegen, z. B. aus den Überweisungsaufträgen oder den Kontoauszügen, ergibt. Soweit periodisch wiederkehrende Zahlungen im Rahmen eines Dauerschuldverhältnisses in der Höhe und zum Zeitpunkt der vertraglichen Fälligkeiten erfolgen und keine ausdrückliche Zahlungsbestimmung vorliegt, ergibt sich der Zeitpunkt der Leistung aus Vereinfachungsgründen durch die Zuordnung der Zahlung zu der Periode, in der sie geleistet wird[874].

 Beratungskonsequenzen

Alle Dokumente müssen vom Rechnungsaussteller erstellt werden (↪ vorstehendes Kapitel 110.5.1). Bei Dauerleistungen wird es allerdings nicht beanstandet, wenn der **Zahlungsbeleg vom Leistungsempfänger** ausgestellt wird[875].

110.5.7.1.6 Kleinbetragsrechnungen und Fahrausweise

Für Kleinbetragsrechnungen und Fahrausweise sehen §§ 33 Satz 1 Nr. 2, 34 Satz 1 Nr. 2 UStDV lediglich die Angabe des Ausstellungsdatums vor; die Angabe des Leistungszeitpunkt ist entbehrlich. Gleiches gilt bei Rechnungen über Leistungsbezüge, bei denen der **Leistungsempfänger zum Steuerschuldner** wird[876], da hier der Leistungsempfänger (wohl) auch ohne Eingangsrechnung zum Vorsteuerabzug berechtigt ist[877].

---

873   Vgl. Abschn. 13.1 Abs. 3 UStAE.

874   Abschn. 14.5 Abs. 17 UStAE.

875   Abschn. 14.5 Abs. 17 Satz 3 UStAE; vgl. auch BMF-Schreiben vom 29.1.2004, a. a. O., Rz. 47.

876   § 13b UStG.

877   Vgl. *Weimann,* UStB 2004, 251, 253.

110.5.7.2 Abrechnung noch nicht ausgeführter Lieferungen oder sonstiger Leistungen (Voraus- oder Anzahlungsrechnungen)

Im **Fall des § 14 Abs. 5 Satz 1** UStG ist der Tag der Vereinnahmung des Entgelts oder eines Teils des Entgelts anzugeben, sofern dieser Zeitpunkt feststeht und nicht mit dem Ausstellungsdatum der Rechnung identisch ist.

Wird über eine **noch nicht ausgeführte Lieferung oder sonstige Leistung** abgerechnet, handelt es sich um eine Rechnung über eine Anzahlung, in der die Angabe des **Zeitpunkts der Vereinnahmung** des Entgelts oder Teilentgelts entsprechend § 14 Abs. 4 Satz 1 Nr. 6 UStG nur dann erforderlich ist, wenn der Zeitpunkt der Vereinnahmung feststeht und nicht mit dem Ausstellungsdatum der Rechnung übereinstimmt. In diesem Fall reicht es aus, den **Kalendermonat** der Vereinnahmung anzugeben[878].

Beratungskonsequenzen

Rechnungen über Vorauszahlungen oder Anzahlungen, die **am Tag des Rechnungsdatums vereinnahmt** werden, müssen somit nicht noch einmal separat den Tag der Zahlung enthalten.

In Fällen, in denen der Zeitpunkt der Vereinnahmung des Entgelts nicht feststeht, ist eine Angabe demnach entbehrlich. Allerdings ist auf der Rechnung **kenntlich zu machen, dass über eine noch nicht erbrachte Leistung abgerechnet wird.**

Musterformulierungen: Rechnungshinweis »Vorausrechnung«

- »Für das Bauvorhaben in Dortmund, Gewerbegebiet Oesterstr., wird a conto berechnet ...«
- »A-Conto-Rechnung für das Bauvorhaben in Dortmund, Gewerbegebiet Oesterstr. ...«

110.5.8 Entgelt (§ 14 Abs. 4 Satz 1 Nr. 7 UStG)

110.5.8.1 Allgemeines

Nach **bisheriger Verwaltungsauffassung** genügte eine Eingangsrechnung den formalen Voraussetzungen für den Vorsteuerabzug, wenn **neben dem Rechnungsbetrag (Bruttobetrag) der in diesem enthaltene Steuerbetrag vermerkt** war[879].

---

878 BMF, Schreiben vom 26.9.2005, Nr. 5.
879 Vgl. Abschn. 202 Abs. 4 Satz 2 UStR 2000 und BMF-Schreiben vom 5.6.2001, IV B 7 – S 7280 – 18/01, BStBl. II 2001, 360.

Der BFH teilte diese – für den Steuerbürger günstige und in der Praxis seit 1968 bewährte – Rechtsauffassung unter Hinweis auf das Gemeinschaftsrecht nicht und betrachtete den zusätzlichen Ausweis des Nettoentgelts in der Rechnung als zwingende Voraussetzung für den Vorsteuerabzug[880].

An diese Rechtsprechung knüpft bereits die seit dem 1.1.2002 gültige Neufassung des § 14 Abs. 1 Satz 2 Nr. 6 a. F. UStG[881] und nunmehr auch § 14 Abs. 4 Satz 1 Nr. 7 n. F. UStG an. In der Rechnung sind die jeweiligen Entgelte aufgeschlüsselt nach Steuersätzen und einzelnen Steuerbefreiungen getrennt anzugeben[882].

110.5.8.2 Im Voraus vereinbarte Entgeltminderungen

Bitte beachten Sie!

Noch Abschn. 185 Abs. 18 Satz 4 UStR 2005 verweist – obwohl zeitlich erst später ergangen – ausdrücklich auf das »alte« BMF-Schreiben! Das Gedankengut wird von Abschn. 14.5 Abs. 19 Sätze 4 ff. fortgeführt.

Gemäß § 14 Abs. 4 Satz 1 Nr. 7 UStG muss in der Rechnung auch jede im Voraus vereinbarte Minderung des Entgelts, soweit sie nicht bereits im Entgelt enthalten ist, angegeben werden. Gemäß § 14 Abs. 1 Satz 2 UStG sind Rechnungen in Papierform oder vorbehaltlich der Zustimmung des Empfängers auf elektronischem Weg zu übermitteln. Da Vereinbarungen über Entgeltminderungen auch Bestandteil der Rechnung sind, gelten die sich aus § 14 Abs. 1 Satz 2 UStG ergebenden **Formerfordernisse** auch für diese. Gemäß § 31 Abs. 1 UStDV kann eine Rechnung aus mehreren Dokumenten bestehen, aus denen sich die nach § 14 Abs. 4 UStG erforderlichen Angaben insgesamt ergeben. Sofern die Entgeltminderungsvereinbarung in dem Dokument, in dem Entgelt und Steuerbetrag angegeben sind, nicht enthalten ist, muss diese als gesondertes Dokument schriftlich beim leistenden Unternehmer **und** beim Leistungsempfänger oder dem jeweils beauftragten Dritten (§ 14 Abs. 2 Satz 4 UStG) vorliegen. Allerdings sind in dem Dokument, in dem das Entgelt und der darauf entfallende Steuerbetrag zusammengefasst angegeben sind, die **anderen Dokumente zu bezeichnen,** aus denen sich die übrigen Angaben ergeben. Die Angaben müssen leicht und eindeutig nachprüfbar sein. Das gilt sowohl im Fall des Steuerausweises in einer Rechnung als **auch im Fall des Hinweises auf eine Steuerbefreiung**[883].

---

880 Urteil vom 27.7.2000, V R 55/99, UR 2001, 29. Der BFH stützt die Urteilsbegründung im Wesentlichen auf Art. 22 Abs. 3 Buchst. b der 6. EG-RL. Nach dem Einleitungssatz der Vorschrift muss eine Rechnung »getrennt den Preis ohne Steuer und den auf die einzelnen Steuersätze entfallenden Steuerbetrag sowie gegebenenfalls die Steuerbefreiung ausweisen«. Abschn. 202 Abs. 4 Satz 2 UStR 2000 sei nicht richtlinienkonform und daher von der Rechtsprechung nicht zu beachten. Wie der BFH zutreffend feststellt, sind in der Vorschrift durch den Richtliniengeber ›die Mindestanforderungen‹ an die Angaben festgelegt worden, die ›zwingend‹ in der Rechnung oder dem an ihre Stelle tretenden Dokument enthalten sein müssen.«.

881 Ausführlich hierzu *Weimann,* UVR 2002, 105.

882 Abschn. 14.5 Abs. 18 UStAE; vgl. auch BMF-Schreiben vom 29.1.2004, a. a. O., Rz. 48.

883 Abschn. 14.5 Abs. 19 UStAE; vgl. auch BMF-Schreiben vom 29.1.2004, a. a. O., Rz. 49.

110.5.8.2.1 Rabatt- oder Bonusvereinbarungen

Gemäß § 14 Abs. 4 Satz 1 Nr. 7 UStG ist in der Rechnung jede im Voraus vereinbarte Minderung des Entgelts anzugeben, sofern diese nicht bereits im Entgelt berücksichtigt ist. In Anwendung der vorgenannten Vorschriften ist es deshalb ausreichend, wenn in dem Dokument, das zusammengefasst die Angabe des Entgelts und des darauf entfallenden Steuerbetrags enthält, auf die entsprechende Konditionsvereinbarung hingewiesen wird. Für eine leichte Nachprüfbarkeit ist allerdings eine hinreichend genaue Bezeichnung erforderlich.

 Musterformulierungen: Rechnungshinweis »Rabatt- oder Bonus«

Um den Erfordernissen des § 31 Abs. 1 UStDV zu genügen, können die diese entsprechenden Vereinbarungen enthaltenden Dokumente z. B. durch Hinweise wie

- »Ich danke für das mir entgegengebrachte Vertrauen und bitte um Überweisung des Kaufpreises auf das ausgewiesene Geschäftskonto. Auf die mit Ihnen am 20. April d. J. in Abhängigkeit vom Jahresbezug getroffene Bonifikationsvereinbarung wird hingewiesen.«
- »Es ergeben sich Entgeltminderungen aufgrund von Rabatt- oder Bonusvereinbarungen.«
- »Entgeltminderungen ergeben sich aus unseren aktuellen Rahmen- und Konditionsvereinbarungen.«
- »Es bestehen Rabatt- oder Bonusvereinbarungen.«

bezeichnet werden.

Dies gilt allerdings nur, wenn die Angaben **leicht und eindeutig nachprüfbar** sind (§ 31 Abs. 1 Satz 3 UStDV). Eine leichte und eindeutige Nachprüfbarkeit ist gegeben, wenn die Dokumente über die Entgeltminderungsvereinbarung in Schriftform vorhanden sind und auf Nachfrage ohne Zeitverzögerung bezogen auf die jeweilige Rechnung vorgelegt werden können[884].

Ändert sich eine vor Ausführung der Leistung getroffene Vereinbarung **nach** diesem Zeitpunkt, ist es nicht erforderlich, die Rechnung zu berichtigen.

Die Verpflichtung zur Angabe der im Voraus vereinbarten Minderungen des Entgelts bezieht sich nur auf solche Vereinbarungen, die der Leistungsempfänger gegenüber dem leistenden Unternehmer unmittelbar geltend machen kann. Vereinbarungen des leistenden Unternehmers **mit Dritten**, die nicht Leistungsempfänger sind, müssen in der Rechnung nicht bezeichnet werden. Im Übrigen gilt § 17 Abs. 1 Satz 2 UStG unverändert fort.

110.5.8.2.2 Skonto

Bei Skontovereinbarungen genügt eine Angabe wie z. B. »2 % Skonto bei Zahlung bis ...« den Anforderungen des § 14 Abs. 4 Nr. 7 UStG. Das Skonto muss **nicht betragsmäßig**

---

884   BMF, Schreiben vom 3.8.2004, a. a. O.

(weder mit dem Bruttobetrag noch mit dem Nettobetrag zzgl. USt) ausgewiesen werden[885].

110.5.8.2.3 Änderung der Bemessungsgrundlage

Die Berichtigung des Steuerbetrags nach § 17 Abs. 1 UStG ist durch den leistenden Unternehmer für den Zeitpunkt vorzunehmen, in dem sich die Minderung der Bemessungsgrundlage durch Inanspruchnahme des Skonto oder die Gewährung des Bonus oder des Rabattes verwirklicht. Das gilt für die Berichtigung des Vorsteuerabzugs durch den Leistungsempfänger entsprechend.

Ein **Belegaustausch** ist bei Inanspruchnahme des Skonto oder der Gewährung des Rabattes oder des Bonus nicht erforderlich. Entsprechend Abschn.17.1 Abs. 3 Satz 4 UStAE (bis 31.10.2010: Abschn. 223 Abs. 3 Satz 4 UStR 2008) ist ein Belegaustausch nur für die in § 17 Abs. 4 UStG bezeichneten Fälle vorgeschrieben[886].

110.5.9 Steuersatz oder Hinweis auf eine Steuerbefreiung (§ 14 Abs. 4 Satz 1 Nr. 8 UStG)

In der Rechnung sind der Steuersatz sowie der auf das Entgelt entfallende Steuerbetrag anzugeben; im Fall der Steuerbefreiung ist ein Hinweis auf die Steuerbefreiung anzubringen.

Der **Hinweis auf das Bestehen einer Steuerbefreiung** wurde bereits durch das StÄndG 2001 zum 1.1.2002 eingeführt[887]. Hier stellte sich anfangs die Frage, ob damit die Angabe der »genauen Hausnummer« der Befreiung[888] erforderlich wird. Dies ist nach Auffassung des BMF nicht der Fall; eine Rechnung muss damit keinen Hinweis auf die entsprechende Vorschrift des UStG oder der 6. EG-RL enthalten. Allerdings soll in der Rechnung ein Hinweis auf den **Grund der Steuerbefreiung** enthalten sein. Dabei reicht regelmäßig eine Angabe **in umgangssprachlicher Form** aus (z. B. »Ausfuhr«, »innergemeinschaftliche Lieferung«, »steuerfreie Vermietung«, »Krankentransport«, usw.)[889]. Diese für die Praxis günstige Auffassung des BMF ist zu begrüßen, da der Hinweis lediglich gewährleisten soll, dass **in den Fällen des § 13b UStG der Leistungsempfänger Kenntnis über die Steuerbefreiung** erlangt[890].

 Musterformulierung: Rechnungshinweis »Steuerbefreiung«

Damit genügt der Rechnungshinweis:

»Die Leistung ist als Krankentransport umsatzsteuerfrei, § 4 UStG.«

---

885   BMF, Schreiben vom 3.8.2004, a. a. O.
886   BMF, Schreiben vom 3.8.2004, a. a. O.
887   § 14 Abs. 1 Satz 1 Nr. 6 UStG i. F. d. StÄndG 2001 vom 20.12.2001, BGBl. I 2001, 3794.
888   D. h. § 4 mit genauer Ziffernangabe.
889   Vgl. Abschn. 14.5 Abs. 20 UStAE; vgl. auch BMF, Schreiben vom 29.1.2004, a. a. O., Rz. 50.
890   So bereits *Weimann,* Umsatzsteuer in der Praxis, 1. Auflage 2003, Kap. 13.3.

Bei **Verträgen über Dauerleistungen** ist es unschädlich, wenn vor dem 1.1.2004 geschlossene Verträge keinen Hinweis auf eine anzuwendende Steuerbefreiung enthalten[891].

110.5.10 Angabe »Gutschrift« (§ 14 Abs. 4 Satz 1 Nr. 10 UStG)

Für einen in der Praxis großen »Aufreger« sorgte zum 30.6.2013/1.1.2014 die Einführung einer neuen Pflichtangabe bei Erteilung einer Gutschrift (➲ nachstehendes Kapitel 110.6)[892]:

 Rechtsgrundlagen
§ 14 Abs. 4 Satz 1 Nr. 10 UStG
(Hinweis: Hervorhebungen durch **Fett**druck sind vom Autor.)

(4) [1]Eine Rechnung muss folgende Angaben enthalten:
...
10. in den Fällen der Ausstellung einer Rechnung durch den Leistungsempfänger oder durch einen von ihm beauftragten Dritten gemäß Abs. 2 Satz 2 die **Angabe »Gutschrift«**
[2]In den Fällen ...

Hierdurch stand insbesondere zu befürchten, dass die Stornierung oder Korrektur einer Ursprungsrechnung (= **kaufmännische Gutschrift** = umsatzsteuerliche Rechnungsberichtigung ≠ umsatzsteuerliche Gutschrift ➲ nachstehendes Kapitel 110.6)[893] Steuer- und Zinsrisiken auslösen könnte. Diese Furcht ist nunmehr genommen; wird in einem solchen Dokument der Begriff »Gutschrift« verwendet, obwohl keine Gutschrift im umsatzsteuerrechtlichen Sinne nach § 14 Abs. 2 Satz 2 UStG vorliegt, ist dies weiterhin umsatzsteuerrechtlich unbeachtlich[894].

 Beratungskonsequenzen
Die Bezeichnung als »Gutschrift« führt damit allein nicht zur Anwendung des § 14c UStG.

---

891 Hinweis auf den damaligen Abschn. 185 Abs. 20 UStR 2005.
892 Art. 10 Nr. 7 und Nr. 8, Gesetz zur Umsetzung der Amtshilferichtlinie sowie zur Änderung steuerlicher Vorschriften – Amtshilferichtlinie-Umsetzungsgesetz – AmtshilfeRLUmsG – vom 26.6.2013, BGBl. I 2013, 1809, BStBl. I 2013, 802;
Eigentlich ist die Neuerung bereits am 30.6.2013 in Kraft getreten. Das BMF hat das Einführungsschreiben aber erst gut 4 Monate nach dem Inkrafttreten des Gesetzes veröffentlicht und damit sehr spät Stellung bezogen. Konsequenterweise wird es nicht beanstandet, wenn die neuen Vorschriften in Rechnungen, die bis zum 31.12.2013 ausgestellt werden, unberücksichtigt bleiben (BMF, Schreiben vom 25.10.2013, Abschnitt IV).
893 Vgl. auch *Weimann*, GStB 2013, 265.
894 BMF, a. a. O., Abschnitt I.2.

Auch hinsichtlich der **Sprachvorgaben** zeigt sich das BMF einsichtig. Statt des deutschen Wortes »Gutschrift« ist die Verwendung auch von Formulierungen zulässig, die in **anderen Amtssprachen der EU** für den Begriff »Gutschrift« in Art. 226 Nr. 10a MwStSystRL der jeweiligen Sprachfassung verwendet werden (z. B. **»Self-billing«**).

 Praxistipp

Das BMF hat zum Begriff der Gutschrift und den anderen neuen Rechnungsangaben eine **tabellarische Übersicht** erstellt, welche die Begriffe in den anderen Amtssprachen der EU auflistet (➲ nachfolgendes Kapitel 110.16).

 Beratungskonsequenzen

1. Die **Verwendung anderer als der aufgelisteten Begriffe** entspricht nicht § 14 Abs. 4 Satz 1 Nr. 10 UStG.
2. Gleichwohl ist der **Vorsteuerabzug** des Leistungsempfängers **nicht allein wegen begrifflicher Unschärfen zu versagen**, wenn die gewählte Bezeichnung hinreichend eindeutig ist (z. B. Eigenfaktura), die Gutschrift im Übrigen ordnungsgemäß erteilt wurde und keine Zweifel an ihrer inhaltlichen Richtigkeit bestehen[895].

Wird in einem (1) Dokument

*   sowohl über empfangene Leistungen (Gutschrift)
*   als auch über ausgeführte Leistungen (Rechnung)

zusammen abgerechnet, muss das Dokument die Rechnungsangabe »Gutschrift« enthalten. Zudem muss aus dem Dokument zweifelsfrei hervorgehen, über welche Leistung als Leistungsempfänger bzw. leistender Unternehmer abgerechnet wird.

 Beratungskonsequenzen

In dem Dokument sind **Saldierung und Verrechnung** der gegenseitigen Leistungen **unzulässig!**

110.5.11 Möglichkeit weiterer Rechnungsangaben

Aus Sicht der Unternehmer sollen die Angaben in der Liste zwar obligatorisch, jedoch nicht abschließend sein. Die Unternehmer sollen also einer Rechnung weitere (**gewillkürte) Rechnungsangaben** hinzufügen können, wenn sie es wünschen oder wenn der Kunde zusätzliche Informationen benötigt.

---

895 BMF, a. a. O., Abschnitt I.2.

110.5.12 Keine Unterschrift erforderlich

Gem. Art. 229 MwStSystRL fordern die Mitgliedstaaten **keine Unterschrift der Rechnungen**. Selbstverständlich steht es jedem Unternehmer aber frei, die Rechnungen zu unterschreiben bzw. von einem (leitenden) Angestellten unterschreiben zu lassen.

110.6 Rechnungsangaben bei Sonderregelungen

§ 14a Abs. 6 UStG wurde seit dem 30.6.2013/1.1.2014[896]zur Umsetzung des Art. 226 Nr. 13 und 14 MwStSystRL wie folgt konkretisiert:

 Rechtsgrundlagen

§ 14a Abs. 6 Satz 1 UStG
(Hinweis: Hervorhebungen durch **Fett**druck sind vom Autor.)
[1]In den Fällen der Besteuerung von Reiseleistungen nach § 25 hat die Rechnung die Angabe »Sonderregelung für Reisebüros« und in den Fällen der Differenzbesteuerung nach § 25a die **Angabe »Gebrauchtgegenstände/Sonderregelung«, »Kunstgegenstände/Sonderregelung« oder »Sammlungsstücke und Antiquitäten/Sonderregelung«** zu enthalten.

Der Rechnungsaussteller kann anstele der deutschen Begriffe auch Formulierungen verwenden, die in **anderen Amtssprachen** für die Rechnungsangaben nach Art. 226 Nr. 13 und 14 MwStSystRL der jeweiligen Sprachfassung verwendet werden.

 Praxistipp
Auf die **tabellarische Übersicht** des BMF wird wieder hingewiesen (➲ nachfolgendes Kapitel 110.16).

Ein gesonderter Steuerausweis ist in den Fällen des § 25 Abs. 3 und § 25a Abs. 3 und 4 UStG unzulässig[897] und ein Vorsteuerabzug aus diesen Rechnungen ausgeschlossen[898].

---

896 Art. 10 Nr. 7 und Nr. 8, Gesetz zur Umsetzung der Amtshilferichtlinie sowie zur Änderung steuerlicher Vorschriften – Amtshilferichtlinie-Umsetzungsgesetz – AmtshilfeRLUmsG – vom 26.6.2013, BGBl. I 2013, 1809, BStBl. I 2013, 802;
Eigentlich ist die Neuerung bereits am 30.6.2013 in Kraft getreten. Das BMF hat das Einführungsschreiben aber erst gut 4 Monate nach dem Inkrafttreten des Gesetzes veröffentlicht und damit sehr spät Stellung bezogen. Konsequenterweise wird es nicht beanstandet, wenn die neuen Vorschriften in Rechnungen, die bis zum 31.12.2013 ausgestellt werden, unberücksichtigt bleiben (BMF, Schreiben vom 25.10.2013, Abschnitt IV).
897 § 14a Abs. 6 Satz 2 UStG.
898 BMF, a. a. O., Abschnitt I.5.

110.7 Für die Rechnungserteilung maßgebliches Recht

Grundsätzlich richtet sich das maßgeblich anzuwendende Recht für die Rechnungsstellung nach den Vorschriften des Mitgliedstaates, in dem der Umsatz ausgeführt wird[899]. Von diesem Grundsatz werden mit der Einfügung des § 14 Abs. 7 UStG und der Neufassung des § 14a Abs. 1 UStG zum 30.6.2013/1.1.2014 **zwei Sonderfälle des § 13b-UStG** ausgenommen, in denen u. a. keine Abrechnung per Gutschrift vereinbart worden ist (➲ Kapitel 121).

110.8 Zeitpunkt der Rechnungsausstellung

Nach § 14 Abs. 2 UStG ist seit dem 30.6.2013/1.1.2014[900] eine Rechnung **grundsätzlich innerhalb von sechs Monaten** nach Ausführung der Leistung auszustellen, sofern eine Verpflichtung zur Rechnungsausstellung besteht. In den folgenden Fällen gilt nunmehr eine kürzere Frist[901]:

 Rechtsgrundlagen

§ 14a Abs. 6 Satz 2 sowie Abs. 3 Sätze 1 u. 2 UStG

(Hinweis: Hervorhebungen durch **Fett**druck sind vom Autor.)

(1) … [2]Führt der Unternehmer eine **sonstige Leistung** im Sinne des § 3a Absatz 2 in einem anderen Mitgliedstaat aus, so ist die Rechnung **bis zum fünfzehnten Tag** des Monats, der auf den Monat folgt, in dem der Umsatz ausgeführt worden ist, auszustellen. …

(2) …

(3) [1]Führt der Unternehmer eine innergemeinschaftliche Lieferung aus, ist er zur Ausstellung einer Rechnung bis zum fünfzehnten Tag des Monats, der auf den Monat folgt, in dem der Umsatz ausgeführt worden ist, verpflichtet. [2]In der Rechnung sind auch die Umsatzsteuer-Identifikationsnummer des Unternehmers und die des Leistungsempfängers anzugeben.

Bitte beachten Sie!

Die Regelung gilt also nur für

- **innergemeinschaftliche Lieferungen** (§§ 4 Nr. 1 Buchst. b, 6a UStG)
- sonstige Leistungen i. S. d. § 3a Abs. 2 UStG (**»B2B-Leistungen«**) in einem anderen Mitgliedstaat

---

899 § 14 Abs. 2 Satz 1 UStG, der auf Art. 219a Nr. 1 MwStSystRL beruht.

900 Art. 10 Nr. 7 und Nr. 8, Gesetz zur Umsetzung der Amtshilferichtlinie sowie zur Änderung steuerlicher Vorschriften – Amtshilferichtlinie-Umsetzungsgesetz – AmtshilfeRLUmsG – vom 26.6.2013, BGBl. I 2013, 1809, BStBl. I 2013, 802.

901 Umsetzung des Art. 222 MwStSystRL.

Beratungskonsequenzen

Die neue Fristvorgabe dient dem Funktionieren des innergemeinschaftlichen Kontrollsystems. Eine Nichteinhaltung dieser Frist stellt keine aber Ordnungswidrigkeit nach § 26a UStG dar[902]. Zum zivilrechtlichen Anspruch auf Erteilung einer ordnungsgemäßen Rechnung vgl. Abschn. 14.1 Abs. 5 UStAE.

Erbringt der Kunde **erst im Nachhinein** die vom leistenden Unternehmer angeforderten Nachweise – etwa die Gelangensbestätigung –, belegen diese Nachweise dennoch die Umstände im Lieferzeitpunkt, wirken m. a. W. auf diesen zurück. Für die Fristberechnung kommt es damit

- ausschließlich auf die Lieferung und

- **nicht** auf den Eingang des Nachweises beim Lieferanten an.

Beispiel

Autohaus A verkauft dem italienischen Unternehmenskunden I im Mai 2024 einen gebrauchten LKW. Die Voraussetzungen für eine steuerfreie innergemeinschaftliche Lieferung (igL) liegen grundsätzlich vor – logischerweise mit Ausnahme der Gelangensbestätigung. A fakturiert das Fahrzeug daher zunächst unter Ausweis eines Sicherheitszuschlags i. H. v. 19 %, den I nach Eingang der Gelangensbestätigung erstattet bekommen soll. I holt das Fahrzeug 31.5.2024 bei A ab, bringt es wie vereinbart nach Italien. Darüber vergisst I die Gelangensbestätigung, zumal ihm eine solche aus dem italienischen Recht nicht bekannt ist. A erinnert den I am 14.6.2024; die Bestätigung geht am 23.6.2024 bei A ein.

➲ **Folge:**

Bereits bei Übergabe des Fahrzeugs – also am 31.5.2024 – tätigt A gegenüber I die igL. Damit muss A die Rechnung eigentlich bis zum 18.6.2024 ausstellen (§ 14a Abs. 3 UStG). Da dies ein Sonntag ist, verschiebt sich das Fristende auf den 19.6.2024 (§ 108 Abs. 3 Abgabenordnung). Die am 23.6.2024 eingehende Gelangensbestätigung belegt die bereits am 31.5.2024 getätigte igL.

Bitte beachten Sie!

Erst wenn Sie endgültig davon ausgehen müssen, dass Sie vom Kunden keine Gelangensbestätigung erhalten werden, sollten Sie den Umsatz »normal« mit 19 % besteuern. Dazu ist dann die Umsatzsteuer-Voranmeldung zu berichtigen, mit der Sie den Umsatz dem Finanzamt ursprünglich gemeldet haben.

110.9 Sprachvorgaben sind unzulässig!

Immer wieder monieren Betriebsprüfer Ausgangs- oder Eingangsrechnungen, die ganz oder teilweise in ausländischer Sprache verfasst sind. Dies zu Unrecht ➲ Kapitel 111.1.

---

902 BMF, a. a. O., Abschnitt I.3.

110.10 Abrechnung in Form der Gutschrift (§ 14 Abs. 2 Satz 3 UStG)

 Hinweis

Gutschrifterteilung ab 1.1.2014
Zur **Rechnungsangabe »Gutschrift«** ab 1.1.2014[903], vgl. ➲ vorstehendes Kapitel 111.5.10

Das UStG unterscheidet **zweierlei Abrechnungsformen**:

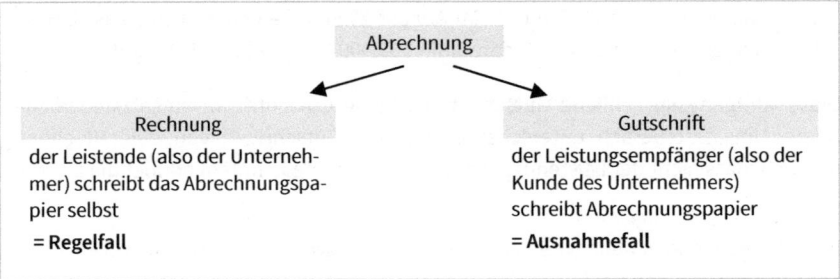

Rechnung	Gutschrift
der Leistende (also der Unternehmer) schreibt das Abrechnungspapier selbst	der Leistungsempfänger (also der Kunde des Unternehmers) schreibt Abrechnungspapier
= **Regelfall**	= **Ausnahmefall**

Eine Gutschrift ist eine Rechnung, die vom Leistungsempfänger ausgestellt wird[904]. Folgende Neuerungen sind seit dem 1.1.2004 für die Ausstellung einer Gutschrift zu beachten:

- Eine Gutschrift kann auch durch **juristische Personen, die nicht Unternehmer sind**, ausgestellt werden.

- Der Leistungsempfänger kann mit der Ausstellung einer Gutschrift auch einen **Dritten beauftragen**, der im Namen und für Rechnung des Leistungsempfängers abrechnet (§ 14 Abs. 2 Satz 4 UStG).

- Die am Leistungsaustausch Beteiligten können **frei vereinbaren**, ob der leistende Unternehmer oder der in § 14 Abs. 2 Satz 2 UStG bezeichnete Leistungsempfänger abrechnet – die Vereinbarung hierüber muss vor der Abrechnung getroffen worden sein.

- Eine Gutschrift kann auch ausgestellt werden, wenn über **steuerfreie Umsätze** abgerechnet wird oder wenn beim leistenden Unternehmer nach **§ 19 Abs. 1 UStG** die Steuer nicht erhoben wird. Dies kann dazu führen, dass der Empfänger der Gutschrift unrichtig oder unberechtigt ausgewiesene Steuer nach § 14c UStG schuldet.

Keine Gutschrift im vorgenannten Sinne ist die im allgemeinen Sprachgebrauch ebenso bezeichnete **Korrektur einer zuvor ergangenen Rechnung**[905] ➲ Kapitel 113.

---

903 Art. 10 Nr. 7 und Nr. 8, Gesetz zur Umsetzung der Amtshilferichtlinie sowie zur Änderung steuerlicher Vorschriften – Amtshilferichtlinie-Umsetzungsgesetz – AmtshilfeRLUmsG – vom 26.6.2013, BGBl. I 2013, 1809, BStBl. I 2013, 802.
904 Abschn. 14.3 Abs. 1 UStAE; vgl. auch BMF, Schreiben vom 29.1.2004, a. a. O., Rz. 5.
905 Vgl. *Weimann*, UStB 2003, 121.

> **!** **Praxistipp**
>
> In der Praxis wird die Gutschrift häufig mit den Fällen verwechselt, in denen der Kunde wegen Schlechterfüllung vom leistenden Unternehmer einen Preisnachlass erhält.

> **Beispiel**
>
> Druckerei D erwirbt von Maschinenfabrik M im Januar 2024 eine Maschine zum Preis von 1.000.000 € zzgl. 190.000 € USt. Nachdem die Maschine bereits im März 2024 voll bezahlt wurde, stellt sich im Juli 2024 ein nicht zu beseitigender Mangel heraus, zu dessen Ausgleich sich D und M im August 2024 auf einen Preisnachlass i. H. v. 15 % einigen. M schreibt dem D daraufhin 150.000 € zzgl. 28.500 € USt gut.

Diese »**umgangssprachliche Gutschrift**« ist keine Gutschrift im umsatzsteuerlichen Sinne. Umsatzsteuerlich unterscheidet sich die Gutschrift[906] von einer Rechnung dadurch, dass nicht der Leistende, sondern der Leistungsempfänger über die Leistung abrechnet.

In der Vergangenheit beurteilte sich die Abgrenzung zwischen Gutschrift und Rechnung danach, wen von den beiden am Leistungsaustausch Beteiligten nach zivilrechtlichen Grundsätzen die **Abrechnungslast** traf[907]. Diese war anhand des schuldrechtlichen Verhältnisses oder einer den tatsächlichen Gegebenheiten und ihrer schuldrechtlichen Einordnung entsprechenden vertraglichen Verpflichtung zu bestimmen. Die wahlweise Abrechnung durch Rechnung oder Gutschrift war zulässig, wenn keine anderweitige gesetzliche Regelung zur Abrechnungsverpflichtung bestand und jeder der beiden Vertragspartner auf der Grundlage seiner eigenen Geschäftsunterlagen abrechnen konnte[908]. Auch wenn das BMF sagt, die am Leistungsaustausch Beteiligten können sich nunmehr frei vereinbaren, hat sich de facto damit an der bisherigen Rechtslage nichts geändert.

> **Beispiele**
>
> 1. Ein Autor (= leistender Unternehmer) erstellt für einen Verlag (= Leistungsempfänger) ein Buchmanuskript und soll dafür mit 20 v. H. am Verlagsumsatz beteiligt werden. Da der Autor die Abrechnungsgrundlage »Verlagsumsatz« nicht ermitteln und damit rein faktisch keine Rechnung schreiben kann, wird der Verlag im Wege der Gutschrift abrechnen.
> 2. Der Automobilhersteller GAUDI (= Leistungsempfänger) entnimmt für seine Produktion Teile aus den Lagern seiner Zulieferer (= leistende Unternehmer). Da die Zulieferer die Abrechnungsgrundlage »entnommene Teile« nur schwer ermitteln können, wird GAUDI im Wege der Gutschrift abrechnen.

---

906   § 14 Abs. 2 Satz 3 UStG.

907   Zur Abgrenzung der Rechnung von der Gutschrift ausführlich *Stadie* in R/D, § 14 Anm. 181 ff. sowie Lang in Weimann/Lang, Umsatzsteuer – national und international (UNI), 3. Auflage 2011, § 14 Anmerkung 2.3.

908   Vgl. Abschn. 14.3 UStAE.

Für den Fall der Abrechnung im Wege der Gutschrift ist der **Geschäftspartner zu Angabe seiner Steuernummer aufzufordern.**

Die **Vereinbarung zur Abrechnung mit Gutschrift** ist an keine besondere Form gebunden. Sie kann sich aus Verträgen oder sonstigen Geschäftsunterlagen ergeben. Sie kann auch mündlich getroffen werden[909].

Voraussetzung für die **Wirksamkeit einer Gutschrift** ist, dass die Gutschrift dem leistenden Unternehmer übermittelt worden ist und dieser dem ihm zugeleiteten Dokument nicht widerspricht[910]. Die Gutschrift ist übermittelt, wenn sie dem leistenden Unternehmer so zugänglich gemacht worden ist, dass er von ihrem Inhalt Kenntnis nehmen kann[911].

Der leistende Unternehmer kann **der Gutschrift widersprechen**. Der Widerspruch wirkt, auch für den Vorsteuerabzug des Leistungsempfängers, erst in dem Besteuerungszeitraum, in dem er erklärt wird. Mit dem Widerspruch verliert die Gutschrift die Wirkung als Rechnung[912]. Die Wirksamkeit des Widerspruchs setzt den Zugang beim Gutschriftaussteller voraus[913].

110.11 Rechnung per Telefax

Die Übermittlung von Rechnungen ist auch per Telefax zulässig ➔ Kapitel 114.

110.12 Elektronische Rechnungen

§ 14 Abs. 1 und Abs. 3 UStG lässt die Übermittlung von Rechnungen auch auf elektronischem Weg zu ➔ Kapitel 114 und Kapitel 115.

110.13 Gestaltung von Endrechnungen (§ 14 Abs. 5 UStG)

110.13.1 Allgemeines

Die Bundesregierung begründet den neuen § 14 Abs. 5 UStG wie folgt[914]: *»§ 14 Abs. 5 setzt Art. 22 Abs. 3 Buchst. a zweiter Unterabsatz der 6. EG-Richtlinie um und entspricht der bisherigen Regelung in § 14 Abs. 1 Satz 4 und 5 UStG (alt).«*

Die Unterscheidung zwischen § 14 Abs. 2 und Abs. 3 a. F. UStG hatte insoweit keine Bedeutung mehr, als nur die (... bei korrekter Anwendung des UStG tatsächlich ...) **geschuldete Umsatzsteuer** als Vorsteuer nach § 15 Abs. 1 Nr. 1 UStG abziehbar war ➔ Kapitel 116.1. Eine unrichtig oder zu Unrecht in Rechnung gestellte Umsatzsteuer konnte

---

909 Abschn. 14.3 Abs. 2 UStAE; vgl. auch BMF, Schreiben vom 29.1.2004, a. a. O., Rz. 6.
910 § 14 Abs. 2 Satz 4 UStG; Abschn. 14.3 Abs. 3 UStAE; vgl. auch BMF, Schreiben vom 29.1.2004, a. a. O., Rz. 7.
911 Vgl. BFH-Urteil vom 15.9.1994, BStBl. II 1995, 275.
912 Abschn. 14.3 Abs. 4 UStAE; vgl. auch BMF, Schreiben vom 29.1.2004, a. a. O., Rz. 8.
913 Vgl. BFH-Urteil vom 19.5.1993, BStBl. II 1993, 779.
914 BR-Drs. 630/03 vom 5.9.2003, BT-Drs. 15/1562 vom 23.9.2003.

berichtigt werden, wenn der Vorsteuerabzug beim Leistungsempfänger rückgängig gemacht wurde.

Das Urteil des BFH vom 11.4.2002[915] verdeutlicht die Wirkungsweise der neuen Rechtsprechung zum »richtigen« Vorsteuerabzug[916] aus »unrichtigen« Rechnungen und zur Berichtigungsmöglichkeit der unrichtig/unberechtigt ausgewiesenen Umsatzsteuer[917]. Der Grundsatz der Neutralität der Umsatzsteuer begründet beim Rechnungsempfänger **keinen Anspruch** auf Abzug der unrichtig ausgewiesenen Steuer als Vorsteuer. Das Besteuerungsgleichgewicht wird vielmehr durch die Möglichkeit zur Berichtigung **aller** nach § 14 Abs. 2 und Abs. 3 a. F. UStG unzutreffend ausgewiesenen Steuerbeträge erreicht. Bis zur nunmehrigen – ab dem 1.1.2004 gültigen – gesetzlichen Anpassung[918] an das EG-Recht wurde die Berichtigungsmöglichkeit von der Rechtsprechung in allen in Betracht kommenden Möglichkeiten geprüft.

Anderslautenden Entscheidungen der Finanzverwaltung war bis dahin im Einspruchs- oder Klagewege zu begegnen[919].

Aufgrund der neuen Rechtslage ist insbesondere darauf zu achten, dass die Umsatzsteuer aus bereits erteilten **Abschlagsrechnungen** nicht ein zweites Mal in der **Endrechnung** ausgewiesen wird. In Letzterer sind sowohl die vereinnahmten Teilentgelte als auch die darauf entfallenden Steuerbeträge abzusetzen.

📄 **Musterrechnung**

Errichtung eines Anbaus, Abnahme 22.5.2024:

	Abschlagszahlungen (EUR)	Preis (EUR)	Entgelt (EUR)	Umsatzsteuer (EUR)
		595.000	500.000	95.000
– 1. Zahlung	100.000	100.000	84.034	15.966
– 2. Zahlung	100.000	100.000	84.034	15.966
verbleibende Restzahlung		**395.000**	**331.932**	**63.068**

110.13.2 Endrechnungen nach Anzahlungsversteuerung: Vorsicht vor teuren Abrechnungsfehlern!

Bei der Erstellung von Endrechnungen wird häufig übersehen, dass

---

915 BFH, Urteil vom 11.4.2002, V R 26/01, BFH/NV 2002, 1006 = Entscheidung 786.

916 BFH, Urteil vom 2.4.1998, V R 34/97, BStBl. II 1998, 695.

917 BFH, Urteil vom 22.3.2001, V R 11/98, BFH/NV 2001, 1088 = Entscheidung = Entscheidung 899.

918 Vgl. neuer § 14c UStG.

919 Vgl. o. V., StWK Gruppe 1, S. 1228 = Heft 14/2002; *Wagner*, LSW Gruppe 3, S. 700 = Heft 7/2002; *Weimann*, UStB 2002, 306.

- die vor Ausführung der Lieferung oder sonstigen Leistungen vereinnahmten Teilentgelte sowie
- die auf die Teilentgelte entfallenden Steuerbeträge

abzusetzen sind, wenn über die Abschläge Rechnungen im umsatzsteuerlichen Sinne ausgestellt wurden[920]. Fallgestaltungen wie die folgende sind an der Tagesordnung:

Beispiel

Bauunternehmer D aus Dortmund hat im Frühjahr/Sommer 2024 für Auftraggeber A (kein Bauleister i. S. v. § 13b Abs. 5 Satz 2 UStG) ein Bürogebäude zum Festpreis von 1.000.000 € zzgl. USt errichtet. Nach Fertigstellung des Rohbaus am 12.4.2024 war A zu einer Abschlagszahlung von 500.000 € zzgl. 95.000 € USt verpflichtet. D hat dem A unter dem 2.5.2024 eine ordnungsgemäße Abschlagsrechnung mit Umsatzsteuerausweis erteilt; A hat den Abschlag bei Fälligkeit 25.5.2024 geleistet. Nach Abnahme des Objekts am 3.7.2024 erstellt D unter dem 14.8.2024 folgende Schlussrechnung:

Nettoentgelt	1.000.000 €
+ USt (19 %)	190.000 €
Bruttoentgelt	1.190.000 €
abzüglich bereits vereinnahmter Abschläge **(Rechnung vom 2.5.2024, vereinnahmt am 25.5.2024)**	– 595.000 €
verbleiben zu zahlen	595.000 €

Bei einer Umsatzsteuer-Sonderprüfung im Mai 2025 stellt das Finanzamt fest, dass die **Schlussrechnung den auf den Abschlag entfallenden Steuerbetrag nicht nach § 14 Abs. 5 Satz 2 UStG offen absetzt.**
➲ **Folge:**
Nach Auffassung des Betriebsprüfers schuldet D den »doppelt« ausgewiesenen Umsatzsteuerbetrag i. H. v. 95.000 € nach § 14c Abs. 1 UStG zusätzlich. Die nachträgliche Steuerfestsetzung verbindet der Prüfer gemäß § 233a AO mit einer Zinsfestsetzung. Zu Recht?

Zu Recht! Gemäß § 14 Abs. 5 Satz 2 UStG hätte D in der Schlussrechnung das in der Abschlagszahlung enthaltene Nettoentgelt sowie die zugehörige Umsatzsteuer jeweils absetzen und die Restbeträge angeben müssen[921]. Wegen Verstoßes gegen § 14 Abs. 5 Satz 2 UStG schuldet B den in der Anzahlung enthaltenen Umsatzsteuerbetrag i. H. v. 95.000 € zusätzlich nach § 14c Abs. 1 UStG. Eine **Berichtigung** dieses unrichtigen Steuerausweises ist **nicht rückwirkend**, sondern gemäß § 14c Abs. 1 Satz 2 UStG **erst im Zeitpunkt der Rechnungsberichtigung** möglich, sodass die aufgrund der Außenprüfung erhöhte Umsatzsteuerfestsetzung in diesem Fall auch eine **Zinsfestsetzung gemäß § 233a AO auslöst.**

---

920   § 14 Abs. 5 Satz 2 UStG.
921   Vgl. Abschn. 14.8 Abs. 7 UStAE.

Nach Nr. 70.2.3 des AEAO zu § 233a AO **verzichtete die Finanzverwaltung lange** jedoch auf die Nachzahlungszinsen, da sie deren Erhebung wegen nicht möglicher rückwirkender Berichtigung als sachlich unbillig ansah – dies zumindest dann, wenn der Unternehmer nach Aufdeckung seines Fehlers sogleich eine berichtigte Endrechnung erteilte.

Der **BFH** teilte diese Auffassung nicht. Die rückwirkende Berichtigung eines unzutreffenden Umsatzsteuerausweises widerspreche im Hinblick auf das Zitat des § 17 UStG in § 14 Abs. 2 Satz 2 a. F./§ 14c Abs. 1 Satz 2 UStG dem Regelungszweck. Für eine sachliche Unbilligkeit der Verzinsung derartiger Steuernachforderungen gebe es daher keinen Anhaltspunkt; die **gegenteilige Billigkeitsregelung** im AEAO zu § 233a AO stelle eine **gesetzwidrige Verwaltungspraxis** dar[922].

Die Finanzverwaltung folgt dem BFH und hat die damalige – auch heute noch »in den Köpfen« verfestigte – **Billigkeitsregelung aufgehoben**[923].

➡️ **Beratungskonsequenzen**

1. **Verstoß gegen eindeutige Gesetzesvorgaben:** Nach bisheriger Verwaltungsauffassung sollte die Umsatzsteuer aus Billigkeitsgründen erlassen werden, »wenn in einer Endrechnung die vor der Leistung vereinnahmten Teilentgelte und die auf sie entfallenden USt-Beträge nicht abgesetzt oder angegeben wurden«. Der Unternehmer schuldete dann zwar die Umsatzsteuer aus dem in der Endrechnung zu Unrecht doppelt ausgewiesenen Steuerbetrag nach § 14 Abs. 2 UStG. Bei Berichtigung der Rechnung seien aber Nachzahlungszinsen, die auf diese Steuer nach § 14 Abs. 2 UStG entfielen, aus sachlichen Billigkeitsgründen zu erlassen, »wenn der Unternehmer nach Aufdeckung seines Fehlers sogleich eine berichtigte Endrechnung erteilt«.

2. **Das widersprach der eindeutigen gesetzlichen Regelung** im damaligen § 14 Abs. 2 Satz 2 UStG (nunmehr § 14c Abs. 1 Satz 2 UStG) i. V. m. § 17 Abs. 1 UStG, wonach zu Unrecht ausgewiesene USt **bis zum Zeitpunkt der Rechnungsberichtigung geschuldet** wird.

3. Die Festsetzung von Nachzahlungszinsen gem. § 233a AO ist grundsätzlich rechtmäßig, wenn der Steuerschuldner **Liquiditätsvorteile gehabt** hat, weil er von der Zahlung der geschuldeten Steuer – wegen unzutreffender Steuerfestsetzung – vorerst »freigestellt« war.
Für die nach § 14 Abs. 2 UStG (nunmehr § 14c Abs. 1 UStG) bis zur Rechnungsberichtigung geschuldete Steuer gilt nichts anderes; für eine sachliche Unbilligkeit der Verzinsung gibt es mithin keinen Anhaltspunkt[924].

4. **Keine Gleichheit im Unrecht:** Ermessenslenkende Verwaltungsvorschriften wie die hier zur Diskussion stehende können auch unter dem Gesichtspunkt der

---

922 BFH, Urteil vom 19.3.2009, V R 48/07, BStBl. II 2010, 92.

923 BMF, Schreiben vom 22.12.2009, IV A 3 – S 0062/08/10007-07, 2009/0849356, BStBl. I 2010, 9.
Aufgrund einer Übergangsregelung blieb die frühere Weisungslage bei bis zum 22.12.2009 erteilten (fehlerhaften) Endrechnungen jedenfalls anwendbar, wenn der Unternehmer nach Aufdeckung seines Fehlers sogleich eine berichtigte Endrechnung erteilt hat.

924 Vgl. auch *Nieskoven*, GStB 2010, 150. sowie *Martin*, BFH/PR 2009, 320.

Rechnungsstellung – Vorsteuerabzug – Übergang der Steuerschuld

Selbstbindung der Verwaltung und damit der Beachtung des Gleichbehandlungsgrundsatzes (Art. 3 Abs. 1 GG) bei der gerichtlichen Überprüfung von Ermessensentscheidungen **nur dann von Bedeutung sein, wenn sie nicht gesetzwidrig sind**; gerade das war aber hier der Fall.

5. **Mandantenempfehlung:** Die Mandanten sollten sich bei Erstellung einer Endrechnung möglichst eng an eines der Beispiele in Abschn. 14.8 Abs. 7, Abs. 8 UStAE anlehnen.

6. Bitte beachten Sie auch die **neue EuGH-Rechtsprechung** zur Besteuerung von Anzahlungen!

110.13.3 Nebenkostenabrechnung bei gewerblichen Mietern

Wurde bei der Vermietung von Gewerbeimmobilien zur Steuerpflicht optiert, erfasst die Option auch die Abrechnung von Müllabfuhr, Strom, Wasser und anderen Leistungen des Vermieters, die als Nebenleistung das Schicksal der Vermietungsleistung teilen. Auf diese Leistungen hat der Mieter in der Regel unterjährige Abschläge zu leisten, die nach Beendigung des Abrechnungszeitraums mit der tatsächlichen Schuld verrechnet werden. Wird dabei eine Endrechnung erteilt, sind in dieser die unterjährig vereinnahmten Teilentgelte und die auf diese entfallenden Steuerbeträge abzusetzen, wenn über die Teilentgelte Rechnungen mit gesondertem Steuerausweis erteilt wurden[925].

Bei Erstellung einer Endrechnung ist – wie bereits ausgeführt – insbesondere darauf zu achten, dass die Umsatzsteuer aus bereits erteilten Abschlagsrechnungen nicht ein zweites Mal ausgewiesen wird. In der Endrechnung sind daher sowohl die vereinnahmten Teilentgelte als auch die darauf entfallenden Steuerbeträge abzusetzen. Abschn. 14.8 Abs. 7 u. 8 UStAE geben Beispiele zur Gestaltung von Endrechnungen.

 Beratungskonsequenzen

Der Praxis ist zu empfehlen, sich bei einer konkreten Abrechnung **möglichst eng an eines dieser Beispiele anzulehnen**; so könnte eine nach Abschn. 14.8 Abs. 7 Bsp. 4 UStAE erstellte Endrechnung wie folgt aussehen[926].

---

925 § 14 Abs. 5 Satz 2 UStG.

926 Vgl. *Weimann*, UStB 2005, 218. Ausführlich zur Erstellung von Endrechnungen *Sprenger/Seitz*, Rechnungen und Vorsteuerabzug/Das neue Recht, Kap. 5, 1. Auflage München 2004; vgl. auch *Thomsen*, Schnelleinstieg Einnahme-Überschuss-Rechnung für Freiberufler und Selbstständige, 3. Auflage München 2007.

Muster Endabrechnung				
Kostenkonto Umlageart	Gebäudeeinheit umzulegende Kosten in €	Umlage gesamt Umlage anteilig in €	Anteilige Kosten in €	Begriff in Abschn. 14.8 Abs. 7 Bsp. 4 UStAE
Wassergeld (gem. BetrKV)	002 (Familie Mustermann)	420,000		
Verbrauch	852,00	193,000	391,52	
Heizung, Warmwasser	002 (Familie Mustermann)	1.554,32		
gesonderte Abrech-nung	1.554,32	537,16	537,16	
Müllabfuhr (gem. BetrKV)	002 (Familie Mustermann)	3.148,00		
Personenetage	480,00	787,00	120,00	
Schornstein (gem. BetrKV)	002 (Familie Mustermann)	100,00		
Miteigentumsanteil	168,32	25,00	42,08	
Summe Netto			1.090,76	(Entgelt)
Umsatzsteuer (19 %)			207,25	(Umsatzsteuer)
Gesamtbetrag brutto			1.298,01	(Preis)
abzüglich Vorauszahlungen (netto)		960,00		(Entgelt)
abzüglich Umsatzsteuer auf Vorauszahlungen		182,40		(Umsatzsteuer)
		1.142,40		
			1.142,40	
noch zu zahlender Betrag			155,61	(verbleibende Restzahlung)

110.14 »Durchreichung« von Kosten an den Kunden

110.14.1 Grundlagen

 Hinweis

➲ Kapitel 83.5, Kapitel 105.2 und Kapitel 116.10

Rechnungsstellung – Vorsteuerabzug – Übergang der Steuerschuld

110.14.2 Vorsicht bei der Abrechnung von durchlaufenden Posten

Bericht aus einer Betriebsprüfung beim Mandanten

Bei Betriebs- und Sonderprüfungen ist immer wieder die umsatzsteuerliche Behandlung von Portokosten streitig. Klarheit schafft eine wenig bekannte Verfügung der OFD Karlsruhe[927].

110.14.2.1 Der Mandantenfall

Unsere Mandanten haben in folgenden Sachverhalt verwirklicht, der so oder ähnlich immer wieder vorkommt:

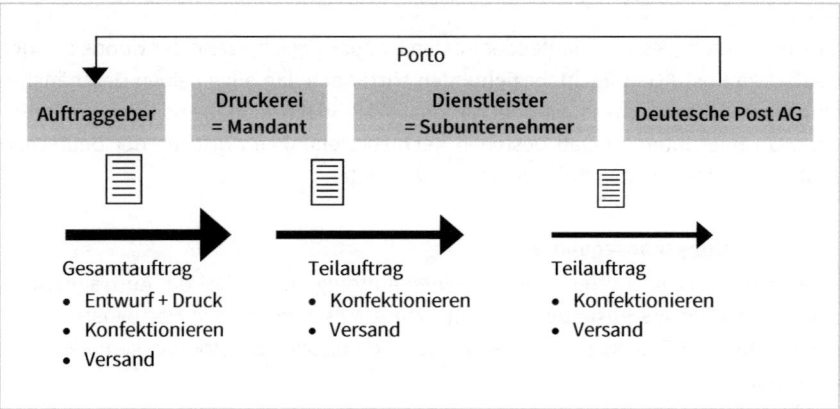

Mandant M betreibt eine Druckerei. Auftraggeber A bittet den Mandanten, einen Werbeträger zu erstellen, zu konfektionieren (= versandfertig zu machen) und an einen von ihm vorgegebenen Adressatenkreis zu versenden. **Als Versender soll A auf dem Adressaufkleber benannt werden.**

M druckt den Werbeträger und beauftragt seinerseits Dienstleister D mit Konfektionierung und Versand.

D konfektioniert und erteilt der Deutschen Post AG den Versandauftrag.

In den Rechnungen weisen D gegenüber M und M gegenüber A das Porto als durchlaufende Posten aus, berechnen dieses also de facto umsatzsteuerfrei weiter.

Bei M findet eine Betriebsprüfung statt. Der Prüfer ist der Ansicht, das Porto sei dem Entgelt zuzuschlagen und auf 19% »hochzuschleusen«.

Zu Recht?

---

927   Vfg. vom 5.4.2011, S 7200 - Karte 12; dazu ausführlich *Weimann/Fuisting*, GStB 2016, 453.

110.14.2.2 Die Rechtsauffassung der OFD Karlsruhe

Die OFD Karlsruhe nimmt Stellung zur Frage, unter welchen Voraussetzungen Porto-kosten als durchlaufende Posten behandelt werden können.

110.14.2.2.1 Allgemeines

Bei Werbeagenturen, Lettershops usw., die die Versendung von Briefen, Prospekten u. Ä. für ihre Kunden übernehmen, stellt sich die Frage,

- ob weiterberechnete Portokosten als durchlaufende Posten i. S. des § 10 Abs. 1 Satz 5 UStG behandelt werden können, oder
- ob sie als Teil des Entgelts für die Leistung der Agentur anzusehen sind.

Eine Behandlung als durchlaufender Posten ist nur möglich, **wenn der Kunde mit der Deutschen Post AG in Rechtsbeziehungen tritt**. Nach den allgemeinen Geschäftsbe-dingungen der Deutschen Post Brief National (AGB Brief National) und Brief Internatio-nal (AGB Brief International) bestehen Rechtsbeziehungen zwischen der Deutschen Post AG und dem auf dem Brief genannten Absender.

 Beratungskonsequenzen

Versenden z. B. Agenturen Briefe für einen Auftraggeber und ist der **Auftraggeber auf dem Brief als Absender** genannt, handelt es sich bei den Portokosten um durchlaufende Posten, sofern die Agentur die Portokosten (Briefmarken) veraus-lagt hat.

Auch in den Fällen, in denen sich z. B. eine Agentur bei der Post AG als Großkunde an-meldet und ihre Briefe dort einliefert, erfolgt die Zahlung des Benutzungsentgelts im Namen und für Rechnung des Auftraggebers, sofern dieser bei der Einlieferung als Ab-sender angegeben wird. Die Briefe erhalten dann den **Vermerk »Gebühr bezahlt«**. Bei der Einlieferung wird das Entgelt meist unbar entrichtet. Sollte z. B. ein von der Agentur hingegebener Scheck nicht eingelöst werden können, bleibt Schuldner des Entgelts der als Absender genannte Auftraggeber, da nur zwischen ihm und der Deutschen Post AG Rechtsbeziehungen bestehen. Bei den verauslagten Portogebühren handelt es sich da-her um einen durchlaufenden Posten.

Eine **Agentur kann auch ihren eigenen Freistempler** für gewerbsmäßige Versendung von Kundenpost verwenden. Entgegen den Ausführungen in den AGB Brief National und AGB Brief International wird hierfür keine besondere Genehmigung erteilt. Ein durchlaufende Posten ist anzunehmen, wenn die Agentur

- bei Verwendung ihres Freistemplers in den Stempel das »Klischee« des Kunden ein-setzt oder
- auf andere Weise den Kunden als eigentlichen Absender kenntlich macht (z. B. Ab-senderaufkleber oder entsprechender Aufdruck auf dem Umschlag).

Die in den o. g. AGB niedergelegten Grundsätze gelten entsprechend für den Fracht-
dienst (Pakete).

 Beratungskonsequenzen

Legt die Agentur in derartigen Fällen in ihren Rechnungen die Vereinnahmung und
Verauslagung in fremdem Namen und für fremde Rechnung **nicht offen** und berechnet für diese Beträge Umsatzsteuer, handelt es sich mangels Offenlegung nicht
um einen durchlaufenden Posten. Ein zu hoher Steuerausweis nach § 14 c Abs. 1
UStG liegt nicht vor. Der Kunde kann auch hinsichtlich der Portokosten unter den
Voraussetzungen des § 15 UStG den Vorsteuerabzug geltend machen. Erhalten
Agenturen von der Deutschen Post AG Rabatte, liegt ein durchlaufender Posten nur
vor, wenn die tatsächlich entrichteten Portokosten dem Kunden weiter berechnet
werden. Werden dagegen dem Kunden die üblicherweise zu zahlenden Portokosten in Rechnung gestellt, liegt kein durchlaufender Posten vor, da betraglich mehr
weiter berechnet wird, als gegenüber der Deutschen Post AG geschuldet wird.

Bei **Paketsendungen** durch Versandhandelsunternehmen kommen Rechtsbeziehungen nur zwischen dem Absender (Versandhandelsunternehmen) und der Deutschen
Post AG zustande. Selbst eine »unfreie« Versendung oder eine Versendung »per Nach-
nahme« führt nicht zu Rechtsbeziehungen zwischen dem Empfänger des Paketes und
der Deutschen Post AG. Die vom Versandhandelsunternehmen an den Kunden weiter
berechneten Portokosten stellen somit keinen durchlaufenden Posten dar.

Zur umsatzsteuerrechtlichen Behandlung der Entgelte für **postvorbereitende Leistun-
gen durch einen sog. Konsolidierer** (§ 51 Abs. 1 Satz 2 Nr. 5 PostG) vgl. BMF-Schreiben
vom 13.12.2006, BStBl. 2007 I S. 119. Die obersten Finanzbehörden des Bundes und der
Länder haben entschieden, dass der Konsolidierer im Rahmen der zwischen ihm und
der Deutschen Post AG abgeschlossenen Standardverträge auf der Grundlage der AGB
Brief National gegenüber der Deutschen Post AG im fremden Namen auftritt und die
Beförderungsleistungen der Deutschen Post AG nur gegenüber den Absendern der
Briefsendungen erbracht werden können. Wird der Konsolidierer dagegen auf der
Grundlage der AGB Teilleistungen BZA gewerbsmäßige Konsolidierung Brief oder der
AGB BZE gewerbsmäßige Konsolidierung Brief tätig, handelt er insoweit gegenüber der
Deutschen Post AG in eigenem Namen. Ein durchlaufender Posten liegt in diesen Fällen
nicht vor. Schließen die vertraglichen Abreden zwischen der Deutschen Post AG und
dem Postkonsolidierer die AGB Teilleistungen BZA gewerbsmäßige Konsolidierung
Brief oder der AGB BZE gewerbsmäßige Konsolidierung Brief mit ein, sind diese beson-
deren AGB vorrangig.

110.14.2.2.2 Rechtslage ab 1.7.2010

Unter die Steuerbefreiung nach § 4 Nr. 11 b UStG fallen seit 1.7.2010 nur noch bestimmte Post-**Universal**dienstleistungen. Leistungen, die aufgrund **individuell ausgehandelter Vereinbarungen** erbracht werden, fallen nicht unter diese Steuerbefreiung, unabhängig von der Art der Sendung[928].

➡ **Beratungskonsequenzen**

Handelt es sich nach den o. g. Grundsätzen bei den von einer Agentur weiterberechneten Portokosten um einen durchlaufenden Posten, gilt dies auch für die auf das Porto entfallende Umsatzsteuer. Die Agentur muss die Portokosten in ihrer Rechnung als durchlaufenden Posten darstellen und darf die auf das Porto entfallende Umsatzsteuer nicht gesondert ausweisen. Weist die Agentur unberechtigt die auf das Porto entfallende Umsatzsteuer gesondert aus, schuldet sie diese nach § 14 c Abs. 2 UStG, da sie insoweit keine Leistung erbringt.

Der Absender kann unter den Voraussetzungen des § 15 UStG den Vorsteuerabzug aus den Portokosten vornehmen. Hierfür ist u. a. erforderlich, dass er im **Besitz einer ordnungsgemäßen Rechnung** ist. Diese Voraussetzung ist auch dann erfüllt, wenn der Absender nicht im Anschriftenfeld der vom Postdienstleistungsanbieter erteilten Rechnung genannt ist, sich sein Name und seine Anschrift aber aus dem übrigen Inhalt der Rechnung ergeben und in der Rechnung auch alle anderen Angaben des § 14 Abs. 4 UStG enthalten sind.

Legt die Agentur in ihren Rechnungen die Vereinnahmung und Verauslagung in fremdem Namen und für fremde Rechnung nicht offen und berechnet sie für diese Beträge Umsatzsteuer, handelt es sich **mangels Offenlegung** nicht um einen durchlaufenden Posten. Die Agentur kann die Vorsteuer aus den Portokosten nicht geltend machen, weil ihr Kunde (Absender) Empfänger der Leistungen des Postdienstleistungsanbieters bleibt. Nur wenn aufgrund einer individueller Vereinbarung der Agentur (Einlieferer) mit dem Postdienstleistungsanbieter die Agentur – und nicht der Absender der Sendung - Vertragspartner des Postdienstleistungsanbieters wird, ist er der Empfänger der Leistungen des Postdienstleistungsanbieters. In diesem Fall kann die Agentur unter den allgemeinen

Voraussetzungen des § 15 UStG den Vorsteuerabzug aus den Portokosten vornehmen.

110.14.2.3 Folgen für den Mandantenfall

Da die Briefsendungen **Auftraggeber A als Absender** ausweisen, **tritt dieser in eine direkte Rechtsbeziehung zur Deutschen Post AG**. Die von D im Auftrag von M für A verauslagten Portokosten sind damit durchlaufende Posten.

---

928 BMF-Schreiben vom 21.10.2010, BStBl. 2010 I S. 1192; Abschn. 4.11 b.1 UStAE.

Abrechnung von A an M

Bei der Abrechnung gilt es zu unterscheiden:

- Die **Eigenleistungen der EM** sind »normale« Leistungen und unterliegen damit der Umsatzsteuer.
- Die **Portokosten** sind durchlaufende Posten. Dabei ist es egal, wer diese tatsächlich bezahlt. Bezahlt A, tut A dies als **Erfüllungsgehilfe des M** und im Namen und für Rechnung des Absenders, also des A.

Abrechnung von M an A

Für die Abrechnung von M an A gelten die vorstehenden Ausführungen entsprechend:

- Die **Eigenleistungen des M** sind »normale« Leistungen und unterliegen damit der Umsatzsteuer.
- Die **Portokosten** sind durchlaufende Posten.

Ergebnis

Die Portokosten sind **durchlaufende Posten**.

Die **Beanstandungen** der Betriebsprüfung sind **unberechtigt**.

110.15 Kleinbetragsrechnungen: die »250-Euro-Grenze«

 Rechtsgrundlagen

BMF, Schreiben vom 15.11.2017, III C 2 – S 7285/07/10002, 2017/0919230, § 33 UStDV – Rechnung über Kleinbeträge, BStBl. I 2017, 1518

§ 33 Satz 1 UStDV gilt **seit dem 1.1.2017** für Rechnungen, deren Gesamtbetrag 250 € (vormals: 150 €) nicht übersteigt (Art. 9, 16 Satz 2 MittelstandsentlastungsG).

Der Gesetzgeber begründet die Änderung mit dem Abbau bürokratischer Hemmnisse bei der Erteilung von Rechnungen über Kleinbeträge. Durch Preissteigerungen im Laufe der letzten Jahre haben sich **Güter und Dienstleistungen verteuert**, ohne dass die Grenze des § 33 UStDV angehoben wurde. Die Regelung wird dadurch dem mit ihr verfolgten Vereinfachungseffekt in vielen Bereichen nicht mehr gerecht; so wird z. B. beim Betanken von Kleintransportern aufgrund der gestiegenen Kraftstoffpreise die Grenze in der Regel bereits bei einer Tankfüllung überschritten. Gewollt ist ein **Vereinfachungseffekt vor allem bei der Abrechnung von kleinen, in kurzer Zeitfolge vorkommenden Barumsätzen**, insbesondere im Handel mit Lebensmitteln, Papierwaren, Zeitungen, Zeitschriften, aber auch bei Leistungen, die durch Automaten abgerechnet werden, und vor allem bei Verkäufen von Treib- und Schmierstoffen an Tankstellen. Hier wäre die Erteilung von Rechnungen mit allen erforderlichen Pflichtangaben besonders zeitraubend und kostspielig und in der Praxis häufig auch nicht durchführbar.

Eine **Anhebung der Grenze für Kleinbetragsrechnungen über 250 € hinaus** verbietet sich nach Auffassung des Gesetzgebers aufgrund der Bemühungen zur Bekämpfung des Umsatzsteuerbetrugs, die insbesondere die Prüfung der materiell-rechtlichen Voraussetzungen für den Vorsteuerabzug im Vorsteuer-Vergütungsverfahren nach § 18 Abs. 9 UStG erfordern.

➔ **Beratungskonsequenzen**

1. Die **Bemühungen des Gesetzgebers gehen in die richtige Richtung!** Sicher ist die Grenze für Vereinfachungen dort zu ziehen, wo die Bekämpfung des Betrugs dies erforderlich macht. Allerdings wird sich der Gesetzgeber wohl entgegenhalten lassen müssen, dass das zur Begründung immer wieder angeführte Beispiel des Betankens **eher wirklichkeitsfremd** ist. So haben LKW-Tanks in der Regel ein Fassungsvolumen von ca. 800–1.000 Litern und auch Kleinlaster liegen häufig jenseits der 120-Liter-Grenze. Ein von mir hierzu befragter Busunternehmer erklärte, dass keine seiner Tankrechnungen im Jahr 2015 unter 700 € lag; mit Kleinbetragsrechnungen wird hier niemand ernsthaft arbeiten wollen.

2. Die 250-€-Grenze bezieht sich auf den Gesamtrechnungsbetrag, d. h. Entgelt und Steuerbetrag dürfen zusammen 250 € nicht übersteigen. Die Finanzverwaltung hält sich zur Vermeidung von Vorsteuerbetrug zu Recht **strikt an die jeweilige Betragsgrenze!**

Beispiel zu Beratungskonsequenz Punkt 2

Der Mandant sollte ausdrücklich darauf hingewiesen werden, dass z. B. normale Tankquittungen nur den Anforderungen an eine Kleinbetragsrechnung genügen. **Tankvorgänge** sind daher – auch wenn das formalistisch anmutet – spätestens bei einem Betrag von 249,99 € abzubrechen und danach fortzusetzen; alternativ kann der Mandant auf das Ausstellen einer ordnungsgemäßen Rechnung bestehen.

110.16 Anlage

II. Tabelle zu den in anderen Amtssprachen verwendeten Begriffen für Rechnungsangaben[929]

Teil 1	»Gutschrift«	»Steuerschuldnerschaft des Leistungsempfängers«
Bulgarisch	самофактуриране	обратно начисляване
Dänisch	selvfakturering	omvendt betalingspligt
Englisch	Self-billing	Reverse charge
Estnisch	endale arve koostamine	pöördmaksustamine
Finnisch	itselaskutus	käännetty verovelvollisuus
Französisch	Autofacturation	Autoliquidation
Griechisch	Αυτοτιμολόγηση	Αντίστροφη επιβάρυνση
Italienisch	autofatturazione	inversione contabile
Lettisch	pašaprēķins	nodokļa apgrieztā maksāšana
Litauisch	Sąskaitų faktūrų išsirašymas	Atvirkštinis apmokestinimas
Maltesisch	Awtofatturazzjoni	Inverżjoni tal-ħlas
Niederländisch	factuur uitgereikt door afnemer	Btw verlegd
Polnisch	samofakturowanie	odwrotne obciążenie
Portugiesisch	Autofacturação	Autoliquidação
Rumänisch	autofacturare	taxare inversă
Schwedisch	självfakturering	omvänd betalningsskyldighet
Slowakisch	vyhotovenie faktúry odberateľom	prenesenie daňovej povinnosti
Slowenisch	Self-billing	Reverse Charge
Spanisch	facturación por el destinatario	inversión del sujeto pasivo
Tschechisch	vystaveno zákazníkem	daň odvede zákazník
Ungarisch	önszámlázás	fordított adózás

---

929 Quelle: BMF, Schreiben vom 25.10.2013, Abschnitt II.

Teil 2	»Sonderregelung für Reisebüros«	»Gebrauchtgegenstände/ Sonderregelung«
Bulgarisch	Режим на облагане на маржа – туристически агенти	Режим на облагане на маржа – стокн втора употреба
Dänisch	fortjenstmargenordning – rejsebureauer	fortjenstmargenordning – brugte genstande
Englisch	Margin scheme – Travel agents	Margin scheme – Secondhand goods
Estnisch	kasuminormi maksustamise kord – reisibürood	kasuminormi maksustamise kord – kasutatud kaubad
Finnisch	voittomarginaalijärjestelmä – matkatoimistot	voittomarginaalijärjestelmä – käytetyt tavarat
Französisch	Régime particulier – agences de voyage	Régime particulier – Biens d'occasion
Griechisch	Καθεστώς περιθωρίου - Ταξιδιωτικά πρακτορεία	Καθεστώς περιθωρίου - Μεταχειρισμένα αγαθά
Italienisch	regime del margine – agenzie di viaggio	regime del margine – beni di occasione
Lettisch	peļņas daļas režīms ceļojumu aģentūrām	peļņas daļas režīms lietotām precēm
Litauisch	Maržos apmokestinimo schema. Kelionių agentūros	Maržos apmokestinimo schema. Naudotos prekės
Maltesisch	Skema ta' marġni – Aġenti tal-ivvjaġġar	Skema ta' marġini – Merkanzija użata
Niederländisch	Bijzondere regeling reisbureaus	Bijzondere regeling – gebruikte goederen
Polnisch	procedura marży dla biur podróży	procedura marży – towary używane
Portugiesisch	Regime da margem de lucro – Agências de viagens	Regime da margem de lucro – Bens em segunda mão
Rumänisch	regimul marjei – agenţii de turism	regimul marjei – bunuri second-hand
Schwedisch	vinstmarginalbeskattning för resebyråer	vinstmarginalbeskattning för begagnade varor
Slowakisch	úprava zdaňovania prirážky – cestovné kancelárie	úprava zdaňovania prirážky – použitý tovar
Slowenisch	Margin scheme – Travel agents	Margin scheme – Secondhand goods
Spanisch	Régimen especial – Agencias de viajes	Régimen especial – Bienes de ocasión
Tschechisch	zvláštní režim – cestovní kanceláře	zvláštní režim – použité zboží
Ungarisch	Különbözet szerinti szabályozás – utazási irodák	Különbözet szerinti szabályozás – használt cikkek

Teil 3	»Kunst-gegenstände/ Sonderregelung«	»Sammlungsstücke und Antiquitäten/ Sonderregelung«
Bulgarisch	Режим на облагане на маржа – произведения на изкуството	Режим на облагане на маржа – колекционерски предметн н антикварни предмети
Dänisch	fortjenstmargenordning – kunstgenstande	fortjenstmargenordning – samlerobjekter og antik
Englisch	Margin scheme – Works of art	Margin scheme – Collector's items and antiques
Estnisch	kasuminormi maksustamise kord – kunstiteosed	kasuminormi maksustamise kord – kollektsiooni- ja antiikesemed
Finnisch	voittomarginaalijärjestelmä – taide-esineet	voittomarginaalijärjestelmä – keräily- ja antiikkiesineet
Französisch	Régime particulier – Objets d'art	Régime particulier – Objets de collection et d'antiquité
Griechisch	Καθεστώς περιθωρίου – Έργα τέχνης	Καθεστώς περιθωρίου - Αντικείμενα σνλλεκτικής και αρχαιολογικής αξίας
Italienisch	regime del margine – oggetti d'arte	regime del margine – oggetti da collezione e di antiquariato
Lettisch	peļņas daļas režīms mākslas darbiem	peļņas daļas režīms kolekciju priekšmetiem un senlietām
Litauisch	Maržos apmokestinimo schema. Meno kūriniai	Maržos apmokestinimo schema. Kolekcionavimo objektai ir antikvariniai daiktai
Maltesisch	Skema ta' marġini – xogħlijiet tal-arti	Skema ta' marġini – oġġetti tal-kollezzjoni u antikitajiet
Niederländisch	Bijzondere regeling – kunstvoorwerpen	Bijzondere regeling – voorwerpen voor verzamelingen of antiquiteiten
Polnisch	procedura marży – dzieła sztuki	procedura marży – przedmioty kolekcjonerskie i antyki
Portugiesisch	Regime da margem de lucro – Objectos de arte	Regime da margem de lucro – Objectos de colecção e antiguidades
Rumänisch	regimul marjei – obiecte de artă	regimul marjei – obiecte de colecţie şi antichităţi
Schwedisch	vinstmarginalbeskattning för konstverk	vinstmarginalbeskattning för samlarföremål och antikviteter

Teil 3	»Kunst-gegenstände/ Sonderregelung«	»Sammlungsstücke und Antiquitäten/ Sonderregelung«
Slowakisch	úprava zdaňovania prirážky – umelecké diela	úprava zdaňovania prirážky – zberateľské predmety a starožitnosti
Slowenisch	Margin scheme – works of art	Margin scheme – collector's items and antiques
Spanisch	Régimen especial – Objetos de arte	Régimen especial – Objetos de arte
Tschechisch	zvláštní režim – umělecká díla	zvláštní režim – sběratelské předměty a starožitnosti
Ungarisch	Különbözet szerinti szabályozás – műalkotások	Különbözet szerinti szabályozás – gyűjteménydarabok és régiségek

111 Rechnungsstellung in das und aus dem Ausland

»Globalisierung« – d. h. grenzüberschreitende Lieferungen und Dienstleistungen auch für kleinere und mittlere Unternehmer. Die Abrechnung der Umsätze wirft bei den Mandanten immer wieder Fragen auf, die von allgemeinem Interesse sein dürften.

111.1 Abrechnung von EU-Geschäften

Mandantenfrage

Ein Betriebsprüfer moniert Ausgangs- und Eingangsrechnungen, die ganz oder teilweise in ausländischer Sprache verfasst sind. Zu Recht?

Beraterantwort

Nein, der Betriebsprüfer moniert das zu Unrecht! Der EuGH hat klargestellt, dass Sprachvorgaben unzulässig sind!

111.1.1 Die rechtlichen Vorgaben

Die Antwort auf die Leserfrage ergibt sich aus der Zusammenschau sowohl der einschlägigen europäischen als auch der deutschen Rechtsvorgaben:

Rechtsgrundlagen

Art. 248a MwStSystRL

[Recht auf Übersetzung von Rechnungen in die Amtssprache eines Mitgliedstaates]

¹Die Mitgliedstaaten können zu Kontrollzwecken und bei Rechnungen, die sich auf Lieferungen von Gegenständen oder Dienstleistungen in ihrem Gebiet beziehen oder die in ihrem Gebiet ansässige Steuerpflichtige erhalten haben, von bestimmten Steuerpflichtigen oder in bestimmten Fällen Übersetzungen in ihre Amtssprachen verlangen. ²Die Mitgliedstaaten dürfen allerdings nicht eine allgemeine Verpflichtung zur Übersetzung von Rechnungen auferlegen.

 Rechtsgrundlagen

§ 87 AO Amtssprache

(1) Die Amtssprache ist deutsch.

(2) ¹Werden bei einer Finanzbehörde in einer fremden Sprache Anträge gestellt oder Eingaben, Belege, Urkunden oder sonstige Dokumente vorgelegt, kann die Finanzbehörde verlangen, dass unverzüglich eine Übersetzung vorgelegt wird. ²In begründeten Fällen kann die Vorlage einer beglaubigten oder von einem öffentlich bestellten oder beeidigten Dolmetscher oder Übersetzer angefertigten Übersetzung verlangt werden. ³ ...

 Rechtsgrundlagen

AEAO zu § 87

1. Bei Eingaben in fremder Sprache soll die Finanzbehörde zunächst prüfen, ob eine zur Bearbeitung ausreichende Übersetzung durch eigene Bedienstete oder im Wege der Amtshilfe ohne Schwierigkeiten beschafft werden kann. Übersetzungen sind nur im Rahmen des Notwendigen, nicht aus Prinzip anzufordern. Die Finanzbehörde kann auch Schriftstücke in fremder Sprache entgegennehmen und in einer fremden Sprache verhandeln, wenn der Amtsträger über entsprechende Sprachkenntnisse verfügt. Anträge, die ein Verwaltungsverfahren auslösen, und fristwahrende Eingaben sollen in ihren wesentlichen Teilen in deutscher Sprache aktenkundig gemacht werden. Verwaltungsakte sind grundsätzlich in deutscher Sprache bekannt zu geben.

2. ...

111.1.2 Und was sagt der EuGH?

Der EuGH hatte belgisches Zivilrecht zu beurteilen. Danach ist jedes Unternehmen mit Sitz im niederländischen Sprachgebiet des Königreichs verpflichtet, Rechnungen mit grenzüberschreitendem Charakter ausschließlich in der Amtssprache der föderalen Einheit und damit auf Niederländisch zu verfassen. Sonst kann das zuständige Zivilgericht die Rechnung von Amts wegen für nichtig erklären.

Der EuGH sieht darin einen Verstoß gegen Artikel. 35 Vertrag über die Arbeitsweise der Europäischen Union – AEUV –. Die Vertragsparteien müssen die Möglichkeit haben, grenzüberschreitende Rechnungen in einer anderen, ihnen geläufigen Sprache abzufassen, die gleichermaßen verbindlich ist wie die vorgeschriebene Sprache[930].

111.1.3   Folgen für das Tagesgeschäft

Ausgangsrechnungen in das EU-Ausland darf Ihr Autohaus als deutsches Unternehmen immer in deutscher Sprache schreiben.

Im Gegenzug müssen Sie **Eingangsrechnungen** auch in einer anderen Sprache – vorzugsweise Englisch – akzeptieren.

Bei all dem herrscht **Vertragsfreiheit**! Es steht Ihrem Autohaus daher frei, sich mit dem Geschäftspartner auf eine andere Sprache zu einigen.

Die deutsche Finanzverwaltung darf vom Unternehmer **in der Regel keine Übersetzungen** verlangen (Art. 248a MwStSystRL). Dies gilt insbesondere für Dokumente in englischer oder französischer Sprache (so ausdrücklich zur Gelangensbestätigung Abschn. 6a.4 Abs. 5 Satz 7 UStAE). Ansonsten muss die Finanzverwaltung zunächst prüfen, ob eine zur Bearbeitung ausreichende Übersetzung durch eigene Bedienstete oder im Wege der Amtshilfe ohne Schwierigkeiten beschafft werden kann (AEAO zu § 87, Ziffer 1). Letzteres sollte bei den meisten EU-Amtssprachen der Fall sein.

  Beratungskonsequenzen

1. Von Vorteil sind damit (Rechnungs-)Dokumente in **deutscher, englischer oder französischer Sprache**. Darauf sollten Sie sich im Zweifel mit Ihren Geschäftspartnern einigen. Die Finanzverwaltung wird in diesem Fall keine Übersetzung von Ihnen verlangen können.
2. Sollte die Finanzverwaltung Übersetzungen aus anderen Sprachfassungen für erforderlich halten, muss die Verwaltung sich um diese **zunächst selbst bemühen**.
3. Sollte Ihr Autohaus dazu von der Finanzverwaltung aufgefordert werden, kann die Übersetzung – soweit keine Beglaubigung erforderlich ist – auch durch **mehrsprachige Mitarbeiter oder Geschäftspartner des Autohauses** erfolgen. Sie müssen also nicht zwingend einen (teuren) Fremddienstleister beauftragen.

111.2   Abrechnung von Leistungen in einem Drittland

Mandantenfrage

Wie müssen wir in einer Rechnung an ein US-amerikanisches Unternehmen (Leistungsort USA) auf die Erhebung von 0 % MwSt hinweisen?

---

930 EuGH, Urteil vom 21.6.2016, Rs. C-15/15, Abruf-Nr. 188097, New Valmar/Global Pharmacies Partner Health.

Beraterantwort

Wenn eine Leistung den Ort im Drittland hat, ist die Leistung nicht umsatzsteuerbar, d. h. die Leistung unterliegt nicht der deutschen Umsatzsteuer. Darauf müssen in der Rechnung **nicht** hinweisen.

111.2.1 Rechnungspflichtangabe »Hinweis auf Steuerbefreiung«

Eine Rechnung muss im Fall der Steuerbefreiung den Hinweis darauf enthalten, dass für die Lieferung oder sonstige Leistung eine Steuerbefreiung gilt (§ 14 Abs. 4 Satz 1 Nr. 8 UStG).

Umsatzsteuerfrei ist eine Leistung aber nur dann, wenn

- vorab zwar die Steuerbarkeit bestätigt wurde, weil u. a. der **Leistungsort in Deutschland (Inland)** liegt,
- aber die Umsatzsteuerpflicht auf Grund einer besonderen Steuerbefreiung verneint wird.

 Checkliste

... Prüfung der Ausgangsseite eines Umsatzes
- Steuerbarkeit (Grundtatbestand, § 1 Abs. 1 Nr. 1 Satz 1 UStG)
  - Unternehmer (§ 2 Abs. 1 Satz 1, Abs. 2, Abs. 3 UStG)
  - im Rahmen seines Unternehmens (§ 2 Abs. 1 Satz 2, Abs. 2 Nr. 2 UStG)
  - gegen Entgelt (= im Leistungsaustausch, § 10 UStG)
  - **im Inland (§ 1 Abs. 2 UStG)**
- Steuerpflicht (§§ 4, 4 b ff. UStG)
- Bemessungsgrundlage (§ 10 UStG)
- Steuersatz (§ 12 UStG)
  - Prüfung der Voraussetzungen für die Anwendung eines speziellen Steuersatzes (§§ 12 Abs. 2, 24 UStG)
  - falls kein spezieller Steuersatz anzuwenden ist: Anwendung des allgemeinen Steuersatzes (§ 12 Abs. 1 UStG)

Beispiele für Steuerbefreiungen

Bei Handelsgeschäften ergibt ich eine Umsatzsteuerbefreiung insbesondere bei
- Warenbewegungen aus Deutschland in ein Drittland (Ausfuhrlieferungen, § 4 Nr. 1 Buchstabe a i. V. m. § 6 UStG)
- Warenbewegungen aus Deutschland in ein anderes EU-Land (Innergemeinschaftliche Lieferungen, § 4 Nr. 1 Buchst. b i. V. m. § 6a UStG)
- Leistungen an NATO-Truppen, Auslandsvertretungen oder deren Angehörige (§ 4 Nr. 7 Satz 1 Buchstaben b und c UStG)

Beratungskonsequenzen

Die Rechnungspflichtangabe soll – vereinfacht ausgedrückt – sicherstellen, dass dem Rechnungsempfänger deutlich vor Augen geführt wird, dass er nicht zum Vorsteuerabzug berechtigt ist. Die Angabe dient damit der Sicherung des Steueraufkommens und von Sanktionen bei Verfehlungen.

111.2.2 Aus deutscher/europäischer Sicht keine Besonderheiten bei Leistungsort im Drittland

Das deutsche und auch das europäische Umsatzsteuerrecht besteuern keine Leistungen, deren Leistungsort außerhalb Deutschlands/Europas liegt.

Daher gibt es dafür auch – wie im Mandantenfall– **keine besonderen Pflichtangaben**.

 Beratungskonsequenzen

Der Umsatzsteuersatz beträgt daher nicht 0%, sondern es fällt keine Umsatzsteuer an.

Der Mandant muss
- eine **Nettorechnung**
- **ohne jedweden Hinweis** auf die Umsatzsteuer

erstellen.

Gleichzeitig müssen Sie den Mandanten dazu veranlassen, durch **geeignete Dokumentationen** den Nachweis sicherzustellen, dass der nämliche Umsatz seinen Leistungsort im Drittland hat.

112 Übersendung von Rechnungskopien und -zweitschriften

Die praxisfreundliche Regelung in Abschn. 14c.1 UStAE

§ **Rechtsgrundlagen**
- UStG: §§ 14 ff.
- UStDV: §§ 31 ff.
- UStAE: Abschn. 14c.1 Abs. 4
- MwStSystRL: Art. 217 ff.
- BMF, Schreiben vom 2.7.2012, IV D 2 – S 7287-a/09/10004:003, 2012/0449475, Vereinfachung der elektronischen Rechnungsstellung zum 1.7.2011 durch das Steuervereinfachungsgesetz 2011, BStBl. I 2012, 726 (weiter gültig lt. BMF v. 18.3.2021, Anlage 1, Nr. 1709; zur zweifelhaften Bedeutung dieses Schreibens ➲ Kapitel 1.6).

112.1 Regelungszusammenhang mit E-Rechnung

Mit dem BMF-Schreiben vom 2.7.2012 zur neuen E-Rechnung (➔ Kapitel 114) und der durch das Schreiben erfolgten Neufassung von Abschn. 14c.1 Abs. 4 UStAE hat die Verwaltung auch die auf den ersten Blick sicherlich weniger spektakuläre, aber deshalb nicht weniger interessante Frage nach dem Vorgehen bei mehrfachem Rechnungsversand praxisfreundlich beantwortet.

 Beratungskonsequenzen

Damit ist erstmalig geregelt, wie genau zu verfahren ist, wenn der Kunde eine Rechnungskopie anfordert.

112.2 Die bisherigen Problembereiche

Aus der Praxis und insbesondere von der Bundessteuerberaterkammer[931] wurden dazu an das BMF Fallgestaltungen herangetragen, die aufzeigen sollten, dass die – grundsätzlich von den Unternehmen/Mandanten ja gewünschte – Umstellung auf ein elektronisches Abrechnungswesen in manchen Fallkonstellationen die Gefahr von Doppelrechnungen »heraufbeschwören« könnte. Dazu brachte die Kammer folgende Fallgestaltungen zur Diskussion:

Die Problemfälle

- Im Zusammenhang mit der Umstellung auf ein elektronisches Abrechnungswesen werden **vorab (die neuen) E-Rechnungen** und **danach (herkömmliche) Papierrechnungen** versandt.
- Rechnungen werden in einem Web-Portal **zum Download bereitgestellt**; ein Kunde lädt sich dieselbe Rechnung mehrfach herunter.
- Eine Rechnung wird **doppelt gemailt,** weil der Kunde diese ein zweites Mal anfordert.
- Die Rechnung wird als **strukturierter Datensatz** für die Buchhaltung des Kunden und **zusätzlich per E-Mail** mit PDF-Anhang übermittelt.
- Die Rechnung wird via **E-Post-Brief** übermittelt. Da der Kunde über keinen elektronischen Briefkasten verfügt, wird das Dokument von der Post ausgedruckt und dem Kunden »analog« zugestellt.

Die Gemeinsamkeiten: In allen Beispielsfällen wird **dieselbe Rechnung zumindest 2 Mal** versandt!

---

931   BStBK, Schreiben vom 24.2.2012, www.bstbk.de.

112.3   Das bisherige Risiko …

Bei Versand eines Rechnungsdoppels bestand bislang immer das Risiko, dass die Finanzverwaltung das Umsatzsteueraufkommen wegen des mehrfachen Steuerausweises als gefährdet betrachtete[932] und die Umsatzsteuer daher auch doppelt erhob, nämlich

- ein erstes Mal die »normale« – also aus dem eigentlichen Umsatz entstandene – Steuer (= **zutreffende Umsatzsteuer**) und

- ein zweites Mal nach § 14c Abs. 1 UStG die Steuer aus eben dem Rechnungsdoppel (= **Umsatzsteuerrisiko**)

112.4   … hat das BMF beseitigt!

Zur Rechtssicherheit der Unternehmen hat das BMF auf Anregung der Bundessteuerberaterkammer die Problematik des § 14c UStG in das Einführungsschreiben zur E-Rechnung aufgenommen – sicher auch um zu erreichen, dass die Finanzämter und insbesondere die Sonder- und Betriebsprüfer gerade in der Anfangsphase mit dem nötigen Augenmaß an diese Problematik herangehen. Abschn. 14c.1 Abs. 4 UStAE wurde daher wie folgt gefasst:

 Rechtsgrundlagen
Abschn. 14c.1 Abs. 4 UStAE
(Hinweis: Hervorhebungen durch **Fett**druck sind vom Autor und kennzeichnen die Neuerungen.)
»(4) [1]§ 14c Abs. 1 UStG gilt auch, wenn der Steuerbetrag von einem zu hohen Entgelt berechnet wurde (bei verdecktem Preisnachlass vgl. Abschnitt 10.5 Abs. 4). [2]**Sind für ein und dieselbe Leistung mehrere Rechnungen ausgestellt worden, ohne dass sie als Duplikat oder Kopie gekennzeichnet wurden, schuldet der leistende Unternehmer den hierin gesondert ausgewiesenen Steuerbetrag** (vgl. BFH-Urteil vom 27. 4. 1994, XI R 54/93, BStBl. II S. 718). [3]**Dies gilt nicht, wenn inhaltlich identische (s. § 14 Abs. 4 UStG) Mehrstücke derselben Rechnung übersandt werden. [4]Besteht eine Rechnung aus mehreren Dokumenten, sind diese Regelungen für die Dokumente in ihrer Gesamtheit anzuwenden.**«

112.5   Ein mehrfacher Rechnungsversand ist damit unschädlich!

Wird eine Rechnung ohne inhaltliche Änderungen mehrfach versandt, ist das damit für den Rechnungsaussteller unschädlich:

---

932   Vgl. Abschn. 14.1. Abs. 4 UStAE in bisheriger Fassung.

- **Nach einer E-Rechnung** kann also dem Kunden – z. B. nach dessen Widerspruch (➲ Kapitel 114.8) – ohne Weiteres eine **Papierrechnung** übersandt werden.

- Einem Kunden, dem das Original abhanden gekommen ist, kann eine **Zweitschrift übersandt** werden, ohne dass diese besonders als solche gekennzeichnet ist.

 Beratungskonsequenzen

Selbstverständlich ist es aber auch weiter zulässig, Zweitschriften wie bisher mit **Zusätzen wie »Kopie« oder »Duplikat«** zu verwenden.

112.6 Der Umsatzsteuerbetrug bleibt die Grenze!

Das ist kein »Freibrief« zum Umsatzsteuerbetrug. Die Grenze wird sicher dann erreicht sein, wenn Rechnungsaussteller und Rechnungsempfänger in Betrugsabsicht handeln.

Beispiel

Ein Unternehmer schickt einem befreundeten Unternehmer eine Rechnungskopie – wohl wissend, dass der Freund aufgrund eines »kurzzeitigen Liquiditätsengpasses« die Vorsteuern zwei Mal ziehen möchte.

 Beratungskonsequenzen

1. Um beim Versand von Rechnungsdoppeln eine Steuerschuld nach § 14c Abs. 1 UStG auszuschließen, müssen die versandten Abrechnungspapiere wirklich **inhaltsgleich** sein.

2. Dabei kann sich das Erfordernis der Inhaltsgleichheit **nur auf die Rechnungspflichtangaben** nach § 14 Abs. 4 UStG (➲ Kapitel 110.3 bis Kapitel 110.5) beziehen; diese müssen **insgesamt unverändert** bleiben.

3. In der Praxis müssen insbesondere technische Gründe, die zur Änderung von Pflichtangaben führen könnten, ausgeschlossen werden. Insbesondere muss bei der Duplikaterzeugung ggf. eine **Datumsautomatik deaktiviert** werden.

113 Berichtigung fehlerhafter Ausgangsrechnungen

Im Tagesgeschäft kommt es immer wieder vor, dass der Unternehmer seine Rechnungen gegenüber dem Kunden berichtigen muss. Umsatzsteuerlich führt dies zu **besonderen Risiken,** die es zu erkennen und zu vermeiden gilt. Der Debitorenbuchhalter sollte dazu einen **festen »Fahrplan«** an der Hand haben und von diesem möglichst nicht abweichen.

113.0 Auf einen Blick – alle wichtigen Neuerungen vorab!

Kaum ein anderes Umsatzsteuerthema ist wichtiger und zugleich komplexer als die Rechnungsstellung und dazu korrespondierend der Vorsteuerabzug (➲ Kapitel 116). Beide Themen sind daher »Dauerbrenner« schon seit vielen Jahren, bei denen schon gefestigtes Wissen immer wieder mit neuen Vorschriften und Erkenntnissen in Einklang zu bringen ist. Den Praktiker dabei zu unterstützen ist Ziel dieses Vorspanns, der ausschließlich die Neuerungen im Bereich der Rechnungsstellung fokussiert.

113.0.1 Die rückwirkende Rechnungsberichtigung ist möglich – und die Vollverzinsung entfällt!

EuGH vom 15.9.2016, BFH vom 20.10.2016

Der EuGH hat darauf erkannt, dass Rechnungen mit Rückwirkung auf den Vorsteuerabzug berichtigt werden können. Ausdrücklich wendet sich der EuGH gegen die deutsche Finanzamtspraxis, in derartigen Fällen regelmäßig Zinsen nach § 233a AO festzusetzen[933].

113.0.1.1 Bisherige deutsche Rechtsauffassung

Nach (nunmehr aufzugebender) Rechtsauffassung der deutschen Finanzverwaltung kann eine Rechnung in Bezug auf eine zwingende Angabe, z. B. die Umsatzsteuer-Identifikationsnummer,

- nicht rückwirkend (»ex tunc«) und
- damit nur für die Zukunft (»ex nunc«)

berichtigt werden.

Das Recht auf Vorsteuerabzug kann damit nur für das Jahr ausgeübt werden, in dem die ursprüngliche Rechnung berichtigt wurde, und nicht bereits für das Jahr, in dem die Rechnung ausgestellt wurde.

113.0.1.2 Zur Erinnerung: Die deutschen »Strafzinsen«

Ob eine Rechnung auch rückwirkend berichtigt werden kann, wird in Deutschland seit Jahren kontrovers diskutiert. Bedeutung hat die Frage für den Vorsteuerabzug. Liegen die umsatzsteuerrechtlichen Voraussetzungen einer ordnungsgemäßen Rechnung nicht vor, ist der Vorsteuerabzug zu versagen. Damit verbunden sind dann in der Regel **Nachzahlungszinsen (§ 233a AO)**. Betroffen ist damit insbesondere der »Betriebsprüfungsklassiker«:

---

933 EuGH, Urteil vom 15.9.2016, Rs. C-518/14, Senatex.

Beispiel

Im Rahmen einer Betriebsprüfung für die Jahre 2016–2018 stellt der Prüfer im April 2021 formelle Mängel an Eingangsrechnungen fest. Betroffen ist u. a. eine Rechnung, die der Unternehmer im März 2016 erhalten hat. Der Prüfer fordert daher den Unternehmer auf, für Zwecke des Vorsteuerabzugs ordnungsgemäße Rechnungen vorzulegen. Dieser Aufforderung entspricht der Unternehmer noch sofort, also noch im April 2021.

Nach der bisherigen deutschen Rechtsauffassung kann der Unternehmer die Vorsteuerbeträge erst bei Vorliegen ordnungsgemäßer Rechnungen und damit für April 2021 geltend machen. Entsprechend entfällt der Vorsteueranspruch für die Zeit 3/2015 bis 4/2021 – mit der Folge einer Vollverzinsung nach § 233a AO.

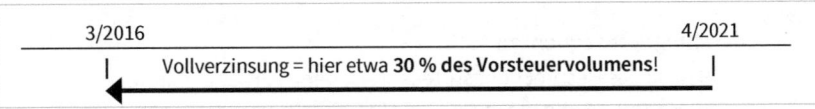

Die Frage nach der möglichen Rückwirkung einer Rechnungsberichtigung wurde in der Vergangenheit schon mehrfach dem EuGH vorgelegt, aber nie eindeutig beantwortet.

Das FG Hannover sah sich deshalb zu einer erneuten Vorlage veranlasst[934].

113.0.1.3 Entscheidung des EuGH

Der EuGH wendet sich gegen die deutsche Rechtsauffassung:

113.0.1.3.1 Neutralität der Umsatzsteuer verbietet jede Belastung – auch eine solche durch Zinsen

Das in den Art. 167 ff. MwStSystRL geregelte Recht auf Vorsteuerabzug

- ist integraler Bestandteil des Mechanismus der Mehrwertsteuer,
- kann grundsätzlich nicht eingeschränkt werden und
- kann für die gesamte Steuerbelastung der vorausgehenden Umsatzstufen sofort ausgeübt werden[935].

Durch die Regelung über den Vorsteuerabzug soll der Unternehmer **vollständig** von der im Rahmen aller seiner wirtschaftlichen Tätigkeiten geschuldeten oder entrichteten Mehrwertsteuer entlastet werden.

Eine nationale Regelung wie die im Ausgangsverfahren fragliche, nach der **Nachzahlungszinsen** auf die vor einer Berichtigung der ursprünglich ausgestellten Rechnung als geschuldet angesehenen Mehrwertsteuerbeträge zu entrichten sind, belegt diese wirt

---

934   FG Hannover, EuGH-Vorlage vom 3.7.2014, 5 K 40/14.

935   Rdnr. 37 des Besprechungsurteils unter Hinweis auf EuGH, Urteil vom 13.2.2014, Maks Pen, Rs. C-18/13, Rdnr. 24, m. w. N.

schaftlichen Tätigkeiten jedoch mit einer aus der Mehrwertsteuer resultierenden steuerlichen Belastung, obwohl das gemeinsame Mehrwertsteuersystem die Neutralität dieser Steuer garantiert.

113.0.1.3.2 Die materiellen Voraussetzungen sind entscheidend

Das Grundprinzip der Mehrwertsteuerneutralität verlangt, dass der Vorsteuerabzug gewährt wird,

- wenn die materiellen Anforderungen erfüllt sind,
- selbst wenn bestimmte formelle Bedingungen nicht genügt wird[936].

 Beratungskonsequenzen

In Rdnr. 29 u. 38 des Besprechungsurteils weist der EuGH aber darauf hin, dass der Besitz einer Rechnung, die die in Art. 226 MwStSystRL vorgesehenen Angaben enthält, eine formelle und keine materielle Bedingung für das Recht auf Vorsteuerabzug darstellt.

113.0.1.3.3 Vorsteuerabzug im nächstmöglichen Erklärungszeitraum

Der EuGH hat in einer früheren Entscheidung[937] entschieden, dass das Vorsteuerabzugsrecht für den Erklärungszeitraum auszuüben ist, in dem die Lieferung der Gegenstände oder die Dienstleistung bewirkt wurde und in dem der Steuerpflichtige die Rechnung besitzt. Die Rechtssache, in der dieses Urteil ergangen ist, betraf jedoch ein Unternehmen, das zum Zeitpunkt der Ausübung des Vorsteuerabzugsrechts **über keine Rechnung verfügte**, sodass der Gerichtshof nicht über die zeitlichen Wirkungen der Berichtigung einer ursprünglich ausgestellten Rechnung entschieden hat.

Im Urteilsfall dagegen hatte Senatex zu dem Zeitpunkt, zu dem sie ihr Recht auf Vorsteuerabzug ausübte, über Rechnungen verfügt und die Mehrwertsteuer gezahlt[938].

113.0.1.3.4 Deutsche Finanzverwaltung gibt Differenzierungen zu!

Die deutsche Regierung in der mündlichen Verhandlung selbst eingeräumt, dass unter bestimmten Umständen die spätere Berichtigung einer Rechnung, beispielsweise um einen Fehler bei der darin angegebenen Umsatzsteuer-Identifikationsnummer zu korrigieren, der Ausübung des Vorsteuerabzugsrechts im Jahr der Rechnungsausstellung nicht entgegenstehe. Sie hat hingegen keine überzeugenden Gründe für eine Differenzierung zwischen solchen Umständen und denen des Ausgangsverfahrens genannt[939].

---

936 Rdnr. 38 des Besprechungsurteils unter Hinweis auf EuGH, Urteil vom 21.10.2010, Nidera Handelscompagnie, Rs. C-385/09, Rdnr. 42 m. w. N. und Urteil vom 1.3.2012, Kopalnia Odkrywkowa Polski Trawertyn P. Granatowicz, M. Wąsiewicz, Rs. C-280/10, Rdnr. 43.

937 Urteil vom 29.4.2004, Terra BaubedarfHandel, Rs. C-152/02, Rdnr. 38.

938 Rdnr. 39 des Besprechungsurteils.

939 Rdnr. 40 des Besprechungsurteils.

113.0.1.3.5 Vollverzinsung als unangemessene Sanktion

Die Mitgliedstaaten sind befugt, Sanktionen für den Fall der Nichterfüllung der formellen Bedingungen für die Ausübung des Vorsteuerabzugsrechts vorzusehen. Nach Art. 273 MwStSystRL dürfen sie Maßnahmen erlassen, um eine genaue Erhebung der Steuer sicherzustellen und um Steuerhinterziehung zu vermeiden, sofern diese Maßnahmen nicht über das zur Erreichung dieser Ziele Erforderliche hinausgehen und die Neutralität der Mehrwertsteuer nicht in Frage stellen[940].

In der mündlichen Verhandlung hat die deutsche Regierung vorgebracht, es sei als Sanktion einzustufen, dass das Recht auf Vorsteuerabzug erst im Jahr der Rechnungsberichtigung ausgeübt werden dürfe. Um die Nichtbefolgung formeller Anforderungen zu ahnden, kommen jedoch andere Sanktionen als die Versagung des Vorsteuerabzugsrechts für das Jahr der Rechnungsausstellung in Betracht, etwa die Auferlegung einer Geldbuße oder einer finanziellen Sanktion, die in angemessenem **Verhältnis zur Schwere des Verstoßes** steht[941].

Darüber hinaus tritt nach der im Ausgangsverfahren in Rede stehenden Regelung die mit der Anwendung von Nachzahlungszinsen verbundene spätere Ausübung des Vorsteuerabzugsrechts in jedem Fall ein, **ohne Berücksichtigung der Umstände, die eine Berichtigung der ursprünglich ausgestellten Rechnung erforderlich machen**; dies geht über das hinaus, was zur Erreichung der in Rn. 41 des vorliegenden Urteils genannten Ziele erforderlich ist.

113.0.1.4 Wann ist eine Rechnung eine Rechnung?

So sehr das Urteil auch zu begrüßen ist – die Frage nach den Mindestvoraussetzungen, die ein Dokument erfüllen muss, um als Rechnung zu gelten, lässt der EuGH leider unbeantwortet.

 Hinweis

Auf die Pflichtangaben (§ 14 Abs. 4 UStG) kann insoweit nicht abgestellt werden – wie das Besprechungsurteil zeigt.

113.0.1.5 Bestätigung durch den BFH

Der BFH hat sich die Rechtsauffassung zu Eigen gemacht[942].

---

940 Rdnr. 41 des Besprechungsurteils unter Hinweis auf EuGH, Urteil vom 9.7.2015, Salomie und Oltean, Rs. C-183/14, Rdnr. 62.

941 Rdnr. 42 des Besprechungsurteils unter Hinweis auf EuGH, Urteil vom 9.7.2015, Salomie und Oltean, Rs. C-183/14, Rdnr. 63.

942 BFH, Urteil vom 20.10.2016, V R 26/15, BStBl. II 2020, 593.

Beratungskonsequenzen

Der Quellennachweis verweist auf BFH/NV – vgl. Fußnote 3 – und **nicht** auf das BStBl. II. Das Urteil wurde noch nicht veröffentlicht, weil die FinVerw es auch nach nunmehr über 3 Jahren noch immer nicht anwendet.

Der Unternehmer und/oder sein Steuerberater sollten also **selbst überwachen** und sicherstellen, dass in den nämlichen Fällen die Vollverzinsung nicht zur Anwendung kommt!

113.0.1.6 Fazit

Aus Unternehmersicht ist das Urteil nur zu begrüßen: da der EuGH auf Rückwirkung von Rechnungsberichtigungen erkannt hat, hat die leidige Vollverzinsung ausgedient.

Spannend bleibt aber die weiter offene Frage nach den Mindestvoraussetzungen einer Rechnung.

113.0.2 Rückwirkung einer Rechnungsberichtigung kann auch zum Nachteil gereichen

 Rechtsgrundlagen

BFH, Urteil vom 22.1.2020, XI R 10/17, BStBl. II 2020, 601

Die Rückwirkung einer Rechnungsberichtigung beim Vorsteuerabzug gilt unabhängig davon, ob sie zum Vorteil oder Nachteil des Leistungsempfängers wirkt. Weiterhin kann danach auch der Stornierung und Neuausstellung einer sie ersetzenden Rechnung eine Rückwirkung zukommen. Eine Rechnung ist danach auch dann »unzutreffend« i. S. d. § 31 Abs. 5 Satz 1 Buchst. b UStDV, wenn sie im Einvernehmen aller Beteiligten vollständig rückabgewickelt und die gezahlte Umsatzsteuer zurückgezahlt wurde.

113.0.2.1 Sachverhalt

Die Beteiligten streiten darüber, ob die Klägerin und Revisionsbeklagte (K) den Vorsteuerabzug aus Rechnungen über Leistungen gegenüber ihrer Organgesellschaft in Anspruch nehmen kann.

K war im Streitjahr Organträgerin einer GmbH. Diese ließ als Generalunternehmerin einen Bioenergiepark errichten. Dabei war die GmbH nach dem Generalunternehmervertrag unter darin näher bezeichneten Voraussetzungen berechtigt, Subunternehmer einzuschalten.

Die GmbH beauftragte A damit, Leistungen zur starkstromtechnischen Erschließung des Parks zu erbringen. Geschuldet waren Planung, Lieferung und Montage der Eigenbedarfsversorgung sowie der Energieabführung. Außerdem beauftragte die GmbH B damit, die Netzwerkverkabelung vorzunehmen sowie Leistungen zum Überspannungsschutz der Trafostationen und der Module zu erbringen.

A und B rechneten gegenüber der GmbH mit Bruttorechnungen ab und entrichteten die Umsatzsteuer an die für sie zuständigen Finanzämter; die K zog dementsprechend die Vorsteuer.

Das Finanzamt vertrat die Auffassung, dass es sich bei den Leistungen der A und der B um Bauleistungen handele, auf die § 13b UStG anzuwenden sei, so dass der K ein Vorsteuerabzug aus den Rechnungen der Subunternehmer der GmbH nicht zustehe.

A und B berichtigten daraufhin die Rechnungen. Beide erteilten Nettorechnungen unter Hinweis auf § 13b UStG und verpflichteten sich, der GmbH die vom Finanzamt zurückzuzahlende Umsatzsteuer zu erstatten.

Das Finanzamt setzte in Höhe der nicht entstandenen Vorsteuern eine Umsatzsteuer-Nachforderung fest und verzinste diese nach § 233a AO.

113.0.2.2 Entscheidung

Der BFH bestätigt die Rechtsauffassung des Finanzamts. Das Gericht betont, dass die Rückwirkung einer Rechnungsberichtigung beim Vorsteuerabzug **unabhängig davon gilt, ob sie zum Vorteil oder Nachteil des Leistungsempfängers** wirkt.

Berichtigungen zum Nachteil führen dann zwangsläufig zur **Vollverzinsung nach § 233a AO**.

Beratungskonsequenzen

Der BFH führt mit dem Urteil seine neue Rechtsprechung zur Rechnungsberichtigung fort (s. o. ➜ Kapitel 113.0.1). Das BMF nimmt hierzu aktuell ausführlich Stellung (siehe nachfolgendes Kapitel. ➜ Kapitel 113.0.3).

113.0.3 Rückwirkung der Rechnungsberichtigung auf den Zeitpunkt der ursprünglichen Ausstellung und Vorsteuerabzug ohne Besitz einer ordnungsmäßigen Rechnung

Rechtsgrundlagen

BMF vom 18.9.2020, III C 2 – S 7286-a/19/10001 :001, 2020/0920350, BStBl. I 2020, 976

Das BMF nimmt zu der neuen Rechtsprechung Stellung (➜ Kapitel 113.0.1 und Kapitel 113.0.2).

113.0.3.1 Die neue Rechtsprechung im Überblick

Das BMF wertet die gesamte neuere Rechtsprechung von EuGH und BFH zur Problematik der rückwirkenden Rechnungsberichtigung aus:

- Mit **Urteil vom 15.9.2016, Rechtssache C-516/14, Barlis 06,** hat der EuGH entschieden, dass das Recht auf Vorsteuerabzug nicht allein deshalb verweigert werden kann, weil die Rechnung, die der Steuerpflichtige besitzt, nicht alle formellen Voraussetzungen erfüllt, obwohl die Finanzbehörde über alle notwendigen Informationen verfügt, um zu prüfen, ob die materiellen Voraussetzungen für die Ausübung dieses Rechts vorliegen.

- Ebenfalls mit **Urteil vom 15.9.2016, Rechtssache C-518/14, Senatex**, hat der EuGH entschieden, dass der Berichtigung einer Rechnung in Bezug auf eine zwingende Angabe Rückwirkung zukommen kann, so dass das Recht auf Vorsteuerabzug in Bezug auf die berichtigte Rechnung für das Jahr ausgeübt werden kann, in dem diese Rechnung ursprünglich ausgestellt wurde. Der BFH setzte dieses EuGH-Urteil mit Urteil vom 20.10.2016, V R 26/15, um. Dabei hat der BFH unter Aufgabe seiner bisherigen Rechtsprechung entschieden, dass eine Rechnungsberichtigung nach § 31 Abs. 5 UStDV beim Rechnungsempfänger hinsichtlich seines Rechts auf Ausübung des Vorsteuerabzugs auf den Zeitpunkt der erstmaligen Rechnungserteilung zurückwirken kann. Dies setzt nach dem BFH-Urteil allerdings voraus, dass das zu beurteilende Dokument bestimmte Mindestangaben enthält.

- Dem **Urteil des EuGH vom 12. 4.2018, Rechtssache C-8/17, Biosafe**, lässt sich entnehmen, dass im Fall eines in der ursprünglichen Rechnung zu niedrig ausgewiesenen Steuerbetrags erst nach einer entsprechenden Rechnungsberichtigung die materiellen und formellen Voraussetzungen des Rechts auf Vorsteuerabzug vorliegen.

- Ferner urteilte der **EuGH am 21.11.2018 in der Rechtssache C-664/16, Vadan**, dass ein Steuerpflichtiger, der nicht in der Lage ist, durch Vorlage von Rechnungen oder anderen Unterlagen den Betrag der von ihm gezahlten Vorsteuer nachzuweisen, nicht allein auf der Grundlage einer Schätzung in einem gerichtlich angeordneten Sachverständigengutachten ein Recht auf Vorsteuerabzug geltend machen kann.

- Weiterhin führte der **BFH im Urteil vom 15.10.2019, V R 14/18**, aus, dass auch unter Berücksichtigung der vorgenannten jüngeren Rechtsprechung des EuGHs an den sich aus dem Urteil vom 29.4.2004, Rechtssache C-152/02, Terra Baubedarf-Handel, ergebenden Erfordernissen festzuhalten ist. Die Ausübung des Rechts auf Vorsteuerabzug setzt demzufolge neben dem Vorliegen der materiellen Voraussetzungen auch weiterhin den Besitz einer Rechnung voraus. Insbesondere kann die Berechtigung zum Vorsteuerabzug nicht durch bloßen Zeugenbeweis nachgewiesen werden oder eine Rechnung als formelle Anforderung für den Vorsteuerabzug komplett entfallen. Vielmehr ist der Fall der fehlenden Rechnung von dem Fall der Berichtigung einer zuvor fehlerhaft erteilten Rechnung abzugrenzen.

- Zudem hat der **BFH im Urteil vom 22.1.2020, XI R 10/17**, entschieden, dass die Rückwirkung einer Rechnungsberichtigung beim Vorsteuerabzug unabhängig davon gilt, ob sie zum Vorteil oder Nachteil des Leistungsempfängers wirkt. Weiterhin kann danach auch der Stornierung und Neuausstellung einer sie ersetzenden Rechnung eine Rückwirkung zukommen. Eine Rechnung ist danach auch dann »unzutreffend« i. S. d. § 31 Abs. 5 Satz 1 Buchst. b UStDV, wenn sie im Einvernehmen aller Beteiligten vollständig rückabgewickelt und die gezahlte Umsatzsteuer zurückgezahlt wurde.

- Schließlich hat der **BFH im Urteil vom 12.3.2020, V R 48/17**, entschieden, dass ein Abrechnungsdokument keine Rechnung ist und deshalb auch nicht mit der Folge einer Ausübungsvoraussetzung für den Vorsteuerabzug rückwirkend berichtigt werden kann, wenn es wegen ganz allgemein gehaltener Angaben nicht möglich ist, die abgerechnete Leistung eindeutig und leicht nachprüfbar festzustellen.

113.0.3.2 Ordnungsmäßige Rechnung als Voraussetzung für den Vorsteuerabzug

113.0.3.2.1 Unionsrechtliche Regelungen

Unionsrechtlich wird zwischen der Entstehung und der Ausübung des Rechts auf Vorsteuerabzug unterschieden:

- Das Recht auf **Vorsteuerabzug entsteht** nach Art. 167 MwStSystRL, wenn der Anspruch auf die abziehbare Steuer entsteht. Materielle Voraussetzung für die Entstehung des Vorsteuerabzugsrechts nach Art. 168 Buchst. a MwStSystRL ist, dass der Leistungsempfänger Steuerpflichtiger (Unternehmer) i. S. d. Mehrwertsteuer-Systemrichtlinie ist, die von ihm bezogenen Gegenstände oder Dienstleistungen in der nachfolgenden Umsatzstufe für Zwecke seiner besteuerten Umsätze verwendet werden und sie auf einer vorausgehenden Umsatzstufe von einem anderen Steuerpflichtigen (Unternehmer) geliefert oder erbracht wurden.

- Formelle Voraussetzung, um das Recht auf **Vorsteuerabzug ausüben** zu können, ist nach Art. 178 Buchst. a MwStSystRL, dass der Steuerpflichtige (Unternehmer) eine nach Art. 219 ff. MwStSystRL ausgestellte Rechnung besitzt.

Der **Besitz einer Rechnung**, die eine Steuerbelastung offen ausweist, ist dabei jedoch nicht lediglich eine formelle Voraussetzung. Sie ist zugleich **materielle Voraussetzung**[943], weil die Angabe der Steuerbelastung essenziell für den Gleichlauf der Steuerbelastung des Leistenden mit dem Vorsteuerabzug des Leistungsempfängers ist[944].

Das Erfordernis des Besitzes einer Rechnung besteht auch nach den o. g. Urteilen des EuGHs fort[945]. Aus der jüngeren Rechtsprechung des EuGHs folgt insbesondere nicht, dass ein Vorsteuerabzug gänzlich ohne Rechnung geltend gemacht werden kann (vgl. BFH-Urteile vom 15.10.2019, V R 14/18, Rn. 31 ff. und 12.3.2020, V R 48/17, Rn. 37 und 38).

113.0.3.2.2 Nationale Umsetzung

Nach § 15 Abs. 1 Satz 1 Nr. 1 Satz 1 UStG kann der Unternehmer die gesetzlich geschuldete Steuer für Lieferungen oder sonstige Leistungen, die von anderen Unternehmern für sein Unternehmen ausgeführt worden sind, als Vorsteuer abziehen. Der Besitz einer Rechnung nach §§ 14, 14a UStG ist nach § 15 Abs. 1 Satz 1 Nr. 1 Satz 2 UStG **Voraussetzung für die Ausübung** des Vorsteuerabzugsrechts.

---

943 BFH-Urteil vom 20.10.2016, V R 26/15, Rn. 17.
944 Vgl. Schlussanträge der Generalanwältin vom 30.11.2017, Rechtssache C-8/17, Biosafe, Rn. 61.
945 Rechtssache C-8/17, Biosafe, Rn. 32 und Rechtssache C-664/16, Vadan, Rn. 40.

Der Vorsteuerabzug nach § 15 Abs. 1 Satz 1 Nr. 1 Satz 1 und 2 UStG ist für den Besteuerungszeitraum vorzunehmen, in dem erstmalig diese Voraussetzungen erfüllt sind[946].

113.0.3.3 Ausnahme von dem Erfordernis des Besitzes einer ordnungsmäßigen Rechnung (objektiver Nachweis einzelner materieller Voraussetzungen für den Vorsteuerabzug)

Auch nach Ergehen der EuGH-Rechtsprechung in der Rechtssache C-516/14, Barlis 06 (Rn. 46), der Rechtssache C-8/17, Biosafe (Rn. 32) und der Rechtssache C-664/16, Vadan (Rn. 43) ist das Recht auf Vorsteuerabzug **im Regelfall durch eine ordnungsmäßige Rechnung** nachzuweisen. Deren Funktion ist die Kontrolle sowohl des Leistenden als auch des Leistungsempfängers durch die Finanzverwaltung[947].

Ein Vorsteuerabzug **gänzlich ohne Rechnung ist nicht möglich** (s. o., ➲ Kapitel 113.0.3.5). Das Recht auf Vorsteuerabzug kann jedoch ausnahmsweise auch geltend gemacht werden, wenn der Unternehmer eine Rechnung besitzt, die nicht alle formellen Voraussetzungen erfüllt und die auch nicht berichtigt wurde. Der Vorsteuerabzug ist unter Anwendung eines strengen Maßstabes auch zu gewähren, wenn die Finanzverwaltung über sämtliche Angaben verfügt, um die materiellen Voraussetzungen zu überprüfen.

Der Unternehmer kann **durch objektive Nachweise** belegen, dass ihm andere Unternehmer auf einer vorausgehenden Umsatzstufe tatsächlich Gegenstände oder Dienstleistungen geliefert bzw. erbracht haben, die seinen der Mehrwertsteuer unterliegenden Umsätzen dienten und für die er die Umsatzsteuer tatsächlich entrichtet hat[948].

Der Nachweis der Steuerbelastung des Unternehmers auf der vorausgegangenen Umsatzstufe (tatsächliche Entrichtung der Steuer) kann **nur über eine Rechnung oder deren Kopie**[949] mit offen ausgewiesener Umsatzsteuer erfolgen. Ohne diesen Ausweis verbleiben Zweifel, ob und in welcher Höhe die Steuer in dem Zahlbetrag enthalten ist und damit, ob die materiellen Voraussetzungen für den Vorsteuerabzug vorliegen.

Die anderen materiellen Voraussetzungen kann der Unternehmer **auch durch andere Beweismittel** nachweisen. Entscheidend ist, dass sie eine

- leichte und
- zweifelsfreie

Feststellung der Voraussetzungen durch die Finanzbehörden ermöglichen, anderenfalls ist die Kontrollfunktion nicht erfüllt. Ist etwa auch unter Berücksichtigung der zusätzlichen Informationen unklar, über welche Leistung abgerechnet worden ist, verfügt

---

946 BFH-Urteil vom 1.7.2004, V R 33/01, BStBl. II, 861; Abschnitt 15.2 Abs. 2 Satz 7 UStAE.

947 Rechtssache C-516/14, Barlis 06, Rn. 27 unter Bezugnahme auf den Schlussantrag der Generalanwältin vom 18.2.2016 sowie EuGHUrteil vom 15.11.2017, Rechtssachen C-374/16 und C-375/16, Geissel und Butin, Rn. 41.

948 Vgl. Rechtssache C-664/16, Vadan, Rn. 44.

949 Vgl. Abschnitt 15.11. Abs. 1 UStAE.

das Finanzamt nicht über alle notwendigen Informationen um zu prüfen, inwieweit der als Vorsteuer geltend gemachte Betrag gesetzlich geschuldet war[950]. Es besteht keine Pflicht der Finanzbehörden, fehlende Informationen von Amts wegen zu ermitteln. Zweifel und Unklarheiten wirken zu Lasten des Unternehmers[951].

113.0.3.4 Rechnungsberichtigung oder Stornierung und Neuerteilung

Gelingt dem Unternehmer kein objektiver Nachweis (s. o., ➲ Kapitel 113.0.3.3), kann er auch eine nach § 31 Abs. 5 UStDV berichtigte Rechnung vorlegen.

Eine Berichtigung kann auch dadurch erfolgen, dass der Rechnungsaussteller die ursprüngliche Rechnung **storniert und eine Neuausstellung** der Rechnung vornimmt[952]. Der

- Fall einer fehlenden Rechnung (dann kein Vorsteuerabzug möglich) ist von dem
- Fall einer fehlerhaft erteilten Rechnung

abzugrenzen[953]. Auf eine Rechnungsberichtigung kann für Zwecke des Vorsteuerabzugs jedenfalls alleine aus Vereinfachungsgesichtspunkten nicht verzichtet werden. Die Rechnung kann bis zum Schluss der letzten mündlichen Verhandlung vor dem Finanzgericht berichtigt und vorgelegt werden.

Eine Rechnungsberichtigung erfordert eine **spezifische und eindeutige Bezugnahme** auf die ursprüngliche Rechnung[954]. Diese kann durch den Hinweis auf eine Berichtigung, Änderung oder Ergänzung der bisherigen Rechnung erfolgen. Eine Rechnung ist auch dann »unzutreffend« i. S. d. § 31 Abs. 5 Satz 1 Buchst. b UStDV, wenn sie im Einvernehmen aller Beteiligten vollständig rückabgewickelt und die gezahlte Umsatzsteuer zurückgezahlt wurde[955].

Ein Dokument ist dann eine rückwirkend berichtigungsfähige Rechnung, wenn es Angaben zum Rechnungsaussteller, zum Leistungsempfänger, zur Leistungsbeschreibung, zum Entgelt und zur gesondert ausgewiesenen Umsatzsteuer enthält[956]. Hierfür reicht es aus, dass die Rechnung diesbezügliche Angaben enthält und die Angaben **nicht in so hohem Maße unbestimmt, unvollständig oder offensichtlich unzutreffend sind, dass sie fehlenden Angaben gleichstehen.**

Sind diese Anforderungen erfüllt, entfaltet die Rechnungsberichtigung immer Rückwirkung.

---

950 Vgl. BFH-Urteil vom 12.3.2020, V R 48/17, Rn. 39.
951 Vgl. Abschnitt 15.11. Abs. 3 Satz 1 UStAE.
952 BFH-Urteil vom 22.1.2020, XI R 10/17, Rn. 18 und EuGH-Urteil vom 15.7.2010, Rechtssache C-368/09, Pannon Gep Centrum.
953 BFH-Urteil vom 15.10.2019, V R 14/18, Rn. 33.
954 § 31 Abs. 5 Satz 2 UStDV und Abschnitt 14.11 UStAE, so auch BFH-Urteil vom 22.1.2020, XI R 10/17.
955 Vgl. BFH-Urteil vom 22.1.2020, XI R 10/17.
956 Vgl. BFH-Urteil vom 20.10.2016, V R 26/15.

Kleinbetragsrechnungen nach § 33 UStDV müssen nur berichtigt werden, soweit diese Vorschrift die in Rede stehenden Angaben erfordert. Auf eine rückwirkende Korrektur von Voranmeldungen innerhalb eines Besteuerungszeitraumes kann verzichtet werden. Die Rückwirkung einer Rechnungsberichtigung beim Vorsteuerabzug gilt unabhängig davon, ob die Berichtigung zum Vorteil oder zum Nachteil des Leistungsempfängers wirkt[957].

Im Einzelnen gilt Folgendes:

113.0.3.4.1 Leistender Unternehmer

Aussteller einer Rechnung i. S. d. §§ 14, 14a UStG kann

- der leistende Unternehmer,
- der Leistungsempfänger (Gutschrift) oder
- ein Dritter in deren Namen und für deren Rechnung

sein. Unabhängig von der Person des Rechnungsausstellers ist es zwingend erforderlich, dass aus der Rechnung hervorgeht, wer die Leistung erbracht hat.

Eine Rechnung ist für Zwecke des Vorsteuerabzugs **berichtigungsbedürftig**, wenn und soweit sie hinsichtlich des leistenden Unternehmers Fehler enthält, die dessen eindeutige Identifizierung auch unter Berücksichtigung des § 31 Abs. 2 UStDV nicht zulassen.

Sie ist **mit Rückwirkung berichtigungsfähig**, wenn die vorliegenden Angaben zwar ungenau, aber grundsätzlich zutreffend sind und nicht fehlenden Angaben gleichstehen.

 Beratungskonsequenzen

Es ist ausreichend und die Rechnung deshalb nicht berichtigungsbedürftig, wenn der leistende Unternehmer durch die Gesamtheit der vorliegenden Angaben in der Rechnung eindeutig identifizierbar und eine **Verwechslungsgefahr mit anderen Unternehmern ausgeschlossen** ist. Dieses gilt zum Beispiel für fehlende oder falsche Rechtsformzusätze nur dann, wenn jeglicher Zweifel an der Identität des Leistenden ausgeschlossen ist.

Bei Fehlern und Unklarheiten, die über die Regelungen in Abschn. 15.2a Abs. 2 und Abs. 6 UStAE hinausgehen, sind die Voraussetzungen für eine rückwirkend berichtigungsfähige Mindestangabe nicht erfüllt. Die Angabe eines Unternehmers, der nicht der tatsächlich leistende Unternehmer ist, ist eine offensichtlich unzutreffende Angabe, die nicht rückwirkend berichtigt werden kann.

113.0.3.4.2 Leistungsempfänger

Die Ausführungen unter ➲ Kapitel 113.0.3.4.1 gelten sinngemäß auch für den Leistungsempfänger. Wurden Name und Anschrift des Leistungsempfängers nur ungenau

---

957 Vgl. BFH-Urteil vom 22.1.2020, XI R 10/17.

bezeichnet, kann zum Beispiel eine unzutreffende Bezeichnung der Rechtsform mit Rückwirkung für die Vergangenheit berichtigt werden.

 Beratungskonsequenzen

Es ist ausreichend, wenn der Leistungsempfänger durch die **Gesamtheit der vorliegenden Angaben** in der Rechnung **identifizierbar** ist[958].

Bei Fehlern und Unklarheiten, die über die Regelungen in Abschn. 15.2a Abs. 3 und Abs. 6 UStAE hinausgehen, sind die Voraussetzungen für eine rückwirkend berichtigungsfähige Mindestangabe nicht erfüllt. Die Angabe eines Unternehmers, der nicht der tatsächliche Leistungsempfänger ist, ist eine offensichtlich unzutreffende Angabe, die nicht rückwirkend berichtigt werden kann.

113.0.3.4.3 Leistungsbeschreibung

Die Leistungsbeschreibung muss, um rückwirkend berichtigungsfähig zu sein, jedenfalls **so konkret sein, dass die erbrachte Leistung und ein Bezug zum Unternehmen des Leistungsempfängers erkennbar sind**[959]. Eine unrichtige Leistungsbezeichnung, für die der leistende Unternehmer die gesondert ausgewiesene Steuer nach § 14c Abs. 2 UStG schuldet[960], ist nicht mit Rückwirkung berichtigungsfähig. Dagegen kann eine nur ungenaue Angabe der Leistungsbezeichnung[961] die Voraussetzungen für eine rückwirkend berichtigungsfähige Mindestangabe erfüllen.

Eine bloße Angabe wie z. B. »Beratung« in der Rechnung eines Rechtsanwalts oder »Bauarbeiten« in der Rechnung eines Bauunternehmens, die nicht weiter individualisiert ist, erfüllt zwar nicht die Voraussetzungen nach § 14 Abs. 4 Satz 1 Nr. 5 UStG, eine entsprechende Rechnung ist unter den übrigen Voraussetzungen aber mit Rückwirkung berichtigungsfähig[962].

Dagegen reicht eine allgemein gehaltene Angabe wie z. B. »Produktverkäufe«, die es nicht ermöglicht, die abgerechnete Leistung eindeutig und leicht nachprüfbar festzustellen, nicht aus[963]. Abschn. 15.2a Abs. 6 UStAE und Abschn. 15.11 Abs. 3 Satz 6 UStAE bleiben unberührt.

---

958   Vgl. BFH-Urteil vom 20.10.2016, V R 54/14, BFH/NV 2017, S. 488.
959   Vgl. Abschnitt 15.2a Abs. 4 UStAE.
960   Vgl. Abschnitt 14c.2 Abs. 2 Nr. 3 UStAE.
961   Vgl. Abschnitt 15.2a Abs. 5 Satz 3 Nr. 2 UStAE.
962   Vgl. BFH-Urteil vom 20.10.2016, V R 26/15.
963   Vgl. BFH-Urteil vom 12.3.2020, V R 48/17, Rn. 24.

113.0.3.4.4 Entgelt

Die Voraussetzung für eine rückwirkend berichtigungsfähige Mindestangabe ist bereits erfüllt, wenn durch die Angabe des Bruttorechnungsbetrags und des gesondert ausgewiesenen Umsatzsteuerbetrags das Entgelt als Bemessungsgrundlage **ohne weiteres errechnet werden kann**.

113.0.3.4.5 Gesondert ausgewiesene Umsatzsteuer

Ein gesondert ausgewiesener Umsatzsteuerbetrag kann nicht dadurch ersetzt werden, dass **neben dem Entgelt ein Bruttorechnungsbetrag** angegeben wird.

Wird fälschlicherweise von einem Wechsel der Steuerschuldnerschaft nach § 13b Abs. 2 und 5 UStG ausgegangen und deswegen in der Rechnung ein Hinweis nach § 14a Abs. 5 UStG erteilt, sind derartige Rechnungen gleichwohl unter den übrigen Voraussetzungen **mit Rückwirkung berichtigungsfähig**.

Weist der Rechnungsaussteller in einer Rechnung die Umsatzsteuer nicht oder zu niedrig aus, kann die Rechnung nach § 31 Abs. 5 UStDV berichtigt werden. Dabei sind die folgenden Fälle zu unterscheiden:

1. Bisher kein Steuerausweis

Ein bisher in einem Dokument fälschlicherweise nicht ausgewiesener Steuerbetrag (z. B. weil die Voraussetzungen einer Geschäftsveräußerung im Ganzen oder einer Steuerbefreiung nicht vorliegen) **kann nicht mit Rückwirkung berichtigt werden**. Der erstmalige Steuerausweis in einer berichtigten Rechnung ist insoweit mit dem erstmaligen Erstellen einer Rechnung gleichzusetzen und entfaltet daher keine Rückwirkung[964].

Die gleichen Grundsätze gelten, wenn sich **nachträglich** herausstellt, dass zwischen bestimmten Personen **keine Organschaft** i. S. d. § 2 Abs. 2 Nr. 2 UStG vorlag und über die vermeintlichen Innenumsätze Belege ausgetauscht worden sind. Diese Belege sind Rechnungen i. S. d. § 14 Abs. 1 UStG, wenn sie einen Steuerausweis enthalten, weil mit ihnen tatsächlich über Leistungen abgerechnet worden ist. Sind diese Rechnungen nach den §§ 14, 14a UStG ausgestellt, berechtigen sie zum Vorsteuerabzug. Belege ohne gesonderten Steuerausweis hingegen sind keine Rechnungen und daher einer Berichtigung mit Rückwirkung nicht zugänglich.

2. Bisher zu niedriger Steuerausweis

Ein unzutreffend in einer Rechnung zu niedrig ausgewiesener Steuerbetrag **kann nicht mit Rückwirkung berichtigt werden**. Der erstmalige zutreffende Steuerausweis in einer berichtigten Rechnung ist vielmehr insoweit mit dem erstmaligen Erstellen einer Rechnung gleichzusetzen. Das Recht zum Vorsteuerabzug in Höhe des Mehrbetrags

---

964 Vgl. EuGH-Urteile vom 29.4.2004, Rechtssache C-152/02, Terra Baubedarf-Handel, und Rechtssache C-8/17, Biosafe, sowie BFH-Urteil vom 1.7.2004, V R 33/01, BStBl. II, 861.

kann somit erst in dem Besteuerungszeitraum ausgeübt werden, in dem der Leistungsempfänger im Besitz der Rechnung ist, die den Steuerbetrag in zutreffender Höhe ausweist[965].

 Beratungskonsequenzen

Der Vorsteuerabzug des ursprünglich zu niedrigen Steuerbetrags bleibt bestehen!

113.0.3.5 Zeitpunkt des Vorsteuerabzugs

Zum Zeitpunkt des Vorsteuerabzugs gilt nach den Grundsätzen dieses Schreibens Folgendes:

113.0.3.5.1 Bei objektivem Nachweis (keine ordnungsmäßige Rechnung)

Der Vorsteuerabzug nach den unter Ziffer 3 genannten Voraussetzungen ist in dem Zeitpunkt zu gewähren, in dem die Leistung bezogen wurde **und** eine Rechnung mit offen ausgewiesener Umsatzsteuer vorlag.

113.0.3.5.2 Bei einer berichtigten Rechnung mit Rückwirkung

Wird eine Rechnung nach § 31 Abs. 5 UStDV mit Rückwirkung berichtigt, ist das Recht auf Vorsteuerabzug grundsätzlich für den Besteuerungszeitraum auszuüben, in dem die Leistung bezogen wurde und die ursprüngliche Rechnung vorlag.

Abweichend hiervon kann bei einem zu niedrigen Steuerausweis in der ursprünglichen Rechnung das Recht auf Vorsteuerabzug in einer bestimmten Höhe erst dann ausgeübt werden, wenn der Leistungsempfänger im Besitz einer Rechnung ist, die einen Steuerbetrag in dieser Höhe ausweist.

113.0.3.5.3 Bei Storno und Neuerteilung einer Rechnung

Die Stornierung einer Rechnung und ihre Neuerteilung kann Rückwirkung entfalten. Dann gelten die Ausführungen unter ➲ Kapitel 113.0.3.5.2. Ansonsten kann das Recht auf Vorsteuerabzug erst für den Besteuerungszeitraum der Neuerteilung ausgeübt werden. Der Unternehmer ist dann nachweispflichtig dafür, dass aus der ursprünglichen Rechnung kein Vorsteuerabzug geltend bzw. ein solcher aufgrund des Stornos rückgängig gemacht worden ist.

113.0.3.5.4 Bei Rechnungen i. S. v. § 14c UStG

Die Berichtigung einer nach § 14c Abs. 1 UStG geschuldeten Umsatzsteuer entfaltet keine Rückwirkung, sondern unterliegt den Vorgaben des Abschnitts 17.1 Abs. 10 UStAE.

---

965   Vgl. Rechtssache C-8/17, Biosafe.

113.0.3.6 Kein rückwirkendes Ereignis i. S. d. § 175 Abs. 1 Satz 1 Nr. 2 AO

Bei der Korrektur eines Steuerbescheids zur nachträglichen Berücksichtigung einer nach den vorgenannten Grundsätzen rückwirkend berichtigten Rechnung nach § 31 Abs. 5 UStDV ist die Änderungsvorschrift des § 175 Abs. 1 Satz 1 Nr. 2 AO nicht anwendbar. Denn die Berichtigung einer Rechnung mit Rückwirkung ist kein Ereignis, das steuerliche Wirkung für die Vergangenheit entfaltet (rückwirkendes Ereignis). Die Änderung eines Steuerbescheids nach § 175 Abs. 1 Satz 1 Nr. 2 AO ist nur zulässig, **wenn das rückwirkende Ereignis nachträglich, d. h. nach Entstehen des Steueranspruchs eingetreten ist**. Das Recht auf Vorsteuerabzug entsteht jedoch gleichzeitig mit dem Steueranspruch nach Art. 167 MwStSystRL. Lediglich dessen Ausübung setzt nach § 15 Abs. 1 Satz 1 Nr. 1 Satz 2 UStG voraus[966], dass der Leistungsempfänger eine Rechnung besitzt[967]. Da der materielle Anspruch auf Vorsteuerabzug unabhängig vom Vorliegen einer Rechnung entsteht, hat die Erteilung einer berichtigten Rechnung keine Auswirkung auf die Entstehung des Steueranspruchs.

113.0.3.7 Änderung des UStAE

Das BMF-Schreiben passt in Abschn. II. den UStAE entsprechend an.

113.0.3.8 Anwendungsfragen

Die Grundsätze dieses Schreibens sind in allen offenen Fällen anzuwenden.

Es wird nicht beanstandet, wenn bei bis zum 31.12.2020 übermittelten Rechnungsberichtigungen nach § 31 Abs. 5 UStDV, die nach dem BFH-Urteil vom 20.10.2016, V R 26/15, Rückwirkung besitzen, der Vorsteuerabzug gleichwohl erst in dem Besteuerungszeitraum geltend gemacht wird, in dem die berichtigte Rechnung ausgestellt wird. Eine Berufung hierauf scheidet aus, wenn der Vorsteuerabzug bereits aus der ursprünglichen Rechnung gewährt wurde.

 Beratungskonsequenzen

1. Der BFH hat am 20.10.2016[968] unter anderem darauf erkannt, dass die rückwirkende Berichtigung eine **berichtigungsfähige Rechnung** voraussetzt.
2. Dazu muss das zu berichtigende Dokument folgende **Mindestangaben** enthalten:
   - leistender Unternehmer
   - Leistungsempfänger
   - Leistungsbeschreibung
   - Entgelt
   - Steuerbetrag

---

966 Vgl. Art. 178 MwStSystRL.
967 Vgl. Rechtssache Senatex, C-518/14, Rn. 28 f.
968 A. a. O., Rz. 19.

3. Das Fehlen der anderen Rechnungspflichtangaben steht einer Rückwirkung **nicht** entgegen.
4. Das BMF-Schreiben **folgt** der Rechtsauffassung des BFH.
5. Abschließend geklärt ist nunmehr auch, dass eine Rechnungsberichtigung **kein rückwirkendes Ereignis** i.S.v. § 175 Abs. 1 Satz 1 Nr. 2 AO ist, dass eine steuerliche Wirkung für die Vergangenheit entfaltet.
6. (Auf den **Zinslauf des § 233a AO** hat eine Rechnungsberichtigung daher **keine Auswirkung.**

113.1 Die Praxisfälle

Anlass zur Rechnungsberichtigung geben Fallgestaltungen wie die folgenden:

Beispiele

1. Kunde K ist als selbstständiger Konditormeister umsatzsteuerlich ein Unternehmer und zum Vorsteuerabzug berechtigt. K legt daher besonderen Wert auf die richtige Rechnungsadressierung und bemängelt, dass in der Rechnung des Autohauses A sein Name oder seine Anschrift falsch geschrieben wurden.
2. Wie Beispiel 1. K hat eines seiner Unternehmensfahrzeuge von A reparieren lassen und bemängelt nunmehr, dass die Rechnung des A die konkret ausgeführten Reparaturarbeiten nicht beschreibt.
3. Stammkunde K des Autohauses A wechselt seine Fahrzeuge im 2-Jahres-Turnus und entscheidet sich immer für eine Vollausstattung – mit einem Panoramadach! Letzteres wurde bei einer Neubestellung übersehen. Das Fahrzeug wurde zwar »unterschriftsgemäß« geliefert. K will sich daran aber nicht festhalten lassen und ist der Auffassung, dass der Verkäufer des A das Fehlen des Panoramadachs hätte bemerken müssen. Um den K nicht zu verärgern einigt man sich darauf, im 500 € »gutzuschreiben«.
4. Käufer K ist als Einzelunternehmer seit Jahren Unternehmenskunde von Autohaus A. Seit neuestem ist K auch – was im Autohaus nicht bekannt war – als Gesellschafter an der Y-GmbH beteiligt. K kauft wie so schon oft ein Fahrzeug bei A und erhält wie immer eine auf ihn als Einzelunternehmer lautende Rechnung. Daraufhin wendet sich K an A und teilt mit, dass er das Fahrzeug für die Y-GmbH gekauft hat; er bittet daher um eine auf die Gesellschaft lautende Rechnung.
5. Vater V ist seit vielen Jahren Privatkunde von Autohaus A. Schon immer wurde V von seinem autobegeisterten Sohn S beim Fahrzeugkauf begleitet. So auch jetzt – nur, dass S gerade 18 Jahre alt geworden ist und dieses Mal selbst ein Auto kaufen will. Eigentlich begleitet V den S nur, um seine Kontakte zu nutzen und für den Sohn einen günstigen Preis »herauszuschlagen«. Wie auch in den Vorjahren erhält V die Rechnung über den Autokauf. Durch einen Anruf stellt V das Missverständnis klar und bittet darum, das Geschäft gegenüber S abzurechnen.
6. Im »Familienvermögen« der Eheleute befinden sich 2 Fahrzeuge: das eine nutzt der Ehemann (EM) für sein Einzelunternehmen, das andere seine Frau (EF) für

das »Familien-Management«. Autohaus A repariert das Privatfahrzeug; EM bittet aber darum, dass die Rechnung »aus steuerlichen Gründen« eine Reparatur des Unternehmensfahrzeugs ausweist.

7. Autohaus A repariert das Fahrzeug des Privatkunden P. Da dieser mit der Rechnung »nichts anfangen kann«, bittet er um eine Rechnung, die auf seinen unternehmerisch tätigen Schwiegervater S lautet und die Reparatur eines der Unternehmensfahrzeuge des S ausweist.

➡ Beratungskonsequenzen

Auch Beispiel 3 führt umsatzsteuerlich zu einer Rechnungsberichtigung, die in der Praxis – allerdings fälschlicherweise – als »Gutschrift« bezeichnet wird ➲ Kapitel 110.10.

113.2 Abgrenzung: Fehler noch vor Rechnungsversand entdeckt

Von einer »Rechnung« spricht man erst dann, wenn diese als Papier oder Datensatz die Einflusssphäre des Autohauses verlassen hat. Wird der Fehler rechtzeitig entdeckt und der Versand gestoppt, gilt das »Übliche«!

Sie können dann daher die »richtige« Rechnung versenden, ohne auf Besonderheiten Rücksicht nehmen zu müssen.

➡ Beratungskonsequenzen

Zum Nachweis des noch nicht erfolgten Versands sollten Sie dann alle von der EDV erzeugten Rechnungsausfertigungen in die Belegbuchhaltung übernehmen!

113.3 Die Fallgruppen des Gesetzes

Bei der Berichtigung von Rechnungen gilt es, **drei Fallgruppen** zu unterscheiden:

- die Berichtigung von Rechnungen im **Regelfall** (§ 14 Abs. 6 Nr. 5 UStG i. V. m. § 31 Abs. 5 UStDV),
- die Berichtigung von Rechnungen bei einem unrichtigen Steuerausweis (§ 14c Abs. 1 UStG)
- die Berichtigung von Rechnungen bei einem unberechtigten Steuerausweis (§ 14c Abs. 2 UStG).

Besonderheiten gelten für die **Berichtigung elektronischer Rechnungen** (➲ Kapitel 114.4).

113.4 Fallgruppe 1: Berichtigung von Rechnungen im Regelfall

Im Regelfall kann eine Rechnung berichtigt werden, wenn sie

- **nicht alle Angaben**[969] nach § 14 Abs. 4, § 14a UStG enthält (➲ vorstehendes Kapitel 113.1 Beispiel 2) oder

- wenn **einzelne Angaben**[970] in der Rechnung **unzutreffend** sind (➲ vorstehendes Kapitel 113.1 Beispiele 1 und 3).

Dabei »müssen nur die fehlenden oder unzutreffenden Angaben durch ein Dokument, das spezifisch und eindeutig auf die Rechnung bezogen ist, übermittelt werden. Es gelten die gleichen Anforderungen an Form und Inhalt« wie für die Ursprungsrechnung (§ 14 Abs. 6 Nr. 5 UStG, § 31 Abs. 5 UStDV, Abschn. 14.11 UStDV).

113.4.1 Nur partielle Rechnungsberichtigung möglich, aber nicht zu empfehlen!

Obwohl danach »nur die fehlenden oder unzutreffenden Angaben ergänzt oder berichtigt werden« müssen, empfiehlt sich in der Praxis ein anderes Vorgehen, nämlich die Erstellung einer komplett neuen Rechnung.

113.4.2 Der Nachteil einer nur partiellen Rechnungsberichtigung

Das vom Gesetzgeber und der Finanzverwaltung erlaubte Vorgehen erfordert von Ihnen/Ihrem Mandanten – abweichend von der sonstigen Routine – für jeden Berichtigungsfall einen **individuellen Rechnungstext** und eröffnet so eine **neue Fehlerquelle**; im Übrigen ist das Vorgehen **zeitaufwendig**.

113.4.3 Die Praxislösung

Stattdessen sollten Sie wie folgt vorgehen bzw. Ihren Mandanten folgendes Vorgehen empfehlen:

 Checkliste

- Lassen Sie zunächst die zu berichtigende (fehlerhafte oder unvollständige) Rechnung außer Acht; tun Sie also zunächst so, als wenn es diese »noch gar nicht gäbe«.
- Verwendungen Sie Ihren ganz »normalen« Rechnungsvordruck.
- Schreiben Sie darauf eine neue Rechnung – und zwar vollständig und mit allen nach §§ 14, 14a UStG erforderlichen Pflichtangaben.
- Ergänzen Sie die neue Rechnung um die nachstehende Klausel.

---

969 Gemeint sind die sog. »Pflichtangaben« ➲ Kapitel 110.3 bis Kapitel 110.5.
970 Gemeint sind auch hier die sog. »Pflichtangaben« ➲ Kapitel 110.3 bis Kapitel 110.5.

Musterklausel: Rechnungsberichtigung im Regelfall

Die Ihnen nunmehr vorliegende Rechnung ersetzt die Rechnung mit der Nummer ... [*vollständige Nummer der Ursprungsrechnung*] vom ... [*Datum der Ursprungsrechnung*].

Es ist *nicht* erforderlich, dass Sie uns das Original der Ursprungsrechnung wieder zurückschicken (BFH, zuletzt Urteil vom 19.9.1996, V R 41/94, BStBl. II 1999, 249).

Im Hinblick auf Ihren eventuellen Vorsteuerabzug (§ 15 UStG) weisen wir Sie vorsorglich darauf hin, dass Sie ausschließlich diese Rechnungsausfertigung zum Vorsteuerabzug verwenden dürfen.

113.4.3.1 Bezugnahme auf die Ursprungsrechnung

Die Berichtigung muss durch ein Dokument erfolgen, das **spezifisch und eindeutig auf die Rechnung bezogen** ist[971]; dies stellt der 1. Satz der Musterklausel sicher.

 Beratungskonsequenzen

Die Berichtigungsrechnung kann **unter der »alten« Rechnungsnummer** ergehen; die Vergabe einer neuen Rechnungsnummer ist möglich, aber nicht erforderlich[972]!

113.4.3.2 Verbleib der Ursprungsrechnung

Häufig wird angenommen, dass zur wirksamen Rechnungsberichtigung das Original der Ursprungsrechnung angefordert werden muss. Der BFH hat betont, dass dies nicht der Fall ist; das Gericht will **unnötigen unternehmerischen Verwaltungsaufwand** vermeiden. Denn auch wenn der Leistende die Erstrechnung nicht zurückerhält, wird die Aufgabe der Finanzverwaltung zu prüfen, ob der Leistungsempfänger die ihm obliegende Vorsteuerberichtigung durchgeführt hat[973], nicht unzumutbar erschwert. Die Finanzverwaltung kann entsprechende Kontrollmitteilungen erlassen. Diese wären auch dann nicht entbehrlich, wenn die Wirksamkeit der Rechnungsberichtigung von einer Rückgabe der Originalrechnung abhinge. Selbst wenn der Leistungsempfänger die ursprüngliche Rechnung zurückgibt, ist nicht sichergestellt, dass er den Vorsteuerabzug in dem Besteuerungszeitraum, in den die Berichtigung fällt, berichtigt. Dies gilt insbesondere dann, wenn für den Besteuerungszeitraum, in dem die Vorsteuerbeträge abgesetzt wurden, bereits ein endgültiger Steuerbescheid vorliegt und der Leistungsempfänger deshalb nicht mehr damit rechnet, den Vorsteuerabzug belegen zu müssen. Auch das Risiko des FA, die Ansprüche aus einer Vorsteuerberichtigung beim Leistungsempfänger wegen dessen Zahlungsunfähigkeit nicht durchsetzen zu können, mindert sich durch eine Rückgabe der Erstrechnung nicht[974].

---

971 § 33 Abs. 5 Satz 2 UStDV.

972 Abschn. 14.11 Abs. 1 Satz 4 UStAE.

973 § 85 AO 1977.

974 BFH, Urteil vom 25.2.1993, V R 112/91, BStBl. II 1993, 643; wohl zuletzt bestätigt durch BFH, Urteil vom 19.9.1996, V R 41/94, BStBl. II 1999, 249.

113.4.3.3 Hinweis zum Vorsteuerabzug

Dieser Hinweis ist vielleicht überflüssig, dient aber letztlich nur der eigenen Sicherheit des Rechnungsausstellers. Die neuere Rechtsprechung von EuGH und BFH betont insbesondere im Zusammenhang mit der Steuerbefreiung von Ausfuhrlieferungen (➔ Kapitel 39 ff.) und innergemeinschaftlicher Lieferungen (➔ Kapitel 26 ff.) sowie dem Vorsteuerabzug aus Karussellgeschäften (➔ Kapitel 67) und fehlerhaften Rechnungen[975] für die Anwendung günstiger Umsatzsteuervorschriften das Erfordernis des **aktiven Mitwirkens an der Vermeidung von Steuerausfällen**. Es ist nicht absehbar, ob dieser Gedanke auch bei der Rechnungsberichtigung eine Rolle spielen wird – daher gilt: **lieber ein Satz zu viel als ein Satz zu wenig!**

113.4.4 Alternativ: Arbeit mit einer separaten Stornorechnung

Alternativ kann der Unternehmer auch

- in einem ersten Schritt die zu berichtigende Rechnung stornieren und dann
- in einem zweiten Schritt eine neue Rechnung erstellen.

 Beratungskonsequenzen

Manche EDV-Buchhaltungen – z. B. SAP – sehen diese Vorgehensweise als die einzige vor. Häufig ist es dann technisch zwingend erforderlich, eine neue Rechnungsnummer zu vergeben – obwohl dies umsatzsteuerrechtlich nicht erforderlich wäre (s. o.).

113.5 Fallgruppe 2: Berichtigung von Rechnungen mit »unrichtigem« Steuerausweis

Das Umsatzsteuergesetz stellt ausdrücklich klar, dass auch Rechnungen mit unrichtigem – in der Regel zu hohem – Steuerausweis (➔ Kapitel 113.1, Fallbeispiel 3) wie beschrieben zu berichtigen sind[976].

113.6 Fallgruppe 3: Berichtigung von Rechnungen mit »unberechtigtem« Steuerausweis

Von den beschriebenen Fällen abzugrenzen sind sog. »Gefälligkeitsrechnungen« u. Ä., deren Berichtigung aufgrund der damit einhergehenden Gefährdung des Steueraufkommens streng formales Vorgehen des Autohauses erfordert (➔ Kapitel 113.1 Beispiele 4 7).

---

975 BFH, Urteil vom 6.12.2007, V R 61/05, UR 2008, 436.
976 Vgl. § 14c Abs. 1 UStG, Abschn. 14c.1 Abs. 5 UStAE.

Der Gesetzgeber reagiert rigoros und ordnet in § 14c Abs. 2 UStG an:

 Rechtsgrundlagen

§ 14c Abs. 2 UStG

»[1]Wer in einer Rechnung einen Steuerbetrag gesondert ausweist, obwohl er zum gesonderten Ausweis der Steuer nicht berechtigt ist, schuldet den ausgewiesenen Betrag. [2]Das Gleiche gilt, wenn jemand wie ein leistender Unternehmer abrechnet und einen Steuerbetrag gesondert ausweist, obwohl er nicht Unternehmer ist oder eine Lieferung oder sonstige Leistung nicht ausführt. [3]Der nach den Sätzen 1 und 2 geschuldete Steuerbetrag kann berichtigt werden, soweit die Gefährdung des Steueraufkommens beseitigt worden ist. ...«

113.6.1 Doppelte Umsatzsteuerschuld!

Der Gesetzgeber betrachtet also das **Umsatzsteueraufkommen wegen des mehrfachen Steuerausweises als gefährdet** und erhebt die Umsatzsteuer daher gleich doppelt, nämlich

- ein erstes Mal die »normale« – also aus dem eigentlichen Umsatz entstandene – Steuer **(zutreffende Umsatzsteuer)** und

- ein zweites Mal nach § 14c Abs. 2 UStG die Steuer aus eben der fehlerhaften Rechnung **(Mehrsteuer** = das eigentliche **Umsatzsteuerrisiko** des Autohauses)

113.6.2 Zusätzliche Zinsschuld!

Daneben besteht die Gefahr, dass die Mehrsteuer zusätzlich nach § 233a AO verzinst wird (sog. »Vollverzinsung«), und zwar mit 0,5 % pro Monat. Diese Gefahr besteht immer dann, wenn der Empfänger der fehlerhaften Rechnung diese zum Vorsteuerabzug verwandt hat.

In den Beispielen 4–7 ...

... (➲ Kapitel 113.1) steht eine Vollverzinsung – noch einmal: zusätzlich zur Mehrsteuer (!) – zu erwarten, denn die falsche Rechnung wurde gerade ausgestellt, um den nicht vorgesehenen Vorsteuerabzug zu erreichen!

113.6.3 »Guter Glaube« des Rechnungsausstellers ist ohne Bedeutung!

Auf den guten Glauben des Rechnungsausstellers kommt es nicht an (Abschn. 14c.2 Abs. 3 Satz 4 UStAE). Die doppelte Umsatzsteuerschuld entsteht also unabhängig davon, ob das Autohaus

- in gutem Glauben (➲ Kapitel 113.1 Beispiele 4 und 5) oder

- vorsätzlich/fahrlässig (➲ Kapitel 113.1 Beispiele 6 und 7) gehandelt hat. Denn die Regelungen des Umsatzsteuerrechts sollen nicht dazu dienen, Strafen für Steuerpflichtige festzulegen. Es bleibt den Mitgliedstaaten aber unbenommen, Maßnahmen nach den einschlägigen Steuerstrafvorschriften zu ergreifen[977].

 Beratungskonsequenzen

1. In den Beispielen 6 und 7 (➲ Kapitel 113.1) drohen dem Autohaus also zusätzlich zur Steuerschuld und zur Zinsschuld auch **strafrechtliche Konsequenzen!**
2. »Wer betrügen will, muss clever sein!«: Gerade bei Werkstattleistungen fallen derartige Abrechnungsfehler bei einem Abgleich des Betriebsprüfers schon dadurch auf, dass die meisten **Ersatzteile ja typbezogen** abgerechnet werden

113.6.4 Die Fehlerbeseitigung erfordert zunächst ein Kundenanschreiben

Zunächst muss der Rechnungsaussteller die fehlerhafte Rechnung für ungültig erklären[978].

 Musterschreiben: ... des Rechnungsausstellers an Rechnungsempfänger

---

Unsere Rechnung ... [Rechnungsnummer] vom ... [Rechnungsdatum]
hier: Storno

Sehr geehrte Damen und Herren,

mit Rechnung ... *[Nummer]* vom ... *[Datum]* haben wir Ihnen gegenüber ... [etwa: die Lieferung eines Neufahrzeugs/die Wartung Ihres Fahrzeugs] abgerechnet (§ 14 Abs. 1 UStG).
Hiermit zeigen wir Ihnen an, dass die Rechnung von uns irrtümlich erstellt wurde und damit ungültig ist, da die Ihnen gegenüber abgerechnete Leistung nicht erbracht wurde.
Es ist nicht erforderlich, dass Sie uns das Original der Bezugsrechnung wieder zurückschicken, zumal diese durch dieses Schreiben seine Wirkung verliert (BFH, zuletzt Urteil vom 19.9.1996, V R 41/94, BStBl. II 1999, 249).
Wir weisen Sie darauf hin, dass Sie daher aus dem Vorgang keine Vorsteuern ziehen durften bzw. dürfen (§ 15 UStG)
Selbstverständlich erstatten wir Ihnen alle Zahlungen auf diese Rechnung, sobald Ihrerseits aufgrund der Rechnung evtl. in Anspruch genommene Vorsteuerbeträge an das Finanzamt zurückgezahlt wurden.

Mit freundlichen Grüßen

---

977 EuGH, Urteil vom 19.9.2000, Rs. C-454/98, Schmeink & Cofreth/Manfred Strobel, BFH/NV Beilage 2001, 33; Folgeentscheidung des BFH, Urteil vom 22.2.2001, V R 5/99, BStBl. II 2004, 143.
978 Abschn. 14c.2 Abs. 3 Satz 1 UStAE.

➡ Beratungskonsequenzen

Für dieses Musterschreiben ist ohne Bedeutung, ob der Kunde als Unternehmenskunde geführt wird oder nicht! Denn letztlich kann der Rechnungsaussteller – hier: das Autohaus – ja nicht wissen, was der Kunde so alles »treibt«!

113.6.5 Das weitere Vorgehen ist streng formell geregelt!

Um den Abrechnungsfehler weitgehend unbeschadet korrigieren zu können, müssen Sie/Ihr Mandant wie folgt vorgehen:

☑ Checkliste

Korrektur unberechtigter Steuerausweis

- Zunächst muss das Autohaus als Rechnungsaussteller den unberechtigten Steuerausweis **gegenüber dem Kunden/dem Rechnungsempfänger für ungültig erklären**[979], siehe Musterschreiben ➲ vorstehendes Kapitel 113.6.4).
- Dann muss das Autohaus die Berichtigung des geschuldeten Steuerbetrages bei seinem eigenen **Finanzamt schriftlich beantragen**. Dem Antrag sind ausreichende Angaben über die Identität des Rechnungsempfängers beizufügen[980].
- Die **Gefährdung des Steueraufkommens** muss **beseitigt** sein; dass ist der Fall, wenn der Vorsteuerabzug beim Rechnungsempfänger nicht durchgeführt oder die geltend gemachte Vorsteuer an dass sein Finanzamt zurückgezahlt worden ist (§ 14a Abs. 2 Sätze 3 und 4 UStG). Die hierzu erforderliche Auskunft hat das Finanzamt des Autohauses vom Finanzamt des Rechnungsempfängers einzuholen und zu ermitteln, in welcher Höhe und wann ein unberechtigt in Anspruch genommener Vorsteuerabzug durch den Rechnungsempfänger zurückgezahlt wurde[981].
- Nach Einholung dieser Auskunft teilt das Finanzamt des Schuldners des unberechtigt ausgewiesenen Betrags diesem mit, **für welchen Besteuerungszeitraum und in welcher Höhe** die Berichtigung des geschuldeten Steuerbetrags vorgenommen werden kann.
- Die Berichtigung des geschuldeten Steuerbetrags ist in entsprechender Anwendung des § 17 Abs. 1 UStG für den **Besteuerungszeitraum vorzunehmen, in dem die Gefährdung des Steueraufkommens beseitigt** worden ist.
- Wurde beim Empfänger der Rechnung **kein Vorsteuerabzug vorgenommen,** ist der wegen unberechtigten Steuerausweises geschuldete Betrag beim Aussteller der Rechnung für den Zeitraum zu berichtigen, in dem die Steuer gemäß § 13 Abs. 1 Nr. 4 UStG entstanden ist[982].

---

979   Abschn. 14c.2 Abs. 3 Satz 1 UStAE.
980   § 14c Abs. 2 Satz 5 UStG, Abschn. 14c.2 Abs. 5 Sätze 1 u. 2 UStAE.
981   Abschn. 14c.2 Abs. 5 Satz 3 UStAE.
982   § 14c Absatz 2 Satz 5 UStG, Abschn. 14c.2 Abs. 5 Sätze 4 ff. UStAE.

➡ Beratungskonsequenzen

1. Bei unberechtigtem Steuerausweis schuldet der Rechnungsaussteller die ausgewiesene Steuer bis zur Korrektur nach § 14c Abs. 2 UStG. Nach der Korrektur wird das Finanzamt die gezahlte Umsatzsteuer erstatten – allerdings **ohne nach § 233a AO Guthabenzinsen festzusetzen**, da der Rückzahlungsanspruch ja erst mit Vornahme der Korrekturhandlungen entsteht. Auf Seiten des Rechnungsempfängers ist der Vorsteuerabzug rückgängig zu machen – allerdings **verzinst nach § 233a AO!**

2. Die Berichtigung des geschuldeten Steuerbetrags ist für den Besteuerungszeitraum vorzunehmen, in dem die Gefährdung des Steueraufkommens beseitigt worden ist – d. h. der ggf. vorgenommene **Vorsteuerabzug zurückgezahlt** wurde.

3. Wurde nachweislich **kein Vorsteuerabzug** vorgenommen (wahrscheinlich Beispiele 4 und 5 in ➲ Kapitel 113.1), kann der Rechnungsaussteller die Berichtigung in dem Voranmeldungszeitraum vornehmen, in dem die Rechnung ausgegeben wurde[983]. In diesem Fall entstehen auch **keine Zinsen.** Auch mit strafrechtlichen Konsequenzen wäre in diesen Beispielen – anders als in den Beispielen 5 und 6 in ➲ Kapitel 113.1 – nicht zu rechnen.

4. Die zur Rechnungsberichtigung unabdingbare Auskunft hat das Finanzamt des Rechnungsausstellers nach dessen Antrag einzuholen. Bis zu einer positiven Auskunft sollten **Zahlungen an den Rechnungsempfänger »eingefroren«** werden.

5. Fälle des unberechtigten Steuerausweises liegen auch dann vor, wenn die Umsatzsteuer für eine **Geschäftsveräußerung im Ganzen** ausgewiesen oder der **Verzicht auf eine Steuerbefreiung rückgängig gemacht** wurde[984].

113.7 Berichtigung von E-Rechnungen

❗ Hinweis

➲ Kapitel 114

113.8 Fazit

Für die Rechnungsberichtigung sollten **in Absprache mit dem Steuerberater feste Verfahrensabläufe** entwickelt werden.

Des Weiteren sollte sichergestellt werden, dass die **Debitorenbuchhalter nur nach dem vereinbarten Muster** verfahren.

Dazu sollten die **Buchhalter entsprechend angewiesen** und **Musterklauseln in die EDV eingestellt** werden.

---

983 Vgl. § 13 Abs. 1 Nr. 4 UStG.

984 § 14c Abs. 1 Satz 3, Abs. 2 Sätze 3 – 5 UStG, Abschn. 14c.2 Abs. 11 UStAE.

114 Elektronische Rechnungen

Viel Neues zu Telefax, E-Mail und Co. – Checklisten für die Buchhaltungen

 Rechtsgrundlagen

- UStG: § 14 Abs. 1 und Abs. 3
- UStAE: Abschn. 14.4, 14b.1, 14c.1, 27b.1
- MwStSystRL: Art. 217 ff.
- BMF, Veröffentlichung vom 19.4.2011, Frage-Antwort-Katalog zur Vereinfachung der elektronischen Rechnungsstellung zum 1.7.2011durch Art. 5 des StVereinfG 2011, www.bundesfinanzministerium.de.
- BMF, Schreiben vom 2.7.2012, IV D 2 – S 7287-a/09/10004:003, 2012/0449475, Vereinfachung der elektronischen Rechnungsstellung zum 1.7.2011 durch das Steuervereinfachungsgesetz 2011, BStBl. I 2012, 726 (weiter gültig lt. BMF v. 11.3.2021, Anlage 1, Nr. 1709; zur zweifelhaften Bedeutung dieses Schreibens ⊃ Kapitel 1.6).

114.0 Auf einen Blick – alle wichtigen Neuerungen vorab!

114.0.1 eRechnung nach dem Wachstumschancengesetz – Ein vorsichtiger Ausblick auf das, was kommen könnte

 Hinweis

Diese Ausführungen haben wie das gesamte Buch den Rechtsstand 1.3.2024. Derzeit ist noch nicht absehbar, ob das Wachstumschancengesetz am 22.3.2024 den Bundesrat passieren wird. Sollte das der Fall sein, werden die Neuerungen zeitnah auf mybookplus.de > Kapitel 114 vorgestellt werden.

§ 14 UStG soll nach dem Gesetzesentwurf der Bundesregierung[985] zum Wachstumschancengesetz wie folgt geändert werden:

 Rechtsgrundlagen

§ 14 Ausstellung von Rechnungen

(1) ¹Rechnung ist jedes Dokument, mit dem über eine Lieferung oder sonstige Leistung abgerechnet wird, gleichgültig, wie dieses Dokument im Geschäftsverkehr bezeichnet wird. ²**Eine Rechnung kann als elektronische Rechnung oder vorbehaltlich des Absatzes 2 als sonstige Rechnung übermittelt werden. ³Eine elektronische Rechnung ist eine Rechnung, die in einem strukturierten elektronischen Format ausgestellt, übermittelt und empfangen wird und eine elektronische Verarbeitung ermöglicht. ⁴Die elektronische Rechnung muss der europäischen**

---

985 BT-Drs. 20/8628 vom 2.10.2023.

Norm für die elektronische Rechnungsstellung und der Liste der entsprechenden Syntaxen gemäß der Richtlinie 2014/55/EU vom 16. April 2014 (ABl. L 133 vom 6. 5. 2014, S. 1) entsprechen. [5]Eine sonstige Rechnung ist eine Rechnung, die in einem anderen elektronischen Format oder auf Papier übermittelt wird. [6]Die Übermittlung einer elektronischen Rechnung oder einer sonstigen Rechnung in einem elektronischen Format bedarf der Zustimmung des Empfängers, soweit keine Verpflichtung nach Absatz 2 Satz 2 Nummer 1 Satz 2 besteht. ~~Die Echtheit der Herkunft der Rechnung, die Unversehrtheit ihres Inhalts und ihre Lesbarkeit müssen gewährleistet werden. Echtheit der Herkunft bedeutet die Sicherheit der Identität des Rechnungsausstellers. Unversehrtheit des Inhalts bedeutet, dass die nach diesem Gesetz erforderlichen Angaben nicht geändert wurden. Jeder Unternehmer legt fest, in welcher Weise die Echtheit der Herkunft, die Unversehrtheit des Inhalts und die Lesbarkeit der Rechnung gewährleistet werden. Dies kann durch jegliche innerbetriebliche Kontrollverfahren erreicht werden, die einen verlässlichen Prüfpfad zwischen Rechnung und Leistung schaffen können. Rechnungen sind auf Papier oder vorbehaltlich der Zustimmung des Empfängers elektronisch zu übermitteln. Eine elektronische Rechnung ist eine Rechnung, die in einem elektronischen Format ausgestellt und empfangen wird.~~

(2) [1]Führt der Unternehmer eine Lieferung oder eine sonstige Leistung nach § 1 Abs. 1 Nr. 1 aus, ist er berechtigt, eine Rechnung auszustellen. ~~gilt Folgendes:~~ [2]**In den folgenden Fällen ist er zur Ausstellung einer Rechnung verpflichtet, wenn der Umsatz nicht nach § 4 Nummer 8 bis 29 steuerfrei ist:**

1. [1]**Für eine Leistung an einen anderen Unternehmer für dessen Unternehmen ist innerhalb von sechs Monaten nach Ausführung der Leistung eine Rechnung auszustellen.** [2]**Die Rechnung für eine im Inland steuerbare Leistung ist als elektronische Rechnung nach Absatz 1 Satz 3 und 4 auszustellen, wenn der leistende Unternehmer im Inland ansässig ist und es sich nicht um eine nach § 4 Nummer 1 bis 7 steuerfreie Leistung handelt.**

2. **Für eine Leistung an eine juristische Person, die nicht Unternehmer ist, ist innerhalb von sechs Monaten nach Ausführung der Leistung eine Rechnung auszustellen.**

3. **Für** ~~führt der Unternehmer~~ **eine** steuerpflichtige Werklieferung (§ 3 Abs. 4 Satz 1) oder sonstige Leistung im Zusammenhang mit einem Grundstück **ist unabhängig vom Empfänger** ~~aus, ist er verpflichtet,~~ innerhalb von sechs Monaten nach Ausführung der Leistung eine Rechnung auszustellen.

~~2. führt der Unternehmer eine andere als die in Nummer 1 genannte Leistung aus, ist er berechtigt, eine Rechnung auszustellen. [2]Soweit er einen Umsatz an einen anderen Unternehmer für dessen Unternehmen oder an eine juristische Person, die nicht Unternehmer ist, ausführt, ist er verpflichtet, innerhalb von sechs Monaten nach Ausführung der Leistung eine Rechnung auszustellen. [3]Eine Verpflichtung zur Ausstellung einer Rechnung besteht nicht, wenn der Umsatz nach § 4 Nummer 8 bis 29 steuerfrei ist. [4]§ 14a bleibt unberührt.~~

[3]**§ 14a bleibt unberührt.** Unbeschadet der Verpflichtungen nach Satz ~~2~~[1] Nr. 1 und 2 ~~Satz 2~~ kann eine Rechnung von einem in Satz ~~1~~[2] **Nr. 1 oder 2** bezeichneten Leis-

tungsempfänger für eine Lieferung oder sonstige Leistung des Unternehmers ausgestellt werden, sofern dies vorher vereinbart wurde (Gutschrift). Die Gutschrift verliert die Wirkung einer Rechnung, sobald der Empfänger der Gutschrift dem ihm übermittelten Dokument widerspricht. Eine Rechnung kann im Namen und für Rechnung des Unternehmers oder eines in Satz ~~1~~2 Nr. 1 oder 2 bezeichneten Leistungsempfängers von einem Dritten ausgestellt werden.

(3) [1]Die Echtheit der Herkunft der Rechnung, die Unversehrtheit ihres Inhalts und ihre Lesbarkeit müssen gewährleistet werden. [2]Echtheit der Herkunft bedeutet die Sicherheit der Identität des Rechnungsausstellers. [3]Unversehrtheit des Inhalts bedeutet, dass die nach diesem Gesetz erforderlichen Angaben nicht geändert wurden. [4]Jeder Unternehmer legt fest, in welcher Weise die Echtheit der Herkunft, die Unversehrtheit des Inhalts und die Lesbarkeit der Rechnung gewährleistet werden. [5]Dies kann durch jegliche innerbetriebliche Kontrollverfahren erreicht werden, die einen verlässlichen Prüfpfad zwischen Rechnung und Leistung schaffen können. [6]Unbeschadet anderer ~~nach Absatz 1~~ zulässiger Verfahren gelten bei einer elektronischen Rechnung die Echtheit der Herkunft und die Unversehrtheit des Inhalts als gewährleistet durch

1. eine qualifizierte elektronische Signatur oder
2. elektronischen Datenaustausch (EDI) nach Artikel 2 der Empfehlung 94/820/EG der Kommission vom 19. Oktober 1994 über die rechtlichen Aspekte des elektronischen Datenaustausches (ABl. L 338 vom 28.12.1994, S. 98), wenn in der Vereinbarung über diesen Datenaustausch der Einsatz von Verfahren vorgesehen ist, die die Echtheit der Herkunft und die Unversehrtheit der Daten gewährleisten.

114.0.1.1 Worum geht es?

Strukturierte Daten sind Daten, die in einem vorgegebenen Format strukturiert wurden, bevor man diese im Datenspeicher abgelegt hat. Dieser Vorgang wird häufig als Schema-on-Write bezeichnet.

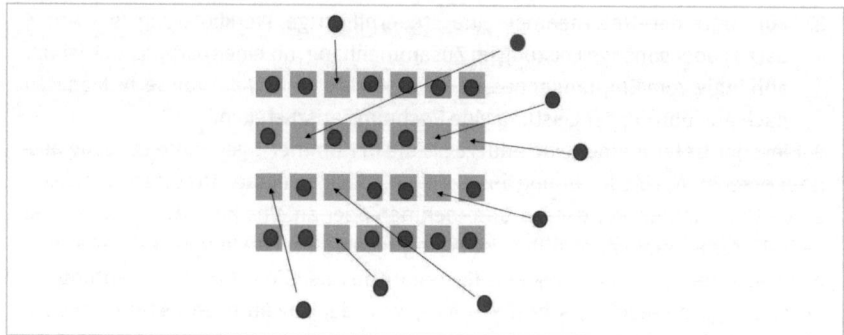

114.0.1.2 Ab wann soll die Verpflichtung zur E-Rechnung gelten?

Die **grundsätzliche Verpflichtung** zur elektronischen Rechnungstellung gilt ab 1.1.2025. Angesichts des zu erwartenden hohen Umsetzungsaufwandes für die Unternehmen hat der Gesetzgeber jedoch **Übergangsregelungen** (§ 27 Abs. 39 UStG-E) für die Jahre 2025 bis 2027 vorgesehen. Diese sind in der vom Bundestag verabschiedeten Gesetzesfassung nochmals etwas großzügiger als im Regierungsentwurf:

- **Bis Ende 2026** dürfen für **in 2025 und 2026 ausgeführte B2B-Umsätze** weiterhin Papierrechnungen übermittelt werden. Auch **elektronische Rechnungen, die nicht dem neuen Format entsprechen**, bleiben in diesem Zeitraum zulässig, allerdings ist hierfür (wie bisher) die Zustimmung des Rechnungsempfängers erforderlich (§ 27 Abs. 39 Nr. 1 UStG-E).

- **Bis Ende 2027** dürfen für **in 2027 ausgeführte B2B-Umsätze** weiterhin **Papierrechnungen** übermittelt werden. Auch **elektronische Rechnungen, die nicht dem neuen Format entsprechen,** bleiben in diesem Zeitraum zulässig; wie in 2025 und 2026 (s. o.) ist hierfür die Zustimmung des Rechnungsempfängers erforderlich. Zusätzliche Voraussetzung ist allerdings, dass der Rechnungsaussteller einen **Vorjahresumsatz** (Gesamtumsatz nach § 19 Abs. 3 UStG) von **max. 800.000 EUR** hat (§ 27 Abs. 39 Nr. 2 UStG-E).

Unternehmer, deren Vorjahresumsatz (2026) diese Grenze überschreitet, haben aber noch die Möglichkeit, Rechnungen auszustellen, die mittels elektronischem Datenaustausch (**EDI-Verfahren** nach Art. 2 der Empfehlung 94/820/EG der Kommission vom 19. Oktober 1994 über die rechtlichen Aspekte des elektronischen Datenaustausches (ABl. L 338 v. 28.12.1994, S. 98)) übermittelt werden. Dies gilt für Umsätze, die in 2026 bzw. 2027 ausgeführt wurden, auch dann, wenn keine Extraktion der erforderlichen Informationen in ein Format erfolgt, das der europäischen Norm entspricht oder mit dieser kompatibel ist.

- **Ab 2028** sind die neuen Anforderungen an die E-Rechnungen und ihre Übermittlung dann zwingend einzuhalten. Damit werden auch die Voraussetzungen geschaffen für das im Koalitionsvertrag vorgesehene Meldesystem bzw. die EU-seitig geplanten ViDA-Maßnahmen. Um die Ausgestaltung des strukturierten elektronischen Formats der elektronischen Rechnungen im Verordnungswege näher bestimmen zu können, wurde in § 14 Abs. 6 UStG-E eine neue Ermächtigung für das BMF aufgenommen.

Wichtig!

Das **EDI-Verfahren kann weiterhin genutzt werden, sofern** die für die Umsatzsteuer erforderlichen Informationen so aus dem verwendeten Rechnungsformat richtig und vollständig extrahiert werden können, dass das Ergebnis der CEN-Norm EN 16931 entspricht oder mit ihr kompatibel ist. Von den Verbänden war zuvor gefordert worden, dass **etablierte Verfahren** wie EDI auch über den 31.12.2027 weiter anwendbar bleiben. So befürchtete z.B. der DIHK weitreichende Folgen für die Unternehmen, wenn E-Rechnungssysteme, die nicht vollumfänglich den neuen Vorgaben genügen, dann nicht mehr betrieben werden dürften. Mit der nun verabschiedeten Regelung ist man den Forderungen der Wirtschaft entgegengekommen. Das BMF hatte in einem Verbändeschreiben bereits angekündigt, dass "an einer Lösung gearbeitet [wird], die die Weiternutzung der EDI-Verfahren auch unter dem künftigen Rechtsrahmen so weit wie möglich sicherstellen soll". Dabei sei allerdings nicht auszuschließen, dass im Hinblick auf die spätere Einführung eines transaktionsbezogenen Meldesystems technische Anpassungen erforderlich werden. Der Umstellungsaufwand solle aber auf das Notwendige begrenzt werden.

114.0.1.3 Und was gilt für Rechnungsempfänger?

Die neue E-Rechnungspflicht gilt wie dargestellt grundsätzlich ab 1.1.2025. Sofern ein inländisches Unternehmen als Rechnungsaussteller die o.g. Übergangsregelungen nicht in Anspruch nimmt, müssen inländische unternehmerische Rechnungsempfänger also bereits ab 1.1.2025 in der Lage sein, elektronische Rechnungen nach den neuen Vorgaben empfangen und verarbeiten zu können[986]. Anders als bisher ist die elektronische Rechnungstellung auch nicht an eine Zustimmung des Rechnungsempfängers geknüpft; diese ist nur noch für elektronische Rechnungen erforderlich, die nicht den neuen Vorgaben entsprechen bzw. in den Fällen, in denen keine E-Rechnungspflicht besteht (z. B. bei bestimmten steuerfreien Umsätzen oder Kleinbetragsrechnungen).

 Hinweis

Bei **Rechnungen an Endverbraucher (B2C)** bleibt deren Zustimmung Voraussetzung für die elektronische Rechnungstellung.

Wichtig!

Es ist darauf hinzuweisen, dass auch Unternehmer, die selbst nur steuerfreie Leistungen erbringen wie **Wohnungsvermieter oder Ärzte,** zukünftig in der Lage sein müssen, eRechnungen im strukturierten Format empfangen und archivieren zu können. Dasselbe dürfte u.E. auch für Betreiber von PV-Anlagen gelten, unabhängig davon, ob sie die Kleinunternehmerregelung (§ 19 UStG) in Anspruch nehmen oder nicht.

 Checkliste: Was soll sich für das Tagesgeschäft alles ändern?

- eRechnung bedeutet **nicht** das Schreiben einer Rechnung in WORD, das **Konfigurieren einer entsprechenden PDF und das Übersenden per E-Mail** – wie derzeit üblich. Nein! Die eRechnungsstellung soll vielmehr – zunächst nur bei B2B-Umsätzen – über eine besondere (transparentmachende) Software erfolgen.
- Von der Pflicht zur Ausstellung von eRechnungen betroffen wären wohl auch Vermieter, die nach Option steuerpflichtig vermieten, und die Betreiber von Photovoltaikanlagen.

---

986   BMF, Schreiben aus Oktober 2023, III C 2 – S 7287-a/23/10001 :007, 2023/0922192.

Rechnungsstellung – Vorsteuerabzug – Übergang der Steuerschuld

- eRechnungen empfangen können müssen wohl auch Unternehmer, die selbst ausschließlich steuerfreie Umsätze erbringen, wie **Humanmediziner** und **Wohnungsvermieter.**
- **Ausnahmen für Kleinunternehmer** sind derzeit in Diskussion.

114.0.1.4 Fazit

Die eRechnung könnte die **Wärmepumpe des Umsatzsteuerrechts** werden:

- sie soll ohne größeren zeitlichen Verlauf kommen,
- wird erheblichen Umstellungsaufwand verursachen und
- insbesondere kleinere und wohl auch mittlere Unternehmen vor nicht unbeträchtliche Herausforderungen stellen.

114.0.2 Archivierung von E-Rechnungen unter Beauftragung eines (Fremd-)Dienstleisters

In der Praxis stellt sich immer wieder die Frage, ob die Speicherung elektronischer Rechnungsdaten auch auf einen damit beauftragten (Fremd-)Dienstleister übertragen werden kann.

Die Antwort lautet: ja! Die Archivierungspflichten muss der Unternehmer nicht höchstpersönlich erfüllen und darf dazu auch die Leistungen eines (Fremd-) Dienstleisters einkaufen.

 Beratungskonsequenzen

Da der Unternehmer sich auch nach Beauftragung eines Dienstleisters gegenüber der Finanzverwaltung für dessen Tun – und vor allem dessen Fehler – verantworten müssen, ist es unabdingbar, dass er
- den Archivierungsauftrag **genau fixiert** und
- die Archivierungsarbeiten regelmäßig überwacht.
Dabei sollten sich der Unternehmer von seinem Steuerberater unterstützen lassen.

114.0.3 Wechsel des Archivierungssystems

 Hinweis
➔ Kapitel 115.0.1

Noch vor ein paar Jahren rechneten die Unternehmen ausschließlich »klassisch« ab; die Rechnung wurde per Hand, auf der Schreibmaschine oder – falls schon vorhanden – auf dem Computer geschrieben und dann dem Kunden übergeben oder auf dem Postweg übersandt. Die Zeiten haben sich gewandelt. In zunehmendem Umfang greifen Unternehmer und Nichtunternehmer zur Informationsbeschaffung und Abwicklung ihrer Korrespondenz auch auf das Internet und andere moderne Kommunikationsmittel zurück. So hat der elektronische Brief (insbesondere die E-Mail und das Telefax) den konventionellen Schriftverkehr längst an Bedeutung übertroffen. Beinahe zwangsläufig resultiert daraus der Anspruch, beim Austausch elektronischer Dokumente die gleiche Rechtssicherheit wie bei handschriftlich unterzeichneten Papierdokumenten zu erreichen. Letzteres ist Aufgabe der digitalen Signatur, die seit dem 1.1.2002 auch zur Erstellung einer elektronischen Rechnung eingesetzt werden konnte. Die Anforderungen an eine Rechnungssignatur waren technisch extrem hoch (»qualifizierte digitale Signatur«), ihnen zu genügen war für die Unternehmen entsprechend kompliziert und kostenintensiv. **Aus diesem Grunde konnte sich die elektronische Rechnung in der Praxis zunächst nicht durchsetzen.**

Das sollte sofort anders werden! Durch Art. 5 Steuervereinfachungsgesetz 2011[987] hat der Gesetzgeber rückwirkend zum 1.7.2011 die umsatzsteuerrechtlichen Anforderungen an elektronische Rechnungen deutlich reduziert. § 14 Abs. 1 UStG n. F. lautet nunmehr:

 Rechtsgrundlagen

§ 14 Abs. 1 UStG n. F.

(Hinweis: Hervorhebungen durch **Fett**druck sind vom Autor.)

(1) Rechnung ist jedes Dokument, mit dem über eine Lieferung oder sonstige Leistung abgerechnet wird, gleichgültig, wie dieses Dokument im Geschäftsverkehr bezeichnet wird. Die **Echtheit der Herkunft** der Rechnung, die **Unversehrtheit ihres Inhalts** und ihre **Lesbarkeit** müssen gewährleistet werden. Echtheit der Herkunft bedeutet die Sicherheit der Identität des Rechnungsausstellers. Unversehrtheit des Inhalts bedeutet, dass die nach diesem Gesetz erforderlichen Angaben nicht geändert wurden. **Jeder Unternehmer legt fest**, in welcher Weise die Echtheit der Herkunft, die Unversehrtheit des Inhalts und die Lesbarkeit der Rechnung gewährleistet werden. Dies kann durch **jegliche innerbetriebliche Kontrollverfahren** erreicht werden, die einen **verlässlichen Prüfpfad zwischen Rechnung und Leistung schaffen** können. Rechnungen sind auf Papier oder vorbehaltlich der Zustimmung des Empfängers elektronisch zu übermitteln. Eine elektronische Rechnung ist eine Rechnung, die in einem elektronischen Format ausgestellt und empfangen wird.

 Hinweis

1. Bereits im Vorfeld des Gesetzesbeschlusses wurde eine Vielzahl von Fragen zur konkreten Ausgestaltung der Regelung an das BMF herangetragen. Das BMF hat diese am 19.4.2011 in einem **Frage-Antwort-Katalog (FAQ)** im Internet veröffentlicht ➲ mybookplus.de > Wichtiges vom BMF.
2. Erst 1 Jahr nach dem Inkrafttreten der rückwirkenden Gesetzesänderung bzw. 8 Monate nach dem Gesetzesbeschluss hat sich die Finanzverwaltung am 2.7.2012 in einem **BMF-Schreiben** verbindlich geäußert.

---

987 Steuervereinfachungsgesetz 2011 vom 1.11.2011, BGBl. I 2011, 2131.

Zur Vertiefung

Die Darstellung in diesem Kapitel beschränkt sich auf die Grundzüge. Zu **Detailfragen** wird auf *Weimann*, E-Rechnungen. Rechtssicher übermitteln, berichtigen, kontieren und archivieren, Haufe Verlag, 2. Aufl. 2020 verwiesen.

114.1 Im Grundsatz sind alle Rechnungen »gleich«

Die bisher wichtige Unterscheidung von Papierrechnungen und elektronischen Rechnungen ist ab dem 1.7.2011 grundsätzlich nicht mehr erforderlich, da **beide Rechnungsformen umsatzsteuerlich gleich** zu behandeln sind.

Wichtig!

Insbesondere erhöhen sich dadurch die Anforderungen an Papierrechnungen nicht (BMF, Frage-Antwort-Katalog).

Die Gleichsetzung gilt mit zwei Ausnahmen: Die Unterscheidung der Rechnungsformen auch weiterhin Bedeutung für die Archivierung (➲ nachfolgendes Kapitel 114.6) und das Widerspruchsrecht des Rechnungsempfängers (➲ nachfolgendes Kapitel 114.8).

114.2 Innerbetriebliches Kontrollverfahren

Nach § 14 Abs. 1 Satz 6 UStG n. F. ist durch ein beliebiges innerbetriebliches Kontrollverfahren, das einen verlässlichen Prüfpfad zwischen Rechnung und Leistung schafft, sicherzustellen, dass die Echtheit der Herkunft und die Unversehrtheit des Inhalts sowie die Lesbarkeit der Rechnung gewährleistet sind.

Nach Ansicht des BMF (Frage-Antwort-Katalog) ist ein innerbetriebliches Kontrollverfahren ein Verfahren, das der Unternehmer zum **Abgleich der Rechnung mit seiner Zahlungsverpflichtung** einsetzt. Der Unternehmer wird schon im eigenen Interesse insbesondere überprüfen, ob

- die Rechnung in der Substanz korrekt ist, d. h. ob die in Rechnung gestellte Leistung tatsächlich in dargestellter Qualität und Quantität erbracht wurde,
- der Rechnungsaussteller also tatsächlich den behaupteten Zahlungsanspruch hat,
- die vom Rechnungsaussteller angegebene Kontoverbindung korrekt ist
- und Ähnliches.

Ergänzend führt das BMF aus:

- Es müssen **keine neuen speziellen Verfahrensweisen** innerhalb des Unternehmens geschaffen werden.
- Bereits ein **entsprechend eingerichtetes Rechnungswesen** kann als geeignetes Kontrollverfahren dienen, das die Zuordnung der Rechnung zur empfangenen Leistung ermöglicht.

- Der Begriff des innerbetrieblichen Kontrollverfahrens bedeutet dabei **nicht**, dass es sich um ein »**technisches« oder EDV-gestütztes Verfahren** handeln muss.

- Auch in kleineren Unternehmen, die über **kein kaufmännisches Rechnungswesen** verfügen, können »innerbetriebliche Kontrollverfahren« zur Überprüfung eingehender Rechnungen angewandt werden.

- In der einfachsten Form kann dies z. B. durch einen **manuellen Abgleich** der Rechnung mit vorhandenen geschäftlichen Unterlagen (z. B. Bestellung, Auftrag, Kaufvertrag, Lieferschein, Überweisungs- oder Zahlungsbeleg) geschehen.

- Die Verwendung eines innerbetrieblichen Kontrollverfahrens zur Überprüfung von Papier- und elektronischen Rechnungen führt zu **keinen neuen Aufzeichnungs- oder Aufbewahrungsverpflichtungen**.

- Auch erhöhen sich dadurch die umsatzsteuerlichen Anforderungen an eine Papierrechnung **nicht**.

Bitte beachten Sie!

Eine elektronische Rechnung erfordert danach zukünftig **keine besonderen Prüfungshandlungen** vom Rechnungsempfänger. **Eigentlich muss genau gemacht werden, was bislang** (auch bei Papierrechnungen) **gemacht werden musste**, um die vom Rechnungsaussteller geltend gemachten Ansprüche auf ihre Richtigkeit hin zu überprüfen. Konkret bedeutet dies, dass direkt nach Eingang einer elektronischen Rechnung durch Abgleich mit der Bestellung, dem Auftrag oder Vertrag und ggf. dem Lieferschein zu überprüfen ist, ob die Rechnung inhaltlich ordnungsgemäß ist, also die Rechnungsangaben und der leistende Unternehmer zutreffend sind.

114.3 Dokumentation der Prüfungshandlungen

Nach § 14 Abs. 1 Satz 6 UStG n. F. muss das innerbetriebliche Kontrollverfahren einen **verlässlichen Prüfpfad** zwischen Rechnung und Leistung schaffen. Nach Auffassung des BMF ergibt sich daraus **eigentlich keine besondere Dokumentationspflicht**.

Allerdings ist der Unternehmer nach wie vor verpflichtet, die Voraussetzungen des Vorsteuerabzugs nachzuweisen. Unproblematisch sind hier sicher formell und materiell fehlerlose Eingangsrechnungen; hier **wird die FinVerw keine besondere Dokumentation einfordern** (➲ siehe nachfolgendes Kapitel 114.5).

Stellt sich aber – denklogisch immer im Nachhinein, etwa im Rahmen einer Betriebsprüfung – deren Fehlerhaftigkeit heraus, muss der Unternehmer zur Wahrung aller Rechte seine **Gutgläubigkeit nachweisen**: er muss alles das getan haben, was von einem sorgfältigen Kaufmann erwartet werden kann. Hierzu wiederum ist dem Unternehmer aus m. E. zu empfehlen, die vorgenommenen Prüfungshandlungen auch zu dokumentieren.

Praxistipp

Für die Dokumentation selbst bieten sich unterschiedliche Vorgehensweisen an:

- **Anlage einer besonderen EDV-Datei »Rechnungsprüfung«** mit Prüfungsvermerken wie
  - Datum der Rechnungsprüfung
  - prüfender Mitarbeiter
  - Rechnungsnummer
  - Rechnungsdatum
  - Beanstandungen
  - …

- **Handschriftlicher Prüfungsvermerk** – evtl. auf einem Ausdruck der elektronisch empfangenen und zuvor gespeicherten Rechnung. Gerade kleinere Unternehmen werden diesen Weg häufig gehen und den Prüfungsvermerk zusammen mit dem Kontierungsvermerk anbringen. Hierzu ist anzumerken, dass dieses Vorgehen natürlich im Hinblick auf das erstrebte »elektronische Büro« kontraproduktiv ist.

- **Generalanweisungen:** Da die FinVerw keine besondere Dokumentation einfordert (s. o.), sind wohl auch entsprechende Generalanweisungen an die Mitarbeiter der Kreditorenbuchhaltung denkbar. Diese sagen dann für den Einzelfall zwar nichts darüber aus, ob eine bestimmte Rechnung auch tatsächlich vom zuständigen Mitarbeiter geprüft wurde, zeigen aber, dass der Unternehmer grundsätzlich darum bemüht ist.

Bitte beachten Sie!

Die Finanzverwaltung fordert bislang, dass die Kontierung direkt auf dem Buchungsbeleg angebracht wird[988]. Bei elektronischen Rechnungen ist dies technisch im Allgemeinen nicht machbar, weil der Originalzustand erhalten bleiben muss. Allerdings besteht die Möglichkeit, an die Rechnung einen Datensatz anzuhängen, der die für die Buchung notwendigen Informationen enthält. Der Datensatz muss mit der Rechnung so verbunden werden, dass er von dieser nicht mehr getrennt werden kann[989].

114.4 Besondere Erleichterung für qualifiziert digital signierte Eingangsrechnungen und solche im EDI-Verfahren

Unbeschadet anderer nach § 14 Abs. 1 UStG n. F. zulässiger Verfahren gelten bei einer elektronischen Rechnung die Echtheit der Herkunft und die Unversehrtheit des Inhalts qua Gesetzes als gewährleistet bei qualifizierter elektronischer Signatur bzw. bei elektronischem Datenaustausch, § 14 Abs. 3 UStG n. F.

---

988 So z. B. OFD München, Vfg. vom 3.6.2004, S 0316 – 32 St 324, SIS 04 39 09; a. A. LG Münster, Urteil vom 24.9.2009, 12 O 471/07, Stbg 2011, 187.

989 Vgl. *Lehr,* Praxishandbuch Umsatzsteuer, HI 27193323.

> **Bitte beachten Sie!**
> Damit »leben« die bis zu 30.6.2011 gültigen (strengen) Anforderungen weiter. Werden diese freiwillig angewandt, entfällt das Erfordernis eines innerbetrieblichen Kontrollverfahrens mit verlässlichem Prüfpfad. In der Praxis wird diese Ausnahme freilich keine große Rolle spielen, da die eingangs beschriebenen Nachteile der strengen Verfahren natürlich bleiben.

114.5 Fließender Übergang zur Prüfung des Vorsteuerabzugs

Das innerbetriebliche Kontrollverfahren dient nicht dazu, die materiellen Voraussetzungen des Vorsteuerabzugs nach § 15 UStG zu überprüfen. Ebenso wenig soll die inhaltliche Ordnungsmäßigkeit der Rechnung hinsichtlich der nach § 14 Abs. 4, § 14a UStG erforderlichen Angaben gewährleistet werden. Mit dem innerbetrieblichen Kontrollverfahren soll lediglich die korrekte Übermittlung der Rechnungen sichergestellt werden.

Zur Erinnerung: Die Abzugsfähigkeit der Vorsteuer davon abhängig, dass die Eingangsrechnung

- alle Pflichtangaben enthält[990] und
- diese grundsätzlich richtig sind[991],

ohne dass

- die Steuernummer oder
- die USt-IdNr. des Leistenden oder
- die Rechnungsnummer

auf ihre Richtigkeit hin zu überprüfen sind. Letztere

- müssen auf Rechnung nur dem Grunde nach angegeben und
- dürfen nicht erkennbar falsch sein[992].

> **Wichtig!**
> Nach Auffassung des BMF rechtfertigt eine **inhaltlich richtige Rechnung** (gemeint sind: richtige Leistung, richtiger Leistender, richtiges Entgelt, richtiger Zahlungsempfänger) die Annahme, dass bei der Übermittlung keine die Echtheit der Herkunft oder die Unversehrtheit des Inhalts beeinträchtigenden Fehler vorgekommen sind. **Bei inhaltlich richtiger Rechnung ist damit davon auszugehen, dass die Rechnung nicht gefälscht oder verfälscht oder auf andere Weise verändert wurde und der erbrachten Leistung entspricht.** Die Anforderungen an das innerbetriebliche Kontrollverfahren haben sich an dieser Zielrichtung zu orientieren.

---

990 Vgl. §§ 14, 14a UStG.
991 Abschn. 15.2 Abs. 2 Satz 1 Nr. 4 UStAE.
992 Abschn. 15.2 Abs. 3 Sätze 3 f. UStAE.

Bitte beachten Sie!

In der Praxis werden sich die Durchführung des Kontrollverfahrens und die Prüfung der Voraussetzungen des Vorsteuerabzugs in weiten Teilen überschneiden. **Ist der Nachweis erbracht, dass die Voraussetzungen des Vorsteuerabzugs nach § 15 UStG gegeben sind, kommt der Frage der Durchführung des innerbetrieblichen Kontrollverfahrens nach Auffassung des BMF in dem konkreten Einzelfall keine eigenständige Bedeutung mehr zu und kann insbesondere nicht mehr zur Versagung des Vorsteuerabzugs führen.**

114.6 Aufbewahrung (Archivierung) von Rechnungen

Bezüglich der Form und Dauer der Aufbewahrung von Rechnungen haben sich **keine materiell-rechtlichen Änderungen** ergeben. So sind Papier- und elektronische Rechnung sind nach § 14b UStG **10 Jahre aufzubewahren**. Während des gesamten Aufbewahrungszeitraums müssen die Echtheit der Herkunft, die Unversehrtheit des Inhalts und die Lesbarkeit der Rechnung gewährleistet werden (§ 14b Abs. 1 Satz 2 UStG n. F.).

Bei der elektronischen Aufbewahrung von Rechnungen hat die Speicherung der Inhalts- und Formatierungsdaten auf einem **Datenträger** zu erfolgen, **der Änderungen nicht mehr zulässt**. Eine Speicherung z. B. auf einer nur einmal beschreibbaren Daten-DVD oder Daten-CD ist bereits ausreichend.

Elektronische Rechnungen i. S. d. § 14 Abs. 1 Satz 8 UStG n. F. sind **zwingend elektronisch aufzubewahren**. Eine ausschließliche Aufbewahrung in Papierform (als Ausdruck) ist für steuerliche Zwecke nicht zulässig, da hierdurch das Recht der Finanzbehörde auf Datenzugriff konterkariert würde[993].

 Praxistipp

- Erhalten Sie eine Rechnung als PDF-Anhang zu einer E-Mail, dürfen Sie nicht nur die PDF, sondern müssen Sie auch **die E-Mail als solche** elektronisch aufbewahren.
- Wollen Sie vermeiden, dass ein Betriebsprüfer in das E-Mail-Programm selbst »hineinprüft« und damit den gesamten E-Mail-Verkehr sehen kann, müssen Sie die Daten **zeitnah trennen und gesondert archivieren**.

Bei **Papierrechnungen** hat der Unternehmer hingegen die Wahl, ob er diese in Papierform oder als Wiedergabe auf einem Bildträger oder auf anderen Datenträgern aufbewahrt; § 147 Abs. 2 AO ist zu beachten. Beim Einscannen von Papierrechnungen sind die Ausführungen unter Abschn. VII Buchst. b) Nr. 1 der »Grundsätze ordnungsmäßiger DV-gestützter Buchführungssysteme (GoBS)« zu beachten.

Verletzt der Unternehmer seine Aufbewahrungspflichten nach § 14b UStG, kann dies als eine Ordnungswidrigkeit i. S. d. § 26a Abs. 1 Nr. 2 UStG geahndet werden. Der Anspruch auf Vorsteuerabzug nach § 15 Abs. 1 Satz 1 Nr. 1 UStG bleibt hiervon zwar unbe-

---

993   § 147 Abs. 6 AO.

rührt, der Unternehmer trägt nach allgemeinen Grundsätzen jedoch die objektive Feststellungslast für alle Tatsachen, die den Anspruch begründen. Sind Unterlagen für den Vorsteuerabzug unvollständig oder nicht vorhanden, kann das Finanzamt die abziehbare Vorsteuer unter bestimmten Voraussetzungen schätzen oder aus Billigkeitsgründen ganz oder teilweise anerkennen, sofern im Übrigen die Voraussetzungen für den Vorsteuerabzug vorliegen[994].

114.7 Zustimmung des Rechnungsempfängers erforderlich

 Rechtsgrundlagen

§ 14 Abs. 1 UStG n. F.

(1) … Rechnungen sind auf Papier oder vorbehaltlich der Zustimmung des Empfängers elektronisch zu übermitteln. …

Auch nach der Gesetzesänderung kann der Rechnungsaussteller den Rechnungsempfänger also nicht zwingen, eine elektronische Rechnung anzuerkennen. Der Empfänger hat vielmehr **auch weiterhin einen Anspruch auf eine Papierrechnung**; er hat lediglich das Recht, eine elektronische Abrechnung zu akzeptieren.

Die Zustimmung ist – wie die bürgerlich-rechtliche Zustimmung der § 182 ff. BGB – eine **Einverständniserklärung,** bezieht sich anders als diese allerdings nicht auf ein Rechtsgeschäft, sondern auf einen tatsächlichen Vorgang. Sie ist **formfrei,** bedarf also nicht selbst etwa der Übermittlung auf elektronischem Wege. So kann z. B. in einer **Rahmenvereinbarung** zwischen zwei Geschäftspartnern im Vorhinein – also wie bei einer »Einwilligung« i. S. d. § 183 BGB – mündlich, schriftlich auf Papier oder auf elektronischem Weg festgelegt werden, sämtliche Rechnungen über ein- oder beiderseitigen Leistungsaustausch elektronisch zu übermitteln.

Die Zustimmung kann auch – wie bei einer »Genehmigung« i. S. d. § 184 BGB – im Nachhinein **konkludent** erteilt werden, z. B. indem ein Geschäftspartner die elektronischen Rechnungen des anderen ohne Widerspruch hinnimmt.

Bitte beachten Sie!

Nicht ausreichen dürfte jedoch, dass der Rechnungsadressat **bei der Auftragserteilung** im Briefkopf oder bei den Kontaktdaten **seine E-Mail-Adresse angeführt** hat; dass gilt m. E. auch dann, wenn der Auftrag via E-Mail erteilt wurde. Auch die Rücknahme einer Zustimmung ist zulässig – allerdings nur ex nunc (für die Zukunft), indem z. B. eine Rahmenvereinbarung geändert wird[995].

Wichtig!

Eine **wesentliche Erleichterung** ergibt sich **für Fax-Rechnungen.** Die Übermittlung einer Rechnung von Standard-Fax zu Standard-Fax oder von Computer-Telefax/Fax-

---

994 Vgl. Abschn. 15.11 Abs. 5 ff UStAE.
995 Vgl. zum »alten« Recht Abschn. 14.4 Abs. 1 UStAE.

Server an Standard-Telefax gilt zukünftig als Papierrechnung. Bislang musste auch der Rechnungsaussteller – wenn er das Fax nicht ausnahmsweise qualifiziert digital signiert hat – ein Standard-Faxgerät verwenden[996]. Da der Rechnungsempfänger dies nicht sicher kontrollieren konnte, wurde Fax-Rechnungen häufig widersprochen. Jetzt können (… und müssen …) Faxrechnungen ohne besondere Prüfung akzeptiert werden, wenn sie auf einem Standard-Faxgerät eingegangen sind.

114.8 Widerspruch des Rechnungsempfängers

Für den Rechnungsempfänger bergen elektronische Rechnungen nach wie vor gewisse Risiken und führen zwangsläufig zu erhöhtem Prüfungsaufwand. Um sich Letzteren zu ersparen, erkennen insbesondere kleinere Unternehmen elektronische Rechnungen auch weiterhin nicht an. Der Rechnungsempfänger sollte in diesem Fall den Rechnungsaussteller wie folgt anschreiben:

 Musterschreiben: Widerspruch gegen E-Rechnungen

> Sehr geehrte Damen und Herren,
>
> haben Sie Dank für Ihre Warensendung.
>
> [Formulierungsvorschlag bei Eingangsrechnung via Telefax]
> Die uns hierzu von Ihnen per Telefax übersandte Abrechnung vermögen wir allerdings nicht als Rechnung anzuerkennen, da wir selbst nicht mit einem Standardfaxgerät arbeiten.
>
> [Formulierungsvorschlag bei Eingangsrechnung via E-Mail]
> Die uns hierzu von Ihnen via E-Mail übersandte Abrechnung vermögen wir aufgrund des damit verbundenen Prüfungsaufwands und der Risiken und Unsicherheiten allerdings nicht als Rechnung anzuerkennen.
>
> Unter Hinweis auf § 14 Abs. 1 Satz 7 Alternative 2 UStG bitten wir daher um Übersendung einer Papierrechnung auf dem Postweg. Sollten wir diese nicht zeitnah von Ihnen erhalten, werden wir Ihre Forderung bei Fälligkeit netto begleichen.
>
> Mit freundlichen Grüßen

Wichtig!
Zivilrechtlich hat der Rechnungsempfänger ein Zurückbehaltungsrecht lediglich hinsichtlich der Umsatzsteuer. Nur Letztere ist risikobehaftet; die Rechnung ist daher **bei Fälligkeit netto zu begleichen**.

Bitte beachten Sie!
Bei guter Geschäftsbeziehung sollte ggf. vom Einfordern einer Papierrechnung abgesehen werden – insbesondere dann, wenn man davon ausgehen darf, dass der

---

996   Vgl. ASR 1/2011, 5.

Rechnungsaussteller das »elektronische Procedere« beherrscht und der Vorsteueranspruch damit ungefährdet ist. Da in diesem Fall keine steuerlichen Gründe für das Einfordern sprechen, könnte das Vorgehen des Rechnungsempfängers als Misstrauen ausgelegt werden.

114.9 Nach Widerspruch: (berichtigte) Rechnung des Ausstellers

In der Vergangenheit musste der Rechnungsaussteller wie bei der Berichtigung einer »normalen« Rechnung vorgehen. Er musste hierzu zunächst die widersprochene Rechnung außer Acht lassen und eine vollständig neue Rechnung schreiben; dabei konnte der übliche Rechnungsvordruck – der ansonsten für Erstrechnungen verwendet wird – zum Einsatz kommen. Danach war der **Standardrechnungstext etwa um folgende Klausel** zu ergänzen:

 Musterschreiben: Papierrechnung nach Widerspruch

> Bitte beachten Sie!
> Diese (papierene) Rechnungsausfertigung tritt an die Stelle der mit Telefax/E-Mail vom ... *[Sendedatum]* unter der Nummer ... *[ursprüngliche Rechnungsnummer]* übersandten Rechnungsausfertigung, da Sie Letzterer mit   E-Mail vom ... *[Sendedatum]* (siehe Anlage) nicht zuzustimmen vermochten, § 14 Abs. 1 Satz 8 UStG.
>
> Es ist *nicht* erforderlich, dass Sie uns etwa den Ausdruck der Telefaxrechnung auf dem Postweg zuschicken (BFH, zuletzt Urteil vom 19.9.1996, V R 41/94, BFH/NV 1997, 145), zumal dieser aufgrund Ihres Widerspruchs seine rechtliche Wirkung verloren hat (§ 14 Abs. 1 Satz 8 UStG).
>
> Im Hinblick auf § 15 UStG dürfen wir Sie aber bitten, ausschließlich die Ihnen nunmehr vorliegende Rechnungsausfertigung zum Vorsteuerabzug zu verwenden.

 Beratungskonsequenzen
1. Eine solche Ergänzung ist nach aktuellem Recht sicher **weiter möglich, aber nicht mehr erforderlich.**
2. Nunmehr können die **neuen Erleichterungen zum Versand einer Rechnungskopie** angewandt werden (➲ Kapitel 112).

114.10 Wissenswertes zur Abrundung

Für die **Gutschrift** gelten die obigen Ausführungen entsprechend. Für die Praxis bleibt überdies zu beachten, dass das Steuervereinfachungsgesetz 2011 aufgrund der Vereinfachung der elektronischen Rechnungsstellung im Gegenzug zur Sicherstellung einer effektiven Umsatzsteuerkontrolle § 27b Abs. 2 UStG ergänzt hat. Mit der Änderung wird geregelt, dass im Rahmen einer **Umsatzsteuer-Nachschau** auch elektronisch gespeicherte Aufzeichnungen, Bücher, Geschäftspapiere, andere Urkunden und elektronische Rechnungen i. S. d. § 14 Abs. 1 Satz 8 UStG auf Verlangen durch den die Umsatzsteuer-Nachschau durchführenden Amtsträger eingesehen werden können. Soweit dies für die Feststellung der der Umsatzsteuer-Nachschau unterliegenden Sachverhalte erforderlich ist, hat der die Umsatzsteuer-Nachschau durchführende Amtsträger das Recht, hierfür die eingesetzten Datenverarbeitungssysteme zu nutzen.

114.11 Anwendungszeitraum

Die neuen Vorschriften sind auf alle Rechnungen über Umsätze anzuwenden, die **nach dem 30.6.2011 ausgeführt** werden[997].

Bitte beachten Sie!
Die Vereinfachungen gelten somit nicht ganz allgemein für alle Rechnungen, die nach dem 30.6.2011 ausgestellt werden. Für Rechnungen über einen Umsatz vor dem 1.7.2011 gilt – vorbehaltlich etwaiger Erleichterungen durch die Finanzverwaltung – noch das bisherige Recht. Das gilt wohl auch für Anzahlungsrechnungen, die vor dem 1.7.2011 geschrieben wurden und Umsätze nach dem 30.6.2011 betreffen.

Wird eine elektronische Rechnung über einen Umsatz, der vor dem 1.7.2011 ausgeführt und abgerechnet worden ist[998], **nach dem 30. 6.2011 berichtigt**, wird es die Finanzverwaltung nicht beanstanden, wenn für die Berichtigung der Rechnung die ab dem 1.7.2011 geltende gesetzliche Regelung des § 14 UStG zugrunde gelegt wird.

114.12 Checklisten

Zur sicheren Abwicklung des Tagesgeschäfts im Autohaus zeigen die nachfolgenden Checklisten auf, welche Konsequenzen sich aus den Neuregelungen für die Debitoren- und die Kreditorenbuchhaltung ergeben.

997　§ 27 Abs. 18 UStG.
998　Vgl. § 27 Abs. 18 UStG.

Checkliste für die Debitorenbuchhaltung

- Die Neuregelung der elektronischen Rechnungsstellung ist **technologieneutral** ausgestaltet. Das bedeutet, dass kein bestimmtes technisches Übermittlungsverfahren vorgeschrieben ist. Der Rechnungsaussteller ist vielmehr **frei in seiner Entscheidung, in welcher Weise** er Rechnungen übermittelt. Elektronische Rechnungen können daher in allen denkbaren und damit ganz unterschiedlichen Formen den Empfänger erreichen:
  - als bloße E-Mail
  - als E-Mail mit Word- oder sonstigem Textanhang
  - als E-Mail mit PDF-Anhang
  - im EDI-Verfahren (➲ Kapitel 114.4)
  - als Computer-Fax oder über einen Faxserver
    Noch einmal zur Klarstellung: Eine Rechnung, die als Standardfax versandt wird, gilt als Papierrechnung (➲ Kapitel 114.8). Damit sind hinsichtlich dieser Versendungsform zukünftig keine Besonderheiten zu beachten.
  - per Web-Download
  - via DE-Mail
  - via E-Post
  - ...

- Eine **(qualifizierte elektronische) Signatur** ist nicht mehr vorgeschrieben, gleichwohl aber möglich (➲ Kapitel 114.4).
- Das **innerbetriebliche Kontrollverfahren** (➲ Kapitel 114.2) muss insbesondere gewährleisten, dass es zu keiner Steuerschuld nach § 14c UStG (unrichtiger oder unberechtigter Steuerausweis) kommt.
- Die Ausgangsrechnung – d. h. ggf. der an den Kunden versandte Datensatz – ist zu **archivieren** (➲ Kapitel 114.6).
- **Widerspricht** der Rechnungsempfänger einer elektronischen Rechnung (➲ Kapitel 114.8), ist eine Papierrechnung zu übersenden (➲ Kapitel 114.9).
- **Anzuwenden** sind die neuen Vorschriften rückwirkend ab 1.7.2011 – auch auf Rechnungsberichtigungen (➲ Kapitel 114.11).

Checkliste für die Kreditorenbuchhaltung

- Ein **innerbetriebliches Kontrollverfahren** muss gewährleisten, dass die Eingangsrechnung mit der behaupteten Zahlungsverpflichtung abgeglichen wird (➲ Kapitel 114.2).
- Die Prüfungshandlungen sollten **dokumentiert** werden (➲ Kapitel 114.3).
- Bei inhaltlich richtiger Rechnung ist davon auszugehen, dass die Rechnung nicht gefälscht oder verfälscht oder auf andere Weise verändert wurde und der erbrachten Leistung entspricht. In der Praxis werden sich hier die Durchführung des (neuen) Kontrollverfahrens und die Prüfung der Voraussetzungen des Vorsteuerabzugs in weiten Teilen überschneiden (➲ Kapitel 114.5).
- Nach wie vor sind die **Voraussetzungen des Vorsteuerabzugs** zu prüfen (➲ Kapitel 114.5). Ist der Nachweis erbracht, dass diese gegeben sind, kommt der Frage der Durchführung des innerbetrieblichen **Kontrollverfahrens keine eigenständige Bedeutung mehr zu** und kann insbesondere nicht mehr zur Versagung des Vorsteuerabzugs führen.
- Einer elektronischen Rechnung kann **widersprochen** werden (➲ Kapitel 114.8). In diesem Fall ist darauf zu achten, dass der **Nettobetrag fristgerecht** bezahlt wird.
- Eine Rechnung, die als **Standardfax** eingeht, gilt als Papierrechnung (➲ Kapitel 114.8), ist also zukünftig **keine** elektronische Rechnung – und berechtigt damit **nicht** zum Widerspruch!
- Die Eingangsrechnung – d. h. ggf. der vom leistenden Unternehmer übersandte Datensatz – ist zu **archivieren** (➲ Kapitel 114.6).
- **Anzuwenden** sind die neuen Vorschriften rückwirkend ab 1.7.2011 – auch auf Rechnungsberichtigungen (➲ Kapitel 114.11).

114.13 Anlagen: Die bisherigen technischen Anforderungen ...

Anhang 1: Die bisherigen technischen Anforderungen an E-Mail-Rechnungen im Überblick

1. Zunächst kann der Rechnungstext mit »normaler« Software erstellt werden – von »irgendeinem« Mitarbeiter	Rechnung / Erstellt z. B. mit PDF Excel Word
2. Die Datei muss dann auf den Rechner eines zur Signatur berechtigten Mitarbeiters überspielt werden.	Rechnung / Erstellt z. B. mit PDF Excel Word · persönlicher Code · öffentlicher Code
3. Gibt dieser Mitarbeiter die Rechnung frei, wird ein Rechenprozess ausgelöst:	Rechnung / Erstellt z. B. mit PDF Excel Word · persönlicher Code · öffentlicher Code · persönlicher Code · öffentlicher Code
4. Jede Änderung am Dokument würde nunmehr zu einer Änderung des HASH-Codes führen.	

Anhang 2: Die bisherigen technischen Anforderungen an Telefax-Rechnungen im Überblick

 Rechtsgrundlagen

OFD Chemnitz, Vfg. vom 21.8.2006, S 7287a – 1/1 – St 23, DStR 2007, 304

(Hinweis: Hervorhebungen durch **Fett**druck sind vom Autor.)

»Bei einer an ein Computer-Telefax übermittelten Rechnung handelt es sich um eine auf elektronischem Weg übermittelte Rechnung, bei der eine **qualifizierte elektronische Signatur erforderlich** ist (vgl. Abschn. 184a Abs. 5 Satz 2 Nr. 2 Satz 6 UStR). Bei dieser Übertragungsform wird jedoch nicht die eigentliche signierte Datei übermittelt, sondern lediglich eine Bilddatei ausgedruckt. Die Prüfung der elektronischen Signatur ist daher nur möglich, wenn die Rechnung über eine **erkennbare** Signatur (z. B. mit 2-D-Barcode) verfügt. Außerdem muss der Ausdruck auf einem Drucker mit entsprechender Auflösung (minimal 300 dpi) erfolgen.

Zur Prüfung ist die ausgedruckte Rechnung zu scannen (Auflösung: minimal 300 dpi, bei mehrseitigen Rechnungen ist eine Seite ausreichend). Die (im 2-D-Barcode enthaltene) Signatur des eingescannten Dokuments kann dann mittels einer **geeigneten Prüfsoftware** (z. B. digiSeal-Reader) überprüft werden.«

> **Bitte beachten Sie!**
>
> Die empfohlene Prüfsoftware »digiSeal-Reader« kann **kostenlos geladen** werden unter www.secrypt.de/produkte/digiseal-reader/.

In der Praxis werden allerdings qualifiziert digital signierte Telefaxe eher die Ausnahme sein. Wie so eine Eingangsrechnung aussieht, zeigt folgender »Echtfall«.

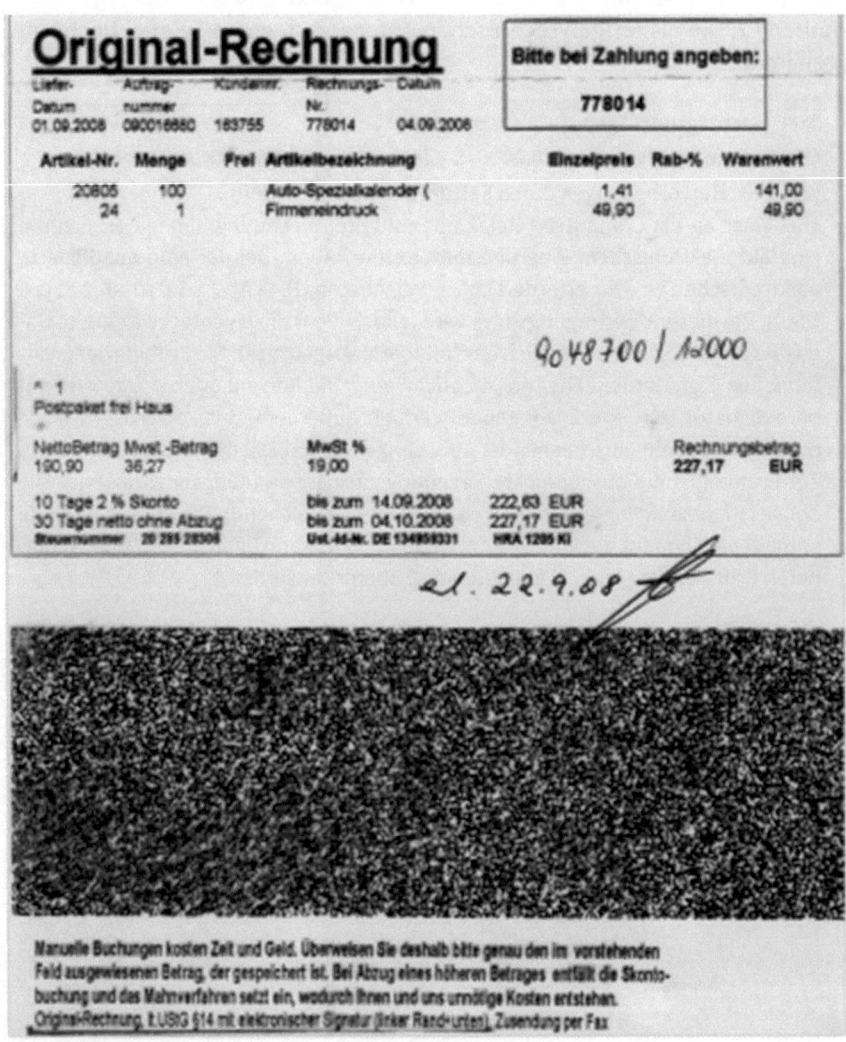

Original-Rechnung

Lieferdatum	Auftragsnummer	Kundennr.	Rechnungs-Nr.	Datum
01.09.2008	090016660	163755	778014	04.09.2008

Bitte bei Zahlung angeben:

778014

Artikel-Nr.	Menge	Frei	Artikelbezeichnung	Einzelpreis	Rab-%	Warenwert
20805	100		Auto-Spezialkalender (	1,41		141,00
24	1		Firmeneindruck	49,90		49,90

9048700 / 12000

A 1
Postpaket frei Haus

NettoBetrag	Mwst.-Betrag		MwSt %			Rechnungsbetrag	
190,90	36,27		19,00			227,17	EUR

10 Tage 2 % Skonto	bis zum 14.09.2008	222,63 EUR
30 Tage netto ohne Abzug	bis zum 04.10.2008	227,17 EUR
Steuernummer 20 285 28506	Ust.-Id-Nr. DE 134959331	HRA 1285 KI

el. 22.9.08

Manuelle Buchungen kosten Zeit und Geld. Überweisen Sie deshalb bitte genau den im vorstehenden Feld ausgewiesenen Betrag, der gespeichert ist. Bei Abzug eines höheren Betrages entfällt die Skontobuchung und das Mahnverfahren setzt ein, wodurch Ihnen und uns unnötige Kosten entstehen. Original-Rechnung lt.UStG §14 mit elektronischer Signatur (linker Rand+unten). Zusendung per Fax

Qualifizierte digitale Fax-Signatur – erstellt mit digiSeal Reader

115 Umgang mit E-Rechnungen nach den GoBD 2019

Speichern der Transport-E-Mails ist überflüssig!

115.0 Auf einen Blick – alle wichtigen Neuerungen vorab!

115.0.1 Wechsel des Archivierungssystems

In der Praxis stellt sich immer wieder die Frage, ob der Unternehmer innerhalb der 10-Jährigen Aufbewahrungsfrist von einem GoBD-konformen E-Rechnungs-Archivierungssystem in ein anderes wechseln darf.

Die Antwort lautet: Ja! Gegen einen Wechsel des Mandanten von einem anderen GoBD-konformen Archivierungssystem bestehen grundsätzlich **keine Bedenken**.

 Beratungskonsequenzen

Als Berater sollten Sie dem Mandanten aber ausschließlich ein Archivierungssystem empfehlen, mit dem Sie selbst und auch Ihre Mitarbeiter vertraut sind.

115.0.2 Die GoBD 2019

Mit Schreiben vom 11.07.2019 hat das BMF die GoBD[999] nach grundlegender Überarbeitung zunächst neu gefasst und bekanntgegeben. Damit folgte das BMF nicht zuletzt entsprechenden Anregungen aus der Wirtschaft, die eine Anpassung des Vorgängerschreibens aus dem Jahr 2014 an den technischen Fortschritt für unabdingbar hält.

Ende August erfolgte für alle Beteiligten unerwartet seitens des BMF ein »Rückzieher«: die bisherigen GoBD aus dem Jahr 2014 sollten vorerst unverändert weitergelten. Mit BMF-Schreiben vom 28.11.2019 wurden die noch einmal geänderten GoBD nunmehr offiziell neu gefasst[1000].

Die Überarbeitung der GoBD setzt vor allem Anregungen aus der Wirtschaft um, die eine Anpassung des Vorgängerschreibens (BMF vom 14.11.2014) an den technischen Fortschritt wünschte. **Aus Unternehmersicht ist die Neufassung daher zu begrüßen[1001].**

---

999 GoBD = »Grundsätze zur ordnungsmäßigen Führung und Aufbewahrung von Büchern, Aufzeichnungen und Unterlagen in elektronischer Form sowie zum Datenzugriff«.

1000 BMF, Schreiben vom 28.11.2019, IV A 4 – S 0316/19/10003 :001, 2019/0962810,
  ➲ mybookplus.de > Wichtiges aus dem BMF.

1001 *Weimann*, AStW 2020.

115.0.2.1 »Bildliches Erfassen« statt »Scannen«

»Bildliches Erfassen« tritt an die Stelle des bisherigen »Scannen« und ermöglicht den **Einsatz mobiler Geräte** und darf auch im Ausland erfolgen. Erforderlich hierzu ist allerdings auch weiterhin eine Verfahrensdokumentation.

115.0.2.2 Konvertierung von Originaldateien in Inhouse-Formate erfordert kein Aufbewahren der Ursprungsdaten

Wurden bislang Originaldateien in eigene Formate umgewandelt, mussten beide Versionen aufbewahrt werden und die konvertierte Version als solche gekennzeichnet werden. Das ist ab sofort nicht mehr erforderlich, wenn die konvertierten Daten maschinell ausgewertet werden können. Hierzu erforderlich ist aber eine **entsprechende Verfahrensdokumentation**.

115.0.2.3 Aufbewahrung der strukturierten Daten statt bildhafter Dokumente

Werden z. B. über eine Banking- oder Zahlungsdienstschnittstelle strukturierte Daten (Kontoeinzelumsätze) abgerufen, reicht die Aufbewahrung dieser strukturierten Daten aus.

Inhaltsgleiche bildhafte Dokumente, z. B. PDF-Kontoauszüge oder E-Mails mit Umsatzübersichten, müssen nicht mehr aufbewahrt werden. Voraussetzung ist jedoch, dass sich die strukturierten Daten **mindestens genauso gut auswerten** lassen wie das bildhafte Belegdokument.

Bei der Aufbewahrung von Hybrid-Formaten wie ZUGFeRD kommt es auf die **tatsächliche Verarbeitung** an. Bei Weiterverarbeitung der XML-Datei hat diese Belegfunktion und unterliegt der Aufbewahrungspflicht. In diesem Fall reicht es aber aus, die XML-Datei aufzubewahren. Werden jedoch die nachgelagerten Prozesse durch das bildhafte Dokument (PDF) belegt, müssen für Zwecke der maschinellen Auswertbarkeit beide Formate (PDF + XML) vorgehalten werden.

115.0.2.4 Einzelaufzeichnung und zeitnahes Buchen von Bargeschäften

Die GoBD betonen noch einmal die gesetzlichen Erfordernisse zur Einzelaufzeichnung barer Geschäftsvorfälle und zum zeitnahen Buchen.

Gleichzeitig wird klargestellt, dass bare und unbare Geschäftsvorfälle **kurzzeitig gemeinsam in einem Grundbuch** festgehalten werden können. Dies erleichtert insbesondere die Buchungsarbeit von Betrieben mit gemischten Zahlungsarten (wie z. B. Restaurants, Hotels).

115.0.2.5 Erleichterungen nach Systemumstellungen u. Ä.

Vor Beginn einer Außenprüfung reicht es nach einem Systemwechsel oder einer Datenauslagerung aus, dass nach **Ablauf des fünften Kalenderjahres,** das auf die Umstellung folgt, dem Prüfer lediglich ein Z3-Zugriff (= Datenträgerbereitstellung) ermöglicht wird.

115.0.2.6 Stornierung von Buchungen

Ursprungsbuchung und Stornobuchung müssen **eindeutig aufeinander verweisen.**

Beratungskonsequenzen

Das neue BMF-Schreiben ist auf Besteuerungszeiträume anzuwenden, die **nach dem 31.12.2019 beginnen.**
Es wird aber nicht beanstandet, wenn der Steuerpflichtige die Grundsätze dieses Schreibens bereits auf Besteuerungszeiträume anwendet, die **vor dem 1.1. 2020 enden.**
Diese Anwendungsregelung ist eine an sich **logische Konsequenz** daraus, dass die GoBD

- keine materielle Rechtsänderung bewirken,
- sondern lediglich klarstellen, wie den **unverändert fortbestehenden** Buchführungs- und Aufbewahrungspflichten Genüge geleistet werden kann.

115.1 Nebeneinander von Papier- und E-Vorgängen

Vor noch nicht allzu langer Zeit war für den Mandanten die Ablage seiner Ausgangs- und Eingangspost recht einfach. Alles Wichtige gab es auf Papier. Die »Kunst«, dieses abzulegen, bestand im Wesentlichen darin, ein Ordnungsprinzip einzuführen und die papiernen Unterlagen diesem dann auch konsequent und zeitnah zuzuführen. Das Transportmittel für die Belege – der Briefumschlag – konnte in der Regel vernichtet werden. War das Ordnungsprinzip einmal aufgebaut, konnte der Unternehmer die Ablage getrost delegieren. Elektronische Post diente dabei lediglich dem zusätzlichen Informationsaustausch – ohne steuerliche Wirkung.

Im Zeitalter des papierlosen Büros ist das natürlich ganz anders! Nur einige wenige Bereiche sind – weil z. B. das Standesrecht dieses gebietet – auch weiterhin dem Papier vorbehalten; die große Masse der Korrespondenz erfolgt elektronisch. **In der Regel finden sich in einer Buchhaltung beide Belegformen**[1002]:

> **Beispiel**
> Mandant M ist selbstständiger Rechtsanwalt (Strafverteidiger).
> Während M seine Honorarnoten (Ausgangsrechnungen) weiterhin auf Papier schreibt, erhält er die Eingangsrechnungen über Büromaterial u. dgl. überwiegend

---

1002 Vgl. *Weimann,* E-Rechnungen, 2. Auflage 2020; vgl. auch *Weimann/Grobbel,* StB 2014, 324.

in der Regel in der Form, dass die Rechnung als PDF-Datei einer E-Mail angehängt ist.

Ebenfalls per E-Mail erfolgen große Teile der Behörden, Gerichts- und Mandanten-korrespondenz. Auch die Gutachten von Ärzten und Sachverständigen erreichen den M in der Regel per E-Mail.

115.2 Allgemeines zur Archivierung von Rechnungen

Bezüglich der Form und Dauer der Aufbewahrung von Rechnungen haben sich in jüngster Zeit **keine Neuerungen** ergeben.

So sind Papier- und elektronische Rechnung gem. § 14b UStG **10 Jahre aufzubewahren.** Während des gesamten Aufbewahrungszeitraums müssen die Echtheit der Herkunft, die Unversehrtheit des Inhalts und die Lesbarkeit der Rechnung gewährleistet werden (§ 14b Abs. 1 Satz 2 UStG).

 Beratungskonsequenzen

1. Die **10-Jahres-Frist beginnt** mit dem Schluss des Kalenderjahres, in dem die Rechnung ausgestellt worden ist (§ 14b Abs. 1 Satz 3 Halbsatz 1 UStG).
2. Damit dürfen in 2022 Eingangs- und Ausgangsrechnungen des Mandanten aus dem **Jahr 2011 und früher** »in den Reißwolf«.
3. Trotz Ablaufs der regulären Frist dürfen die unter 2. angeführten Rechnungen nicht vernichtet werden, wenn insoweit
   — eine Außenprüfung läuft,
   — ein Einspruch- oder Klageverfahren anhängig ist,
   — die Steuerfestsetzung vorläufig ist.

Bei der **elektronischen Aufbewahrung** von Rechnungen hat die Speicherung der Inhalts- und Formatierungsdaten auf einem **Datenträger** zu erfolgen, **der Änderungen nicht mehr zulässt.**

 Beratungskonsequenzen

Eine Speicherung z. B. auf einer nur **einmal beschreibbaren Daten-DVD oder Daten-CD** ist bereits ausreichend.

Verletzt der Mandant seine Aufbewahrungspflichten nach § 14b UStG, kann dies als eine Ordnungswidrigkeit i. S. d. § 26a Abs. 1 Nr. 2 UStG geahndet werden.

Der **Anspruch auf Vorsteuerabzug** nach § 15 Abs. 1 Satz 1 Nr. 1 UStG bleibt hiervon zwar unberührt, der Unternehmer trägt nach allgemeinen Grundsätzen jedoch die objektive Feststellungslast für alle Tatsachen, die den Anspruch begründen. Sind Unterlagen für den Vorsteuerabzug unvollständig oder nicht vorhanden, kann das Finanzamt die abziehbare Vorsteuer unter bestimmten Voraussetzungen schätzen oder aus Billigkeitsgründen ganz oder teilweise anerkennen, sofern im Übrigen die Voraussetzungen für den Vorsteuerabzug vorliegen (vgl. Abschn. 15.11 Abs. 5 ff UStAE)[1003].

115.3 Besonderheiten der Archivierung von Papierrechnungen

Bei **Papierrechnungen** hat der Unternehmer die Wahl, ob er diese in Papierform oder als Wiedergabe auf einem Bildträger oder auf anderen Datenträgern aufbewahrt; § 147 Abs. 2 AO ist zu beachten.

Beim **Einscannen** sind die Ausführungen unter Abschn. VII Buchst. b) Nr. 1 GoBS zu beachten[1004].

115.4 Besonderheiten der Archivierung von E-Rechnungen

Elektronische Rechnungen i. S. d. § 14 Abs. 1 Satz 8 UStG n. F. sind **zwingend elektronisch aufzubewahren**[1005].

Eine **ausschließliche Aufbewahrung in Papierform** (als Ausdruck) ist für steuerliche Zwecke nicht zulässig, da hierdurch das Recht der Finanzbehörde auf Datenzugriff konterkariert würde (§ 147 Abs. 6 AO).

 Beratungskonsequenzen

Natürlich bleibt es Ihrem Mandanten unbenommen, **zusätzlich** – z. B. weil er zur eigenen Orientierung alles Wichtige auch vollständig auf Papier haben möchte – Ausdrucke zu fertigen und abzulegen.

Sie müssen den Mandanten dann nur darauf hinweisen, dass der **Ausdruck die elektronische Ausbewahrung nicht ersetzt!**

Zur prüfungssicheren Ablage der Rechnungsvorgänge sollten Sie dem Mandanten die Einhaltung folgender **7 Grundregeln** nahelegen[1006]:

115.4.1 Die relevanten Vorgänge erkennen

Gemeinsam mit dem Mandanten müssen Sie zunächst die elektronischen Vorgänge von steuerlicher Bedeutung erkennen – und zwar alle und nicht nur die Rechnungen!

1003 *Weimann*, E-Rechnungen, 2. Aufl. 2020, Kapitel 9.1.

1004 »Grundsätze ordnungsmäßiger DV-gestützter Buchführungssysteme« (kurz: »GoBS«): BMF, Schreiben vom 7.11.1995, IV A 8 – S 0316 – 52/95, BStBl. I 1995, 738; weiter gültig gem. BMF-Schreiben vom 29.3.2007, IV C 6 – O 1000/07/0018 – DOK 2007/0145039, Positivliste Nr. 59, BStBl. I 2007, 369.

1005 *Weimann*, E-Rechnungen, a. a. O., Kapitel 9.1.

1006 *Weimann*, ASR 2/2014, 13 und *Weimann/Grobbel*, a. a. O.

Insbesondere sind dies

- **Ausgangs- und Eingangsrechnungen,**
- **Ausfuhrnachweise** und
- **Gelangensbestätigungen**[1007].

 Beratungskonsequenzen

Diese Aufzählung ist nicht abschließend, da zusätzlich immer auch die **anderen Steuerarten** und **unternehmensspezifische Besonderheiten zu beachten** sind. Klären Sie daher mit Ihrem Mandanten, welche weiteren Vorgänge betroffen sind.

115.4.2 Die relevanten Vorgänge separieren

Im Interesse des Mandanten – zum Beispiel zum Schutz von Betriebsgeheimnissen – muss vermieden werden, dass ein Betriebsprüfer in das E-Mail-Programm selbst »hineinprüft« und damit den gesamten E-Mail-Verkehr des Mandantenunternehmens sehen kann.

Aus diesem Grunde müssen die steuerrelevanten Daten (➲ s. o. Kapitel 115.4.1)

- **zeitnah**
- von den anderen (steuerlich irrelevanten) Daten **getrennt**

werden.

Im Beispiel …

… muss M natürlich aus Gründen des Mandantenschutzes sicherstellen, dass die Behörden, Gerichts- und Mandantenkorrespondenz sowie die Gutachten von Ärzten und Sachverständigen den Finanzbehörden nicht bekannt werden.

115.4.3 Originaldaten archivieren

Der Betriebsprüfer will die steuerrelevanten Datensätze so sehen, wie diese das Mandantenunternehmen verlassen (Ausgangspost) oder erreicht (Eingangspost) haben.

115.4.3.1 Bislang galt die strenge Auffassung der Finanzverwaltung

Die E-Mail selbst war danach kein bloßer »Briefumschlag«. Erhielt oder versendete der Mandant ein steuerrelevantes Dokument als PDF-Anhang zu einer E-Mail, durfte er nicht nur die PDF, sondern musste zusätzlich auch die **E-Mail als solche** elektronisch aufbewahren.

1007 Dazu ausführlich *Weimann,* Gelangensbestätigung, 1. Aufl. 2014, Kapitel 2.5.3.

115.4.3.2 Damit bestand eine Unsicherheit

Bezüglich der vorstehend (➲ siehe vorstehendes Kapitel 115.4.3.1) ausgesprochenen Empfehlungen bestand eine gewisse Unsicherheit[1008].

Wie sich aus einem Schreiben des BMF an die Landesfinanzminister ergab, »*sprachen sich die Vertreter der obersten Finanzbehörden der Länder dafür aus, in dem geplanten BMF-Schreiben zur elektronischen Rechnungsstellung die Ausführungen zur Aufbewahrung elektronischer Rechnungen zu streichen. Sofern hierzu wieder Ausführungen aufgenommen würden, müsste das BMF-Schreiben erneut mit den Referatsleitern Bp der Länder abgestimmt werden. Ich schlage vor diesem Hintergrund vor, entgegen der Bitte der Verbände keine weiteren Aussagen zur Aufbewahrung elektronischer Rechnungen aufzunehmen. Für umsatzsteuerliche Zwecke sind die Folgen bei Verletzung der Aufbewahrungspflichten in Abschnitt 14b.1 Abs. 10 UStAE dargestellt. Zu den Aufbewahrungsgrundsätzen nach GoBS und GDPdU und den Fragen zur Aufbewahrung elektronischer Rechnungen ist eine gesonderte Erörterung mit den Referatsleitern Bp der Länder vorgesehen.*«

 Beratungskonsequenzen

Es war zu erwarten, dass die in Aussicht gestellte gesonderte Erörterung durch die GoBD 2014 (➲ siehe nachfolgendes Kapitel 115.4.3.3) erfolgte. Bis diese rechtskräftig waren, mussten E-Rechnungen – noch einmal –

- **zeitnah** und
- auf einem **nur einmal beschreibbaren Speichermedium**

abgelegt werden.
Die **GoBD 2019/2020** haben die Rechtsauffassung **übernommen bzw. unverändert beibehalten.**

115.4.3.3 Erstmals mit den GoBD 2014 erleichterte das BMF die Archivierung!

Das BMF hatte mit Schreiben vom 14.11.2014[1009] – endlich! – die damals neuen »GoBD – Grundsätze zur ordnungsgemäßen Führung und Aufbewahrung von Büchern, Aufzeichnungen und Unterlagen in elektronischer Form sowie zum Datenzugriff« bekanntgegeben. Das Erfreuliche: Die Rz. 118 ff. und insbesondere die Rz. 121 lauten zu der hier interessierenden Frage der Archivierung von »Transport-E-Mails« wie erhofft[1010]:

1008 *Weimann*, E-Rechnungen/Rechtssicher übermitteln, berichtigen, kontieren und archivieren, 1. Aufl. 2013, Kapitel 9.2.
1009 BMF, Schreiben vom 14.11.2014, IV A 4 – S 0316/13/10003, 2014/0353090, BStBl. I 2014, 1450.
1010 *Weimann/Grobbel*, a. a. O.

Rechtsgrundlagen

BMF, Schreiben vom 14.11.2014

9. Aufbewahrung

118

Die nach außersteuerlichen und steuerlichen Vorschriften aufzeichnungspflichtigen und nach § 147 Abs. 1 AO aufbewahrungspflichtigen Unterlagen können nach § 147 Abs. 2 AO bis auf wenige Ausnahmen auch als Wiedergabe auf einem Bildträger oder auf anderen Datenträgern aufbewahrt werden, wenn dies den GoB entspricht und sichergestellt ist, dass die Wiedergabe oder die Daten

1. mit den empfangenen Handels- oder Geschäftsbriefen und den Buchungsbelegen bildlich und mit den anderen Unterlagen inhaltlich übereinstimmen, wenn sie lesbar gemacht werden,

2. während der Dauer der Aufbewahrungsfrist jederzeit verfügbar sind, unverzüglich lesbar gemacht und maschinell ausgewertet werden können.

119

Sind aufzeichnungs- und aufbewahrungspflichtige Daten, Datensätze, elektronische Dokumente und elektronische Unterlagen im Unternehmen entstanden oder dort eingegangen, sind sie auch in dieser Form aufzubewahren und dürfen vor Ablauf der Aufbewahrungsfrist nicht gelöscht werden. Sie dürfen daher nicht mehr ausschließlich in ausgedruckter Form aufbewahrt werden und müssen für die Dauer der Aufbewahrungsfrist unveränderbar erhalten bleiben (z. B. per E-Mail eingegangene Rechnung im PDF-Format oder eingescannte Papierbelege). Dies gilt unabhängig davon, ob die Aufbewahrung im Produktivsystem oder durch Auslagerung in ein anderes DV-System erfolgt. Unter Zumutbarkeitsgesichtspunkten ist es nicht zu beanstanden, wenn der Steuerpflichtige elektronisch erstellte und in Papierform abgesandte Handels- und Geschäftsbriefe nur in Papierform aufbewahrt.

120

Beispiel 9 zu Rz. 119:

Ein Steuerpflichtiger erstellt seine Ausgangsrechnungen mit einem Textverarbeitungsprogramm. Nach dem Ausdruck der jeweiligen Rechnung wird die hierfür verwendete Maske (Dokumentenvorlage) mit den Inhalten der nächsten Rechnung überschrieben. Werden die abgesandten Handels- und Geschäftsbriefe jedoch tatsächlich in elektronischer Form aufbewahrt (z. B. im File-System oder einem DMS-System), so ist die Zumutbarkeit gegeben. Das Verfahren muss dokumentiert werden. Werden Handels- oder Geschäftsbriefe mit Hilfe eines Fakturierungssystems oder ähnlicher Anwendungen erzeugt, bleiben die elektronischen Daten aufbewahrungspflichtig.

121

Bei den Daten und Dokumenten ist – wie bei den Informationen in Papierbelegen – auf deren Inhalt und auf deren Funktion abzustellen, nicht auf deren Bezeichnung. So sind beispielsweise E-Mails mit der Funktion eines Handels- oder Geschäftsbriefs oder eines Buchungsbelegs in elektronischer Form aufbewahrungspflichtig. **Dient eine E-Mail nur als »Transportmittel«, z. B. für eine angehängte elektronische**

Rechnung, und enthält darüber hinaus keine weitergehenden aufbewahrungspflichtigen Informationen, so ist diese nicht aufbewahrungspflichtig (wie der bisherige Papierbriefumschlag).

 Beratungskonsequenzen

Damit **entfällt** das lästige **Archivieren von Transport-E-Mails.**
Die **GoBD 2019** haben die Rechtsauffassung **übernommen bzw. unverändert beibehalten.**

115.5 Gängige Dateiformate verwenden

Für den Betriebsprüfer müssen die Daten lesbar sein.

Sonderprogramme sind dem Prüfer ggf. zur Verfügung zu stellen und bei einem **Programmwechsel** von Ihrem Mandanten ebenfalls aufzubewahren.

Bei der Archivierung sollte der Mandant daher mit **gängigen Programmen** arbeiten.

 Beratungskonsequenzen

Primär zu empfehlen ist das PDF-Format.

115.6 »Unkaputtbarer« Datenträger

Es reicht **nicht** aus, dass der Mandant die Daten lediglich auf einer – immer wieder neu zu beschreibenden – Festplatte ablegt.

Die Speicherung der Inhalts- und Formatierungsdaten hat vielmehr auf einem Datenträger zu erfolgen, der **im Nachhinein keine Änderungen** zulässt.

 Beratungskonsequenzen

1. Im Idealfall wird dazu auf der Festplatte ein **revisionssicherer Schutzbereich** eingerichtet.
2. Insbesondere für kleinere Unternehmen dürfte aber auch die Speicherung auf einer nur einmal beschreibbaren **Daten-DVD** oder **Daten-CD** ausreichen.

115.7 Datenverluste vermeiden

Da technische Probleme niemals auszuschließen sind, sollten

- die Daten **mindestens auf zwei verschiedenen Datenträgermedien** (zwei Festplatten oder Daten-DVDs bzw. -CDs) gesichert werden,
- die ihrerseits an verschiedenen Orten aufbewahrt werden.

115.8   Vorsicht vor Cloudlösungen

Cloudlösungen folgen ganz unterschiedlichen Standards und sollten vorab (mit dem Steuerberater) genau auf das Erfüllen der vorstehenden Anforderungen hin geprüft werden. Von einer ausschließlichen Speicherung auf Cloud sollte man absehen; allenfalls für die Zweit- oder Drittsicherung wird man eine Cloud wohl einsetzen können.

115.9   Zur Informationspflicht des Steuerberaters

Der Steuerberater ist im Rahmen des ihm erteilten Auftrags verpflichtet, den Mandanten umfassend zu beraten und **auch ungefragt** über alle steuerlichen Einzelheiten und deren Folgen zu unterrichten[1011]. Er hat seinen Mandanten möglichst vor Schaden zu schützen. Hierzu hat er den relativ sichersten Weg zum angestrebten steuerlichen Ziel aufzuzeigen und die für den Erfolg notwendigen Schritte vorzuschlagen. Die mandatsbezogen erheblichen Gesetzes- und Rechtskenntnisse muss der Steuerberater besitzen oder sich ungesäumt verschaffen. Neue oder geänderte Rechtsnormen hat er in diesem Rahmen zu ermitteln. Wird **in der Presse über Vorschläge zur Änderung des Steuerrechts** berichtet, die im Falle ihrer Verwirklichung von dem Mandanten des Beraters erstrebte Ziele vereiteln oder beeinträchtigen können, kann der Steuerberater gehalten sein, sich aus allgemein zugänglichen Quellen über den näheren Inhalt und den Verfahrensstand solcher Überlegungen zu unterrichten, um den Mandanten optimal zu beraten.

Der **Steuerberater schuldet** dem Mandanten eine **individuelle Belehrung**[1012]. Das OLG Düsseldorf[1013] hat darauf erkannt, dass der Steuerberater dem Mandanten eine konkrete, auf die speziellen Probleme des Mandanten bezogene Belehrung schuldet. Allgemeine Ausführungen in **Mandantenrundschreiben** können solche konkreten Hinweise ebenso wenig ersetzen, wie nach Art eines steuerrechtlichen Lehrbuchs abgefasste **Merkblätter**.

Im konkreten Fall machte der Mandant geltend, der Steuerberater habe ihn nicht auf die steuerliche Notwendigkeit der Führung eines Fahrtenbuches hingewiesen. Der Steuerberater hielt dem entgegen, der **geschäftserfahrene Mandant** sei zum einen gar nicht belehrungsbedürftig gewesen, da dieses Thema ohnehin »in aller Munde« gewesen sei. Darüber hinaus habe er seine Belehrungspflichten durch Übersendung von Mandantenrundschreiben und Merkblättern erfüllt. Nach Ansicht des OLG Düsseldorf sei auch von einem geschäftserfahrenen Mandanten **nicht zu erwarten, dass dieser in der Lage und auch bereit sei, derlei allgemein theoretische Ausführungen auf ihre Erheblichkeit auf seine eigenen Angelegenheiten zu überprüfen.** Vielmehr sei davon auszugehen, dass sich der Mandant gerade nicht selbst um seine Probleme kümmern wolle und deshalb den Steuerberater beauftragt habe.

1011 Weimann, Umsatzsteuer in der Praxis, 13. Aufl. 2015, Kap. 1.7.
1012 Steuerberater-Verband e.V. Köln, Wochenübersicht StBdirekt vom 1.3.2009.
1013 OLG Düsseldorf, Urteil vom 29.1.2008, I – 23 U 64/07, MDR 2008, 802.

Rechnungsstellung – Vorsteuerabzug – Übergang der Steuerschuld

➡ Beratungskonsequenzen

1. So aufwendig und inhaltlich hochwertig Mandantenrundbriefe auch sein mögen: **primär** wird jeder Mandant diese Informationen als Marketingmaßnahme betrachten, die das Know-how der Kanzlei demonstrieren und **Kundenbindung** erzeugen soll. Die **vertragsmäßig geschuldeten Beratungs- und Informationspflichten** können durch derartige Informationen jedoch nicht ersetzt werden[1014]!

2. Sie müssen daher in Frage kommende Mandanten **individuell in einem Anschreiben oder Beratungsgespräch** auf die Archivierungsproblematik hinweisen. Entscheiden Sie sich für ein Anschreiben, können Sie die anhängende Checkliste verwenden (➲ siehe nachfolgendes Kapitel 115.10).

115.10 Checkliste für die Mandantenarbeit

Es empfiehlt sich, die Checkliste[1015] an den Mandanten auszugeben, entweder nach einem dahingehenden Beratungsgespräch oder als Anlage zu einem Anschreiben (siehe vorstehendes Kapitel 115.9):

 Checkliste: Archivierung von E-Rechnungen

- **Die relevanten Vorgänge erkennen:** Erkennen Sie für Ihr Unternehmen die elektronischen Vorgänge von steuerlicher Bedeutung. Insbesondere sind dies Ausgangs- und Eingangsrechnungen, Ausfuhrnachweise und Gelangensbestätigungen. Diese Aufzählung ist nicht abschließend, da zusätzlich immer auch die anderen Steuerarten und unternehmensspezifische Besonderheiten zu beachten sind. Klären Sie daher mit uns, welche weiteren Vorgänge bei Ihnen betroffen sind.
- **Die relevanten Vorgänge separieren:** Wollen Sie vermeiden, dass ein Betriebsprüfer in das E-Mail-Programm selbst »hineinprüft« und damit Ihren gesamten E-Mail-Verkehr sehen kann, müssen Sie die Daten zeitnah von den anderen trennen.
- **Originaldaten archivieren:** Der Betriebsprüfer will die Datensätze so sehen, wie diese Ihr Unternehmen verlassen (Ausgangspost) oder erreicht (Eingangspost) haben. **Eine »Transport-E-Mail« gilt dabei auch nach den neuen GoBD 2019/2020 bloßer »Briefumschlag«.** Erhalten oder versenden Sie ein steuerrelevantes Dokument als PDF-Anhang zu einer E-Mail, dürfen Sie nicht nur die PDF, sondern müssen Sie auch die E-Mail als solche elektronisch aufbewahren.
- **Gängige Dateiformate verwenden:** Für den Betriebsprüfer müssen die Daten lesbar sein. Sonderprogramme sind dem Prüfer ggf. zur Verfügung zu stellen und bei einem Programmwechsel von Ihnen ebenfalls aufzubewahren. Bei der Archivierung sollten Sie daher mit gängigen Programmen arbeiten. Primär zu empfehlen ist das PDF-Format.

1014 Steuerberater-Verband e.V. Köln, a. a. O.
1015 Vgl. auch *Weimann*, ASR 2/2014, 13.

- »**Unkaputtbarer**« **Datenträger:** Es reicht nicht aus, dass Sie die Daten lediglich auf Ihrer – immer wieder neu zu beschreibenden – Festplatte ablegen. Die Speicherung der Inhalts- und Formatierungsdaten hat vielmehr auf einem Datenträger zu erfolgen, der im Nachhinein keine Änderungen zulässt. Im Idealfall wird dazu auf der Festplatte ein revisionssicherer Schutzbereich eingerichtet. Insbesondere für kleinere Unternehmen dürfte aber auch die Speicherung auf einer nur einmal beschreibbaren Daten-DVD oder Daten-CD ausreichen.
- **Datenverluste vermeiden:** Da technische Probleme niemals auszuschließen sind, sollten die Daten mindestens auf zwei verschiedenen Datenträgermedien (zwei Festplatten oder Daten-DVDs bzw. -CDs) gesichert werden, die ihrerseits an verschiedenen Orten aufbewahrt werden.
- **Vorsicht vor Cloudlösungen:** Cloudlösungen folgen ganz unterschiedlichen Standards und sollten vorab (mit Ihrem Steuerberater) genau auf das Erfüllen der vorstehenden Anforderungen hin geprüft werden. Von einer ausschließlichen Speicherung auf Cloud sollte man absehen; für die Zweit- oder Drittsicherung wird man eine Cloud wohl einsetzen können.

116 Vorsteuerabzug

Den Vorsteuerabzug sichern und zugleich unnötige Prüfungen vermeiden!

 Rechtsgrundlagen

- UStG: § 15 f.
- UStDV: § 35 ff.
- UStAE: Abschn. 15.1 ff.
- MwStSystRL: Art. 167 ff. (Titel X)
- BMF, Schreiben vom 29.1.2004, IV B 7 – S 7280 – 19/04, Umsetzung der Richtlinie 2001/115/EG (Rechnungsrichtlinie) und der Rechtsprechung des EuGH und des BFH zum unrichtigen und unberechtigten Steuerausweis durch das Zweites Gesetz zur Änderung steuerlicher Vorschriften (Steueränderungsgesetz 2003 – StÄndG 2003), BStBl. I 2004,258 (formell aufgehoben, aber materiell weiter gültig lt. BMF v. 10.3.2023; zur zweifelhaften Bedeutung dieses Schreibens ➔ Kapitel 1.6).
- BMF, Schreiben vom 2.1.2014, IV D 2 – S 7300/12/10002 :001, 2013/1156482, Zuordnung von Leistungen zum Unternehmen nach § 15 Abs. 1 UStG unter Berücksichtigung der BFH-Urteile vom 7.7.2011, V R 41/09, V R 42/09 und V R 21/10 sowie vom 19.7.2011, XI R 29/10, XI R 21/10 und XI R 29/09, BStBl. I 2014, 119 (weiter gültig lt. BMF v. 10.3.2023, Anlage 1, Nr. 1853; zur zweifelhaften Bedeutung dieses Schreibens ➔ Kapitel 1.6).

116.1 Kein Abzug zu hoch ausgewiesener Vorsteuer

Überprüfung der Eingangsrechnung auf die Richtigkeit (§ 15 Abs. 1 Nr. 1 Satz 1 UStG)

116.1.1 Das Problem

Bis zum 31.12.2003 lautete § 15 Abs. 1 UStG: »Der Unternehmer kann die folgenden Vorsteuerbeträge abziehen: ... 1. die in Rechnungen i. S. d. § 14 gesondert ausgewiesene Steuer für Lieferungen und sonstige Leistungen, die von anderen Unternehmern für sein Unternehmen ausgeführt worden sind ...« Damit konnten nach alter Rechtauffassung auch überhöhte Vorsteuerbeträge zum Abzug gebracht werden, wenn sie denn von einem Unternehmer für einen Eingangsumsatz berechnet wurden:

Beispiel

Unternehmer U erhielt im Jahre 1995 eine Eingangsrechnung, die wie folgt lautete:

... erlauben wir uns, Ihnen in Rechnung zu stellen:

Honorar	100.000 DM
zzgl. 15 % USt	17.000 DM
zu zahlen	117.000 DM

U hätte die Rechnung bedenkenlos begleichen können, da er in diesem Fall auch den zu hoch ausgewiesenen Vorsteuerbetrag vom Finanzamt erstattet bekommen hätte.

Die Steuerschuld des Rechnungsausstellers hätte ebenfalls 17.000 DM betragen, sich allerdings recht kompliziert wie folgt ermittelt:

reguläre USt-Schuld nach § 13 UStG bei Zahlung von 117.000 DM

$$117.000 \text{ DM} : 1.15 \times 0,15 = \quad 15.260 \text{ DM}$$

zu hoch ausgewiesener Betrag nach § 14 Abs. 2 a. F. UStG*:

$$17.000 \text{ DM} - 15.260 \text{ DM} = \quad 1.740 \text{ DM}$$
$$\overline{\phantom{17.000 \text{ DM} - 15.260 \text{ DM} = \quad} 17.000 \text{ DM}}$$

* Seit 1.1.2004: § 14c Abs. 1 UStG.

Nach der Rechtsprechung des BFH[1016] setzte der Vorsteuerabzug nach § 15 Abs. 1 Nr. 1 Satz 1 UStG bei EG-Richtlinien-konformer Auslegung voraus, dass die in Rechnung gestellte Steuer für den berechneten Umsatz geschuldet wird. Ein Vorsteuerabzug war damit nicht zulässig, soweit der Leistende die Steuer nach § 14 Abs. 2 und 3 UStG schuldet. Diesen Gedanken bringt der Wortlaut des § 15 Abs. 1 UStG in der seit dem 1.1.2004 geltenden Fassung auf: *»Der Unternehmer kann die folgenden Vorsteuerbeträge abziehen: ... 1. die gesetzlich geschuldete Steuer für Lieferungen und sonstige Leistungen, die von*

[1016] BFH, Urteil vom 2.4.1998, V R 43/97, BStBl. II 1998, 695.

anderen Unternehmern für sein Unternehmen ausgeführt worden sind.« Die Rechtsprechung des BFH hat letztlich auch Auswirkungen auf die **Gestaltung von Endrechnungen** (§ 14 Abs. 5 UStG ➲ Kapitel 110.13

> ### ➲ Beratungskonsequenzen
>
> 1. In Rechnung gestellte Umsatzsteuer muss damit **stets** daraufhin überprüft werden, ob der Eingangsumsatz diese auch tatsächlich auslöst ➲ nachfolgendes Kapitel 116.2.2
> 2. »Offiziöse« Fundstelle dieses Gedankens: **Abschn. 15.2 Abs. 1 UStAE.**

116.1.2 Fallgruppen

Aufgrund der BFH-Rechtsprechung und der neuen Gesetzesfassung trifft den Unternehmer die Nachprüfungspflicht, ob die für einen Eingangsumsatz in Rechnung gestellte Umsatzsteuer

- für einen steuerbaren und
- steuerpflichtigen Umsatz entstanden ist und
- der Steuersatz 7 % oder 19 % beträgt oder bei abrechnenden Landwirten evtl. ein Durchschnittssteuersatz in Betracht kommt und
- der Steuerbetrag richtig errechnet worden ist und
- die sonstigen Anforderungen an eine ordnungsgemäße Rechnungsstellung erfüllt sind.

Ein Vorsteuerabzug ist damit insbesondere dann unzulässig, wenn der die Rechnung ausstellende Unternehmer die Steuer nach § 14c UStG (**unrichtiger oder unberechtigter Steuerausweis**) schuldet[1017]. Weiter ist in Fällen

- der Insolvenz,
- des Binnenmarkthandels,
- der Geschäftsveräußerung im Ganzen,
- der Kleinunternehmerregelung,
- formaler Rechnungsfehler

besondere Vorsicht geboten[1018]. Gerade an einem **Insolvenz-Fall** lassen sich die Auswirkungen des neuen Urteils verdeutlichen:

> **Beispiel**
>
> Für den Unternehmer U entwickelt des Softwarehaus S eine auf das Unternehmen des U zugeschnittene Spezialsoftware. U rechnet seine Leistung mit 10.000 € zzgl. 1.900 € Umsatzsteuer ab. Noch im Jahr der Leistung geht C in die Insolvenz; das Verfahren wird mangels Masse abgelehnt.

1017 Vgl. BMF, Schreiben vom 29.1.2004, a. a. O., Rz. 87.
1018 *Nieskens,* UStB 2000, 143; *Weimann,* UVR 2001, 282.

➲ Folge:
Sollte das Finanzamt – etwa im Rahmen einer Betriebsprüfung bei U – auf dem Standpunkt stehen, dass auf die Leistung des C unter Beachtung des § 12 Abs. 2 Nr. 7 Buchst. c UStG der ermäßigte Steuersatz von 7 % anzuwenden wäre, stünde dem U nur ein Vorsteueranspruch i. H. v. 778,51 € (11.900 €: 1,07 x 0.07) zu.
U trägt damit das Abrechnungsrisiko! Zwar hätte er grundsätzlich einen Anspruch auf Rechnungsberichtigung. Dieser degeneriert jedoch mit zunehmendem Zeitablauf und verliert an Bedeutung, wenn das leistende Unternehmen nicht mehr existiert.

Grundsätzlich streitet die Finanzverwaltung in Fällen wie dem vorliegenden darüber, den Regelsteuersatz zur Anwendung bringen zu wollen. Wenn allerdings der Leistende seinen steuerlichen Pflichten nicht nachkommen kann, bietet sich nunmehr die Möglichkeit, über eine Vorsteuerbegrenzung den Schaden auf Seiten des Staates zumindest zu minimieren. Auf jeden Fall trifft den Leistungsempfänger das Risiko eines unrechtmäßigen Steuerausweises. Gerade in den hoch komplizierten Fällen der Leistungsortbestimmung nach § 3a UStG oder der Frage nach dem richtigen Steuersatz offenbart sich die ganze Tragweite der neuen Rechtsauffassung.

➡ Beratungskonsequenzen

Rechtsprechung wie auch Finanzverwaltung erwarten vom Leistungsempfänger stets, dass er im Besitz der ganzen »**Umsatzsteuer-Wahrheit**« ist[1019].

116.1.3 Zivilrechtliche Absicherung des Leistungsempfängers

In Rechnung gestellte Umsatzsteuer muss stets daraufhin überprüft werden, ob der Eingangsumsatz diese auch tatsächlich auslöst. Auf zu hoch ausgewiesene Umsatzsteuer wird die Finanzverwaltung in der Regel erst anlässlich einer Außenprüfung aufmerksam werden. In einem solchen Fall müssten die Erteilung einer berichtigten Rechnung und die Erstattung der zu viel gezahlten Umsatzsteuer vom Vertragspartner verlangt werden[1020]. Allerdings trägt der den Vorsteuerabzug begehrende Unternehmer das Risiko des Gelingens. Probleme wird es insbesondere dann geben, wenn der Vertragspartner nicht mehr existiert oder illiquid ist.

Vertragspartner sollten m. E. im gegenseitigen Interesse den Fall des unzutreffenden Steuerausweises durch eine **Standardklausel** vertraglich regeln. So haben beide Seiten zumindest zivilrechtliche Sicherheit und vermeiden Unstimmigkeiten.

Der Leistungsempfänger wird häufig nicht klären können, ob sein **Vertragspartner Kleinunternehmer** i. S. d. § 19 Abs. 1 UStG ist oder gem. § 19 Abs. 2 zur Umsatzsteuerpflicht optiert hat. Zur Sicherheit des Leistungsempfängers reicht es insbesondere nicht aus, dass der leistende Unternehmer ihm seine Steuernummer nennt, denn diese

---

1019 *Nieskens,* a. a. O.
1020 Vgl. Abschn. 192 Abs. 7 Satz 1 UStR 2005.

garantiert keinesfalls seine Umsatzsteuerpflicht. Ich schlage zunächst wieder die Aufnahme einer **Standardklausel** in den Vertrag vor. Des Weiteren sollte der Leistende dem Leistungsempfänger im Zweifel die aus dem Verfahren zur Steuerschuldnerschaft des Leistungsempfängers bekannte **Bescheinigung der Finanzverwaltung**[1021] beibringen[1022].

116.1.4 Überprüfung der Person des leistenden Unternehmers

Nicht weniger bedeutsam ist aber auch die Frage, auf welchem **verfahrensrechtlichen Wege** sich der Leistungsempfänger (nachfolgend kurz als »LE« bezeichnet) die beweiskräftige Gewissheit über die steuerliche Behandlung seiner Eingangsumsätze beim leistenden Unternehmer (nachfolgend kurz als »L« bezeichnet) verschaffen kann.

Grundsätzlich sollte bereits bei Vertragsschluss Gewissheit herrschen. Daher sollte LE im Zweifel immer darauf bestehen, dass L sein Finanzamt im Vertrag von der Wahrung des Steuergeheimnisses in Bezug auf die Beurteilung des in dem Vertrag vereinbarten Umsatzgeschäftes befreit (§ 30 Abs. 4 Nr. 3 AO). LE hat dann die Möglichkeit, vom Finanzamt des L die zur Beurteilung des Eingangsumsatzes notwendigen Informationen zu erhalten.

Stehen die Unternehmereigenschaft des L oder seine Berechtigung zum Vorsteuerausweis in Frage, sollte L dem LE vor Vertragsschluss die aus dem Abzugsverfahren bekannte Bescheinigung der Finanzverwaltung zur Mehrwertsteuerpflicht beibringen.

Fehlt die empfohlene vertragliche Vereinbarung und entbindet L sein Finanzamt auch nicht nachträglich von der Wahrung des Steuergeheimnisses, sollte LE das Finanzamt des L um Auskunft bitten und es auffordern, die nach § 30 Abs. 4 Nr. 3 AO erforderliche Zustimmung einzuholen. Ein derartiges Auskunftsersuchen wird spätestens dann sowohl gegenüber dem Finanzamt als auch gegenüber L erfolgreich sein, wenn LE auf die Möglichkeit einer Feststellungsklage nach § 41 FGO hinweist. Das Kostenrisiko einer solchen Klage dürfte bei LE und seinem Finanzamt liegen. Besondere Aufklärungsmöglichkeiten sehen das außergerichtliche und finanzgerichtliche Rechtsbehelfsverfahren vor[1023].

116.1.5 Beratungskonsequenzen aus der neuen Rechtslage

In Rechnung gestellte Umsatzsteuer muss damit stets daraufhin überprüft werden, ob der Eingangsumsatz diese auch tatsächlich auslöst (➲ vorstehendes Kapitel 116.1.1); Rechtsprechung und Verwaltung erwarten vom Leistungsempfänger stets, dass er im Besitz der ganzen »**Umsatzsteuer-Wahrheit**« ist (➲ vorstehendes Kapitel 116.1.2). Damit ist insbesondere in Fällen des Binnenmarkthandels Vorsicht geboten; häufig lässt

---

1021 Vgl. Abschn. 13b.1 UStAE; so bereits zum »alten« Abzugsverfahren Abschn. 233 Abs. 5 UStR 2000.
1022 *Weimann,* UVR 2001, 282.
1023 Vgl. *Lohse,* UR 2000, 320; *Weimann,* UVR 2001, 282.

sich hier der Lieferort aufgrund fehlender Sachverhaltskenntnis nur schwer bestimmen. Unternehmer und Beraterschaft haben auf die neue Rechtslage in unterschiedlichster Weise reagiert:

- **Neuorganisation des Wareneinkaufs:** Deutsche Unternehmer sind – die entsprechende Marktmacht vorausgesetzt – vermehrt dazu übergegangen, ausländischen Zulieferern die Einrichtung eines Konsignationslagers (➔ Kapitel 51) in Deutschland zwingend vorzuschreiben. Eingangsumsätze brauchen dann nicht aufwendig auf ihren Lieferort hin untersucht werden; dieser ist bei den Lagerentnahmen immer in Deutschland.

- **Neuorganisation der Kreditorenbuchhaltung:** Unternehmen, die über keine außergewöhnlich große Marktmacht verfügen, aber die Problematik erkannt haben, haben i. d. R. die Kreditorenbuchhaltung aufgestockt um »Umsatzsteuer-Wahrheits-Prüfer«.

- **Unternehmen ohne Problembewusstsein:** Leider werden die aufgezeigten Gefahren häufig verkannt; zu verbreitet ist das Klischee von der Umsatzsteuer als »erfolgsneutralem durchlaufenden Posten«. Aus diesem Grunde werden umsatzsteuerliche Überlegungen bei der unternehmerischen Entscheidungsfindung vernachlässigt[1024] – i. d. R. bis zur nächsten Betriebsprüfung, die Umsatzsteuer aufgreift und mit (grundsätzlich vermeidbarer) Nachzahlungen ein neues Problembewusstsein schafft.

> ➔ **Beratungskonsequenzen**
>
> Berater sollten – auch um dem Vorwurf von Beratungsfehlern bzw. -unterlassungen und daraus resultierenden Haftungsverfahren zu entgehen – ihren Mandanten gezielt oder zumindest durch ein Mandantenrundschreiben diese Problematik **in regelmäßigen Abständen immer wieder verdeutlichen**!

116.2 Überprüfung der Eingangsrechnung auf Vollständigkeit

§ 15 Abs. 1 Satz 1 Nr. 1 Satz 2 UStG

116.2.1 Das Gesetzgebungsverfahren

§ 15 Abs. 1 Satz 1 Nr. 1 Satz 2 n. F. UStG wurde im Steueränderungsgesetz 2003[1025] **in der bekannten Fassung verabschiedet:** »Die Ausübung des Vorsteuerabzugs setzt voraus, dass der Unternehmer eine nach den §§ 14, 14a ausgestellte Rechnung besitzt.«

1024 ... und dass, obwohl der Anteil der Umsatzsteuer an den Brutto-Einnahmen und -Ausgaben eines Unternehmens im Regelfall rund 16 % (Brutto = 100 % : 1,19 x 0.19 = 15,966 %) beträgt!
1025 BStBl. I 2003, 710.

Eigentliche Absicht der Bundesregierung war es aber, die Vorschrift wie folgt zu fassen[1026]:

»Die Ausübung des Vorsteuerabzugs setzt voraus, dass der Unternehmer eine nach den §§ 14, 14a ausgestellte Rechnung besitzt und die Rechnungsangaben vollständig und richtig sind«, und zwar mit folgender **Begründung**[1027]:

»Die Vorschrift regelt den Vorsteuerabzug. Wie bisher wird an die gesetzlich geschuldete Steuer für Lieferungen und sonstige Leistungen, die von anderen Unternehmern für sein Unternehmen ausgeführt worden sind, angeknüpft (§ 15 Abs. 1 Satz 1 Nr. 1 Satz 1 UStG). Voraussetzung für den Vorsteuerabzug ist zusätzlich, dass der Unternehmer im Besitz einer nach § 14 UStG ausgestellten Rechnung ist.

Das bedeutet, dass eine Rechnung nur dann zum Vorsteuerabzug berechtigt, wenn sie alle Pflichtangaben nach § 14 Abs. 4 UStG und ggf. darüber hinaus die zusätzlichen Angaben nach § 14a UStG enthält. **Fehlt eine der in § 14 Abs. 4 UStG und ggf. darüber hinaus die in § 14a UStG bezeichneten Angaben oder ist eine der Angaben unrichtig, ist der Vorsteuerabzug zu versagen.** Der Vorsteuerabzug kann somit erst mit dem Zugang einer vollständigen oder berichtigten Rechnung geltend gemacht werden. Die Vorschrift setzt Art. 18 Abs. 1 Buchst. a der 6. EG-RL[1028] um. Satz 3 ist aus § 15 Abs. 1 Satz 1 Nr. 1 Satz 2 UStG (alt) unverändert übernommen worden.«

 Beratungskonsequenzen

Der Unternehmer hätte damit das volle Risiko für die »Wahrheit der Eingangsrechnung« getragen: bei einer falschen Pflichtangabe der Rechnung wäre ihm der Vorsteuerabzug versagt worden!
Das besondere – zzt. fast unlösbare – Problem bestand darin, dass der Leistungsempfänger damit nach diesem Gesetzesentwurf u. a. davon abhängig war, dass ihm der Rechnungsaussteller die richtige Steuernummer nennt, er aber selbst keine oder nur wenige Möglichkeiten hätte, diese zu überprüfen[1029]. Aus eigener Erfahrung darf ich anmerken, dass alle Leute, die in 2003 Rechnungen von mir erhalten haben, mit dieser Regelung in 2004 ein Problem hätten. Ich habe von zwei verschiedenen Finanzämtern drei verschiedene Steuernummern erhalten, die ich bei Rechnungserteilung – wie ich erst jetzt festgestellt habe – »munter durcheinander gekegelt« habe.

Der **Bundesrat** hat hierzu wie folgt Stellung genommen[1030]:

»Die durch Art. 4 Nr. 18 Buchst. a Doppelbuchst. aa vorgenommene Änderung der Voraussetzungen für den Vorsteuerabzug nach § 15 Abs. I Satz I Nr. 1 UStG führt künftig

---

1026 Vgl. BR-Drs. 630/03 vom 5.9.2003.
1027 BR-Drs. 630/03 vom 5.9.2003, BT-Drs. 15/1562 vom 23.9.2003.
1028 Seit 1.1.2007: Art. 178 Buchst. a MwStSystRL.
1029 Vgl. Vorauflage (1. Auflage 2003), Kapitel 14.3.
1030 BT-Drucks. 15/1798 vom 22.10.2003 zu Nr. 28 zu Art. 4 Nr. 18 Buchst. a Doppelbuchst. aa (§ 15 Abs. 1 Satz 1 Nr. 1 UStG).

auch bei Fehlern bezüglich der Rechnungsnummer (§ 14 Abs. 4 Nr. 4 UStG) zum Vorsteuerausschluss. Dies kann im Einzelfall unverhältnismäßig sein, weil die Rechnungsnummer vom Rechnungsempfänger nicht auf ihre Richtigkeit überprüft werden kann. Die Bundesregierung wird daher gebeten, geeignete Vorkehrungen ggf. im Verwaltungswege zu ergreifen, um diesem Umstand Rechnung zu tragen. Begründung: Der durch Art. 4 Nr. 14 neugefasste § 14 Abs. 4 Nr. 4 UStG entspricht Art. 22 Abs. 3 Buchst. b der 6. EG-RL und legt daher zutreffend die Angabe einer laufenden Nummer auf der Rechnung fest. Der EU-rechtlichen Vorgabe (Art. 18 Abs. 1 Buchst. a der 6. EG-RL) entspricht auch der durch Art. 4 Nr. 18 Buchst. a Doppelbuchst. aa geänderte § 15 Abs. 1 Satz 1 Nr. 1 UStG mit der Folge eines Vorsteuerausschlusses bei unzutreffender Rechnungsnummer. Der Rechnungsempfänger kann jedoch regelmäßig nicht erkennen, ob die angegebene fortlaufende Nummer falsch oder richtig ist. Das Risiko des Vorsteuerausschlusses bei Fehlern bezüglich der Rechnungsnummer kann daher unverhältnismäßig sein. Daher muss zumindest auf untergesetzlichem Weg ein angemessener Risikoausgleich hergestellt werden.«

Die Bundesregierung sagte zu, die vom Bundesrat vorgetragenen Probleme zu prüfen und diese in zeitlicher Nähe zur Verkündung des StÄndG 2003 in einem mit den obersten Finanzbehörden der Länder abgestimmten BMF-Schreiben aufzugreifen[1031]. Letzteres hat zur Umformulierung des § 15 Abs. 1 Satz 1 Nr. 1 Satz 2 UStG sowie zu den Rz. 87 ff. des BMF-Schreibens vom 29.1.2004[1032] geführt.

116.2.2 Die Abzugsfähigkeit von Vorsteuern nach der Neuregelung

Gemäß § 15 Abs. 1 Satz 1 Nr. 1 UStG ist nur die gesetzlich geschuldete Steuer für Lieferungen und sonstige Leistungen, die von einem anderen Unternehmer für das Unternehmen des Leistungsempfängers ausgeführt worden sind, als Vorsteuer abziehbar. Ein Vorsteuerabzug ist damit nicht zulässig, soweit der die Rechnung ausstellende Unternehmer die Steuer nach § 14c UStG schuldet.

 Beratungskonsequenzen

Insoweit wiederholt Abschn. 15.2 Abs. 1 UStAE das Verbot des Abzugs zu hoch ausgewiesener Umsatzsteuer ➲ vorstehendes Kapitel 116.1.

Voraussetzung für den Vorsteuerabzug ist, dass der Leistungsempfänger im Besitz einer nach den §§ 14 und 14a UStG ausgestellten Rechnung ist und dass die Rechnung **alle in den §§ 14 und 14a UStG geforderten Angaben (= Pflichtangaben**[1033]**) enthält**[1034], d. h. die Angaben in der Rechnung

---

1031 BT-Drucks. 15/1798 vom 22.10.2003 zu Nr. 28 (Art. 4 Nr. 18 Änderungsgesetz, § 15 Abs. 1 UStG);
        Schreiben des BMF vom 29.1.2004, IV B 7 – S 7280 – 19/04, Rz. 87 ff.
1032 A. a. O.; eingegangen in Abschn. 15.2 Abs. 1–4 UStAE.
1033 Vgl. BMF, Schreiben vom 29.1.2004, a. a. O., Rz. 32.
1034 Vgl. BMF, Schreiben vom 29.1.2004, a. a. O., Rz. 87.

- **vollständig** und

- **richtig** sind.

Im Fall der **Berichtigung einer Rechnung** nach § 31 Abs. 5 UStDV[1035] ist ein Vorsteuerabzug erst in dem Zeitpunkt zulässig, in dem alle nach den §§ 14 und 14a UStG erforderlichen Angaben an den Leistungsempfänger übermittelt wurden[1036].

Der Leistungsempfänger hat also die in der Rechnung enthaltenen Angaben auf ihre Vollständigkeit und Richtigkeit zu überprüfen. Dabei ist allerdings der **Grundsatz der Verhältnismäßigkeit** zu wahren[1037].

Die **Überprüfung der Richtigkeit der StNr. oder der inländischen USt-IdNr. und der Rechnungsnummer** ist dem Rechnungsempfänger regelmäßig **nicht möglich**. Ist eine dieser Angaben unrichtig und konnte der Unternehmer dies nicht erkennen, bleibt der Vorsteuerabzug erhalten, wenn im Übrigen die Voraussetzungen für den Vorsteuerabzug gegeben sind[1038].

Unberührt davon bleibt, dass der Unternehmer gem. § 15 Abs. 1 Satz 1 Nr. 1 UStG nur die gesetzlich geschuldete Steuer für Lieferungen und sonstige Leistungen eines anderen Unternehmers für sein Unternehmen als Vorsteuer abziehen kann. Deshalb ist z. B. der Vorsteuerabzug zu versagen, wenn die **Identität des leistenden Unternehmers** mit den Rechnungsangaben nicht übereinstimmt oder über eine **nicht ausgeführte Lieferung oder sonstige Leistung** abgerechnet wird[1039].

Hinsichtlich der übrigen nach den §§ 14, 14a UStG erforderlichen Angaben hat der Rechnungsempfänger dagegen die inhaltliche Richtigkeit der Angaben zu überprüfen. Dazu gehört insbesondere, ob es sich bei der ausgewiesenen Steuer um gesetzlich geschuldete Steuer für eine Lieferung oder sonstige Leistung handelt. Bei unrichtigen Angaben entfällt der Vorsteuerabzug. Zu den unrichtigen Angaben, die eine Versagung des Vorsteuerabzuges zur Folge haben, zählen in einer Rechnung enthaltene **Rechenfehler** oder die **unrichtige Angabe des Entgelts**, des **Steuersatzes** oder des **Steuerbetrages**[1040].

 Beratungskonsequenzen

Im **Fall des § 14c Abs. 1 UStG (unrichtiger Steuerausweis** ➲ Kapitel 113.4) kann der Vorsteuerabzug jedoch unter den übrigen Voraussetzungen in Höhe der für die bezogene Leistung geschuldeten Steuer vorgenommen werden[1041].

Ungenauigkeiten führen unter den übrigen Voraussetzungen nicht zu einer Versagung des Vorsteuerabzuges, wenn z. B. bei **Schreibfehlern im Namen oder der Anschrift** des

---

1035 Abschn. 14.11 UStAE; vgl. auch BMF, Schreiben vom 29.1.2004, a. a. O., Rz. 52-54.

1036 Abschn. 15.2 Abs. 5 UStAE; vgl. auch BMF, Schreiben vom 29.1.2004, a. a. O., Rz. 87 und 91.

1037 Abschn. 15.2 Abs. 3 Sätze 1 u. 2 UStAE; vgl. auch BMF, Schreiben vom 29.1.2004, a. a. O., Rz. 88.

1038 Abschn. 15.2 Abs. 3 Sätze 3 u. 4 UStAE; vgl. auch BMF, Schreiben vom 29.1.2004, a. a. O., Rz. 89.

1039 Abschn. 15.2 Abs. 3 Sätze 5 u. 6 UStAE; vgl. auch BMF, Schreiben vom 29.1.2004, a. a. O., Rz. 89.

1040 Abschn. 15.2 Abs. 3 Sätze 7–10 UStAE; vgl. auch BMF, Schreiben vom 29.1.2004, a. a. O., Rz. 90);
vgl. auch ➲ Kapitel 116.2.1.

1041 Abschn. 15.2 Abs. 3 Satz 3 UStAE.

leistenden Unternehmers oder des Leistungsempfängers oder in der Leistungsbeschreibung ungeachtet dessen eine **eindeutige und unzweifelhafte Identifizierung** der am Leistungsaustausch Beteiligten, der Leistung und des Leistungszeitpunkts möglich ist und die Ungenauigkeiten nicht sinnentstellend sind[1042].

 Checkliste

Abzugsfähigkeit von Vorsteuern

Nunmehr ist die Abzugsfähigkeit der Vorsteuer davon abhängig, dass die Eingangsrechnung

- alle Pflichtangaben enthält[1043] und
- diese grundsätzlich richtig sind[1044],

ohne dass

- die Steuernummer oder
- die USt-IdNr. des Leistenden oder
- die Rechnungsnummer

auf ihre Richtigkeit hin zu überprüfen sind. Letztere

- müssen auf Rechnung nur dem Grunde nach angegeben
- und dürfen nicht erkennbar falsch

sein[1045].

116.2.3 Die Praxisfolgen

Die Prüfung, ob eine ordnungsgemäße Rechnung vorliegt, ist für die Praxis bedeutsam, da eine rückwirkende Heilung von Mängeln ausscheidet ⊃ nachfolgendes Kapitel 116.9. Zwar kann eine Rechnung mit Wirkung für die Zukunft berichtigt und so der Vorsteuerabzug im Zeitpunkt des Vorliegens einer ordnungsgemäßen Rechnung eröffnet werden. Die rückwirkende Versagung des Vorsteuerabzugs auf den ursprünglichen Zeitpunkt löst jedoch eine **Zinspflicht gem. § 233a AO** aus[1046]. Insbesondere bei einem Handelsunternehmen kann die Mehrbelastung durch die Nachzahlungszinsen wegen der Höhe des Wareneinkaufs ganz erheblich sein. Zudem setzt eine Mängelbeseitigung der Rechnungsstellung voraus, dass der ursprünglich **leistende Unternehmer (überhaupt) noch am Markt tätig** ist[1047]. Kann eine fehlerhaft ausgestellte Rechnung durch den leistungserbringenden Unternehmer nicht mehr berichtigt werden (Insolvenz, Verkauf, Betriebsaufgabe etc.), geht der Vorsteuerabzug endgültig verloren. Insoweit entsteht für das betroffene Unternehmen eine Zusatzbelastung in Höhe der nicht abziehbaren **Vorsteuerbeträge zzgl. der Nachzahlungszinsen**!

1042 Abschn. 15.2 Abs. 1 UStAE; vgl. auch BMF, Schreiben vom 29.1.2004, a. a. O., Rz. 92.

1043 Vgl. §§ 14, 14a UStG n. F.

1044 Abschn. 15.2 Abs. 2 Satz 1 Nr. 4 UStAE; vgl. auch BMF, Schreiben vom 29.1.2004, a. a. O., Rz. 89 und 90.

1045 Abschn. 15.2 Abs. 3 Sätze 3 f. UStAE; vgl. auch BMF, Schreiben vom 29.1.2004, a. a. O., Rz. 89.

1046 Ausführlich hierzu *Weimann*, UStB 2004, 363.

1047 *Seifert*, INF 2004, 698.

Der Leistungsempfänger hat somit de facto die in der Rechnung enthaltenen Angaben auf ihre Vollständigkeit und Richtigkeit zu überprüfen. Entsprechendes dürfte auch für einen **Steuerberater gelten, der die Finanzbuchhaltung übernommen hat**. Denn dieser hat die Frage nach der buchmäßigen Erfassung des Vorsteuerabzugs anhand der jeweils vorliegenden Rechnung zu entscheiden. Wird eine Eingangsrechnung mit Vorsteuerabzug verbucht, obwohl die formellen Voraussetzungen hierfür nicht vorliegen, und geht ein unrichtiger Vorsteuerabzug in eine Umsatzsteuer-Voranmeldung ein, kann dies zu **steuerstrafrechtlichen Konsequenzen** führen. Zudem stellen sich **Haftungsrisiken** ein, denn der Mandant wird nichts unversucht lassen, um den Berater für den eingetretenen Schaden haftbar zu machen[1048].

Der Steuerberater sollte den jeweiligen **Mandanten informieren,** welche Pflichtangaben eine zum Vorsteuerabzug berechtigende Rechnung beinhalten muss[1049]. Zudem sollte sichergestellt werden, dass der Vorsteuerabzug erst dann buchmäßig erfasst wird, wenn eine Rechnung die erforderlichen Formvorschriften erfüllt. Letztlich sollte der Berater dem Mandanten ein Musterschreiben an die Hand geben, um den Aussteller von Eingangsrechnungen bei Bedarf um deren Vervollständigung zu bitten[1050]:

Musterschreiben: Aufforderung zur Rechnungskorrektur

Ihre Rechnung (Nr. ....) vom ....

Sehr geehrte Damen und Herren,

wir bestätigen den Eingang der o. a. Rechnung, die wir grundsätzlich auch gerne begleichen wollen. Voraussetzung für unseren Vorsteuerabzug ist allerdings, dass die Rechnung nach den §§ 14, 14a UStG ausgestellt wurde (vgl. Abschn. 192 Abs. 3 Umsatzsteuer-Richtlinien 2008). Leider entspricht Ihre Rechnung den neuen gesetzlichen Angaben nicht, weil

☐ unsere Firmenbezeichnung nicht richtig oder unvollständig ist;
   die korrekte Adressierung lautet:
   ....;

☐ Ihre Firmenbezeichnung u. E. nicht richtig oder unvollständig ist;
   die korrekte Bezeichnung lautet u. E.:
   ....;

☐ das Ausstellungsdatum fehlt;

☐ die Rechnungsnummer fehlt;

☐ die Angabe der Liefermenge oder der Umfang der sonstigen Leistung fehlt;

☐ die Angabe der handelsüblichen Bezeichnung des Liefergegenstands oder der Art der sonstigen Leistung fehlt;

☐ der Leistungszeitpunkt nicht angegeben wurde;

1048 *Seiler,* steuer-journal.de 2004 Heft 11, 21.
1049 *Seiler,* a. a. O.
1050 *Weimann,* UStB 2005, 32; ähnlich o. V., ASR 9/2004, 5.

☐ das Nettoentgelt nicht ausgewiesen wurde;

☐ das Nettoentgelt nicht nach Steuersätzen/einzelnen Steuerbefreiungen aufgeschlüsselt wurde;

☐ ein Hinweis auf unsere Vereinbarung zur Entgeltsminderung (Bonus, Skonto u. dgl.) fehlt;

☐ der Steuersatz nicht angegeben wurde;

☐ der Steuerbetrag nicht angegeben wurde;

☐ der Hinweis auf die Steuerbefreiung fehlt;

☐ die Angabe der Umsatzsteuer-Identifikationsnummern fehlt (§ 14a Abs. 1, Abs. 3 UStG);

☐ **die Angabe der in § 1b Abs. 2 und 3 UStG bezeichneten Merkmale fehlt (§ 14a Abs. 4 UStG);**

☐ der Hinweis auf unsere Steuerschuldnerschaft fehlt (§ 14a Abs. 5 UStG);

☐ **der Hinweis auf die Anwendung der Sonderregel des § 25 UStG fehlt (§ 14a Abs. 6 UStG);**

☐ **der Hinweis auf unsere Steuerschuldnerschaft fehlt (§ 14a Abs. 5 UStG);**

☐ **der Hinweis auf die Anwendung der Sonderregel des § 25 UStG fehlt (§ 14a Abs. 6 UStG);**

☐ **der Hinweis auf die Anwendung der Sonderregel des § 25a UStG fehlt (§ 14a Abs. 6 UStG);**

☐ **der Hinweis auf das Vorliegen eines innergemeinschaftlichen Dreiecksgeschäfts des § 25b UStG und die Steuerschuldnerschaft des letzten Abnehmers fehlt (§ 14a Abs. 7 UStG);**

☐ wir selbst nicht mit einem Standardfaxgerät arbeiten und die uns von Ihnen per Telefax übersandte Abrechnung nicht als Rechnung anerkennen können. Unter Hinweis auf § 14 Abs. 1 Satz 7 Alternative 2 UStG bitten wir Sie daher um Übersendung einer Papierrechnung auf dem Postweg.

☐ Die uns hierzu von Ihnen via E-Mail übersandte Abrechnung vermögen wir aufgrund des damit verbundenen Prüfungsaufwands und der Risiken und Unsicherheiten allerdings nicht als Rechnung anzuerkennen. Unter Hinweis auf § 14 Abs. 1 Satz 7 Alternative 2 UStG bitten wir Sie daher um Übersendung einer Papierrechnung auf dem Postweg.
Sie erhalten daher die bisherige Rechnung in der Anlage zurück[*] mit der Bitte, die Beanstandungen zu korrigieren und uns eine berichtigte Rechnung zu übersenden.

☐ Bereits jetzt weisen wir Sie darauf hin, dass wir Ihre Rechnung bei Fälligkeit lediglich netto begleichen werden, wenn uns bis zu diesem Zeitpunkt keine allen gesetzlichen Anforderungen entsprechende Rechnungsausfertigung vorliegt.

Mit freundlichen Grüßen

[* ... Was in manchen Branchen üblich, allerdings steuerlich nicht (!!!) erforderlich ist (BFH, zuletzt Urteil vom 19.9.1996, V R 41/94, BFH/NV 1997, 145, vgl. Weimann, Umsatzsteuer in der Praxis, 10. Auflage 2012, Kapitel 55.14.1 und 56.4).]

Beratungskonsequenzen

Zur Aufnahme der **fett gedruckten Anfragepunkte** sollte der Steuerberater den Mandanten nur gezielt veranlassen!

116.2.4 Keine Rechnungsnachträge durch den Rechnungsempfänger!

Seitens der Wirtschaft führte das damals neue Rechnungserfordernis der Angabe der Steuernummer[1051] seit dem 1.7.2002 zu erheblichen Verunsicherungen – nicht zuletzt geschürt durch die populistische Darstellung mancher »Fachzeitschriften«, die das Bild vom »plaudernden Finanzbeamten« aufbauten und das Steuergeheimnis als gefährdet darstellten[1052]. Da nach der amtlichen Gesetzesbegründung[1053] und dem Einführungsschreiben des BMF[1054] die Nennung der Steuernummer im Gegensatz zu den in § 14 Abs. 1 a. F. UStG genannten Angaben keine Voraussetzung für die Berechtigung zum Vorsteuerabzug nach § 15 Abs. 1 Nr. 1 UStG war, rief die Beraterschaft ihre Mandanten häufig dazu auf, die Neuregelung zu boykottieren[1055] – eine Empfehlung, die sich im Hinblick auf jüngere Verwaltungsanweisungen als für den Rechnungsempfänger trügerisch erwies. So sollten nach Auffassung des BZSt die für die Durchführung des UStG zuständigen Landesfinanzverwaltungen insbesondere im Rahmen von Umsatzsteuer-Sonderprüfungen auf die Einhaltung des § 14 Abs. 1a a. F. UStG achten; wenn die Angabe der Steuernummer fehlte, mussten die Rechnungsempfänger m. a. W. mit Sonderprüfungen rechnen[1056]. Die OFD Koblenz ging auch in der Vergangenheit so weit, bei fehlender Steuernummer vorläufig den Vorsteuerabzug zu versagen[1057]. Seit dem 1.1.2004 führt das Fehlen von Steuer- oder Id-Nr. unstrittig immer zur Versagung des Vorsteuerabzugs[1058]. Leistungsempfänger stehen daher auch weiterhin vor der Frage, wie mit Eingangsrechnungen ohne Steuernummer zu verfahren ist und ob sie diese ggf. selbst ergänzen dürfen.

Beispiel

Bauunternehmer U erhält von seinen Subunternehmern ertragsteuerliche Freistellungsbescheinigungen, aus denen sich auch die Steuernummer ergibt[1059]. Darf U die Steuernummern selbst auf eine insoweit fehlerhafte Eingangsrechnung übertragen?

Die Frage ist eindeutig zu verneinen! Mit der Einführung des Mehrwertsteuersystems zum 1.1.1968 in Form einer Allphasen-Netto-Umsatzsteuer mit Vorsteuerabzug hat die

---

1051 Vgl. § 14 Abs. 1a a. F. UStG.

1052 Vgl. z. B. *Wirtz,* Finanzamt-Skandal/Ausgespähte Unternehmer, Impulse 10/2002, 124.

1053 BT-Drucks. 14/7471.

1054 BMF, Schreiben vom 28.6.2002, IV B 7 – S 7280 – 151/02, BStBl. I 2002, 660.

1055 Vgl. *Heinrichshofen,* UStB 2003, 44.

1056 Vgl. BT-Drucks. 14/8559, 10 f., NWB 2002, 1421.

1057 OFD Koblenz vom 8.10.2002, S 7280 A – St 44 5, UR 2003, 97.

1058 Abschn. 192 Abs. 2 Satz 1 Nr. 4, Abs. 3 UStR 2008; vgl. auch BMF, Schreiben vom 19.12.2003;
　　　➲ mybookplus.de > Wichtiges aus dem BMF.

1059 Vgl. § 48 Abs. 3 Nr. 1 EStG.

Rechnung eine über den bloßen Buchungsbeleg hinausgehende zentrale umsatzsteuerrechtliche Bedeutung erlangt. Der leistende Unternehmer erklärt durch den Ausweis der Umsatzsteuer konkludent, dass er diese bereits an sein Finanzamt abgeführt hat oder noch abführen wird. Er verschafft so dem Leistungsempfänger gegenüber dem Finanzamt die Möglichkeit, die in der Eingangsrechnung ausgewiesene Umsatzsteuer als Vorsteuer abzuziehen und die eigene Steuerschuld zu mindern[1060]. Die Rechnung wird damit zum Transportmittel für den Vorsteuerabzug[1061]. Fehlt in der Rechnung eine der gem. §§ 14, 14a UStG vorgeschriebenen Angaben, so kann der Aussteller die fehlenden Angaben jederzeit ergänzen. Der Empfänger kann alternativ eine ordnungsgemäße Rechnung fordern und sollte die Rechnung bis dahin unbezahlt lassen; der zivilrechtliche Anspruch auf Rechnungserteilung bleibt durch die Neufassung des § 14 Abs. 1 UStG unberührt[1062]. Dabei ist ausdrücklich darauf hinzuweisen, dass der Leistungsempfänger gegen den leistenden Unternehmer aufgrund der ansonsten drohenden (faktischen) Sanktionen durch die Finanzverwaltung einen zivilrechtlichen Anspruch auf Angabe der Steuernummer hat, und zwar aus **positiver Vertragsverletzung (pVV)**. Von sich aus darf der Empfänger dagegen die fehlenden Bestandteile nicht einfügen[1063]. Die **Ermächtigung des Ausstellers an den Empfänger**, fehlende Angaben einzusetzen, ist eine Ergänzung durch den Aussteller[1064].

116.2.5 Resümee und Beratungskonsequenzen (Checkliste)

Zusammenfassend lässt sich feststellen: Fehlen Rechnungsangaben, ist der Vorsteuerabzug des Leistungsempfängers ernsthaft gefährdet[1065]. Deshalb sind

- alle Eingangsrechnungen sofort auf ihre Vollständigkeit hin zu kontrollieren;
- bei Fehlen von Rechnungsangaben berichtigte Rechnung einzufordern, bis zu deren Eingang allenfalls der Nettorechnungsbetrag bezahlt werden sollte;
- das Controlling zu optimieren: Häufig wird die (Kreditoren-)Buchhaltung mit der Überprüfung rein tatsächlich überfordert sein. Die fehlende Sachverhaltskenntnis ist durch geeignete Controllingmaßnahmen sicherzustellen;
- die Mandanten entsprechend zu informieren.

 Beratungskonsequenzen

1. Das Wissen um die notwendige Überprüfung von Eingangsrechnungen ist in der Praxis noch weitgehend unbekannt. Steuerberater sollten deshalb – wiederum auch im Hinblick auf ihre Informationspflicht – ihre Mandanten gezielt oder im

---

1060 *Schlosser/Zeuner* in B/G, UStG, § 14 Rz. 8.
1061 *Birkenfeld,* UR 1990, 39.
1062 Vgl. § 14 Abs. 1 Satz 1 a. F. UStG und BR-Drs. 630/03 vom 5.9.2003, BT-Drs. 15/1562 vom 23.9.2003 zum Rechnungsbegriff des § 14 Abs. 1 n. F. UStG.
1063 BFH, BStBl. II 1980, 228 u. 540.
1064 *Schlosser/Zeuner,* a. a. O.; vgl. § 31 Abs. 1a. F. UStDV.
1065 Vgl. § 15 Abs. 1 Satz 1 UStG n. F.

Rahmen eines **Mandanten-Rundschreibens** entsprechend aufklären (➲ vorstehendes Kapitel 116.1).

2. Die Meinung fehlende, aber im Grundsatz bekannte **Rechnungsangaben nachtragen zu dürfen, ist ein verbreiteter Irrtum;** auch hierüber sollte die Mandantschaft aufgeklärt werden (➲ vorstehendes Kapitel 116.2.4).

3. Ggf. ist der leistende Unternehmer/Gutschriftempfänger zur Aushändigung einer **ordnungsgemäßen Rechnung aufzufordern** – und zwar sinnvollerweise **vor der vollständigen Bezahlung!**

4. Als **»geldwerter Vorteil« für den Mandanten** kann das Musterschreiben beigefügt werden(➲ vorstehendes Kapitel 116.2.3).

5. Dem **Mandanten** sollte in diesem Zusammenhang auch immer wieder der **strenge Formalismus der neuen Vorschriften verdeutlicht** werden: Formalien müssen genauestens eingehalten werden! Auch wiederholt sollte daher z. B. hingewiesen werden, dass normale **Tankquittungen** nur die **Anforderungen an Kleinbetragsrechnungen** i. S. v. § 33 UStDV genügen, sodass der Tankvorgang entweder spätestens bei einem Betrag von 149,99 € abzubrechen ist oder bei Überschreiten des Betrags auf das Ausstellen einer ordnungsgemäßen Rechnung bestanden werden muss[1066] (➲ Kapitel 110.13).

116.2.6 Aktuell: Vorsteuerabzug auch bei (vereinzelten) unzutreffenden Rechnungsangaben?

 Hinweis

➲ Kapitel 113.0.1 bis Kapitel 113.0.3 (»Auf einen Blick – alle wichtigen Neuerungen vorab«) zur Frage der Rückwirkung einer Rechnungsberichtigung

116.3 Prüfungsschema des BFH zum Vorsteuerabzug

Anmerkungen zum Urteil des BFH vom 25.11.2004, V R 38/03

Das Besprechungsurteil bringt an sich nichts »Revolutionäres«. Es fügt vielmehr einzelne Bausteine der mittlerweile gefestigten Rechtsprechung von EuGH und BFH zu den Voraussetzungen von Abzugsfähigkeit und Abziehbarkeit von Vorsteuern mustergültig zu einem Ganzen zusammen und gibt dem Praktiker damit – soweit ersichtlich erstmalig – folgendes **»höchstrichterliches Prüfungsschema«** an die Hand[1067]:

1066 Vgl. auch *Heinrichshofen,* UStB 2005, 365; *Weimann,* UStB 2006, 53.
1067 Vgl. *Weimann,* UVR 2005, 221; ders., steuer-journal 8/2005, 14.

116.3.1 Zeitpunkt des Leistungsbezugs

Nach ständiger Rechtsprechung des EuGH[1068] und der Folgerechtsprechung des BFH[1069] ist über den Vorsteuerabzug sowohl dem Grunde als auch der Höhe nach **bei Leistungsbezug abschließend zu entscheiden**[1070]:

- Bei Prüfung der **Abzugsfähigkeit (§ 15 Abs. 1 UStG)** kommt es entscheidend darauf an, ob der Unternehmer im Zeitpunkt des Leistungsbezugs die Absicht hat, die bezogenen Leistungen für das Unternehmen zu verwenden.

- Bei Prüfung der **Abziehbarkeit (§ 15 Abs. 2 und Abs. 3 UStG)** kommt es entscheidend darauf an, ob der Unternehmer im Zeitpunkt des Leistungsbezugs die Absicht hat, die Eingangsumsätze für solche Ausgangsumsätze zu verwenden, die den Vorsteuerabzug nicht ausschließen.

Zur möglichen **Bedeutung der Umsatzsteuer-Voranmeldung** in diesem Zusammenhang ➔ nachfolgendes Kapitel 116.4.

116.3.2 Verwendungsabsicht

Bei jedem Leistungsbezug muss der Unternehmer über die beabsichtigte Verwendung der bezogenen Leistung **sofort entscheiden**. Für die Frage der Abziehbarkeit ist damit regelmäßig auf die erste Lieferung oder die erste unentgeltliche Wertabgabe abzustellen, in die die bezogene Leistung Eingang findet[1071].

116.3.3 Verwendungsabsicht objektiv belegen

Die Verwendungsabsicht muss objektiv belegt werden[1072]; **bloße Behauptungen reichen nicht aus**[1073].

Beispiel

Eine Gesellschaft errichtet eine Lagerhalle, die sie ihren Gesellschaftern ohne besonders berechnetes Entgelt überlässt.

Im Rahmen einer Umsatzsteuer-Sonderprüfung behaupten die Gesellschafter, dass ein Entgelt mündlich vereinbart und lediglich »aus betriebswirtschaftlichen Gründen« tatsächlich noch nicht geflossen sei.

Der Vorsteuerabzug aus der Anschaffung/Herstellung der Halle ist der Gesellschaft zu versagen, da die lediglich behauptete Verwendungsabsicht nicht objektiv belegt werden kann[1074].

1068 Zum Beispiel Urteil vom 29.2.1996, Rs. C-110/94, Intercommunale voor zeewaterontzilting – INZO, UVR 1996, 148; Urteil vom 8.6.2000, Rs. C 396/98, Grundstücksgemeinschaft Schloßstrasse, UVR 2000, 308).

1069 Zum Beispiel Urteil vom 22.2.2001, V R 77/96, UVR 2002, 194 (LS), BFH/NV 2001, 994.

1070 Besprechungsurteil, Abschn. II.1; vgl. auch Abschn. 15.12 Abs. 1 UStAE.

1071 Vgl. Abschn. 15.12 Abs. 1 Sätze 7 f. UStAE.

1072 Besprechungsurteil, Abschn. II.2.

1073 Vgl. Abschn. 15.12 Abs. 2 Satz 3 UStAE.

1074 BFH, Urteil vom 28.11.2002, V R 18/01, BStBl. II 2003, 443.

Beratungskonsequenzen

Zu prüfen ist allerdings, ob die Gesellschafter aus den Eingangsrechnungen an die Gesellschaft vielleicht selbst zu Vorsteuerabzug berechtigt sind ➲ Kapitel 124.

Daher sind **konkrete Nachweise** erforderlich, die einem **strengen Prüfungsmaßstab** unterliegen; Unklarheiten gehen zulasten des Unternehmers[1075].

 Beratungskonsequenzen

Derartige objektive Anhaltspunkte können sich zum Beispiel aus Mietverträgen, Zeitungsinseraten, Beauftragung eines Maklers, Schriftwechsel mit Interessenten, Vertriebskonzepten, Kalkulationsunterlagen ergeben. Dabei ist das **Gesamtbild der Verhältnisse** maßgebend.

116.3.4 Änderungen der Verwendungsabsicht

Änderungen in der Verwendungsabsicht wirken sich nur auf nachfolgende Leistungsbezüge und den sich daraus ergebenden Vorsteuerabzug aus und wirken nicht zurück[1076]. Eine Änderung der Verwendungsabsicht ist aber regelmäßig nur dann anzunehmen, wenn die geänderte Absicht tatsächlich umgesetzt wird. Denn nur dann kann davon ausgegangen werden, dass die alte Absicht vollständig aufgegeben oder durch die neue überlagert wurde[1077].

Beispiel

Wie das Beispiel in ➲ Kapitel 116.3.3. Die Gesellschaft schließt nachträglich mit den Gesellschaftern einen Mietvertrag und optiert zur Steuerpflicht (§ 9 UStG). Leistungsbezüge auf die Halle berechtigen nunmehr (ab Vertragsschluss) zum Vorsteuerabzug, ohne dass sich die Beurteilung der Anschaffungs- bzw. Herstellungskosten ändert; insbesondere kommt für Letztere keine Berichtigung des Vorsteuerabzugs (§ 15a UStG) in Betracht.

116.4 Gelangt die Umsatzsteuer-Voranmeldung zu ungeahnter Wichtigkeit für den Vorsteuerabzug?

Eine Voraussetzung für den Vorsteuerabzug eines Unternehmers ist es, dass eine Leistung »**für sein Unternehmen**« ausgeführt wurde (§ 15 Abs. 1 Satz 1 Nr. 1 UStG).

1075 Vgl. 15.12 Abs. 1 Satz 10, Abs. 2 UStAE.
1076 Besprechungsurteil, Abschn. II.2.d.
1077 Vgl. Abschn. 15.12 Abs. 1 Sätze 15 ff. UStAE.

Maßgeblich sind dabei die Voraussetzungen im **Zeitpunkt des Leistungsbezugs**[1078]. Dabei gilt es, 3 Fallgruppen zu unterscheiden[1079]:

116.4.1 Wirtschaftsgüter, deren Zuordnung zum Unternehmensbereich unzweifelhaft ist

Eingangsleistungen, die der Unternehmer **der Art nach nur für seine wirtschaftliche Tätigkeit** verwenden kann, werden notwendigerweise für das Unternehmen erworben – auch ohne ausdrückliche Zuordnungsentscheidung des Unternehmers[1080].

Beispiel

Erwerb einer Hebebühne durch den Betreiber einer Kfz-Werkstatt.
➔ **Folge:**
Der Eingangsumsatz führt zum Erwerb notwendigen Unternehmensvermögens, da die Hebebühne objektiv erkennbar der unternehmerischen Tätigkeit des Kfz-Betriebs zuzuordnen ist.
Einer ausdrücklichen Zuordnungsentscheidung bedarf es nicht.

116.4.2 Wirtschaftsgüter, deren Zuordnung zum Privatbereich unzweifelhaft ist

Eingangsleistungen, die **objektiv keinen Bezug zu der wirtschaftlichen Tätigkeit** des Unternehmers haben, werden zwingend außerunternehmerisch erworben. Der Unternehmer handelt insoweit als Endverbraucher; entgegenstehende Einlassungen des Unternehmers sind ohne Bedeutung.

Beispiel

Erwerb einer Kinderzimmereinrichtung durch den Betreiber einer Kfz-Werkstatt.
➔ **Folge:**
Der Eingangsumsatz führt zum Erwerb notwendigen Privatvermögens, da die Einrichtung objektiv erkennbar der Privatsphäre des Betriebsinhabers zuzuordnen ist.
Eine entgegenstehende Zuordnungsentscheidung wäre wirkungslos.

1078 Vgl. z. B. EuGH, Urteil vom 8.6.2000, Rs. C-400/98, Brigitte Breitsohl, BStBl. II 2003, 452; Nachfolgeentscheidung des BFH, Urteil vom 8.3.2001, V R 24/98, BStBl. II 2003, 430; EuGH, Urteil vom 2.6.2005, Rs. C-378/02, Waterschap Zeeuws Vlaanderen, UR 2005, 437; vgl. auch Abschn. 15.2 Abs. 17 UStAE.
1079 Vgl. *Weimann*, UStB 2007, 206.
1080 Vgl. BFH, Urteil vom 11.12.2003, V R 48/02, UR 2004, 203.

116.4.3 Wirtschaftsgüter, die theoretisch sowohl dem Unternehmens- als auch dem Privatbereich zugeordnet werden könnten

Eingangsleistungen, die teilweise einen **Bezug zu einer wirtschaftlichen Tätigkeit des Unternehmers haben können,** kann der Unternehmer – ganz oder teilweise – dem Unternehmensvermögen zuordnen[1081].

Das Zuordnungswahlrecht ermöglicht es dem Unternehmer aber auch, den Gegenstand in vollem Unternehmen im Privatvermögen zu belassen und dadurch vollständig dem Mehrwertsteuersystem zu entziehen[1082]; der nicht zugeordnete Teil gehört dann nicht zum Unternehmen.

> **Beispiel**
> Der Regelfall betrifft – neben dem gemischt genutzten Kfz oder PC – Gebäude, die sowohl unternehmerisch als auch zu eigenen Wohnzwecken genutzt werden (siehe Sachverhalt des Besprechungsurteils).

In derartigen Fallgestaltungen erfordert die **positive Zuordnung** eines Gegenstandes zum Unternehmen eine **durch objektive Beweisanzeichen gestützte Zuordnungsentscheidung** des Unternehmers. Dabei sind die

- Geltendmachung des Vorsteueranspruchs regelmäßig ein wichtiges Indiz *für,*
- Unterlassung des Vorsteueranspruchs ein Indiz *gegen*

die Zuordnung. Ebenso kann zu berücksichtigen sein, ob der **Ankauf unter dem Firmennamen** des Unternehmers erfolgte, ob der Gegenstand **betrieblich oder privat versichert** wurde und wie ein Wirtschaftsgut **ertragsteuerlich behandelt** wurde.

Gibt es keine Beweisanzeichen für eine Zuordnung zum Unternehmen, kann diese nicht unterstellt werden[1083].

Zu dieser Problematik lag dem BFH folgender Sachverhalt zur Entscheidung vor:

> **Sachverhalt**
> Die Klägerin (nachfolgend kurz: »die Kl.«) errichtete als Alleineigentümerin eines Grundstücks auf diesem im Kalenderjahr 2000 ein Einfamilienhaus mit Büroräumen. Die Wohnräume wurden am 14.11.2000 bezogen, die Büroräume ab dem 1.7.2001 an das Architekturbüro des Ehemannes vermietet.
> Für das Kalenderjahr 2000 gab Kl. zunächst keine Umsatzsteuererklärung ab. Im Kalenderjahr 2003 gab sie dann eine Umsatzsteuererklärung für 2001 ab, in der sie die Mieteinnahmen für die Büroräume und eine Garage als steuerpflichtige Umsätze behandelte. Hierbei machte sie Vorsteuern aus den Betriebskosten (nicht aus den HK!) geltend.

1081 Grundlegend hierzu EuGH, Urteil vom 4.10.1995, Rs. C-291/92, Armbrecht, BStBl. II 1996, 392.
1082 EuGH, Urteil vom 8.3.2001, Rs. C-415/98, Laslo Baksci, UVR 2001, 262; Nachfolgeentscheidung des BFH, Urteil vom 31.1.2002, V R 61/96, BStBl. II 2003, 813.
1083 BFH, Urteil vom 28.2.2002, V R 25/96, BStBl. II 2003, 816.

Am 8.4.2004 reichte Kl. unter Hinweis auf das Urteil des EuGH vom 8.5.2003 (Rs.C-269/00, Wolfgang Seeling, BStBl. II 2004, 378) für die Jahre 2000 und 2002 erstmalige und für das Jahr 2001 eine geänderte Umsatzsteuererklärung ein. Dabei beantragte sie neben den Vorsteuern aus den (laufenden) Betriebskosten auch die gesamten Vorsteuern aus den Herstellungskosten des Gebäudes; Letzteres insbesondere für das Jahr 2000. Andererseits besteuerte sie wegen der Nutzung des Einfamilienhauses zu eigenen Wohnzwecken die entsprechenden Wertabgaben. Das Finanzamt versagte den nachträglichen Vorsteuerabzug.

Die Erkenntnis des BFH[1084]:

1. Ist ein Gegenstand sowohl für unternehmerische Zwecke als auch für nichtunternehmerische Zwecke vorgesehen (sog. gemischte Nutzung), hat der Unternehmer nach der Rechtsprechung des EuGH und BFH ein Zuordnungswahlrecht.

2. Die Zuordnung eines Gegenstandes zum Unternehmen erfordert eine durch Beweisanzeichen gestützte Zuordnungsentscheidung des Unternehmers bei Anschaffung oder Herstellung des Gegenstandes.

3. Gibt der Unternehmer die Umsatzsteuererklärung, aus der die Zuordnung des Gebäudeteils zum Unternehmen erkennbar wird, erst mit einer erheblichen Verspätung ab, dann müssen gewichtige sonstige Umstände vorliegen, die gleichwohl den Schluss auf die Tatsache rechtfertigen, der Steuerpflichtige habe den neu errichteten Gebäudeteil bereits zum Zeitpunkt der jeweiligen Leistungsbezüge seinem Unternehmen zugeordnet.

4. Die Entscheidung über die Zuordnung des Gebäudes zum Unternehmensvermögen kann nicht nachträglich mit Rückwirkung auf den Zeitpunkt des Leistungsbezugs getroffen werden.

BFH und vorab das FG Baden-Württemberg[1085] postulieren, dass die Zuordnung einer Bauleistung zum Unternehmensvermögen **nur sofort** in dem Besteuerungszeitraum erfolgen kann, in dem der Vorsteueranspruch entstanden ist. Dies gelte selbst dann, wenn eine Steuerfestsetzung noch nicht erfolgt oder noch abänderbar sei[1086]. Wohl wichtiges Indiz gegen die Zuordnung eines Gegenstands zum Unternehmen sei die Unterlassung des Vorsteuerabzugs (s. o.). Die Kl. habe erstmals im Jahr 2004 den Vorsteuerabzug für die Herstellungskosten geltend gemacht. Der Unternehmer müsse sich aber in dem Besteuerungszeitraum für den Vorsteuerabzug entscheiden, in dem die Steuer für die nämlichen Eingangsumsätze und zeitgleich auch der Vorsteuerabzugsanspruch entstehen. Das bedeute im Urteilsfall, dass die Kl. die ihr für die im Jahr 2000 bezogenen Bauleistungen berechnete Umsatzsteuer als Vorsteuer nur sofort, d. h. noch

---

1084 BFH, Urteil vom 17.12.2008, XI R 64/06 (Az. bis zum 21.1.20008: V R 58/06), BFH/NV 2009, 798.
1085 FG Baden-Württemberg, Urteil vom 28.9.2006, 14 K 396/04, DStRE 2007, 576, EFG 2007, 719.
1086 FG Baden-Württemberg, Urteil vom 28.9.2006, 14 K 396/04, DStRE 2007, 576, EFG 2007, 719.

im Kalenderjahr 2000, hätte abziehen können. Da dies nicht geschehen sei, sei die Zuordnungsentscheidung nicht rechtzeitig erfolgt und damit ein Vorsteuerabzug nicht möglich[1087].

Hinweis

➲ Kapitel 96.4.3

116.5 Fälle der zeitgleichen (quasi »automatischen«) Entstehung des Vorsteueranspruchs!

Beschränkung der Kreditorenprüfung auf »das Wesentliche«

116.5.1 Der Regelfall

Bekanntermaßen wurden zum 1.1.2004 die Anforderungen, denen eine Eingangsrechnung genügen muss, um zum Vorsteuerabzug zu berechtigen, erheblich verschärft ➲ vorstehende Kapitel 116.1 und 116.2. Der Leistungsempfänger muss im Besitz einer **nach den §§ 14, 14a UStG ausgestellten Rechnung** sein, in der die Pflichtangaben vollständig und richtig sind[1088]. Dabei wird in der Praxis übersehen, dass dies nur für den Vorsteuerabzug nach § 15 Abs. 1 Satz 1 Nr. 1 UStG gilt. Die Anforderungen beschränken sich m. a. W. auf **Fälle, in denen die Vorsteuer in einer Eingangsrechnung ausgewiesen wird;** nur hier wird die Rechnung zum »**Transportmittel des Vorsteuerabzugs**«. Keine Anwendung finden diese Gedanken insbesondere auf Fälle des innergemeinschaftlichen Erwerbs (§ 15 Abs. 1 Satz 1 Nr. 3 UStG) oder der Steuerschuld des Leistungsempfängers (§ 15 Abs. 1 Satz 1 Nr. 4 UStG).

Beispiel zum innergemeinschaftlichen Erwerb

Unternehmer I in Rom liefert am 17.1.2024 an Unternehmer D in Dortmund steuerfrei innergemeinschaftlich Ware. Die Rechnung erstellt I am 23.5.2024; diese geht D am 29.5.2024 zu. D hat monatliche Umsatzsteuer-Voranmeldungen abzugeben.
➲ **Folge:**
Die Steuer entsteht gem. § 13 Abs. 1 Nr. 6 UStG

- mit Ablauf des Monats, in dem die Rechnung ausgestellt worden ist (= Mai 2024),
- spätestens jedoch mit Ablauf des der Ausführung der Leistung folgenden Kalendermonats (= Februar 2024).

D hat den Eingangsumsatz in seiner Umsatzsteuer-Voranmeldung für Februar 2024 anzumelden. Bei Berechtigung des D zum Vorsteuerabzug entsteht dieser zeitgleich[1089].

1087 Zum EuGH-Urteil vom 2.6.2005 (Waterschap Zeeuws Vlaanderen, Bedeutung des Zeitpunkts des Leistungsbezugs); vgl. auch *Weimann*, UVR 2005, 324.
1088 Vgl. Abschn. 15.2 Abs. 2 ff. UStAE.
1089 Vgl. auch *Weimann*, UStB 2007, 49 [50], Abschn. 8.d.

Beispiel zur Steuerschuld des Leistungsempfängers

Der in Belgien ansässige Unternehmer B führt am 20.2.2024 in Dortmund eine Werklieferung (Errichtung und Aufbau eines Messestandes) an seinen deutschen Abnehmer D aus. Die Rechnung über diesen inländischen steuerpflichtigen Umsatz, für den D als Leistungsempfänger die Steuer schuldet, erstellt B am 10.4.2024. Sie geht D am 17.4.2024 zu. D hat monatliche Umsatzsteuer-Voranmeldungen abzugeben.

➲ **Folge:**

Die Steuer entsteht gem. § 13 Abs. 2 Nr. 1 UStG

- mit Ablauf des Monats, in dem die Rechnung ausgestellt worden ist (= April 2024)
- spätestens jedoch mit Ablauf des der Ausführung der Leistung folgenden Kalendermonats (= März 2024).

D hat den Eingangsumsatz in seiner Umsatzsteuer-Voranmeldung für März 2024 anzumelden. Bei Berechtigung des D zum Vorsteuerabzug entsteht dieser zeitgleich[1090].

Lange Zeit war für derartige Fallgestaltungen der **Zeitpunkt der Entstehung des Vorsteuerabzugs** unklar. Es wäre durchaus denkbar gewesen, dass zunächst ausschließlich die Steuerschuld und erst bei Rechnungseingang der Vorsteueranspruch entsteht. Der BFH hatte diese Frage dem EuGH zur Entscheidung vorgelegt, der – zugunsten des Steuerpflichtigen – auf die **gleichzeitige Entstehung von Steuerschuld und Vorsteueranspruch** erkannt hat[1091].

In der gleichen Umsatzsteuer-Voranmeldung, in der der innergemeinschaftliche Erwerb oder der Leistungsbezug nach § 13b UStG versteuert werden, ist unter den weiteren Voraussetzungen des § 15 UStG auch die Vorsteuer zu ziehen; das **Vorliegen einer Eingangsrechnung ist daher nicht erforderlich!** Da der Vorsteuerabzug auch ohne jedwede Eingangsrechnung möglich ist, ist es natürlich auch überflüssig zu prüfen, ob – wenn eine Rechnung vorliegt – diese dann den Voraussetzungen der §§ 14, 14a UStG genügt!

 Beratungskonsequenzen

1. **Aktuell: Die deutsche Finanzverwaltung** hat die Rechtsauffassung **übernommen** ➲ vgl. **Abschn. 15.10 UStAE!**
2. Bestätigt wurde die Rechtsauffassung in der Folgezeit **noch einmal durch den EuGH**[1092].
3. **In der Praxis halten sich die Mitarbeiter der Beratungsbüros** immer wieder vollkommen unnötig mit der Frage auf, ob in den beschriebenen Fällen die Eingangsrechnungen wohl den Voraussetzungen zum Vorsteuerabzug genügen. So

---

1090 Vgl. auch *Weimann*, a. a. O., Abschn. 8.f.

1091 EuGH, Urteil vom 1.4.2004, Rs. C-90/02, Gerhard Bockemühl, UR 2004, 367; vgl. auch Abschn. 182a Abs. 42 UStR 2008.

1092 EuGH, Urteil vom 8.5.2008, Rs. C-95/07 und C-96/07, Ecotrade SpA, UR 2008, 512; vgl. hierzu Weimann, PIStB 2008, 257.

wird gerade mit Vorlieferanten aus den EU-Beitrittsstaaten immer wieder dar-über debattiert, ob und wie Rechnungsnummern vergeben werden müssen und wie die Leistungsbeschreibung auszusehen hat. Der Berater sollte die Mitarbeiter darauf hinweisen, dass dies überflüssig ist; **Rechnungen**[1093] **über**

- innergemeinschaftliche Erwerbe (Abschn. 15.10 Abs. 2, Abs. 3 UStAE)
- Leistungsbezüge, die dem § 13b UStG unterliegen
  (Abschn. 15.10 Abs. 4 i. V. m. Abschn. 13b.1 Abs. 42–46 UStAE)
- Lieferungen des ersten Abnehmers an den letzten Abnehmer im Rahmen innergemeinschaftlicher Dreiecksgeschäfte
  (Abschn. 15.10 Abs. 5 i. V. m. Abschn. 25b.1 Abs. 6 UStAE)

können ohne jedwede Prüfung »durchgewunken« werden (Abschn. 15.10 Abs. 2, Abs. 3 UStAE)!

4. **Auch die Kreditorenbuchhalter der Mandanten** verschwenden hier wertvolle Arbeitszeit; ein **Mandantenrundschreiben** sollte dies klarstellen!

5. **Auswirkungen haben die o. a. Erkenntnisse auch auf elektronische Eingangsrechnungen:** soweit diese für Ihren Mandanten zu einem innergemeinschaftlichen Erwerb oder zu einem Übergang der Steuerschuld auf ihn geführt haben, **entfällt die Prüfung der Frage nach dem Vorliegen einer qualifizierten digitalen Signatur i. S. v. § 14 Abs. 3 UStG.**

116.5.2 Keine Vorsteuerautomatik in den Erwerbsfällen des § 3d Satz 2 UStG!

116.5.2.1 Rechtsentwicklung

Bekanntermaßen wurden zum 1.1.2004 die Anforderungen, denen eine Eingangsrechnung genügen muss, um zum Vorsteuerabzug zu berechtigen, erheblich verschärft. Der Leistungsempfänger muss im Besitz einer **nach den §§ 14, 14a UStG ausgestellten Rechnung** sein, in der die Pflichtangaben vollständig und richtig sind (➲ vorstehende Kapitel 116.1 u. 116.2). Dabei wird in der Praxis häufig übersehen, dass dies nur für den Vorsteuerabzug nach § 15 Abs. 1 Satz 1 Nr. 1 UStG gilt. Die Anforderungen beschränken sich m. a. W. auf **Fälle, in denen die Vorsteuer in einer Eingangsrechnung ausgewiesen wird**; nur hier wird die Rechnung zum **»Transportmittel des Vorsteuerabzugs«**. Keine Anwendung finden diese Gedanken insbesondere auf **Fälle des innergemeinschaftlichen Erwerbs**[1094] oder der **Steuerschuld des Leistungsempfängers**[1095]. Auch innerstaatliches Verfahrensrecht darf materiell zu keinem anderen Ergebnis führen[1096]. Die deutsche Finanzverwaltung hat ihre ursprünglich ablehnende Haltung nunmehr aufgegeben und die Rechtsauffassung des EuGH nunmehr übernommen (➲ vorstehendes Kapitel 116.5.1).

1093 *Weimann*, UStB 2007, 235.
1094 § 15 Abs. 1 Satz 1 Nr. 3 UStG.
1095 § 15 Abs. 1 Satz 1 Nr. 4 UStG.
1096 Zu unterschiedlichen Verjährungsfristen von Umsatzsteuerschuld und Vorsteueranspruch vgl. EuGH, Urteil vom 8.5.2008, Rs. C-95/07 und C-96/07, Ecotrade SpA, UR 2008, 512.

Soweit ersichtlich erstmals hatte der EuGH über den Vorsteueranspruchs für den Fall des innergemeinschaftlichen Erwerbs nach Art. 41 MwStSystRL (in Deutschland: § 3d UStG) zu entscheiden:

Beispiel

Eine deutsche Baumarktkette (D) bereitet die Neueröffnung einer ersten Filiale Ungarn vor. Dazu bestellt D u. a. bei einem italienischen Lieferanten (I) Rasenmäher und lässt diese direkt zum neuen Markt nach Budapest bringen. Da die D im Lieferzeitpunkt in Ungarn umsatzsteuerlich noch nicht registriert ist, bestellt sie die Ware bei I unter Verwendung ihrer deutschen USt-IdNr. I fakturiert daraufhin eine steuerfreie innergemeinschaftliche Lieferung.

⮑ **Folge:**

I hat die Lieferung auf jeden Fall zutreffend behandelt; die Steuerbefreiung der innergemeinschaftlichen Lieferung kommt in Italien u. a. deswegen zur Anwendung, weil die Besteuerung des innergemeinschaftlichen Erwerbs durch den Abnehmer in einem anderen Mitgliedstaat sichergestellt ist (nach deutschem Recht § 6a Abs. 1 Satz 1 Nr. 3 UStG).

In welchem EU-Mitgliedstaat aber hat D den Erwerb zu versteuern:

- In Ungarn, weil dort die Warenbewegung endete (§ 3d Satz 1 UStG)?
- Oder in Deutschland, weil D die deutsche USt-IdNr. eingesetzt hat?
- Oder gibt es eine dritte Lösung?

Letzteres ist der Fall. Sind der Mitgliedstaat, der die USt-IdNr. erteilt hat, und der Mitgliedstaat, in dessen Gebiet die Beförderung oder Versendung des Liefergegenstandes endet, nicht identisch, greift die Sonderregelung des § 3d Satz 2 Alternative 1 UStG. Danach gilt der Erwerb so lange in dem Gebiet des Mitgliedstaates, der die USt-IdNr. erteilt hat, als bewirkt, bis der Erwerber nachweist, dass der Erwerb in dem Mitgliedstaat besteuert worden ist, in dem die Beförderung oder Versendung geendet hat. Damit wird neben dem in § 3d Satz 1 UStG festgelegten Ort des innergemeinschaftlichen Erwerbs ein **weiterer Erwerbsort fingiert, der eine auflösend bedingte Besteuerung zur Folge hat**.

Bitte beachten Sie!

§ 3d Satz 1 und Satz 2 UStG stehen damit **kumulativ nebeneinander**:

- **Immer** ist ein innergemeinschaftlicher Erwerb nach § 3d Satz 1 UStG in dem Land zu besteuern, in dem die Warenbewegung geendet hat.
- **Zusätzlich** hat nach § 3d Satz 2 UStG eine Besteuerung in dem Land zu erfolgen, dessen USt-IdNr. fälschlicherweise zum Einsatz kam.

Aufgrund der zitierten Rechtsprechung des EuGH zum betrags- und zeitidentischen Vorsteuerabzug und der gleichlautenden Verwaltungsmeinung unterstellte die Praxis auch hier einen Nullsummeneffekt und maß diesen Sachverhaltsgestaltungen wenig Bedeutung bei. Das wird sich aufgrund der **neuen Erkenntnisse des EuGH** wohl schlagartig ändern: »Art. 17 Abs. 2 und 3 sowie Art. 28b Teil A Abs. 2 der 6. EG-Richtlinie 77/388/EWG in der Fassung der Richtlinie 92/111/EWG des Rates vom 14.12.1992 sind dahin auszulegen, dass der Erwerber in dem in Art. 28b Teil A Abs. 2 UnterAbs. 1 der 6.

EG-Richtlinie genannten Fall nicht zum sofortigen Abzug der auf einen innergemeinschaftlichen Erwerb entrichteten Mehrwertsteuer als Vorsteuer berechtigt ist«[1097].

Grundsätzlich wird bei zum Vorsteuerabzug berechtigten Unternehmern eine Umsatzsteuerbelastung des innergemeinschaftlichen Erwerbs durch einen korrespondierenden – quasi »automatischen« – Vorsteuerabzug auch weiterhin vermieden (s. o.). Nach Auffassung des EuGH gilt das aber nicht in den Fällen eines »zusätzlichen Erwerbs« nach Art. 41 MwStSystRL (entspricht dem deutschen § 3d Satz 2 UStG). In diesem Fall kann die Entlastung nur dadurch erfolgen, dass der Erwerber die Besteuerung des **innergemeinschaftlichen Erwerbs im Bestimmungsland nach Art. 40 MwStSystRL (deutscher § 3d Satz 1 UStG) nachweist.**

Die Anwendung der Sonderregelung des Art. 41 MwStSystRL wäre nämlich schon im Ansatz gefährdet, wenn dem Unternehmer ein Vorsteuerabzug nach den allgemeinen Grundsätzen zustünde; damit **entfiele für ihn jeder Anreiz**, die Besteuerung des innergemeinschaftlichen Erwerbs im Bestimmungsland nachzuweisen.

Wirtschaftlich betrachtet führt die zusätzliche Erwerbssteuer nach § 3d Satz 2 UStG zu einer **Strafsteuer**, wenn es dem die Lieferung empfangenden Unternehmer nicht gelingt, die Erwerbsbesteuerung im Bestimmungsland nachzuweisen. Dies gilt sowohl in den Fällen, in denen zwei Unternehmer über den Liefergegenstand Umsatzgeschäfte abschließen (§ 3d Satz 2 Alternative 1 UStG) als auch bei innergemeinschaftlichen Lieferungen in Form von Dreiecksgeschäften (§ 3d Satz 2 Alternative 2 UStG).

Die vom EuGH bestätigte niederländische Rechtslage **weicht also von der deutschen Rechtslage** ab. Nach (deutschem) UStG ist die Steuer für den fiktiven Erwerb (sofort) als Vorsteuer abziehbar (§ 15 Abs. 1 Nr. 3 UStG). Führt der Erwerber den o. g. Nachweis, sind Umsatz- und Vorsteuerbetrag entsprechend zu berichtigen (§ 17 Abs. 1 i. V. m. Abs. 2 Nr. 4 UStG). Der deutsche **Gesetzgeber** dürfte nach der Entscheidung (eigentlich) gezwungen sein, den bisher nach § 15 Abs. 1 Nr. 3 UStG gewährten Vorsteuerabzug in Fälle des § 3d Satz 2 UStG künftig zu verwehren.

116.5.2.2 Seit 30.6.2013: Ausdrücklicher Ausschluss des Vorsteuerabzugs

Zum 30.6.2013 hat der deutsche Gesetzgeber auch insoweit reagiert und die neue Rechtsprechung übernommen[1098]. Bei der Fülle der Informationen, die es für den Steuerberater tagtäglich zu verarbeiten gilt, ist es auch immer wichtig zu wissen, was man nicht wissen oder zumindest nicht vertiefen muss. Das ist bei den nachfolgend vorzustellenden Gesetzesänderungen sicher der Fall[1099].

1097 EuGH, Urteil vom 22.4.2010, Rs. C-536/08 und C-539/08, a. a. O.
1098 Art. 10 Nr. 9, Gesetz zur Umsetzung der Amtshilferichtlinie sowie zur Änderung steuerlicher Vorschriften – Amtshilferichtlinie-Umsetzungsgesetz – AmtshilfeRLUmsG – vom 26.6.2013, BGBl. I 2013, 1809, BStBl. I 2013, 802.
1099 *Weimann*, GStB 2014, 10.

Das AmtshilfeRLUmsG wirkt insoweit nur deklaratorisch, wie auch das BMF im Einführungsschreiben klarstellt[1100].

Die Anwendung der Sonderregelung des Art. 41 MwStSystRL (= deutscher § 3d Satz 1 UStG) wäre schon im Ansatz gefährdet, wenn dem Unternehmer ein Vorsteuerabzug auch in den Fällen des § 3d Satz 2 UStG nach den allgemeinen Grundsätzen zustünde; damit **entfiele für ihn jeder Anreiz**, die Besteuerung des innergemeinschaftlichen Erwerbs im Bestimmungsland nachzuweisen ➲ ausführlich vorstehendes Kapitel 116.5.2.1

Wirtschaftlich betrachtet führt die zusätzliche Erwerbssteuer nach § 3d Satz 2 UStG damit zu einer **Art »Strafsteuer«**, wenn es dem die Lieferung empfangenden Unternehmer nicht gelingt, die Erwerbsbesteuerung im Bestimmungsland nachzuweisen. Dies gilt sowohl in den Fällen, in denen zwei Unternehmer über den Liefergegenstand Umsatzgeschäfte abschließen (§ 3d Satz 2 Alternative 1 UStG) als auch bei innergemeinschaftlichen Lieferungen in Form von Dreiecksgeschäften (§ 3d Satz 2 Alternative 2 UStG)

➡ Beratungskonsequenzen

1. Auch der Vorsteuerabzug nach § 15 Abs. 1 Satz 1 Nr. 3 UStG ist durch Art. 10 Nr. 9 Buchstabe a Doppelbuchstabe bb AmtshilfeRLUmsG damit lediglich deklaratorisch angepasst worden[1101]. Insoweit ergibt sich **materiell rechtlich für den Vorsteuerabzug nichts Neues**.
2. Derartige Fallgestaltungen sind in der Praxis alles andere als selten. Da nach bisheriger Rechtsauffassung ein Nullsummenspiel angenommen und der Verwendung der richtigen USt-IdNr. seitens des Erwerbers keinerlei Bedeutung beigemessen wurde, ist von einer hohen Fehlerhäufigkeit auszugehen. In Frage kommende **Mandanten müssen hierüber aufgeklärt werden**.
3. Dem **Lieferanten** drohen aus der Verwendung der falschen USt-IdNr. durch seinen Kunden **keinerlei Nachteile**.
4. Die Besteuerung durch den anderen Mitgliedstaat nach § 3d S. 2 UStG ist **auflösend bedingt**. Sie ist wieder rückgängig zu machen, wenn der Erwerber den Nachweis erbringt, dass der Erwerb in dem Mitgliedstaat besteuert worden ist, in dem die Beförderung oder Versendung geendet hat. Die Rechtsgrundlage hierzu bildet im deutschen Recht § 17 Abs. 2 Nr. 4 UStG.
5. Wie der **Nachweis der Besteuerung des Erwerbs im Bestimmungsland** zu erbringen ist, wird im Einzelnen auch in den EG-rechtlichen Vorschriften nicht geregelt ➲ nachfolgendes Kapitel 116.5.3.
6. Neu geregelt sind **nur die Fälle des § 3d Satz 2 UStG**. Beim »normalen« innergemeinschaftlichen Erwerb nach § 3d Satz 1 UStG und in den Fällen des § 13b UStG bleibt es bei den an dieser Stelle bereits dargestellten Rechtsfolgen.

1100 BMF, Schreiben vom 15.11.2013, IV D 2 – S 7300/12/10003, 2013/10477569; formell aufgehoben, materiell aber weiter gültig lt. BMF-Schreiben vom 18.3.2021, zur zweifelhaften Bedeutung dieses Schreibens ➲ Kapitel 1.6.
1101 BMF, a. a. O., I.2.

116.5.3 »Falscher« igE: Nachweis der Besteuerung in den Fällen des § 3d Satz 2 UStG

116.5.3.1 Nur auflösende bedingte Besteuerung

Die Besteuerung nach § 3d Satz 2 UStG erfolgt nicht endgültig. Sie ist wieder rückgängig zu machen, wenn der Erwerber den Nachweis erbringt, dass der Erwerb in dem Mitgliedstaat besteuert worden ist, in dem die Beförderung oder Versendung geendet hat. Die Rechtsgrundlage hierzu bildet im deutschen Recht § 17 Abs. 2 Nr. 4 UStG.

116.5.3.2 Nachweis der Besteuerung im Bestimmungsland

Wie der erforderliche Nachweis zu erbringen ist, regeln weder die EG-rechtlichen Vorschriften noch das deutsche Umsatzsteuerrecht:

- **Die Steuererklärung allein reicht nicht aus:** Da bei innergemeinschaftlichen Erwerben nach Art. 28a Abs. 4 Buchst. c Spiegelstrich 2 der 6. EG-RL (vgl. hierzu § 18 Abs. 4a UStG für inländische Erwerbe) in den Steuererklärungen (Voranmeldungen) nur der Gesamtbetrag des innergemeinschaftlichen Erwerbs anzugeben ist, kann jedenfalls allein durch die Vorlage der entsprechenden Steuererklärung (Voranmeldung) mit dem entsprechenden Zahlungsbeleg dieser Nachweis nicht erbracht werden.

- **Eine detaillierte Einzelaufstellung ist erforderlich:** Um die Besteuerung eines einzelnen Erwerbs nachzuweisen, muss daher zusätzlich eine Aufstellung der innergemeinschaftlichen Erwerbe des betreffenden Besteuerungszeitraums vorgelegt werden, aus der sich ergibt, dass in dem erklärten Gesamtbetrag derjenige Erwerb, dessen Doppelbelastung rückgängig gemacht werden soll, enthalten ist. Da der Nachweis in dieser Form an die Grenze des Zumutbaren stößt und außerdem steuerbegründende Tatsachen grundsätzlich von den Finanzbehörden nachzuweisen sind, bleibt zu hoffen, dass insoweit Vereinfachungs- oder Billigkeitsregelungen getroffen werden.

> **Bitte beachten Sie!**
>
> Mit *Lang* gilt es allerdings zu bedenken, dass grds. der Stpfl. nachweispflichtig ist[1102]. Auf diesen Aspekt weist der EuGH in der Facet-Entscheidung vom 22.4.2010 ausdrücklich hin – und verweist insoweit auf sein Grundsatzurteil vom 27.9.2007 »Twoh« (➜ Kapitel 26.2.3). Der Fiskus kann daher nicht zur Nachweisführung zugunsten des Steuerpflichtigen instrumentalisiert werden.

- **Eine entsprechende Bescheinigung des Bestimmungslandes** wäre ein ebenfalls denkbarer Ansatz.

1102 *Lang,* SIS Steuerberater-Brief 2011/08, 1.

- **Zahlungsnachweis:** *Lang*[1103] gibt letztlich zu bedenken, ob zu einem solchen Nachweis auch der Nachweis der Zahlung gehört, sofern sich wegen eines eingeschränkten Vorsteuerabzugs im Mitgliedstaat nach § 3d Satz 1 UStG eine Zahllast aus dem Vorgang ergibt.

- **Dreiecksgeschäfte:** In den Fällen des innergemeinschaftlichen Dreiecksgeschäfts nach § 25b UStG (➲ Kapitel 49) muss der Steuerpflichtige die dort genannten Voraussetzungen nachweisen können und seinen Erklärungspflichten nach § 18a Abs. 7 Satz 1 Nr. 4 UStG nachkommen.

 Beratungskonsequenzen

Festzuhalten bleibt, dass die Einzelheiten der Nachweisführung i. S. v. § 3d Satz 2 UStG derzeit noch nicht abschließend geklärt sind.

116.5.3.3 Zeitpunkt der Korrektur

Das deutsche Umsatzsteuerrecht beinhaltet die Korrekturregelung in § 17 Abs. 2 Nr. 4 UStG. In sinngemäßer Anwendung des § 17 Abs. 1 Satz 7 UStG kann eine Berichtigung jedoch **erst in dem Besteuerungszeitraum** erfolgen, in dem der **Steuerpflichtige den Nachweis** nach § 3d Satz 2 UStG über die Besteuerung im nach § 3d Satz 1 UStG zutreffenden Mitgliedstaat **erbringt**[1104]. Da der für eine Korrektur erforderliche Nachweis regelmäßig erst mit Zeitverzögerung erbracht werden kann, befürchtet *Lang*[1105] für den Unternehmer zu Recht vorübergehende finanzielle Mehrbelastungen und Liquiditätsprobleme.

116.5.3.4 Verzinsung nach § 233a AO

Im Einzelfall kann die Anwendung dieser Rechtsprechung zur Verzinsung von Steuernachzahlungen führen. Wären beispielsweise bisher sowohl die Erwerbssteuer nach § 3d Satz 2 UStG in Deutschland erklärt als auch ein entsprechender Vorsteuerabzug nach § 15 Abs. 1 Satz 1 Nr. 3 UStG vorgenommen worden, würde bei Anwendung der aktuellen Rechtsprechung der Vorsteuerabzug rückwirkend entfallen, da insoweit keine Berechtigung bestanden hätte, während die Erwerbssteuer erst nach Erbringen des Nachweises i. S. d. § 3d Satz 2 UStG nach § 17 Abs. 2 Nr. 4 UStG i. V. m. § 17 Abs. 1 Satz 7 UStG berichtigt werden könnte. Es entstünde eine Nachzahlung i. H. d. Erwerbssteuer, die der Verzinsung unterläge[1106].

1103 A. a. O.
1104 Vgl. BFH, Urteil vom 1.9.2010, V R 39/08, Randnr. 21, a. a. O.
1105 A. a. O.
1106 Vgl. auch BFH, Urteil vom 1.9.2010, a. a. O.

116.5.3.5 Mögliche strafrechtliche Konsequenzen

Ein weiterer Aspekt dieser Rechtsprechung besteht in den möglichen straf- oder buß-geldrechtlichen Konsequenzen für den Fall, dass ein innergemeinschaftlicher Erwerb nicht erklärt oder Vorsteuern unrechtmäßig beansprucht werden.

➔ Beratungskonsequenzen

Nach *Wagner*[1107] geht die Entscheidung des EuGH **über** eine **mögliche Wortausle-gung** des deutschen § 15 Abs. 1 Satz 1 Nr. 3 UStG **hinaus** und lässt sich deshalb nicht auf das deutsche Recht übertragen. Der BFH teilt diese die Bedenken (derzeit?) of-fensichtlich nicht. Der Regelungszusammenhang mit der Sonderregelung der vor-läufigen doppelten Steuerschuld in § 3d Satz 2 UStG gebietet nach Auffassung des BFH – ebenso wie im Unionsrecht der Zusammenhang mit der Regelung in Art. 28b Teil A Abs. 2 der Richtlinie 77/388/EWG – eine einschränkende Auslegung des § 15 Abs. 1 Nr. 3 UStG[1108].

116.6 Vorsteuerabzug aus Reisekosten

❗ Hinweis

➲ mybookplus.de > Vertiefende Informationen > Kapitel 116.6

116.7 Vorsteuerabzug aus Bewirtungs- und Umzugskosten: Neuregelung ab 19.12.2006

❗ Hinweis

➲ mybookplus.de > Vertiefende Informationen > Kapitel 116.7

116.8 Vorsteuerabzug bei unentgeltlichen Leistungen: Neuregelung ab 19.12.2006

❗ Hinweis

➲ mybookplus.de > Vertiefende Informationen > Kapitel 116.8

116.9 Beschränkungen des Vorsteuerabzugs: Art. 176 MwStSystRL gibt enge Grenzen vor!

❗ Hinweis

➲ mybookplus.de > Vertiefende Informationen > Kapitel 116.9

1107 *Wagner*, UVR 2010, 220.
1108 BFH, Urteil vom 1.9.2010, V R 39/08, a. a. O., Rz. 25 ff.

116.10 Bei Weiterbelastung von Kosten Originalbelege anfordern?

Vertragsvereinbarungen sehen häufig neben der Bezahlung der eigentlichen Leistung (Vortragshonorar, Kaufpreis etc.) auch die Weiterbelastung der durch eine Leistungserbringung verursachten Kosten vor. Bei Abrechnung der Leistung stellt sich zunächst die Frage, auf welche Weise die **Weiterbelastung der** »Nebenkosten« einzubeziehen ist und das umsatzsteuerliche **Entgelt erhöht** ➲ Kapitel 105.2 und Kapitel 105.5. Dabei ist dann immer auch zu klären, bei wem die der Kostenweiterbelastung zugrunde liegenden **Originalbelege verbleiben** müssen: beim Belastenden (d. h. dem Rechnungsaussteller) oder beim Belasteten (d. h. dem Rechnungsempfänger)?

Beispiel

Der freiberufliche Referent R und der Seminarveranstalter S treffen im Januar 2024 folgende Honorarvereinbarung:

- Für den Vortrag erhält R ein Honorar i. H. v. 1.000 €.
- Daneben übernimmt S alle durch eine Veranstaltung verursachten Fahrt-, Übernachtungs- und Verpflegungskosten des R.
- Soweit dem R durch ein Seminar unmittelbar weitere Kosten entstehen, wird S auch diese übernehmen.

Durch die Veranstaltung entstehen dem R im Mai 2024 Taxikosten i. H. v. 128 €. Daneben musste R vor Ort einen Copyshop mit der Vervielfältigung aktueller Handouts beauftragen. Den Auftrag erteilte R »im Namen und für Rechnung« des S. Der Copyshop erstellte daraufhin eine auf S lautende Rechnungen i. H. v. 360 € zzgl. 68,40 € USt, bestand aber gleichzeitig darauf, dass R diese bereits bei Übergabe der Vervielfältigungen begleicht.

R muss die Veranstaltung gegenüber S zutreffend wie folgt abrechnen[1109]:

Honorar	1.000,00 €
Taxi (128 € : 1,07)	119,63 €
Zwischensumme	1.119,63 €
USt (19 v. H. von 1.119,63 €)	212,73 €
zzgl. verauslagter Kopierkosten (360 € + 68,40 € USt)	428,40 €
zu zahlen:	1.760,76 €

Bei wem haben die Originalbelege zu den weiterbelasteten Taxi- und Kopierkosten zu verbleiben: bei Rechnungsaussteller R oder beim Rechnungsempfänger S?

Die Frage nach dem **Verbleib der Originalbelege** ist im Hinblick auf die Aufbewahrung von Rechnungen[1110] einerseits und den Vorsteuerabzug[1111] andererseits zu beantworten, und zwar sowohl unter Berücksichtigung der **Interessen des Belastenden** (nach-

---

1109 Vgl. *Weimann*, UStB 2004, 65.
1110 § 14b UStG.
1111 § 15 UStG.

folgend auch als »Rechnungsaussteller« bezeichnet) als auch der **Interessen des Belasteten** (nachfolgend auch als »Rechnungsempfänger« bezeichnet); grundsätzlich werden beide Seiten vorbringen, dass die Originale Bestandteil ihrer jeweiligen Belegbuchführung bleiben müssen. Zur Beantwortung der Frage gilt es, zunächst die **weiterbelasteten Kosten der Art nach** zu unterscheiden:

- **Fallgruppe 1:** Im Beispiel haben die Taxiunternehmer die von ihnen abgerechneten Beförderungsleistungen gegenüber ihrem Vertragspartner R erbracht. Die Bezahlung der Taxifahrer **befreit den R von seiner eigenen Schuld;** die Leistungen der Taxiunternehmer führen damit zu **Eingangsumsätzen des R.** Soweit S diese Kosten übernimmt, erhöht die Erstattung das Entgelt des R. Dabei ist zu beachten, dass der zivilrechtliche Anspruch des R sich auf die tatsächlich entstandenen Kosten beschränkt und daher ein eventueller Vorsteuererstattungsanspruch vor der Weiterbelastung »herauszurechnen« ist.

- **Fallgruppe 2:** Gegenüber dem Copyshop dagegen ist R »im Namen und für Rechnung« des S aufgetreten und hat damit zwischen beiden einen Umsatz vermittelt. Die Leistung des Copyshops führt zu einem **Eingangsumsatz des S.** Mit der Bezahlung der Kopien begleicht R eine **Schuld des S** und hat gegenüber dem S einen entsprechenden Erstattungsanspruch, der sich als durchlaufender Posten entgeltsneutral verhält[1112] ➔ Kapitel 105.2.

In der Regel werden Kostenweiterbelastungen der **Fallgruppe 1** zuzuordnen sein. Der Rechnungsempfänger benötigt dann für den Vorsteuerabzug lediglich das Rechnungspapier, das der Belastende (selbst) ausstellt. Originale der Eingangsrechnungen des Belastenden sind nicht erforderlich, da diese sich nicht unmittelbar auf Eingangsumsätze des Rechnungsempfängers beziehen. Der Belastende wird die Weitergabe der Rechnungsoriginale im Hinblick auf die ihm seit dem 1.1.2004 gemäß § 14b Abs. 1 Satz 1 UStG grundsätzlich obliegende Pflicht zur Aufbewahrung von Eingangsrechnungen (»*Der Unternehmer hat ... alle Rechnungen, die er erhalten ... hat, zehn Jahre aufzubewahren.*«) und seinen eigenen Vorsteuerabzug letztlich sogar ablehnen müssen.

 Praxistipp

Der Rechnungsempfänger wird in diesen Fällen vom Belastenden allenfalls verlangen können, dass dieser die Kosten durch **Ablichtungen seiner Eingangsrechnungen** nachweist. Bei guter Geschäftsbeziehung ist jedoch auch von der Einforderung der Ablichtungen eher abzuraten, da es – wie ausgeführt – keine steuerlichen Gründe dafür gibt und das Einfordern vom Rechnungsaussteller **als Misstrauen ausgelegt** werden könnte.

Nur selten dagegen werden die Kostenbelastungen der **Fallgruppe 2** zuzuordnen sein. Der Rechnungssausteller müsste hierzu – wie bereits ausgeführt – Leistungen »im Namen und für Rechnung« des Rechnungsempfängers einkaufen, m. a. W. vom Belasteten zivilrechtlich bevollmächtigt sein. Nur in diesen Fällen benötigt der Rechnungsempfänger die Originale der Eingangsrechnungen des Rechnungsaustellers, da diese sich

---

1112 § 10 Abs. 1 Satz 5 UStG.

dann unmittelbar auf Eingangsumsätze des Rechnungsempfängers beziehen. Der Rechnungsaussteller dagegen benötigt die weiterzugebenden Originale nicht, da er aus durchlaufenden Posten keinen Vorsteuerabzug hat und ihm daher umsatzsteuerlich auch keine Aufbewahrungspflichten obliegen; er sollte allerdings zum Nachweis des durchlaufenden Postens eine Rechnungskopie zurückbehalten[1113].

Beratungskonsequenzen

1. Die geschilderten Fallgestaltungen bereiten in der Praxis große Schwierigkeiten; insbesondere **Unternehmen, die mit vielen Freiberuflern zusammenarbeiten** z. B. »offene« Seminaranbieter, aber auch Verlage und Forschungsinstitute, stehen immer wieder vor der Frage, ob und wann von diesen Originalbelege anzufordern sind.

2. Steuerberatern ist es daher zu empfehlen, die komplizierte Rechtslage den Mandanten durch ein **Rundschreiben** zu erläutern; sie genügen so einerseits der ihnen obliegenden Informationspflicht (?) und gewinnen andererseits u. U. neue Beratungsaufträge, die z. B. in der Erstellung einer Checkliste für das Handling im Einzelfall bestehen könnte.

3. Abschließend ist darauf hinzuweisen, dass die Abrechnung von Nebenkosten durch **angestellte Mitarbeiter** (z. B. Reisekosten) **anderen Prinzipien** folgt.

116.11 Entstehung und Ausübung des Rechts zum Vorsteuerabzug

Hinweis

➲ Kapitel 113.0.1 bis Kapitel 113.0.3 (»Auf einen Blick – alle wichtigen Neuerungen vorab«) zur Frage der Rückwirkung einer Rechnungsberichtigung

116.12 Kein Vorsteuerabzug aus »verlorenen Anzahlungen«!

Hinweis

➲ mybookplus.de > Vertiefende Informationen > Kapitel 116.12

116.13 Häusliches Arbeitszimmer: EuGH bejaht Vorsteuerabzug!

Hinweis

➲ mybookplus.de > Vertiefende Informationen > Kapitel 116.13

1113 *Weimann,* UStB 2005, 185. Zur Aufbewahrung von Eingangsrechnungen umfassend *Lang* in UNI, § 14b Kap. 2.1; *Radeisen* in S/W/R, 14b Rz. 8 ff.

116.14 Vorsteuerguthaben: Verpflichtung zur Rückzahlung bei Abtretung

 Hinweis

⊃ mybookplus.de > Vertiefende Informationen > Kapitel 116.14

116.15 Kreditoren: Rechtsanspruch auf eine fehlerfreie Eingangsrechnung

Rechnungen sind – diese Metapher prägte meines Wissens *Birkenfeld* bereits Anfang der 1990er Jahre – das »Transportmittel für den Vorsteuerabzug«; sie sind nach – m. E. allerdings unzutreffender – Auffassung des BGH sogar selbst eine Steuergutschrift[1114]. Rechnungen sind damit für das Funktionieren des Mehrwertsteuersystems von überragender Bedeutung; Gleiches gilt für die Fragen, welche Rechtsfolgen (Ab-)Rechnungsfehler auslösen und wie diese ggf. zu korrigieren sind. Hierauf haben Sie an dieser Stelle bereits folgende Antworten gefunden:

- Der Rechnungsaussteller (Debitor) hat die **Möglichkeit zur Rechnungsberichtigung**[1115]. Besonderheiten gelten für den unberechtigten Steuerausweis[1116].
- Der Rechnungsempfänger (Kreditor) hat ein Zurückbehaltungsrecht, soweit Abrechnungsfehler für ihn (umsatzsteuerlich) von Nachteil sind, und damit ein **Zurückbehaltungsrecht in Höhe des Steuerbetrages**[1117].

Der Rechnungsempfänger hat ferner einen Rechtsanspruch auf die Beseitigung eines Fehlers oder eines Mangels an der Rechnung, wenn er nach § 14 Abs. 2 UStG (überhaupt) einen Rechtsanspruch auf Erteilung einer Rechnung hat.

Anspruch auf Erteilung einer Rechnung: Nach § 14 Abs. 2 UStG steht dem umsatzsteuerrechtlichen Leistungsempfänger ein Anspruch auf Erteilung einer Rechnung mit gesondert ausgewiesener Steuer zu, sofern er eine juristische Person oder ein Unternehmer ist, der die Leistung für sein Unternehmen bezogen hat. Hierbei handelt es sich um einen **zivilrechtlichen Anspruch**, der gem. § 13 GVG vor den ordentlichen Gerichten geltend zu machen ist[1118]. Für Fragen des Zivilrechts wirkt der Anspruch des Leistungsempfängers auf Rechnungserteilung gem. § 14 Abs. 2 UStG bei Bestehen eines Vertrages – also in den weitaus meisten Fällen – nur **deklaratorisch**. Die sich aus § 14 UStG ergebende Verpflichtung des Leistenden ergibt sich zivilrechtlich i. d. R. bereits aus dem

---

1114 BGH, Urteil vom 14.1.1980, II ZR 76/79, UR 1980, 247.

1115 Vgl. § 14 Abs. 6 Nr. 5 UStG, § 33 Abs. 5 UStDV, Abschn. 14.11 UStAE (bis 31.10.2010: Abschn. 188a UStR 2008); *Weimann,* UStB 2008, 351.

1116 § 14c Abs. 2 UStG; Weimann, UStB 2006, 179.

1117 Vgl. *Weimann,* UStB 2007, 331.

1118 Abschn. 14.1 Abs. 5 UStAE (bis 31.10.2010: Abschn. 183 Abs. 5 Sätze 1 f. UStR 2008).

Rechnungsstellung – Vorsteuerabzug – Übergang der Steuerschuld

Grundsatz von Treu und Glauben[1119] als zivilrechtliche Nebenpflicht des Vertragsverhältnisses; ansonsten müsste der Vertragspartner einen ungerechtfertigten Nachteil durch die fehlende Vorsteuerabzugsmöglichkeit hinnehmen. Der Anspruch setzt voraus, dass der leistende Unternehmer zur Rechnungsausstellung mit gesondertem Steuerausweis berechtigt ist und ihn zivilrechtlich die **Abrechnungslast** trifft[1120].

Der BGH **beschränkt allerdings die Durchsetzung** des Anspruchs auf Rechnungserteilung. So hat das Gericht bereits mehrfach darauf erkannt, dass bei ernstlichen **Zweifeln an der Umsatzsteuerbarkeit oder -pflicht** einer Leistung dem leistenden Unternehmer die Ausstellung einer Rechnung mit gesondert ausgewiesener USt nicht zuzumuten ist; auch dies sei eine Folge des § 14c UStG, aus dem sich für den leistenden Unternehmer die bekannten Gefahren ergäben[1121]. Einen Anspruch auf Ausstellung einer Rechnung mit gesondert ausgewiesener USt kann es danach nur geben, wenn die **objektive Steuerpflicht** der erbrachten Leistung feststeht. In diesen strittigen Fällen ist es vor Beschreiten des Rechtswegs erforderlich, dass der Vorgang **bestandskräftig der USt unterworfen** worden ist[1122].

Zur Durchsetzung des zivilrechtlichen Anspruchs genügt auch nicht der bloße Hinweis des Leistungsempfängers auf die lediglich abstrakte umsatzsteuerliche Pflicht des leistenden Unternehmers zur Rechnungserstellung; es müssen vielmehr **eigene konkrete schutzwürdige Interessen** an der Rechnungserstellung nachgewiesen werden. Wird eine Leistung steuerfrei ausgeführt oder ist der Leistungsempfänger eine insoweit nicht unternehmerisch tätige juristische Person, entsteht dem Leistungsempfänger aus dem Fehlen der Rechnung keinerlei Nachteil; in diesen Fällen wird eine zivilrechtliche Durchsetzung des Rechnungsanspruchs scheitern.

Anspruch auf Rechnungsberichtigung: Hat der Leistungsempfänger nach § 14 Abs. 2 UStG einen Rechtsanspruch auf eine Rechnung, dann hat er für den Fall eines Fehlers oder Mangels der Rechnung auch einen Anspruch auf dessen Beseitigung (s. o.). Der Anspruch ist **nach dem UStG zeitlich unbefristet**; er verjährt damit in Ermangelung anderer rechtlicher Vorschriften **gem. § 195 BGB nach 3 Jahren**. Damit **kann** der leistende Unternehmer nach Ablauf der Verjährungsfrist die Korrektur einer nicht ordnungsgemäßen Rechnung ablehnen; er ist allerdings auch weiterhin dazu **berechtigt**, nach Ablauf der Verjährungsfrist Änderungen an der Rechnung vorzunehmen. Soweit allerdings erstmalig ein Steuerbetrag in einer Rechnung ausgewiesen wurde und die **Festsetzungsverjährung** für die Steuerfestsetzung des Leistungszeitraums bereits eingetreten ist, handelt es sich bei dem Steuerausweis des leistenden Unternehmers um einen unrichtigen Steuerausweis nach § 14c Abs. 1 UStG.

1119 § 242 BGB.

1120 Vgl. BFH, Urteil vom 4.3.1982, V R 107/79, BStBl. II 1982, 309.

1121 BGH, Urteil vom 24.2.1988, VIII ZR 64/87, UR 1988, 183; BGH, Urteil vom 10.11.1988, VII ZR 137/87, UR 1989, 121; BGH, Urteil vom 2.11.2001, V ZR 224/00, UR 2002, 91.

1122 Vgl. Abschn. 14.1 Abs. 5 Satz 5 UStAE (bis 31.10.2010: Abschn. 183 Abs. 5 Satz 5 UStR 2008).

Beratungskonsequenzen

1. **Gefahr der neuen kurzen Verjährung:** Die seit dem 1.1.2002 kurze 3-jährige Verjährung – bis zum 31.12.2001 waren dies noch 30 Jahre! – wird in der Praxis insbesondere in Fällen problematisch sein, in denen eine Rechnung zwar ausgestellt, diese aber im Rahmen in einer Betriebsprüfung als nicht ordnungsgemäß verworfen wird. Da die Prüfungszeiträume in der Regel mehr als 3 Jahre zurückreichen, besteht nach Ablauf der Verjährungsfrist kein Anspruch gegenüber dem Rechnungsaussteller auf Erteilung einer ordnungsgemäßen Rechnung, sodass dem Leistungsempfänger der Vorsteuerabzug verwehrt bleibt. Ein Grund mehr, dem Mandanten die sofortige Überprüfung von Eingangsrechnungen nahe zu legen!

2. **Bußgeldrisiko des leistenden Unternehmers:** Unabhängig von der zivilrechtlichen Verpflichtung zur Rechnungserstellung und der nur eingeschränkten Durchsetzbarkeit des Rechnungsanspruchs durch den Leistungsempfänger besteht für den leistenden Unternehmer bei Abrechnungsfehlern nach § 26a UStG immer auch ein Bußgeldrisiko.

116.16 Zivilrechtliches Zurückbehaltungsrecht

Umsatzsteuerlich fehlerhafter Eingangsrechnung

Die Abzugsfähigkeit der Vorsteuer ist seit dem 1.1.2004 bekanntermaßen davon abhängig, dass der Leistungsempfänger im Besitz einer nach den §§ 14, 14a ausgestellten Rechnung ist, in der die Angaben vollständig und richtig sind[1123]. Der Rechnungsempfänger damit zu prüfen, ob

- die Eingangsrechnung vollständig ist, d. h. alle Pflichtangaben enthält[1124] und

- die Pflichtangaben richtig sind[1125],

- ohne dass die Steuernummer oder die USt-IdNr. des Leistenden und die Rechnungsnummer auf ihre Richtigkeit hin zu überprüfen sind; diese müssen auf der Rechnung nur dem Grunde nach angegeben sein und dürfen nicht erkennbar falsch sein[1126].

Bei fehlenden oder ansonsten unrichtigen Pflichtangaben entfällt das Recht zum Vorsteuerabzug[1127]. Führt die Überprüfung der Eingangsrechnung zu dem Ergebnis, dass Pflichtangaben fehlen oder unrichtig sind, ist daher zu prüfen, ob der Leistungsempfänger eine zutreffende Rechnung einfordern kann und welche Rechtsposition er bis zu deren Eingang hat.

1123 Abschn. 15.2 Abs. 2 Satz 1 Nr. 4 UStAE.
1124 Abschn. 15.2 Abs. 3 Satz 1 UStAE.
1125 Abschn. 15.2 Abs. 3 Satz 7 UStAE.
1126 Abschn. 15.2 Abs. 3 Sätze 3 u. 4 UStAE.
1127 Abschn. 15.2 Abs. 3 Satz 1, Satz 9 UStAE.

Zivilrechtlicher Anspruch auf Erteilung einer Rechnung: Nach § 14 Abs. 2 UStG steht dem umsatzsteuerrechtlichen Leistungsempfänger ein Anspruch auf Erteilung einer Rechnung mit gesondert ausgewiesener Steuer zu, sofern er eine juristische Person oder ein Unternehmer ist, der die Leistung für sein Unternehmen bezogen hat. Hierbei handelt es sich um einen **zivilrechtlichen Anspruch,** der gem. § 13 GVG vor den ordentlichen Gerichten geltend zu machen ist[1128]. Für Fragen des Zivilrechts wirkt der Anspruch des Leistungsempfängers auf Rechnungserteilung gem. § 14 Abs. 2 UStG bei Bestehen eines Vertrages (also in den meisten Fällen) nur **deklaratorisch.** Die sich aus § 14 UStG ergebende Verpflichtung des Leistenden ergibt sich zivilrechtlich i. d. R. bereits aus dem **Grundsatz von Treu und Glauben**[1129] als zivilrechtliche Nebenpflicht des Vertragsverhältnisses; ansonsten müsste der Vertragspartner einen ungerechtfertigten Nachteil durch die fehlende Vorsteuerabzugsmöglichkeit hinnehmen. Der Anspruch setzt voraus, dass der leistende Unternehmer zur Rechnungsausstellung mit gesondertem Steuerausweis berechtigt ist und ihn zivilrechtlich die **Abrechnungslast** trifft[1130]. Die **Verjährung** richtet sich nach § 195 BGB; weiterhin gelten die allgemeinen Vorschriften des BGB über die Verjährung[1131].

Umfang des Zurückbehaltungsrechts gem. § 273 BGB: Bis zur Erteilung einer ordnungsgemäßen Rechnung hat der Leistungsempfänger[1132] ein Zurückbehaltungsrecht. Strittig ist der Umfang des Zurückbehaltungsrechts. Teilweise wird vertreten, der Leistungsempfänger könne die gesamte Gegenleistung verweigern, und nicht nur den Anteil, der auf die Umsatzsteuer entfällt. Dem ist nur für den **Tausch,** den **tauschähnlichen Umsatz** und die **Hingabe an zahlungsstatt** zu folgen, soweit die Gegenleistung nicht teilbar ist. Ansonsten verstößt die Verweigerung der gesamten Gegenleistung ihrerseits gegen den **Grundsatz von Treu und Glauben,** sodass bei einer teilbaren, insbesondere in Geld bestehenden Gegenleistung **nur der auf die Umsatzsteuer entfallende Betrag** zurückbehalten werden darf.

Unzutreffend ist auch das Vorbringen der Gegenauffassung, das bloße Einbehalten der Umsatzsteuer durch den Leistungsempfänger bewirke beim leistenden Unternehmer eine **Entgeltsminderung nach § 17 UStG.** Maßgebend bleibt das vereinbarte Entgelt[1133]. Wäre diese Auffassung richtig, träte bei Zurückbehaltung der gesamten Gegenleistung eine Entgeltsminderung in voller Höhe ein mit der Folge, dass der Anspruch auf Erteilung einer Rechnung entfiele.

Als Begründung für die Zurückbehaltung des gesamten Rechnungsbetrags wird auch immer wieder die Rechtsprechung des **AG Waiblingen** angeführt[1134]. Nach dem Beschluss hat der vorsteuerabzugsberechtigte Rechnungsempfänger bei fehlender An-

---

1128 Abschn. 14.1 Abs. 5 Sätze 1 u. 2 UStAE.

1129 § 242 BGB.

1130 BFH, Urteil vom 4.3.1982, BStBl. II 1982, 309.

1131 Abschn. 14.1 Abs. 5 Sätze 3 u. 4 UStAE.

1132 § 273 Abs. 1 BGB.

1133 § 13 Abs. 1 Nr. 1 Buchst. a i. V. m. § 16 Abs. 1 Satz 1 UStG.

1134 AG Waiblingen, Beschluss vom 10.11.2003, 14 C 1737/03, NJW 6/2003, XII.

gabe der Steuernummer »ein« Zurückbehaltungsrecht, sodass die Forderung nicht fällig wird. Daraus wird in der Praxis oft geschlossen, dass die gesamte Forderung zurückbehalten werden kann. Der dem AG Waiblingen vorliegender Sachverhalt gibt diesen Schluss aber nicht her. Im Urteilsfall hatte der Leistungsempfänger die Hauptforderung bereits bezahlt; lediglich der Umsatzsteuerbetrag war noch offen. Die Entscheidung differenziert daher nicht zwischen Hauptforderung und Umsatzsteuerforderung. Ein Argument für ein unbeschränktes Zurückbehaltungsrecht ergibt sich aus der Entscheidung daher nicht; sie bestätigt lediglich die Zurückbehaltung des Umsatzsteueranteils.

Nicht zu folgen ist auch der Rechtsprechung der **AG Essen**, das über § 320 BGB ein Zurückbehaltungsrecht in Höhe von 50 % des Rechnungsbetrags einräumt[1135]. § 320 BGB ist unanwendbar, weil nur die Hauptleistungen gegenseitig (»synallagmatisch«) verknüpft sind, die Verpflichtung zur Ausstellung einer Rechnung aber eben nur eine Nebenpflicht bildet (s. o.).

➡ Beratungskonsequenzen

1. **Die Nichterfüllung der zivilrechtlichen Verpflichtung** zur Rechnungsausstellung begründet ein Zurückbehaltungsrecht in Höhe des Steuerbetrages.

2. **Die Nichterfüllung der öffentlich-rechtlichen Verpflichtung** zur Ausstellung einer ordnungsgemäßen Rechnung kann (daneben) gem. § 26a Abs. 1 Nr. 1 UStG mit einem Bußgeld geahndet werden.

3. **Der Leistungsempfänger** hat das Zurückbehaltungsrecht natürlich nur, wenn und soweit er die **Gegenleistung noch nicht erbracht** hat; ansonsten kann nichts mehr zurückbehalten werden! Eingangsrechnungen sind daher möglichst frühzeitig und damit bereits bei Erhalt und vor Bezahlung auf ihre umsatzsteuerliche Vollständigkeit und Richtigkeit hin zu überprüfen.

4. **Häufig wird die (Kreditoren-)Buchhaltung** mit der Überprüfung rein tatsächlich überfordert sein; die fehlende Sachverhaltskenntnis ist dann ggf. durch geeignete **Controllingmaßnahmen** sicherzustellen. Steuerberater sollten Ihre Mandanten darauf im Hinblick auf die Informationspflicht in zeitlichen Abständen immer wieder (nicht nur bei der Neuübertragung des Mandats; ggf. im Rahmen eines **Mandantenrundschreibens** zum Jahresanfang) entsprechend aufklären[1136].

1135 AG Essen, DB 1986, 1116.
1136 *Weimann*, UStB 2007, 331; vgl. auch *Heeseler*, BB 2006, 1137.

116.17 Einzelfall-ABC: Aktuelles aus Rechtsprechung und Verwaltung

Betrugseinbindung durch außer Acht lassen der gebotenen Sorgfalt

Welche Maßnahmen von einem Steuerpflichtigen vernünftigerweise verlangt werden können, um eine eigene Beteiligung an einem fremden Mehrwertsteuerbetrug zu verhindern, hängt wesentlich von den jeweiligen Umständen ab, die nach den Beweisregeln des nationalen Rechts, die die Wirksamkeit des Unionsrechts nicht beeinträchtigen dürfen, zu ermitteln sind. Von einem Steuerpflichtigen darf zwar nicht generell verlangt werden, dass er prüft, ob der Aussteller einer Rechnung über die Lieferung von Gegenständen, für die das Recht auf Vorsteuerabzug geltend gemacht wird, über die fraglichen Gegenstände verfügte, sie liefern konnte sowie seinen Verpflichtungen hinsichtlich der Erklärung und Abführung der Mehrwertsteuer nachgekommen ist. Wenn aber Anhaltspunkte für Unregelmäßigkeiten oder einen Mehrwertsteuerbetrug vorliegen, kann der Steuerpflichtige verpflichtet sein, über einen anderen Wirtschaftsteilnehmer, von dem er Gegenstände oder Dienstleistungen zu erwerben beabsichtigt, Auskünfte einzuholen, um sich von dessen Zuverlässigkeit zu überzeugen[1137].

1. Sachverhalt

Der Steuerpflichtige hatte zunächst einen Großhandel mit Schmuck, Textilien und Kosmetik neben seiner Angestelltentätigkeit in der Goldbranche und ab dem 1.11.2010 einen Großhandel mit Schmuck im Haupterwerb angemeldet. Er gab an, Altgold von vier Großlieferanten bezogen zu haben und machte aus den Gutschriften im Streitjahr 2010 Vorsteuern geltend.

Bis August 2010 hatte der Steuerpflichtige wöchentlich 30 bis 40 Kilogramm Altgold an die Scheideanstalt S-AG geliefert und an die Bank verkauft, die an der S-AG beteiligt war.

Sodann veränderten sich die Geschäftsbeziehungen. Auf Nachfrage des Steuerpflichtigen riet ihm die Creditreform von Geschäften mit einigen Partnern ab.

Der Steuerpflichtige führte die Geschäfte dennoch fort, erhielt nach seinen Angaben eine Gewinnmarge von ca. 0,5 % des für die Transaktionen erzielten Preises und die ihm in Rechnung gestellten Scheidekosten von seinen Lieferanten. Er habe kein Risiko gesehen, da ihm das Altgold in seine betrieblichen Räume geliefert und von ihm verarbeitet worden sei.

Die Bank erstattete im August 2010 eine Geldwäscheverdachtsanzeige an das Landeskriminalamt Baden Württemberg. Gegen den Steuerpflichtigen wurde ein Strafverfahren eingeleitet und zwischenzeitlich eingestellt.

1137 BFH, Beschluss vom 20.10.2021, XI R 19/20; dazu ausführlich *Weimann*, AStW 2022, iww.de/astw, Abruf-Nr. 228420.

Die Steuerfahndung gelangte zu dem Ergebnis, die vom Steuerpflichtigen erklärten Vorsteuerbeträge seien nicht abziehbar. Dieser sei insoweit kein Unternehmer und zudem nur »Schein-Eigentümer« der angelieferten Waren gewesen. Die in den Gutschriften genannten Leistenden seien nicht die tatsächlichen Lieferer. Es fehle insoweit an einem Leistungsaustausch. Rechnungen bzw. Gutschriften seien formell mangelhaft.

Daraufhin kürzte das beklagte Finanzamt die Vorsteuerbeträge und setzte unberechtigt ausgewiesene Steuerbeträge nach § 14c Umsatzsteuergesetz (UStG) fest.

Eine vom Steuerpflichtigen erhobene erste Klage wurde vom FG überwiegend abgewiesen. Nach Nichtzulassungsbeschwerde wies der BFH die Sache zur erneuten Verhandlung und Entscheidung an das FG zurück.

Das FG wies die Klage im Wesentlichen erneut ab. Hiergegen wendet sich die Revision des Steuerpflichtigen.

2. Entscheidung

Der BFH hält die Revision für unbegründet. Das Gericht bestätigt das Urteil der Vorinstanz (FG Baden-Württemberg vom 4.6.2020, 1 K 2492/19) und ergänzt die Begründung wie folgt:

2.1 Zielvorgabe Missbrauchsbekämpfung

Nach der ständigen Rechtsprechung des EuGH ist die Bekämpfung von Betrug, Steuerhinterziehung und etwaigen Missbräuchen ein Ziel, das auch mit der Mehrwertsteuer-Systemrichtlinie anerkannt und gefördert wird.

Deshalb ist u. a. eine **betrügerische oder missbräuchliche Berufung** auf das Unionsrecht **nicht erlaubt**.

2.2 Rechteversagung als Folge

Die nationalen Behörden und Gerichte haben u. a. das Recht, einen **Vorsteuerabzug** zu versagen, wenn aufgrund der objektiven Sachlage feststeht, dass dieses Recht in betrügerischer Weise oder missbräuchlich geltend gemacht wird.

Aber nicht nur der Vorsteuerabzug, sondern **alle im Rechtssystem der EU vorgesehenen Rechte** sind generell zu versagen, unabhängig davon, welches Recht aus dem Bereich der Mehrwertsteuer von der betrügerischen Handlung betroffen ist.

2.3 Eigener Umsatzsteuermissbrauch

Dies gilt, wenn der Steuerpflichtige selbst eine "Steuerhinterziehung" begangen hat.

Steuerpflichtige, die selbst eine Steuerhinterziehung begangen haben, haben die Folgen ihres betrügerischen Verhaltens z. B. dadurch zu tragen, dass sie die Vorsteuer auf alle Waren oder Dienstleistungen, die für die Erbringung der eigenen Leistungen herangezogen wurden, **auch dann nicht in Abzug bringen können**, wenn auf die Umsätze, für die keine Rechnung ausgestellt wurde, nach einer Steuerprüfung **rückwirkend Mehrwertsteuer erhoben** wird.

2.4 Fremder Umsatzsteuermissbrauch

Gleiches gilt aber auch dann, wenn feststeht, dass der Steuerpflichtige, dem die Gegenstände geliefert wurden, die als Grundlage für die Begründung des Rechts auf Vorsteuerabzug dienen, **wusste oder hätte wissen müssen**, dass er mit seinem Erwerb an einem Umsatz teilnahm, der in einen vom Lieferer oder von einem anderen Wirtschaftsteilnehmer auf einer vorhergehenden oder nachfolgenden Umsatzstufe der Lieferkette begangenen Mehrwertsteuerbetrug einbezogen war.

Allein die Tatsache, dass der Steuerpflichtige in irgendeiner Weise davon wusste oder hätte wissen müssen, gilt dabei für die Zwecke der Mehrwertsteuer-Systemrichtlinie als Beteiligung an der Steuerhinterziehung. Die einzige für die Versagung des Abzugsrechts in einer solchen Situation **entscheidende aktive Handlung besteht im Erwerb der Gegenstände**, so dass es keiner sonstigen aktiven Beteiligung an der Steuerhinterziehung oder der Verschleierung der Lieferbeziehungen und des Lieferers bedarf.

Die **Bösgläubigkeit des Steuerpflichtigen muss nicht erwiesen** sein. Ebenso irrelevant ist, ob er durch den Umsatz einen Steuervorteil erlangt hat. Der Begriff der "Lieferkette" ist dabei nicht auf besondere Konstellationen beschränkt.

2.5 Sorgfaltspflichten des Leistungsempfängers

Hinsichtlich des Grades der erforderlichen Sorgfalt des Steuerpflichtigen, der sein Recht auf Vorsteuerabzug ausüben möchte, hat der EuGH entschieden, dass von einem Wirtschaftsbeteiligten gefordert werden darf, dass er **alle Maßnahmen ergreift, die vernünftigerweise von ihm verlangt** werden können, um sicherzustellen, dass der von ihm getätigte Umsatz nicht zu seiner Beteiligung in diesem Sinne führt.

Wenn Anhaltspunkte für Unregelmäßigkeiten oder Steuerhinterziehung vorliegen, kann er nach den Umständen des konkreten Falls verpflichtet sein, über einen anderen Wirtschaftsteilnehmer, von dem er Gegenstände oder Dienstleistungen zu erwerben beabsichtigt, **Auskünfte einzuholen**, um sich von dessen Zuverlässigkeit zu überzeugen.

Die Steuerverwaltung darf aber vom Steuerpflichtigen weder die Durchführung **komplexer und umfassender Überprüfungen** seines Lieferanten verlangen noch ihm faktisch die ihr obliegende Kontrolle übertragen. Nicht generell verlangt werden darf in diesem Zusammenhang die Prüfung, ob der Aussteller der Rechnung über die Gegenstände, für die dieses Recht geltend gemacht wird, Steuerpflichtiger ist, über die fraglichen Gegenstände verfügte und sie liefern konnte sowie seinen Verpflichtungen hinsichtlich der Erklärung und Abführung der Mehrwertsteuer nachgekommen ist.

2.6 Entscheidend sind die Umstände des Einzelfalls

Welche Maßnahmen im konkreten Einzelfall vom Steuerpflichtigen vernünftigerweise verlangt werden können, um die Beteiligung an einem fremden Mehrwertsteuerbetrug zu verhindern, hängt wesentlich von den jeweiligen Umständen ab. Diese Umstände sind gemäß den Beweisregeln des nationalen Rechts zu ermitteln, die die Wirksamkeit des Unionsrechts nicht beeinträchtigen dürfen.

2.7 Feststellungslast liegt bei der Finanzverwaltung

Dass der Steuerpflichtige von einem fremden Mehrwertsteuerbetrug wusste oder hätte wissen müssen, muss das FA anhand objektiver Umstände nachweisen, da die Feststellungslast insoweit bei ihm liegt. Hat das Finanzamt nicht dargetan oder das Finanzgericht nicht festgestellt, dass ein Mehrwertsteuerbetrug oder eine sonstige rechtswidrige Handlung begangen worden ist, kommt eine Versagung des Vorsteuerabzugs nach der sog. Missbrauchs-Rechtsprechung des EuGH nicht in Betracht

> ➡ **Beratungskonsequenzen**
>
> Zwar ist die nationale Regelung des **§ 25f Abs. 1 Nr. 2 UStG** (➲ Kapitel 67), nach dem der Vorsteuerabzug nach § 15 Abs. 1 Satz 1 Nr. 1 UStG zu versagen ist, sofern der Unternehmer wusste oder hätte wissen müssen, dass er sich u. a. mit seinem Leistungsbezug an einem Umsatz beteiligt, bei dem ein anderer Beteiligter auf einer nachfolgenden Umsatzstufe in eine begangene Hinterziehung von Umsatzsteuer einbezogen war, im Streitzeitraum 2010 gemäß § 27 Abs. 30 UStG noch nicht anzuwenden. Jedoch haben die Mitgliedstaaten unionsrechtlich nach Artikel 325 des Vertrags über die Arbeitsweise der Europäischen Union Betrügereien und sonstige gegen die finanziellen Interessen der Union gerichtete rechtswidrige Handlungen mit Maßnahmen zu bekämpfen, die wirksam und abschreckend sind. Dabei umfassen die finanziellen Interessen der Union auch die Einnahmen aus der Mehrwertsteuer. Der »neue« § 25f UStG kodifiziert insoweit nur bereits vor gültiges Gedankengut und wirkt deklaratorisch.

Outplacement-Beratung, Einkauf von

Bezieht der Unternehmer für einen von ihm angestrebten Personalabbau Leistungen von sog. Outplacement-Unternehmen, mit denen unkündbar und unbefristet Beschäftigte individuell insbesondere durch sog. Bewerbungstrainings bei der Begründung neuer Beschäftigungsverhältnisse unterstützt werden sollen, ist der Unternehmer aufgrund eines vorrangigen Unternehmensinteresses zum Vorsteuerabzug berechtigt.[1138]

1138 BFH, Urteil vom 30.6.2022, V R 32/20; dazu ausführlich *Weimann*, AStW 2022, 911.

1. Hintergrund

Outplacement (Außenvermittlung) bezeichnet eine von Unternehmen finanzierte Dienstleistung zu Gunsten von Mitarbeitern, von denen das Unternehmen sich aus welchen Gründen auch immer trennen muss. Die Mitarbeiter erhalten professionelle Hilfe zu ihrer beruflichen Neuorientierung.

Der Bedarf nach einer derart speziellen Berufsberatung ergab sich erstmals nach dem Zweiten Weltkrieg in den USA. Die heimkehrenden Soldaten mussten zivile Beschäftigungen finden. Zu ihrer Unterstützung richtete das Militär besondere Beratungsstellen ein.

Diesen Gedanken haben private Beratungsunternehmen übernommen und bieten entsprechende Dienstleistungen auch Privatunternehmen an, die sich von Mitarbeitern trennen wollen.

2. Sachverhalt

Die Steuerpflichtige ist eine Aktiengesellschaft mit zahlreichen organschaftlich verbundenen Tochtergesellschaften und nach den Ausgangsumsätzen grundsätzlich zum Vorsteuerabzug berechtigt.

Aufgrund wirtschaftlicher Gegebenheiten beabsichtigte die Steuerpflichtige in den Streitjahren, in erheblichem Umfang Kosten einzusparen, insbesondere den Personalaufwand zu reduzieren. Ihre Mitarbeiter waren allerdings zu einem großen Teil aufgrund von Tarifverträgen, die betriebsbedingte Kündigungen ausschlossen, oder aufgrund sonstiger Regelungen unkündbar und unbefristet beschäftigt. Der beabsichtigte Personalabbau konnte daher nur auf freiwilliger Basis mit Zustimmung der betroffenen Mitarbeiter zur Aufhebung ihrer Arbeits- oder Dienstverträge erfolgen.

Die Steuerpflichtige beauftragte (ebenso wie ihre Organgesellschaften) sog. Outplacement-Unternehmen, die sie bei der Erreichung ihrer Personalabbauziele unterstützten. Diese Unternehmen sollten Mitarbeiter individuell betreuen, fachlich beraten und organisatorisch bei der Suche nach einem neuen Arbeitsplatz unterstützen, damit diese freiwillig ihre bisherigen Beschäftigungsverhältnisse aufgaben. Dies umfasste eine Basisberatung, eine Standortanalyse des Mitarbeiters, eine Perspektiv- und Motivationsberatung, Vermittlungstätigkeiten zur Begründung eines neuen versicherungspflichtigen Beschäftigungsverhältnisses, ein sog. ganzheitliches Placement mit Finanzberatung sowie ein sog. Newplacement mit Beratungsprogramm.

Die Kosten trugen die Steuerpflichtige und ihre Organgesellschaften. Aus den Leistungen der Outplacement-Unternehmen machte die Steuerpflichtige den Vorsteuerabzug geltend.

Das Finanzamt erkannte den von der Steuerpflichtigen geltend gemachten Vorsteuerabzug nur insoweit an, als er auf die allgemeine Beratung und auf sog. Erfolgspauschalen entfiel. Demgegenüber versagte es den Vorsteuerabzug aus den personenbezogenen Beratungsleistungen, da die von der Steuerpflichtigen bezogenen Leistungen durch die individuelle Beratung speziell auf die künftige berufliche Entwicklung der Beschäftigten zugeschnitten gewesen seien.

Das Finanzgericht gewährte den Vorsteuerabzug auch aus den Beratungsleistungen; hiergegen wendet sich die Revision des Finanzamts.

3. Entscheidung

Das Finanzgericht hat zu Recht entschieden, dass die Steuerpflichtige zum Vorsteuerabzug berechtigt ist. Für die Steuerpflichtige bestand ein vorrangiges Unternehmensinteresse, hinter dem das Interesse des Beschäftigten an der Outplacement-Beratung zurücktrat. Dies ist für Zwecke des Vorsteuerabzugs nach den für die Entnahmebesteuerung maßgeblichen Kriterien zu beurteilen.

Das Interesse der Steuerpflichtigen am Personalabbau überwiegt den Vorteil, der sich für die dort Beschäftigten an der Begründung eines neuen Arbeitsverhältnisses ergab. So ist es jedenfalls dann, wenn es um die Begründung neuer Arbeitsverhältnisse für unkündbar und unbefristet Beschäftigte geht. Bei derartigen Beschäftigungsverhältnissen konnte das Finanzgericht davon ausgehen, dass sich das Interesse an der Begründung neuer Arbeitsverhältnisse

- **nicht aus dem Wunsch des Beschäftigten** nach einem Arbeitgeberwechsel,
- **sondern aus dem unternehmerischen Ziel** erklärte, Beschäftigte, deren gegenwärtige Betätigung aus unternehmerischen Gründen beendet werden sollte, denen aber nicht gekündigt werden konnte, davon zu überzeugen, einer Auflösung des bestehenden Beschäftigungsverhältnisses zuzustimmen.

Den Beschäftigten wurde ein von ihnen ursprünglich nicht gewünschter **Vorteil aus unternehmerischen Gründen quasi aufgedrängt**. Dass Beschäftigte von sich aus Arbeitsverhältnisse neu begründen wollten, hat das FG nicht festgestellt und wird auch nicht mit der Revision geltend gemacht.

Weiter bestätigt das **Kriterium des ausschließlichen Entstehungsgrundes** das für die Steuerpflichtige bestehende Recht auf Vorsteuerabzug. Dieser Entstehungsgrund ergab sich aus dem unternehmerischen Ziel des Personalabbaus, nicht aber aus einem Zuwendungswillen gegenüber den Beschäftigten. Insoweit führt die Steuerpflichtige zu Recht an, dass sie entschied, welche Beschäftigten welche Qualifizierungsleistungen in Anspruch nehmen konnten. Die Leistungen standen damit nicht allen Beschäftigten offen. So waren z. B. Beschäftigte von dem Angebot ausgeschlossen, die sich selbst für einen Beschäftigungswechsel interessierten, die die Steuerpflichtige aber in ihrem Unternehmen halten wollte.

Bestätigt wird dies durch die **Rechtsprechung des EuGH zur sog. Nebensächlichkeit**. Ist erwiesen, dass ein direkter und unmittelbarer Zusammenhang zwischen den dem Steuerpflichtigen erbrachten Dienstleistungen und seiner wirtschaftlichen Tätigkeit besteht, kann der Umstand, dass auch ein Dritter von diesen Dienstleistungen profitiert, es nicht rechtfertigen, dem Steuerpflichtigen das entsprechende Abzugsrecht für diese Dienstleistung zu versagen, wenn der dem Dritten durch diese Dienstleistungen entstehende Vorteil gegenüber dem Bedarf des Steuerpflichtigen nur als nebensächlich anzusehen ist

 Beratungskonsequenzen

Die Rechtsprechung des BFH überzeugt. Durch den Einkauf von Outplacement-Beratung zeigt ein Unternehmen sein Interesse an einer »sauberen« Trennung. Entsprechend positiv wird sich dies auf die Motivation der verbleibenden Mitarbeiter und auch das **öffentliche Erscheinungsbild des Unternehmens** auswirken. Letzteres wiederum erhöht die Attraktivität des Unternehmens im Wettbewerb um neue Arbeitskräfte – etwa auf der bekannten Arbeitgeberbewertungsplattform »Kununu«. Zugleich lassen sich so auch **langfristige und teure Rechtsstreitigkeiten** mit den ausscheidenden Mitarbeitern vermeiden. Findet der entlassene Arbeitnehmer auf Grund der Unterstützung schneller eine neue Anstellung, verringern sich außerdem die Restlaufzeit von Verträgen und damit auch die entsprechenden **Lohnkosten und Lohnfolgekosten.**

Photovoltaik: Kein Vorsteuerabzug aus der Anschaffung eines Stromspeichers – entgegen FinVerw

Der Vorsteuerabzug aus der Anschaffung eines Stromspeichers ist eigenständig und unabhängig davon zu prüfen, ob ein Batteriespeichersystem zugleich oder nachträglich mit der Photovoltaikanlage angeschafft und in Betrieb genommen worden ist. Umsatzsteuerlich zählt ein Stromspeicher nicht zu den für den Betrieb einer Photovoltaik-Anlage wesentlichen Komponenten und berechtigt daher nicht zum Vorsteuerabzug[1139].

1. Sachverhalt

Die Steuerpflichtige ist eine aus den Eheleuten A und B bestehende Gesellschaft bürgerlichen Rechts (GbR), die bereits seit 2013 eine Aufdach-Solaranlage betreibt.

Die GbR plante im Jahr 2016 eine weitere Photovoltaikanlage mit Batteriespeichersystem auf der Nordseite des Daches. Diese Komplettanlage sollte mit einem Programm finanziert werden, das vor Abschluss der Verträge im Jahr 2016 eingestellt wurde. Auf Vorschlag der finanzierenden Banken wurde daher zunächst die Photovoltaikanlage erworben und aufgebaut und der Erwerb des Speichersystems auf das Jahr 2017 verschoben, um die Fördermittel zu erhalten. Nach Lieferverzögerungen wurde das Speichersystem im Frühsommer 2017 in Betrieb genommen. Das Batteriespeichersystem dient der Speicherung des durch die Solaranlage erzeugten Stromes, der ausschließlich für die private Versorgung der Gesellschafter der Steuerpflichtige verwendet wird.

1139 FG Baden-Württemberg, Urteil vom 19.2.2020 (Az. 12 K 418/18); dazu ausführlich *Weimann*, AStW 2022, 829.

Das beklagte Finanzamt (FA) lehnte den Vorsteuerabzug für das Speichersystem ab. Die Stromspeicher seien nachträglich angeschafft worden, dienten der privaten Stromversorgung und könnten daher nicht dem Unternehmen zugeordnet werden. Eine Ausnahme komme nur bei gleichzeitiger Anschaffung von Photovoltaikanlage und Stromspeicher in Betracht.

2. Entscheidung

Das FG wies die hiergegen erhobene Klage wies ab.

2.1 Kein Vorsteuerabzug bei ausschließlich privater Verwendung

Der Steuerpflichtigen stehe kein Vorsteuerabzug aus den Rechnungen für das Batteriespeichersystem zu, weil dieses nicht für Zwecke der besteuerten Umsätze der Steuerpflichtigen erfolgen sollte, sondern **ausschließlich den privaten Belangen ihrer Gesellschafter** diene.

Der in den Batterien gespeicherte Strom werde ausschließlich für den privaten Verbrauch der Gesellschafter der Steuerpflichtige verwendet. Ein Entgelt hierfür zahlten die Gesellschafter nicht an die Steuerpflichtige.

Das Batteriespeichersystem **diene damit nicht der Erzielung von Einnahmen** und werde mithin nicht für Zwecke der besteuerten Umsätze der Steuerpflichtigen verwendet.

2.2 Batteriespeichersystem ist kein Bestandteil der Photovoltaikanlage

Der Vorsteuerabzug richte sich nicht nach der Verwendung der Photovoltaikanlage, da das Batteriespeichersystem nicht Bestandteil der Photovoltaikanlage geworden sei.

Der Stromspeicher gehöre nicht zu den für den Betrieb einer Photovoltaik-Anlage wesentlichen Komponenten, da ein Stromspeicher nicht der Produktion von Solarstrom diene. Insbesondere sei die Installation eines Batteriespeichersystems **keine unabdingbare Voraussetzung für die Einspeisung** des in der Photovoltaikanlage produzierten Stroms in das Netz des Strombetreibers. Zwar sei nach in § 9 Abs. 1 und 2 EEG ein sog. Einspeisemanagement vorgesehen. Letztlich erfordere dies jedoch nicht die Installation von Stromspeichern, sondern lediglich eine Abregelungsmöglichkeit der Stromeinspeisung ins Netz z. B. mithilfe sog. parametrisierter Funkrundsteuerempfänger. Eine entsprechende Abregelungsanlage habe die Steuerpflichtige auch übergangsweise installiert.

2.3 Eigenständige Beurteilung des Stromspeichers für den Vorsteuerabzug

Die eigenständige Beurteilung des Stromspeichers im Hinblick auf den Vorsteuerabzug erfolge **unabhängig davon, ob das Batteriespeichersystem zugleich oder nachträglich mit der Photovoltaikanlage angeschafft** bzw. in Betrieb genommen worden sei. Gründe, die eine Differenzierung nach dem Anschaffungs- bzw. Inbetriebnahmezeitpunkt rechtfertigen könnten, seien nicht zu erkennen.

Die zwischen den Beteiligten streitige Frage, ob ein langgestreckter Bauabschnitt oder eine zeitlich gestaffelte Lieferung bzw. Inbetriebnahme vorliege, könne daher ebenso dahinstehen, wie die Frage, ob die Steuerpflichtige die zeitlichen Abläufe zu vertreten habe.

2.4 Keine Bindung des FG an die abweichende Auffassung der Finanzverwaltung

Das FG sei nicht an die in der Verfügung der Oberfinanzdirektion (OFD) Karlsruhe vom 31.1.2017 und in der vom Bayerischen Landesamt für Steuern herausgegebene »Hilfe zu Photovoltaikanlagen« vertretenen Auffassungen gebunden.

Norminterpretierende Verwaltungsanweisungen, die die gleichmäßige Auslegung und Anwendung des Rechts sichern sollen, können im Allgemeinen weder eine einer Rechtsnorm vergleichbare Bindung aller Rechtsanwender noch eine Bindung nach dem Grundsatz von Treu und Glauben herbeiführen.

Eine von den Gerichten zu beachtende Selbstbindung der Verwaltung bestehe lediglich **ausnahmsweise** in dem Bereich der ihr vom Gesetz eingeräumten Entscheidungsfreiheit, also **im Bereich des Ermessens, der Billigkeit (z. B. bei Änderung der Rechtsprechung) und der Typisierung oder Pauschalierung.**

 Beratungskonsequenzen

Das Urteil des FG ist **rechtskräftig.**

Prototypenhaus, vom Gesellschafter-Geschäftsführer bewohnt

Einer Kapitalgesellschaft steht kein Vorsteuerabzug aus Leistungen zu, die ihrem objektiven Inhalt nach unmittelbar den privaten Interessen ihres Geschäftsführers und dessen Ehefrau dienen (Wohnen, Ernährung, Gesundheit, Freizeitgestaltung usw.) und mit denen ihnen erhebliche wirtschaftliche Werte zugewandt worden sind. Dabei ist unerheblich, dass die Kapitalgesellschaft gegebenenfalls mittelbar die Stärkung der Gesamttätigkeit des Unternehmens bzw. der Stärkung der Einsatzfähigkeit und Motivation ihres Geschäftsführers und der Beschäftigten bezweckt haben mag[1140].

1. Sachverhalt

Die Steuerpflichtige ist eine GmbH. Gesellschafter und Geschäftsführer der GmbH ist Herr C, dessen Ehefrau B bei der GmbH geringfügig beschäftigt ist.

Frau B ist Eigentümerin des mit einer Doppelhaushälfte bebauten Grundstücks, das sie im Streitjahr 2015 teilweise an die GmbH vermietet hatte und zwar »das Arbeitszimmer

---

1140 FG Baden-Württemberg, Beschluss vom 8.2.2022, 12 V 2329/20; dazu ausführlich *Weimann*, AStW 2022, iww.de/astw, Abruf-Nr. 231599.

im Norden des 1. Stocks« und die beiden Garagenstellplätze. Für die Miete wurde keine Umsatzsteuer berechnet.

Im Jahr 2015 wurden umfangreiche Sanierungsarbeiten an dem Gebäude vorgenommen. So wurde eine Lüftungsanlage, Rollläden und Dachfenster eingebaut. Zudem wurde das Gebäude mit umfangreicher Haustechnik ausgerüstet (Elektroinstallationen inklusive Photovoltaikanlage). Als Auftraggeber trat die GmbH auf. Diese beglich auch die Rechnungen. Eine Abrechnung der GmbH gegenüber der Eigentümerin (Frau B) oder dem Geschäftsführer (Herr C) erfolgte nach Aktenlage nicht.

Seit 2016 wird das Gebäude vom Geschäftsführer und dessen Ehefrau zu Wohnzwecken genutzt. Gegenüber dem Finanzamt trug die GmbH vor, es handele sich um ein Prototypenhaus, das von der Ehefrau des Geschäftsführers zwar privat genutzt werde, aber in erster Linie Demonstrationszwecken gegenüber potentiellen Kunden diene.

Das Finanzamt versagte den Vorsteuerabzug aus den Rechnungen für Einbauten im Gebäude der Ehefrau des Geschäftsführers der GmbH (Lüftung, Rollläden, Elektroinstallation, Einbau Netzwerk, Einbau Module) und weitere Vorsteuerbeträge (z. B. für Stützstrümpfe, Massagen, Getränke, Lebensmittel, Operettenkarten).

Die GmbH beantragte beim Finanzamt erfolglos, die sich aus der Vorsteuerkürzung ergebende Umsatzsteuerzahlungen von der Vollziehung auszusetzen.

2. Entscheidung

Auch das Finanzgericht gewährte der GmbH keinen vorläufigen Rechtsschutz.

2.1 Kein Vorsteuerabzug einer GmbH für Eingangsleistungen, die den privaten Interessen ihres Geschäftsführers und seiner Ehefrau dienen

Das Finanzamt habe zu Recht den Vorsteuerabzug für die an dem Gebäude der Ehefrau des Geschäftsführers der GmbH erbrachten Leistungen versagt (Elektroinstallation, Einbau von Steuerungselementen, Dachfenstern, Lüftungsanlage, Türsprechanlage, Versorgungsschacht und Rollläden). Gleiches gelte für die Lieferung von Stützstrümpfen, die Verabreichung von Massagen, Telefon und Strom für den Privatgebrauch, die Lieferung von Getränken und Lebensmittel, für den Erwerb eines Geschenkgutscheins und Operettenkarten. Nach summarischer Prüfung dienten diese Leistungen **unmittelbar ihrem objektiven Inhalt nach** den privaten Interessen des Geschäftsführers der GmbH und dessen Ehefrau (Wohnen, Ernährung, Gesundheit, Freizeitgestaltung usw.).

Es sei **unerheblich**, dass die GmbH **gegebenenfalls mittelbar** die Stärkung der Gesamttätigkeit des Unternehmens durch Nutzung des Gebäudes als Anschauungs- und Werbeobjekt bzw. durch gesundheitsbezogenen Leistungen (Massagen, Stützstrümpfe, Getränke, Lebensmittel u.s.w.) zur Stärkung der Einsatzfähigkeit und Motivation des Geschäftsführers und der Beschäftigten bezweckt haben mag.

2.2 »Mittelbare« Veranlassung kann nur bei nebensächlichen Privatvorteilen zum Vorsteuerabzug führen

Dem stehe auch die Rechtsprechung des BFH nicht entgegen. Beziehe danach ein Unternehmer eine Leistung, um diese an einen Dritten unentgeltlich weiter zu liefern und zugleich die eigene unternehmerische Tätigkeit zu ermöglichen, stehe ihm der Vorsteuerabzug zu, wenn

- die bezogene Eingangsleistung nicht über das hinausgehe, was **erforderlich/unerlässlich** gewesen sei, um diesen Zweck zu erfüllen, und
- die Kosten der Eingangsleistung (**kalkulatorisch**) **im Preis der getätigten Ausgangsumsätze enthalten** seien und
- der **Vorteil des Dritten allenfalls nebensächlich** sei. Insoweit reiche eine "mittelbare" Veranlassung für den Vorsteuerabzug aus.

Im Streitfall fehle es bereits daran, dass der Vorteil des Dritten (hier: des Gesellschafter-Geschäftsführers und dessen Ehefrau) lediglich als nebensächlich zu werten sei, da diesen erhebliche wirtschaftliche Werte zugewandt worden seien.

Auch habe die GmbH nicht dargetan, dass die bezogenen Leistungen nicht über das hinausginge, was erforderlich/unerlässlich gewesen sei, um die unternehmerische Tätigkeit der Steuerpflichtige auf das Gebiet des »smart home« auszudehnen.

Zudem fehle jedweder Nachweis, dass die Kosten der Eingangsleistungen (kalkulatorisch) im Preis der getätigten Ausgangsumsätze enthalten seien.

Prüfungspflichten des Rechnungsempfängers dürfen nicht überzogen werden (EuGH, Urteil vom 22.10.2015, Rs. C-277/14, PPUH Stehcemp)

 Hinweis
➲ Kapitel 75.05 der Vorauflage (= 20. Auflage 2022)

Steuerhinterziehung, Beteiligung an

 Hinweis
➲ Kapitel 67 und oben, Stichwort »Betrugseinbindung durch außer Acht lassen der gebotenen Sorgfalt«

Trikotsponsoring

 Hinweis
➲ Kapitel 75.01 der Vorauflage (= 20. Auflage 2022)

Vertrauensschutz in Deutschland unzureichend (EuGH-Generalanwalt)

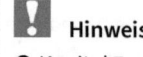 **Hinweis**
➲ Kapitel 7

Vorsteuerabzug auch ohne Eingangsrechnung
(EuGH, Urteil vom 21.11.2018, Rs. C-664/16, Vădan)

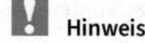 **Hinweis**
➲ Kapitel 75.03 der Vorauflage (= 20. Auflage 2022)

117 Versagung von Vorsteuerabzug und Steuerbefreiung bei Beteiligung an Steuerhinterziehung

Die neue Vorschrift ist am 1.1.2020 in Kraft getreten. In Anwendung der EuGH-Rechtsprechung wird geregelt, dass einem Unternehmer

- der wusste oder hätte wissen müssen,
- dass er sich mit seinem Leistungsbezug oder dem erbrachten Umsatz an einem Umsatz beteiligt,
- bei dem ein Beteiligter auf einer vorhergehenden oder nachfolgenden Umsatzstufe in eine begangene Umsatzsteuerhinterziehung oder Erlangung eines nicht gerechtfertigten Vorsteuerabzugs im Sinne von § 370 AO oder einer Schädigung des Umsatzsteueraufkommens im Sinne der §§ 26b und 26c UStG einbezogen war,

der Vorsteuerabzug bzw. die Steuerbefreiung für den entsprechenden Umsatz verwehrt werden kann.

➡ Beratungskonsequenzen
Die Vorschrift dient der **Bekämpfung des Umsatzsteuerbetruges** insbesondere in Form von Ketten- oder Karussellgeschäften. Ausführlich zu der neuen Vorschrift ➲ Kapitel 67

118 Gemischt genutzte Grundstücke: Abschaffung der »Seeling-Gestaltungen«

Seit dem 1.1.2011 sind eindeutige Zuordnungsentscheidungen zu treffen!

Hinweis

➲ mybookplus.de > Vertiefende Informationen > Kapitel 118

119 Vorsteuererstattung über Direktanspruch (»Reemtsma-Anspruch«)

BMF-Schreiben vom 12.4.2022

Rechtsgrundlagen

- UStAE: Abschn. 15.1 ff.
- BMF, Schreiben vom 12.4.2022, III C 2 – S 7358/20/10001 :004, 2022/0385137, Direktanspruch in der Umsatzsteuer; Veröffentlichung der BFH-Urteile vom 30.6.2015, VII R 30/14, und vom 22.8.2019, V R 50/16, BStBl. I 2022, 652.

119.1 Hintergrund

In der Rechtsprechung wurde das sich aus dem Unionsrecht ergebende Rechtsinstrument des Direktanspruchs in der Umsatzsteuer (auch »Reemtsma-Rechtsprechung«) entwickelt. Danach kann unter bestimmten Voraussetzungen ein Leistungsempfänger die Erstattung einer rechtsgrundlos an den Leistenden gezahlten Umsatzsteuer direkt vom Fiskus (statt vom Leistenden) verlangen. Mit BMF-Schreiben vom 12.4.2022 nimmt die Finanzverwaltung – soweit ersichtlich erstmals – dazu Stellung[1141].

119.2 Grundsatzurteil des EuGH vom 15.3.2007

Der EuGH hat entschieden, dass es grundsätzlich Sache der Mitgliedstaaten sei, die Voraussetzungen festzulegen, unter denen die Rückzahlung der rechtsgrundlos gezahlten Steuer erfolgen kann[1142]. Diese Voraussetzungen müssten jedoch den **Grundsätzen der Gleichwertigkeit (Äquivalenz) und der Effektivität** entsprechen.

1141 BMF, Schreiben vom 12.4.2022, III C 2 – S 7358/20/10001 :004, 2022/0385137 ➲ www.haufe.de/arbeitshilfen

1142 BMF, Schreiben vom 12.4.2022, Rn. 2 unter Hinweis auf EuGH, Urteil vom 15.3.2007, Rs. C-35/05, Reemtsma Cigarettenfabriken.

Ausgehend hiervon stellte der EuGH fest, dass ein Verfahren, nach dem (ähnlich wie in Deutschland) zunächst der Dienstleistungserbringer einen Anspruch gegenüber dem Fiskus und der Dienstleistungsempfänger einen entsprechenden zivilrechtlichen Anspruch gegen den Dienstleistungserbringer hat, mit dem Unionsrecht vereinbar sei.

Allerdings erforderten der Grundsatz der Neutralität und Effektivität, dass in Fällen, in denen die **Erstattung der Mehrwertsteuer vom Dienstleistungserbringer an den Dienstleistungsempfänger unmöglich oder übermäßig erschwert** werde, insbesondere im Fall einer Zahlungsunfähigkeit des Dienstleistungserbringers, der Dienstleistungsempfänger seinen **Antrag auf Erstattung unmittelbar an die Steuerbehörden** richten kann.

Die Mitgliedstaaten müssten deshalb die entsprechenden **erforderlichen Mittel und Verfahrensmodalitäten** vorsehen. Im Streitfall hatte der Dienstleistungserbringer für eine im Inland nicht steuerbare Leistung Mehrwertsteuer irrtümlich in Rechnung gestellt, diese vom Dienstleistungsempfänger erhalten und an den Fiskus entrichtet. Die oben genannten Grundsätze hat der EuGH auf Erstattungen im Zusammenhang mit der Lieferung von Gegenständen übertragen.

119.3 Auflistung der Folgerechtsprechung des BFH

Der BFH hat in Folge bereits mehrfach auf die damals neue EuGH-Rechtsprechung aufgebaut[1143].

119.4 Rechtsauffassung des BMF

Unter Bezugnahme auf das Ergebnis der Erörterungen mit den obersten Finanzbehörden der Länder wird zum Direktanspruch in der Umsatzsteuer folgende Auffassung vertreten:

 Beratungskonsequenzen

Das BMF hat 15 Jahre benötigt, um sich zu der Rechtsprechung des EuGH zu positionieren. Das zeigt, wie schwer sich die Finanzverwaltung mit einem Direktanspruch tut. Ein kritischer Blick in die u. a. Einzelregelungen festigt diese Einschätzung.

119.4.1 Nur Billigkeitsentscheidung?

Über einen Direktanspruch in der Umsatzsteuer ist **im Rahmen eines Billigkeitsverfahrens nach den §§ 163, 227 AO** zu entscheiden. Zuständig für die Entscheidung über diese Billigkeitsmaßnahme ist das für die Umsatzsteuerfestsetzung des Leistungsempfängers zuständige Finanzamt. Zu entscheiden ist regelmäßig darüber, ob ein Betrag in Höhe der in den fraglichen Rechnungen falsch ausgewiesenen Umsatzsteuer trotz Nichtvorliegens der materiell-umsatzsteuerlichen Voraussetzungen – jedenfalls im

---

1143 BMF, Schreiben vom 12.4.2022, Rn. 3–7.

wirtschaftlichen Ergebnis – als Vorsteuer zu berücksichtigen bzw. ein entsprechender Steueranspruch zu erlassen ist[1144].

 Beratungskonsequenzen

Es ist äußerst fraglich, ob ein Ermessen mit der Rechtsprechung des EuGH vereinbar ist. Der EuGH erwähnt **kein Ermessen** und formuliert vielmehr eine zwingende Rechtsfolge.

119.4.2 Berücksichtigung eines eventuellen Mitverschuldens des Leistungsempfängers

Bei einer Billigkeitsmaßnahme handelt es sich stets um eine Entscheidung unter Berücksichtigung und Abwägung der besonderen Umstände des Einzelfalles, wobei hinsichtlich des Direktanspruchs neben den abgabenrechtlichen Regelungen (vgl. AEAO zu § 163) ergänzend die nachfolgenden Besonderheiten zu beachten sind. Ein vorliegendes Mitverschulden des Leistungsempfängers an der Erstellung der falschen Rechnung ist in die Entscheidung über die Billigkeitsmaßnahme mit einzubeziehen[1145].

 Beratungskonsequenzen

Der EuGH sieht **keine** Prüfung eines Mitverschuldens vor.

119.4.3 Direktanspruch nur nachrangig

Der Leistungsempfänger hat seinen Anspruch auf Erstattung einer unzutreffend in Rechnung gestellten und rechtsgrundlos gezahlten Umsatzsteuer **regelmäßig zunächst zivilrechtlich gegenüber dem Leistenden** geltend zu machen. Der Direktanspruch kann daher nur nachrangig gegenüber dem Verfahren zur Steuerberichtigung nach § 14c Abs. 1 UStG zum Tragen kommen[1146].

Von einer von vornherein unmöglichen oder übermäßig erschwerten Erstattung durch den Leistenden ist regelmäßig **nur im Fall eines bereits mangels Masse abgelehnten Insolvenzantrages über dessen Vermögen** auszugehen.

Die bloße **Zahlungsunfähigkeit des Leistenden** im Sinne der InsO genügt dafür nicht.

Im Fall eines vorliegenden Insolvenzantrages bzw. eines laufenden Insolvenzverfahrens über das Vermögen des Leistenden besteht für den Leistungsempfänger noch Aussicht, den geltend gemachten Anspruch **in Höhe der Quote** teilweise zu erhalten. Ein Direktanspruch kann dann ggf. nur in Höhe der Differenz zwischen dem Erstattungsanspruch gegenüber dem Leistenden und der erhaltenen Quote entstehen.

1144 BMF, Schreiben vom 12.4.2022, Rn. 9.
1145 BMF, Schreiben vom 12.4.2022, Rn. 10.
1146 BMF, Schreiben vom 12.4.2022, Rn. 11 f.

Über den Direktanspruch kann – unter Berücksichtigung der Rn. 17 und 18 des BMF-Schreibens (➲ siehe unten, Kapitel 119.4.7) – daher nach Anmeldung der Forderungen zur Tabelle erst entschieden werden, wenn das Insolvenzverfahren abgeschlossen und ggf. die Quote zugeteilt ist.

Sofern in einem laufenden Insolvenzverfahren keine Anmeldung der Forderung zur Tabelle mehr möglich ist, sind die Gründe hierfür bei der Billigkeitsentscheidung über den Direktanspruch zu berücksichtigen.

Über einen geltend gemachten Direktanspruch kann nicht entschieden werden, **solange** noch eine Inanspruchnahme des Fiskus durch den Leistenden aufgrund einer **Berichtigung des Steuerbetrages nach § 14c Abs. 1 Sätze 2 und 3 UStG rechtlich möglich** ist. Daher kann z. B. im Insolvenzverfahren regelmäßig erst nach Abschluss des Insolvenzverfahrens über den Direktanspruch entschieden werden. Denn durch das Insolvenzverfahren bleibt der Schuldner (hier Leistender) weiterhin Steuerschuldner. Er verliert lediglich das Verfügungs- und Verwaltungsrecht über sein Vermögen, ihm verbleibt aber die Rechtsinhaberschaft, und er ist im Fall einer Berichtigung Rechtsträger des Erstattungsanspruchs.

 Beratungskonsequenzen

Der Grundsatz der Neutralität und Effektivität erfordert, dass in Fällen, in denen die Erstattung der Mehrwertsteuer vom Dienstleistungserbringer an den Dienstleistungsempfänger unmöglich oder **übermäßig erschwert** wird, der Dienstleistungsempfänger seinen Antrag auf Erstattung unmittelbar an die Steuerbehörden richten kann (➲ siehe oben, Kapitel 119.1). Entgegen der Auffassung des BMF wird man auch im Vorfeld einer Insolvenz von übermäßiger Erschwernis ausgehen müssen!

119.4.4 Akzessorietät des Direktanspruchs

Der Direktanspruch gegenüber dem Fiskus ist in der Weise akzessorisch zu dem Anspruch des Leistungsempfängers gegenüber seinem Vertragspartner (dem Leistenden), dass ein Direktanspruch gegenüber dem Fiskus ausscheidet, wenn der Anspruch des Leistungsempfängers gegen den Leistenden aufgrund einer **zivilrechtlichen Verjährung** dieses Anspruchs (z. B. nach § 195 BGB) nicht mehr durchgesetzt werden kann[1147].

Auch wenn eine **Bruttopreisvereinbarung** über die Leistung abgeschlossen worden ist, scheidet ein Direktanspruch aus, da es in diesem Fall schon grundlegend an einem Anspruch des Leistungsempfängers gegenüber dem Leistenden fehlt. Nach der ständigen Rechtsprechung des BGH ist zivilrechtlich der vom Unternehmer für seine Leistung geforderte und vom Leistungsempfänger geschuldete Preis grundsätzlich ein Bruttopreis, wenn die Vertragsparteien keinen Nettopreis vereinbart haben, wofür auch ein Handelsbrauch oder eine Verkehrssitte maßgeblich sein kann[1148].

1147 BMF, Schreiben vom 12.4.2022, Rn. 13.
1148 Vgl. BGH-Urteil vom 28.2.2002, I ZR 318/99, m.w.N.

Beratungskonsequenzen

Es **obliegt dem den Direktanspruch begehrenden Leistungsempfänger nachzuweisen,** dass der zivilrechtliche Anspruch gegenüber dem Leistenden (weiterhin) besteht und es unmöglich oder übermäßig erschwert ist, die Erstattung der irrtümlich in Rechnung gestellten und rechtsgrundlos gezahlten Umsatzsteuer vom Leistenden zu erlangen[1149].

119.4.5 Abhängigkeit des Direktanspruchs von tatsächlicher Leistungserbringung

Weiterhin kann ein Direktanspruch nur entstehen, wenn der Rechnungsaussteller tatsächlich eine Leistung erbracht hat (bzw. im Fall einer Anzahlungsrechnung zweifelsfrei erbringen wollte), für die mangels Steuerbarkeit oder aufgrund einer Steuerfreiheit oder Steuersatzermäßigung die in der Rechnung ausgewiesene Steuer (in dieser Höhe) nicht gesetzlich entstanden ist. Damit genügt für den Direktanspruch der bloße Steuerausweis in einer Rechnung nicht, er kann daher in Fällen des § 14c Abs. 2 UStG nicht entstehen[1150].

 Beratungskonsequenzen

Der EuGH erwähnt diese Abhängigkeit **nicht.**

119.4.6 Voraussetzungen des Vorsteuerabzugs erfüllt

Außerdem müssen auch die übrigen für einen Vorsteuerabzug geltenden Voraussetzungen erfüllt sein. Insbesondere muss die Leistung für das Unternehmen des Unternehmers bezogen worden sein und die ausgestellte Rechnung muss – außerhalb des Steuerausweises – ansonsten nach den umsatzsteuerlichen Anforderungen (vgl. Abschn. 15.2a UStAE) ordnungsmäßig sein. Ein Ausschlussgrund für einen Vorsteuerabzug nach § 15 Abs. 2 bis 4 UStG ist allerdings für das Entstehen eines Direktanspruchs unbeachtlich, da der Leistungsempfänger bei einer korrekten Rechnungsstellung nicht mit Umsatzsteuer belastet gewesen wäre[1151].

 Beratungskonsequenzen

Der EuGH erwähnt eine Abhängigkeit von den Vorsteuerabzugsvoraussetzungen **nicht.**

119.4.7 Fiskus (noch) bereichert

Weiterhin scheidet ein Direktanspruch in Fällen aus, in denen der Fiskus nicht oder nicht mehr bereichert ist. Hat der Fiskus den abgeführten Steuerbetrag etwa aufgrund

---

1149 BMF, Schreiben vom 12.4.2022, Rn. 14.
1150 BMF, Schreiben vom 12.4.2022, Rn. 15.
1151 BMF, Schreiben vom 12.4.2022, Rn. 16.

einer Rechnungsberichtigung im Verfahren nach § 14c Abs. 1 Satz 2 UStG **bereits an den Leistenden zurückgezahlt**, kann der Leistungsempfänger jedenfalls in Fällen, in denen das Finanzamt zu dieser Erstattung verpflichtet gewesen ist, keinen eigenen Direktanspruch mehr erfolgreich geltend machen[1152].

Gleiches gilt, wenn und insoweit der **Leistende die Umsatzsteuer nicht an das Finanzamt abgeführt** hat. Damit kann ein Direktanspruch nicht entstehen, wenn der Leistende die fragliche Umsatzsteuer nicht angemeldet hat (z. B. in Schätzungsfällen, in denen nicht sicher ist, ob die Schätzung auch den fraglichen Steuerbetrag umfasst) oder in Fällen von Steuerrückständen, bei denen unsicher ist, ob und inwieweit die geleisteten Zahlungen die Umsatzsteuer aus den fraglichen Rechnungen umfassen[1153].

Auch soweit der Leistende im Fall einer Erklärung der Umsätze gleichzeitig **Vorsteuerbeträge aus Rechnungen Dritter** abzieht, denen keine Leistungen zugrunde lagen, scheidet ein Direktanspruch aus[1154].

 Beratungskonsequenzen

Der Gedanke der Bereicherung des Fiskus ist für die Frage des Vorsteuerabzugs ohne Bedeutung und wird ebenfalls vom EuGH nicht in die Prüfungskette mit einbezogen.

119.4.8 Beteiligung an einer Steuerhinterziehung

Unabhängig von den vorgenannten Anforderungen kann ein Direktanspruch nicht entstehen, sofern der Leistungsempfänger wusste oder hätte wissen müssen, dass er sich mit seinem Leistungsbezug an einem Umsatz im Sinne von § 25f UStG beteiligt[1155] (Rn. 20 des BMF-Schreibens).

119.5 Änderung des UStAE

Abschnitt 15.11 Umsatzsteuer-Anwendungserlass wird auf das neue BMF-Schreiben fortgeschrieben[1156].

119.6 Anwendungsregelung

Die Grundsätze des neuen BMF-Schreibens sind **in allen offenen Fällen** anzuwenden[1157].

1152 BMF, Schreiben vom 12.4.2022, Rn. 17.
1153 BMF, Schreiben vom 12.4.2022, Rn. 18.
1154 BMF, Schreiben vom 12.4.2022, Rn. 19, m.w.N.
1155 BMF, Schreiben vom 12.4.2022, Rn. 20.
1156 BMF, Schreiben vom 12.4.2022, Abschn. III.
1157 BMF, Schreiben vom 12.4.2022, Abschn. IV.

119.7 EuGH-Vorlage zur Reichweite des Direktanspruchs (»Reemtsma-Anspruch«)

Ist es unionsrechtlich geboten, dass einem Steuerpflichtigen ein Anspruch auf Erstattung der von ihm an seine Vorlieferanten zu viel gezahlten Mehrwertsteuer unmittelbar gegen die Finanzbehörde zusteht, auch wenn noch die Möglichkeit besteht, dass die Finanzbehörde durch die Vorlieferanten aufgrund einer Berichtigung der Rechnungen zu einem späteren Zeitpunkt in Anspruch genommen wird und dann möglicherweise keinen Rückgriff mehr beim Steuerpflichtigen nehmen kann?[1158]

119.7.1 Sachverhalt

Der Steuerpflichtige lieferte Holz, das er von seinen Vorlieferanten mit 19 % Umsatzsteuer erworben hatte, an seine Kunden zum ermäßigten Steuersatz von 7 % weiter. In einem gegen das Finanzamt geführten Rechtsstreit bestätigte das Finanzgericht Münster, dass der Steuerpflichtige seine Holzlieferungen zurecht dem ermäßigten Steuersatz unterworfen hatte, führte aber zugleich aus, dass auch die Eingangsleistungen seiner Lieferanten lediglich mit 7 % zu besteuern seien. Dem folgend kürzte das Finanzamt den Vorsteuerabzug des Steuerpflichtigen und forderte die Differenzbeträge von ihm zurück.

Der Steuerpflichtige trat an seine Vorlieferanten mit der Bitte heran, ihre Rechnungen zu berichtigen und ihm die Differenz auszuzahlen. Diese machten jedoch die zivilrechtliche Einrede der Verjährung geltend.

Daraufhin stellte der Steuerpflichtige beim Finanzamt den Antrag, die Differenzbeträge aus Billigkeitsgründen zu erlassen und berief sich hierzu auf das »Reemtsma-Urteil« des EuGH. Diesen Antrag lehnte das Finanzamt ab, weil der Steuerpflichtige selbst für die Situation verantwortlich sei, denn er habe die Ware nicht mit einem veränderten Steuersatz weiterveräußern dürfen.

Dagegen klagt der Steuerpflichtige vor dem Finanzgericht.

119.7.2 Entscheidung

Das Finanzgericht hat das Klageverfahren ausgesetzt und dem EuGH die Frage vorgelegt, ob unter den Umständen des Streitfalls ein Direktanspruch auf Erstattung der Umsatzsteuer gegen das Finanzamt in Betracht kommt.

Grundsätzlich sei es unionsrechtlich nicht zu beanstanden, dass bei zu Unrecht in Rechnung gestellter Mehrwertsteuer der leistende Unternehmer einen Erstattungsanspruch gegen die Finanzbehörde hat und der Leistungsempfänger auf den Zivilrechtsweg gegen den Leistenden verwiesen wird.

1158 FG Münster, Beschluss vom 27.6.2022, 15 K 2327/20 AO.

Nach dem »Reemtsma-Urteil« (und weiteren Folgeentscheidungen des EuGH) bestehe aber wegen des Grundsatzes der Effektivität **ausnahmsweise** ein unmittelbarer Erstattungsanspruch des Leistungsempfängers gegen die Finanzbehörde, wenn die Erstattung »unmöglich oder übermäßig erschwert wird«. Im deutschen Recht könne dieser Anspruch im Billigkeitsverfahren (§§ 163, 227 AO) geltend gemacht werden.

Das Finanzgericht hat Zweifel, ob die EuGH-Rechtsprechung, die stets Fälle der Zahlungsunfähigkeit der jeweils leistenden Unternehmer betroffen habe, auf den vorliegenden Fall Anwendung findet:

- Zwar sei es dem Steuerpflichtigen aufgrund der Einrede der Verjährung zivilrechtlich nicht mehr möglich, seine Ansprüche gegen seine Vorlieferanten durchzusetzen. Diese hätten allerdings zeitlich unbegrenzt die Möglichkeit, ihre Rechnungen nach § 14c Abs. 1 UStG zu berichtigen und von der Finanzbehörde die zu viel gezahlten Umsatzsteuerbeträge erstattet zu bekommen.

- Gestehe man dem Steuerpflichtigen einen Direktanspruch zu, müsse das Finanzamt in diesem Fall von ihm eine Rückzahlung verlangen, was z. B. bei zwischenzeitlich eingetretener Zahlungsunfähigkeit zu einer doppelten Erstattung führen könne.

Nach Auffassung des Finanzgerichts habe der Steuerpflichtige vielmehr eigene Vorkehrungen zur Sicherung seiner zivilrechtlichen Ansprüche, z. B. durch rechtzeitige Einholung des Verzichts auf die Einrede der Verjährung, treffen müssen.

 Beratungskonsequenzen

Der EuGH hat die Frage zu beantworten, ob der Reemtsma-Anspruch den Leistungsempfänger ausschließlich vor der Zahlungsunfähigkeit der leistenden Unternehmer schützen soll oder ob auch Fallgestaltungen erfasst werden, in denen die Zahlungsfähigkeit der leistenden Unternehmer an sich außer Frage steht, der Anspruch sich aber aus anderen Gründen (hier: Verjährungseinrede) nicht durchsetzen lässt. Das vorlegende Gericht scheint Letzteres abzulehnen.

120 Vorsteuervergütung an deutsche Unternehmer

Vorsteuern aus dem EU-Ausland (§ 18g UStG 2010) und aus Drittländern

 Rechtsgrundlagen
- UStG: § 18g UStG
- UStAE: Abschn. 18g.1
- MwStSystRL: Art. 170
- EG-RL 2008/9/EG: Art. 7, 15, 18

- BMF, Schreiben vom 22.9.2017, III C 3 – S 7359/17/10002, 2017/0781221, Vorsteuer-Vergütungsverfahren; Änderungen auf Grund der Mantelverordnungen 2014 und 2017, BStBl. I 2017, 1299.
- BMF, Schreiben vom 5.11.2019, III C 3 – S 7532/18/10001, 2019/0915402, Neubekanntgabe von Vordruckmustern nach Anpassung auf Grund der Datenschutz-Grundverordnung, BStBl. I 2019, 1041 (weiter gültig lt. BMF v. 10.3.2023, Anlage 1, Nr. 1979; zur zweifelhaften Bedeutung dieses Schreibens ➲ Kapitel 1.6).
- BMF, Schreiben vom 15.3.2021, III C 3 – S 7359/19/10005 :001, 2021/0300443 Vorsteuer-Vergütungsverfahren (§ 18 Abs. 9 UStG, §§ 59 bis 61a UStDV); Gegenseitigkeit (§ 18 Abs. 9 Satz 5 UStG), BStBl. I 2021, 381 (weiter gültig lt. BMF v. 18.3.2023, Anlage 1, Nr. 1906; zur zweifelhaften Bedeutung dieses Schreibens ➲ Kapitel 1.6).
- BMF, Schreiben vom 9.11.2022, III C 3 – S 7359/19/10005 :001, 2022/1071370, Vorsteuer-Vergütungsverfahren (§ 18 Abs. 9 UStG, §§ 59 bis 61a UStDV); Gegenseitigkeit (§ 18 Abs. 9 Satz 5 UStG), BStBl. I 2022, 1585 (weiter gültig lt. BMF v. 18.3.2023, Anlage 1, Nr. 1907; zur zweifelhaften Bedeutung dieses Schreibens ➲ Kapitel 1.6).
- BMF, Schreiben vom 18.11.2022, III C 3 – S 7359/20/10007 :001, 2022/1126438, Vordruckmuster für den Nachweis der Eintragung als Steuerpflichtiger (Unternehmer) (USt 1 TN); Neubekanntgabe der bundeseinheitlichen Bescheinigung, BStBl. I 2022, 1592 (weiter gültig lt. BMF v. 18.3.2023, Anlage 1, Nr. 1908; zur zweifelhaften Bedeutung dieses Schreibens ➲ Kapitel 1.6).

 Vordrucke

- BZSt, Präferenzliste der EU-Staaten / Voraussetzungen für das Vorsteuer-Vergütungsverfahren in anderen EU-Staaten
- BZSt, Kontaktdaten der zuständigen nationalen Finanzbehörden (Übersicht)
- BZSt, Hinweise zur elektronischen Übermittlung von Belegen
- BZSt, Checkliste Registrierungsprozess BOP
- BZSt, Importfunktionalität von Anlagen zum Antrag auf Umsatzsteuer-Vergütung inländischer Unternehmen im Ausland / Anleitung zur Erstellung von csv-Dateien
- BZSt, Hinzufügen von Belegdateien im Antrag »Umsatzsteuer-Vergütung inländischer Unternehmen im Ausland«
➲ mybookplus.de > Wichtiges aus anderen Behörden

120.1 Allgemeines

Entstehen einem deutschen Unternehmer, der grundsätzlich zum Vorsteuerabzug berechtigt ist, vorsteuerbelastete Aufwendungen, so macht er die Vorsteuern **grundsätzlich im Rahmen der Umsatzsteuer-Voranmeldung** monatlich oder vierteljährlich geltend.

Unternehmer, die keine Voranmeldungen abzugeben haben, machen ihre Ansprüche aus zu erstattenden Vorsteuerbeträgen **im Rahmen der Jahreserklärung** geltend.

Beides setzt die **Teilnahme am allgemeinen (deutschen) Besteuerungsverfahren** voraus, wobei der Unternehmer unter einer bestimmten Steuernummer für Zwecke der Umsatzsteuer bei einem Finanzamt geführt wird.

Anders ist es, wenn einem deutschen Unternehmer **im Ausland betrieblich bedingte Kosten** entstehen, die Umsatzsteuer enthalten, er jedoch im betreffenden Land umsatzsteuerlich nicht geführt wird. Die Ansprüche kann der Unternehmer nur gegen den betreffenden Staat geltend machen, nicht jedoch in seiner Umsatzsteuer-Voranmeldung oder Steuererklärung bei seinem deutschen Finanzamt.

Gemäß § 15 Abs. 1 Nr. 1 UStG kann der Unternehmer nur Vorsteuerbeträge aus Rechnungen gemäß § 14 UStG abziehen. Rechnungen gemäß § 14 UStG werden für Umsätze nach § 1 Abs. 1 Nr. 1 und 3 UStG ausgestellt. Umsätze gemäß § 1 Abs. 1 Nr. 1 und 3 UStG sind solche, die u. A. im Inland ausgeführt sein müssen. Daraus folgt – etwas umständlich –, dass für Vorsteuerbeträge aus Rechnungen von im Ausland erbrachten Umsätze der Vorsteuerabzug im Inland nicht gegeben ist; auch innerhalb der EG gibt es derzeit **keinen grenzüberschreitenden Vorsteuerabzug.**

Um den betroffenen Unternehmern für diese Fälle die **Registrierung im Ausland zu ersparen,** haben viele Staaten – und insbesondere alle EU-Staaten – ein Vorsteuer-Vergütungsverfahren eingerichtet, im Rahmen dessen der Unternehmer seine Vorsteueransprüche geltend machen kann.

120.2   EU-Mitgliedstaaten vs. Drittländer

Das Vorsteuer-Vergütungsverfahren ermöglicht es deutschen Unternehmern, sich die im Ausland gezahlte Vorsteuer erstatten zu lassen (➲ vorstehendes Kapitel 120.1). Dabei gilt es zu unterscheiden:

- Die Vergütung der in anderen **EU-Mitgliedstaaten** gezahlten Vorsteuer beantragen inländische Unternehmer elektronisch über das BZStOnline-Portal (BOP).

- Wurde Vorsteuer in **Nicht-EU-Mitgliedstaaten** (»Drittländer«) gezahlt, muss die Vergütung direkt in diesen Staaten beantragt werden.

 Beratungskonsequenzen

Ist der Unternehmer bereits in einem anderen EU-Mitgliedstaat für Zwecke der Umsatzsteuer registriert, so macht er seine Vorsteueransprüche gegen dieses Land natürlich im »normalen« Besteuerungsverfahren geltend.

120.3 Vorsteuer-Vergütung durch anderen EU-Mitgliedstaaten

Die nachfolgenden Ausführungen bauen auf die Erläuterungen des BZSt[1159] auf und ergänzen, erläutern oder kürzen diese, soweit dies aus Praktikersicht erforderlich oder geboten zu sein scheint.

120.3.1 Folgen des Brexit

120.3.1.1 Grundsatz

Die Mitgliedschaft Großbritanniens in der Europäischen Union ist mit Ablauf des 31.1.2020 beendet worden. Anträge, die Vergütungszeiträume des Jahres 2020 betreffen, waren bis zum 31.3.2021 nach den Vorschriften der Richtlinie 2008/9/EG des Rates vom 12.2.2008[1160] zu stellen.

120.3.1.2 Ausnahme für den Warenverkehr mit Nordirland

Für den Warenkehr mit Nordirland gelten gemäß dem »Abkommen über den Austritt des Vereinigten Königreichs Großbritannien und Nordirland aus der Europäischen Union und der Europäischen Atomgemeinschaft« und dem Protokoll zu Irland/Nordirland über den 31.3.2021 hinaus Sonderregelungen.

Die Vorschriften der Richtlinie 2008/9/EG des Rates vom 12.2.2008[1161] finden auf die Vergütung von Vorsteuern, die auf **Warenbezüge** inländischer Unternehmer in Nordirland entfallen, weiterhin Anwendung.

Für die Vergütung von Vorsteuern, die auf den Bezug von **Dienstleistungen** in Nordirland entfallen, gelten die Regelungen für die Vergütung an Unternehmer aus Drittstaaten. Bitte wenden Sie sich diesbezüglich an die zuständige Behörde des Vereinigten Königreichs Großbritannien und Nordirland.

120.3.2 Vergütung durch andere EU-Mitgliedstaaten

120.3.2.1 Formelle Voraussetzungen

Inländische Unternehmer, die vorsteuerabzugsberechtigt sind, erhalten die in einem anderen EU-Mitgliedstaat gezahlte Umsatzsteuer auf Antrag erstattet. Dies ist unter anderem an die folgenden formellen Voraussetzungen gebunden:

- Der Antrag auf Vorsteuervergütung ist **elektronisch über das BZStOnline-Portal (BOP)** beim Bundeszentralamt für Steuern (BZSt) einzureichen. Papieranträge sind nicht zulässig.

1159 Homepage des BZSt (www.bzst.de), Abfrage am 10.3.2022.
1160 EG-RL 2008/9/EG ➲ mybookplus.de > Gesetze, Verordnungen, Richtlinien.
1161 EG-RL 2008/9/EG ➲ mybookplus.de > Gesetze, Verordnungen, Richtlinien.

- Der Vergütungsantrag ist binnen neun Monaten nach Ablauf des Kalenderjahres, in dem der Vergütungsanspruch entstanden ist, zu stellen, also bis zum **30. September des Folgejahrs**.

  Für die Einhaltung dieser Frist genügt der rechtzeitige Eingang des Vergütungsantrages beim BZSt.

- Die beantragte Vergütung muss **mindestens 400 Euro** oder einen entsprechend in Landeswährung umgerechneten Wert betragen. Bei einem Vergütungszeitraum, welcher das Kalenderjahr oder der letzte Zeitraum des Kalenderjahres ist, muss die beantragte Vergütung mindestens 50 Euro betragen.

 Beratungskonsequenzen

Weitere Anforderungen der einzelnen Mitgliedstaaten ergeben sich ggf. aus der Präferenzliste der EU-Staaten[1162].

120.3.2.2 Prüfung durch das BZSt

Bevor das BZSt den Antrag an den Mitgliedstaat der Erstattung weiterleitet, prüft es,

- ob der Antragsteller im beantragten Vergütungszeitraum zum Vorsteuerabzug berechtigt ist und

- ob die im Antrag angegebene Steuernummer/Umsatzsteuer-Identifikationsnummer dem Antragsteller zugeordnet werden kann.

Das BZSt entscheidet über die Weiterleitung des Antrags an den Mitgliedstaat der Erstattung **innerhalb von 15 Tagen**.

Lehnt das BZSt nach Prüfung des Antrags die Weiterleitung ab, erhalten Sie einen **Bescheid** an die im Antrag angegebene Anschrift. Zusätzlich wird Ihnen der Bescheid in Ihrem BOP-Postfach zum Datenabruf zur Verfügung gestellt.

120.3.2.3 Keine Weiterleitung des Antrags

Der Antrag wird **nicht** an den Mitgliedstaat der Erstattung weitergeleitet, wenn beispielsweise der Antragsteller im beantragten Vergütungszeitraum

- für Zwecke der Mehrwertsteuer nicht als Steuerpflichtiger anzusehen ist,

- die Steuerbefreiung für Kleinunternehmen in Anspruch genommen hat (§ 19 UStG),

- ausschließlich der landwirtschaftlichen Pauschalbesteuerung gemäß § 24 UStG unterlegen hat oder

- ausschließlich umsatzsteuerfreie Lieferungen/Dienstleistungen erbracht hat.

1162 ➔ mybookplus.de > Wichtiges aus anderen Behörden.

120.3.2.4 Eingangsbestätigung des EU-Mitgliedstaats

Nachdem der Antrag weitergeleitet wurde, bestätigt der Mitgliedstaat der Erstattung den Eingang.

 Beratungskonsequenzen

Sollten Sie nach vier Wochen noch keine Eingangsbestätigung erhalten haben, wenden Sie sich bitte an die zuständige Behörde im Mitgliedstaat der Erstattung[1163].

120.3.2.5 Prüfung des Antrags durch den EU-Mitgliedstaat

Der Mitgliedstaat der Erstattung prüft, ob alle weiteren Voraussetzungen zur Vergütung der Vorsteuer erfüllt sind. Nach Abschluss der Bearbeitung erhält der Antragsteller bzw. sein Bevollmächtiger einen **Bescheid vom Mitgliedstaat der Erstattung**.

120.3.2.6 Umsatzsteuerliche Organschaften

Erkundigen Sie sich bitte vorher im jeweiligen Mitgliedstaat der Erstattung, ob und inwiefern umsatzsteuerliche Organgesellschaften berechtigt sind, einen Antrag zu stellen.

 Beratungskonsequenzen

Die zuständige Behörde entnehmen Sie den **Kontaktdaten der zuständigen nationalen Finanzbehörden**[1164].

120.3.3 Elektronische Antragstellung

120.3.3.1 Allgemeines

Für die Nutzung des BZStOnline-Portals (BOP) ist ein **Zertifikat erforderlich**.

Inländische Unternehmer und deren Bevollmächtigte können ein **bereits vorhandenes ELSTER-Zertifikat** nutzen und sich mit diesen Zugangsdaten im BOP einloggen.

Wenn **noch kein Zertifikat vorhanden** ist, wird inländischen Unternehmern und inländischen Bevollmächtigten empfohlen, das Zertifikat durch die Registrierung in »Mein ELSTER« zu erwerben. Für Bevollmächtigte, die keinen Sitz im Inland haben, steht die Registrierung im BOP zur Verfügung.

Im BOP-Formular ist ein Antrag auf **1.000 Anlagepositionen** beschränkt. Bei Anträgen, welche mehr Anlagepositionen enthalten, haben Sie zwei Möglichkeiten:

1163 Kontaktdaten der zuständigen nationalen Finanzbehörden ➲ mybookplus.de > Wichtiges aus anderen Behörden.

1164 ➲ mybookplus.de > Wichtiges aus anderen Behörden.

- Prüfen Sie anhand der Präferenzliste, ob eine **Teilung des Antrags** in mehrere Vergütungsanträge durch Teilung des Vergütungszeitraums möglich ist. Für weitere Fragen nehmen Sie Kontakt zum Mitgliedstaat der Erstattung auf[1165].

- Sie können zudem die **Massendatenschnittstelle (ELMA5)** des BZSt zur Übermittlung eines Antrags mit mehr als 1.000 Anlagepositionen nutzen. Für die Nutzung der Massendatenschnittstelle ist eine Registrierung im BOP erforderlich. Informationen dazu erhalten Sie unter »Vorsteuervergütung – Elektronische Datenübermittlung« im Abschnitt »Massendatenschnittstelle (ELMA5)«.

120.3.3.2 Antrag

Loggen Sie sich mit Ihrem ELSTER- oder BOP-Zertifikat im BOP ein.

Wählen Sie im BOP den »Antrag auf Umsatzsteuervergütung inländischer Unternehmer im Ausland«. Für weitere Informationen zum Ausfüllen können Sie die Hilfefunktion im BOP benutzen.

Nach der erfolgreichen Übermittlung des Antrags erhalten Sie eine Eingangsbestätigung und ein Übermittlungsprotokoll an Ihr BOP-Postfach. Diese sollten Sie zusätzlich speichern, da sie nach 90 Tagen automatisch aus dem Postfach gelöscht werden.

120.3.3.3 Erfassen der Rechnungsdokumente als Anlagen zum Antrag

Es stehen Ihnen zwei Varianten zur Verfügung, die Anlagen zum Antrag zu erfassen:

- Sie erfassen **jede Rechnung/Beleg einzeln** im Vergütungsantrag oder
- Sie erfassen **alle Rechnungen vorab in einer csv-Datei** und importieren diese dann in den Antrag. Die csv-Datei können Sie selber erstellen[1166] oder Sie nutzen die im Antrag unter Punkt 3 »Import von Daten« bereitgestellte Excel-Vorlage.

> **Praxistipp**
> Bevor Sie die ausgefüllte Excel-Vorlage in eine csv-Datei umwandeln, speichern Sie sich diese ab, um eventuell spätere Korrekturen einfacher vornehmen zu können.

120.3.3.4 Upload von Belegen

Dem Antrag können Belege als pdf-, als jpg- oder als tif-Datei beigefügt werden.

Sie können den Beleg-Upload nur nutzen, wenn Sie sich mit einer Zertifikatsdatei im BOP anmelden. Hierfür müssen Sie bei der Registrierung die Login-Option »Zertifikatsdatei« wählen.

1165 Kontaktdaten der zuständigen nationalen Finanzbehörden ➲ mybookplus.de > Wichtiges aus anderen Behörden.

1166 BOP-Hilfe »Erstellen csv-Datei« ➲ mybookplus.de > Wichtiges aus anderen Behörden.

Der Beleg-Upload steht Ihnen automatisch zur Verfügung.

Die Datei mit den beigefügten Belegen darf nicht größer als 5 MB sein. Es wird empfohlen, die beizufügenden Belege in schwarz/weiß mit einer Auflösung von 200 dpi einzuscannen. Sollte Ihr Antrag wegen zu großer Datenmengen nicht mit allen erforderlichen Belegen übermittelt werden können, klären Sie bitte mit dem Mitgliedstaat der Erstattung, in welcher Form die Belege eingereicht werden sollen.

Speichern Sie die Belege möglichst lokal in einem separaten Verzeichnis. Benennen Sie die Belege anhand der Reihenfolge ihrer Zuordnung im Vergütungsantrag. Hierdurch wird eine spätere Zuordnung der Belege vereinfacht.

Sie laden die Belege direkt vor der Versendung des Antrags im Menüpunkt »Versenden Ihrer Daten« hoch, nachdem Sie Ihren Antrag geprüft haben.

Nach Versand des Antrags mit Belegen erhalten Sie eine Nachricht in Ihr BOP-Postfach. Diese enthält die Namen der hochgeladenen Belege sowie den Namen der zip-Datei.

 Beratungskonsequenzen

Eine **detaillierte Anleitung** steht Ihnen ebenfalls in der BOP-Hilfe unter: »Hinweise zur elektronischen Übermittlung von Belegen« zur Verfügung[1167].

120.3.4 »FAQ« – Die häufigsten Fragen und Antworten

FAQ 1: **Kann ich Anträge/Rechnungen auch in Papierform beim BZSt mit der Bitte um Weiterleitung an den Erstattungsstaat einreichen?**

Nein. Die Anträge auf Vergütung der Vorsteuer innerhalb der EU sind ausschließlich elektronisch über das BZStOnline-Portal (BOP) einzureichen. Vergütungsanträge in Papierform sind nicht zulässig und werden abgelehnt.

FAQ 2: **Wie kann ich mich über Besonderheiten bei der Antragstellung in einzelnen Mitgliedstaaten informieren?**

Bitte informieren Sie sich beim jeweiligen Mitgliedstaat der Erstattung.

 Beratungskonsequenzen

Die zuständige Behörde entnehmen Sie den **Kontaktdaten der zuständigen nationalen Finanzbehörden**[1168].

1167 ⊃ mybookplus.de > Wichtiges aus anderen Behörden.

1168 ⊃ mybookplus.de > Wichtiges aus anderen Behörden.

FAQ 3: Können Anträge inländischer Antragsteller beim BZSt zurückgenommen werden?

Nein, das ist nicht möglich. Sie können Ihren Antrag nur gegenüber dem Mitgliedstaat der Erstattung zurücknehmen.

➡ Beratungskonsequenzen

Die zuständige Behörde entnehmen Sie den **Kontaktdaten der zuständigen nationalen Finanzbehörden**[1169].

FAQ 4: Ich nehme am Mini-One-Stop-Shop (MOSS)-Verfahren teil. Wie kann ich mich im Antragsformular im Abschnitt »4 – Erklärungen des Unternehmers« zutreffend erklären?

Kreuzen Sie im Antragsformular unter »Erklärung des Unternehmers« das erste Kästchen an (»[...]keine Lieferungen und sonstigen Leistungen ausgeführt hat, welche im Mitgliedstaat der Erstattung als bewirkt gelten (Artikel 3 Buchstabe b der Richtlinie 2008/9/EG«).

FAQ 5: Gibt es bei der Vertretung eines inländischen Unternehmens die Möglichkeit, sich als ausländischer Vertreter beim BZStOnline-Portal (BOP) anzumelden?

Ja, Sie haben die Möglichkeit, sich als Bevollmächtigter (Dritter) für das BOP anzumelden.

Dafür ist im ersten Schritt eine Anmeldung mit dem BOP-Anmeldeformular erforderlich. Die Zugangsdaten werden dann mittels Briefpost und E-Mail versandt. Weitere Schritte finden Sie unter »Anmelden und Registrieren im BZStOnline-Portal (BOP)«.

FAQ 6: Können Rechnungen im Vergütungsantrag bis zu einem Gesamtbetrag von 250 Euro getrennt nach Steuersatz und Kostenart zusammengefasst und aufgerechnet werden?

Nein. Im elektronischen Vorsteuer-Vergütungsverfahren muss jeder Beleg einzeln aufgeführt werden. Das Zusammenfassen von Kleinbetragsrechnungen ist nicht gestattet.

FAQ 7: Was ist ein ELMA5-Kommunikationsserver?

Der ELMA5-Kommunikationsserver ist die Schnittstelle des BZSt zur elektronischen Datenübermittlung. Sowohl beim Versand von Anträgen mit Belegen aus BOP als auch bei der Nutzung der Massendatenschnittstelle werden an diesen Server Daten übertragen.

1169 ➲ mybookplus.de > Wichtiges aus anderen Behörden.

120.4 Vergütung durch Nicht-EU-Mitgliedstaaten (»Drittstaaten«)

120.4.1 Grundsätzliches

Einen Antrag auf Vergütung der Vorsteuer in einem Drittland müssen Sie **direkt bei der ausländischen Erstattungsbehörde** stellen.

Bitte informieren Sie sich direkt bei der Finanzverwaltung des jeweiligen Erstattungsstaates.

 Beratungskonsequenzen

Das BZSt kann Sie insoweit **nicht** unterstützen!

Die Anträge auf Erstattung ausländischer Umsatzsteuern sind, mit allen erforderlichen Unterlagen, bei der ausländischen Behörde in dem Land zu stellen, in dem die Umsatzsteuer entrichtet wurde.

Den **Nachweis der Eintragung als Unternehmer (USt 1 TN)**, der Ihnen vom Betriebsstätten-Finanzamt ausgestellt wird, finden Sie als Muster im BMF-Schreiben vom 5.11.2019[1170].

Jede ausländische Behörde stellt dafür ein **eigenes Antragsformular** zur Verfügung. Die Antragsformulare werden zwischen den einzelnen Behörden nicht ausgetauscht.

 Checkliste

Es empfiehlt sich, wie folgt vorzugehen:

- Kontaktieren Sie die zuständige Behörde, um die **Originalvordrucke** des jeweiligen Staates zu erhalten. Die Anschriften sind über das BZSt oder z. B. die Auslandshandelskammern (➲ Kapitel 127) zu erfragen.
- Erfragen Sie sofort die **Abgabefristen** und den **Vergütungszeitraum**.
- Lassen Sie sich von Ihrem eigenen (deutschen) Finanzamt eine **Bescheinigung nach dem Vordruck USt 1 TN**[1171] erstellen.
- Senden Sie den ausgefüllten Antrag zusammen mit der Bescheinigung USt 1 TN und den **Originalrechnungen** an die zuständige Erstattungsbehörde im Nicht-EU-Mitgliedstaat.

120.4.2 Gegenseitigkeit

Gemäß § 18 Abs. 9 Satz 6 UStG wird Vorsteuer nur vergütet, wenn der ausländische Unternehmer aus einem anderen EU-Mitgliedstaat stammt oder aus einem anderen Drittstaat kommt, bei dem **Gegenseitigkeit mit Deutschland** besteht.

1170 ➲ mybookplus.de > Wichtiges aus dem BMF.
1171 BMF-Schreiben vom 5.11.2019 ➲ mybookplus.de > Wichtiges aus dem BMF.

Die Staaten, mit denen aktuell Gegenseitigkeit und keine Gegenseitigkeit besteht, listet das BMF auf. Aktuell sind dies nach dem BMF-Schreiben vom 9.11.2022[1172]:

Anlage 1

**Verzeichnis
der Drittstaaten, bei denen die Voraussetzungen des § 18 Abs. 9 Satz 5 UStG vorliegen
(Gegenseitigkeit gegeben)**

Andorra	Korea, Dem. Volksrepublik
Antigua und Barbuda (bis 28. Januar 2007)	Korea, Republik (seit 1. Januar 1999)
Australien	Kuwait
Bahamas	Libanon
Bahrain	Liberia (bis 30. Juni 2001)
Bermuda	Libyen
Bosnien und Herzegowina (seit 1. Januar 2006)	Liechtenstein
Britische Jungferninseln	Macau
Brunei Darussalam	Malediven
Cayman-Inseln	Marshallinseln
	Neuseeland (seit 1. April 2014)
China (Taiwan) (seit 1. Juli 2010)	Nordmazedonien (seit 1. April 2000)
Eswatini (Swasiland) (bis 31. März 2012)	Norwegen
Gibraltar	Oman
Grenada	Pakistan (seit 1. Juli 2008)
Grönland	Palästinensische Gebiete (seit 14. Juli 1998)
Guernsey	Salomonen
Hongkong (VR China)	San Marino
Irak	Saudi-Arabien
Iran (bis 21. September 2008)	Schweiz
Island	Serbien (seit 1. Juli 2013)
Israel (seit 14. Juli 1998)	St. Vincent und die Grenadinen
Jamaika	Vatikan
Japan	Vereinigte Arabische Emirate
Jersey	Vereinigtes Königreich (seit 1. Januar 2021)
Kanada	Vereinigte Staaten von Amerika (USA)
Katar	

1172 BMF, Schreiben vom 9.11.2022 ➲ mybookplus.de > Wichtiges aus dem BMF.

Anlage 2

Verzeichnis
der Drittstaaten, bei denen die Voraussetzungen des § 18 Abs. 9 Satz 5 UStG nicht vorliegen
(Gegenseitigkeit nicht gegeben)

Ägypten	Indien	Pakistan (bis 30. Juni 2008)
Albanien	Indonesien	Panama
Algerien	Iran (seit 22. September 2008)	Paraguay
Angola	Israel (bis 13. Juli 1998)	Peru
Antigua und Barbuda (seit 29. Januar 2007)	Jemen	Philippinen
Argentinien	Jordanien	Puerto Rico
Armenien	Kasachstan	Russland
Aserbaidschan	Kenia	Sambia
Äthiopien	Kolumbien	Samoa
Bangladesch	Kongo, Demokratische Republik	Senegal
Barbados	Korea, Republik (bis 31. Dezember 1998)	Serbien (bis 30. Juni 2013)
Belize (seit 1. Juli 2006)	Kosovo (seit 1. Januar 2001)	Seychellen
Bolivien	Kuba	Sierra Leone
Bosnien und Herzegowina (bis 31. Dezember 2005)	Laos (seit 1. Januar 2010)	Simbabwe
Botsuana	Lesotho	Singapur
Brasilien	Liberia (seit 1. Juli 2001)	Sint Maarten (seit 10. Oktober 2010)
Chile	Madagaskar	Somalia
China (Taiwan) (bis 30. Juli 2010)	Malawi	Sri Lanka
China (Volksrepublik)	Malaysia	St. Kitts und Nevis (seit 1. November 2010)
Costa Rica	Marokko	Südafrika
Côte d'Ivoire (Elfenbeinküste)	Mauretanien (seit 1. Januar 1995)	Sudan
Curaçao (seit 10. Oktober 2010)	Mauritius	Syrien
Dominikanische Republik	Mexiko	Tansania
Ecuador	Moldawien	Thailand
El Salvador	Mongolei	Togo
Eritrea	Montenegro	Trinidad und Tobago
Eswatini (Swasiland) (seit 1. April 2012)	Mosambik	Tunesien
Färöer-Inseln	Myanmar	Türkei
Fidschi	Namibia	Turkmenistan
Französisch Polynesien (Tahiti)	Nepal	Ukraine
Gambia (seit 1. Januar 2013)	Neuseeland (bis 31. März 2014)	Uruguay
Georgien	Nicaragua	Usbekistan
Ghana	Niederländische Antillen (1. Mai 1999 bis 9. Oktober 2010)	Venezuela
Guatemala	Niger	Vietnam
Haiti	Nigeria	Weißrussland
Honduras	Nordmazedonien (bis 31. März 2000)	

➜ Beratungskonsequenzen

1. Für den deutschen Unternehmer ist das Wissen um die Gegenseitigkeit von zweifacher Bedeutung:

   – Kunden aus Drittstaaten mit Gegenseitigkeit werden – sollte die von einem deutschen Unternehmer erbrachte Leistung in Deutschland der Umsatzsteuer unterliegen – bei den **Preisverhandlungen** ob der Vergütungsmöglichkeit zur Zahlung eines höheren Nettopreises bereit sein.

   – Beim **Leistungsbezug aus Drittstaaten mit Gegenseitigkeit** hat der deutsche Unternehmer seinerseits einen Vergütungsanspruch gegen den ausländischen Fiskus.

2. Im Unternehmen sollten grundsätzlich alle ausländischen Vorsteuerbeträge einer zentralen Stelle (z. B. der Steuerabteilung) gemeldet werden.

121 Der Leistungsempfänger als Steuerschuldner – die Basics

Wenn der Kunde die Umsatzsteuer abführen muss/ Die Grundzüge des Reverse Charge

§ Rechtsgrundlagen

- UStG: § 13b, § 14a Abs. 5, § 14b Abs. 1 Satz 4 Nr. 3, § 15 Abs. 1 Satz 1 Nr. 4, Abs. 4b, § 22, § 27
- UStDV: § 30a, § 33 Satz 3
- UStAE: Abschn. 13b.1–13b.18
- MwStSystRL: Art. 193 ff.

121.1 Entstehung der Steuer

121.1.1 Innergemeinschaftliche B2B-Leistungen (§ 13b Abs. 1 UStG)

Das **Funktionieren des innergemeinschaftlichen Kontrollsystems** erfordert, dass sowohl die betroffenen Ausgangs- als auch die Eingangsumsätze ausnahmslos für den Voranmeldungszeitraum der Ausführung deklariert werden:

- **Ausgangsumsätze** (§ 18b Satz 3 UStG)

  »Die Angaben ... sind in dem Voranmeldungszeitraum zu machen, in dem diese Umsätze ausgeführt worden sind.«

- **Eingangsumsätze** (§ 13b Abs. 1 UStG)

  »... entsteht die Steuer mit Ablauf des Voranmeldungszeitraums, in dem die Leistungen ausgeführt worden sind.«

Beispiel 1

Der in Österreich ansässige Rechtsanwalt R berät am 13.3.2024 seinen deutschen – unternehmerisch tätigen – Mandanten D in einer Vertragsangelegenheit. Die Rechnung über diesen inländischen steuerpflichtigen Umsatz, für den D als Leistungsempfänger die Steuer schuldet, erstellt R – aus welchen Gründen auch immer – erst am 12.6.2024. Sie geht D am 19.6.2024 zu. D hat monatliche Umsatzsteuer-Voranmeldungen abzugeben.

➲ **Folge:**

Die Steuer entsteht – ungeachtet vom Rechnungseingang – mit Ablauf des Monats Leistungsausführung (§ 13b Abs. 1 UStG). D hat den Umsatz in seiner Umsatzsteuer-Voranmeldung für März 2023 anzumelden (➲ Kapitel 89.3.4).

In der Praxis stellt sich die Frage, wie die Buchhaltung des Leistungsempfängers auf den Leistungsbezug aufmerksam wird (alter Grundsatz »Keine Buchung ohne Beleg«). Hier wird es eine **Aufgabe des Controllings** sein, den Informationsfluss innerhalb des Unternehmens sicherzustellen. Dies kann z. B. durch einen **Eigenbeleg** geschehen; dabei ist die Bemessungsgrundlage ausgehend von Vertrag, der dem Leistungsbezug zugrunde liegt, zu schätzen. Lange Zeit unklar war für derartige Fallgestaltungen der Zeitpunkt der **Entstehung des Vorsteuerabzugs**. Es wäre durchaus denkbar gewesen, dass zunächst ausschließlich die Steuerschuld und erst bei Rechnungseingang der Vorsteueranspruch entsteht. Der BFH hatte diese Frage dem EuGH zur Entscheidung vorgelegt, der – zugunsten des Steuerpflichtigen – auf die gleichzeitige Entstehung von Steuerschuld und Vorsteueranspruch erkannt hat (➲ Kapitel 116.5 und Kapitel 116.1.5).

 Beratungskonsequenzen

1. Die **Besteuerungsgrundlagen** sind damit von den Kreditorenbuchhaltern **ggf. zu schätzen**.
2. Zum **korrespondierenden (automatischen) Vorsteueranspruch** bei den Eingangsumsätzen ➲ Kapitel 116.5

121.1.2 Andere Fälle des Steuerschuldübergangs (§ 13b Abs. 2 UStG)

In allen anderen § 13bFällen entsteht die Steuer mit Ausstellung der Rechnung, spätestens jedoch mit Ablauf des der Ausführung der Leistung folgenden Kalendermonats (§ 13b Abs. 2 UStG). § 13 Abs. 1 Nr. 1 Buchst. a Satz 2 und 3 UStG gilt entsprechend (§ 13b Abs. 4 Satz 1 UStG).

Beispiel 2

Wie Beispiel 1; R ist ein Schweizerischer Rechtsanwalt.

➲ **Folge:**

Die Steuer entsteht

- mit Ablauf des Monats, in dem die Rechnung ausgestellt worden ist (= Juni 2024),
- spätestens jedoch mit Ablauf des der Ausführung der Leistung folgenden Kalendermonats (= April 2024).

D hat den Umsatz in seiner Umsatzsteuer-Voranmeldung für April 2024 anzumelden.

Beratungskonsequenzen

Zur **Schätzung der Besteuerungsgrundlagen** und zum **korrespondierenden (automatischen) Vorsteueranspruch** ➲ vorstehendes Kapitel 121.1.1

Wird das Entgelt oder ein Teil des **Entgelts vereinnahmt, bevor die Leistung oder Teilleistung ausgeführt** worden ist, entsteht insoweit die Steuer mit Ablauf des Voranmeldungszeitraums, in dem das Entgelt oder das Teilentgelt vereinnahmt worden ist (§ 13b Abs. 4 Satz 3 UStG). Aus Vereinfachungsgründen ist es nicht zu beanstanden, wenn der Leistungsempfänger die Anmeldung der Steuer auf das Entgelt oder Teilentgelt bereits in dem Voranmeldungszeitraum anmeldet, in dem die Beträge von ihm verausgabt werden[1173].

121.2 Bemessungsgrundlage, Steuerberechnung, Steuersatz

§ 13b Abs. 8 UStG stellt klar, dass der Leistungsempfänger die geschuldete Steuer nach den allgemeinen umsatzsteuerlichen Vorschriften zu berechnen hat. Die Kleinunternehmerregelung des § 19 UStG, bei der bis zu einem Umsatz von 22.000 € auf eine Steuererhebung verzichtet wird, ist bei ausländischen Unternehmern nicht anwendbar. Auch die Sonderregelung für land- und forstwirtschaftliche Umsätze nach § 24 UStG kann – ebenso wie beim bisherigen Abzugsverfahren nach § 53 Abs. 1 Satz 2 UStDV – keine Anwendung finden[1174].

In den Fällen, in denen der Leistungsempfänger die Steuer schuldet, ist Bemessungsgrundlage der in der Rechnung oder Gutschrift ausgewiesene Betrag (Betrag ohne Umsatzsteuer). Die Umsatzsteuer ist von diesem Betrag vom Leistungsempfänger zu berechnen.

 Beratungskonsequenzen

Anders als in den Fällen, in denen der Leistende die Umsatzsteuer schuldet, kann hier **nicht** davon ausgegangen werden, dass im Zweifel die zivilrechtliche Preisvereinbarung die Umsatzsteuer enthält.

Bei **tauschähnlichen Umsätzen** – mit oder ohne Baraufgabe – ist § 10 Abs. 2 Satz 2 und 3 UStG anzuwenden.

Die **Mindestbemessungsgrundlage** nach § 10 Abs. 5 UStG ist auch bei Leistungen eines im Ausland ansässigen Unternehmers zu beachten. Ist der Leistungsempfänger Steuerschuldner nach § 13b Abs. 5 UStG, hat er die Bemessungsgrundlage für den Umsatz nach § 10 Abs. 5 UStG zu ermitteln[1175].

1173 Abschn. 13b.12 Abs. 3 UStAE.
1174 Abschn. 13b.13 Abs. 4 UStAE.
1175 Abschn. 13b.13 Abs. 1 UStAE 8; vgl. auch BMF, Schreiben vom 5.12.2001, a. a. O., Tz. 12.

Im **Zwangsversteigerungsverfahren** ist das Meistgebot der Berechnung als Nettobetrag zugrunde zu legen. Werden **sicherungsübereignete Gegenstände** durch den Sicherungsgeber an den Sicherungsnehmer außerhalb des Insolvenzverfahrens geliefert und sind bei dieser Lieferung die Voraussetzungen des § 25a UStG erfüllt, hat der Sicherungsnehmer die Bemessungsgrundlage nach § 25a Abs. 3 UStG und die Steuer nach § 12 Abs. 1 UStG zu berechnen[1176].

Der Leistungsempfänger hat bei der Steuerberechnung den **Steuersatz** zugrunde zu legen, der sich für den maßgeblichen Umsatz nach § 12 UStG ergibt. Das gilt auch in den Fällen, in denen der Leistungsempfänger die Besteuerung nach § 19 Abs. 1 oder § 24 Abs. 1 UStG anwendet[1177].

Ändert sich die Bemessungsgrundlage, gilt § 17 Abs. 1 Halbsatz 1 UStG in den Fällen des § 13b UStG sinngemäß[1178].

Beispiel 3

Der ausschließlich in Frankreich ansässige Bauunternehmer F hat im April 2023 das Dach der in Hamburg ansässigen Spedition des H neu gedeckt und dazu auch die Dachziegel geliefert. Im Februar 2024 stellt sich bei den Ziegeln ein Materialfehler heraus. F erstattet dem H daraufhin 10 % des bereits vereinnahmten Leistungsentgelts.

➲ **Folge:**

F hat im April 2023 in Deutschland eine steuerbare und steuerpflichtige Werklieferung (§ 3 Abs. 7 Satz 1 UStG) erbracht. Da F keinen Nachweis erbracht hat, im Inland ansässig zu sein, schuldete H die Umsatzsteuer (§ 13b Abs. 5 UStG).

In der Voranmeldung für Februar 2024 hat H die in 2023 vorgenommene Besteuerung i. H. v. 10 % zu berichtigen; Entsprechendes gilt für aus dem Leistungseingang gezogene Vorsteuern.

Die Voranmeldung für April 2023 bleibt unverändert!

121.3 Besonderheiten beim Entgelt von dritter Seite

§ 13b Abs. 9 UStG ermächtigt das BMF, durch Rechtsverordnung nähere Bestimmungen über die Anwendung der Steuerschuldnerschaft zu treffen in Fällen, in denen ein anderer als der Leistungsempfänger das Entgelt gewährt. In derartigen Fällen soll es möglich werden festzulegen, dass derjenige, der das Entgelt gewährt, auch die Steuer schuldet.

Von dieser Ermächtigung wird durch die Vorschrift des § 30a UStDV für **Fälle der unfreien Versendung** Gebrauch gemacht. Grundsätzlich ist Leistungsempfänger derjenige, der aus zivilrechtlichen Verträgen berechtigt und verpflichtet ist. Ihm gegenüber

---

1176 Abschn. 13b.13 Abs. 3 UStAE; vgl. auch BMF, Schreiben vom 5.12.2001, a. a. O., Tz. 13 f.

1177 § 13b Abs. 8 UStG, Abschn. 13b.13 Abs. 4 Sätze 1 u. 2 UStAE.

1178 Abschn. 13b.13 Abs. 4 Satz 3 UStAE; vgl. auch BMF, Schreiben vom 5.12.2001, a. a. O., Tz. 15.

erfolgt auch die Abrechnung des Leistenden. In den Fällen der unfreien Versendung oder Besorgung einer solchen[1179] erfolgt die Abrechnung nicht gegenüber dem Auftraggeber, sondern gegenüber dem Empfänger der Warensendung. Aus Vereinfachungsgründen ist es deshalb sinnvoll, den Rechnungsempfänger an Stelle des Auftraggebers zum Steuerschuldner zu bestimmen. Er darf auch – entsprechend der Vorgängerregelung in § 40 UStDV 1999 – den Vorsteuerabzug vornehmen[1180].

 Checkliste

Steuerschuldnerschaft bei unfreier Versendung[1181]

Nach § 30a UStDV müssen aber **folgende Voraussetzungen** vorliegen:

* der Empfänger der Frachtsendung ist ein Unternehmer oder eine juristische Person des öffentlichen Rechts,
* der Empfänger der Frachtsendung hat die Entrichtung des Entgelts für die Beförderung oder für ihre Besorgung übernommen **und**
* aus der Rechnung über die Beförderung oder ihre Besorgung ist auch die in der Nummer 2 bezeichnete Voraussetzung zu ersehen.

Der Rechnungsempfänger erkennt seine Steuerschuldnerschaft anhand der Angaben in der Rechnung[1182].

121.4   Rechnungserteilung, -hinweis und -aufbewahrung

121.4.1   Allgemeines

§ 14a Abs. 5 UStG regelt die Verpflichtung des leistenden Unternehmers zur Ausstellung von Rechnungen auch in den Fällen, in denen nicht er, sondern der Leistungsempfänger Steuerschuldner ist. Die Rechnung muss zur Rechtssicherheit der Betroffenen **neben den allgemeinen Angaben nach § 14 Abs. 4 UStG** auch einen Hinweis auf die Steuerschuldnerschaft enthalten. Dabei könnte ein Rechnungshinweis wie folgt aussehen:

 Musterrechnung mit § 13b-Hinweis

Für die Mitarbeiter-Schulung am 7.2.2024 in Ihrem Hause berechne ich Ihnen ein Honorar i. H. v. 5.000 € zzgl. Reisekosten i. H. v. 800 €. Ich danke für das mir entgegengebrachte Vertrauen und bitte um Überweisung des Honorars innerhalb von 10 Werktagen ohne Abzug auf das angegebene Geschäftskonto.
Die Umsatzsteuer tragen Sie (§ 13b UStG).

Mit freundlichen Grüßen

1179 §§ 453 ff. HGB.
1180 Amtliche Gesetzesbegründung, BR-Drs. 399/01.
1181 § 30a UStDV.
1182 § 14a UStG und § 30a Nr. 3 UStDV.

Beratungskonsequenzen

Für den Fall, dass ein entsprechender Rechnungshinweis fehlt, wird der Leistungs-empfänger von der Steuerschuldnerschaft **nicht** entbunden[1183].

Ein **gesonderter Steuerausweis** ist nach § 14a Abs. 5 Satz 3 UStG nicht zulässig. Bei ei-nem gesonderten Steuerausweis durch den leistenden Unternehmer würde diese Steuer von ihm nach § 14c Abs. 1 UStG geschuldet[1184].

Durch § 33 Satz 3 UStDV soll die Vereinfachung des § 33 UStDV für **Kleinbetragsrech-nungen** bei Leistungen i. S. d. § 13b UStG ausgeschlossen werden. Dies ist notwendig, weil diese Rechnungen nicht alle im Zusammenhang mit einer Steuerschuldnerschaft des Leistungsempfängers erforderlichen Angaben (Benennung des Leistungsempfän-gers, Hinweis auf die Steuerschuldnerschaft) enthalten[1185].

Der Unternehmer hat ein **Doppel der Rechnung 10 Jahre aufzubewahren**. Die Aufbe-wahrungsfrist beginnt mit dem Schluss des Kalenderjahres, in dem die Rechnung aus-gestellt worden ist[1186].

121.4.2   Hinweis bei eigenen innergemeinschaftlichen Dienstleistungen

Die meisten Dienstleistungen an einen in der Europäischen Union ansässigen unterneh-merischen Leistungsempfänger sind über § 3a Abs. 2 UStG in dem Land (umsatz)steu-erbar, in dem der Leistungsempfänger seinen Sitz hat **(sog. B2B-Prinzip)**. Das bedeutet, dass die Versteuerung in dem betreffenden EU-Bestimmungsland erfolgt. In diesen Fäl-len verlagert sich die Steuerschuld durch das EU-weite »Reverse-Charge-Verfahren« auf den Leistungsempfänger; hierauf hat der Rechnungsaussteller den Rechnungsempfän-ger hinzuweisen.

Bitte beachten Sie!

Grundsätzlich gibt es innerhalb der EU für die Rechnungsstellung keinerlei Sprach-vorgaben. Hinzuweisen ist allerdings auf **Art. 231 MwStSystRL:** »*[Kannbestimmung: Übersetzung von Rechnungen] Zu Kontrollzwecken können die Mitgliedstaaten verlan-gen, dass Rechnungen, die sich auf Lieferungen von Gegenständen oder auf Dienstleis-tungen in ihrem Gebiet beziehen, sowie Rechnungen, die von Steuerpflichtigen mit Sitz in ihrem Gebiet empfangen werden, in die Landessprache übersetzt werden.*«

Die entsprechenden Rechnungshinweise in den Amtssprachen der Europäischen Union wurden nunmehr vom BMF zusammengetragen ➲ Kapitel 110.17.

1183 Abschn. 13b.14 Abs. 1 Satz 4 UStAE; vgl. auch BMF, Schreiben vom 5.12.2001, a. a. O., Tz. 16; aus-führlich hierzu Weimann, UStB 2007, 118.
1184 Amtliche Gesetzesbegründung, BR-Drs. 399/01.
1185 Amtliche Gesetzesbegründung, BR-Drs. 399/01.
1186 § 14b Abs. 1 Satz 4 Nr. 3 UStG.

Beratungskonsequenzen

Deutschen Unternehmern, die B2B-Leistungen gegenüber ihre EU-ausländischen Kunden abrechnen, ist zu empfehlen, den **Rechnungshinweis auch in der Landessprache des Bestimmungslandes** anzubringen, um Beanstandungen schon im Vorfeld zu vermeiden.

121.5 Vorsteuerabzug (§ 15 Abs. 1 Nr. 4 UStG)

121.5.1 Grundsatz: Zeitgleiche Entstehung von USt und VorSt

 Hinweis

➲ Kapitel 116.5

121.5.2 Ausnahme: Vorsteuerabzug durch nicht im Gemeinschaftsgebiet ansässige Unternehmer (§ 15 Abs. 4b UStG)

Soweit an nicht im Gemeinschaftsgebiet ansässige Unternehmer Umsätze ausgeführt werden, für die sie Steuerschuldner nach § 13b Abs. 2 UStG sind, haben sie die für Vorleistungen in Rechnung gestellte Steuer im allgemeinen Besteuerungsverfahren und nicht im Vorsteuer-Vergütungsverfahren geltend zu machen. § 15 Abs. 4b UStG **stellt sicher, dass für die nicht im Gemeinschaftsgebiet ansässigen Unternehmer die im Vorsteuer-Vergütungsverfahren geltenden Beschränkungen und Ausschlüsse** – wie bisher – auch im allgemeinen Besteuerungsverfahren **Anwendung finden**, soweit sie keine inländischen Umsätze bewirken[1187].

Beispiel 4

Der in Frankreich ansässige Unternehmer F nimmt im Mai 2024 mit anderen französischen Unternehmern an einer Gemeinschaftsausstellung der Frankfurter Messe teil. Mit der Organisation und Durchführung der Gemeinschaftsausstellung wird die ebenfalls in Frankreich ansässige Durchführungsgesellschaft D beauftragt.
➲ **Folge:**
In diesem Fall erbringt der Veranstalter der Messe sonstige Leistungen an D. D erbringt die sonstigen Leistungen an die an der Gemeinschaftsausstellung beteiligten Aussteller. D erbringt im Inland steuerpflichtige sonstige Leistungen u. a. an F (§ 13b Abs. 1 Satz 1 Nr. 1 UStG). Die Umsatzsteuer für diese sonstigen Leistungen schuldet F (§ 13b Abs. 2 UStG). Unter den weiteren Voraussetzungen des § 15 UStG kann F im allgemeinen Besteuerungsverfahren die nach § 13b Abs. 2 UStG geschuldete Steuer und die für Vorleistungen an ihn in Rechnung gestellte Steuer als Vorsteuer abziehen (§ 15 Abs. 1 Satz 1 Nr. 1 und 4 UStG).

1187 Amtliche Gesetzesbegründung, BR-Drs. 399/01.

Der Unternehmer kann bei Vorliegen der weiteren Voraussetzungen des § 15 UStG den Vorsteuerabzug in der Umsatzsteuer-Voranmeldung oder Umsatzsteuererklärung für das Kalenderjahr geltend machen, in der er den Umsatz zu versteuern hat[1188].

121.6 Steuerschuldnerschaft des Leistungsempfängers

Allgemeines Besteuerungsverfahren

 Hinweis

... auf das Beispiel in der Fallsammlung internationale Umsätze ➲ Kapitel 104.12

Umsatzsteuer-Voranmeldungen[1189] und eine Steuererklärung für das Kalenderjahr[1190] haben auch die Unternehmer und juristischen Personen des öffentlichen Rechts abzugeben, soweit sie als Leistungsempfänger ausschließlich eine Steuer nach § 13b Abs. 2 UStG zu entrichten haben[1191]. Voranmeldungen sind nur für die Voranmeldungszeiträume abzugeben, in denen die Steuer für die Umsätze i. S. d. § 13b Abs. 1 UStG zu erklären ist[1192]. Die Anwendung des § 18 Abs. 2a UStG ist ausgeschlossen[1193].

Beispiel 5

Der ausschließlich in Frankreich ansässige Bauunternehmer F soll das Dach der in Hamburg ansässigen Spedition des H neu decken. F liefert die Dachziegel im April 2024 und deckt das Dach neu ein. Noch im April 2024 erteilt F dem H eine Netto-Rechnung i. H. v. 12.000 €.

➲ **Folge:**

F erbringt in Deutschland eine steuerbare und steuerpflichtige Werklieferung (§ 3 Abs. 7 Satz 1 UStG). Da F keinen Nachweis erbringt, im Inland ansässig zu sein, schuldet H die Umsatzsteuer[1194].

In die Umsatzsteuer-Voranmeldung des H für April 2024 wäre der Umsatz mithin wie folgt aufzunehmen:

1188 § 13b Abs. 1 und Abs. 2 UStG; vgl. Abschn. 13b.15 Abs. 5 UStAE; vgl. auch BMF-Schreiben vom 5.12.2001, a. a. O., Tz. 19 f.
1189 § 18 Abs. 1 und 2 UStG.
1190 § 18 Abs. 3 und 4 UStG.
1191 § 18 Abs. 4a Satz 1 UStG.
1192 § 18 Abs. 4a Satz 2 UStG.
1193 Abschn. 13b.15 Abs. 4 UStAE; vgl. auch BMF-Schreiben vom 5.12.2001, a. a. O., Tz. 21.
1194 § 13b Abs. 5 UStG.

Steuernummer	- 2 -	Bemessungsgrundlage ohne Umsatzsteuer	Steuer	
		EUR	EUR	Ct
20	neuer Fahrzeuge außerhalb eines Unternehmens (§ 2a UStG)	49		
	Weitere steuerfreie Umsätze mit Vorsteuerabzug			
21	z. B. Ausfuhrlieferungen, Umsätze nach § 4 Nummer 2 bis 7 UStG	43		
	Steuerfreie Umsätze ohne Vorsteuerabzug			
22	z. B. Umsätze nach § 4 Nummer 8 bis 29 UStG	48		
	C. Innergemeinschaftliche Erwerbe			
	Steuerfreie innergemeinschaftliche Erwerbe			
23	von bestimmten Gegenständen und Anlagegold (§§ 4b und 25c UStG)	91		
	Steuerpflichtige innergemeinschaftliche Erwerbe			
24	zum Steuersatz von 19 %	89		
25	zum Steuersatz von 7 %	93		
26	zum Steuersatz von 0 %	90		
27	zu anderen Steuersätzen	95	98	
28	neuer Fahrzeuge (§ 1b Absatz 2 und 3 UStG) von Lieferern **ohne** Umsatzsteuer-Identifikationsnummer zum allgemeinen Steuersatz	94	96	
	D. Leistungsempfänger als Steuerschuldner (§ 13b UStG)			
29	Sonstige Leistungen nach § 3a Absatz 2 UStG eines im übrigen Gemeinschaftsgebiet ansässigen Unternehmers (§ 13b Absatz 1 UStG)	46	47	
30	Umsätze, die unter das GrEStG fallen (§ 13b Absatz 2 Nummer 3 UStG)	73	74	
31	Andere Leistungen (§ 13b Absatz 2 Nummer 1, 2, 4 bis 12 UStG)	84 *12000*	85 *228000*	
	E. Ergänzende Angaben zu Umsätzen			
32	Lieferungen des ersten Abnehmers bei **innergemeinschaftlichen Dreiecksgeschäften** (§ 25b UStG)	42		
33	Steuerpflichtige Umsätze des leistenden Unternehmers, für die der **Leistungsempfänger die Steuer nach § 13b Absatz 5 UStG schuldet**	60		
34	Nicht steuerbare sonstige Leistungen gemäß § 18b Satz 1 Nummer 2 UStG	21		
35	**Übrige nicht steuerbare Umsätze** (Leistungsort nicht im Inland)	45		
36	Umsatzsteuer (Summe der Zeilen 12 bis 17 *Nullsummenspiel*			
	F. Abziehbare Vorsteuerbeträge und Berichtigung des Vorsteuerabzugs			
37	Vorsteuerbeträge aus Rechnungen von anderen Unternehmern (§ 15 Absatz 1 Satz 1 Nummer 1 UStG), aus Leistungen im Sinne des § 13a Absatz 1 Nummer 6 UStG (§ 15 Absatz 1 Satz 1 Nummer 5 UStG) und aus innergemeinschaftlichen Dreiecksgeschäften (§ 25b Absatz 5 UStG)		66	
38	Vorsteuerbeträge aus dem innergemeinschaftlichen Erwerb von Gegenständen (§ 15 Absatz 1 Satz 1 Nummer 3 UStG)		61	
39	Entstandene Einfuhrumsatzsteuer (§ 15 Absatz 1 Satz 1 Nummer 2 UStG)		62	
40	Vorsteuerbeträge aus Leistungen im Sinne des § 13b UStG (§ 15 Absatz 1 Satz 1 Nummer 4 UStG)		67 *228000*	

2024USt1A562 | 2024USt1A562

Formular: 2024USt1A562

Beratungskonsequenzen

1. **Nochmals:** Nach § 13b Abs. 2 Nr. 4 Satz 3 UStG gilt: »Nr. 1 bleibt unberührt«; entsprechende Leistungen von im Ausland ansässigen Unternehmern (§ 13b Abs. 7 UStG) fallen daher auch weiterhin unter den Anwendungsbereich von § 13b Abs. 2 Nr. 1 UStG. Im Beispiel ist die Leistung des F – obwohl der Art nach »Bauleistung« i. S. d. § 13b Abs. 2 Nr. 4 UStG – daher unter den Kz. 84 und 85 anzumelden.

2. **Es ist *keine* Eintragung unter Kz. 60 (= Zeile 33)** vorzunehmen: hier sind nur Umsätze des leistenden Unternehmers einzutragen, für die der Leistungsempfänger die Umsatzsteuer nach § 13b Abs. 5 UStG schuldet[1195].

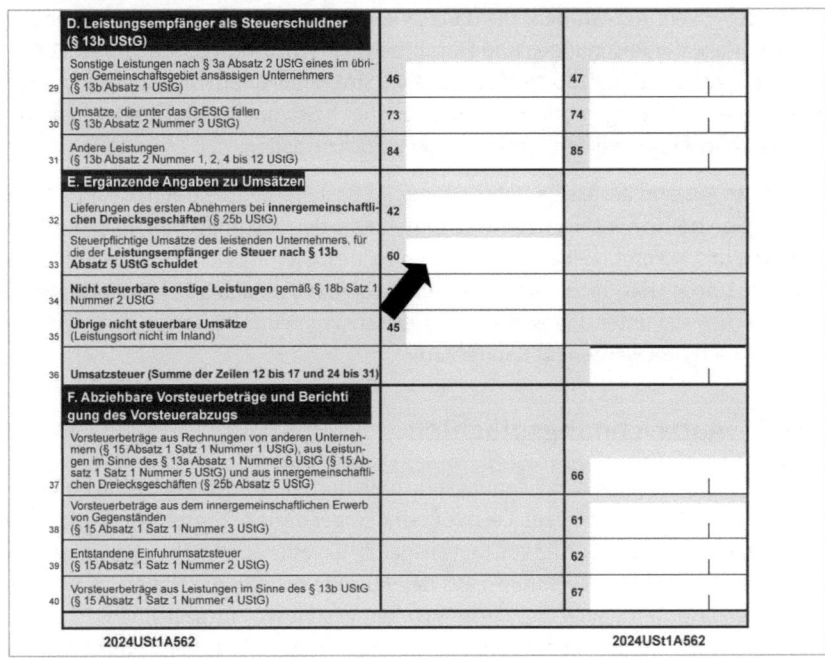

Formular: 2024USt1A562

Hat der im Ausland ansässige Unternehmer im Besteuerungszeitraum oder Voranmeldungszeitraum nur Umsätze ausgeführt, für die der Leistungsempfänger die Steuer schuldet[1196], sind von ihm nur dann Steueranmeldungen abzugeben, wenn

- er selbst als Leistungsempfänger eine Steuer nach § 13b UStG schuldet,
- er eine Steuer nach § 14c UStG schuldet oder
- das Finanzamt ihn hierzu besonders auffordert.

Das Finanzamt hat den Unternehmer insbesondere in den Fällen zur Abgabe von Steueranmeldungen aufzufordern, in denen es zweifelhaft ist, ob er tatsächlich nur

---

1195 Vgl. Anleitung zur Umsatzsteuer-Voranmeldung 2022.
1196 § 13b Abs. 5 UStG.

Umsätze ausgeführt hat, für die der Leistungsempfänger die Steuer schuldet. Eine Besteuerung des Unternehmers nach § 16 und § 18 Abs. 1–4 UStG ist jedoch nur dann durchzuführen, wenn der im Ausland ansässige Unternehmer im Inland steuerpflichtige Umsätze ausgeführt hat, für die der Leistungsempfänger die Steuer nicht schuldet[1197].

Bei der Besteuerung des im Ausland ansässigen Unternehmers nach § 16 und § 18 Abs. 1 bis 4 UStG sind die Umsätze, für die der Leistungsempfänger die Steuer schuldet, nicht zu berücksichtigen.

Ferner bleiben die Vorsteuerbeträge unberücksichtigt, die im Vorsteuer-Vergütungsverfahren[1198] vergütet wurden. Die danach verbleibenden Vorsteuerbeträge sind ggf. durch Vorlage der Rechnungen und Einfuhrbelege nachzuweisen. Abschn. 15.11 Abs. 1 UStAE gilt gem. Abschn. 13b.16 Abs. 3 Satz 4 UStAE sinngemäß. Das Finanzamt hat die vorgelegten Rechnungen und Einfuhrbelege durch Stempelaufdruck oder in anderer Weise zu entwerten und dem Unternehmer zurückzusenden.

Hat der im Ausland ansässige Unternehmer im Besteuerungszeitraum oder im Voranmeldungszeitraum nur Umsätze ausgeführt, für die der Leistungsempfänger die Steuer schuldet, und kommt deshalb das allgemeine Besteuerungsverfahren nach § 16 und § 18 Abs. 1 bis 4 UStG nicht zur Anwendung, können die nach § 15 UStG abziehbaren Vorsteuerbeträge unter den weiteren Voraussetzungen nur im Vorsteuer-Vergütungsverfahren vergütet werden (➲ Kapitel 120).

121.7 Aufzeichnungspflichten

Neben den allgemeinen Aufzeichnungspflichten nach § 22 UStG müssen in den Fällen des § 13b Abs. 1 bis 5 UStG beim Leistungsempfänger die in § 22 Abs. 2 Nr. 1 und 2 UStG enthaltenen Angaben über die von ihm ausgeführten oder noch nicht ausgeführten Lieferungen und sonstigen Leistungen aus den Aufzeichnungen zu ersehen sein[1199]. Auch der leistende Unternehmer hat diese Angaben gesondert aufzuzeichnen[1200]. Die Verpflichtung, zur Feststellung der Steuer und der Grundlagen ihrer Berechnung Aufzeichnungen zu machen, gilt in den Fällen der Steuerschuldnerschaft des Leistungsempfängers **auch für Personen, die nicht Unternehmer sind**[1201].

Beispiel 6

Bezug einer Leistung für den nichtunternehmerischen Bereich eines Unternehmers oder den Hoheitsbereich einer juristischen Person des öffentlichen Rechts.

1197 BMF, Schreiben vom 5.12.2001, Tz. 22.
1198 § 18 Abs. 9 UStG, §§ 59 bis 61 UStDV.
1199 Abschn. 13b.17 UStAE; bis 31.12.2011: Abschn. 13b.1 Abs. 51 UStAE.
1200 § 22 Abs. 2 Nr. 8 UStG.
1201 § 22 Abs. 1 Satz 2 UStG.

121.8 Buchungssätze

Eingangsumsätze, auf die § 13b UStG anzuwenden ist, werden beim (deutschen) Leistungsempfänger wie folgt zu buchen sein:

Buchungssätze

1. Aktivkonto (oder Aufwandskonto)   an **Geldkonto** (oder Verbindlichkeiten)
2. **Vorsteuer aus § 13b UStG**   an **Umsatzsteuer aus § 13b UStG**

Selbstverständlich werden die Buchungen auch auf **Sammelkonten** erfolgen können, die durch eine besondere Kennung die Datenbasis für die Umsatzsteuererklärung gewährleisten[1202].

122 Besteuerung von (sonstigen) Leistungen deutscher Unternehmer im EU-Ausland

EU-ausländische »Gegenstücke« zum deutschen § 13b UStG – Wichtig für die Debitorenbuchhaltung!

 Hinweis

➲ mybookplus.de > Vertiefende Informationen > Kapitel 122

1202 So auch *Winter,* UR 2001, 325.

Geschäftsveräußerung – Gesellschaften/Gemeinschaften

123 Geschäftsveräußerung im Ganzen

 Hinweis

➲ mybookplus.de > Vertiefende Informationen > Kapitel 123

124 Sonderprobleme

Gesellschaften/Gemeinschaften und des Haltens von Beteiligungen

 Hinweis

➲ mybookplus.de > Vertiefende Informationen > Kapitel 124

125 Besteuerungsverfahren nach dem UStG

> **!** **Hinweis**
>
> ➲ mybookplus.de > Vertiefende Informationen > Kapitel 125

Die örtliche Zuständigkeit der Finanzämter bei Umsatzsteuerfragen für **in Deutschland steuerpflichtige ausländische Unternehmer** (§ 21 Abs. 1 Satz 2 AO) richtet sich nach der »Umsatzsteuer-Zuständigkeitsverordnung«[1203] ➲ Kapitel 127.4.

126 Allgemeines Verfahrensrecht – Steuerstrafrecht – Zivilrecht – Berufsrecht (ABC)

> **!** **Hinweis**
>
> ➲ mybookplus.de > Vertiefende Informationen > Kapitel 126

127 Internationales Umsatzsteuerrecht

127.1 Umsatzsteuerrecht der anderen EU-Mitgliedstaaten: Kenntnis für deutsche Unternehmer und deren Steuerberater unerlässlich

Das Umsatzsteuerrecht der EU-Mitgliedstaaten ist weitgehend harmonisiert (➲ Kapitel 1.2). Kompetente und haftungsfreie Umsatzsteuerberatung setzt neben der umfassenden Kenntnis des jeweiligen nationalen Umsatzsteuerrechts daher immer auch die Kenntnis der europarechtlichen Rahmenbedingungen voraus[1204].

127.1.1 Kenntnis der EU-ausländischen Gesetzesfassungen

Wer die MwStSystRL anwendet, muss sich – wie allgemein bei der Anwendung von Gemeinschaftsrecht – bewusst sein, dass ihr Inhalt **nicht allein durch die deutsche Sprachfassung** bestimmt werden kann. Nach ständiger EuGH-Rechtsprechung verbietet es die Notwendigkeit einer einheitlichen Auslegung des Gemeinschaftsrechts, eine

---

1203 Genauer: »Verordnung über die örtliche Zuständigkeit für die Umsatzsteuer im Ausland ansässiger Unternehmer«.
1204 *Weimann* in UNI, Einführung UStG, Rz. 29..

Bestimmung für sich allein zu betrachten. Der Rechtsanwender ist vielmehr dazu **gezwungen, die Bestimmung unter Berücksichtigung ihrer Fassungen in den anderen Amtssprachen auszulegen**[1205].

127.1.2 Kenntnis der aus dem EU-Ausland anhängigen EuGH-Verfahren

Unabdingbar ist auch die Kenntnis der EuGH-Verfahren.

Dabei ist zu beachten, dass nicht nur Verfahren betrachtet werden dürfen, die das deutsche Umsatzsteuerrecht unmittelbar betreffen, sondern **auch solche zum ausländischen Umsatzsteuerrecht**, bei denen Gegenstand der Prüfung Regelungen sind, die in identischer oder sehr ähnlicher Form auch in Deutschland zur Anwendung gelangen[1206].

127.1.3 Besonderheiten des Verfahrensrechts innerhalb der EU

Hinzuweisen ist noch einmal auf die besonderen Gefahren, die sich aus dem auch weiterhin **unterschiedlichen Verfahrensrecht der einzelnen EU-Mitgliedstaaten** ergeben. So hält es der EuGH für grundsätzlich zulässig, dass das italienische Steuerrecht für die Umsatzsteuerschuld eine längere Verjährung als für den dazu gehörenden Vorsteueranspruch vorsieht[1207].

 Beratungskonsequenzen

Das Urteil zeigt, wie vorsichtig man als Steuerberater sein muss mit Empfehlungen zum angeblich »überall gleichen Umsatzsteuerrecht«; Abweichungen können sich – noch einmal – insbesondere auch aus dem nationalen Verfahrensrecht ergeben.

127.2 Vorsicht bei Drittlandsfragen!

Das Umsatzsteuerrecht kennt keine Doppelbesteuerungsabkommen; **jedes Land der Welt regelt seine Umsatzsteuerfragen damit grundsätzlich autark** (➲ Kapitel 1.1).

Viele Drittstaaten haben sich aber – ob der Vorteile des Vorsteuerabzugs (Arbeitsteilung bleibt unbesteuert!) – bei der Gestaltung ihres eigenen Umsatzsteuerrechts an den Grundsätzen und Leitlinien des europäischen Umsatzsteuerrechts orientiert und dieses weitestgehend transformiert; so spricht z. B. die Schweiz von einem EU-harmonierten Umsatzsteuerrecht.

Dadurch entsteht für deutsche Unternehmer und deren Berater der oft **trügerische Schein, auch im Drittlandsumsatzsteuerrecht »zu Hause zu sein«.** Hier ist Vorsicht geboten; der Teufel steckt im Detail!

1205 *Weimann* in UNI, Einführung UStG, Rz. 30 f.

1206 *Weimann* in UNI, in UNI, Einführung UStG, Rz. 32 ff.

1207 Vgl. EuGH, Urteil vom 8.5.2008, Rs. C-95/07 und 96/07, Ecotrade SpA, UR 2008, 512; dazu Anmerkungen von *Weimann*, PIStB 2008, 257.

Angrenzende Rechtsgebiete

Beratungskonsequenzen

1. Der **Steuerberater** wird dabei aber immer die **Grenzen seines Beratungsauftrags** zu beachten haben; diese ergeben sich natürlich rein faktisch auch aus dem Umfang des durch seine **Berufshaftpflichtversicherung** abgedeckten Risikos. Bei der Klärung von Drittlandsumsatzsteuerfragen sollte der Berater den Mandanten daher im Zweifel allenfalls unterstützen (Kontakte herstellen etc. Hinweis auf ➲ nachfolgendes Kapitel 127.3), aber keine Haftung übernehmen.

2. **Unternehmern** wiederum ist zu empfehlen, wirklich wichtige Fragen von ihrem Steuerberater/Wirtschaftsprüfer **ausschließlich schriftlich** klären zu lassen. Der Schriftlichkeit kommt im Hinblick auf sich im Fall einer Fehlberatung stellende Haftungsfragen besondere Bedeutung zu.

Ist eine Drittlandsberatung unerwünscht – weil etwa die dadurch zu erwartenden Kosten zu hoch wären oder aber, was gerade im Bereich des Anlagenbaus immer wieder vorkommt, der (größere) Kunde dem (kleineren) Anlagenbauer den Vertrag weitgehend »diktiert« –, sollte der leistende Unternehmer/Mandant zivilrechtlich zumindest über eine »**salvatorische Klausel**« abgesichert werden (Stichwort »vergessene Umsatzsteuer« ➲ Kapitel 99):

 Musterformulierung

»Die Vertragsparteien gehen **einvernehmlich** davon aus, dass das Geschäft in keinem Land der Welt einer Umsatzsteuer/Mehrwertsteuer oder einer ähnlichen Steuer unterliegt.

Für den Fall, dass diese Annahme falsch sein sollte und die Zahlung einer solchen Steuer vom Vertragspartner zu § ... (Verkäufer, Dienstleister, Anlagenbauer) verlangt wird, **schuldet der Vertragspartner zu § ... (Käufer, Mandant, Kunde) diese Steuer zusätzlich** zu dem in § ... verlangten Kaufpreis.«

127.3 Informationsbeschaffung

127.3.1 Auslandshandelskammern

Zumindest erste verlässliche Informationen können in der Regel über die Auslandshandelskammern (AHK) bezogen werden. Das deutsche Auslandshandelskammernetz umfasste im Jahr 2020 140 Büros (Auslandshandelskammern, Delegiertenbüros und Repräsentanten der deutschen Wirtschaft) in 92 Ländern weltweit. Kernaufgabe des Auslandshandelskammernetzes ist die Förderung der bilateralen Wirtschaftsbeziehungen. Eine der Aufgaben ist der direkte Auskunfts-, Beratungs- und Organisationsdienst für die am bilateralen Wirtschaftsverkehr beteiligten Unternehmen und Organisationen. Damit steht das Netz der deutschen Wirtschaft auch für Umsatzsteuerfragen der jeweiligen Länder zur Verfügung.

127.3.2 Germany Trade and Invest

»Germany Trade and Invest« – nachfolgend kurz »GTaI« – ist die neue **Wirtschaftsförderungsgesellschaft der Bundesrepublik Deutschland**. Die GTaI ist am 1.1.2009 durch die Zusammenführung der **Bundesagentur für Außenwirtschaft (bfai) mit der Invest in Germany GmbH** entstanden. Sie bündelt damit die Kompetenzen beider Vorgängerorganisationen mit dem Ziel, durch eine breit angelegte Wissensbasis die deutsche Außenwirtschaft zu fördern und stärken. Durch die Gründungsgeschichte der Gesellschaft erklären sich deren beide Geschäftsbereiche:

- **Der Geschäftsbereich Außenwirtschaft (Trade)** fokussiert die Beschaffung und Verbreitung von Informationen über ausländische Märkte. Hier sieht die GTaI den Schwerpunkt ihrer Tätigkeit. Weltweit eingesetzte Auslandsmitarbeiter recherchieren vor Ort. Darüber hinaus wird die **enge Zusammenarbeit mit den deutschen AHKs** ausgebaut, um Unternehmern und deren Beratern künftig im Ausland unter dem Dach der AHKs eine zentrale Anlaufstelle mit Informationen und gezielter Beratung zu bieten.

- **Der Geschäftsbereich Investieren (Invest)** unterstützt durch Standortmarketing für den Wirtschafts- und Investitionsstandort Deutschland die Ansiedlung ausländischer Unternehmen in Deutschland.

Von vorrangigem Interesse für deutsche Unternehmen und Steuerberater wird der Geschäftsbereich Außenwirtschaft sein. Gilt es, einen ersten Einstieg in **internationale Umsatzsteuerfälle** zu finden, dürfte zukünftig auch ein Blick auf die neue Homepage der GTaI weiterhelfen. Darstellungen zu länderspezifischen Umsatzsteuerproblemen finden Sie dort unter Außenwirtschaft/Recht/ Steuerrecht/Umsatzsteuer.

 Beratungskonsequenzen

Der Geschäftsbereich Außenwirtschaft hat die vorrangige Aufgabe, deutsche Unternehmen, die ausländische Märkte für sich erschließen wollen, zu beraten und zu unterstützen. Als deutscher Unternehmer/Steuerberater wird man also auch bei der Lösung individueller internationaler Umsatzsteuerprobleme zukünftig die GTaI mit »auf der Agenda« haben müssen.

127.4 Sonderregeln für die Zuständigkeit der deutschen Finanzämter für ausländische Unternehmen

Die örtliche Zuständigkeit der Finanzämter bei Umsatzsteuerfragen für **in Deutschland steuerpflichtige ausländische Unternehmer**[1208] richtet sich nach der »Verordnung über die örtliche Zuständigkeit für die Umsatzsteuer im Ausland ansässiger Unternehmer«[1209]:

1208 § 21 Abs. 1 Satz 2 AO.

1209 Kurz: »Umsatzsteuerzuständigkeitsverordnung – UStZustV«; zuletzt geändert durch Verordnung zur Änderung der Umsatzsteuerzuständigkeitsverordnung vom 24.11.2023, BGBl. I 2023, Nr. 332.

§ **Rechtsgrundlagen**

Verordnung über die örtliche Zuständigkeit für die Umsatzsteuer im Ausland ansässiger Unternehmer

§ 1

(1) Für die Umsatzsteuer der Unternehmer im Sinne des § 21 Abs. 1 Satz 2 der Abgabenordnung sind folgende Finanzämter örtlich zuständig:

1. das Finanzamt Trier für im Königreich Belgien ansässige Unternehmer,
2. das Finanzamt Neuwied für in der Republik Bulgarien ansässige Unternehmer,
3. das Finanzamt Flensburg für im Königreich Dänemark ansässige Unternehmer,
4. das Finanzamt Rostock für in der Republik Estland ansässige Unternehmer,
5. das Finanzamt Bremen für in der Republik Finnland ansässige Unternehmer,
6. das Finanzamt Offenburg für in der Französischen Republik und im Fürstentum Monaco ansässige Unternehmer,
7. das Finanzamt Hannover-Nord für im Vereinigten Königreich Großbritannien und Nordirland sowie auf der Insel Man ansässige Unternehmer,
8. das Finanzamt Berlin International für in der Griechischen Republik ansässige Unternehmer,
9. das Finanzamt Hamburg-Nord für in der Republik Irland ansässige Unternehmer,
10. das Finanzamt München für in der Italienischen Republik ansässige Unternehmer,
11. das Finanzamt Kassel für in der Republik Kroatien ansässige Unternehmer,
12. das Finanzamt Bremen für in der Republik Lettland ansässige Unternehmer,
13. das Finanzamt Konstanz für im Fürstentum Liechtenstein ansässige Unternehmer,
14. das Finanzamt Mühlhausen für in der Republik Litauen ansässige Unternehmer,
15. das Finanzamt Saarbrücken Am Stadtgraben für im Großherzogtum Luxemburg ansässige Unternehmer,
16. das Finanzamt Berlin International für in der Republik Nordmazedonien ansässige Unternehmer,
17. das Finanzamt Kleve für im Königreich der Niederlande ansässige Unternehmer,
18. das Finanzamt Bremen für im Königreich Norwegen ansässige Unternehmer,
19. das Finanzamt München für in der Republik Österreich ansässige Unternehmer,
20. für in der Republik Polen ansässige Unternehmer
    a) das Finanzamt Hameln-Holzminden, wenn der Nachname oder der Firmenname des Unternehmers mit den Buchstaben A bis G beginnt;
    b) das Finanzamt Oranienburg, wenn der Nachname oder der Firmenname des Unternehmers mit den Buchstaben H bis l beginnt;
    c) das Finanzamt Cottbus, wenn der Nachname oder der Firmenname des Unternehmers mit den Buchstaben M bis R beginnt;

d) das Finanzamt Nördlingen, wenn der Nachname oder der Firmenname des Unternehmers mit den Buchstaben S bis Z beginnt;

e) ungeachtet der Regelungen in den Buchstaben a bis d das Finanzamt Cottbus für alle Unternehmer, auf die das Verfahren nach § 18 Absatz 4e, § 18i oder § 18k des Umsatzsteuergesetzes anzuwenden ist,

21. das Finanzamt Kassel für in der Portugiesischen Republik ansässige Unternehmer,

22. das Finanzamt Chemnitz-Süd für in Rumänien ansässige Unternehmer,

23. das Finanzamt Magdeburg für in der Russischen Föderation ansässige Unternehmer,

24. das Finanzamt Hamburg-Nord für im Königreich Schweden ansässige Unternehmer,

25. das Finanzamt Konstanz für in der Schweizerischen Eidgenossenschaft ansässige Unternehmer,

26. das Finanzamt Chemnitz-Süd für in der Slowakischen Republik ansässige Unternehmer,

27. das Finanzamt Kassel für im Königreich Spanien ansässige Unternehmer,

28. das Finanzamt Oranienburg für in der Republik Slowenien ansässige Unternehmer,

29. das Finanzamt Chemnitz-Süd für in der Tschechischen Republik ansässige Unternehmer,

30. das Finanzamt Dortmund-Unna für in der Republik Türkei ansässige Unternehmer,

31. das Finanzamt Magdeburg für in der Ukraine ansässige Unternehmer,

32. das Zentralfinanzamt Nürnberg für in der Republik Ungarn ansässige Unternehmer,

33. das Finanzamt Magdeburg für in der Republik Weißrussland ansässige Unternehmer,

34. das Finanzamt Bonn-Innenstadt für in den Vereinigten Staaten von Amerika ansässige Unternehmer.

[2]Die örtliche Zuständigkeit nach Satz 1 gilt für Außengebiete, Überseegebiete und Selbstverwaltungsgebiete der in Satz 1 genannten Staaten entsprechend[1210].

(2) Für die Umsatzsteuer der Unternehmer im Sinne des § 21 Abs. 1 Satz 2 der Abgabenordnung, die nicht von Absatz 1 erfasst werden, ist das Finanzamt Berlin International zuständig.

(2a) Abweichend von den Absätzen 1 und 2 ist für die Unternehmer, die von § 18 Abs. 4c des Umsatzsteuergesetzes Gebrauch machen, das Bundeszentralamt für Steuern zuständig.

(2b) Für die Unternehmer mit Sitz außerhalb des Gemeinschaftsgebiets (§ 1 Absatz 2a des Umsatzsteuergesetzes), die im Gemeinschaftsgebiet weder ihre Geschäftsleitung noch eine umsatzsteuerliche Betriebsstätte haben und die in einem anderen Mitgliedstaat der Europäischen Union die Teilnahme an dem Verfahren im

---

1210 Eingefügt durch das Jahressteuergesetz 2020 (JStG 2020) vom 21.12.2020, BStBl. I 2020, 3096.

Sinne des § 18j des Umsatzsteuergesetzes angezeigt haben, sind die Absätze 1 und 2 für Zwecke der Durchführung des Verfahrens im Sinne des § 18j des Umsatzsteuergesetzes mit der Maßgabe anzuwenden, dass der Unternehmer in dem Mitgliedstaat als ansässig zu behandeln ist, in dem die Teilnahme angezeigt wurde.

(3) Die örtliche Zuständigkeit nach § 61 Abs. 1 Satz 1und § 61a Abs. 1 der Umsatzsteuer-Durchführungsverordnung für die Vergütung der abziehbaren Vorsteuerbeträge an im Ausland ansässige Unternehmer bleibt unberührt.

(4) Ändert sich durch eine landesrechtliche Regelung nach § 17 Absatz 1 oder Absatz 2 Satz 3 des Finanzverwaltungsgesetzes die Bezeichnung oder die organisatorische Zuordnung eines der in Absatz 1 genannten Finanzämter, kann das Bundesministerium der Finanzen im Einvernehmen mit den obersten Finanzbehörden der Länder durch ein im Bundessteuerblatt Teil I zu veröffentlichendes Schreiben für einen Übergangszeitraum von zwölf Monaten von den Absätzen 1 und 2 abweichende, der landesrechtlichen Regelung entsprechende Zuordnungen vornehmen.

§ 2

Diese Verordnung tritt am Tage nach ihrer Verkündung in Kraft.

Downloadangebote

1. Haufe-Lexware-Downloadseite mybook+

Auf mybook+[1211] finden Sie ergänzende Informationen und Arbeitsmittel:

- **Gesetze, Verordnungen, Richtlinien**
    - Richtlinie 2006/112/EG des Rates vom 28.11.2006 über das gemeinsame Mehrwertsteuersystem (Mehrwertsteuer-Systemrichtlinie/MwStSystRL)
    - Sechste Richtlinie 77/388/EWG zur Harmonisierung der Rechtsvorschriften der Mitgliedstaaten über die Umsatzsteuer – Gemeinsames Mehrwertsteuersystem: einheitliche Bemessungsgrundlage – (6. EG-Richtlinie/6. EG-RL)
    - Umsatzsteuergesetz
    - Umsatzsteuer-Durchführungsverordnung
    - Umsatzsteuer-Anwendungserlass

- **Wichtiges aus der Verwaltung**
    - BMF-Schreiben
    - von anderen Behörden

- **Vertiefende Informationen**
    - Begleitmaterial zu den Kapiteln dieses Buches

Das Buch konzentriert sich – schon um im Interesse des Lesers den Umfang und damit letztlich auch den Preis in Grenzen zu halten – auf »das Wesentliche«. Den einzelnen Kapiteln sind daher kurze Hinweise auf Rechtsvorschriften, BMF-Schreiben, OFD-Verfügungen und Fallstudien vorangestellt.

Gesamtdarstellungen einzelner Kapitel sowie **Kapitelunterpunkte**, auf die der Praktiker erfahrungsgemäß nur gelegentlich zurückgreifen wird, finden Sie auf mybook+ unter "Vertiefende Informationen" unter der jeweiligen Kapitelnummer.

2. www.umsatzsteuerpraxis.de

Die Arbeit am Buchmanuskript dauerte bis **Anfang März 2024**. Um dem Anspruch des Lesers nach stets aktueller und umfassender Information auch nach der Drucklegung gerecht zu werden, wurde diese **besondere Homepage** eingerichtet. Sie wird **laufend gepflegt** und ist bis zu einer Neuauflage des Buches **kostenlos einzusehen**.

3. EuGH-App »CVRIA«

Der Gerichtshof der Europäischen Union bietet die App CVRIA für Smartphones und Tablets an. Die App ist in »Google Play« und im »App Store« abrufbar.

Sie ist in **23 Sprachen** der Union verfügbar und umfasst **vier Rubriken**:

1211 Den Link sowie Ihren Zugangscode finden Sie am Buchende.

- **Rechtsprechung:** bietet einen einfachen Zugang zu den jüngsten Urteilen, Beschlüssen und Schlussanträgen;

- **Pressemitteilungen:** ermöglicht die Anzeige der letzten zehn Pressemitteilungen;

- **Gerichtskalender:** bietet einen Überblick über die in den nächsten fünf Wochen angesetzten Termine für mündliche Verhandlungen, für die Stellung von Schlussanträgen und für Urteilsverkündungen;

- **Suche:** bietet einen einfachen Zugang zur gesamten Rechtsprechung der Unionsgerichte. Diese Rubrik ermöglicht eine Suche anhand der Rechtssachennummer, der Namen der Parteien und des Datums sowie eine Volltextsuche.

4. Umsatzsteuer-Module der Europäischen Kommission

Die europäische Kommission hat zur Umsatzsteuer E-Learning-Module entwickelt, die auch **in deutscher Sprache** angeboten werden. Ziel der Module ist es, **Grundlagen des EU-Umsatzsteuerrechts** zu erläutern.

Downloads unter: https://taxation-customs.ec.europa.eu/elearning-modules-vat_de

5. Der BFH im sozialen Netzwerk

Den sozialen Medien vermag sich niemand zu verschließen – auch nicht der BFH und informiert über seine Pressemitteilungen auch mit X-Tweets (vormals Twitter).

Über den Account www.x.com/bfh_bund sind die Tweets mit einer Verlinkung auf die jeweilige Pressemitteilung verfügbar.

Zudem können die auf der Internetseite des Bundesfinanzhofs veröffentlichten Pressemitteilungen über eine für Smartphones nutzergerecht gestaltete Zusatzrubrik der Internetseite aufgerufen werden.

Zu beachten ist, dass »X« nicht als Kommunikationsmittel für Rechtsmittel, Anträge und sonstige Schriftsätze im gerichtlichen Verfahren oder für sonstige Anfragen an den Bundesfinanzhof und seine Pressestelle zur Verfügung steht.

Rechtsmittel, Anträge und sonstige Schriftsätze im gerichtlichen Verfahren müssen weiter auf dem Postweg (Bundesfinanzhof, Postfach 86 02 40, 81629 München), per Telefax (Nr.: 089 9231-201) oder über das Elektronische Gerichts- und Verwaltungspostfach eingereicht werden. Eine Übermittlung per X-Mitteilung ist nicht möglich.

Der BFH weist darauf hin, dass die Plattform www.x.com von einem privaten Unternehmen betrieben wird. Das Gericht hat weder Einfluss auf Art und Umfang der Nutzerdatenspeicherung durch den Betreiber der Twitter-Plattform noch auf die Verfügbarkeit des Dienstes.

6. Sonstige Informationsangebote im Internet (ABC)

Diese Auflistung lebt von ihrer Aktualität und wird ab dieser Auflage daher nur noch als Download angeboten ➲ mybook.haufe.de > Aktualisierungen > Kapitel 128

Literaturverzeichnis

Dieses Literaturverzeichnis beschränkt sich darauf, aus der Vielzahl der Veröffentlichungen zum Umsatzsteuerrecht die wirklich praxisrelevanten und in diesem Buch daher häufig zitierten aufzulisten.

1. Kommentare

Bunjes [ehemals Bunjes / Geist], UStG, 22. Auflage 2023 ➲ zitiert als »B/G«.

Schneider (ehemals Völkel / Karg / Schneider), ABC-Führer Umsatzsteuer, Loseblattwerk, Stand: 125. Ergänzung Februar 2024 ➲ zitiert als »Schneider«.

Schwarz / Widmann / Radeisen (ehemals Vogel / Schwarz), UStG, Loseblattwerk, Stand: 239. Ergänzung Januar 2024 ➲ zitiert als »S/W/R«.

Weimann / Lang, Umsatzsteuer national und international, 5. Auflage 2018, Stand: 3. E-Update April 2023, in Kooperation mit Datev eG ➲ zitiert als »UNI«.

2. Lehrbücher u. Ä.

Haufe Praxishandbuch Umsatzsteuer, Loseblattwerk, Stand: ➲ zitiert als »HPU«.

Kurz / Meissner (ehemals Völkel / Karg), Umsatzsteuer, 18. Auflage 2017 ➲ zitiert als »K/M«.

Lippross, Umsatzsteuer, 24. Auflage 2017 ➲ zitiert als »Lippross«.

Meissner/Neeser, Umsatzsteuer, 24. Auflage 2017.

Weimann, E-Rechnungen, 2. Auflage 2020 ➲ zitiert als »Weimann/E-Rechnungen«.

Weimann, Gelangensbestätigung, 1. Auflage 2014, mit Einleger (Rechtsstand 1.1.2023) ➲ zitiert als »Weimann, Gelangensbestätigung«

Weimann, Umsatzsteuersenkung, 1. Auflage 2020 ➲ zitiert als »Weimann, USt-Senkung«.

3. Zeitschriften

Aktuelles aus dem Steuer- und Wirtschaftsrecht ➲ zitiert als »AStW«.

Auto · Steuern · Recht ➲ zitiert als »ASR«.

Betriebs-Berater ➲ zitiert als »BB«.

BFH/NV (Sammlung aller nicht amtlich veröffentlichten Entscheidungen des Bundesfinanzhofs) ➲ zitiert als »BFH/NV«.

BFH-Richter kommentieren für die Praxis ➲ zitiert als »BFH/PR«.

Bundessteuerblatt ➲ zitiert als »BStBl.«.

Der Betrieb ➲ zitiert als »DB«.

Der Steuerberater ➲ zitiert als »StB«.

Deutsches Steuerrecht ➲ zitiert als »DStR«.

Deutsche Steuer-Zeitung ➲ zitiert als »DStZ«.

Deutsches Steuerrecht ➲ zitiert als »DStR«.

Deutsche Steuer-Zeitung ➲ zitiert als »DStZ«.

Entscheidungen der Finanzgerichte ⊃ zitiert als »EFG«.

Europäische Grundrechte-Zeitschrift ⊃ zitiert als »EuGRZ«

Gestaltende Steuerberatung ⊃ zitiert als »GStB«.

Neue Wirtschafts-Briefe für Steuer- und Wirtschaftsrecht ⊃ zitiert als »NWB«.

Praxis Internationale Steuerberatung ⊃ zitiert als »PIStB«.

Steuerberater Woche ⊃ zitiert als »StBW«.

Umsatzsteuer-Rundschau ⊃ zitiert als »UR«.

UmsatzSteuerBerater ⊃ zitiert als »UStB«.

Umsatzsteuer- und Verkehrsteuer-Recht ⊃ zitiert als »UVR«.

Stichwortverzeichnis

Ihre Online-Inhalte zum Buch: Exklusiv für Buchkäuferinnen und Buchkäufer!

► **https://mybookplus.de**

► Buchcode: LQU-74539